服务 创新 特色 开放

中国高校现代远程教育试点探索集

严继昌　李德芳　侯建军　陈庚　赵敏　编

清华大学出版社
北　京

内 容 简 介

自1999年教育部下发《关于启动现代远程教育第一批普通高校试点工作的几点意见》(教电〔1999〕1号),批准清华大学、浙江大学、北京邮电大学、湖南大学4所普通高等学校首批举办现代远程教育试点以来,教育部累计批准了68所普通高等学校和中央广播电视大学开展现代远程教育试点工作。本书收录各现代远程教育试点高校和三家现代远程教育公共服务体系的试点工作总结,供全国高校继续教育战线同仁以及所有关心、支持继续教育工作的领导、朋友借鉴、学习。

图书在版编目(CIP)数据

服务 创新 特色 开放:中国高校现代远程教育试点探索集/严继昌等编. —北京:清华大学出版社,2020.1
ISBN 978-7-302-54369-5

Ⅰ. ①服… Ⅱ. ①严… Ⅲ. ①高等教育-远程教育-研究-中国 Ⅳ. ①G729.21

中国版本图书馆CIP数据核字(2019)第263917号

责任编辑: 袁勤勇 常建丽
封面设计: 傅瑞学
责任校对: 李建庄
责任印制: 沈 露

出版发行: 清华大学出版社
网 址: http://www.tup.com.cn, http://www.wqbook.com
地 址: 北京清华大学学研大厦A座 **邮 编:** 100084
社 总 机: 010-62770175 **邮 购:** 010-62786544
投稿与读者服务: 010-62776969, c-service@tup.tsinghua.edu.cn
质量反馈: 010-62772015, zhiliang@tup.tsinghua.edu.cn
课件下载: http://www.tup.com.cn,010-83470236
印 装 者: 三河市龙大印装有限公司
经 销: 全国新华书店
开 本: 185mm×260mm **印 张:** 67.75 **字 数:** 1644千字
版 次: 2020年5月第1版 **印 次:** 2020年5月第1次印刷
定 价: 158.00元

产品编号:083940-01

本书编委会

主　编　严继昌

副主编　李德芳　侯建军　陈　庚　赵　敏

编　委　刁庆军　章　政　张海澄　王文静　文书锋　刘晓平
司银涛　李　镇　高晓东　程　波　梁书华　曾　钢
董关鹏　赵桂娟　李　炜　修子健　刘振权　陈崇河
甘文田　白长虹　李振宇　陶正苏　宓　詠　蒋凤瑛
闫寒冰　李　楠　鲁刁文　陆忠平　楼锡锦　宋　伟
赵　清　封卫东　王洪新　冉蜀阳　唐国良　应松宝
陈顺刚　黄晓俐　王营池　杨成云　陈恩伦　邸德海
万小朋　郭宝龙　薛东前　崔　明　梅成达　孙连坡
许晓艺　夏侯建兵　程思岳　王　宏　梁云福　李　全
卢俊杰　刘　强　孙光国　周岩松　梁　茵　靳光华
韩红江　李占波　朱　伟　周前进　卢子洲　隋明成
张开鹏　吴　斌　曾德明　武丽志　丁向东　王　建
张　震　李桂云　夏巍峰

序

20年前，中国互联网应用才刚刚起步，国务院1999年就批转了教育部制定的《面向21世纪教育振兴行动计划》，高瞻远瞩地启动实施了“现代远程教育工程”。该工程在教育信息化基础设施建设、优质教育资源开发、进行数字化的教学管理以及应用信息化手段开展远程教育等方面都进行了卓有成效的尝试，开创了我国大规模开展教育信息化的先河。现代远程教育(网络教育)试点就是其中最重要的工作之一。1999年3月，教育部下发《关于启动现代远程教育第一批普通高校试点工作的几点意见》(教电〔1999〕1号)，正式批准清华大学、浙江大学、北京邮电大学、湖南大学4所普通高等学校首批举办现代远程教育试点。之后，教育部累计批准了68所普通高等学校和中央广播电视大学开展现代远程教育试点工作。后来又分别批准了奥鹏、弘成、知金三家现代远程教育公共服务体系开展标准化、规范化、信息化的校外教学支持服务探索。

“利民之事，丝发必兴”。现代远程教育以其网络化、数字化、多媒体、开放性等优势，赢得了继续教育学子们的普遍欢迎，并成为在职人员学历进修的首选途径。2019年是“现代远程教育试点”实施的第20个年头。回首20年光阴，我们欣喜地看到试点工作有力推动了我国教育信息化理念的推广与普及；促进了我国高等教育领域的软、硬件建设与数字化资源开发、共享、开放；推动了我国继续教育教学模式、管理模式和学习支持服务模式的不断迭代与创新；拓宽了我国学历继续教育人才培养的渠道，为广大求学者提供了更便利的学习方式；保障了各项国家战略的实施和各区域、各领域的经济社会转型发展；推动了我国高等教育的大众化、普及化进程，为提高高等教育毛入学率做出了积极贡献；服务了残疾人、农民工、老少边穷地区人员等弱势群体，有效促进了高等教育的公平。

为进一步总结和宣传我国现代远程教育试点的优秀实践成果，回眸试点20年的网络教育人才培养历程，展现试点服务国家战略、服务区域、服务基层、服务老少边穷及弱势群体的建设成就，同时也查找试点中存在的问题，提出改革创新的思路办法，不断提升试点高校规范办学、高质量培养人才的水平，高校现代远程教育协作组呼吁并组织各高校及公共服务体系“不忘初心，牢记使命，砥砺前行”，对照试点之初的使命、任务，对标十九大和全国教育大会精神，认真反思、深刻总结，既要总结经验成绩，也要梳理问题、风险，还须提出切实可行的改革、创新、发展举措。

在各高校及公共服务体系的大力支持下，本书收录了几乎所有试点高校试点以来的全面工作总结，真实反映了20年来我国现代远程教育试点在高校和公共服务体系层面的“服务”“创新”“特色”“开放”情况。希望通过此书，能够促进试点高校及所有高校继续教育同仁相互学习、加强交流、彼此借鉴，同时也能够让关心、支持高校继续教育的领导及社会大众通过此书，更多地了解“网络教育”“继续教育”情况，传播正能量，弘扬正风气，营造有利于高校继续教育发展、面向终身学习的良好氛围。

严继昌

2020年4月于清华园

目录 CONTENTS

清华大学现代远程教育试点工作总结

一、远程学历教育基本情况

清华大学对发展现代远程教育极为重视。1996 年 2 月，学校率先提出在我国开展现代远程教育的构想，充分发挥清华大学的工科优势，把先进的现代信息技术应用于教育，将清华大学优秀教育资源输送到全国，使各条战线的技术骨干和管理干部不脱离工作岗位即可获得学习和提高的机会。王大中校长在 1996 年 5 月 30 日召开的全校首次继续教育专题讨论会上提出"发展现代化教育手段"，清华大学继续教育要重点利用电视、卫星通信、互联网(三网互补)开展远距离教育。

1996 年 11 月 1 日，国家教委研究生工作办公室发文《关于清华大学开展远距离教育有关事宜的批复》，原则同意我校选择合适的合作单位，利用先进的通信手段和多媒体技术，以远程教育的方式试行工程硕士生的部分课程教学。11 月 14 日，国家教委直属高校工作办公室发文《关于你校"发展远程教育，加强为企业培养高质量人才"报告的批复》(教直办〔1996〕58 号)，同意我校试点用远程教育方式开展继续教育，以更加有效地为企业和地方培养急需人才。

1998 年 2 月，清华大学远程教育正式开始播出，在国内外引起较大反响。1999 年 3 月 25 日，教育部下发《关于印发〈关于启动现代远程教育第一批普通高校试点工作的几点意见〉的通知》(教电〔1999〕1 号文)，正式确定清华大学、浙江大学、北京邮电大学、湖南大学 4 所大学为我国第一批现代远程教育试点单位，其中清华大学是当时唯一被批准为面向全国开展现代远程教育的高校。3 月 29 日，教育部办公厅发文《关于对清华大学〈关于开展现代远程教育试点的请示〉的批复》(教电厅〔1999〕1 号)，原则同意我校提出的试点方案。

清华大学远程学历教育分为两个层次。一是专升本远程学历教育(2000 年开始)，采取两种招生方式：一种为全国统一成人高考；另一种为自主招生考试。成人高考按各省、自治区、直辖市确定的录取分数线录取。自主考试按清华大学确定的录取分数线录取，录取比例约为 60%。专升本招生专业有：经济学(2003 年起 3 个专业方向)、法学、英语(2003 年起新增商务英语方向)、计算机技术与应用(2003 年起新增计算机图形艺术设计专业)、艺术设计(环境艺术设计和平面艺术设计两个专业)。二是工程类硕士研究生学历教育(1998 年开始)，主要面向具有大学本科毕业文凭或同等学力的在职人员，采取免试入学、验证注册的招生方式。对欲以同等学力申请硕士学位者，报名条件为已经获得学士学位，并在获得学位后工作 3 年以上。工程类硕士研究生学历教育(以下简称研究生课程进修)招生专业有：计算机应用技术、民商法学、企业管理、教育经济与管理。

2002 年 7 月 9 日，李朝晖等 7 名第一批远程教育研究生课程进修学员在 2000 多名学员中脱颖而出，获得清华大学硕士学位，成为全国首批通过远程教育方式学习获得最高学位的学员。2003 年首批远程专升本 843 名学生毕业，其中 228 名学生获得清华大学成人教育学士学位。

远程教育在培养人才方面做出了重要贡献。其中，远程研究生课程进修工作始于1998年，至2007年秋季停止招生，先后有10 935名在职人员参加课程学习，结业4443人，共有178名学员获清华大学同等学力硕士学位；远程本科学历教育始于2000年，至2005年停止招生，2008年最后283名学生毕业，累计在册专科升本科学生14 340人，毕业生合计为10 479人，获学士学位1022人。

清华大学远程教育在发展过程中，受到中央及部委领导高度重视，多次亲临视察，并对清华大学远程教育取得的成就给予了高度评价。1997年11月和2000年11月，中共中央政治局常委、国务院副总理李岚清同志先后两次视察清华大学远程教育工作，并对发展我国现代远程教育做了重要指示。1998年春，教育部韦钰副部长、周远清副部长及主管部门领导同志相继亲临指导。2000年10月，国务委员、教育部部长陈至立到清华大学视察现代远程教育工作。

二、远程教育从学历教育转型为非学历教育，引领高校继续教育发展

根据创建世界一流大学的目标和高质量、高层次人才培养的要求，学校主动调整继续教育办学定位，同时鉴于成人学历教育与我校全日制学生培养难以达成同校同质，2002年年初，清华大学在全国高校中率先进行继续教育体制机制改革，停办成人学历继续教育，大力发展非学历非学位继续教育。通过大规模非学历继续教育服务国家战略，满足经济社会发展对急需紧缺人才的需要。

继停止成人学历教育之后，2004年，学校又决定远程教育不再进行学历学位教育。11月3日，学校《关于清华大学现代远程教育不再进行成人专科升本科学历教育招生有关情况的报告》(清校发〔2004〕56号)上报教育部高等教育司；11月9日，我校发出致省级教委(厅)《关于清华大学现代远程教育不再进行成人学历教育招生有关情况的函》(清教培文〔2004〕006号)，决定清华大学自2005年起全面停止现代远程成人专升本学历教育的招生工作。转型后的清华远程教育根据不同的业务分成学历教育和非学历教育两部分，一部分工作人员负责学历教育的善后工作，继续以认真、严谨的态度，保质保量地做好在学学员的教学组织管理和服务等相关工作。到2008年年底，已经没有在读专升本学历教育的学员了。

利用现代远程教育技术开展大规模培训一直是清华大学远程教育重要发展战略之一。1997年10月播出实验性的培训类课程。1999年，学校开始面向企业播出远程培训课程。2000年8月，"清华网络学堂"正式对外运行，清华大学远程教育的大部分管理工作依托"清华网络学堂"来完成，如学员学籍管理、选课、注册、网上答疑、网上公告、财务收费管理等，大多数课件也都放在"清华网络学堂"供远程学员学习。

2001年，清华大学与世界银行在远程教育领域首次合作，推出"全球一体化及加盟世贸组织：挑战与机遇"课程，前后共有包括香港在内的15个办学站参与筹备工作，有8个办学站成功开课，学员人数达到419人，通过考试的学员为297人。

2003年，清华大学教育扶贫工程启动，旨在以远程教育的方式向西部贫困地区输送教育资源，把继续教育延伸到广大老少边穷地区的基层党政干部、医药卫生人员、中小学教师

和农民，使他们受益，实现“传播知识，消除贫困”的目标。2003 年 9 月 12 日，清华大学教育扶贫远程教学站开通仪式暨教育扶贫工作座谈会在清华大学举行，来自国家各部委、国务院新闻办公室、联合国教科文组织、世界银行、日本驻华大使馆、宋庆龄基金会等单位的 60 余位主管领导及 16 个清华远程扶贫教学站的代表参会。原教育部副部长吴启迪给予高度评价：“清华大学不仅把优质教育培训资源直接送到最需要的贫困地区和贫困人群，而且在高校中倡导了一种良好的社会风气。”2006 年，联合国秘书长第二届全球大学校长学术年会上，时任清华大学校长顾秉林做《21 世纪中国研究型大学的独特贡献：以清华大学为例》报告，介绍了清华远程教育扶贫的经验，时任联合国秘书长安南表示高度关注。2018 年，我校继续教育学院荣获国务院扶贫开发领导小组主办的全国脱贫攻坚奖、组织创新奖，是高校中唯一获得表彰的集体。截至 2018 年，清华大学教育扶贫累计在全国 27 个省、市、自治区建立了 1100 多个县级现代远程教学站，累计培训贫困地区地方党政干部、中小学师生逾 251 万人次。

2004 年 8 月，“清华远程学堂”大型系列培训项目正式启动，旨在“以清华优质教育资源，助力中国学习型组织建设”，主要面向企业、政府、学校等团体用户，以卫星为基本传输手段(三网互补)，结合网络、多媒体课件和面授，推出名家前沿讲座和系列精品课程，并根据用户需求不断推出个性化的专业咨询和培训项目，“实现远距离的教育，近距离的服务”。该项目推出后，按照“大规模、可持续、讲实效、能推广”的发展思路，持续与有关部委、行业企业合作，积极发展团体客户。2006 年，与国家发展和改革委员会合作，共同组织实施了“中国创新成长型企业培训体系建设工程(521 工程)”；2008 年，研发、推出清华军队转业干部网络学堂项目；2009 年，应国资委委托，清华大学继续教育学院自主研发了“中央企业班组长岗位管理能力资格认证远程培训项目”。

2008 年开始，学校利用远程教育手段开展培训工作，并进行培养行业人才的探索。2013 年以来，在总结近 5 年行业人才培养实践经验的基础上，清华大学远程教育逐步走上专业化发展道路，总结出符合国情、校情的远程培训模式，即适用于行业人才培养的远程教育模式，打造出了中央企业班组长岗位管理能力资格认证远程培训(9 期，148 000 人)、自主择业军转干部教育培训网络课堂(9 期，70 000 人)、全国残疾人就业指导员远程培训(7 期，59 000 人)、公共机构节能管理远程培训(5 期，47 000 人)等一系列远程品牌培训项目，培训了大批行业人才。新的教育模式充分响应国家构建学习型社会、发展全民教育，打造人力资源强国，公平享受优质教育资源的号召，受到各行各业学员的广泛好评。截至目前，清华大学通过非学历远程教育模式，累计培养行业人才 25 万余人。

三、清华远程教育的未来发展思路

未来，清华大学远程教育将在现有非学历培训和远程教育体系基础上面向党政干部、企业经营管理人才、专业技术人才等，积极开展远程教育培训各种非学历项目，力求充分发挥自身在技术、资源和教学管理方面的优势，培育面向未来的终身教育品牌。

(1) 按照学校统一管理的原则，发展非学历继续教育，整合远程与面授教育各类资源，更好地服务国家战略与社会需求。

(2) 进一步提升课程质量。远程教育的核心竞争力在于课程质量。继续安排专业的远程培训和技术团队根据远程教育发展规律设计和开发更多的优质课程。

(3) 增强学习支持服务水平。优良的学习支持服务是远程培训的重要组成部分。远程培训的一个显著特点是师生之间的远距离,远距离在一定程度上影响了师生之间的交互,并影响学习效果。未来要进一步发展有效的学习支持服务,拉近师生之间的距离,提升远程学习效果。

(4) 提升远程培训影响力。通过与政府、企业、学校、部队等组织机构和社会团体的合作,实现远程培训与职业资格证书的紧密联系,由此提升远程培训的影响力和相关人群参与远程培训的积极性,进一步提升清华远程培训项目的专业性和科学性,提高远程培训项目从业人员对远程教育规律的理解和应用,提升清华远程培训在国内外高校领域的专业引领地位。

(5) 将远程与面授有机结合。远程学习与面授学习双向互为补充,帮助学员更好地解决工学矛盾,理解并掌握所学的知识,有效延长培训时间,实现培训的多层次、一体化发展。

浙江大学现代远程教育试点工作总结

1999 年 3 月，教育部正式发文《关于对浙江大学〈关于开展现代远程教育试点工作申请报告〉的批复》（教电厅〔1999〕2 号），确定我校为第一批参加现代远程教育试点的 4 所高校之一，同月，浙江大学远程教育学院成立，全国政协常委、浙江大学副校长冯培恩兼任院长。从教育部正式发文批复至今，浙江大学远程教育已有整整 20 年发展历程。

根据全国高校现代远程教育协作组《关于开展"现代远程教育工程"实施 20 周年试点工作总结的通知》要求，浙江大学远程教育学院组织专门力量进行撰写，其中包括组织有关重要历史档案（如习近平同志的贺信等）的查证，查阅了众多历史文件和过去的专项总结、报告、有关期刊和新闻报道等历史资料，召开了老同志座谈会，进行史实核实查证，安排有关部门进行了数据统计等。

浙江大学远程教育 20 年试点工作总结包括：试点背景、试点初衷、试点任务、实施落实、创新探索、领导关怀、重要成果、问题困难、转型发展 9 方面内容。在总结撰写中，少数同一史实在不同主题的章节中有所重复，但描述的侧重面不同，另外精炼扼要并体现"讲史实、讲事实"的总结要求，部分内容采用大事记方式描述。

一、试点背景

（1）20 世纪末，知识经济初见端倪，"终身学习""学习化社会"已成为国际社会的共识。在此背景下，联合国教科文组织国际 21 世纪教育委员会提出了新的教育理念，即学习的"四大支柱"（学会学习，学会做事，学会合作，学会做人）问题，全面阐述了国际社会对人类未来和学习问题的理解，成为国际社会的一份学习宣言。发达国家及世界著名高校基于互联网和计算机开展的现代远程教育（包含学历和非学历教育）已经蓬勃开展，方兴未艾，为社会经济和人的发展发挥了重要作用。发达国家让社会公民共享著名高校和专门的远程教育机构（如著名的英国开放大学、美国凤凰城大学等）的优质教学资源，让 4 个"任何"（任何人、任何时候、任何地点、学习任何内容）逐步成为现实。而我国在 1999 年之前，只有以函授、广播电视为手段的第一、二代远程教育方式。

（2）1999 年 1 月 13 日，中共中央、国务院发布了"面向 21 世纪教育振兴行动计划"（以下简称"行动计划"），其中一项重要计划是"现代远程教育工程"。

"行动计划"指出："中国共产党第十五次全国代表大会提出了跨世纪社会主义现代化建设的宏伟目标与任务，对落实科教兴国战略做出了全面部署。为了实现党的十五大确定的目标与任务，落实科教兴国战略，全面推进教育的改革和发展，提高全民族的素质和创新能力，特制定本行动计划"。又指出："在即将到来的 21 世纪，以高新技术为核心的知识经济将占主导地位，国家的综合国力和国际竞争能力将越来越取决于教育发展、科学技术和知识创新的水平，教育将始终处于优先发展的战略地位，现代信息技术在教育中广泛应用并导致教育系统发生深刻的变化，终身教育将是教育发展与社会进步的共同要求。当前，许多国家政府都把振兴教育作为面向新世纪的基本国策，这些动向预示未来教育将发生深刻的变革，我们应当及早准备，迎接新的挑战”。“认真遵循邓小平同志关于‘教育要面向现代化，面向世界，面向未来’的战略指导方针，抓住机遇，深化改革，锐意进取，把充满生机活力的中国教育推向21世纪”。

“行动计划”还具体指出：“教育部对全国现代远程教育工作实行归口管理，负责组织制订全国‘现代远程教育发展规划’并组织实施。‘现代远程教育工程’将实行短期国家支持、长期自力运行的发展策略。采用先进的信息技术手段，结合中国的实际情况，不断提高现代远程教育的水平”。

(3)“行动计划”中论述的制订该行动计划的背景既是我国开展现代远程教育的社会背景，也同样是我校开展现代远程教育试点的大背景。

同时，我校开展现代远程教育还有自身的认识和背景。

第一个背景是：1996年，时任副校长冯培恩代表时任浙大校长潘云鹤出席一个关于亚太地区高等网络教育合作的会议，会上美国等发达国家对网络教育的热情以及达到的水准给他留下了深刻印象，他敏锐地感觉到这是高等教育发展的一个方向。回国后，他立即向潘校长提议应迅速开始发展远程教育，他认为：“这对加强国际合作，推进教育现代化，建设世界一流大学具有重要的意义。”

有信息专业背景的潘校长对此非常重视，立即召开校长会议，并决定浙江大学要立即筹备开展远程教育，首先用于研究生教育，由当时分管研究生教育的副校长冯培恩具体负责此项工作。1997年，学校成立远程教育中心，具体筹备远程教育有关工作。

1998年，在全国政协会议上，全国政协常委冯培恩与游清泉委员都提交了提案，建议我国迅速开始现代远程教育。会议还没结束，朱镕基、李岚清、陈至立、韦钰等领导先后作出批示。由于此前浙江大学已经进行了相应的筹备工作，批示一到，1998年6月6日浙江大学就实现了现代远程教育的成功试播，1998年年底开始招生。1999年1月，中共中央、国务院发布了“行动计划”，明确开展“现代远程教育工程”试点。1999年3月，浙江大学远程教育学院正式挂牌。(摘自：中国远程教育杂志：开拓者之路)

我校在《浙江大学关于开展现代远程教育第一批试点工作的申请报告》中认为：现代远程教育是现代信息技术与高等教育，乃至全民教育、终身教育的结合，是实现教育现代化、终身化和国际化的新型形式和必然途径。与传统的远程教育手段相比，现代远程教育以双向交互电视、电子通信和计算机网络为基础，能满足广泛的社会需求，成为许多国家重点发展的教育方式。这一教育方式的普及和发展必将为我们实施科教兴国、可持续发展战略提供更为广泛的国民教育、素质教育基础，为迎接21世纪知识经济时代的到来提供人力资源保障。发展现代远程教育利国利民，全社会都应为此贡献力量，作为知名研究型大学的浙江大学，尤其应该为推动和促进中国现代远程教育的发展做出积极的贡献。

第二个重要背景是当时浙江省社会经济发展对专业人才的高需求，以及1998年9月经国务院批准原同宗同源的浙江大学4校合并组建新浙大，时任浙江省委书记习近平同志对浙江大学的关心和支持。

1999年，我国高校尚未扩招，基本实行着精英教育。20世纪末，浙江省改革开放蓬勃发展，走在全国前列。社会各行各业，特别是民营企业、乡镇企业等需要大批大学毕业生，同时，没有机会就读全日制高等教育的大量城镇青年和农村务工人员对学习知识技能的渴求，共同形成对应用型专业人才培养的迫切需求。

4校合并后的新浙大无疑在浙江省高等教育结构中占据重要位置。浙江省希望浙江大学能多招本科生，为本省经济建设提供更多的支持。由于浙江大学为部属高校，承担全国招生任务，在浙江省招收的本科生数量有限。为解决招生矛盾，为浙江省培养更多的优秀学子，浙江大学通过模式创新，创建了浙大城市学院（独立学院）、浙江大学宁波理工学院（独立学院）和浙江大学远程教育学院（网络学院）3所万人规模形式的应用型大学，为地方经济发展培养人才发挥了服务当地发展的作用（文字主体摘自：邹晓东的“浙大的40年　改革的40年”）。

习近平同志自2002年主持浙江工作后，亲自联系浙江大学，曾经18次到浙江大学指导工作，并多次就浙江大学创新发展和为地方经济建设提出要求。他强调，要充分体现中国特色、浙江特色；建设世界一流大学，毫无疑问要用世界一流大学的水准衡量，要与国际接轨，同时也必须从中国实际出发，走自己的路，坚持社会主义办学方向和办学目标，积极探索建设中国特色世界一流大学的道路。他还要求浙江大学充分发挥综合优势、学科优势。推进“开放式办学”等发挥综合优势、整体优势。强调浙江大学要“通过积极主动为地方经济建设服务，赢得地方政府、企业及各方面的大力支持，实现学校发展和地方建设的‘双赢’；强调“今后，浙大必须朝着建设世界一流大学的总目标”和“立足浙江、面向全国、走向世界”的总要求，“锁定目标不动摇，加快步伐不停顿，扎实工作不松劲，坚定不移地向世界一流大学的目标迈进”，并在浙江大学阐述了建设世界一流大学的路径：“一方面要积极服务地方的经济社会发展，另一方面要充分利用地方的力量合作办校。建设世界一流大学与为浙江发展服务是完全统一的”。（摘自：《光明日报》中的“习近平同志关心浙江大学发展纪事”）

2003年6月，浙江大学远程教育成立了宁波象山县干部远程教育中心，利用双向交互网络通道开展农村党员干部规模培训。开通仪式上，时任浙江省委书记习近平写来贺信如图1所示，时任浙江省委宣传部常务副部长童勺素上了第一堂课。中共浙江省委副书记乔传秀非常关心象山干部远程教育中心的工作，图2为乔传秀视察象山干部远程教育中心。

因此，浙江大学远程教育试点工作的不断创新发展之路，是认真贯彻落实习近平关于高校要自觉服从服务于党和国家的重大战略决策，积极服务于地方经济社会发展，建设有中国特色的世界一流大学，立足浙江，面向全国，走向世界等重要指示的实践过程。

二、试点初衷

（1）探索现代远程教育方式，为推动和促进中国现代远程教育的发展作出积极贡献。我校在《浙江大学关于开展现代远程教育第一批试点工作的申请报告》中提出：现代远程教育是现代信息技术与高等教育，乃至全民教育、终身教育的结合，是实现教育现代化、终身化和国际化的新型形式和必然途径。与传统的远程教育手段相比，现代远程教育以双向交互电视、电子通信和计算机网络为基础，能满足广泛的社会需求，成为许多国家重点发展的教育方式。这一教育方式的普及和发展必将为我们实施科教兴国、可持续发展战略提供更广泛的国民教育、素质教育基础，为迎接21世纪知识经济时代的到来提供人力资源保障。“发展现代远程教育利国利民，全社会都应为此贡献力量，作为知名研究型大学的浙江大学，尤其应该为推动和促进中国现代远程教育的发展作出积极的贡献”。（摘自：《浙江大学关于

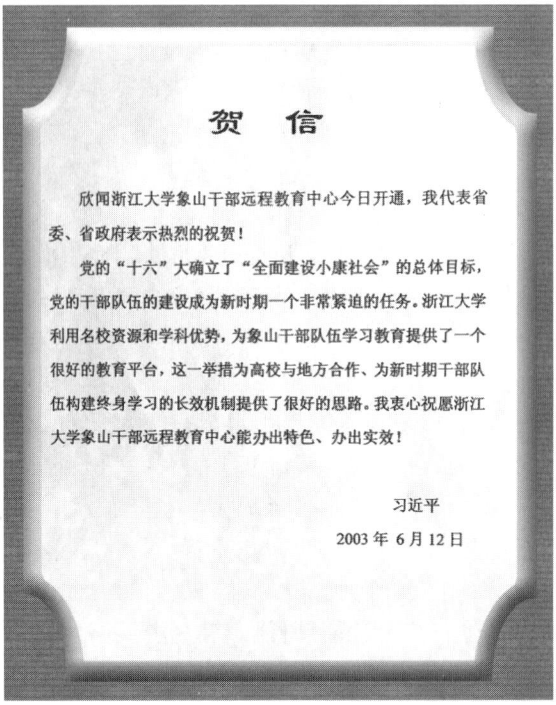

贺　信

欣闻浙江大学象山干部远程教育中心今日开通，我代表省委、省政府表示热烈的祝贺！

党的“十六”大确立了“全面建设小康社会”的总体目标，党的干部队伍的建设成为新时期一个非常紧迫的任务。浙江大学利用名校资源和学科优势，为象山干部队伍学习教育提供了一个很好的教育平台，这一举措为高校与地方合作、为新时期干部队伍构建终身学习的长效机制提供了很好的思路。我衷心祝愿浙江大学象山干部远程教育中心能办出特色、办出实效！

习近平

2003年6月12日

图1　习近平同志贺信

图2　中共浙江省委副书记乔传秀视察浙江大学象山干部远程教育中心

开展现代远程教育第一批试点工作的申请报告》)

(2) 建设世界一流大学的需要。时任主管副校长冯培恩认为：开展现代远程教育“这对加强国际合作，推进教育现代化，建设世界一流大学具有重要的意义”“网络教育是有生命力的，关键是要不断地认识社会新需求的变化，并能够主动适应它、迎接它，满足这种需求”。时任主管副校长姒健敏认为：“继续教育是低层次、低水平，与一流无关，甚至认为会扰乱正常的研究生教育、本科生教育，或者干扰科学研究，这些观点都是错误的。我们应该认识到，没有一流的继续教育，这个大学也不是完整的一流大学。我们应该把眼界放宽，具有全球视野，现在国际上哪所一流大学，它的继续教育不是同样强大、同样一流？耶鲁、哈佛就是很明显的例子”。(摘自：《中国远程教育杂志》中的“开拓者之路”)

(3) 服务地方经济建设的需求。探索研究型大学利用自身优势和现代信息技术培养高素质人才的机制和办法，探索利用开放的方式逐步向全社会提供接受高等教育和各种终身学习的机会，发展我国现代远程教育，最大限度地利用和发挥教育内部资源和社会资源的效益，促进教育事业的现代化（摘自：《浙江大学关于开展现代远程教育第一批试点工作的申请报告》）。利用远程教育辐射面广、受众面大等优势，承担大学应尽的社会责任，为高等教育的大众化、实现高等教育的优质教学资源共享，为浙江和全国地方经济建设培养高级应用型人才，为更多的人提供接受高等教育和各种终身学习的机会，满足人民和社会的需求，同时探索一条适合我国国情，在保证教学质量，保证学校声誉的前提下，开展包括学历和非学历教育在内的现代远程教育（包括教育理念、教学模式、技术模式、服务模式、管理模式等）的路径，实现社会效益和经济效益双丰收，促进学校各方面的发展。

三、试点任务

(1) 将试点列入学校整体工作的重点，发挥学校整体优势，支持试点，在教育部"统筹规划，需求推动，扩大开放，提高质量"的现代远程教育发展方针指导下，积极探索，边试点，边研究，边改进，为逐步在全国范围内实施现代远程教育积累经验。

(2) 适应社会发展，转变教育思想。试点用开放教育，以"宽进严出"的办法，开展研究生课程进修班教育（根据教育部有关文件，停止执行该项任务）和学历教育、第二学士学位教育；从高中毕业生中招收培养本科生；开展大学后继续教育，帮助企业培养高级技术和管理人才，与有关行业主管部门和培训机构合作，开展各种行业、职业资格证书培训等，适应在职人员提高自身业务水平的需要。

(3) 推动高校之间的课程开放和学分互认，实现高校间资源共享和学生自由选课。

(4) 探索适合我国社会经济发展水平的网上交互教学方式，改进教学内容和方法，研究开发远程教学需要的多媒体教学课件，形成教考分离、保证质量的考试办法。

(5) 开展合作办学，形成合理的教学点布局，建立良好的运行机制和管理模式；形成学校面向社会自主办学、自我约束的办学机制。

(6) 建立科学的教学管理体系，通过多媒体教学系统，使远程教学的招生、教学、学籍管理、考试及文凭发放等教学管理环节纳入科学有序的轨道。

(7) 建立传输系统运行和维护的技术模式和管理办法。

四、实施落实

（一）创业（1997—2000 年）

浙江大学于 1997 年率先在国内开展现代远程教育的实践。从创业初期基于广电专线的异地实时双向教学，到 2000 年采用基于卫星信道的双向视频会议系统，浙江大学远程教育迈出浙江省开始面向全国开展远程教育。启动后 3 年内，校外学习中心便由省内的 3 家发展为全国的 33 家，在校生由最初的 488 人增至 5403 人。同年，以医学远程教育为突破口，开始远程培训的探索。

（二）发展（2001—2003 年）

至 2003 年，浙江大学远程教育共开设 10 个专业，校外学习中心增至 106 家，在校生数达 19 600 人。借两大网络管理平台成功上线之势，推出课件自学为主、网上辅导为辅的非实时教学模式，并建设了包括 305 门课程、720 多门课件的网络教学资源。随后推进学分制改革，实行弹性学制，确立了学生在教学活动中的主体地位。

在快速发展的同时，加强规范管理与质量保障体系建设。2001 年，浙江大学发布的两个保证远程教育教学质量的文件为此后办学定下"以质量为核心"的主要方针。随后成立远程教育专业教学委员会、系列教材建设委员会，出台一系列涉及教学站、教学、教务、考试等管理手册，并启动校外学习中心评估。

（三）调整（2004—2006 年）

随着办学规模的日益扩大，多种并存的教学模式使教学组织协调难度加大，同时早期开发的管理平台也难以适应快速发展的需要，浙江大学远程教育开始从管理机制、管理内容与管理模式等方面进行改革与调整。学校"成教、远程"两学院合并以及"管办分离"的两轮调整促进了资源的整合，也促使浙江大学远程开始积极提升服务、完善学生诉求表达系统，探索新的办学模式，浙江大学远程迎来新的发展契机。

（四）提升（2007—2009 年）

浙江大学远程教育学习并实践科学发展观，围绕"以学生为本，以质量为核心"的办学理念，坚持"规模适度、管理规范、质量保障、效益明显"的办学方针，谋求创新与突破。一方面，压缩办学规模、优化站点布局，并对网络运行环境、教学管理和学习平台、教学资源、学生支持服务等进行全面升级，构建基于宽带网络在线学习与支持服务的新模式；另一方面，成立远程培训部，整合继续教育资源，加大与企业、地方以及国际的合作，进一步拓宽浙江大学远程教育的办学领域。

（五）再发展（2010—2019 年）

自 2010 年起，浙江大学远程教育凭借良好的发展基础与体制机制优势，结合学校发展的总目标，继续在"稳定规模、调整结构、规范管理、提高质量"的办学方针指导下进一步完善远程教育各项管理规定与教学规范，优化数字资源建议与网络平台建设，努力做好学生学习支持服务与学习中心管理规范，年度招生规模与办学规模始终维持在可控范围，校外学习中心收缩到 15 个省 81 家自管学习中心。

2017 年 10 月，学校决策浙江大学远程学历教育 2018 年停止专科层次招生，大幅压缩本科层次招生规模，且只在校内直属学习中心招生；自 2019 年起全面停止远程学历教育招生，目前浙江大学远程学历教育已进入平稳收尾与转型发展的新阶段。

五、创新探索

浙江大学现代远程教育总体特色体现于"创新探索、改革发展"，具体包括教育理念、教学模式、教育技术、合作办学、管理模式、教学过程与学生学习支持服务、社会服务、医学远程教育、学生素质教育和校园文化建设等多方面的探索创新。

(一)理念创新

浙江大学远程教育各方面的创新探索和改革发展基于有别于传统教育思想的转变与创新,建立在科学的教育理论和理念基础之上。这方面的转变与创新主要有

(1) 教育定位:从“精英教育”到“大众化高等教育”。

(2) 教育要求:强化“为地方经济服务”“满足人民需求”。

(3) 办学体制:从“管办一体”到“管办分离”。

(4) 办学定位:从“单一学历教育”到“学历非学历并举”。

(5) 办学模式:从“封闭办学”到“开放办学”。

(6) 入学模式:从“严进严出”到“宽进严出”。

(7) 培养目标:从“学科型人才”到“应用型人才”。

(8) 质量定位:从“学科型人才质量标准” 到“应用型人才质量标准”。

(9) 培养重点:从“知识传授”到“4 个学会(学会学习、做事、合作、做人)与能力培养”。

(10) 教学内容:从“本科压缩型”到“本科应用型”。

(11) 培养方式:从“整体化学习”到“具有合作学习环境的个别化学习、协同学习”。

(12) 教学主体:从“以教师为中心”,到“以学生为主体,以教师为主导”。

(13) 学习方式:从“定时定点”到“随时随地”。

(14) 课程考核:从“死记硬背”到“重在应用”。

(15) 毕业论文:从“教师定题”到“学生结合工作实际选题”。

(16) 学籍管理:从“沿用全日制”到“适合成人、在职、业余”。

(二)模式创新

浙江大学远程教育的教学模式和培养方式创新,与不断发展的技术环境、技术手段(含传输与教学资源技术等)、技术模式等密切相关。主要有

1. 基于广电网、卫星网的异地实时交互面授教学模式

开展远程教育初期,受技术环境、网络教学资源等条件限制,1998—1999 年,在省内杭州、宁波、台州等地建立了远程教学站(后改称学习中心),其教学模式主要为通过浙江省广电网 2M 专线,利用视频会议系统进行省内实时交互异地直播面授教学、交互答疑和毕业论文答辩。从 2000 年起,随着外省教学站的建立,改为租用卫星信道,利用基于卫星的综合数据广播和交互系统进行直播面授教学、交互答疑和毕业论文答辩。学生须前往教学站集中上课,其教学模式尚属“以教师为中心”,以知识传授为主要目标的教学模式,也是全日制教学的一种延伸与补充。

1998 年 6 月,在全国率先采用基于广电专线的双向实时视频会议系统的远程教育开播仪式,如图 3 所示。

2. 基于窄带互联网教学模式

自 2000 年起,学校开发了第一代学习平台和管理平台,并开发出一批适应当时互联网

图 3 浙江大学远程教育开播仪式

环境(带窄、速度慢)的网络课程(A 类课件),配合视频会议系统进行教学。从 2001 年起,开始开发三分屏课件(B 类课件),通过卫星推送到各教学点,虽然 B 类课件画面比较精美,但由于需要后期合成与制作,开发速度较慢,开发效率较低,因此后来又使用可以实时录制完成的三分屏 D 类课件,通过卫星推送到各教学点。随着互联网环境的改善、计算机的普及,三分屏 D 类课件又通过学院和教学点的课件服务器供学生网上下载。

3. 基于宽带互联网的混合式(在线学习+自学+学习中心面授)教学模式

从 2001 年起,随着现代教育思想的确立,浙江大学关于现代远程教育人才培养目标逐渐明晰,互联网环境的逐步改善,计算机的渐渐普及,开始运用建构主义理论,构思设计并逐渐形成"以学生为主体,以教师为主导"(双主模式)核心,以能力培养为目标的互动式新型教学模式。课程设置更多地体现应用型人才培养目标的实现,更多地考虑如何在学习内容上满足学生发展个性的需要。

4. 基于城市宽带的求是网上学园模式

2002 年 2 月,意在打破学历与非学历教育界限,适应"终身学习"的需求,实现"4 个任何(任何人、任何地点、任何时间、学习任何内容)"的求是网上学园(城市宽带网络大学)开通,其开通仪式如图 4 所示。其核心教学模式是:"网上学习、网下考试、学分积累、个性教学"。学生既可以接受非学历培训,也可以接受学历文凭教育。这一模式由于受限于种种原因,没有继续进行,但为随后进一步发展的教学模式提供和积累了许多有益的经验。光明日报、浙江日报、钱江晚报、杭州日报、新浪网、南方网等多家媒体都进行了报道。

5. 基于客户端的移动学习模式

在任何时间和任何地点,学生都可使用移动终端设备(如 Android 手机、iPhone 和 iPad 等)基于客户端访问学院移动学习平台,通过在线课程与教材学习、在线答疑与讨论等完成学习过程。

(三)技术创新

浙江大学现代远程教育秉承"技术创新"和"自主实践"原则,努力开展现代远程教育技

图 4　2002 年 2 月浙江大学求是网上学园开通仪式

术环境、教育平台和教学课件等方面的技术创新和实践。为适应浙江大学远程教育教学模式等的创新发展，我校先后建成并应用了基于广电专网的视频会议系统、卫星综合广播交互网、基于多路宽带接入的互联网平台、学年制管理系统、完全学分制管理系统、毕业论文管理系统等，由此构建了天地融合、多网集成的远程综合信息化运行平台，为构建浙江大学基于网络的终身学习体系打造完善的技术支撑环境。浙江大学远程教育的技术创新发展主要有：

1998 年 6 月，在全国率先采用基于广电专线的双向实时视频会议系统开通了面向杭州、宁波、台州三地的远程教育平台，而后扩大到湖州、温州、金华、丽水、衢州等地，开始了现代远程教育的探索与实践。平台功能主要包括：双向实时授课、实时答疑、论文答辩。该系统可同时支持多个交互课堂，组织多个独立的教学活动。

1999 年 12 月，建立浙江大学远程教学平台网站。

2000 年 9 月，基于卫星综合广播交互网的浙江大学远程教育平台开通，由此面向全国各远程学习中心开展远程教育。功能涵盖多媒体数据广播和卫星双向实时远程教学两大系统，可开展实时授课、双向答疑等教学活动，以及课余时间传输课件和其他教学资源。

2000 年 12 月，远程教育信息管理平台成功上线。

2001 年 9 月，基于多路宽带接入的互联网平台开通。

2001 年 11 月，在国内试点高校中率先开发远程教育网络管理平台——“汇海网络教育管理系统”，而后又建起了比较完善的远程教育网站平台，其主要功能：提供信息发布与查询、学年及学分制教学教务管理、网上学习讨论与交流、课件点播与下载、BBS 论坛与答疑、毕业论文管理系统、教师邮件系统等应用服务，起到基于网络的学生学习、教师教学与辅导、学校管理和服务、与校外学习中心联系沟通的综合功能。

2007 年 6 月，投入 1500 多万元对网络硬件环境进行全面提升，同时启动网络学习管理新平台的自主开发，拉开了新一轮的远程教育信息化建设序幕。学校累计投入 3000 多万元，先后立项网络平台改造、信息系统软硬件、学院邮件和短信平台、远程教育新平台、移动学习等重点项目，由此极大地改善和提升了远程教育信息化的整体水平，为构建浙江大学基于网络的终身学习体系打造了完善的技术支撑环境。

2008 年 10 月，浙江大学远程教育专有数据中心（包含高速网络通信平台、数据中心专有机房、统一数据存储和备份系统以及集约化应用平台、综合网络管理和监控平台）及多路宽带互联网出口的网络改造和信息系统软硬件平台投入应用，为远程教育各项信息系统提供可靠的运行服务和保障。浙江大学继续教育学院数据中心机房和学院系统架构分别如图 5 和图 6 所示。

图 5　学院数据中心机房

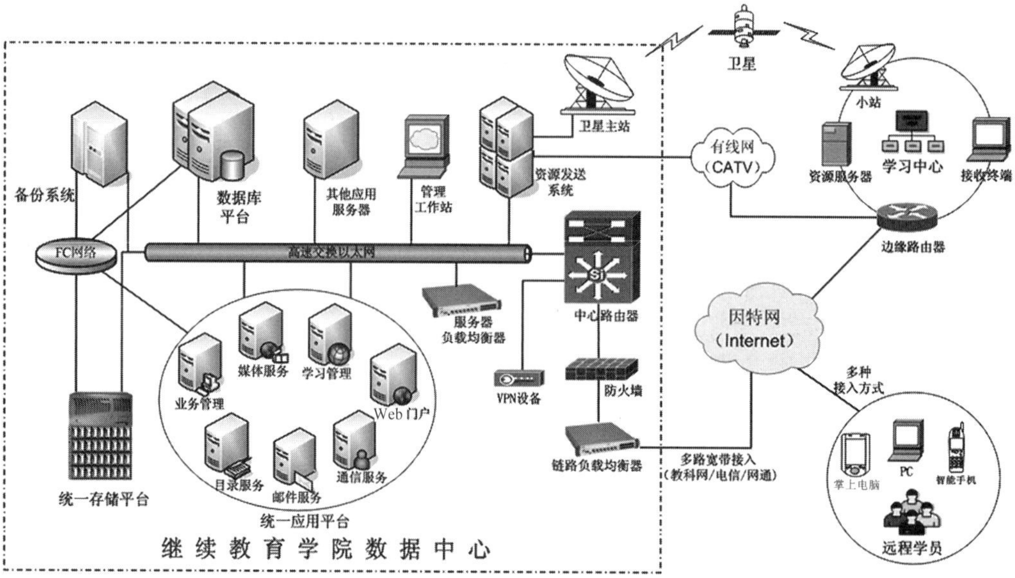

图 6　学院系统架构图

2009 年 9 月，远程培训中心门户网站“浙江大学远程培训”上线运行，如图 7 所示。

2010 年 3 月，历时 2 年多自主开发的基于网络的新一代远程教育新平台（集成式综合远程教育平台）正式上线运行。该平台涵盖浙江大学远程教育的招生、选课、选考、支付宝缴费、学习、学籍异动、毕业和学位审核等全过程的教学和业务管理，并有短信与邮件等服务功能，总计 800 多个功能点，为“以质量为核心、做精做好远程教育”提供了坚实的平台保障。平台年承载 5 万多学生的约 33 万人次选课、约 37 万人次选考、约 24 万人次缴费、约 70 万人次作业提交、1 万余人次毕业审核及约数千人次的学位审核。平台每学期开课课程超 300 门，全年共承载约 226 万人次的课件下载和 257 万人次的课件点播。

图 7 “浙江大学远程培训”网站页面

2012 年 10 月，基于 iOS 和 Android 客户端(App)的浙江大学远程移动学习平台正式上线，实现了面向移动端的新闻动态、远程教育招生简章、通知通告、常用查询，以及课件点播及下载、课程论坛、实时答疑、在线作业等功能，如图 8 所示。截至 2018 年 12 月底，使用移动终端访问移动学习平台的学生达 5.6 万人，累计访问达 200 万余人次。

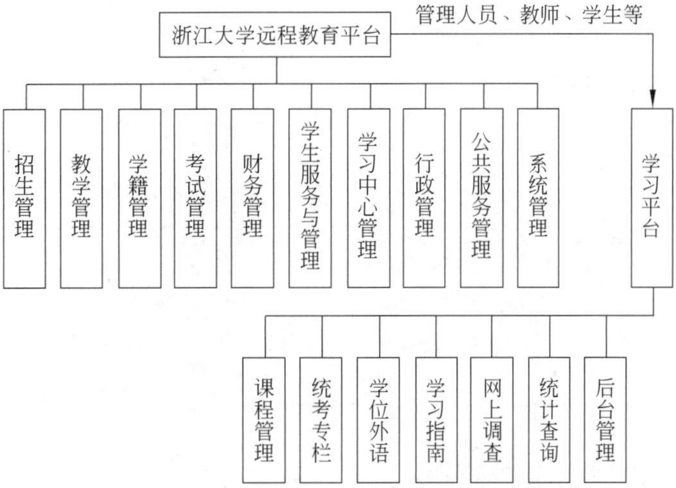

图 8 浙江大学远程教育平台功能结构图

2014 年 11 月，发布“浙大远程”微信服务号，定时推送浙江大学远程教育相关新闻和教学管理信息，以及面向学员开发“费用明细”“成绩查询”和“考场查询”等常用查询功能，拓展了远程招生宣传和学习支持服务的渠道，受到远程学员的普遍关注和欢迎。

同时，为适应不断发展的信息和教育技术，为学生提供更好的教学资源服务，更能适合学生的自主学习，在教学资源、课件技术方面先后开发或引进了不同的课件制作类别。

A 类课件——混合 Flash SWF 的图文网页格式课件，适合个人桌面系统使用的单击型网络课件。

B 类课件——混合 ASF 格式的两分屏课件（教师讲课视频与图文网页），既可供个人桌面系统使用，也可用作班级集中上课的播放型网络课件。

D 类课件——基于 CSF 和 PowerCreator 格式的三分屏课件（教师讲课视频流、PPT 讲稿屏幕流与内容索引），为实时授课或辅导时现场实施制作，既可供个人桌面系统使用，也可供班级集中上课的播放型网络课件。

MP4 课件——基于移动学习的需要，2011 年 4 月起，我校开始组织开发适合在移动终端上播放和学习的单一 MP4 课件（包括 PPT 讲稿视频和授课音频），后又发展为嵌入式 MP4 课件（包括 PPT 讲稿视频和教师视音频）。截至 2018 年 12 月底，学院累计发布移动 MP4 课件已覆盖到 337 门课程的 20314 节课程，共计 3 万余名学生，累计下载 238 万余次，受到远程学员的普遍欢迎。

（四）合作创新

浙江大学现代远程教育的发展过程也是一个开放办学、合作创新的过程。开放办学、合作办学的范畴包括学历教育和非学历教育。合作对象包括高校、国家级公共服务体系、国家有关部门，地方主管部门，以及国外高校等，如图 9 所示。

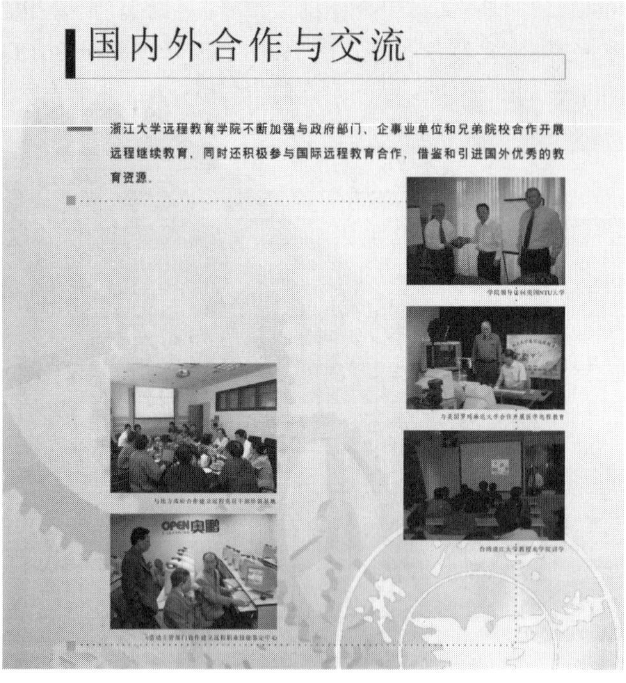

图 9　浙江大学国内外合作与交流介绍

2002 年 6 月，与上海交通大学、西安交通大学合作开展学分互认和面向西部地区培养人才工程。

2002 年 9 月，与教育部考试中心正式签署浙江大学远程教育考试工作合作协议。根据双方合作协议，浙江大学远程教育学院将所有统一组织的各类考试委托教育部考试中心承担。

2002 年 10 月，与首家国家级公共服务体系——奥鹏远程教育中心签订合作协议，成为首批与其合作试点高校之一。

2003 年 1 月，与劳动部合作开展商务英语职业资格培训。

2003 年 3 月，与信息产业部合作开展网络工程师职业资格培训。

2003 年 8 月，与美国罗玛琳达大学合作，在远程护理学专业开展医学基础课程综合教学教改试点。

2004 年 8 月，与浙江省机械工程学会合作，建立浙江省机械工程师资格考试培训基地，开始机械工程师认证资格考试远程助学辅导项目，如图 10 所示。浙江大学机械工程师认证资格考试远程助学辅导基地是中国机械工程学会授权确认的浙江省首批助学辅导机构，也是全国唯一的一家远程助学辅导机构。

图 10　浙江大学与浙江省机械工程学会合作项目新闻发布会

2005 年 5 月，与浙江省农业厅正式签署协议合作开展农业远程教育，首次招生 5 个农学专业，如图 11 所示。

图 11　浙江大学与浙江省农业厅开展农业远程教育合作仪式

2006 年 2 月，与河北省农业厅合作开展农业远程教育合作，在 11 个县市建立了农业远程教育中心。

2006 年 8 月，与浙江省内的职业学校合作，开展农村电气化、农村机电、农村信息化专业高技能远程学历教育。

2010 年 5 月，与英国开放大学交流合作，与派遣管理人员短期进修学习。

（五）管理创新

管理创新的目的：保证办学质量、保障培养目标的实现，规范办学、提升办学效率等。管理创新的范畴涉及体制管理、教学质量管理、教学及过程管理、学籍管理、学习中心管理等方面。

1999 年 8 月，制订第一本浙江大学远程教育学生手册，开始推进适合成人、在职、业余学习的学籍管理方面的创新改革。

2001 年 3 月，浙江大学发布《关于提高现代远程教育教学质量的实施意见》。

2001 年 8 月，浙江大学发布《浙江大学关于现代远程教育学生考核管理工作的若干意见》。

在快速发展的同时，为加强规范管理与质量保障体系建设，2001 年浙江大学发布了上述两个保证远程教育教学质量的重要文件，为此后办学定下了“以质量为核心”的主要方针，随后成立了远程教育专业教学委员会、系列教材建设委员会，出台了一系列涉及教学站、教学、教务、考试等的管理手册，并启动校外学习中心评估。图 12 是浙江大学远程教育教学质量研讨会现场。

图 12 浙江大学远程教育教学质量研讨会现场

2001 年 12 月，浙江大学成立远程教育专业教学委员会，召开浙江大学远程教育教师工作会议，如图 13 和图 14 所示。

图 13 浙江大学远程教育专业教学委员会工作会议

图 14　浙江大学远程教育教师工作会议

2002 年 5 月，在全国远程教育试点高校中率先启动远程教育教学站评估工作，图 15 是评估工作现场。

图 15　浙江大学远程教育学习中心评估工作现场

浙江大学定期召开远程教育校外学习中心工作会议，加强对学习中心管理，图 16 是 2007 年工作会议现场。

2002 年 9 月，实施远程教育学分制改革，实行弹性学制，确立了学生在教学活动中的主体地位。

2005 年 8 月，根据学校的总体规划，浙江大学成人教育学院、远程教育学院、计算中心合并组建成新的继续教育学院（成人教育学院、远程教育学院、职业技术教育学院），作为浙江大学继续教育、远程教育、成人学历教育及职业技术教育的归口管理部门和办学机构。

2006 年 2 月，建立远程教育校内直属学习中心。

2006 年 12 月，学校实行“管办分离”，成立继续教育管理处。原继续教育学院成为浙江大学继续教育、远程教育、成人学历教育的专门办学机构。

2007 年 5 月，发布《关于进一步改进远程教育教学管理的实施意见》，推进远程教育教学改革。

2007 年 5 月，发布《关于重点支持部分校外学习中心建设的实施办法（试行）》，调整校外学习中心布局。在撤停 40 余家学习中心的同时，对首批 15 家优秀学习中心进行重点建设，对 2 家学习中心进行重点扶持。远程教育校外学习中心工作会议现场如图 16 所示。

图 16 浙江大学远程教育校外学习中心工作会议现场

2008 年 7 月，为加强网络非学历继续教育拓展力度，专门抽调多名熟悉网络教育规律、具有市场开拓能力的业务骨干组建了“远程培训中心”，并采用扶持政策和全新机制，专业开拓网络继续教育市场。

浙江大学远程教育谋求新发展的 2010 年度工作会议如图 17 所示。

图 17 浙江大学远程教育谋求新发展的 2010 年度工作会议

2010 年后，学院数次对内设机构及其职能进行了调整，以适应大规模、高层次非学历教育的开展。

（六）服务创新

教学过程的探索创新与改革发展，本质上是围绕着学校远程教育高层次应用型人才培养目标及其教学质量的保证与实现，以及加强为远程学生和学习中心的教学、管理服务而展开。

1. 课程学习环节

为让学生获得课堂教学的真实感，以及提供可反复学习的条件，通过计算机或移动终端，在线或下载离线学习课程课件，并结合书本教材开展学习。

2. 在线学习环节

为有效监督和评估、激励学生的在线学习开展，系统平台建立了较为全面的在线学习考核体系，对学生在线学习时长、课件点播、BBS发帖、期末在线实时交互答疑，以及对课程教学问卷等进行综合考核，用积分方式计入学生课程总评成绩中。

3. 平时作业环节

组织教师编写作业题集，并在新架构的网络教学资源中将作业与自我测试等作为学生自我检验学习效果有效途径，为有效跟踪和评估学生的平时学习情况，在学习平台建立网上作业系统（含题库），进行作业布置、在线、离线作业提交、作业批阅和反馈、作业统计分析，自动记录学生作业的完成情况和正确率，作业成绩作为形成性成绩按不高于20%的比例计入课程考核成绩中。

4. 协作学习环节

注重通过协同学习培养学生的合作能力，并通过协同学习解决远程学习中的困难，提高和保证教学质量。主要方式有：通过学习中心建立班级和学习小组，建立各种QQ群、微信群；通过课程BBS集体讨论进行协作学习；根据课程需要组建网上虚拟学习小组，完成以小组为单位的相关作业或讨论，并配备辅导教师进行管理。图18和图19分别为师生见面会和小组学习指导现场。

图18　浙江大学远程教育师生见面会

图19　小组学习指导现场

5. 实验教学环节

为满足部分实验分散教学的需求，以有效解决外地学生来校实验的困难，探索建立了从"真实实验"到"真实实验与远程控制实验（电气工程及自动化专业的所有课程实验）、虚拟仿真实验（物理、生理科学等课程）相结合"的实验环节模式，参见图20～图22。其中远程控制实验为通过异地网络实时远程控制本地实验室中真实的实验仪器和设备完成的实验，虚拟仿真实验则是用计算机模拟实验过程，根据设置的不同参数建模后给出对应的实验结果，以满足实验教学的需求。

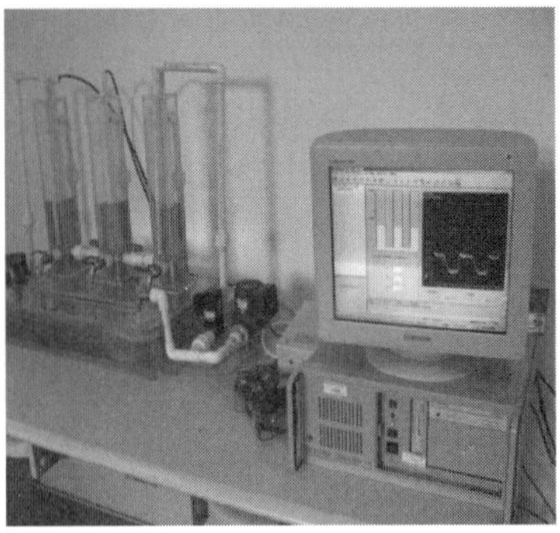

图 20 三相液位系统实验装置

图 21 三相电机实验

图 22 吹摆控制系统实验装置

6. 辅导答疑环节

为满足学生的互动讨论和答疑需要，实施了从“课堂或视频系统实时答疑”“BBS 非实时讨论答疑”到“辅导课实时讨论答疑、互联网平台实时答疑、BBS 非实时讨论答疑相结合”的多样化讨论答疑模式。另外，除授课课件外，每课程提供一定课时的辅导型课件，该类课件定期根据学生的学习情况进行更新录制。图 23 为实时面授指导场景。

图 23 实时面授辅导

图 24 为实时交互答疑场景。

图 24 实时交互答疑

7. 课程考核环节

为改变过去那种桎梏学生创造性思维、呆板的考试方式和评分方式，采用了各种以反映和评价学生创造性能力为主，引导学生进行发散性思维和创造性思维的考核办法，包括命题内容、考核方式、评分制度等。如要求教师采用侧重理论应用能力考核的命题内容；从闭卷考试、开卷考试到“专用复习纸考试”（一张盖章的 A4 纸）的考核方式；再如引入形成性考核成绩的评分方式等。

8. 实习教学环节

为解决护理专业的知识，提高理论知识转化为实践操作的能力，从“实习报告”到“实习报告与网上辅导与考核”相结合的实习环节模式。

9. 毕业论文环节

为更好地结合学生工作实践，培养应用能力与创新能力，毕业论文从早期的“教师定题”到现在的“学生选方向”“师生研讨定题”。组织开发了集培训、选题、交流指导、过程监控、信息统计、形成性成绩评分、教师评语、成绩总评、成绩查询、参考资料室、文字答辩等功能为一体的全网络化毕业论文平台，并通过“重复率检测”环节防范论文抄袭，以确保论文质量。

在学生和学习中心层面，学院开展的创新服务还有：

从 2000 年起，每年定期举办学习中心负责人和工作人员的业务、技术培训，经考核并发放培训合格证书。例如，2009 年 3 月，我校面向校外学习中心负责人，在南昌与舟山组织了两期学习中心建设与管理高级研修班，并颁发浙江大学高级培训证书。图 25 为 2010 年浙江大学远程教育学习中心管理人员培训会议会场。

图 25 2010 年浙江大学远程教育学习中心管理人员培训会议会场

2006 年 1 月成立专门的学生服务中心，3 月建立呼叫中心，面向全国学生开通 800 热线（求是热线工作现场如图 26 所示），同时设立求是热线学生信箱，并按年级建立了 QQ 群，帮助学生解决在求学途中遇到的问题。为给远程学生提供更广泛、便捷的交流平台，学生服务中心从 2006 年 10 月开通论坛交流和在线 1 小时 QQ 即时交流咨询服务，搭建了完备的学生服务诉求系统。所有的学生来电、来信、留言均由学生服务中心专人提供一站式服务，记录所有内容，每两周整理归类发布一次求是热线内容，督促相关职能部门采取相应措施解决学生遇到的各类问题及诉求建议。

图 26　浙江大学远程教育“求是热线”工作现场

2006 年 2 月，远程教育校内直属学习中心成立，并开始采用“跟踪服务”模式，对学生选课、选考、学习过程、统考、毕业论文、毕业审核等重要环节进行进度跟踪和提醒等服务。

（七）社会服务创新

为更好地服务地方经济建设和专门人才培养，我校除开展面向社会招生的远程学历教育外，还开展了面向行业、面向有关省市、地县以及面向定点企业的学历教育与非学历教育。图 27～图 29 为相关社会服务活动场景。这些社会服务主要有：

2003 年 6 月，成立浙江大学象山干部远程教育中心，利用双向交互网络环境开展农村党员干部培训，共培训 1900 余人，并有 110 余名当地干部参加了远程学历教育和研究生课程进修班学习，提高了象山县干部的总体水平。

图 27　浙江大学主要党政领导出席浙江大学象山干部远程教育中心开学典礼

图 28　绍兴市农村党员干部现代远程教育大中专学历班开学典礼

图 29　浙江大学基层村干部远程培训开学典礼

2004 年 8 月，我校远程教育学院成为浙江省机械工程师资格考试培训基地，标志着浙江大学远程教育开始面向行业开展非学历培训教育。两年来的考试通过率居浙江省第一，在全国也名列前茅。学员范围也从浙江省逐渐扩展到江苏、福建、江西、湖南、安徽等省。

2005 年，与新昌县委组织部合作，向新昌县党员干部培训提供课件资源，累计培训党员干部达 2000 人。

从 2005 年秋季开始至 2011 年分别与深圳富士康、浙江信用联社、河北省电力局、深超光电(深圳)有限公司、浙江海正药业等多家企业采取订单式培养模式，共培养了 6500 多名不同行业的专业人才。

2007 年 6 月，配合浙江省委组织部“农村党员人才工程”项目，在全省 12 个试点县市共招收千余名学员。

2008 年 11 月，面向全国现代远程教育试点高校与电大系统等专业人员组织开展“网络课程建设与管理高级研修班”，颁发浙江大学培训证书。

2008—2010 年，陆续开通浙江大学求是外语园地网络培训、浙江省台州市椒江区非公有制企业两创试点在线培训平台、广西钦州组织部干部培训平台等。

2010 年，受国家发展和改革委员会培训中心委托，承担西部地区基层村干部在线培训项目（见图 30）。

图 30 浙江大学基层村干部远程培训网页

2011 年 10 月，“‘融入爱’——河南省新生代农民工圆梦行动”首批学生入学。

2012 年起，开展为浙江省义乌新光、岱山金海重工、宁海财政局所属企业、丽水意尔康、嘉兴麒盛科技股份有限公司、杭州天堂伞业有限公司等企事业的定点招生培养。

2012 年 9 月，“广东团省委‘圆梦 100’新生代产业工人骨干培养发展计划”首批学生入学。

2015 年 9 月，“杭州市总工会资助千名优秀外来务工人员上大学活动”首批学生入学。

（八）医学远程教育创新

1997 年 10 月，浙江医科大学（现浙江大学医学院）被批准为卫生部全国远程医学教育首批示范试点单位，也是国内最早开展医学远程教育的院校之一。

1999 年 3 月，设立浙江大学远程教育学院医学部，随后设立医学院远程医学教育中心，两者合署，共同为发展学校远程医学教育服务。

2000 年 9 月，与“中国金卫网”合作，首次通过卫星转播医学教育节目，开始医学远程教育。这标志着我校正式启动远程医学继续教育。

2000 年 12 月，成功组织和参与卫生部“中国卫星卫生科技教育网”（双卫网）在京杭两地演示活动，扩大了我校远程医学教育在国内的影响力。此后，浙大还积极参加了“双卫网”项目的推广工作。图 31 为浙江大学医学远程双卫网演示会。

2000 年 12 月，首次通过卫星转播医学教育节目“护理教育全国培训班”，开始医学远程培训。先后举办/转播了 5 次国际研讨会、学术会议、学习班和讲座等，参加人数超过 3000。

2001 年 3 月，与东方集团卫星网络技术公司签订远程教育合作协议。

2001 年 4 月，在浙江温岭设立第一个医学远程学习中心。

2001 年 9 月，率先开展医学远程学历教育，护理学（专升本）专业首届招收学生 850 人。

2001 年全年，面向浙江省内、外建立 20 个医学远程教学站点。通过“金卫网”“双卫网”和“东卫网”3 套卫星系统，先后举办第三届亚洲护理年会、糖尿病培训班、医学—生命科学

图 31　浙江大学医学远程双卫网演示会

国际研讨会、浙江—香港药理学术联席会、全科医学培训会等多次国际研讨会、学术会议、学习班和讲座，参训人数 2000 余人次。同时，不定期聘请国内外名家教授，通过卫星直播方式，面向学员、医务人员开设医学系列讲座，受益面达上万人。初步树立了我校医学远程教育良好形象。

2002 年 9 月，临床医学(专升本)专业首届也是唯一一届招生，招收 2600 人。

2002 年，新建医学远程教学站点 15 个，总数达 35 个，其中浙江省 20 个，省外 15 个，分布 10 个省市。护理学、临床医学两个专业注册人数 2700 人，学员总数达到 3427 人，是 2001 年的 4 倍。

2002 年 4 月 16 日，李岚清副总理在检查浙江大学工作中，观看了医学远程教育课程演示。

2003 年 4—5 月抗击“非典”期间，受浙江省卫生厅委托，编录了“非典”防治的专题录像课件，利用远程卫星系统向全省卫生系统发送转播，并提供网上下载服务。浙江省 10 000 多医护人员收看了“非典”防治录像，为我省抗击“非典”做出了应有贡献。

2003 年 9 月，护理学(高升本)专业首届招收学生 2823 人。图 32 为浙江大学医学远程教育 2003 级新生入学仪式。

图 32　浙江大学医学远程教育 2003 级新生入学仪式

2003 年，浙江大学与美国罗玛琳达大学合作，开设了护理学(专升本)远程教改试点班。

该批学员同时获得罗玛琳达大学颁发的课程进修结业证书。图 33 为与浙江大学合作医学远程的美国罗玛琳达大学教授在我校参观。

图 33 与浙江大学合作医学远程的美国罗玛琳达大学教授在我校参观

2004 年 9 月，浙江大学医学远程教育已在全国 10 个省市建立 37 个医学远程教学站，先后开设护理学(专升本)、临床医学(专升本)、护理学(高升本)专业，学生数达 7000 多人，占学校远程教育学院学生数的 1/3，已成为我校远程教育的重要组成部分，形成了以浙江大学为中心，覆盖全国的医学远程教育格局。

2004 年 12 月，在浙江杭州、金华、湖州开展“现代心肺脑复苏的新概念和新技术、医院感染及其控制”两期远程继续医学教育学分项目试点工作。

2004 年，积极引进国内外先进理念和课程，根据远程医学教育特色，规划、调整和优化课程结构，增设医学类新兴课程、跨学科的综合性课程群及医学软科学课程，以全面提升课程质量。另启动“基础医学课程整合教学改革与实践”，将细胞生物学、人体解剖学、组织胚胎学、生理学、病理生理学、病理学和药理学七门课程整合成一门基础医学，实现从宏观到微观、从形态到功能、从正常到异常、从疾病到治疗药物的横向讲授方法，更适合在职医护人员。图 34 为浙江大学医学远程教育学生分组协同实验场景。

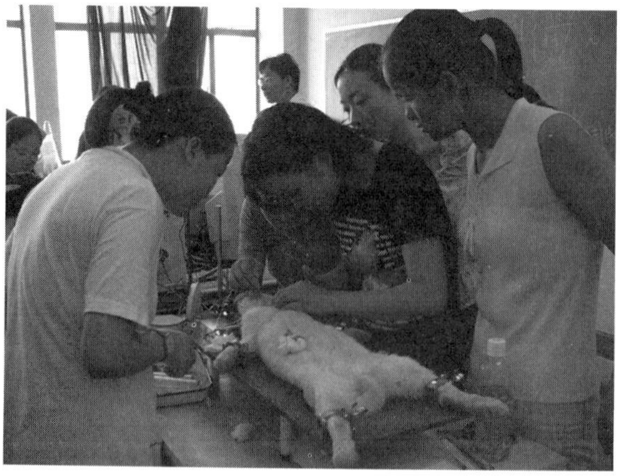

图 34 浙江大学医学远程教育学生分组协同实验场景

2005 年 8 月，浙江省卫生厅发文，同意我院开展远程继续医学教育学分制项目(省级)。

2005 年 9 月，药学(专升本、高升本)专业首届招收学生 678 人。

2005 年 11 月，受浙江省卫生厅委托，面向浙江省在职卫生人员开展“禽流感防治知识”远程培训工作。

2005 年年底，办学 5 年来，已开发医学远程助学和助教课件百余门，自编远程教材近 20 种，并稳步形成由百余名浙江大学优秀教师组成的远程师资队伍。

2008 年 5 月，受浙江省卫生厅委托，学校利用远程教育面对浙江省在职卫生人员开展手足口病防治的紧急培训，如图 35 所示。

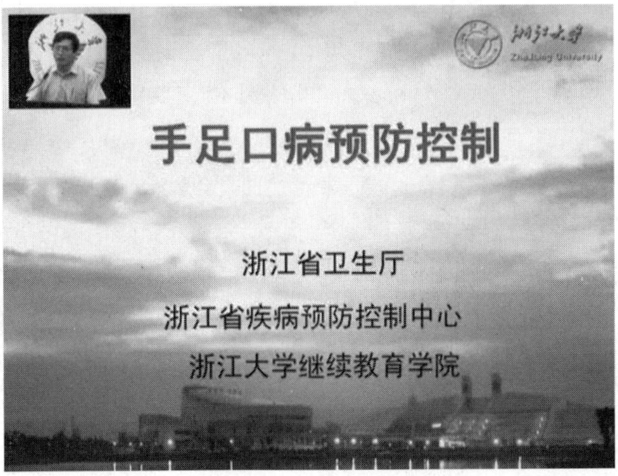

图 35　浙江大学受浙江省卫生厅委托对浙江省在职卫生人员开展手足口病防治的紧急远程培训页面

2008 年 6 月，响应教育部号召，制作了抗震救灾心理辅导网络课件，用于支持汶川地震灾区。

2009 年 3 月，受浙江省卫生厅委托，制作乡村医生培训课件，用于浙江省乡村医生直播课堂教学。

图 36 为浙江大学开展的各类医学远程培训项目。

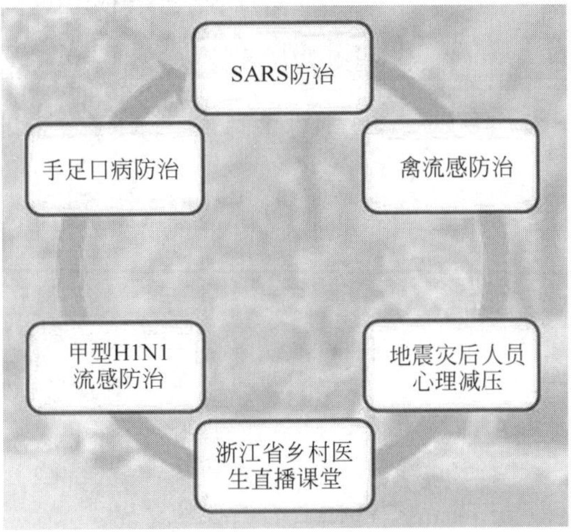

图 36　浙江大学开展的各类医学远程培训项目

（九）文化建设创新

结合远程教育特点，浙江大学确立了基于“全人教育”理念的远程教育校园文化建设内涵：紧紧围绕促进学生全面发展的建设目标，充分依托学校办学优势，通过校园文化建设大力推动专业知识教育、素质拓展教育、综合能力教育、思想人文教育的深度融合，构建远程教育全过程教育生态圈，加强线上线下、课堂内外协同培养，学校和各学习中心协同培养，建立浙江大学远程教育“知识传授、能力培养、素质提升、人格塑造”四位一体的人才培养模式，促进学生提升综合素质，全面自由地发展。

学校层面开展的活动主要有（图 37～图 39 为部分主要活动的场景）：

图 37　浙江大学远程教育学习中心学生回母校参观学习

图 38　浙江大学远程教育开展的优秀学生夏令营活动和“放飞梦想，放飞青春”风筝比赛活动

每年举办一次毕业典礼暨学位授予仪式、每年接待全国各地学习中心学生回母校、开展参观校史馆等活动。

2001 年 3 月，浙江大学远程教育学生出版第一本远程教育学生刊物《太阳雨》。

2001 年 7 月，举办首届浙江大学远程教育优秀学生夏令营活动。

2001 年 12 月，我校远程教育学院与全国各有关学习中心首次联合举办基于卫星双向视频的多会场的网上迎新联欢活动。

2008—2009 年，共编辑《2008 春暖花开》《冬的孕育，春的绽放》《生如夏花》等 6 期不同主题的学生刊物专辑，在网站“校园文化”栏目面向学生发布。

2012—2015 年，每年编辑刊印一期《求是学子》杂志。

另举办了以“百年校庆”为主题，推出包括校史知识竞答、情系浙大征文、唱响校歌等活

图 39　2007 年 11 月推出的“浙江大学远程学子风采大赛”系列活动介绍，其中包括征文比赛、摄影作品大赛、网页制作大赛、学生活动方案策划大赛等活动项目

动项目的“回首百年，情系浙大”系列学生活动。

举办了包括征文比赛、摄影作品大赛、网页制作大赛、学生活动方案策划大赛等活动项目的“浙江大学远程学子风采大赛”系列活动。

举办了以“校歌”为主题的“大不自多、海纳江河”系列学生活动，包括唱响校歌征文比赛、摄影作品大赛等活动项目。

举办了以“远程教育提升品质，自主学习改变人生”为主题的系列学生活动，包括首届远程骄子评选、“求是、创新”杯网络征文大赛、浙大远程教育口号征集大赛等。

举办了以“传承求是精神、营建远程文化”为主题系列学生活动，其中包括“心系浙大、成就梦想”为主题的征文比赛、“中国梦想，美丽家园”为主题的摄影大赛、“放飞青春、共创未来”为主题的优秀学生活动评选大赛等。

举办了以“中国梦”为主题的“弘扬求是创新精神，打造远程文化品牌”系列活动，包括第二届远程骄子评选、主题征文大赛、浙江大学百年校史知识竞赛、区域性文化体育比赛等活动项目。

举办了以“党的十八大精神”为主题的“弘扬社会主义核心价值观、增强校园文化活动感召力”系列活动，包括以“敬业、诚信”为主题的征文比赛、以“文明、和谐”为主题的摄影大赛、以“友善、平等”为主题的区域性体育活动大赛。

举办了以“感恩浙里，筑梦远航”为主题的系列学生活动，包括以“远程学习故事”为主题的图文大赛、以“拒做低头族”为主题的微点子创意征集、以“寻找最美时光”为主题的摄影分享大赛、以“精彩校园生活、创意由你做主”为主题的校园文化活动策划大赛。

举办了以“母校，我为你骄傲”为主题的系列学生活动，包括以“感悟浙大”为主题的征文、漫画创作活动。

举办了以“校庆120周年”为主题的一句话、一动作、一旋律征集活动，以“校庆”为主题的对联征集活动和校园文化活动策划大赛。

举办了以“回顾与前行”为主题的给自己的一封信征文活动大赛。

2011年6月，包含远程毕业生在内的浙江大学校友总会继续教育学院分会成立。

2015年1月，学校远程教育毕业生信息导入浙江大学校友网，为远程毕业生搭建了与校友之间沟通交流的平台。

除学校层面的远程教育校园文化建设活动外，学校远程教育各学习中心也开展了各类形式的、丰富多彩的学生文化活动。其中值得一提的是远程教育直属学习中心校园文化建设活动，其《基于“全人教育”理念的远程教育校园文化建设探索——以浙江大学远程教育直属学习中心实践为例》荣获优秀案例并入选2017年的“中国高校远程与继续教育优秀案例库”。

远程教育直属学习中心设立于浙江大学校内，是浙江大学直管直招的学习中心，学生人数约占浙大远程总人数的四分之一。直属学习中心充分发挥自身优势，通过设计和构建“专业知识学习平台”“综合素质拓展平台”“兴趣交友联谊平台”，并通过加强远程教育校园网站及微信公众号建设，形成线上线下相互补充、相互促进、相互融合的校园文化格局，有效构建了线上线下、课堂内外协同培养的全过程远程教育生态圈，促进学生提升综合素质，全面自由地发展。开展了117次中心层面(不含直属学习中心俱乐部层面活动)一系列校园文化建设探索，同时中心将这些活动内容摘录汇编成二期“华池畔——学生活动风采剪影”画册，如图40所示，成为浙江大学远程教育校园文化建设的示范者和引领者。

浙江大学远程教育直属学习中心开展的主要活动包括：

传承求是文化系列。包括开学典礼、毕业典礼、参观校史馆、特别返校日、各类联欢会和评选，例如，2015年举行的“和谐浙大，魅力远程”联欢会，2016年进行的评选直属学习中心“最美校花”“最美声音”等活动，每年定期举办的“以徒步敬文军长征，以毅行悟求是精神”毅行活动精品项目等。

学习支持服务系列。组织学生参加校内举办的各类专家讲座，包括浙江大学的“紫金论坛”“名师名家”论坛等大型高端论坛、班级课外学习小组活动、课程的面授辅导课、定期召开的学生座谈会、组织与专业学习相关的专家座谈、职业发展课程讲座、外语角，等等。

素质拓展与兴趣交友系列。组建了摄影、雅集、户外、亲子、球类、经理等15个远程学生俱乐部，开展了158次(不含中心层面各类活动)各具特色的活动。例如，摄影俱乐部定期举行摄影讲座、开展“人与自然”摄影采风和专场人像摄影等活动；雅集俱乐部组织了别开生面的茶艺讲座、中医保健与养生讲座、对个人职业发展实用的礼仪讲座、增添情趣的插花讲座；户外俱乐部组织了“春风十里不如你”踏青、古道行登山徒步系列活动、西湖夜跑等特色活动；亲子俱乐部组织了皋亭山互动游戏会、“伴你成长-赞美与批评的艺术”亲子沙龙讲座、湘湖采风、“寻找最浓年味”活动；球类俱乐部组织了“羽你同行”羽毛球选拔赛、“求是杯”新生篮球赛、网球培训等各类球类竞技活动；经理俱乐部组织同学参加2016年浙江大学(第21届)名师名家论坛、行业资源相亲会、“彩虹计划”结对大会等，加强了同行间的交流和资源整合，提升了职业竞争力。

图 40　浙江大学远程教育直属学习中心编辑的“华池畔
——学生活动风采剪影”画册中的学生活动介绍

公益爱心系列活动。举行爱心助学义卖、爱心捐款等活动，展现浙大远程学子责任、担当的精神面貌，如 2016 年 6 月 5 日直属学习中心及中心教工党支部、学生经理俱乐部、学生亲子俱乐部等师生共计 300 余名联合浙江电视台“1818 黄金眼”栏目参与了“四季彩虹”助学义卖活动。义卖共募得善款 10 143 元，并募到学习文具和图书四大箱，捐赠给富阳区春蕾小学秋丰校区、淳安县威坪镇方宅希望小学的贫困学生。

浙江大学远程教育校园文化建设在实践过程中体现了继承性、创新性、系统性、主体性(体现以学生为中心)的特点，较好地解决了远程教育由于其师生准分离状态，教学中缺乏面对面的情感交流，学生对学习及学校的归属感不强，难以受到独特的大学校园文化氛围的熏陶，无法领略大学校园氛围所带来的人文影响等一直以来被外界质疑且难以克服的发展瓶颈和短板。

六、领导关怀

浙江大学的现代远程教育从试点以来，得到习近平同志、李岚清同志、路甬祥同志等党和国家领导人及教育部、卫生部、监察部、浙江省委省政府、浙江省教育厅、卫生厅、杭州市委、市政府等各级领导的重视、关注、关心和支持。

2003 年 6 月，成立浙江大学象山干部远程教育中心，利用双向交互网络环境开展农村党员干部培训。时任浙江省委书记习近平写来贺信，浙江省委宣传部常务副部长童勺素上了第一堂课。

1997 年 10 月，浙江医科大学（现浙江大学医学院）被批准为卫生部全国远程医学教育首批示范试点单位。

1999 年 3 月，教育部印发《关于启动现代远程教育第一批普通高校试点工作的几点意见》（教电〔1999〕1 号），批准清华大学、浙江大学等 4 所高校为首批试点高校。同月，教育部又正式给学校发文《关于对浙江大学〈关于开展现代远程教育试点工作申请报告〉的批复》（教电厅〔1999〕2 号），再次确定浙江大学为第一批参加现代远程教育试点的 4 所高校之一。

2001 年 12 月，监察部冯梯云副部长视察浙江大学远程教育学院。

2002 年 3 月，教育部周远清副部长视察浙江大学远程教育学院。

2002 年 2 月，浙江大学求是网上学园（城市宽带网络大学）开通。杭州市委书记王国平写来贺信，杭州市市长茅临生和学校党政主要领导等出席开通典礼。

2002 年 4 月，中共中央政治局常委、国务院李岚清副总理视察浙江大学，并听取了浙江大学现代远程教育专题汇报，如图 41 所示。

图 41　2002 年 4 月，中共中央政治局常委、国务院李岚清副总理听取我校现代远程教育专题汇报

2002 年 10 月，浙江大学与首家国家级公共服务体系——奥鹏远程教育中心合作开展现代远程教育，成为首批与奥鹏远程教育中心合作的试点高校之一。2002 年 10 月 12 日，在北京隆重举行了“奥鹏北京直属学习中心揭牌仪式暨浙江大学远程教育学院 2002 级新生开学典礼”。教育部高等教育司司长、中央广播电视大学校长张尧学，中央电大党委书记、副校长于云秀，浙江大学副校长冯培恩等参加了此次活动。图 42 为张尧学司长讲话。

2003 年 9 月，参加 2003 年北京中国高等教育软件展，原国务院副总理李岚清、国务委

图 42　2002 年 10 月，教育部高等教育司张尧学司长在我校远程教育北京学习中心首届学生开学典礼上讲话

员陈至立、全国人大常委会副委员长许嘉璐、教育部部长周济、教育部副部长吴启迪等莅临浙江大学展区了解指导远程教育工作，如图 43 所示。

图 43　2003 年 9 月，国务院副总理李岚清、国务委员陈至立、全国人大常委会副委员长许嘉璐、教育部部长周济、教育部副部长吴启迪等莅临中国高等教育软件展中的浙江大学展区了解指导远程教育工作

2003 年 10 月 12 日，浙江大学远程教育学院在邵科馆隆重举行建院六周年庆祝大会。浙江大学党委书记张浚生、浙江大学副校长兼远程教育学院院长冯培恩，教育部高教司远程与继续教育处、全国高校现代远程教育协作组、浙江省教育厅高教处、浙江省卫生厅科教处、杭州市政府等领导、香港理工大学副校长杨国荣等参加了庆祝大会并在会上致辞。清华大学、北京大学等 19 所现代远程教育试点高校网络教育学院院长，学校各校区、各部室、各学院有关领导，远程教育学院师生代表约 300 人参加了这一盛典。

2008 年 5 月 14 日，由全国高校现代远程教育协作组主办，浙江大学承办的“2008 年现代远程教育试点工作研讨会”在杭州召开。教育部高教司副司长刘桔出席会议并讲话，浙江大学副校长姒健敏出席。来自教育部高教司远程与继续教育处，以及北京大学、清华大学、人民大学、上海交通大学等全国 64 所试点高校的远程教育学院负责人会聚一堂，集中研讨如何进一步落实党的十七大精神，全力推进我国现代远程教育的健康、可持续发展。

2008 年 11 月，全国人大常委会副委员长、中国科学院院长、原浙江大学校长兼任我校成人教育学院首任院长路甬祥院士为我校继续教育学院题词“发展继续教育，提高创新能力”。

2009 年 6 月，适值我校远程教育办学 12 周年之际，中国工程院常务副院长、原浙江大学校长潘云鹤院士为远程教育学院题词“贺浙江大学远程教育办学十二周年 严谨求是 巧妙创新”。

七、重要成果

2001 年 7 月，首批浙江大学远程教育 257 名专升本学生毕业，同时也是中国培养的第一批远程学历教育本科毕业生。潘云鹤校长亲自为每位毕业生颁发了毕业证书。《人民日报》《光明日报》《中国教育报》《瞭望》杂志等对此作了报道，如图 44 所示。

图 44　2001 年 7 月，浙江大学潘云鹤校长为全国首届现代远程教育毕业生颁发毕业证书和《人民日报》关于浙江大学首届远程教育学生毕业的报道

2001 年 11 月，首批浙江大学远程教育研究生课程进修班学生结业。

2002 年 2 月，为适应“终身学习”的需求，以非学历教育为主的全国首家在宽带网上开通的城市网络大学——浙大求是网上学园在杭州开通运行。光明日报、浙江日报、钱江晚报、杭州日报、新浪网、南方网等多家媒体进行了报道。

2002 年 6 月，浙江大学参与了与上海交通大学、西安交通大学两校合作开展远程教育学分互认和面向西部地区培养人才工程。此项目于 2005 年被评为国家级教学成果一等奖，如图 45 所示。

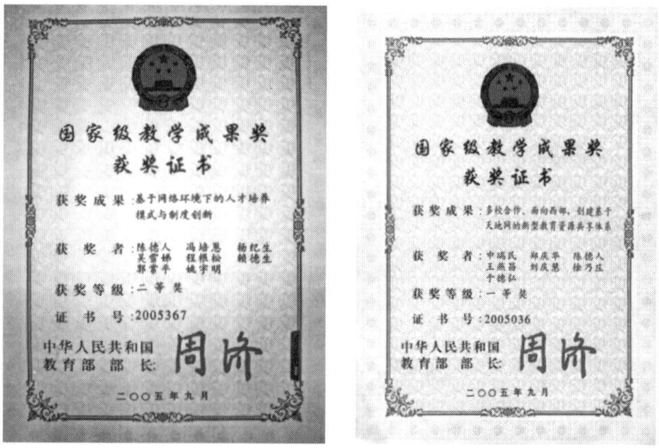

图 45　浙江大学获得的国家级教学成果奖获奖证书

2003 年 3 月 11 日，浙江大学校报发布远程教育专刊，以“在创新中不断发展的浙江大学远程教育”为题，整版报道学校开展的现代远程教育情况。

2003 年 6 月，成立浙江大学象山干部远程教育中心，利用双向交互网络环境开展农村党员干部培训。时任浙江省委书记习近平写来贺信，浙江省委宣传部常务副部长童勺素上了第一堂课。《全国干部教育通讯》《信息通报》《人民日报》《光明日报》《中国教育报》《人民网》《浙江日报》等多家媒体对此事进行了报道。

2003 年 7 月，浙江大学为非洲培养现代远程教育方向的首位博士生毕业。

2003 年 10 月，浙江大学出版了由潘云鹤校长作序的《现代远程教育的实践和探索》一书。

2005 年 9 月，浙江大学远程教育学院“基于网络环境下的人才培养模式与制度创新”荣获浙江大学教学成果一等奖、浙江省教学成果一等奖、国家级教学成果二等奖。

2005 年 5 月，与浙江省农业厅正式签署协议合作开展浙江省农业远程教育合作，标志着浙江大学利用现代远程教育积极参与社会主义新农村建设。《浙江日报》、《钱江晚报》、浙江电视台、杭州电视台等 10 多家新闻媒体进行了报道。

2007 年 4 月 24 日，中国教育电视台对用于浙江大学远程教育的基于网络的电气工程实验室进行专访。

2007 年 11 月，浙江大学向教育部报送的 3 门课程：“电子商务系统结构及应用”（陈德人教授）、“生理学”（夏强教授）和“园艺产品贮运学”（汪俏梅教授），全部入围教育部国家网络精品课程。

图 46 为浙江大学获奖的部分远程教育精品课件。

图 46　浙江大学获奖的部分远程教育精品课件

2008 年 8 月，浙江大学报送的 3 门网络教育课程："公共经济学"（戴文标教授）、"电力电子技术"（潘再平教授）和"信息安全管理"（陈天洲教授），全部入围教育部国家网络精品课程。

2008 年 12 月，浙江大学全国教育科学规划课题《网络社会的终身教育问题研究》通过验收。

2009 年 1 月，浙江大学远程教育获全国高校现代远程教育协作组《国家精品课程（网络教育）建设组织奖金奖》和《网络教育资源共建共享优秀奖》。

图 47 为上述结题证书和有关资源建设的奖牌。

图 47　浙江大学全国教育科学规划课题通过验收的结题证书和浙江大学获全国高校现代远程教育协作组有关资源建设的奖牌

2009 年 9 月，《中国远程教育》杂志社刊发"开拓者之路—浙江大学远程教育的奋斗历程"。

2010 年 5 月，"药物分析""微积分"两门课程入围教育部国家网络精品课程。

2013 年 4 月，"药物分析""公共经济学""电力电子技术"3 门课程入围国家级网络教育精品资源共享课。

2014 年 1 月，"生理学""网络营销"2 门课程入围国家级网络教育精品资源共享课。

2017 年 11 月，直属学习中心"基于'全人教育'理念的远程教育校园文化建设探索"案例入选"中国高校远程与继续教育优秀案例库"。其中，案例中的"迎五一、迎校庆，致敬基层先进"的学生公益活动被中国企业新闻网（工业和信息化部主管）、浙江教育报、浙江工人报、江苏热线、新浪浙江、搜狐教育、杭报在线（杭州日报）等 10 多家媒体报道。

浙江大学现代远程学历教育办学 20 年来，始终保持着良好的社会声誉，自 1998 年到 2018 年共招生 261 642 人，毕业学生 172 139 人，其中获得学士学位学生 27 068 人（数据统计至 2018 年 12 月底）。图 48 和图 49 为远程教育毕业典礼暨学位授予仪式和远程教育学生在校园的场景。

浙江大学现代远程学历教育减免学费共招收农民工（不含社会招生）学历教育 2452 人，为浙江省有关企业等和广东富士康集团定点培养 1255 人，两项合计共招生 3707 人（数据统计至 2018 年 12 月底）。图 50 为"网红"农民工"刷墙哥"学习场景和被媒体报道的情况。

浙江大学现代远程学历教育从 2008 年起，在珠海、上海、深圳、厦门、杭州等地陆续招收港澳台学生 253 人。另有在美国、匈牙利、泰国、阿联酋等工作的中国籍青年曾报名参加学校的远程学历教育学习（数据统计至 2018 年 12 月底）。

20 年来，浙江大学共获得远程教育各类奖项 16 项，编辑出版《现代远程教育理论与实践探索》专著一部。学院干部、教职工在各类刊物发表远程教育方面的研究论文共 40 余篇。

图 48　浙江大学远程教育毕业典礼暨学位授予仪式

图 49　获得学位的远程教育学生在校园的场景

图 50　浙江大学远程教育学生，“网红”农民工“刷墙哥”田刘宾在认真学习，以及全国 20 余家主流媒体对其参加浙大远程教育学习事迹的报道

八、问题困难

现代远程教育试点20年来，我校远程教育在取得了巨大成绩的同时，也遇到众多发展中的困惑和瓶颈。

（一）教学效果仍是难点

远程教育的宽进制度，使生源结构复杂，许多学习基础薄弱、学习能力不强的学生进入远程教育学习，还有不少成人学习者学习动机过于功利，学习态度不够端正，就读远程教育的目的单纯为了文凭。部分学生受到传统教育形式和固有思维的影响，依赖于外压监督式的教育，对以自主学习形式为主的远程教育存在不适应的情况，学校优质的资源没有被充分利用。学习者的多元化、功利化特征以及学习惯性思维加大了远程教育教学的难度，高中起点本科学位授予率不高就是突出表现。高校要积极寻找基于学生乐学、学以致用与学校教学质量要求的平衡点。

（二）资源建设尚需提升

远程教育学生的结构特点无法从根本上改变，这就要求改革教育方法，因材施教。目前远程教育的教学模式、教学方法和教学内容按照全日制普通教育执行的情况仍较严重，职业化和应用性不足，学生的学习动力和学习兴趣存在较大问题。关键在资源建设上应作较大改革，引入企业、行业优秀的实战性数字化资源，达到课程资源要有适应成人学习的教学设计，要有满足学习者职业发展的教学内容，要有帮助学习者克服学习孤独感的支持服务等。

（三）资源共享有待推进

目前，远程教育办学模式依然处在较为单一、封闭的发展阶段，仍以单纯地依托学习中心举办学历教育为主，而远程教育对外服务功能未能得到充分发挥，校内各类教育的衔接通道也尚未建立，远程教育优质的数字化资源仍无法积极服务于校内普通全日制教育、非学历继续教育；目前依托资源联盟建立的校际间的资源共享仍停留在比较松散的合作阶段，优质资源如何实现优化整合，深入共建和开放，校际的学分如何互认互选，学习成果如何转换等还有待进一步推动；校企合作的订单式人才培养模式也处在初期的摸索阶段，如何更好地发挥学校和企业双方各自的优势，真正做到产教双方深度融合，需要今后继续努力探索。

（四）校外中心风险尚存

个别校外学习中心不能全面贯彻学校办学指导思想，规范落实学校的办学制度，在实际办学过程中存在违规操作、弄虚作假等行为，给远程教育招生、收费、考试、发证等环节带来很大风险。为此，办学中要进一步加大对校外学习中心的监管力度，继续推进完善校外学习中心检查、评估制度，对影响学校声誉、扰乱远程教育市场和不规范管理的校外学习中心坚决终止合作。

（五）社会环境不利影响

社会环境中出现的有损现代远程学历教育声誉的招生广告等违规现象越来越公开大胆，但却无法得到有效制止；有的社会教育机构发布的招生广告十分离谱，有的在试点高校不知情的情况下，打着试点高校名义招生，而社会著名网站不但照发不误，还采用弹窗、搜索引擎前置等方式进行广告宣传，各试点高校屡打不绝，无奈之下，只好各自发布有关声明，说明真相，但作用有限；加之社会媒体对我国开展现代远程学历教育取得的成就和对认真举办现代远程学历教育的试点高校宣传不够，某些社会媒体对远程学历教育有选择地报道，使得我国的现代远程学历教育办学声誉存在问题，也极大影响了试点高校举办现代远程学历教育的积极性。

九、转型发展

根据学校的部署与要求，浙江大学远程学历教育自 2019 年起全面停止招生，远程教育进入转型发展新时代。下一步将重点做好以下两方面工作。

（一）整合力量，加强管理，确保远程学历教育平稳收尾

1. 优化远程教育管理体制

2018 年，针对学校远程教育即将停止招生的情况，远程教育学院对内设机构进行了调整，将原分散在多个职能部门的远程学历教育管理与学生支持服务工作职能合并，新组建成立远程教育部，以提升远程教育管理效率和各办学环节的有效衔接，保证学校远程学历教育的平稳运行直至结束。目前学校远程学历教育停止招生后的各项工作平稳有序进行，新部门运转顺利，在读学生学习状态正常，各学习中心充分理解并继续良好合作。

2. 加强重点办学环节管理

通过对远程教育办学过程的全面梳理，确定了课程资源建设、学习支持、考试管理、毕业论文管理等重点环节。同时，已经从教师、学习中心、学生、内部管理 4 个层面针对停止招生后可能出现的问题进行详细排查，提出对应的前置措施，建立继续稳定运行的工作保障机制。目前，远程教育学院正在出台“关于进一步加强远程教育规范管理确保教育质量的通知”的管理文件，进一步从制度上对各办学环节提出明确的监管要求，落实责任，严控风险。

3. 加强校外学习中心管理

针对学校校外学习中心均依托公办单位建设的优势，远程教育学院将继续要求各学习中心按照合作协议要求，确保学生管理与学习支持服务质量；将强化各环节考核与学生评价调查，结合完成工作质量评分进行相应的办学经费奖励与补偿，以及缺失环节的督查与整改；将建立学习中心联系人制度，实行学院层面与学习中心层面双重学生学习状况追踪与督促，切实保证在读学生能尽可能完成学业；将进一步强化学习中心考风考纪的落实，结合学校历年考情通报以及远程教育考试面临的新情况、新问题采取针对性措施，严把考试质量关，维护学校远程教育的考试纪律。

4. 继续保持人员经费投入

面对远程教育停止招生后学费收入下滑的情况，学校将继续保持远程教育办学经费投入和必要的管理人员配备，保障远程教育的良好办学秩序与办学环境，并将继续完善远程教育课程资源建设，对原有的资源进行改造更新，推进网络信息化软硬件建设。

（二）总结试点经验，发挥资源优势，大力推进在线教育

浙江大学现代远程教育试点20年以来，积累了丰富的办学经验，建设了一大批优质教学资源，并在资源开发、支持服务、平台建设等方面形成了一定优势。为充分发挥办学优势，远程教育学院将远程培训部和技术服务部合并，组建成立在线教育部，积极应用现代远程教育技术和手段，大力推进在线教育，包括完全在线、面授与在线培训相结合的混合式培训。

当前浙江大学推进在线教育的思路，一是充分利用远程教育多年积累的优质教学资源开展资源升级改造，拓展服务校内外各级各类教育信息化建设，积极推进优秀数字化资源面向校内普通本科、非学历继续教育的开放，促进高校之间优质资源的共享，向社会提供知识服务；二是积极总结远程教育的办学经验，继续深入探索产教合作、校企合作的人才培养模式，大力举办面向企业行业的在线继续教育项目，加强校企合作应用型人才培养的实践探索。

目前，浙江大学远程教育部分课程已向社会开放，学习者可按单课程进修取得相应学分，获得课程成绩证明，并探索学历与非学历继续教育学分互认和学习成果转换模式。下一步，拟整合学校初成规模的继续教育的培训资源，结合浙江大学的学科优势和浙江改革开放前沿的区位优势，积极推进面向企业家、各级领导干部，以及专业技术人员等的在线继续教育项目和课程研发，积极开拓在线教育培训市场，寻求与有关政府部门、行业、企业集团等的合作，推动信息技术与传统教学手段在继续教育培训工作中的优势互补、融合发展。重点开发一批支持西部经济和社会发展、融合学历教育和培训的在线课程，开展学习成果转换的有效探索，从而实现远程教育转型提质升级。

浙江大学开展现代远程教育的20年，是围绕党中央跨世纪社会主义现代化建设的宏伟目标与任务，落实科教兴国战略，全面推进教育的改革和发展，提高全民族素质和创新能力，遵循邓小平同志关于"教育要面向现代化，面向世界，面向未来"，以及习近平同志关于"新时代中国特色社会主义思想"的战略指导思想，在党和国家的关怀下，在教育部的领导下，在学校的高度重视下，不断创新探索、改革发展，取得了瞩目成就的20年。今后，浙江大学现代远程教育将围绕实现远程教育转型提质升级，继续为我国构建终身教育体系、促进学习型社会做出浙江大学应有的贡献！

北京邮电大学现代远程教育试点工作总结

一、试点背景、试点初衷、试点任务

（一）试点工作背景、初衷与任务

1998年6月5日，教育部报请国务院批转《关于发展我国现代远程教育的意见》（教电〔1998〕1号），提出积极推动现代远程教育发展的必要性和紧迫性；7月10日，时任国务院副总理的李岚清批示：应将现代远程教育作为一项重大工程研究实施。1999年1月13日，国务院批转教育部《面向21世纪教育振兴计划》（国发〔1999〕4号），提出实施"现代远程教育工程"，形成开放式教育网络，构建终身学习体系，指出"现代远程教育是随着现代信息技术发展而产生的一种新型教育方式。它是构筑知识经济时代人们终身学习体系的主要手段。充分利用信息技术，在原有远程教育的基础上实施'现代远程教育工程'，可以有效发挥现有各种教育资源的优势，符合世界科技教育发展的潮流，是在我国资源短缺的条件下办好大教育的战略措施，要作为重要的基础设施加大建设力度。"1999年3月25日，教育部印发《关于启动现代远程教育第一批普通高校试点工作的几点意见》（教电〔1999〕1号），提出试点的目的、任务、条件、试点学校及任务的审批、政策、试点工作的检查评估等。1999年3月29日，教育部办公厅批复同意清华大学、浙江大学、北京邮电大学、湖南大学4所高校提出的现代远程教育试点方案（教电厅〔1999〕1、2、3、4号）。至此，现代远程教育试点工作正式拉开了序幕。

当初教育部选择北京邮电大学（下称"北邮"）作为首批试点有3个重要的因素：其一，承办网络教育首先要具备规范办学理念和质量至上的意识，具备高质量的师资队伍；北邮是中国通信的黄埔，其高水平的办学质量已成为国内颇有名气的特色重点高校，是教育部开展网络教育试点的首选；其二，北邮一直定位在行业办学，从专业设置和渠道建设上都有明显的行业特色和优势，可以为国内同类大学基于网络教育开展行业成人继续教育树立一面旗帜；其三，由于北邮在IT通信技术上的领先地位，尤其是当时国际上推崇的ATM技术已经被北邮研制出通信产品，并成功应用于公众宽带多媒体、多业务的核心网中，使较强依托技术的网络教育能发挥北邮技术上的优势，并能够利用现有技术快速组建覆盖全国的网络体系，支撑网络教育的教学运转。经过18年的试点，北邮没有辜负教育部领导的期望和重托，规范办学，注重质量，稳步发展，成果显著；培养本、专科学生7万多人，其中80%贡献于IT企业，在IT企业的建设和发展中起到了十分重要的作用。

（二）试点初期工作的开展情况

1998年12月，北邮与中国邮电电信总局就双方合作内容、教育模式和技术方案、合作成员及运行机制、系统建设投入和产权、双方职责、收益及分配、合作期限7个方面达成共识，由北京邮电大学副校长张英海和电信总局副局长作为双方授权代表签署了"关于开展远程教育项目的合作备忘录”。在进行认真准备后，1999 年 3 月 25 日北邮远程学院正式成立。1999 年 6 月 22 日，北邮为第一批远程教育的学生举行了隆重的开学典礼，教育部副部长吕福源、中国电信集团总经理张立贵出席了典礼。中国邮电电信总局简称中国电信，是当时中国最大的通信业务运营商，直属中国邮电部管理，具有最强的经济实力和最领先的网络技术，首期投资 5000 多万元，部署了全国最大的、技术上最先进的 ATM 宽带多媒体双向实时交互式远程教学系统，首批在北邮建成 5 个授课演播室，在北京、天津、广东、辽宁、福建三省两市开通了 33 个多媒体听课教室，首批招收“计算机科学与技术”高起本学生 900 多名。2000 年又在山东、浙江、上海三省市建立了 5 个多媒体教室，招收“计算机科学与技术”高起本和专升本学生 1700 多名。

2001 年，教育部为了支持高校的远程教育，免费开通了卫星视频信道广播，北邮网院在 ATM 不能覆盖的区域利用教育电视台的 IP 数据信道传送视频课程，弥补了 COD(课件点播)方式不能实时授课的不足。2003 年，经教育部批准又开通了卫星实时教学系统，学院投入 100 多万元的资金建成远程教育视频广播卫星教育演播室，各地陆续建设了接收小站，以满足当时 SARS 疫情和后续发展的需要，教学形式为现场教学直播和视频录播相结合。这期间从教学模式上我们紧跟技术的变化，探索不同技术方式实施教学的特点，构成天网、地网、人网的立体交叉网络。

几乎同时，随着 ATM 技术的成熟和完善，运营商在骨干网大量采用 ATM 技术。到 2002 年，ATM 宽带实时教学系统已覆盖 11 个省市，连接 50 个多媒体教室，在校学生达到 5000 多人。北邮网络教育系统的技术水平、建设规模以及面向行业招生模式引来络绎不绝的国内外造访者，接待了加拿大、美国、德国、波兰等 10 多个国家的外宾参观访问，不断交流洽谈远程教育的合作，并隆重举行了加拿大 SFU 远程教育中心主任赠送的远程教育平台软件的赠送仪式，当时北邮网络教育在全国及国际上享有盛誉。

到 2002 年，北邮远程教育已经初步完成体系建设，包括培养计划的制订，课程计划的制订，各种管理文件的制订；招生管理、收费管理、学籍管理、学位管理、考试管理、校外学习中心管理、教师聘任管理等环节，建立了技术支撑维护队伍、技术开发队伍和研究队伍；依托北邮函授学院建立了教师聘任机制，理顺了兼职教师队伍的聘任管理流程，完成了 150 门 COD 课件的制作，组建了北邮在线股份公司，形成了产、学、研、用一体的运行机制。

为了落实《面向 21 世纪教育振兴行动计划》，教育部大力推进现代远程教育工程，多次在有关会议上和正式文件中要求举办远程教育的大学建立“网络教育学院”，2001 年 3 月经北邮领导慎重考虑，建议于 2002 年 3 月北邮正式发文(校人发〔2002〕18 号)将函授学院更名为网络教育学院。

北邮网络教育紧跟教育部的政策指挥棒经历了辗转曲折的 5 个发展阶段，但从自身的办学特色和办学体系上，可分为 3 个发展阶段：网络教育独立发展阶段、成人教育融合阶段和继续教育融合阶段。从业务管理体系上经历了 5 次机构改革，5 次更名[继续教育学院(函授学院)、远程学院、函授教育(网络教育)学院、网络教育学院、网络教育(继续教育)学院]，教学技术平台经历了 4 次升级换代，教学模式上经历了 4 次重大变革(ATM、COD 点播、卫星、互联网)，从办学理念、办学体系、技术架构、资源共享及教育研究等方面逐步发展完善，为国内网络教育的进一步发展，探索利用网络技术实施多种教学模式积累了宝贵的试点经验，也为推进高校教育信息化建设，完成人才培养、科学研究、服务社会的三大职能，为中国实施终生教育和学习型社会的战略目标做出了贡献。

（三）试点启动工作得到各方认可

在2003年SARS横行的日子里，北邮网络教育学院开放了所有网络课程，学生不必停课，所有职工通过网络办公充分展示在关键时刻网络教育发挥的作用，在北邮产生了重大影响。2003年9月19日，学院在中国高等教育信息化论坛中心展区参展会上，李岚清、陈至立、周济亲临我院展位参观，并给予了高度评价。2003年批准我校开设教育技术学学科硕士专业，网络教育技术研究所作为学科基地完成了多项国家十五攻关重大课题和教育部科技计划课题，其科研成果被评为国家科技进步二等奖和教育部科技进步一等奖，其中，网络考试、作业系统、虚拟实验系统被成功应用到网络教学中，使网络教育的实践能够遵循科学的理论依据，教育技术的研究找到了网络教育实践的实验田。经过3年的努力，北邮完成了函授、远程教育的全面融合，使北邮网络教育发展到一个崭新的阶段。以此为基础，院内投入经费设立了多项教育改革研究课题，遵循网络教育规律，开始研究以学生为中心的技术和服务模式，实现了基于SAKAI技术框架、第二代教学平台的自主研发。同时，基于SAKAI平台加大投入资源建设，到2014年初累计建设课程208门次，其中国家级精品资源共享课4门，国家级精品课程6门。获全国多媒体课件大赛、北邮教学成果奖多项。累计纵向科研经费5000多万元，自编成人教育教材20多部，其中多部被列为“十一五”国家级规划教材。

在搜狐举办的年度中国教育总评榜上，学院多次荣获“十佳网络教育学院”；在新京报、南方都市报等11家媒体组织的首届媒体信赖的教育品牌评鉴远程教育机构类评比中，学院获得“品牌教育最具行业公信力奖”。在教育部优学网等媒体举办的中国教育总评榜中多次获得“十佳网络教育学院”称号；被北京市残联授予“支残助残先进单位”称号。2002年，教育部首次将ISO9000质量认证体系引入教育领域进行试点，学院作为两所试点高校之一，通过了教育部组织的ISO9000质量试认证。

二、试点工作的实施落实、创新探索与改革发展

（一）信息技术及网络技术的变迁与发展

北邮网络教育学院在近20年的发展中，借助北邮在信息通信及网络技术领域领先的优势，紧跟国内外教育信息化的先进技术，探索将最先进、最适用的信息技术应用于网络教育的教学、管理和办公各个环节。

1. 教学方式的变迁与发展

1）ATM网络技术在教学初期的应用探索

20世纪90年代初，ATM技术被电信界认为是最先进、最理想的宽带转移模式。1996年，北邮自主研发了BTC-9500 ATM交换机，搭建了中国邮电ATM科学实验网；1997年，中国邮电电信总公司组建了京、津、沪宽带多媒体实验网；1998年，中国公众多媒体宽带骨干网建成并投入使用。北邮网络教育利用中国电信已经在全国建好的多媒体实验网络，迅速开通了第一代实时授课系统。

采用ATM技术构建的第一代网络教学系统如图1所示。该系统除基于ATM传输交

换技术外，还使用美国 VTEL 公司的网络视频会议系统组建了 38 个授、听课教室，能够实现远距离有线网络视频、音频和文本的同步实时传送，使主教室的授课现场的多媒体教学信息同步传输到远端听课教室，实时录制和文件下载，师生双方可以通过网络系统实现音视频远程同步交互，达到远程实时教学。

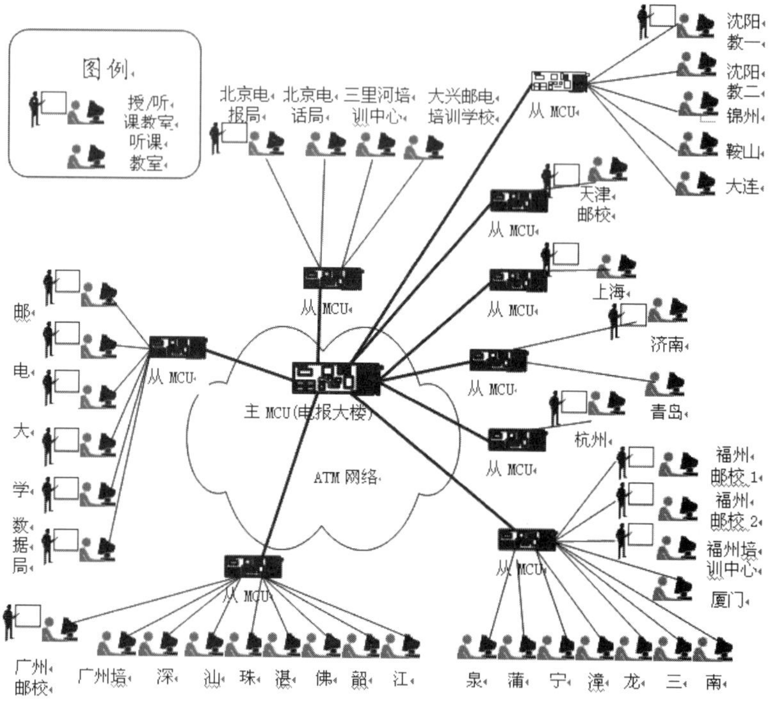

图 1 北邮网院第一代宽带多媒体实时教学系统

尽管 ATM 技术组建的实时教学系统有很多优点，但也有很多不足之处，首先是设备和租赁价格昂贵；其次，系统的可扩展性差，对于不是电信系统的学习中心加入该系统十分困难；再有学生听课必须定时定点参加；另外，初期使用的网络是一个实验测试系统，不符合商用系统的可靠性要求，经常会出现系统故障，直接影响实时教学。这些不足对 ATM 系统进一步的建设和发展带来了诸多限制。随着互联网技术的成熟与快速普及，电信网络的 IP 化趋势愈加明显，电信部门在 ATM 的投入和完善逐渐结束，骨干网的 IP 化逐步形成，ATM 方式逐渐被放弃，直到 2004 年以后，彻底停用了第一代宽带多媒体实时教学系统。

2）卫星技术在教学中的应用探索

2002 年，教育部鼓励试点高校通过教育电视台播放教学视频节目。2002 年 10 月 22～24 日，北邮网院在京召开了“卫星技术方案实施和开办新专业”研讨会，来自 20 个省、自治区、直辖市 23 个校外学习中心主管成人教育的校长和网络技术人员的 38 位代表出席了会议。会议形成了建立一个以卫星传输方案为骨干、以支持 ATM 网络的备份和新专业的开办的远程教育平台方案。北邮网院建设了卫星授课演播室，现场的视频信号通过专用 2M 专线及相关视频传输设备将信号输送到中国教育电视台的播出机房，教育电视台的专用设备进行视频打包加密，上传到鑫诺 2 号卫星，并通过卫星向全国各地进行广播。各地的远程教室配备简单的卫星接收设备就可以对加密的视频信号进行解码，收看网络视频课程直播。

学生采用非实时的卫星广播教学方式进行学习。同时，把提前制作好的COD教学课程利用卫星系统实现数字课程的循环广播，以利于学生的学习。卫星系统的主要优点是建站价格低廉；卫星传输不受地域限制，扩展性好，可快速延伸到边远地区；课程可以在播出时段重复播放。由于第一代宽带多媒体实时教学系统的不足，卫星传输方式很快成为ATM系统的扩展和补充。卫星授课系统采用外交互的技术路线，即通过卫星传送教师授课的视音频内容，非实时的教学环节通过卫星系统外的网络进行答疑互动交流。图2是北邮网院卫星授课系统示意图。

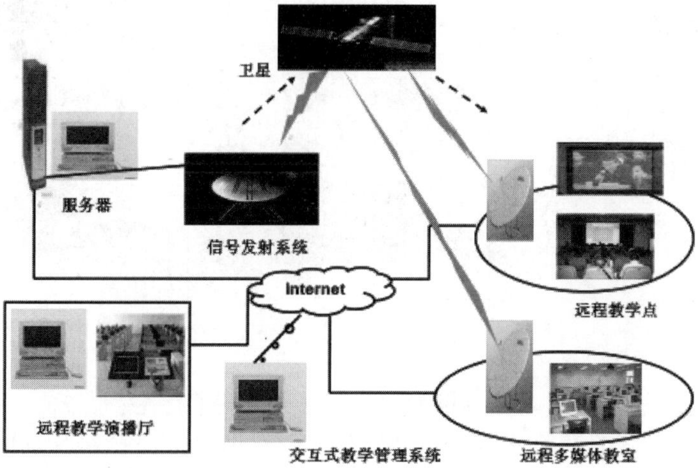

图2　北邮网院卫星授课系统示意图

卫星授课模式尽管有很多优点，但也存在以下不足：

(1) 教学系统采用广播方式，无法实现实时互动，接收端学生只能单向收看，不能当场与授课老师进行答疑和交流。

(2) 接收天线大，需要有经验的技术人员调试，一旦朝向稍微偏离信号，就会中断。

(3) 视频信号受限，基本是准高清，画面不可调。若想看高清信号，还要升级电视机。

(4) 卫星课程播出必须提前安排，播出内容要通过电视台的严格审查，一旦出现问题，必须马上停播。由于播出管理程序复杂，课程计划不能按照学校的意愿随意安排。

基于以上原因以及后来互联网的飞速发展，卫星授课系统只使用了3年。

3) 互联网技术在教学中的应用探索

随着网络技术的发展，采用分散式个人自学模式已经成为远程教育的发展趋势。因此，2003年开始北邮网院采用租用服务方式，租借WebEx公司的基于互联网的视频会议系统开展网络教育远程授课。网络实时授课系统配置示意图如图3所示。

WebEx公司的网络视频会议系统是基于C/S架构的实时双向交互会议系统，可以支持视频会议模式和文本教学三分屏模式。该系统对授课端和听课端的要求非常简单，只要配备一台计算机、视频摄像头和麦克，通过网络就可以授课、听课，学生不必集中到专用教室，自由安排，特别适合远程学习者的需要。此外，该系统还可以在授课的同时生成课件，通过专用播放器便于课后学生重新点播学习。强大的后台管理功能可以通过控制界面安排课程，根据实际需要配置授课参数，如学院按需要租赁了同时在线300人可以满足实时辅导的

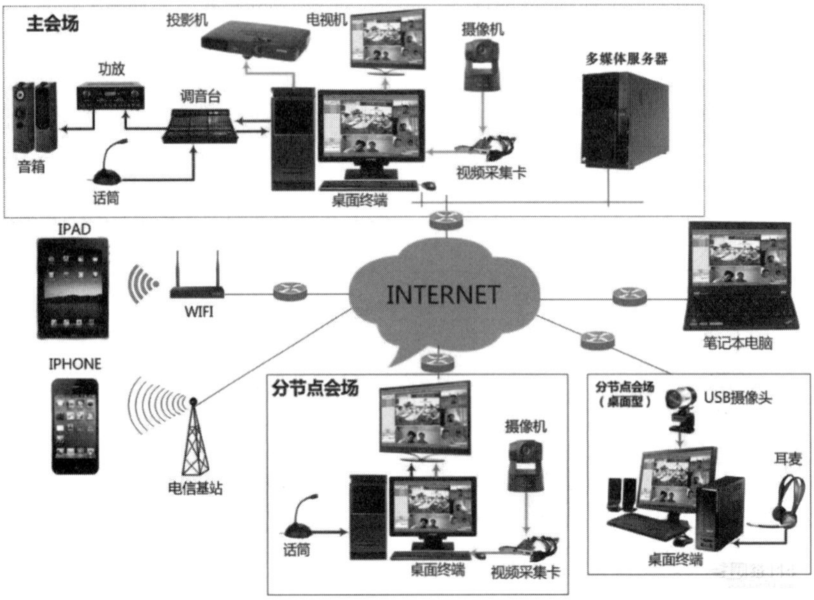

图 3 网络实时授课系统配置示意图

需要。该系统 2003—2005 年为北邮网院提供了良好的服务。

2005 年，随着学院的发展，在校生人数的增加，对网络实时授课系统的要求也越来越高，300 人同时在线的规模已经不能满足学院发展的使用要求。在大量的调研和选型对比后，决定选盛维公司的网络视频会议系统作为新一代的实时授课系统，获得了能支持 500 人同时在线的规模。同时，在北京电报大楼机房租赁了 20M 双路由专线，并配置了核心网络视频会议服务网关，在河南郑州机房和安徽合肥机房分别配置了网络视频会议服务器，并分别配备了 100M 独享带宽。盛维系统支持准高清视频，提供一定的后台统计管理功能。

2013 年，互联网技术已经取得突破性进展，高速互联网接入技术普遍进入家庭，计算机、移动办公已经得到普及应用。为了适应北邮网院进一步发展的需要，网络实时授课系统又进行了一次更新升级。通过深入的市场调研和考察，选用了同时支持在线 1000 人，享受 300 人在线点播的服务和支持移动学习的视频会议平台，教师授课截图如图 4 所示。同时，与北邮网院的门户网站实现无缝嵌入链接，方便了学院学生、教师的使用。该系统还提供了强大的网络数据统计功能，使管理者能够随时了解网络在线状况和信息，及时分析学生的网络学习情况。

2. 教学、教务管理平台的变迁与发展

网络教学平台是指支持网络教学的硬件设施和支持网络教学的软件系统的集合。它建立在互联网的基础之上，为网络教学管理提供全面支持服务。

1）初始平台

自 2000 年开始，我院建立了网院自己的首个门户网站，该网站主要发布学院相关的各种管理信息和学院介绍，定时发布各个阶段的教学管理信息和课程安排。其技术特点是：能够动态地浏览学院的专业设置和招生信息；了解北邮网院的发展历程和办学特点。该网站技术开发手段是基于 Java 技术的网站平台，Linux 操作系统，配以 Oracle 数据库，设置了

图 4　教师授课截图

学生、教师的登录网络认证入口，建立了学习讨论空间，并提供了课程资源文本下载和简单的课程辅导资料下载。

2）1.0 版教学管理平台

自 2003 年开始，学院组建了 20 人左右的专门的开发团队，自己开发了针对本学院使用的 1.0 教学教务管理平台，该系统作为北邮网院的门户网站的管理平台对外提供服务。

1.0 教学教务管理平台是基于 Java 技术采用 B/S 结构的网络管理平台，开发采用 JSP 语言，后台连接 Oracle 数据库。整个管理平台实现对北邮网院的数万名在读学生的教务、教学管理。通过网络化的平台管理，提高了学院的管理水平和工作效率。平台可提供学生的选课信息和作业提交，提供实时课程的资源下载和课程研讨交流空间，方便了学生们的网上学习，为学院未来的发展打下了坚实的基础。

3）基于 SAKAI 的 2.0 教学教务平台

随着学院的不断发展和网络技术环境的改善，国家政策的不断调整，平台的需求随时发生着变化，自 2006 年学院开始压缩编制，采用适度外包方式，首先开发团队对 SAKAI 系统进行了研究，分年度派 4 位访问学者前往美国进行学习研究，北邮是国内最早开始研究 SAKAI 的院校，学院技术人员对 SAKAI 系统进行全面汉化，学院投入数百万元开发了基于 SAKAI 的 2.0 教学教务管理平台。2.0 教学教务管理平台是基于 SAKAI 开放平台的开发环境，配以 Oracle 数据库，采用 B/S 结构的应用界面。平台具备完善的网络身份认证、完备的教务管理、多种手段的教学组织和良好的大数据分析处理功能。

2.0 的教学、教务管理平台从功能上包括学院的办学介绍、招生宣传和在线考试端口，提供了开放课程和学生服务模块配置，还有教务专栏和网络统考信息。教务管理平台包括：系统管理、学习中心管理、学院部门管理、课程管理、考试管理、招生管理、学籍管理、等多层次、全面的教务管理模块，将学院教务管理的各项内容全部网络化，全面提升了学院的网络管理的效率和教育信息化水平。教学平台主要包括：个人学习空间、课程空间、教师简介、课程通知、课程日常安排、课程资源、毕业设计等模块，覆盖学生的整个学习过程，为学生提供了良好的网络学习环境。该平台自2008年秋季学期启用至今一直在不断升级和改进，功能逐渐完善，服务内容逐渐增多，系统运行日趋稳定，目前已经成为教务教学的核心管理系统。

3. 办公环境的变迁与发展

1）初步实现办公计算机和网络化

2000年租赁了10M专线用于互联网公网的接入，用于学院门户网站的日常维护服务，同时通过光纤连接北邮本校，保证当时学院实时授课ATM网络系统的使用以及教育互联网的接入。2000年时的网络拓扑如图5所示。

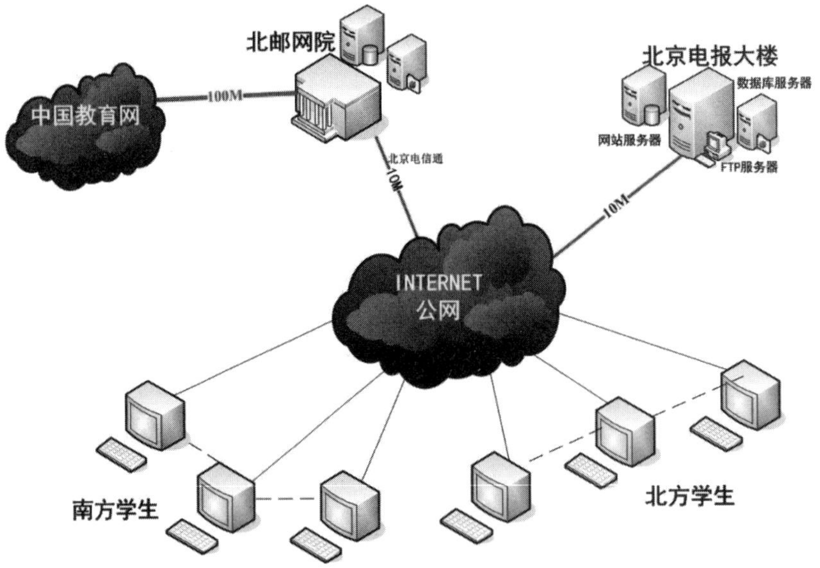

图5　2000年时的网络拓扑

自2000年以后，学院彻底改变落后的手工处理文件的办公环境。首先是在学院构建学院局域网，使各个部门具备网络办公的基本条件。随后对全体员工进行计算机使用的培训，并为各个部门逐步配备办公用台式计算机，到2002年年底，初步实现了办公计算机化和网络化。

2）逐步改善网络环境及办公自动化

自2003年开始，学院实现了三网合一的网络配置。基于ATM网的专线2M配置、卫星广播2M双线专线配置和基于互联网的10M网络管理平台的线路配置，在北邮网院至本校配置了100M教育网专线。自2006年开始，在北京电报大楼机房租赁了20M双路由专线，陆续托管了28台服务器、磁盘阵列等网络设备。同时，在北邮网院本院实现了千兆教育网接入，20M公网授课网络专线接入和6条备份BBN线路公网接入。2006年时的网络拓扑如图6所示。

2003—2008年，学院的网络办公环境已经实现。学院的各种教学、教务管理全部转移到网上教学、教务管理平台上。学院内部实现网络办公自动化，构建了自己的OA办公网络系统；教学管理规范，教务管理顺畅，数据统计计算机化；与各地的教学站点的联系通过网络

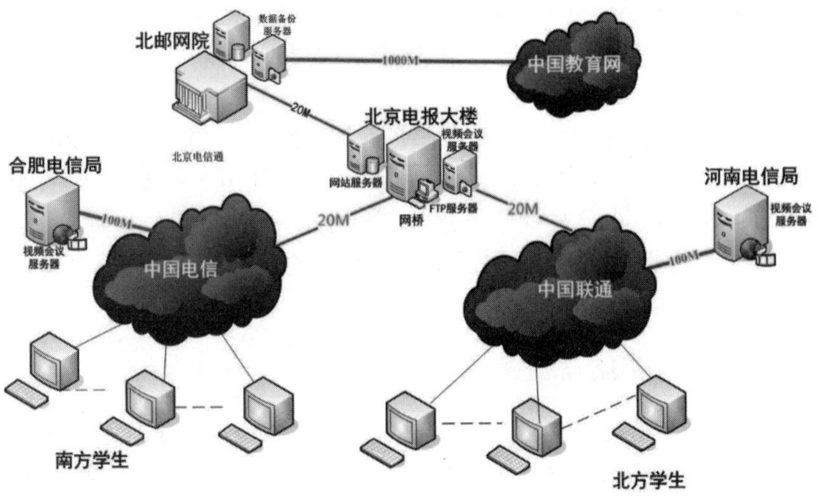

图 6　2006 年时的网络拓扑

非常便捷；管理人员使用的办公软件从 Office 97 版，逐步升级到 2000 版，再到 2007 版；同时，还为参与教学的授课教师配备了笔记本电脑，便于他们出差、外出教学时使用，实现了移动办公。

3）全面提升网络授课及办公自动化环境

自 2015 年开始，在保持原来北邮本校教育网千兆接入和 20M 授课网络专线接入情况下，对所有网络线路资源都进行了扩容——对北京电报大楼机房的专线增加到 100M 接入，撤销了 6 条备份 BBN 线路，改为租赁 50M 联通专线公网接入。2016 年时的网络拓扑如图 7 所示。

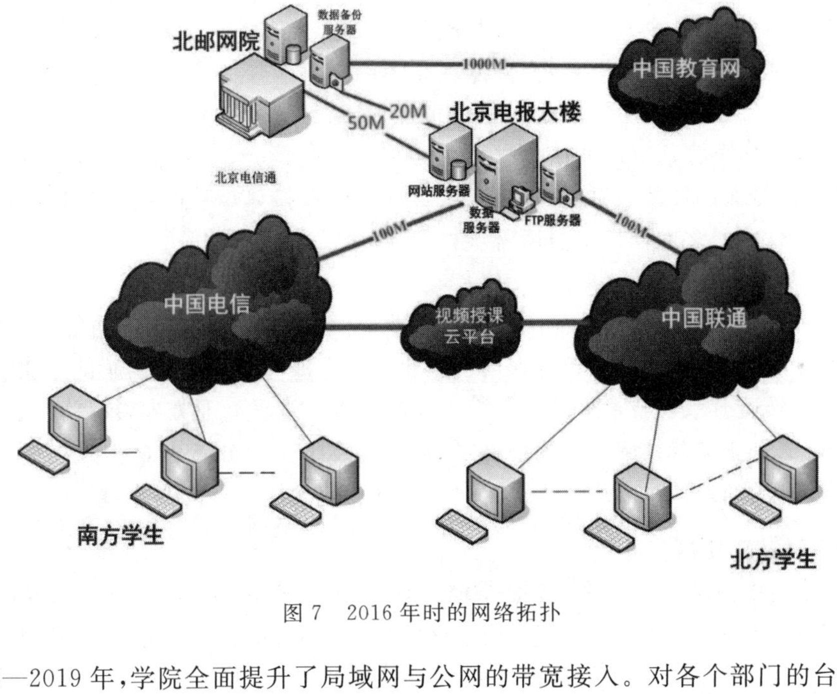

图 7　2016 年时的网络拓扑

2008—2019 年，学院全面提升了局域网与公网的带宽接入。对各个部门的台式计算机和授课教师的笔记本计算机每6年进行一次更新升级，办公软件也同步升级到2010以上版本，实现了办公环境的无线覆盖。同时，对学院的两个计算机机房的设备进行了更新换代，全面提升计算机教学的环境。

北邮网络教育依托信息技术的优势，紧跟最新通信技术，自主研发、开拓创新，培养和造就了一批精通网络教育的专家技术人员和一支精干的技术开发维护队伍，探索了一条产、学、研、用相结合的路子，取得了一批网络教学的软件成果，走过了值得描绘的网络教育20年。北邮网络教育的技术应用和发展与通信信息技术的变革与发展紧密相关，是我国网络教育技术发展历程的经典集成。

（二）招生工作的实施与变革

长期以来，传统招生模式基本是以学校为中心，按照制订招生计划、分省招生布置、招生报名、考试、录取、入学、交费的流程开展工作。进入20世纪90年代后，各高校通过不同的招生手段，争先竞争生源市场。对于成人教育，由于优质生源短缺，政府不负责教育经费，迫使成人教育更早进入市场化运作。北邮很快从传统招生模式下走出来——从一年一季招生到一年两季招生，再到随时随地网络化招生；从单一专业、单一培养层次到多专业、多培养层次招生，再到校企合作、校校合作，不断拓展教育服务范围、扩大生源，走过了一个不平凡的历程。

1. 以企业需求为导向开展招生工作

1）规划招生方案，满足市场需求

根据政策及社会需求变化，北邮成人教育的招生方案在不断调整，涉及办学形式、招生专业、培养层次等多方面的调配。

2）增加招生专业，契合行业发展

远程教育在办学过程中招生专业不断增加，从最初的只有一个“计算机科学与技术（高起本）”发展到目前的19个专业层次类别，培养层次覆盖高起专、专升本、高起本，专业门类既有理工类专业，也有管理类专业，充分体现北邮以工学门类为主体，工管文理协调发展的办学特色，满足各级各类学生的求学需求，把北邮成人教育服务行业、服务社会的办学理念落到实处。在办学中密切关注通信信息行业的业务发展趋势，专业建设思路契合行业发展导向，完善招生专业设置动态机制，强化专业与产业的对接，以科学设置的招生专业满足企业技术、管理、营销等多岗位员工报读需求。

3）定位需求，设立特色专业方向

北邮远程教育一直定位为面向邮电通信行业，开设专业具有鲜明的通信行业特色。通信信息行业发展飞速，学校远程教育根据企业业务的发展导向及时推出新的专业、专业方向应对企业产业转型升级与技术进步对急需人才的培养。设置专业方向，挖掘专业内涵，精准定位需求，拓宽专业覆盖领域。在课程设置、教学内容上也充分考虑企业的实际需要，注重专业知识与岗位技能相结合，致力于搭建学历教育和非学历教育的立交桥。

2. 合作办学的拓展

（1）为落实中国邮政“人才强邮”的战略方针，为我国邮政事业的大发展培养高层次、实用型的技术和管理人才，造就一支高素质的邮政员工队伍，北京邮电大学与中国邮政集团公司结成战略伙伴，联合开展“现代远程教育”和各类培训教育，并达成战略合作协议。通过战略合作，在培养高层次人才的同时，探讨邮政行业继续教育的发展模式、教育规模、管理机制。

北京邮电大学与中国邮政集团公司校企合作的实施案例，展示了搭建不同类型学历教育立交桥，建立学历教育与岗位培训相互兼容、协调发展的继续教育体系。校企合作制定了5个专业、8个岗位的教学计划和培养方案，研发了3个专业方向、30门定制课程，成为国内首家开设此专业的高等院校，也是学生数量最多、覆盖范围最广的合作办学范例，北邮因此被评为教育部继续教育示范基地。

(2) 2013年，中国联通集团公司联合北京邮电大学突破原有人才培养模式共同启动"联通一线岗位职工知识结构优化工程"项目。在对联通岗位工种充分调研的基础上，为联通知识结构优化项目制订专用的培养计划，每个专业中的加入了联通特色课程，由联通高级内训师负责课程讲授，既是学历教育的课程，也是企业培训的课程，将学历教育平台与联通学院平台做了对接，职工可以在两个学习平台上跳转，实现了学历教育与企业培训的融合贯通。

(3) "圆梦计划"是由共青团广东省委联合相关单位共同实施的公益项目，于2010年12月启动，重点资助广东新生代产业工人参加以网络远程教育形式为主的高等学历教育，帮助新生代产业工人追梦、圆梦。

2012年4月，北邮申请获得共青团广东省委的审核批准，成为广东"圆梦计划"的签约高校。2012年秋，学校有针对性地选择了体现学校专业特色，符合广东新生代农民工骨干培养发展的专业——物流工程(快递方向)和市场营销(客户管理与服务)申请加入该计划。学校在圆梦计划中的份额逐年扩大，帮助很多家庭贫困、工作表现优秀的农民工在职攻读大专、本科学历，实现他们读书深造的梦想。圆梦计划设立双导师双助理制，在学业和人生两个方面引导学生，帮扶学生，重点招收从事快递、客服、电子产品装配等行业的学生，调整课程内容贴近工作需要，说服企业资助员工学习，提供员工在职学习保障，政府、学校和企业共同助力学生成才。

2008年5月，由深圳市总工会联合相关单位倡导面向深圳的新生代产业工人开展公益教育的"圆梦计划"。该项计划以工会系统的办学资源和组织优势为依托，采取政府支持、工会帮扶、社会赞助相结合的方式，面向家庭困难、收入微薄、同时在深圳工作表现优秀的农民工提供培训和教育扶助，助力他们实现梦想。

2012—2018年，北邮为"圆梦计划"培养学生7154人。

(4) 2013年，北京市教育工会发布《关于开展非事业编制职工远程学历教育的通知》，提高北京市教育系统非事业编制职工队伍的整体素质，更新知识结构，提升学历层次和服务能力。为响应市教育工会号召，我校针对教育机构非事业编制职工实际情况制定了相应的培养方案。北邮积极发挥高校服务社会、提升基层劳动者素质的作用。

(5) 校企合作的启示。在多年与企业合作办学过程中，学校摸索出多方互动、多方共赢的合作模式。校企合作模式下的网络教育更加重视与学校及企业的沟通、交流与合作，这种模式也成为契合社会发展需要和适应新时期人才培养的网络教育发展方向。

合作模式建立在企业管理者、教师、教育管理人员、学生共同参与、定期研讨的沟通机制之上，在教学设计、教学实施、教学过程和学习监控等各环节都实现了企业、高校、学生的良好互动。企业是继续教育的主体，高校是企业开展继续教育的重要基地。企业只有以高校的高智力资源为依托实现人才战略，职工教育才可以起到事半功倍的效果。校企互动的人才培养模式是一种独特的教育形式,它将整个学习过程与企业对员工素质的提升有机结合起来,企业和学校共同激发学生的学习热情,增强学习动力,为学生创造良好的学习氛围,以达到学以致用,提升企业核心竞争力的目的。事实证明,校企互动是一种有质量保证、高效的人才培养模式。

在整个教育教学过程中,多方互动、多方共赢的合作模式强调多方参与,把控核心关键点。具体做法是:

- 深入调研,掌握企业业务的现状和发展需求。
- 校企协商定制培养计划,开发面向企业业务的特色优质课程资源。
- 实现高校远程教育系统和企业远程教育系统的融合。
- 建立多方沟通机制,构建校企互动的人才培养模式。
- 通过机制创新实现学分积累及转换,搭建学历教育与非学历教育的立交桥。

(三)学生支持服务创新

学生支持服务是保证网络教育质量的关键,是帮助学生解决问题、顺利完成学业的一个重要手段,是降低学生流失率的有效保障,是连接学生的纽带和桥梁。

根据支持对象及培养方案,在学习过程各个阶段确定支持的内容;通过教学平台进行数据分析,有针对性地开展支持工作;不断丰富支持手段,提高支持的广度和深度,提高支持效率,同时开展了丰富多彩的学生活动,加强学生的亲近感和归属感。

学生支持服务从无到有历经 15 年,从简单服务到二级支持体系的创新发展为实现北邮网院远程教育宗旨“让学习真实发生、让学生真实获得”起到十分重要的作用,奠定了良好的基础。

1. 远程教育新时期的服务创新

校外学习中心的规范管理为良好的学生支持服务和构建合理的服务体系打下了良好的基础,是北邮网院与校外学习中心建立紧密互动关系的可靠保障,也是现代远程教育发展中关于教育服务创新的又一亮点。学生支持服务的诞生是伴随着真正以网络为主要学习手段、学习过程成为课程评定的重要依据等要素的出现而逐步进入远程教育体系中的。随着网络教育的深入发展,不仅是“老师教”“学生学”的方式发生了巨大变化,同时也冲击着百年来以教师为中心的教育观念,网络教育的最大弊端是学生在网络上学习产生的孤独感和无助感,随之而来的就是辍学率增高,教育质量下降,因而学习支持服务是现代远程教育健康发展的重要变革之一。学习支持包含学术性的支持服务和非学术性的支持服务,从培养目标制定、教学计划设计、教学组织实施、学习过程监控、学生学术与非学术活动组织等方面全方位地关注学生的需求和困难,这既适应远程教育所面向的成人学生群体的学习需要,让远程自主学习成为可能,也为以教师为中心的传统教育理念注入了以学生为中心的新理念。

网络教育开办初期,受互联网技术尚未成熟、带宽有限等局限,学生的学习过程还是以线下的参与面授、参加 ATM 课程、观看 COD 课件光盘和邮寄纸介作业等环节为主,在线学习没有过程监控,校外学习中心沿用传统函授教育的组织模式对学生进行管理。

随着学院采用“北邮在线”开发的教学平台作为网络教学的主要载体,要求学生从网上下载课程资源到上传提交作业,学生遇到很多技术操作问题,对支持服务工作的需求与日剧增,最初平台上学生遇到的各类技术类问题催生了第一代学生热线。2003 年 6 月,学院在技术部设立了热线电话，一个座席，受理全国各地的来电。虽然初衷是解决技术问题，实际运行中接待了涉及技术、招生、教学、教务等全方位的学生问题。后来，因网络课堂承载常常不能满足需求，因此该热线很快也用于晚上值班，与学生和老师沟通答疑期间的平台技术问题等，晚上值班3个小时。

随着函授远程教学模式的融合，学生在线学习遇到的各类问题也逐年增加，一个座席远不能满足学生咨询的需求。为此，2006年初，学院完成了呼叫中心、短信平台的搭建，4月呼叫中心正式投入运营，座席数增加为两个，热线职责也由技术部移至教学管理部，为缓解作业提交系统不稳定、管理平台运转不稳定、授课系统出现突发问题在学生中的不良影响，起到了积极作用。教学管理部在新生入学教育、作业等学生参与情况统计、直属学习中心班主任队伍建设等方面做了很多尝试，校友录、博客等校园文化交流平台有了雏形。

随着学生规模的进一步激增，学院完成了几代教学教务管理平台升级，实现了学生的全部学习活动都经由平台完成，并重新编写或修订了学籍管理等重要的管理规章，这些变化使整个学生用户群体在平台使用、适应现代远程教学法和新的管理要求等诸多方面累积了巨大的学生支持服务工作需求。而各校外学习中心和函授教学站的工作重点仍在传统的招生和教学、考试组织上，成立专门的“管理服务”部门，有体系地开展学生支持服务工作，成为当时的迫切需求。

2007年7月，学生支持服务中心成立。学生支持服务中心的部门职责包含：①学院学生支持服务体系的规划与建设；②学生热线受理、外呼、虚拟校园、学生学习过程监控、学生评优等直接面向学生开展的工作；③远程学习中心和函授教学站的支持服务工作指导、考核和评价；④以协助组织问卷调查、提供学生数据和热点问题等形式对学院的教学和教务管理工作提供支援。

2007年9月，经过暑假期间的开发，学生支持服务管理平台开始在部门内试运行。10月1.0平台学生服务中心功能全网发布(包含作业、选课、毕业设计、实时辅导等监控功能)。

学生支持服务中心在工作范畴和工作方法上进行了诸多尝试，逐步形成较为成熟的运行模式：二级支持服务体系，至2018年，学生支持服务中心开展了大量特色性工作(将在“北邮特色的学生支持服务工作体系”中进一步介绍)，带动并促进了校外学习中心和函授教学站在新的历史时期重新进行职能定位，承担起支持服务工作的主体角色，北邮的支持服务工作水平因此走在国内试点高校的前列。

2. 北邮特色的学生支持服务工作体系

学生支持服务狭义上指以学院的学生支持服务中心为主开展的相关工作，广义上分为学术类支持服务和非学术类支持服务两类，包含现代远程教育面向学生开展的招生、收费、教学、考试、毕业、学位等各项管理工作。

经过多年的建设，学院的学生支持服务工作具有鲜明的北邮特色，目前已形成由学生支持服务中心牵头，基于校外学习中心和函授教学站的二级支持服务体系，服务学生、服务行业、服务社会。

二级支持服务体系的第一级为学院学生支持服务中心，二级部门为各远程校外学习中心、函授教学站。一级部门的工作职责是对全国二级部门进行工作指导、监控、评价、考核。二级部门负责在学生中建立学习小组，对学生的日常学习进行指导、服务，是督学和促学的工作主体。

学生支持服务中心在岗位设置上具有明确的区域管理分工，包括部门主任，每个岗位负责若干省份或中心的支持服务工作，分工保持相对稳定，区域管理员也保持相对稳定，便于与区域内所属的校外学习中心和函授教学站保持长期的交流和合作关系。自2010年春季学期开始，经过前期工作经验总结，形成并保持区域管理的核心工作制度：计划—反馈—月简报—通报制度。每月学生支持服务中心在月末发布下个月的支持服务工作计划，月初校外学习中心提交上月工作反馈表，学生支持服务中心根据各项学生参与数据对学习中心的工作效果进行月度评价，并通报给学习中心负责人。在有力的制度保障下，学生的学习参与度等各项指标实现了大幅增长：学生作业提交率从部门成立之初的不足60%，创造了连续十个学期提升的历史记录，基本实现了85%的预定目标，期末考试参考率保持在87%以上，毕业设计各环节保持90%以上的参与率，其中选题率连续多年保持98%以上，任务书提交保持95%以上。

学生支持服务中心沿用010-82056338作为面向全国学生的服务热线，2016年添加了小邮机器人智能答疑系统，受理招生和学生各类问题的咨询工作。每年接待约3000个学生来电，小邮机器人智能答疑约7000人次，同时开通了教务教学公共论坛、微博、微信等多种咨询渠道，并以短信平台、内网新闻、微博、微信等方式向学生推送信息，开展督学工作。一线接线员将需要进一步沟通协调的复杂问题转二线处理，提高了问题解决率。同时，对咨询、投诉设立了工单记录及抽查制度，加强了业务处理的规范性。

2009年，春季学期启动的院旗传递活动拉开了北邮特色落地大型学生活动的序幕。2010年秋季学期至2011年春季学期为庆祝建党90周年而设计开展的“我把红心献给党”大型主题活动，2012年推出的“我与北邮心连心”系列活动，2013年5月之后每个答辩季举办的“北邮情学子行”校园行活动，2014年秋季学期至2015年秋季学期的“组字献母校”庆祝北京邮电大学60周年校庆主题活动，以及2016年春季学期启动的“寄语庆甲子”庆祝北京邮电大学成人教育60周年大型主题活动，得到各远程校外学习中心和函授教学站的支持，以及全国北邮学子的踊跃参与，累计参与人数逾万人。同时还举办了开学典礼、梦想起航、学子校园行等多种活动。特色活动带动了学生的活跃度和对母校的归属感，也填补了成人教育中党建和思政教育的历史空白。2011年，《现代远程教育学生党建工作模式创新的研究与实践》立项，获得北京邮电大学优秀党建工作创新项目称号。

2011年，学院首次在教务教学工作年会中并行举办学生支持服务工作年会，用以总结二级学生支持服务体系的年度工作开展情况、效果、问题分析。自此，逐步形成每年一次培训会、一次工作年会的工作机制，配合日常工作交流中开展的新站点、新员工、新业务培训，形成较为完善的二级支持服务体系培训机制。

校外学习中心和函授教学站作为二级支持服务部门，直接面向学生提供服务。依托在各地邮电学校或运营商培训中心建设，行业属性突出，在一级部门的牵引下，二级部门的工作也逐步形成鲜明的北邮特色。

（1）校企联合支持服务工作模式。借助招生渠道在企业分支机构中设立专员对参与北邮学习的职工进行日常联系、指导，是近年来二级支持服务工作开展的一个主要类型，特别是邮政项目、联通项目等与集团公司签订协议发起的员工学历提升项目，得到学习中心所在地企业人力资源部的关注和支持，让企业生源可以就近享受到教材、咨询等服务，解决了不少工学矛盾，亲身参与也让企业更加了解项目培养进度和质量。

(2) 班主任制支持服务工作模式。在以院校为依托建设单位的校外学习中心,实施班主任制既可以借助依托单位的管理优势,又可以让学生通过班主任的人文关怀感受到浓郁的校园氛围。浙江校外学习中心自2010年率先启动班主任制支持服务工作模式后,学生的学习参与率和满意度大幅提升。之后在支持服务工作年会上进行了经验分享和模式推广,2012年河北、湖北电校等校外学习中心也纷纷推出了自己的班主任制管理办法。目前,班主任制已经成为公认的支持服务工作有效模式。

尽管学生支持服务中心工作起步较晚,但部门工作覆盖人群持续增长,工作内容不断拓展,业务流程不断精细化,二级支持服务体系愈加成熟。目前的一级部门工作内容中包含了大量可批量操作、可由系统直接提供的数据仍由人工整理的工作,而支持服务策略的制定和实施缺少源自大数据分析的支撑和检验,科学性和及时性不足;二级部门工作所需的个性化数据难以从教学平台直接获取,阻碍了个性化支持服务理念的推广。未来,随着远程教育大数据分析能力提升和新的系统工具引入,学院将继续巩固有北邮特色的二级学生支持服务体系建设,从不断优化工作流程,进一步提升办公自动化水平;在工作中进一步注入人文关怀,创造个性化督学和自助自主学习条件,提高学生学习的内生动力,为提高教育质量提供可能的支持服务。

(四) 师资队伍建设

北邮自1956年开办成人学历教育以来,一直保持着一支规模适度的专职教师队伍。教师专业范围从数学、物理、英语等基础类专业,到通信工程、计算机科学与技术、工商管理、市场营销、会计学等应用类专业。正是这一支长期专门从事成人学历教育一线教学实施和教学研究的教师队伍,在国家启动远程教育试点工作时,及时投入到对于网络教育人才培养模式、教学模式和课程资源建设等工作的探索、研究和实践中,快速跟进远程教学新技术变革,有力地支撑了北邮远程教育试点工作的推进。

1. 师资队伍结构

1999—2018年,北邮远程教育专职教师人数维持在40～50人规模。这些教师承担了学院所有专业的本科、专科、研究生各层次的全部教学任务,以及本科毕业设计论文指导、网络课程资源建设、成人学历教育教材编写等工作。同时,许多教师积极申请、完成了数十项科研项目,并发表学术论文、申请专利。许多教师还参与了非学历教育的培训授课。全体教师发扬团结协作、勤奋向上的精神,出色地完成了各项教学及科研任务,为北邮的现代远程教育做出了突出贡献。

按照专职为主、兼职为辅的远程教育教师队伍建设原则,学院在全校范围内聘请了众多掌握远程教育特点、专业水平高、教学效果好的教师作为远程教育兼职教师,还通过合作方式在职业院校、通信企业等聘请富有专业特色的兼职教师。这些兼职教师的加盟一方面加强了北邮远程教育教学师资力量,另一方面也丰富了北邮远程教育的教学内容,使得北邮的成人学历更具专业特色、更契合于在职学员学用结合的学习需求。

2. 师资建设及成果

北邮注重教师素质培养,加强师德教育。定期组织教师学习《教师职业道德规范》《教育法》《教师法》等一系列与教育教学相关的法律法规。培养教师爱岗敬业、无私奉献、奋力拼搏的师德风范，增强教师严谨治学、为人师表、教书育人的思想意识。

重视教师的进修和培训，分期分批地安排教师参加国内、外的进修和培训，使教师及时拓展视野、更新知识结构、改进教学方法、提升教学效果，保障远程教育教学的先进性和实用性。深入开展教学研讨，认真组织教学观摩评比活动。

多年来，北邮网院教师一直致力于网络教育教学模式等方面的研究，一分耕耘，一分收获，在教师们的辛勤努力下，荣获以下教学成果奖：

1）北京市高等教育教学成果奖

2013 年，由张英海、曾志民、刘莹、康艳明、廖德生完成的“面向邮政行业的远程与继续教育人才培养模式的创新实践与研究”项目以及由文福安、孙燕莲、李建伟、范春梅、廖德生完成的“基于开放式网上虚拟实验教学系统的高校实验教学模式的创新与实践”项目分别荣获第七届北京市高等教育教学成果奖二等奖。

2）北京邮电大学校级教学成果奖

2004—2015 年，共获北京邮电大学教学成果奖一等奖 3 项、二等奖 6 项。

（五）网络教育人才培养模式机制探索与创新

随着信息社会的快速发展，创新性社会需要大量的个性化、创新型人才，更强调人才的差异化、多样性和创造性，传统教育中以培养知识、技能型人才为目标的教育理念难以支撑时代的需要。因此，北邮借助网络教育的信息化优势，在推动人才培养模式上做出了一系列改革创新的举措，一方面与时俱进地调整和扩充专业设置，另一方面积极修订更贴近社会需求的人才培养方案，在学生需要掌握的核心知识的基础上，更加强调对生活与职业技能、学习与创新能力、信息媒体与技术素养等方面的培养。同时，北邮在学生修业年限、学分积累等方面也制定了灵活的政策，打破了传统的固定选课、修课年限的限定，给学生带来极大的便利。

1. 专业设置的调整

1）新增专业

2005 年以前，北邮现代远程教育开设的专业比较单一，经过广泛的市场调研，每年都会基于市场和企业的需求增设一些新的专业，为学习者提供更多的选择方向，新增专业见表 1。

表 1　新增专业

年　　份	增 设 专 业
2005 年	软件工程、市场营销
2006 年	工商管理
2007 年	计算机科学与技术、软件工程、市场营销、电子商务
2011 年	市场营销(客服方向)
2012 年	自动化、机械工程自动化、市场营销(保险方向)
2013 年	会计学
2014 年	市场营销(金融方向)
2015 年	金融保险
2016 年	计算机科学与技术(移动互联网方向)

2）校企合作专业设置

北邮自 2008 年开始与中国邮政集团公司开展校企人才培养的合作，根据企业人才培养需求，专门设置了贴近企业业务需要的物流工程专升本专业、物流工程专科（快递方向）、物流工程专科（投递）以及会计学（邮政会计）专升本专业，充分体现了校企合作的办学特色。

2. 人才培养方案的修订

自开办现代远程教育以来，北邮已经进行了两次大的培养计划的调整和修订，第一次是修订 2008 秋季版所有专业层次专业培养计划，第二次是修订 2012 春季版高起专科专业培养计划。目前正全面启动面向专升本专业的第三次大规模的人才培养方案修订工作，预计在 2019 年秋季学期启用。

1）通用型培养方案的逐步修订

（1）《2008 版专业培养计划修订意见》的修订原则是：①课程设置应体现“应用型、实用性”原则，增加新技术课程；②公共基础课和专业基础课设置，以“够用”为原则，加强专业课程；③课程设置按照“整体优化”原则，加大课程整合力度，实现专本衔接的模块化设计；④每个专业设置 4～6 门核心课程，其教学设计实现“形成性考核”和“学习过程控制”。课程设置分为必修课和选修课。必修课包括公共必修课、专业必修课及实践环节，其中高起专增加 4 学分社会实践（报告）、专升本层次增加 12 学分的毕业设计（论文）；选修课开设素质类、新技术类、交叉学科等课程。

（2）《2012 春季版高起专专业培养计划》的修订是为了进一步落实差异化办学，减少滞留生，降低流失率，适应当前专科生源的能力水平，以学生为本，贯彻因材施教的教育原则，以“应知应会”为教学目的，从人才培养目标定位、课程设置、教学要求、考核方式、考核标准等方面进行调整。高中起点专科层次培养目标定位在培养“实用性、技能型”人才，学生通过学习使自身的能力素质有所提高，教学方式以学生能学、易学、喜学为导向。修订原则：①公共基础课和专业基础课以“够用”为原则，专业课以“实用性”为原则，并适度融合专业技能类课程或内容；②课程类别均为必修课程，不设置选修课程；③增加素质类教育课程（选修、零学分），以增加学生的个人的文化素养；④课程教学具体要求：应体现“因材施教”的教育原则，降低课程学习难度，增加课程学习的趣味性和实用性，使学生学会、学懂、学以致用。

2）企业定向培养方案的定制

北邮根据与企业签订的人才培养合作协议，按照专业培养计划的设计原则，为企业定制了诸多密切结合企业需求的专业培养计划。

2008 年与山东邮政培训中心合作招收经济管理专科和市场营销专科，这两个专业只面向山东邮政公司招生。在制订培养计划时，根据当地企业的特殊需要，增加了“邮政基层基础管理”（4 学分）和“管理者素质提升”（4 学分）两门必修课程，并由山东邮政培训中心本地化组织教学和考试。

2009 年与中国邮政集团公司合作经济管理专科专业，制订了该合作专业的培养计划。根据邮政企业的特殊需要，增设了四门邮政课程，即“邮政业务与管理”“邮政组织管理”“邮政管理基础”和“国际邮政组织管理”。2010 年秋季与中国邮政集团公司合作了物流工程（快递）和物流工程（投递）两个专科专业，并制订了相应的培养计划，增设了邮政类的特色课程，如“邮政英语”“投递质量管理”“速递大客户开发”“投递生产作业组织与管理”等。

2013年春季与中国联通合作，定制了联通特色的专业培养计划，涉及12个专业层次，即通信工程专升本、计算机科学与技术专升本、市场营销专升本、市场营销（客服）专升本、电子商务专升本、工商管理专升本、通信工程专科、计算机科学与技术专科、市场营销专科、市场营销（客服）专科、电子商务专科和经济管理专科，并且在课程设置中增设了与联通业务密切相关的三门课程，即“电信信息技术与业务”“电信业务顾问式营销技能”和“电信企业营业厅运营管理”。

3. 选课修课的弹性化管理

北邮于2005年秋季学期开始实施学年学分制，学分制的实施不但在课程上给予学生很大的自由空间，而且在学习的时间上给予了很大的弹性。北邮将指定性的教学计划变更为指导性学习计划，允许学生自主选择专业方向、自主选择课程和安排学习进度。

2008年秋季起，北邮现代远程教育统一了高起专和专升本两个层次的修业年限，最短为2.5年，最长为2.5+3年。由此，学生在规定的最短修业年限和最长修业年限内完成学业即可毕业。

（六）教学模式的变革与发展

在近20年的网络教学中，北邮不断总结教学经验，根据教学环境和技术的可能性，研究和设计多样化的教学模式，取得了较好的教学效果。

1. 远程教学模式的探索与实践

北邮自1999年开办远程教育以来，注重为学生提供更多的学习支持，积极开展多种远程教学模式的探索，先后采用ATM系统、卫星系统、互联网平台等多种途径为学生提供辅导和答疑，满足学生的学习需求。

1）各种远程教学模式的探索

（1）ATM实时辅导的教学模式。ATM实时辅导是北邮最早采用的远程教学模式（1999年开始），它利用ATM宽带网进行实时、双向、交互课堂式、多媒体教学，教师在北邮的主演播室讲课，通过ATM宽带网将课堂上的音像、图文、数据实时、清晰地传送给远端视听教室，学生也可以通过该网络实时向老师提问，真正实现课堂式的远程实时教学。

（2）采用COD课件的教学模式。2000年，北邮与宁夏电视大学合作，以COD课件点播方式开办远程教学，这是远程教育采取的教学形式的又一次技术创新。

（3）卫星授课的教学模式。为了扩大远程教育的覆盖范围，增强教师辅导力度，提供给学生更多的学习机会，2003年秋季学期，北邮远程教育“通信工程”和“信息管理与信息系统”两个专业首次使用卫星方式进行远程辅导。

（4）互联网实时授课的教学模式。随着互联网技术的成熟和发展，互联网应用已经渗透各个领域，为了解决学生的工学矛盾，2003年开始尝试采用互联网实时授课的教学模式（北邮是首批利用互联网授课的学校之一），充分利用互联网的优势与特色，真正实现不受时空限制的远程教育。

2）互联网教学模式的全面实施

通过几年来对各种教学模式的探索与实践，互联网教学模式的突出优势得到广泛认可，加之宽带传输技术的快速发展，网络速度大幅度提高，全面实施互联网教学模式取代其他教学模式成为可能，远程教学模式进入一个崭新的阶段。

从 2006 年春季学期开始，北邮远程教学全部采用互联网教学模式。为了帮助学生更好地自学，每门课程均安排 2～4 次互联网实时教学与答疑。同时，通过技术手段将实时教学内容同期录制、存储到服务器中，供学生课后下载反复学习。为了加强学生学习过程控制，在每个网络课程学习资源中还安排了 1～3 次阶段作业，并要求学生在规定时间内在线提交。

2. 网络教学模式的改革与成果

1）网络课程资源建设

基于国内网络课程资源建设的发展趋势，根据课程特点建设三类网络课程：网络简版课程资源和精版课程资源，具备一定条件的精版课程资源先后分批申报国家级网络教育精品课程和精品资源共享课程。到目前为止，总共完成了用于学历教育的 130 多门精版课程资源建设。

2007 年，《教育部办公厅关于 2007 年度国家精品课程申报工作的通知》倡导各网院推荐优质网络课程积极申报国家级精品课程，自 2007 年起，先后有 6 门课程被教育部评为国家级网络教育精品课程，见表 2。

表 2　国家级网络教育精品课程

序　号	课 程 名 称	课程负责人	年　份
1	高等数学	牛绍彰	2007 年
2	电路分析基础	上官右黎	2007 年
3	计算机通信网	文福安	2008 年
4	数字通信原理	勾学荣	2010 年
5	移动通信	曾志民	2010 年
6	数据结构(基于 Java)	蔺志青	2010 年

另外，北邮网院有 4 门课程被评为国家精品资源共享课程，见表 3。

表 3　国家精品资源共享课程

序　号	课 程 名 称	课程负责人	年　份
1	数字通信原理	毛京丽	2012 年
2	移动通信	张玉艳	2012 年
3	电路分析	高立	2002 年
4	光纤通信技术	孙学康	2013 年

2）网络教学模式的改革

2006 年函授教育与远程教育的融合，给北邮网络教育的繁荣发展带来了良好的契机；而 2008 年基于 SAKAI 技术的 2.0 教务教学平台的使用，以及精版课程资源的建设，又极大地促进了网络教学模式的改革，为互联网实时授课及阶段作业的调整与规范提供了有力保证。

• 互联网实时授课的调整与优化

随着北邮精版课程资源建设的普及，为了引导学生更多、更合理地利用网络课程资源进行学习，互联网实时授课从最初安排 2～4 次，2012 年秋季学期，根据网络课程资源建设情况及课程类型，对互联网实时授课的次数又进行了新的调整，考查类课程安排 1～2 次，考试课程安排 2～3 次，对于难度较大的核心专业课程，则安排 4 次。

此外，公共基础类课程：如“高等数学”“工程数学”“线性代数”“离散数学”“模拟与数字电路”“大学英语 2”“大学英语 3”等课程，由于学习难度大，安排 5 次实时指导与答疑；专科英语安排 3 次实时指导与答疑。

为了提高统考课程的通过率，对统考相关课程的互联网实时辅导次数单独设计，而且在不同的时期酌情调整。2010 年秋季学期以后，“计算机应用基础”“高等数学 B”“大学英语 B”均根据统考大纲内容安排互联网实时辅导 3～4 次；学位英语安排互联网实时辅导 7 次。通过这些实时指导和答疑，学生可以更好地开展复习，也有效提高了考试通过率，考生的平均通过率均保持在全国平均水平，没有出现较大的变动，说明措施是有效的。

• 课程资源中阶段作业的变化和规范

为了加强对学生学习过程的管理和控制，实施形成性考核，早在 2004 年，在网络教学环节中增加了网上阶段作业。阶段作业的题型为客观题，计入平时成绩，占期末总成绩的一部分。随着网络教学模式的改革，加强过程控制是提高教学质量的主要措施，阶段作业的次数及要求也随之调整。

2008 年，对所有考试课程安排 1～4 次网上阶段作业，占课程总成绩的 30%～40%。

2012 年春季版高起专各专业培养计划在实施中对当时新开专科课程的精版课程资源建设中的阶段作业做了具体要求，阶段作业统一为 2 次，除考查类课程的阶段作业占总评成绩的 100%外，考试课程的阶段作业占总评比例为 30%～40%。

3. 教材建设

教材是网络教学环节中必不可少的一部分，是成人学生自学的良师，高质量的教材建设是保证教学质量、完善教学模式的一个重要措施。

1）教材建设有序发展

北邮远程教育教师基于多年成人教育的教学经验，以联系实际、突出重点、通俗易懂为指导思想，从 1996 年至 2016 年共编写了 60 多门课程的教材。许多教材不仅作为北邮远程教育教材，还被其他多所本科、专科院校所选用（最多的达 50 多所），受到广大学生与读者的好评。而且教材的使用量较大，最多的累计达 10 万册以上。

2）教材建设成果丰硕

• 北京高等教育精品教材

北邮网院教师编写出版的 9 门课程的教材被北京市教育委员会评为北京高等教育精品教材，见表 4。

表 4　北京高等教育精品教材

序号	教材名称	主　编	出版社名称	出版时间
1	《光纤通信技术》(第 1 版)	孙学康	人民邮电出版社	2004 年 6 月
2	《电路与信号分析》(第 1 版)	郑秀珍	人民邮电出版社	2005 年 6 月

续表

序号	教 材 名 称	主　编	出版社名称	出 版 时 间
3	《多媒体通信技术》	孙学康	北京邮电大学出版社	2006 年 5 月
4	《现代通信技术》(第 2 版)	李文海	人民邮电出版社	2007 年 1 月
5	《微波与卫星通信》	孙学康	人民邮电出版社	2007 年 3 月
6	《数字通信原理》(第 2 版)	李文海	人民邮电出版社	2007 年 11 月
7	《计算机网络技术》(第 1 版)	王晓军	人民邮电出版社	2009 年 9 月
8	《无线传输与接入技术》(第 1 版)	孙学康	人民邮电出版社	2010 年 7 月
9	《数字通信原理》(第 3 版)	毛京丽	人民邮电出版社	2011 年 12 月

3) 国家级规划教材

2006 年,8 门课程的教材被列入"十一五"国家级规划教材,见表 5。

表 5 "十一五"国家级规划教材

序号	教 材 名 称	主　编	出版社名称	出 版 时 间
1	《现代通信技术》(第 2 版)	李文海	人民邮电出版社	2007 年 1 月
2	《现代通信网》(第 2 版)	毛京丽	北京邮电大学出版社	2007 年 6 月
3	《现代交换原理》(第 3 版)	桂海源	人民邮电出版社	2007 年 8 月
4	《数字通信原理》	毛京丽	人民邮电出版社	2007 年 9 月
5	《数字通信原理》(第 2 版)	李文海	人民邮电出版社	2007 年 11 月
6	《质量管理学》(第 3 版)	李晓春	北京邮电大学出版社	2007 年 12 月
7	《通信英语》(第 5 版)	张筱华	北京邮电大学出版社	2008 年 1 月
8	《光纤通信技术》(第 2 版)	孙学康	人民邮电出版社	2008 年 5 月

2013 年和 2014 年,两门课程的教材被列入"十二五"国家级规划教材,见表 6。

表 6 "十二五"国家级规划教材

序号	教 材 名 称	主　编	出版社名称	出 版 时 间
1	《数字通信原理》(第 3 版)	毛京丽	人民邮电出版社	2011 年 12 月
2	《通信英语》(第 6 版)	张筱华	北京邮电大学出版社	2014 年 8 月

(七) 网络课程资源建设工作

北邮网院基于国内网络课程资源建设的发展趋势,根据课程特点投入建设三类网络课程:网络简版课程资源和精版课程资源,具备一定条件的精版课程资源先后分批申报国家级网络教育精品课程和精品资源共享课程。

1. 网络简版课程资源建设

北邮网院自 2005 年开始进行基于 1.0 平台的简版网络课程资源建设;2008 年,基于

Sakai技术的2.0教务教学平台开始使用后，加速了简版课程资源建设，各专业的所有课程均陆续建设了简版课程资源，目的是为了加快课程资源的网络化，使学生在网上能够看到所有的课程。

简版课程资源包括：课程学习指南、教学大纲、课程教学实施计划、课程教案、综合练习题及答案、平时（阶段）作业、题库等。

简版课程资源的特点为

（1）技术简单、制作周期短。

（2）不必依托专业制作公司，由教师配合一般技术人员完成，投入成本较低。

（3）资源类型有限，多媒体技术运用不够。

（4）缺乏视频教学和互动环节。

2. 网络精版课程资源建设

为了进一步推动网络教育的发展、改革和创新，提高网络教育教学质量，为学生提供优质服务，北邮网院于2007年开始进行网络精版课程资源建设。到目前为止，总共完成了199门精版课程资源建设。

精版课程资源的特点如下：

（1）在教学设计上，重视教学内容和课程体系的前瞻性，正确处理教学内容的实用性与知识体系的系统性的关系，注重理论基础知识、学科前沿知识和实践应用知识结合的关系，体现网络教育的特点和规律。

（2）根据网络学习环境下，学生对时间管理的能力较差、主动性学习意识较弱的特点，采用引领式、启发式教学设计思想。

（3）课程资源中的教学内容系统详细、深入浅出，展现形式多种多样。

（4）引入学习对象设计思想和碎片化学习理念，设计知识点模块。针对成人在职学习时间零散，基础参差不齐的特点和内容资源可重用性的技术要求，按照学习内容定义尽量小的知识点模块，控制学习时间一般不超过30分钟，学生可以利用零散的时间学习。

（5）注重视频教学的质量，有一定量的视频教学的学时数，提高学生的学习兴趣及效果。

（6）以学生为中心设计学习活动，提供支持学生网上自主学习和协作学习的条件，激发学生的学习积极性和主动性，促进学生创新能力与知识技能的提高。

（7）资源设计遵循标准化原则：资源设计遵循CELTS内容包装与SCORM 2004标准。

（8）设立了资源汇总栏目，方便使用和查找。将课程简介、课程大纲、课程学习空间、视频教学、原理动画、课程论坛、课程通知等进行分类索引。

3. 国家级网络教育精品课程及共享课程建设

2007年，《教育部办公厅关于2007年度国家精品课程申报工作的通知》倡导各网院推荐优质网络课程积极申报国家级精品课程，旨在以评促建，通过精品课程的评选，进一步提高网络教育课程资源的水平，实现优质网络教育资源的整合与共享，每个申报单位每次限报三门课程。

北邮网院高度重视并积极开展网络教育精品课程建设工作，认真规划、精心设计、努力打造网络精品课程，取得了丰硕的成果。自 2007 年起，先后有 6 门课程被教育部评为国家级网络教育精品课程，4 门课程被评为国家精品资源共享课程，详见(六)中网络教学模式的改革与成果中的表 2 和表 3。

国家级网络教育精品课程及国家精品资源共享课程注重采用先进的教学方法和手段，除具有上述北邮网院精版课程资源的特点外，还突显了以下特色：

(1) 突出以学生为中心的设计思想，提供丰富的学习工具。

课程整体设计贯穿以学生为中心的教学理念，以多种媒体形式恰当表现学习的内容。课程设计中以网络在线学习为主要学习方式，将学习内容、平台环境、学习过程紧密耦合。图 8 所示为教学平台提供的 5 类工具：学习工具、教学工具、学档工具、协作工具和管理工具，充分体现以学生为中心的教与学设计特色。

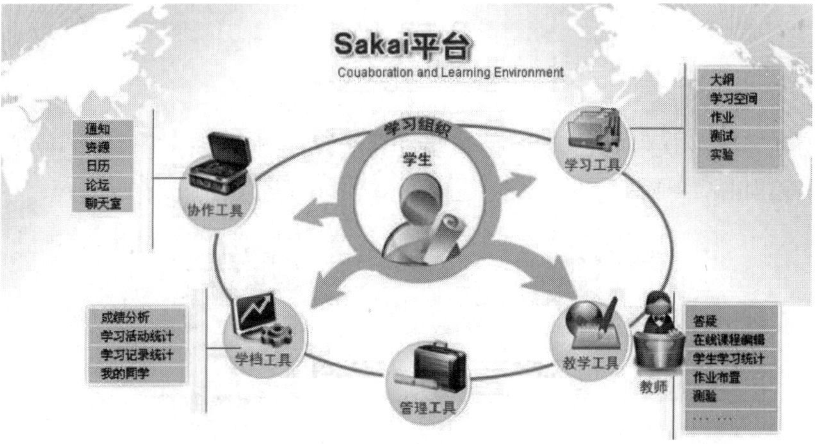

图 8　以学生为中心的教学组织架构

(2) 适合成人学习特点，采用引领式的教学设计思想。

基于 Sakai 技术架构的教学平台具有高稳定性，运用灵活性，功能模块开放性，技术上的继承性和定制性强等特点。教师利用教学工具能够高效及时地组织课程学习，包括答疑、在线课程编辑、观察学生学习统计、作业和测验随时布置；学生利用丰富的学习工具规划学习，充分体现个性化的学习特色。此教学平台具备的丰富的协助工具、学档工具及管理工具可使学生进行高效的学习。

(3) 通过多样化的学习活动和控制进程功能，实现形成性考核。

网络课程的每个模块都有在线学习时长的要求、自测题，一些模块还配有实验、作业、讨论等活动，多样化的学习活动计入平时成绩。在设计活动时，力求理论联系实践、培养学生分析问题和解决问题的能力。

(4) 引入期望值理论，设计学习过程的激励机制。

针对网络学习的学生需要及时关注的特点，在学习过程中设计适当的激励机制，以影响学生愿意在本门课程上花费时间和精力。采用可视化方式将学习进程用图形显示在进入学习的首页面上，提醒学生目前自己的学习状态，以提高学生的学习动力，如图 9 所示。

(5) 应用大数据理论，提供个性化的学生支持服务。

根据系统对学生学习记录的统计分析，如上网时间、作业完成情况、考试通过率、在线时

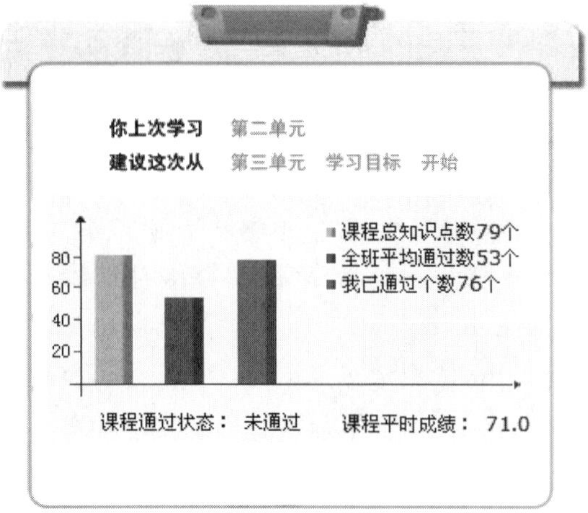

图 9 学习进度提示

长等数据，分析学生的认知状态，实时显示学习进度、学习频次、作业统计的数据，以完善个性化学习环境，如图 10 所示。

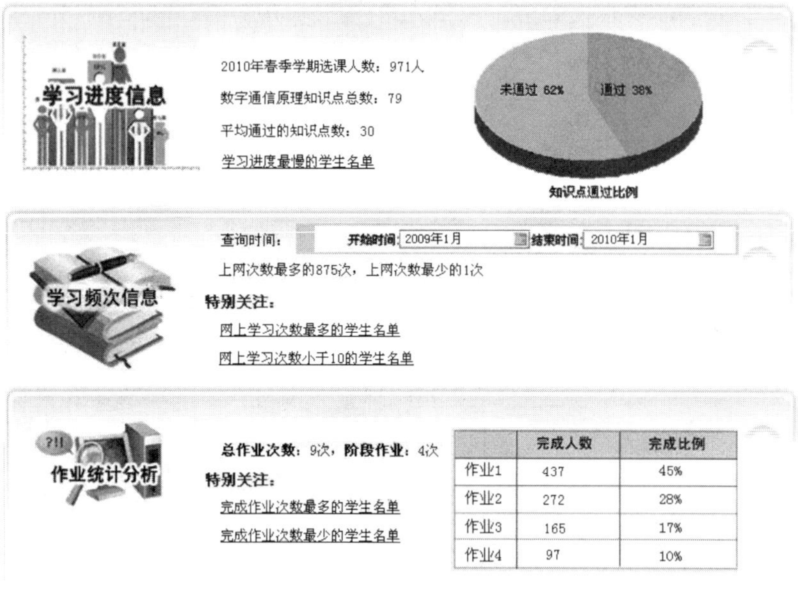

图 10 学习情况分析

(6) 应用认知负载理论和多媒体学习设计理论进行布局设计。

恰当的布局设计可以提高认知负载，促进学生认知进程，提高学习效率。国家级精品课程和共享课程对学习界面进行了精心设计，清晰简洁，而且界面设计和课程信息的设计一致，浑然一体。另外，为了阅读/导航方便，使用折叠/展开功能和学习小助手功能。

(7) 提供移动学习手段，实现泛在学习。

国家级精品课程和国家精品资源共享课程提供了移动学习手段，学生可以在工间、通勤、出差等不方便使用计算机的场合和零散时间片段用移动终端(智能手机、Pad 等)获取课程通知、完成练习和作业以及观看教学视频。图 11 为国家级网络教育精品课程及国家精品资源共享课程“数字通信原理”移动学习的课程主页。图 12 为其学习内容示意图。

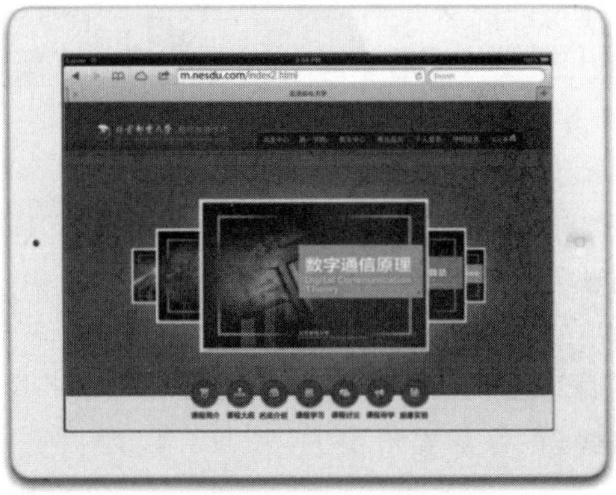

图 11　移动学习-课程主页

图 12　移动学习-学习内容

三、对试点工作的思考

（一）教育技术学科的建设与发展

人才培养、科学研究、社会服务、学术交流是高校建设的四大职能。衡量一个高校的教学水平和其在国内外的声誉主要取决于该校有没有高水平的学科，学科建设是高校各项工作的核心。网络学院成立之后，从纯教学型学院逐步向教学科研型学院转型，通过推动学科建设引领学院科学研究，提升网院的办学层次，为远程教育向深层次发展打下坚实的基础。多年来，学院从加强科学研究，提升师资队伍水平，扩大研究生教育等方面积极推进学院学科建设工作，取得了一系列的成果。

1. 学科建设情况

教育技术学学科建设一直以队伍建设、物质基础和科学研究为工作抓手，推动学科建设工作。

教育技术学学科是一个文、理兼备的交叉学科，该学科是为了适应教育信息化建设发展起来的新兴学科(国家在 20 世纪 80 年代末开始试办，只在 3 个学校设点)。依托北京邮电大学在全国远程教育和函授教育网络平台优势、学校浓厚的信息学科氛围，以及与通信领域企事业单位密切合作的基础，学科建设以计算机技术和信息技术在教育中应用为主导，培养学生具有教育学理论及计算机应用能力。

2002 年 10 月经校学位评定委员会批准获得教育技术学学科硕士学位授予权，并决定该学科作为网络教育学院的重点建设学科，成立学科委员会。2004 年开始招收第一届硕士研究生，2007 年 4 月第一届研究生毕业，经校学位评定委员会通过授予理学硕士学位。教育技术学学科的获权填补了学校在教育学领域研究生培养的空白。教育技术学科的主要研究方向几经修改，目前定位数字化教育媒体技术与泛在学习环境设计、教育软件工程、网络教育资源和虚拟学习环境、教育信息化政策与实践 4 个研究方向招生。学科组建了 4 个研究团队：学习资源与环境建设研究室、计算机仿真技术研究室、教育软件工程研究室和通信与教育应用研究室。学科秉承了北京邮电大学重视科学研究的作风，在研究的过程中使整体科研水平有了很大的提高。

学科建设推动学院的科研发展。由于培养研究生的需要和团队导师们的努力，大大推动了学院科学研究的发展，营造了学院的学术氛围和科学研究的氛围，在建设教育技术学学科的同时，建设和提升了我院通信与计算机学科的水平。

学科建设推动师资队伍建设。学科获权后先后引进了 3 名教授和 2 名教育技术学博士，培养多名教育技术学教师，3 名教师获得了博士学位。1 人获得岗位教授、3 人获得了副教授职称，在科学研究的过程中提高了教师的水平，组成了高水平的学术队伍。

教育技术学学科在 2006 年的新学科评估验收达到了国家学科建设的标准，取得了较好的成绩。2013 年在国家学位中心的学科评估中尽管与建设较早的高校相比还有一定差距，但北邮教育技术学具有自身的优势和特点，并且具有很好的发展潜力。2018 年，学院完成了教育技术学二级学科的自评估工作。

2. 学科建设和基地建设

为了更好地发展科学研究，争取高层次的科研项目，经学校批准成立了北京邮电大学远程教育技术研究所和成人教育研究所。2008 年，随着北邮学科归位的改革，经学校批准研究所更名为北京邮电大学教育技术研究所。研究所是以远程教育理论与实践研究、远程教育资源的研究与开发、教育技术前沿研究为主的研究和教学单位。2018 年 3 月，为进一步推动学院学科建设，学院整合教学支持与服务部、教研中心以及教育技术研究所力量，成立了学科与资源建设部，进一步着力加强学院教育技术学科建设的发展。

学科建设以资源建设为研究的实践基地，积极探索教育技术学科的理论与实践结合。到 2018 年累计建设完成网络课程 225 门，其中精版优质网络课程 199 门，国家级精品资源共享课 4 门：光纤通信技术，数字通信原理、电路分析、移动通信。国家级精品课程 6 门：移动通信、数字通信原理、数据结构、高等数学、计算机通信网、电路分析基础。荣获全国多媒体课件大赛、北邮教学成果奖多项。

学科建设基地成员多次组织召开并积极参加学术研讨会，以提高团队教师的学术水平，提升学科的知名度。跟踪国家级、省部级课题的申请，全国教育科学规划课题的申请，教育部远程教育培训项目的申请，学校教改课题申请等，都取得了较好的结果。

3. 学科建设成果

近些年，学院科研项目的管理逐步规范化，科研经费大幅增长。自 2004 年以来纵向科研总经费达 3712 万元，共承担了 93 个项目，横向科研总经费达 2768.12 万元，共承担了 84 个科研项目。科研项目和科研经费的增加支持了研究生教育，使学科建设和研究生教育走向良性循环。累计发表论文 300 多篇，SCI 论文 8 篇，SSCI 论文 8 篇，EI、CSSCI 论文 80 多篇，专著 12 部。获国家科技进步二等奖一项，中国技术市场协会金桥奖一项，高等学校科学研究优秀成果奖(科学技术)一等奖一项。学院开展的特色研究项目包括远程教育技术工具的开发与实现、教学模式创新，教育资源开发，科普教育展示设计、虚拟实验等。2004 年至今，网院累计承担/参与的横向科研经费达到 3170 万元，纵向科研经费达到 4048 万元。典型项目列表见表 7。

表 7 典型项目列表

序号	类　型	项 目 名 称
1	全国教育科学规划项目	网络教育促进高校教育信息化建设的模式和效果研究
2	北京市科委项目	北邮《信息通信动态新技术科普展厅》建设
3	教育部人文社科研究项目	泛在学习视域下的本科实践教学活动创新
4	国家科技支撑计划项目	虚拟实验智能指导与管理系统的研发
5	企事业纵向委托项目	中国科技馆“走向未来区”展项深化设计、制作
6	企事业纵向委托项目	无锡感知中国博览园专业馆公共展区设计制作
7	北京市一般项目	信息与通信知识科普基地
8	北京市一般项目	物联网知识校园行
9	科技部国际合作交流项目	基于 LivingLab 的智慧设计创新网络平台研发与应用示范
10	北京市教科目	小学数学问题解决迁移认知模型建构教学应用研究
11	北京教科项目	大数据时代教师数据素养能力构成和发展研究
12	国家自科项目	基于契约的异构云无线接入网资源协同研究
13	北京市项目	北京科学中心教育专区实验室建设
14	北京哲社项目	基于成熟度模型教育信息化发展评估指标体系研究
15	全国教科项目	泛在学习环境中数字资源聚合模式及推荐机制研究

除承担国家项目外，学院研发团队自主开发了网院使用的教务平台，实现了教学和管理业务流程自动化。开发中引入国际上最具特色的 Sakai 开源教学管理平台，对其进行全面汉化，其成果推广到华东师大、浙江大学等院校。基于在线学习系统的功能，推出引领式的教学模式，在国内众多的网络教育学院中树立了一面旗帜。目前实现 50 000 学生的在线学习，同时在线上万人，提供高质量的在线教育服务。2015 年学院又投入建设了媒体实验室、虚拟演播室、数字媒体编辑室，为项目研究、资源建设提供了良好的研究环境。

近年来，学院紧跟技术发展前沿，开展移动学习/泛在学习的研究，作为中国移动学习联盟发起单位，起草移动学习国家标准一项，出版移动学习专著 2 种，开发基于移动设备的数字化内容制作发布平台 2 套，制作移动学习课程 21 门，移动学习应用 10 个。

根据国家教育信息化十年(2011—2020 年)发展规划和教育信息化工作总体设想，北邮网院一直关注教育信息化系列产品研究及开发，并计划研究开发基于移动终端的教育信息化产品，如面向成人远程教育的移动学习系统、基于专业领域(创新教育)的移动学习产品、面向科学教育和科普展示的产品和项目、面向特殊教育的学习管理系统及相关产品、面向社区教育、再就业和老年教育的相关教育产品。

学院十分重视对外的合作与交流，先后选派 4 名访问学者与美国 Sakai 基金会合作研究，在“中国学习与发展大会”“中国远程教育大会”“全国教育信息化高峰论坛”等国内外重要会议做主题专家报告；2009 年联合主办“中国远程教育青年论坛”；2010 年 5 月，主办“2010 年国际数字化学习系统高级研讨会”，来自全国 50 多所高校、媒体和企业的百余名代表参会；2013 年，联合主办“中国远程教育青年论坛”；2015 年 5 月，主办“数字化学习与新媒体”学术研讨会，邀请北京师范大学、首都师范大学、北京交通大学等院校的专家作主题报告；与北京师范大学、华东师范大学、浙江大学、北京理工大学等院校教育技术研究所或相关科研机构进行研究课题交流。

4. 研究生培养

经校研究生招生委员会批准，自 2002 年开始，网院开始独立招收研究生。目前学院硕士研究生招生专业为：教育技术学、信息与通信工程、计算机科学与技术。

1）日校研究生教育

网络教育学院的研究生教育逐渐形成以教育技术学学科为核心，以通信、计算机学科为支撑，成为网院国民教育系列最高层次人才的培养基地。

2003 年网院获得教育技术学学科硕士学位授予权，授予理学硕士学位。2004 年招收第一届硕士研究生 10 名。随后，研究生招生人数逐年增加，至 2007 年当年招生人数为 39 人，在校生人数最高的 2009 年达到 114 人，以后稳定在 100 人左右。截至 2018 年 4 月，日校研究生已培养并授硕士者学位 506 人。

网院独立管理和培养研究生至今坚持导师培养精心、学院管理到位，培养质量优良。无论是学校盲审，还是北京市抽查，无一名被查学生的学位论文不合格。

研究生就业方面，自 2005 年起网院独立管理的第一届研究生毕业至今，毕业生每年一次就业率 100%，就业去向良好，得到学校就业中心的好评。毕业生反馈信息良好，受到用人单位的好评。

2）工程硕士研究生教育

2005 年经校研究生院批准，网院开始招收“电子与通信工程”领域在职工程硕士研究生。第一届招收工程硕士的研究生基地是河南和山西。依托网院在全国多地的成人教育培养基地，工程硕士教育发展逐年壮大，先后在河南、山西、安徽、甘肃、新疆等地办班，办学基地最多时达到 10 余个(其中 6 个由原继续教育学院并转过来)，在校工程硕士总人数超过 800 人。学生中 90%来源于通信企业，生源质量相对稳定。自 2008 年第一批 40 名工程硕士获得学位至 2018 年年底，已授工程硕士学位 912 名。

为保证培养质量，网院遴选优秀的通信领域的教师承担工程硕士的课程和具有该学科领域硕士导师资格的教师担任研究生导师，同时聘请校内其他学院的教授和企业的优秀教授授课、做前沿讲座，以拓宽学生的知识面和更接近工程实践。

附：

北邮教育技术学科发展大事记：

- 2002 年 10 月正式批准建立教育技术学科；
- 2004—第一届教育技术研究生招生；
- 2004—成立网院远程教育技术研究所和成人教育研究所；
- 2008—学科归位，成立教育技术研究所，作为网院重点建设学科，研究所挂靠北邮，独立编制(10 人)；
- 2011—全国教育技术标准委员会会员单位，专家委员；
- 2012—评估-教育部学位与研究生教育发展中心组织，2013 年发布；
- 2013—加入北京市重点建设学科“数字内容传媒”团队；
- 2015—北邮学科中长期发展规划被确立加快发展；

- 2017—2018 年 11 月，完成教育技术学二级学科自评估工作。

（二）非学历教育的探索融合

1. 深化体制机制和办学模式创新，加快网络教育的转型发展

现代远程教育试点 20 年来，68 所试点高校都结合各自的特色，走出了一条具有本校特色的网络教育道路。进入新时代，按照建设终身学习型社会的要求，北邮一是将支持网络学院转型，从以成人学历教育发展为主，逐步转型为成人学历教育与非学历教育并重发展进而到以非学历教育为主，从而真正转到服务区域经济社会发展上来，转到产教融合、深化校企合作上来，转到培养应用型技术技能型人才上来，转到提升学生岗位技能上来；二是促进网院与学校特色鲜明院系合作，引导网络学院和专业学科院系找准定位，整合优势资源，沟通协作，培育继续教育品牌，树立继续教育新形象，开办与学校特色鲜明的培训项目；三是开展学分银行建设的实践。我校将立足学科体系和行业标准，科学建构学生能力级别和课程级别，建立起符合教育规律、学生需求、行业需要的"北邮学分积累计划"，尝试试点"学分银行"，搭建起学历教育与非学历教育的立交桥；四是着力延伸远程教育、函授教育平台，利用校外中心的办学资源共同开展成人学历教育或行业培训等非学历教育工作，根据需求调整专业设置，注重新专业的市场调研和储备。

2. 发挥行业优势，服务国家战略，服务首都教育经济社会建设，服务京津冀协同发展

一是充分发挥学校在行业的优势，依托教学科研力量，通过调研、做好行业发展预测，拓展网络教育培训工作思路、培训模式。积极了解企业人才培养需求、个人职业发展需求，在培训中加入企业、个人急需的课程，使培训工作与企业发展密切结合，学以致用，注重学习效果，突出培养企业用得上、留得住的应用型人才；二是以远程教育等多种形式积极开展教育扶贫，逐年扩大对西部地区的招生名额；积极响应并参与对艰苦行业、特殊群体的帮扶活动，继续参加以帮扶新生代农民工的"圆梦计划"。凝聚网络力量，助力精准扶贫，从更广泛、更全面的维度为贵州省长顺县的脱贫攻坚战提供支持；三是加快"U 学在线"教育服务平台的完善，优化课程、师资、平台、证书、学分等基本要素，设计开放、灵活的合作模式和服务模式，打造成为衔接学历教育与非学历教育、服务终身学习的有力支撑；四是继续深化"中高职衔接项目"，进一步扩大中高职院校范围，围绕京津冀协同发展，通过课程资源共建共享、师资培育等方式加深与京津冀中、高职院校的合作，促进双方共同发展，从而带动职业教育信息化水平提升。

3. 建设数字化课程资源平台，改革创新实现可持续发展

北邮将继续加大对"U 学在线"教育平台建设的投入，为 ICT 领域职工的终身教育服务。目前，一是完成"U 学在线"教育服务平台后续工作，提供多种移动智能终端应用，开放平台接口，支持多平台无缝集成，面向全国提供在线教育服务。平台以运营式服务为主，支持多家机构或单位在平台上开展在线教育服务，支持多种教育业务的开展。例如，网络学历教育、非学历学分积累、教学资源开放、企业培训、网络平台出租、专业学位教育、普通高校教育等；二是我们将持续加大在优质教育资源上的投入力度，在学科体系的系统性、研发方法的科学性以及技术手段的前沿性三方面全面构建北京邮电大学成人教育的优质数字学习资

源。在学科体系的系统性方面的重点是增加精品课程建设数量，提升精品课程覆盖程度。预期经过 3～5 年的课程集中建设，形成工管文理各领域协调发展、凸显北邮信息学科特色的系统网络课程体系；同时在研发方法的科学性方面，将继续秉承“基于引领式的活动学习”课程设计理念，更加注重课程研发过程中的系统交互设计和教学策略研究，保障课程研发方法的科学性，打造更加符合成人学习者特征的网络课程；在技术手段的前沿性方面，依托北京邮电大学在物联网、云计算、人工智能等领域的优势，将积极探索虚拟现实、增强现实等前沿技术在成人继续教育中的应用，构建基于行业的泛在学习教育资源系统，实现信息通信技术与成人教育的深层次紧密融合。

同时，作为学校人才培养与社会服务的重要组成部分，网络教育努力为学校中心工作服务。一是将以现有网络教学平台为切入点，结合学校优势、学科力量，积极探索解决符合北邮信息黄埔特色的多校区教育信息化途径。尝试利用数字电视广播技术和网络教学服务支撑体系，实现基于多校区的实时、互动教学，构建教学信息化服务体系；二是推进教育信息化，充分利用网络优质课程资源，全面提升我校学生的综合素质，增强自主学习能力，充分发挥“U 学在线”教育服务平台的作用，继续为全校本科生开设更加丰富多彩的网络素质教育课程。

北京大学现代远程教育试点工作总结

一、试点背景及基本情况

北京大学于1998年初开始筹建现代远程教育，面向成人学习者提供优质远程高等教育，并于1999年开始招生。2005年3月，北京大学网络教育学院正式成立，更好地整合了北京大学的优质教育资源，开展北京大学现代远程教育的教学、管理、技术开发等工作。

从2001年开始，北京大学与全国最高人民检察院、最高人民法院合作，利用现代远程教育手段在全国培训法官、检察官，共计为高检高法系统培养毕业生20 982人。

自2010年起，在广东地区开展“圆梦计划”。2010年12月23日，北京大学与共青团广东省委员会共同启动“圆梦计划·北大100”项目，经过网络报名、入学考试、初审面试、终审面试等一系列遴选过程，从2501名新生代产业工人中择优录取了752人进入北京大学网络教育学院学习，其中100名新生获得该项目全额资助，由此开启了北京大学培养新生代农民工网络教学的探索。该项目自2010年春实施以来共吸引418 010名考生报名，获得资助人数15 617名，约占广东省“圆梦计划”培养总人数的四分之一。截至2018年，共有8105人顺利毕业，其中1971人获得学位，为广东新生代产业工人的培养做出了突出的贡献。

2013年，根据“管办分离”的原则以及北京大学的部署和安排，原网络教育学院、培训中心、成人教育学院合并成立北京大学继续教育学院，作为承办北京大学现代远程教育的办学实体。现代远程教育作为新学院的业务之一，充分利用现代信息技术手段，整合全校的网络教育资源，借鉴成人教育教学、管理经验，发挥学校教育资源的优势，为各类社会成员提供成人学历教育、非学历教育的教育服务。

北京大学现代远程教育目前在校生共计19 999人(截至2018年12月)，在全国22个省市、自治区，共计50多个学习中心开展招生工作。依托北京大学优势学科，开设了财务管理、人力资源管理、行政管理、市场营销、法学、广告学、汉语言文学、计算机科学与技术等13个满足社会各行业需求的专业。

二、试点工作的落实情况

（一）办学定位及运行机制

北京大学自开办现代远程教育以来，坚持在北京大学党委的领导下，按照教育部及学校的教育方针，将其定位在成人高等学历教育及非学历教育培训，面向社会各类在职人员及行业人员招生。在办学过程中，一直严格控制招生规模，不追求招生数量和效益，以不断提升教学质量和服务质量为目标，致力于打造一个拥有北京大学特色的现代远程教育模式，切实履行服务社会、培养人才的职责使命。

北京大学将现代远程教育办学工作纳入北京大学成人、继续教育体系，由继续教育部在校长领导下统筹组织、协调与管理。

在组织开展现代远程教育的实际运行过程中，为保证专业知识的科学性、严谨性和知识结构的完整性，北京大学各教学院系负责教学，由教学院系制订专业的教学计划、教学目标、教学大纲等；继续教育学院具体负责远程教育的技术开发、教学组织、实施与管理，采取各种管理、技术手段，督促学生完成学习任务。

（二）师资配备与资源建设

网络资源的建设与学校师资紧密结合，主要依靠学校师资、教学力量承办网络教育。网络教育实施过程中采取两种模式，第一种是学院与校内教学院系合作模式：学院分别与经济学院合作，开设国际经济与贸易、金融学、财务管理、风险管理与保险学、市场营销、人力资源管理专业；与信息管理系合作，开设信息管理与信息系统专业；与计算中心合作，开设计算机科学与技术专业；与中文系合作，开设汉语言文学专业；与政府管理学院合作，开设行政管理专业；与新闻传播学院合作，开设广告学专业。在与教学院系合作过程中，专业建设、课程架构、师资力量由教学院系提供。第二种是独立承办专业，主要是独立承办了社会工作专业。独立承办专业时学院聘请专业教学顾问，专业教学顾问就专业建设、课程架构、师资构成等工作进行全面指导，主要由本校师资承担网络教学的任务。目前正在使用的网络课程有 230 门；校内师资 193 人，校外师资 37 人；教授 112 人，副教授 95 人，讲师 15 人。

（三）制度建设与规范管理

根据教育部开展现代远程教育的各项要求，北京大学制定并颁布了《北京大学成人高等学历教育学籍管理细则》和《北京大学成人教育考核工作条例》作为开展成人高等学历教育的最根本的管理规定，同时制定了《北京大学成人教育学士学位授予细则》《关于毕业生平均成绩计算方法的通知》《北京大学现代远程教育教学中心管理办法》等一系列制度，用于指导继续教育学院按照教育部的要求开展现代远程教育。在此基础下，继续教育学院根据各项管理规定的精神，结合现代远程教育开展过程中的实际情况，制定了《教学与教务管理规程》《招生工作程序》《教学管理工作程序》《学籍管理工作程序》《课程考核工作程序》《学生管理工作程序》等一系列管理规范及工作流程，用于规范各项具体工作。

在实际工作过程中，北京大学完全依照教育部、北京大学、学校继续教育部，以及继续教育学院发布的各项管理规定执行。

（四）办学规模与招生管理

我校现代远程教育招生工作坚持"稳步发展、规范管理、提高质量"指导方针，在进行招生工作时，不以片面追求规模和经济效益为目标；不以牺牲质量为代价，换取规模的扩张；社会效益优先。我校现代远程教育招生管理工作由专人负责，年招生人数在 7000 人左右，规模常年趋于稳定态势。招生管理的具体措施如下：

1. 对校外学习中心招生宣传真实性开展检查监控

在招生工作中严格按照教育部、北京市教委的要求，做到确保招生宣传工作的统一规范。招生宣传期间，利用学校网站向社会统一公布招生信息（包括招生简章、依托单位名单、收费标准、咨询电话等），并通过现场调研、实地考察、随机抽查、全面清理相结合的方式检查宣传落实情况。明确在当季招生工作中，认真贯彻落实招生宣传、招生计划管理、入学水平测试、入学资格审核、招生数据注册等各环节要求，切实履行招生管理职责等。对于宣传"有疑点、有偏离、有失实"的校外学习中心，及时予以纠正，专项指导，坚决杜绝问题发生。

2. 严格落实新生的入学测试和资格审核环节

学校本着招生公平、公开、公正的原则，采取纸面试卷现场考试、入学测试题库现场测试等入学测试形式，确保入学水平测试工作规范有序。测试采用综合试题、现场测试的形式，侧重测查基础知识和对实际问题的分析能力。在入学测试环节，外派专人进行巡考，考试环节严格按照要求进行。

在资格审核环节中，实行校外学习中心初审和办学院系复审，并上报相关部门终审，严把新生入口关。学校有专人进行入学测试审查工作，确保审查工作的规范化、科学化和便捷化。

3. 严把入学注册、缴费关

严格按照上报北京市教委的各专业收费标准执行收费计划，未经批准不得随意提高、降低学费标准，考生录取后，按照当年度学期收费执行计划，绝大部分校外学习中心由新生自助线上缴纳学费，由校外学习中心协助新生完成注册，避免学习中心直接收费，从操作方面规范入学环节的收费工作。

（五）校外学习中心管理服务

北京大学现代远程教育在全国各地拥有数十家校外学习中心，而校外学习中心则是北京大学开展学历继续教育必不可少的基础设施。它是传递教学内容，实现远程教学过程的重要保证；是提高管理效率，加强学生支持服务的重要手段；是增进教师与学生、学生与学生之间的人际交流，营造教书育人环境的重要渠道。北京大学现代远程教育试点过程中一直坚持做好学习中心的管理，把好学习中心质量关。对学习中心的管理主要依照继续教育部制定的《北京大学现代远程教育教学中心管理办法》严格实行。

学院对学习中心的管理要求如下：

（1）贯彻执行国家、地方有关现代远程教育的方针政策，认真执行试点高校现代远程教育的各项规章制度。

（2）根据北京大学的要求和工作安排，配合开展招生宣传和组织生源等活动；做好学生报到注册工作；并做到不跨省开展招生宣传和组织工作。

（3）配合北京大学做好学生学籍管理工作。

（4）保证现代远程教育技术装备正常运转，保证对学生学习的服务支持。

（5）承担北京大学下达的教学环节的组织管理工作。

（6）落实学风、考风建设和学生思想政治教育等工作；承担保证考试纪律的责任。

（7）保护北京大学有关教育资源的知识产权，防止非法使用。

（8）负责学生日常管理工作及组织学生开展各类活动。

北京大学继续教育学院一直以高标准、严要求管理监督学习中心，从学习中心的建立、招生、学籍管理、教学支持管理、考务管理、毕业管理等方面入手，严格要求学习中心，加强学习中心的管理，监督学习中心做好一系列教学服务工作，以学生为中心、以服务学生为宗旨，提高教学质量。

北京大学在建设校外学习中心时，秉承稳步发展、规范管理、提高质量指导思想，尽可能选择公办院校、事业单位等管理规范的依托单位。除共建学习中心外，与公共服务体系合作，在未设立共建学习中心区域授权部分公共服务体系学习中心作为补充。

（1）试点期间校外学习中心的建设工作。北京大学现代远程教育自试点以来，校外学习中心建设主要以声誉较好的公办院校、事业单位为主，在校外学习中心设立考察阶段，重点考察其管理的规范性，选择重点省市，以点带面，辐射全国。

（2）试点期间梳理校外学习中心。北京大学设立校外学习中心后定期对校外学习中心各项管理工作进行检查监控，对不符合校外学习中心管理规范的及时指出，限期进行盖章，对检查不达标的校外学习中心定期清理，并设置停止招生、撤销校外学习中心等处罚规定。

同时，与学习中心建立有效的沟通机制。继续教育学院每年召开学习中心会议，该会议已成为学院与校外学习中心沟通交流，凝聚共识，落实政策，共谋发展，全面推进现代远程教育稳健发展的重要途径之一。

（六）教学实施过程管理

北京大学现代远程教育在教学实施过程中一直按照“严格管理、加强教育、人性关怀、提高质量”的工作思路，并严格遵照教育部、北京大学以及继续教育部的关于现代远程教育的管理规定开展各项工作，从学生的入学、学习、考试到毕业等环节严格把关。

北京大学现代远程教育一直将教学质量作为自己的生命线，以不断提高教学质量为目标。在教学过程中，除了利用北京大学优秀师资资源录制的高质量视频课件外，还为学生提供多种教学支持辅助活动，具体包括以下内容：

1. 课程论坛辅导教学

根据课程特点，开学前辅导教师在课程论坛发布课程学习指导；在学习过程中，发布每章节课程重点、难点并进行针对性辅导；每周发布讨论帖引导学生学习并讨论；不定时在课程论坛提供学习资源，扩展学生学习；对于学生提出的问题不超过 48 小时回复；课程考试前一个月，在网上发布课程的详细期末复习提纲和辅导内容。

2. 网上实时语音答疑

开学后第二周，在学院网站公布语音答疑安排；开学后第三周，开始实时语音答疑，时间固定在每周一至周五晚七点至九点，周末上午及下午时间，答疑持续到期末考试的前一周。每门课程均安排语音答疑，答疑除了解答学生问题外，主要对学生进行导学，并作期末复习串讲。答疑后三天，技术老师将答疑音频及文字材料公布在学院网站“课程论坛”中，供学生下载学习。为了加强对学生管理，参加语音答疑情况与课程成绩挂钩。学生参加所选课程语音答疑一次给 3 分，参加两次给 5 分。如果课程只安排一次语音答疑，则参加给 5 分。

3. 网上作业

作业是学生复习、巩固、深化所学知识的重要环节，抓好作业管理工作对于提高教学质量、强化学生的自学意识，检验学生学习效果都具有重要意义。

每学期期末工作结束前，根据教学执行计划，学院整理下学期平时作业科目清单，将平时作业科目清单交各相关教师布置平时作业。每学期开学初，学院在网站“网上作业”系统中公布各科目平时作业。学习中心督促学生按时、认真完成网上作业。学生提交平时作业，由助教网上评阅并给出成绩。学生网上提交作业截至后十天左右，学院通过网上作业系统向学生公布所有课程作业答案。学院的每门课程均布置了平时作业，作业中包括每章节的重点知识点，作业题型可以多样，但必须保证有主观题，学生提交的每份作业均有老师批改，必要时给以点评。学生网上作业成绩占课程成绩20%。

4. 开设“博雅文化讲坛”系列讲座

为了拓展同学们的知识视野，提升同学们观察、分析、处理问题的能力，本着“把握时代脉搏，弘扬先进文化，讲求实际应用，全面服务学生”的宗旨，每学期邀请北京大学各个学科有较高研究造诣的老师和有创新思维、有独创观点的教授、年轻学者为主讲教师，通过北大语音答疑平台视频直播方式，开设博雅文化讲坛系列讲座。

在考试环节，一直按照严格管理的要求，“高标准、严要求”，狠抓考风考纪不放，严格按照各种规章制度处理考务工作的各个环节。在考前按照规定，选派有责任心的老师代表学院前往各学习中心巡考，并召开考前培训会，向巡考老师详细讲解考务工作的流程、要求以及注意事项等，同时对学习中心发出《关于进一步加强考风考纪管理的重要通知》，要求各学习中心与学院统一思想，步调一致，加强考风考纪管理。同时，在考试过程中采取措施，加强巡考和监考力度，严查考试违纪作弊行为，确保考试顺利进行。

在毕业环节，严把“出口关”，严格执行教学计划，要求学生必须在规定的学习年限内修完教育教学计划规定的全部内容，修满毕业要求的总学分，通过全国现代远程教育试点学校网络教育公共课统一考试，德、智、体达到要求者，方可准予毕业。

（七）过程监管与质量保证

教学质量一直是北京大学开展成人高等学历教育所秉持的最根本要求之一。北京大学现代远程教育从学生入学、开展教学活动、参加考试检验教学成果，一直到最终毕业的各个环节以及平台建设、学习中心管理等方面，都建立了一整套行之有效的监控教学质量的做法，以确保北京大学成人高等学历教育的教学质量。

在入学环节，严格做好入学教育工作，控制生源质量。通过开展丰富多彩的入学活动，包括举办开学典礼、学习方法与学习纪律讲座，参观游览校园，佩戴纪念校徽等活动，端正学生的学习态度，增强学生的归属感及仪式感，同时辅以班主任老师的学习支持与沟通服务，保证学生在入学之初便能取得良好的教学效果。

在教学过程中，做好学习支持服务的同时狠抓教学关键环节，以保证教学质量为目标，严格把好教学质量关。通过开展教学支持活动，做好学前、学中、学后服务，利用北京大学优质的学习资源，为学生提供导学、督学、促学活动，帮助学生提高学习的积极性，解决学习中遇到的困难和问题，同时将教学关键环节作为重中之重，狠抓不放，做好课程论坛辅导教学、网上实时音视频答疑、网上作业及举办学位英语辅导班等工作，严控教学质量。

考试是检验教学质量的途径之一。继续教育学院一直坚持做好考试与成绩管理工作，把好教学质量的检验关。在考试环节上，一直按照严格管理的要求，狠抓考风考纪不放，严格按照各种规章制度处理考务工作的各个环节。严格考前、考中和考后的各项要求，坚决处理违纪学生，同时严格按照阅卷管理工作规范的要求，做好阅卷管理和成绩记载等工作，确保考试成绩准确无误，并能够正确反映学生的学习成果，检验教学质量。

在学生毕业环节，严格按照要求，做好毕业生管理工作，严把学位授予关。毕业管理是教学管理的最后一环，也是至关重要的一环，继续教育学院在毕业管理的工作中严格遵守《北京大学成人教育学籍管理工作条例》的规定，严格毕业审查及学位审查工作，确保北京大学毕业生及学位授予的质量。

为保证过程监管和教学质量，北京大学现代远程教育专门开发了完善而高效的教学平台、教学以及教务管理系统，使管理人员、学习中心负责人员以及学生都能在教学平台中行使自己的职责，有效做到各司其职，确保各个方面均能产生有效的管理和监控。

三、试点成绩和经验

北京大学自开展现代远程教育试点以来，按照“稳定规模、加强管理、提高质量”的方针，坚持发展北京大学优势特色专业，采用卫星和网络相结合的网络教学传输技术方案，开发了课件制作、课件点播、视频和文字答疑等网络教育系统，实现了从招生报名到毕业审查全环节的咨询、指导和助学。开发教材、网络和光盘课件、网络资源库等学习资源，适应了学生多样化的媒体资源选择。加强学习环节，强化导学和助学、督学相结合的教学过程支持服务，实现了自主学习和师生互动式学习模式。试点以来学籍注册总人数达到 120 393 人，毕业生人数达 75 493 人，其中 17 609 人获得学位。在试点工作中，有如下经验供参考：

（一）应严格招生管理，控制招生规模

北京大学开展现代远程教育以来，一直按照教育部、北京市教委的规章制度严格执行，在试点过程中，秉承“稳步发展、规范管理、提高质量”指导方针，在招生过程中，将社会散招和行业系统合作相结合，结合学校的学科优势，设置符合社会需求的专业，将学校优质的教学资源推向社会。北京大学在控制招生规模上采取了以下措施：

(1) 优化校外学习中心布局。在大部分城市仅设置一个校外学习中心，将公共服务体系校外学习中心作为共建校外学习中心的补充。

(2) 设置招生计划。在当季招生开始前要求校外学习中心上报各专业招生计划，并进行有效调配，将全年招生规模控制在一定范围内。

(3) 合理调配校外学习中心数量。对校外学习中心进行梳理，对不合要求的校外学习中心进行精简清理。

在考生招生录取环节做到了以下 3 点：

(1) 统一印刷招生简章，要求校外学习中心按照学校要求统一宣传口径，在学校相关网站定期公布校外学习中心招生信息，设置招生咨询渠道。

(2) 严把录取审核关，对报读考生的信息资料进行严格的初审、复审，坚决杜绝不符合录取条件的考生参加入学测试的行为，设置机考题库，定期更新，对报读考生进行统一时间、统一地点的入学测试。

(3) 定期抽查已录取考生的相关资料，做到坚决不录取有违规行为的考生。

（二）教学质量是第一生命线

对于任何开展现代远程教育的高校来说，教育教学的质量永远是最关键和重要的。现

代远程教育的发展除了要将日新月异的新技术运用于教育教学外，更重要的是应考虑如何在运用新技术的同时能不断提高教学质量，不断通过技术革新把控教学质量，在课件录制、制作、教学行为实施、教学监控、学习行为监控以及考核等方面不断提高教学质量和监控，同时应始终坚持以学生为中心，加强教学工作，重视学生学习效果和学习者质量的提高，坚持以学生和学生的学习活动为中心，一切服务于学生的学习，以网络基础设施和网络教育资源为基础，实施以教师为主导的教学和以学生为主体的教学，提供以学生为中心的学习支持服务，全面实施教育质量管理。

（三）应建立一套适应现代远程教育的教学体系

现代远程教育有别于传统的面授教育，教师与学生、学生与学生之间存在时空分离的现象，与之对应的就是要建立一套适应现代远程教育特点的教学体系，从而保证教学质量。北京大学现代远程教育在实施过程中，在教学计划设计、教学课程开发、教材的编订、课程时间的安排、作业的布置、考试安排等方面建立了一套适应北京大学现代远程教育特点的教学体系，保证现代远程教育的教学效果。

（四）开发并建立高效完善的学历继续教育平台以及教学与管理系统是基础

目前的现代远程教育主要通过网络进行，包括点播课件、答疑、作业、考试等，必须建立一套行之有效的，符合现代远程教育要求的且易于方便操作的教学平台。北京大学在开展现代远程教育过程中自行开发了一套符合北京大学教育教学特色的教学平台和系统。北京大学继续教育学院网站是北京大学开展现代远程教育的网上平台，为北京大学现代远程教育的宣传、招生、教学、教务管理、学习辅助等方面提供服务，是继续教育学生网上学习的园地。

学习中心工作平台是由继续教育学院自主设计开发的，主要采用现代远程教育的方法，以计算机和通信技术为基础，基于 Internet，使学院以及各学习中心都拥有一套专人专用的教学教务管理信息系统。这样可方便、经济、高效地通过 E-learning 的手段综合管理招生、财务、教学和教务以及学籍等日常工作事务，实现网络学历教育的规模化和管理工作的规范化。教务管理系统同样是继续教育学院自主研发用于教学教务管理的一套 MIS，其主要功能分为招生管理、教务管理、考务管理、在校生管理、学籍管理、毕业生管理等。教务管理系统的主要使用人是学院的工作人员，工作人员可以通过此系统对学院学生的学习等情况有一个全面的了解。

（五）育人理念应始终贯穿现代远程教育

大学的功能决定培养人才、科学研究、服务社会、文化传承与创新是四位一体的。现代远程教育作为大学学历教育的重要组成部分，最重要的是体现其培养人才和服务社会的功能。而培养人才则需要全员育人，全方位育人。高水平的教学管理服务也一定是一种全方位的教育理念的贯彻和体现。

北京大学在开展现代远程教育过程中，除了完成应有的教学管理等工作外，“育人”一直是各项工作的一个重点。希望学历教育的学生在学习北大知识的同时能够切身感受到北大的文化和精神，能够在取得毕业证书以及学位证书离校的同时，有健全的品格，健康的思想，能够脚踏实地地去完成自己的梦想，身上都带着一些“北大人”的味道。北京大学通过做好入学教育、完善教学过程、打造班级文化等教学活动，将育人工作体现在教学和管理服务的每个环节。同时，开辟第二课堂，通过举办“博雅文化讲坛讲座”，编辑刊发《燕园网讯》期刊、举办毕业生返校活动等，丰富学生的课余生活，将育人理念贯穿始终。我们认为开办现代远程教育的各个学校各有特色，远程教育这种办学形式具有相当的自主性与灵活性，只要认真设计，积极探索，在育人方面一定能有成效。

四、存在的问题

（一）少数学生的学习主动性和积极性有待进一步提升

在多年的试点工作中，我们发现，如何调动学生的学习主动性和积极性一直是困扰的问题。不可否认，目前就读现代远程教育的学生中，有一小部分学生不以学习知识、获得能力提升为第一目标，而是以获得毕业证为唯一目标，这就造成了这部分学生学习积极性不高，存在混学历的思想，学习不够认真，作业不按时完成。这些学生需要进一步加强对学生的教育和引导，真正明确学习目的，变被动学习为主动学习，进一步提高学习质量。

（二）在职学习的各种特征和规律有待进一步探索研究

由于学生大多数是在职学习，有家庭、有事业、还要坚持学习确实不易。要帮助学生正确处理好这三者之间的关系，在一段时间内应该有所得有所失，相对集中精力搞好学习。同时，学生分散，年龄参差不齐，学生中的变数很多，这给教学管理带来一定的难度，在职学习的各种特征和规律有待进一步探索和厘清。

五、创新改革的思路和举措

根据北京大学的部署和安排，北京大学学历继续教育已逐步完成其历史使命，自 2018 年开始，北京大学已全面停止学历继续教育的招生工作。针对已录取的在籍学生，北京大学将一如既往坚持高标准、严要求，做好教学管理工作，保证教学质量，做好学历教育收尾工作，确保已经报读的学生能够顺利毕业。

同时，北京大学将积极探索转型发展的新途径。尝试利用学分置换或提供教学支持服务等方式，将现有的高质量网络课程资源和良好的教学支持服务做好二次或多次开发。

积极尝试开展网络培训业务，利用好开展学位英语培训的模式和经验，尝试线上与线下相结合的方式，拓展新业务。

北京大学医学部现代远程教育试点工作总结

一、基本情况

（一）办学方向与办学定位

2000年2月25日，教育部办公厅批复同意北京大学开展现代远程教育课程教学试点。10月10日，北京大学医学网络教育学院成立，并于次年9月招收第一批学生，在国家政策的支持和学校的领导下，开始了医学网络教育试点探索。

试点工作开展18年来，北京大学医学网络教育始终以"人人享有优质医学教育、缔造中国继续医学教育第一品牌"为宗旨，依托北大医学品牌优势，有效整合医学部及其20余家附属和教学医院的优质医学教育资源，采用现代信息科技手段，开展具有自身特色的医学远程教育。

2017年5月，适应国家和大学继续教育发展新要求，学校将北京大学医学网络教育学院和医学部在职教育培训中心合并，成立北京大学医学继续教育学院。新组建的北京大学医学继续教育学院作为北京大学医学教育的重要组成部分，将秉承北京大学"勤奋、严谨、求实、创新"的精神，运用先进的教育技术手段，为校内外的学习者提供优质的医学教育资源和高效的学习体验，为构建具有"北大医学"特色的终身学习体系而不断努力！

18年来，北京大学医学网络教育坚持全面贯彻党的教育方针，坚持立德树人，坚持质量第一、服务行业、控制办学规模，确保规模、质量、结构和效益协调发展。在北京大学医学部的直接领导下，学院不断改革创新，探索适合医学远程学习的继续教育课程体系和教学模式，开发了大量优质的数字化学习资源，构建了完善的学习支持服务体系，积极服务校内教学和信息化建设，探索了适合医学远程教育特点的质量管理体系，为我国医药卫生行业培养了大批应用型专门人才。18年来，累计招收学生8.8万余人、毕业5.6万余人，目前在校生1.7万余人。

（二）管理体制与运行机制

北京大学医学网络教育由医学部直接管理，继续教育处与医学继续教育学院实行管办分离，有机协作，共同保障医学网络教育的办学质量。

医学继续教育学院在编职工50人，现设三中心一办公室，分别为学院办公室、在线教育中心、教育技术中心、教育合作与推广中心。各部门的职能分工如下：

(1) 学院办公室：根据学院领导要求，协助院长工作，承担学院公共关系管理、行政管理、安全管理、人力资源管理、财务管理等相关工作，保障学院政令和信息畅通。

(2) 在线教育中心：根据学院发展战略要求，负责学院各专业的设计、运行、跟踪及改进；教学计划及课程教学大纲的制定和落实；师资管理及培训；教学规章制度的制定与完善；考试的组织和实施；学生学籍和毕业管理；学习中心管理；新生招录与在校生学生支持服务；

教学评价与质量监控和相关教学研究等工作，确保各专业教学平稳运行，为在校生提供高质量的教学和学习支持服务。

(3) 教育技术中心：依据上级、内部和外部的需求给予技术制作服务，对维持学院正常运行的基础环境进行技术支持工作，为学院的教学发展、重大决策以及产品与服务的采购提供技术方案和技术建议，学习研究并推广教育技术和信息技术的创新发展与应用。

(4) 教育合作与推广中心：根据学院发展战略要求，实施学历招生方案，建立和完善非学历教育的培训工作，负责建立培训体系、制定各项工作流程；负责相关渠道的建设、维护与开发；负责项目的立项及管理。

（三）制度建设与规范管理

试点工作开展以来，北大医学网络教育高度重视内涵建设，花大力气做好建章立制工作，并根据实践的发展和认识的深入不断完善各项规章制度，加强各项管理的规范化建设，使医学网络教育管理运作模式、规范体系与办学层次、办学目标、办学规模相适应，为保障办学质量和水平奠定了基础。

首先，为适应成人远程学习的特点和需要，学院早在 2003 年就在各专业试行学分制教学管理。为促进和保证学分制教学管理顺利进行，根据有关规定，结合学院特点，制定了一整套《学分制教学管理办法》，对选课与学分互认、作业与考试、学分绩点、免修与毕业等各环节进行了规定，保障了教学的平稳运行。

其次，为保障学生及时了解学院相关规定，促进学习的顺利进行，学院每年组织相关部门对学生手册进行讨论更新，不断修订和完善学生管理的各项规章制度，并在新生培训时重点讲解，相关内容纳入《远程学习导引》开学第一课中，确保学生及时了解，得到学生的好评。

第三，校外学习中心是远程教育系统的周围神经，校外学习中心的服务质量直接影响远程教育的服务质量。试点之初，学校探索建立了校外学习中心管理制度，并在 2014 年结合多年质量管理的经验，组织编写出版了《北京大学医学网络教育学院校外学习中心质量管理标准》，得到所属学习中心的一致认可和积极响应。通过严格贯标和持续评估检查，规范了校外学习中心的各项工作，确保了校外学习中心的服务质量，实现了远程教育学习支持服务的规范化、科学化，有效规避了招生、考试及安全等方面的风险。

第四，试点初期，社会对远程教育质量普遍存在质疑，我校深刻认识到，要获得长期稳定的发展、树立品牌意识，必须有科学规范、系统透明的管理制度作基础。为此，医学继续教育学院借鉴国际先进管理理念，2002 年率先导入 ISO9001 标准，构建了组织内部的质量管理体系并持续改进，先后组织编写出版了《远程教育质量管理实务》，作为学院质量管理制度和依据。18 年来，医学网络教育质量管理体系持续改进，每年坚持内审、外审和管理评审，学生满意度持续保持在较高水平，办学品质和声誉也得到用人单位和主管领导的肯定。

（四）专业建设与人才培养

北大医学网络教育试点工作开展以来，陆续开设了护理学、药学、医学信息管理、卫生事业管理和应用心理学 5 个专业，面向在职成人开展专科及专升本学历教育。18 年来，学院一直秉承"品质为魂，服务至善"的核心价值理念，在尊重高等教育及远程教育教学规律的同时，紧随国家战略和社会行业的发展需要，加强对在职成人学习需求和特点的研究，积极开展教学改革，不断探索成人学历继续教育教学改革新模式及新方法，力求为学员提供更加适合的课程内容和教学服务，促进职业能力全面提升，为行业人才培养提供有力的支持。2018年，学校贯彻落实教育部《高等学历继续教育专业设置管理办法》，经研究决定停招部分专业学生，聚焦优势打造满足行业需求的特色专业，目前仅保留护理学（专升本）和药学（专升本）两个专业。

近年来，医学继续教育学院以满足学习者学习发展需求为导向，以学习者职业能力提升为重点，以提高学习效果为宗旨，在全面调研分析的基础上，进一步完善了学历继续教育专业课程设置，对反映学校优势学科的两大特色专业（护理学和药学）课程体系和人才培养方案进行了全面修订。

首先，聘用网络教育专业、职业教育专家、行业专家，成立课题组，借鉴职业教育典型工作任务课程开发方法，创新构建了护理学和药学人才培养方案并全面落地实施。

其次，在课程开发和培养方案实施过程中，加强学生行业岗位和工作内容的分析，聘用行业专家，整合行业协会和北大医院、人民医院等优质资源联合设计开发课程，确保课程内容更加实用、贴近行业和岗位实际需求。

再次，在实施过程中，加强师资培训、教学辅导和过程评价反馈，不断收集教学信息对培养方案进行修订和完善。各专业建设遵循 PDCA 形成了良性循环机制，专业建设水平不断提升。

（五）师资配备与资源建设

为保障专业建设和课程教学工作的有效开展，提高教学质量，医学继续教育学院根据教学任务的不同配备了专业教学专家、课程主讲教师、课程主持教师、课程辅导教师、实验/实习指导教师、毕业论文指导教师等类型的师资。

专业教学专家主要由校内相关专业教学经验丰富的具有高级职称的教师承担，协助学院进行教学研究、指导专业改革及课程建设工作。

每门课程均根据专业教学计划的要求择优选聘主讲教师，由主讲教师设计和组织课程内容，学院的课程开发人员共同配合完成课程资源的设计与制作。

在课程教学运行过程中，每门课程都配有主持教师，负责根据课程教学大纲为学生指定和更新参考教材、编写课程学习指导、布置作业、网上答疑、组织考试大纲和命制试题、辅导授课、批阅作业和试卷等，确保课程资料配套统一、一体化设计。

根据学院课程实验要求和各专业毕业实习相关要求配有课程辅导教师、实验/实习指导教师、毕业论文指导教师，负责指导学生学习、实验/实习及毕业论文设计。2017 年度全年聘用教师 273 人次，其中校内教师 227 人次，校外教师 46 人次。

医学继续教育学院一直坚持改革创新，联合校内教师承担了多项课题研究工作。其中，2017 年度“混合式在线教学模式在公共选修课中的应用”及“基于典型工作任务的护理学专业远程学历继续教育人才培养模式创新实践”获得学校教学成果奖三等奖。“基于DECDA 模式构建药学学历继续教育课程体系的探索研究”获得医学部课题立项。

信息化资源建设方面，学校始终将教学资源建设作为远程教育的关键和核心任务，不断加强对资源开发的投入和研究工作。医学继续教育学建有独立的课程开发队伍，经过十余年的发展，截至 2017 年累计完成学历课程开发 382 门，学历及非学历资源数据 26TB，构建了完整的护理学专业、药学专业课程库以及大量医学相关专业资源。学院充分利用信息技术开展教学和管理活动，包括部署有适用于远程学历的教学教务管理系统、课程学习空间以及课件内容管理发布系统、在线考试系统、在线阅卷系统、论文指导系统、题库系统等教学辅助子系统。各类信息系统协调运行，共同支撑了学历继续教育约 2 万学生规模的教学、学习与管理过程。

近年来，医学继续教育学院面向校内教学体系提供了本科、硕士、博士多层次的数十门次在线课程的开发及运行。其中面向校内全日制本科开设在线课程 12 门次，年度选课人数 720 人次。医学继续教育学院参与的《身边的营养学》慕课及翻转课堂的教学工作获得北京大学校级一等奖。面向医学院校、卫生行业提供了丰富的在线数字教育资源，面向社会大众组织及设计一批顺应社会发展需要的课程资源，开发制作了“灾后心理重建”“身边的营养学”等课程。

（六）办学规模与招生管理

试点之初，学校医学网络教育就严格控制办学规模，确保规模、质量和效益协调发展。18 年来，学校医学网络教育共计注册学生 8.8 万余人，年平均招生规模控制在 4500 人内。2018 年，学校贯彻落实教育部《高等学历继续教育专业设置管理办法》，停招部分专业，聚焦优势打造特色专业，目前仅保留护理学（专升本）和药学（专升本）两大专业，并对学校办学目标、办学条件和能力重新进行了评估，坚持人才培养质量第一，将学历继续教育做精做细，做优质品牌，引领行业发展，将年招生规模控制在 2500 人内。

北大医学网络教育在招生方面严格执行上级主管部门的相关政策和规定，构建了完整的内部质量管理体系，制定了质量管理文件《校外学习中心招生管理办法》和《招生工作流程》，学院和学习中心两级管理、明确权责，确保招生工作的规范有序开展。

在招生实施过程中，严格按照教育部有关远程教育招生工作的政策法规和相关文件规定开展招生工作。招生简章、招生海报等招生宣传品均由学院统一设计、制作、下发，杜绝虚假、不实宣传。严格规范招生入学流程，在招生资格审核和录取中按照质量管理文件《入学资格初审办法》严格审核学生证件，把控入学条件，有效控制招生风险。自 2013 年起，学院完善了平台缴费功能，学生全部通过网银自主缴费，避免了校外中心代收代缴存在的风险。

（七）校外学习中心管理服务

北大医学网络教育主要依托当地医学院校和卫生机构建立校外学习中心，建设之初会对依托单位办学条件、水平、当地生源需求和质量进行系统的考察和评估。目前建有校外学习中心 23 个，其中北京地区 3 个，含校本部直属学习中心 1 个；京外 20 个，其中依托奥鹏公共服务体系 2 个；其他 21 个依托单位均为医学院校。

为规范校外学习中心的管理，确保医学网络教育质量和水平，根据多年的办学和学习支持服务工作的积累，医学继续教育学院建立了对学习中心完整的管理、监控、考核办法和制度性文件，2007 年开始将 ISO9000 质量管理体系的内容下延至校外学习中心，2013 年形成校外学习中心质量管理手册并对校外学习中心进行贯标培训，2015 年 9 月正式出版《校外学习中心质量管理标准》，标准覆盖了教育部办公厅《关于印发〈关于现代远程教育校外学习中心(点)建设和管理的原则意见〉(试行)的通知》(教高厅〔2002〕1 号)所赋予远程教育校外学习中心 9 项职责所涉及的全部过程,分制度篇和流程篇分别对校外学习中心管理和业务工作的要求及操作规范做出规定,符合 ISO9001:2008 国际质量管理体系标准要求。

通过严格贯标,校外学习中心学习支持质量均达到标准要求,实现了远程教育学习支持服务的规范化、科学化,有效规避了招生、考试及安全等方面的风险,得到所属学习中心的一致认可和积极响应。

医学继续教育学院依照标准每两年有计划地开展一次对校外学习中心工作的全面评估与督导,主旨是发现中心在质量管理标准执行过程中的问题,找到中心运行过程中的亮点,为中心的下一步质量管理提出合理化建议,同时将评估结果作为对校外学习中心考核与奖惩的重要依据。在评估发展问题的基础上,本着持续改进的宗旨,不断对标准进行修订改版。

同时,医学继续教育学院每年开展学习满意度测评工作,近几年的调查显示,学生对学习中心各项支持服务工作的评价持续保持在 80 分以上。

(八)教学实施与考风考纪

医学继续教育学院在教学实施中始终坚持人才培养质量第一,遵循 PDCA 原则,确保人才培养方案的策划、实施、评价和不断改进。人才培养方案确定后,根据课程的先后逻辑关系,确定教学实施计划。在课程开发过程中,根据人才培养目标及规格确定课程教学大纲,教学大纲通过授课教师、课程开发人员、教学管理人员三方评定后,严格按照课程教学大纲设计开发课程、设计教学活动及评价方式。在课程运行过程中,首先召开教学实施计划评审会,确定开课计划及教学活动安排、教室、教学设备等保障情况;每学期聘请教师、召开教师工作会传达开课情况、布置教学任务、详细说明教学要求及学生情况;教学实施过程中,监控记录教师教的情况、学生学习的情况;教学结束后,收集教师及学生对教学的意见及建议,对教师教的情况及学生的学习效果进行总结;召开课程运行总结会,对课程教学运行进行评价改进。专业人才培养方案运行一轮后,会结合全部课程教学效果系统分析专业培养目标达成情况,并据此不断调整优化人才培养方案。

在教学评价环节,按照课程性质及特点选择评价方式,过程性评价及终结性评价方式有机结合。医学继续教育学院高度重视考试管理工作,每次考试均成立由主管教学副院长负责的考试领导小组,严肃考风考纪,明确考试实施过程中各环节的责任,建立了学院对学习中心考前培训、学院对督考教师考前培训、学习中心对监考教师考前培训等三级培训体系,确保所有考务工作人员严格考试标准,统一考试要求。学院制定有《北京大学医学继续教育学院考场规则》《北京大学医学继续教育学院学生违纪处理办法》《北京大学医学继续教育学院校外学习中心考务管理规定》等相关文件,规范了考试组织过程中学习中心考前、考中及考后的工作内容及标准,要求每个中心在组织课程考试时每考场配备手机信号屏蔽系统考场屏蔽仪,针对电子产品作弊加大防控,同时要求学习中心在考试过程中对考生公布举报邮箱,严抓考风考纪,力争确保考试公平、公正,成绩发布后对考试中出现的违纪现象进行违纪通报处理。

（九）过程监管与质量保证

医学继续教育学院成立以来，一贯坚持“管理规范，资源优秀，服务满意，技术可靠，提供一流的医学远程教育”的质量方针，于2003年成为全国首家通过ISO9001:2000质量管理体系认证的远程教育机构，同年被教育部纳入远程教育质量管理试点校。十多年来，医学继续教育学院质量管理体系坚持持续改进、有效运行，每年通过内审、外审、管理评审等质量检查活动，严格质量管理，持续保持认证资质。学院在远程教育质量管理方面的研究和实践成果得到行业的广泛关注，并先后两次荣获北京大学校级教学成果一等奖。

学院在招生、教学、考试、管理等各方面严格执行上级主管部门的相关政策和规定，构建了完整的内部质量管理体系，学院和学习中心两级管理、明确权责，确保招生、教学、考试和毕业工作的规范有序开展。

在招生方面，严格按照教育部、有关远程教育招生工作的政策法规和相关文件规定开展招生工作。招生简章、招生海报等招生宣传品均由学院统一设计、制作、下发，杜绝虚假、不实宣传。严格规范招生入学流程，在招生资格审核和录取中严格把握入学条件，有效控制了招生风险。

在严格考试方面，学院制定有《考务手册》和《试卷保密规定》等各项考务制度。各批次课程考试预约结束后，对转考点考试学生由学院进行复审通过，保证预约结果的准确完整。同时考试试卷由专人保管，所有印刷数据均进行二次审核后交由印厂印刷，并与保定监狱印厂签订保密协议，保障试卷印刷和运输的严谨性和安全性。考前对督、监考人员开展培训，下派到每个学习中心的督考人员均会组织当地学习中心的监考人员召开考前培训会，对学习中心的考试工作进行具体管理和监督，督考工作结束后由督考老师反馈学院《学习中心督考情况评价表》，对学习中心考试组织中出现的问题如实汇报，促进学习中心严格落实考试各项规定。阅卷过程中使用电子远程阅卷系统，对教师阅卷的进度实时监控，针对客观题雷同卷系统自动判别，提高了工作效率，降低了学生成绩复查率。

在教学运行方面，学院制定《教学过程监视工作流程》，严格按照监视流程检查并监视线上课程资源、课程作业区、课程答疑区、课程讨论区以及线下面授实验等教学运行情况，及时发现问题及不足，做好运行跟踪记录，协调解决问题，确保教学环节顺利开展。

在毕业管理方面，学院严格按照毕业和学位相关要求对学生毕业条件进行审核，严把出口。学生通过平台自主申请毕业或学位，系统依据入学时设定的初始条件自动判断，符合要求方能通过。汇总后的毕业和学位名单及相关材料上报大学继续教育处审核把关，确保了毕业生的质量。

（十）社会评价与品牌声誉

为收集学生对医学网络教育服务的评价和反馈，持续改进和提升人才培养质量，医学继续教育学院每年会针对学历继续教育在学学生开展一次学习满意度测评工作。多年来，学生满意度持续保持在85%左右。2017年度统计数据显示，学生总体满意度为85.56%，较2016年(85.16%)略有增长。2018年满意度调查目前正在收集数据中。近5年学生满意度测评结果如下：

调查跟踪显示，行业主管部门以及用人单位均对北京大学医学网络教育办学水平和毕业生给予了充分肯定和认可，普遍认为学生在我校经过专业系统的学习之后，专业知识、工作能力、工作态度等均有所提升。例如，来自解放军第309医院护理部的反馈中提到，“近三年来，北京大学医学继续教育学院为医院培养护理人才120余名，不仅对提高护理队伍的临床综合能力、教学水平和科研能力起到了积极作用，为医院护理学科建设提供了巨大推动力，同时为护理专科品牌建设搭载了发展平台，为医院专科发展和教学基地的建设提供了良好支撑，对于我院整体护理水平的提升起到了积极的促进作用。”2013—2017年学生满意度调查结果如图1所示。

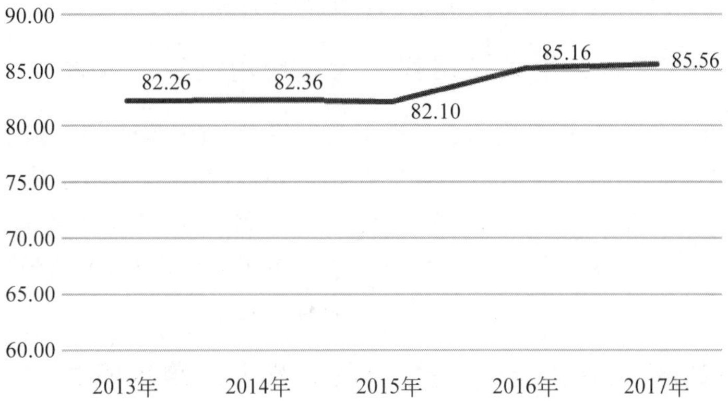

图1　2013—2017年学生满意度调查结果

来自学生的座谈显示，学生从网络教育学习中收益颇多，不仅在专业知识领域获得了提升，还锻炼了终身学习的能力。来自2006级护理专业专升本的王克荣提到：“报名北医网络学院，就是看中了它的品牌、师资和学习时间上的灵活性，通过互联网就能实现学习与答疑解惑的过程。在北医的学习，让我收获很多，我现在是北京地坛医院皮肤性病科的护士长。10多年来，我一直从事艾滋病的防治工作。我坚信知识造就梦想，成功在于拼搏。2004年度获英国‘贝利·马丁奖’、2007年被评为北京市党代表、2010年被评为全国劳动模范的白衣天使、先后3次受到时任总书记胡锦涛、总理温家宝的接见。”

来自2007级温州学习中心药学专业的卢恩胜反馈：“三年课程学习，使我能够在岗位上游刃有余，现在我又继续报读了药学专升本的课程学习。知识改变命运，通过药学专业的学习，在收获学历的同时，又顺利考取了执业药师，为更好地服务社会提供了很大帮助……”。

通过每学期对校内课程调查跟踪显示，本校师生对在线课程教学给予了充分肯定和认可，普遍认为在线课程学习形式新颖、学习内容实用、能随时随地利用零散时间学习。有95%以上的学生表示如果有在线形式的选修课，还会继续选修并推荐给周围的同学。教师普遍认为“继续教育学院在网络资源建设与教学支持服务方面有多年的经验，教学工作细致、有序，充分发挥了在线教学的优势，做到运行有保障，教学可监控，效果可测量，并且为北医校内的教学工作提供了先进的理念和技术支持。”

此外，北京大学医学网络教育办学声誉也得到社会的认可，多次获得“公众满意中国十大名牌网络教育学院”“现代远程教育十年贡献奖”“最具社会满意度网络教育学院”“中国现代远程教育(1998—2006)终身教育特别贡献奖”等奖项。

二、试点成绩和经验

医学网络教育试点18年来，经历和见证了医学远程教育的起步、发展、规范和提升。18年的发展过程中，不断改革创新，探索适合医学远程学习的人才培养模式，开发了大量优质的数字化学习资源，构建了完善的学习支持服务体系，探索了适合医学远程教育特点的质量管理体系，为我国医药卫生行业培养了大批应用型的专门人才，在专业教学改革、质量管理等领域取得了丰富的经验，并出版了多部专著，引领了行业的发展。

（一）做精做细，为卫生领域培养了大量应用型专门人才

试点工作开展18年来，医学网络学历教育稳步发展，在做精做细上狠下功夫。精，力求做出精品，细，关注到每个学生的个性需求。从招生环节、专业课程体系建设、学习资源的设计开发、学习过程的管理和各项支持服务，从学生入学到毕业，每个环节都进行了研究和规范。试点以来，注册学生总人数约8.9万，毕业约5.6万，其中获学位3800余人，为医药行业在职人员继续教育和能力素质的提升做出了应有的贡献。

（二）改革创新，积极探索了医学远程教育人才培养模式

医学网络教育本着遵循远程医学教育规律、保证学习效果、一切以学习者为中心的原则，探索了学分制教学管理模式的改革和试点，构建了适合远程学习的混合式教学模式，改革形成完整、可持续的课程体系和人才培养路径，创新了医学远程教育人才培养模式。近些年，借鉴职业教育课程开发理念，以综合价值取向为指导，突破性改革创新了护理学专业和药学专业课程体系和人才培养模式。其中，护理学专业和药学专业人才培养模式改革探索分别获教育部委托项目和北大医学部校级课题支持。

（三）加强投入，推进了卫生行业数字学习资源体系建设

试点以来，医学继续教育学院不断加强对数字资源开发的投入和研究工作。在课程资源的建设上体现了对成人在职学生的以人为本、服务学生的宗旨，更加倾向实用性，更加注重理论与实践的结合。开发的课程资源形式多样，充分采用了音视频、网页、动画、图表等多种表现形式，截至2017年累计完成学历课程开发382门。目前学历及非学历资源数据26TB，构建了完整的护理学专业、药学专业课程库及相关医学专业资源，推进了医疗卫生行业数字资源体系的建设和发展。

（四）以人为本，构建了全方位的学习支持服务体系

试点工作中，医学继续教育学院始终坚持“以学生为中心”，探索构建了全方位的学习支持服务体系，为学习者顺利完成学业提供切实有效的支持和帮助。首先，支持服务手段灵活多样，灵活运用电话、网络、短信、邮件等多种方式为学生提供学习跟踪、提醒、辅导等支持服务。其次，支持服务内容广泛。从学术性支持到非学术性支持，涵盖导学助学、辅导答疑、信息发布、咨询服务、实践教学指导等多个方面，伴随学员的整个学习过程。同时组建辅导员队伍为学生提供学习关怀、建立学习小组，组织学员座谈活动、丰富的校园文化等，为学生提

供情感性支持。

（五）持续改进，质量管理体系趋于成熟完善

学院一贯注重质量意识，在医学远程教育质量管理体系的构建方面进行了深入的探索和努力。于 2002 年 3 月开始导入 ISO9001 国际标准，并于 2003 年 3 月 28 日获得 ISO9001:2000 证书，成为全国首家导入 ISO9001 国际质量管理标准、建立 ISO9000 质量管理体系的继续教育机构。16 年来质量手册历经 12 次改版，质量管理体系持续改进，每三年一次(2006/2009/2012/2015)复审，持续保持认证资格；每年一到两次内部审核、一次外部审核、一次管理评审；每年开展系统的学生满意度调查，持续关注学生满意度；质量管理体系 2013 年下延至学习中心，建立校外学习中心质量管理标准。16 年质量管理体系认证，在质量管理实践中积累了大量经验，确保了质量管理体系的有效性，学院的教学质量管理工作得到不断完善和持续改进，质量目标稳步提高。学院组织编写的《远程教育 ISO9001:2000 质量管理实务》两次出版，引起广泛关注和极大反响，为远程教育机构实施质量管理、推动远程教育健康发展起到积极的促进作用。

（六）开放共享，积极开展业内交流研讨活动

医学继续教育学院积极参与国际学术交流活动，旨在将全球最先进的远程教育理念、技术引入国内；积极开拓国内学术研究、教学研讨、管理研修等各类交流活动，旨在以开放的心态与大家一起分享实践经验。学院是中国现代远程教育高校机构中最早与英国开放大学建立联系的学院，多年来，双方深度互访，开展了很多实质性的交流合作。学院先后三次与《中国远程教育》杂志社举办“中国远程教育学术圆桌会”，为中国现代远程教育的理论研究提供一个学术交流平台。2007 年 10 月，学院承办的以“分享 • 创新 • 超越”为主题的“国际远程教育高端论坛”，成为全球远程教育精英齐聚一堂、切磋交流的思想盛会；2010 年 10 月，学院成立十周年庆典暨“国际远程教育前沿论坛” 以“前瞻、引领、开放、践行”为主题，再次为远程教育界搭建了一个难得的学术交流和互动的平台。2015 年，学院再次承办了“2015 国际远程教育发展论坛”，吸引了来自英国、美国、加拿大、德国、新加坡等国家以及中国台湾地区、香港特别行政区的众多专家学者，共同探讨远程教育发展新思路、分享远程教育发展新成果。

三、存在的问题

自 2000 年开展试点工作以来，北京大学医学网络教育经历了从初创、稳步发展、内涵建设、转型提升的过程。发展过程中存在以下问题。

(1) 在职人员的学历继续教育不能照搬校内全日制教学计划。在网络教育试点初期，因为缺乏对在职成人学历继续教育教学和管理的经验，医学继续教育学院基本参照了校内全日制的专业教学计划，主要精力放在网络课程及学习平台的建设上，对在职学生的培养目标、课程设置、教学方法、教学评价、质量保证等方面关注不足，嗣后在职业教育专家、远程教育专家等指导下逐步进行教学体系改革。

(2) 校内师资对网络教育学生的投入受限。试点高校校内师资力量强，对校内的学科

建设和全日制学生教学工作投入主要精力，而以网络教学为主要学习途径的试点高校学历继续教育，更强调培养在职学生职业发展的应用性知识与能力，校内师资在课程设计、内容组织、教学方法、答疑辅导、考核评价等教学过程中，存在着对学生了解不足、有针对性的授课不够、精力投入有限、对继续教育工作不够重视等问题。

（3）主办高校对校外学习中心的管理存在一定难度。网络教育主办高校普遍采用在校外设置学习中心的管理模式，鉴于区域间的差异，日常工作上的沟通管理及时性有待加强；此外，主办校的教学要求也因区域差异，可能难以在校外学习中心不打折扣地落实；因各种原因停止合作的校外学生中心或停办的专业，还存有未完成学业遗留学生的后续收尾工作等，所以主办高校对校外学习中心的管理有待进一步加强。

（4）不同高校对相同专业的培养标准差异性较大。十几年的网络教育发展，特别是校外学习中心的合作办学模式，常常会在同一区域、甚至同一个校外学习中心有多所高校相同专业的办学情况。不同高校对相同专业的办学，从招生条件、学费、学制、课程设置、教学过程管理、毕业要求等方面存在较大的差异性，在职学生在选择上存在多方面比较，存在一定程度的不良竞争，甚至存在“劣币驱逐良币”的现象。

四、推进网络教育转型提质升级的思路和举措

（1）将网络教育与面授教育、学历继续教育与非学历继续教育融合发展，纳入高校人才培养体系。在网络教育试点十几年之后，学校顺应新时代高等教育的发展形势，提出整合与继续教育相关的工作任务，在充分调研的基础上，将原网络教育学院与在职教育培训中心整合，组建医学继续教育学院。学校对继续教育工作进行梳理，将继续教育学院列为直属单位；对继续教育的工作开展，采取“管办分开”，由学校职能部门继续教育处负责继续教育学院的归口管理。

（2）严格落实《高等学历继续教育专业设置管理办法》，充分调研行业需求，自 2018 年起，网络教育形式的学历继续教育仅保留社会急需的护理学（专升本）、药学（专升本）两个专业。高校对学历继续教育的开展并没有盲目决策，而是充分考虑到社会需求。调研全国卫生技术人员构成比例，护理人员和药学人员对学历继续教育的培养需求比较大，护理专业专升本层次的学历继续教育招生人数高居各专业生源的第 4 位。在全面考虑高校的校内专业层次及继续教育的定位与需求的基础上，医学部保留了社会急需的护理学（专升本）、药学（专升本）两个专业，停办了其他专业和层次。

（3）更加聚焦学历继续教育的内涵建设，确保教育教学质量。医学部开展面向在职人员的学历继续教育有近 40 年的历史，网络教育试点开展了 18 年。长期以来，学校始终注重继续教育人才培养质量，坚持与时俱进，不断探索面向在职成人学生的教育教学改革。2017 年 11 月底，教育部启动了“高校学历继续教育人才培养模式改革与创新探索项目”（教职成司函〔2017〕126 号），委托北京大学医学部牵头组织国内同类高校、行业企业及有关专家，共同开展“护理学”专业高等学历继续教育人才培养模式改革与创新探索，医学继续教育学院为该项目的具体组织和实施单位。此外，学历继续教育的药学专业的教学改革工作也列入医学部立项的教学研究课题。

（4）积极打造满足行业人才培养需求、面向社会的线上线下相结合的非学历继续教育，

充分发挥高校服务社会的责任。网络教育试点高校从学历继续教育向非学历继续教育的转型发展已经成为各高校的共识,新组建的医学继续教育学院就是要融合学历与非学历继续教育,采用线上与线下相结合混合式学习,发挥行业特色,为医药卫生领域在职人员搭建终身学习的平台。目前已经开展了远程医学继续教育国家级培训项目、面向行业群体的管理培训及专项培训等。

(5) 充分发挥网络教育十几年发展中积累的信息技术优势,服务校内外,服务于医学终身教育体系,推进信息技术在医学教育领域的应用。网络教育试点高校在多年的办学中积累和发展了丰富的在线教育经验,在组建新的医学继续教育学院时,学院成立了教育技术中心,定位为以信息技术服务于校内外:面向校内学生开放在线公共选修课;为校内学院、教学医院设计开发网络课程资源;为社会提供在线课程资源和教学服务等。

北京师范大学网络教育试点工作总结

北京师范大学(以下简称学校)是一所拥有百年历史的著名高等学府,教学和科研力量居全国一流水平。经过百余年的发展,学校秉承"爱国进步、诚信质朴、求真创新、为人师表"的优良传统和"学为人师,行为世范"的校训精神,始终站在中国教育改革发展的前沿,积极引领我国教育理论发展,推进我国教育实践创新,培养了一大批卓有成就的各类人才,为教育兴国大业书写了辉煌篇章。

2000 年,根据教育部《关于对北京师范大学、东北大学、上海交通大学、华中科技大学、华南理工大学开展现代远程教育试点工作的批复》(教高〔2000〕12 号)文件精神,学校成为全面实施现代远程教育(网络教育)的试点高校之一。一直以来,学校高度重视网络教育的发展,将网络教育作为学校办学业务的重要组成部分,把网络教育纳入学校发展规划纲要进行统筹指导。学校明确树立网络教育内涵发展、创新发展、特色发展的指导精神,把网络教育视为学校在信息化、网络化发展的时代浪潮中,适应社会需求培养应用型人才的重要基地、服务社会的重要窗口。在教育部以及学校的高度重视与指导下,作为网络教育业务的具体承担单位,原网络教育学院,以及在 2004 年由原网络教育学院等整合而成的继续教育与教师培训学院(以下简称学院),树立了以规范管理为基础,以质量为核心的发展理念,始终坚持规模、质量与效益的协调发展与统一,在为社会培养了大批合格的应用型人才的同时,不断提高教学质量与服务水平,不断探索进行网络教学改革与创新,大力提高网络资源建设水平,为保障教学质量奠定了坚实基础,并赢得了"办学规范、管理科学、彰显特色、勇于创新"的社会声誉,受到学员、企事业用人单位以及社会各界的好评。

学校以教师教育、教育科学和文理基础学科为主要特色,是国家高素质创新型人才培养的重要基地,也是国家"双一流"大学建设系列高校。学校第十三次党代会进一步明确了建设"综合性、研究型、教师教育领先的中国特色世界一流大学"的办学定位,明确到 21 世纪中叶进入世界一流大学前列。当前,学校正着力构建"高原支撑、高峰引领"的学科发展体系和"一体两翼"的办学格局,不断深化综合改革,推进各项事业发展,向建设世界一流大学的目标稳步迈进。据此,学院确立了与学校定位与发展目标相适应,逐步建设成为世界一流大学网络教育的宏伟目标。在新的历史时期,学院将抓住不断提高教育质量这一战略主题,继续深化教学改革,加大优质资源建设力度,推动建设优质资源共建共享机制,为我国建设学习型社会做出应有的贡献。

一、网络教育的发展概况

学校在教育研究和教学领域一直处于全国较高水平,教育学、心理学、文学等均为国家重点学科,文理学科、基础学科综合实力一直位居全国高校前列。学校也一直致力于教育技术学、远程教育等方面的研究与实践,并在这方面研究中取得众多成果,为学校开展现代远程教育试点工作奠定了良好的基础。

学校历届领导高度重视现代远程教育试点工作。在学校的高度重视、校领导的直接关心下，网络教育克服了试点初期的诸多困难，开始逐步发展壮大，构建了与网络教育特点以及发展规律相适应的教学运行与资源开发模式、管理体系、学生支持服务体系以及质量控制体系，形成了与学校网络教育师资、资源、管理能力相适应的在籍学生规模，为网络教育可持续发展奠定了坚实的基础。

（一）网络教育的发展历程

2000年，学校成为教育部批准首批全面实施现代远程教育（网络教育）试点高校之一。从网络教育学院筹备开始，学校给予了高度重视，时任北京师范大学校长的袁贵仁教授担任筹备委员会主任。2001年3月，我校网络教育首届开学典礼隆重举行，时任教育部部长助理章新胜出席，8个校外学习中心的1600余名学生通过视频会议系统参加。2004年，学校将原继续教育学院、网络教育学院、教师培训学院以及高等职业技术学院整合为继续教育与教师培训学院，成为学校网络教育、成人高等教育、教师教育与培训以及其他形式继续教育工作统一的办学实体。网络教育办学开展以来，学校多次开会研究并明确网络教育的办学定位、发展规划以及人员编制政策等。在历任校党政主要负责人以及分管校领导的高度重视和大力支持下，学校以教育部有关文件精神为指导，以建设国内一流的网络教育为办学目标，以为我国经济结构调整、社会转型发展培养所需的高素质应用型专业人才，尤其是服务于我国教师队伍建设，满足广大中小学及幼儿园教师的学历与素养提升需求为办学宗旨，网络教育发展顺利并取得较大成效。

网络教育试点工作开展19年来，学校一直遵循“立德树人、育人为本、规范办学、确保质量”的原则，以教师教育为特色，依托学校优质资源建设专业，统筹全国学习中心布局、高标准强化学习中心建设，控制规模、稳步发展，落实“规模、质量与效益的协调发展与统一”，狠抓核心办学环节、构建全方位的质量保障体系，为保障人才培养质量奠定了坚实的基础，为社会培养了大批高素质应用型专业人才，赢得“办学规范、管理科学、特色鲜明、勇于创新”的社会声誉。

（二）网络教育体系建设

自试点工作开展以来，学校建设了专业化的教师团队与管理团队，构建了资源开发模式、教学模式、支持服务体系，网络教育稳步发展，取得了一系列成果。

1. 专业化教师团队与管理团队

学校建立了网络教育教学指导委员会，并建设了涵盖教学指导专家、主讲教师、主持教师、课程辅导教师、论文指导教师等多层次、多元化的师资团队以及专业的管理团队。其中，网络教育教学指导会委员由学院聘任，由学校有关院系所的专家教授组成，负责对网络教育的人才培养计划制订、课程改造、新专业建设、课程教学改革、论文指导与论文答辩等各项实质工作给予直接指导支持。在主持教师和主讲教师团队中，70%以上的教师具有副教授及以上职称，90%的教师学历为硕士及以上。学校每学期都会对主讲教师、主持教师、辅导教师进行培训，并针对不同类型的教师设计专门的培训内容，确保培训效果。学校网络教育专职管理团队主要由合同制员工组成，一般都具有教育、计算机等学科背景，稳定性强、学历层次较高，保障了网络教育教学、管理、学习支持等各项工作实施的专业性、规范性。

2. 名师主讲、突出教学设计理念的网络课程资源开发模式

学校整合校内雄厚的教育资源，聘请校内外知名教授以及中青年学者担任网络课程主讲教师，其中有顾明远、林崇德、劳凯声、何克抗、李翀、刘松柏、石中英、檀传宝、刘勇、吕启祥等知名教授与学者。

网络课程的建设注重教学设计，充分吸纳和体现先进的教育理念，设计开发的网络课程符合成人学习特点，注重资源的便捷性、实用性。例如，依据建构主义学习理论开发的"教学设计"课程采用研究型学习模式，倡导学生对该课程内的问题进行学习研究；以活动为中心展开教学设计的模式，如"远程教育学基础"；"教育心理学"课程采用协作式学习模式，培养学生的协作学习能力；法律类、心理学类、教育类的许多课程都采用案例式教学模式，培养学生的实践应用能力等。

3. 强化过程交互、重视教学环节监控的教学模式

学校在网络教学实施的过程中，利用信息化的教学平台和教务管理系统逐步构建实现教师导学与学生自学相结合，网络远程学习与面授辅导相结合，文字教材、电子课件与网络资源相结合，学习活动、在线讨论与网上答疑相配合，课内教学与学术讲座相补充的网络教育教学模式。在管理上教与学并重，严谨规范，科学运行，注重质量，完善网络学历教育质量保障体系建设，突出学生主体地位，让学生的学习行为自始至终得到关注。

针对教学过程的管理监控，学校思想上牢固树立教师主导、学生主体的理念，合理设计教学活动，在强调学生主动学习的同时为学生提供有效、便捷的学习指导，以适应学生个性化学习的需要。针对学生为在职人员的特点，实行弹性学分制，模块化设计教学环节，对网上课程 BBS 交流讨论、网上作业、在线测试、网上论文写作等主要教学环节进行有效跟踪指导和监控，重视教学任务提醒及作业和测试效果的反馈，及时指导学生克服困难，顺利学习。

4. 以人为本、全方位、全过程学习支持服务体系

学校坚持以学生为中心，构建以人为本的全方位、全过程学习支持服务体系，坚持多渠道、多手段，直接面向学生提供最直接的学习支持服务。学校以网络平台、在线客服、4008 电话 7×24 小时热线、QQ 群、短信平台、邮件、电话、微信等工具和手段为学生开展学术性及非学术性支持服务。学校建立长效的问题反馈机制，优化教学资源，改进管理手段，提高服务质量，打造学生、教师满意的网络教育学习支持服务体系，及时解决学生问题，引导学生学习，提高学生学习的主动性和自觉性。

（三）网络教育的发展现状

1. 招生层次及专业

学校网络教育依托学校优势学科和办学特色，结合社会需求，立足时代发展，建立专业动态调整机制，在合理设置招生专业的同时强化特色专业建设。从最早开设的 7 个办学专业到 2017 年进行招生的 45 个专业（涉及高中起点本科、高中起点专科和专科起点本科 3 个办学层次），均以教师教育类专业为主，以教师和各级教育管理干部为主要对象，同时兼顾我国社会经济发展急需的管理类、法学类等专业人才的培养。学校开设的专业体现了学校的教师教育特色，同时彰显了我校综合性大学的整体办学方向。

2017年，学校按照《高等学历继续教育专业设置管理办法》对现设的网络教育本、专科专业进行梳理，在学校已开设的全日制教育本科专业基础上根据社会需求调整和规范专业名称及专业方向，将原有45个专业调整为专科起点本科专业13个，高中起点专科专业5个（除计算机应用技术专业外，均是教师教育类专业），总计18个，其中10个为教师教育类专业，2018年开设办学层次及招生专业具体见表1。教育学、心理学、汉语言文学等教师教育类专业都是我校"双一流"建设学科范围的专业，管理类、计算机类、法学类专业也是我校的优势专业。

表1　2018年开设办学层次及招生专业统计表

序　　号	专业类别	专业名称	培养层次
1	教师教育类	学前教育	高起专
2		小学教育	高起专
3		心理健康教育	高起专
4		汉语	高起专
5		教育学	专升本
6		教育技术学	专升本
7		学前教育	专升本
8		汉语言文学	专升本
9		心理学	专升本
10		书法学	专升本
11	管理类	信息管理与信息系统	专升本
12		工商管理	专升本
13		会计学	专升本
14		人力资源管理	专升本
15		公共事业管理	专升本
16	计算机类	计算机科学与技术	专升本
17		计算机应用技术	高起专
18	法学类	法学	专升本

2. 校外学习中心

学校始终将校外学习中心的建设与管理作为规范办学、提升服务水平、保障人才培养质量的首要环节。严格按照教育部的有关要求，在全国统一规划，合理布局，从2000年到2018年，校外学习中心从最早建立的8个学习中心发展到89个，经严格考核评估，目前仅保留了56个学习中心。这些学习中心分布在全国25个省、自治区、直辖市（如图1所示），为当地人才培养和经济社会发展做出了积极贡献。校外学习中心依托建设的合作办学单位均经过严格的考察，近80%为公办院校，其中以师范类院校、高职院校和电大为主，在所在地区具有一定的社会影响力。其中，河北师范大学、太原师范学院、金华职业技术学院、北京联合大学、南京市广播电视大学、山东青年政治学院等合作办学单位与学校共建校外学习中心，并取得较好成绩。

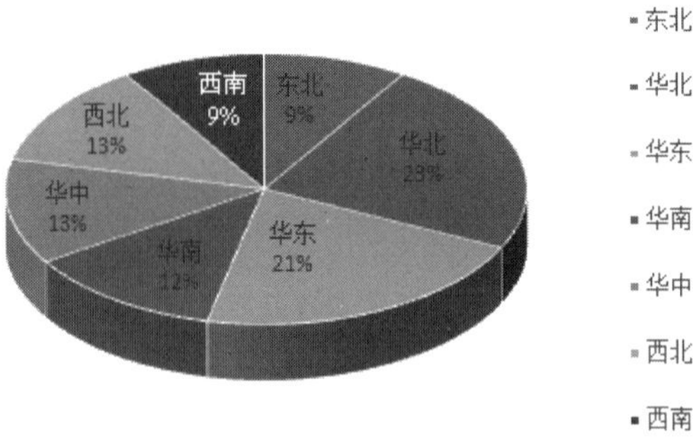

图1　校外学习中心全国区域分布图

3. 网络学历教育的招生规模与招生方式

自试点以来，学校网络学历教育累计招生录取 202 358 人，其中本科 119 562 人，专科 82 796 人。2018 年网络学历教育报名学生总计 19 073 人，录取 16 258 人，录取率为 85.24%。

根据教育部政策，试点高校网络学历教育实行自主招生。自主招生是指由学校按照教育部和北京市教委要求，统一确定网络教育的招生专业、招生对象，统一报名、统一试卷、统一考试、统一阅卷、统一录取、统一发放录取通知书的招生方式。自 2005 年开始，学校参加全国教师教育网络联盟统一的网络教育招生入学考试，该考试公共课由全国教师教育网络联盟统一命题，部分专业课由学院自主命题，考试形式分为纸质考试和机考两种形式，学校始终坚持网络教育以纸质考试为主，同时安排巡考老师进行考试巡视，严把入口关。试点以来，学校网络学历教育年度招生规模一直保持在较低的水平(如图 2 所示)，从招生入口即坚持贯彻“稳步发展，规范管理、保障质量”的办学思想。

4. 网络学历教育在校生和毕业及学位授予情况

截至 2018 年年底，学校网络学历教育在籍生 62 400 人，其中专升本 29 488 人，高起本 1899 人，高起专 31 013 人。

2018 年度，学校网络学历教育毕业人数为 13 102 人，授予学位 181 人(仅包含上半年的学位授予人数，下半年的尚未完成审批)。

截至 2018 年 12 月，学校网络学历教育已经为社会培养本专科毕业生 114 553 人；授予学士学位 4366 人。

5. 网络教育课程

依托学校丰富的教师资源，吸纳先进的教育理念，学院系统开发了 500 多门网络教育课程。网络教育课程主要有窄带、宽带、大屏课程、虚拟课程、MOOC 课程、微课及移动课程等多种形式，以满足不同网络环境的学生需求。在教学设计上，按照学习者的认知规律，运用探究式学习、问题解决式学习、案例式学习等多种学习方法和学习策略，设计系列教学活动和学习活动，培养学生探究以及协作学习能力。其中，“远程教育学基础”等 8 门课程被评为国家精品课程，“教育学原理”等 6 门课程被评为国家精品资源共享课。

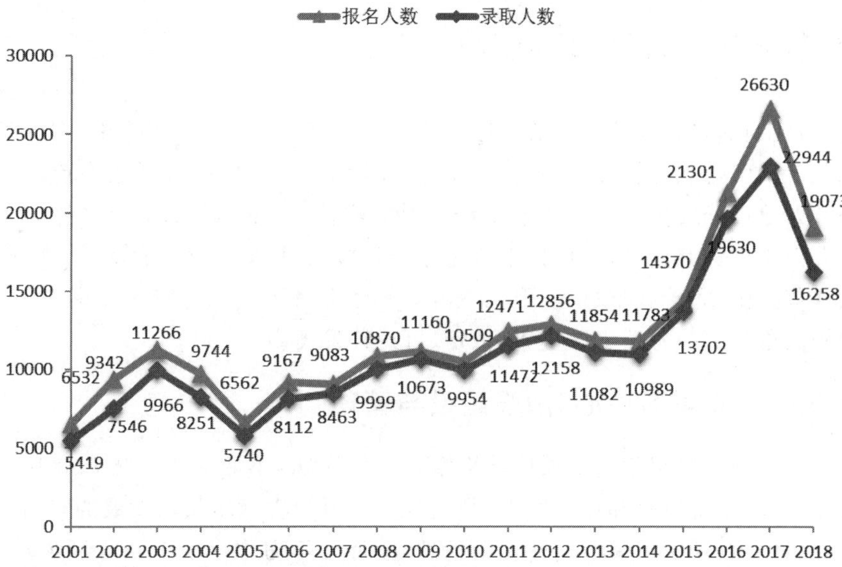

图 2　2001—2018 年网络教育招生录取人数走势

6. 网络培训

学校除了稳步发展网络学历教育外，近些年来还积极拓展网络培训市场。一方面将开发完成的网络教育精品课程向社会开放，有兴趣爱好或有工作需要的学员可自主选修学院课程，进行远程网络学习。每年自主选修学校网络课程的为 1000 人次左右；另一方面，学院积极承担教育部以及各省市地区教育行政部门的教育培训任务，学校 2011、2012 年承担教育部“国培计划”示范性远程培训项目学员共计 16 696 人。2013 年，学校与广西壮族自治区来宾市教育委员会合作开展了广西壮族自治区来宾市千名骨干班主任远程培训项目，本项目分三期开展。2014—2016 年，学校与湖南省教育厅合作开展小学教师综合培训项目，该项目利用两年时间，采取面授与网络研修相结合的方式，培育一支在湖南省小学教学、管理方面有影响力和话语权的优秀教师队伍。2016 年，学校对贵州省少数民族地区 750 名乡村幼儿园教师开展了以“幼儿发展与教育”为主题的培训活动，帮助贵州省少数民族地区建立骨干引领全员的教师常态化学习机制，持续提升乡村幼儿园教师的教育教学能力。2015—2017 年，学校承担了广东省珠海市、佛山市南海区中小学教师信息技术与应用能力提升培训项目，该项目采取网络研修模式，累计培训 2.8 万人次，通过培训，提升了广东省中小学及幼儿园教师的信息技术应用能力、学科教学能力和专业自主发展能力建立教师主动应用机制，推动每个教师在课堂教学和日常工作中有效应用信息技术，促进信息技术与教育教学融合取得新突破。2018 年，学校受广东省教育厅委托，整合学校优质资源，采取集中开展专家讲理论、同行谈经验、示范校展成果、网络研修巩固的混合培训模式，通过理论与实践相结合、线上与线下相结合的模式，对全省 50 名中小学骨干教师开展了信息技术与课堂教学应用融合示范培训。2018 年 11 月，学校承办了教育部“文化自信与继续教育转型发展高级研修班”，全国各省（区、市）教育行政部门分管高等学历继续教育相关处室负责人、有关高校网络教育学院/继续教育学院/成人教育学院院长或主管教学的副院长共计 87 名学员参加了此次培训。

二、完善办学环节，保障教育质量

在学校的规划部署以及校领导的指导与支持下，学院始终把“规范”和“质量”放在网络教育发展的首位，坚持规范管理、保障质量、稳步发展的原则，并积极开拓创新，不断改善教学环境，提升人才培养质量。学院紧紧围绕“发展、规范、质量、团队”4 个关键词，以人才培养为中心，大力推进资源建设，积极探索队伍建设新机制，打造网络教育品牌，在学习中心建设与管理、规范招生、完善教学过程、强化学习支持服务等重要工作环节不断进行实践和创新，确保学校网络教育的各项工作健康、稳定、可持续发展。

（一）规范设立学习中心，加强建设与管理

加强学习中心建设，组建高素质的网络教育工作团队，不断完善评估标准和激励制度，及时开展学习中心年检年报和评估工作，都是校外学习中心健康长远发展的有力保障。

注重网络教育校外学习中心的建设与管理，在加强学习中心业务指导和人员培训的同时，指导并要求学习中心履行职责：开展专、兼职服务队伍建设，做好招生宣传和咨询，加强新生入学教育和上机实践；根据学生的学习需求，合理安排辅导答疑，加大统考课程的辅导力度；严肃考风考纪，规范考试过程；配合学院做好网络教育的学籍管理工作，及时办理各类学籍异动；建立有效的学生与班主任沟通机制，按专业、地域建立学习小组；适度开展学生活动，定期召开学生座谈会，营造良好的校园文化氛围等。

1. 校外学习中心的设立

校外学习中心是现代远程教育试点高校提高管理效率，加强对学生支持服务的重要手段，是增进教师与学生、学生与学生之间的人际交流，营造教书育人环境的重要渠道。其综合水平的高低将直接影响现代远程教育的质量。严格筛选合作办学单位，建设合格、规范的校外学习中心，可以促进教育资源重组和结构优化，对于构建全民学习、终身学习的学习型社会具有重要意义。

严格按照教育部和省级教育行政管理部门的有关要求，规范、合理设立校外学习中心。设立校外学习中心的程序为(如图 3 所示)：申请单位填写合作办学调查表，学院选派考察小组对申请单位进行实地考察，学院根据考察报告，对申请单位办学资质等材料进行审议，通过后签署合作办学协议；按照省级教育行政管理部门关于校外学习中心设立的要求准备审批资料，上报学校审批；协助申请单位到所属省教育厅进行审批备案。获得省厅批复后，学习中心正式成立，可在当地开展招生等相关工作。

为保证校外学习中心具有良好的社会声誉以及能够为学生提供高质量全方位的学习支持服务，学院制定了严格的校外学习中心建站标准，明确了校外学习中心设备要求。

图 3　校外学习申办程序

2. 校外学习中心工作人员培训

校外学习中心工作人员在业务上接受学院的领导，根据学院的统一要求和安排，协助进

行招生宣传、生源组织、提供学习场地、学生学习支持服务以及日常管理等工作。

为提高校外学习中心人员的业务素质和工作水平，学院利用视频会议系统、外调学习中心工作人员来京、学习中心工作会议、招生研讨交流会等形式，定期组织面向校外学习中心各类人员的业务培训，及时帮助他们解决工作中的问题和困难。每当制定新规定或平台升级改造时，均会面向所有学习中心工作人员进行形式多样的培训，统一思想和认识，提高业务能力。

在对校外学习中心进行全面业务指导的同时，十分注重学习中心一线工作人员的业务素质和工作水平的提升。2008 年开始，学院启动了“校外学习中心一线工作来京顶岗培训和实践”工作，简称“请进来”项目，即邀请学习中心一线工作人员到学校参加为期一周的顶岗培训，食宿全由学院承担。为了保证培训效果，每期参训人员 4～16 人，由学院领导以及网络教育骨干人员组建培训团队，对他们进行面对面、手把手、一对一的各岗位职责和流程的全面培训，并针对核心岗位安排顶岗实践任务。对考核和评价合格的一线工作人员颁发合格证书，并将培训内容和成绩通过“培训结果反馈单”的形式书面告知学习中心。培训结束后，学院及时汇总一线工作人员提出的宝贵意见和建议，反馈给各岗位负责人，力争达到最佳培训效果。累计至 2018 年年底，共培训 122 名一线工作人员，涉及 72 个学习中心。扎实有效的“请进来”项目受到学习中心和工作人员的一致好评，对学习中心各项工作顺利有序的开展起到了非常重要的作用。

3. 实行校外学习中心评估奖励制度，积极开展评优工作

为激励校外学习中心工作的积极性，在加强学习中心管理的同时，建立了相应的评估标准与激励制度，对管理规范、学生满意度高的学习中心予以鼓励；对管理较差的学习中心加强管理，并要求合作办学单位加强指导，提高办学水平；对于确实不能保证教学质量的学习中心，要求合作办学单位和学习中心进行限期整顿，情节严重的限制其招生或者撤销学习中心。

在每年召开学习中心工作会议之际，都会针对学习中心及工作人员开展评优工作。符合参评条件的学习中心和工作人员，可填写“北京师范大学网络教育优秀学习中心申报表”或“北京师范大学网络教育先进个人推荐表”，参与评选活动。学院根据《学习中心评优指标及标准》，结合学习中心年度工作总结和业绩，对表现优异的学习中心进行表彰和奖励。同时，针对学习中心推荐的先进个人，结合员工日常工作的态度、能力、绩效进行综合评定，对兢兢业业、耐心细致、认真负责、积极进取的工作人员，给予肯定和奖励。经自我推荐以及严格评估，每年有三分之一左右的学习中心被评为优秀学习中心，原则上每个学习中心有 1 名工作人员被评为先进个人。

4. 重视校外学习中心的联络与沟通，推动各项工作开展

为了更好地服务学生，落实各项工作，达到学院与学习中心之间沟通无障碍的目标，学院设立了专职的岗位，负责与学习中心的日常联系和沟通，制定学院与学习中心之间有效的信息反馈处理机制，学习中心可以通过电话、手机短信、平台短信、QQ、MSN、邮件、教学平台中“问题反馈”栏目等多种形式与学校进行沟通，对于学习中心和学生的诉求，学院实行“首问责任制”，工作人员必须及时高效地进行反馈和答复(一般不超过 2 个工作日)。

此外，还利用学习中心一线工作人员来京顶岗培训、网络教育年度工作会议、招生工作

会议、视频会议以及教学巡视、巡考等机会与学习中心进行更多的交流和沟通，及时传达国家有关现代远程教育的方针、政策，了解和掌握学习中心招生、教务、学生管理、学习支持等方面的情况，共同探讨和解决网络教育工作中遇到的各种问题。

5. 强化校外学习中心的学习支持服务功能，更好地服务学生

学习中心是学生学习支持服务工作的重要承担者。学习中心坚持牢固树立"以学生为中心"的指导思想，把"以学生为中心"的各项工作落到实处。学院规定，学习中心的学习支持服务主要包括：招生服务、管理服务、设施服务、资源服务、人员服务、信息服务、辅助教学、考务管理、情感支持等方面。近些年来，学院指导学习中心坚持将"以学生为中心"的指导思想、提供优质学习支持服务的意识和观念真正贯穿于工作的始终，保证提供"人人为学生服务"的全员服务，从入学到毕业所有环节的全程服务，从学习到生活、到心理、到情感的全方位服务。

6. 明确学习中心主任负责制，管理制度化、档案化

校外学习中心主任负责校外学习中心的全面工作，学院依据《校外学习中心主任管理规定》中规定的聘任资格和聘任程序聘任各校外学习中心主任，定期对主任的工作态度、管理水平、工作业绩和业务能力进行考核，并将考核结果作为学习中心评估的重要依据。

校外学习中心实行主任负责制，人员配备合理，分工、职责明确，保证各项教学活动顺利开展。校外学习中心配备专职的教学管理、技术等人员，人员数量与学生规模相适应。每个学习中心至少配备 1 名专职教学管理人员、1 名专职技术人员，学生每增 100 人必须至少增加 1 名专职管理人员。

为了规范校外学习中心的行为，学院依据《校外学习中心管理规定(试行)》《校外学习中心规范办学管理规定》《校外学习中心主任管理规定》等一系列规章制度，对校外学习中心实行制度化管理。学院编撰了《教育部现代远程教育重要文件汇编》和《学习中心工作手册》，全面指导学习中心工作人员的工作实践，从深入领会并贯彻实施教育部的文件精神入手，到全面阐述学习中心建设、招生、注册、教学、考试、毕业的全过程服务，再结合管理流程、规章制度、工作注意事项以及问题实例的学习，使工作人员有章可循。2018 年，学院重新修订了网络教育各项规章制度，并汇集成册下发给校外学习中心。此外，学院建立校外学习中心档案，对校外学习中心建站协议、补充协议、备案文件等进行集中管理，每学期对校外学习中心详细联系方式进行更新、对校外学习中心教学教务管理有关内容归档，并对校外学习中心工作人员、学生提出的问题进行详细记录，及时处理并定期归档。

7. 推行学生网上自主缴费，提高学费收缴的工作效率

严格按照学校财务规章制度开展学费收缴工作，学费收缴工作一直规范有序。但是，随着网上支付技术的发展和日趋成熟，为了进一步提高学费收取工作的效率，也为了使学费交费更便利、快捷，学院从 2017 年开始试点进行网上收费，建立了一套安全、规范的网上收费管理机制和财务管理流程。网上收费试点工作顺利开展，至 2018 年，学院的网络教育学生均可通过网上收费方式缴纳学费，学生可以随时交费、随时查看应交学费及已交学费明细，核实学费的缴纳情况。

8. 校外学习中心年检年报和评估工作

目前，各省级教育行政部门负责属地现代远程教育校外学习中心(点)的检查评估工作。

学院对此高度重视，明确要求各合作办学单位、校外学习中心严格按照教育部以及省级教育行政部门的要求，及时接受年检年报和评估工作，加强管理，规范办学。

历年来，学院在校领导和院领导的重视与指导下，在合作办学单位和校外学习中心的支持与配合下，均能如期顺利完成年度年报年检和评估工作，并取得了可喜的成绩。例如，2008 年、2012 年、2014 年、2016 年北京市教委组织的校外学习中心评估和检查中，学校 3 个在京学习中心均获得优秀成绩，并在所在小组中名列前茅。为此，学院网络教育部负责人以及学习中心代表在北京市教委组织的在京学习中心大会上分别做了典型发言，介绍学习中心建设与管理的相关经验。

在今后的工作中，我们会继续加强对网络教育校外学习中心的建设与管理，在加强学习中心业务指导和人员培训的同时，指导并要求学习中心履行职责，并不断完善评估标准和激励制度，及时开展学习中心年检年报和评估工作，为促进现代远程教育健康、有序地发展，提高现代远程教育质量，有效开展各项工作打下坚实的基础。

（二）规范招生管理，确保招生质量

网络教育招生工作自试点以来，始终按照教育部、北京市教委以及学校各项文件要求，严格管理，规范操作，以打造“一流师资、一流专业、一流课程资源、一流支持服务”为目标，以“创建一流网络教育”为办学定位，历经近 20 年的不懈努力，取得了长足发展，同时也得到学生及社会各界的广泛认可。自 2005 年以来，学校网络教育连续 10 余年先后被新华社主办的新华网、国务院新闻办领导的中国互联网新闻中心、腾讯网、新浪网、搜狐网、《中国远程教育》杂志社、《新京报》等多家权威媒体评为“品牌影响力网络教育学院”“综合实力网络教育学院”“深受网友好评网络学院”“中国十佳网络教育学院”“我最信赖的远程教育品牌”“终身教育特别贡献奖”。

1. 严格招生宣传

为保证招生宣传的严肃性和规范性，学院严格按照教育部文件要求，在招生简章中明确毕业证书的基本内容，如专业、层次、学习年限、学习形式（网络教育）、电子注册中办学类型代码和学位证书的类型以及学生在读期间需参加公共课程全国统一考试的有关规定，同时严格按照教育部要求，将招生简章上传教育部指定网站就行备案。图 4 为学校网络教育历年招生简章。

不断加强对网络教育各学习中心招生宣传工作的管理，规范各项招生环节。学院明确规定校外学习中心不得自行制作招生简章及相关宣传资料，各学习中心要根据学院的招生宣传政策制定招生宣传计划，严格按照学院相关管理规定，在学院的统一组织和统一部署下开展招生宣传活动。如各校外学习中心需在报纸等媒体发布招生广告，须由学习中心参照学院网络教育宣传材料内容起草拟定，并经学院审核无误后，方可对外发布，并将稿件留存，同时要求学习中心将招生宣传的原件寄送至学院进行备案。

此外，还通过招生考试巡考的方式，对学习中心宣传工作进行检查，核查学习中心的宣传材料，并与学生进行交流，了解其获取招生信息的途径和对网络教育的了解情况。

2. 加强对各种虚假宣传的查处及招生预警工作

在招生方面，采取“四统一”“五严格”和“六严禁”措施，确保规范有序地开展招生工作。

图 4　北京师范大学网络教育历年招生简章

“四统一”：统一宣传，统一命题，统一考试，统一录取。“五严格”：严格考生报名资格审核，严格招生考试试卷印刷，严格招生考试过程监管，严格阅卷管理，严格录取流程。近年来，学院为了进一步加强对招生宣传的监督管理，不仅定期排查涉及本校的有关网站和中介机构进行的虚假非法招生宣传和招生活动，同时还在每年启动招生时，向各校外学习中心发放《关于严格规范网络学历教育招生工作的通知》，通知明确提出“六严禁”：严禁委托中介（代理）机构招生或接受中介（代理）机构的生源，严禁点外设点及虚假承诺和宣传，严禁异地招生，严禁多收费、乱收费以及其他机构或个人代收代缴学费，严禁替考行为，严禁招收全日制脱产学习的在校学生（含全日制脱产学习的自考学生）同时兼读或套读网络高等学历教育。

同时，为保证广大学生的切身利益，维护北京师范大学网络学历教育的崇高声誉，学院长期在官网首页显要位置发布《北京师范大学网络学历教育致所有学员的招生预警》和《关于严禁在中介机构报名及缴费的通知》，提醒“学员切勿在北师大网络教育官网公布的学习中心之外的任何中介机构和个人进行报名，更勿将学费交给任何中介结构及个人”，告知“学员在北师大网络教育校外学习中心报名、考试不收取任何费用，学员考试成绩合格，经北师大网络学历教育进行入学资格审核，对于符合录取条件的考生，由北师大网络学历教育录取并发放正式的录取通知书，学员被录取后可自行登录北京师范大学网络教育平台进行缴费。”

3. 做好招生咨询与报名服务工作

为了给考生提供更直接、更及时、更可靠的招生咨询服务，使考生更有效地了解学院网络教育的相关信息，学院开通了两部招生咨询电话和4008学生服务热线，为考生提供7×24小时不间断招生咨询服务，同时还开通了人工在线咨询、招生邮箱咨询等咨询方式，为考生提供多渠道、全方位的咨询服务，极大满足了不同考生的咨询需求。

为了给考生提供更多的招生入学考试机会，不断调整招生入学考试时间，增加考试次数，从2000年启动招生时，每年组织3次招生入学考试，到后来增加到每年组织四次招生入学考试，自2011年秋季开始，学院做了重大变革，实行全年滚动招生，定期考试，纸考为主、纸考与机考相结合的原则。考生随时可以报名，每月均会组织招生入学考试，为莘莘学子大开方便之门，也为社会人才培养做出了巨大努力。

4. 做好报名考生一学历资格审核工作

自试点以来，学院一直坚持对进入网络学历教育学习的学生进行严格而规范的入学资格审查，其中对一学历的审核尤为严格。学生报名时，首先由校外学习中心查验学生的一学历证书等相关材料；然后通过招生报名系统对信息进行核查，一学历的信息不能空缺，一学历信息之间及学生所报层次、报名时间之间有一定的逻辑约束关系；学院将学生一学历信息的核查工作作为招生报名阶段的一项重要工作，核查结束后立即向学生及学习中心提供反馈信息；学院将新生学籍信息报教育部阳光平台备案，并将一学历核查结果及时更新到学院平台，学生登录教学平台时可在相应栏目实时查询反馈结果，确保一学历核查情况通知到学生个人。自2005年开始，专升本层次学生前置学历审核以教育部学信网核查结果为依据，只有在学信网可查且信息与该生提供的前置信息一致时(唯一匹配)，才确认前置学历核查通过。学院将专升本层次学生的一学历核查结果导入学校教务管理系统，以供学生和学习中心查询。

5. 严肃招生考试纪律，规范招生阅卷与录取

自试点以来，学院对网络教育招生入学考试始终高度重视，制定了《招生考试考务管理规定》，包括考点工作人员职责、考试证件名称及使用说明、试卷保密管理规定、考试材料格式、监考工作标准程序、考生应试守则等一系列内容翔实的管理规定，用以规范招生入学考试的各个操作环节。学院重视招生考试试卷的印制和保密工作，安排专人负责试卷的校对审核以及保密工作，而且选择国家保密局认定的印刷国家秘密载体定点单位的印务公司印制试卷，保证试卷印刷的高度保密性。

为了规范考试工作，严肃考纪，学院对招生考试实行巡考制。每次的招生入学考试均会

安排有经验和责任心强的老师到学习中心进行巡视，一方面检查并指导学习中心做好招生入学考试的组织工作；另一方面全程巡查学习中心的监考工作。此外，巡考老师还肩负着检查学习中心的招生宣传是否符合学校要求，以及了解学生情况的任务。

网络教育招生考试由最初的单一的纸质考试，发展到现在的纸质考试为主，纸考与机考相结合，两种考试互补并存的考试模式，最大限度为学生提供便利，促进招生。为了充分发挥全国教师教育网络联盟的协作优势，进一步规范招生入学考试组织管理，扩大全国教师教育网络联盟的整体影响力，自 2004 年开始，学院参加由全国教师教育网络联盟联考委员会统一考试时间、统一考试科目、统一考试大纲、统一考试命题的招生入学考试，经过多年的不断实践和完善，这种考试形式获得了各成员单位、广大考生以及社会的广泛认可和好评。

学院专门成立阅卷领导小组与录取小组，负责招生入学考试阅卷场地安排、人员调配、试卷保密等各项组织协调工作；同时还成立了以阅卷专家为组长的阅卷工作小组，负责整个阅卷过程的人员分配、阅卷指导以及阅卷质量的评审等工作，确保整个阅卷工作规范、有序地开展；学院专门根据每个学习中心的具体情况，综合学生的成绩，制定符合标准的录取分数线，实行择优录取。

6. 不断加强招生数据的管理与核查工作

招生数据管理是整个招生工作比较核心的部分，抓好招生数据管理环节中的质量点，控制风险点，是网络教育做好招生数据管理工作的关键。

第一，借助平台，通过信息化管理提高管理的质量。目前，网络教育招生数据管理已经逐步摆脱试点之初大部分工作靠手工的状况。招生报名中引入了身份证阅读器，并实现了报名材料的电子化管理及报名资格的网上审核。此外，为防止兼读、套读，平台设置了包括不满 16 周岁数据无法录入，年满 16 周岁不满 18 周岁需要学习中心单独申请录入，关键信息空白数据无法录入等多种数据校验功能，从数据源头对招生工作进行严格控制，保证招生的规范性。

第二，通过严格合理的审核程序，控制招生数据管理的风险点。学校网络教育规定考生报名时，必须全程配合学习中心数据录入人员进行个人相关信息的录入，录入结束后，学习中心负责现场打印报名登记表，并由学习中心和学生再次进行信息核对，核对无误后由双方共同签字确认，确保录入信息准确无误。

第三，积极做好招生录取名册的存档备案工作。学院每年都会将录取学生信息整理成册，并打印盖章，一式两份，一份寄到考生报名的校外学习中心进行存档，另外一份报送到学校档案馆进行备案，切实做到每个录取考生均有案可寻，有档可查。

7. 控制规模，稳步发展，注重办学规模与办学能力相匹配

自开展网络教育招生工作以来，坚持以保证生源质量为基本定位，严格管理，规范操作，为真正想学习和有能力继续学习的学员提供学习机会。学院每年都会制订招生计划，确定合理的招生规模，注重办学规模与办学能力相匹配，切实处理好质量、规模和效益之间的关系，绝不搞跨越式发展，多年来办学规模在全国试点高校中始终处于中等偏下的位置。

自试点工作开展以来，网络教育大致可分为 3 个发展时期：其中 2001—2010 年为探索期，年度招生规模严格限制在 1 万人以下，在籍生规模控制在 3 万人以下；2011—2015 年为稳步发展期，年度招生规模严格限制在 1.5 万人以下，在籍生规模控制在 4 万人以下；

2016—2018 年为平稳增长期，由于幼儿园为主的教师教育需求增加，年度招生规模稳定在 2 万人左右，在籍学生规模控制在 6 万人，如图 5 所示。

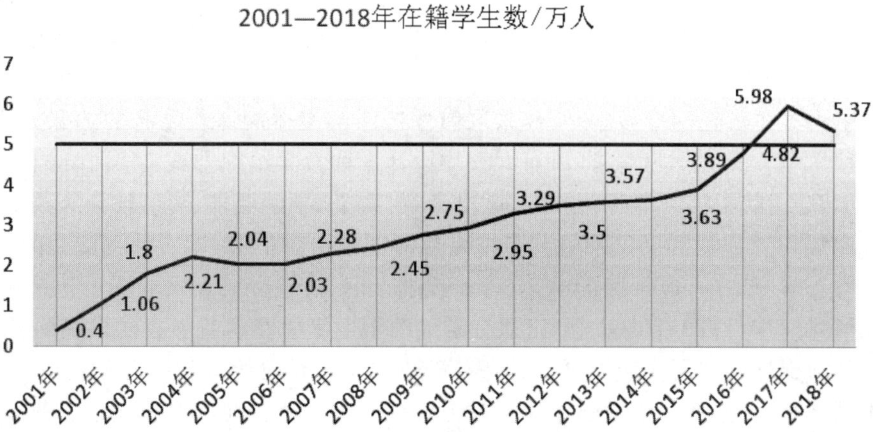

图 5　2001—2018 年在籍学生数量

（三）注重教学质量，不断改革和创新

教学质量是高等教育发展中的“永恒主题”，是学校自我发展与改革创新的原动力。对于网络教育而言，教学质量是其“生命线”。历经 19 年的发展，学院已经建立起成熟的教学模式和完善的教学管理服务体系，并在网络教育教学理念指导下，不断进行教学改革创新，努力创办高水平、高质量的网络教育。

1. 以质量为核心，构建符合社会需求的课程体系

在办学过程中，教学管理的理念和发展思路上突出两条主线：第一，把规范管理、稳步发展，协调发展放在首位，重视基础建设，控制规模与速度；第二，重视遵循网络教育教学规律，在网络教育教学理念的指导下办学，合理设计教学环节，锐意进行教学改革创新，构建完善的教学质量保障体系。

网络教育以应用型人才培养为目标，以服务社会、服务地方经济建设为方向，学院优化专业结构和课程设置，改变了以单纯知识传授、强调系统理论、课堂教学为中心的传统模式，形成了以需求为导向、以学习者为中心、知识能力并重、理论与实践结合的课程结构。学院将汉语言文学、教育学、小学教育、学前教育、心理学等 9 个专业设计为师范类专业，侧重教学方法、教育理念、教学实践课程的设置。对于工商管理、公共事业管理、法学、信息管理与信息系统、会计学、计算机科学与技术等社会急需专业，侧重开设专业技能课程，加大选修课程的设置，为学生提供多样化的选择。

另外，学校网络教育根据专业培养目标的需求，对专业设置的课程结构、课程知识体系进行拓展延伸，采用专题形式，用一个学分的课程容量，采集和架构学科领域的热点问题、核心应用问题及最新研究动态成果形成小学分课程。

2. 符合规律的教学环节设计与教学组织

网络教育教学环节的设计充分考虑生源为在职成人的特点，满足任何人、任何时间地

点、从任何章节开始学习的需求。学院教学环节的实施兼顾网上和网下多种学习方式，充分利用不同媒体形式组织教学和学习。选课、点播课件、浏览下载教学资源、在线作业、自测练习、课程活动、答疑讨论、直播课堂、毕业论文、在线考试等教学环节在网上运行；不能在网上开展的教学活动放在线下组织，包括面授辅导、实验和实践课程的运行、课程集中考试等教学活动。

教学组织主要依托网络教学平台，采取弹性选课与集体配课相结合的选课方式。为便于学员多种学习方式的学习需求，所有课程均设计 3 种教学组织方式：①网络式学习，即学生选课后上网点播课件，下载课程作业、教学大纲、讲义、导学要求、考试辅导等教学资源，学习课程并完成课程作业和网络测试；②传统与网络相结合学习，即有课程配套的教材可由学生自主购买学习，并有电子版的讲义、课程教学大纲、辅导材料等大量教学资源，供学生平时利用任何时间学习；③集中式学习，即有条件的学生集中在学习中心的多媒体教室，集中从服务器下载课件并利用局域网播放课程。3 种方式同时向所有学生开放，并配有纸介质教材或讲义，学生根据实际情况自主选择学习方式。每门课程在网上都配备了辅导教师，强调网上的教学互动环节，由网络辅导教师组织课程活动并随时回答学生自学过程中的提问。3 种方式均须完成平时的课程作业和定量的网上测试，完成指定的课程活动。

另外，在教学组织上注重现代远程教育手段和教学设计理念的应用，除了充分利用网络平台作为媒介发布信息、组织教学之外，还根据课程要求采取基于任务而建的学习小组协作式教学或基于问题的解答的活动式教学等试点运行，提高现代教育技术手段在教学中的应用，以提高教学效果。

3. 主动服务、追求实效的教学过程管理和监控

重视现代教学设计理念的实践应用，利用网络平台、QQ 群、短信系统、邮件、微信平台等媒介发布信息、组织教学活动，监控在线作业、在线考试、论文写作、专业实习实践等教学活动，提供在线支持和帮助。学院本着“以学生为中心”、以“规范管理，提供人性化服务”为指导思想，教学与管理监控严格遵照网络教育教学规律、教学计划，以及教学管理相关规定执行，先后制定并发布了《北京师范大学网络教育教学实施及管理细则》《北京师范大学网络教育选课修课管理规定》《北京师范大学网络教育学生课程免修管理办法》《北京师范大学网络教育关于开课生教学管理的暂行规定》等教学管理规章制度，在保证教学运行平稳有序的基础上，严谨规范，保障日常教学质量符合培养目标的规定。

在线作业与在线考试是学生形成性学习成绩考核内容之一。为强化管理监控，保证教学质量，学校在教学平台上开发设计监控管理系统，实现对在线作业、在线考试的实时监控和管理。该系统实行学校与学习中心两级平行监控管理模式，能实时监控各学习中心学生上网提交作业的进度和获得的成绩，能定期对学生的上网参与情况进行监控汇总和数据统计分析，并辅之以群发短信、个别电话沟通等方式，达到及时与学生、学习中心联系反馈，及时沟通并帮助解决学生学习过程中遇到的问题和困难。通过严格监控与管理，学校网络教育学生在线作业和在线考试提交率陆续提升，已逐步从原来的 70%提升至 85%，监控效果得到证实。

按照《北京师范大学网络教育平时作业实施及管理规定》的相关要求，平时作业是学生形成性学习成绩的考核内容之一。从开始试点至 2016 年，借助期末考试巡考教师下站点之际，学院每学期都会例行组织开展期末考试的教学检查工作，即抽查学生的离线手写作业。

作业抽查作为巡考教师巡考工作的硬性要求之一，要求每位巡考教师对所到学习中心学生离线手写作业进行抽查并登记结果，同时对作业检查结果在全部学习中心范围内通报，这种例行的检查工作，对促进学习中心平时教学管理、促进教学质量的提高具有实际意义。图 6 为 2004—2016 年离线作业检查情况统计图。

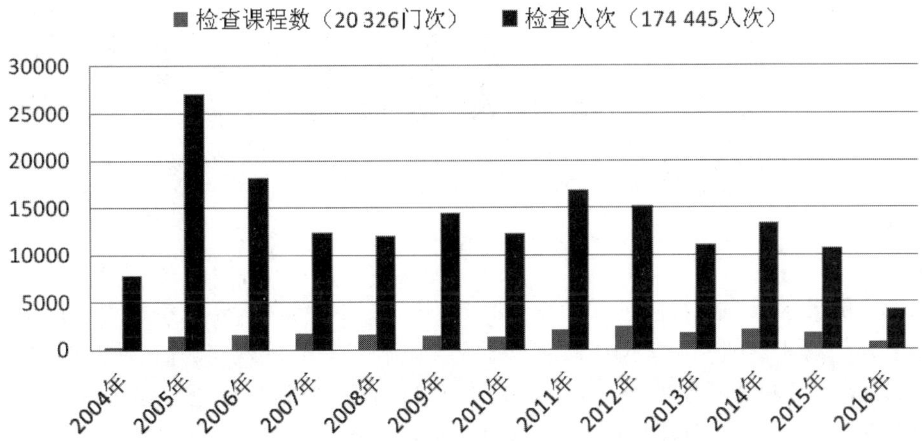

图 6　2004—2016 年离线作业检查情况统计图

自 2014 年起，根据课程性质、课程选课人数等条件因素，逐步将离线作业调整为在线作业，适当增加了客观题型和开放题，2017 年所有平台运行的网络课程均已调整为在线提交平时作业，其中 84 门课程实行在线考试(在线提交作品、论文等)。

4. 毕业论文、学位论文的管理与监控模式

按照《北京师范大学网络教育本科学生毕业论文写作管理规定》的要求，依托网络教育教学平台毕业论文写作指导管理系统实施论文写作管理工作。毕业论文写作工作涉及的远程监控管理、学生选题、指导教师与学生之间的指导交互以及论文指导委员会对论文质量的审核鉴定等各个环节，全部通过毕业论文写作管理系统运行，这种运行和管理模式已经成为学校网络教学手段在教学实践环节得以充分利用的亮点。

经过十多年的探讨和摸索，学校毕业论文写作系统形成了标准和有效的管理模式、写作模式、资源模式。依托教学指导委员会，专门成立毕业论文写作委员会，由各学科专家、教授组成，共同带领团队完成毕业论文指导工作。论文写作过程分为选题、提纲、初稿、终稿 4 个阶段，在每个阶段教师和学生均通过平台进行多次交流。学院及校外学子中心的管理教师通过平台实时进行监控，对不能及时完成每个环节的学生通过电话、短信、微信、邮件、通告等形式进行有效提醒；在论文写作结束后，毕业论文指导委员会还会专门组织教师进行毕业论文终审，对毕业论文的格式、内容进行重点审查。

另外，为每个专业都开设了专门的论文指导课件，对论文写作选题以及规范都进行了具体而详细的指导，并给学生提供了丰富的选题以及优秀论文范例。目前已开设的 16 个专业共有 1980 个选题方向，每年度根据专业发展和实际需要及时更新。自 2004 年 1 月开启首届本科毕业生论文写作工作至 2018 年年底，我们已经成功运行毕业论文写作 32 个批次，累计完成本科论文写作指导 81 110 人次，如图 7 所示。

为保证学位质量，自 2005 年始，对于符合学士学位申请条件的学生，在论文写作上单独

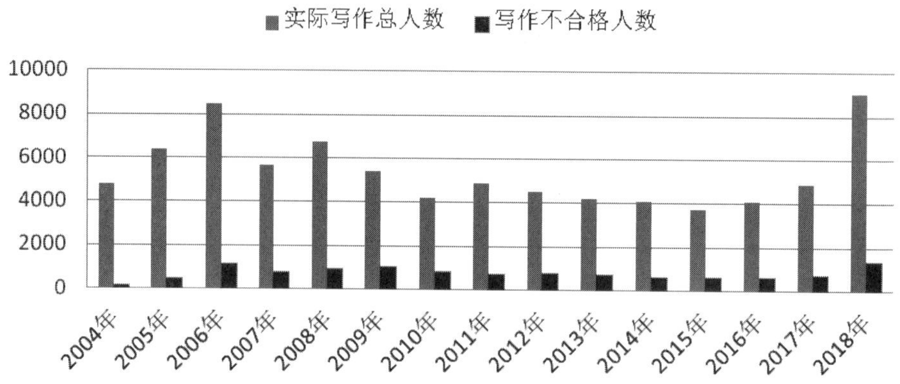

图7　2004—2018年毕业论文写作管理监控统计图(总人数81 110)

按学位论文的要求标准进行管理和操作，即严格执行《北京师范大学网络教育学位论文写作管理规定》以及《北京师范大学网络教育学生学士学位答辩管理规定》等文件制度的规定，参见图8和图9。在论文质量的要求及成绩评定标准上更为严格，对论文答辩的环节严格把关。只有通过论文答辩、成绩取得良好(含)以上者，才有资格申请学士学位。学位论文答辩通过网络直播课堂或视频会议系统实施远程答辩。分专业组建由网络教育教学指导委员会专家直接参与的答辩委员会团队，每个答辩委员会团队至少由3人组成，由答辩委员会主持论文答辩并评定学位论文最终成绩。截至2018年12月，有16个专业涉及学位论文答辩，累计组织学位论文写作28个批次，答辩主席及委员中具有副教授以上职称者占总人数的95%左右。

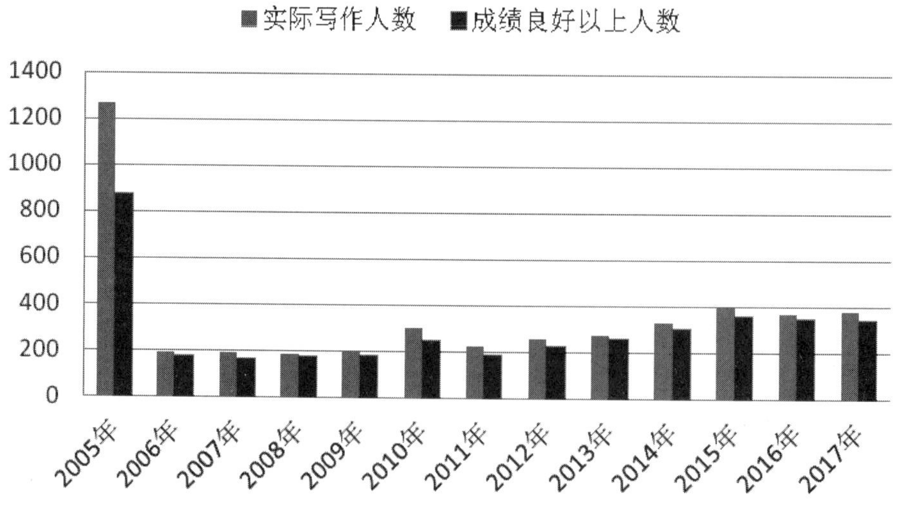

图8　2005—2017年学位论文写作管理监控统计图(总人数4582)

5. 专业实习实践教学的实施与监控

专业实习和教育调查类课程是学生完成在校课程学习后最后开设的实习类课程。学院设置专门岗位对学生的专业实习及教育调查等实践类教学活动进行监控与管理，以确保专业实习及教育调查课程的教学运行效果。依据各专业的实习实施方案，如《电子商务专业实

图 9　学生毕业论文写作管理系统截图

习实施方案》《教育管理专业实习实施方案》等的规定，由学习中心辅导教师指导并监督学生在当地完成实习实践活动。要求学习中心组织启动实习实践活动之初，首先上报《专业实习落实情况登记表》，登记表字段包括学生姓名及电话、专业、参加实习单位、实习实践课题（调查方向）、实习指导教师姓名及电话等字段，以确保将实习任务给每个参加实习的学生落到实处；实习过程中上报《实习情况反馈表》，对实习情况的跟踪进行记录和反馈；实习结束后，上报学生手写的《实习报告》《专业实习成绩登记表》等文档，对实习结果、实习成效进行总结。2006—2018 年专业实习人数统计如图 10 所示。

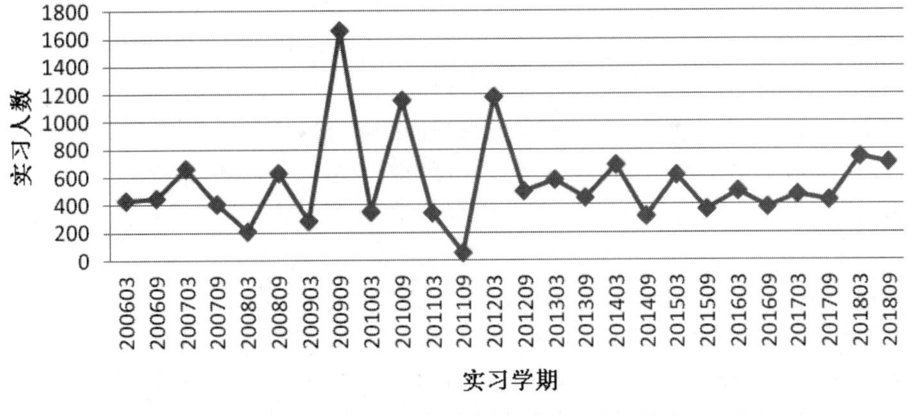

图 10　2006—2018 年专业实习人数统计图（总人数 14553 人）

6. 严谨缜密的教学管理制度

自开展网络教育以来，学院高度重视教学管理制度建设，将网络教育运行管理中的每个环节都通过制度进行落实和保障实施。结合网络教育教学规律和自身发展特色，在制度规划、质量管理以及业务运行等方面均以质量保障为核心，实行了系列制度化、规范化运行管理的举措。

实行网络教育教学指导委员会制度。聘请校内学科专家与远程教育学者组成网络教育教学指导委员会。定期召开教学指导委员会委员研讨会，对网络教育的发展与质量保障进行研讨，制订改善计划。对新专业设置、新课程建设、学生的教学考试、毕业论文及学位论文写作、学位论文答辩、期末考试阅卷等各教学环节实行质量监控和督导，形成科学、有效的指导监控模式，以确保学校的网络教育人才培养质量。

建设完善的教学管理及培训制度。建设完善的管理及培训制度，制定校外学习中心建设管理规定、教学实施管理规定、考试实施规定等一系列规章制度，作为管理运行的制度保障；梳理业务的工作流程，依据制度和原则制定工作程序文件，作为培训员工和校外学习中心工作人员的标准。印发《学习中心工作手册》《网络教育学生学习指导》两部工作手册，为各项工作的质量提供参照标准。实行首问责任制、主动服务制两大服务质量保障制度，规定第一责任人对经手的咨询电话、咨询邮件、教学平台的问题等各种渠道的学生问题、校外中心老师问题负责到底，直至问题落实解决；实施主动问询，针对教学管理各岗位工作任务的要求，主动给学生和学习中心老师提供支持服务，直至任务圆满实现。通过规章制度的建设和执行，从不同层面对教学组织、管理行为进行约束规范，在完善的制度规范之下，使教学质量得到保障。

7. 在创新中寻求发展的教学改革

网络教育肩负完善我国国民教育体系和构建终身教育体系的历史责任和重担，是实现高等教育大众化的重要手段，也是创建学习型社会的重要手段。网络教育在我国的实践时间不长，这就需要学校网络教育教学工作要在实践中不断摸索，追求改革创新，探索总结规律，才能走向成熟稳定，保障教学质量。

1）根据办学发展需要完善教学培养方案、修订教学计划

自2000年学校网络教育开始招生以来，我们对网络教育的教学培养方案及教学计划先后进行了十次调整和完善。最初的教学计划具有明显反映全日制学历教育的特点，重学识学历、知识传授，轻应用型能力的培养。教学计划修订着重适应成人学生的学习特点、强调应用性为宗旨，修订过程中剔除过时的、不合理的课程，增加社会需求较高的实践课、专题课、技能课、小学分课程。另外，专业课程的设置按学科方向进行细分，使教学资源体现模块化，便于学生学习知识的组合和应用。经过修订完善教学培养计划，使教学培养目标定位更清晰，使教学资源配置得到合理优化，能及时跟进学科发展与社会需求，培养合格的应用型人才。

根据学生需求以及学科特点，对工商管理、计算机等部分专业采取分专业方向实施教学，将教学计划的专业课程按方向进行细分，在选课、配课的教学组织环节上实现学生对专业方向课程的选择，同时开通学生个性化选课通道，用以满学生个性化学习需求。这种改革和创新体现了学校网络教育教学理念的发展以及教学手段的完善，能更加专注于学生职业能力及专长的培养，更符合应用型人才的培养需求，能提升学生的社会竞争力，从而最大限度地实现服务学生的目的。

2）课程内容的改造与教学过程的改革

紧密结合成人教育的学习特点，在充分调研基础上综合课程教学内容、学生学习表现以及教学效果等多方面因素，对课程的精讲内容和呈现形式进行改造，将课程的培养目标与学科内容、考核要求以及学习者的需求紧密结合，将理论学习与实践教学、反思紧密结合，构建紧密结合成人学习特点的课程模式。目前我们正在推进改造的学前教育专业课程，进一步整合学校优质教育资源，充分发挥学前教育学科领域所具有的强大的教学及科研实力的同

时，兼顾当前社会对学前教育专业的需求，充分体现了网络教育应用型人才的培养目标，同时能辐射社会上学前教育非学历培训的市场需求。

探索以加强教学过程交互为目的的教学改革，充分利用互联网的优势，加强教学环节的交互，探索课程评价新模式，激发学生自主学习的热情，调动学习的主观能动性，变被动完成学习任务为主动参与。其具体体现为增加网上课程活动的任务，让学生参与课程活动的交流讨论；改变课程一次性手写作业为根据学习进度上网完成多次课程作业，通过作业管理系统直接批改作业并纠正学生的错误；增加网上课程自测练习次数，直接反馈答题结果；改进课程评价标准；实施网上电子化考试等。截至 2018 年，学校已经逐步将平台运行网络课程的平时作业由离线手写作业调整为网上在线作业，学生作业提交率也由原来的 70%提升至目前的 85%；网上开展课程活动学生参与率保持在 89%～90%的比率，改革的效果比较明显。

3）加强网络交互，逐步实行开放式课程考核试验

根据网络教育教学特点以及成人学习特点，选取部分合适课程，实行开放式课程考核试验。对于部分以应用、识记为主的课程，改变期末考试采取的固定单一考试时间和纯粹在试卷上书写答题的考试形式，实行平时多次考核、平时在网上多题型考核、平时开放式提交论文或案例分析或调查报告等大作业，根据具体课程教学培养目标的要求，实施开放式课程考核，旨在推陈出新，探索创新方式，促进网络教育的发展与进步。

采取开放式课程考核试验，引导学生利用平时业余时间充分学习课件、教材，并能查阅各类图书资料、网络资源等参考文献资料，除掌握本课程基本理论知识外，还能对身边（自己或他人教育教学工作中）的真人真事进行总结、概括和分析，整理研究型案例材料，并进行评述等。这种考核方式恰能体现课程应用性特点，适应成人在职学生具有一定应用能力、研究能力的特点，督促学生掌握课程的基本理论和基础知识的同时，通过锻炼和研究，达到提升对知识的应用能力。起初，实施开放式课程考核试验的课程仅有 4 门，即《教育统计学》《教育心理学》《教师伦理》《网络教育学习指导》。经过多年的试验与推进，现已有 84 门课程实行在线考试（如在线提交作品、论文等），占总选课数的 23%。

4）实施英语课程教学改革

为加强英语教学效果，提高学生英语水平是学校教学改革的侧重点之一，在英语教学实践中采取系列措施，以提升成人英语教学的效果。改革主要针对英语课程教学策略、教学内容、教材选用、资源补充建设、教学辅导、强化训练、课程考核等方面进行深入研究，实施全方位改革。同时，引进校外培训机构多种层次的英语辅导课程，作为英语课程教学的辅助资源，免费提供给在校学生，以强化英语教学改革的效果。经过多年的教学改革和实践，学校网络教育英语教学质量得到稳步提高，学生英语统考通过率呈逐年上升态势，提高了学生的英语成绩和统考通过率。

2013 年，由北京市教委主办、中国成人教育协会成人外语高等教育专业委员会承办的北京市高等学校首届“成人高等学历教育英语口语竞赛”的决赛在北京开赛，之后两年举行一次。学院积极响应北京市教育委员会的号召，组织学员参加北京市成人英语口语竞赛活动。在 2013 年、2015 年、2017 年均组成了队伍参加竞赛，经过初赛、决赛的激烈角逐，学校网络教育学生最终获得好成绩。三次英语竞赛成绩的取得，是我们长期以来进行英语教学改革、抓教学质量提高的结果，竞赛成绩的取得更提升了学校网络教育的社会竞争力、影响

力，对保持网络教育良好的品牌形象具有重要意义。

另外，学习过程是评价学生学习的重要依据，有效的学习过程记录对学生的学习有一个更为客观科学的认识，为学生的学习评价提供重要的依据。因此，为了加大英语课程教学改革的力度，选择《英语专科二》进行试验，将学生的日常学习过程进行监控，将在线学习时间、学习课件个数、发帖个数以及 BBS 交互情况均纳入考核范围内，并计入平时成绩考核中（占平时成绩的 40%）。通过这种方式不仅是对学生学习情况的有效监督，而且更有利于提高学生的学习自觉性和积极性，从而提高学习者的学习质量。同时，通过学习过程的记录，也有利于制定更适合学生需要的学习支持服务，弥补网络学习在信息反馈方面的不足。

8. 实行“开课生”的教学管理方式

2011 年秋季，针对教育部对现代远程教育学生学籍注册时间的调整，开始面向新生实行“开课生”的教学管理方式。“开课生”的管理方式实行相对灵活的招生和教学周期，实行全年滚动招生，新录取学生随时录取开课学习，就近予以学籍电子注册。

这种管理方式能充分顾及学生的个性化学习需求，将学生开课时间与学习周期、考试时间有机结合，让学生在有完整计划的前提下，主动安排和调整自己的教学进度和选课结果，充分发挥了网络教育的灵活性，将个性化学习与集体学习的优势相融合，提高了教学管理和学生学习的效率，适合当前网络教育招生、教学管理现状，无疑是对学校网络教育工作的一次提升和促进。

9. 公共基础课统考

近年来，我们通过采取多种方式落实全国公共基础课统考的考试工作。例如，在网络教学平台开辟统考专栏，加大对公共基础课统考的宣传和常见问题的解答，涵盖了政策解读以及各培养层次对应专业的应考科目和重要通知等，依据中国现代远程与继续教育网站中的重要统考信息，定时、及时维护学校网络教育公共基础课统考专栏内容。

1）统考课程合格率

在公共基础课统考课程的学习和辅导方面，聘请专职教师进行专项辅导，参考考试大纲和辅导用书整理了学习和辅导资料供学生学习使用，增加了统考模拟考试系统加强考试模拟练习等，近 5 年学生掌握基础知识的水平及应用能力各科目从成绩上看，综合水平有了较大的提高，其中 2015 年的合格率为近 5 年中最高，2016 年之后统考合格率有下降趋势，学院高度重视并设立统考辅导专人专岗，联动校外学习中心共同推进统考辅导工作，2018 年统考合格率略有回升。我们将继续采取有效措施，进一步提升辅导力度和统考通过率。2014—2018 年统考合格率如图 11 所示。

2）公共基础课统考流程

做好统考课程组织流程，如图 12 所示。按规定上报有关信息，及时处理学生问题，发布学生成绩。由于统考工作的具体组织管理在网考办，所以学院在工作中非常注重落实各个细节，避免出现风险。

统考工作质量控制点：

（1）在网考办发布的统考计划报名时间前，完成信息及电子照片的核对与修改工作，完成异地报考的审核与上报工作。

（2）严格按照网考办发布的工作安排上的时间办理各项工作，确保学生顺利报考、

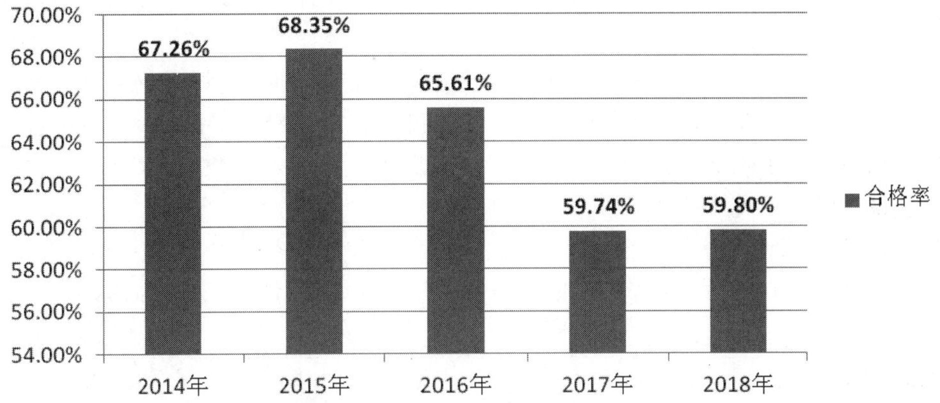

图 11　2014—2018 年统考合格率统计图

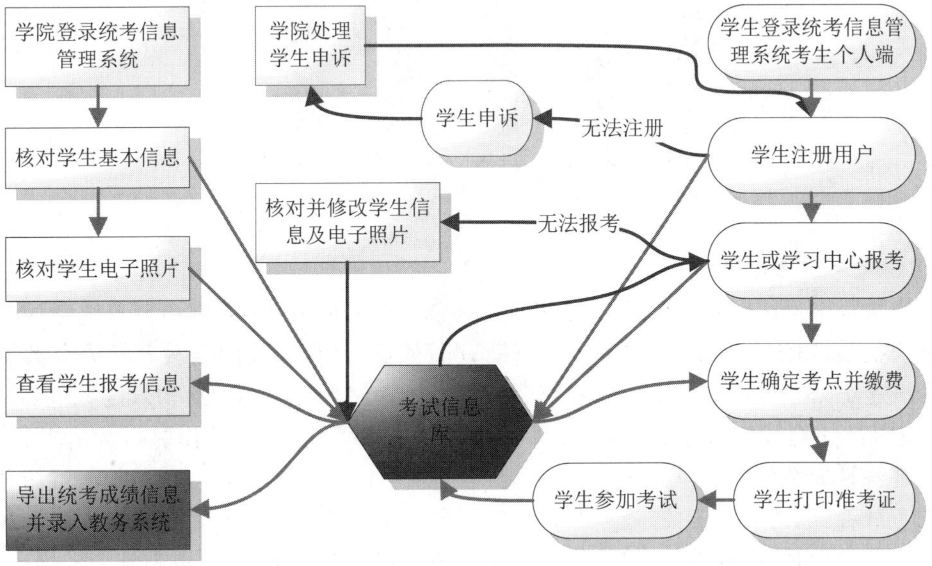

图 12　统考课程组织流程

考试。

(3) 严格按照网考办关于统考免考的规定做好免考资格的审查，在教育部证书查询系统审核学生提供的计算机等级证书、大学英语等级证书。

统考工作风险点：

(1) 若信息错误或资料缺失，则无法报考。

(2) 申诉处理不及时，学生个人无法注册、报名、缴费。

(3) 无身份证件或证件消磁，无法通过身份证阅读器考试签到。

(4) 学生提交的计算机等级证书、大学英语等级证书审核不及时、不准确，影响学生按时毕业。

3) 公共基础课统考免考办理流程

依据网考办规定，凡符合免考条件的学生无须报名参加考试，由学校在考试前系统允许时间范围内严格复审免考资料，如登录“教育部考试中心证书查询系统”查验英语等级考试证书等，并在规定时间内上报免考信息。

(1) 学习中心对学生的免考证明原件进行初审，若初审合格，则填写免考申请表。

(2) 学习中心在规定截止日期前将纸质材料和电子文档以学习中心命名向学院上报免考材料。纸质材料须报送学生的免考证明原件的复印件、“免考申请表”和“免考汇总表”；电子材料须报送学生的免考证明原件的扫描件。

4) 近5年统考免考审核情况

近5年，学校网络教育累计审核通过13 035门次免考，详细情况统计如图13所示。

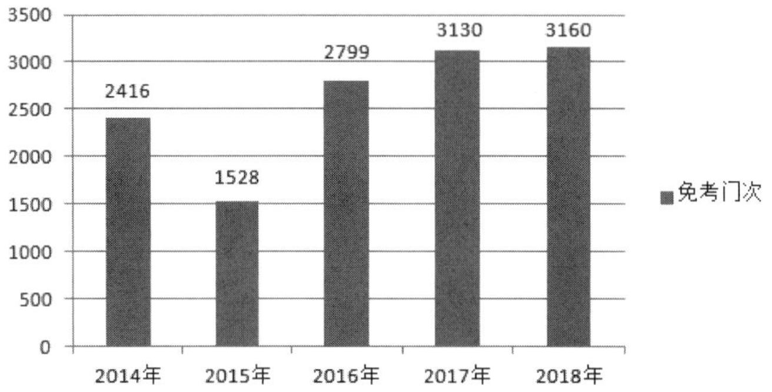

图13　2014—2018年免考门次统计图

5) 统考考试违纪处理

为维护全国网络教育考试公平、公正，保障参加统考的考生、从事和参与统考的工作人员的合法权益，对统考考试成绩中违纪作弊情况，依据《试点高校网络教育部分公共基础课统一考试违纪处理办法》《关于重申对统考考生考试违纪处理问题的通知》(网考电函〔2009〕06号)有考试违纪行为的考生，其相关科目的考试成绩无效；有考试作弊行为的考生，当次考试全部科目成绩无效，并视情节严重情况给予停考1～3年的处理。代替他人或由他人代替参加考试者，取消统考资格。2009年网考办重申对违纪作弊的考生将严格按照上述文件规定进行严肃处理，特别提出对“代替他人或由他人代替参加考试者，取消统考资格”。

学院在对学生宣传有关考试政策和教育的同时，依据《北京师范大学继续教育与教师培训学院网络教育学生考试制度》分别视违规违纪行为情节的不同对“违纪”处以“通告批评”、对“作弊”处以“严重警告”、对“替考”处以“记过”等处分，个别情节严重者被予以劝退。

(四) 强化教务质量管理，重视考纪考风建设

1. 学籍管理工作

1) 网络教育在籍生概况

学校网络教育以国家人才培养和服务社会为目标，面向成人、在职人员招生，满足成人、在职人员的学历提升需求，对全民学习、终身学习的学习型社会起到积极的推动作用。学校自开始试点以来，网络教育始终坚持“稳步发展、规范管理、保障质量”的办学思想。2001—2015年，除因国家连续出台取消网络教育全日制招生、增加统考课程等新政策使得2004年、2005年的生源受到冲击外，每年注册的学生数保持稳中有升，如图14和图15所示。2016年以来，因实施“授渔计划”和“筑梦人计划”等扶贫助学公益项目，以及幼儿教师学历

提升的需求增长的影响，招生人数有了较大增长。但是，为了保障网络教育人才培养质量，保持与学校软硬件资源及教学支持服务水平相适应，从 2018 年开始严格控制招生规模，录取人数明显降低。

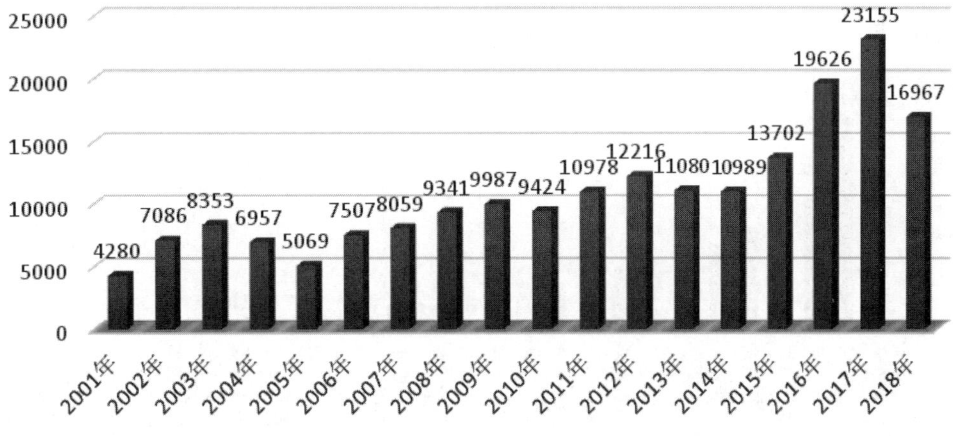

图 14　历年注册学生人数统计图

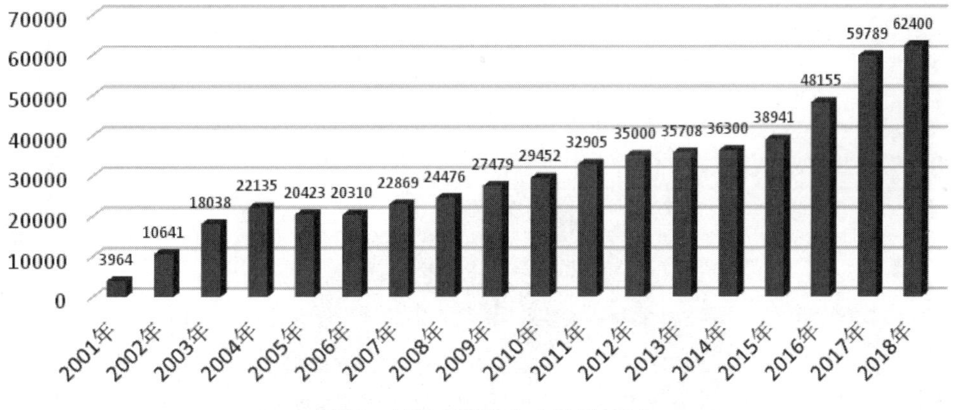

图 15　历年在籍学生人数统计图

网络学历教育充分结合学校专业、师资优势，以中小学教师学历提升为主要目标，形成了特色鲜明的教师教育培养特色。学前教育、教育管理、汉语言文学等教师教育类专业在籍人数占全部在籍生的 62.1%，为中小学、幼儿园、教育行政机构等领域培养了大量的优秀教学与管理人员，如图 16 所示。

从网络学历教育当前在籍生的年龄结构分析，83.6%的在籍学生主要分布在 20～40 岁这个年龄跨度上，如图 17 所示。由此可知，网络学历教育是这个年龄段比较受欢迎的一种学历提升形式，充分发挥了网络教育对成人职后学习、提升的作用。整体看，网络教育对各个年龄段人士都有一定吸引力，提供和搭建了广泛层次的终身性学习平台，为各种需求的人员提供服务，也体现了我国建设全民学习、终身学习的学习型社会的思想。

2）学籍管理工作举措

学籍管理是网络学历教育工作中非常重要的一项工作。首先，学校网络学历教育学籍管理工作始终坚持严格执行教育部、学校的学籍管理规定。其次，针对学校的网络学历教育

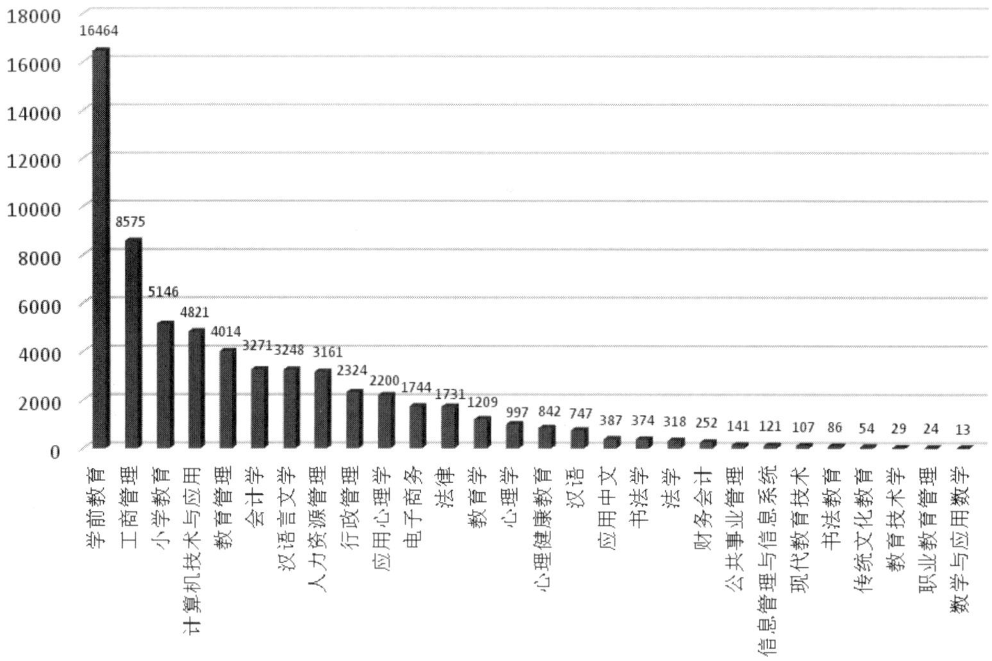

图 16 在籍学生专业分布图

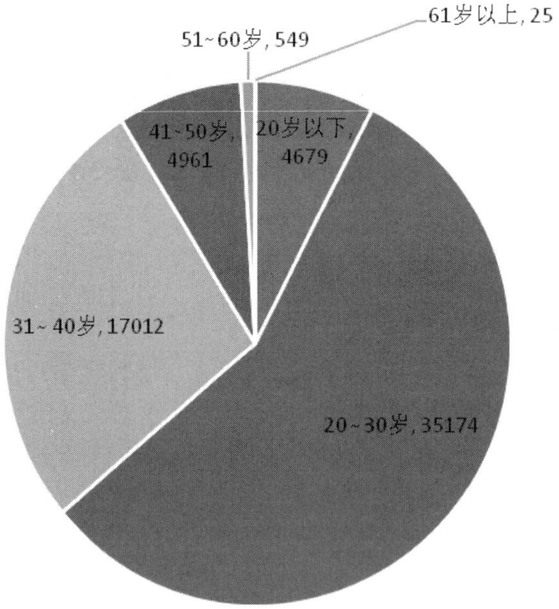

图 17 在籍学生年龄统计图

的学生规模较全日制大,学籍异动频繁的特点,在试点工作之初,学校即积极推进信息化的学籍管理。从 2005 年开始,实现学籍管理的数字化、系统化,因而保存了非常准确的学籍信息,记录了学籍异动的过程,方便了学生学籍异动手续的办理,线上审核机制进一步加强了学籍管理的工作规范。

第一，建章立制，规范管理。

在网络教育学籍管理中，重视规章制度建设。网络教育试点工作开展之初，即依据教育部和学校相关规定，出台了《北京师范大学网络教育学籍管理办法》，对学生的学年学制、入学注册、考试考核、学籍异动等做了详细的规定和说明。之后，结合网络学历教育办学特点与发展需求，又分别于 2006 年 8 月、2010 年 7 月、2018 年 4 月对《北京师范大学网络教育学籍管理办法》进行了修订。《北京师范大学网络教育学籍管理办法》是新生入学指导中的重要内容，学生入学后随时可以在学习平台上查阅。

第二，加强政策研究，推行科学规范化管理。

认真研究教育主管部门的政策和要求，不断完善学籍管理规章制度，逐步确立学籍管理规范操作程序，从而形成学校网络教育学籍管理质量管理体系。通过长期实践工作，总结了 4 个学籍管理工作环节质量保证流程图，内容涵盖学籍注册、学籍异动管理、学生信息变动、电子照片采集等各个环节，同时对各流程做了深入的风险控制和质量关键点定位及分析，提炼出若干风险控制点、质量关键点，有力保障了学籍信息管理的准确性。

第三，充分运用信息技术手段，实现学籍信息网络化管理。

目前网络教育学籍管理完全实现了信息网络化管理，学习中心在平台可以通过“电子文档管理”功能模块，上传或下载学生的身份证、电子照片、学历证明等电子材料；为确保学籍信息准确，学校还专门开发、开设了《网络教育学习指导》在线学习课程，其中在线核对学籍信息是学生必须完成的在线考核内容之一，通过这样的手段，为学籍数据的准确性提供了有力保障。

第四，更新观念，提高认识，增强问题意识和主动服务能力。

随着网络教育的办学规模逐步扩大，学籍管理工作不仅要做好对学生的管理和服务，同时要努力探索工作中遇到的新问题，在不断总结、不断积累工作经验的同时，促进网络教育学籍管理的制度化、科学化和规范化，更好地为学生服务。树立“以人为本”的服务理念，主动发现问题、解决问题，不断完善工作流程和工作方式。

第五，加强学籍管理人员的培训，不断提高技术水平和业务素质。

学籍管理工作原则性强、服务性强，工作细致、烦琐复杂，还需要具有一定的数据处理能力。学院每年都派出相关管理人员参加教育主管部门组织的学籍管理工作培训会以及其他培训单位组织的各类业务培训，以适应网络教育学籍管理的变化和日新月异的技术革新。

2. 毕业管理工作

1）网络教育毕业工作概况

网络教育试点办学至今，学院坚持严格的毕业管理，截至 2018 年 12 月，已经为社会培养、输送合格毕业生 114 553 人，为地区经济和社会发展、提高国民素质、构建学习型社会做出了积极贡献，参见图 18。不少毕业生已成为各级各层领导和各部门的骨干，有的学生完成本科学习后出国继续深造，有的学生经过层层考核进入公务员行列，还有的学生通过了普通高校的研究生入学考试，都取得了良好的发展。

从毕业层次分析，网络教育毕业生中，本科毕业生占 63%，充分体现了学校对网络教育的定位，即实现继续教育高层次人才培养，为社会培养应用型专业人才，如图 19 所示。

2）毕业管理工作举措

（1）严格的毕业条件标准。

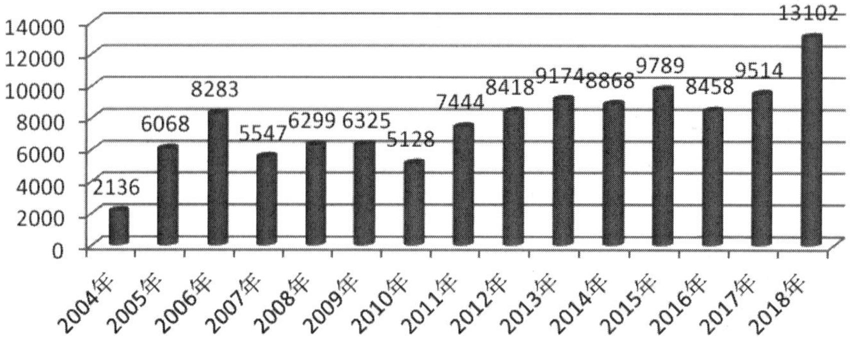

图 18　历年毕业生人数统计图

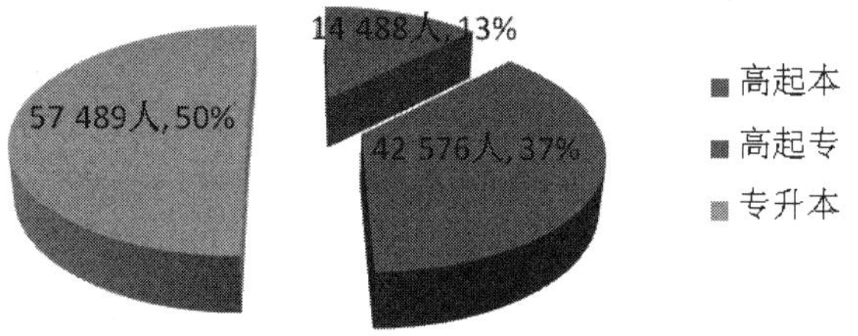

图 19　毕业生分层次统计图

根据《北京师范大学网络教育学籍管理规定》，网络教育本科毕业需要符合 4 个条件：①具有正式学籍的学生，符合教育部规定的最低修业年限；②德、体合格，在规定的学习年限内完成教学计划规定的全部课程学习，获得所在专业规定的总学分；③修完教学计划规定的所有必修课；④2004 年春季以后学生须通过教育部公共课统考。专科毕业需要符合前 3 个条件。

(2) 科学的审核程序。

严格的毕业资格审核程序是毕业管理工作的保障。学校网络教育毕业审核分初审和终审两个程序进行。

初步审查毕业条件(初审)，即在校学习时间是否符合教育部规定的学习年限；专科起点本科一学历验证是否合格。满足以上两个条件的学生，初步具备毕业资格，进入下一环节——终审。

对于通过终审条件的学生，还要进行以下方面的审查：是否修满教学计划规定学分；毕业论文是否合格；统考是否通过(只针对本科层次毕业生)。以上条件均满足的学生，方可毕业。

学院严格按照教育部规定，凡统考未通过者，不予办理毕业。

(3) 规范的毕业证书样式。

网络教育毕业证书严格按照教育部《高等教育学历证书电子注册管理暂行规定》及其实施细则的要求，毕业证书中注明学生的姓名、性别、出生日期、学习期限、办学类型、专业、学制、学习层次等内容。并且，毕业证书中明确注明了办学类型为“网络教育”。根据教育部规定，学校自行命题、自行组织入学考试录取的网络教育学生，电子注册号中的办学类型为 7。

2012 年 7 月前，网络教育毕业证书样式如图 20 所示。

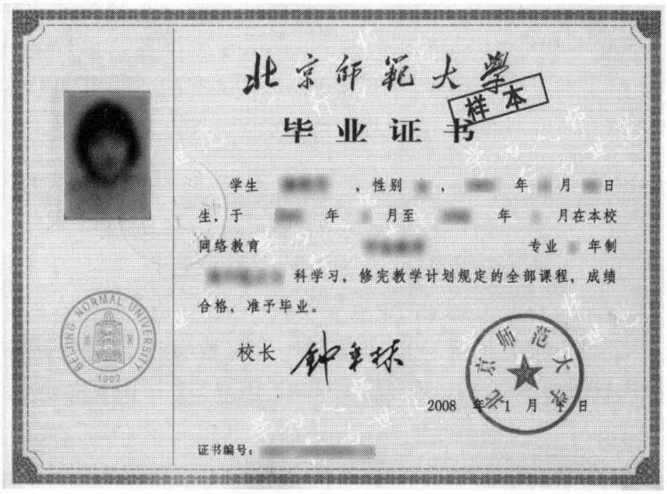

图 20　网络教育毕业证书样式（以 2008 年为例）

2012 届毕业生起至今，为了和学校全日制学生毕业证书规格保持一致，对毕业证书样式进行了改版。目前正在使用的证书样式如图 21 所示。

图 21　专升本毕业证书样式（以 2012 年为例）

（4）安全的毕业证书发放程序。

学院网络教育毕业证书发放之前，会核算学生的各项费用，结算清楚后统一经由机要邮寄或者快递通道下发到各个学习中心，再由学习中心向学生逐一发放，以确保证书发放的安全性和准确性。

3）毕业生的质量、满意度情况，以及社会反馈及评价情况

学院对学生毕业后取得的工作业绩和社会评价十分看重，及时对毕业生工作状况进行追踪调查。了解用人单位对学校网络教育毕业生的总体评价，听取用人单位对学校网络教育学生教育和管理的意见和建议，不断加强和改进学院网络教育的教育教学和管理，更好地

为社会培养高素质的合格人才。一些学生毕业后通过北京地区成人英语三级考试并拿到相应证书，毕业生为寻求自身发展以及单位需要，取得英语类或计算机类资格证书。

学校网络教育毕业生基础扎实，工作能力强，不少学生毕业后已成为各级各层领导和各部门的骨干，有部分完成本科学习的学生出国继续深造，有的学生经过层层考核进入公务员行列，有的学生通过了普通高校的研究生入学考试，他们都在各自领域取得了良好的发展。

3. 学位申请与授予

根据《中华人民共和国学位条例》《中华人民共和国学位条例暂行实施办法》以及国务院学位委员会《关于授予成人高等教育本科毕业生学士学位暂行规定》等有关文件精神，结合成人高等教育的实际情况，制定了《北京师范大学授予成人高等教育本科毕业生学生学位工作细则》，落实《教育部办公厅关于进一步加强现代远程教育试点高校网络高等学历教育学历证书和学位证书规范管理的通知》(教高厅〔2007〕1 号)文件中关于进一步规范网络高等学历教育本科毕业生申请学位的管理等要求，分别从思想政治、专业学习情况、素质能力等方面严把质量关，实事求是，通过"学位授予条件及资格审查程序"和"学位证书的样式、管理及发放程序"确保学位申请人符合学位申请条件且情况真实、准确、可靠。

1）学位授予条件及资格审查程序

网络教育本科毕业生申请学位需要符合 5 个条件：在学习期间修完教学计划规定的全部课程，获得所在专业规定的学分，平均成绩在 75 分(含)以上；学位论文成绩在"良好"以上(含良好)；申请成人高等教育本科学士学位，需参加并通过学院组织的北京、地区成人本科学士学位英语统一考试；考试或考查中无作弊行为；学生在学期间未受到学校或工作单位"记过"(含)以上处分。学位审核程序主要分初筛、复审、报送、复核和授予几个环节。首先由平台筛选出成绩合格的学生，经由学习中心初审确认，再通过平台复审，复审通过的学生，提交纸介证明材料，学院审查通过以后送交学校教务处，教务处将接受推荐申请的名单及有关材料送学位评定分委员会。学位评定分委员会组成相同专业的同行专家组对接受推荐的学位申请者进行审核，并提出是否授予学士学位的建议；学位评定分委员会对专家组的建议予以复核，确定学士学位授予名单。学校学位评定委员会对学位评定分委员会确定的学士学位授予名单进行复核，复核通过者由学校颁发《学士学位证书》。

2）学位证书管理发放程序及样式

学校网络教育学位证书属"成人高等教育本科毕业生"学士学位证书(注明网络教育)，证书中注明就读学校、办学形式、所学专业、学制、学习年限等。学校网络高等学历教育毕业证书、学位证书的发放工作在学校教务处、学位办等相关部门的严格管理与指导下进行，统一经由快递通道下发到各个学习中心，再由学习中心向学生逐一发放，以确保证书发放的安全性和准确性。

3）近年来学位授予情况

2012 年之前，学校网络高等学历教育成人学位授予率非常低，当年毕业并授予学位率均为 1%左右；其中 2005 年和 2009 年，成人学位授予和全日制学位(2004 年之前招收的全日制学生)授予率合计达到 6%左右，如图 22 所示。成人学位授予率低主要有 3 个原因：一是北京市成人本科学士学位英语统一考试整体通过率低，最高仅为 25%左右；二是学院网络教育学位论文的质量要求较高，必须通过答辩并获得良好或优秀成绩方可申请学位；三是学院课程考核要求较高。2012 年开始，学院加强了针对学位英语和学位论文的辅导，实施了相应的教学改革措施，积极探索高质量网络教育的教学模式。改革和教学模式探索取得了很好的成效，学位授予率有所提升，2012—2018 年当年毕业并授予学位率平均为 3% 以上。

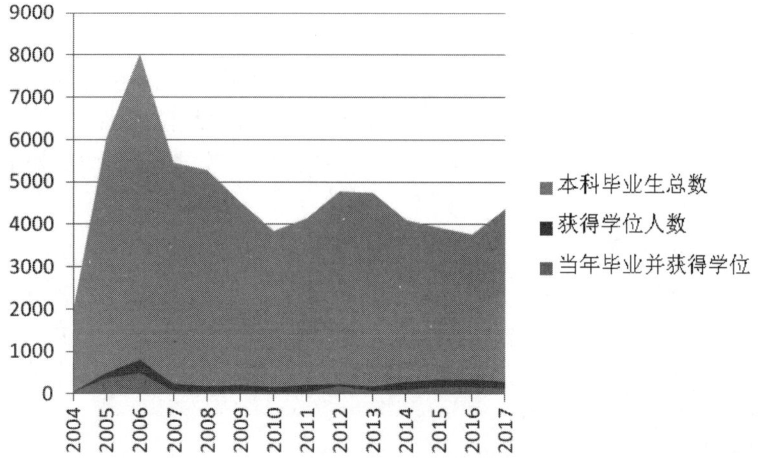

图 22　毕业生数量与获得学位人数统计图

4）学位证书样本

学位证书格式、文字表述符合《北京师范大学授予成人高等教育本科毕业生学生学位工作细则》要求，学位证书编码符合国务院学位委员会办公室发布编码规则要求。2004 年以前，网络教育有部分按普高方式招收的学生，被授予普通高等教育本科学士学位证书。成人在职业余学习的网络教育学生被授予成人高等教育本科学士学位证书。成人高等教育本科学士学位进行了改版，证书样本如图 23 所示。

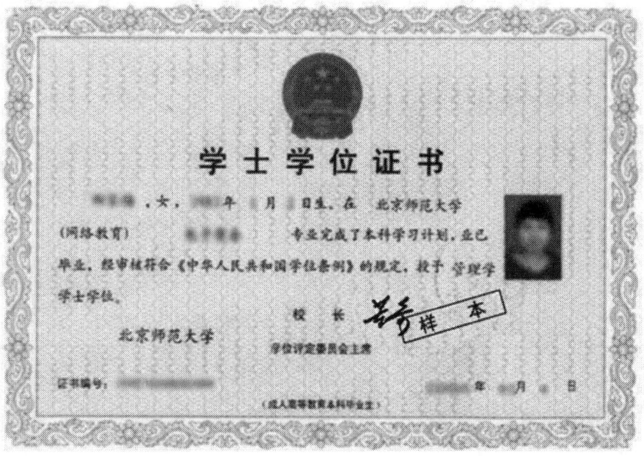

图 23　成人高等教育本科学士学位证书（新版）

4. 考试与成绩管理工作

1）考试与成绩管理工作概况

考试是教学质量保障的核心环节，学校网络教育一直将考试管理作为质量保障的关键环节，狠抓考风考纪、强化考点管理、注重考试监控。我校网络教育组织的考试包括两类：网络学历教育期末考试、成人本科学士学位英语统一考试。试点办学至今，我校网络教育共举行了52次网络学历教育期末考试（包括毕业考试）和32次成人本科学士学位英语统一考试，累计组织245万余人次的考试，共派出巡考1898人。

2016年以前，期末考试全部采用集中、纸质考试形式。2016年开始部分课程的在线考试试点。2017年，“大学英语”系列课程、“计算机应用基础”、第一学期的公共课（仅限新生）、入学教育等公共课采用在线考试的形式，在线考试使用人脸识别作为防作弊手段。我校在线考试的课程数量不超过考试课程总量的10%，期末考试仍是以集中、纸质考试形式为主。

2）课程考核方式简介

经过多年的实践摸索，已经形成较完备的课程考核评价体系，该评价体系注重在学习期间形成性考核与学期末阶段性考核相结合，针对课程的不同性质，在明确评价指标的前提下，综合运用多种评价手段、评价方式，力求科学准确地评价学生的学习结果。

（1）形成性考核。

网络教育开设的所有课程均有明确的形成性考核要求，形成性考核成绩一般占课程考核总成绩的30%。形成性考核一般要求学生完成一次或多次平时作业，每次作业的成绩按比例折合并入期末课程总成绩。形成性考核的具体形式有网上在线作业、在线论文、在线测试、参加网上课程活动以及线下手写版作业等多种形式。2012年以来，结合教学改革，学院对部分课程的形成性考核方式进行调整，针对精品课程、公共统考课程、政治理论课程、小学分选修课程等不同性质的课程采取不同的形成性考核方案，通过增加网上作业的交互次数，增加网上考核的内容量，增加网上随机组合题目的变化等方式，强化形成性考核效果。

离线作业由学习中心组织辅导教师批阅、存档，学院每学期期末时统一检查。网上在线作业、在线自测练习，由学员进行在线自测，提交自己的答案后，平台自动批改。对于网上的在线论文，要求学生在网上提交论文，辅导老师对论文进行在线批改反馈，对存在的问题在网上进行点评。关于网上课程活动，根据活动方案，由辅导教师组织学生在网上课程BBS论坛里提交活动作业，辅导教师批改作业并进行总结点评。

（2）期末阶段性考核。

依据课程的不同性质和特点，期末阶段性考核分为5种形式：闭卷考试、开卷考试、在线考试、开放式考试和论文考核。在制订教学计划时充分考虑到课程评价方式的科学性设置，每个教学计划中各种评价方式所占的比例都经过了专家组的严格认证。以2018年下半年可供学生选课的504门课程为例，为了保证教学质量和学科的严谨性，闭卷考试课程在网络教育期末阶段性考核中还是主要的考核形式。同时，积极采取措施，逐渐增加不同形式的考试模式，不断探索适合现代远程教育特点的考试改革，参见图24。如目前学院可进行在线考试的课程有11门，全面覆盖学生第一学期教学课程，使新生一入学就适应上网学习的环境培养上网习惯，增强网络教学互动。同时，可进行开放式考试的课程有75门，既提高了管理工作效率、规范考试管理，更方便了学生应考。

3）考试管理工作举措

学校始终高度重视考试管理工作，本着“公平、公正、规范、严格”的原则，将深化考试改革、规范考务成绩管理、加强考风考纪作为规范教学管理的一个重要内容。鉴于考试成绩与

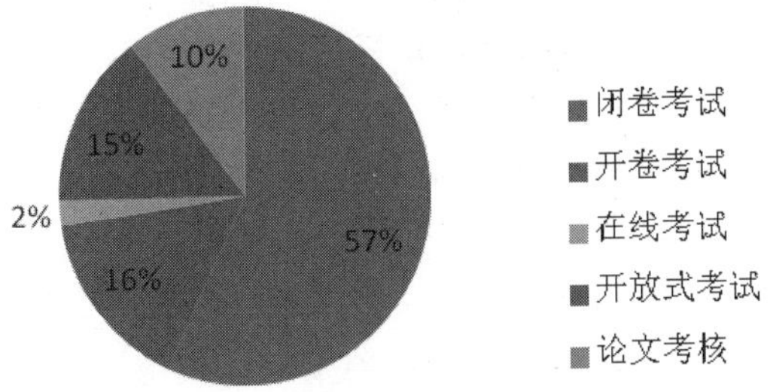

图 24 考试类型统计图

注：该表数据来源于 2018 年下半年选课数据

学生的学业息息相关，且数据量大但要求准确性大、出现质量事故可能性大、涉及面广、影响大的特点，学校试点以来，在加强考试管理方面，一直积极开展以下工作：

第一，建立科学化的工作质量标准体系，制定工作质量控制流程图，梳理考试与成绩管理工作中的质量关键点和风险控制点，有效开展管理工作。通过这样的质量控制，学院网络教育期末考试组织工作未出现过重大考试事故，在合作办学单位和学生心目中有着良好的口碑。

第二，积极推进考试改革。网络高等学历教育的任务在于培养学生的素质，使学生具有较强的学习能力，最终成为适应社会需要的应用型人才。为此，学院一直在努力进行教学考试改革。积极研究形成性考核评价体系，注重学生在学习期间形成性考核与学期末阶段性考核相结合，针对课程的不同性质，在明确评价指标的前提下，综合运用多种评价手段、评价方式，力求科学准确地评价学生的学习结果。加大过程性考核，在试题内容设计上要求试卷题型结合学科特色和网络学生的特点，考试内容强调学以致用。如有的课程采用多选一的题目作答，重点考查学生分析问题、解决问题的能力。

第三，加强考试组织与管理。坚持做到考前精心准备，考中加强检查，考后及时总结的工作要求，对每次考试始终保持高度重视。

(1) 严格试卷管理。根据《北京师范大学继续教育与教师培训学院网络教育试卷命题及试卷库管理规定》，对试卷命题、格式、阅卷人员及试卷库管理做了明确要求。

每次考试由课件开发人员和负责各专业教学运行的人员向考务提供相关课程新命题的电子版试卷，各科试卷采用统一格式，试卷命题工作必须由该课程的主讲或者主持教师完成。试卷的命题需有一定难度，保证学生成绩水平呈正态分布。考试后，负责专业教学人员或课件开发人员需根据教务部门的成绩分析对成绩分布不正态的试卷进行重新审核，必要时须请命题教师修改试卷题目或增加题量。试卷库由教务部门专人负责，责任到人。负责人员必须坚持原则，以确保试卷的保密性。

试卷印刷由具有保密资质的指定印刷厂承印，经指定快递公司寄送，确保试卷的保密性和安全性。学生考后试卷按规定最短存放两年，超过规定存放期后，考务人员可向主管主任提出申请，经批准后方可找专人保管处理，严禁外传。

(2) 努力做好考前服务、辅导与培训。指导学生进行系统复习，使学生对所学课程内容全面掌握、加深理解，培养学生分析问题和解决问题的能力。结合实际情况研究落实考试工作的措施、要求和具体安排。对主讲课教师、命题教师、阅卷教师进行培训、沟通，布置有关考试的各项具体工作(包括复习、辅导、命题、考场安排、监考、评卷和成绩评定等)。要求学习中心召开学生考前动员会,申明复习和考试的目的、要求和纪律,把学风、考纪教育作为思想政治工作的重要内容和契机,通过宣讲考试纪律和典型事例的警示,教育学生以诚实的态度对待考试,以真实的成绩证明自己,在考试过程中培养学生诚实、守信、遵纪、守法的品德和作风。学院召开巡考教师、学习中心主考、监考教师考前培训会,学习巡考守则、主考守则、监考守则和考试流程等,申明考试要求。

(3) 统一在平台发布考试时间安排,确保考试公开、规范。前期负责考试的教师根据选课数据制定统一的考试安排总表,统一在平台发布,学生可以即时查看个人的考试时间安排。此举一是便于统一管理,统一考试时间,避免了泄题、漏题等现象发生;二是学习中心工作人员不用再逐一通知学生参加考试,减少了工作量,提高了服务质量;三是实现了学生可以提前随时查看考试时间安排,为考试复习、准备提供了方便。

(4) 落实考生签到制度,并妥善留存考场记录。考试期间要求考生参加考试必须本人签到,严禁监考教师代签。学习中心务必完整填写考场记录表,一式两份,一份集中上交学院,一份留存在学习中心(考点),以备成绩复核查询用。图 25 为 2018 年 12 月期末考试考点照片。

图 25　2018 年 12 月期末考试考点照片

第四,坚持加强考风考纪建设,严肃对待考试违纪、作弊现象。

例如,考试前发布《关于加强期末考试考风考纪的重要通知》《致学习中心主考的一封信》等,要求严格实行主考负责制度;考生必须持学生证或身份证等有效证件验证入场,严禁替考;加强监考力度,做好考前培训,明确监考人员的工作职责,强调监考工作的重要性,严禁监考过程中一切营私舞弊以及不作为行为的发生;考试结束后,巡考教师将对学习中心的考试组织情况进行评价，评价结果将作为本年度学习中心评优工作的一个重要参考；公布考试监督电话，如果考试过程中出现违纪或违规行为，可直接拨打该监督热线，学校对存在的问题及时处理。

对期末考试、学位外语考试以及统考等各类考试作弊、雷同处理，根据《北京师范大学继续教育与教师培训学院网络教育考试制度》和《北京地区成人本科学士学位英语统一考试学生考试规范》，不仅取消其考试成绩，并对作弊学生进行通报批评或记过处分，以此严肃考试纪律。在学期间受到记过处分的学生，一律取消其申请成人学士学位的资格。学院近些年以来不断加大对考试作弊的处理力度，无论涉及哪个学习中心、哪些学生，均严肃处理。

第五，坚持贯彻主考负责制。要求所有考点签署《考试承诺书》，严格按照上报给学院的期末考试安排表组织本学习中心考试；严格做好试卷的保密工作；严肃考风考纪，严查学生有效证件，严禁替考等。

第六，始终贯彻巡考制度。每次考试学校都会选派有责任心、经验丰富的巡考教师到各个学习中心巡视，并要求所有教师出发前统一签订《巡考承诺书》，责任到人；要求巡考教师严格履行巡考职责，认真负责，考试期间严禁擅离职守；巡视完毕后要求巡考教师必须在一周内完成《巡考报告》，重点将考试纪律、考试组织、主考制、学生反馈等信息进行详细记录和报告，学校组织相关人员就其中的问题进行重点讨论和解决，涉及考试纪律问题的，与学习中心进行沟通后做出相应处理。

4）成绩管理工作举措

网络教育成绩管理工作多年来严格规范，工作流程清晰，成绩分布合理，问题反馈及时。

第一，根据工作需求制定了成绩管理流程图，有效地保障了成绩管理工作。

第二，从办学之初，每学期的期末考试成绩都会做分析统计，包括对试卷命题的科学性、各学习中心的合格率等情况进行统计分析。分析结果将反馈给课程资源中心、教学管理中心及学习支持服务中心，以便有针对性地提高课程资源的质量，改革教学相关内容，加强考前指导等。

第三，科学设计考试内容，成绩分布较合理。

以 2018 年 6 月期末考试为例，本次考试共涉及课程 367 门，其中百分百合格课程 90 门，仅为总课程量的 24.5%；及格率 90%以上课程 283 门，占总课程的 77%。及格率低于 50%的课程有 11 门，基本为理科类课程。因此，整体上来说，各科成绩基本呈正态分布，考试内容设计合理，课程评价方式恰当。

再以(0362)《计算机应用基础》(本科)具体为例，该课程应考人数为 2778 人，总体合格率为 89.52%。该课程要求实践性强，应用性高，因此设计为形成性评价方式，其中 30%为平时在线作业，实践练习；70%为期末在线考试形式，出题灵活，提倡理论与实践相结合，不要求死记硬背。从最终发布的成绩看(图 26)，48%的学生成绩在 80 分以上，评价效果良好，说明这样的课程评价方式比较合理，也比较适合成人业余学习。

其次，学习起点不同的学生，同一门课的合格率存在着差异。表 2 显示，专升本的合格率明显要高于高中起点的专、本科学生，说明专升本学生的知识积累和学习能力要好于高中起点的学生，高起专的课程辅导需要进一步加强。

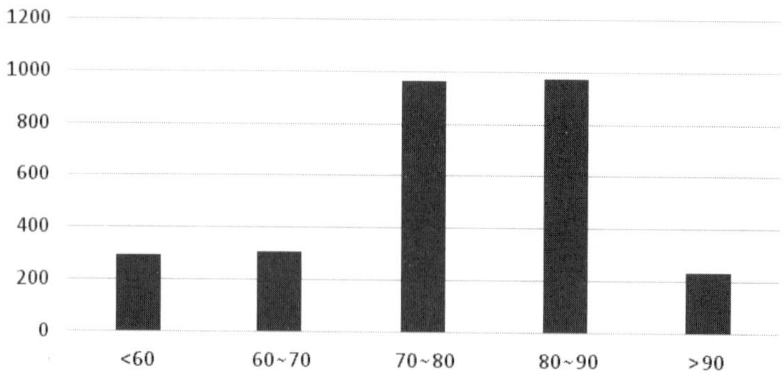

图 26　《计算机应用基础》成绩分布

表 2　《计算机应用基础》按层次统计

层　次	考试人数	及格人数	及格率
专升本	2778	2487	89.52%
高起专	2396	1503	62.73%
总计	5174	3990	77.12%

最后还就这门课程在参加本次考试的 40 个学习中心中的合格率情况做了分析，尽管多数学习中心合格率都在 85%以上，但可以看出合格率情况在各学习中心也存在明显差异。分析合格率高低的因素除与当地的教育水平、学生生源有关外，还与学习中心的支持服务工作是否到位有密切关系，即平时是否与学生加强了联系，对学习给予了关心；是否对学生的在线作业给予了重要提醒、时时关注；考前是否对学生做了应有的辅导等。对于合格率较低的学习中心，学校网络教育会及时给予反馈，在平时工作中加强重点关注和及时提醒，进一步提高教学服务质量，力争真正做到学生满意的教育。

5. 学生档案管理

学生档案管理是办学规范管理的重要环节，我们对网络教育学生的档案工作一直非常重视，网络教育学生的档案由学校档案馆与学院两级机构负责。学生档案工作依据教育部《高等学校档案管理办法》和学校《北京师范大学档案管理办法》的具体规定实施。

学院每年都会召开学生档案管理工作会议，部署当年度档案工作规划及重点解决的问题，档案管理按不同办学类型不同类目统一纳入学校档案管理的管理范畴。学院依据归档范围及立卷归档基本要求完成预立卷，交由学校档案馆检查审核，然后装订移交学校档案馆统一存档。

1）立卷归档要求

立卷归档的要求主要有：收集归档的基础材料，保证完整齐全；将文件材料分类整理；对卷内材料有序排列；形成卷内目录；在备考表中对卷内特殊问题进行标注说明；案卷标题编写规范；采用“三孔一线”的装订方法。

2）学生档案的分类

网络教育学历教育学生档案共分为两种类型：一类为学生学籍档案，包括学生入学考试成绩、前置学历资料、报名表以及其他文档，学生毕业后提供给学生；第二类是毕业学生档案，包括录取信息、毕业、学位信息、成绩等文档，在学生毕业后统一移交学校档案馆存档。

学习中心在做报名确认时负责收集整理并寄送学生报名表、身份证复印件、一学历证书复印件(免试入学学生还需提交免试材料)至学院，并通过报名系统准确录入学生信息，保证各项信息准确，同时上传电子文档；毕业前夕按时组织学生登录平台填写毕业生登记表，及时核查自我鉴定及个人简历是否按要求填写。

网络教育学生档案材料采用基于远程教务平台电子采集的方式，降低了档案材料收集的烦琐性、复杂性，提高了档案收集工作的便捷性、准确性。

3）学生档案工作流程

学生档案工作流程如图 27 所示。

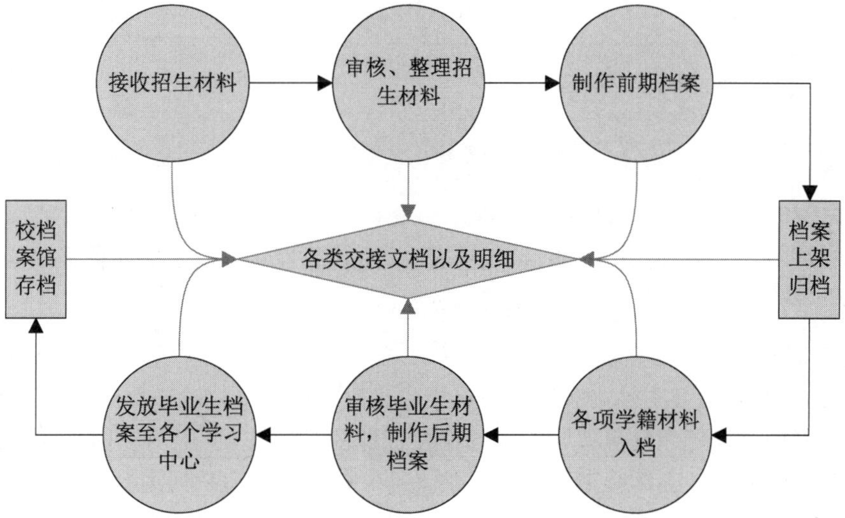

图 27　学生档案工作流程

4）学生信息的采集

由招生、学籍通过远程教务管理系统采集学生基本信息时，还会采集证件、前置学历等相关的一些电子图片信息。学籍异动、奖惩数据与学籍管理作为一个整体管理，信息实时更新，与学籍管理的数据保持完全一致。毕业预审通过后，学生可以通过网络教育管理平台填写自我鉴定，如图 28 所示。数据采集多样性丰富了档案资料的类型，使档案更丰富、生动起来，更具有实用性。

5）学生档案查询服务

学生档案查询服务坚持以人为本的服务思想，面向校外学习中心、面向用人单位、面向学生全面做好档案服务工作，真正做到为学生服务，为用人单位服务。目前学院随时接受学生档案查询、配合学生毕业证书补办、成绩单复印等事项，充分发挥档案材料的凭证、参考、备用的功能，体现其实际价值。

（五）增强服务意识，完善支持服务体系

健全的学习支持服务体系是网络教育发展的重要基础，能否建立起系统完善的学习支持服务体系，将直接影响网络教育发展的质量。网络教育发展 19 年，学习支持服务理念及

学生自我鉴定

学号		性别	男
姓名		身份证号	

	自何年何月（yyyy.mm）	到何年何月（yyyy.mm）	在何单位学习或工作	任何职务
个人简历				

自我鉴定

图 28　学生在网络教育管理平台上进行自我鉴定

内容也随之不断发展和完善，从无到有，从有到不断完善，构建了“以学生为中心”，以解决学生“学术问题”与“非学术问题”为重点，全面、便捷的导学、助学、促学的支持服务体系，即“一心两点三学”的全方位多渠道的学习支持服务模式。

1. 建立初期

学院建立初期，学习支持服务即作为重要内容存在于整个教学过程中，但其对学生的学术性支持服务的体现更为突出。学院注重课程资源的系统建设，利用三网合一技术实现资源的共享和教学交互。在学生的学习过程中，为学生提供形式多样、内容广泛的教学辅导内容，包括实时的视频辅导、面授辅导、网上答疑，以及论坛交互、讲座等。每学期，学院根据开设课程情况制订辅导计划，从学期初至学期末进行多形式的辅导答疑。

2. 突破性发展

学院不断将学术性支持服务的内容系统化，从学生的立场出发，加强了学前、学中和学后 3 个时段的支持服务内容。同时，通过不断摸索和总结，从而认识到非学术性支持服务在整个支持服务工作中也起到了非常重要的作用。因此，2008 年以后，学院在原有以平台和信箱解答和处理学生管理问题的基础上，相继开通了 7×24 小时 400 学生服务热线、在线客服、短信平台及微信平台，并设置专人专岗进行非学术性支持服务管理，在解答学生管理问题中制定了首问责任制，实行责任到人，首问之人全权处理以及定期汇总分析的制度。

1）学术性支持服务

(1) 学前支持服务。主要是针对刚入学的新生进行的学习支持服务。对入学新生，学校通过两方面进行入学教育：一方面要求学习中心对学生进行集中的系统培训，让学生对学校网络教育整个学习过程有充分的了解；另一方面将对新生入学要了解的内容编撰成“学生手册”，并将其设定为所有专业第一学期必修课程，让学生不仅能够掌握必要的学习策略和平台操作技能，还能有效了解学院的各项规章制度，为学生自主学习、顺利毕业打下坚实的基础。

(2) 学中支持服务。主要是为学生学习过程中提供的学习支持服务。在学生学习过程中，学校为学生提供了所有课程的相关资源，还组织辅导老师定期为学生提供必要的学习方法指导、进度提醒、重点知识概括，以及 24 小时问题回复等网上异步答疑辅导内容，并通过同步视频辅导、面授辅导等形式对重点课程进行针对性的辅导，随时解决学生在学习过程中遇到的疑难问题。

(3) 学后支持服务。主要是为学生在课程学习结束以后考试之前所提供的学习支持服务。为确保满足学生期末复习的需要，学校在期末考试前为学生提供习题、作业参考答案及解题思路，做到与学生间的问题交互，并随时根据学生需求组织视频辅导答疑，同时也为学生提供每门课程的考试复习方法和考前文字指导资料。

2) 非学术性支持服务

在为学生提供非学术性支持服务方面，学院利用 400 学生服务热线、平台的"问题反馈"栏目、在线客服以及学生咨询与投诉信箱 4 种信息沟通渠道，为学生提供便捷高效的服务。这 4 种渠道的服务，学院均制定了严格的回复和管理制度。400 学生服务热线采用 7×24 小时接听，工作时间 4 小时内解决问题。平台的"问题反馈"栏目及咨询与投诉信箱均采用 24 小时回复制度。在线客服工作时间随时解决学生问题，工作之余的留言，会在 24 小时内处理。同时，学院还定期对各种渠道的学生问题进行汇总分析，并以此为依据改进各项工作中的不足。同时，加大学生监督和反馈力度，在平台设置调查问卷，开展针对课程学习的反馈及对辅导教师辅导答疑情况的评价反馈等。

3. 走向完善

在学习支持服务形式多样、内容极大丰富的条件下，学院不断提升服务理念，严格以质量保障体系为依据完成各项工作，并始终把"以学生为中心"作为指导思想，构建了"以学生为中心"，以解决学生"学术问题"与"非学术问题"为重点，全面、便捷的导学、助学、促学的支持服务体系，即"一心两点三学"的全方位多渠道的学习支持服务模式。

在学术性支持服务方面，进一步加强教师队伍建设，努力构建一支符合学校网络教育要求的、稳定的、高效的辅导教师队伍，并将辅导答疑工作细化，不断丰富学生的导学和促学内容。在非学术性支持服务方面，学校在五位一体(7×24 小时学生服务热线、平台问题栏目、在线客服、微信客服、投诉信箱)的非学术支持服务中，还不断尝试在观念和手段等方面不断创新。在观念上，逐渐把被动服务转化为主动服务；在方式手段上，把以学习中心联系为主的方式转化为直接针对学生进行支持服务。

1) 学术性支持服务

(1) 网络异步答疑。在原有导学和答疑的基础上，学院将网络课程辅导内容进一步细化，以平台课程为中心，为学生提供课程的开篇导学、阶段性导学、学习进度提醒等多项导学内容。截至 2018 年 12 月，学院开设网络课程 5809 门次，聘任辅导教师 1191 人次，教师发布课程导学文档 364 271 个，发布学习进度提醒约 166 650 个，完成考试指导文档 4865 个，解答学生学科问题 72 785 个。

(2) 同步视频辅导。从 ISDN 视频会议系统升级为基于网络的视频系统，学生登录平台即可，极大地满足了学生个性化需求。同时，在现有学生比较分散的情况下，该形式成为学院网络教育现有学术性支持服务的重要形式之一。截至 2018 年 12 月，学院开展视频辅导共 1030 场，参与学生约 3.8 万人次。图 29 为视频辅导实例。

(3) 面授辅导。在现有学生的地区、专业较为分散的情况下，大多数面授辅导被视频辅

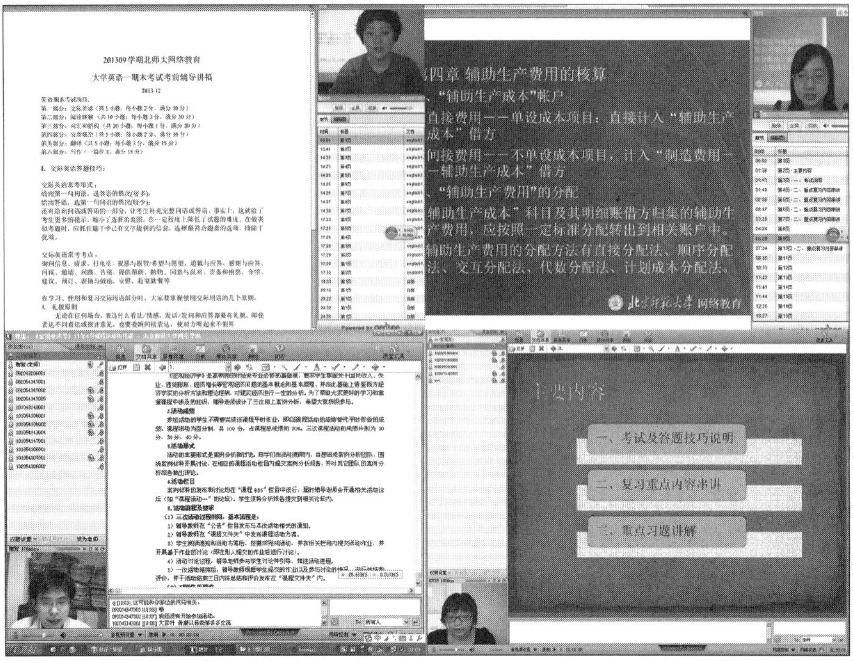

图 29　视频辅导实例

导替代，但对于本市内的学习中心，基于对学生归属感及学习中心本地化服务的考虑，每学期学院适当安排面授辅导，作为辅导形式的有益补充。截至 2018 年 12 月，学院组织面授辅导 1030 场次，参与学生达 2.5 万人次。图 30 为面授辅导现场。

图 30　面授辅导现场

（4）统考辅导。统考科目的合格不仅是网络教育学生取得毕业证书电子注册资格的必要条件之一，也是衡量网络教育学生质量的标准之一。为了提高统考通过率及生源质量，学院不断思考和探索，采取了“软硬件”相结合的举措。一方面，购买统考模拟系统，给学生创造真实的模拟考试环境；另一方面，设置专岗管理，并组建专兼职相结合的辅导教师队伍，除加大统考辅导力度外，还对学习中心的本地化统考辅导做了硬性要求，并提供了辅导教师与学生直接沟通交流的个性化服务内容。截至 2018 年 12 月，学院组织统考辅导约 800 课时，参与学生达 3 万余人次。图 31 为统考辅导实例。

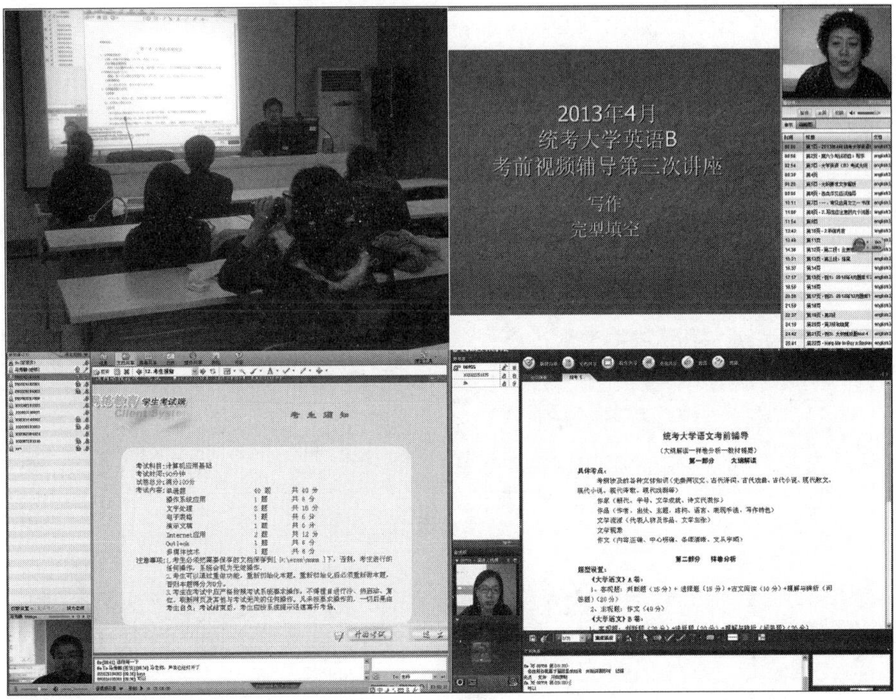

图 31　统考辅导实例

(5) 课程活动。为了加强学生学习过程的交互，促进学生对各课程理论知识的深入理解，每学期学院会选择实践性较强的课程，抽选学生参与网上课程活动。课程活动采用作业及基于作业下的讨论两种评定方式，自开展以来，得到学生的认可和关注。截至 2018 年 12 月，学院共组织网络课程活动 506 门次，参与学生达 6716 人次。图 32 为课程活动实例。

(6) 专家讲座。专家讲座是利用平台同步交互系统及现场参与两种途径，为学生提供由专家讲授的该学科前沿知识的讲座，以此丰富学生的学科领域前沿知识和内容。2011 年 5 月，学院精心筹划举办了十大学术讲座，讲座以在籍生为主，同时向社会开放，得到学生及社会人员的广泛关注。近期，学院相继开展了学前教育专业方向的《早期经验与幼儿发展》《学前儿童行为观察与分析》及心理学方向的《压力管理与心理调适》等内容的专家讲座，得到学生的关注和好评。图 33 和图 34 为专家讲座实例。

2) 非学术性支持服务

在非学术性支持服务方面，学院充分利用 7×24 小时 400 学生服务热线、平台的“问题反馈”栏目、在线客服、微信客服以及学生咨询与投诉信箱 5 种信息沟通渠道解决学生管理问题。截至 2018 年 12 月，学院共接听学生热线 25 953 个，平台的“问题反馈”栏目回复学生问题共 37 558 个，“学生咨询与投诉”信箱回复学生邮件约 1163 封，“在线客服”累计咨询量达 10 022 人次，“微信客服”累计咨询量达 4310 个。另一方面，学院采取主动服务方式，

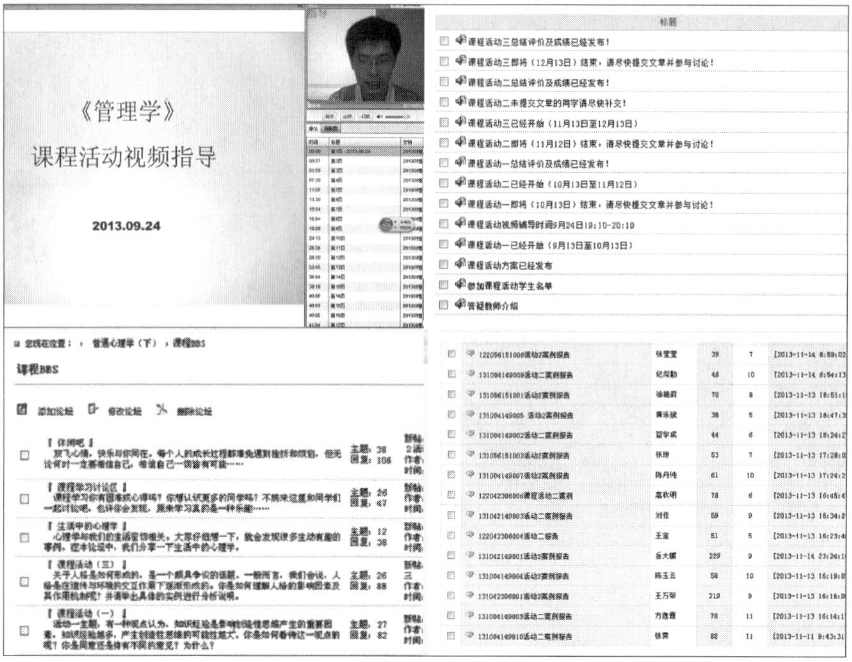

图 32 课程活动实例

图 33 线上专家讲座实例

为学生提供教学过程的短信提醒服务，同时，为进一步提高对学生实际学习情况与学习效果的深入了解，学院定期开展主动关注的学生访谈活动。

(1) 7×24 小时 400 学生服务热线。400 学生服务热线设有专人专管，实行首问责任

图 34　线下专家讲座实例

制，提供 7×24 小时服务，工作日 4 小时内解决问题。为了加强其管理，学院制定了《首问责任管理规定》《400 学生支持服务热线管理制度》。两项制度中，不仅严格要求处理学生问题责任到人、全权处理，还对热线接打基本要求、接听人员岗前培训，以及日常的记录、汇总，学生问题处理及值班管理等做了详细的要求参见图 35。学生问题没有大小之分，处理学生问题责任重大。因此，学院将网络教育学生咨询问题按照一定原则区分为常见问题和特殊问题。对于常见问题，进行总结、汇总，以常规方式解决。而对于特殊问题，先内部沟通，然后层级汇报，最后领导牵头，由相关部门的相关人员组成项目小组进行处理。

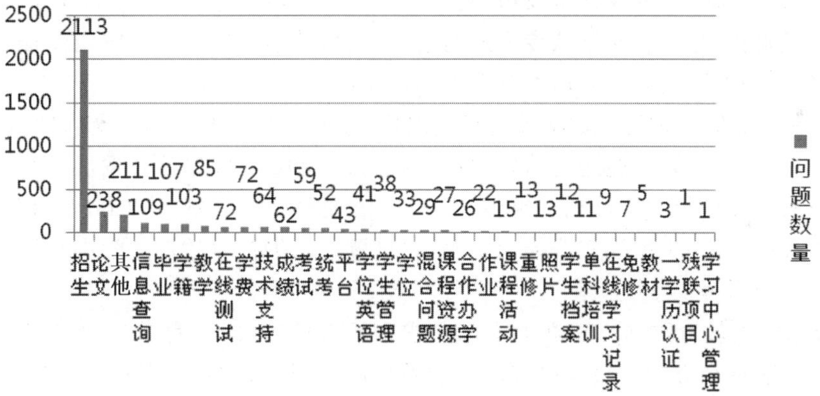

图 35　2018 年度 400 热线学生问题汇总

(2)“关注学习者学习体验”学生访谈活动。为了更准确地掌握学生动向，了解学生实际所需，以及学生的满意度等情况，学院定期开展“关注学习者学习体验”的学生访谈活动。从 2010 年开始，相继开展了 5 次学生访谈。2018 年度的第 5 次学生访谈活动以 2017 届和 2018 届毕业生为主要关注对象，主要围绕学生的学习收获、建议意见等内容进行。从访谈结果看，学生对学院整体学习支持服务、课件资源等 98.5％为非常满意和比较满意，仅有 1.5％为一般，对学习中心整体工作满意度为 98％。学生意见主要集中在：平台、资源、学位英语等方面。学生访谈活动实现了与学生的无缝对接，真实了解学生所需所想，为日后加强和完善支持服务工作提供了可供参考的宝贵资料。

尽管学院学习支持服务在20年的发展中已经取得了较大的成绩，但支持服务的质量任重而道远，特别是在现有的网络教育资源极大丰富、技术手段极端先进的基础之上，学习支持服务作为网络教育发展的三大因素之一，对网络教育的整体质量有深远的影响。因此，学校网络教育将再接再厉，继续致力于学习支持服务质量的永久提高。

（六）注重理念与设计，创建优质学习资源

1. 专业培养方案的制定

专业培养方案的审定与备案大致包括以下环节与步骤：学院对市场需求、校内相关专业教学计划、其他院校相关专业计划、专业学科方向、专业师资等方面进行深入的调研；聘请专家审议确定专业方向、名称、层次、学位等；根据专家意见等制订教学计划，并通过专家审定最终确定教学计划。

下面以教育学专业为例，详细说明专业培养方案的制定流程和原则。

(1) 前期市场调研。学院首先对专业设置进行市场调研，市场调研的具体内容包含当前和未来几年该专业的市场需求情况，校内其他培养形式的该专业的教学计划的情况，其他院校该专业教学计划的情况，专业学科方向，专业师资情况等方面。

(2) 制定专业培养方案。在前期调研确定了建设教育学专业的必要性和可行性后，接下来开始专业培养方案的制定，由学科专家和课程建设人员共同经过多次讨论、多次修改，确定专业方向、专业名称、专业层次、专业学位等。

此后，专家团队着手进行教学计划的制订，确定具体内容。由学科专家、教学专家、教务专家、课程建设专家等组成专家审议组，对教学计划做审定。专家审定环节是整个培养方案制定环节的风险控制点，不论是从专家的聘请，还是从教学计划的质量审定流程上都严格把关，确保教学计划的质量和专业培养方案顺利实施。

(3) 更新专业培养方案。教学计划确定之后，按照计划要求，提前半年时间把课程都开发建设好，进入教学计划实施运行阶段。在运行的过程中，会根据社会发展、学生需求、专业发展等方面的需要进行教学计划的更新与调整。教育学专业分别在2011年和2017年对教学计划两次改版，进一步增强实践能力培养，并设置了不少针对教育教学中具体问题提供方法指导的小学分课程供学生选修。

(4) 新增家庭教育方向。根据学生的需求和社会的发展，教育学专业设置了初等学校实物和学校管理两个方向。根据国家对家庭教育的重视和社会对家庭教育的广泛需求，结合我校的丰富师资条件，教育学专业新增了家庭教育方向，以弥补家庭教育人才的缺乏，使家庭教育更好地发挥服务社会、促进全社会发展的功能。

2. 网络教育资源建设的整体情况

结合时代信息技术的发展，对学校优质教育资源进行识别与选择，汲取与配置、激活和有机融合，优化与创新，使其符合当前信息技术社会网络教育人才的培养需求，开发网络教育资源，从而成为网络教育乃至终身教育稳步发展的保障。

1) 网络教育资源建设成果

自网络教育试点以来，学院一直把资源建设作为重点工作，依托学校百年积淀的优质教学资源，同时整合社会优质资源，在先进教育理念引领下，充分运用现代信息技术，投入大量人力、物力和财力，开发了一系列优质的网络教育资源。

（1）网络教育资源的建设理念与数量。经过多年的累积，学院已经开发了500多门网络课程。很多课程由教师团队共同开发，尤其是部分实践类课程，由专家学者和具有丰富实践经验的一线人员共同组成专家团队。在课程设计上，采用微课、主题式模块、大屏拍摄及虚拟演播设计，以优质界面呈现，吸引学生注意力，调动学生学习的积极性，如《计算机应用基础》采用微课、《古文字学基础》采用主题式模块（见图36）、《老庄研读》采用大屏拍摄，《宏观经济学》采用虚拟演播设计（见图37）、《幼儿园环境创设》采用幼儿园现场实录方式设计（见图38）。在内容选择上，注重系统化知识体系构建的同时，注重学员能力培养，如《幼儿园教师基本舞蹈活动技能》是将舞蹈基本理论知识、基础训练、幼儿舞蹈教学、幼儿舞蹈创编、舞蹈欣赏与评论集于一体的综合性教程，将专业理论知识渗透到技能的训练中，以便学生通过理论学习、教学实践练就更实际、更适用的专业技能，参见图39。在教学设计上，按照学习者的认知规律，运用探究式学习、问题解决式学习、案例式学习等多种学习方法和学习策略，设计系列教学活动和学习活动，如《远程教育学基础》采用问题解决式学习，根据问题引领学生一步步了解远程教育学的基本规律和原理，参见图40。在表现形式上，采取立体化开发形式，包括印刷媒体＋计算机网络学习＋光盘＋手机终端（平板终端）等多种组合，支持泛在学习；在学习评价上，采用多样化的学习评价方式，对学习者学习过程进行记录与跟踪，从而能够更加准确地对学习者的学习进行全面评价，促进学习者的学习。优质学历课程资源和拓展资源得到学员的广泛肯定，为学生学习奠定了坚实的基础。

图36　《古文字学基础》采用主题式模块

图37　《宏观经济学》采用虚拟演播设计

图 38　《幼儿园环境创设》采用幼儿园现场实录方式设计

图 39　《幼儿园教师基本舞蹈活动技能》注重学员能力培养

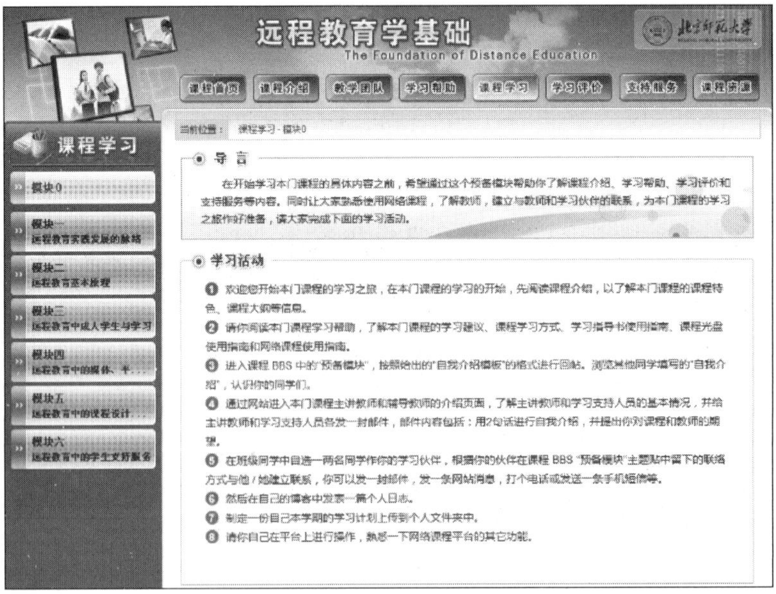

图 40　《远程教育学基础》采用问题解决式学习

（2）多样化的资源形式。学院网络课程主要有窄带、宽带、大屏课程、虚拟课程、MOOC课程、微课及移动课程等多种形式。窄带课件适合学生在家上网或者在网络不发达的地区浏览，应用了音频压缩、异步下载、断点续传、安全认证等技术，界面如图 41 所示。

图 41 《书法创作导论》采用高清大屏课件

大屏课程能够清晰呈现教师和讲授课程内容，并方便教师对讲授内容的即时注释。

MOOC 课程不仅兼有大屏课程优势，并根据课程内容的知识结构对知识点进行细化，图 42 为 MOOC 课程实例。

图 42 《油画与水墨的魅力》采用 MOOC 方式

微课是将课程的章节细化成 5～10 分钟的小知识点，内容凝练，适合碎片化学习，如图 43 所示。

移动课程支持手机或者 iPad 等移动设备进行随时随地的泛在学习和移动学习需求，如图 44 和图 45 所示。

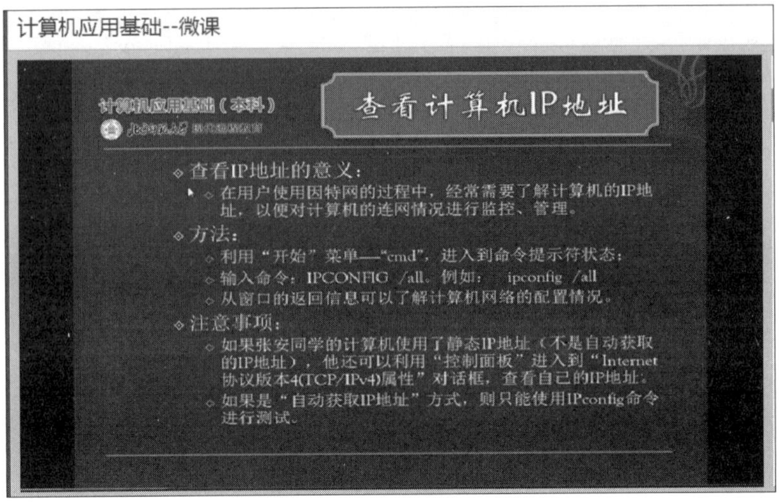

图 43 《计算机应用基础》采用微课方式

图 44 《管理学》iPad 版移动学习方式

虚拟课程是为增加课程的逼真性，为学生呈现多种元素的教学内容，便于进行情景教学，如图 46 所示。

宽带课件有三分屏形式，如图 47 所示；以及网页课件如图 48 所示，适合在网上浏览学习。

目前，学院网络教育资源建设的形式主要包括：印刷媒体＋计算机网络学习＋光盘＋手机终端（平板终端），或者是印刷媒体＋IPTV 计算机网络学习＋手机终端（平板终端），或者是电子（纸）书＋计算机网络学习＋手机终端（平板终端）等多种组合转变。

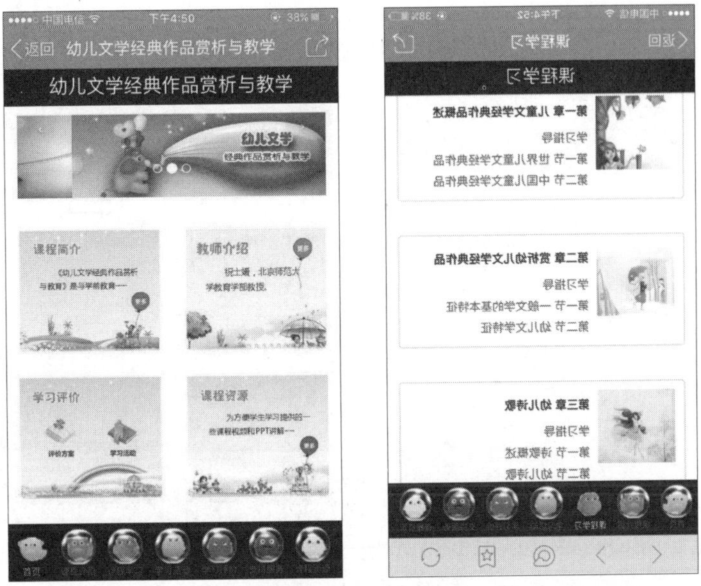

图 45 《幼儿文学经典作品赏析与教学》手机版移动学习方式

图 46 《中国通史》采用虚拟演播方式

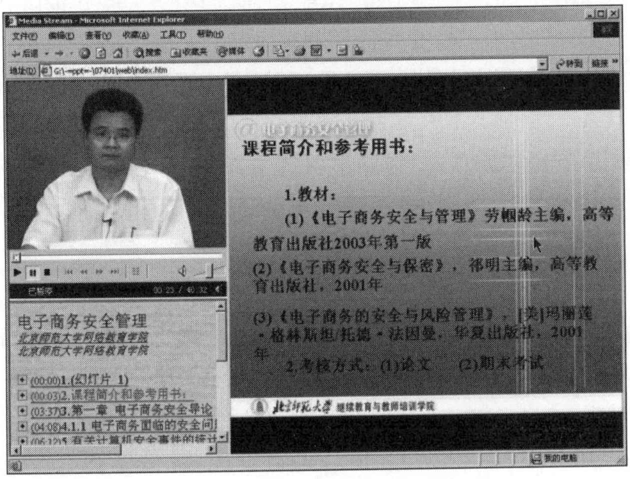

图 47 三分屏形式的课件

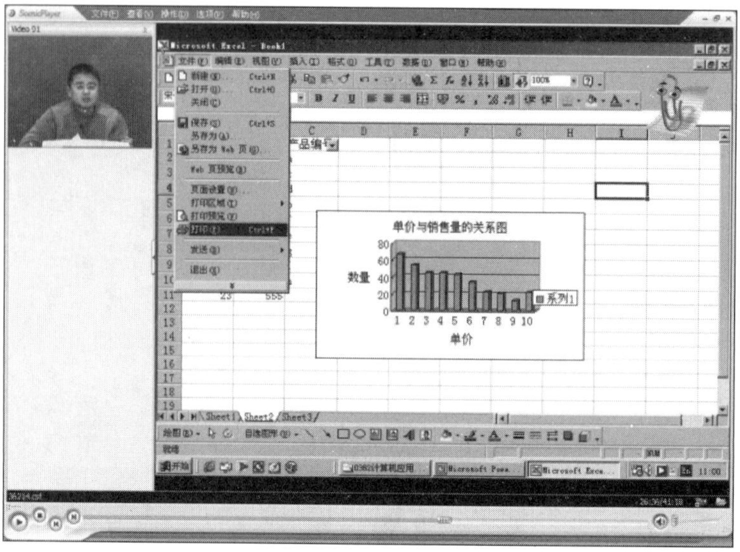

图 48 网页课件

(3) 资源更新及改造情况。网络教育资源开发完毕后，学院根据课程知识本身以及信息技术发展的标准，对课程资源进行更新换代。资源更新的保障机制主要从两大方面入手：一是课程网站的维护及更新；二是课程内容的维护与更新。目前学院每年都会进行资源更新，100 多门课程已经有两个或两个以上的版本；80 多门课程采用新的课件制作技术重新进行制作。对 200 多门窄带和宽带进行了移动版改造，目前已经实现所有课程的移动化学习。

2) 网络教育资源的总体特色

网络教育课程由包含课程负责人、主讲教师、课程设计人员、技术支持人员、视频拍摄人员、课件制作人员、学习支持服务人员、教学支持人员等组成的团队合作完成开发，课程开发充分考虑网络教育规律、成人学习特点、网上学习支持要求进行教学一体化设计与自主学习活动设计，合理应用形成性评价和终结性评价相结合的多种适合成人学习特点的评价方式。这些课程资源有如下特点。

(1) 以学习者为中心。课程始终坚持“以学习者为中心”，学习者以自学为主，伴随教师的全程导学及辅助。课程按照学习者的认知规律，选择了适合学习目标的多种学习策略，设计了系列学习活动，注意培养学习者的探索性、研究性、反思性以及创新性精神。课程设置及内容选择凸显时代感，以“适切性”为原则，注重学习者的经验、兴趣和需求。课程实施采用间接、启发式的非指导性教学方式，强调学习者主动参与、探究发现、协作学习。课程评价采用外部评价与内部评价相结合，形成性评价与总结性评价相结合，他评、自评、互评相结合的多元评价方式。

(2) 名师主讲，风采无限。建设一支由德高望重的资深教授和年富力强的中青年教师组成的师资团队，名师授课是学校网络教育课程的一大特色。这样既保证了课程在学术上的领先位置，同时也使学校网络教育学生得以领略名师风采(参见图 49)，感受名师独特魅力。

(3) 形式多样，方便快捷。课程资源形式丰富多样，包括视频、音频、动画、图片和文字等，覆盖电子媒体和纸介质媒体，以多层次立体化的方式进行组合，符合网络学习者自主学

图 49　名师授课

习、弹性学习和协作学习相结合的学习模式(参见图 50)。

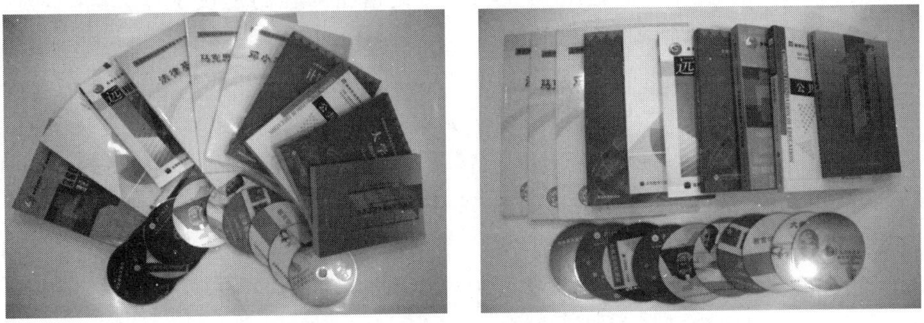

图 50　课程资源形式

(4) 资源丰富，拓展性强。在为学生提供优质的课程资源的基础上，为了让学生进一步拓展视野，了解最权威、最前沿的信息，学院为学生提供了丰富的讲座资源。其中公益类课程 35 个专题 89 个课时，如关于人际沟通技巧的《沟通与自我发展》《残疾人心理特征与沟通技巧》等，关于就业和创业的《就业环境适应与就业心理准备》《互联网创业就业实务》等；人文素养类专题 15 个专题 531 个课时，如《三字经》天天见、《写好中国字 做好中国人》《中小学教师为什么学国学》等；教师教育类 14 门课程 212 课时，如《高中美术示范课-卡通形象设计》《初中数学示范课-勾股定理》《小学语文示范课-坐井观天》(参见图 51)。

图 51　讲座资源实例

3）特色网络教学资源

在建设优质的常规课程的基础上，开发建设了一系列精品课程，其中8门课程被评为国家网络教育精品课程；2012、2013年有6门课程被评为国家级网络教育精品共享课程；2010年以来，建设了多个小学分课程以及微课，更有一些课程在设计上充分满足了学生泛在学习的需求，开发了电子书、跨平台使用课程等支持泛在学习环境的各种形式的课程资源。在学校985工程建设中，建设了10门全校共享的具有一流教学方法、一流教学内容、一流表现形式、一流教学管理和支持服务等特点，具有一定辐射作用的网络精品课程。为拓宽学生的知识面，开发了京师大讲堂系列专题课程，向全体网络教育学生开放。

（1）国家精品课程。为了进一步推进课程建设，2005年学校颁布了《关于积极利用开放性教育资源推进学校课程建设与教学改革的实施方案》（师教文〔2005〕0105号），明确要求教师利用国际上的课程资源开展教学改革，提高教学质量，同时要积极参与开发精品课程。为加强教学建设，2006年学校又下发了《关于进一步加强各级精品课程建设的意见》（师教文〔2006〕31号），意见明确要求，各院系应做好精品课程的建设工作。同时，为推进精品课程建设，学校还建立了相应的配套措施。

自2007年开始，共有《远程教育学基础》（2007）、《民俗学》（2008）、《战略人力资源管理》（2008）、《学校管理学》（2008）、《教育学》（2009）、《外国文学作品选读》（2009）、《普通心理学（下）》（2010）、《古代文学史（一）》（2010）8门课程被评为国家网络教育精品课程，每年均有网络课程入选国家网络教育精品课程，如图52所示。

（2）精品资源共享课。2012年，教育部启动了国家级网络教育精品资源共享课申报与遴选工作。《教育学原理》《民俗学》《战略人力资源管理》成功入围国家级网络教育精品资源共享课立项项目，3门课程已经在爱课程网上免费向社会共享。2013年，《管理学》《外国教育史》《古代文学史（一）》3门课程又成功入围国家级网络教育精品资源共享课立项项目。这6门课程分别在2016年被成功评为教育部第一批国家级网络教育精品资源共享课。

这些课程分析学习者特征，以学习者为中心，以活动为中心，促进成人的自主学习和协作学习；强调“协作学习”、案例教学，系统整合各种资源。同时，满足学习者“泛在学习”需求，开发了电子书、跨平台使用课程等支持泛在学习环境的各种形式的课程资源。

（3）精品开放课程。贯彻落实《教育部关于国家精品开放课程建设的实施意见》文件精神，利用现代信息技术手段，开发了一系列优质视频和课程资源，免费向社会普及共享，进一步提高高等教育质量，服务学习型社会建设。

供社会免费共享的课程资源包括精品视频公开课与精品资源共享课程（参见图53），精品视频课《财务报表上的数字故事——论会计信息在证券市场上的功能》《感悟韩愈——读其文品其人（上）》《感悟韩愈——读其文品其人（下）》《零基础英语学习技巧和方法》《人事选拔技术》《以学生为本的课堂教学必须抓基础建设》《庄子的人生境界与艺术境界》《形似与神似——古诗仿拟趣谈》《电子商务热点问题分析》《中国幼儿教育的发展》《“法意”与“民意”的博弈》等优质课程视频很受学生欢迎，被评为国家网络教育精品资源课的8门课程也都全部免费向社会共享，学生对这些课程评价很高。

（4）小学分课程以及微课。根据《计算机应用基础》《大学语文》《大学英语》等学科特点，在为学生提供完整体系的学科知识的基础上，开设了一系列微课程。对计算机应用基础这门课开设了100个左右的微视频。这些微视频的核心组成是课堂教学视频，每个主题都

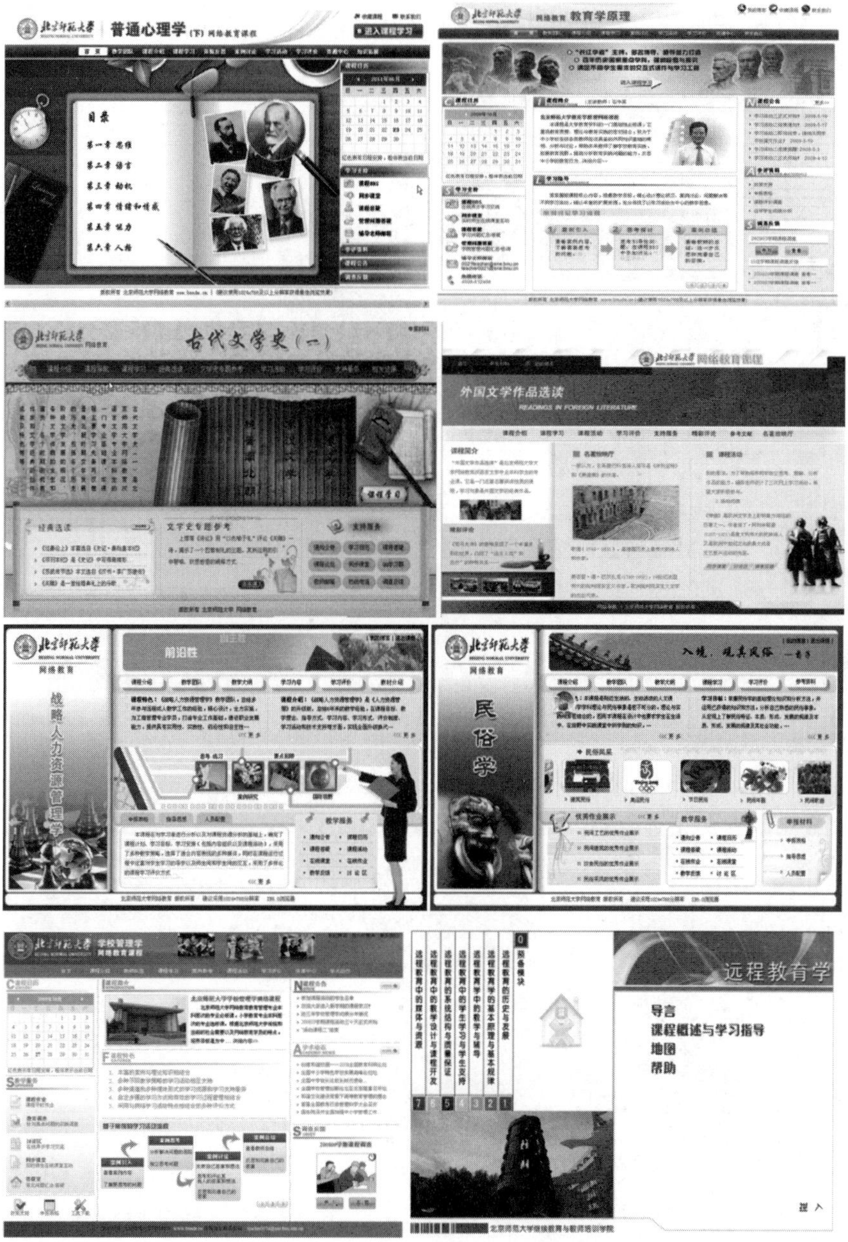

图 52　国家网络教育精品课程

经过精心的教学设计，除了课堂教学视频，还包含文本说明、关键词、素材文件、教学反思、练习测试、成品文件、学生反馈、教师点评等辅助性教学视频。

除了微视频，针对注重实践操作能力的专业，学校针对工作中每个方面的问题，开始了小学分课程（参见图 54），这些课程学时为 15 个课时左右，学完整个课程，学生可以拿到 1 个学分。

(5) “985”工程项目课程。自 2010 年开始，学院以国家级精品课程建设为标准，在**“985”工程项目中**从教师团队、教学内容设计、教学平台维护以及支持服务体系构建等方面

图 53　精品资源共享课程

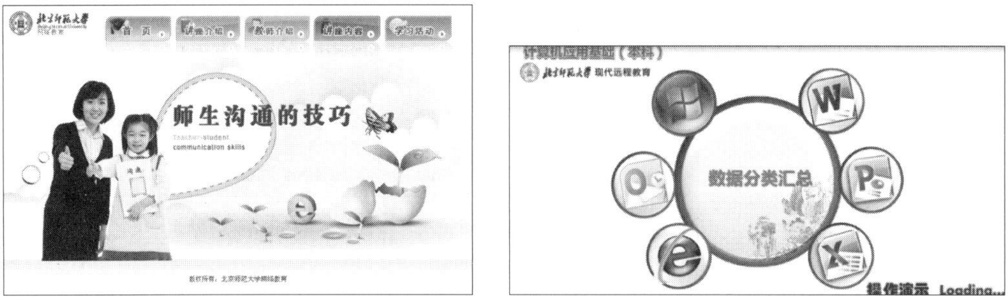

图 54　小学分课程

对《新课改背景下的初中体育教学》《教育学原理》《学校教育与学生卫生》《新课改背景下的小学体育教学》等课程进行了一系列的开发与建设，参见图 55。

图 55　“985”工程项目课程之一

4）网络课程主讲教师的队伍建设情况

（1）立足校内名师，优选校外名家。学院为保证授课质量，根据教学需求立足校内名师、优选校外名家，组建了一支由顶级专家和中青年骨干教师为主要成员的专业教师队伍，如主讲教师既包括校内的陈丽、石中英、刘淼、刘松柏、陈琦、刘勇、祝上媛、唐任武、郭齐家、倪文东等教授、知名学者，又包括乔清举、卢广南、赵熊等部分校外名师名家。

教师团队分为专业指导教师、主持教师、主讲教师、辅导教师、论文指导教师和专职管理团队。专业指导教师从教学计划修订、专业改造、新专业建设、课程教学改革等方面提出指导性建议；主持教师负责精品课、精品资源共享课、新课程开发、旧课改造等课程的内容设计、内容组织、主讲教师协调、授课等工作；主讲教师参与精品课程、精品资源共享课、新课程开发、旧课改造的授课；辅导教师在学生学习过程中进行学习引导、问题回复、考前辅导；论文指导教师的工作包括指导学生论文选题、论文写作及研究方法介绍、论文撰写与修改，客观评审论文、论文答辩等；专职管理团队保障继续教育教学、管理、学习支持等各项工作实施的专业性、规范性。

到目前为止，学院现有专职管理人员 69 人，任课教师（承担授课、辅导任务的教师）共有 921 人，其中，授课教师 323 名，辅导教师及论文指导教师共 598 人。授课教师中，校内教师 207 名，占全体授课教师的 64%；副教授及以上职称教师 274 名，占全体授课教师的 85%；辅导教师及论文指导教师均为硕士研究生及以上学历（个别具有高级职称的教师除外），副教授及以上职称教师 353 人，占比 66%。

(2) 严格聘任标准，规范工作流程。教学质量是教育的生命线，是学院赖以生存和发展的基础，师资队伍水平高是教学质量好的关键，学院在教师聘任、资源开发、教学辅导、论文指导等环节建立了相应的标准和制度规范教师管理工作。

结合专业及课程开发需求，通过院系合作、专家推荐等方式遴选教学经验丰富、学科知识扎实的优秀教师，部分教师自我推荐，学院依据网络教师聘任标准对每一位教师进行评估，评估内容包括教育背景、学历、学位、著作、论文、科研、职称、最近三年的教学情况、学生评价、获奖等，评估合格者被聘任为授课教师，并与每一位授课教师签订课程合作开发协议；协议注明详细工作内容，包括课程名称、授课方式、学时、进度、验收标准等；依照网络课程开发标准、开发流程、课程质量审核标准对每一位授课教师进行单独培训 3 学时，培训内容涵盖网络学习模式、课程开发模式、进度安排、PPT 制作规范、演播室录制、试卷编制、作业编制、辅导答疑等具体工作，2017 年度对 25 名新聘任授课教师各进行了 3 学时的岗前培训，累计 75 学时；资源开发人员全程协助授课教师进行课程开发，对过程性资源及课件成品进行质量把控，一旦发现问题，及时与授课教师沟通、协商解决方案，必要时重新制作质量不达标的课件，确保课程整体质量。

教师管理制度的规范与否，直接影响了网络教育教学和支持服务质量。为了保障网络教育整体工作有质、有序，学院制定了规范的教师管理制度，包括《主讲教师管理制度》《兼职辅导教师管理制度》《论文指导教师管理制度》等，同时严把聘任关，通过院系合作、专家推荐等方式遴选教学经验丰富、学科知识扎实的主讲教师，并由教学指导委员会及主讲教师推荐课程后续辅导教师及论文指导教师。在每学期的教学开始前，对所有聘任的兼职辅导教师及论文指导教师进行岗前培训。在教学过程中，设置三方监督，即教学委员会监督、学生监督、管理教师监督。在学期教学结束后，开展优秀辅导教师评选工作，对在学期中表现优秀的教师进行奖励，鼓励模范带头教师，形成良好的网络教学氛围。

（七）弘扬良好学风，培育特色校园文化

学院在成立初期不断探索与实践网络教育校园文化建设，组织同地区或跨地区的学生活动，或以网络教育平台为载体，通过网络交互工具及网上专栏为学生课外交互、学生社团在线活动、校园展示等提供远程环境。线上及线下的活动充分发挥学院和学习中心的管理引导作用，使网络学生能够积极交流、互促互进，发挥学生的创造性，营造了一个良好的远程学习氛围，极大地增强了学生的归属感和荣誉感。学校“学为人师、行为世范”的良好校风和学风不但使网络教育学生受益，更源源不断地将正能量传递给社会各个角落。

下面展示部分线上线下的学生活动：

1. 针对前期招收的全日制学习的学生活动

1）夏令营活动

为让网络学生亲身感受百年名校的校园文化，体验其优良学术传统，感受“学为人师，行为世范”的文化根基与底蕴，学院于 2001 年、2002 年组织举办了丰富多彩的网络教育夏令营活动。

2001 年夏令营活动，共有来自宁夏、广东及福建 84 名网络教育的学生参加活动，学院组织他们参加与主讲教师的座谈会、师大名师讲座，参观母校、北大、清华著名学府等富有教育意义的活动。对此，《中国教育报》2001 年 8 月 10 日专门做了报道，如图 56 所示。开展夏令营活动的同时，学院还开展了针对所有学生的“首届夏令营征文活动”，学生们积极响应，通过筛选，最终形成优秀作品集，如图 57 和图 58 所示。

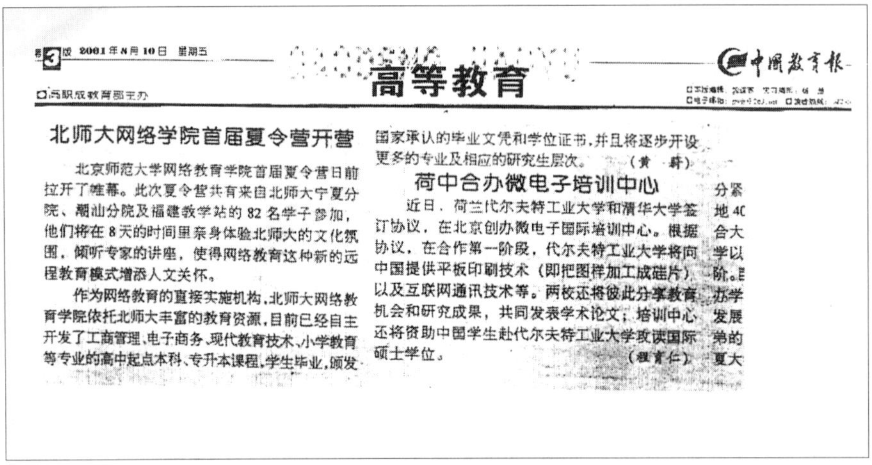

第3版 2001年8月10日 星期五

高等教育

中国教育报

北师大网络学院首届夏令营开营

北京师范大学网络教育学院首届夏令营日前拉开了帷幕。此次夏令营共有来自北师大宁夏分院、潮汕分院及福建教学站的 82 名学子参加，他们将在 8 天的时间里亲身体验北师大的文化氛围，倾听专家的讲座，使得网络教育这种新的远程教育模式增添人文关怀。

作为网络教育的直接实施机构，北师大网络教育学院依托北师大丰富的教育资源，目前已经自主开发了工商管理、电子商务、现代教育技术、小学教育等专业的高中起点本科、专升本课程，学生毕业，颁发国家承认的毕业文凭和学位证书，并且将逐步开设更多的专业及相应的研究生层次。（黄 莳）

荷中合办微电子培训中心

近日，荷兰代尔夫特工业大学和清华大学签订协议，在北京创办微电子国际培训中心。根据协议，在合作第一阶段，代尔夫特工业大学将向中国提供平板印刷技术（即把图样加工成磁片），以及互联网通讯技术等。两校还将彼此分享教育机会和研究成果，共同发表学术论文；培训中心还将资助中国学生赴代尔夫特工业大学攻读国际硕士学位。（程育仁）

图 56 《中国教育报》报道

2）学院和学生创办刊物

2001 年，为进一步加强网络学生的归宿感，提高学生的文化素质，学院积极组织开办网络学生刊物，让学生充分体验百年名校的人文关怀，激励自己勤奋学习，不断进步，做一个合格的师范大学的学子。随后，各校外学习中心的学生也开始陆续创办文学社和社刊。

福建学习中心的学生自主创办了文学社——明日文学社。创办的社刊《明日》（如图 59 所示）也深受同学们喜爱，同时学员充分发挥网络学生熟悉网络知识的优势，把课堂上所学

图 57　夏令营学生合影

的计算机知识和网络知识充分运用于实践，制作出明日文学社主页，并被学院网络教育门户网站链接，各个学习中心的同学都可以单击访问，极大地展示了网络教育的学生风采，丰富了校园文化生活。

图 58　夏令营征文作品选集

图 59　学生自办刊物《明日》

2002 年度学生自主创办的刊物——《紫烟》（如图 60 所示）刊登了学生的原创文学作品，为文学爱好者提供了一个交流的平台。

3）“明日之星”歌手大赛

2003 年年底，学院福建学习中心组织了“明日之星”校园歌手大赛，该大赛通过互联网网站组织、发布与评选。参加该比赛的网络学生需自行录制自己演唱的歌曲，上传大赛网

图 60 学生自办刊物《紫烟》

站，填报个人信息。该活动充分展示了学校网络学生的计算机知识丰富、实践能力强、多才多艺等特点，如图 61 所示。

图 61 “明日之星”校园网络歌手大赛活动组图

4）校园双选招聘会

2005 年，在学院指导下，网络教育学习中心组织 2004 年之前招收的全日制毕业生参与高校就业指导中心举办的校园双选招聘会（如图 62 所示），并对部分用人单位做了调查。学校希望网络教育毕业的学生能够通过这样一个平台展现自己、宣传自己。

2. 学院以及学习中心针对在职业余学生组织的活动（部分展示）

1）学院组织的大型主题活动

在学院统一组织下，在各校外学习中心及学生的积极参与下，先后举办了：①“感师恩，念亲恩”大型主题活动：寄张贺卡，遥递祝福；拨通电话，传达心情；发个邮件，寄去温馨……。②优秀教案展：要求教案思路清晰，思维活跃、创新大胆、充满活力；教学环节设计

图 62　校园双选招聘会

合理流畅自然;使用课件的作品,还须提供课件。③“我与网络教育”“我在北师大的网络学习故事”等大型有奖征文活动。④“国庆、校庆、现代远程教育试点十周年”征文活动。⑤名师专题讲座。⑥《京师文苑》网络期刊创办活动,如图 63 所示。⑦“寻找春天”摄影大赛。⑧“水墨丹青画故乡”征稿大赛等内容丰富、形式多样的学生活动。

图 63　《京师文苑》网络期刊展示

(1) 参加全国高校现代远程教育协作组“百名学习之星”活动。2011 年,学院依据全国高校现代远程教育协作组“百名学习之星”申报条件要求,筛选、选拔了 5 名优秀学生,申报参加了“百名学习之星”征集活动。最终,学院中的两名学生刘青琳和严峰获得“百名学习之星”荣誉称号,被收入《网络(继续)教育优秀学员风采》,如图 64 所示。并在“2011 继续教育数字化学习资源共享与服务成果展览会”展会现场进行展示。

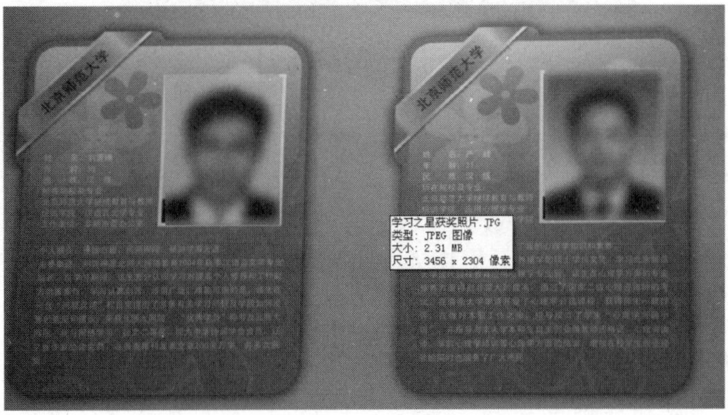

图 64　“百名学习之星”荣誉称号获得者

(2) 组织学生参加北京市成人英语口语竞赛。为进一步激发学生的英语学习兴趣和应用能力，北京市教委定期组织各学历继续教育高校参加教委统一组织的成人英语口语竞赛。为了响应此号召，加强校园文化建设，学院组织成人继续教育和网络教育的学生积极参加英语口语竞赛。经过赛前的宣传、报名、选拔、辅导等环节，选派部分英语口语较强的学生参赛，并在历次的比赛中取得较好成绩，多人获得一等奖、二等奖、优秀奖等奖项，为学校赢得了荣誉，也使参赛学生得到了锻炼，如图 65 和图 66 所示。

图 65　非英语专业本科组一等奖 陶玥彤

图 66　非英语专业专科组二等奖 张树苗

(3) 开展网络教育学生评优活动。依据《北京师范大学网络教育学院优秀学生评比规定》，学院每年组织学生进行评优活动，如图 67 所示。评优活动考核指标包括学生品德、课程考试成绩、学习态度、工作成绩等各个方面，鼓励学生综合、全面发展。

图 67　网络教育学生评优

(4) 举办"水墨丹青画故乡"征稿大赛。为了增强各校外学习中心的凝聚力，也为了给有专业特长的不同学生提供更广阔的展示平台，2017 年学院举办了以"水墨丹青画故乡"为主题的征稿大赛(参见图 68)，累计收到 31 个学习中心的 106 篇有效稿件。聘请我校艺术传媒学院教师担任书画类评审专家、人民东方出版传媒有限公司编辑担任文字类投稿评审专家，评定出文字类、书法类、国画类一等奖、二等奖、三等奖及优秀奖获奖名单并给予表彰、奖励，同时对活动中组织得力的 11 个学习中心也一并给予表彰及奖励。

(5) 开展名师专题讲座活动。2018 年 6 月，为进一步加强教师教育类专业人才培养，提升学生的专业素养和实践能力，同时结合学习中心和教师教育类专业学生的需求，特邀请学

图 68　“水墨丹青画故乡”大赛部分作品展示

校学前教育专家举办主题为《学前儿童行为观察与分析》的专题讲座，如图 69 所示。线上和线下的学习中心师生共同聆听专家的精彩讲座，并积极参与互动。本次活动受到各学习中心和学生的好评，也取得了预期效果。

图 69　专家专题讲座

（6）学院开展“品读经典 · 做好老师”活动。2014 年至今，学院持续开展“品读经典 · 做好老师”活动，组织并带领全院师生共同品读经典，感悟经典，弘扬中国传统文化。同时，要求学院中的所有教师及校外学习中心工作人员不忘初心，坚持“立德树人”的办学目标，争做“有道德情操、有理想信念、有扎实学识、有仁爱之心”的四有好老师。此外，还通过微信平台开设“品读《大学》《论语》”等系列专题栏目，如图 70 所示，并向全国校外学习中心工作人员及所有网络教育学生（50％以上为中小学教师和幼儿园教师）进行推送。

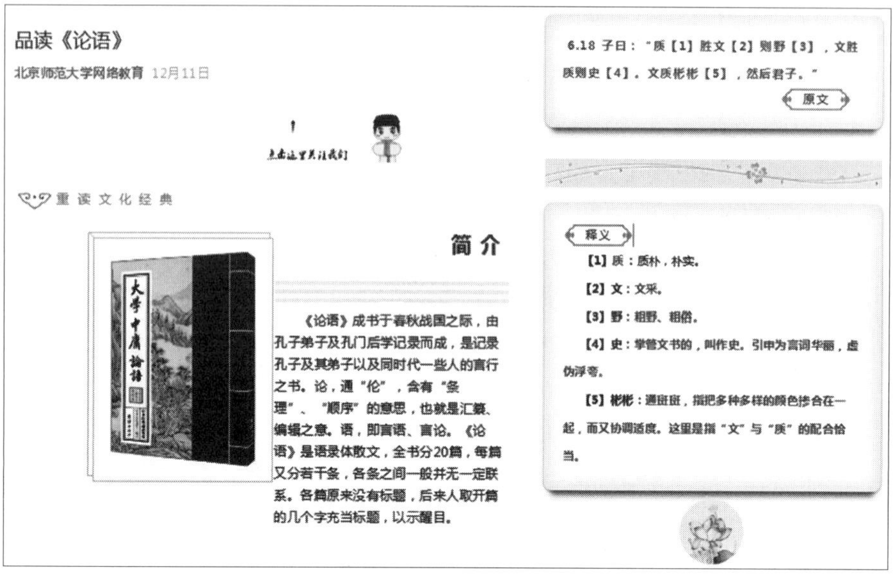

图 70　微信公众平台“品读《论语》”专栏部分内容展示

2）学习中心组织的形式多样的学生活动（部分展示）

（1）南京学习中心组织学生开展拓展训练活动及“学面点”活动。2010 年 5 月 29 日，为了给学生提供更多的交流机会，增强团队活力，增进集体凝聚力，南京学习中心组织学生拓展训练活动，专门根据团队建设需要而设计了一套户外体验式模拟训练，通过拓展训练活动，让不同的学生共同参与一项活动，如图 71 所示。

图 71　南京学习中心组织学生拓展训练活动现场展示

2018 年 5 月，南京学习中心以“上游府，学面点，好味带回家”为主题，为同学们组织了一次别开生面的“学面点”活动，如图 72 所示。当天特邀南京当地五星级酒店——古南都饭店的面点大厨，手把手为同学们传授中式面点制作技巧。本次活动受到学生们的欢迎和喜爱，达到了预期的效果。

（2）岳阳学习中心组织“守望江豚、保护生态”环湖骑行活动。2012 年 5 月 26 日上午，岳阳电大校园内彩旗高扬，学校网络教育学生和志愿者们从四面八方赶来参与“守望江豚、保护生态”环洞庭湖自行车骑行活动，如图 73 所示。“江豚是湖南‘大熊猫’，但濒临灭绝。作为生活在洞庭湖畔、肩负着社会使命感的岳阳人，要用实际行动向社会公众宣传保护江豚

图 72　南京学习中心“上游府，学面点，好味带回家”活动现场展示

的重要性，让社会各界都关心江豚、保护生态。”该活动受到社会各界的关注，湖南日报对此活动进行了详细报道。

图 73　岳阳学习中心环洞庭湖骑行活动现场展示

(3) 成都学习中心开展“2018 微笑成长营”公益活动。2018 年 10 月 17 日，成都学习中心和四川团省委四川省青年文化交流协会联合发起以“2018 微笑成长营——孩子向快乐出发”为主题的大型公益活动，如图 74 所示。活动当日，学习中心组织部分教师及学生走进四川省崇州市锦江小学，向孩子们赠送书包和文具。捐赠仪式后，“四川看看视力矫治中心”的爱心志愿者为孩子们讲解了用眼、护眼等卫生知识，成都学习中心的师生带领孩子们亲自体验视力测试。本次活动不但增强了学习中心的凝聚力，而且收到很好的社会反响。

（八）完善平台建设，提升用户体验

在建构主义、情境认知、分布式认知等教学理念引领下，建设了标准化、个性化的云服务远程教学平台，实现了从提供统一的网络课程资源向提供个性化知识建构学习环境的发展，平台功能更加注重信息技术与学科的深度融合，强调对学习过程信息的收集和分析，利用信息技术实现了对学习过程的记录、分析、诊断、服务，重视学习共同体和虚拟学习社区的建设，如图 75 所示。

目前，网络学历教育支撑平台主要包括教学教务平台和教务管理系统。该平台具有学

图 74　成都学习中心“2018 微笑成长营”公益活动现场展示

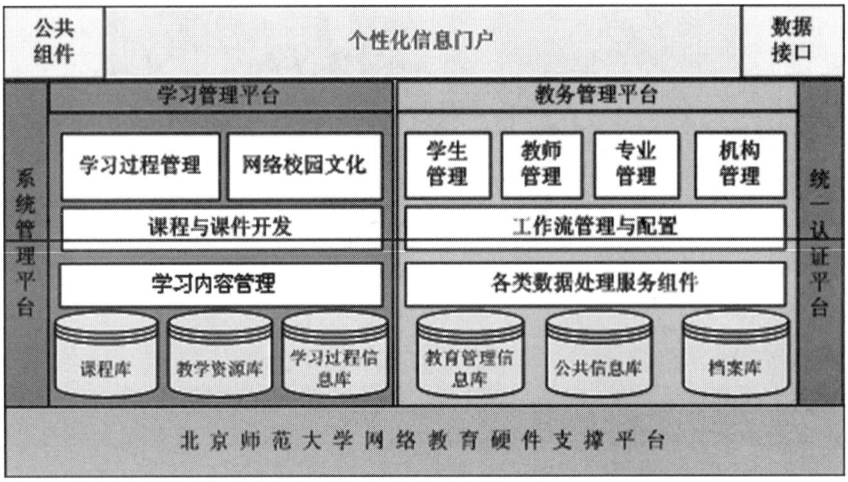

图 75　网络教育硬件支撑平台

习资源发布、点播、同步异步课程答疑、课程讨论、在线咨询、网上作业、网上论文写作、在线考试等教学和学习活动等基础功能。教务管理系统主要包含招生管理、学籍管理、考试管理、毕业管理、学习中心管理、教务管理等 19 个功能模块，支持网络教育日常管理和统计分析。除此之外，平台整合了视频会议系统，基于远程视频会议系统开展答疑、辅导、论文答辩、培训及会议等。平台也整合了在线客服系统，支持实时在线咨询功能。目前平台也在不断地升级改造中。

（九）构建终身学习型社会，开创网络培训新格局

非学历网络培训是学校继续教育的重要组成部分，在继续教育中发挥着举足轻重的作用。为加快社会发展，满足社会不同阶层的学习需求，培养大批应用型人才，学院大力发展

网络培训。这不仅是顺应时代的迫切需要,也是学校继续教育长足发展的必经之路。

网络培训充分依托学校优质教师教育资源,从方案策划、招生宣传、课程设计、过程管理、学员评估等一系列培训流程都以质量为核心,集合专业技术、管理技术、信息技术,从质量控制发展到质量保证,通过全过程的质量监控,保障培训项目顺利实施。另外,对网络培训项目实行项目式管理,突出个性化定制,根据 ISO 质量管理要求,强调一切以学员为中心,强调全员参与、过程管理的系统方法等原则,着眼于两个质量关键点,即提升对学员的服务质量和确保人才培养质量,重点在于培训学员的应用性能力,推进网络培训科学化发展。

网络培训以服务社会为己任,以服务求支持,以贡献求发展,充分发挥了学校的教育资源优势,依托校内各院系的雄厚师资力量,组建了高水平的专家团队,开发了“针对性强、时效性高、实效性优、可持续性好”的课程资源,提供了“全过程、全方位”的支持服务,构建了“定位针对性、管理专业性、服务高效性”的管理特色,创新了“首问责任制、迅速应急反应机制、及时数据跟踪分析反馈机制”的远程管理模式,形成了独具学校品牌特色的远程培训模式。

1. 培训案例

通过开创“马鞍山模式”和“温州模式”,以及开办统考培训立足于网络学历教育的辅助教学和承接教育部高级研修班任务等一系列工作,积极探索符合学校自身特点的网络培训发展方向,为谋求继续教育的长足发展奠定基础。

1) 马鞍山培训

2004 年,学院和马鞍山广播电视大学先后 3 次合作举办课程改革培训,总人数达到 3900 多人。讲座内容围绕新课程改革纲要,并对新课程改革的理论、成果、资源、评价等各个方面展开阐述。培训采用集体面授、集体双向视频、集体网络课件学习 3 种形式,既发挥了传统教育的优势,又融合了网络教育的特点,多种形式互为补充。与马鞍山广播电视大学的成功合作,为学校正式开展网络培训奠定了良好的基础,形成马鞍山模式,如图 76 所示。

图 76　马鞍山模式

2) 温州培训

2008—2010 年,学院和温州市教师教育院合作开展“温州高中语文教师高端培训”。在对温州高中语文教师的现状进行了深入的调研工作后,精心拍摄制作了关于语文教学方面的讲座,并在温州市教师教育院先后 5 次投入使用,形成温州模式,如图 77 所示。基于学员个体的培训学员在学校网络培训平台上登录后,在线进行学习。该网络培训课程得到参训学员的一致好评。

3) “国培计划”远程培训和混合研修

通过积极探索和深入研究,学院网络培训工作不断摸索出新的发展之路。通过竞标获得承担 2011 年 8 个省、市共计 8748 名初中、小学体育骨干教师的远程培训项目、2012 年 22 个省、市、自治区共计 7948 名初中、小学体育骨干教师的远程培训项目、2014—2016 年湖南省示范性综合改革项目(未来教育家培养高端项目(小学)培训)、2016 年贵州省少数民族地区乡村幼儿园教师工作坊项目等。

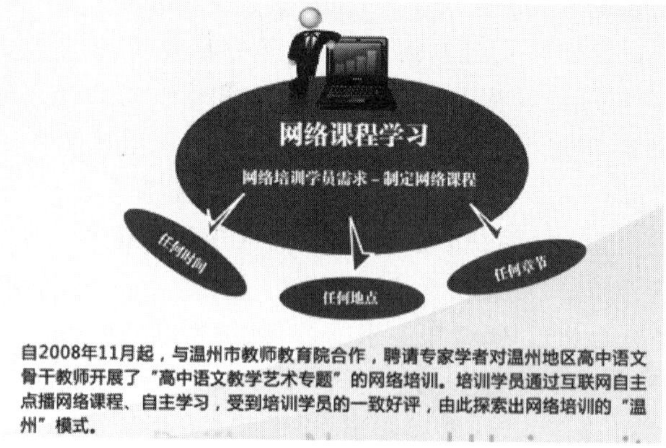
网络课程学习
网络培训学员需求－制定网络课程
任何时间
任何地点
任何章节
自2008年11月起，与温州市教师教育院合作，聘请专家学者对温州地区高中语文骨干教师开展了“高中语文教学艺术专题”的网络培训。培训学员通过互联网自主点播网络课程、自主学习，受到培训学员的一致好评，由此探索出网络培训的“温州”模式。

图 77　温州模式

承担“国培计划”过程中，为学员提供了“全过程、全方位”的支持服务，构建了“定位针对性、管理专业性、服务高效性”的管理特色，创新了“首问责任制、迅速应急反应机制、及时数据跟踪分析反馈机制”的远程管理模式；培训平台系统稳定性好，登录界面功能全覆盖、操作简单，提供多种交流方式，平台数据实时统计，及时跟踪反馈学员的学习情况。在培训过程中关注学员学习的实效性，根据数据统计情况及时用短信和电话与学员沟通学习进度，保证学习效率和质量。

4）广西来宾千名骨干班主任培训

2013 年，面向西部地区开展了第一期广西来宾千名骨干班主任远程培训任务，培训为期 3 个月。从统计数据及班级工作简报、辅导教师的学习反馈、学员的学习感言中充分表明，此次培训收效显著，广大培训学员能顺利登录平台、积极完成本次培训的学习任务。这一培训项目的开办更新了班主任工作理念，提升了班主任工作的专业能力与综合研究能力，带动并促进了来宾市班主任队伍整体素质的提升。

5）广东省中小学教师信息技术应用能力提升工程培训项目

2015—2017 年，承担广东省珠海市、佛山市南海区中小学教师信息技术与应用能力提升培训项目，该项目旨在提升广东省中小学及幼儿园教师的信息技术应用能力、学科教学能力和专业自主发展能力，并开展信息技术应用能力测评，以评促学，激发教师的持续学习动力，建立教师主动应用机制，推动每个教师在课堂教学和日常工作中有效应用信息技术，促进信息技术与教育教学融合取得新突破。

6）广东省中小学骨干教师信息技术与课堂教学应用融合示范培训

2018 年，学院受广东省教育厅委托，整合学校优质资源，采取集中开展专家讲理论、同行谈经验、示范校展成果、网络研修巩固的混合培训模式，通过理论与实践相结合、线上与线下相结合的模式，对全省 50 名中小学骨干教师开展信息技术与课堂教学应用融合示范培训，通过培训，促进广东省 50 名中小学骨干教师转变观念，创新教学模式和管理方式，推动信息技术与课堂教学应用深度融合。

7）教育部文化自信与继续教育转型发展高级研修班

为了深入学习贯彻党的十九大和全国教育大会精神，总结梳理改革开放 40 年来高等继续教育的发展历程，谋划新时代继续教育转型提质升级的思路和举措，写好继续教育奋进之笔,2018 年 11 月,承办了“文化自信与继续教育转型发展高级研修班”,全国各省(区、市)教育行政部门分管高等学历继续教育相关处室负责人、有关高校网络教育学院/继续教育学院/成人教育学院院长或主管教学的副院长共计 87 名学员参加了此次培训,培训过程中以专家讲理论和同行分享经验为主,除了知名专家授课外,项目实施中还安排了分组研讨、小组代表发言、组长总结发言等环节,学员广泛参与建言献策。此次培训在高等继续教育战线掀起学习、宣传、贯彻全国教育大会精神的热潮,也得到教育部的高度肯定。

2. 培训组织管理结构

采用项目制,根据不同项目设定项目管理组与项目执行组。项目管理组由项目负责人(即组长和副组长)组成;项目执行组由资源开发与信息服务组、平台开发与运行组、支持服务组以及项目推进与联络组构成。培训组织管理结构如图 78 所示。

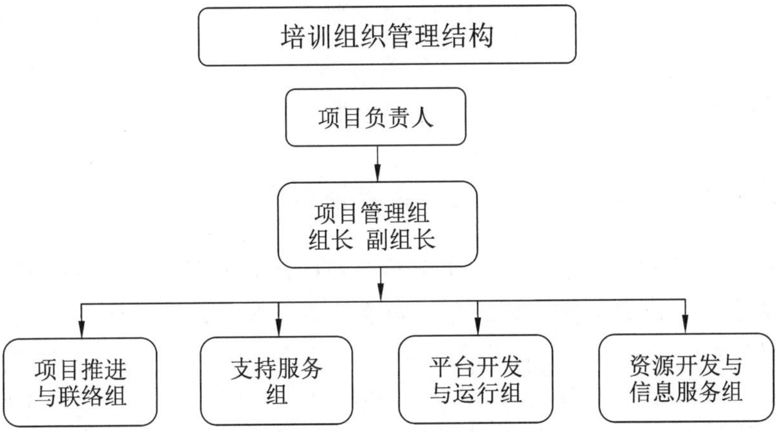

图 78　培训组织管理结构图

3. 培训优势特色

网络培训工作逐渐在培训方案、资源建设、支持服务等方面形成了自身特色。在培训方案方面,按需开发,增强实效性、实用性与实操性;在课程资源建设方面,精选资源,精心研制,精彩呈现;在远程教学与辅导方面,以学生为中心、以问题为中心;在教学支持与服务方面,构建全方位、全过程的支持服务体系;在技术服务方面,进行分析统计、实时跟踪、全程监控、社区互动等技术服务工作。同时,为保证培训质量,对网络课程视频点播实行不定时(一般在 15 分钟后)问题交互后才记录有效学习时间的举措。

定位的针对性:以学员为中心,一切管理为了学员。

管理的专业性:熟悉培训课程的教学组织方式,熟知“专家引领、模块教学、多元的学习策略、充分的互动”教学模式的实施细节,确保培训顺利实施。

服务的高效性:能调动各任务组协调一致,密切配合,快捷高效地解决培训过程中的各层面问题,包括学员问题、专家服务、与培训管理机构交流协调等问题。创新性地提出并建立首问责任制、迅速应急反应机制、即时数据跟踪分析反馈机制,如图 79 所示。

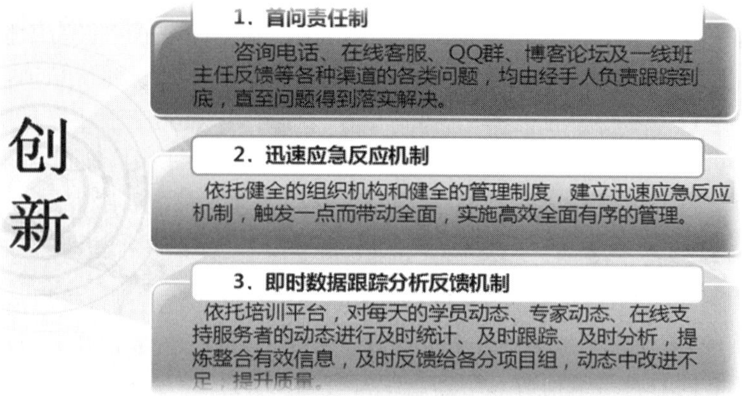
创
新
1. 首问责任制
咨询电话、在线客服、QQ群、博客论坛及一线班主任反馈等各种渠道的各类问题，均由经手人负责跟踪到底，直至问题得到落实解决。
2. 迅速应急反应机制
依托健全的组织机构和健全的管理制度，建立迅速应急反应机制，触发一点而带动全面，实施高效全面有序的管理。
3. 即时数据跟踪分析反馈机制
依托培训平台，对每天的学员动态、专家动态、在线支持服务者的动态进行及时统计、及时跟踪、及时分析，提炼整合有效信息，及时反馈给各分项目组，动态中改进不足，提升质量。

图 79 服务创新

三、创新特色

（一）以课题研究为引领，研究与实践相结合

1. 深入研究分析网络学历教育质量保障体系内涵，凝练理念、以基于实践的课题研究为引领，研究与实践相结合，为提升网络教育办学质量做出示范

随着信息技术的发展与广泛应用，网络教育已经成为实现我国高等教育大众化、构建学习型社会的重要教育形式。网络教育作为终身教育体系的重要组成部分，其研究与实践的各个领域都急需创新精神、创新理念，需要探索并构建符合发展规律的质量管理规范操作体系，以理顺办学环节，强化业务管理的规范性与专业性，建立自我约束、自我发展的管理机制，保障人才培养质量。

2008 年以来，开始了网络教育质量规范操作体系的研究与实践，借鉴国内外远程教育机构在质量管理方面的先进教育理念和有效实践方法，构建学校网络教育质量管理体系。该项研究与实践完成了对学校网络教育 12 个办学业务环节的深入分析梳理工作，提出了"支架式"循环管理理论，并在此基础上绘制完成网络教育工作环节质量保证流程图 87 个，对各流程做了深入的风险控制和质量关键点定位及分析，提炼出风险控制 189 个，关键点 135 个，构建了学校网络教育质量管理规范操作体系。该操作体系对质量管理的传统模式进行创新，将网络教育校外学习中心的质量控制融入风险监控的关注点，理论研究与实践工作相结合，为学校网络教育整体工作的质量管理提供重要保证，为学校网络教育持续、健康、稳定发展奠定了坚实的基础。本研究与实践成果在 2012 年获得学校教育教学成果一等奖和 2013 年北京市高等教育教学成果二等奖。

2. 学校网络教育质量规范操作体系的研究与实践成果的创新点

第一，"支架式"循环管理理念的创新。

本研究在深入实践的基础上，结合现代质量管理理论，以学生为中心，遵循"全员参与、全程管理，服务至上、事实决策、持续改进"的原则，创建了"支架式"循环管理理念：借用建筑行业中使用的"脚手架"(Scaffolding)比喻远程教育各业务流程中的质量关键点和风险控

制点，在“脚手架”的支撑下，各业务流程之间从问题出发不断进行反馈、循环修订，从而促进远程教育的质量不断提升。

第二，网络教育质量管理操作体系构建的创新。

本研究对每个办学环节进行信息技术环境下的梳理，确定了87个质量保证流程图，提炼出1135个质量关键点和189个风险控制点，预先制定措施、避免出现错误，并建立各个环节的质量保证措施与相互之间的无缝衔接。

第三，网络教育质量管理操作体系应用实践的创新。

本研究的质量管理操作体系与网络教育每个业务环节紧密结合，通过对其深入的应用实践，验证了该质量管理操作体系符合网络教育管理规律，为推动“以问题与活动为中心”的网络资源开发建设模式、“全方位、全过程”的学生支持服务模式、“教师导学、学生自学”的网络教学运行模式以及“严格筛选、合作发展”的学习中心建设模式的建立和完善奠定了基础，体现了学校网络教育的办学特色。

3. 应用性研究带动实践并切实用于指导、解决办学实践问题

本研究成果针对我国高校现代远程教育试点工作实践领域普遍存在的管理规范与质量保障问题，率先探索建立网络教育自我控制、自我约束、自我发展的机制，明晰了网络教育质量管理理念，确立了学校网络教育规范的业务操作标准和服务标准，提出和解决的问题对我国网络教育的健康、长远发展具有直接的借鉴意义，实现了学校自身定位与国家政策要求、社会需求的有机统一。

第一，研究网络教育质量管理理论，明晰并确立了学校网络教育质量管理理念。

通过文献调研与实际调查，从理论层面对网络教育质量管理体系做了分析，对国内外部分远程教育机构质量管理方面的有效实践方法做了梳理与汇总分析，确立了学校网络教育以质量关键点和风险控制点为支撑的“支架式”循环质量管理理念。

第二，理顺网络教育各项办学业务与管理环节，建立各业务环节的质量保证流程图。

在质量管理理念的引领下，不断分析、总结网络教育发展中的经验和问题，在深入实践的基础上明确了学校网络教育各项办学业务流程，对学习中心建设、课程资源开发、学习支持服务、教学运行服务等12个业务模块的工作环节做了全面细致的梳理，绘制完成工作环节质量保证流程图88个，建立了业务清晰、分工明确的工作流程。

第三，通过研究分析，提炼了各业务流程的风险控制点和质量关键点，责任到人，措施到位，加强了对风险的制度控制。

基于建立的质量保证流程图，针对各业务环节做了深入的风险控制和关键保障的定位及分析，提炼出质量关键点170个，风险控制点176个，创建、完善了34项网络教育主要的教学管理规章制度，在易引起质量问题的环节、易出现风险的环节进行了制度性预防，为网络教育整体工作的质量保证奠定了基础。

第四，充分运用现代信息技术手段，确立并不断完善网络教育教学模式、技术模式、资源开发建设模式、学生支持服务模式，保证人才培养质量。

在该操作体系的实践过程中，初步形成并不断完善了“教师导学与学生自学相结合”的教学模式，“以学生为中心、以活动为载体”的资源开发建设模式，以及7×24小时全方位、全过程的学生支持服务模式，保证了人才培养质量。

（二）创新资源开发模式，建设网络精品课程

为保证资源质量和特色，在开发资源过程中，采取的措施有：

第一，确保参与网络课程开发的教师为校内外名师，多以教授以及中青年学者担任网络课程主讲教师，如顾明远、林崇德、劳凯声、何克抗、李翀、刘松柏、石中英、檀传宝、刘勇、吕启祥、刘焱、万建中、陈丽、祝士媛、郭齐家、倪文东、卢广南等。在聘请的主讲教师中，具有副教授以上职称教师占主讲教师总数的85%以上。

第二，资源开发在教学设计上能与人才培养模式相结合，与教学内容、教学方法、教学手段改革相结合，与实践教学内容、教学活动相结合。课程开发由课程负责人、主持教师、主讲教师、教学设计人员、技术支持人员、学习支持人员等组成的强大课程建设开发团队承担，在建设过程中始终坚持高标准、严要求。课程建设开发团队在先进的教学理念指导下，对课程进行总体设计，根据专业特点及学生层次制定课程目标，根据人才培养目标及要求合理选择学习内容、设计开发学习资源，根据内容和应用选择恰当的媒体形式和传播方式，注重视频讲授质量，符合网络课程技术标准，同时充分考虑网络教育规律、成人学习特点、网上学习支持要求进行教学一体化设计与自主学习活动设计，合理应用形成性评价和终结性评价相结合的多种适合成人学生学习特点的评价方式。

第三，在学习资源设计上，充分考虑网络教育的特点，根据学习者的学习基础、学习特性、学习内容的分析，对知识结构和学习策略进行设计，使学习资源符合认知弹性理论，遵循实用性、组块化、关联主义、交互性、简洁化和规范化原则，通过微课、MOOC、虚拟现实和增强现实课程形式，细化资源粒度，美化课程界面，简化导航深度，增加交互频度，促进学生的移动化学习和情景化学习。目前课程资源提供了流畅、标清和高清3种视频格式，以满足不同带宽条件下的学习需求。

第四，在建设的各类资源中，充分应用了案例教学以及理论与实践调查相结合的方式，学生参与积极性高，学生能根据实践中的案例积极参与讨论和交流，因此使用率高、课程教学效果好，学生满意率高。学生集中反映，这些网络课程不仅使他们获得了学科的基本理论知识，了解了前沿的学科动态，而且还根据大量的案例和实践调查进行了充分交流，使得自己的实践能力、问题分析能力、沟通交流能力、科研与论文撰写等方面的能力都得到较大提高。

在资源设计过程中，注重以“问题触发式”为网络课程资源设计理念，采取多样的教学策略设计和创新的资源开发模式，打造系列精品课程，树立学校网络教育品牌。该理念的核心内涵是以“问题”为核心触发点，充分考虑成人学习者的兴趣、经验和特点，从学习者工作实践以及学习过程中的问题、教师教学需解决的问题以及教学过程中的问题等问题点出发，带动资源的整体面的建设，为高素质应用型人才的全面培养服务。按照学习者的认知规律，选择适合解决目标问题的多种学习策略，设计系列学习活动，注重培养学习者的探索性、研究性、反思性以及创新性精神。

（三）推行教学改革，增强网上交互，实施应用型人才培养策略

1. 开设小学分课程，拓展学生知识面，提升应用性

小学分课程是学院根据应用型人才培养目标的需求，对专业课程结构和课程知识体系

的调整、拓展与延伸，即采用专题形式，用一个学分、18课时的课程容量，采集和架构学科领域的热点问题、核心应用问题及最新研究动态成果，设置为1个学分。小学分课程的主讲教师多为校内外名师以及一线的教学专家，利用名师、名人的学识底蕴与教学经验，让学生了解到学科领域里最前沿的思想信息和一线的教学成果，有利于培养学生对专业知识的应用能力，开阔视野，提升综合素质。

小学分课程具有内容精炼、时效性和实用性强、学习周期短、考核方式灵活等特征。在教学组织过程中，针对小学分课程的教学管理也采取灵活方式，小学分课程在学生选课时不受选课门数的限定，学生可以根据个人兴趣、知识储备需要等个性化需求进行小学分课程的选课，提高了应用性，深受学生欢迎。例如，教育管理专业、学前教育专业、小学教育专业开设的"怎样做好工作计划""师生沟通的技巧""怎样开好家长会""小学班级管理实务""小学生游戏活动的内容与组织""小班教育与个别化教育""当代中外小学教育、教学及其改革"等系列课程；书法专业开设的"魏碑创作指导""楷书创作讲座""行书创作讲座"等系列课程。

2. 加强教学过程的交互性，实现平时作业的在线管理监控

为加强教学过程交互、提高教学监控管理能力，学院以学生为中心，实行"引领式""互动式"教学模式的改革和创新，包括实施网上在线作业、网上课程活动、在线考试、开放式课程考核等内容。平时作业是学生形成性考核的主要内容，改变离线手写作业形式为提交网上在线作业，改革课程教学过程中的形成性考核评价的方式，强化教学交互以及网上学习活动。利用网络平台优势，将一次性的终结性考核转变为形成性考核与终结性考核相结合，将一次性的平时作业变为多次网上交互作业，实行开放式课程评价新模式，从而促进教学实效，培养符合教学培养目标要求的应用型人才。安排课程教学辅导老师，7×24小时监控网上学生的问题和留言帖子，引领学生完成网上课程活动和开放式课程考核的讨论等教学环节，引导学生进行生生互评或师生互评，增加网上的教学互动。

为方便管理监控，建设了监控管理系统，实现对在线作业、在线考试的实时监控和管理。该系统实行学院与学习中心两级平行监控管理模式，能实时监控各学习中心学生上网提交作业的进度和获得的成绩，能导出参与和未参与学生的名单、学生的联络电话等信息，能定期对学生上网的参与情况进行监控汇总和数据统计分析。通过该系统，并辅之以群发短信、个别电话沟通等方式，达到及时与学生和学习中心的联系与反馈。

经过逐年持续增加在线作业以及进行在线考试的改革，学院循序渐进地引导学生适应教学改革，逐渐提升网上的教学交互效果。新生第一学期课程的作业、考试已经全面改为网络在线形式，促进新生一入学即适应上网学习的环境，培养上网习惯，增强网络教学互动。

3. 实施形成性考核改革，提高学生的自主学习能力

为了更好地发挥其主观能动性，提高学生的自主学习能力，并完善课程评价指标体系，改进课程教学评价方式，增加教学交互环节和学生参与度的考核等，"民俗学""健康心理学""普通心理学"3门课程投入新课程空间的使用。在新课程空间里，学生按照教师教学计划、推荐教学时间、组织的教学设计进行学习、作业、测试、主题讨论，学生可以在学习过程中记录笔记、提出疑问，可以对课程进行评价等，并将网上在线作业、自测、学习时长、主题讨论、资源完成情况5个方面纳入考核范围，按相应比例计入平时成绩。通过这种方式不仅是对学生学习情况的有效监督，而且更有利于提高学生的学习自觉性和积极性，从而提高学生的

学习质量。表3以201803学期为例,展示学生的学习过程参与情况。

表3 学习过程参与度统计表(以201803学期为例)

课 程	总选课人数	在线作业参与比例	自测练习参与比例	学习时长参与比例	主题讨论参与比例	资源完成率
民俗学	483	94%	77%	71%	45%	40%
健康心理学	271	90%	77%	90%	57%	62%
普通心理学	1485	84%	79%	86%	61%	67%

另外,为督促学生上网学习,网络教育平台上除原有的"专科英语二"课程外,又将"行政法与行政诉讼法""幼儿园环境创设"等课程纳入形成性考核范围,在所有选课学生范围内实施形成性学习成绩考核的改革试点,将学生上网学习课件时长、PPS论坛发帖和跟帖、参加网上在线作业等学习活动或获得的分值按比例纳入平时成绩,以期提高学生上网学习的积极性,并且在今后的教学运行中将会逐年增加形成性考核课程数量。表4以201709学期和201803学期为例,展示学生课程学习的监控数据。

表4 两个学期"专科英语二"课程学习过程监控数据对比表

学 期	总选课人数	有学习过程成绩人数	学习过程成绩满分人数	最长学习时长/分钟	最多学习课件数/个	最多发帖数/个	最多回帖数/个
201709学期	5911	1077	234	8187	65	53	451
201803学期	5534	1921	250	10134	65	120	52

4. 采取有效措施,引导学生上网学习,确保网上学习行为的发生

为鼓励和引导学生网上学习,精心策划针对新生的教学策略,实行新生网上开课制度,所有新录取学生都必须上网完成入学注册、缴费、开通课程的入门功课;新生第一学期第一门必修课为"网络教育学习指导",要求新学生登录教学平台填报自己的学籍信息、修改或确认学籍信息作为平时作业,占课程考核总成绩的30%,要求新生必须本人上网完成,只有信息填写核对环节完成,才能在获得平时成绩后自动进入该课程的期末考核。同样,期末考试也需要在平台上一步步填写网络教育学习平台的使用方法、课程学习的方法以及学习各项制度及规定等,才能最终完成课程的考核。

另外,将毕业论文写作环节全部设计为在教学平台上交互完成。学生从学习论文指导课件开始,到论文选题、提纲写作与指导、论文的写作与指导、论文的初评及成绩终评的各环节,均要求在教学平台上按时间进度规定完成,且学校给每位撰写论文的学生安排一对一的指导教师,跟踪学生进行论文写作的辅导。

除了这些必须要求上网的措施外,还下发通告,和校外学习中心一起鼓励学生进行网上学习和交流;网上定期发布教学指导,通过学生日历提供学习的有效信息,学生可根据教学指导的要求进行学习,从而提高自主学习的有效性。

(四)完善学习支持服务理念,创新学习支持服务方式

把"以学生为中心"作为指导思想,构建了以学生为中心,以解决学生学术问题、非学术

问题为重点，全面、便捷的导学、助学、促学的支持服务体系，即"一心两点三学"的全方位、多渠道的学习支持服务模式。一方面为学生提供多种丰富优质的教学资源，从学前、学中、学后3个时段为学生提供网络答疑、视频辅导、面授辅导等多种形式的学术性支持服务；另一方面，利用7×24小时学生服务热线、在线客服、微信客服、投诉信箱以及平台等便捷渠道为学生提供注册、缴费、选课、考试考查、问题咨询等非学术性支持服务。

在解决学生学习问题的过程中，除了提供常规的支持服务手段之外，关键是观念和手段的不断创新。在观念上，逐渐把被动服务转化为主动服务；在方式手段上，把以与学习中心联系为主的方式转化为直接针对学生进行支持服务。通过服务理念与服务手段的不断创新，构建了综合立体的学习支持服务体系。例如，利用短信平台定期给学生发送教学提醒信息，在课程活动、论文写作、网上作业提交、网上测试等多个教学环节上实行主动问询关怀，及时解决学生的困难、问题。其次，建立电话回访、跟踪调查、问题反馈、投诉处理等制度保障，给学生提供全方位的帮助。通过建立长效的问题反馈机制，优化教学资源，改进管理手段，提高服务质量，打造学生、教师满意的网络教育教学支持服务体系，使学校网络教育学习支持服务在高水平上和谐运行，从而追求可持续发展。

（五）开拓网络培训，探索培训模式

在稳步开展学历教育、保障教育教学质量的同时，致力于网络培训工作的发展。经过几年积累与总结，凸显了项目设计针对性强、管理专业性高、服务性强的特点。网络培训项目体现以需求为根本、以学员为中心，项目的设计、资源的开发以及项目的运行管理支持服务等各项工作能够自始至终贯彻"一切为了学员"精神，以服务社会为己任，以服务求支持，以贡献求发展。网络培训工作能把握准确定位，勇于创新管理模式，彰显了学校特色，取得优秀成绩。

2012年，承担的教育部中小学体育学科的义务教育骨干教师远程培训项目，采取骨干培训者集中培训、大规模教师远程培训相结合方式，对义务教育骨干教师开展有针对性的专业培训。本次"国培计划"远程培训项目是学校网络教育首次承担的大规模、混合式教师网络研修培训项目，从规模、时间紧迫性以及任务重要性上都体现了学院继续教育混合式网络培训实践的高起点、高水平。由教育部教师工作司统一组织的学员匿名评估中，学院承担的该项目在8个承办单位中综合排名第一。

2014—2016年，承接了湖南省-未来教育家高级研修项目，项目采用面授与网络相结合的混合研修模式，推行跨年度递进式培训方式，分两年实施，每年集中2次。此次研修既推动了项目管理协同创新，也建立起未来教育家常态化培训机制。项目面授集中培训名师荟萃、形式多样，通过组织专家讲座、教育基地考察、学员确定研究专题、课后一刻钟活动，学员主动提交作业，自觉进行学习心得分享等形式体现面授培训"专家引领、模块教学、多元学习策略、充分互动"的高度专业性。网络研修部分按需研发、精心设计，北师大项目实施小组建立未来教育家QQ群，加强对学员学情的反馈，及时告知学员学习进度、作业提交情况，督促学员按时保质完成网络研修学习内容；针对未来教育家培训目标主要围绕教育思想主线展开，突出校园工作坊学习形式，强调培训实效性，将研修落到教育教学主战场上。

2017年之后，还相继承担了广东省多地以"教育信息技术提升"为主题的多个混合式研修项目，为保证培训质量，提升培训效果，项目组针对混合式网络研修模式进行了改革创新，

在培训实施过程中实行三阶段管理，全面做好混合式网络培训的质量监管工作。具体体现在：培训前段(学习)——学习信息技术与课堂教学应用融合理论方法期。通过专家讲解、同行介绍，使每位学员都能了解相关理论，开始树立信息化教学观念；培训中段(发现)——发现信息技术与课堂教学应用融合存在的重点和难点期。通过观察、交流、探讨和反思，发现本身(本校)存在的信息技术与课堂教学融合相关重点和难点问题；培训后段(解决)——解决发现的重点、难点问题期。通过考察交流、专家讲解、同行分享，结合已找出的重点、难点问题，形成解决方案，并通过实践进行检验。

在网络研修阶段，依托学院在线研修平台，组建广东省信息技术与课堂教学应用融合示范工作坊。工作坊从学员的自主学习、在线学习及自主实践 3 个层面进行系统设计。通过专家与坊主的引领，所有参训学员一起参与工作坊的各项活动，如观看视频讲座、案例研习、在线研讨及互相点评和交流。其中在线课程以实践应用为导向，以微课的形式呈现。通过线上的学习引导参训学员进行线下的自主实践，同时将线下的实践成果在线上展示，让学员之间相互评价交流，实现线上活动与线下实践的高效整合。具体流程如图 80 所示。

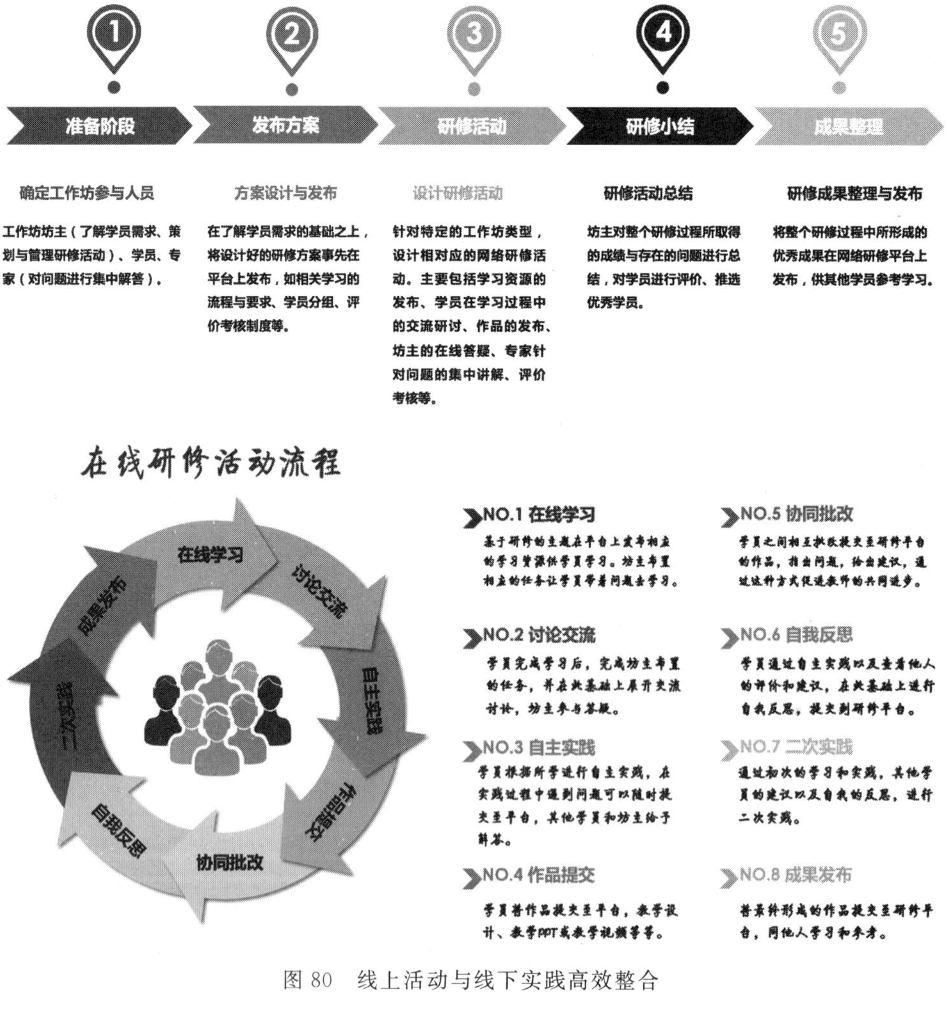
1
2
3
4
5
准备阶段
发布方案
研修活动
研修小结
成果整理
确定工作坊参与人员
工作坊坊主（了解学员需求、策划与管理研修活动）、学员、专家（对问题进行集中解答）。
方案设计与发布
在了解学员需求的基础之上，将设计好的研修方案事先在平台上发布，如相关学习的流程与要求、学员分组、评价考核制度等。
设计研修活动
针对特定的工作坊类型，设计相对应的网络研修活动。主要包括学习资源的发布、学员在学习过程中的交流研讨、作品的发布、坊主的在线答疑、专家针对问题的集中讲解、评价考核等。
研修活动总结
坊主对整个研修过程所取得的成绩与存在的问题进行总结，对学员进行评价、推选优秀学员。
研修成果整理与发布
将整个研修过程中所形成的优秀成果在网络研修平台上发布，供其他学员参考学习。
在线研修活动流程
在线学习
讨论交流
自主实践
作品提交
协同批改
自我反思
二次实践
成果发布
NO.1 在线学习
基于研修的主题在平台上发布相应的学习资源供学员学习。坊主布置相应的任务让学员带着问题去学习。
NO.2 讨论交流
学员完成学习后，完成坊主布置的任务，并在此基础上展开交流讨论，坊主参与答疑。
NO.3 自主实践
学员根据所学进行自主实践，在实践过程中遇到问题可以随时提交至平台，其他学员和坊主给予解答。
NO.4 作品提交
学员将作品提交至平台，教学设计、教学PPT或教学视频等等。
NO.5 协同批改
学员之间相互批改提交至研修平台的作品，指出问题，给出建议，通过这种方式促进教师的共同进步。
NO.6 自我反思
学员通过自主实践以及查看他人的评价和建议，在此基础上进行自我反思，提交到研修平台。
NO.7 二次实践
通过初次的学习和实践，其他学员的建议以及自我的反思，进行二次实践。
NO.8 成果发布
将最终形成的作品提交至研修平台，同他人学习和参考。

图 80　线上活动与线下实践高效整合

2017 年伊始，利用自身优势不断拓展行业外网络研修业务，首先在残疾人就业服务领域探索研发，通过解读残疾人就业政策，有效优化、整合、研发残疾人就业服务各领域关键业务和技术资源，成功举办了全国省(区、市)、(地)、县(市、区)三级残疾人就业服务机构工作人员业务能力提升远程培训，此次网络培训形成集科研、培训、示范、鉴定、指导为一体的全国残疾人就业服务资源平台，为残疾人、残疾人就业服务人员及残疾人就业相关人员提供理论指导及高端优质服务。该培训项目在2017年成功举办的基础上2018年各项工作有序进行，为学院行业机构领域的继续教育教学实践积累丰富经验，尤其在优质精品资源开发与呈现、专家引领团队协作教学组织模式、全员参与重视过程的支持服务理念以及领导高度重视和精密组织策划的宏观管理模式等经验，成为今后行业机构领域继续教育实践的宝贵财富。

(六) 资源共享，学分互认

积极推进成人高等学历教育学生选修网络教育课程，推进优质资源共享。网络教育精品资源共享课程在校内全日制本科、成人教育的夜大、函授的专科、专升本以及高起本层次实现了共享。网络教育公共基础课程，如普通心理学、教育学原理、计算机基础、毛泽东思想概论、邓小平理论、法律基础等，已经应用在夜大、函授的教学中，不仅提高了教学效益，而且保证了教学质量，夜大学生通过教学平台也得到更多的交流机会，从而收到良好的教学效果。在校内，主讲教师将学院提供的网络课程课件资源应用于校内全日制教学。教育技术学院的本科生还与学院网络学生一起在主讲教师的带领下，利用学院的教学平台学习“远程教育学基础”课程。

主讲教师除在本校的课堂教学中使用网络课程精品资源外，还将精品视频资源、微课等资源应用在中央广播电视大学、北京教育学院、香港大学教育学院、新加坡新跃大学、中国科学院、国家电网干部培训班、五邑大学、江门职业技术学院、美国俄克拉荷马大学孔子学院等单位的教学活动中。例如，“中国古代文学”用于美国俄克拉荷马大学孔子学院，对学校内各种长期、中期以及短期培训等多个项目的学员免费开放该课程。教育部、财政部“十二五”期间启动实施的“高等学校本科教学质量与教学改革工程”中，北京师范大学网络教育共有6门课程入选“爱课程”的“中国大学资源共享课”，入选的6门课程的全部资源向全社会免费开放。学校网络教育6门国家级精品资源共享课在爱课程网站上线，向社会免费共享，所有对课程感兴趣的社会人员都可以观看和学习该课程。

参加教师网联的“课程互选及学分互认”课题项目工作，研究与实践相结合，促进校际优质资源共享。2012年7月，学院开始启动教师网联“职后教育”的课程互选学分互认项目工作。作为全国教师教育网络联盟理事长单位，学院积极推进、参加网络教育课程互选、学分互认工作，互选的课程修满合格后，学员可获得学分，真正实现与校外的课程互选，学分互认。至今，学院接收2073名其他高校学生选课，1173名我校网络教育学生选修了其他高校开设的互选课程。

(七) 扶贫助学，服务社会

1. “温暖工程就业助学计划”与“授渔计划”

2008年以来，结合自身优势和特色，积极履行优质资源服务社会的职责，本着高等学校继续教育面向地方、行业、企业的办学宗旨、服务模式、管理体制与运行机制的精神，与中国教育学会、中国社会福利基金会、中华职教社、中国教育发展研究中心等单位合作，开展“温暖工程就业助学计划”“授渔计划”等社会服务项目工作，通过帮扶助学的形式，使受助对象在餐饮企业就业的同时接受高校现代远程教育，让有志青年得到素质提升和职业晋升的帮助，为西部和经济不发达地区以及行业企业的人才培养工作做出了积极探索与努力。截至目前，已累计招生录取“温暖工程”学员1714名。

2009年，与中国教育学会、中华职教社、中育教育发展研究中心联合发起温暖工程“就业助学扶贫行动”，通过帮扶助学的形式使受助对象在餐饮企业就业的同时接受学校现代远程教育。为西部地区、民族地区、经济欠发达地区的有志青年提供高等学历继续再教育的机会和平台，予以较大程度的学费优惠和减免，帮助和引导学生完成学业。公益组织发挥非政府组织作用进行对外联络，负责受助对象的组织与管理，推动公益项目的开展和实施。公益伙伴企业为受助对象提供就业和职业生涯发展的机会，承担受助对象的学费，帮助他们成长为职业人。

2013年7月，学校联合中国社会福利基金会、中育教育研究中心、公益伙伴企业、新华网等机构共同发起和组织实施“授渔计划”扶贫助学公益项目，推出创新型“工学一体化”学习模式，资助孤儿、留守儿童、贫困家庭的初、高中毕业学生（或同等学力）有计划的完成职业教育，并在受助对象就业后资助他们进行并完成网络高等教育。截至目前，受助学生近千人，彰显了北京师范大学的社会责任与担当。

2. “筑梦人”教育扶贫计划

为贯彻落实习近平总书记重要讲话精神，积极践行“扶贫必扶智”的核心思想，北京师范大学继续教育与教师培训学院、中国教育扶贫研究中心在中国老区建设促进会的指导和支持下，自2016年上半年起，在国家和省级贫困（老区）县启动实施了乡村教师综合素质提升“筑梦人计划”，即以提升贫困（老区）县中小学教师（含幼儿园教师）的综合素质和学历层次为目标，以网络教育为手段，引导贫困地区广大乡村教师积极参与，最终实现综合素质和学历双提升，推动教育的精准扶贫。

该项目自2016年启动，先后在河南、湖北、海南、贵州、陕西、甘肃、河北和广西等15个省选取45个县进行先期试点，共组织近4000名乡村教师参加学习，进行整体素养提升。为了切实做好乡村教师的整体素质提升，学院紧紧围绕习总书记“六个精准”重要思想，严格按照“立足扶智、精准把握、稳妥实施、确保实效”的十六字原则，结合贫困地区广大教师的实际需求，聘请相关专家针对项目的特点，改进与完善课程的体系与培养目标，专门推出通识课程素质提升资源包、专业教学能力提升资源包等有针对性的丰富的学习资源，助力乡村教师顺利完成学业，受到广大教师的欢迎。

四、推进网络教育“提质转型升级”的思路和举措

中共中央国务院《关于全面深化新时代教师队伍建设改革的意见》（中发〔2018〕4号）要求“把全面加强教师队伍建设作为一项重大政治任务和根本性民生工程切实抓紧抓好”“落实立德树人根本任务”“提高教师培养层次，提升教师培养质量”“为义务教育学校侧重培养素质全面、业务见长的本科层次教师，为高中阶段教育学校侧重培养专业突出、底蕴深厚的研究生层次教师”“搭建教师培训与学历教育衔接的‘立交桥’”。教育部等五部门发文的《教师教育振兴行动计划（2018—2022年）》（教师〔2018〕2号）要求“建设高素质专业化创新型教

师队伍”“建设教师专业发展‘学分银行’”。学校网络教育全面贯彻落实党的十九大精神，以习近平新时代中国特色社会主义思想为指引，认真执行党的教育方针，落实全国教育大会的精神，牢记教育初心，坚持教师教育特色，服务国家战略发展和人民群众教育发展需求，坚持立德树人、坚持育人为本、坚持规范办学、坚持确保质量，加强网络教育供给侧改革，创新网络教育人才培养模式，争创一流网络教育，示范引领全国网络教育发展。

（一）“提质”：坚持立德树人，坚持改革创新，争创一流网络教育，示范引领全国网络教育发展

《北京师范大学“十三五”发展规划纲要》中指出：“进一步提高学历继续教育的水平和质量”。围绕学校“双一流”大学建设目标，牢固树立创办一流网络教育的意识和目标，在做好稳定“年度招生规模 15 000 人左右，在籍学生规模 50 000 人左右”的基础上，为保证网络教育提质发展，实施三大举措：将立德树人扎扎实实地贯穿于网络教育始终；以“MOOC＋八大服务”模式提升全体网络教育学生教育质量；以“SPOC＋个性化 VIP 服务”模式满足部分网络教育学生更高教育需求。构建以课程为主体以及以服务为主体相结合的多层级学习共同体，打造一流网络教育人才培养模式，服务国家战略需求，针对国家级贫困县以及“三区三洲”，积极推进教育扶贫，力争使学校网络教育成为新时代我国网络教育的一面旗帜，示范引领全国网络教育发展。

加强 MOOC 课程资源建设，提供八大服务，促进教育公平。建设丰富优质的 MOOC 课程，学生根据自己的时间、兴趣、爱好、能力、特长及其他因素，自主选择学习时间、学习地点、学习方式、学习课程等。提供学生八大服务，构建以课程为主体的学习共同体，助力学生学习：提升线上丰富优质课程资源及相关拓展资源；及时导学与助学；学习效果自我评测；专家讲座引领；主题式互动教学研讨；问题式自我研修圈；智能化支持服务；学分认定与累积。建立大数据诊断分析智能自适应模型，通过信息化手段实现智能化的支持服务。学生通过课程考核获得相应学分。累计专业课程及学分总数达到修业要求，符合毕业条件即可获得相应学历。该措施为学生提供更多的学习机会，便于学生突破时间与空间的制约，进行自主学习，促进终身学习社会的构建。

采用 SPOC 模式为网络教育学生提供更加个性化的高端 VIP 式学习服务，严格控制学生规模，满足学生对教育的更高需求。尤其对于专业类以及实践类课程，通过在线教学与传统教学深度融合的方式，老师更加深入地了解学生个体的学习特征及认知水平，提供学生有针对性的或定制化的教学内容和学习策略，学习过程给予学生个性化指导，及时评价和反馈，增加对学生个体的关注度，增强学生的归属感和责任感，激发学生的潜在学习动力，加强师生以及生生间交互，实现对学生知识的建构与创造，赋予学生个性化学习体验，建立名师及主题工作坊，打造高效学习共同体，支持学生深度学习，扎实提高教育质量。

（二）“转型”：进一步凝聚教师教育特色；大力发展教师在线研修

百年大计，教育为本；教育大计，教师为本。加强教师队伍建设、提升教师综合素养，是新时代教育发展的迫切需求。学校网络教育将进一步凝聚教师教育特色，在优化现有教师教育专业基础上，拓宽教师教育专业建设，为教师教育服务。同时，大力发展教师在线研修，建设一流教师教育资源，利用混合式培训方式及 360 度全息培训模式，大力提升教师队伍建

设，服务于全国1300万中小学教师的职业发展，加快网络学历教育向网络培训转型。

学校依托教师教育优势专业及资源，进一步凝聚教师教育特色，加大教师教育专业比重，坚持教师教育为主、社会亟须为辅的学历专业结构，进一步保持并扩大教师教育专业生源主体结构，促进以教育学、学前教育、汉语言文学等我校一流学科专业为龙头，以心理学、教育技术学、书法学等学科专业为支撑的教师教育专业体系建设，开发满足教师专业发展多样化需求的教师教育课程资源，跟进教师教育相关研究领域新进展，联系教育实际，尊重和吸纳学生自身实践经验，解决实际问题，引导学生加深教师教育专业理解，促进教师专业发展，为国家培养“有理想信念，有道德情操，有扎实学识，有仁爱之心”的“四有”好老师，为国民素养的全面提升做出贡献。

学校将继续发挥学前教育专业培养优势，结合教育部学前教育专业高等学历继续教育人才培养模式改革与创新探索项目，继续完善学前教育人才培养方案，补充建设学前教育资源，为提升幼儿园师资学历水平及专业素养提供高质服务，为国家和社会补充学前教育合格师资。

《北京师范大学2018年工作要点》中指出：“突出师范特色，加快转型，依托在线教育研修中心，构建一流在线研修与混合式学习模式，推进教师在线研修和网络学历教育融合发展。”学校依托“在线教育研修中心”，以品牌项目为导向、以教师培训为重点、以扶助弱势群体为己任，形成高端培训为引领、区域性培训为主体、社会性培训为补充的在线培训格局。坚持教师教育特色，支持中西部发展，支撑双一流大学建设，筑就“京师培训”新高地。组建专业化、精英式、多元化的师资团队；致力于师德涵养、师范生公共必修、教师资格考前辅导、新教师入职培训、骨干教师教育能力提升、教育家及精英教师高端研修、教育领导力培养、教育信息化应用等教师职业发展系列精品培训课程以及其他行业企业社会紧缺或亟须人才所需知识及技能课程，建设具有针对性、时效性、多样化的培训资源，采用线下线上相结合的混合式培训方式及360度全息培训模式，打造在线教育学习共同体，利用先进平台及技术工具对学员学习进行监控、监督、分析与指导，形成引领性、专业化、有特色的在线教育培训体系，促进全国中小学以及幼儿园师资队伍素质提升，建设教育强国。

（三）“升级”：创新学分银行制度模式，以“互联网＋”形式探索推进教育硕士（专业硕士）培养

落实教育部《关于推进高等教育学分认定和转换工作的意见》（教改〔2016〕3号）精神，探索我校“学分银行”制度设计，建立学生个人学习账号和学分累计制度，推进以学分制为重点的教学管理制度改革，制定非学历学习成果认定实施办法，促进网络学历教育与非学历培训的互通，完善人才培养“立交桥”。落实中央政策精神，以“互联网＋”形式探索推进教育硕士（专业硕士）培养。打造教师高端教师教育学习共同体，通过“双师型”“混合式”培养模式，为国家培养热爱教育事业，立德树人，具有现代教育理论、良好知识结构和扎实专业基础，具有较强实践能力、胜任并创造性地开展教育教学和管理工作，具有发现和解决问题、终身学习与发展的意识与能力的高素质教育人才。

探索学校“学分银行”制度。建立大型动态数据库，开设学生个人学习账号，记录并及时更新学生学分累计信息。完善选课机制，实行学分制管理。进一步明确并公开学生获得我校网络教育学历及学位的学分要求，包括课程名称、教学内容、学分数量、学分结构、考核办

法等内容。制定非学历学习成果认定实施办法，确定非学历学习成果转换为学分的范围、数量、标准和程序，确定认定结果。及时公布、更新认定的非学历学习成果清单，明确对应的课程及相应学分。逐步拓展非学历学习成果转换范围，打通网络学历教育与非学历培训之间的界限，架设人才培养“立交桥”，推动网络教育升级发展。

探索推进教育硕士（专业硕士）培养。学校网络教育历经 18 年发展，积累了丰富的办学经验，在加强并保证办学质量的基础上，将探索“互联网＋”教育硕士（专业硕士）培养。计划主要面向高中阶段各学科教师、各级教师进修学校学科教研人员、各省教育厅及市区县教育局相关管理人员、中小学校长等，注重理论与实践结合，采用“双师型”培养模式，由高校专家及一线教学名师共同指导；采用定期面授学习＋分阶段实践学习＋持续不断互联网平台学习的混合式学习模式；以“经典诵读”“生命成长营”“传习坊”等特色中华文化涵养师德为主线贯穿始终；建设优质丰富、融合文字及音视频资源、支持泛在学习的全息化生态型教学资源；给予全过程教学保障和全方位支持服务；注重知识测评与能力评定结合的教学评价，切实保障培养教育硕士的质量。

综上所述，经过对学校网络教育试点工作开展以来总体办学情况的全面梳理，在教育部以及社会的支持下，学校不忘初心，在人才培养、资源建设、教学模式及管理模式方面取得了一定经验和成绩，为国家和地区发展培养了大批可用人才，尤其促进了教师队伍素质的提升。结合进一步落实十九大报告中“培养高素质教师队伍”以及“加快建设学习型社会”的任务要求，更好地解决人民日益增长的享受更高水平教育的需要以及教育供给不平衡、不充分之间的矛盾，学校网络教育将继续坚持立德树人，坚持育人为本，坚持规范办学，推动并深化网络教育改革，加快教育现代化，进一步创新网络教育人才培养模式，提升网络教育质量，以更加奋发有为的精神状态、抓铁有痕的工作作风，推进教育公平，促进网络教育转型提质升级发展，创办全国一流网络教育，示范引领全国高校学历继续教育发展，为国家培养德、智、体、美、劳全面发展的社会主义建设者和接班人。

东北大学现代远程教育试点工作总结

一、网络教育试点工作历程的全面回顾

（一）学校网络教育试点背景、试点初衷

1999 年，国务院批准转发了教育部《面向 21 世纪教育振兴行动计划》，标志着我国现代远程教育工作开始全面启动。2000 年 7 月，教育部正式批准我校成为现代远程教育首批试点高校。作为启动现代远程教育第一批试点高校，东北大学落实教育部的文件要求，成立网络教育学院（2009 年合并成立继续教育学院），具体负责试点工作的落实与办学业务的开展，学校明确提出了试点工作的目的与办学定位："开展学历网络教育，面向社会招收学生，主要通过网络教学的方式完成学历和学位教育的教学工作。充分发挥学校已有教育资源的效益，利用学校自身优势和现代信息技术培养高素质专门人才，为更多的人提供接受高等教育和各种终身学习的机会。从技术、教学、管理等方面开展试验，探索现代远程教育的模式，研究解决可能出现的问题。创造条件，逐步在全国范围内推广，探索适合学校发展的现代远程教育的新路子"。

学校从这一办学初衷与定位出发，提出了试点工作的主要任务、基本条件、管理方式、资源建设等，并组织实施落实。探索新的教学内容和方法，研究开发远程教学需要的多媒体教学课件，形成保证质量的教学过程与考试监控体系，形成合理的校外学习中心（点）布局，形成学校面向社会依法自主办学、自我约束的办学机制，建立收费项目体系，建立传输系统运行和维护的管理办法等。

（二）学校网络教育试点工作的基本情况

试点以来，东北大学面向社会开展的现代远程教育为社会培养了紧缺的应用型人才，形成了良好的社会信誉和广泛的社会影响力。截至 2018 年年末，网络教育 3 个层次共开设 43 个专业，在籍学生 9.9 万人，累计培养各类网络教育毕业生达 10.88 万人，详见附表 1。

学校高度重视网络教育的发展，严格落实教育部有关要求，充分发挥学校教育资源的优势，致力于培养行业紧缺的应用型人才，学校将网络教育纳入总体发展规划，依托学校优势学科，以需求为导向，以服务为宗旨，合理控制招生规模和设置专业层次。

学校统筹教学资源，将学校沈河校区的办学资源配置给继续教育学院，为网络教育提供充足的办学空间。学校保证网络教育经费投入和使用，为网络教育办学和发展提供经费保障。加强专兼职师资队伍建设，形成了专兼职结合，满足网络教育办学要求的高水平师资队伍。经历近 20 年试点的发展、探索和实践，已经走出一条具有自身特色的发展道路。

东北大学校领导重视继续教育，多次对学院进行调研指导，参见表 1、图 1 和图 2。

表 1　东北大学校领导赴继续教育学院调研指导办学情况一览表

校领导	时间	内容
姜茂发副校长	2011 年 6 月、11 月	指导学院办学定位，调研学院发展现状
丁烈云校长	2011 年 12 月	调研学院办学情况，协调学院发展问题
赵继校长	2016 年 3 月	调研搬迁工作情况，协调学院与校区发展
卢延华总会计师	2012 年 11 月 2016 年 3 月	调研学院发展存在的问题与管理机制
杨明党委副书记、纪委书记	2018 年 12 月	调研学院党建工作落实情况及学院办学与发展存在的问题
孙雷副校长	2016 年 3 月、9 月，2017 年 6 月，2018 年 5 月、9 月	听取办学业务汇报、协调沈河校区资源利用以及制约学院发展瓶颈问题

图 1　2017 年 6 月学校党委常委、副校长孙雷莅临学院调研、指导工作

图 2　2018 年 12 月学校党委常委副书记、纪委书记杨明赴学院调研工作

二、网络教育试点工作实施落实情况

（一）明确办学方向与办学定位

东北大学将网络教育作为学校完整人才培养体系的重要组成部分，是学校履行人才培养与社会服务两项社会职能的重要载体，是构建终身教育体系、学习型社会的重要支撑。学校坚持以习近平新时代中国特色社会主义思想为指导，坚持社会主义办学方向，全面贯彻党的教育方针，紧紧围绕立德树人的根本任务，以国家战略和社会发展需求为导向，办好现代远程教育，大力提高国民素质为使命，依托学校优势学科专业，办好规模稳定、结构合理，与一流大学发展相适应的现代远程教育，着力培养具有良好思想品德和较强实践技能的高级实用型、技能型人才。

（二）完善管理体制与运行机制

东北大学网络教育实行一级管理模式，由继续教育学院代表学校对外开展网络教育，实施办学和管理服务。学校指定一名党委常委（副校长）分管继续教育工作，指导贯彻落实网络教育的发展规划与建设目标，协调解决网络教育发展过程中遇到的问题。网络教育发展事业费由学校按预算统一划拨，各项学费收入上缴学校财政。学校加大对网络教育的政策扶持，加强政策引导与保障，在学校统筹的基础上建立灵活多样的用人机制，保证管理队伍的数量与质量。目前学院共有在岗人员 63 人，其中专职管理人员 55 人，专业技术队伍 8 人。

（三）加强制度建设与规范管理

东北大学坚持依法办学治校，认真贯彻落实各级教育部门的政策法规，依据《大学章程》建立健全各类制度和工作规范。经过不断的梳理与完善，学校网络教育规章制度已涵盖学习中心建设与管理、招生、教学、学籍、学生管理及思想政治建设、资源建设等各方面，形成了较为完备的制度体系。所有制度相互配套衔接体现了较好的整体性和一致性，使各项工作都能有据可依，详见附表 2。

学校高度重视制度的执行与落实，结合工作编制了 64 个工作流程图，参见图 3。加强对校外学习中心的制度宣讲和解读，通过学习中心年会、走访、巡考等多种方式，向学习中心和学生进行政策制度的宣讲和解读，推动制度落实执行到人、到事、到底，加强各项管理规章制度执行的监督和指导。

（四）开设优势特色专业

东北大学坚持以社会需求为导向，依托优势学科和特色专业，主动服务国家发展战略和行业、地方经济发展需要，以满足学习者需求和职业能力提升为核心，设置网络教育专业，致力于培养具有综合素质的应用型人才。

学校严格按《教育部关于印发〈高等学历继续教育专业设置管理办法〉的通知》和《教育部办公厅关于做好高等学历继续教育 2017 年拟招生专业报送有关事宜的补充通知》精神进行网络教育专业调整。目前共开设本科层次 14 个专业，其中国家级特色专业 6 个，国家级

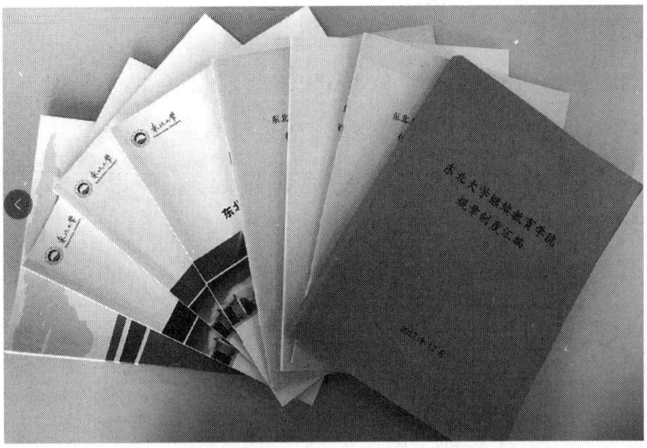

图 3　学校网络教育系列规章制度汇编等

综合改革试点专业 2 个，省级示范专业 4 个，省级重点建设专业 5 个，省级优势特色专业 2 个，专科层次开设专业为 6 个。这些专业的设置与开办充分体现学校的学科优势和专业特色，详见附表 3。

（五）做好师资配备和资源建设

1. 做好师资配备与管理

网络教育授课教师以学校教师为主体，同时聘请部分校外知名教授和行业专家，组建了教学水平高、治学严谨、专兼结合的师资队伍。2017 年网络教育聘任主讲教师 211 人，辅导教师 261 人。主讲教师中校内 196 人，外聘 15 人，本校教师占比 92.89%。

严格执行《东北大学网络教育教师聘任考核办法（试行）》《东北大学网络教育辅导教师聘任考核办法（试行）》等制度，建立了聘前试讲、聘中督导、聘终考核机制。对所有主讲教师都进行了现代教育技术应用能力、课程开发能力培训，提升教师教育技术应用水平和课程开发水平。

2. 调动教师积极性并发挥师资作用

试点工作开展以来，多措并举充分调动教师参与的积极性，保证网络教育师资质量。通过教材立项，鼓励教师参与教材建设，共完成 27 门网络教育自编教材建设工作，参见图 4。鼓励教师积极参与教研教改工作，试点期间，获得省级教学成果奖 4 项。

图 4　学校部分网络教育自编教材

3. 加强教学资源建设工作

学校重视并不断加强学习支持服务软硬件建设与投入，大力推动信息化建设。新建了高性能新一代防火墙，对信息系统进行全方位防护；新建4台服务器，使服务器总数达到8台；配置高性能大容量存储器，使总的存储池容量超过50TB；建设了4间数字化学习资源录制室（如图5和图6所示）和7间视频答疑答辩室（如图7所示）。制定了各项规章制度和技术防范措施，由专门技术人员负责监控监管，确保信息安全。开发建设了功能完善的网络教育支持服务平台（如图8和图9所示）和非学历教育线上培训平台系统，与奥鹏公共服务体系合作，满足学习者的不同需求。自主建设并不断更新了覆盖所有本专科开设专业的435门网络课程与学习资源，开发了演示性实践教学资源30余个，开发完成34门共享课、9门双语推广课件、9门MOOC和30多个专题公开课建设，积极推进资源的共建共享。

图5 学校虚拟录制室

图6 大屏录制室

图 7　视频答疑答辩室

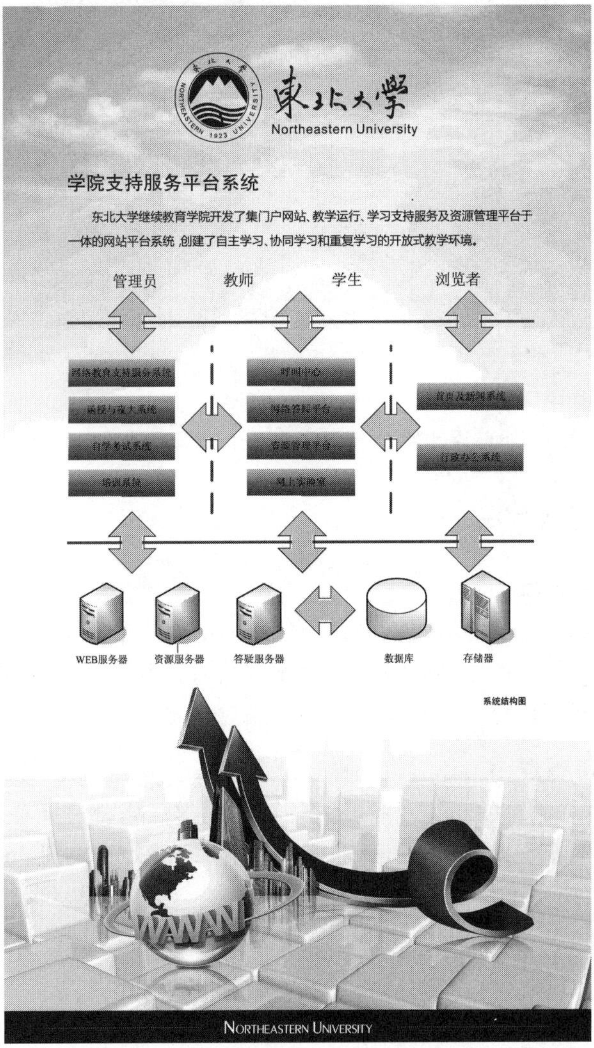

图 8　学校网络教育教学资源平台系统

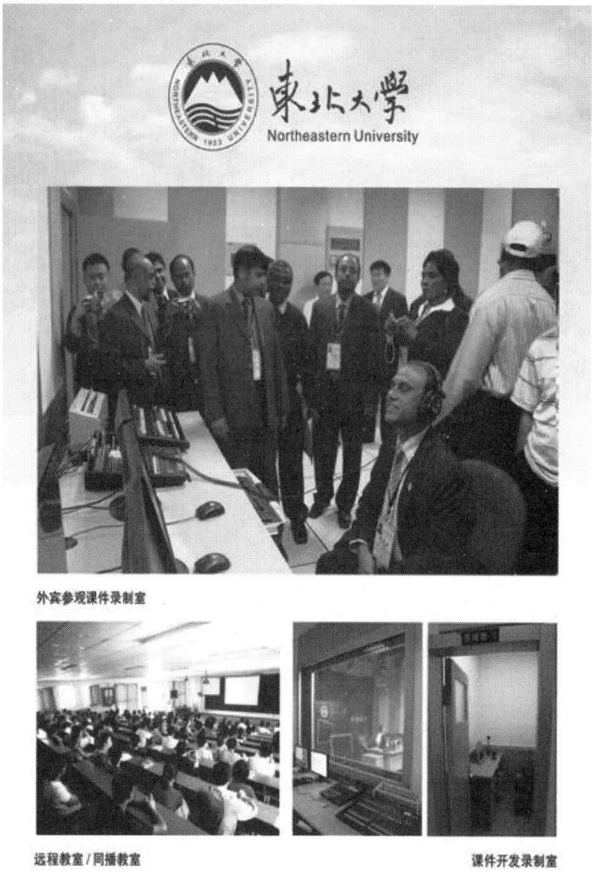

图9 外宾参观学校资源建设平台系统及课件开发录制室

（六）规范办学与招生

1. 合理确定办学规模

东北大学根据发展目标和总体布局、师资队伍状况和现有资源条件，坚持网络教育规模、质量、结构、效益相统一的原则，在《东北大学继续教育发展规划》中明确提出稳定学历教育规模的目标，学校网络教育近三年在校生规模相对稳定。

2. 严格招生宣传管理

按照国家关于网络教育的相关政策，根据《东北大学网络教育招生章程》制订招生计划和招生简章，经招生工作领导小组审核后报全国网络教育阳光招生服务平台备案。

制定了网络教育招生工作制度和科学实用的招生工作流程，认真落实“招生工作五统一”，即统一招生计划、统一招生简章、统一招生宣传、统一入学考试、统一组织录取。在招生简章中明确了网络教育的学习方式、修业年限、学费标准、毕业证书和学位证书样式、毕业及学位条件、统考要求等。

制定有《东北大学网络教育校外学习中心管理规定》和《东北大学网络教育校外学习中

心退出管理办法》。坚持对网络舆情进行监控、搜索、排查，并及时发布检查结果。对在网络上出现的非法机构的虚假招生宣传广告，在学校主页显要位置发布东北大学网络教育招生预警和特别声明。

3. 规范学费收缴工作

东北大学严格按照辽宁省物价局批准的收费项目和标准收取学费（学费收费许可证号〔09027〕），将收费项目和标准在东北大学网站上统一公示。制定了《东北大学网络教育学费收缴管理办法（试行）》，明确学费收缴的各个环节和要求，严禁擅自更改收费标准，禁止搭车收费和超范围收费行为。

4. 严格执行学籍管理制度

制定了《东北大学网络教育学生学籍管理办法》，对新生注册、学籍异动、毕业环节等都做了详细规定。试点工作以来累计对 11180 名学生进行了学籍处理。实行毕业预审制度，确保毕业注册数据信息准确无误。

（七）强化校外学习中心管理与服务

1. 优化校外学习中心布局

持续加强对校外学习中心的结构进行调整和优化，目前校外学习中心布局趋于合理，运行有序。东北大学自建校外学习中心 32 家。2018 年秋季启动招生校外学习中心 250 家（含自建和奥鹏），分布在 30 个省、自治区、直辖市。

2. 严格校外学习中心管理

切实落实办学主体责任，严格执行校外学习中心的审批、检查和监管制度，做好学习中心的建设、运行与管理。

严格执行准入机制。坚持建设前进行实地考察，对办学资质、办学软硬件条件等相关情况进行考察，形成考核意见提交学院班子进行初审，报学校法制办审核，报省级教育主管部门审批、备案。

严格校外学习中心的管理。制定了《东北大学网络教育校外学习中心管理规定》《学习中心、函授站（教学点）巡视办法》《东北大学网络教育校外学习中心退出管理办法》等制度，明确了学习中心的职责、职能、权利、义务和责任，对校外学习中心开展专项巡视或全面检查（如图 10 和图 11 所示），实现了学习中心的动态调整机制，累计清退学习中心 348 家。

制定了《东北大学网络教育奥鹏学习中心表彰办法》《东北大学网络教育直属学习中心表彰办法》，表彰了在各方面有突出表现的学习中心和相关人员，共表彰 1058 人次。

3. 细化校外学习中心服务

加大对学习中心人员职业能力、职业素养和政策法规的培训。完善服务细节，强化服务责任，确保支持服务的有效性。从被服务者的角度出发，制定服务标准以及服务流程，全面覆盖支持服务的各个环节，做到“一个说明，二个了解，三个按时，四个提醒”，有效提升支持服务的质量。推广校本部学习中心标准化建设的经验，全方位地推行学习中心标准化建设，逐步实现服务的标准化，如图 12～图 14 所示。

图 10 学院领导及有关部门人员走访山西等地校外学习中心检查指导工作 1

图 11 学院领导及有关部门人员走访山西等地校外学习中心检查指导工作 2

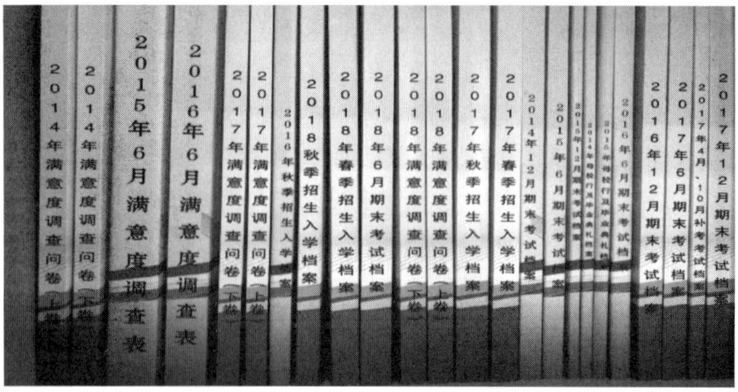

图 12 校外学习中心规范化建设系列档案材料 1

图 13　校外学习中心规范化建设系列档案材料 2

图 14　校外学习中心规范化建设系列档案材料 3

（八）抓实教学实施与考风考纪

1. 严格教学环节跟踪监管

严格执行各专业的培养方案和教学计划，聘用高水平、有经验、有责任心和事业心的主讲与辅导教师。指定专人不定期登录学习平台，检查了解教学的进展情况，定期检查学生的自主学习情况，不定期抽查辅导教师的辅导答疑工作。坚持学习中心走访制度，规定各部门到学习中心走访、巡考必须组织座谈，了解学生的学习情况并形成书面报告反馈教学部门。学校将各学习中心学生的选课率、考试预约率、毕业论文选题率等统计数据，作为评价学习中心支持服务的重要指标。将在线作业完成、网上课件单击、在线学习时长、网上论坛参与等统计结果作为评价学生形成性考核的重要指标。

2. 强化考风考纪建设

成立了网络教育考试工作领导小组，统一领导协调考试相关工作。全面制定了考试相关的规章制度，明确考试工作的各个环节、相关人员职责要求和行为界定。各学习中心严格按规章制度和考试通知的要求执行，在考场设置、考试组织、试卷保密、监考安排等方面有序规范。学校高度重视考试巡视工作，对学习中心的考试组织实施工作进行监督，对发现的问题及时纠正与处理，对存在问题的学习中心，根据情节轻重予以相应处理。强化考风考纪建设，严格考试管理与监控，参见图15～图19。

图15　2018年期末考试校外学习中心巡考工作会议

图16　2018年期末考试校外学习中心考试巡考工作现场

（九）建立培养全过程监管与质量保证体系

成立东北大学继续教育教学指导委员会，主管校领导任主任委员。委员会定期召开工作会议，全面指导学校网络教育教学工作，对招生专业设置、教育教学改革、师资队伍建设、专业建设、教学质量管理等工作进行研究指导。

图 17　网络教育期末考试学生考试现场刷身份证入场

图 18　网络教育考试监控管理系统全程跟踪考试考场动向

1. 严把招生考试录取关

严格执行教育行政部门的招生政策和规定，成立网络教育招生工作领导小组，按《东北大学网络教育招生章程》《东北大学网络教育招生工作管理办法(试行)》等招生管理制度文件落实执行。严格考生报名资格审核，考生必须刷身份证阅读器报名；严格入学考试过程管理，考生必须本人携带身份证和准考证，刷身份证入场参加考试，学校通过现场监巡考、视频远程巡考及全程录制考场视频等措施保证考试的真实性和有效性。

图 19 网络教育 2017 年校外学习中心期末考试现场

2. 严把教师能力关

制定《东北大学网络教育教师聘任管理办法(试行)》和《东北大学网络教育课程辅导实施细则》等制度,择优选聘主讲教师和辅导教师,对各类教师进行系统的岗前培训,使教师熟悉网络教育特点,熟练掌握现代教育技术,胜任教学工作。严格按照《东北大学继续教育学院学历教育数字资源建设要求 3.0》,对主讲教师在课程资源开发与建设中的教学内容、教学设计、教学手段、媒体应用等进行全面跟踪,确保课程资源的质量。

3. 严把教学过程关

坚持以学生为中心,以服务为宗旨,注重教学过程的控制。强化教学管理人员在教学环节中的监管与保证作用。教学管理人员严格按照教学环节安排与具体要求,依托平台提供的各种大数据统计信息,加强对学习中心的教学服务行为和学生自主学习过程的监控。加强导学工作,认真指导学生制定自学进度表、课程学习实施方案等;加强督学工作,及时对学生的学习行为与过程进行监督与提醒;加强促学工作,有效解决学生的学习过程中遇到的问题与困惑。通过有效的督学、导学和促学,促进学习和辅导过程有效,保证培养质量。

4. 严把教学考试关

统一考试命题。学校开设的全部课程,均由主讲教师根据教学大纲统一命题。

统一考试计划。学校对当前学期开设的课程依据教学计划,按不同类型形成统一的考试计划,并以学校教学文件形式公布。

统一考试要求。学校网络教育考试工作领导小组对考试全过程进行指导,学校教务人员依照《东北大学继续教育学院关于考试组织及考点、考场设置的规定》,从课程考试计划公布,到考试试卷回收,对校外学习中心考试进行全程监控,借助二代身份证读卡器、考场签到表等手段对考生的身份逐一验证、留痕。

统一成绩评定。所有课程考试均进行试卷统一评阅,在规定时间内完成成绩登录及成绩复核,并对考试试卷进行抽查,如图 20 所示。

历年网络教育考试试卷都保留,如图 21 所示。

图 20　2017 年网络教育考试试卷抽查现场

图 21　历年网络教育考试试卷库

5. 严把论文答辩关

成立毕业设计(论文)工作领导小组,对毕业设计(论文)选题、毕业设计(论文)指导、毕业实习、毕业答辩等教学环节严格监管。制定了《东北大学网络教育本科生毕业设计(论文)工作规范》,指导教师严格按规范要求指导学生。统一安排答辩工作,包括统一安排网上答辩和现场答辩两种方式。教学管理人员及教学督导人员全程跟踪,做到评价标准公平、评定结果公正、答辩现场公开。

6. 严把毕业质量关

严格执行学生毕业的有关规定,认真做好学生的学籍审核、学业审核、学费审核,保证毕业生的质量。制定了《东北大学网络教育本科毕业生学位授予工作实施办法》,对申请学位授予的网络教育本科毕业生实行"三审一评",即由校外学习中心对申请人资格进行初审,学院复审,学校教务处学籍学位办再审,校学位评定委员会最终评定后才上报省学位办审核备案。

（十）赢得良好的社会评价与品牌声誉

东北大学高度关注社会各界与服务对象对网络教育人才培养的评价，将其视为人才培养质量的重要标志。以校外学习中心走访、合作单位回访、学生问卷调查、组织师生座谈会等形式，对学校的人才培养计划、教学模式、教学方法、教学内容、师资队伍、授课质量、支持服务、学习效果等方面进行调查，并反馈于人才培养过程。

1. 用人单位对人才培养的反馈评价

通过走访调查，企事业单位对东北大学毕业生的专业能力及综合素质普遍给予肯定，用人单位认为东北大学培养的网络教育毕业生综合能力素质较高，对专业知识掌握扎实，专业能力较强，在工作中能够充分发挥专业人才的作用，胜任岗位要求，有很强的责任意识和吃苦耐劳的敬业精神，也具有较强的学习能力和一定的创新能力，在适应能力、协作能力和人际沟通能力等方面都有良好表现。对毕业生在专业领域内的表现较为满意。与东北大学有近 20 年合作的中国黄金集团公司领导评价说：“学校在教学、在管理、在对学生的素质教育、思想教育等方面都非常认真负责，对充实企业的初、中级技术人员确实起到了很大的作用。”

2. 本校师生对网络教育的评价

网络教育学生的评价：东北大学网络教育学生普遍认为，学校治学严谨，考风考纪严格，课程设置合理，学习内容满足专业需求，教学课件质量较高，教学资源能够满足学习需求。建议对基础相对较弱的学生，加强有针对性的个性化辅导。

本校教师对网络教育的评价：网络教育教学计划安排合理，教学内容基础适度、注重应用、内容前瞻，通过考核和作业，学生能够完成学习任务，掌握专业领域知识，可以胜任工作岗位的专业需求。建议结合网络教育学生的在职特点，加强学生的学习态度培养，提升自主学习能力和主动性。

3. 学校网络教育的社会声誉

通过对校外学习中心走访了解到：社会上普遍认为东北大学网络教育办学规范，教育教学管理严格，坚持专业能力与思想教育并重的办学理念，具有较大的社会影响力。2015—2018 年连续几年在媒体组织的评选中学校获评为“年度中国最具社会影响力院校”，并得到“中国远程教育终身特别贡献奖”，如图 22 和图 23 所示。

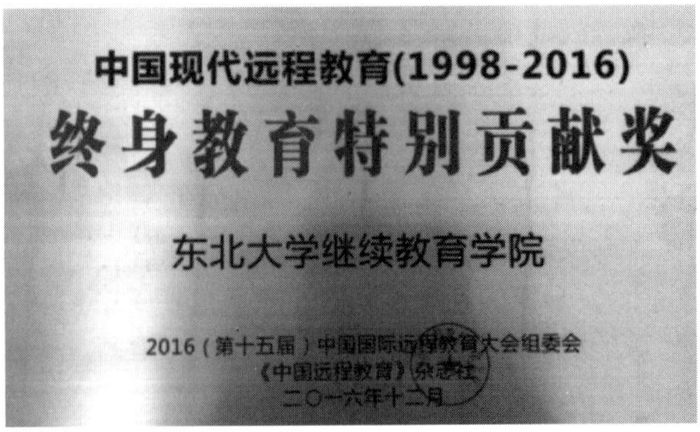

图 22 学校荣获终身教育特别贡献奖

图 23　学校荣获“中国最具社会影响力高校”奖

三、网络教育人才培养模式机制的探索与创新

（一）《校外学习中心服务质量标准》的建设与实践

校外学习中心是高校开展现代远程教育必不可少的基础设施，是高校人才培养的延伸，是实现远程教育教学过程的重要组织和保证，是高校落实办学主体责任、规范办学行为、提高管理服务效率、实施支持服务的重要组织和实施者，是增进教生交流，营造教书育人环境的重要渠道。通过制度化建设、规范化建设、标准化建设和教学档案建设等，使高校办学主体责任和监管责任得到有效落实，教学活动有效实施，有效提升了校外学习中心的支持服务水平与能力，有效保障了远程教育的人才培养质量。

（二）积极推进实践混合式教学模式改革

积极推进教育教学改革，探索信息技术下的教育教学模式的创新优化传统人才培养模式。以应用型人才培养为导向，以信息技术为依托开展混合式教学模式改革实践。统一了不同教育形式的人才培养方案、教学资源、管理模式。成人教学模式实现了自主学习与集中面授相结合，学习方式实现了线上、线下相结合，实践教学组织实现了网上实践课件浏览与现场实际操作相结合，学生个人学习与协同学习相结合，学习支持服务队伍建设实现了管理人员与辅导教师相结合的混合式教学模式，实现了以现代远程教育理念为指导的成人教育教学与教务管理信息化，提高了学生学习过程的发生率，为学生便捷自主学习创造了条件，缓解了工学矛盾，并取得了良好的教学效果。教学改革取得较大的成绩，如图 24～图 27 所示。

（三）设计并不断完善终身教育“立交桥”的基本框架

不断完善终身教育立交桥建设，根据东北大学自身和所属区域（行业）经济特点，充分发挥学校在学历教育上的优势，从不同形式、层次切入，逐步深入发展，建立实现各类教育之间纵向衔接和横向沟通及有效衔接，构建终身学习人才成长“立交桥”的建设工作，制定了《关

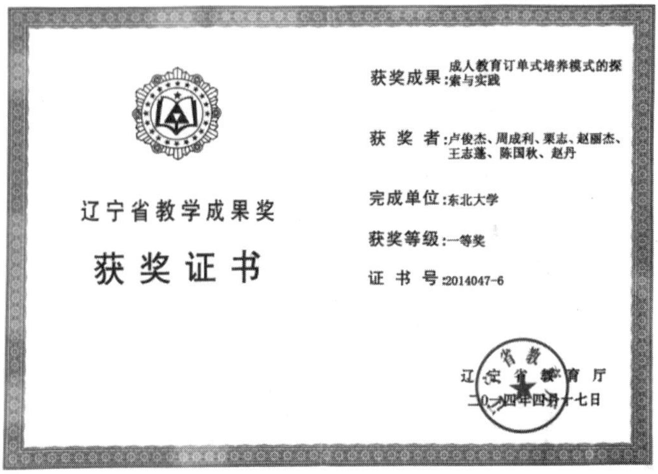
辽宁省教学成果奖
获奖证书
获奖成果：成人教育订单式培养模式的探索与实践
获 奖 者：卢俊杰、周成利、栗志、赵丽杰、王志蓬、陈国秋、赵丹
完成单位：东北大学
获奖等级：一等奖
证 书 号：2014047-6
辽宁省教育厅
二〇一四年四月十七日

图 24 《成人教育订单式培养模式的探索与实践》荣获辽宁省教学成果一等奖

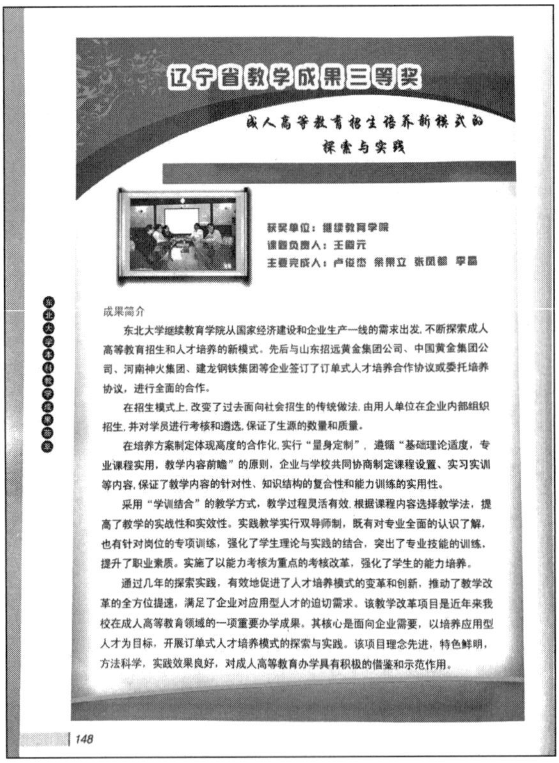
辽宁省教学成果三等奖
成人高等教育招生培养新模式的探索与实践
获奖单位：继续教育学院
课题负责人：王国元
主要完成人：卢俊杰 梁果立 张凤都 李晶

成果简介

东北大学继续教育学院从国家经济建设和企业生产一线的需求出发，不断探索成人高等教育招生和人才培养的新模式。先后与山东招远黄金集团公司、中国黄金集团公司、河南神火集团、建龙钢铁集团等企业签订了订单式人才培养合作协议或委托培养协议，进行全面的合作。

在招生模式上，改变了过去面向社会招生的传统做法，由用人单位在企业内部组织招生，并对学员进行考核和遴选，保证了生源的数量和质量。

在培养方案制定体现高度的合作化，实行“量身定制”，遵循“基础理论适度，专业课程实用，教学内容前瞻”的原则，企业与学校共同协商制定课程设置、实习实训等内容，保证了教学内容的针对性、知识结构的复合性和能力训练的实用性。

采用“学训结合”的教学方式，教学过程灵活有效，根据课程内容选择教学法，提高了教学的实战性和实效性。实践教学实行双导师制，既有对专业全面的认识了解，也有针对岗位的专项训练，强化了学生理论与实践的结合，突出了专业技能的训练，提升了职业素质。实施了以能力考核为重点的考核改革，强化了学生的能力培养。

通过几年的探索实践，有效地促进了人才培养模式的变革和创新，推动了教学改革的全方位提速，满足了企业对应用型人才的迫切需求。该教学改革项目是近年来我校在成人高等教育领域的一项重要办学成果。其核心是面向企业需要，以培养应用型人才为目标，开展订单式人才培养模式的探索与实践。该项目理念先进，特色鲜明，方法科学，实践效果良好，对成人高等教育办学具有积极的借鉴和示范作用。

148

图 25 成人高等教育招生培养模式探索与实践荣获辽宁省教学成果奖

于搭建继续教育终身学习“立交桥”的若干意见》，出台了《继续教育综合改革方案》，为实现学校内非学历教育与学历教育的互通及有效衔接提供了保证。

（四）加强质量监控，制定了校外学习中心考核指标体系

积极接受地方教育行政主管部门的监督，截至 2018 年 12 月，东北大学先后接受了北

辽宁省教学成果三等奖

依托网络教育，面向企业需求，
探索实用型人才培养新模式

获奖单位：继续教育学院
课题负责人：颜云辉
主要完成人：孙 平 栗 燕
庞洪江 王立颖

成果简介

网络教育作为一种新型教育方式，已经成为构建学习型社会和终身教育体系的重要手段。由于传统教育方式的局限性，企业正在寻求新的途径，以解决“工学”矛盾，减少培训成本，从而进一步加强职工教育，特别是实用型人才的培养。本项目旨在，通过发挥网络教育的优势，重点解决常规网络教育中实践教学的难题，来满足企业的迫切需求。

经过3年多的探索与实践，本项目逐步形成了以企业需求为输入，以适应企业需求的实用型人才为输出，以东北大学优质的教育资源为支撑，以网络教育技术为手段，以突出“三结合”的课程体系为前提，以融入式的教学模式为核心，以全方位的学习支持系统为基础，以针对性强的质量保证体系为监控措施的实用型人才培养新模式。主要成果及特色：

1. 以企业需求为导向，制定了专业教育与职业教育互补、岗位培训和学历教育结合、结构优化的与实用型人才培养目标相适应的课程体系；

2. 以能力培养为主线，针对网络教育的特点，实施了新型的融入式的实用型人才培养的教学模式，有效地解决了网络教育环境下的实践教学难题；

3. 以学生为中心，构建了功能完善的学习支持服务系统，为学生提供了全方位的个性化的学习支持服务；

4. 建立了针对性较强的教学质量保证体系，对人才培养过程进行全面监控，保证了人才培养质量。

实践表明，本项目应用效果良好，解决了企业的实际困难，受到了企业的好评，对兄弟院校网络环境下的实用型人才培养起到了示范和带动作用。

教学成果奖

149

图 26 “依托网络教育，面向企业需求，探索实用型人才培养新模式”荣获辽宁省教学成果奖

荣誉证书

HONORARY CREDENTIAL

东北大学2010年教学成果奖获奖证书

获奖成果：继续教育办学新模式的探索与实践

获 奖 者：颜云辉 卢俊杰 庞洪江 陈国秋 王志蓬

获奖等级：二等奖

东北大学

二〇一〇年十二月二十一日

图 27 “继续教育办学新模式的探索与实践”荣获东北大学 2010 年教学成果奖

京、陕西省等 23 个省(市)教育主管部门组织的质量评估检查，参检的学习中心评估检查全部合格。通过定期外部质量评估，规范了校外学习中心的办学行为，强化了办学主体责任，起到了良好的效果。学校加强质量监控，制定了《东北大学现代远程教育校外学习中心考核指标体系》(如图 28 所示)《东北大学继续教育学院校外学习中心运营评价体系》(如图 29 所

示)等实施方案。

东北大学现代远程教育校外学习中心考核指标体系(征求意见稿)

一级指标	二级指标	观测点	考核标准	分值	评审部门
指导思想与办学资质(权重0.05)	指导思想	坚持以“立德树人”作为根本任务，贯彻落实全国教育大会精神，严格遵守国家和教育行政主管部门制定的有关政策，严格执行现代远程教育相关规定。	严格按照教育部及所在省(市)教育行政主管部门出台的相关现代远程教育办学政策与规章制度开展办学，20分，否则，该项不得分。	20	远程办
		具有开展现代远程教育的理念与服务意识，学习中心定位准确，不以过分追求经济效益为目的。	具备健康的办学理念，服务意识较强，注重经济效益的同时，更注重社会信誉，20分，否则，该项不得分。	20	
	办学资质与组织建设	依托建设单位具备合法办学资质及发展定位。	依托单位对学习中心具有明确的办学定位，且在指导思想、发展规划、组织结构以及制度保障等方面完善；依托建设单位须具备企、事业法人资格，民办学校须具备办学许可证，具备从事教育活动的相关资质，能独立承担相应法律责任；具备作为学习中心办公和教学场地产权证明或租赁合同，并有消防、卫生防疫等部门对建站场地检查的合格文件，且备案材料齐全，30分，否则，该二级指标项0分。	30	招生办
		依托建设单位重视学习中心组织建设与资源建设。	依托单位指派主要领导专职分管，对学习中心的职能定位、任务认识明确，分管领导经常关注了解相关工作；依托单位设立学习中心组织结构健全，经费投入合理、人员配备齐全，能及时解决学习中心在办学过程中遇到的实际困难，能及时保证学习支持服务条件与设施的完善，30分，否则，该项不得分。	30	

图 28 “现代远程教育校外学习中心考核指标体系”截图

东北大学继续教育学院校外学习中心运营情况评价表

学习中心名称：

考核项目	考核内容	分值	合格标准	不合格要素	自评分	备注
一、办学定位(6分)	办学理念	2	1.有明确的办学定位，有符合实际的办学发展规划； 2.处理好规模与质量、发展与投入关系。	1.办学定位不合理； 2.不具备某些招生专业办学能力； 3.疏与高校沟通，学校规程不熟悉。		
	专业设置	2	1.专业设置合理； 2.能够满足学生的学习支持服务需求。			
	工作响应	2	1.保持与高校沟通渠道畅通；及时落实高校各项工作； 2.站点领导定期组织召开办学工作会议，督导各环节工作开展。			
二、组织建设(14分)	办学资质★	3	1.具备法人代表资格，有办学许可证和当地教育行政主管部门批文。	1.批文等文件过期。		
	依托单位	2	1.依托单位有领导分管学习中心、函授站； 2.分管领导能够定期指导检查站点工作。			
	建站手续	2	1.高校审批文件、办学协议等资料齐全。			
	机构设置	3	1.站点机构设置应有依托单位批准文件； 2.站点负责人应有依托单位任命文件，机构岗位设置及职责要求。			专职 (　) 兼职 (　)
	工作计划	2	1.有具体的年度及学期工作计划； 2.有年度工作总结。			
	规章制度	2	1.认真执行学校的各项规章制度； 2.认真执行站点内部的各项管理制度。			
三、办学条件(12分)	办公场所	2	1.有相对独立集中的办学场所(自有□；租赁□)；	1.办学能力与在校生规模不匹配； 2.办学条件简陋，无法满足学习支持的需要； 3.没有局域网。		面积 (　)
	教学设施★	2	1.有满足教学要求、相对稳定的多媒体教室、课室、实验室与实习场地等设施； 2.有满足办学需要的现代化办公设备。			教室 (　) 实践场地 (　)

图 29 “继续教育学院校外学习中心运营情况评价表”截图

四、网络教育试点工作取得的成绩和经验

(一)网络教育试点工作取得的成绩

1.形成了较为清晰的工作思路

东北大学主动适应经济社会发展和人的全面发展需要，坚持以立德树人为根本，形成了“以社会需求为导向，以培养质量为核心，以优化结构、稳定规模、规范办学、管控办学风险、强化内涵建设、提升培养质量和服务能力”为抓手的工作思路。

2. 构建了较为完整的管理制度体系

东北大学坚持依法办学，规范发展，通过多年的梳理完善，围绕网络教育的合作办学、招生管理、教育教学、资源建设、支持服务等各个方面，优化工作流程，完善管理制度，建立起一整套科学、规范的制度体系，成为网络教育试点工作的基本保证。

3. 提升了人才培养和服务社会的能力

面向行业企业开展教育服务，培养实用人才。为冶金、黄金、煤炭、制造业等领域培养了一大批一线员工及中高级技术管理人员，提高了从业人员的专业知识水平及管理能力，提升了企业员工及企业的安全生产责任意识。

4. 积累了教学改革的丰富经验

东北大学立足于质量提升和长远发展，积极探索网络教育教学规律，加强教学改革与研究，得到上级教育主管部门及用人单位的高度认可，试点期间共获得各级各类教学成果奖、优秀课题、优秀案例 10 余项，图 30 所示是其中的一项成果。启动教学改革立项，积极开展规划教材建设，建立了完善的教材遴选与建设机制。实施混合式教学模式，开展了不同教育教学模式的融合与优势互补的探索与尝试。

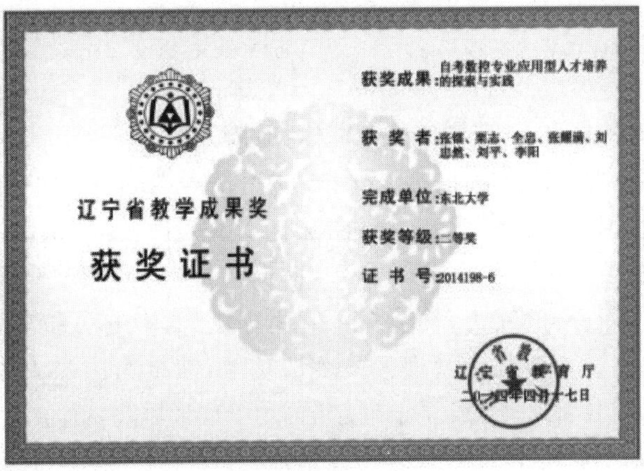

图 30　2014 年学院荣获“辽宁省教学成果奖”

5. 构建起教育教学的基本质量保障体系

东北大学通过制定并不断完善科学的培养方案，合理制定学业标准与考核标准，加强师资队伍的建设与考核管理，注重教学过程管理，严格考试管理，多角度加强教学过程的监管等，完善了覆盖教育教学全过程的管理制度和质量保证制度。

6. 推进了校外学习中心支持服务的标准化建设

2012 年以来，为提高支持服务水平和质量，开始了校外学习中心支持服务标准化的尝试与建设，通过“理念先行，注重立德树人；制度健全，强化体系支撑；流程清晰，聚焦细微步骤；标准规范，夯实工作基础”等工作的开展，形成了校外学习中心支持服务的基本标准，形成了校外学习中心可借鉴、可复制、可推广的基本模式，对学院校外学习中心建设和管理有很高的现实意义和推广价值，有效提高了学习中心办学规范化和支持服务质量水平。我校此项工作得到了行业的认同，使此项工作具有了行业标准的推广价值。

7. 夯实了数字化学习资源开发与建设能力

东北大学坚持高标准推进网络教育各类信息系统与管理平台的建设、运维工作。制定了《东北大学继续教育学历教育数字资源建设要求 3.0》和《东北大学继续教育学院 MOOC 课程建设技术要求》等制度规范，坚持教学资源的自主开发建设，不断优化资源建设技术方法和建设方案，开发了以知识点为单元的资源管理系统，加盟了资源共建共享的 MOOC 中国联盟（如图 31 所示）、普通高等学校继续教育数字化学习资源开放联盟等，为网络教育提供了有效的资源支撑。

图 31　学校被授予 2014 年度高校 MOOC 微课程实验单位

8. 打造了有鲜明特色和一定影响力的教育品牌

东北大学始终坚持“以企业需求为导向、以能力培养为目标”，把握产业和技术发展脉搏，注重产学合作，通过订单式培养等新模式，强化实践实训教学，积极构建网络教育实践教学课程资源体系，形成了“以人为本，产学合作，面向应用”的鲜明教育特色。通过不断提高网络教育的质量和服务社会的能力，逐步树立起品牌优势，影响力和知名度初步显现。学校被列为教育部现代远程教育教师和管理人员培训基地，获批为国家人力资源和社会保障部国家专业技术人员继续教育基地，成立了辽宁省社区干部学院，设立了辽宁省 21 世纪人才开发培训基地、辽宁省专业技术人员继续教育基地、辽宁省教育厅“双师”型教师培训基地、现代远程教育教师和管理人员培训基地、全国冶金系统继续教育基地等（如图 32 所示），为学校网络教育的未来发展提供了重要的支撑与依托。

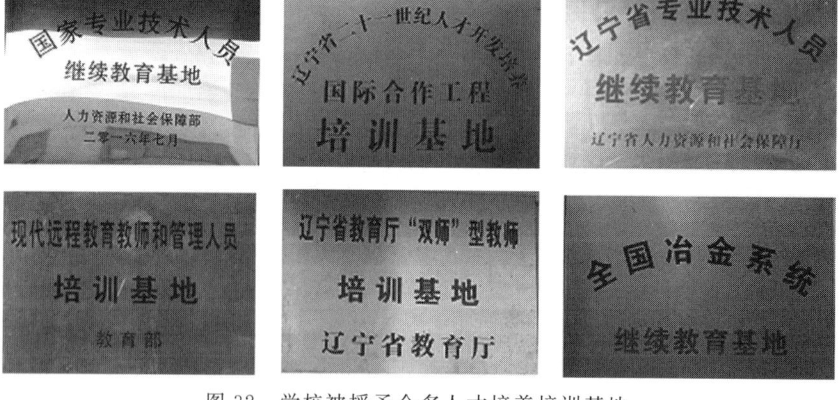

图 32　学校被授予众多人才培养培训基地

（二）网络教育试点工作取得的经验

（1）坚持以需求为导向的办学实践。自觉服务于国家和经济社会发展，服务于社会在职人员的全面发展，不断提高教育的针对性、实用性和个性化水平，这是网络教育得到社会认可的原动力。

（2）坚持以特色专业发展和高质量服务为支撑。充分发挥学校学科专业优势，利用良好的办学条件，整合办学资源，全面提升支持服务能力与水平，加强学习支持服务的有效性，不但有利于人才培养质量的提高，而且为学校在激烈的市场竞争中提供了有力支撑，形成新的竞争能力，这是网络教育服务社会的竞争力。

（3）坚持立德树人，以质量为核心的办学理念。坚持正确的办学方向，以高质量、实用型的人才培养为目标，将办好网络教育作为学校新时代的责任担当和为社会提供高品质教育服务的具体体现，传承东北大学的优良传统，不断推动教育教学改革，创新教育教学模式，形成办学全过程监控评价体系及反馈机制，实现人才培养全过程的跟踪服务和考核，保证人才培养质量，这是学校网络教育得以快速发展的旺盛生命力。

（4）坚持以落实高校主体责任为基础，依法治教、规范办学。建立健全各项管理规章制度，在办学实践中不断加强制度化、标准化、流程化建设，加强支持服务标准化建设，加强工作监管，有效管控办学风险，是学校网络教育健康可持续发展的保障力。

（5）坚持以信息化、国际化为重要内容，积极构建基于“互联网＋教育”时代特征的终身教育体系，创新教育教学与服务模式，优化升级实用、高效的信息化学习平台，实现教学和学习支持服务的全过程跟踪与信息化管理，大力加强与国外大学、机构的交流合作，引进和利用境外的优质教育资源，扩展交流领域，实现优势互补，推进网络教育办学的国际化，这是新时期网络教育发展的重要推动力。

（6）坚持以改革创新发展网络教育。立足社会需求的调整变化、信息技术的快速发展、学习对象及学习行为的复杂多样，在网络教育服务上“以变应变”，积极推进供给侧改革，不断创新教育理念、培养模式、教学方法手段等，这是网络教育更好适应社会发展需要的动力。

五、服务国家战略、区域民族地区发展及服务特殊人群等情况

（一）学校网络教育服务国家战略、区域经济社会发展

1. 服务地方经济转型，服务东北老工业基地振兴

东北大学植根于辽沈大地，始终把服务国家战略和区域经济社会发展作为办学使命。与中央振兴东北老工业基地的新一轮战略同频共振，依托学校的资源优势主动作为，通过合作办学、建设专业培训基地、开发在线平台等，积极服务于国家战略。

2. 聚焦一带一路，坚持开放办学

学校紧抓国家战略发展机遇，广泛聚焦“一带一路”开放办学。图 33 为“一带一路”开放办学酒钢集团牙买加培训项目教学现场，图 34 为该项目结业典礼。积极对接区域经济对冶金类、矿业类及装备制造业等领域“走出去”的强烈需求，积极开展广泛的教育培训服务，完成了《中核电干部业务能力提升专题培训班》《河钢专业技术人员高级研修班》《智能制造关

键技术高级研修班》及《辽沈地区企业培训与人才发展论坛》等 24 个培训项目，培训学员 3000 余人。

图 33　“一带一路”开放办学酒钢集团牙买加培训项目教学现场

图 34　“一带一路”开放办学酒钢集团牙买加培训项目结业典礼

3. 瞄准国家战略支援计划，服务西部发展

积极参与国家战略支援计划，承办对口支援边疆干部赴辽开展培训工作。截至 2018 年年底，先后承接新疆维吾尔自治区塔城地区、西藏那曲地区及重庆奉节县等地 77 个班次，共计 2573 人次。

4. 开展区域助学计划，圆梦特殊群体

强化服务社会功能，圆梦特殊群体。学校面向部分省份开展了网络教育“圆梦助学计划”和“西部助学计划”，支助贵州省、云南省等区域特殊群体，共资助 1044 名学员参加网络教育学习。

5. 服务精准扶贫战略，提供教育脱贫支持

重视、支持和参与精准扶贫工作，为云南、甘肃、宁夏、青海等西部 12 个省市开设地方经济相关的机械等十几个专业 2670 人。为新疆、贵州、云南等地培养了计算机类、资源类、机械类、自动化类、建筑类等人才，为贫困地区的教育脱贫提供了支持，也为贫困区的社会经济发展提供了智力和人才支持。

（二）面向社会开放资源，积极推进教育公平

学校坚持开放办学、服务社会的办学理念，充分利用现代信息技术开放优质教学资源。学校面向社会开放了《火灾爆炸及其应急处置》《灾后心理疏导》《应急疏散及避难》等 21 个开放性专题资源。开放《机械工程控制基础》等 3 门 MOOC 资源，受益学生近数千名。

六、非学历教育服务的发展情况

（一）学校非学历继续教育的总体发展情况

东北大学非学历继续教育实行归口管理，实行管办分离，实行校、院两级的管理体制。成立非学历教育培训工作领导小组负责对全校非学历教育培训进行统筹。截至 2018 年 12 月，学校非学历继续教育培训总班次达到 558 个，培训人数达 10 万余人次。

（二）学校非学历继续教育取得的成绩

经过多年的发展，东北大学的非学历教育形成独具特色的办学体系，不断提升非学历培训与社会需求的契合度，取得了显著的成绩，主要有以下 3 个方面。

(1) 东北大学的非学历教育为国家经济社会发展培养了数以万计的专业技术人才，特别是为不发达地区(行业)培养了大批“留得住”“用得上”的专业技术人才。

(2) 立足社会需求、建立了完善的培训课程体系。以国家高层次、急需紧缺和骨干专业技术人才培养为目标，围绕智能制造、信息技术、先进材料、节能环保等区域经济转型升级关键技术方向，组织行业领域的知名学者和技术专家组建专家咨询团队，不断开发具有产学研用紧密结合、特色优势明显、切实满足知识更新和能力提升急需的培训课程。

(3) 各类线上培训业务积极推进，非学历线上培训已成为学校的继续教育工作重点，国家有要求、社会有需求，市场前景广阔，培训领域持续拓展，我校的非学历教育已经成为国家、地方及行业的多项专业培训基地。

七、网络教育发展面临的问题及困难

（一）网络教育教学内容实用性有待提高

试点初期，东北大学网络教育的教学计划基本参照普通高校本科教学计划而制订。随着办学形式和培养对象的转变，对教学内容进行过较大的调整，但与学生在实际工作的需要，还需要与时俱进，不断更新，满足发展的需求。

（二）网络教育实践教学环节有待加强

东北大学网络教育开设的专业以工科为主，对实践教学场地要求较高。学校开发了部分课程的演示实践教学资源，在课程资源中也对实践教学进行讲解，并要求学生依托当地高

校和企业的资源完成实践教学，但在实际运行中效果不显著，实践教学有待加强。

（三）学习中心规范化办学理念和服务能力水平有待加强

校外学习中心是高校开展现代远程教育必不可少的基础设施，是高校人才培养的延伸，是实现远程教育教学过程的重要保证，是高校落实办学主体责任和监督主体责任提高管理服务效率的重要抓手，是增进教师与学生、学生与学生交流，营造教书育人环境的重要渠道。因此，学习中心是否与高校具有相同的价值理念，是规范办学的关键。设站单位聘任学习中心管理与服务人员职业素养、职业能力有待提高，一定程度上影响了对学生的学习支持服务效果与水平。

（四）网络教育学生的学习主动性有待提高

在网络教育的环境下，学生学习的主动性较低，从学习动机、学习效率、学习能力、网络技术及自我监控等方面都存在不足。学校积极探索提高学生学习积极性的有效方法，加强教学研究，深入分析远程学习条件下学习者的学习动机、学习习惯与认知规律等因素，优化资源结构形式，增强学习的交互性和趣味性，加大学习支持服务力度，激发学生的学习主动性。增加主题鲜明、内容丰富多彩的线上线下学生活动，全面营造会学、乐学的学习氛围。

加强学习中心建设，提高服务水平。以全面落实高校办学主体责任为目标，加强学习中心建设，保证服务队伍数量、支持服务能力与办学规模相适应。加强多形式的培训，建立健全奖惩机制，不断提高管理人员支持服务能力与规范意识。

（五）非学历教育管理体制与运行机制还需完善与理顺

随着社会的发展与需求，学校的非学历教育管理体制与运行机制还需完善与理顺。加强制度建设，完善非学历教育制度体系。研究制定符合教育规律、国家政策、学校实际的管理制度体系，实现独立运营、规范有序、弱化干预、责权清晰、激励有效的运营管理办法和管理模式。积极开展多领域、多模式、多层次的联合办学，发挥学校优势，找准与国际机构、政府部门、校企等合作的契合点，瞄准国家战略，对接经济社会转型发展，实现继续教育培养与产业、行业、岗位贯通的模式。整合社会资源，构建专兼职结合高水平队伍。加强非学历双师队伍建设，建立科学的师资评价体系。整合社会高校、企业的专家学者等社会优质资源。加强服务队伍建设，培养建设一支政策精通、业务熟练、学习研究、奉献敬业，与市场化运营相适应的专业管理团队，提高非学历教育的拓展能力、服务能力与水平。

（六）在国家层面需要加强网络教育发展的顶层设计

党的十九大明确提出“办好继续教育，加快建设学习型社会，大力提高国民素质”的要求，赋予了继续教育新使命。继续教育作为国家高等教育的重要组成部分，亟须建立经费投入与保障机制，形成国家、社会和个人共同分担的机制，保证继续教育办学经费。在国家层面需要制定出台《终身教育法》等法规，使网络教育的开展有章可循、有法可依，为终身学习和学习型社会建设创造法律制度环境。

八、推进网络教育转型提质升级的思路和举措

（一）网络教育转型提质升级的工作思路

认真学习贯彻十九大精神，以习近平新时代中国特色社会主义思想为指导，全面落实全国教育大会和全国高校思想政治工作会议精神，牢固树立“四个意识”，不断坚定“四个自信”，自觉践行“四个服务”，统一思想、凝聚共识，认清新时代网络教育的新使命，坚持立德树人，坚持服务人才强国战略，坚持服务经济建设主战场，坚持服务学习型社会和终身教育体系建设，办人民满意的网络教育。

（二）网络教育转型提质升级的工作目标

深化继续教育综合改革，做好、做精规模稳定的网络学历教育，做大、做强非学历教育，实现学历教育与非学历教育协调发展，构建定位准确、统筹管理、布局合理、结构优化、灵活开放的教育体系。进一步拓展教育服务的对象、形式和内容，推进信息化建设和国际交流合作，促进资源整合，实现建设国内一流、特色鲜明网络教育的目标。

（三）网络教育转型提质升级的工作举措

（1）完善管理体制和运行机制。推进信息技术与继续教育的深度融合，有效整合各类继续教育办学资源，推动继续教育国际交流合作的进程。充分落实学校对外开展学历和非学历继续教育主体责任，加强规范管理，优化工作流程，推进标准化建设，加强办学过程的跟踪与服务，管控各类办学风险。推进教育教学模式的改革，保证和提高人才培养质量。

（2）主动服务国家战略和地方经济建设，努力满足新时代、新需求，与国家和地方的经济社会发展需求同向同行。适应国家“创新驱动发展战略”和“中国制造 2025”等重大战略的需要，推进产教融合，培养合格的创新型人才。服务东北老工业基地的振兴，按习总书记 2018 年 8 月在辽宁考察时“深入实施创新驱动发展战略，增强工业核心竞争力，形成战略性新兴产业和传统制造业并驾齐驱、现代服务业和传统服务业相互促进、信息化和工业化深度融合的产业发展新格局，为全面振兴老工业基地增添原动力”的要求，全面落实《东北大学服务辽沈地区经济发展与东北振兴行动计划》中继续教育的工作任务。

（3）办好规模稳定的学历教育，做好做精。优化专业结构，依据专业设置管理办法，加强学历教育的专业建设，发挥学校的学科优势，形成优势突出特色鲜明的工科专业群。优化招生的层次结构，加大本科层次的招生计划投入，严格控制专科层次的招生专业与规模。优化校外学习中心的结构，完善校外学习中心建设、考核、评价制度体系，实行校外学习中心总量控制的动态调控机制。优化信息化平台和数字化学习资源，促进信息技术与学历继续教育的深度融合。

（4）大力发展非学历教育，做大做强。加大非学历教育的投入，探索完善发展非学历教育的体制机制。加强校企合作和产教融合，不断提升非学历培训与社会需求的契合度。推进非学历教育信息化平台与多形式数字化资源的开发建设，实现线上、线下学习并存及混合式学习的非学历教育格局。

(5) 加快推进终身学习“立交桥”建设。建立完善终身学习“立交桥”和学习成果积累、认证与转化的制度体系，推进各类教育之间的沟通衔接。

(6) 加快教育信息化建设、应用的进程。创新教育教学与支持服务模式，优化升级实用、高效和灵活的信息化学习平台，实现课程互选、资源共享、开放服务，实现教学和学习支持服务的全过程跟踪，实现学历与非学历教育有效融合。

(7) 加强国际交流合作，加速继续教育国际化。做好继续教育国际化的顶层设计，加强与国外大学及机构的交流合作，借鉴和引进境外优质教育资源，扩展交流领域，创新合作模式，实现优势互补。积极参与“一带一路”倡议的建设，以优质教育资源推向“一带一路”沿线国家为契机，推进继续教育办学的国际化进程。

(8) 强化人才培养的质量控制，健全完善多元化评价的质量保障体系。以提高教育教学水平与人才培养质量为目标，完善办学全过程的质量标准与监控体系。完善学习中心建设管理、招生工作规范、教学过程组织与实施、学生管理、课程考核组织与实施等各环节的工作规范与标准，建立全员评价、全过程评价、全方位评价的评价体系。

附表1　试点以来的数据统计(截至2018年年末)

试点高校：东北大学

学历继续教育				非学历培训		
累计招生总数	累计毕业生总数	累计开设专业数	共建设网络学习资源数	培训班总数	培训总人数	扶贫项目总数
22.08万人	10.88万人	43个	456个	558	35970	3

注：学历继续教育数据指本专科总数；学习资源指课程、课件、资源库等。

附表2　东北大学网络教育规章制度清单表

序号	制度类型	规章制度名称
01	学习中心管理	东北大学网络教育校外学习中心管理规定(试行)
02	学习中心管理	学习中心、函授站(教学点)巡视办法(试行)
03	学习中心管理	东北大学网络教育校外学习中心退出管理办法(试行)
04	学习中心管理	东北大学现代远程教育校外学习中心考核指标体系
05	学习中心管理	东北大学继续教育学院校外学习中心运营情况评价表
06	学习中心管理	东北大学网络教育奥鹏学习中心表彰办法(试行)
07	学习中心管理	东北大学网络教育直属学习中心表彰办法(试行)
08	招生管理制度	东北大学网络教育招生工作管理办法(试行)
09	招生管理制度	东北大学网络教育自主招生考试补充办法(试行)
10	招生管理制度	东北大学奥鹏学习中心授权实施办法
11	招生管理制度	东北大学××××年网络教育招生章程
12	招生管理制度	东北大学网络教育招生资格审核原则

续表

序号	制度类型	规章制度名称
13	招生管理制度	东北大学学历教育招生宣传管理办法
14	招生管理制度	东北大学招生工作的“五统一”和“六禁止”
15	学生管理制度	东北大学继续教育学院学生违纪处分实施办法
16	学生管理制度	东北大学继续教育学生申诉处理办法
17	学生管理制度	东北大学继续教育学生个人信息保护办法
18	学生管理制度	东北大学网络教育优秀学生、优秀毕业生评选表彰办法
19	学生管理制度	东北大学继续教育学院网络教育学生证管理办法
20	学籍管理办法	东北大学网络教育学生学籍管理办法
21	学籍管理制度	东北大学网络教育本科毕业生学士学位授予规章实施办法
22	学籍管理制度	东北大学网络教育学费收缴管理办法
23	学籍管理制度	东北大学网络教育毕业生档案管理办法
24	教学管理制度	东北大学网络教育课程管理办法
25	教学管理制度	东北大学网络教育学生学习过程考试办法
26	教学管理制度	东北大学网络教育教师聘任考核办法(试行)
27	教学管理制度	东北大学网络教育辅导教师聘任考核办法(试行)
28	教学管理制度	东北大学网络教育教学辅导实施细则
29	教学管理制度	东北大学网络教育课程考试与成绩管理办法
30	教学管理制度	东北大学网络教育本科毕业生设计(论文)工作规范
31	教学管理制度	东北大学继续教育学院专科实习报告写作要求
32	教学管理制度	东北大学继续教育学院教材管理工作实施办法(试行)
33	教学管理制度	东北大学继续教育学院关于考试组织及考点、考场设置规定
34	教学管理制度	东北大学继续教育学院监考人员职责与纪律
35	教学管理制度	东北大学继续教育学院考务工作人员保密守则
36	教学管理制度	东北大学继续教育学院考场规则与学生考试违纪处分规定
37	教学管理制度	东北大学继续教育学院关于本科二学历免修部分课程的细则
38	教学管理制度	东北大学继续教育学院专科生报考网络教育本科减免学分细则
39	资源建设制度	东北大学继续教育学院学历教育数字资源建设要求 3.0
40	资源建设制度	东北大学继续教育学院 MOOC 课程建设技术要求
41	资源建设制度	东北大学继续教育学院实验课程规范和技术流程
42	资源建设制度	东北大学继续教育学院网络实验课件内容及付费标准
43	资源建设制度	东北大学继续教育学院学历课教师工作量验收标准

附表 3　东北大学网络教育招生专业情况表

层　　次	专　　业	总学分	学习期限	学位类型
高起专	行政管理	80	2.5～5 年	专科层次无学位
	机电一体化技术			
	电气自动化技术			
	安全技术与管理			
	建筑工程技术			
	煤矿开采技术			
专升本	法学			法学
	工商管理			管理学
	市场营销			管理学
	会计学			管理学
	行政管理			管理学
	公共事业管理			管理学
	机械工程			工学
	电气工程及其自动化			工学
	冶金工程			工学
	安全工程			工学
	土木工程			工学
	采矿工程			工学
	计算机科学与技术			工学
	资源勘查工程			工学
高起本	法学	150	5～8 年	法学
	工商管理			管理学
	行政管理			管理学
	会计学			管理学
	土木工程			工学
	计算机科学与技术			工学

上海交通大学现代远程教育试点工作总结

一、试点工作的开展情况

（一）试点背景

1998年12月，国务院批转教育部《面向21世纪教育振兴行动计划》，提出实施“现代远程教育工程”等战略。1999年3月，教育部发文启动现代远程教育第一批普通高校试点工作，提出试点的目的、任务、条件、试点学校及任务的审批、政策、试点工作的检查评估等。2000年1月，教育部颁发了“教育部关于实施新世纪高等教育教学改革工程（教高〔2000〕1号）”的通知。该通知明确指出，教育部决定在“高等教育面向21世纪教学内容和课程体系改革计划”取得阶段性成果的基础上，实施“新世纪高等教育教学改革工程”。

“新世纪高等教育教学改革工程”明确要“加强现代远程教育资源建设”，其内容主要包括网络课程建设、素材库建设、远程教学实验试点、教学支撑平台、现代远程教育管理系统及信息网站建设、远程教育工作者培训、现代远程教育研究和法规建设等。开发风格多样、内容丰富、全国大部分地区可以共享的网上教育资源；建立较为完善的教学、指导、服务、管理体系；形成一支现代远程教育教学、技术和管理队伍；制定比较完善的现代远程教育政策、法规和管理办法；建立适应信息社会的教学模式，为构建终身教育体系奠定基础。

为了推动现代远程教育工程的进展，积极发展高等教育，教育部决定支持若干所高等学校建设网络教育学院，开展现代远程教育试点工作。上海交通大学作为全国“211工程”和“985工程”重点建设的国内知名高校，为构建继续教育和终身教育体系，为向学习型社会提供范围广泛、内容丰富、形式多样的学历和非学历继续教育，早在1999年就向教育部递交了开展现代远程教育试点工作的申请报告。

上海交通大学十分重视网络教育，将其列入“九五”“十五”“211工程”“985工程”等重大规划及建设项目规划。1995年成立上海教育科研网远程教育实验室，1998年成立由主管校长牵头，教务处、研究生院、成人教育学院、教育技术中心、网络中心、图书馆负责人组成的“上海交通大学现代远程教育委员会”，协调、推动我校的网络教育，为网络教育学院的成立做了前期准备，1999年成立上海交通大学远程教育研究中心；2000年1月成立上海远程教育研究与发展中心。学校专门召开党委常委扩大会，认真讨论网络教育的建设和发展，通过了《关于上海交通大学网络教育学院建设的若干意见》及其附件，在学校的直接部署和领导下，网络教育领导、机构、人员、设施、经费、政策等方面充分保证，干部配备、人事、政策、经费诸方面充分支持。2000年7月12日，教育部下发了《关于对上海交通大学开展现代远程教育试点工作的批复》（教高〔2000〕12号），上海交通大学成立网络教育学院，开展网络教育办学试点工作，成为全国最早探索在线教育创新模式的高校之一。

2009年3月，上海交通大学合并成人教育学院和网络教育学院组建继续教育学院，2012年上海交通大学技术学院并入继续教育学院。上海交通大学目前是全国现代远程教育协作组副秘书长单位和上海现代远程教育协作组组长单位，全国高等教育学会继续教育分会副会长单位，上海远距离高等教育学会会长单位。

（二）试点初衷

教育部开展现代远程教育试点的目的，是希望国内最好的高校能够将优质教育资源通过信息化手段远程传输给校园外的学生，解决优质教育资源不足的问题，实现教育教学流程再造。上海交通大学网络教育秉承"稳步发展，优化结构，提高质量，办出特色，走外延发展和信息化之路，构建终身教育体系"的办学思路，科学合理地确定办学规模、布局和培养规格，从根本上保证了办学质量。网络教育从创立初始，遵循学校的方针和定位，适应经济社会发展需求，培养能力与素质协调发展、具有高素养和高技能的应用型人才。提出坚持"质量是网络教育的生命线"，确立"练好内功、稳步发展、保证质量、形成特色"的工作方针，立足上海、辐射江浙、面向西部，建设较完善的现代远程教育体系，构建较先进的技术支撑平台，逐步形成"人才培养注重质量，教学设施水准一流，教学研究成果显著"的办学特色，探索东西部教育资源共享体系建设以及面向上海数百万宽带与移动用户的大规模 E-learning 应用，走出一条具有中国特色、国际影响的网络教育创新之路，为缩小国家东西部教育差距，构建学习型社会做出重要贡献。

（三）试点任务

上海交通大学网络教育办学过程中，始终坚持中国特色社会主义教育发展道路，坚持社会主义办学方向，立德树人，教书育人，以凝聚人心、完善人格、开发人力、培育人才、服务社会为工作目标。其主要任务是：充分利用学校数字化优质教学资源，积极开展学校现代远程教育，为全面贯彻落实国家教育部《面向 21 世纪教育振兴行动计划》，服务区域经济、满足社会需求、扩大高等教育规模、提高国民素质、构建终身教育体系作贡献。

根据《关于支持若干所高等学校建设网络教育学院开展现代远程教育试点工作的几点意见》(教高厅〔2000〕10 号)的意见指示，上海交通大学网络教育确定了以下几项具体的工作任务。

(1) 人才培养，立德树人，教书育人。为推进学习型社会建设，构建终身教育体系作贡献，为推进教育大众化，提高国民素质作贡献。

(2) 积极参与学校的教育信息化进程，为提高教育教学质量，建设数字化校园作贡献。

(3) 致力于现代教育技术，特别是远程技术、网络技术、数字技术的开发和应用，为教育技术学科的发展作贡献。

(4) 为学校一流大学建设作贡献。

上海交通大学网络教育遵循国家学历继续教育的指导思想和各项方针政策，发挥学校理工科和管理学科的优势和特色，主要面向在职从业人员开展成人高等教育，致力于学习型社会和终身学习体系建设，有效整合校内外优质教学资源，促进学校教育信息化建设和教育教学改革。

（四）实施落实

2000 年 7 月 21 日，上海交通大学网络教育学院正式成立，作为学校的二级学院，学校对于网络教育实行直接、全面的领导和监管，网络教育的各种办学层次和类型均在学校及其职能部门的有效领导、协调之下，保证了网络教育的发展方向、建设方针、培养目标、管理体系等完全符合国家有关法规、文件的要求，保证其应有的质量标准，对其各方面的活动负有领导责任。教学及相关工作接受学校教务处领导，人事及相关工作接受人事处领导，财务及相关工作接受财务处领导，设备、资产及相关工作接受设备处、资产管理处领导，等等。

上海交通大学网络教育在机构设置、管理模式、资金投入、技术支持、教学准备、教学运行、师资建设、质量监控等多方面不断完善，2000 年 9 月，通过国家统招录取的第一批国家计划内本科新生入学；2001 年 3 月，学院自主招生录取的第一批专升本学生入学；2001 年 9 月，学院自主招生录取的第一批高中起点本科学生入学。

上海交通大学网络教育拥有教学实施和教学资源上的管理自主权，通过机构人员、技术资源、管理制度三方面保证了人才培养方案和教学计划的有效落实和培养效果。人才培养方案的整体实施和监管工作分 4 个环节，首先是计划环节，人才培养方案经专业主任会议讨论通过后，将印发电子版和纸质装订版的教学计划，教学、教务、技术部门按计划确定每学期的工作任务；其次是执行环节，教学、教务、技术部门具体执行每学期的工作任务；第三是检查环节，包含自上而下的教学顾问、督导、专业主任等例行检查，也包括自下而上的学生、校外学习中心对人才培养方案的意见和建议；第四是调整环节，对人才培养方案中确需调整的内容提出调整方案。

截至 2018 年 12 月，上海交通大学网络教育开设过高中起点本科视觉传达设计、工商管理、国际经济与贸易、行政管理、会计学等专业；高中起点专科会计学、国际贸易、国际物流、计算机应用技术、旅游管理、企业管理、人力资源管理、市场营销、信息管理、行政管理、英语、船舶技术等专业；专科起点本科船舶与海洋工程、电子信息工程、工商管理、国际经济与贸易、会计学、机械工程、计算机科学与技术、金融学、行政管理、视觉传达设计、英语、旅游管理、土木工程等专业，为国家培养了近 10 万名高等教育毕业生。

上海交通大学网络教育自办学以来获得多项国家级、省部级教学成果奖项，并多次获得全国“最受欢迎的十佳网络教育学院”等社会荣誉称号。

二、试点人才培养模式的探索与创新

（一）紧贴市场需求，及时调整专业设置

上海交通大学网络教育根据成人的学习特点和教学规律，发挥学校理工科和管理学科的优势和特色，结合学科前沿和行业动态，配合国家与长三角经济区社会与经济发展战略，配合国家重要产业发展，与时俱进，及时更新调整专业设置。

1. 注重需求调研，提高专业设置的科学性

依托上海交通大学理工科背景，开设相关特色专业，专业设置覆盖面广、注重应用型人才的培养，专业及各专业课程内容的设置皆根据学科前沿、业界动态进行适时的更新、调整。专业设置体现混合式教学理念，同时彰显了上海交通大学“双一流”学科的师资优势与学科积累。

上海交通大学网络教育在专业设置过程中，对照现行《普通高等学校本科专业目录》《普

通高等学校高等职业教育专科专业目录》和《高等学历继续教育补充专业目录》，执行教育部《高等学历继续教育专业设置管理办法》（教职成〔2016〕7号）的通知要求，发挥交大优势，适应国家和上海周边地区经济和社会发展的需要，确立了以船舶、计算机、机械、电气等工学专业和工商管理学科并重，金融、国贸、英语、艺术为特色的学历继续教育专业体系。

目前，上海交通大学网络教育办学以专升本层次为主。船舶和计算机两个上海先进制造业发展亟须的专科专业层次根据上海市教委统筹部署暂时予以保留。

特色专业举例1：船舶与海洋工程专业。

第一批船舶与海洋工程专业网络教育毕业生于2010年毕业，截至2018年，主要面向上海及长三角地区船舶与海洋工业及相关行业企业，共培养船舶、轮机等相关专业毕业生3000余名。对学员毕业后职业发展情况的调查，截至2016年年底，50%左右的学生获得职位晋升，42%左右的学生获得职称晋升。依托国家级专业技术员继续教育基地，结合企业战略与人才规划，建设优质数字化课程资源库，构建交叉融合的企业实践平台，研发面向船舶海洋领域中高级职务/职称从业人员的高级研修课程，从智能船舶与智慧海洋的发展、国家海洋战略的解读，到船舶海洋学科的发展以及工程装备技术和船舶先进制造的最新成果演示，培训了来自中船重工研究所等企业高级专业技术人员160余名，探索从规模化到定制化的“大国工匠”应用型人才校企联合培养模式。该专业以需求分析为基础、校企深度合作，构建了优化订单式培养模式下的课程体系和混合式教学模式：与江南造船（集团）密切合作，依托江南造船教育培训中心“国家高技能人才培训基地”“上海市船舶制造开放实训中心”“培训中心生产性实训基地”，建立教学和生产实习相融合的实训基地，以产学研联合、模块化设计、混合式教学为手段，培养具有先进制造能力、创新驱动的船舶专业人才，获上海市教学成果奖、中国高校远程与继续教育优秀案例库优秀案例。

特色专业举例2：“视觉传达设计”

本专业的教学成果得到行业广泛好评，培养的学生多次参加国内外设计竞赛，共获36个奖项，包括2015年第七届国际设计美术大奖赛金奖1项、银奖1项。“艺术设计概论”获得2012年全国高校网络教育通识教育精品教材称号。

本专业获“上海市创意产业人才培训基地”挂牌，并在此基础上对上海市创意产业园区的中高层管理人员开展了业务培训。

2. 积极探索校企联合培养机制，提高专业人才的适应性

上海交通大学网络教育深度融合校企教育资源，以高校优质师资为基础，充分利用企业的培训讲师和实训基地，为学生提供理论+实践的双重叠加的培养环境，共同开展高层次应用型人才培养。先后分别与上海机场（集团）有限公司、江南造船（集团）有限责任公司、上海财安金融服务股份有限公司、江苏阳光集团、中央芭蕾舞团、华住酒店集团六家单位开展企业亟须人才的联合培养。通过教学内容、教学过程的重构，搭建立体化的知识-技能培养体系。根据企业实际需求，重构教学内容及教学过程，制订“订单式”或“模块化”教学计划，实施立体交叉、学用结合的教学过程。在上海交通大学-财安公司、上海交通大学-华住集团项目中，依托对方企业内训讲师和业务操作平台，学生能在较短时间内熟悉业务操作流程，积累业务操作经验。上海交通大学-江南造船项目以江南造船集团教育培训中心作为教学实践基地，在船厂相应科室和车间配备经验丰富、业务娴熟的工程技术人员指导实践课程。

（二）发挥专业化优势，构建适合网络教育的课程体系

上海交通大学网络教育发挥学院专业主任团队和专职教师队伍的专业化优势，尽量化解网络教育师生分离、工学矛盾的困难，在构建课程体系时，注重课程体系系统化、课程内容职业化、课程教学模块化，学用结合、学以致用，提高学生的学习积极性和学习效果。

1. 高度重视思想政治类课程建设和教学改革

学生培养方案中思政课程的设计严格遵照教育部相关要求进行，在课程内容和授课形式上针对成人在职学生的学习特点，坚持混合式教学，积极传播正能量。以“毛泽东思想和中国特色社会主义理论体系”公共必修课为例，自 2017 年开始，在原有教学资源基础上增设“思政下午茶”专题访谈环节，发挥继续教育基地先进的教学设施和新媒体的传播手段优势，紧跟理论发展的最新需要，拓展课程外延，提升教学品味，给学生提供最新鲜的政治养分，教学反响良好。

2. 不断强化统考课程的教学和管理

网络教育学院成立伊始，自始至终以“质量是网络教育的生命线”作为办学基本原则。教育部于 2005 年 1 月下发了《试点高校网络教育部分公共基础课统一考试试点工作管理办法》，启动了全国网络教育本科层次学生“大学英语”“计算机应用基础”等公共基础课程的统考工作，统考成绩与毕业资格挂钩。网络教育进一步强调教学质量，成立了统考办公室，配备了优秀的授课教师、专职助教和强大的管理队伍，结合学生业余学习的特点，利用学院技术优势，同步与异步、网络与面授形式相结合，授课到人、辅导到人、管理到人，全方位做好统考的教学、辅导、管理工作。“计算机应用基础”全国统考自 2006 年 3 月开始以来，上海交通大学网络教育该课程考试通过率很高，优秀的成绩得到教育部高教司、全国高校网络教育考试委员会的表扬。

3. 学历、培训相互融合，积极探索新型专业课程

2016 年，上海交通大学网络教育在部分特色专业开展了教学改革，引入一些学历-培训双证课程，通过师资配备、教材选择等教学环节积极地重新设计，搭建立体化的知识-技能培养体系，为学生提供理论＋实践的双重叠加的培养环境。

在师资配备方面，挖掘行业、企业中的优秀培训讲师，结合行业特点和企业人才培养需求组建教学能力和实战能力兼备的混合型师资队伍；在教材选择方面，大胆使用考证教材，通过这种方式，将考证培训和课堂教学挂钩，提高学生的综合竞争力。

（三）利用现代信息技术，创新授课方式

上海交通大学作为全国第一所同时拥有宽带、移动和卫星传输的全国现代远程教育试点高校，始终坚持以技术为先导、课程为关键、学员为核心的办学理念，满足各类在职人员知识更新、素质提高的实际需要，培养了近十万名应用型人才。自 2001 年以来，网络教育不断提升网络与硬件设施基础条件，2016 年建立了包括全自动高清录播教室、4K 超高清演播室在内的 40 间现代化多媒体教室，教室内分别配备了 200 英寸超宽幅双通道融合投影、84 英寸宽幅触摸大屏一体机、145 英寸超宽幅触摸白板、98 英寸宽幅触摸大屏一体机。大屏支持触摸互动，智能演播系统可以全自动跟踪录播，虚拟演播系统支持实时抠像合成，实现了千

兆光纤到教室、全 WiFi 覆盖、教室设备集中监控等先进的技术手段，着力打造线上、线下全方位、多维度、混合型教学新体验。

2011 年 6 月，作为国际开放课件联盟（OCWC）的一员，上海交通大学网络教育通过网站进一步向全社会开放课程资源，首批开放 50 门包括完整上课视频和电子教案的网络课程，3100 余个手机移动学习课件，以及每学期 250 余门网络直播课程。网络教育的"混合型教学模式"让学员在千里之外也能和现场听课的学员一起感受完美的课堂体验，学生可以在手机、计算机等终端上收看和授课现场课程一样的高清课程直播。

上海交通大学网络教育一直以来提倡并努力践行优质教学资源共享，网罗各地名师：2008 年 8 月，聘请清华大学计算机系郑莉副教授通过网络为计算机专业的学生远程讲授"面向对象的程序设计（Java）"课程；2011 年 3 月，聘请新竹交通大学邵家健副教授通过网络为计算机专业的学生远程讲授"网络与信息安全"课程；2011 年 9 月，聘请南开大学周爱民教授为金融专业学生远程讲授"证券投资分析"课程，这些知名学者分别在北京、台北、天津等为学生开设在线课程，构建了新型混合式教学模式。

（四）创新管理模式，完善服务体系

上海交通大学网络教育发挥教学管理专业化和信息化综合优势，以学生为本，推进全程信息化教学管理服务模式；建设全天候呼叫中心、网上过程性评教系统，建立以质量为导向的管理制度和工作机制，全过程控制，全方位建设，构建教学质量全面监控与多元评价体系，实现教学、管理、服务、监督的有机结合，确保网络教育质量与学校定位和声誉相匹配。

目前，上海交通大学网络教育由教务运行中心、教学中心、技术服务中心、学习中心管理办公室等部门负责网络教育教学实施。其中，教务运行中心负责推动和执行教学运行过程，主要工作内容是教务、学籍和学生管理，具体包括课程安排、学生过程管理、学籍管理、试卷管理、考试管理、毕业管理等。教学中心负责教学工作，包括专业设置、教学大纲和课程设计、教师聘请、试卷审核、教学质量监控等。教学与教务部门密切合作，创新构建了以专业主任及教学主管为骨干的分专业教学管理模式，从教学计划的制订到教学过程的完成，实现教学、管理、服务、监督的有机结合，从组织上保证了教学过程的平稳安全、教学质量的稳定和提高。

1. 将队伍建设作为可持续发展的第一资源

上海交通大学网络教育汇聚了一批以教授、副教授、博士学位教师为主体的专业主任和主讲教师，名校硕士学位教学主管，以及交大研究生为主体的答疑辅导助教团队。同时，建设了以专职专业主任和教学主管为骨干的专业教学与管理模式，发挥专业主任和专职教师的引领优势，以兼职教师为有机补充，深化专业内涵建设，提高课程设置的专业针对性和市场适应性。

网络教育授课及辅导的教师大多数来自本校，具有长期从事网络教育授课的经验，其中副高职称或者博士学位者比例达到 70%。教学中心对教师聘任、授课及学生反馈等环节进行了全过程的质量管理，定期召开继续教育教学研讨会进行工作交流。

参与网络教育的专职教学主管均为硕士及以上学历。教学主管团队通过在线化、数字化的方式完成对在校学生学习过程的全程管控，获得学校和学院的多项教学管理集体与个人荣誉，成为全国高校网络教育教学管理的学习标杆之一。

2. 始终以“为学生提供高质量、全方位的优质服务”为本

网络教育试点之初就建立了独立的“投诉中心”NEC邮箱，学生通过该邮箱提出的各类问题均能在24小时内得到回复。多年来，“投诉中心”直接面向广大学生，不断改进、完善管理制度，切实为学生解决各种问题，充分体现了网络教育“以人为本”的管理理念。2007年开始，学院增设了52389900“呼叫中心”电话，学院每天安排专人值班，提供12小时服务。学生可以就招生、技术、教务、政策等有关问题拨打电话即时咨询并得到即时解答。独立于教学运行的“投诉与呼叫中心”建设集答疑、咨询、投诉等功能为一体，贯穿于教学、教务、学籍、招生、技术各个部门，系统整合资源，为学生提供一条龙服务，体现了以学生为本、以学生学习为本和质量生命线的办学理念。

3. 形成一套完整的技术支撑体系

网络教育建立了教学网站，丰富了教学资源。将数字化课程和课件上网供学生随时随地点播学习；通过E-mail、公告、论坛、短信、QQ、微信等多种方式，保障师生间的良性互动。针对远程学习对交互式、个性化学习的需求，2010年开始，基于Moodle平台进行二次开发，为学生打造个性化的课程教学资源体系，提高学生的自主学习能力，为教学效果和学习质量提供保证。2012年以来，借鉴MOOC教学理念，建设以知识点为单元、以高清微视频为重点的微课程资源体系。学生可以浏览到课程涵盖的所有知识点之间的结构关系，单击任一知识点都可以进入相应模块学习。

三、服务社会的基本情况

（一）服务国家战略

上海交通大学网络教育注重服务国家战略，努力为国家社会和经济发展提供培养人才支持。江南造船（集团）有限责任公司是我国较大的军用舰船和民用船舶制造集团，对我国的海洋战略具有重大意义，他们需要大量各类高水平的专业制造人员。我校与该集团结成人才培养联盟，在长兴岛该集团基地设置远程教育教学中心，为该集团培养了大量实用型技术岗位人才，为培养“大国工匠”做出了贡献。

携手中国电信上海公司和上海远程教育集团等，研发应用先进关键技术，设计实施教学新模式，建设集成了覆盖全市城乡的网、校、库合一的数字化终身学习平台和优质教育资源库，提供多渠道多模式个性化分类教育服务，培养各类专门人才，努力实现上海市政府提出的“人人皆学，时时能学，处处可学”的建设目标。

与上海机场（集团）有限公司、江南造船（集团）有限责任公司、上海财安金融服务股份有限公司、江苏阳光集团、中央芭蕾舞团、华住酒店集团等单位持续开展企业亟须人才的联合培养，结合企业战略与人才规划，建设优质数字化课程资源库，构建交叉融合的企业实践平台，构建“学历＋技能”的学科课程与技能培训相结合的课程体系，引入学校理论导师与企业实践导师“双师制”结合的立体交叉培养模式，突出创新应用型人才培养的个性化、定制化的特点，探索了从规模化到定制化的应用型人才校企联合培养模式。

（二）服务西部民族地区发展

上海交通大学网络教育贯彻教育部"关于深入开展对口支援西部地区高等学校工作的意见"，开展西部高校全日制在校学生跨校选修上海交通大学课程，以及修读上海交通大学第二学科学士学位工作。2003年以来，上海交通大学先后和宁夏大学等5所东西部高校共同签署了"校际选课、承认学分、联合办学"协议，以及"宁夏大学、西藏大学校内学生跨校修读上海交通大学第二学科学士学位"的合作协议，面向宁夏大学和西藏大学开展"跨校选修"和"跨校修读第二学科学士学位"工作。将上海交通大学课堂实时传播到宁夏大学和西藏大学，为提高西部高校教学水平和人才培养质量、促进我国高等教育均衡可持续发展做出了贡献。两地学生在这所超越空间、跨越地域的课堂里，共同领略大师的风采，汲取知识的养分，分享学习的愉悦。从2003年春季学期开始，宁夏大学首批483名学生通过"天地网"教学平台，跨校选修上海交通大学课程656门次，参加选课人数累计超过万人；截至2018年年底，宁夏大学学生通过此平台选修上海交通大学第二学科学士学位课程654人次，其中304人获得上海交通大学第二学科学士学位证书；西藏大学选修上海交通大学第二学科学士学位课程学生701人次，其中290人获得上海交通大学第二学科学士学位证书。

跨校选修和跨校修读第二学科学士学位课程工作的开展，使西部高校学生和上海交通大学学生在同一课堂实时共享上海交通大学的本科课程，使上海交通大学的老师同时培育着西部高校的学生，拓宽了西部高校学生的知识面，增强了西部学生的工作能力，并为西部教师在职进修的提高提供了新的途径。

在国家"西部大开发"战略和上海市进一步加强支援西部的背景下，上海交通大学网络教育和西藏大学、宁夏大学共同开发了具有自主知识产权的基于用户体验的新型移动学习平台，并以西藏、宁夏民族地区学习需求为导向，共建286门包括藏语课程等各类继续教育移动课程资源；三校紧密合作，依托当地政府建立了9个"移动学习服务中心"，针对各地实际需要开展继续教育项目8大类48项，包括社会培训类的西藏"强基惠民"工程、农村中小学教师"国培计划"、农村劳动力转移生产技能培训、西藏公安边防总队干部培训等，课程进修类的成人教育、网络教育、在校大学生修读上海交通大学第二学位、跨校选修课程等；惠及各族各界群众30 500余人，涵盖农牧民、种植养殖户、农业技术员、农村骨干教师、乡村基层干部、边防干部战士、社会组织管理人员、企业经营人员、行业协会负责人、各级党员干部、学生等。

2011年年底，全国继续教育工作会议开幕。时任中共中央政治局委员、国务委员刘延东在时任教育部部长袁贵仁、教育部副部长鲁昕的陪同下，来到中心展区上海交通大学继续教育学院展台（见图1），视察上海交通大学的移动学习研究和推广应用工作。上海交通大学移动学习研发成果在宁夏和西藏的高校、职校和农牧边防地区的推广应用得到刘延东和教育部领导的肯定。

（三）服务在职从业人员学习需求

网络教育学生绝大多数是在职从业人员，都有自己的工作和家庭，学习时间无保障，缺乏系统的学习体系，为了切实满足学生继续教育的需求，提倡终身学习的教育理念，上海交通大学网络教育坚持贯彻党的教育方针，遵循继续教育规律，坚持育人为本、德育为先、能力

图1 中共中央政治局委员、国务委员刘延东同志视察上海交通大学移动学习成果展示

为重、全面发展的育人观，以学生为中心，以教师为主导，构建应用型服务社会的人才培养体系。

1. 增强学生的思想教育，以师德育人

网络教育学生的实践经验较为丰富，政治思想理论知识较为薄弱，缺乏系统深入的思想教育疏导。上海交通大学网络教育深入开展教育思想大讨论活动，切实强化师风师德建设。增强教师立德树人、教书育人的责任感和使命感，做到"入心见行"，落实全员全过程全方位育人。围绕师德师风建设，建立科学规范的考核评价体系，加强师德师风建设的基本要求和基本规范。通过师德师风建设，发挥教师学高为师、德高为范的引领作用，培养学生"好学、乐学、善学"的学习态度和学习能力。

2. 满足学生的切身需求，以知识育人

优化专业设置和教学计划。除了系统理论知识的传授，更把实践操作技能的培养作为教育的主要内容，积极探索实践教学，建立学生校外实践基地，鼓励学生参与实训课程。注重发挥学生学习的主动性和积极性，教学目标以职业性、操作性和适用性为主，教学过程中，理论联系实际，开发网络精品课程建设、学历证书＋职业证书双证课程建设，致力于提高学生的动手能力和解决实际问题的能力。

基于终身学习、自主学习的教学理念，开发应用先进网络化传输技术，采用线上教学和线下面授混合式教学方法，辅之以多元化课后辅导，保证学生随时随地的有效学习，既发挥教师引导、启发和监控教学过程的主导作用，又充分体现学生学习过程主体的积极性、主动性与创造性。

3. 丰富学生的校外生活，以文化育人

在网络教育形式下积极开展思想教育工作，强化网络文化建设，强化学风建设和不断提高学生的综合素质。教学主管的职责之一就是学生的思想政治工作。同时，配备兼职班主任，配合负责学生的教学管理和思想政治工作，并制定一系列具体制度，在学生能力提升、学风建设等方面取得了良好效果。

坚持文化育人，努力建设校园文化，增强学生的向心力和归属感。设立"远方"奖学金以及“创新创业”和“热心公益”单项奖，鼓励学生勤奋学习，开拓创新、投身公益；设立“致远”奖教金，鼓励老师教书育人；设立同学会、校友会，为学生提供活动交友平台；每学期组织学生参与“才艺比赛”，学生社团“远方合唱团”成立10年来，每周举办活动，并先后获得上海市多个群众艺术奖项，已成为上海交通大学继续教育的亮丽名片。

四、试点的成效与经验及存在的问题

（一）成效与经验

1. 以立德树人为宗旨，从学生价值最大化出发

以立德树人为第一要务，积极探索教育规律和管理规律，析取对学生价值影响最大的关键环节，通过精细化、人性化管理，达到预期的效果，保证学生的价值最大化——得到正确的价值观和方法论、学到系统的理论知识和实践能力、提升职业素养和持续发展力、获得高等教育文凭。持续为社会输送能力素质协调发展、高素养和高技能的应用型人才。

2. 以技术为引领，构建新型混合式教学模式

应用现代远程教育新技术，自主开发研制了基于各类网络的实时直播和非实时点播的多种传输渠道，在线与离线、异步与同步、分散与集中相结合，融教学、管理、支持服务于一体的多功能交互学习平台。研究工作得到中央财政专项、中国下一代互联网示范工程(CNGI)、国家863重大主题、十五科技攻关、国家自然科学基金、美国国家自然科学基金、欧盟框架项目(FP7)等重大科研项目资助。

构建了新型混合式教学模式。网络教育的所有学习资源和支持服务均在网络平台上提供，核心课程和核心内容强化面授。教师可在课堂实时授课、实时录制、实时播送，并支持点播、下载，加强了临场感和交互性，并根据反馈及时调整、更新教学内容和进程。学生可在自己的生活、工作等不同地域实时或下载进行学习。

3. 以队伍建设为核心，促进可持续发展

将队伍建设作为可持续发展的第一资源，汇聚了一批以教授、副教授、博士学位教师为主体的专业主任和主讲教师，以名校硕士学位教学主管及交通大学研究生为主体的答疑辅导助教团队。

建设了以专职专业主任和教学主管为骨干的专业教学与管理模式，发挥专业主任和专职教师的引领优势，以兼职教师为有机补充，深化专业内涵建设，提高课程设置的专业针对性和市场适应性。

4. 以课程建设为主线，提升办学质量

贯彻落实《教育部关于全面提高高等教育质量的若干意见》和《上海交通大学关于全面提高办学质量的决定》，将质量特色作为发展主线，应用E-learning现代远程教育先进技术，在原有工作基础上引入Moodle国际通用课程平台，针对远程学习对交互式、个性化学习的需求，探索了课程规模化建设模式，拓展了交互式资源建设方法，创建了多方资源的聚合模式，规范了网络在线课程建设标准，完成建设并持续运行数字化优质课程464门。

2013年以来，网络教育切实开展MOOC理念下的教学与课程改革，建设高清录播教

室，新建和改造更适合成人业余学习、以知识点为核心的短视频课程，在知识点教学进程中加强学习效果检验和测试环节，筹划专业改造，适应社会和学习者实际需求，进一步明确应用型人才培养目标。开展新一轮 MOOC 理念的课程资源建设，以丰富的优质网络课程资源，面授与网络、线上与线下相结合的混合型教学手段和个性化学习支持服务，关注教学过程，提高学习积极性，提升教学质量，提升学生的业务素质与能力水平，推动网络教育思想、教育内容、教育方法和教育模式改革。

部分成果：

(1)“计算机组成与系统结构”“政治学”“金融学导论”均获国家级精品课程(网络教育)和国家级精品资源共享课(网络教育)。

(2)“数据结构”获国家级网络教育精品课程(网络教育)，“组织行为学”“公共关系学”获教育部优秀网络课程及资源。

(3)“嵌入式系统及应用”获教育部-Intel 精品课程。

(4)“艺术设计概论”获教育部网络教育通识教育精品数字教材。

(5)“建设现代远程教育艺术设计专业培养应用型优秀人才”“开发应用信息技术，创建新型规模化数字化课程建设模式及个性化教学环境”获 2014 年上海市教学成果二等奖。

(6)“网络教育经管类专业建设与实践”“基于数字化教学平台的艺术设计专业内涵建设与应用”获 2014 年学校教学成果一等奖。

(7)“网络教育统考课程教学质量保障体系的建设及实践”获 2014 年学校教学成果二等奖。

(8)“创建数字化课程生成系统，推进优质网络课程规模化建设和应用”“艺术设计专业数字化教学平台的建设与应用”获 2010 年学校教学成果特等奖。

(9)“与国际知名公司合作，基于新技术，面向应用的新型计算机课程改革与建设”“远程教育《计算机应用基础》课程导学、促学教学体系建设及实践”获 2010 年学校教学成果二等奖。

(10)“基于网络的继续教育教学独立评价系统的建设与应用”获 2010 年学校教学成果二等奖。

5. 发挥研发优势，为学校在线教育平台建设作贡献

作为在线教育领域的先驱者，上海交通大学的品牌形象多年来一直深入人心。随着计算机、通信以及互联网技术的飞速发展，信息技术越来越深刻地改变着高等教育格局的今天。

上海交通大学继续教育学院作为学校具备十多年从事大规模在线网络教育的机构，发挥自己独特的实践经验和 E-learning 研发优势，参与并完成了学校在线教育核心教学平台的规划设计和开发。对于服务社会，促进创新型国家建设，引领社会进步，传播优秀文化，构筑文化桥梁，构建学习型社会具有重大意义。

6. 利用资源优势，配合学校对口西部支援工作，参与上海学习型城市建设

贯彻教育部“关于深入开展对口支援西部地区高等学校工作的意见”，配合学校开展西部高校全日制在校学生跨校修读上海交通大学第二学科学士学位工作。

2003 年以来，宁夏大学、西藏大学共计近 600 名学生获得上海交通大学第二学科学士

学位，提高了西部高校人才培养质量，增强了西部高校毕业生服务国家、服务社会的素质与能力。

与西藏大学、宁夏大学合作，自主开发多模式、多渠道移动学习平台；2010 年以来，以西部民族地区学习需求为导向，三校合作共建 396 门各类继续教育移动课程资源；依托当地政府建立 9 个“移动学习服务中心”提供本地化学习支持，探索了可持续的组织运行体系和学习支持模式。开展社会培训和高等教育项目 8 大类 48 项，惠及各族各界群众 20 500 余人次，得到当地各界的好评和中央领导的肯定。

以上海电信的宽带网络为信息平台，向上海市民免费开放上海交通大学 8 个专业近百门网上直播课程。和上海电信分公司、上海远程教育集团合作，研发应用先进关键技术，设计实施教学新模式。建设集成了覆盖全市城乡的网、校、库合一的数字化终身学习平台和优质教育资源库，提供多渠道、多模式个性化分类教育服务，培养各类专门人才，促进学有所教、学有所成、学有所用，努力实现“人人皆学，时时能学，处处可学”的建设目标。

部分成果：

(1)“多校合作，面向西部，创建基于天地网的新型教育资源共享体系”获 2005 年国家级教学成果一等奖。

(2)“校企合作、科技先导，面向学习型城市构建数字化终身学习平台的研究与示范应用”获 2009 年国家级教学成果二等奖。

(3)“东西部高校合作运用移动学习技术推进西部地区继续教育”获 2014 年上海市教学成果二等奖。

(4)“共享教育资源，优化教学模式，探索与实践校企联合继续教育人才培养机制”获 2016 年学校教学成果二等奖。

(5)“校企合作，开展继续教育，培养船舶智能制造专业人才的探索与实践”获学校 2017 年度学校教学成果二等奖。

(6)“上海交通大学继续教育学院、西藏大学继续教育学院、宁夏大学远程教育学院，合作开发移动学习技术，积极发展民族地区继续教育获 2012 年上海市推进学习型社会建设与终身教育创新项目。

(7)“推进技术研发，完善教学体系，实现支援西部高校第二专业人才培养新跨越”获 2010 年学校教学成果一等奖。

(8)“基于规模的定制化：在线继续教育校企联合培养模式探索”“技术为先导，探索混合式教学模式，培养应用型创新人才”获 2016 年全国网络教育优秀案例。

部分获奖证书见图 2。

（二）存在的问题

“互联网＋”教育概念的蓬勃兴起，MOOC 等教育新模式的日趋成熟，网络教育未来的发展趋势具有一定的不确定性，需要有前瞻谋划并深入研究考虑网络教育的发展方向和定位。

需进一步明确现代远程教育试点高校下一步工作的路线图与时间表，引导现代远程教育的可持续发展，促进现代远程教育在全国高校学历继续教育中起到与其所在高校相匹配的引领作用和标杆地位。

图 2　国家级教学成果奖获奖证书

总之，经过近 20 年的不断探索和创新，上海交通大学网络教育逐渐形成了高层次、高质量、高效益的教育运行模式，在全国高校同行业中名列前茅，塑造了与学校定位相匹配的、具有“时代特征、上海特点、交大特色”的高等继续教育品牌形象。试点以来，上海交通大学网络教育先后荣获国家教学成果一等奖、二等奖各一项，国家科技进步二等奖两项，何梁何利科技创新奖一项。同时，有力支持了学校各项教学活动和公益项目，配合学校对口支援宁夏大学和西藏大学，开展跨校选课和修读第二学科学士学位，获得了经济效益与社会效益双丰收。

上海交通大学网络教育将发挥学校在线教育中心“好大学在线”的平台优势，通过组织融合、资源融合，积极推进在线教育工作，推动教育教学改革和信息化建设，推进网络教育转型发展，助力学校人才培养，提升在线教育的综合影响力和持续生命力。

新时代办好高等学历继续教育，必须遵循“四个坚持”，即坚持立德树人、坚持育人为本、坚持确保质量、坚持规范办学。上海交通大学将继续有效控制网络教育规模，确保生源质量，发展高质量的学历继续教育，打造与创建世界一流大学相匹配的继续教育办学机构，为国家培养更多优秀的应用型人才。

上海交通大学医学院现代远程教育试点工作总结

一、办学基本情况

（一）试点背景

上海交通大学医学院（原上海第二医科大学）是教育部于2002年正式批准开展现代远程教育的首批单科类医科试点高校，立足医学领域举办应用型人才培养，履行高校医学卫生人才培养的职责和使命。

上海交通大学医学院先后开设了护理、公共事业管理（卫生方向）、药学、检验和生物医学工程5个学科专业，承担了专科、高起本和专升本两个学历3个层次的网络教育任务。其中，护理学专业作为国家紧缺人才专业，医学检验专业是医学院网络教育特色专业，学院也是全国网络教育中唯一开设此专业的院校。办学16年来，已培养输送了近35 000名本、专科医学卫生技术人才。

作为为数不多的开展医科类现代远程教育的试点高校，坚持“以医学继续教育为重点，远程与实践教学相结合，现代信息技术为支撑，构建医学终身教育体系”的发展定位，为国家，特别是为医学教育资源相对匮乏的新疆、云南等少数民族地区和边远地区提供各类职后非全日制继续教育，满足社会知识学习和知识结构更新的需求，为推进健康中国、构建医学终身教育体系做出应有的贡献。

（二）落实医学卫生人才培养任务

医学网络教育专业设置注重紧密衔接国家医药卫生发展和社会需求，按照教育部、卫生部关于举办高等医学教育的文件（教高〔2002〕10号）要求，充分利用上海交通大学医学院一流学科的师资优势与学科积累，在专业设置和教学方面体现混合式教学理念，培养适应行业需求的护理学、药学、医学检验、公共事业管理等专业的高级应用型人才，提高医疗卫生系统及相关行业从业人员的学历水平及综合素质。

在职后人才培养方面，强调终身学习理念。深入拓展与专业有关的基础理论知识、基本技能水平，熟悉本专业技术发展前沿，培养学生一定的科研能力。同时，坚持贯彻国家医疗卫生人才培养战略，将优质的医学教育资源和先进的医学理念服务中西部及少数民族偏远地区医学卫生人才培养。

为了实现上述人才培养目标，各专业制订培养计划过程严谨规范，遵循医学学科发展和行业需求，听取基础医学和临床医学专家意见，合理调整培养计划。各专业课程体系包括公共课、专业基础课、专业课、实践课程、毕业临床实习模块。遵循继续教育宽进严出的原则，增设实践教学和考核模块、毕业综合理论和实践考核环节，注重培养医学卫生人才的实践技能水平。

（三）优化师资建设与教学资源等建设

1. 师资建设

上海交通大学医学院网络教育采用学院与学习中心二级管理模式，授课教师主要来自医学院、附属医院，辅导教师包括上述授课教师和学习中心按学院要求配备的各类指导教师。管理人员队伍包括学院及学习中心教学管理人员。

学习中心聘请的指导教师可以分成以下类型：①学习中心依托学校相同专业的专职教师，如护理学专业的医学基础课程、专业课程教师；②聘请所依托学校或社会力量的实验课程实验指导教师；③实习基地的毕业实习指导教师和论文撰写指导教师；④医学院各专业的教师。各类指导教师和学生的比例并不相同，为1∶10～1∶15。第三类指导教师和学生的比例约为1∶4。学院网络教育的教师数完全能满足学生的教学需求。

目前，参与网络教育的授课教师共计220人，其中本校教师（包括附属医院）169人，外校教师51人，本校教师占比约为77%。教师中具有中级职称的有92人，占42%，副教授及以上职称有124人，占56%。授课教师主要来自医学院及附属医院推荐的骨干教师，少量外聘教师则承担部分专业特色课程授课任务。根据医学院网络教育要求，学习中心需配备相应的指导教师，其中论文指导教师和毕业操作考试评审教师要求中级或高级以上职称。目前，网络教育学习中心指导教师的配备情况如下：毕业论文指导教师122人，其中高级职称81人，占66%，中级职称41人，占34%；毕业操作考核评审教师109人，其中高级职称42人，占39%，中级职称67人，占61%。公共课程（计算机和英语）辅导教师25名；实验课程带教教师24名。为提升学习中心指导教师的教学技能，学院于2014年和2016年分别组织了统考公共课程辅导教师和毕业论文指导教师培训。

学院教学管理部门为教师与学习中心、教师与学生之间统一搭建有效的沟通平台，形成了网上、网下相结合的教学、辅导、管理模式，每年综合学生、学习中心及教学管理人员三方评价，开展优秀教师评选表彰。

2. 教学资源建设

上海交通大学医学院网络教育目前建有网络课程223门，国家网络教育精品资源共享课1门。学院制订了根据教学需要逐年更新与补充课程资源的建设计划，维持平均每年15%的课程更新量。其中，近5年内更新课程100余门，总学时数超过3000学时。目前建设完成的题库总量180门，实现了全部课程网络作业在线随机抽题。

基础主干课程是课程建设的核心。遵循医学学科发展的需要，紧跟学科发展前沿，维持年平均网络课程更新量15%。近5年来，更新了近100门课程的网络课件，累计达到3000余学时，其中新拍或重拍了“护理教育学”“护理科研”“食品安全与卫生监督”“母婴护理学”“社区护理”“儿科护理学”“基础护理学”“医药信息管理学”“医学遗传学”等多门医学类主干网络课程。“临床血液学检验”获得教育部精品资源共享课程建设立项和经费支持。课程建设包括42学时理论课，10个核心实验操作，共涉及71个理论知识点、28个实践技能点，力求满足临床检验在职人员的学习需求。

此外，组织了“医学遗传学”“医学免疫学”两门课程的精品资源共享课建设，每门课程教学设计包含30学时理论课与3个实验课，彰显专业课程特色。协助中华预防医学会拍摄制作出版“产前超声规范化检查基础培训”，协助医学学科建设完成“系统解剖学”“局部解剖学"专业中英文索引制作及精品课程共享资源建设,协助疾控中心及附属医院完成"慢性乙型肝炎规范化抗病毒治疗及管理培训""护理操作入科培训系列"等多部高质量专业教学培训示教片。

3. 信息化建设情况及应用成效

上海交通大学医学院网络教育注重提升教学管理人员的素质和信息化应用水平,适应"互联网+"时代的社会需求,信息化技术手段覆盖教学运行管理全过程,提高教学运行管理效率。切实做好网络教育日常硬件支撑系统建设与维护、软件平台建设与维护、网络建设与维护、技术培训服务、学习中心技术支持服务等工作。

为适应信息技术和互联网发展的步伐,2012 年启动教学平台改版。现有系统平台包括在线学习平台 PC、移动在线学习平台、招生系统/在线报名、学习中心管理系统、学院后台管理系统、统一认证系统、综合教务学籍系统、数据同步系统 8 大系统。目前,信息化教学平台能够提供更个性化的学习支持服务。

(1) 学生学习系统内分别设有专属栏目提供学院和学习中心各自的教学通知、考试通知、复习资料等学习相关资源，使学生在各自的学习环境中更方便快捷地全面获取学习资源,杜绝多系统登录的麻烦。

(2) 提供个性化的通知发布系统,使学生在各自的学习环境下获取专属自己学习相关的通知及信息,过滤掉其他无关信息。

(3) 提供站内提醒发布系统,学习中心或学院可针对不同学生个人和群体发布学习提醒,督促学生及时完成各项学习任务。

(4) 提供学习日志功能,详细记录学生考勤及作业完成情况,使学生学会更好地管理和安排自己的学习进度。

从线上和线下为学生提供全面的学习支持服务。学生选课、听课、作业提交、答疑、互动等学习过程均可在网上学习平台上完成。学习中心通过网上管理平台全面了解学生的学习进度、学习成绩、学籍状态等,有针对性地督促学生及时完成学习任务。

网络平台还提供网上学习情况分析,对各学习中心学生的考勤和作业情况提供实时分析数据,从达标、良好和优秀 3 个层次综合分析各学习中心学生课程的学习情况。对教学平台满意度调查显示,学生普遍认可教学平台,详见表 1。

表 1 学生对教学平台的满意度调查表

调查人数	非常满意（90 分以上）	满意（70～90 分）	一般（60～70 分）	不满意（60 分以下）	满意以上占比	一般以上占比
3010	1466	1110	401	33	86%	99%

（四）办学规模和招生管理

自 2002 年现代远程教育开办以来,严格遵循上海交通大学和医学院继续教育整体发展规划和年度招生工作计划,规范办学行为,维护学校和医学院品牌,切实提高办学质量。

1. 办学规模与办学条件和能力匹配

立足医药健康行业,抓好生源质量,完善布局和发展学习中心。截至 2018 年年底,在校生总数为5397人,拥有网络教育专兼职教师220人,师生比例合理。网络教育平台经压力测试预计能支持30 000人同时在线学习,当前硬件网络环境及平台完全能够支持现有招生规模,即满足每次3000人左右同时在线学习。

严格按照教育部、卫生部关于举办高等医学教育的文件要求和教育部关于现代远程教育试点高校网络高等学历教育招生工作的相关要求,明确招生培养的对象为医疗卫生行业在职人员,教育类型为非全日制成人教育这一基本招生原则。根据教育部"关于印发《高等学历继续教育专业设置管理办法》的通知"(教职成〔2016〕7号)相关规定,自2018年起学院停止了护理学、公共事业管理等专业的专科层次高等学历继续教育招生工作。

自主招生入学方式共有4种:①通过自主命题的招生考试,录取办法为通过入学考试分数线(专科两门考试总分超过120分、专升本三门考试总分超过180分);②参加当地国家成人高考,并且分数达到当地成人高考分数线,可以免试入学;③参加国家统一自学考试,至少已通过相关专业两门课程者,可免试入学;④已具备国家认可的本科学历,可作为同等学力免试入学。

2. 规范招生管理

根据教育部阳光招生平台有关新生注册、招生数据、学籍数据上报的各项规定,及时按照各个时间节点上报招生简章、招生计划、招生学习中心和新生录取注册信息。

规范招生工作各个环节,包括:

统一制定招生政策,制作并发布招生简章,审核各学习中心招生宣传方案,监督各学习中心的招生宣传过程。学习中心按照统一制定的招生政策和招生简章制订本地区的具体招生宣传计划,上报学院审批后执行,并接受学院监督。

统一录取,学生可在学院官网(www. mechina. org)上的"录取查询"上查到本季考试成绩及其录取情况。学院学历教育招生办公室根据经确认过的录取名单,统一打印入学通知书,确保入学通知书到达学生本人手中。

新生的入学资格要经过学习中心、学院招生部门和学院学籍管理部门的三重审核,方可确认其报名资格有效。尤其是针对报考专升本的学生,对其专科毕业证书的审核更为严格,必须提供经过中国高等教育学生信息网查询后所下载打印的学历证明方可报考。

学籍建档主要通过学院自行研制开发的学籍管理软件,进行学员个人基本情况、入学考试成绩、联络方式、工作单位、家庭住址、选课情况、各门课程的期中、期末成绩、毕业成绩大表等信息的录入与管理,以及学号的发放等工作,确保学籍管理工作的安全和准确。

(五)教学实施与全过程管理

建立了从招生入学、教学计划实施、教学过程监控、助学辅导、毕业环节督察、学员和学习中心问题反馈与解决的闭环管理流程。重点加强核心环节管理,并且将各项教学任务纳入医学院大教育管理范畴,接受医学院教务处的教学质量监督,推进网络教育的教学改革和创新。

在规范有效的落实人才培养方案的过程中,重点加强新生入学、学习过程监管、考试监管、毕业实习、毕业综合考试、毕业论文管理等几大核心环节的监督管理工作,制定标准化的检查流程,定期开展飞行检查。

1. 新生入学教育

以端正学生学习态度、指导学生网上学习方法、建立学生与学习中心间有效沟通渠道等为主要目标，学院制定了标准化的考核制度，紧密围绕入学教育目标，严格规定开学典礼必备的各项流程，组织教学管理人员现场巡查，对学习中心的开学典礼情况进行考核评定。2017 年，对 21 个学习中心的新生入学教育开展了检查。

2. 学习过程监管

课程学习建立严谨规范的网络学习记录及管理制度。网上记录学生考勤和作业成绩作为平时成绩，比例为 30%。授课安排中规定每门课程都提供统一的考前复习课，根据课程总学时数复习课安排 2～6 学时不等；各学习中心还聘请辅导教师进行面授辅导和答疑。学院网站提供专门的课程答疑平台和电子邮箱为学生常年提供各项学习及专业知识答疑。实践表明，学生对此项举措非常认同，答疑通道利用率很高。

学习日志提醒学生考勤及作业完成情况，使学生更好地管理学习进度。学习中心管理平台提供学生实时的学习进度记录，并提供各班级的学习情况分析。学院可从达标、良好和优秀 3 个层次掌握各学习中心学生课程的学习情况。

3. 规范考核，严肃考场纪律

学习考核包括日常网上学习考核、课程理论考核和操作考核等多种形式。在最短学习期限内，每门课程提供两次补考机会，可在最长有效学习期限内申请课程重修，课程重修不收费，但仅限两次。

根据《上海交通大学医学院网络教育课程免修及免考管理办法》相关条例，严格审核学生免修和免考申请，将免修免考的学生相关课目汇总表输入学生成绩记录系统，对于免修免考课日，一律以 60 分记录学习成绩档案中。

定期选派教师和管理人员开展监考巡考。巡考人员可根据巡考情况对巡视情况及发现的其他情况给出意见和建议，并及时反馈学习中心。

严肃处理考试违纪。对于考场中出现的违纪现象，在监考巡考人员指导下必须当场整改。对于考试中出现的作弊和违纪现象，按照考试纪律规定严肃处理。

4. 严格把控毕业阶段各环节

毕业环节包括毕业综合理论考试和操作考试、毕业实习、毕业论文三大核心内容。

毕业综合考试包括理论综合和操作考核。为保证教育考试公平性，上海地区学生统一在医学院参加理论综合考试，由学院教学人员统一监考。护理学和检验专业实践操作考核在各学习中心进行，学习中心根据学院规定的评审教师要求、考核项目和学生人数，提前上报考试安排，经学院审核后按规定的统一时间段进行考试，学院安排教学管理人员现场巡查。

毕业实习是医学相关专业教学计划中的特色环节。学院规定所有专业必须在毕业前完成 12 周(护理高起本要求 16 周)的毕业实习，学院制订实习手册和相关实习要求，各学习中心落实实习基地、实习计划和实习指导教师等环节。学院对各实习基地定期巡查和实习抽查。

毕业论文管理是本科教学质量管理中的核心环节。学院推进针对性极强的“毕业论文写作指导”核心课程建设，并以毕业论文开题报告的形式对该门课程进行考核，由学院组织专家统一审核毕业论文开题并给出详细的指导意见。持续加强学习中心、实习单位毕业论文指导教师团队的建设与管理，保证毕业论文指导、写作、评审、抽查的全过程有章可循。

以上工作自开展试点以来坚持至今，成效良好。

5. 毕业证审核与学位授予

1）严格毕业审核流程和证书管理

学历继续教育毕业审核和证书管理严格按照各级教育管理机关和上海交通大学的相关规定，依据招生时确定的办学类型和学习形式，审核颁发学历证书、学位证书及其他证书。

2）严格学位标准和审批流程

严格执行国务院学位委员会《关于授予成人高等教育本科毕业生学士学位暂行规定》〔(88)学位字 012 号〕，国务院学位委员会、国家教委《关于整顿普通高等学校授予成人高等教育本科毕业生学士学位工作的通知》〔学位(1991)11 号〕和教育部、上海市学位办等各相关文件精神，从严成人高等教育学士学位授予标准，确保学校成人高等教育学士学位授予质量。

学校学位评定委员会每年定期审批 4 次(3 月、6 月、9 月、12 月各一次)。学校学位评定委员会举行会议，全体成员的三分之二以上委员出席方为有效，会议决定以无记名投票方式表决，全体委员过半数以上通过有效。

2017 年 3 月，重新修订的《上海交通大学成人高等教育本科毕业生学士学位授予工作实施细则》(沪交教〔2017〕6 号)中关于学位授予的业务学习条件，符合国务院学位委员会和上海市学位办相关文件要求。对于符合相关条件者，授予成人高等教育学士学位。

（六）校外学习中心设立与管理服务

自成立以来，学院在全国 15 个省市先后设立了 50 余所校外学习中心。为进一步规范管理、切实保证办学质量，学院积极稳妥地优化校外学习中心布局，对一些质量得不到保证、办学积极性不高的校外学习中心实行退出机制，同时注重在教育资源相对贫乏的中西部地区优先设立学习中心。目前，学院校外学习中心数量为 26 个，其中有 10 个学习中心位于中西部地区，每年开展春秋两季招生。

1. 校外学习中心招生工作由学院统一组织

学习中心无点外设点的情况，不委托中介招生。学习中心主要负责招生的具体环节，包括根据招生简章进行招生宣传、组织现场咨询和报名资料的初审，报名考务费收取、入学考试的组织，以及学费的收取、汇总和上缴等工作，在职责上是招生计划组织实施的具体执行机构。

2. 加强对学生的学习支持服务和管理

督导学习中心落实教学计划实施，为学生提供完善的学习支持服务。经学院教学部门的抽样调查，学生对学习中心整体的学习支持服务表示满意，尤其是在面授辅导和毕业论文指导方面，更是对学院的支持服务制度表示认可。

各地学习中心对学员实施属地化组织管理和教学计划实施，包括学习监控、助学辅导、实验技术操作、实习安排、考试考核和论文答辩等组织、监管工作。学院对学习中心关于学习支持服务方面有明确规定，内容涵盖导学、助学、学籍管理、考试、毕业实习、论文辅导等多个方面。学习中心各班级均需配备班主任，负责学生日常的管理以及教学计划的实施。

要求学习中心必须提供不低于学院教学计划总学时数20%的面授辅导课程，弥补学生网上学习形式和学习过程相对单一所造成的学习缺陷。学习中心必须提供符合要求的实验、实习场所及教师，满足各个专业学生实验、实习的教学安排。对于专升本的学生，学习中心须提供副高以上职称的专业教师指导毕业生的论文写作。

3. 建立学习中心巡查和抽查制度

每学期都会对学习中心进行定期和不定期巡视巡查。加强对学习中心的招生、收费、教学、考试等管理规范要求，每年召开校外学习中心工作会议，以问题为导向，提升学习中心管理服务职能。

除日常监督外，各学习中心每年定期按照各地省级教育行政主管部门要求做好年报年检，接受上级主管部门现场实地检查和评估。学院的学习中心管理工作在上海地区各试点高校中赢得了良好的声誉和口碑。2012年4月，上海市教委高教处负责组织专家对学院在上海所设立的13个学习中心进行了一次涉及办学资质、教学管理、考试管理等全方位的评估检查。经过自查材料申报、现场考察和集中答辩等各个工作流程，综合评价良好，其中仁济医院学习中心和瑞金医院学习中心被专家组评为优秀。2016年，根据《上海市教育委员会关于开展成人高等教育校外学习中心站点检查工作的通知》(沪教委高〔2016〕36号)文件要求，上海市教委专家组对松江等网络教育校外学习中心展开实地检查，总体检查情况良好。

4. 建立校外学习中心考评制度和退出机制

通过集中培训、分散培训和实地检查等方式，从基础建设、招生组织、教学管理环节、助学服务等方面有序推进标准化管理，对学习中心进行评估分级。每年度，对优秀学习中心给予表彰奖励，对不符合要求的学习中心给予警告并督促整改。近年来，梳理了所有学习中心开展招生和教学工作的情况，对不符合学院要求的学习中心终止协议和撤销。

近年来，学院的仁济医院学习中心、瑞金医院学习中心、闵行区卫生学校、松江区卫生人才培训中心、江苏通州市卫生学校、西安市卫生学校等10余所校外学习中心获得中国远程教育杂志社主办的优秀校外学习中心的称号。

二、试点成绩和经验

1. 立足行业需求，凸显专业特色，培养医疗健康领域应用型人才

上海交通大学医学院网络教育坚持立足行业办学，按照市场需求调整招生专业。2009年，调整了招生专业体系，新增了医学检验技术和药学专业，从而构建了护理、公共事业管理、药学、检验和生物医学工程5个专业，专科、专升本和高起本3个层次的招生专业格局。所有专业均根据专业特点，通过专家论证进行教学规划，体现专业优势，贴近社会需求。

护理学专业作为国家紧缺人才专业，教学计划充分体现专业特色。课程设置包括公共课程、基础医学、护理专业课和基本技能等，充分体现医学护理学特色。教学实施中充分发挥13家附属医院优势，最后一学年安排学生为期12周实习(护理高起本为16周实习)，实习内容涵盖临床护理技能操作、护理管理、护理教育等，通过实习轮转使学生进一步扎实基

本功，掌握最新医学护理技术，培养服务健康中国战略要求的新时代护士队伍。

医学检验是医学院网络教育的特色专业，医学院是全国网络教育唯一开设此专业的院校。作为国内首批创办本科医学检验教育的高等医学院校之一，医学院是我国为数不多的该专业博士学位授予点之一，教学质量和声誉以及办学能力在国内同行中堪称一流。依托医学检验系优质的师资力量和附属瑞金医院一流的临床师资力量，结合先进的临床教学理念与严格的医学检验实践教学要求，不断推动医学检验专业人才的培养质量。

坚持应用型人才培养目标。以医学院网络教育特色专业医学检验专业为例，该专业培养适应 21 世纪生命科学发展和公共卫生领域现代化建设需要，具有专业知识和技能以及较强的医学检验工作的决策能力，能应用现代医学检验的新知识、新技术为个体、家庭和社区提供全面、安全、高效的医学检验服务，并在医学检验教学、科研和管理等方面具有一定发展潜能的复合型高级检验人才。

2. 创新办学模式，探索校企合作办学，为医药企业定向培养人才

为拓宽合作办学模式，自 2010 年起，学院与国药集团合作探索开展企业内部员工的学历教育培养模式。

2012 年 2 月，为国药集团定点培养的首届药学专业 97 名学生顺利毕业，一次毕业超过率 76%，与行业合作对口培养试点工作取得了预期效果。2013 年，再次与国药股份公司达成了合作开展员工药学专业学历教育培训的意向。招生人数达到药学专科 55 人，本科 51 人，再次夯实了校企合作开展学历教育的可持续发展之路。2015 年起，被国药集团授权直接与下属各省级分公司展开合作，从而顺利打通了集团纵向管理环节，扩大了企业内部生源市场，也为企业定向培养人才提供了有力支持。

3. 尊重医学教育规律，革新课程设计，创实践教学特色典范

为教师与学习中心、教师与学生之间统一搭建有效的沟通平台，形成了网上、网下相结合的教学、辅导、管理模式，不断完善理论教学与实践教学紧密结合的教学质量保证体系。

各二级学院参与教学计划实施。网络教育教学纳入医学院大教育管理范围(即安排到基础医学院、护理学院、公共卫生学院和检验系的教学中去)，不定期召开医学院各学院领导和教师(包括校外聘任教师)会议，沟通网络教育教学信息，探索教育教学改革方案。

在网络课程的设计上，创新实行“黄金五分钟”和设置索引的特色设计。注重以每学时课程的前五分钟吸引学生的注意力，通过概括提炼章节学习重点等方式突出课程重点。在课件制作上增设重点知识点索引，学生可根据索引跳转学习，提高学习效率。

自 2013 年起，启动网络题库建设，目前已完成所有课程的练习题库建设，题库门数达 180 门，题库题量达 36 000 余道，实现了全部课程作业在线随机抽题。

持续更新教学资源。遵循医学学科发展需要，紧跟学科发展前沿，维持网络教育基础课程年平均更新量 15%。近 5 年来，更新了近 100 门课程的网络课件，累计达到 3000 余学时。2014 年，“临床血液学检验”获得教育部精品资源共享课程建设立项和经费支持。组织实施“医学遗传学”“医学免疫学”等精品资源共享课程建设，每门课程教学设计都包含 30 学时理论课与 3 个实验课，彰显专业特色。

实践教学是医学教育中的重要一环，作为全国医学网络教育中扎实贯彻临床实践教学的医学院校典型，总结上报了《网络教育典型案例：实践教育环节的设计和实施》。护理学、医学检验和药学专业具有很强的实践性，根据各专业特点，将专业课程体系内涉及的所有实践课程融合成一门独立的实验课单独考核，考核不通过的学生无法按期毕业。实践教学考核体系包括网上理论学习、网上理论测验、实践操作三部分，三部分的比例设置为2∶2∶6，网上考核由平台自动完成，实践操作考核由学习中心辅导教师完成，学院自行检查。

实践课程包括理论视频、操作演示视频、医学图谱、网络拓展资源、实验指导等丰富的内容，引导学生实践操作前充分进行理论学习。提供实验操作要求与标准，学习中心可根据自身实践条件设计个性化的实验项目。

除上海本地学习中心的学生统一在医学院本部完成实验课程外，学院学习中心与首都医科大学、天津医科大学、南方医科大学等高校都建立了实验课程教学协作机制，保证当地学生实践操作学习。自2009年实践课程计划实施至今，共有1052名学生完成考核，参与学习中心9个，考核效果良好。

4. 抓好校外学习中心布局和管理，切实为学生提供高水平的服务

严格按照校外学习中心设立和运行标准，结合国家医学卫生人才培养需求，重点建设发展一批中西部地区的校外学习中心。近年来，结合地区教育人才发展需求，开始稳步吸收优质的非公民营机构加入合作办学。

严格按照教育部和上海市教委有关设立校外学习中心的文件要求，配套出台了《上海交通大学医学院网络教育校外学习中心申请标准》和《上海交通大学医学院网络教育校外学习中心实地考察评估指标体系》。学习中心所在承建单位必须为拥有独立法人资格，且达到办学要求（软件、硬件）的具有医学或相关医学办学资质的办学机构。

目前，开展招生的学习中心共有26所，其中西部地区的学习中心共有10所。自试点办学以来，共有10余所学习中心获得中国远程教育杂志社主办的优秀校外学习中心的称号。

5. 充分利用信息技术，为医学整体学科专业提供优质服务

利用信息技术，推进移动端课程建设，为医学学科专业发展提供信息化支持和解决方案。2018年9月，实现全部课程移动端的在线学习，移动端课程使用数108门。

2013年，医学院网络教育以在线学习和移动学习应用为目的微课程“Western Blot检测蛋白表达”，获得首届全国微课程大赛二等奖。

2014年1月，“临床血液学检验”入选第四批国家级网络教育精品资源共享课（教高司函〔2014〕1号）。2014年7月，“临床血液学检验”课程完成了教育部“爱课程”平台项目建设，面向全国学员共享开放。该课程以临床常见血液病为主线，“理论-检验-疾病”紧密联系，突出了医学现代远程教育“资源”与“过程”建设的O2O(Online To Offline)架构特点。

2014年10月，协助护理学院章雅青教授拍摄MOOC课程“常见慢性病的健康管理”在上海交通大学“好大学在线”平台上线，该课程以循证为主导，以微视频教学内容和反馈性练习构成内容讲授，采用“翩转课堂”模式，强调师生互动教学，促进学生提升自我学习效能，教学效果良好。

2015年，协助拍摄的《转化医学研究院样本库》获得上海市医学会视听分会宣传片一等奖。

2017年，协助拍摄的微电影《回归》获得上海市医学会视听分会学术研讨评比一等奖。

三、推进转型，提质升级的总体思路

上海交通大学医学院网络教育以提高医疗卫生行业从业人员学历水平为办学宗旨，不以盈利为办学目的，严格控制招生规模，注重教育品牌和社会效益。试点办学16年来，一直以高比例的教学投入、高质量的技术保障、严格的师资遴选、严密的教学管理、严谨的教学实践为管控手段，已建设230多门课程的教学资源库，形成一套行之有效的教学运行和过程管理规范体系，保证了教学质量和毕业生在社会上的声誉。始终遵循教学质量为先的办学理念，重视学习过程管理，重视"以人为本"，为学生提供全方位的学习支持服务。针对学生学习过程中的薄弱环节，不断加大助学支持力度。学生对学院教育品牌普遍认可，对学习中心的教学与管理感到满意，已形成良好的上海交通大学医学院网络教育办学口碑。围绕国家健康战略，紧密对接社会需求，推动网络教育高等学历教育向非学历教育方面转型，把适应国家建设、社会需求、学科发展、行业进步作为现代远程教育的事业方向和发展目标。分阶段实现网络教育学习成果的积累和转化，为推进建设终身学习社会贡献力量。

1. 立足大健康行业，服务基层医疗卫生事业发展

根据十九大关于"积极发展继续教育，建设学习型社会"的要求，聚焦"健康中国2030"战略，坚持以国家卫生事业发展和社会需求为导向，依托医学院一流的学科和教学科研师资队伍，整合优质教育资源，对标国家医疗卫生战略布局，聚焦"互联网+"健康教育，医教研协同，聚焦职业胜任力、聚焦全科、专科医生培养，为社会经济发展提供必要的医疗卫生技术支持，为实现医学院"创建世界一流医学院"的总体目标贡献力量。

2. 推动"互联网+"医学继续教育，完善混合式教学模式

教学模式改革，推动"互联网+"医学教育模式。在培养医学卫生应用型人才方面一贯注重学生实践能力的培养，在已有实践教学资源建设的基础上，今后将进一步扩大线下教学的规模，增加课堂教学结合临床实训的教学比重，在师资队伍中增加更多临床行业专家，加大对学生应用技能水平的考核力度。同时，重视应用翻转课堂，大力推动混合式教学模式。

课程建设改革，提升网络学习效能。改变传统的讲授式课程模式，在网络课程建设中加大师生互动内容，增进师生互动、学生与教学资源的互动。在各个专业课程中尝试建设以10分钟至20分钟内容为主的特色微课，设置提问互动环节，解决学习疲劳问题，激发学生的学习兴趣。今后，在实践课程建设方面，还将逐步探索利用VR技术等实现虚拟实验操作的创新实践教学方式。

多终端学习平台建设。根据当今互联网时代多终端泛在学习环境的现状，建设完善集学习、测评、考核、督导为一体的多终端学习平台，提升学生碎片化时间的学习效能，真正实现任何时间、任何地点、任何方式的网络学习模式。

3. 控制规模，提升质量，实现可持续发展

继续控制规模，稳步发展学历继续教育，加大管理力度，提升管理水平，切实提高办学质量。

4. 大力发展非学历继续教育，实现转型发展

围绕国家健康战略，立足发展适应社会需求、满足医学卫生人才成长需求的医学职后教

育。根据基层医疗卫生事业发展要求，开发适应多样化学习需求的继续教育培训课程，结合线上和线下教育模式，将学校的学历教育优势逐步转化成非学历教育培训项目的品牌优势。

开发非学历教育平台建设，加强非学历课程资源建设。开发网上学习平台及教师管理平台。网上学习平台提供学生自由选课、在线考勤、在线测验等功能，在线测验除了常规的客观题型外，还包括独具医学特色的医学影像临床诊断识别。教师管理平台包括发布信息、课件维护、题库维护、学生信息管理、学生成绩管理、用户管理等功能。此外，开发了执业药师资格培训等针对行业资格培训的课程模块等。

今后，上海交通大学医学院网络教育将依托学校一流的学科和教学资源，坚持社会需求导向，密切对接行业需求，围绕提升岗位技能、管理素养、综合能力，不断拓展医院管理和专技人员培训、大众健康教育培训，积极促进家庭健康、养老健康和母婴健康产业发展，培养适合社会发展需求的多层次医学人才，为构建网格化、数字化、个性化和终身化的教育体系贡献力量，不断提升上海交通大学医学院的医学终身教育品牌影响力。

华中科技大学现代远程教育试点工作总结

一、试点工作的基本情况

华中科技大学是2000年7月经教育部批准(教高〔2000〕12号)开展现代远程教育试点工作,同年成立了网络教育学院。

批复的主要内容包括:

(1) 你校应将现代远程教育试点作为学校的一项重要工作,加强领导,统筹规划,抓好网络教育学院的建设和教学管理,加快教学资源建设,认真开展好试点工作。

(2) 同意在本校已设置的本、专科专业和有硕士学位授予权的学科、专业范围内,利用网络等现代化手段开展本、专科学历教育、学士学位教育,经批准,可以开展研究生专业学位的非学历教育,也可经过认真论证,开设本科专业目录外的新专业。

(3) 积极开发网络课程,推动本校和校际之间的课程互选和学分互认。积极推动函授教育、自学考试助学活动的现代化进程,为面向农村和西部地区开展网络教育创造条件。

(4) 你校可以按照教育部现代远程教育试点工作的规定自行确定入学条件和考试、录取方式;根据网络教育学院的办学能力确定年度招生计划;根据校外教学点的网络教学条件确定招生地区;学校应严格教学管理,保证教学秩序,严格考核,保证质量;在试点阶段对达到毕业要求的本、专科学生颁发何种形式的毕业证书,由学校慎重研究后自行决定。

(5) 对"网络教育学院"的学生可按教育成本制定收费标准,经当地物价管理部门批准后执行。

华中科技大学根据现代远程教育试点工作的要求,依托学校雄厚的师资力量、强大的科研实力和先进的教学条件,严格按照教育部及省教育厅的有关要求,明确办学目标与中心工作,服务国家和区域发展战略,走质量提升、内涵发展之路,面向社会开展现代远程教育。

1. 办学方向与办学定位

华中科技大学将现代远程教育作为学校学历继续教育的一个有机组成部分,坚持"为人民服务,为中国共产党治国理政服务,为巩固和发展中国特色社会主义制度服务,为改革开放和社会主义现代化建设服务"的要求,坚持社会主义办学方向,以立德树人为根本任务。

学校继续教育"十三五"中明确办学定位是积极参与国家学习型社会建设,为构建终身教育体系贡献力量,努力建成一流的现代继续教育服务体系。办学目标是以服务、贡献学校"双一流"建设为中心,以"服务大局、办出特色、安全规范"为思路,强化"四个服务"意识,努力实现"一流服务、一流影响"。

2. 管理体制与运行机制

华中科技大学远程与继续教育学院为学校直属单位,是学校面向社会开展人才培养服务的重要单位,是全校网络教育(包括其他学历继续教育)、高等职业教育等学历教育统一管理、统筹协调及招生和教学组织实施的部门,也是学校各类非学历教育培训的归口管理部门。

远程与继续教育学院设有站点建设与招生办公室、教务部、学生工作部、资源与技术部等内设机构，在院党政的领导、统筹下，开展网络教育。

3. 制度建设与规范管理

华中科技大学自开展网络教育以来，在教育部、省教育厅相关政策文件及规章制度的总体要求下，始终强化规范管理，相继在网络教育招生、教学教务、学籍管理、校外学习中心建设、教育信息化建设等方面制订近百项规章制度及工作流程，并将各项规章制度的贯彻执行纳入学校办学的质量管理、监督体系。不断通过规章制度体系建设，确保规范办学及办学质量。

4. 专业建设与人才培养

华中科技大学网络教育专业人才培养方案以"价值观塑造，专业知识系统传授，学习能力和职业能力培养"为目标，考虑在职从业人员的学习特点，广泛征求专业院系专家和行业专家意见的基础上经历多次修订。方案从初期简单参照全日制本（专）科学历教育体系、模式，到逐步递进纳入教育培训类、实践类应用型课程，不断优化培养计划和课程设置，到现阶段以培养创新型、应用型人才为课程体系的核心。学校网络教育设有专科和专科起点升本科两个层次，曾经开办的专业达到 39 个。2017 年为贯彻落实教育部《高等学历继续教育专业设置管理办法》，学校对网络教育招生专业进行了调整，增设公共事业管理（综合类）专升本、经济信息管理专科，取消了原有的行政管理专升本、公共事业管理（医学类）专升本、经济管理专科，现设置招生本、专科共 25 个专业，所有开设专业均符合《高等学历继续教育专业设置管理办法》的要求。2016 版《网络教育学分制人才培养计划》依托学校的工科优势，设置有土木工程本科和机电一体化专科两个特色专业。

5. 师资配置与资源建设

1）加强师资队伍建设和教学质量管理

华中科技大学一直秉承以本校专业院系教师为主体，适当选聘校外优秀教师，带动学习中心辅导教师的思路建设师资队伍；通过教学督导、学员反馈等考核淘汰机制优化师资队伍，形成一支稳定的、专业水平高、责任心强、熟悉远程教育规律，由责任教师、主讲教师、辅导教师组成的三级教师梯队。责任教师和主讲教师均为院系骨干教师，学院与教师签订责任书、课件制作合同等，规范教师的教学行为，确保教学及课件制作的质量。学校制定了《网络教育教学管理工作条例》《网络教育教师教学工作实施细则》等管理文件，使教师教学更规范、有效。

每年召开任课教师培训会两次，任课教师工作会两次。2017 年学院重新修订了《远程与继续教育学院教师聘用管理办法》，强化了教师立德树人及意识形态方面的要求。每年共选聘课程主讲教师、网上辅导教师和论文指导教师 1200 人次以上。全年安排专人对网上课堂实行全覆盖检查，确保教学效果。根据测评，每年教师课堂平均优良率达到 80%以上。

2）网络教育数字资源建设

华中科技大学累计投入网络教育数字课件建设经费近亿元，已开发制作符合 CELTS 标准，涵盖理、工、医、文、经、管等多个学科，39 个专业系列的网络教育和教育培训课件 1000 余门，累计建设、购置数字课件总计 1314 门。学校共投资约 500 万元建有两个专业化的数字课件录播室，配合专业的后期制作系统，可制作包括文本、音频、视频、动画、电子书等多种类型的富媒体、高质量数字化资源。

3）各类信息化平台建设

华中科技大学每年投入近200万元进行系统开发及维护，现已建成较完善的远程教育支持服务系统，包括网络教育教学教务管理平台、SNS学生和教师工作室、网络教育大数据分析平台等10余个子系统。自建服务器机房，拥有IBM、DELL等品牌的高性能服务器20余台；同时配备包括UTM、Web应用防火墙、运维审计机等网络安全防护设备；拥有独立的电信和教育网专线网络出口，利用虚拟化技术集合多台高性能服务器搭建而成的服务器集群，配合学院远程在线教学支持服务平台，支持1万人以上同时进行网络学习的需要，同时建设有移动学习系统，满足学生碎片化学习的需求，实现了"时时可学，处处可学"。

学院新建网络教育大数据分析平台，对平台中的招生及教学数据进行分析和解读，为管理者提供辅助决策支持。

多年以来，我们坚持以人为本，通过教育信息化平台建设，努力提升服务质量，建设的信息系统及网站一直平稳运行，未发生重大安全事故，为广大师生提供了优质的网络教学环境，保证学院招生、教学的信息管理稳定、便捷。

6. 办学规模与招生管理

华中科技大学现代远程教育均严格按照教育部、教育厅有关政策制订网络教育招生简章，均明确招生对象、招生层次、专业、收费标准、符合招生条件的教学站点等。招生简章必须通过学校法律顾问审查，学校审批；再由学院统一制作和发放；校外学习中心协助做好招生宣传工作，从工作制度流程上防范校外学习中心在招生宣传过程中出现乱承诺、乱收费现象。

1）招生规模与学校办学条件和能力

（1）招生规模情况。华中科技大学网络教育招生规模每年控制在1.5～2万人。生源主要为湖北省武汉市、广东珠三角、浙江杭州及杭州湾新区、上海等地在职从业人员。例如，广东省2018年新生代产业工人"圆梦计划"报名学员达3937人，录取2069人。

（2）网络教育办学条件和能力。华中科技大学是国家教育部直属重点综合性大学、国家首批"211工程"重点建设和"985工程"建设高校之一、首批"双一流"建设高校，拥有哲学、经济学、法学、教育学、文学、理学、工学、医学、管理学、艺术学十大学科门类，设有98个本科专业。学校实施"人才兴校"战略，师资力量雄厚。现有专任教师3000余人，其中教授1000余人，副教授1300余人，目前全日制在校生(含研究生)约5.6万人。学校贯彻建设"学生、学者与学术的大学"的教育思想，秉承"育人为本、创新是魂、责任以行"的办学理念，坚持"一流教学、一流本科"的建设目标，采取多种举措，深化教育教学改革，全面推进素质教育，构建和完善充满活力的创新人才培养体系。

依据华中科技大学现有全日制本科开设的专业情况，结合我国产业人才需求现状，选择25个当前社会需求旺盛的专业作为网络教育招生专业，并不断评估更新。从招生数据看，学校的专业设置是合理的，适合当前社会需求。现代远程继续教育每年招生的人数与学校总体办学条件和教育资源的服务能力是相适应的。

2）学校网络教育招生宣传管理

（1）统一制订招生简章，实施招生责任人负责制。远程与继续教育学院代表学校统一开展学历继续教育招生工作。网络教育招生简章经学校批准后统一印制并分发至各学习中心,同时在学院官网和微信公众号向社会公布。各学习中心统一使用我院制定的招生简章进行招生宣传工作,不允许任何单位私制招生宣传材料。

学校安排专人负责监控互联网上有关学校网络教育的招生动态,严防虚假招生信息或是合作单位不实宣传信息。我们严格审核学习中心考生报名信息,通过电话回访等形式了解学生报名渠道,掌握学习中心的招生宣传情况。

实施校外学习中心招生责任人负责制。2018 年 9 月,学院以院党委、行政的名义下发《关于严格遵守远程教育招生和教学过程中有关纪律的通知》到各学习中心依托建设单位负责人及学习中心负责人。同时,通过召开招生工作会议布置相关事宜,通过约谈相关学习中心主要负责人等方式,强调招生纪律、违规后果、责任到人;有效地防范了违规招生现象发生。

(2) 严肃、规范招生录取及注册工作。在招生录取工作中,华中科技大学和合作办学单位有明确职责分工,以管理制度及有效的工作流程规范招生工作,确保生源的质量以及整个招生工作的严肃性和规范性。网络教育招生部门认真组织招生宣传、数据上报、入学测试及录取注册工作,统一进行新生入学资格审查和学籍建档工作。同时,按照网考委《关于配置身份证识别器采集新生数据的通知》精神,校外各学习中心均配置身份证识别器,以确保学生个人信息的准确性达到百分之百。校网络教育学生报名材料、录取名册等均有专人负责归档与保管。严格按照教育部和湖北省教育厅的有关规定,按时完成新生学籍注册工作。学校已建立了与教育部阳光招生平台配套的网络教育招生信息管理系统,建立发布招生信息、查询准考证、查询录取信息、受理投诉 4 个环节的直接服务机制,学院管理平台与教育部阳光招生平台连接,对外公布招生简章、学习中心信息、招生计划和专业。

(3) 规范收费标准,落实财务监督。华中科技大学网络教育收费实行统一归口到学校财务管理,不设二级财务管理。严格按物价局备案登记学费标准收费。学生按公示收费标准由本人通过"华中科技大学统一支付平台"缴学费至我校财务处。校财务处给学生开具个人学费收据。建立财务监督制度,在有关收费工作通知中公布学校及学院收费工作的监督电话。

7. 校外学习中心管理服务

为规范、落实校外学习中心的管理,制定了《华中科技大学继续教育校外教学站点建设与管理办法》,并于 2017 年 5 月进行了修订(校远程〔2017〕2 号),严格执行国家有关规定,贯彻执行国家、地方有关现代远程教育的方针政策,认真执行试点高校现代远程教育的各项规章制度,加强校外学习中心的监督管理;在招生宣传、教学教务等方面加强对学习中心有关工作的培训、指导、检查和监督,保障了学生学习的服务支持。

1) 校外学习中心分布

学校符合办学规定的网络教育校外学习中心在全国 20 个省市共有 61 个。2018 年,经严格评估,暂停了部分学习中心的招生,批准了 12 个省市的 43 家学习中心开展招生,涵盖了长三角、珠三角等经济发达地区,同时也兼顾了对新疆、云南等少数民族相对集中地区的帮扶支持。

2) 校外学习中心运行及管理

远程与继续教育学院内设站点与招生管理办公室,为校外教学站点管理的专门机构。

网络教育新建学习中心从资料审核到最终完成备案均经过部门可行性初审，报学院党政联席会议研究、实地考察、学院党政联席会讨论、协议审核、学校审批、上级教育主管部门备案等环节。2018 年 7 月以后，一律不再新增校外学习中心。所有学习中心均进行了年检备案，没有备案的学习中心不能招生。近三年没有发现学习中心转移办学权的现象。

坚持对新建的网络教育学习中心的招生、教学、技术人员开展政策宣传及工作流程的培训工作。每年召开继续教育工作年会或专题培训会，传达上级精神，明确发展目标，加强学习中心间的交流，提升管理与服务技能。与此同时，我们加强过程管理，在期初、期中教学检查中，到校外学习中心检查教学设施，召开教学工作座谈会、学生座谈会，检查校外学习中心的教学执行情况。

3）校外学习中心学习支持服务及学生满意度

坚持以“以学生为本”，积极开展深度服务。以校外学习中心为支撑点，将服务学生的理念贯穿始终，校外学习中心从学生学习计划的制订到学习过程的指导、督促，每个环节、每个流程都以学生立场和坚守育人质量为出发点去想、去做，以此打造专业化的“深度服务”品牌。

学校通过互联网为媒介开展党建和思想政治教育工作新模式，打造网上文化素质教育和交流平台；以人文科学的教育理念构建虚拟校园社区、设计丰富情意色彩的网络课件满足学习者的学前、学中和职业发展需求；以办学规范、运行平稳的优秀校外学习中心为推广学习样版，形成我校校外学生管理支持服务体系。

8. 教学实施与考风考纪

根据《华中科技大学网络教育学分制人才培养计划》，学校采用继续教育学习资源包、网络课件、试题库、虚拟实验等多样化学习资源，建立健全“导学、督学、助学、测评”的教学流程，有效实施自主学习与协作学习相结合、线上学习与线下辅导相结合的混合式教学模式。加强学生学习过程的管理，学生在网络教育平台上的各类学习活动（包括课件学习、提交作业、提问讨论、学习笔记等），按一定比例折算为网上学习分值，并且规定了网上学习分值必须达到 8 分以上，才能预约参加课程考试。为规范毕业论文指导与管理，学校建立并逐步完善毕业论文管理模块，选题、开题、中期、结题等重要环节均在网上实施，并有严格的时间节点及任务要求。对本科申请成人学士学位的学生，以及随机抽取 1/4 的学生，学校组织实施网上答辩，其余学生在我院监督下由学习中心组织答辩。

针对不同类型的课程及在职从业人员学习的特点，设置多元化的课程考核评价方式。对素质教育类课程，采用共享平台（MOOC 课程）学习考核方式；对基础课和部分专业基础课，采取以注重学习过程结合综合性评价的形成性考核方式；对绝大部分专业课，采取过程性评价与终结性考试相结合方式。

学校制订了《华中科技大学网络教育考场规则》《网络教育考试监考人员考场操作规程》《网络教育考试巡视人员职责》《学习中心考务负责人工作职责》等规范性文件，在每年组织的春秋两次课程考试中，所有校外学习中心统一考试时间、统一考务安排和考试要求，巡考教师均由远程与继续教育学院派出，考前均统一进行培训，考试结束后巡考教师均需上交巡考报告。对考试违规学生取消成绩，对考试舞弊较严重的学习中心坚决予以整改或停止招生。

9. 过程监管与质量保证

招生部门安排专人严格查询有关网络等媒体招生宣传的情况，防范、制止虚假宣传和其他中介机构的非法招生宣传。认真审核各学习中心上报的学生报名信息，对报名学生进行电话回访，调查了解学生来源地、收费、学习形式等评估学习中心宣传的真实性。对存在违规情况的学习中心，立即采取处理措施，包括停止其招生报名，暂停其招生宣传工作；停止其下一个招生季的招生。

网络教育入学测试从集中纸质试卷考试、集中上机考试到使用人脸识别技术的全过程监控在线考试系统，可全过程自动识别监控考试过程中的违规行为（如代考、替考、典型考试违纪行为等），保障了入学测试的真实性和有效性。

华中科技大学制订了《成人教育、网络教育教学质量监控与评估工作办法》，远程与继续教育学院在教务部设置有专门的教学质量管理办公室，负责起草教学质量管理文件，审核专业设置和人才培养方案，组织校内外教学质量检查，监督教学执行情况等。对教师和课堂从督导组、学生多方面收集教学评价表；对校外学习中心的教学支持服务全过程选取25个观测点进行评价，一旦发现问题，及时提出整改要求；建设大数据分析平台，对招生情况、课程教学质量、教师教学投入、学生学习投入等指标进行量化分析，为学院决策提供有力支撑。

为规范管理，防范考试风险，华中科技大学不断推进考试改革，引进了云阅卷系统和动态人脸识别在线考试系统。云阅卷系统从题库组卷、考场安排、试卷印刷、考试组织、试卷扫描批阅到最后的成绩录入，全过程利用信息化手段，有效保障了各个环节的信息安全。近年来已经全面实施一科多卷的题库组卷及基于动态人脸识别技术的全过程监控的在线考试系统，做到考试过程中的事中、事后全程监管，有效防止代考以及常规舞弊等考试违纪行为发生，同时也有效解决了部分学生考试时间安排与工作的矛盾，学生预约课程考试更加便捷、安全。

10. 社会评价与品牌荣誉

在现代远程教育试点办学过程中，按照“外树形象，内强素质”的要求，力求规范办学，提升质量，内涵发展。学校先后荣获“网络教育精品课程建设奖”“网络教育教材建设金奖”“网络精品课程建设组织银奖”“优秀网络课程推广银奖”；连续多年被新浪网、新华网、腾讯网、教育电视台等媒体评为“中国十大品牌网络教育学院”“十大热门现代远程教育试点高校”“中国十佳网络教育学院”等；在“2016中国国际远程与继续教育大会”上获得“2016中国最具社会影响力高校网络教育学院”；在“2016（第十五届）中国国际远程教育大会”上获得“中国现代远程教育（1998—2016）· 终身教育特别贡献奖”等荣誉称号，办学质量和影响力得到同行及社会的广泛认可。

二、试点工作的成绩和经验

1. 为地方行业、企业培养大批应用型人才

建立起较完善的网络教育人才培养及质量管理体系。试点以来，华中科技大学网络教育毕业人数212 216人，学士学位授予人数7985人，为地方行业、企业应用型人才培养做出了较突出的贡献。

2. 注重网络教育理论研究和对外交流

在核心期刊发表文章30余篇，承担、参与多项课题研究，出版了4部著作，先后在中国高等教育学会继续教育分会、全国高校现代远程教育协作组等近国家级、省级学会协会组织中担任领导职务，参与或发起多类资源建设联盟，推动各高校和各类教育机构间各类资源的共建共享。

3. 数字资源建设及在线学习支持服务成果丰富

网络教育等各类数字课件建设共获得国家级教学成果奖一项，省级教学成果奖三项，10门课程被评为国家网络教育精品课程，建设了15门校级精品课程，50门视频公开课，充分发挥华中科技大学的网络教育资源优势、学习支持服务及平台服务能力，积极开拓网络教育资源共建、推广与服务渠道，为湖北省、浙江省成人教育以及湖北省自学考试的网络助学等其他形式的学历继续教育提供更丰富的在线学习支持与服务。

三、推进试点工作的思路和举措

1. 坚持立德树人宗旨，落实意识形态工作责任制

坚持办学正确的政治方向，明确立德树人的办学宗旨，全面落实育人与育才相结合的办学要求。建设政治素质过硬、业务能力精湛、育人水平高超的高素质教师队伍，改革创新人才培养体系，传承我校优良的学风和校风。

学校、学院党委承担着落实网络教育意识形态工作的主体责任，学校、学院将旗帜鲜明地把思想政治教育工作贯穿于教育教学全过程。在教师选聘、课程设置、教材选用、教学实施等方面，严把政治关，严格阵地管理，确保责任落地生根。

2. 明确办学的发展方位、目标和举措

坚持“服务大局、办出特色、安全规范”的办学思路，坚持“质量提升，内涵式发展”的办学目标，千方百计地谋划转型发展，加快推动学历教育资源与非学历教育资源的共享，努力提高办学水平，维护学校声誉，在融入、服务国家、区域经济发展和学校“双一流”建设上实现质的突破。

3. 继续深化教学教务改革，提高人才培养质量

(1) 优化专业人才培养方案，改革课程体系、结构和内容，推动混合式教学模式创新，突出网络教育的教学特色。

(2) 依托网络教育大数据平台，加强网上学习过程管理与监控，完善网上学习支持服务体系，调动学生自主学习的积极性。针对网络教育国家统考课程和成人学位外语考试，组建专职辅导教师队伍，加强考试结果分析，提高网络教育统考课程通过率和学士学位授予率。

(3) 研究并实施学历继续教育完全学分制的教学组织方案，开展不同类型学历继续教育之间的学分互认、积累和转换工作，在规范管理的前提下探索建立灵活的学籍管理制度。

4. 提升服务学生能力

(1) 坚持以“学生为本”，创新学生工作管理服务理念、方式方法及服务途径。积极探索以互联网为媒介的党建和思想政治教育工作新模式，建立多渠道、全方位的学生沟通交流

机制。

（2）强化风险防控、安全稳定工作。探索完善学生教育服务管理中涉稳事件处理的方法，有效预防、控制、处理各类突发事件，为我校网络教育发展创造良好的外部环境。

5. 规范管理，提升学习中心建设及服务水平

（1）加强校外学习中心调查研究工作，有针对性地改进学习中心建设及服务工作，激发学习中心发展潜力和活力，扶持部分骨干学习中心做大、做强，加大医学类学习中心的建设和扶持力度，优化校外学习中心布局。

（2）通过建立学习中心基本情况信息数据库、开辟网上沟通交流渠道、建立定期视频会议制度，完善网上监控措施，全面实施学生网上自助缴费，不断提高校外学习中心管理信息化水平。

6. 更新理念，创新方法，完善资源技术支撑体系

（1）建立、完善资源建设质量保证和考核评估体系，不断提高资源建设水平和质量。搭建与院系资源开发合作的新框架、新模式，推进国家、校级网络优质课程建设。

（2）创新平台建设理念，逐步引入云服务模式，加强自身技术队伍建设，强化系统运行监控，规范信息安全管理，确保技术支撑服务系统高效稳定运行。

华南理工大学现代远程教育试点工作总结

华南理工大学坐落在气候宜人的南方名城广州，是国家“211 工程”和“985 工程”重点建设大学，2012 年进入上海交通大学“世界大学学术排名”500 强；2016 年在“世界大学学术排名”中整体进入 300 强，2017 年跃升至世界第 235 位，国内排名第 11 位；同年入选为国家“双一流”A 类建设高校；列入国务院建设的大众创业万众创新示范基地，是广东唯一、全国仅有的 19 所入选高校之一。

1999 年，华南理工大学贯彻落实教育部《面向 21 世纪教育振兴行动计划》，抢抓机遇，积极推动我国现代远程教育发展；2000 年 7 月，华南理工大学被教育部正式批准为实施现代远程教育试点高校，图 1 展示了继续教育学院大楼。学校网络教育办学 18 年来，全面贯彻党的教育方针，坚持社会主义办学方向，严格履行教育部 68 所现代远程教育试点高校的办学宗旨和服务社会的职责，坚持立德树人、育人为本，坚持规范办学、确保质量，不断调整和深化办学指导思想，保持“规模、质量、结构、效益”的全面协调发展，充分发挥网络教育在我校人才培养体系和社会服务中的重要作用，迄今已培养出毕业校友近 9 万人。

图 1　继续教育学院大楼

展望未来，华南理工大学现代远程教育将进一步解放思想，践行终身学习理念，在“安全办学、转型升级、提质增效”发展战略引领下，立足“双一流”大学建设和地缘广东的优势，积极服务国家发展战略和人才强国战略，加快推进教育现代化进程，为地区经济发展提供人才培养智力支撑。

一、基本情况

1. 办学方向与办学定位

办学 18 年来，不忘教育初心，坚守育人根本，始终把现代远程教育试点作为学校的一项重要工作，将网络教育与本科教育、研究生教育、来华留学生教育同步发展。在顶层设计方面，学校将发展继续教育载入《华南理工大学章程》及整体发展规划中，明确学校“适当开展继续教育”“学校对外开放办学资源，根据国家需要和自身能力，积极开展继续教育、社会服务以及面向老少边穷地区的对口支援等工作，积极履行社会责任”；从学校改革与发展的“十五”规划提出“大力发展终身教育，积极构建终身教育体系”和“办好网络教育学院”，一直到“十三五”规划列出专门章节“构建服务型继续教育体系”，都赋予了学校继续教育可持续的发展目标和明确的办学任务；此外，为细化人才培养规划，学校还专门制定了人才培养与教育教学“十三五”专项规划，明确“十三五”期间继续教育的建设思路和目标，以及具体的建设任务与举措。

2. 管理体制与运行机制

为进一步加强和规范继续教育，优化资源配置，推动资源共享与发展，2008 年 1 月，学校将原继续教育学院、网络教育学院和公开学院合署办公，形成一套班子，三块牌子的管理模式。继续教育学院既承担成人高等教育、现代远程教育、高等教育自学考试和非学历继续教育的教学和管理工作，同时也是全校继续教育工作的归口管理部门。学校成立继续教育委员会，主要负责指导和监督管理全校各类继续教育办学，办事机构设在继续教育学院，主管校领导担任委员会主任，学院院长任委员会办公室主任，相关机关部处和二级学院分管继续教育工作的领导担任委员。

3. 制度建设与规范管理

以制度建设为抓手，全面推进依法治校。严格执行教育部、广东省教育厅关于网络教育办学的指导意见和规范建设的文件，结合我校网络教育办学的规律和特点，建立健全远程教育办学制度体系，不断完善各类管理工作，制订招生管理、教学与学籍管理、校外教学点建设、质量保障、学生工作等各方面管理制度近 90 项。

4. 招生与办学规模

学校重视网络教育质量与规模的平衡发展，适应“双一流”建设的需要，稳步发展网络教育，大力发展非学历教育，坚持招生规模、在校生规模方面与学校全日制教育保持协调发展，保持总体办学规模与学校办学条件相匹配。多年来，网络教育办学规模维持着稳中有进态势，2011 年以前年度招生规模约 9000 人，2012—2016 年基本维持在 1.2 万人/年的规模，2017 年受国家招生政策调整的影响首次突破 2 万人，占比全国网络教育招生总规模 325.7 万人的 0.76%，2018 年社会需求回归理性，我校招收网络教育学生 18 038 人，专升本与专科层次分别占比 60%和 40%。截至 2018 年年底，我校网络教育在校学生 51 686 人，如表 1 所示。

表 1　华南理工大学网络教育近 3 年招生数与在校生数

类　　别	2016 年	2017 年	2018 年
招生人数/人	12 874	23 055	18 038
在校生数/人	32 713	44 842	51 686

二、试点的成绩和经验

1. 招生办学严格规范，坚持督查全覆盖，监管常态化，多渠道拓宽网络办学路径，办学秩序和谐稳定

1）聚焦优势专业培养继续教育人才

按照教育部《高等学历继续教育专业设置管理办法》（教职成〔2016〕7 号）精神，学校结合“双一流”大学建设需要，优化学历层次结构，办好优势与特色专业，由以专升本与专科层次并重逐步向专升本层次为主转变，专科专业只保留了 8 个生源需求量较大、反映学校优势学科的专业，如电气自动化技术、计算机应用技术、建设工程管理、建筑工程技术等。2018 年开设网络教育招生专业共 31 个，其中专科专业 8 个，专升本专业 23 个，如表 2 所示。

表 2　华南理工大学网络教育 2016—2018 年招生专业数

2016 年		2017 年		2018 年	
专科	专升本	专科	专升本	专科	专升本
28 个	22 个	19 个	34 个	8 个	23 个

2）规范招生宣传净化办学环境

学校始终把安全办学作为网络教育的核心工作常抓不懈，确立“规范招生、平安招生”的总基调，严抓招生宣传规范，切实维护学校网络教育的办学声誉。一是学校成立继续教育招生工作领导小组和工作小组，保障网络教育自主招生和录取工作的公开、公平、公正；二是抓好招生宣传工作，杜绝虚假宣传隐患，严格执行“五个统一”：统一招生宣传资料与广告、统一报名与资格审核、统一学费标准与完费注册、统一入学考试与录取、统一上报考生信息至教育部阳光招生平台。

3）严格规范入学考试与收费监管，把好入学关

网络教育入学考试方面，严把入学质量第一关，成立入学考试与录取领导小组和工作小组，坚持入学考试统一命题、统一考试、统一录取，严肃考风考纪，安排巡考员分赴各考场开展巡考工作，同时配备远程监控系统，实现对校外学习中心远程监控全覆盖，保障招生录取工作规范安全、公平公正。

收费管理方面，加强监管防范违规招生行为。严格落实收费管理责任制，贯彻“行政一把手负责制”和学院相关部门、学习中心责任追究制。学费收缴统一纳入校内教学管理收费系统，有效杜绝学习中心乱收费、多收费违规行为。完善“收支两条线”管理，制定《华南理工大学继续教育学院学生收费及结算管理办法》，完善教育收费公示制度，通过公示栏、校园网等形式将收费项目、标准、依据、投诉电话等内容对外公示，接受社会各界的监督，增强教育收费工作的透明度。

4）全方位加强校外学习中心监管

（1）科学规划设点。严格按照教育部、广东省教育厅以及学校关于现代远程教育校外学习中心建设管理办法，根据地方经济社会发展地人力资源培养需求，合理布局校外学习中心，以广东省地区生源为主，并积极向省外对口扶贫地区提供教育支持，如新疆、云南和海南

省等地市。

（2）严格标准建设。为营造可持续发展的合作办学生态，学校制定了合作办学设置标准，规范办学审批流程，凡合作办学必经材料审核、实地考察、党政集体决策、校内审批、信息公布等环节，最后签署办学协议和诚信办学承诺书。同时，不断完善学习中心准入与退出机制，奖惩结合，优胜劣汰，遴选符合办学条件与资质、招生能力强、办学质量好、生源稳定且办学质量与社会信誉好的单位合作办学，对于招生规模少、办学过程不规范、教学质量得不到保障、存在办学安全风险，甚至有违规行为或评估不合格的坚决淘汰，不进行合作。

（3）招生监管常态化。加强校外学习中心的监管力度，招生整体运行情况良好。首先，加强业务培训与指导，定期组织召开年度招生工作会、研讨会、座谈会等，如图 2 所示。传达学习政策和规定，强调招生工作纪律，与校外学习中心签订诚信办学承诺书。其次，坚持招生监管常态化，结合招生教学检查、评估、督导、考核、评优等方式促进学习中心各项工作规范化、制度化、程序化。每年召开招生工作会议，如图 3 所示。再者，加强招生督查与风险防范管理，通过现场检查、网络排查、实地暗访、招生声明、考生座谈等多途径，重点监控各学习中心的招生宣传、学生报名交费、考试等环节。最后，对违规招生行为严肃处理，视违规情况暂停招生或停止合作，根据合作协议减少或停止对违规单位的学费分成划拨。

图 2　定期召集各校外学习中心招生工作座谈

图 3　每年召开年度招生工作会议规范办学

2. 创新人才培养模式，强化教学过程管理，构建教学质量监控机制，持续提升教育教学质量

1）推进“混合式教学”教学模式的改革创新

借鉴信息化手段探索建立多种教学模式互通和衔接的培养体系，促进各类教育形式的融合。一是在成人高等教育中全面实施“面授＋网络”混合式教学模式改革，从人才培养方案、教学平台设计、网络课程资源、管理运作机制等多方面配套共建。二是运用信息化手段加强自学考试助学助考，建成统考视频课程 47 门，完成 92 门委考和实践课程题库建设，学生参与委考课程总及格率达到 97％。

2）坚持教学过程管理的规范化建设

学校始终坚持“过程体现质量”的理念，贯彻落实到教学过程管理的每个环节中。

（1）着力加强师资队伍建设。制定《华南理工大学继续教育学院主讲教师管理暂行办法》《华南理工大学继续教育学院网络辅导教师暂行管理办法》等文件加强队伍管理，每年聘请网络主讲教师约 270 人，网络辅导教师约 70 人，其中本校教师比例约占 64.5％；聘请面授教师约 195 人，副高以上占 20％。每学期与教师签订教师责任书，明确工作职责和教学任务。二是定期召开教师管理会议，集中培训，集体备课。三是开展课堂教学质量评价，组织定期听课、学生问卷调查、管理人员评分等方式全方位评估教学质量。

（2）着力提高学习支持服务能力。建立专职学习支持服务队伍，分教学点分课程提供精准服务，有效掌握课程教学进度和学生学习情况，为加强师生网络互动，聘请校内研究生组成辅导教师队伍，为学生网络学习答疑解惑。同时，关注情感教育创建品牌校园文化活动，每学期分批组织省内各校外学习中心学生举行校园文化之旅，举行导学、校情校史等文化讲座，近 5 年来，100 多家办学单位共 10 000 余名业余学生参与活动，同时配合开展学生评优、开学（毕业）典礼、运动会等活动丰富线下学习内容，激发学习兴趣，加深师生情谊。

（3）着力丰富课程考核方式。鼓励学生积极参与网络学习过程，制定《华南理工大学继续教育学院课程考核办法》，将网上课件学习作为平时成绩考核内容，由随堂练习、在线作业和交流讨论 3 种形式构成考核方式，考核成绩占该课程总评成绩的 50％。近年来，网络教育学生参与网上过程学习的人数逐年递增，据统计，2018 年累积平时成绩人数比例达到 87％，一半以上的学习中心达到 90％以上，学生的学习积极性有很大提高。

（4）着力加强考试管理规范化。加强对考务工作的领导与制度建设，成立各级考务工作领导小组和工作小组，制订《继续教育学院考务管理工作规定》《继续教育学院监考巡考工作职责》等文件规范考务工作各环节。严格考试组织工作，统考课程试卷由学校统一命题、印刷、分装、运送、发放和回收，并集中网上阅卷和成绩管理，保障试卷安全、保密。

（5）着力把好毕业生管理的“出口关”。出台《华南理工大学继续教育学院毕业论文（设计）管理办法》《华南理工大学成人高等学历教育本科学位论文（设计）要求及撰写规范》等系列文件明确毕业要求与规范，需要拿学位学生必须严格按照学院要求完成毕业论文（设计）撰写并参加答辩，毕业论文（设计）指导教师须符合讲师以上职称条件，且具有该专业一定的教学、科研或实践经验。

3）建立健全教学质量监控机制

严格过程监管与把控，建立完善日常监督与阶段性检查相结合、专项评估与阶段性评估相结合、形成性考核与终结性评价相结合的“三结合”联合监管机制。

(1) 建立“日常监督与阶段性检查”的过程监控机制。稳步开展日常教学督导，每学期派出督导队伍参与听课、考试、毕业论文答辩等教学环节的检查指导。同时，每学期开展期中教学检查，由继续教育学院带队组成检查组，分赴各校外学习中心进行现场教学检查。

(2) 坚持“专项评估与阶段性评估”的办学约束机制。制定实施《教学过程管理评估指标体系》《招生工作手册》等，形成教学过程评估、合作办学设点评估等多项检查评估，有效规范和约束合作单位的办学与管理行为。

(3) 健全“形成性考核与终结性评价”联合监管机制。严抓考风考纪建设，入学考试和期末考试由继续教育学院全程组织实施，包括命题、印刷、分装、巡考、阅卷、成绩发布及考试巡考，确保考试过程安全顺利。2018 年组织期末统考课程 470 余门，120 多个考点近 260 万人次参加考试，学校派出巡视、监考、巡考人员共 500 余人分赴各考点，如图 4 和图 5 所示。注重形成性考试评价，通过教学管理平台的功能导入和辅导教师队伍助学导学，对形成性考核过程进行督促和规范，完善了学习评价体系。

图 4　学校派出人员到各考点开展巡视、巡考工作

图 5　期末考试机考现场

4) 教学改革理论成果丰硕

教学改革与实践带动理论研究与学习的踊跃开展，近 5 年来，教职工的科研创新能力有了进一步增强，在广东省教育厅、省部级科研机构、广东省成教协会或研究会以及校内分别

立项，课题立项 28 项，公开发表论文 34 篇。《信息化平台建设助力成人高等教育质量监控创新》和《加强办学过程管理，保证人才培养质量——华南理工大学继续教育学院教学管理模式的改革实践》案例获得“中国高校远程与继续教育优秀案例库”奖项。

3. 加强网络教学资源内涵建设，助力教学质量提高

1）加强系统平台建设

自主研发了集招生录取、教学管理、考试组织、成绩管理、毕业管理及学费缴纳等功能于一体的网络教育教学管理平台，较好地支持了网络教育各项业务的开展。2013 年起加强了导学、督学和促学工作，更关注教学与学习过程互动，平台优化使得网络学习过程“有迹可循”。2015 年 6 月推出基于手机的“移动学习平台”，实现了课程学习、信息查看、预约考试、累积平时成绩等功能，为学生提供了一个更便利的学习条件和良好的学习体验，参见图 6 和图 7。

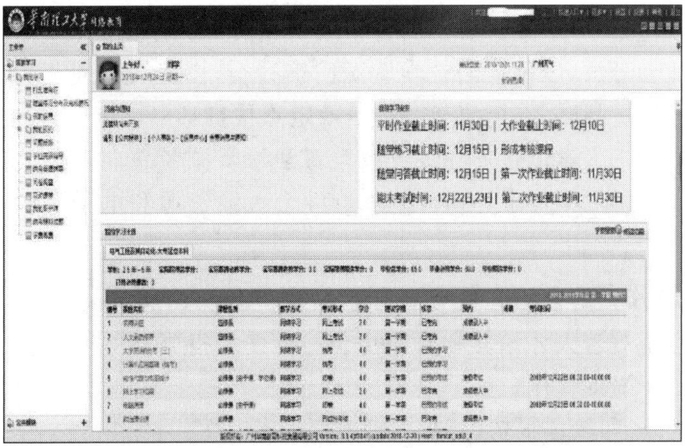

图 6　平台不断优化增强学生学习体验感

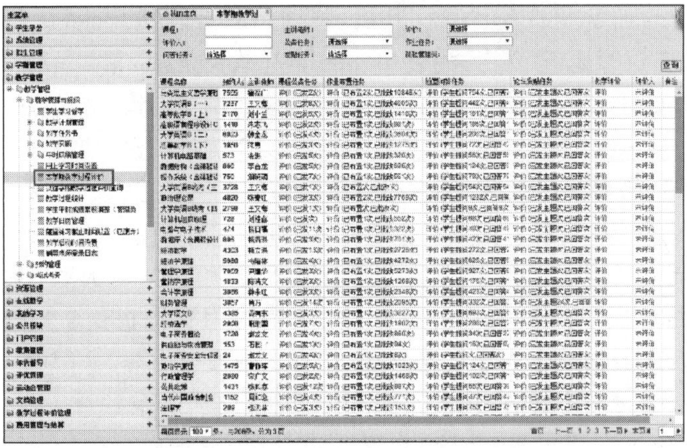

图 7　集教学、评价、互动与管理于一体的多功能教学管理平台

2）推进课程建设与更新

学校重视网络教育教学资源建设，将科研项目管理机制、校企合作体制引入网络课程建

设管理工作中，保证课程资源建设的进度和质量。定期开展网络课程设计培训，鼓励名师参与，高标准、严要求、有计划、分阶段逐步推进建设和更新网络课程。近年来，每年投入的技术服务费用约600万元左右，用于网络课程的制作费约300万元，迄今已建成网络课程近400门，全面覆盖21个专业的公共基础课、专业基础课、专业限选课和跨专业的通识课程。网络课程配备教学大纲、知识点讲解、随堂练习、模拟题等内容，体现了“学测评”一体化的教学理念，形成了我校网络课程建设的特色。注重网络教育教材建设，自编教材22门。

3）加强精品课程建设，积极推进资源共享

课程建设得到教育部门和社会的认可，“高级语言程序设计”“材料力学”“经济数学”“审计学”4门课程被教育部列为第一批“国家级精品资源共享课”，入选数量居全国高校前列。“材料力学”等3门课程被评为网络教育精品资源共享课，“高级语言程序设计C++”等3门课程被评为国家优秀网络课程，1门网络课程“马克思主义哲学”被国家教育行政学院选为处级干部教材。

促进资源开放与共享，学校将获得的国家级精品资源共享课、省级精品课程等24门课程资源免费向全社会开放，以优质的教学资源回馈社会，满足大众对“互联网+”的学习需求。支持国家精准扶贫战略，在国家教育部滇西定点扶贫县——云南省云县设立“华园云州在线讲坛”，把华南理工大学的优质在线继续教育学习资源免费向云县人民开放，覆盖了人力资源管理、金融学等13个专业，合计超过3000个视频资源和电子资源，让贫困地区共享优质教学资源。

4. 坚持人才培养，积极服务社会，办学赢得声誉和口碑

学校网络教育承载着人才培养和服务社会的责任与担当，在学习型社会和构建终身教育体系方面发挥了积极的作用。

1）实施教育扶贫和教育帮扶行动，推进教育公平

瞄准国家对地区战略发展需要，发挥我校学科优势和网络教学特色，在广东省粤北、粤西山区设立校外学习中心开展现代远程教育，对部分贫困地区实施学费优惠和增加面授学时数，给予学生17%的学费减免优惠。其次，将网络教育输送到全国，特别是西部贫困地区，如新疆、云南、广西等地市，给予学生40%的学费减免优惠，累计培养学生4800人。再者，在服务产业方面，学校积极响应团省委的号召，参与圆梦计划教育帮扶活动，为东莞、深圳、江门和广州产业一线工人圆“大学梦”提供网络教育学习机会，如图8所示。给予学费减免50%的优惠举措，培养学生近400人，履行了高校服务社会和支持产业发展的社会责任。

2）深化校企合作模式，智力支撑行业企业人才培养

适应学习型社会的要求，利用现代远程教育技术办学优势，与大型企业、连锁企业、行业协会合作办学创办企业直属班，为社会经济发展所需人力资源提供学历教育提升服务。主动结合企业生产发展需求设置人才培养方案，量身定制教学内容，从2003年起，我校网络教育先后与广东省保险行业协会、广东省工业气体行业协会、广东省总工会、中国联塑集团控股有限公司、日本电产三协电子（东莞）有限公司、捷普电子（广州）有限公司、京珠高速公路广珠段有限公司、深圳宝安（创维电子）、顺丰东莞分公司、恩斯迈电子（深圳）有限公司、佛山万科物业管理有限公司、鸿达兴业集团有限公司、中化石油广东有限公司等30余家大型企业、行业开展合作办学，累积培养企业员工2.5万余人，校企合作办学深得行业企业的青睐。

图 8　劳模工匠班开班典礼

3）网络学习资源向社会开放，履行服务社会职责

学校重视网络教育资源的建设与共享，依托学科优势，打破资源壁垒，将我校获得的国家级精品资源共享课、省级精品课程等 24 门课程资源免费向全社会开放，以优质的教学资源回馈社会，服务大众，满足社会大众对“互联网＋”的学习需求，如图 9 所示。

图 9　在线学习资源免费向云南云县开放

4）办学效果赢得荣誉和口碑

学校网络教育办学质量也得到全国同行和社会的认可，多次获得“中国十大网络教育学院”“最具公众满意度网络学院”“中国最具社会影响力高校网络教育学院”“中国远程教育(1998—2016)终身教育特别贡献奖”等荣誉称号。合作办学单位管理水平也在不断提高，我校 4 个校外学习中心被评选为“全国高校现代远程教育优秀校外学习中心”。

三、存在的问题

(1) 继续教育结构有待进一步优化。目前我校学历继续教育比重较大，主要以网络教育办学形式为主，与继续教育转型升级的目标仍有一定差距，非学历教育的体制机制改革及办学环境建设有待加强。

(2) 继续教育办学的外部环境有待进一步规范。现代远程教育试点以来得到全面蓬勃发展,但外部招生市场与办学环境等不稳定因素仍然存在。

(3) 信息化平台对教学管理的促进作用有待加强。自主研发的网络教育管理平台基本实现了与业务流程和教学管理监控的对接和设计,但如何将大数据和数据挖掘的方法运用到网络教学活动中,推动教学理念和培养模式变革方面,有待进一步研究实践。

中国人民大学网络教育学院现代远程教育试点工作总结

一、试点情况简介

（一）试点背景

中国人民大学是国内最早开展学历继续教育的高校，从 20 世纪 50 年代起，就开始利用函授和夜大学方式开展成人高等继续教育。但是，随着社会的发展，函授教育中的集中面授教学形式与在职人员的工学矛盾日益突出，函授教育模式已不能适应新时期在职成人学习的需要。利用现代信息技术实现对传统函授教育教学形式的升级，是一个非常重要的机遇，也是网上人大得以成立的认识起点。

1999 年 6 月 1 日，教育部高教司批复同意中国人民大学在部分成人教育课程中实行现代远程教育；2000 年 7 月 14 日，教育部正式批准中国人民大学成为"现代远程教育试点学校"，中国人民大学网络教育学院（以下简称网上人大）是国内最早采用互联网教学模式开展现代远教育的网上大学。

（二）试点初衷

网上人大始终坚持贯彻党和国家"办好继续教育"的总体要求，和坚持立德树人、坚持育人为本、坚持规范办学、坚持确保质量的办学原则。

多年来，网上人大通过不断凝练深化学院使命和愿景，以明确自身办学方向和办学定位。这也是我们参与试点的初衷。

- 网上人大的使命：网聚优质资源，服务终身学习。
- 网上人大的愿景：做最有责任的网络教育者。
- 网上人大的办学方向：借助现代信息技术，实现对传统继续教育的升级，为建设终身学习社会和学习型社会而努力。
- 网上人大的办学定位：基于互联网模式、面向在职成人学生，培养应用型人才。

（三）试点成绩

随着人们对网络教育认知的不断深化，网上人大认为网络教育绝对不只是对传统教学形式的网络翻版，而是一种全新的教育观念和教育形式，它将带来深远的意义以及对学习的革命。新世纪以来，网上人大积极倡导网络教育在办学思想、观念、体制、机制等方面的不断创新。

经过近 20 年的努力，网上人大创造性地构建并完善了面向成人在职人员、利用网络虚拟学习社区和网络学习资源、支持分布式学习和协作学习的现代远程教育模式，涵盖了运行机制、教学体系、资源建设、支持服务、技术研发、校园文化、品牌推广等多个方面，形成具有网上人大特色的学历与非学历教育并举、实用技能培训和创新能力培养并存的成人高等学历继续教育网络教学模式。

二、20 年来试点工作的实施情况

（一）管理体制与运行机制

网上人大在管理体制、运行机制等方面进行了创新探索。在明确学院具有“办学主体”和“责任主体”这两个主体责任、确保办学权和办学质量不受影响的同时，引入现代企业管理制度，在人员队伍管理、业务运营管理和学生服务等方面引入需求机制、竞争机制、风险机制，有效克服传统事业单位效率低的痼疾，激发全体教职员工的潜能，故能在高校网络教育服务这个行业中具备较强的竞争力。

1. 学校对继续教育实行“管办分离”

为规范管理，中国人民大学建立了依法办学、规范办学的长效工作机制，坚持办学主体地位，早期由发展规划处统筹管理继续教育工作。2018 年，学校正式成立继续教育处，由继续教育处承担学校继续教育的规划、管理、监督和服务工作，协调处理发展、规范、服务的关系，建立完善继续教育管理各项规章制度。

在具体举措上，继续教育处按照学校总体工作部署和有关要求，积极稳妥推进学校继续教育管理改革和规范化建设，实行继续教育“管办分离”。

2. 网上人大自身的治理结构与运行机制

网上人大成立之初，为引进资金和解决网络课件、系统平台开发等关键问题，采取了校企合作的方式，成立了东方兴业网络教育服务有限责任公司为网上人大提供技术支持服务。在校企两者的合作关系中，网上人大是办学主体，东方兴业公司是网络教育服务提供商，公司不得干涉网上人大的办学权、教学计划和教学内容。

网上人大在内部管理上率先引入了先进的企业管理制度和用人制度，使学院各项工作质量和效率显著提高。在院长负责制的机制下，对学生的支持服务（包括学术性支持服务和非学术性支持服务）采用扁平化、一站式服务的方式。

（二）专业建设与资源开发

经过近 20 年的努力，目前网上人大共开设涵盖 4 个层次的 15 个本、专科专业，累计开发网络学历课程 700 余门，向 50 多家网络教育试点高校和若干企业总计输送超过 900 门次的课程；构建了一体化、多样化的课程学习资源，满足不同层次学生的需求，兼顾课程学习和职业发展，推动学生在资源引领下自主学习。

1. 紧跟应用型人才职业需求的培养方案与教学内容设计

网上人大的人才培养目标是培养应用型人才，在实践中除了传授专业必备的理论知识外，更加注重职业能力和实践技能的培养。由学科专家、行业专家共同制订培养方案和教学计划，综合考虑学历和非学历的需求进行顶层设计，作为组织教学内容、能力考核评估的依据。以行业岗位的需要为职业能力目标，开设所需要的基础知识和专业知识课程。

例如，网上人大分析了社会发展对人才需求的变化趋势及学生职业发展需要，在原有的15个本、专科专业的基础上，与中国保险行业协会合作推出了保险学专业；与计算机培训行业内著名的计算机技能培训机构——达内教育合作推出计算机科学与技术专业（包括Java开发、UI设计、Web前端开发、Android开发等方向）；与电子商务行业巨擘——京东集团合作推出京东人专用的市场营销（互联网营销方向）、大数据等专业方向，都是针对行业岗位的现实职业能力需求开发和量身定做，很受学生欢迎。

2. 丰富多元的课程资源体系

以一体化推进、项目制方式对课程开发团队进行管理：网上人大组建了由学术专家、授课教师、教学设计师、多媒体制作人员及互联网技术开发人员等相互合作的开发团队，并联合出版社配套开发相关教材。人员组成如图1所示。课程的研发过程遵循严格的流程、组织多角色的人员队伍、完成人财物的匹配，因此建立项目制度对课程研发的整个流程进行一体化管理，一直是我院的特色。

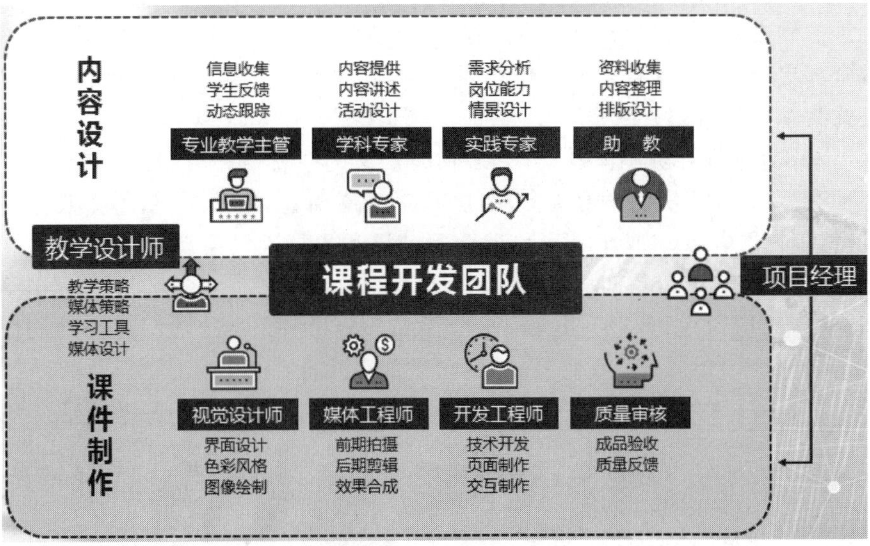

图1 课程开发团队

经过多年摸索，网上人大形成了标准化的网络课程开发流程，分为：准备阶段、设计阶段、开发阶段、制作阶段，每个阶段对应不同的工作内容和规范，如图2所示。由主讲教师主导一体化开发任务，并联合中国人民大学出版社配套开发相关教材。项目成员遵循既定的标准化要求，在统一的规范、模板、工具（如课程常用制作软件）基础上等展开工作。

（1）模块化、标准化的课程设计：为了实现课程资源的可重用、跨平台移植、学习记录可跟踪等目的，课程设计团队预先对课程资源进行框架分析，建立资源目录结构，并根据SCORM标准对最小知识单元进行切割和封装，使各个知识点相对独立，又能组合成有机的课程整体，以达到“积木组合式”的资源利用效果，从而实现不同的学习路径和学习目标。其优点是：学习内容可重用、课程可以跨平台调用、学习过程可跟踪、学习路径可设计。

（2）及时的课程资源更新与升级：根据知识的更新、信息技术的发展、学生需求及学习

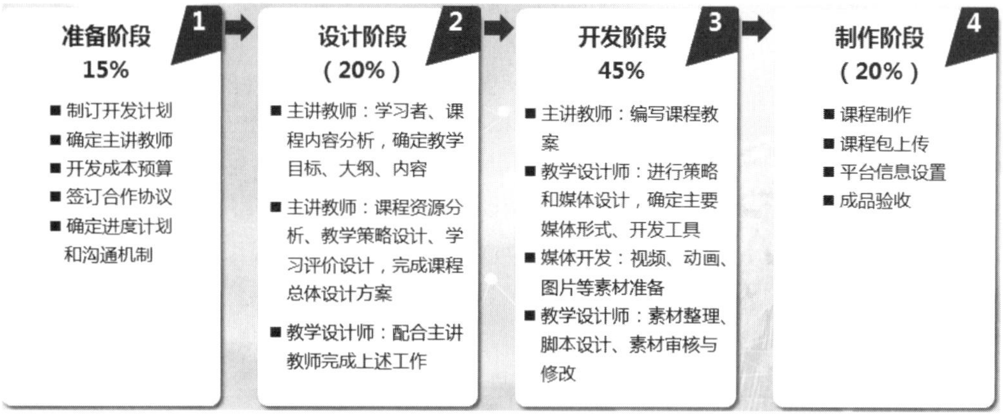

图 2　课程设计与开发流程

习惯的变化，网上人大及时对课程内容进行更新升级，并制定了严格的学习资源开发规范和开发流程、制度化的课程评估与更新标准。先进的资源管理手段使得这些资源在适合的周期内得到维护和更新，现在大部分网络课程已经发展到第 5 个版本，自 2014 年以来，81 门课程内容全部更新，95 门课程素材重新整理，课程升级到 5.0 版。2016 年移动版的学习资源已经正式为学生服务。

（3）立体多元的学习资源体系：学习资源是广义的概念，除了包含网络课程的研发，还应整合各种类型、各种层次的学习资源，如学术讲座、公开课、电子书、学术文献、职业培训课程、配套教材等拓展资源。如图 3 所示，我院目前已积累标准网络课程资源 700 多门，涵盖各领域的数字图书 43 000 多册，数字资源素材共 2TB 以上，基本实现了学历类课程和非学历类课程互补，通识课程、专业理论课程、应用培训课程、职业资格课程并举的学习资源体系。

图 3　网上人大的在线学习资源体系

根据内容和功能的不同，可以将学习资源体系分为以下 3 个类别，如图 4 所示。

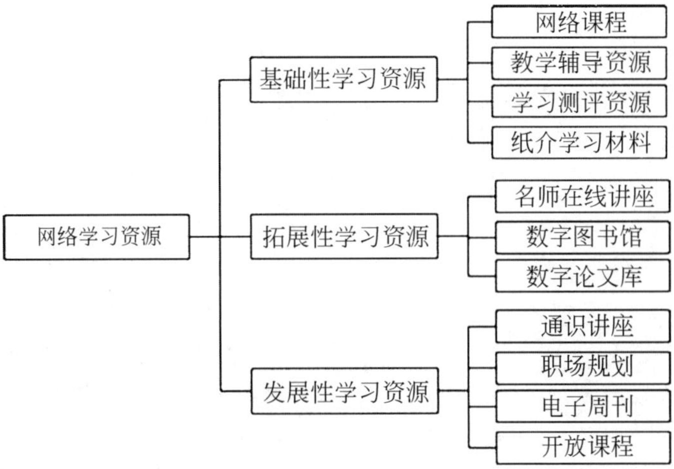

图 4　网上人大的在线学习资源分类

(1) 基础性学习资源：服务于学历学生的基本课程需求，包括网络课程、教学辅导资源、学习测评资源、纸介学习资料。

(2) 拓展性学习资源：帮助学生开拓网络课堂、在本专业进行深入研究，包括名师在线讲座、数字图书馆、数字论文库。

(3) 发展性学习资源：服务于学生的行业资讯、就业需求，包括通识讲座、职场规划、开放课堂、电子周刊等类别。

（三）师资队伍与教学过程

网上人大在实践探索中构建了“五位一体”的教师团队，以及稳定的、一体化的课程资源研发模式，组建了由学术专家、授课教师、教学设计师及技术开发人员等相互合作的开发团队，能根据知识的更新、信息技术的发展以及学生需求及习惯的变化提供多样化的资源组合和表现形式。

1. “五位一体”的师资队伍，确保教学质量

网上人大建设了完整配套的、专兼职相结合的专业教师与教辅人员队伍，形成了由学科专家、课程主讲教师、课程辅导教师、论文指导教师和校外学习中心辅导教师组成的“五位一体”的师资队伍，分别完成不同的教学任务。

(1) 学科专家/顾问：负责在学科发展方向和学科最新进展方面给予指导。

(2) 课程主讲教师：以人大一线教师为主，主要负责网络课程的讲授、文字编写和部分网上交流。

(3) 课程辅导教师：负责在线答疑辅导，以及监督学习进度、阅卷等教学辅助工作。

(4) 校外学习中心辅导教师：负责少量的面授和辅导答疑，并提供学习支持服务。

(5) 论文指导教师：负责对本科层次的学生进行论文的选题、写作及答辩指导。

2. 完善的师资队伍培训体系，提升教师队伍的专业素质

除了采取严格筛选辅导教师、规范教学辅导工作、定期绩效考核等措施保证辅导工作质量和效率外，我们也非常重视师资培训，每年都开展了多种形式的辅导教师培训。培训内容

和形式主要包括上岗培训、部门年度培训、研究式培训、讲座式培训、专项培训、院校交流考察式培训等多种形式。

3. 适合在职成人业余学习需求的、资源引领式学习模式

网上人大创设了以完全学分制为基础的教学组织模式，采用资源引领式的学习路径，加上可记录、可跟踪、可统计的学习过程记录，帮助学生设计个性化的学业计划，配合在职学生自定步调的学习需求，提供“主动的课程辅导＋及时的咨询答疑”教学辅导服务，最终实现学生的自主学习、自主作业和自主考试。

（1）自定学习步调的网络教学模式：整个学习过程分为10个环节，即纸质教材自学、网络课件学习、网上导学、网上答疑、学习交流、综合练习与课程作业、网上答疑、课程考试、毕业论文和拓展学习。在职成人学生可以自定步调，兼顾工作与学习进行时间分配。

（2）学习过程可记录、可跟踪、可统计：基于SCORM标准的课程平台能够对学生的关键学习节点进行自动提醒，如图5所示。学生的学习过程全部记录在数据库里，因而可以精准接收专属的提醒信息，同步掌握关键的学习流程，高效管理个性化的学习任务。

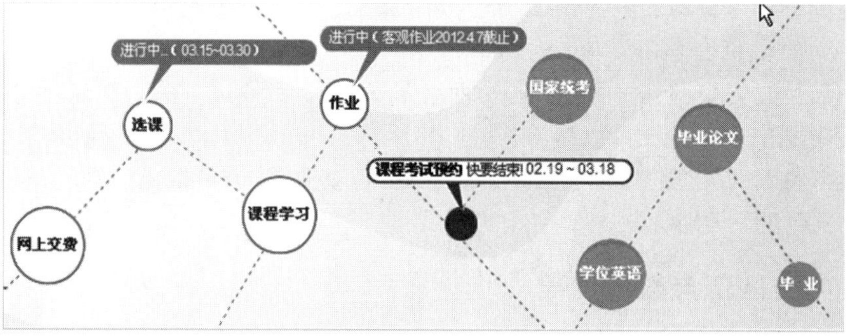

图5 平台自动对关键的学习节点进行视觉化提醒

4. 全覆盖、全流程、专兼职结合的学习辅导

专兼结合的辅导教师队伍可以为教与学的各个环节提供全过程的学习支持服务。在教学及辅导上可以做到以下标准。

（1）专业全覆盖：每门课程配备至少一名辅导教师全程指导学生学习，实施导学、答疑和考前辅导。

（2）学习流程全覆盖：教学辅导贯穿于整个学习过程，实现了开篇导学、阶段性导学、学习活动开展、阶段性值机答疑、考前辅导、个性化网上答疑、学生问题解答、面授交流等教学环节。

（3）辅导形式全覆盖：教学辅导形式多样，采取混合式教学辅导形式，包括直播课堂、考前语音答疑、交互式站内短消息、QQ群、BBS以及面授等。

（四）学生支持与技术支撑服务

1. 全媒体全过程的非学术支持服务

网上人大在专业课程学习指导、学习管理服务、信息咨询服务、技术支持、校园文化建设等方面为学生提供有力保障，教学管理人员借助“互联网＋支持服务”的多元服务模式，实现

了“学习前＋学习中＋毕业后”的全流程终身服务。具体来说，教学管理人员为学生的所有学习环节设计诊断、预警功能，通过系统化的功能设计，学院、学习中心和学生自身均可实时掌握学生的学习情况。学院按照业务周期制订督学计划，通过咨询部及各学习中心对学生学习情况进行督导，如图 6 所示。

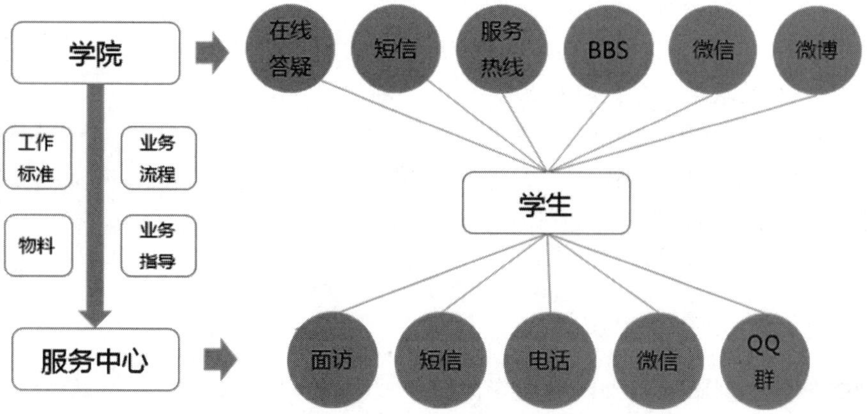

图 6　以学生为中心的非学术性支持服务

2. 首家开通咨询热线为学生提供全媒体咨询和学习提醒服务

网上人大是第一家建立固话网呼叫咨询服务的试点院校，在此基础上我院不断完善咨询服务，已实现包括电话咨询、邮件咨询、在线咨询、移动咨询手段在内的全媒体多渠道咨询架构。这种实时全方位交流拉近了学院与学生的距离，使教育服务更个性化和具有针对性。高效细致的咨询服务有效提升了学生的学习体验，赢得了学生的认可和好评。同时，学院设立了学生投诉反馈制度，通过热线电话、在线满意度调查、质量反馈信箱、学生论坛、微信群、QQ 群等渠道随时听取学生意见，及时解决相关问题。

网上人大利用手机 App 开展面向学生的学习提醒服务，取代大多数此前的人工提醒服务，提醒服务将涵盖新生入学、学习、考试、毕(结)业等全部环节，并实现提醒服务的个性化。

3. 在线办事系统方便学生办理各项事务

为更加便捷、高效地为学生提供教学支持服务，网上人大开发了网页端和移动端的全业务在线办事系统，实现在线办事的个性化、电子化、智能化。系统涵盖几乎所有学生事务的网上办理和及时审核，主要包括学务事务办理-选课、交费、换课、课程免考、课程免修、课程代修、统考免考、转站、转专业、学位英语成绩带入、毕业论文写作申请、毕业/学位申请、退学退费等；考务事务办理-考试预约、退考试预约、转考、统考异地报名、学位英语考试报名等；查询事务办理-学籍信息查询、学习进度查询、考场安排查询、作业查询、成绩查询、账户查询等；其他事务办理-个人基本信息修改、各类证明开具申请等。

4. 持续迭代升级的网络学习平台，提供可靠的技术支撑

为紧跟信息技术发展，持续提升学生学习体验，网上人大坚持自组技术队伍，自主研发学习平台。目前已经形成了一套能完整覆盖网络教育全过程的技术支撑系统，包括学习、课程管理、学习交互、培训管理、移动学习、服务管理和服务推广七大部分。这七个功能相互独立，技术上集成整合，可以实现应用数据的无障碍流通。

平台以个性化的学习需求为核心，支持从报名到毕业一系列教学管理工作以及其他学术与非学术支持活动，功能涵盖全部学习环节。学生只需一个账号，就可以完成与目标内容相关的一切学习活动。同时，该系统还开发了社区学习支持功能，为接受非学历教育的学生提供包括博客、论坛、SNS社区、短消息、Web 2.0 工具等，以帮助学生组建学习社区，开展开放的、社会化的学习活动。

平台根据教学管理功能按需定制，不断迭代更新，年更新率达到15%。目前平台已实现多终端接入、移动端学习及在线办事等功能，不断改善学生的学习体验。

为实现对技术开发团队的规范化管理，保证技术平台具有良好的、一致的结构，以期提高系统的安全性、稳定性、可维护性，方便程序的测试、维护、升级等工作，我院制定了一系列规范制度，如软件开发管理规范系列制度、软件质量保证及维护系列制度、软件安全管理制度、系统运营和安全管理系列制度等。

（五）校外学习中心管理服务

1. 坚持合理布局和与公办院校合作原则

网上人大始终秉承“公办院校、合理布局、数量适度”的原则发展校外学习中心，并优先发展直属学习中心和自建合作学习中心，适当补充公共服务体系授权学习中心。在学习中心依托单位的遴选上，强调社会效益，优先选择在本地区有一定社会影响力、成人办学经验丰富的公办高等专、本科院校。

2. 标准化的校外学习中心建设与运行管理

通过协议管理、制度规范、组织保障、检查评估等机制和措施，强化学习中心的建设与运行管理。为促进学习中心的良性发展和归属感，学院定期开展各项业务培训和交流活动，并由学院负担全部活动费用；每年开展各种形式的评比和表彰活动，同时建立健全了学习中心履行职责的考核制度和退出机制，对职责履行不力的学习中心，参照相关考核制度处罚，直至停招停办。

同时，积极引入企业管理的理念和方法开展校外学习中心的建设与运行管理。除经当地教育厅审批、与我院协议合作的各级电大自建学习中心外，我院还先后建立了一些实验性、示范性的直属学习中心。所有学习中心都进行了标准化建设，实行全面质量管理和岗位责任制，引入择优聘任和动态评价的竞争与奖惩机制，提高服务水平和工作效率，逐步形成统一品牌、统一形象、统一模式、统一管理、统一考评的有机服务整体。

目前，我院学习中心运行情况良好，学习中心数量保持相对稳定，单个学习中心平均在读学生数400余人，在读生源规模适中；依托单位和学习中心均能高度认同我院的办学理念和办学指导思想，努力履行本地化教学支持服务职责，受到社会和学生的欢迎和好评。

3. 严格掌握招生环节的生源质量

严格规范招生和招生管理工作，高度重视生源来源的可靠性和生源质量的稳定性。

（1）严审新生来源：坚持把在职从业人员作为招生工作的重点，不委托任何中介机构或通过第三方代理招生，不得招收或变相招收不符合政策要求的学生；通过招生预警系统和抽检手段排除异地生源或不规范来源生源。

（2）严格招生宣传：学院对包括《招生简章》在内的所有宣传品实行统一印制和管理，

招生宣传不做任何虚假承诺，覆盖全国的学院咨询中心随时受理求学者的直接咨询或投诉。

(3) 严审新生入学资格：严格根据教育部规定，审查报读学生的原有学历、年龄、身份证信息，要求学生报名时提供原学历毕业证书原件，报读专科起点本科层次，还需提供学信网“中国高等教育学历证书查询结果”。

(4) 测试入学：除第一学历为本科学生外，所有学生均需通过学院组织的入学测试，测试科目为语文(高中起点为高中语文，专科起点为大学语文)和计算机与网络应用基础知识。

(5) 严把收费关口：学生按照实际选课学分和学费标准自行将学费直接缴纳给学院，学习中心不得收取学生学费。

(6) 做好新生入学教育：学院要求学习中心按学院统一制作的导学 PPT 指导新生学习，对学生进行细致的入学教育和学习指导。

（六）考试管理与质量监督

1. 严格的考试制度建设

考试是教学过程中非常重要的一个环节，对于促进学生的学习、检验学生的学习效果及改进教学起着至关重要的作用。考试的组织与管理是一项复杂且艰巨的工作，包括建设题库及试题管理系统、命题与组卷、建立一系列考试制度，进行考务培训、考试的组织与实施、试卷批阅、成绩管理及违纪处理等多个环节，我们以完善制度建设、规范考试管理、严抓考风建设为主线保证考试各个环节顺利进行和高质、高效。

1) 考风考纪

网上人大对考风考纪一贯予以高度重视，实施了考前、考中、考后全过程的考试监管，配备 4 类考试人员：监考、主考、巡考、值考，建立了严密的考试组织体系，从而保证考风考纪。学院重点抓试卷管理、考点考场管理、监考与巡考管理、违纪查处等几个环节，并针对工作中出现的问题及时解决，不断完善考风建设。

2) 试卷管理

为了确保考试试卷的保密性，加强考试管理工作的规范化，学院在试卷的密封、发运、跟踪、交接、保管和回递等操作环节做了严格规范，保证了试卷的安全性。

3) 考点管理

为了加强考点与考场的管理，学院采取了以下措施：

(1) 建立考点档案和评估制度，即 通过保存完整考点档案，随时了解历次考试各考点的考试组织情况，尤其是考风考纪情况；对每次课程考试的考试组织和考风考纪情况予以评分，并作为学习中心考核的重要组成部分；

(2) 用行政处分和经济处罚双重手段严格处分违规考点，即根据违纪情况给予不同程度的行政处分，甚至撤销考点(2014 年以来，学院共给予 21 个考点严重警告处分，并撤销 4 个考点)，同时实施经济处罚。

4) 考场管理

对考场的管理严格执行以下工作要求：

(1) 制定考场安排标准，考场选址合理、集中，设施齐全。

(2) 严格考场审核，通过考务管理平台预先审核，再由巡考员进行实地考察，发现不符合要求者，当场修正。

(3) 开卷考试与闭卷考试考场分开，严格将闭卷和开卷考试考场分开，既有利于维护考场的良好环境，又有利于维护考试纪律。

2. 考试过程中的监管与质量控制

在考试过程中，我院坚持做到监考管理到位，执行监考教师资格审核制度，建立监考教师资源库，制定《监考守则》，实施监考培训制度。

(1) 严格执行巡考制度：为保证考试质量，学院每次考试均派出经过培训的巡考员参加巡考工作，实施了巡考培训制度；建立巡考员评估制度，由考点主考和考务部共同通过《巡考员评分表》对巡考员的工作进行评分。

(2) 严肃处理违反考试纪律的行为：从 2001 年至今共组织 65 次课程考试，累计预约考试门次为 4 455 574，实际参加考试门次为 3 868 898，考试违纪人次为 9650，占实际参加考试人次的 0.25%。考试违纪共包括替考、严重违纪、作弊、其他违纪等几种类型，视不同的违纪类型和情节轻重，处分也不同。

3. 大数据支持教学过程师生双向监控的质量保障机制

为实现教师对学生学习过程进行监控和督学，学院开发了集教学和学习功能为一体、符合国际标准 SCORM 的网络平台，一方面辅导教师可以对学生学习过程进行监控，了解每个学生登录网络课程的次数、在线学习时长和课程内容的学习进度以及作业完成情况。辅导教师可以针对个别学生、部分学生或全部学生发送督学信息；也可以在学习过程的关键节点向学生发送"提醒"，提示督促学生及时完成学习任务。另一方面，教学辅导平台设置了教学巡查功能，教研部主任和教学组主管可以随时检查监督辅导教师的工作状况，发现和纠正质量问题和答疑不及时问题。

4. 跟踪调查学习满意度水平，建立长期的学生反馈评价机制

网上人大长期以来跟踪调查研究学生学习满意度水平，每年针对教学模式与教学辅导、技术平台、学习资源、支持服务 4 个方面对全院学生的满意度进行抽样调查，并通过学生满意度的评测，研究和探索改善网络教育的办学质量。

图 7 是我院自 2010 年以来开展满意度调查的全部结果。可以看出，2017 年学生对中国人民大学网络教育的感知质量综合评价指数为 4.258 分，较 2016 年的 4.34 分有小幅下调，但质量水平依然较高。由历年来感知质量综合指数变化趋势图看出，学生对我院的办学质量一直保持较高的认可度。

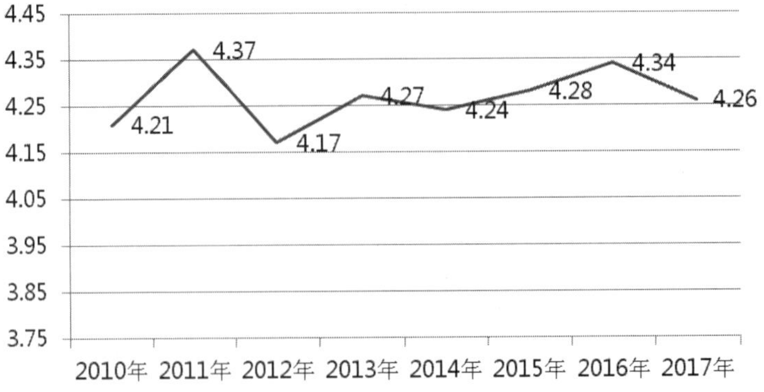

图 7　历年来感知质量综合指数变化趋势图

三、试点成绩和经验

在60多所试点高校中，网上人大是较早得到教育部批准开展试点工作的高校之一。从最初的艰难起步到成为行业标杆，在近20年的试点过程中，我院的理论和实践被业内学者和专家深度研究和广泛传播，并被总结为“人大模式”后，被众多试点院校复制。总体来说，我们主要在以下几个方面形成了一些有益的经验。

（一）开展基于互联网的分布式社会化终身学习服务模式和应用型人才培养模式的探索

作为国内最早开始网络教育试点的高校，我院在教学模式方面的探索分为以下3个阶段。

1. 2000—2008年，创立了学历继续教育的现代远程教育模式

2000年7月，中国人民大学被正式批准为开展现代远程教育的试点高校，网络教育的实践重点也开始转向面向在职人员的基于互联网的以本、专科成人高等教育为主的现代远程教育，网络教育从学校的成人高等教育学院分离出来，成为相对独立的办学实体，进行了网络教育的办学模式、教学模式、招生模式、管理模式、技术模式、服务模式和资源建设模式等一系列实践探索工作。

作为试点院校中首家网络教育教学质量试评单位，在2004年8月的试评中，人大网络教育的办学方向、质量管理和体制与机制的探索，从整体上得到教育部专家组的肯定，资源建设、教学过程管理、教育教学效果、学生管理与服务、校外学习中心建设等也得到较高的评价。

在“2005国家高等教育教学成果奖”评选中，人大网络教育申报的“现代远程教育模式创新与实践”获得二等奖。这一项目成果的意义在于：构建了满足成人自主学习和个性化需要的网络学习资源研发模式、开发了全方位个性化的学习支持服务系统，以及摸索出为在职学生量身定做的教学管理模式。

2. 2008—2012年，探索出基于互联网的分布式社会化终身学习服务模式

2008年，网上人大对学生进行了重新认识和定位，提出了“由学历教育服务扩展到终身学习服务，由学生个人教育服务扩展到学习型组织教育服务”的网络教育发展新思路，在组织机构、学习资源结构、教学设计、教学管理、平台开发等方面进行了一系列变革与创新，采用合作攻关、优势互补方式建设终身学习型网站和职业发展资源、开发个人学习空间、创新网络课程、实施毕业生服务工程、开发课程资源等，基本形成适应社会发展需求的基于互联网的分布式社会化终身学习服务模式。

在2012年北京市高等教育教学成果奖评选中，网上人大申报的“基于互联网的分布式社会化终身学习服务模式”获一等奖。这一项目成果的意义在于：以成人分布式学习的灵活性为基础，网上人大对学习资源的拓展、学习方法的创新、新技术的应用，以及社会化交流等方面进行了有效探索，为广大社会成员和社会组织融入学习型社会提供了便利条件。

3. 2012 至今，继续探索基于行业合作的应用型人才培养模式，获市级高等教育教学成果奖

为认真落实教育部“搭建终身学习立交桥，促进各级各类教育纵向衔接、横向沟通”和“建立继续教育学分积累与转换制度，实现不同类型学习成果的互认和衔接”的教育改革精神，学院率先以“社会工作”专业为蓝本，通过与行业合作的方式，依托互联网技术，在培养目标定位、办学条件保障、教学支持服务、管理调控机制等方面不断探索，摸索出“基于行业合作的应用型人才培养模式”。在“社会工作”专业成功模式基础上，网上人大通过扩大与电子商务、计算机、保险等行业合作，陆续将成功经验推广到计算机应用技术、市场营销、工商企业管理、金融管理、保险实务、人力资源培训等多个方向并取得较好效果。

在 2018 年北京市高等教育教学成果奖评选中，网上人大申报的“基于行业合作的应用型人才培养模式实践”获二等奖。这一成果反映了人大网络教育在促进产学研融合，提高专业建设的应用性和人才培养质量，推进混合式教学模式，加快课程共享、学分互认，学历与非学历融合方面做出了有益的探索。

（二）坚持办学方向，保障办学质量，坚守行业标杆的办学定位

20 年来，网上人大始终坚持“面向在职成人学生、培养应用型人才”的办学定位，坚守“做最有责任的网络教育者”的质量底线，履行高校人才培养的职责和使命，服务于学习型社会和终身学习社会，绝对不做有损人大声誉及社会效益的行为。

1. 尊重教育规律，科学实践“互联网+ 教育”

随着科学技术的发展，教育的形式也随之不断推陈出新。网络教育是应运而生的一种新型教育形式，它需要不断研究将新的信息技术融合于教育过程中可能出现的新途径、新模式、新方法。要为学生提供紧跟时代发展需求的教育内容和支持服务，就需要不断跟踪前沿理论和情报信息，并积极应用于实践。网上人大要服务于学习型社会和终身学习社会的建设，充分利用互联网技术进行教育创新，自身必须先成为学习型组织。在这方面，保持能够与行业接轨的科研能力是必由之路。

网上人大 2002 年成立研究部，致力于跟踪研究本行业的前沿理论和案例实践，学习国内外先进的经验和技术，指导我院的业务实践和变革。十几年来，各项研究成果不断推动学院业务发展。

近 20 年来，学院领导积极组织开展各种研究项目，共完成 5 项教育主管部门的立项课题研究，包括国家社科研究课题、教育部研究课题、北京市研究课题，在核心期刊共发表 60 多篇网络教育相关论文，为我院的业务实践提供了坚实的理论基础、国内外案例的宝贵经验、调研数据，引导学院的业务遵循教育规律、紧跟行业前沿、贴近需求用户、脚踏实地地发展。

（1）研究网络教育支撑平台，实现完全基于互联网的教学内容管理系统、学习管理系统和教学教务管理系统，使我院成为全国教育信息化程度最高的学院之一。

（2）研究基于语义的课程资源组织管理和大数据分析，为实现智能教学打下基础。

（3）研究传统教学方法和学习活动在互联网上实现的可能性，试验完全基于互联网的案例教学和研究性学习课程，在创新教学方法的同时推动学生利用互联网进行更深层次的

学习。

(4) 研究电子图书馆的互联网使用模式，成为方正电子图书馆的第一家以互联网方式合作的用户，也是全国第一家为学生提供免费数字图书馆服务的试点院校。

(5) 研究依托信息技术的形成性考核，跟踪学习过程，建立学生的电子学档，改革学习评价方式。

(6) 研究网络教育质量保障体系，使课程资源开发符合 SCORM 标准；持续定期进行学生满意度调查、毕业生用人单位跟踪调查、学习困难调查、学习策略调查，分析存在的问题并提出相应的改进建议。我院参照美国顾客满意度评价模型 ACSI，研发了适合我院的学生满意度评价模型并应用于网络教育质量管理中，属试点高校中的首创。

(7) 研究移动学习，调查学生的移动学习意愿，设计移动学习环境。

(8) 研究职业技能培训的特点，为应用型人才培养献计献策。

(9) 共出版 100 期《E-learning 研究与动态》。

2. 严格招生管控，利用信息技术实现招生预警

网上人大始终保持适度办学规模。虽然网络远程教育的重点是解决教育公平，为更广泛的求学者提供再教育机会，但办学质量和社会效益仍是首要原则。在招生环节，我院从以下几个方面实施严格管控。

(1) 校外学习中心的建设和管理：秉承"合理布局，数量适度"的原则，优先发展直属学习中心和自建合作学习中心，适当补充公共服务体系授权学习中心。对所有学习中心统一进行标准化管理。

(2) 学习中心管理的经验：确保网络教育质量，必须保持适度规模，主要体现在①总体办学规模适中，即与整体网络教育管理、服务水平相匹配；②校外学习中心数量和分布合理，以确保本地教学支持服务工作的积极性和主动性。

(3) 规范招生管理工作方面：①明确招生指导思想，坚持面向在职成人业余、分散学习的办学及招生指导思想，严格贯彻落实教育部和各级地方教育行政部门相关政策和规范要求；②严格招生宣传，学院对《招生简章》和招生宣传品实行统一内容、统一标准、统一印制的管理原则，招生广告和招生宣传实事求是，不做任何虚假承诺，覆盖全国的学院咨询中心随时受理求学者的直接咨询或投诉；③规范招生流程，在新生报名、用户申请、入学测试录取、选课交费注册等全部招生环节均制定有各类指南、办法、规定等，严格招生流程管理。在新生报名环节特别设计了招生预警制度；在交费环节特别要求学生按选课交费和直接向学院交费制度，以最大限度确保可靠生源，防患于未然。

3. 首创灵活的考试预约制度与严密的考试组织管理制度

考试预约制是实现弹性学制和个性化学习的必要条件之一，而实施考试预约制使得考试场次、试卷分配等信息变得不确定，从而使考试组织的难度大大增加，尤其是其中的考试场次安排算法和试卷分配算法被业内公认为具有相当的技术难度。我院充分利用信息技术组建高水平技术开发团队，在 2003 年研发出**首例大规模考试预约系统**。此项难题的攻关使我院成为**第一家能为学生提供灵活的考试预约服务**的学院。

校外分散的大规模集中考试的组织与严格管理，相对于校内的集中考试组织要复杂得多，包括研究制定课程考核形式、建设题库及试题管理系统、命题与组卷、建立一系列考试制

度，进行考务培训、考试的组织与实施、试卷批阅、成绩管理及违纪处理等多个环节。我们以完善制度建设、规范考试管理、严抓考风建设为主线保证考试各个环节顺利进行和高质高效。每一批次考试完毕，学院都要对考试的组织和实施情况进行总结，通过和历年每一批次每一考点的横向和纵向数据对比，分析存在的问题，提出修正方案并落实。

4. 可延伸至终身学习的学习支持服务

（1）辅导教师提供全方位的学术性学习支持服务。专兼结合的辅导教师队伍可以为教与学的各个环节提供全过程的学习支持服务。在教学及辅导上可以做。专业全覆盖、学习流程全覆盖、辅导形式全覆盖。

（2）教学管理人员提供非学术性支持服务。网上人大在专业课程学习指导、学习管理服务、信息咨询服务、技术支持、校园文化建设等方面为学生提供有力保障，教学管理人员借助“互联网＋支持服务”的多元服务模式，实现了“学习前＋学习中＋毕业后”的全流程终身服务。具体来说，教学管理人员为学生的所有学习环节设计诊断、预警功能，通过系统化的功能设计，学院、学习中心和学生自身均可实时掌握学生的学习情况。学院按照业务周期制订督学计划，通过咨询部及各学习中心对学生的学习情况进行督导。

（3）毕业生服务工程，将支持服务延伸至学生的终身学习。为响应国家发展终身教育的号召、满足学生终身学习的需求，网上人大从2014年起创造性地开启了“毕业生服务工程”，学生毕业后，学院继续为学生提供学习资源和支持服务。**此举在试点高校中尚属首创**。

5. 注重交互和归属感的校园文化特色活动

众所周知，交互活动在网络学习过程中不可或缺，这包括学业内容的交互，也包括社会性、情感性的交互。后者对在职人员的业余分布式学习起着重要的、社会联系纽带的作用。然而，大多数试点高校往往注重的是教学计划、课程体系、学业内容交互体系的构建，而在社会性、情感性交互方面未给予足够的重视。

网上人大从建院之日起，就有专门的部门进行校园文化活动的策划与组织，把社会性、情感性交互作为网上大学校园文化建设的重点目标，利用各种线上、线下活动将分散在各地的学生联系在一起，为他们提供一个沟通和交流的渠道。在68所试点高校中，**率先提出网上校园的文化建设模型**。

（1）形成“体现实事求是的人文精神、以人为本、包容并蓄、永远奋进在时代前列”的校园文化理念。

（2）建立了以校园文化部、校外学习中心、班级三级合一的校园文化建设组织体系。

（3）建立了一整套保证校园文化建设工作正常进行的工作流程和规章。

（4）针对网络教育师生分离的特点，结合成人在职人员的关注点开展了一系列工作，包括充分利用各种交互工具，打造学生网上交流平台；组织成立了各类学生社团；创办了校园文化刊物《新知年代》；举办了包括素质培养活动、庆典活动、助学活动、评优活动、交流联谊、网络辩论活动等丰富多彩的校园文化活动形式。

四、遇到的问题与存在的困难

在近20年的试点过程中，网上人大作为网络教育试点的先行者，在实际工作中不可避免地会遇到一些问题。有些是行业内客观存在的普遍问题，有些是尚未做到位的工作，但我们将力争做到白璧微瑕、回归初心。

(1) 学生网上学习参与度仍然偏低。试点工作开展以来，学生通过上网学习的参与度不高，是所有试点高校都面临的一个普遍问题，也是成人高等继续教育一直以来亟待解决的问题。学生网上学习参与度偏低，一方面是因为我们面临的是在职成人学生，普遍面临着工学矛盾，在缺乏强制措施的非实时环境中，很难保证时间的投入；另一方面，也不排除学生在学习过程中遇到了一些困难，导致学习过程无法顺利开展。针对这种情况，我院一直在做各方面的努力。从2005年开始，我院针对学生的学习困难连续进行了为期8年的调查研究。通过调查得到的反馈，我院采取各种措施对学生遇到的困难进行排解，尽量排除学习资源、支持服务等方面的原因导致的学习困难。

(2) 在学习支持服务方面，还需要进一步实现智能化升级。在为学生提供支持服务的过程中，我院整合了众多的媒体和工具，包括在线论坛、网站短消息、邮件、QQ、微信、公众号、服务热线等，向学生发送各种通知、提醒、消息。其中有很多消息是公共消息，而非个性化消息。学生会通过各种终端收到重复甚至与己无关的信息，这导致时间和注意力的浪费。此外，由于大数据分析技术的使用尚处于初级阶段，学生的智慧学习还没有实现。

我院正在尝试通过大数据分析和整合各种终端的方式，为学生提供基于手机的信息统一发放渠道，真正做到智能化、个性化服务。

(3) 在毕业论文管理环节，毕业论文质量需进一步提高。我院开设的专业大部分属于人文经济管理类，论文环节一般以写作文章为主。互联网的普及使得学生获取资讯极其便利，在论文写作环节抄袭的情况也时有发生。尽管学院要求论文辅导教师对学生论文进行查重，但在我们的检查过程中发现并非所有教师都遵守了此项教学规定。今后我们将引入第三方查重技术，加强论文查重工作，引导学生以更认真严谨的态度对待论文写作。

此外，关于论文写作，我们一直在探索用更有效和合理的方式检验学生的综合学习成果，但成果的鉴定和评价工作十分复杂和费时，至今没有找到更合理的替代方案。或许借助大数据技术、学习分析技术等加强对学习过程的深度分析和监管，可以解决这个难题。

五、进一步推进网络教育转型提质升级的思路和举措

针对自检自查中发现的问题，网上人大今后将从以下几个方面进行改进，以支持教育部加强对网络教育宏观监管的举措，并实现我院办学水平的转型提质升级。

(一) 控制招生规模，提高办学质量，实现现代远程教育的内涵式发展

目前的现代远程教育领域已经进入深度发展阶段。近20年的办学实践证明，要提升网络教育质量，首先必须严格把控入口、稳定招生规模，因此提高入学门槛势在必行。对于学习动机较低或者不纯的潜在学生，应该拒之门外；对于与我院办学理念不合、以盈利为唯一目标的学习中心，应该加以甄别剔除。这是保证办学质量、提升人大品牌、实现内涵式发展势在必行的举措。早在两年前的学习中心年会上，院领导已经提出这一思想，并得到良好的反响。

提升办学质量，还需要在各个业务环节精耕细作，从学习资源的建设、师资力量的加强、

教学过程的组织、考试的组织与管理、学习支持服务、技术支撑能力、校园文化活动等各个环节进一步夯实基础、查漏补缺，整体上推进我院的内涵式发展。

（二）进一步提升学习资源的实用性

一是升级资源素材库。针对我院大部分学习资源以系统化的知识结构为主、知识颗粒较大，很难适应现代社会移动化、情境化、碎片化的学习特点，我院已经开展了一系列的课程升级和新建工作。我院将参考国内外的资源建设标准，对原有的资源和素材库进行升级改造，除进行形式上的改善外，还将对知识结构进行拆分、对最小知识点重新封装，以实现知识点的可重组、重用、跨平台移植等功能，为后续开发微课、移动课程、MOOC 等提供充足的素材，也为将来基于大数据的智慧服务和智慧学习奠定基础。

二是加大课程内容的实用性。针对课程形式传统、讲授为主、交互式教学和实践活动偏少的缺点，我院已经展开了与行业合作进行教学计划和课程开发、培养应用型人才的模式探索。我们将继续以职业能力和实践技能培养为核心，根据行业岗位需要确立职业能力目标，针对各个职业岗位具体的业务能力需要，开设所需要的基础知识和专业知识课程。由行业专家和来自学校优势专业的学科专家共同组成课程开发团队，综合考虑学历和非学历教育的需求进行顶层设计，进而组织教学内容，最后考核评估相关能力要求。

（三）研发升级智能化学习平台，逐步推进智慧学习

无论是对学生学习过程的监控，还是教学辅导、学生支持服务的开展，或者是业务流程的升级，都要求有强大的信息化服务能力作为支撑。开发基于大数据的智能支持服务系统，对以上业务进行支持，是我院技术发展的方向。

首先，借助技术提升教学辅导水平，探索混合式教学模式，促进学习发生。

网上人大的教学辅导工作深入了学习过程、考试前、作业、讨论区等各个环节。在全面总结，深入研究讨论基础上，我院准备增强网络辅导与师生互动交流功能，通过技术手段提升教学辅导工作的效率和质量。另一方面，我院正在尝试采用一些先进的直播工具开展混合式教学。我院先后使用过的值机答疑工具有 Web-Ex、Gensee 等网络直播系统。随着移动网络技术的发展，我们也尝试利用学生喜闻乐见的移动媒体——手机微信直播形式进行辅导和答疑，并且取得了较好的教学效果。通过 2018 年 3 次成功的微课直播试验，学院计划扩大移动网络直播的范围，为学生提供更便利、更有效的混合式教学。

其次，整合各种信息渠道，为学生提供全业务、全媒体的智能支持服务。近年来，随着大数据分析技术的发展，如何充分利用大数据技术分析学生的网上学习行为，为学生提供更精准、更个性化的支持服务，成为网上人大积极探索的方向。

在综合考察了学习需求、业务需求以及技术路线的基础上，网上人大继续积极探索利用“互联网＋移动技术”为学生的学习过程支持服务提供全流程的智能化解决方案，并研发了“全业务全媒体智能服务系统”App。学生借助该智能 App，可以通过手机终端获得个性化、情境化、智能化的事务提醒，并及时办理相关事务。该系统依托我院原有的技术平台，以及记录了学生所有学习行为的数据库，整合了关于学生的所有关键节点数据，将过去的网站公告、站内消息、手机短信、QQ、微信、邮件、电话等多种媒体信息源统一到手机终端。以大数据的分析为基础，系统能实现智能识别和个性化内容自动推送与业务办理，完成计算机终端

和移动终端的无缝连通，让学生更加精准、高效地获得支持服务。

此外，还需要进一步优化业务流程与功能升级。学院业务发展过程中，当遇到教学政策的调整、对外项目等重大事件，都涉及平台功能的调整和流程的优化。以往技术支持部门需依据业务发展的需要，按年季度提供迭代开发计划，以完善在线办事、无纸化审批、电子存档功能，解决平台信息化同步的问题。

未来，我院将继续总结业务周期和教学特点，深入分析系统平台内在逻辑、数据关系，完善基础数据库、系统文档等，建立大数据分析系统。一方面收集用户行为数据，做横向和纵向的技术分析，搭建测试环境、模拟用户并发场景，从数据层面真实重现平台性能瓶颈；追踪业务周期，制作性能分析报告，设立性能预警机制；制定性能优化方案，建立可扩展的系统构架，提升业务高峰期的系统性能，完善系统应急预案。

（四）探索非学历在线教育、服务于学习型社会

网上人大在网络学历教育方面积攒了多年的经验，在资源建设、师资队伍、技术支撑、学习支持服务、品牌与社会声誉等方面都有优势，这些优势组合在一起，支撑网上人大学历教育 20 年处于行业领先地位。与此同时，这些能力与经验的组合也是服务于非学历在线教育、服务于社会的强大力量。

目前我院已经积极与企业和行业合作，希望能够将我院的产品和服务广泛应用于行业和企业的培训，为服务于学习型社会助力。

北京交通大学现代远程教育试点工作总结

2000 年 7 月经教育部批准，北京交通大学开始进行现代远程教育试点工作。在近 20 年的试点工作中，学校始终坚持稳中求进、内涵发展的总基调，采取有力措施，引导网络教育稳步、健康、协调发展。坚持聚焦新时代新任务，将服务国家重大战略，推动经济社会及行业发展，加快建设学习型社会作为使命。坚持以发展为主题，在发展中统一思想，在发展中化解危机，负重前行，锐意进取，实现了网络教育从无到有、从小到大的历史跨越，网络教育事业在艰苦创业中茁壮成长，在励精图治中发展壮大，逐步把网络教育变为在职学习者可选择、可操作、可信赖的新型学习方式，并在提高学习者个人能力、提升职场素质等方面发挥着日益重要的作用，为行业和社会培养大批应用型人才，现将试点以来的各项工作总结如下。

一、明确定位，理顺关系，凝聚试点事业发展力量

1. 明确办学方向与办学定位

北京交通大学网络教育始终坚持社会主义办学方向，坚持党的领导，全面贯彻党的教育方针，把立德树人作为根本任务，不断加强党的建设和思想政治工作，切实履行好高校人才培养的职责使命。多年来坚持“质量第一，特色鲜明，管理规范，服务到位”的办学宗旨，主动对接铁路及城市轨道交通快速发展需求，积极服务国家创新驱动、高铁“走出去”以及京津冀协同发展等重大战略和“一带一路”倡议，紧紧围绕学校建设特色鲜明世界一流大学的发展目标，以提高质量和内涵为重点，以信息化建设为抓手，推进人才培养模式改革和专业课程体系建设，大力提高人才培养质量。

北京交通大学以交通为名，因路而生、由路而强，百余年来学校始终将办学传统与时代要求深度结合，保持鲜明的交通特色。试点以来，我校坚持立足行业，服务社会的办学理念，将网络教育定位为面向行业、面向在职人员的应用型、职业型高等继续教育，为铁路、交通、电力行业培养了一大批用得上、留得住的应用型人才，在行业内形成品牌，逐渐成为学校服务社会、行业，联系行业和社会的桥梁和纽带。

试点以来，学校始终将办学质量作为第一要素，通过增加投入、完善机制、规范管理等方式，协调办学规模、质量、结构、效益的关系，确保网络教育规模适度，稳步发展。《高等学历继续教育专业设置管理办法》下发后，学校进一步明确了办学思路和办学定位，及时调整了招生专业，控制办学规模，提升教学质量，力争使网络教育能够适应国家战略和经济社会发展需要，能够满足学习者的学习发展需求。

2. 理顺管理体制与运行机制

网络教育事业发展的成败既取决于共同一致的目标，也取决于能否运用现代化的管理理念，构建科学的管理体制与运行机制。我校实行校院两级管理，远程与继续教育学院是学校继续教育的归口管理单位，负责继续教育包括网络教育的校外学习中心建设与管理、招生

录取、学籍和成绩管理、教学和学习支持与服务、考试组织与管理、教学平台的维护和课程资源的开发等各方面工作。学院设有学院办公室、招生办公室、教务部、教学服务中心、考务部、技术部、财务部、研发与监管部等职能部门，分别负责各项具体业务管理工作，从而完善了管理模式与运行机制，有效促进了各项业务工作顺利开展。

学校相关职能部门和相关专业学院各司其职，分别负责职责范围内的相关工作。专业学院负责网络教育相关专业建设和师资选配；教务处负责对网络教育教学进行指导，对教改教研工作进行统一管理；财务处负责对网络教育学费收入进行统一管理，统一核算，同时委派财务人员对远程与继续教育学院财务管理进行监管；信息中心为网络教育提供优质的机房环境、网络设施 24 小时的值守，保证网络教育的核心系统处于学校信息中心安全高效的安全系统防护之下。远程学院的资产管理、后勤服务保障等由学校国有资产管理处、后勤集团等统一管理。

3. 加强制度建设与规范管理

建立健全规章制度是保证试点工作顺利开展的基础。试点以来，学校高度重视制度体系建设，不断完善各项管理制度，先后多次进行管理制度修编工作，相继出台了网络教育招生、教学、教务、学籍、考务、学习中心管理等方面的 40 多项规章制度并严格执行。2017 年，学院根据新形势和新要求再次开展了制度修编、流程再造工作，对网络教育招生、教学、学习支持服务、教务、考务等一系列管理文件进行了修订和完善，并新增了《北京交通大学继续教育教学质量监管实施办法》《北京交通大学继续教育教学督导管理办法》《北京交通大学远程与继续教育学院考务工作实施细则》等 10 多个管理文件，以加强对招生、教学、考试组织等重点环节的管控，规范办学行为和日常管理，确保教育教学质量。同时，依据教育部文件精神，修订和启用了新的《北京交通大学学历继续教育学生手册》。图 1 展示了部分管理文件。

图 1　部分管理文件

二、加大投入,加强建设,夯实试点工作发展基石

1. 持续推进教学平台建设

教学平台是网络教学的重要载体,与办学质量密切相关,经过十多年的建设,目前已经建立起以 F5 高性能负载均衡设备、IBM 小型机集群为基础的跨平台、分布式负载均衡计算系统,用于支撑教学与管理平台应用;以 IBM SAN 架构为基础的虚拟存储网络和安全备份系统(光纤存储阵列);以 IBM PC 服务器集群、联想高性能服务器及 VMware 云技术架构为基础的教学资源支撑平台;以 Oracle 数据库及 IBM WebSphere 中间件为基础的系统软件支撑环境。教学平台相关的核心系统均设置于我校的信息中心核心机房,处于学校信息中心安全高效的安全系统防护之下,为我校在网络教育中开展信息化教学与管理提供了高效率、性能稳定的系统服务环境,对支撑我校网络教育各项工作的顺利开展,保障教学质量和教学支持服务水平起到了重要的推动和支撑作用。图 2 展示教学平台的网络拓扑示意图。

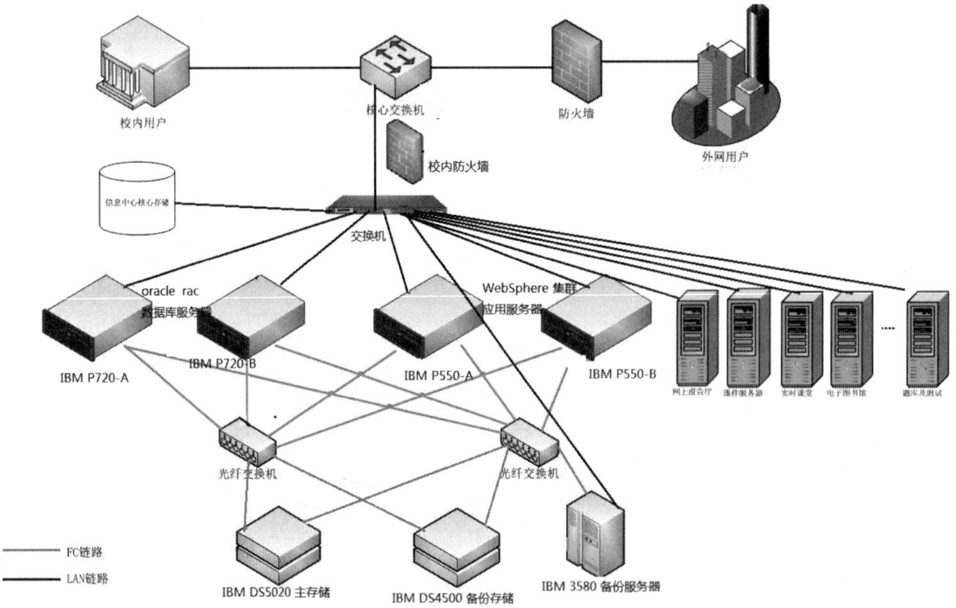

图 2 北京交通大学现代远程教育数字化教学支撑环境网络拓扑示意图

2. 不断完善教学管理系统

试点以来,我校逐步完善教学及管理平台各功能模块,目前已经建立起较为完备的、以远程教学与管理平台为核心的远程教育应用软件架构体系,系统涵盖从教学到管理的全过程,有力地促进了网络教育的规范化、精细化、高效化管理,提高了各方面的服务质量和水平。以教学与管理平台为核心,还陆续建立起一系列教学及管理支撑子系统,形成功能完备、性能较为优越的远程教育应用软件架构体系(包括多媒体课件点播系统、交互式视频直播课堂及课程录制系统、远程视频会议系统、教学与管理短信支持系统、题库系统、网上图书馆等),如图 3 所示。近年来,对移动学习平台的架构、功能模块及移动资源的表现形式和建

设模式进行了研究，以期为学生提供便捷的多终端、立体化、个性化的泛在学习环境，如图 4 所示。目前微信平台及移动学习平台已经运行近 3 年，效果良好，为进一步探索移动教学模式，开展深入的教学应用打下了较为坚实的基础。

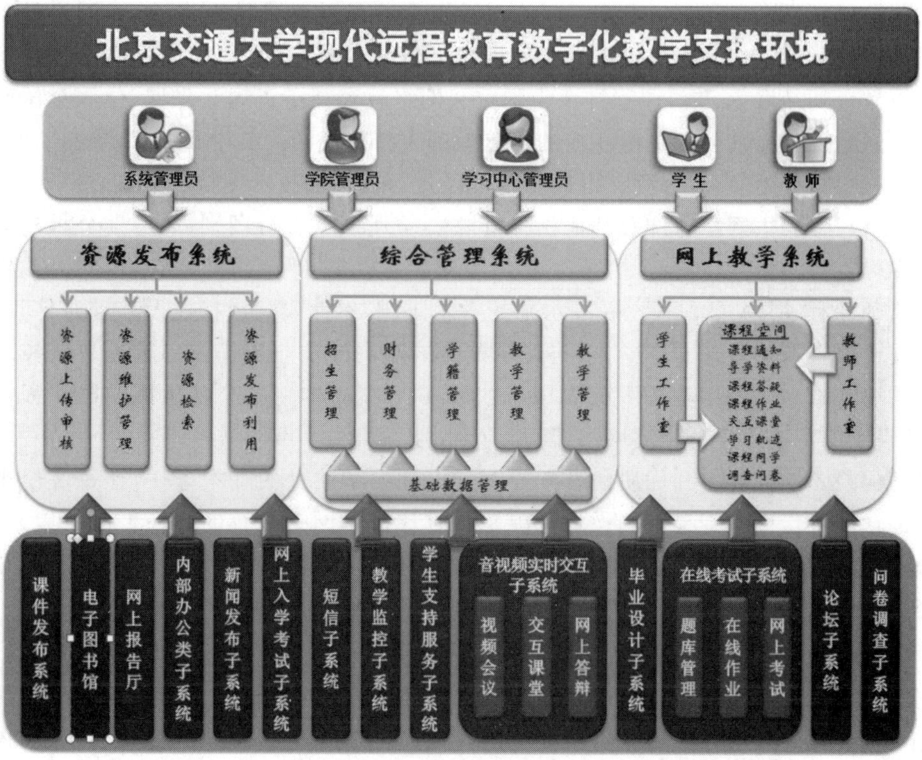

图 3　教学与管理平台应用软件架构体系

图 4　移动学习 App(北京交通大学-学历在线)

3. 积极加快各类学习资源建设

在资源建设中，我校积极开发适合在职人员学习的学习资源，经过多年的探索和实践，已经建成适合网络教育要求的立体化数字资源库，其中包括物流管理、土木工程、电气工程与自动化、交通运输、机械设计制造及其自动化等多个铁路相关特色专业，为网络教学工作的顺利开展提供了支撑。目前已累计开发网络课程500余门，其中9门网络课程被评为国家级网络教育精品课程，6门课程被评为国家级网络教育精品资源共享课，位居全国高校前列。这些网络课程大部分都是由我校的骨干教师主持建设的。其中具备优势特色专业特点的课程采取由教务处立项，远程与继续教育学院进行资金和技术支持的方式，进行立体化资源的建设（包括教材、网络课件及其他相关资源）。2017年，又分门别类，分期分批地对相关资源及10余门网络课程进行了更新改造。新开发完成了20余门网络课程，同时拍摄了大量教学名师课程、MOOC课程以及高水平的学术讲座，累计30余门，建设移动课件百余门。我校重视优质资源的共建共享工作，与其他兄弟试点高校及业界优秀的远程教育技术研发机构共同发起成立了网络教育资源研发中心，共同开展立体化的公共通用网络课程资源的开发，建设了多门高水平的优质网络课程，应用效果显著。

良好的技术支撑环境和优质的教学资源是保证办学质量的基本条件，让每一个学习者在良好的学习环境中享受最优的教育资源是新时代赋予网络教育的责任。试点以来，我校不断投入，赤血推进，已建立起一整套现代远程教育的基础设施，开发了大量优质的数字化学习资源。

三、突出特色，依规招生，积极开辟行业生源市场

1. 开设特色专业，稳定办学规模

有特色才会有生命力，特色就是潜力，特色就是竞争力，特色就是生命力。我们的特色在于具有行业优势。为此，我们坚持把突出特色作为试点工作的主攻方向，坚持高起点规划，高质量建设，高标准管理，高效益经营的原则，为试点工作的顺利进行创造良好的条件。试点中坚持开设行业特色专业，注重从招生、专业设置等方面规范招生管理，稳定办学规模，学校负责年度招生工作方案制定、招生计划审批、招生宣传材料审核、考生报名资格审查、入学考试组织、录取手续办理等工作。近年来，招生人数相对稳定，年招生人数在3万人左右，其中铁路、公路行业生源占70%以上。目前共开设本、专科专业31个，其中专科专业14个，行业特色专业11个，占79%；本科专业17个，行业特色专业10个，占59%；铁路和公路交通系统，年招生人数占年总招生人数的70%以上。校外学习中心数量逐年增加，目前已经从2000年设立时的7个增加到66个。试点以来累计招生33.3万人，为行业和社会输送本、专科毕业生24.8万人。

2. 严格资格审核，确保生源质量

我校严格执行教育部相关规定，在《北京交通大学现代远程教育招生工作管理规定》中对招生计划报备、招生宣传、资格审查、入学考试、录取办理及开学典礼组织等方面都有明确规定，招生报名资格初审、入学考试组织、录取及通知书发放均由我校负责，学校为录取的学生办理新生学籍电子注册手续并建立学籍档案。录取结束后打印出年度考生录取情况表，

由主管领导签字盖章后存入学校档案室，同时将录取信息转入学生学籍信息库，上报教育部阳光招生平台进行备案注册。后续的信息核对、学籍变动等业务由学籍管理部门进行实时管理，以保证学籍存档信息准确。

3. 依托行业宣传，规范招生行为

我校网络教育主要面向铁路、交通行业招生，招生宣传主要依托行业系统进行，各校外学习中心招生管理人员在规定的时间内通过学校管理平台报送当年当季招生计划，学校讨论通过后报送教育部阳光平台备案，同时通过网站向社会公示。对各类招生宣传品实行统一标准、统一内容、统一管理，所有学习中心的各类宣传材料必须经学校审批，以确保国家和学校招生政策准确、有效地贯彻执行。学校每年对招生人员进行培训，确保招生工作合法合规。另外，学校定期组织相关人员登录互联网搜索与我校网络教育招生相关的信息，一旦发现有误导学生及虚假招生宣传现象，立即勒令其删除相关宣传。

4. 加强学习中心建设，坚持垂直管理

校外学习中心是学校开展试点工作的延伸单位，其硬件设施和管理水平直接影响继续教育的教育质量，我校历来非常重视校外学习中心的建设与管理工作，严格审批手续。采取有效措施加强对校外学习中心的管理与服务，使其真正成为我校开展网络教育的依托和实施单位，成为广大学习者能够在任何时间、任何地点进行学习的组织单位。截至 2018 年 9 月底，可继续招生的校外学习中心有 66 个，均经过当地教育行政部门审批通过，大部分设在铁路、交通两大行业的教育培训机构，目前在铁路系统建有 19 个，公路交通系统建有 32 个，占现有校外学习中心总数的 77.3%。面向社会招生的学习中心有 15 个，占 22.7%。

校外学习中心的设立主要考虑当地生源条件及交通、管理等方面的因素。招生的专业、层次、办学形式必须符合行业、地方经济发展需求。设立校外学习中心的单位多数为普通高等学校、成人高等学校、各类职业技术学院、省部级中等专业学校、企事业单位教育培训机构及具备开展学历教育条件的培训机构。我校直接对校外学习中心进行管理，为了规范管理，先后制定了《北京交通大学现代远程教育校外学习中心、成人教育函授辅导站(教学点)设立规程》《北京交通大学现代远程教育校外学习中心、成人教育函授辅导站(教学点)管理办法》等一系列管理文件，编写并先后 4 次修订了《北京交通大学成人教育函授站(教学点)、现代远程教育校外学习中心管理手册》。此外，学校每年定期对校外学习中心的有关人员进行培训，使学习中心各项工作标准化、规范化，以期达到校外学习中心与学校合力助学的效果。图 5 为编印并使用的学习中心管理手册。

四、精心组织，从严治教，努力满足行业需要

1. 加强特色专业建设

试点以来，我校紧抓机遇，积极开拓，成功地探索出适合我校网络教育事业发展的模式，为行业发展和人才培训做出了贡献。专业是高校培养人才的基本单元，专业建设是高校最重要的教学基本建设，是教学工作的生命线，是人才培养的基础，决定着人才培养质量与办学水平，关系到学校的社会声誉及可持续发展。在专业建设方面，我校注重优势特色专业建设，服务国家发展，服务行业需求，坚持高起点规划，高质量建设，高标准管理，高效益经营的

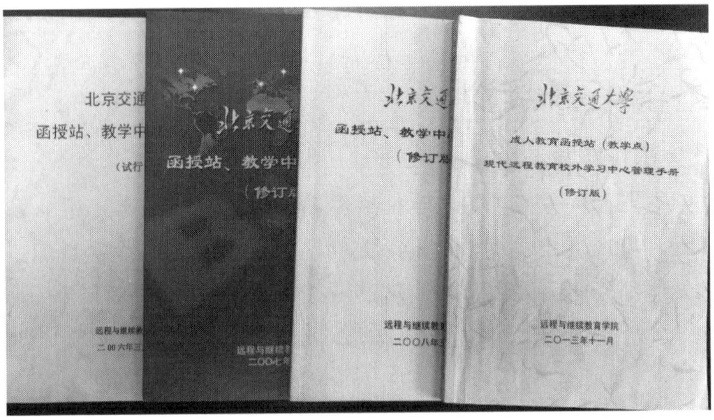

图 5　编印并使用的学习中心管理手册

原则，坚持以满足学习者学习发展需求为导向，以学习者职业能力提升为重点，积极探索“学以致用工程”，不断进行教学改革，为试点工作的顺利进行创造良好条件。依托优势学科和特色专业，建设了一批网络教育办学专业，先后开办了电气化铁道技术、铁道工程技术、铁道机车车辆、公路工程与管理、交通运输、土木工程、电气工程及其自动化、机械设计及其自动化、物流管理等特色专业。近年来，以教改立项的方式加快特色专业建设，先后开展了《铁路特色专业应用型人才培养方案研究》《基于铁路特色专业的学历继续教育与职业教育的研究与实践》《学历继续教育专业建设研究》等多项专业建设研究工作。为了适应高速铁路及城市轨道交通发展对人才培养的需求，近年来我校积极走访铁路局、地铁公司等单位，了解现场对人才培养、专业方向设置、课程设置等方面的需求，及时修订培养方案、完善课程教学大纲，努力使现代远程教育既遵循教育教学规律，又对接社会及行业对人才的需求，为行业培养合格人才。图 6 是部分特色专业教学计划照片。

图 6　部分特色专业教学计划照片

2. 注重教师聘任与管理

优质教育资源中最根本的资源是教师资源和学习资源。对于网络教育而言，没有优秀的教师和学习资源，就不会有高质量的教学效果。为保证现代远程教育的教学质量，在师资管理方面重点做了以下几方面的工作。

(1) 完善聘任管理。为加强教师管理，我校自 2001 年起先后制定了一系列管理文件，从早期的《北方交通大学网络学院受聘教师管理办法》，到 2018 年再次修订的《北京交通大学远程与继续教育学院外聘教师管理办法》《北京交通大学远程与继续教育学院网络教育辅导教师工作职责》《北京交通大学远程与继续教育学院本科毕业设计(论文)指导教师工作职责》《北京交通大学远程与继续教育学院专科毕业实习(调研)指导教师工作职责》，逐步完善了受聘教师聘任、培训与管理体系，为保证教学质量奠定了坚实的基础。

(2) 加强教育培训。远程学院每学期开课前都对受聘教师进行培训，重点对现代远程教育技术及工作流程和课程平台操作及师德师风要求进行培训，以此提高教师的职业素养和从业技能。学期中举办专题讲座，使受聘教师及时了解网络教育发展。2017 年先后举办了“智慧教学——把手机变成学习利器”“远程教育的质量管理”等专题讲座，主讲嘉宾均来自网络教育行业的知名教授。

(3) 强化服务管理。网络教育的特性决定了学校必须强化对教师的服务与管理，才能确保其教育教学活动。为此，我校重视促教支持服务工作，通过教师数据统计分析，全程监管督促教师教学辅导工作，为所有教师提供支持服务工作。按月导出教师教学数据，对教师的教学辅导工作进行监控，查找异常数据并进行跟踪。按照教师考核标准，分月完成教师考评并将结果及时反馈至教师。

(4) 开展教学研究。学校和学院积极组织鼓励教师参与网络教育教学研究与改革，以提高我校网络教育教学质量和理论研究水平。在学校教务处组织的教学改革项目中，每年都有网络教育方面的教改教研项目，试点以来立项 100 多项，投入研究经费逾 600 万，研究内容涉及行业远程继续教育的策略、现状和培养模式的研究，信息技术及应用的研究，远程教育质量保证的研究，现代远程教育策略、方式、手段的研究等。其中有 6 项成果获得北京交通大学校级教学成果奖，《服务国家“一带一路”发展倡议，打造轨道交通行业继续教育基地》获得 2017 年北京市高等教育教学成果二等奖，如图 7 所示。

荣誉证书

司银涛　陈　庚　肖贵平　郝建英　张辉宇　徐　琤：

服务国家“一带一路”发展倡议，打造轨道交通行业继续教育基地，获 2017 年北京市高等教育教学成果奖二等奖。

北京市人民政府

二〇一八年四月

图 7　荣誉证书

3. 精心组织实施教学各个环节

教学组织及管理是保证质量的关键环节，在多年的办学中，不断规范教学行为，注重教师教学观念、教学内容、教学方法等方面的研究，适时运用现代远程教育技术，为学员提供全方位的学习服务，以保证教学质量，着重做了以下 3 方面工作。

（1）认真组织教学环节的实施。我校严格按照培养方案内容组织教学活动，按照整体设计、系统执行、站点协调、制度保障、校企合作、加强监管、及时总结等步骤保障培养方案的落实。教学实施过程为：开课—课程导学—课程自主学习—辅导答疑（面授、在线实时与非实时）—课程练习与作业—集中期末复习辅导—课程考试。教学过程控制采取学生自学为主、全过程跟踪指导相结合的方式。

（2）综合运用现代教学手段。教学过程采用互联网、远程视频、课件等媒体相结合的方式。利用网络及各种媒体资源以在线提问、案例讨论等方式促进师生互动，互联网主要用于非实时教学及非实时提问和讨论，远程视频主要用于实时教学及实时提问和讨论，这种方式覆盖面广。为了适应在职学习者的特点，我们对学生自主学习的教学模式进行了研究，编写了自学指导资料。学校鼓励教师以学生为中心，不断促进学生的学习动力与学习兴趣。要求教师应利用网络教学的优势，利用各种教学资源，组织与课程相关的学习活动。

（3）不断加强毕业环节管理。毕业设计、毕业实习是实现人才培养目标的重要环节。我校针对毕业设计（论文）、毕业实习（调研）工作制定了相应的管理制度，包括《北京交通大学远程与继续教育学院本科毕业设计（论文）规范》《北京交通大学远程与继续教育学院本科毕业设计（论文）格式模板》等一系列规范性文件，在教学管理平台主页开辟有“毕业设计指南”栏目。同时注重毕业设计（论文）撰写全部过程（选题、开题、中期、结题）的管理与指导，确保论文质量。另外，严把论文评审、答辩环节，所有本科学生的论文全部进行评审，评审合格才能参加答辩，答辩由学校统一组织，答辩方式以网络视频答辩为主，现场答辩为辅。本科学生全员答辩。

4. 严肃考风考纪

考试是保证教学质量、实现人才培养目标的重要环节，在多年的试点中，我校一贯重视考试管理，为严肃考风考纪、规范考试行为，先后制定了一系列管理文件并严格执行，其中包括《北京交通大学远程与继续教育学院考试管理规定》《北京交通大学远程与继续教育学院考务工作实施细则》《北京交通大学远程与继续教育学院考场规则》《北京交通大学远程与继续教育学院考试巡视工作规定》《北京交通大学远程与继续教育学院监考教师工作职责》等。所有课程考试试卷均由学校统一命题、统一印刷、统一密封，并选派经验丰富的巡考人员携带试卷到指定站点进行考试，考试结束后，试卷当场密封，由巡考教师带回，考务部门组织任课教师阅卷。校外学习中心负责考场安排，选派监考教师。近两年学校共派出巡考人员 300 人次，对校外学习中心的考试组织及考场管理进行巡视、督查、指导，处理违规违纪、取消考试或考试成绩 200 余人次。

5. 严格毕业管理

为加强毕业管理，我校在《北京交通大学远程与继续教育学院学生学籍管理办法》第三十四条明确了本、专科学生毕业条件并严格执行。在实践中不断完善管理制度，更新管理方式，建立了教学教务平台，有专人负责学生的学习成绩管理，所有学生的课程学习成绩均按期导入管理平台，并在平台上根据毕业条件进行毕业审核，把好网络教育人才培养“出口关”，确保毕业质量。近5年应届毕业率为67%左右。

《北京交通大学远程与继续教育学院关于授予本科毕业生成人高等教育学士学位工作细则》第三条规定了学位授予条件并严格执行，做到不限制名额又不降低标准，操作中运用管理平台审核确定符合条件的学生，学校学位评定委员评审后为符合条件的学生授予学位。近5年学位授予率为5.7%左右。

五、设立机构，实施监控，确保人才培养质量

质量是办学的生命线。试点以来，我校紧紧围绕提高办学质量这一永恒主题，从招生管理、培养模式、教学方式、教学手段、课程改革等多个纬度，全面深入研究并精心谋划培养过程的质量监控，把保证质量作为核心工作常抓不懈，采取有效措施，不断规范招生行为，严肃考风考纪，细化管理流程，提升管理水平，以期为各项工作的开展提供指导和依据，保证办学质量。

成立质量管理机构，全面负责质量管理工作。研究和建立质量监管体系，制定相关制度；对网络教育招生、教学、考试、毕业等关键环节进行全面检查、重点抽查，采用定期检查和随机检查相结合等方式开展质量监管。

制定《北京交通大学继续教育教学质量监管实施办法》，编制继续教育质量手册。明确远程学院相关职能部门和校外学习中心在质量监管中的职责，确定了质量监管的工作范围与主要内容、组织实施与保障措施，明确了质量监管问题的反馈与处理方式等。

设立了督导组，对网络教育教学质量进行检查、督导、评估、指导和反馈，推行教学检查制度，强化过程管理，促进人才培养质量的提高。

与此同时，设立《高等继续教育质量保证体系的研究与建设》教改项目，加强质量保证体系的研究与建设，构建质量监控体系，确保质量保证机制的落实。

六、开拓进取，真情服务，积极推进试点工作科学发展

鉴往可以知来，温故可以知新。试点以来，我校积极探索，开拓创新，求真务实，踏实前行，各项工作得以长足发展，整体水平得到全面提升，特别是服务行业方面成绩显著，开设的铁路和公路类特色专业深受学生和用人单位欢迎。学校办学规范，教学管理服务到位，在行业内形成品牌，有较好的声誉。学校定期到各铁路局、地铁公司等单位回访，与毕业生座谈，了解人才培养情况。用人单位普遍反映学生的理论水平、职业技能、综合素养均有所提升，绝大部分毕业生反映学有所获、学有所用。

现代远程教育是学校人才培养体系的重要组成部分，是学校服务社会和行业的重要渠道。新形势下现代远程教育发展面临新的挑战、蕴含新的机遇，站在新时代这一崭新的历史节点上，深入研究并解决网络教育发展中的问题，不断提高办学水平，为新时代提供强力的人才保证和智力支撑是历史赋予高校的神圣使命，今后我们将重点做好以下5方面的工作。

1. 立足长远，超前布局，确保网络教育精准服务于新时代发展需要

党的十九大提出要“办好网络教育”，习近平总书记在全国教育大会上的重要讲话明确了中国特色社会主义教育工作的根本任务，阐述了培养中国特色社会主义建设者和接班人的根本要求。我校将组织有关同志进一步认真学习十九大报告和习近平总书记的讲话，进一步加强党的建设和思想政治工作，将立德树人贯彻人才培养始终。立足长远，超前布局，围绕国家建设学习型社会和大力提高国民素质的迫切需要，以及学校发展的总体目标，科学谋划网络教育发展规划，主动服务行业发展及“一带一路”等重大倡议，积极应对教育改革和市场变化，使网络教育精准服务于国家经济社会发展需要。

2. 与时俱进，开拓创新，不断健全管理体制机制

网络教育事业的发展，离不开科学的体制机制保障，完善制度建设是提升管理水平及办学质量的重要抓手。为此，我校将本着“规范管理、适应发展、强化效能，凝聚力量”的原则，进一步改革和完善管理体系。全面梳理网络教育各项规章制度，优化工作流程，有效运转管理服务数据流、信息流；完善管理工作控制程序，构建内部质量管理体系；建立健全教育督导及质量监管体系，研究制定质量监管实施办法，建立数据分析、信息共享制度，构建质量保障体系；健全校外学习中心管理体系，完善校外学习中心设置、管理、服务和考评规范，探索建立以资源共建共享、学分互选互认为主要内容的合作办学模式。

3. 积极探索，勇于实践，稳步推进人才培养模式改革

以质图强，内涵发展是新时代网络教育的新态势，为此我们将以提高人才培养质量，实现学习者能力培养、素养提升为目标，大力推动专业建设、课程建设、数字化资源建设，构建适应经济社会发展需要的应用型人才培养体系；积极推进教学改革，构建开放式课程体系和交互式学习系统，稳步推进混合式教学模式；进一步规范考试管理，着力推进考试改革，建立并完善学习评价体系；不断创新教学辅导模式，促进优质资源的覆盖面，着力探索调动学生学习积极性的有效途径；加大信息化手段在教学建设中的应用，加快新技术的采用和数字化教学资源的建设；完善教学质量保障体系，确保人才培养的各个环节落到实处。

4. 发挥优势，突出特色，着力打造网络教育品牌项目

人才培养的生命在质量，市场竞争的优势在品牌。高品质、特色化的品牌战略是高校继续教育新常态下可持续发展的必然选择，为此我们要将学校的办学优势与特色，办学传统与文化贯穿到网络教育的始终，形成有特色、有生命的网络教育品牌。要以服务国家战略、终身学习体系及学习型社会建设为使命，积极聚焦人力资源需求，不断探索人才培养与人才发展的新模式，深入推进与行业及企业合作，努力使网络教育成为学校连接社会的纽带；以需求为导向，以学科为依托，研发多样化、特色鲜明的网络教育精品课程；以服务学习者、服务行业、服务新兴产业为中心，设计、开发和推广一批基于市场变化、行业发展、企业需求的独具特色的网络教育品牌项目。用特色项目、优质课程和人性化服务吸引学员，用质量和诚信打造品牌。

5. 加大投入，加快建设，不断提升信息化服务水平

信息化建设是网络教育事业生存和发展的基础。为此，我们要以平台建设为依托，加快信息化建设步伐。加强以提升服务能力、提高服务水平为目标，稳步推进支持在线学习、在线测评、学习分析、智慧学习、移动学习的继续教育在线综合管理平台建设，逐步形成线上与线下、课堂与实训、专业培养与岗位教育一体化的“互联网＋”发展模式；以集成化技术平台为依托，构建集咨询服务、学习体验、学习指导、学生管理为一体的虚拟学生服务平台；以服务学生体验、提升学习能力为目标，建设继续教育终身学习服务平台，为学习者提供创新的增值服务；以服务新业态为契机，探索建立基于需求引领、大数据分析、云服务支持的技术运行和服务体系，用研究数据引导和推动继续教育的结构调整、转型升级与改革发展。要加大资源建设步伐，建立企业精品培训课程引入机制，丰富平台资源，提升教育教学质量。

北京外国语大学现代远程教育试点工作总结

北京外国语大学(简称"北外")是教育部直属、首批"211 工程"高校、"985"优势学科创新平台高校、首批一流学科建设高校,是目前我国高等院校中历史悠久、教授语种最多、办学层次齐全的外国语大学。2000 年 11 月,国家教育部批准北外成为现代远程教育试点院校,随后北京外国语大学网络教育学院(简称"北外网院")成立。北外网院自成立以来秉承北外严谨治学的一贯作风,积极利用北外丰富的学习资源和教学优势,并结合现代网络的技术优势,全面开展多专业学历学位教育和各类培训项目,成功构建了集学历和非学历教育为一体的多层次、多模式、全方位的网络教育体系。经过十几年的发展,北外网院取得的成绩得到国家教育主管部门和社会各界的广泛认可。目前,北外网院已确立了"中国外语网络教育专家"的品牌,成为国内高等英语网络教育中体系完善、教育项目丰富、资源全面、技术先进和获得殊荣最多的网络教育学院之一,详见附件 1。

北外对现代远程教育试点工作开展情况进行了总结,总结情况如下。

一、试点背景

远程教育借助现代通信技术的发展,以其特有的开放性和灵活性,一直受到世界各国政府和教育组织的重视,被看作是建设继续学习和终身学习体系的一个重要手段。网络教育作为现代远程教育的创新教育模式,是现代信息社会提高全民族科学文化素质,促进教育思想、内容和方法改革,推动教育现代化,满足社会日益增长的终身学习需求的重要手段。

为落实《面向 21 世纪教育振兴行动计划》,推动现代远程教育工程的进展,积极发展高等教育,教育部于 2000 年决定支持若干所高等学校建设网络教育学院,开展现代远程教育试点工作,这是新世纪国家推动高等教育改革和发展的重大举措。

网络教育是一项复杂的系统工程,投入大,涉及面广,技术性强,管理复杂。因此,根据教育部的指示,建设网络教育学院应具备以下条件。

(1) 具有较强的综合实力。试点学校的办学水平和教学质量在社会性上享有良好的声誉,在教学法改革中取得了突出成绩,已经建立了有效的校内教学质量保障与监控机制,具有较强的综合实力。

(2) 能够归口管理。试点学校的网络教学工作要统筹规划,对网络资源和远程教育资源进行整合,并由网络教育学院归口管理。网络教育学院的机构设置要合理,管理制度要健全。

(3) 指导思想正确,实施方案可行。网络教育学院提出的办学指导思想要明确,教学方案要符合现代远程教育的发展趋势,教学质量保障体系和监控机制要切实可行。拟开展网络教学的专业其主要课程要能在网上进行教学,培养规格和教学基本要求符合国家同层次同类专业的标准。

(4) 软硬件条件符合要求。校园网络能够满足网络教学的需要,并且具有良好的前期工作基础,特别是网上教学资源建设的基础。校外教学支撑服务体系能够满足网络教学的基本要求,具备较强的网络教学和管理能力。

(5) 经费和师资队伍。试点学校有足够的经费投入,有高水平的教师和管理队伍,有专职的教育技术和网络技术人员,能够承担网络教育学院的课程。

(6) 社会需求旺盛。拟开展网络教学的专业或专业领域,试点学校在全国或本区域应具有优势地位,社会对此专业或专业领域的人才需求旺盛。

北外是我国培养外交、外贸、对外文化交流及外事翻译人才的主要基地。其中英语专业是国家级重点学科,拥有国内首屈一指的师资力量。北外紧密结合国家发展需要,形成了"外、特、精"的办学理念和"兼容并蓄、博学笃行"的校训精神,成为培养外交、翻译、经贸、新闻、法律、金融等涉外高素质人才的重要基地。

2000 年,教育部批准北外成为现代远程教育试点院校,随后北京外国语大学网络教育学院(简称"北外网院")成立。同时,北京世纪盈华信息技术有限公司(2008 年更名为北外在线(北京)教育科技有限公司)成立,成为北外网院独家技术服务商,为北外网院提供全面的课程研发、技术开发等综合服务。北外网院发挥学校特色,首先上线英语专业,积极利用北外丰富的学习资源和教学优势,并结合现代网络的技术优势开展英语专业学历教育。2004 年推出"北外成功英语"品牌,开展非学历教育培训。2011 年结合北外商学院专业优势,上线商科专业。北外网院逐步成为国内高等网络教育中体系完善、教育项目丰富、资源全面、技术先进的网络教育学院之一。

二、试点初衷

1. 远程教育发展前景

国际著名的远程教育专家德斯蒙德·基更曾经指出:"远程教育是各国政府在 21 世纪为国民提供终身学习的第一选择,也是 21 世纪为国民进行终身学习的首选形式"(出处:中国产业发展研究网)。一个没有远程教育的国家,是难以建立起继续学习,甚至终身教育体系和学习型社会的。随着知识经济的到来,继续教育和终身学习成为趋势,人们需要多层次,多种类,适合不同阶段学习网络教育产品。网络技术与经济的飞速发展也为网络远程教育提供了良好契机。作为终身教育体系和学习型社会崭新途径和创新形式,远程教育的发展空间将从学历教育扩展到全民终身教育,角色空间将从办学者拓展为教育服务者,活动空间将从学校教育延伸到社会教育,这也成为远程教育的发展趋势和历史使命。

中国的远程教育正处在起步阶段,发展速度非常快,规模不断扩大。国家很重视发展现代远程教育,将其作为解决我国教育资源短缺、构建我国终身教育体系的有效途径。随着新技术、新媒体的发展,远程教育还将有更大的发展。

2. 北外的优势

建校 70 余年来,北外一直紧密结合国家发展需要,形成了"外、特、精"的办学理念和"兼容并蓄、博学笃行"的校训精神,成为培养外交、翻译、经贸、新闻、法律、金融等涉外高素质人才的重要基地。

北外的外国语言专业是国家级重点学科,雄厚的外语师资和教学资源是突出优势。北外目前开设了98种语言,拥有国内语言教学领域最宝贵的专家资源。北外网院的众多网络课程均聘请相关领域专家参与研发,把专家的教学科研成果转化为网络课程呈现给学习者。例如,最具北外特色的“北外名师谈语言学习策略”系列讲座,邀请了包括荣膺“改革开放30年中国教育风云人物”和教育部“全国优秀教师”称号的陈琳教授、国内语音学届权威屠蓓教授等著名学界专家,分别从语言学习的各个方面讲授学习方法,是无比珍贵的语言学习资源。

通过信息技术力量,把北外优质的语言教学资源分享给有需要的社会学习者,有助打破时空局限,让更多人通过网络教育学习得到提升,为推进教育公平和建设终身学习型社会做出贡献。

三、试点任务

按照教育部2000年颁布的《关于支持若干所高等学校建设网络教育学院开展现代远程教育试点工作的几点意见》要求,拟建设网络教育学院的试点学校,应在校内开展网络教学工作的基础上,通过现代网络向社会提供内容丰富的教育服务。网络教育学院的主要任务包括:

(1) 开展学历教育。面向社会招收学生,主要通过网络教学的方式完成学历和学位教育的教学工作;面向全日制在校生开设网络课程,取得单科学分,同时可实现校际之间的课程互选和学分承认。

(2) 开展非学历教育。面向社会开设继续教育课程,包括课程培训、岗位培训、证书考试和自学考试助学活动等,为社会性从业人员参加学习提供服务。

(3) 探索网络教学模式。通过试点逐步建立起包括的课程体系、教学内容、教学方法、课件制作、自学、辅导、作业、实验和实践教学、网上测试、教学质量保障和监控等各个教学环节的网络教学模式,加强教学法过程的管理。

(4) 探索网络教学法工作的管理机制。通过的试点逐步建立并完善包括招生、注册、收费、学籍管理、考试组织、学分认证、证书发放、毕业等于网络教学工作的管理制度,建立适应学习化社会需要的网络教学工作管理机制。

(5) 网上资源建设者。加大经费投入,减少重复建设,协作开发丰富的高质量的网上教学资源、试题库及网上测试系统,保证网络教学工作顺利进行;要依法保护知识产权,并建立起资源共享的形式和运行机制,形成网上教育资源建设的滚动发展机制,促进我国信息产业的发展。

北外自2000年被教育部批准为现代远程教育试点高校以来,北外远程教育始终坚持党的领导,全面贯彻党的教育方针,以教学和人才培养质量为第一要务,走内涵式发展之路。北外远程教育一直坚持自己鲜明的办学特色,基于外语教学的传统优势,结合创新的教育理念和教育技术,坚持贯彻“资源、服务、过程、监控、质量”的办学理念,为学生提供“全人”教育,培养学生具备“十大素质”。同时,在教师中开展“三新”活动,提高教师的网络技术应用能力,推行新的教与学理念,帮助教师转变传统角色,在体系建设、资源研发、人才培养、学术研究和国际合作方面开展了大量的实践探索。

在办学方向上,充分发挥学校的外语学科特色和优势,探索发展具有我校外语特色的网络继续教育，服务国家“一带一路”经济发展倡议对外语专业人才的迫切需求。充分利用信息技术手段，整合多种教学模式，为在职人员提供便捷、高质量的远程继续教育，服务于国家人才发展战略需求。严格控制招生规模，提供与教学支持服务相配套的网络学历教育，确保人才培养质量。

在办学定位上，北外网院不仅通过先进的信息技术平台为在职人员提供高质量的教育，同时充分运用积累多年的网络教育理论和实践成果，服务于学校双一流学科“外国语言文学”建设，积极开展在线外语和移动外语教学理论和实践的前沿研究，促进校内复语型、复合型和高层次人才模式的创新，提高外语教学效率和人才培养质量，更好地服务于国家经济发展对人才的迫切需求。目前，北外网院学院已确立了“中国外语网络教育专家”的品牌，成为国内高等英语网络教育中体系最完善、教育项目最丰富、资源最全面、技术最先进、获得殊荣最多的网络教育学院之一，实现了将北外建设成为语言网络教育体系、技术应用、科研三方面综合实力位于世界一流、中国第一的网上语言大学。

四、实施落实

1. 基于北外特色的学科建设和人才培养

1）发展学科优势开展远程学历教育专业建设

作为北外的二级教学单位，北外网院以网络教育方式独立实施英语专业专科、本科的学历学位教育，在数十年的发展历程中，北外网院专注于英语学科建设，突出英语学习的实用性和交际性。这一专业包含商务英语、英语教育、英语翻译、财经英语、法律英语、空乘英语、旅游英语共 7 个方向，从而满足不同职业方向人群的学习需要。而后，北外网院与北外国际商学院、计算机系联合开展商科和计算机专业的专科和本科学历学位教育。北外网院现设英语专业、国际经济与贸易、金融学、工商管理、会计学、电子商务、信息管理与信息系统、计算机科学与技术共 8 个专业，已基本形成以英语专业为主体，经、管、计算机多学科协调发展的专业格局，结合学校的特色和优势，专注国际化人才的培养，通过信息化的教学手段，为更多的在职人士提供适应个人和社会发展需求的在职继续教育。

2）依托信息技术探索同等学力研究生培养

在不断提升本科教育质量的同时，北外网院积极主动地与校内兄弟院系开展合作，助力学校双一流学科“外国语言文学”在人才培养模式创新和信息化教学方面的探索，回应国家对“双一流”高校服务社会的期待，努力开创更高层次的教育项目，培养国家发展亟须人才。

2015 年 9 月，北外网院联合北外中国外语与教育研究中心（教育部重点人文社科基地）推出依托远程教育平台的外国语言学及应用语言学专业（英语教育方向）同等学力研究生培养项目。该项目具有 3 个鲜明的特色。首先，项目专业所属学科——语言学学科是北外最强的优势学科，以实际行动践行了教育部提出的高校继续教育应该结合各校的优势学科，办出特色和质量的精神。其次，项目拥有该领域最强的名师阵容。北外知名教授、国内语言教学界专家均承担研修班的教学工作。同时为适应国际化人才培养模式，加强对国际化教育的理解，项目每年还邀请国外知名教授学者为学员教授部分课程。第三，项目结合我校 18 年的现代远程教育经验，采取面授与网络相结合的混合式教学模式，创新了传统同等学力研究生教育培养模式。远程学习平台的开发和应用打破了地域与时空的限制，学员可以远程实时参加课堂学习，还可通过学习平台与教师和班主任互动交流，及时解决学习过程中的问题。利用现代信息技术的优势加大过程助学，有效解决传统同等学力研究生培养中存在的缺少教学过程监控和对教学质量整体把握的问题，从根本上切实保证同等学力人才培养的质量。

项目开展以来，受到热烈欢迎，已经有 603 名来自全国各地的学员通过严格的入学资格审核和考试，被录取为课程研修班学员。目前教学状况良好，学员满意度高，研究结果表明高达 94.2%的学员认为自己“很可能”和“可能”将项目推荐给别人。2017 年该项目以创新型人才培养模式荣获全国高校现代远程教育协作组颁发的“中国高校远程与继续教育优秀案例库”奖项。

同时，在全球化背景下，宣传中国文化，讲好中国故事，提升国家“软实力”，是中国屹立于世界之林的另一重要国家战略。为更好地履行这一国家使命，2018 年 5 月，北外网院联合北外中文学院开设语言学及应用语言学专业（汉语教育方向）课程研修班，为汉语教师或有志提高中国文化素养及汉语运用能力的在职学习者提供攻读硕士的机会。这又是一项创新之举，借助现代信息技术，将北外优质的课程、教学和先进的教育理念传递给更多学习者，助力汉语人才的专业化和国际化，助推汉语和中国文化更好地走向世界。

3）国际合作培养外语网络教育高层次人才

北外网院自成立伊始积极与世界高水平大学和教育机构开展现代远程教育国际交流与合作，不断探索远程教育教学改革、资源研发、教师信息化教学素养培训、人才培养等创新思路和方法，培育外语网络教育高层次人才。

自 2003 年起，北外网院与英国诺丁汉大学联合开展中英电子教学项目（The eChina-UK eLearning Programme），该项目受英格兰高等教育拨款管理委员会（HEFCE）资助，从跨文化视角研究我国高等远程教育教学实践，远程教学的质量保证等课题。在创始院长顾曰国教授的带领下，北外网院 3 位骨干教师分别开展了网络教育资源开发研究、助学模式和测评反馈研究，科研成果发表在各自的博士论文专著中，成为我国外语网络教育领域较早开始资源、助学和测评研究的奠基之作（专门的著述发表，参见曹文，2012；王彤，2009；唐锦兰，2010）。

2012—2013 年，北外网院与英国华威大学合作，选派骨干教师进修该校的研究生课程并获取硕士学位；同年，北外网院教师赴美国加利福尼亚大学开展为期一年的访学活动，深入学习计算机辅助外语教学的理论与实践；2012 年暑期，我院选派两名骨干教师赴英国牛津参与教师培训并获得培训证书；2016—2017 年，北外网院专家作为高级访问学者赴英国开放大学开展远程教育研究。

2017 年 2 月，北京外国语大学副校长闫国华访问英国开放大学，与英国开放大学副校长伊恩·鲍威尔进行会谈，双方交流了远程教育领域的发展状况，探讨了在远程教育科研、教师培训等方面开展合作的可行性，“首届中英在线外语教育研修班”正是以此为契机开展，来自北京、河北、山东、广西、湖南等地的百余位中小学、大学及培训机构的教师参与了“线上＋线下”混合模式培训，为提升新时代教师信息化教学能力做出了贡献。

2018 年 4 月，我校与英国开放大学签署框架合作协议，未来双方将在高等网络教育教学科研、师资培训、在线课程及研修项目等方面建立长效合作机制，以进一步推动两所高校在相关领域内的相互学习与交流。同年 6 月，我校与联合国训练研究所签署合作备忘录，北外网院学院、国际关系学院和联合国训练研究所三方将联合开发在线和面授课程，以课程证书、项目培训和远程硕士等多层次和多模式的合作方式，发挥各自的资源、师资、研究和技术优势，强强联手，致力民间外交、国际组织和企业管理国际化人才的培养，助力国家经济、社会和文化腾飞。

2. 北外远程教育发展理念的创建

北外远程教育以“立德树人”为办学初衷，坚持内涵式发展，不断探索，积极创新，在办学、学生培养和教师发展方面已经形成了特色鲜明的理念和原则。

1）办学理念

北外网院成立 18 年来，一直坚持“资源、服务、过程、监控、质量”十字办学理念。

2）学生培养理念

北外网院面向学生开展“全人”教育，强调培养学生具备“十大素质”，以培养网络时代具备优秀信息素养的终身学习型人才为目的。育人，始终是北外网院最大的使命。

“全人”教育的十大维度，即学生的十大素质包括：①有能力独立学习和与他人合作学习；②有能力自我约束、自我管理、自我监控；③有能力主动获取信息和筛选信息；④有能力解决学习与其他事务之间的矛盾；⑤有能力积极主动做事；⑥有能力与人交往；⑦有能力寻求帮助；⑧有自信和毅力；⑨有能力培养自己的学习方式和策略；⑩有能力领导和驾驭事务。

“全人教育”的培养目标要求学生不仅在学科素养上有所发展，还要在终身学习能力、人际交往、团队协作、国家情怀和国际视野等方面都得到成长，达到“立德树人”的社会主义建设人才教育目标。北外网院的“全人”学生教育主要体现在以下 5 个方面。

(1) 立德树人。培养热爱祖国，拥护中国共产党领导，拥护社会主义制度，遵纪守法，品德良好，掌握扎实的学科知识和技能，具备较强的实践能力，并拥有开拓及创新精神的全面型人才，一直是北外网院矢志不渝的初衷和一贯坚持的目标。北外网院杯征文比赛作为我院传统性的助学活动已开展近十年，每次活动均受到同学们的积极响应，纷纷用恳切的文字分享终身学习对其人生和事业的巨大影响，以真挚的情感表达爱国、爱校、爱学习的学子情怀。通过比赛遴选的优秀征文每年都结集出版，在师生中广为传阅，其中展现的优秀事迹和积极精神鼓舞着网络教育的师生不断奋发向上，自强不息。

(2) 内涵提升。北外网院注重将“全人教育”理念融入教学设计的各个核心环节。在新生开学典礼上，教师和辅导员深入细致地阐述“全人”教育的理念和学习方法，助力学生开启学习新征程。北外网院还为新生量身定做“新生拓展训练营”，针对“全人”教育的十大素质，设计和安排针对性强的训练内容，帮助新生从理念、方法和心态上尽早适应网络教育的学习方式。在日常教学中，强调“以学生为中心”“做中得学”和“思中得学”，教学活动不仅包含教师讲授，而且提倡和引导学生主导的小组协作、讨论互动、展示分享和项目设计等，以更充分地发挥学生的自主知识探究能力。学院不仅为学生提供网络学习平台、多媒体课件、移动端学习平台、面授辅导和在线答疑等丰富的多模态、多媒体、多环境教学方式和手段，还开通了兴趣小组、课程论坛、课程微信群、专职辅导员、助学小导师、助学热线等多方位和多渠道的动态助学体系，将“全人”教育理念贯彻和落实到学生学习的各个环节。

(3) 外语加专业的复合人才培养。依托北外优质的外语教学资源，北外网院非常重视非英语专业学生外语能力和素养的提升。每学期都会举办各类线上、线下助学活动，如英语素质课、中英语伴项目等。本年度英语素质课包括英语轻松读、完美语音训练营、英语写作一点通、英语语法周周练、美国社会和文化系列等，由学院的专任中外教师主讲，面向各专业、各层次的学生，从听说读写4方面力求全方位提升学生的英语素养，丰富学生的跨文化内涵。秋季学期还推出中英语伴项目，由北外网院和英国开放大学联合展开，通过数十对中外学生进行线上中英文交流提高各自的中英文水平，培养学生的跨文化交际和沟通能力。学院通过一系列高质量的助学活动，培养学生的"国际化视野"，帮助学生成长为全面发展的外语加专业的复合型国家建设人才。

(4) 综合素质发展。北外网院助学服务始终坚持从入学到毕业全流程、多渠道、高频次和全方位的特色，不仅重视学科素养的培育，也关注职场技能与职业素质的提升，兼顾个性化与终身化发展的需求。各类助学活动包括课程小导师、学习小组、暑期营地活动、英语竞赛、优秀学员评选、马拉松公益助跑、游园会、公益职场季等。其中，英语口语大赛和暑期营地活动已分别举行了九届和十四届，成为北外网院标志性的学生学术综合素质拓展项目。2016年，有众多一线企业参加的"北外网院校企联盟"在我校宣告成立，为网络教育在职学生和用人企业提供了一个产教融合的互联平台。通过此平台，学校可以更好地发挥教育和科研优势，企业则能更好地发挥资源和市场优势，学生可以更了解业界动态，学校、企业、学生三方都可达到相互促进、共同发展的目的。这些学术和社会活动极大增强了远程教育学生的校园归属感，开阔了同学的视野，拓展了团队协作和人际交往能力，也进一步促进了专业知识的学以致用，有效提升了学生的综合素质。在2013年、2015年、2017年三届北京市高等学校学历继续教育大学生英语口语竞赛中，我校学生荣获了英语专业第一名的好成绩。

(5) 鼓励学以致用，提倡社会服务。北外网院作为北京市外办的友好合作单位，已连续8年为游园会提供志愿者及外语学习公益服务。2017年，网院继续携手线上学习平台——"北外网课"打造"互联网＋学外语"互动体验区，利用北外多语学习资源及先进的网络教学优势，带领市民在互动中学习外语知识，分享互联网技术为外语学习带来的便利，进一步助力市民提高外语应用综合素质，受到市外办、参与单位及广大市民游客的高度好评。

互联网科技、人工智能技术的飞速发展正在改变人类的生活方式，同时也改变着我们认知世界的方式，终身学习已经成为常态，继续教育变得越来越重要。北外网院将始终秉承"全人教育"理念，努力培养更多具有专业能力、家国情怀和国际视野的复合型社会主义建设者。

3) 教师发展理念

为确保每位进入北外网络教育体系的教师都能够在网络教育理论的指导下开展教学实践，并具备科研探索能力，在建院伊始，网络教育学院在全国主讲和辅导教师队伍中开展主题为"新技术、新理念、新角色"的"三新"教师发展活动，推行新的教与学理念，提升教师的教育技术应用能力，促进教师角色的转变。

首先，定期开展师训，提供线上、线下培训课程。网络教育学院要求新教师必须参加培训，取得资格后方可授课。教师培训主要分为两种形式：一种是在线的培训平台，教师通过学习在线课件回答问题，提交作业完成培训过程；另外一种是面对面的教师培训会。总部暑期将新教师集中在北京培训，培训为期3天。两种培训均包括网络教育的理念、性质、教学设计与方法、计算机操作技术等内容，并对参加培训的教师进行考核，向通过考核的教师颁发上岗证书。北外网院的辅导教师培训率达到100%。网院定期召开教师网络工作会议和教学研讨会，鼓励教师撰写并发表教学科研论文。

其次，鼓励教研相长，为教师的专业发展搭建高端平台。迄今为止，北外网院已经主办了22届以网络外语教学为主题的国际研讨会，为教师展示和交流学术成果提供了平台。2017年8月，北外与英国开放大学联合举办“首届中英在线外语教育研修班”，我院教师积极参与，与国内外同行密切交流，开阔了眼界，丰富了知识。该研修班将成为长效机制定期举办。2018年9月，网院荣获国家外专局高端专家项目资助，邀请国际知名移动学习研究权威学者、英国开放大学 Agnes Kukulska Hulme 教授为全国教师进行了为期3周、共6讲的移动学习前沿理论和实践的在线讲座，有效提升了教师在该领域的知识结构和应用技能。

第三，带动教师参与教学资源建设，促进教学方法创新。网院主讲教师全程参与课程教学设计、教材编写、负责实施面授辅导课，他们在实践中发现问题，并把问题的解决与政策和措施的制定结合起来，为网院的制度建设提供了宝贵的意见和建议。2002年以来，学院通过对开发团队在资金、政策等方面的支持，已经开发了众多精品网络学习课程。在2007年的国家精品课程评选中，北外网院时任常务副院长顾曰国教授带领教师研发团队开发的“项目设计与论文写作——英语教育”课程被评选为国家精品课程。同时，学院教师团队在资源研发、教学设计、教学方法和教学测评等方面不断革新，与时俱进，努力融合先进教学技术，推进在线学习和移动学习的实验创新，在网络课件情景化、语音测评、作文在线评判、移动端微信授课等方面已经探索出一套行之有效的教学方法，提高了教学效率和效果，受到学生的欢迎与一致好评。

鉴于我院教师在网络教育时代教师新技术、新理念、新角色转变中所付出的努力和取得的成绩，北外网院教师团队荣获“2013年北京市高等学校继续教育优秀教学团队”荣誉。

3. 资源研发

在教育产品研发领域，北外远程教育致力于为中国网络教育提供一流的教学内容、技术支持和服务，数年来潜心开发出一系列拥有自主知识产权的学习平台和各类教育软件产品。

北外网院作为外语网络教育研究中心、中国英语教学研究会计算机辅助外语教学专业委员会（ChinaCALL）和中国多语言多模态语料库暨大数据研究中心的秘书处和办公室，在中心研究员和全国高校联盟成员的带领下，研究聚焦网络和移动外语教学理念与实践、智慧化学习过程与教学设计、多模态、多媒体、多环境混合教学模式设计、远程教育国内和国际标准研究、网络外语教学教师角色、教学评估和测评等。研究团队曾荣获我校“优秀科研集体”，科研水平和成果在国内外的外语网络教育学术界获得一致认可。例如，学院研发的网络课程“项目设计与论文写作——英语教育方向”秉承了创始院长顾曰国教授的“三多”教育理念，荣获教育部“国家精品课程”，为网络教育学习资源的研发树立了标杆。同时，学院学术和技术团队联合研发的智课平台、慧课平台、爱课云平台等网络教育资源研发和教学实施工具，均基于大数据和网络教育生态学理论先进理念，结合前沿教育技术，也受到业界同行的广泛好评，获得系列新技术专利证书。此外，北外网院副院长唐锦兰教授参与研制的在线学习服务规范国际标准和远程教育服务规范国家标准也为远程教育的规范发展树立了标尺。在两个中心、一个学术委员会的指导下，北外网院成功主办了22届以网络外语教学为主题的国际国内研讨会、研修班和学术论坛，始终坚持向世界介绍北外，介绍我国的网络外语教育理论与实践，促进了我国科研工作者和一线教师与国外同行间的知识交流和共享，进一步推动了现代远程教育在中国和世界的发展。

4. 学术引领

科学研究一直是北外网络教育发展的基石和支柱。科研引领教学，教学促进科研，最终目标皆为提升教学质量服务。秉承这一宗旨，北外网院不仅鼓励教师个人的科研探索，更强调跨学科的团队协作，以及中外专家的强强联合，为教师的个人专业发展搭建高端平台，助力高等网络教育的学科发展和改革创新，详见附件 2 和附件 3。

依托高水准的科研平台和专业化的教学科研队伍，在两个中心一个学术委员会的指导下，网院教学科研队伍成果丰硕。截至 2018 年年中，北外网院承担和在研各级各类科研课题共 25 个，包括教育部课题 10 项、校级重点课题及一般课题 12 项、中国标准化研究院课题 1 项、科技部课题 1 项和英国文化协会国际课题 1 项；共发表论文及报告 122 篇，其中在 CSSCI 核心期刊和 SSCI 核心期刊共发表论文 41 篇、英语论文 29 篇、其他论文及报告 52 篇；出版学术专著 10 部、教材 25 部和工具书 2 部。研发网络课程 500 余门，约 12 000 学时。

建院以来，网院承担的重点课题如表 1 所示。

表 1　北外网院教育部重点课题

序号	名　　称	主持人	项目类型	项目时间
1	网络技术在英语教育中的应用：理论与实践	顾曰国	教育部人文社会科学重点研究基地重大项目	2003—2008 年
2	中英电子教学项目（The eChina-UK eLearning Programme）	顾曰国	中国教育部、英国高等教育拨款委员会国际合作项目	2004—2008 年
3	用于多环境，多模态，跨语言资源开发的 AML（面向对象建模语言）及其实验	顾曰国	教育部科学技术研究重点项目	2006—2010 年
4	论文项目设计——英语教育方向	顾曰国	教育部国家精品课程	2008—2010 年
5	基于网络的外语教师发展研究	王彤	全国基础外语教学研究培训中心首批科研立项课题	2008—2009 年
6	基于现代信息技术的形成性评价工具的应用研究	唐锦兰	全国教育科学“十一五”规划 2009 年度教育部重点课题	2009—2012 年
7	外语数字化学习资源建设与开放服务模式的研究与应用	唐锦兰	教育部普通高等学校继续教育数字化学习资源开放服务模式的研究及应用项目	2011—2015 年
8	建立多模态，多媒体，多环境集成式全生态外语培训体系	曹文	教育部普通高等学校继续教育示范基地项目	2011—2013 年
9	中小学英语网络教学模式研究	曹文	全国教育科学“十二五”规划 2011 年度教育部重点课题	2011—2014 年
10	高等学校继续教育大学英语统考课程学分标准及质量内涵和学分转移制度与机制的研究及应用	曹文	教育部高等学校继续教育课程学分标准及质量内涵和学分转移制度与机制的研究及应用	2012—2013 年

1）教育部重点课题 10 项

北外网院骨干研究人员自 2003 年起就开展网络教育发展前沿课题研究，领域包括多模态、多媒体、多环境下的混合外语教学、网络教育理念与本质、网络教师角色、外语数字化学习资源建设、学分转移机制、跨文化对比研究、考核与评估等，研究成果包括国家级精品网络课程、学术著作、科研论文，为我国网络教育的发展贡献了智慧。

2）校级重点课题及一般课题 12 项

北外网院研究团队长年坚持不懈开展科研，从重点课题到校级研究课题和青年课题，骨干研究员带领中青年研究人员不断开拓进取，通过学院的各类教学项目和学院自主研发的爱课云平台挖掘数据，以研究小组的形式立足我校实际，对网络教育高层次人才混合培养模式、翻转课堂促进思辨能力的培养、任务型学习过程分析、基于网络的英语微技能培养、基于论坛微信等的协作学习方式等开展深入研究，研究成果以学术论文的形式发表被核心期刊、海外期刊等广泛收录。表 2 中列举网院的校级重点课题及一般课题。

表 2　北外网院校级重点课题及一般课题

序号	名　　称	主持人	项目类型	项目时间
1	基于网络的英语课程教学设计过程研究	曹文	北京外国语大学校级自选课题一般项目	2006—2008 年
2	中国高等英语网络教育学生学习策略全国调研报告与生态助学模式探究	王彤	北京外国语大学校级自选课题青年项目	2006—2007 年
3	多语言网络学习门户	曹文	北京外国语大学“211 工程”第三期子课题	2009—2012 年
4	基于网络的翻译教学交互质量研究	蔡静	北京外国语大学校级自选课题青年项目	2009—2010 年
5	基于网络的协作式英语口语学习模式探究	冯雪	北京外国语大学青年项目	2009—2012 年
6	中国高级干部英语强化模式的实践与理论研究	王彤	北京外国语大学校级自选课题重大项目	2009—2011 年
7	网络教学环境下优秀大学英语教师教学技能研究	蔡静	北京外国语大学教学研究项目	2012—2015 年
8	网络教育实践与探索	冯雪	北京外国语大学 2015 年度院系团体项目	2015—2016 年
9	中国网络外语教育环境下学生用微信交流的社会临场感研究	刘晓悦	北京外国语大学 2015 年度院系团体项目	2015—2016 年
10	网络教育环境下的外语任务型学习过程分析研究	吴立高	北京外国语大学 2016 年教学研究项目	2016—2018 年
11	基于翻转课堂的混合教学模式对思辨能力培养的影响	蔡静	北京外国语大学 2016 年教学研究项目	2016—2018 年
12	依托信息技术的同等学力研究生培养模式的探索	唐锦兰	北京外国语大学 2016 年重点项目	2016—2019 年

3）行业课题2项和国际课题1项

北外网院副院长唐锦兰教授作为国际标准协会(ISO)注册专家和全国教育服务标准化技术委员会专家，带领团队承担了两项中国标准化研究院的研究课题，研究主题分别为在线学习服务规范国际标准和国内远程教育服务规范，意义重大。北外网院行业课题和国际课题见表3。

表3 北外网院行业课题和国际课题

序号	名称	主持人	项目类型	项目时间
1	《在线学习服务规范》国际标准研究（2017—2020，课题编号：2017YFF0209004－5）	唐锦兰	科技部国家重点研发计划	2017—2020年
2	《远程教育服务质量评价要求》标准研制（2015—2018）	唐锦兰	中国标准化研究院招标课题	2015—2017年
3	2014年度英国文化协会亚洲研究基金：促进学习的评估——“普思”在英语教学中的应用	唐锦兰	英国文化协会（The British Council)研究基金课题	2014—2016年

5. 社会服务

北外远程教育自成立以来秉承北外严谨治学的一贯作风，积极利用北外丰富的学习资源、教学优势，并结合现代网络的技术优势，全面开展多专业学历学位教育和各类培训项目，成功构建了集学历和非学历教育为一体的多层次、多模式、全方位的网络教育体系。

北外网院独创出“模块制多证教育体系”以及多媒介、多模态和多环境集成的学习系统设计，通过分析学习者的学习生态，为他们提供包括学历/学位教育、国际职业英语证书培训、青少英语培训、留学预科/初高中国际班、在线英语培训、英语教师培训、企业英语培训、VIP英语培训、小语种培训等教育项目，真正做到了外语学习的“五个任何”：任何人、任何时间、任何地点、任何方式、任何需求。

6. 建立外语网络教育研究中心、大数据研究中心

北外网院作为北外现代远程教育的实施主体，在成立伊始就成立了外语网络教育研究中心，旨在开展网络教育的创新研究。

2012年10月，在北外网院的倡议下，网络外语教学联盟——ChinaCALL在北京成立（如图1所示），秘书处设在北外网院。委员来自国内20余所大专院校和研究机构，除北京外国语大学外，还包括清华大学、北京交通大学、上海外国语大学、东南大学、广东外语外贸大学、中山大学及香港教育大学等重点高校，以及外语教学与研究出版社、美国麦格劳-希尔出版社和《外语电化教学》等一级出版机构和核心刊物。目前，该委员会已经成为国内外语信息化教学最具专业性和影响力的研究组织之一，并联合环太平洋地区计算机辅助外语教学协会(PacCALL)定期举办国际学术会议，为国内外的外语网络教育专家间高水准的交流做出了积极的贡献。

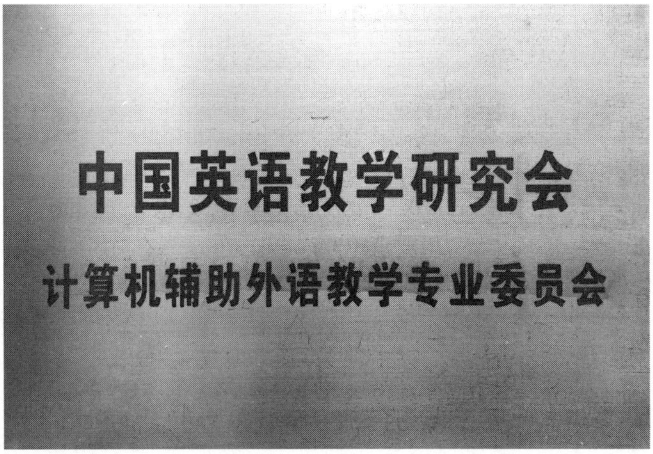

图 1　中国英语教学研究会计算机辅助外语教学专业委员会铜牌

2015 年 12 月，在北外网院的推动下，中国多语言多模态语料库暨大数据研究中心在我校成立，如图 2 所示。该中心为北京外国语大学与中国社会科学院语言研究所联合建设，旨在结合多模态语料库语言学的最新理论与前沿的大数据挖掘和处理技术，探索未来智慧化学习过程与教学设计模型。该中心的研究焦点与成果在国内外相关领域居于领先地位，具有前瞻和开拓的重要意义。

图 2　中国多语言多模态语料库暨大数据研究中心铜牌

迄今为止，北外网院已经主办了 22 届以网络外语教学为主题的国际研讨会。其中“2018 计算机辅助外语教学国际会议”采用网络直播，共 8 万多名受众同步在线观看和参与互动，极大提高了学术成果传播的效率，产生了良好的学术影响。网络外语教学国际会议已成为我校代表性会议之一，历次会议参会人员累计 4500 余人，出版会议论文集 3 部，专刊 1 部，为提升我国计算机辅助外语教学研究水平，实现计算机辅助外语教学理论和技术的全球共享做出了积极贡献。

五、创新探索

北外自开展现代远程教育以来，始终以教学质量为核心，以科学的教育理论和理念为指导，以先进的教育技术为依托，勇于探索，不断创新，初步形成了以外语教育为特色的新时代高等网络教育的理论和实践成果。

1. 网络教育生态学理论

北外网院的首任院长、著名语言学家顾曰国教授基于他在远程教育领域多年的学术积淀，为北外网院的开展规划了蓝图，制定了体系，从探索伊始确保北外的网络教育沿着科学、理性和正确的轨迹发展。针对网络教育的本质和定位，他借鉴自然生态系统理论，结合教与学的规律，开创性地提出网络教育生态学理论，为推动我国高等网络教育的创新发展提供了宏观理论指导。

网络教育生态系统是指在一定时间和空间内，系统内的各类组成要素相互关联，形成既相互促进，也相互制约的复合体。该模型从网络学习的角度出发，将网络教育生态环境分为物理生态环境、学术生态环境和管理生态环境 3 个分系统。每个分系统又有各自的子系统。物理生态环境包括物理大环境和物理小环境。物理大环境指邻里、单位和学习中心所构成的生活与工作环境。物理小环境包括家庭个人学习环境、单位个人工作环境和面授课教室环境。学术生态环境的两个子系统是学术大环境和学术小环境。学术大环境包括平台页面及其设计理念、课程设置及其设计理念、辅导教师、同学和辅导教师教学法。学术小环境包含两个子系统：单元内容学习层和对应的助学层。管理大环境有两个子系统：教育主管部门对网络教育的决策及其理念和学校对网络教育学院的办学定位及其发展理念。管理小环境指网络教育学院对学籍的管理和平台对学籍的管理。学习是学习者与所处的生态环境里的各种因子的互动。环境因子对于学习者既施加框束，也提供机遇。决定学习效果的不是某一个因素，而是各种教育生态环境因子互动的结果。

网络教育生态学理论的提出对网络教育的资源研发、教学设计、助学支持、质量监控和考核评估都具有重要和深远的意义。北外网院也正是在网络教育生态学理论的指导下不断探索和发展。顾曰国教授专门撰文探讨网络教育生态学理论在北外网院实践中的应用，在国际著名 SSCI 学术期刊《继续教育研究》(*Studies in Continuing Education*)上发表(参见顾曰国，2006)，受到国内外专家和同行的广泛关注与一致好评，提升了北外网院办学的国际知名度。

2. 多模态、多媒体、多环境的三多教学体系

多模态、多媒体、多环境教学体系(以下简称“三多”教学体系)依托教育生态学理论，将现代信息技术与学科教学相融合，基于学习者的学习生态开展教学的资源研发、过程设计、助学支持和考核评估，确保教与学的各个环节相互支撑、促进并和谐相处。

经过 18 年的努力和积累，北外网院围绕在职成人学习者的生活、工作和学习生态特点及需求，突出以学习者为中心，重视终身学习素养和能力的提高，构建了涵盖语言技能学习层、网络技术学习层、学习技能运用层及伴随心理活动层的多维和立体的“三多”教学体系。该体系主要由下述 5 个子体系构成。

1）资源体系

北外网院的教学资源研发基于能够支持多模态、多媒体、多环境下教学内容开发的“三多平台”。它具有两大突出特点：①支持教学内容远程、多人异地同步、多团队协作性开发；②支持师生共同参与开发。不仅任何授权教师可以在任何上网地点利用三多平台提供的各种工具包和预制的模板单独制作或协作制作适合于自己教学内容的网上多媒体课件，而且被授权的学生可以在任何上网地点利用三多平台提供的各种工具包和预制的模板单独制作或协作制作适合于自己学习内容的网上多媒体作业。基于“三多平台”的资源研发较好地满足了网络教育时空灵活、协作探究和个性化学习的特点。

北外网院的教学资源建设主要围绕多入口、多层级、多出口的“学生自主构建的模块制多证书课程体系”。例如，英语课程依据教学目标和内容难度划分为五大层级模块——学习技能模块、通用英语模块、英语素养模块、职业英语模块和学术英语模块，并将这些模块课程与国内和国际语言标准进行了对接。学习者按照自身水平和需求选取参与学习的模块，取得单科课程学分的同时，又能参加对应语言标准的考试，取得证书。

每门课程的教学资源包括网络课件，并配套具有导学功能的开篇和复习单元、基于单元重点的作业、单元测试、常见问题等核心学习资源，还包括参考文章、书籍和网站链接等拓展学习资源。这些资源涵盖课程学习的前、中、后阶段，与课程和单元学习目标紧密相连，练习设计以任务为导向，突出内容课程“思中得学”和技能课程“做中得学”的教学理念，并融入虚拟教师的指导与讲评，让学生在学习过程中时刻感受到支持、帮助与鼓励。根据内容和教学特点，资源呈现集文字、图片、动画、音视频和网络等多种形式，突出了资源体系的“三多”特色。上述教学资源不仅服务师生，也服务教学管理、辅助和研究人员，体现了网络教育生态学理论中相关环境因子的互动促进。

2）助学体系

北外网院的教学组织方式采取学生自主学习与网络辅导、面授辅导相结合的形式。学生进入学习平台学习课件、阅读教材进行自主学习或在网络课堂、微信群组、学习论坛中提问与同学、老师们交流。课程配套单元测试题和作业，以达到监督学生学习的目的并检验教学实施效果。实践证明，这种测试方法能有效地帮助学生分阶段地检验学习成果，从而巩固学习成果。基于现代科技的多种媒体学习形式，不是简单的自学加考试，也不是周末授课加考试，而是通过向学员提供系统全面的助学支持服务保障学习质量，提供网络、电话、传真、信函、面授、平台公告、短信、线上实时节目等媒介，线上实时与非实时双向文本、声音和视频交流平台，形成课程教师与学生、学生与学生之间的无界沟通。

北外网院的助学体系包括线上助学和线下助学两部分。

线上助学依托自主研发的在线学习平台，以学生自主学习为主，学生利用网络课件、课程辅导资料等网上资源完成学习任务，提交学习作业与单元测试题。同时举行定期、非定期的在线实时语音、视频授课，进行阶段性辅导和答疑、考前辅导和答疑、作业点评，帮助学生顺利完成课程学习。此外，为发挥北外的外语教学优势，还提供了课程学习之外的外语听说读写技能训练和社会文化等素养讲座。

线下助学包括面授辅导和课外活动。面授辅导以学生完成自主学习任务为前提，主要内容是由学习中心面授辅导教师讲解课程的重点和难点，解答学生疑难问题，并围绕学习内容组织各种交互性课堂活动。学生可以选择到所在学习中心参加课程面授辅导。教师通过电子邮件、电话、微信等形式解答学生的疑问和课程问题。课外活动包括一年一度的走进北外校园的暑期营地活动、年度征文、摄影、英语竞赛、职场规划讲座等，旨在提升远程学习者的校园和班级归属感，加强人际交往和团队协作，促进积极向上的心理建设。

3）助教体系

北外网院采取主讲教师课程责任制，即每门课程的资源研发和教学设计由课程主讲教师负责。主讲教师同时也是分布于全国各个学习中心的辅导教师的课程教学指导和学术顾问。助教体系的目标在于保证全国辅导教师队伍的教学质量，为教师课程教学和科研能力的不断提升提供助力。

对教师课程教学的支持也分为线上支持和线下支持。教师平台提供课程教学的标准化助教资源，包括面授教案、作业批改样例、补充教学资源和课程教法讲座等。辅导教师也可通过邮件、微信和网络视频会议等定期与主讲教师就教学问题进行沟通和探讨。网院定期举行全国辅导教师参加的课程教学方法研讨会，以确保先进网络教学理念、策略和技术与教学实践的密切融合。

同时，通过课题立项、学术会议、研修班和工作坊等多种形式为教师提供科研契机，推动教师科研创新。教师平台的学术园地定期向全国辅导教师推送相关学术信息，提供本领域权威专家的近期学术文章、学术讲座和学术会议的直播和回放。网院下属外语网络教育研究中心同时也是ChinaCALL的秘书处所在地，辅导教师申请成为上述学术团体的成员后，就被纳入专业的学术组织，定期参与系列学术活动与交流，发表学术成果，以科研促进教学。

4）评估体系

北外网院的评估体系包括对学生的学习评价和对教师的教学质量评估。

（1）对学生的学习评价包括学习过程评价和学习结果评价。学习过程评价主要通过单元测试和作业评定，即形成性考核；学习结果的评价即课程的总评成绩，由课程形成性考核成绩和课程终结考试成绩组成。我们认为满意的学习结果来自于恰当的学习过程监控，因此非常重视形成性考核，如单元测试、课程作业、论坛讨论等学习任务的参与和完成情况，将形成性考核成绩纳入课程总评成绩中。同时，我们也自主研发了单元测试、作业和模拟考试题库及自动组卷系统，以支持形成性考核的实施和落地。

（2）每学期都会对教师的教学质量进行评估，采取学生评估为主，教师自评与网院评估为辅的方式。主讲教师在学期中定期对辅导教师进行作业反馈抽查，并定期到学习中心进行巡教和听课，以便及时发现教学过程中存在的问题，并给予指导和纠正。学院每学年开展全国优秀教师评选活动，综合上述数据，并结合有无学生投诉，评选出优秀教师并给予奖励。

5）质控体系

北外网院的教学监控体系主要针对教学过程、课程考核和毕业论文，体现在以下3方面。

（1）学习平台提供完善的监控功能。通过查询学生的在线学习轨迹、学习进度、单元测试及作业提交情况、考试预约以及面授出勤情况等及时了解学生的学习状况，跟踪学生的学习过程。

（2）严抓考核质量，杜绝抄袭和代做等舞弊现象。在形成性考核方面，建立了严格的单元测试和作业管理与检查机制，包括：①建立在线题库系统，平台自动抽题组卷，随机分派单元测试及作业题目，题目因人而异，防止抄袭；②建立定期作业反馈抽查机制，学院主讲教师定期抽查全国各学习中心辅导教师的作业批改质量,及时发现和纠正问题;③将对学生单元测试和作业的监督和服务纳入学习中心评估内容,每学期组织评估。课程终结考试方面,为严肃考风考纪,规范考试行为,确保公平公正,建立了严格的考务管理工作流程,包括:①建立考务人员培训制度,每次考试前举行考务人员培训,考务人员签署“岗位责任书”,佩戴标识上岗;②坚持巡考制度,每次巡考前开展巡考人员培训,巡考人员签署“岗位责任书”,佩戴标识巡考;③采用视频监控等科技手段不断加强考试监控力度;④加强学生诚信教育,将遵守考试规范明确写入学生管理条例,违规学生绝不姑息。

(3)论文辅导和质量监控流程规范、科学。具体表现在以下几个方面。首先,网院对所有论文辅导教师进行统一管理和培训,确保论文辅导质量。在辅导过程中,网院总部专家定期抽查辅导教师对学生论文的反馈,确保学生得到有效的指导。其次,网院总部对学生论文进行复评。在论文辅导教师完成论文评阅后,网院总部组织专家组对论文进行复评,把控论文质量。最后,网院总部要求每位学生都进行答辩。学生论文通过总部专家组复评之后,获得论文答辩资格。答辩组由网院总部的3位专家组成。网院总部对答辩过程全程录音,确保答辩过程公平透明。

多模态、多媒体、多环境教学体系已经成为北外网院的鲜明办学特色。北外网院教学团队从建院伊始就致力于网络教育本质和教育生态学理论研究、教学资源建设、助学体系构建、教师角色和教学技能研究、教学评价研究等系列科研探索(专门的著述发表,参见顾曰国,2004,2005;曹文,2006;王彤,2009;唐锦兰,2010,2013;蔡静、冯雪,2010;蔡静,2014),并切实践行科研服务教学的宗旨,已将北外网络教育发展成为中国外语继续教育的优质品牌。

3.远程教育服务规范暨在线学习服务国家国际标准研制

教育部部长陈宝生2016年指出,我国教育由数量型增长、规模化扩张为主的发展阶段进入以提高质量、促进公平、改善环境、优化结构为主要特征的新发展阶段。质量为王、标准先行将是这一阶段的标志特征。2018年1月教育部发布了《普通高等学校本科专业类教学质量国家标准》。教育部高等教育司司长吴岩表示,“有了标准才能加强引导、加强监管、加强问责”,颁布《标准》对建设中国特色、世界水平的高等教育质量标准体系具有重要的标志性意义。也有专家指出,试点高校网络教育开展19年,虽然已有一系列关于开展远程教育试点的政策文件,但尚缺乏相应的国家质量标准。

自2015年12月,北外网院专家团队承担中国标准化研究院招标课题,对国内外远程教育服务现状和评价标准进行全面、科学、深入的研究,参与制定《远程教育服务规范》国家标准(国家标准计划号:20171762-T-469)(目前已完成向社会征求意见阶段),为规范全国范围内的远程教育服务行为、提升其整体质量水平奠定技术依据。

2017年10月,北外网院再次喜获“《在线学习服务规范》国际标准研究”课题立项。该课题隶属于2017年科技部国家重点研发计划NQI重点专项“基于互联网的数据统计和在线服务等基础国际标准研究”(课题编号:2017YFF0209004),由中国标准化研究院和北外网院共同承担研究任务。课题面向在线教育服务开展深入研究,掌握其发展趋势与需求,准确识别行业痛点,分拣提炼服务质量的关键影响因子,创建全球认可的理想服务范式,形成国际标准文本,引导、培育、支持在线学习服务健康快速发展。该课题预计到2020年6月完成。

这两项服务规范研制对于促进我国和国际远程教育事业健康有序发展具有深远意义。

北外网院学院以行业引领者的身份主动承担起了提升、规范教学标准的行业使命和社会责任，彰显了我校在网络教育研究方面的社会影响和引领地位。

附件 1

北京外国语大学网络教育办学实绩

附图 1.1　网络教育教材建设奖银奖

附图 1.2　中国现代远程教育十年成就奖

附图 1.3　高等学校继续教育示范基地

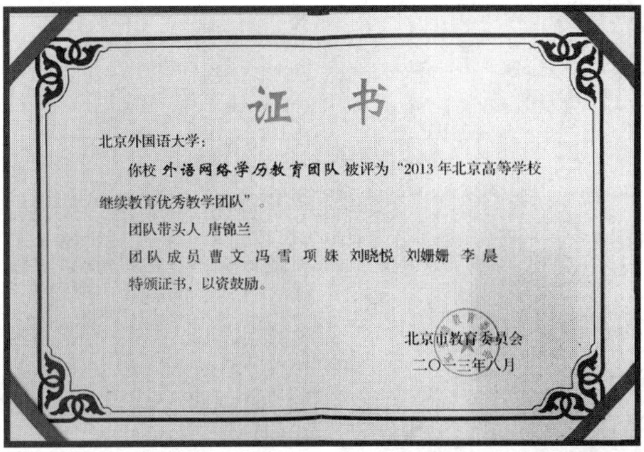

附图 1.4 2013 年北京高等学校继续教育优秀教学团队

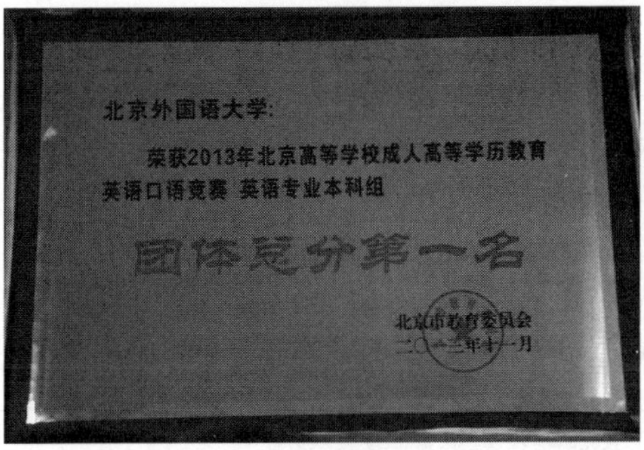

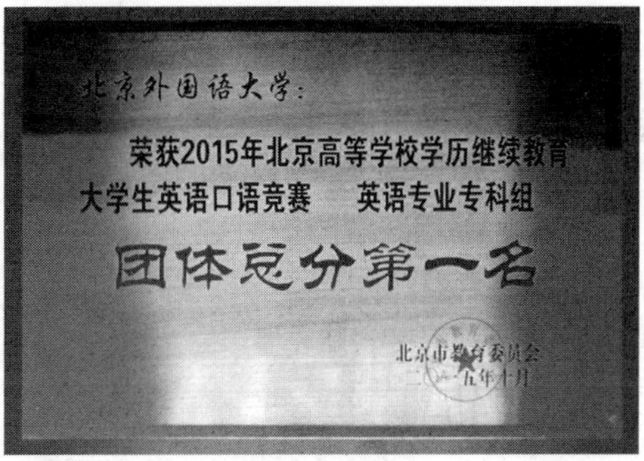

附图 1.5 2013 年、2015 年“北京高等学校成人高等学历教育英语口语竞赛”
英语专业本科组团体总分第一名

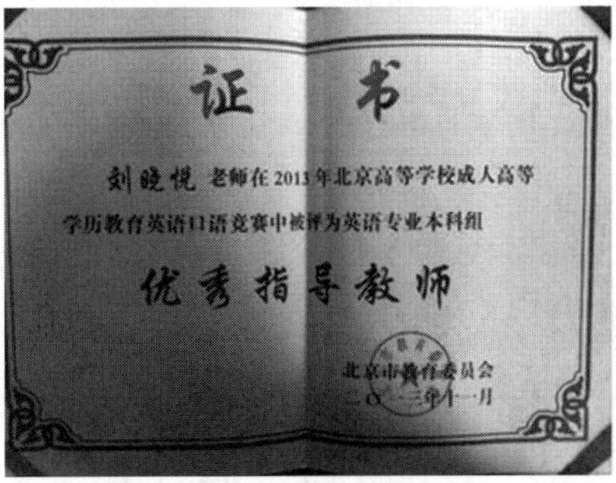

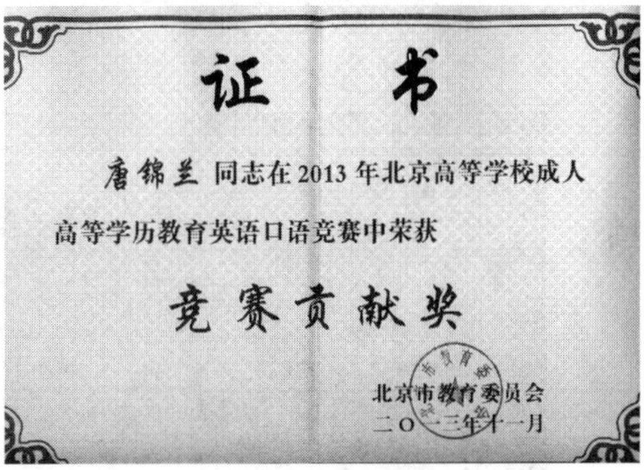

附图 1.6 2013 年“北京高等学校成人高等学历教育英语口语竞赛”
优秀指导教师和竞赛贡献奖

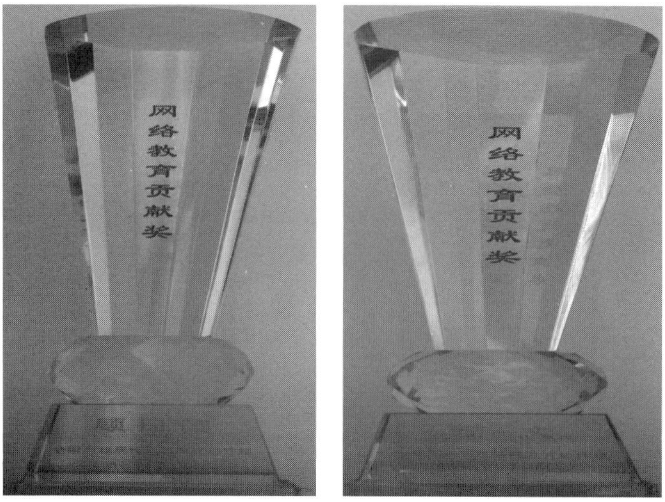

附图 1.7　网络教育贡献奖

附图 1.8　学生活动照片

附件 2

学术专著图片

附图 2.1 顾曰国. 网络教育初探[M].
北京：外语教学与研究出版社，2004.

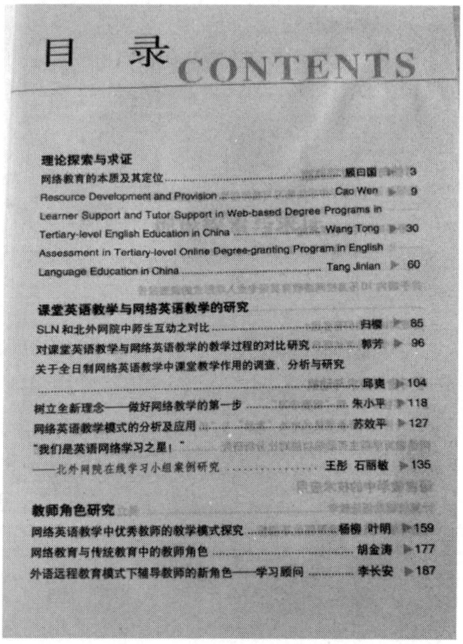

目 录 CONTENTS

附图 2.2 《网络教育初探》目录

附图 2.3 顾曰国. 网络教育初探(续集)[M].
北京：外语教学与研究出版社，2005.

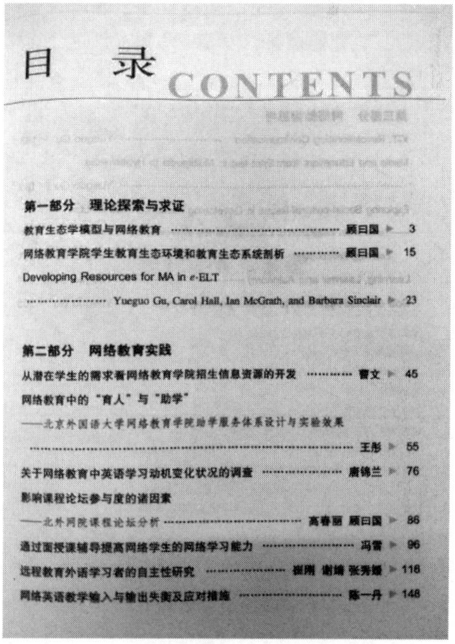

目 录 CONTENTS

附图 2.4 《网络教育初探(续集)》目录

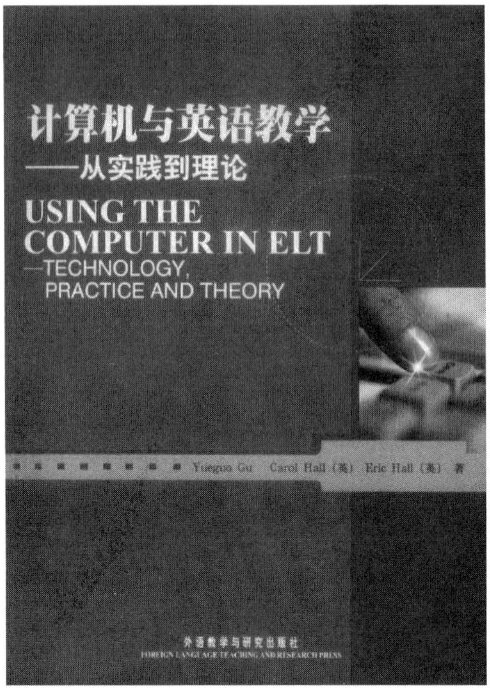

附图 2.5 顾曰国,等.计算机与英语教学——从实践到理论[M].北京:外语教学与研究出版社,2006.

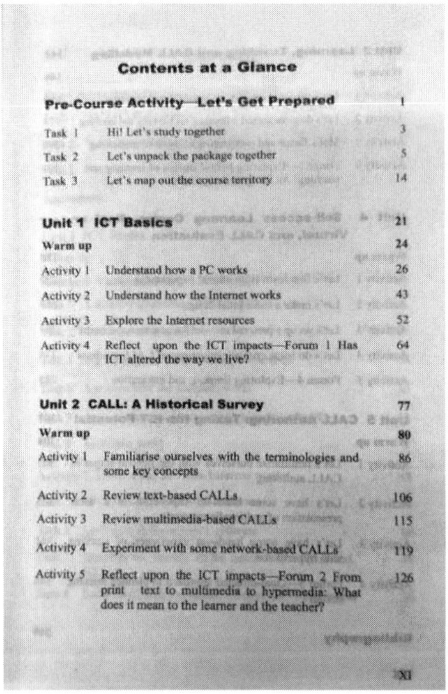

Contents at a Glance

XI

附图 2.6 《计算机与英语教学——从实践到理论》目录

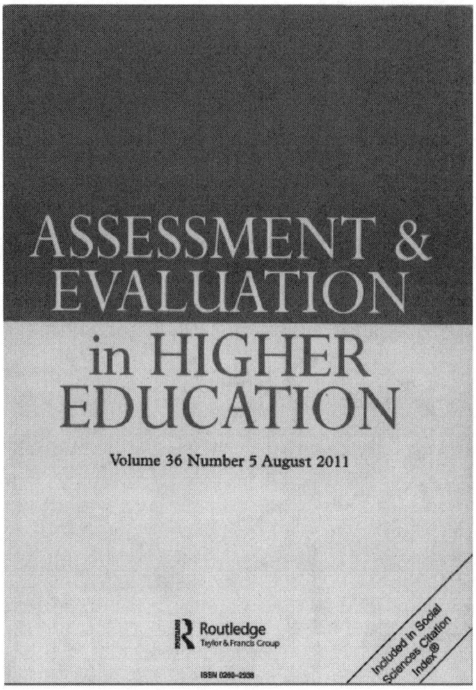

附图 2.7　唐锦兰,等.高校教师对于评价反馈的认识研究[M].伦敦：卢德里奇出版公司,2011.

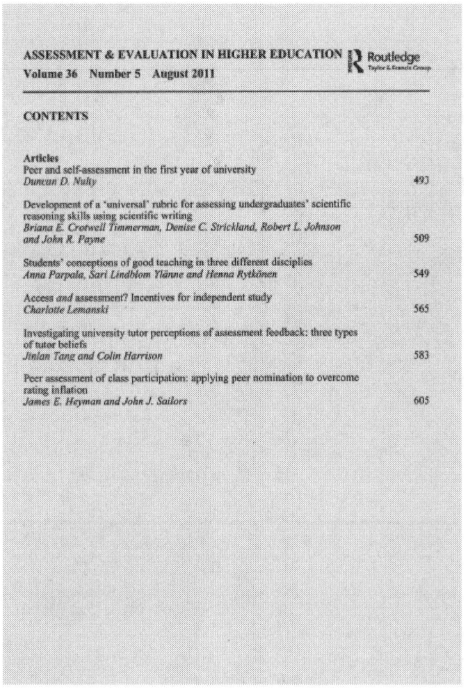

ASSESSMENT & EVALUATION IN HIGHER EDUCATION Routledge Taylor & Francis Group

Volume 36　Number 5　August 2011

CONTENTS

附图 2.8　*Assessment & Evaluation in Higher Education*(Vol. 36. Nov. 5 Aug. 2011)
《高等教育评价》杂志目录

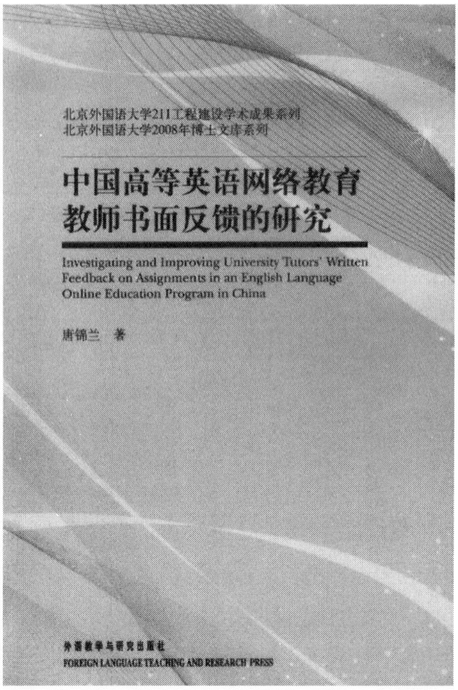

附图 2.9　唐锦兰.中国高等教育网络教育教师书面反馈的研究[M].
北京：外语教学与研究出版社，2010.

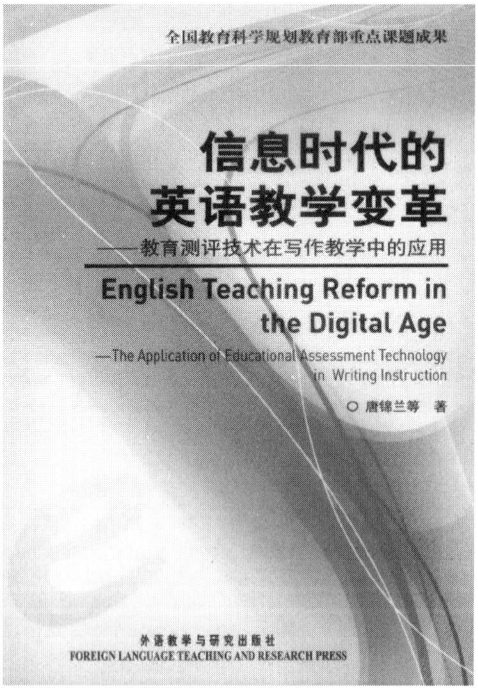

附图 2.10　唐锦兰，等.信息时代的英语教学变革——教育测评技术在写作教学中的应用[M].
北京：外语教学与研究出版社，2012.

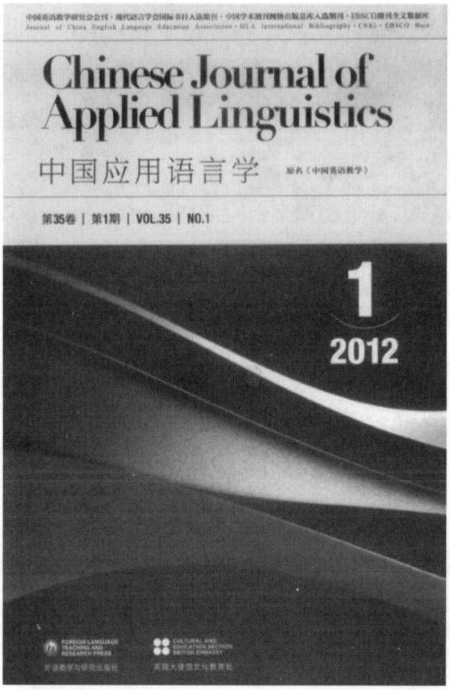

附图 2.11　顾曰国，唐锦兰. 中国应用语言学——2010 计算机辅助外语教学国际研讨会专刊[M].
北京：外语教学与研究出版社，2012.

Chinese Journal of Applied Linguistics

Vol. 35, No. 1, January 2012

Contents

Special Issue: China 2010 Symposium on Online Foreign Language Education　　Guest Editors: GU Yueguo & TANG Jinlan

i

附图 2.12　《中国应用语言学——2010 计算机辅助外语教学国际研讨会专刊》目录

附图 2.13　曹文. 中国高等英语网络教育多模态学习系统设计的行动研究[M]. 北京：外语教学与研究出版社，2012.

附图 2.14　王彤. 中国高等英语网络教育学生支持服务生态体系建模研究[M]. 北京：外语教学与研究出版社，2009.

图 2.15　顾曰国. 卢德里奇语用学手册[M]. 伦敦：卢德里奇出版公司，2017.

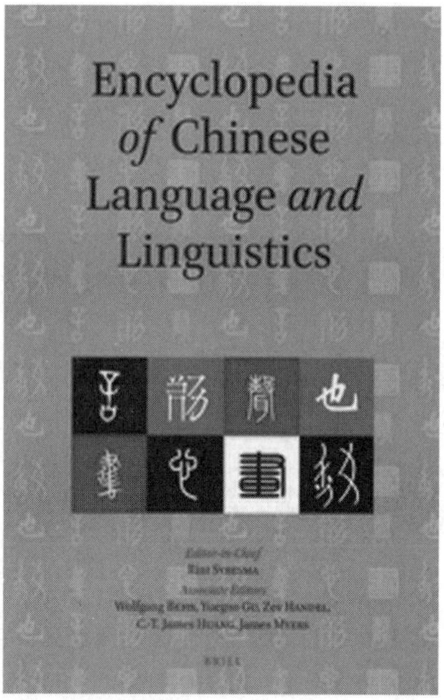

附图 2.16　Behr, Wolfgang, Gu, Yueguo, Sybesma, Rint. Encyclopedia of Chinese Language and Linguistics (5 Volumes) [M]. Leiden: Brill Academic Publishers, 2015.

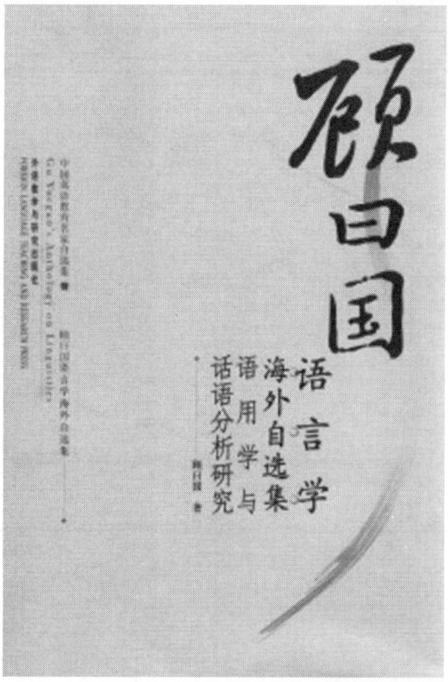

附图 2.17　顾曰国. 语言学海外自选集——语用学与话语分析研究[M]. 北京：外语教学与研究出版社，2010.

附件 3

1. 优秀科研集体(见附图 3.1)

荣誉证书

网络教育学院:

荣获北京外国语大学2007年度优秀科研集体

优秀奖

北京外国语大学

二〇〇七年十二月

附图 3.1 网络教育学院荣誉证书

2. 重点课题结项书及项目成果(见附图 3.2~附图 3.7)

证书号: 08JJD0009

结项证书

项目类别: 教育部人文社会科学重点研究基地重大项目

基地名称: 北京外国语大学中国外语教育研究中心

项目名称: 网络技术在英语教育中的应用: 理论与实践

项目负责人: 顾曰国　主要参加人: 曹 文 王 郡 唐锦兰 关正霞 C. Hall E. Hall

项目批准号: 02JAZJD740004

鉴定等级: 合格

该项目经鉴定, 准予结项, 特发此证。

教育部社会科学司

二〇〇八年十二月二十九日

附图 3.2 教育部人文社会科学重点研究基地重大项目结项证书

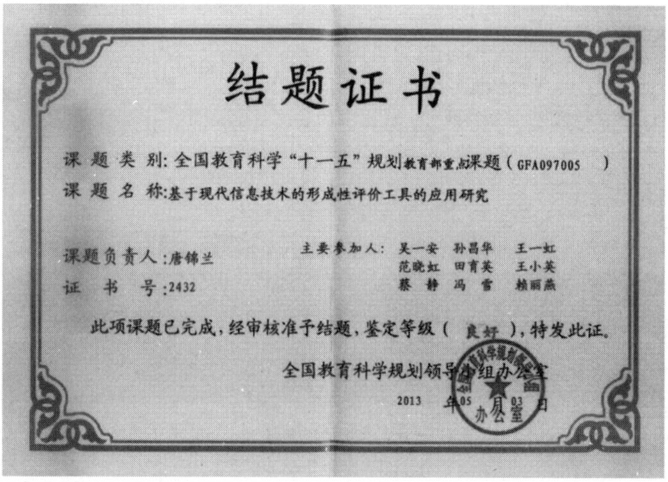

结题证书

课题类别：全国教育科学"十一五"规划教育部重点课题（GFA097005）

课题名称：基于现代信息技术的形成性评价工具的应用研究

课题负责人：唐锦兰

证书号：2432

主要参加人：吴一安 孙晶华 王一虹 范晓虹 田育英 王小英 蔡静 冯雪 赖丽燕

此项课题已完成，经审核准予结题，鉴定等级（良好），特发此证。

全国教育科学规划领导小组办公室

2013年05月03日

附图 3.3　全国教育科学"十一五"规划教育部重点课题结题证书

ICS 03.080
A 12

GB

中华人民共和国国家标准

GB/T 33287—2016

语言培训服务评价

Evaluation of language training services

2016-12-13 发布　　2017-04-01 实施

中华人民共和国国家质量监督检验检疫总局
中国国家标准化管理委员会　发布

附图 3.4　《语言培训服务评价》

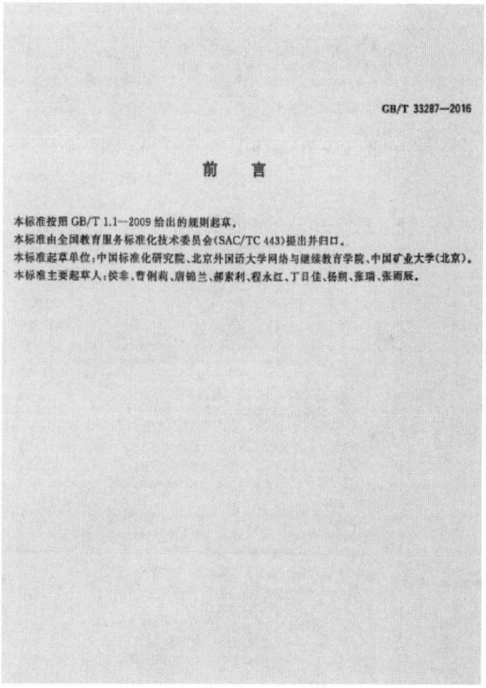

GB/T 33287—2016

前　言

本标准按照 GB/T 1.1—2009 给出的规则起草。

本标准由全国教育服务标准化技术委员会(SAC/TC 443)提出并归口。

本标准起草单位：中国标准化研究院、北京外国语大学网络与继续教育学院、中国矿业大学(北京)。

本标准主要起草人：侯非、曹俐莉、唐锦兰、郝素利、程永红、丁日佳、杨朔、张瑞、张雨晨。

附图 3.5　《语言培训服务评价》前言

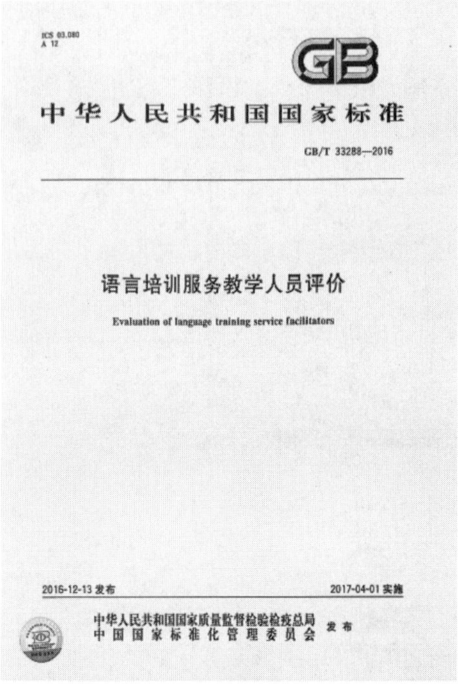

ICS 03.080
A 12

中华人民共和国国家标准

GB/T 33288—2016

语言培训服务教学人员评价

Evaluation of language training service facilitators

2016-12-13 发布　　2017-04-01 实施

中华人民共和国国家质量监督检验检疫总局
中国国家标准化管理委员会　发布

附图 3.6 《语言培训服务教学人员评价》

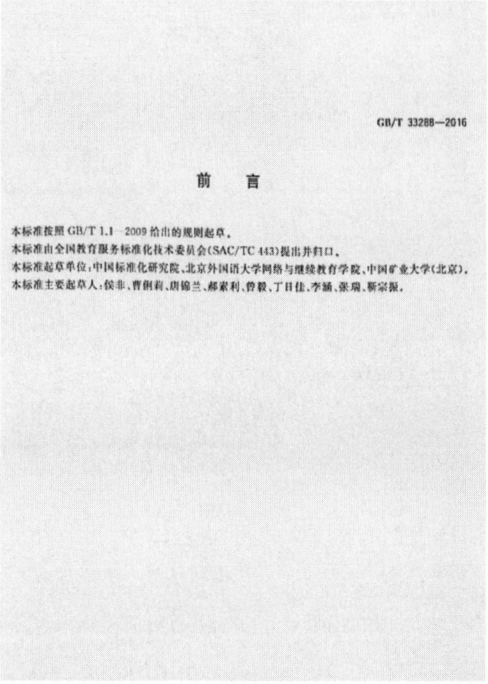

GB/T 33288—2016

前　言

本标准按照 GB/T 1.1—2009 给出的规则起草。
本标准由全国教育服务标准化技术委员会(SAC/TC 443)提出并归口。
本标准起草单位:中国标准化研究院、北京外国语大学网络与继续教育学院、中国矿业大学(北京)。
本标准主要起草人:侯非、曹俐莉、唐锦兰、郝素利、曾毅、丁日佳、李涵、张瑞、靳宗振。

附图 3.7 《语言培训服务教学人员评价》前言

3. 重点课题立项通知书(见附图 3.8～附图 3.11)

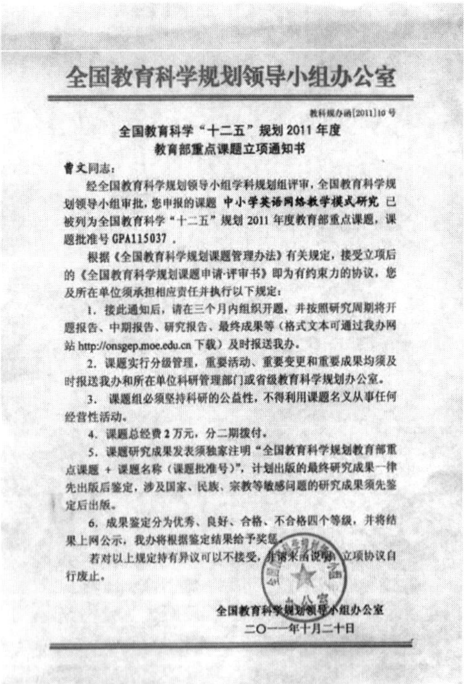

全国教育科学规划领导小组办公室

教科规办函[2011]10号

全国教育科学"十二五"规划 2011 年度
教育部重点课题立项通知书

曹文同志:

经全国教育科学规划领导小组学科规划组评审,全国教育科学规划领导小组审批,您申报的课题 **中小学英语网络教学模式研究** 已被列为全国教育科学"十二五"规划 2011 年度教育部重点课题,课题批准号 GPA115037 。

根据《全国教育科学规划课题管理办法》有关规定,接受立项后的《全国教育科学规划课题申请·评审书》即为有约束力的协议,您及所在单位须承担相应责任并执行以下规定:

1. 接此通知后,请在三个月内组织开题,并按照研究周期将开题报告、中期报告、研究报告、最终成果等(格式文本可通过我办网站 http://onsgep.moe.edu.cn 下载)及时报送我办。

2. 课题实行分级管理,重要活动、重要变更和重要成果均须及时报送我办和所在单位科研管理部门或省级教育科学规划办公室。

3. 课题组必须坚持科研的公益性,不得利用课题名义从事任何经营性活动。

4. 课题总经费 2 万元,分二期拨付。

5. 课题研究成果发表须独家注明"全国教育科学规划教育部重点课题 + 课题名称(课题批准号)",计划出版的最终研究成果一律先出版后鉴定,涉及国家、民族、宗教等敏感问题的研究成果须先鉴定后出版。

6. 成果鉴定分为优秀、良好、合格、不合格四个等级,并将结果上网公示,我办将根据鉴定结果给予奖惩。

若对以上规定持有异议可以不接受,并请来函说明,立项协议自行废止。

全国教育科学规划领导小组办公室
二〇一一年十月二十日

附图 3.8　全国教育科学"十二五"规划 2011 年度教育部重点课题立项通知书

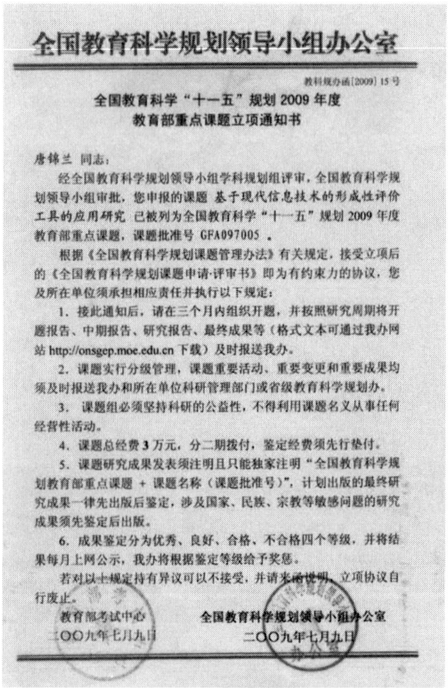

全国教育科学规划领导小组办公室

教科规办函[2009] 15号

全国教育科学"十一五"规划 2009 年度
教育部重点课题立项通知书

唐锦兰 同志:

经全国教育科学规划领导小组学科规划组评审,全国教育科学规划领导小组审批,您申报的课题 *基于现代信息技术的形成性评价工具的应用研究* 已被列为全国教育科学"十一五"规划 2009 年度教育部重点课题,课题批准号 GFA097005 。

根据《全国教育科学规划课题管理办法》有关规定,接受立项后的《全国教育科学规划课题申请·评审书》即为有约束力的协议,您及所在单位须承担相应责任并执行以下规定:

1. 接此通知后,请在三个月内组织开题,并按照研究周期将开题报告、中期报告、研究报告、最终成果等(格式文本可通过我办网站 http://onsgep.moe.edu.cn 下载)及时报送我办。

2. 课题实行分级管理,课题重要活动、重要变更和重要成果均须及时报送我办和所在单位科研管理部门或省级教育科学规划办。

3. 课题组必须坚持科研的公益性,不得利用课题名义从事任何经营性活动。

4. 课题总经费 3 万元,分二期拨付,鉴定经费须先行垫付。

5. 课题研究成果发表须注明且只能独家注明"全国教育科学规划教育部重点课题 + 课题名称(课题批准号)",计划出版的最终研究成果一律先出版后鉴定,涉及国家、民族、宗教等敏感问题的研究成果须先鉴定后出版。

6. 成果鉴定分为优秀、良好、合格、不合格四个等级,并将结果每月上网公示,我办将根据鉴定等级给予奖惩。

若对以上规定持有异议可以不接受,并请来函说明,立项协议自行废止。

教育部考试中心　　全国教育科学规划领导小组办公室
二〇〇九年七月九日　　二〇〇九年七月九日

附图 3.9　全国教育科学"十一五"规划 2009 年度教育部重点课题立项通知书

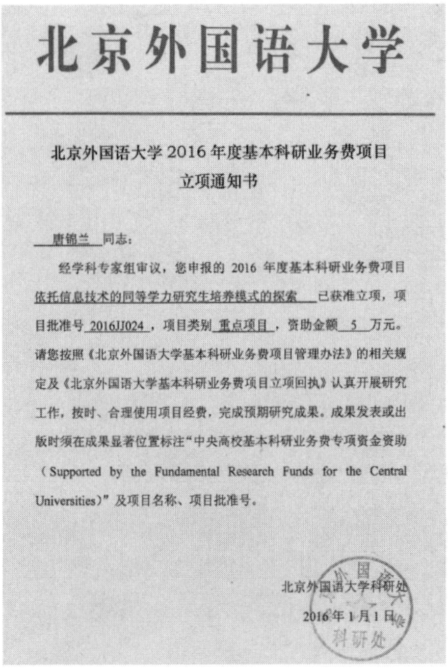

北京外国语大学

北京外国语大学2016年度基本科研业务费项目
立项通知书

唐锦兰 同志：

经学科专家组审议，您申报的 2016 年度基本科研业务费项目 依托信息技术的同等学力研究生培养模式的探索 已获准立项，项目批准号 2016JJ024 ，项目类别 重点项目 ，资助金额 5 万元。请您按照《北京外国语大学基本科研业务费项目管理办法》的相关规定及《北京外国语大学基本科研业务费项目立项回执》认真开展研究工作，按时、合理使用项目经费，完成预期研究成果。成果发表或出版时须在成果显著位置标注"中央高校基本科研业务费专项资金资助（Supported by the Fundamental Research Funds for the Central Universities）"及项目名称、项目批准号。

北京外国语大学科研处
2016年1月1日

附图 3.10 北京外国语大学 2016 年度基本科研业务费项目立项通知书

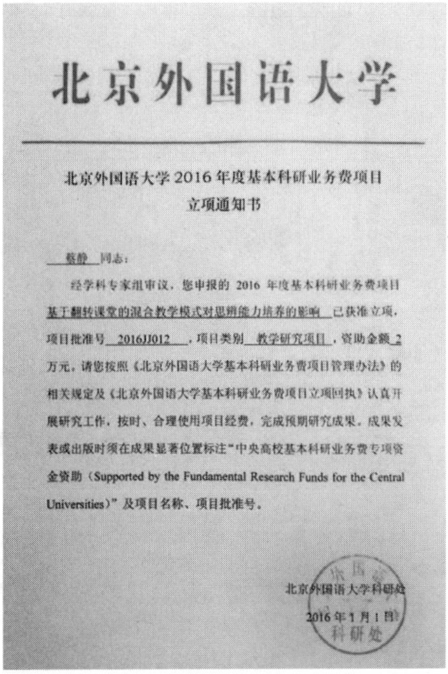

北京外国语大学

北京外国语大学2016年度基本科研业务费项目
立项通知书

蔡静 同志：

经学科专家组审议，您申报的 2016 年度基本科研业务费项目 基于翻转课堂的混合教学模式对思辨能力培养的影响 已获准立项，项目批准号 2016JJ012 ，项目类别 教学研究项目 ，资助金额 2 万元。请您按照《北京外国语大学基本科研业务费项目管理办法》的相关规定及《北京外国语大学基本科研业务费项目立项回执》认真开展研究工作，按时、合理使用项目经费，完成预期研究成果。成果发表或出版时须在成果显著位置标注"中央高校基本科研业务费专项资金资助（Supported by the Fundamental Research Funds for the Central Universities）"及项目名称、项目批准号。

北京外国语大学科研处
2016年1月1日

附图 3.11 北京外国语大学 2016 年度基本科研业务费项目立项通知书

4. 期刊和论文图片（见附图 3.12～附图 3.29）

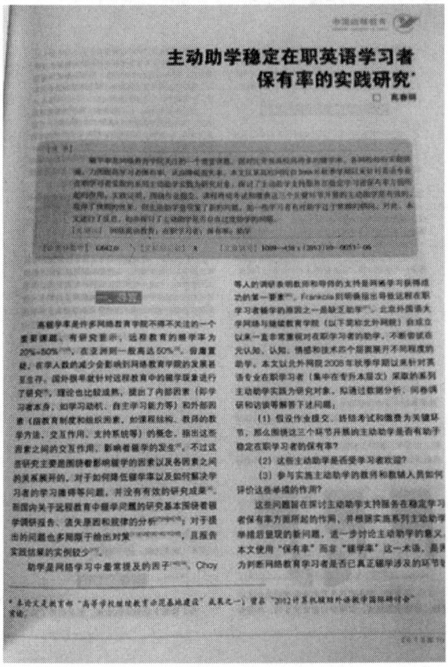

主动助学稳定在职英语学习者保有率的实践研究*

高春丽

附图 3.12 高春丽. 主动助学稳定在职英语学习者保有率的实践研究[J]. 中国远程教育(CSSCI),2013(10).

附图 3.13　唐锦兰. 如何提高网络环境下形成性评价的反馈质量
——北外网院的实践[J]. 现代教育技术(CSSCI)，2013(8).

附图 3.14　孙有中，唐锦兰，蔡静. 英语专业人文通识教育混
合教学模式研究[J]. 外语电化教学(CSSCI)，2017(2).

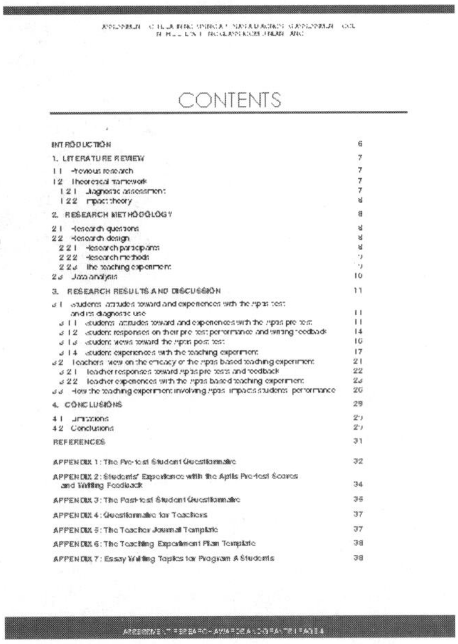

CONTENTS

附图 3.15　唐锦兰. 在线诊断评价在外语教学中的应用[J]. 英国文化协会研究报告系列国际研究报告，2017(4).

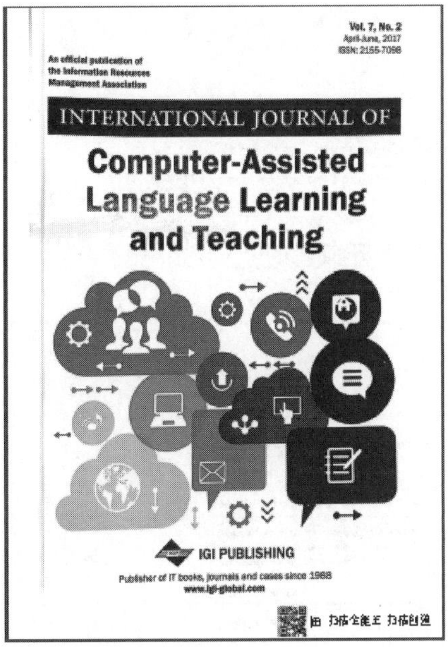

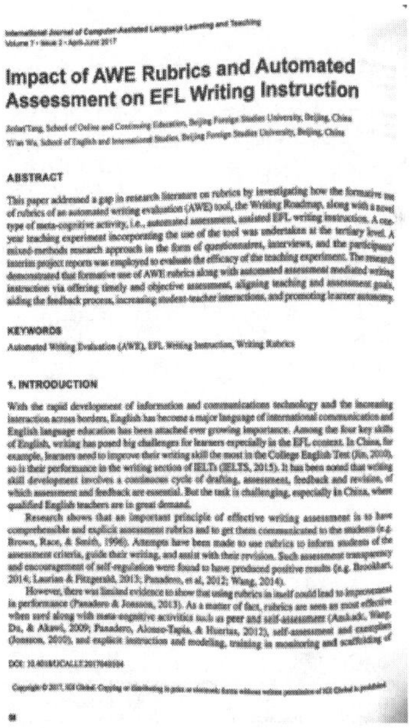

International Journal of Computer-Assisted Language Learning and Teaching
Volume 7 • Issue 2 • April-June 2017

Impact of AWE Rubrics and Automated Assessment on EFL Writing Instruction

Jinlan Tang, School of Online and Continuing Education, Beijing Foreign Studies University, Beijing, China
Yi'an Wu, School of English and International Studies, Beijing Foreign Studies University, Beijing, China

ABSTRACT

This paper addressed a gap in research literature on rubrics by investigating how the formative use of rubrics of an automated writing evaluation (AWE) tool, the Writing Roadmap, along with a novel type of meta-cognitive activity, i.e., automated assessment, assisted EFL writing instruction. A one-year teaching experiment incorporating the use of the tool was undertaken at the tertiary level. A mixed-methods research approach in the form of questionnaires, interviews, and the participants' interim project reports was employed to evaluate the efficacy of the teaching experiment. The research demonstrated that formative use of AWE rubrics along with automated assessment mediated writing instruction via offering timely and objective assessment, aligning teaching and assessment goals, aiding the feedback process, increasing student-teacher interactions, and promoting learner autonomy.

KEYWORDS

Automated Writing Evaluation (AWE), EFL Writing Instruction, Writing Rubrics

1. INTRODUCTION

With the rapid development of information and communications technology and the increasing interaction across borders, English has become a major language of international communication and English language education has been attached ever growing importance. Among the four key skills of English, writing has posed big challenges for learners especially in the EFL context. In China, for example, learners need to improve their writing skill the most in the College English Test (Jin, 2010), so is their performance in the writing section of IELTs (IELTS, 2015). ...

附图 3.16　唐锦兰，等. Impact of AWE Rubrics and Automated Assessment on EFL Writing Instruction[J]. International Journal of Computer-Assisted Language Learning and Teaching (IJCALLT), 2017, 7(2): 58-74.

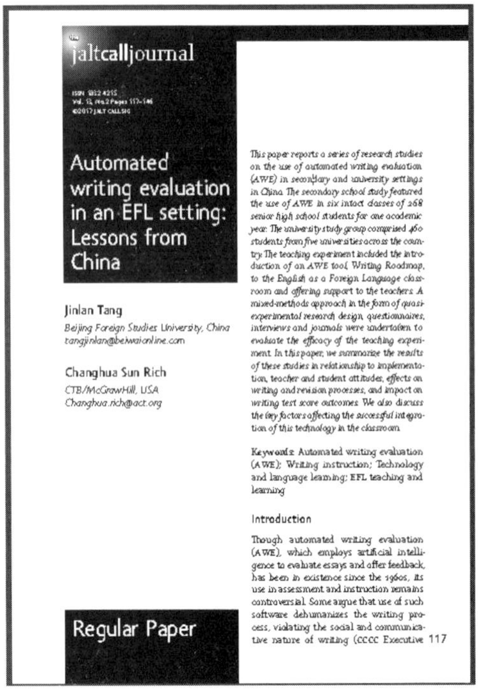

jaltcalljournal

ISSN 1832-4215
Vol. 13, No.2 Pages 117–146
©2017 JALT CALL SIG

Automated writing evaluation in an EFL setting: Lessons from China

Jinlan Tang
Beijing Foreign Studies University, China
tangjinlan@beiwaionline.com

Changhua Sun Rich
CTB/McGrawHill, USA
Changhua.rich@act.org

This paper reports a series of research studies on the use of automated writing evaluation (AWE) in secondary and university settings in China. The secondary school study featured the use of AWE in six intact classes of 268 senior high school students for one academic year. The university study group comprised 460 students from five universities across the country. The teaching experiment included the introduction of an AWE tool, Writing Roadmap, to the English as a Foreign Language classroom and offering support to the teachers. A mixed-methods approach in the form of quasi-experimental research design, questionnaires, interviews and journals were undertaken to evaluate the efficacy of the teaching experiment. In this paper, we summarize the results of these studies in relationship to implementation, teacher and student attitudes, effects on writing and revision processes, and impact on writing test score outcomes. We also discuss the key factors affecting the successful integration of this technology in the classroom.

Keywords: Automated writing evaluation (AWE); Writing instruction; Technology and language learning; EFL teaching and learning

Introduction

Though automated writing evaluation (AWE), which employs artificial intelligence to evaluate essays and offer feedback, has been in existence since the 1960s, its use in assessment and instruction remains controversial. Some argue that use of such software dehumanizes the writing process, violating the social and communicative nature of writing (CCCC Executive 117

Regular Paper

附图 3.17 唐锦兰，等. Automated writing evaluation in an EFL setting: Lessons from China[J]. JALT CALL，2017，13(2)：117-146.

Discussion Panel

英语教师如何保持并提升自己的英语水平

©2017 China Academic Journal Electronic Publishing House. All rights reserved. http://www.cnki.net

附图 3.18 徐浩，葛炳芳，毕勤，等. 英语教师如何保持并提升自己的英语水平[J]. 英语学习(教师版)，2017(6).

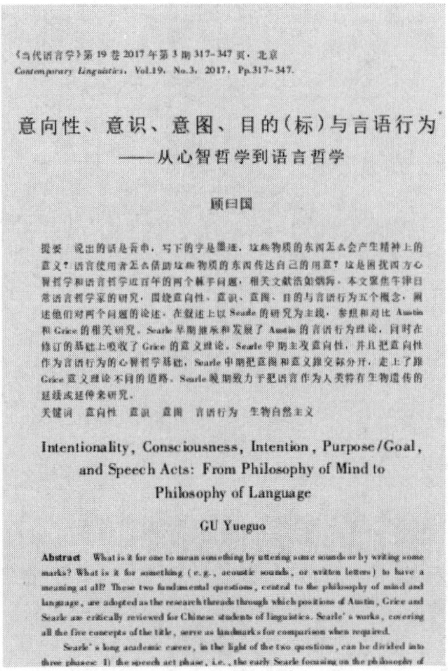

《当代语言学》第19卷2017年第3期317-347页，北京
Contemporary Linguistics, Vol.19, No.3, 2017, Pp.317-347.

意向性、意识、意图、目的(标)与言语行为

——从心智哲学到语言哲学

顾曰国

提要　说出的话是音串，写下的字是墨迹，这些物质的东西怎么会产生精神上的意义？语言使用者怎么借助这些物质的东西传达自己的用意？这是困扰西方心智哲学和语言哲学近百年的两个棘手问题，相关文献浩如烟海。本文聚焦牛津日常语言哲学家的研究，围绕意向性、意识、意图、目的与言语行为五个概念，阐述他们对两个问题的论述。在叙述上以 Searle 的研究为主线，参照和对比 Austin 和 Grice 的相关研究。Searle 早期继承和发展了 Austin 的言语行为理论，同时在修订的基础上吸收了 Grice 的意义理论。Searle 中期主攻意向性，并且把意向性作为言语行为的心智哲学基础。Searle 中期把意图和意义跟交际分开，走上了跟 Grice 意义理论不同的道路。Searle 晚期致力于把语言作为人类特有生物遗传的延续或延伸来研究。

关键词　意向性　意识　意图　言语行为　生物自然主义

Intentionality, Consciousness, Intention, Purpose/Goal, and Speech Acts: From Philosophy of Mind to Philosophy of Language

GU Yueguo

Abstract　What is it for one to mean something by uttering some sounds or by writing some marks? What is it for something (e.g., acoustic sounds, or written letters) to have a meaning at all? These two fundamental questions, central to the philosophy of mind and language, are adopted as the research threads through which positions of Austin, Grice and Searle are critically reviewed for Chinese students of linguistics. Searle's works, covering all the five concepts of the title, serve as landmarks for comparison when required.

Searle's long academic career, in the light of the two questions, can be divided into three phases: 1) the speech act phase, i.e., the early Searle focusing on the philosophy of

附图 3.19　顾曰国. 意向性、意识、意图、目的(标)与言语行为——从心智哲学到语言哲学[J]. 当代语言学(CSSCI),2017(3).

Southampton

Exploring meaning negotiation patterns in synchronous audio and video conferencing English classes in China

Chenxi (Cecilia) Li[1], Ligao Wu[2], Chen Li[3], and Jinlan Tang[4]

Abstract. This work-in-progress doctoral research project aims to identify meaning negotiation patterns in synchronous audio and video Computer-Mediated Communication (CMC) environments based on the model of CMC text chat proposed by Smith (2003). The study was conducted in the Institute of Online Education at Beijing Foreign Studies University. Four dyads each performed four information gap tasks through synchronous audio/video CMC environments. Target lexical items were especially 'embedded' in the tasks to elicit negotiated interactions within dyads. The online classes were screen recorded as multimodal data for analysis. Then, participants took a face-to-face, one-to-one video stimulated recall interview to recall their thoughts during the negotiated interactions and to share their attitudes towards Task-Based Language Teaching (TBLT) in synchronous audio/video CMC environments. Negotiated interactions have been transcribed and are being analyzed based on Smith's (2003) model first, but new patterns may be identified from further analysis.

Keywords: meaning negotiation, CMC, synchronous audio and video conferencing, TBLT, China.

194

附图 3.20　Li Chenxi (Cecilia), Wu Ligao, Li Chen, Tang Jinlan. Exploring meaning negotiation patterns in synchronous audio and video conferencing English classes in China[J]. CALL in a climate of change: adapting to turbulent global conditions—short papers from EUROCALL 2017,2017.

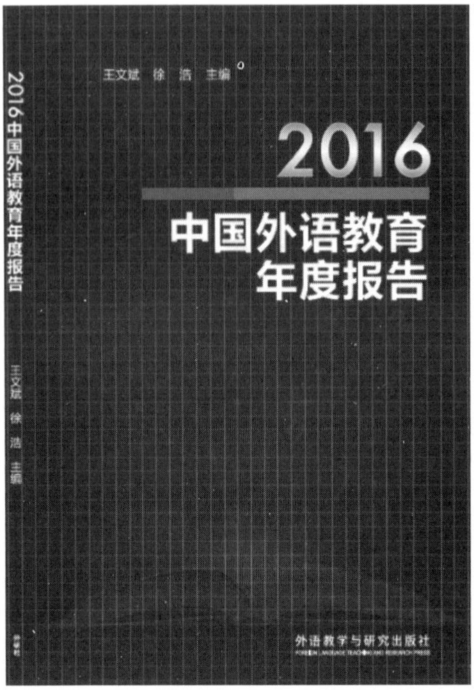

附图 3.21　王文斌，徐浩. 2016 中国外语教育年度报告[M]. 北京：外语教学与研究出版社，2017.

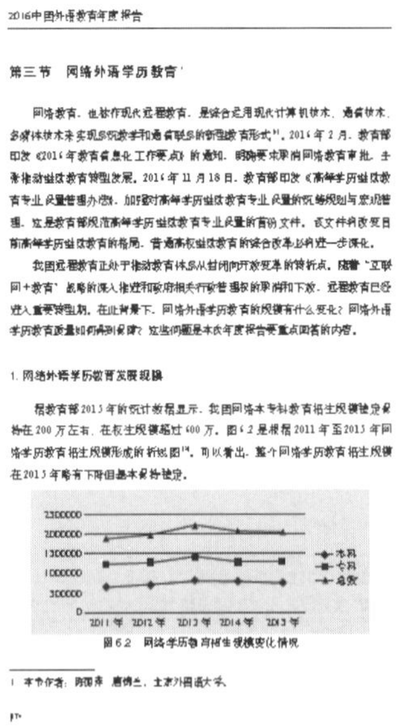

2016中国外语教育年度报告

第三节　网络外语学历教育[1]

网络教育，也称作现代远程教育，是综合运用现代计算机技术、通信技术、多媒体技术来实现系统教学和通信联系的新型教育形式[1]。2016年2月，教育部印发《2016年教育信息化工作要点》的通知，明确要求取消网络教育审批，全面推动继续教育转型发展。2016年11月18日，教育部印发《高等学历继续教育专业设置管理办法》，加强对高等学历继续教育专业设置的统筹规划与宏观管理，这是教育部规范高等学历继续教育专业设置的首份文件，该文件将改变目前高等学历继续教育的格局，普通高校继续教育的综合改革必将进一步深化。

我国远程教育正处于推动教育体系从封闭向开放变革的转折点。随着"互联网+教育"战略的深入推进和政府相关行政管理权的取消和下放，远程教育已经进入重要转型期。在此背景下，网络外语学历教育的规模有什么变化？网络外语学历教育质量如何得到保障？这些问题是本次年度报告要重点回答的内容。

1. 网络外语学历教育发展规模

据教育部2015年的统计数据显示，我国网络本专科教育招生规模稳定保持在200万左右，在校生规模超过600万。图6.2是根据2011年至2015年网络学历教育招生规模形成的折线图[2]。可以看出，整个网络学历教育招生规模在2015年略有下降但基本保持稳定。

图6.2　网络学历教育招生规模变化情况

1　本节作者：陈丽萍　唐锦兰，北京外国语大学。

附图 3.22　陈丽萍，唐锦兰. 信息技术与外语教育——网络外语学历教育[J]. 2016 中国外语教育年度报告，2017.

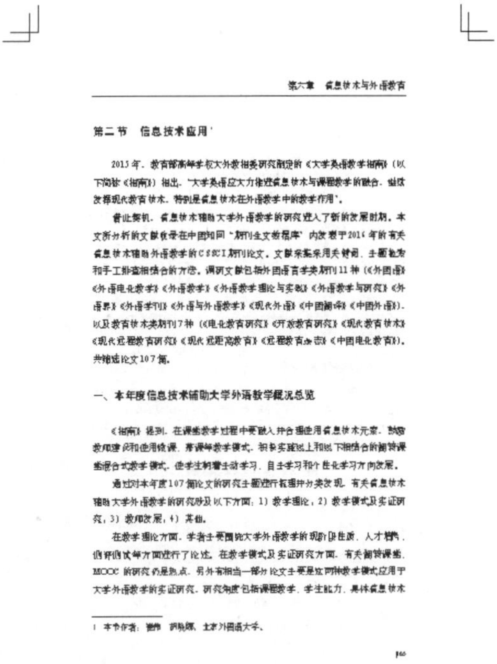

第六章　信息技术与外语教育

第二节　信息技术应用[1]

2015年，教育部高等学校大外教指委研究制定的《大学英语教学指南》（以下简称《指南》）指出，"大学英语应大力推进信息技术与课程教学的融合，继续发挥现代教育技术，特别是信息技术在外语教学中的教学作用"。

借此契机，信息技术辅助大学外语教学的研究进入了新的发展时期。本文所分析的文献收录在中国知网"期刊全文数据库"内发表于2016年的有关信息技术辅助外语教学的CSSCI期刊论文。文献采集采用关键词、主题检索和手工排查相结合的方法。调研文献包括外国语言学类期刊11种（《外国语》《外语电化教学》《外语教学》《外语教学理论与实践》《外语教学与研究》《外语界》《外语学刊》《外语与外语教学》《现代外语》《中国翻译》《中国外语》），以及教育技术类期刊7种（《电化教育研究》《开放教育研究》《现代教育技术》《现代远程教育研究》《现代远距离教育》《远程教育杂志》《中国电化教育》），共筛选论文107篇。

一、本年度信息技术辅助大学外语教学概况总览

《指南》提到，在课堂教学过程中要融入并合理使用信息技术元素，鼓励教师建设和使用微课、慕课等教学模式，积极实践线上和线下相结合的翻转课堂混合式教学模式，使学生朝着主动学习、自主学习和个性化学习方向发展。

通过对本年度107篇论文的研究主题进行梳理并分类发现，有关信息技术辅助大学外语教学的研究涉及以下方面：1）教学理论；2）教学模式及实证研究；3）教师发展；4）其他。

在教学理论方面，学者主要围绕大学外语教学的现阶段性质、人才培养、评价测试等方面进行了论述。在教学模式及实证研究方面，有关翻转课堂、MOOC的研究仍是热点，另外有相当一部分论文主要是这两种教学模式应用于大学外语教学的实证研究，研究角度包括课程教学、学生能力、具体信息技术

1　本节作者：崔伟　胡晓娜，北京外国语大学。

附图 3.23　崔伟，胡晓娜．信息技术与外语教育——大学[J]．2016中国外语教育年度报告，2017.

附图 3.24　2015中国外语教育年度报告[M]．北京：外语教学与研究出版社，2016.

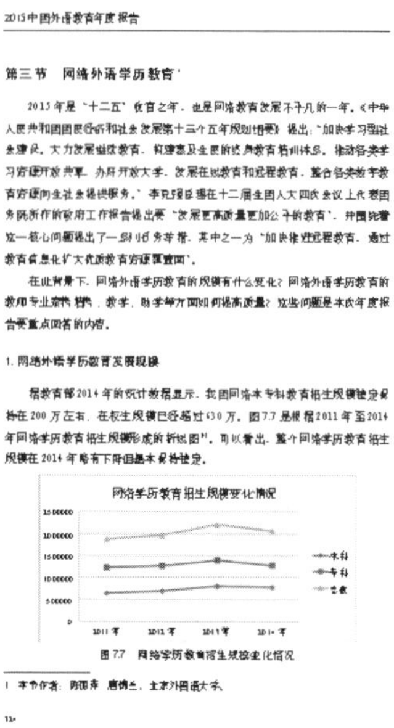

2015中国外语教育年度报告

第三节　网络外语学历教育[1]

2015年是"十二五"收官之年，也是网络教育发展不平凡的一年。《中华人民共和国国民经济和社会发展第十三个五年规划纲要》提出："加快学习型社会建设，大力发展继续教育，构建惠及全民的终身教育培训体系。推动各类学习资源开放共享，办好开放大学，发展在线教育和远程教育，整合各类数字教育资源向全社会提供服务。"李克强总理在十二届全国人大四次会议上代表国务院所作的政府工作报告提出要"发展更高质量更加公平的教育"，并围绕着这一核心问题提出了一系列任务举措，其中之一为"加快推进远程教育，通过教育信息化扩大优质教育资源覆盖面"。

在此背景下，网络外语学历教育的规模有什么变化？网络外语学历教育的教师专业素养、培养、教学、助学等方面如何提高质量？这些问题是本次年度报告要重点回答的内容。

1. 网络外语学历教育发展规模

据教育部2014年的统计数据显示，我国网络本专科教育招生规模稳定保持在200万左右，在校生规模已经超过630万。图7.7是根据2011年至2014年网络学历教育招生规模形成的折线图[1]。可以看出，整个网络学历教育招生规模在2014年略有下降但基本保持稳定。

图7.7　网络学历教育招生规模变化情况

1　本节作者：陈丽萍　唐锦兰，北京外国语大学。

附图 3.25　陈丽萍，唐锦兰．信息技术与外语教育——网络外语学历教育[J].
2015中国外语教育年度报告，2016.

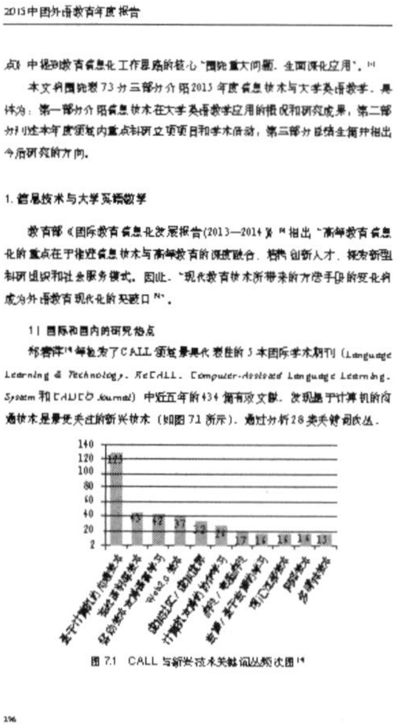

2015中国外语教育年度报告

点》中提到教育信息化工作思路的核心"围绕重大问题，全面深化应用"。[1]

本文将围绕表7.3分三部分介绍2015年度信息技术与大学英语教学。具体为：第一部分介绍信息技术在大学英语教学应用的概况和研究成果，第二部分列述本年度领域内重点科研立项项目和学术活动，第三部分总结全篇并指出今后研究的方向。

1. 信息技术与大学英语教学

教育部《国际教育信息化发展报告(2013—2014)》[2]指出"高等教育信息化的重点在于推进信息技术与高等教育的深度融合，培养创新人才，探索新型科研组织和社会服务模式。因此，"现代教育技术所带来的方法手段的变化将成为外语教育现代化的突破口[3]"。

1.1 国际和国内的研究热点

郑春萍[4]等检索了CALL领域最具代表性的5本国际学术期刊（*Language Learning & Technology*、*ReCALL*、*Computer-Assisted Language Learning*、*System*和*CALICO Journal*）中近五年的434篇有效文献，发现基于计算机的沟通技术是最受关注的新兴技术（如图7.1所示）。通过分析28类关键词成丛，

图7.1　CALL与新兴技术关键词丛频次图[4]

196

附图 3.26　崔伟，胡晓娜．信息技术与外语教育——大学[J].
2015中国外语教育年度报告，2016.

附图 3.27　2014 中国外语教育年度报告[M]. 北京：外语教学与研究出版社，2015.

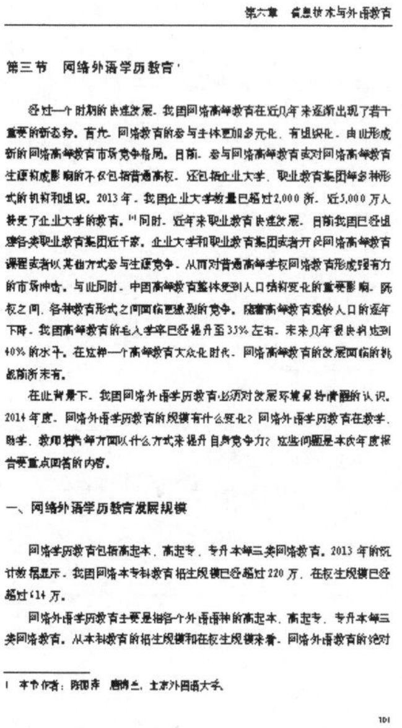

第六章　信息技术与外语教育

第三节　网络外语学历教育[1]

经过一个时期的快速发展，我国网络高等教育在近几年来逐渐出现了若干重要的新态势。首先，网络教育的参与主体更加多元化、有组织化，由此形成新的网络高等教育市场竞争格局。目前，参与网络高等教育或对网络高等教育生源构成影响的不仅包括普通高校，还包括企业大学、职业教育集团等多种形式的机构和组织。2013 年，我国企业大学数量已超过 2,000 所，近 5,000 万人接受了企业大学的教育。[1] 同时，近年来职业教育快速发展，目前我国已经组建各类职业教育集团近千家。企业大学和职业教育集团或者开设网络高等教育课程或者以其他方式参与生源竞争，从而对普通高等学校网络教育形成强有力的市场冲击。与此同时，中国高等教育整体受到人口结构变化的重要影响，院校之间、各种教育形式之间面临更激烈的竞争。随着高等教育适龄人口的逐年下降，我国高等教育的毛入学率已经提升至 35% 左右，未来几年很快将达到 40% 的水平。在这样一个高等教育大众化时代，网络高等教育的发展面临的挑战前所未有。

在此背景下，我国网络外语学历教育必须对发展环境保持清醒的认识。2014 年度，网络外语学历教育的规模有什么变化？网络外语学历教育在教学、助学、教师培训等方面以什么方式来提升自身竞争力？这些问题是本次年度报告要重点回答的内容。

一、网络外语学历教育发展规模

网络学历教育包括高起本、高起专、专升本等三类网络教育。2013 年的统计数据显示，我国网络本专科教育招生规模已经超过 220 万，在校生规模已经超过 614 万。

网络外语学历教育主要是指各个外语语种的高起本、高起专、专升本等三类网络教育。从本科教育的招生规模和在校生规模来看，网络外语教育的绝对

1　本节作者：陈丽萍　唐锦兰，北京外国语大学。

101

附图 3.28　陈丽萍，唐锦兰. 信息技术与外语教育——网络外语学历教育[J]. 2014 中国外语教育年度报告，2015.

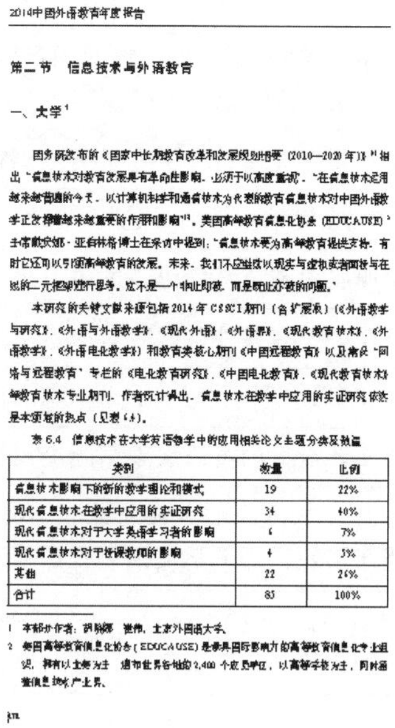

2014中国外语教育年度报告

第二节　信息技术与外语教育

一、大学[1]

国务院发布的《国家中长期教育改革和发展规划纲要（2010—2020 年）》[1] 指出"信息技术对教育发展具有革命性影响，必须予以高度重视"。"在信息技术运用越来越普遍的今天，以计算机科学和通信技术为代表的教育信息技术对中国外语教学正发挥着越来越重要的作用和影响"[1]。美国高等教育信息化协会（EDUCAUSE）[2] 主席戴安娜·亚伯林格博士在采访中提到："信息技术要为高等教育提供支持，有时它还可以引领高等教育的发展。未来，我们不应继续以现实与虚拟或者面授与在线的二元框架进行思考，这不是一个非此即彼，而是既此亦彼的问题。"

本研究的关键文献来源包括 2014 年 CSSCI 期刊（含扩展版）（《外语教学与研究》、《外语与外语教学》、《现代外语》、《外语界》、《现代教育技术》、《外语教学》、《外语电化教学》）和教育类核心期刊《中国远程教育》以及常设"网络与远程教育"专栏的《电化教育研究》、《中国电化教育》、《现代教育技术》等教育技术专业期刊。作者统计得出，信息技术在教学中应用的实证研究依然是本领域的热点（见表 6.4）。

表 6.4　信息技术在大学英语教学中的应用相关论文主题分类及数量

类别	数量	比例
信息技术影响下的新的教学理论和模式	19	22%
现代信息技术在教学中应用的实证研究	34	40%
现代信息技术对于大学英语学习者的影响	6	7%
现代信息技术对于授课教师的影响	4	5%
其他	22	26%
合计	85	100%

1　本部分作者：胡晓娜　崔伟，北京外国语大学。
2　美国高等教育信息化协会（EDUCAUSE）是极具国际影响力的高等教育信息化专业组织，拥有以北美为主、遍布世界各地的 2,400 个成员单位，以高等学校为主，同时涵盖信息技术产业界。

172

附图 3.29　崔伟，胡晓娜. 信息技术与外语教育——大学[J]. 2014 中国外语教育年度报告，2015.

5. 主办的学术会议

序号	名　　称	时　　间	地　点
1	2002 中国外语网络教育研讨会	2002 年 8 月 8—10 日	中国 北京
2	2003 中国外语网络教育研讨会	2003 年 8 月 13—15 日	中国 北京
3	2004 中国网络英语教育研讨会	2004 年 10 月 23—24 日	中国 北京
4	2005 中国网络英语教育研讨会	2005 年 10 月 18—19 日	中国 北京
5	2007 中国外语网络教育研讨会	2007 年 8 月 17—18 日	中国 威海
6	首届中美英语、网络与教育国际论坛	2009 年 10 月 16—18 日	中国 绍兴
7	2010 中国外语网络教育研讨会	2010 年 8 月 19—20 日	中国 北京
8	基于形成性评价工具的大学英语写作教学研讨会	2011 年 7 月 21—22 日	中国 北京
9	第二届中美英语、网络与教育国际论坛	2011 年 9 月 21—23 日	中国 绍兴
10	2012 计算机辅助外语教学国际研讨会暨 ChinaCALL 第一次工作会议	2012 年 10 月 18—20 日	中国 北京
11	第十届全国教育技术与大学外语教学学术研讨会暨 ChinaCALL 第二次工作会议	2013 年 11 月 16—20 日	中国 成都
12	2014 计算机辅助外语教学国际研讨会暨 ChinaCALL 第三次工作会议	2014 年 11 月 7—8 日	中国 北京
13	中国多语言多模态语料库暨大数据研究中心成立及专家咨询会	2014 年 12 月 25 日	中国 北京
14	2016 计算机辅助外语教学国际研讨会暨 ChinaCALL 第四次工作会议	2016 年 7 月 22—23 日	中国 青岛
15	第三届中英语料库语言学讲习班暨论坛	2016 年 7 月 27—8 月 2 日	中国 威海
16	2016 当代语言学前沿论坛——语言的获得与发展	2016 年 12 月 27—28 日	中国 北京
17	第四届中英语料库语言学讲习班暨论坛	2017 年 7 月 27—8 月 2 日	中国 青岛
18	首届中英在线外语教育研修班	2017 年 8 月 27—8 月 28 日	中国 北京
19	2018 新时代网络教育内涵式发展高端论坛	2018 年 4 月 20—21 日	中国 北京
20	中文环境下的英语教学国际会议	2018 年 5 月 4—5 日	中国 香港
21	新时代英语教师职业素养提升探索论坛暨 2018 年春季北京外国语大学英语教育课程研修班结业典礼	2018 年 7 月 8 日	中国 北京
22	GLoCALL2018 学术年会暨 2018 计算机辅助外语教学国际会议 & ChinaCALL 第五次工作会议	2018 年 8 月 16—18 日	中国 苏州

6. 部分学术会议宣传单页（见附图 3.30～附图 3.34）

附图 3.30　2014 年计算机辅助外语教学国际研讨会宣传页

附图 3.31　2016 年计算机辅助外语教学国际研讨会宣传页

附图 3.32　GLoCALL2018 学术年会暨 2018(第 15 届)计算机辅助外语教学国际会议宣传页

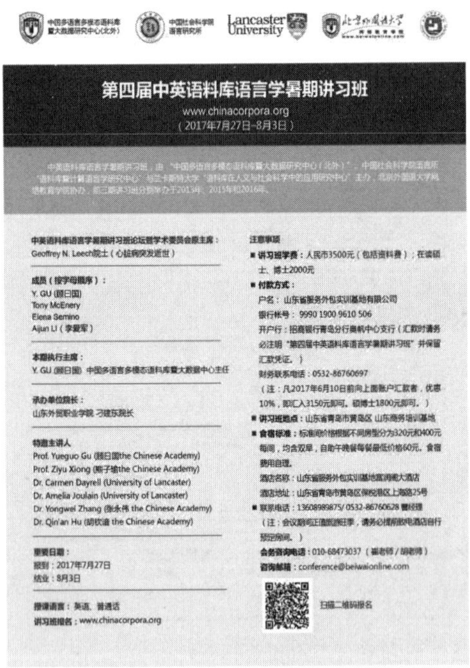

附图 3.33　第四届中英语料库语言学暑期讲习班宣传页

附图 3.34　第三届中英语料库语言学论坛宣传页

7. 部分学术会议合影（见附图 3.35～附图 3.47）

附图 3.35　北京外国语大学"课堂英语教学与网络英语教学"研讨会

附图 3.36　2004 年中国英语网络教育研讨会

附图 3.37　2005 年中国网络英语教育国际研讨会

附图 3.38　2007 年中国外语网络教育研讨会

附图 3.39　2010 年中国外语网络教育研讨会

附图 3.40　2011 年基于形成性评价工具的大学英语写作教育研讨会

附图 3.41　2012 年计算机辅助外语教学国际研讨会

附图 3.42　2016 年计算机辅助外语教学国际研讨会

附图 3.43　2014 年计算机辅助外语教学国际研讨会

附图 3.44　首届中英在线外语教育研修班

附图 3.45　第 4 届中英语料库语言学论

附图 3.46　新时代网络教育内涵式发展高端论坛暨校外学习中心工作会议

附图 3.47 GLoCALL2018 年学术年会暨 2018 年计算机辅助外语教学国际会议

天津大学现代远程教育试点工作总结

2000年5月，天津大学通过教育部专家组的考察，7月14日天津大学被教育部批准为重点支持建设网络教育学院，8月18日天津大学组建网络教育学院，具体负责现代远程教育试点工作的实施。经过短短数月的奋斗，从无到有，2001年春季顺利进行首次招生，至今已培养毕业生12万余人。

一、办学历程回顾

建院之初，天津大学为远程教育试点工作制定了16字工作方针，即“解放思想、大胆实践、保证质量、逐步发展”。自创立以来，天津大学网络教育学院坚决贯彻落实教育部相关文件精神，在学校党委及行政的领导下，奋勇拼搏，锐意进取，攻坚克难，实现了现代远程教育试点工作健康发展。

（一）人才培养体系

坚持立德树人，围绕“致力于培养理论基础够用、综合能力够强、具有家国情怀和创新精神的应用型人才”的人才培养目标，制定了涵盖知识、能力和素质“3维度21要素”的天津大学远程教育人才培养标准，为实现人才培养标准构建了“知识优化系统(KS)”“能力强化系统(AS)”“素质提升系统(QS)”，搭建了“远程教育环境支撑平台(DES)”，含智能学习服务云平台、资源建设平台和质量监控与保障体系，为实施教育教学改革提供保障。

人才培养目标、人才培养标准和“三系统一平台”共同构成了D-QAKE天津大学远程教育人才培养体系(见图1)。

办学18年来，累计培养毕业生12万余名，涌现出十八大代表、十九大代表、全国劳动模范尤立红、徐文华、张兵兵及全国五一劳动奖章获得者戴景明、张勇等一大批优秀工作者和以王红刚、薛敏修为代表的终身学习典范。

（二）专业建设

2001年春季，天津大学网络教育学院开始了首次招生，开设高起专、高起本、专升本3个层次共10个高等学历继续教育专业。为了满足社会经济不断发展和企业转型升级的需要，结合天津大学的优质教育资源，网络教育不断开设新的专业，截至2015年年底专升本层次专业17个，高起专层次专业17个。2016年教育部下发《高等学历继续教育专业设置管理办法》，按照文件规定，结合学校的办学定位和发展规划，依托学校优势学科与特色专业的师资力量和教学资源，服务经济社会发展和产业结构调整，调整设置网络教育专升本层次专业15个，高起专层次专业10个。2018年按照教育部和学校党委常委会“控规模、调结构、提质量”的要求，学院聚焦学校“双一流”建设，进一步调整专业设置，保留与社会经济发展和

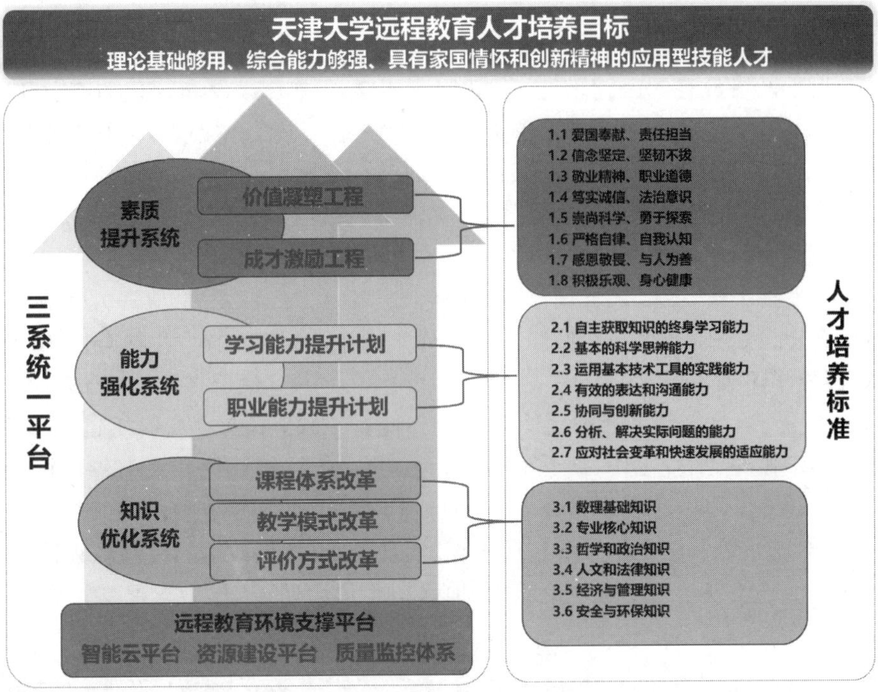

图 1　D-QAKE 天津大学远程教育人才培养体系

人才成长急需、学校全日制优势专业，将专升本层次专业调整为 13 个，专科专业调整为 4 个。

（三）课程设置

参考天津大学全日制专业人才培养方案，邀请专业办学学院制定网络教育人才培养方案，并在实际教学过程中加以修订。以“基础知识够用、专业知识够强、通识课程够多”为指导，修订人才培养方案，优化公共基础课程内容，完善思政课程结构，增加通识课程数量，调整专业课程设置，重构了课程体系。结合在职人员的特点，构建以思政课为主体，以《大学文化》《环境保护与可持续发展》《职业生涯规划》《创业管理》等通识课为延伸的思政课程群，形成协同效应，使学生成长为合格的社会主义建设者和接班人。

（四）招生工作

自 2016 年春季开始，网络教育实行招生计划控制，发布招生工作规范，签订学习中心招生工作自查自律确认书，从指导思想、管理制度、工作流程、平台建设、监督检查等方面加强监管，进行招生风险防控，严格控制招生规模，严格控制招生层次比例。

按照“预防为主，加强事中、事后监管，规范管理，流程可控”的总体要求，认真梳理招生过程、流程，对学习中心进行正面引导和宣传。加强入学资格审核工作，面向所有学习中心开展电话回访工作，规范学习中心的招生行为，牢固树立风险控制意识，从提高招生质量入手，切实保障人才培养质量。

（五）学习中心建设

自天津大学网络教育学院建院之初，就制定了学习中心建设和管理的有关工作文件。2001 年，学院从有合作意向的 60 多个单位中严格筛选，开展合作办学，最终在全国 10 个省市设立了 26 个校外教学中心。学院先后修订和完善了涉及校外学习中心工作职责、学籍管理、考试服务等 9 个方面的规范管理文件，事实证明严格的审查和检查机制保证了学院整体教学管理的规范和质量的提高。

为进一步发挥办学优势，服务国家重大战略、服务地方经济发展、服务人才成长需求，推动学习型社会建设，学院合理布局网络教育校外学习中心，到目前为止在全国 18 个省市设立了 60 家校外学习中心。

2018 年 5 月，学院启动了春季校外学习中心检查工作，重点检查依托建设单位及校外学习中心的办学概况、招生工作、助学服务、特色工作、未来规划等 6 大类、21 个观测点、37 项支撑材料。校外学习中心自检自查工作分自查、核查、考查 3 个阶段持续推进。截至 12 月初，完成全部校外学习中心检查和整改工作，实现了“以评促改、以评促建、评建结合、重在建设”的目标，促进校外学习中心规范管理，加强招生风险防控，提升学习支持服务水平（见图 2）。

图 2 天津大学校外学习中心检查工作

（六）资源与平台建设

课程资源建设中心拥有 7 间现代化录播教室（见图 3），中心制定了严格的课程制作、审查、发布制度。随着资源制作技术的不断发展，建设中心配备了电影级高清摄录机等先进设备，从北京大学、天津电视台等单位引进高水平专业人才，设计了“课堂 PPT 模式”“第三环

专业录课教室
慕课、翻转课、国内、国外远程多地联通授课，实时完成。
五间专业实景高清录课教室。三机位四讯道，自动切换

图 3　天津大学专业录课教室

境访谈模式”“录播室演示模式”“场景实操模式”“真人动画模式”“完全动画模式”等多种形式，采用真三维虚拟抠像等视频制作前沿技术，制作适于网络播放的全高清课程资源。学院充分考虑在线学习的特点及需求，改变以往的 45 分钟一节课，录制“以视频为主要载体，以知识点为核心”的微课程。以课程知识点为单元，科学设置每个知识点的讲解内容，合理安排讲授视频长度，如 10～20 分钟，支持网页播放和移动端学习，使学生充分利用碎片化的时间开展系统化的学习。课程资源中心已制作了 300 余门优质数字课程，累积 2 万余学时，为学生提供了丰富多样的课程资源。

自主研发了智能学习服务云平台，涵盖教学教务、中心助学管理、门户网站、课程资源、学生学习过程等主要模块，提供网络教育全过程的学习、服务和管理功能，全方位服务学生、教师和管理者。平台访问 TCP 连接单日最高数达到 5000 次，最大可支持并发访问 2000 次/秒；系统对于请求的平均响应速度控制在 30ms 以下，最快响应速度仅为 5ms，响应迅速，为学生时时能学、处处可学提供了强有力的保障。

（七）教学支持与服务

为学生提供持续性的系统化学习支持服务，涵盖学前导学、学中辅学、学后考核 3 个阶段。以提升学生自主获取知识的终身学习能力为目标，以学生自主学习为中心，为学生提供

全员、全方位、全过程的学习支持服务，形成“导学—自学—助学”三阶递进的学习模式。建立在线“答疑室”，对学生在学习过程中遇到的非课程相关问题由学院教务教师进行解答，实施 24 小时内回复制度；对学生提出的课程相关问题聘请学科教师组成答疑团队进行辅导，规定在 48 小时内答疑解惑。

通过智能学习云平台掌握学生的学习进度，监控学习过程。制定积分鼓励办法，引导学生积极进行在线学习、发帖、答疑。在线考试过程中，加强人脸识别，确保考试工作的严肃性和真实性。

加强考试工作监管，签订考试诚信承诺书。利用在线考核、综合论文、命题试卷等不同的终结性考核评价方式，与形成性考核有机结合，构建全过程的课程考核评价体系，通过不同的向度和多元化的视角对学生学习进行全过程评价，形成多元化评价体系。为进一步规范考试行为，严肃考试纪律，杜绝违规、违纪现象发生，2018 年在线考试全程开启人脸识别监控系统，确保考试工作的严肃性和真实性。

按照网络教育毕业设计（论文）工作的有关规定，明确毕业设计（论文）工作涉及的选题、指导、撰写、修改、答辩及评定等各环节的要求和指导教师的工作职责，监控毕业设计（论文）全过程，严把毕业前最后一道出口，保证毕业设计（论文）工作的质量。

（八）学生工作

学院建院之初就致力于为学生学业提供优秀的资源、强大的支持与服务，更要给予学生人文关怀，给他们创造更多、更好的自我发展的可能。通过开展艺术教育专业学生毕业作品展、组织志愿活动、参加科技竞赛等丰富多彩的活动，发掘学生潜能，展现学习成就，激励学生成才（见图 4）。

图 4　天津大学毕业生作品展网络教育学院

学院深入学习贯彻全国高校思想政治工作会议精神，遵循立德树人的根本任务，遵循思想政治教育工作规律和成人在职学习者成长成才规律，搭建学生工作平台，统筹推进思政工作体系建设，构建了贯通价值引领与榜样激励的“三横三纵一环”的继续教育“大思政”工作新格局，暨主要包括 3 项工程、3 个支撑平台和 1 个育人闭环。“3 项工程”指构建“素质提升工程”，实施“价值凝塑工程”和“成才激励工程”。“3 个支撑平台”指“机制保障系统”“制度创新系统”和“评价反馈系统”。“1 个育人闭环”指着力建设“三全育人”的继续教育思政工作闭环。创新性的立体化育人新模式，坚持横到边、纵到底，全覆盖的基本原则，系统性提升思想政治教育实效。

素质提升工程。以思政课为主体，以通识课为延伸，构建思政课程群，提高学生政治素养和人文素养；创办“海棠书院”，打造通识教育阵地，引领“家国情怀”教育率先发展，线上阅读量累积超过10万人次。

价值凝塑工程。强化价值引领，多途径、系统性传播中国特色社会主义先进理论和先进文化，将社会主义核心价值观内化于心；创建“母校行”系列品牌学生活动，凝塑天大品格，近距离感受天大深厚人文底蕴，强化学生的现实情感体验，增强对母校的情感认同；开展情怀教育，以特色活动凝聚人，以优秀文化浸润人，增进学生的归属感和认同感，使学生具有家国情怀，成为具有创新意识的社会主义建设者和接班人；筑牢网络宣传阵地，以时政新闻、理论解读为主要内容，弘扬网络正能量，深化网络育人，增强学生的责任感和使命感。推进新媒体融合发展，有效利用网站、微信、微博等多媒体叠加协同优势，讲好天大故事，传播天大文化，凝塑天大品格。目前“天大远程”微信公众号关注人数达到1.1万余人。

成才激励工程。不断丰富和发展学生荣誉体系架构，促进学生全面发展，累计评选表彰先进典型学生3565人次，有效提升学生荣誉感；精心选择和培育学生中的先进典型人物，深度挖掘学生群体身边和日常的鲜活事例事迹，以先进事迹感染人，以榜样力量鼓舞人，强化人才培养的激励和导向作用；大力开展榜样教育和激励教育，增强学生的学习动力，激励学生成长成才，报效祖国。

搭建思想政治工作的虚拟平台，利用学院官方网页、微信公众号设立思想政治教育主页面，将基本国情、时事政策、法制教育等内容进行整合、转载与发布，让学生及时了解党和国家的方针政策、社会热点、时事要闻，使学生在吸收政治营养的同时提升思想境界，从而树立正确的人生观、价值观。

（九）质量保障体系建设

自2000年网络教育开办以来，先后制定或修订网络教育教学相关文件，从专业设置与培养方案制定、招生管理、学习支持服务、毕业设计（论文）等实施规范化管理（见图5）。2017年学院成立质量监控与评估部门，建设“学生评教、专家督导、同行评议、中心评价、自我诊断”五位一体的学历继续教育质量监控与保障体系，加强网络教育教学“事前、事中、事后”全过程的质量监控，不断提升网络教育教学质量。通过采取学习中心检查与走访、控制

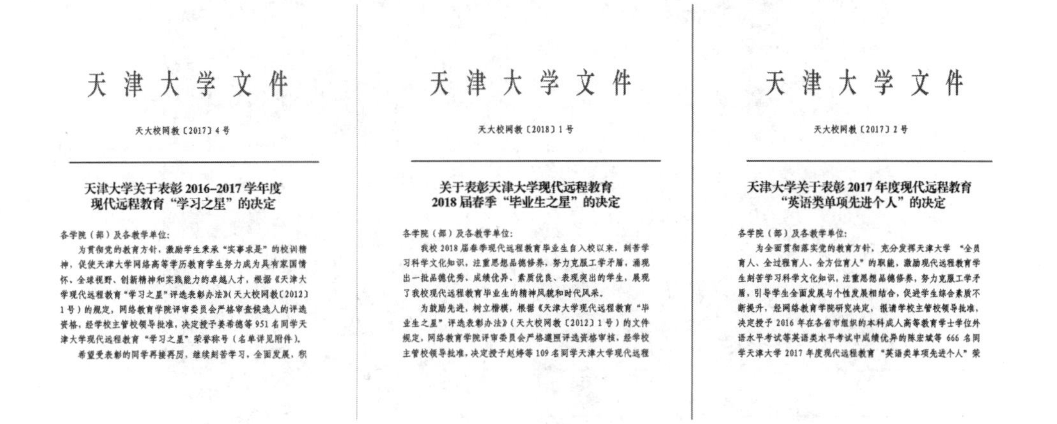
天津大学文件

天大校网教〔2017〕4号

天津大学关于表彰2016–2017学年度现代远程教育“学习之星”的决定

各学院（部）及各教学单位：

为贯彻党的教育方针，激励学生秉承“实事求是”的校训精神，促使天津大学网络高等学历教育学生努力成为具有家国情怀、全球视野、创新精神和实践能力的卓越人才，根据《天津大学现代远程教育“学习之星”评选表彰办法》（天大校网教〔2012〕1号）的规定，网络教育学院评审委员会严格审查候选人的评选资格，经学校主管校领导批准，决定授予姜希德等951名同学天津大学现代远程教育“学习之星”荣誉称号（名单详见附件）。

希望受表彰的同学再接再厉，继续刻苦学习，全面发展，积

天津大学文件

天大校网教〔2018〕1号

关于表彰天津大学现代远程教育2018届春季“毕业生之星”的决定

各学院（部）及各教学单位：

我校2018届春季现代远程教育毕业生自入校以来，刻苦学习科学文化知识，注重思想品德修养，努力克服工学矛盾，涌现出一批品德优秀、成绩优异、素质优良、表现突出的学生，展现了我校现代远程教育毕业生的精神风貌和时代风采。

为鼓励先进，树立楷模，根据《天津大学现代远程教育“毕业生之星”评选表彰办法》（天大校网教〔2012〕1号）的文件规定，网络教育学院评审委员会严格遵照评选资格审核，经学校主管校领导批准，决定授予赵婷等109名同学天津大学现代远程

天津大学文件

天大校网教〔2017〕2号

天津大学关于表彰2017年度现代远程教育“英语类单项先进个人”的决定

各学院（部）及各教学单位：

为全面贯彻落实党的教育方针，充分发挥天津大学“全员育人、全过程育人、全方位育人”的职能，激励现代远程教育学生刻苦学习科学文化知识，注重思想品德修养，努力克服工学矛盾，引导学生全面发展与个性发展相结合，促进学生综合素质不断提升，经网络教育学院研究决定，报请学校主管校领导批准，决定授予2016年在各省市组织的本科成人高等教育学士学位外语水平考试等英语类水平考试中成绩优异的陈宏斌等666名同学天津大学2017年度现代远程教育“英语类单项先进个人”荣

图5　天津大学网络教育有关文件

招生规模与层次比例、选聘高水平教师授课与辅导、开展学生电话回访与满意度调查、强化学习中心监管与人员培训、进行毕业生和用人单位回访、实行考试巡查与专项检查、加强毕业论文管理等措施，形成从“入口到出口”的全过程质量保障监控体系，切实提高了网络教育教学质量。

（十）教学研究

积极开展现代远程教育教学研究。2016 年获批天津市教委重点课题《现代远程教育招生过程的风险评估与预警》；2017 年获批天津市教委重点课题《天津市高等学历继续教学专业设置研究与实践》；2018 年获批天津市教委重点课题《高校继续教育大思政工作格局的研究与实践》、天津市终身教育研究项目《适应新时代，加快办好天津市高校继续教育的战略与路径研究》和《国内外终身教育立法比较研究》；2019 年获批天津市终身教育研究项目《天津市终生教育“学分银行”建设的研究》。

作为牵头单位，承担 MOOC 中国联盟《继续教育改革与发展系列研究课题》之一——《基于公共服务平台的继续教育学分认定和转换的研究与实践》课题；参与《北京高校继续教育办学综合改革研究》，承担《高校继续教育变革与发展》著作的编写工作，发表论文《基于校政企三方合作的现代远程教育办学模式研究》一篇，撰写完成《现代远程教育校-政-企合作模式的探索与实践-以“劳模班”为例》《精准发力，多措并举，做好天津大学远程教育学生思想政治教育工作》《现代远程教育教学视频资源建设的探索与实践》《天津大学现代远程教育“大思政”工作格局的探索与实践》《天津大学远程教育“五位一体”学习支持服务体系的建设与实践》和《天津大学远程教育应用型人才培养模式的设计与探索》等远程教育优秀案例。

（十一）服务学校中心工作

2004 年，在确保网络教育学院教学资源建设的基础上，学院发挥自身技术优势，承担了学校 14 个学科专业精品课的参评片制作，共完成 71 学时课程的制作。到 2007 年，为天津大学制作精品课程 100 余门，制作教学片综合宣传片 9 部。

学院积极参与制作天津大学品牌论坛“北洋大讲堂”等节目（见图 6），美国能源部部长、

图 6 北洋大讲堂

诺贝尔物理学奖获得者朱棣文，诺贝尔奖得主夏普莱斯、杨振宁，我国著名教育家杨叔子，著名学者余秋雨等众多海内外学术界、文化界知名人士都曾作客“北洋大讲堂”。2015 年起，学院积极服务学校“双一流”建设，全面支持“本科生双校区联通授课系统”，为学校事业的发展贡献力量。

仅 2018 年录制培训类课程、北洋大讲堂，总计 36 场，随堂录制博士生、硕士生课程 96 学时，技术支持美国课程联通 80 学时，联通教室改造升级维护 26 次，录制青年教师岗前培训课程 22 次，为学校有序开展教育教学工作做好技术支持与服务。

二、试点成绩与经验

经过 18 年的探索与实践，天津大学网络教育形成集先进的教育理念、科学合理的学习方式、积淀深厚的教育品牌于一身的特色，人才培养取得了丰硕的成果，已培养毕业生 10 万余人。毕业生遍及各行各业，既有党员领导干部、先进模范人物，也有一线技术骨干、新生代农民工，许多人在自己的岗位上都做出了卓越的贡献。

（一）人才培养效果好

先后为中核集团研究生部培训处、中国移动、富士康科技集团、大港油田、天津市力神电池股份有限公司、安踏（福建）鞋业有限公司等 40 余家大中型企业培养学历人才，培养质量得到用人单位的肯定。培养的学生中涌现出十八大代表、十九大代表、全国劳动模范尤立红、徐文华、张兵兵及全国五一劳动奖章获得者戴景明、张勇等一大批优秀工作者，如福建卓越鸿昌环保智能装备股份有限公司的傅志昌，获得了 2016 年度福建省科学技术进步奖。大港油田优秀职工班毕业生尤立红利用所学知识先后解决各种生产难题 80 多个，技术革新 15 项，累计创效达数千万元，中央和天津市有关领导对尤立红班组给予了高度评价（见图 7）。

王红刚

尤立红

徐文华

戴景明

张勇

邓鲁宁

图 7　天津大学网络教育学院十八大、十九大代表及全国劳模学生

（二）思政教育结硕果

系统开展远程教育学生思政工作，使学生政治思想素养得到极大的提高，工作动力更足，社会责任感更强。鼓励和帮助学生成长成才，注重培养学生终身学习能力、创新性思维、适应时代要求的关键素养，多途径大力营造浓厚的终身学习氛围，使“终身学习”生活理念深入人心。几年来，涌现出了薛敏修、王红刚等在全国具有较大影响力的终身学习典范。人民日报、光明日报、新华网、微言教育等官方微博和微信对 81 岁毕业生薛敏修同学的事迹进行了宣传报道，仅人民日报官方微博 1 月 31 日的报道阅读量突破 10 万+，转发 5478 条，评论 5337 条，点赞 77 192 条(见图 8)。

图 8　天津大学网络教育学生薛敏修

（三）“圆梦计划”品牌响

自 2008 年与深圳市总工会启动战略合作，创立“圆梦计划”职工教育帮扶品牌以来，十年中精心打造出优秀劳动者“圆梦计划”工程体系，以政府、高校资助形式帮扶工作表现优秀但收入不高的职工、农民工在职攻读本专科学历，打造了劳动模范示范教育等圆梦计划项目，先后与天津市总工会、天津市河北区政府、天津市车辆运营管理协会、天津市物业管理协会等政府部门合作，学院通过减免学费、定制式服务等措施，实现了天津市劳动模范或先进集体职工代表学历的提升（见图 9）。

图 9　天津大学“圆梦计划”

2015 年以来，网络教育持续深入实施“圆梦计划”工程，先后与天津市静海区总工会等政府机构紧密合作，精准帮扶助力工匠培养，普惠教育服务职工发展。

思政教育、校企协同育人等方面的工作得到全国高校现代远程教育协作组 3 次在协作组工作简报上进行宣传报道，在业内产生了深远的影响，如 2016 年第 23 期工作简报《助力国家圆梦计划 打造全民终身学习平台——天津大学网络教育学院的探索与实践》、2017 年第 14 期工作简报《天津大学网络教育学院思想政治教育工作的探索与实践》和第 36 期简报《创品牌 做精品 大力发展非学历教育——天津大学网络教育学院》。

近年来，学院先后荣获“中国现代远程教育（1998—2016 年）终身教育特别贡献奖”“中国最具社会影响力高校网络教育学院”和“2017 年优秀成人继续教育院校”等多项荣誉称号。

学院申报的《基于终身学习的远程教育人才培养体系的设计与实践》获得 2018 年天津市第八届教学成果奖一等奖，并推荐参加国家级教学成果奖评审。

三、不足与展望

试点工作开展以来，随着互联网技术的迅猛发展和学生多样化学习需求的快速增长，网络教育在教学过程中存在的不足和问题也日益突现。思想政治教育工作向纵深推进不够，依托校园活动为主的文化建设参与学生比例不够高，荣誉体系奖励办法覆盖面不够广，系统开展思想政治教育工作的研究不够深入；质量监控体系仍不完善，涉及校外学习中心招生、考试、毕业等环节的质量监控体系还需进一步完善，对校外学习中心的持续性检查还需进一步加强；混合式教学开展不够，师生互动环节薄弱，缺少教师深入的讲解和辅导，缺少教师与学生之间面对面的情感交流，教学效果有待进一步提高；校企融合不够深入，人才培养方案未能充分体现在职学生的基本特征和学习需求，培养过程与企业结合不够紧密，使人才培养与实际生产存在脱节。

坚持立德树人，遵循高等教育规律和在职人员成长规律，以满足在职人员学历需求为出发点，以提升科学素养和职业能力为重点，注重全面发展，将立德树人贯穿人才培养全过程，构建不同层次融会贯通的课程体系；注重教学方法创新，积极探索网络教学与面授教学、自主学习与协作学习、理论学习与生产实践相结合的混合式教学模式，利用新理念、新技术解决工学矛盾；注重协同育人，推动开放共享与产教结合，服务国家“一带一路”等重大倡议，促进教育链、人才链与产业链、创新链有机衔接；注重质量提升，建设“学生评教、专家督导、同行评议、中心评价、自我诊断”五位一体的学历继续教育质量监控与保障体系，坚持“调结构，控规模，提质量”，优化办学层次和专业设置，合理布局校外学习中心，开展全员、全过程、全方位的质量监控与评估，稳步提升网络教育办学质量，促进学生全面发展，培养社会主义合格建设者和接班人。

《天津大学事业发展“十三五”规划》提出：根据时代需求和学校自身办学特色、办学条件，创新体制机制，适度发展各类学历继续教育，大力发展非学历继续教育，建设与一流大学相适应的具有天津大学特色的终身教育体系，服务国家发展战略和全民终身学习。第十次党代会报告将远程与继续教育工作纳入培养一流人才工作中，提出“提升学历与非学历继续教育办学质量，完善终身教育体系，为建设学习型社会、提高国民素质做出贡献。”

复旦大学现代远程教育试点工作总结

2000 年 7 月 14 日，教育部办公厅批复同意复旦大学等 20 所高校为现代远程教育试点学校。

2000 年 7 月，复旦大学网络教育学院成立。2000 年，首次招收的 157 名学生为计划内招生(从高考考生中选拔)，2001 年起开始自主招生，2004 年起，按照教育部的有关精神，招收的学生全部为非全日制。试点办学期间，共招生 28 009 人，毕业 24 089 人。

自 2000 年网络教育学院成立以来，学校明确以培养社会需求的高级应用型人才为办学目标，以坚守品牌、质量优先、学生为本的办学思想为工作准则，把规范办学，确保教学质量当作远程学历教育的第一要务。

在办学过程中，始终把握和处理好规模、质量与效益三者之间的关系，不盲目扩张招生数量和办学规模，不以牺牲质量、牺牲品牌追求数量和效益，而以规模适度、注重办学质量、注重社会效益作为我们的追求目标。即便在招生最红火的 2004 年和 2005 年，在校生的规模也仅为 9000 人。

在办学过程中，依托复旦大学的学科资源和教学资源，并结合网络教育的特点，先后开设了 19 个专业，注重因材施教，注重对学生的能力培养，在教学内容上强调理论与实际相结合，强调应用性、可操作性；在教学方法上重在培养学生分析问题和解决问题的能力，注重案例教学、互动式教学和讨论课教学；在考核方式上，注重以作业练习、案例分析、论文报告、调查报告等形式的形成性考核，重在学生的理解力、判断力和决策力的锻炼与养成。

在教学模式上，遵循积极探索、精心规划、稳步推进的原则，不把学生当“小白鼠”，一开始因地制宜地采用传统的面授与远程教室的异地同步相结合的方式，在探索实践的基础上逐步实施基于互联网的远程在线学习模式的教学，并不断丰富和完善。

得益于学校有关院系的大力支持，先后聘请了近 700 位名师为各专业学生授课，并参与网络课件制作。其中教授、副教授占 50%，讲师占 50%；制作课件 227 门，课件总时数近 10 000 学时。在办学过程中，积极探索提高网络教学质量的手段与方法，逐步形成一套与网络教育相配套的教学保障制度与教学管理制度，如实施了督学督导制度，在线学习的导师制度、课程评估与课程考核制度、在线学习的学分制和学生管理的班主任制度等，有效保证了正常的教学秩序和教学质量的提高。具体如下：

(1) 激励优秀教师主持网络课程并制作新型的网络课件，同时配备专职人员，指导和协助主讲教师完成课件制作和后续的教学任务。对于表现突出的优秀教师，颁发“院长奖”和“教学贡献奖”等奖项以资表彰。

(2) 聘用校本部对应院系主管教学的副院长或副系主任担任网络教育各专业的主任，专业主任负责制订专业教学计划，负责制订专业结构调整规划，推荐任课教师并负责教学全过程的咨询。

(3) 根据《复旦大学网络教育学院教师工作条例》《复旦大学网络教育学院教师教学质量评估办法》等规章制度，建立适应网络教育特点的教学评估体系，对教师的教学状况进行评估并作记载，实施严格的评教和淘汰机制。聘用有丰富教学经验和管理经验的教授组成督学工作组，建立听课制度，监控教学质量。

(4) 对各主要教学环节进行严格管理，认真把好质量关。在教学过程中，通过面授、网上答疑、网上讨论、网上导学、电子邮件等多种形式，实现师生交互，提高学生的学习质量。

(5) 不断改善网络教育平台，围绕教学活动的展开，每年都实施规模不等的建设项目，其中较大规模的建设项目有5期。技术平台建设主要包括：校园网、教学基地、课件、教学平台、管理信息平台、教学机房及演播室建设等，为教学工作顺利进行和提高质量提供有效的技术保障。

(6) 实行学分制，完善教学管理规章的建设，包括缓考、补考、承认学分、转专业、延长修业期等。

(7) 重视毕业论文工作，制订了一整套规范管理文件，包括《本科生毕业论文工作实施办法》《本科生毕业论文答辩条例》《本科生优秀毕业论文(设计)评选方法》等，并落实专人负责毕业论文工作。为帮助学生写作毕业论文，还开设了毕业论文指导讲座，学生通过网上平台提交论文选题。各专业院系根据论文选题的方向，给每个学生指定一位论文导师。指导教师与学生的比例不低于1∶15。导师对学生论文写作进行全过程指导，包括选题、论文提纲修改、研究方法指导、论文初稿和修改。初评成绩在B—以上(含B—)的同学参加论文答辩。

(8) 在考试管理方面，安排专人负责考务，考务部门组织任课教师命题、安排时间和考场。校区内以及上海区域的校外教学点由学院教师负责主考、监考；外地教学点由教务部派出主考(至少两名)，当地教学点的工作人员担任监考。要求教师从命题到评分，注意体现教学的标准、要求和特色，成绩为合理的正态分布。

在学生管理工作方面，建立并优化了学生管理队伍。班主任全天候服务学生和家长，他们根据在线学习的学生的特点，在任课教师、教务部、学生之间起桥梁纽带作用。鼓励学生开展各种社团活动，培养学生的团队合作精神、培养学生的责任感和敢于担当的精神。由网院学生发起并坚持7年“帮助戒毒人员家庭”的社会公益志愿者项目被评为2009年度“上海市教卫工作党委系统精神文明十佳好人好事”，被授予复旦大学最高荣誉——“校长奖”；网院已经成为学校每年学生志愿献血人数最多的单位之一；网院学生同样加入了特奥会、世博会志愿者的行列，并获得社会赞誉。

正因为如此，自2003年有毕业生以来，网院的毕业生就业率一直保持在90%以上。从社会对我们毕业生的使用反馈看，网院的毕业生在社会上的声誉、适应能力和竞争力被相当程度地认同和赞誉。他们中有的被世界500强企业录用，有的被外资银行、证券公司等金融机构录用，有的自己创业、创办公司取得成功。他们中还有1817名同学进入国内外知名高等学府继续攻读硕士学位，91名同学攻读博士学位，其中还有同学进入博士后流动站，出站后进入重要岗位。

2013 年 5 月 6 日，复旦大学校长办公会议研究决定，自 2013 年秋季开始暂停网络教育学院学历教育的招生。至 2015 年 7 月，标准学制内的学生全部毕业。

2015 年 12 月 2 日，复旦大学校长办公会议决定，继续教育学院与网络教育学院合并，网络教育学院的职能并入继续教育学院。

目前，复旦大学现代远程教育已无标准学制内在校学生，校外学习中心也已全部停止运作。

同济大学现代远程教育试点工作总结

同济大学自2000年开始运行现代远程教育试点工作,至2010年起停止招生。回顾我校开展试点工作十年,围绕构建终身教育体系和学习型社会取得了一定的经验和成绩,培育了一支经验丰富的教学、管理、教育技术与网络技术人才队伍,具备较强的网络教学和管理能力,形成了完善的现代远程教育教学管理平台,积累了丰富的网上教学资源。试点工作期间,我校现代远程教育各学历层次累计开设68个专业,开发网络课件750门,建设校外学习中心40个,累计招生注册学生总数53 531人,累计毕业学生总数43 433人。现就我校开展现代远程教育试点工作期间情况总结如下。

一、办学指导思想

(一)办学思路与工作定位

同济大学在现代远程教育试点办学工作中始终坚持党的领导、全面贯彻党的教育方针,遵循教育部开展现代远程教育的指导思想及政策,履行高校人才培养职责与使命,主要面向成人从业人员开展继续教育,为人们提供更便利的学习条件和更多的学习机会,根据社会实际需求,充分发挥学校学科优势和专业特色,科学合理地确定办学专业和培养计划,坚持规范办学,以学生为本,以质量为本,坚持规模、结构、质量和效益协调发展,为构建学习型社会和终身教育体系做出应有的贡献。

(1)坚持以科学发展观统领网络高等学历教育发展工作,充分发挥"人才培养"与"社会服务"的功能,把高等学历继续教育与网络教育工作纳入建设学习型社会、构建终身学习体系以及学校总体发展规划中,积极探索和总结继续教育和网络教育工作新的特点和趋势,不断创新和完善高等学历继续教育发展思路。

(2)坚持依托学校优势学科,以推行教学质量评估体系为抓手,强化教育培养学生的责任意识。按照"适当控制规模,力求保证质量"原则,坚持"制度约束,规范管理,有序发展",进一步规范合作单位办学行为,加强与学校各专业院系的紧密合作,通过制订并推行教学质量评估指标体系,建立必要的奖惩激励淘汰机制,促进高等学历继续教育的稳定、健康、可持续发展。

(3)坚持以学生为本,深化教学内容和课程体系改革,以国家经济建设和社会发展需求的应用型人才为培养目标。以提高人才培养质量为核心,在办学水平、教学质量、办学特色等方面加快教改项目和教学质量保障体系的推进与实施,加大学习支持服务力度,努力提升教学质量。

(二)管理体制

同济大学网络高等学历教育由学校多种形式管理委员会负责管理。委员会下设办公室，由专职人员具体负责成人高等学历教育和非学历教育的日常工作。学校于2009年制定了《同济大学成人高等学历教育管理条例》和《同济大学非学历教育管理条例》，2017年制定了《同济大学非学历教育管理规定》，对学校成人、网络高等学历教育与非学历教育的办学、审批、招生、教学、证书、合作办学、财务等方面进行管理与监督。

网络高等学历教育由网络教育学院具体开展教学组织与管理工作，依托学校各专业院系开展教学活动。网络教育学院与继续教育学院同属学校直属单位，为两院合一按同一行政机构体制运行。

二、教学过程管理

高等学校教学过程管理是教学管理者依据高等教育思想，遵循教学和管理规律，对教学过程进行计划、组织、指挥、协调、控制，以实现高等教育目标的管理活动。网络高等学历教育的教学过程管理须遵循现代远程教育思想及其教学管理规律，坚持"以学生为主体、教师为主导"的基本原则。

（一）专业设置与建设

同济大学网络高等学历教育的专业设置，是在同济大学全日制本科专业设置总体框架内充分发挥学校在建筑、土木、环境、汽车、管理等学科优势和专业特色，并根据有利于现代远程教育特点发挥和社会对专业人才的实际需求适时进行调整，主要包括土建类、机械类、电气信息类、经管类、法学类、艺术类以及护理学类等专业。专升本、专科总学分均控制在75～80分。高起本总学分控制在150～160分。

同济大学网络教育学院制订了"成人教育、网络教育专业指导性教学计划的原则意见"，培养方案由学校相关专业院系专家组成员进行制订和修订，网络教育学院负责实施。培养计划、教学大纲符合国家规定和专业人才培养目标，课程结构及内容设计科学合理，符合成人教育的特点，教学实施方案在贯彻计划和大纲要求的同时，反映远程教学的规律，体现远程教育的特点，有利于学生利用网络自主学习和协作学习。

（二）招生管理

同济大学网络高等学历教育的招生对象主要面向成人从业人员，根据自身硬件设施、资源、师资、管理等条件，招生规模与之相适应。按照《同济大学成人高等学历教育管理条例》规定，根据经济、社会发展需要和学校办学条件合理编制网络高等学历教育招生计划，经主管校长批准后执行，并报学校多种形式办学管理委员会办公室备案。学院以学校名义编写和发布招生简章和招生广告，其中必须明确办学类型、办学层次、办学地点、学习方式、毕业证书类型等信息。校外合作办学点需要编印相关招生宣传材料或在媒体上发布招生广告，须事先提交网络教育学院审查批准，报多种形式办学管理委员会办公室备案。所有收费项目和标准都按照上级行政主管部门、上海市财政部门和物价部门批准的标准执行。

网络高等学历教育学生入学资格按照《同济大学网络教育学院学生入学资格审核暂行办法》执行，每个报考学生资格须经过初审、复审程序，学生提供的前置文凭须符合国民教育系列证书要求。对不符合要求的学生，将即时取消其入学资格。严禁未获得国民教育系列专科毕业证书者取得专科升本科入学资格；严禁非高级中等教育毕业或者不具有同等学力者取得专科入学资格。

网络高等学历教育入学考试由学校自行组织招生入学考试，入学考试统一实行联网机考，按考试成绩择优录取。高中起点升专科或本科，入学考试科目为语文、数学、英语；专科起点升本科，根据专业类别考试科目为大学英语、计算机应用基础、大学语文或高等数学（二）。按照规定程序，充分做好考前准备，包括考生信息导入、落实考试地点、安排考场、打印准考证、发领证通知、打印考试密码单，安排考试监考人员、巡考人员、信息技术人员、教务工作人员，以确保整个考试过程顺利进行。入学考试结束后，由网络教育学院招生办公室按照不同专业类别划定初步录取分数线，报学院招生领导小组审批。录取分数线确定后，将所有考生的考试成绩挂到同济大学现代远程教育网以供考生查询，并按专业分别录取超过分数线的学生，打印新生录取审批表，寄发录取通知书及相关报道通知。在招生录取过程中，认真做好新生信息核对工作，包括采集的学生数码照片、姓名、性别、身份证号等关键信息。

（三）考试管理

考试作为教学工作的一个重要环节，是检验教学效果和评价教学质量的重要手段，也是促进学生学习和教师教学改革的重要方法，对全面检查教与学两方面的情况并为教学管理决策提供科学依据起着重要的作用。通过对考试进行科学而全面的管理，使考试结果反馈的教学信息真实、客观，对培养良好的教风、学风，稳步提高教学质量起着积极的作用。

1. 考试设计

为遵循成人继续教育应用型人才培养目标，促进任课教师针对成人学生特点检验学生掌握基础知识水平及应用能力，改进教学方法，保证和提高网络高等学历教育的教学质量，网络教育学院明确了《网络高等学历教育课程考核试卷命题原则意见》。要求网络教育任课教师按照教学大纲拟出考试大纲，内容包括考试对象、考试目标、考试内容与要求、试卷结构与题型、考试方法与时间等。命题应以考试大纲和教学基本要求为依据，体现课程的特点，按照标准化、科学化要求进行试题库建设。试题着重考核学生系统掌握课程基础知识、基本理论、基本技能和分析问题、解决问题的能力。考试形式分为笔试（闭卷、开卷）、联网机考等形式，特殊课程可以通过形成性考核确定考试成绩，或根据课程特点和要求采用设计、绘图、上机考试等方式进行。课程成绩按平时成绩30%、期末考试70%计入课程总成绩。

网络教育学院从2006年开始针对现代远程教育特点的考试改革，对于网络高等学历教育部分课程考试实行联网机考。网络教育学院先后出台了《关于学历教育部分课程期末考试实行机考的实施办法》和《课程机考命题及阅卷工作管理办法》，根据课程的特点和联网计算机房等考试条件，会同课程任课教师，确定实行机考的课程，机考课程试题以客观题为主。对于部分需采取主观题的形式考核学生的课程，可以采用机考和纸质考试相结合的形式进行考试。对于考试阅卷，客观题部分由计算机自动阅卷，主观题部分由任课教师阅卷。

2. 考试实施

同济大学对网络高等学历教育考试制定了一系列完善的规章制度，在命题组卷方面，要求任课教师根据《课程考核试卷命题的原则意见》和《课程考试工作要求》执行。一般纸质考试每门课程每次考试须按照课程教学大纲出难易度相当的正考、补考试卷，任课教师将试卷交考务部门，经审核后统一进行印刷、封装和保管。对于每门课程机考试题库，命题应不少于10套试卷(以电子文档的形式)。在每套试卷中注明每道题的分值，满分均为100分。每套试题的知识覆盖面、难易程度、分量相当。命题教师在规定的时间内一并交考务部门，导入机考系统后，反馈给命题教师核对，确保试题库的准确性。每次考试结束后，任课教师必须对本课程考试进行分析，包括学生对教材的重点、难点掌握情况、分析试卷的深度、广度以及学生卷面成绩的分布状况等，以进一步改进教学，并对该门试题库做进一步的修正和完善。

为切实做好网络高等学历教育各类课程考试的试卷管理、阅卷等相关工作的安全保密工作，网络教育学院特制定了《课程考试保密工作实施细则(试行)》，由考务科负责课程考试组织、阅卷及相关工作，并具体落实保密、安全、保管等各项相关工作，确保试卷的保密和安全，并指定专人为保密专管员，负责从试卷和标准答案的交接、入库、阅卷直至试卷销毁期间、试题的保管和保密工作。设立符合保密要求的专用试卷柜及题库保管橱柜(包括题库建设的有关电子文档的保存)，钥匙由专人保管。试卷印刷、装袋和存放要求处于安全保密状态，对废卷及要求销毁的试卷应妥善处理。开启保管橱柜必须两名保密专管员同时在场。保密专管员要严格执行保密规定。学院与每位和试卷有接触可能的教师、管理人员签订试卷保密协议。为确保试卷安全，学院给每个学习中心配置了试卷保密柜，并要求各学习中心派专人做好试卷的保管保密工作。试卷在考试前5分钟在考试现场启封。不同学习中心涉及相同课程考试并采用同一试卷的，安排在同一时间开考。

对于考场设置，由考务部门严格按照标准化考场予以要求，消防等安全设施均符合国家有关规定。笔试考场相对独立，光线充足、通风良好、环境安静；考场桌椅符合成人考试的特点；考场25或30人为标准，座位单人单桌或隔座安排。机考考场须满足网络上机考试要求的软、硬件环境和网络要求，并设有考场网络监控系统；必须配置机考技术人员，经统一组织的考试系统操作技能的培训，能独立处理机考中出现的技术故障等。校外学习中心考点设置按照网络教育学院《学习中心考试地点设置和管理规定》执行。

3. 考风考纪

考风考纪建设是同济大学网络高等学历教育教学质量保证体系建设的重要组成部分，也是维护同济大学品牌和社会声誉的重要内容。为加强考试管理，严格规范考务工作，严肃考风考纪，网络教育学院制定了健全的规章制度，包括《关于加强考试管理、严肃考场纪律的通知》、《关于进一步加强网络教育课程教学及考试工作的规定》、《考试考务人员队伍管理工作暂行规定》、《巡考人员工作职责》、《监考人员须知》(笔试、机考)、《考场规则》、《机考考场规则》等。考务工作人员必须严格规范执行考试相关管理规定，监考、巡考、巡视人员必须佩戴相应证件标志，监考人员按要求就本考场情况填写相关内容，巡考人员须就考点情况进行书面总结汇报。严格按照规定处理相关考务人员违纪情况，对于考试违纪学生，则严格按照《考场违纪处分实施细则》予以处理。

(四) 教务与实践教学管理

教务管理是网络高等学历教育的一项极为重要的基层教学行政管理工作。教务管理制度的规范性和完备性是教学质量保证的一个重要前提。

同济大学网络高等学历教育实行学分制管理。学生在规定的学习年限内完成专业指导性教学计划规定应修满的学分方可毕业。规定的学习年限是指学院规定学生可以在正常学制的基础上延长或缩短学习的年限。学生在规定的学习年限内可按专业指导性教学计划自行安排学习进程。对于没有先修课程要求的课程,学生可自行决定修读学期。

同济大学现代远程教育平台事务管理系统综合了教务管理、学籍管理、考试管理、毕业管理、课件资源、学生缴费管理、教师管理、教材管理以及教室管理等子系统,提供了有效的网络学习环境,用户安全管理、网络安全管理、信息与数据安全管理功能健全。网络教育采用课程学习、网上答疑、网上作业、考前辅导、集中考试的混合教学模式,由学生自主选择参加教室面授,或网上直播,或课件点播。教学环节包括课件教学、网上直播、点播课件、测验作业、网上答疑、考试、课程设计、毕业设计(论文)等。上述各环节的具体要求在专业教学计划和相关文件中有明确规定。

1. 授课

学生主要通过网络课件进行学习,同时为了让学生共享学校中的优秀师资,学院还利用现代远程教育手段在网上开设部分课程的实时授课。

网络教育的教学原则是自学为主,面授为辅。学生每周必须安排一定的学习时间,在《自学周历》的指导下系统地进行自学。

学生可以根据开学初公布的实时授课安排表,从网站的"登录通道"中进入直播课堂。直播授课的课件在课程结束 24 小时后将制作成课件挂在网站上,供学生上网进行点播自学。

2. 辅导答疑

对于网上直播实时授课或点播课件的,至少安排课程任课教师每学期三次答疑课,如有特殊需要,则再增加答疑次数。

要求各学习中心针对每一门课程配备相应的辅导教师,及时解答学生在学习过程中的疑惑。学生在自学中遇到困难时,可向任课教师或者校外学习中心辅导教师进行答疑。

3. 作业

作业是检验自学效果的主要途径,帮助任课教师了解学生对知识学习、理解、掌握的程度,从而可以有针对性地对学生进行辅导。

作业包括自我检查习题、测验作业,其中测验作业要求学生独立完成,并须按规定时间在网上作业提交系统提交或寄送我院,由任课教师批阅。部分课程的测验作业会在网上公布正确答案。作业完成情况作为评定学科成绩的依据之一。

4. 自学

教材及参考辅导书是配合课程网络课件的重要内容,学生可以结合网络课件,通过教材或参考辅导书一起学习;自学指导书是学生进行自学的指导性文件,由任课教师根据教学大纲及教材编写;自学周历是任课教师根据课程的特点为学生编写的课程自学计划,学生必须根据教师制定的自学周历按时自学,并按规定完成自我检查习题和测验作业。

5. 考试

所有课程的期末考试一般安排在 1 月和 7 月进行,考试具体时间以学院网上公布的通知时间为准。考试分为正考、补考和重修考试。

6. 论文、实验和实践环节

为了配合理论教学，培养学生分析问题和解决问题的能力，按照教学计划的规定，学生必须完成课程作业、课程实验、课程设计、社会调查、各类实习、毕业论文（设计）等实践性教学环节。

同济大学网络教育学院根据各专业的教学计划安排实验和实习课程，如“物理实验”“电路实验”“电子技术实验”等课程是单独的实验课程，均在学期教学过程中进行，其他实习和课程设计均在学期期末考试结束后进行。上海地区学生在同济大学进行实验、实习，外省市学生可由当地学习中心安排在当地普通高校进行，最后由学习中心给出实验、实习成绩，含有笔试内容的实验、实习课程，笔试部分由主讲教师批改给出成绩。

网络教育高起本、专升本学生按规定须做毕业设计（论文），高起专学生须修读专题讲座，完成小论文。在毕业设计（论文）环节，所有毕业设计（论文）的开题及中期检查均通过网上实施，既方便了学生，也有利于对教师及学生的进程进行监督。申请成人高等教育学士学位的学生，必须参加并通过毕业论文答辩。在毕业设计（论文）答辩时，根据实际情况，可以集中安排在学院或学院派出专业教师到校外学习中心组织毕业答辩。若校外学习中心专业答辩人数不足 10 人，原则上采取视频会议、网络毕业设计平台、MSN、QQ 等方式进行指导交流和网上答辩。通过网上答辩系统进行答辩，要求各校外学习中心必须配备符合网上实施毕业设计（论文）要求的硬件设施，如提供安装摄像头、网络通畅的答辩场所等。

（五）教学质量监控

为准确掌握和了解教学实际情况，及时发现问题、解决问题，进一步完善网络教育教学质量监控体系，保证正常的教学秩序和提高教学质量，网络教育学院制订了《关于开展日常教学检查工作的暂行规定》《任课教师教学质量评价实施办法》和《教学督导组工作条例》等。

日常教学检查工作贯穿整个学期的教学、管理、考试等环节，包括教学巡视、期中教学测评与问卷调查以及期末巡考等形式。开学前检查教学设施设备、课件准备情况。学期中进行网上教学测评，包括学生在网上对任课教师的课堂教学情况或网络课件做出评议，对任课教师的教学测评内容涉及教学态度、教学方法、教学效果等方面；对网络课件的测评内容涉及教学内容、教学方法、教学态度、制作技术等方面。同时，聘请学校具有丰富教学经验的教师建立教学督导小组，督导组成员通过随访督导、全面检查、汇总分析等工作形式，对网络教育各个教学环节开展如网上参与学习、巡视、巡考、召开座谈会以及抽查课件、作业、答疑等督查工作，了解网上教学过程中存在的问题，并研究提出针对性的改进措施和建议，复检整改情况及效果。

制定课程主讲教师工作须知，明确教师的教学组织、作业批阅、网上教学互动和答疑等工作职责；制定学习中心辅导教师的聘用规定和工作要求，确保学生学习的导学和助学工作；确定网络教育学院领导与校外学习中心的分片联系制度，定期、及时地了解和解决学习中心与学生遇到的问题和困难，以及网络课件质量、交互答疑效果等情况。开展问卷调查，期中通过网站由学生直接在网上提交问卷，期末由巡考人员直接向学生进行纸质问卷调查，调查问卷内容包括课件质量、管理情况、辅导教师情况、交互答疑效果以及教材落实情况等。

加强网络课件质量保障工作，组织督导组成员和有关专家制定针对课件的评估标准，并依照课件评估标准对课件进行评估。

（六）档案建设与管理

网络教育各类文件材料的归档、保管与利用是网络教育管理工作中一个不可或缺的组成部分。充分发挥档案信息资源在网络教育资源建设、支持服务体系建设等方面的作用，有利于提高管理效率和办学质量。

同济大学网络教育学院建立有完善的网络教育档案管理制度，并有专人负责档案管理，同时在不同的招生、教务、考务、学籍等环节都有专人兼管相应工作的档案管理。网络教育档案除了上级部门来文按照学校档案管理要求归档之外，主要包括学生学籍档案和教学管理档案两大类。学生学籍档案包括新生报名表、资格审查记录、个人基本情况、注册专业、学习课程、考试成绩、修习学分等，学籍档案以计算机档案为主，纸质档案为辅。

教学管理档案涉及面较广，根据不同的职能，分别由相应职能部门负责收集归档，包括招生、教学、学籍、考试、毕业等环节。招生环节档案包括招生简章、报名表、审批表、前置学历证书复印件、前置文凭学历认证件、身份证复印件、录取名册、新生报名电子照片等。教学环节档案包括教学计划、教学大纲、课程设置、课程表、网上作业、答疑记录、重新学习等。学籍环节档案包括学生注册、休学、复学、退学、转专业、转学习中心、学生违纪处理等。考试环节档案包括纸质试卷、电子试卷、学生成绩、排考计划、考场设置、考点安排、考生安排、补考记录、考生违纪记录等。毕业环节档案包括毕业生登记表、学生成绩汇总表、毕业生信息、毕业生合影、毕业论文、毕业论文考核（或答辩）表、学位申请表、学位审批表等。

三、学生管理

网络教育在突破时空限制为学生提供学习方便、解决工学矛盾等困难的同时，也带来了日常学生管理上的困难，因此学生管理就显得更为重要。针对网络教育学生与教学的特点，我校网络教育学院学生工作办公室主要负责学生思想教育工作及校园文化建设，远程教育科主要负责学生日常教育、学籍管理。

同济大学网络教育学院制订了规范、系统的学生管理规章制度并汇编成册。在新生入学注册时将印制的《学生网上学习指南（新生必读）》与《学生手册》发给每个学生，同时挂在同济大学现代远程教育网上。《学生网上学习指南（新生必读）》主要包括学院介绍、新生入学常见问题问答、新生网上学习操作指南、管理科室介绍、入学教育测试题 5 个方面。《学生手册》内容包括《学生学籍管理规定》《学分制学生课程学分认定和免修的实施细则》《关于设计类专业课程设计教学管理补充规定》《同济大学授予成人高等教育本科毕业生学士学位的实施细则》《笔试考场规则》《机考考场规则》《考场违纪处分实施细则》《学生违纪处分条例》等规章制度，认真做好新生入学教育，及时对学生进行学习目的、方法与手段等指导，并开展新生入学测试，使之能够了解并掌握网络教育有关规定，尽快适应网络学习的模式和特点。

根据学生及远程教学特点，学生工作办公室以素质教育为中心，以党建工作为重点，以班主任工作为抓手，以团学工作为载体，以学习中心为依托，组织开展多种形式的社团文化等，营造具有远程教育特色的校园文化氛围，如趣味运动会、篮球赛、摄影比赛、艺术节等，邀请所有学生踊跃参加，拉近与学生的距离，增强学生对学校的归属感和认同感。在同济大学现代远程教育网站创建学生工作平台和学生党建平台，开辟“学生之家”，使网站成为我校网络教育宣传和开展活动的主要阵地，成为学生思想教育和校园文化的窗口。通过建立校外学习中心临时党团组织开展学生思想教育工作，通过学习中心依托建设单位的校园文化环境建设开展各类学生活动。重视学院校友信息建设，学生毕业的同时，其基本信息即时导入学院校友会网站。

四、技术支撑环境与资源

（一）网络支撑环境

同济大学网络教育学院具有独立的公用网络 IP 地址和域名，建立了与办学规模、模式相适应的同济大学现代远程教育平台事务管理系统，综合了学籍管理子系统、教务管理子系统、考试管理子系统、毕业管理子系统、课件资源子系统、学生缴费管理子系统、教师管理子系统、教材管理子系统等，提供良好的网络学习环境，用户安全管理、网络安全管理、信息与数据安全管理功能健全。学院局域网建设在校园网的基础上，为千兆局域网、百兆到桌面；为提高网络通信能力，自行建设有 VPN，并在办公楼内建成无线局域网。

为适应面向全国的现代远程教育，网络教育的各类服务器基本托管到上海电信专用机房(见表 1)。网络教育服务器 Internet 带宽共享千兆带宽；局域网 Internet 带宽为 3 根 3MB ADSL 接入和 10 根 2MB 校园网接入、1 根 10MB 电信专线。

表 1　网络教育各类服务器一览表

编号	服　务　器	启用时间/年	接入带宽
1	考试系统、即时通信平台	2008	电信机房共享千兆
2	考试系统、党建、统考平台	2008	电信机房共享千兆
3	考试系统	2008	电信机房共享千兆
4	现代远程教育网前台及报表服务器(双机备份)	2009	电信机房共享千兆
5	办公自动化系统、邮件系统	2008	局域网、校园网
6	现代远程教育网前台及报表服务器(双机备份)	2009	电信机房共享千兆
7	现代远程教育网 HTTP 服务器	2006	电信机房共享千兆
8	课件流媒体服务器	2006	电信机房共享千兆
9	NSTOR 课件存储磁盘阵列柜	2006	电信机房共享千兆
10	财务收费系统	2009	局域网
11	课件流媒体服务器(备份)；视频监控服务器	2009	电信机房共享千兆
12	DLL 课件存储磁盘阵列柜(备份)	2009	电信机房共享千兆
13	实时答疑系统、考试系统	2009	电信机房共享千兆
14	现代远程教育网数据库服务器	2009	电信机房共享千兆
15	考试系统	2009	电信机房共享千兆
16	同济大学移动教育平台	2010	电信机房共享千兆
17	同济大学网上毕业设计答辩系统	2010	电信机房共享千兆

（二）教学管理平台

从2007年开始，网络教育学院重新开发建设教学管理平台，逐步将原来的管理信息系统升级换代，已经成为目前国内最先进的基于Internet的自适应学习的E-Learning平台和现代远程教育管理平台之一。网站突出服务功能，针对学生、教师以及教学管理人员提供个性化的服务。系统将各类内容服务、教学资源、交互信息、功能方法按照不同的角色对象事先予以组织，并将结果集中向用户提供，以提高网站的实用性和合理性。

网站通过学生学习平台、教学平台、事务处理平台、办公自动化系统、即时通信系统以及系统管理平台提供信息发布、网上学习环境、网上直播授课、音视频交互答疑、学习状况跟踪、课程资源中心、手机短信教学辅助、教学评估以及网上招生录取、学务管理、教务管理、考务管理、成绩管理、教材管理、毕业设计与毕业管理、学生缴费管理、行政事务流程等管理功能。

教学支撑系统作为协同网络化教育平台的一个重要组成部分，贯穿了教学活动的主要环节。结合目前同济大学网络教育系统实践经验及国内网络技术和网络环境发展现状，教学支撑系统又包含多个既相互独立，又相互联系的子系统，其中主要系统如下。

1. 基于互联网的直播授课系统

2000—2003年，我校网络教育主要基于双向卫星通信技术的直播授课系统（见图1）。2003—2005年，我校网络教育逐步引入基于互联网的直播授课系统，与基于双向卫星通信技术实时授课系统混合使用。从2006年开始实施基于互联网的开放式网络教育，该直播授课系统能够实时采集主教室教师授课的音视频信息和电子文档信息，并通过IP网络同步进行直播。客户端的学生可以通过直播浏览实时收看课堂实况直播，可以选择单独播放音视频或单独播放电子文档，也可同时播放两者。网上直播平台可同时在互联网直播10门课程，每门课程的收看人数可达2000人。

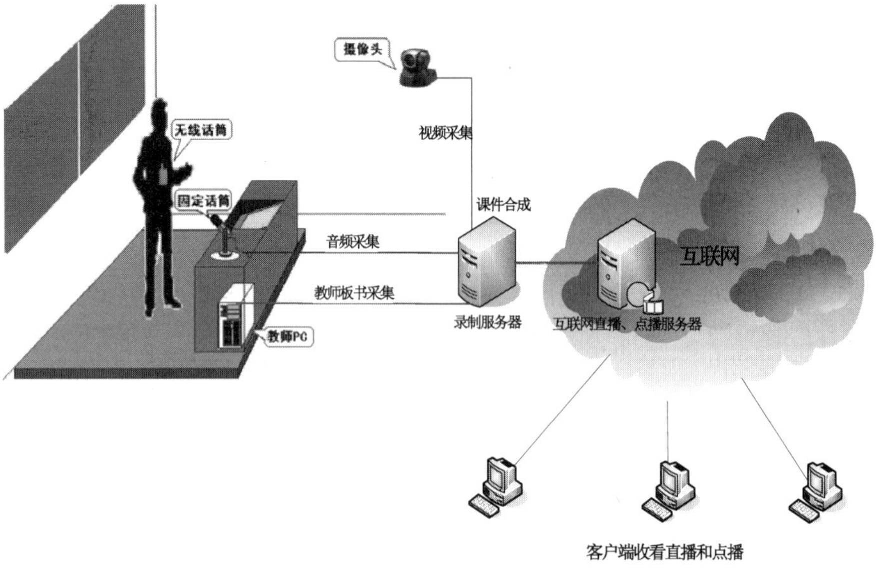

图1 同济大学直播授课系统

鉴于一般网络课件往往让学生产生孤独感以及与教师之间的距离感，同时改变录制课件中教师坐着讲课的形式，网络教育学院通过上海电信合作，采用基于互联网的网络直播授课系统。该系统不仅可以实现师生互动，还将教学终端直接放到学生家里，真正实现了任何地点的教育。网络教育学院建有 2 个直播教室，共计开课 353 门，实时授课超过 15 000 课时。

2. 基于互联网的实时交互答疑系统

为方便学生学习过程中的答疑解惑，实现教与学之间互动，采用了实时交互答疑系统，在互联网实时交互答疑 12 门课程，答疑时可同时 6 方通话，开展文字、音视频、电子白板、程序等多种形式交互，累计开设答疑课程 500 多门，实时交互答疑超过 5000 课时，参与人次超过 50 万。该系统能够实时、准确、详细地解决学生在学习过程中遇到的问题，解决了基于网络数据库式答疑系统中出现的实时性差、解答不准确、答案不齐全的缺点，包括多人双向音视频互动、桌面程序共享、即时文字讨论、教材同步导读、互动电子白板以及在线问卷测试等功能（见图 2）。

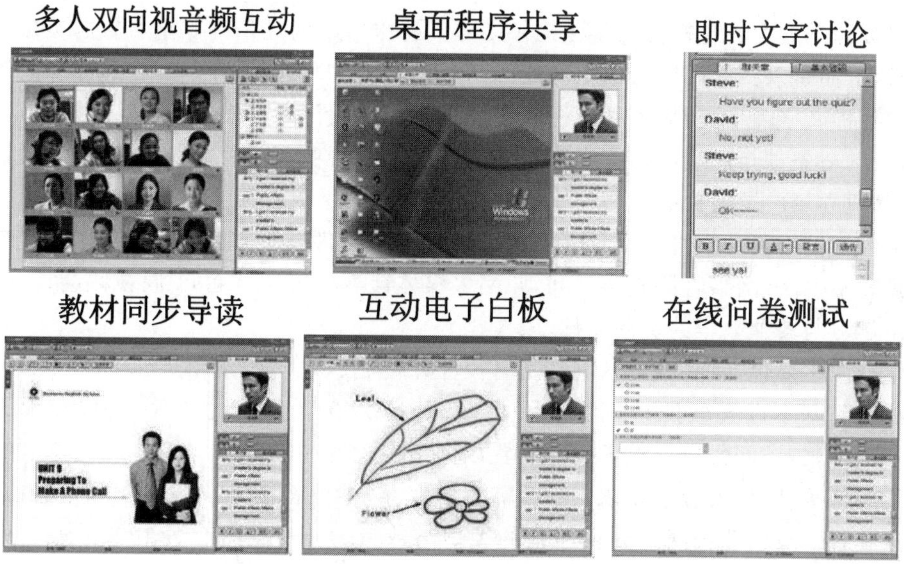

图 2　同济大学实时交互答疑系统

3. 基于互联网的在线考试系统

在线考试系统作为传统纸面考试的替代手段之一，已应用于网络教育学生的入学和期末课程考试，目前我校网络教育在线考试平台由计算机考试系统和网络视频监控系统等部分组成。其中网络教育入学考试已经完全实现在线考试（见图 3）。

从 2005 年 12 月开始，我校网络教育实行基于互联网的在线入学考试，至 2009 年年底，在全国范围内成功举办网上招生及基于互联网的入学考试累计超过 4.5 万余人次。从 2006 年 7 月开始，我校网络教育开始基于互联网的在线课程考试，累计考试达 31.5 万余人次。

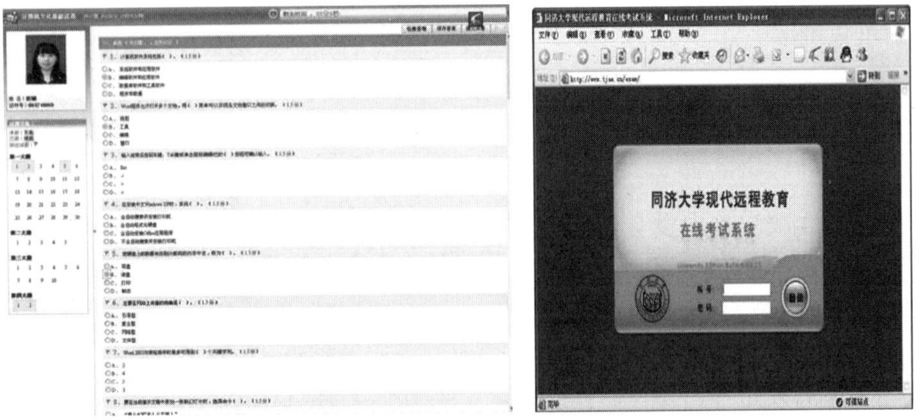

图 3 同济大学在线考试系统

（三）教学资源建设

学习资源是远程教育机构为学生提供学习支持服务的前提条件。学习资源不是传统意义上的教材，而是以教学内容为内核的技术、媒体、材料和环境的总称。学习材料包括文字主教材和各种文字辅导资料，各种音视频多媒体教材、课件、电子教案、实时直播课堂、异步点播课件；学习条件与环境包括多媒体教室、计算机室、视听阅览室、网上图书馆、视频会议系统、计算机局域网及便捷的上网搜索、查询各种信息的手段。

同济大学网络教育学院具有良好的网络教育学习条件与环境，建有多媒体教室 40 间，网络答疑教室 8 间，网络直播教室 2 间，联网多媒体计算机近 400 台，1 间视频会议室，满足提供学生学习与教师教学的资源条件。

教学资源主要包括课件网络、网络实时授课课件、教材、电子图书、习题库、专家视频讲座、自测题等；基本以互联网访问方式提供，特殊情况给学生提供光盘学习；资源到位率 100%，针对性强，访问便捷。教学资源配置以网络课件为主，以电子图书、习题库、教材、专家视频讲座等为辅，随着教学要求与学生需求的变化，学校将不断加强教学和信息服务，加大习题库建设。目前我校网络教育课程的类型与数量为：多媒体教案 100G（其中 HTML 100 门，PPT 550 门）；抓屏视频 1200（60 门）；教师授课音视频 900G（440 门）。课程包的类型有流式点播（80%）、网页浏览（20%）。

1. 网络课件资源

网络课件是为网络教育学生提供学习资源的重要手段。我校非常重视教学资源建设，近 5 年，网络教育学院每年投入近 80 万元支持教师参与网络课件的制作，同时注重对网上教学资源的更新，原则上每 3 年更新一次，实际操作中根据主讲教师、教材变更或者学生要求情况，对课件进行更新，或者是二次开发。这样能保证教学资源的时效性，跟上知识更新的脚步，充分满足学生的学习要求。我校网络教育课件资源的建设标准是：普通课件符合 SCORM1.2 标准；精品课件符合 SCORM 标准和中国现代远程教育技术标准体系。

1）学历课程课件

同济大学网络教育学院累计建设网络课件 750 门，近 4 万课时，各类数字教学资源近

900G,涉及经管类、土建类、机械类、电信类、艺术类等专业,建成国内网络教育学院中课件资源最丰富的课程资源中心之一。

2) 社会公益共享课件

同济大学网络教育学院充分利用现代远程教育平台,向社会提供免费公益课件共计25门,内容包括家庭急救、地震综合减灾、地震后的心理调适、地震伤的应急处理、艺术构成、素描、室内设计入门之从两个案例看家庭装潢、室内设计入门之概念解释、室内设计空调、室内设计的风格与流派、室内设计灯具及照明的基础知识、舍内设计家具类型、室内设计色彩、室内空间环境设计、室内设计概述、汽车文化、汽车金融(保险与理赔)、汽车安全性、汽车维修与检测、汽车养护与使用、二手车评估、汽车市场营销、汽车电子学基础、汽车底盘、汽车发动机等。

2. 精品课程与精品资源共享课程建设

同济大学在对全校各专业课程作全面规划的基础上,加强精品课程建设,做到"有发展目标、有具体措施、有鲜明特色和有经费保证"。网络教育学院积极投入网络教育精品课程建设中,将课程资源与建设作为学院一项很重要的工作来抓。学院定下的课程建设目标是:体现一流教学内容、师资队伍和教学水平,充分利用现代化教学手段,针对成人业余学习特点组织教学,构建合理的知识结构,并提供丰富的教学资源,同时运用学院教学管理平台对学生进行导学和督导,并配以良好的学习支持服务,保证学生的学习效果。将网络课程建设成为反映同济特色和水平的精品课程,把国家级精品课程建设作为自身努力的目标。

2007—2010年,我校共有9门课程评为国家级网络教育精品课程,4门评为同济大学网络教育精品课程(见表2)。2012—2013年,我校共有5门网络教育课程进入国家级精品资源共享课程名单(见表3)。这些精品课程主要与社会公司共同合作开发制作完成,结合网络教育的自身特色,采用多种多媒体手段,突出课程重点和特色,体现各门课程的不同特点和风格,使教学形式更多样,教学内容更丰富,教学效果更理想。

表2　网络教育精品课程汇总表

年　份	国　家　级	校　　级
2007	信息管理;大学物理;高层建筑施工	AutoCAD及结构软件应用;高等建筑施工
2008	工程造价管理;建筑结构抗震;钢结构	—
2009	动画运动规律;理论力学	动画运动规律;建筑画快速表现
2010	钢筋混凝土结构	—

表3　国家级精品资源共享课程汇总表

年　　份	国　家　级
2012	钢筋混凝土结构;工程造价管理;大学物理
2013	钢结构;理论力学

3. 教材建设

教材建设作为传统高等学历教育教学工作的重要组成部分,也是衡量网络教育办学水平的重要标志，是提高网络教育教学质量的一项基础性工作。为充分发挥我校的学科优势和特色，反映我校成人教育、网络教育的教学成果，鼓励教师开展继续教育与网络教育研究，深化教育教学改革，进一步提高继续教育、网络教育的教学质量，对具备编写条件的课程，网络教育学院组织具有丰富成人教育教学经验的教师编写适用于成人与网络教育的教材，并纳入“同济大学继续与网络教育研究与奖励基金”予以支持，见表 4。

表 4 成人与网络教育教材出版汇总

年份	出版教材
2006	《工程项目管理》等 3 本
2007	《电路理论基础》《专业英语》等 5 本
2008	《政府经济学》《国际会计》等 18 本
2009	《西方经济学》《工程信息技术与管理》等 12 本
2011	《高层建筑结构设计》《混凝土结构设计基本原理》《资产评估学》《中国税收制度的理论与实务》《城市规划原理要义》共 5 本
2012	《货币银行学》《投资银行学精讲》《公务员制度教程》《建筑画手基础》《电子与电气产品设计初步与实践》共 5 本
2013	《新编国际结算》《公司金融》《城市规划设计分析方法》《室内制图基础教程》《中外美术鉴赏》《混凝土结构设计》共 6 本

4. 其他资源

建成网络教育课程考试题库中适用课程数量达 262 门课程，考试题库数量达 2318 套试题。其中，机考题库包含 83 门课程、794 套试卷。此外，网络教育学院购买了 30 000 册电子图书，为学生学习提供了极为丰富的学习资源库。

五、队伍建设

（一）专职人员

从事网络教育的专职工作人员主要包括党政管理人员、教学管理与学习支持服务人员、行政管理人员、技术人员以及专职教师，共计 40 人，其中，党政管理人员 6 人、教学管理与学习支持服务人员 12 人，信息技术与研究人员 5 人，行政管理人员 4 人，专职教师 13 人；具有高级专业技术职务人员 14 人，中级 23 人，初级 3 人；具有博士研究生学历 10 人，硕士学历 13 人，本专科学历 17 人。各类岗位均有明确的岗位职责以及完善的管理、培训和奖惩制度。

（二）兼职教师

同济大学网络高等学历教育主要依托学校各专业院系开展教学活动，因此每个专业都是聘请专业院系教师担任网络教育各专业的责任教师；课程的主讲教师基本来自学校各专业院系，此外配备足够的辅导教师。针对大学英语、邓小平理论及马克思主义哲学原理等公共基础课程，还专门成立了课程组，聘请学校资深教师担任课程组长，由组长聘请主讲老师，组织开展教研活动，保证教学质量。此外，我们也从其他高校聘请一些优质教师担任部分课程的教学工作。我校网络教育各学历层次各类专业开设课程近 600 门，聘请兼职教师近 300 名。

六、学习支持服务

同济大学网络教育学院根据入学前、在读期间、完成学业后 3 个阶段对学生实施全员、全过程、全方位的支持服务。

全员是指现代远程教育面向的所有社会教育对象，即尚未入学的社会人员、已经取得学籍的在读学生以及完成学业已经毕业的学生；全程是指从招生咨询、入学考试、注册报到、硬件建设、资源建设、网上学习、答疑辅导、课程考试、毕业实践等整个过程中学院实施的所有支持服务工作；全方位是指不论是本地学生，还是外省市学习中心学生，不论是完全网上在线学习方式、业余面授学习方式，还是混合学习方式，学院都要针对学生的困难和需求给予指导、沟通、督促和帮助，以实现有效的支持服务。

为此，学院针对对象和功能的不同，将支持服务分成三块进行提供：一是面向社会人员的招生、咨询、报名等服务，由学院招生咨询服务中心承担；二是取得学籍后学生在学期间的学术性与非学术性支持服务，由学院学生学习支持服务中心承担；三是毕业后学生的跟踪服务，主要由学院学生工作办公室以及学院校友会共同实施。

此外，相关的招生、教务、学务、考务以及技术支持科室同时提供间接的、专业化的、分工明确的支持服务工作。网络教育学院学生学习支持服务工作关系见图 4。

（一）学习方法指导与服务

严格做好新生入学导读工作，为学生之后的网上自主学习奠定基础。学生网上学习指南为每个新生必读内容，学生还需通过有关内容的测试，主要有常见问题问答，包含报到注册、学籍管理、教学环节、考试、毕业与学位等方面；网上学习操作指南，如学院网站认知、查询与修改学生信息、网上选课、查询教学计划与课表、网上课件学习、网上作业提交、考试安排查询、网上实时答疑、学生缴费信息、网上毕业论文、查询学习记录与成绩、助学通与手机短信接收使用、网上在线考试、网上问卷调查、网上考试报名等；相关教学管理科室的介绍，主要是教务科、考务科、远程教育科和综合信息科；最后是入学教育测试题。

（二）信息支持服务

信息支持服务主要包括与学习内容相关的学术性信息和以管理和服务为主的非学术性信息。学术性信息主要通过主讲教师的教学、辅导、答疑、作业批改等予以实现；非学术性信息可以通过为学生提供全面网上信息服务、手机短信服务、助学通、邮件服务和帮助学生进行信息查询的方式得以实现。网站设立专门的链接向学生提供学习支持服务信息，如公告栏、通知、新闻、动态等。

为学生提供各种支持服务项目旨在满足学生个性化自主学习的需要并使其通过学习达到教学要求。网络教育学院主要通过抓好教学、资源、信息以及学生的导学、助学、督学支持

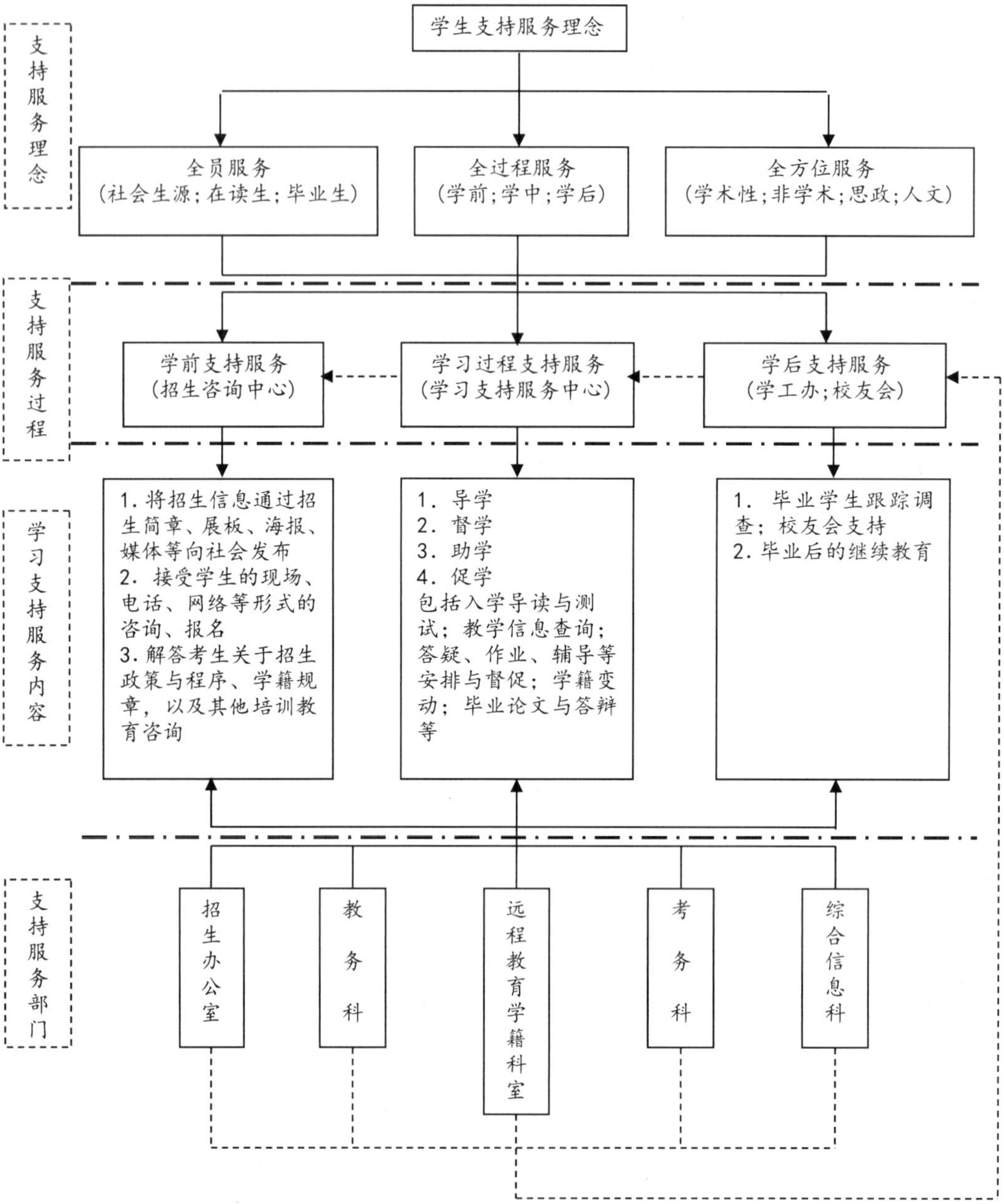

图 4　网络教育学院学生学习支持服务工作关系

服务，加强对学生的信息服务和咨询服务。通过咨询电话、在线答疑、E-mail、QQ 群等方式为学生提供实时和非实时的交流方式，为学生答疑解惑，在学生与教师之间、学生与管理人员之间以及学生之间实现信息交流与共享。通过加强与校外学习中心、班主任、任课教师等的联系，及时解决学生在学习过程中存在的问题；统计和分析课程考试通过率、专升本学生统考通过率、毕业率情况等，有针对性地在教学环节中予以加强。对直接影响教学效果的作业提交与批改、实时答疑辅导等教学环节进行重点维护，并在实际运行中不断进行优化和完善；专人负责对各种系统平台进行实时维护，保障信息交流渠道稳定运行。

（三）全程支持服务

从学生报到注册、缴费开始，通过查询缴费情况，电话通知学生。选课时，根据教学安排，学生进行网上选课，学籍管理人员、学习中心管理人员、班主任及时通知学生，督促学生按时进行选课。通过网上查询学生学习情况，督促学生提交作业。

为方便学生自学，及时解决学生学习过程中存在的问题，学院加强课程的网上实时答疑力度，实时答疑过程中可进行音视频交互，并将其录制成课件，24 小时后公布，方便学生使用。非实时答疑作为一种有效的答疑手段，能解答学生的疑惑，也受到不少学生的欢迎。为丰富网上答疑方式，特别是解决画法几何等形象性课程的答疑要求，还提供了电子白板，让师生之间能直接用图形进行交互，比较直观。还可以通过采用聊天室、论坛、留言板 3 种方式，为学生的学习和生活提供网上交流场所，既缩小了学生学习的空间距离感和孤独感，同时又是教师了解学生思想状况、及时开展思想教育工作的新天地，不仅加深了学生对网络教育的理解，而且增进了师生间的感情，增进了学生对学校的归属感。

网站“学生信息中心”页面是学生的学习支持平台，提供学生个人的学生信息和服务查询。同时，为及时解决学生学习过程中遇到的设备及网络环境故障，学院专门设有服务电话，学生也可以通过电子邮件方式寻求解决。

（四）辅导及督学

同济大学网络教育学院要求，每门课程安排 3 次实时授课和答疑，每次实时授课时间不少于 1.5 学时，教师要对课程内容进行重点讲解，并进行复习。每次答疑时间不少于 1 学时。学籍科室督促学生参加实时授课和答疑，学生参加实时授课和答疑情况计入学生平时成绩。

每门课程作业布置 3～4 次。作业完成情况记入学生平时成绩。教师在网上发布作业答案。教务科检查教师布置作业的情况。要求教师对每位学生的作业每学期至少批阅一次，作为作业质量分，由教师给予评分。网上提交作业的次数由系统自动统计评分。

学籍科室及各校外学习中心督促检查学生完成作业、参加实时授课、平时上网课件点播学习的情况，做到每门课程有记录。督学情况作为班主任工作考核的依据之一。教务科根据各校外学习中心辅导教师名单，组织课程主讲教师与校外学习中心辅导教师之间的课程教研活动。另外，学习中心辅导教师还应参加实时授课和答疑，并根据主讲教师的要求对学生进行辅导。

七、校外学习中心建设与管理

根据教育部办公厅印发的《关于现代远程教育校外学习中心（点）建设和管理的原则意见》（试行）（教高厅〔2002〕1 号）和《现代远程教育校外学习中心（点）暂行管理办法》（教高厅〔2003〕2 号）文件精神，为加强和规范校外学习中心的建设，充分发挥校外学习中心在现代远程教育实施中的教学支持服务作用，使学校现代远程教育工作得以健康有序地开展，网络教育学院制定了《校外学习中心设立办法》《校外学习中心管理办法》《校外学习中心考核办法》《校外学习中心教学管理规定》《校外学习中心考试地点设置和管理的规定》等文件。

（一）学习中心的设立

《设立办法》明确，经我校网络教育学院审核、考察合格的建设单位，须按照教育部规定向当地省级教育行政主管部门办理设立校外学习中心的申报、备案及审批手续，获批后方能合法有效地行使校外学习中心的职能。

现代远程教育校外学习中心是经同济大学网络教育学院授权委托，根据学院统一要求和工作安排，配合学院进行招生宣传、生源组织、学生学习支持、学籍和日常管理，开展现代远程教育支持服务的机构。它是传递教学内容，实现远程教学过程的重要保证；是学院提高管理效率，加强对学生学习支持服务的重要手段；是增进教师与学生、学生与学生之间的人际交流，营造教书育人环境的重要渠道。

校外学习中心在业务上接受同济大学网络教育学院的领导，在行政上隶属于依托建设单位，建设单位应对该学习中心的日常管理工作进行指导和监督。校外学习中心还应接受当地省市教育主管部门的工作指导、检查和监督。

校外学习中心不具备现代远程教育招生、教学、颁发学业证书的资格，不得以同济大学网络教育学院的名义注册成立法人实体，不得以同济大学网络教育学院名义从事任何与现代远程教育支持服务无关的经营性活动和从事以独立办学为目的的各类教学活动，不得独立发放各类毕业证书或培训资格证书，不得下设分支机构性质的任何现代远程教育服务机构。

试点工作期间，同济大学经各省、直辖市教育行政主管部门发文批准设立的现代远程教育校外学习中心共有40个，分布在上海、江苏、浙江、山东、福建、江西、北京、广东、海南、湖南、云南、四川、内蒙古、河南、重庆、陕西16个省、直辖市，其中以江浙沪的学习中心为多，其他省市均仅设有1～2个学习中心。

（二）学习中心的管理与监控

1.招生规范

《管理办法》明确规定，学习中心根据同济大学网络教育学院的招生工作规定与要求，在双方约定的地域内进行本学习中心的招生宣传、生源组织及接受报名等工作。在接受学生报名咨询时必须严格按照学院统一的宣传口径回答学生提出的各类问题；如遇特殊无法解答的问题，学习中心应及时咨询学院后答复学生。校外学习中心需要编印相关招生宣传材料或在媒体上发布招生广告，须事先提交网络教育学院审查批准。

根据《同济大学网络教育学院学生入学资格审核暂行办法》规定程序和要求，对学生入学资格进行初审，并报学院招生办公室进行复审。校外学习中心应在规定期限内提交报考学生的入学资格审核材料，否则网络教育学院招生办公室不予复审。校外学习中心提交的审核材料、数据不全，或审核材料整理不规范，学院招生办公室将退回审核材料，要求校外学习中心重新按规范申报复审。特殊情况下，学院可以委派专人于各批次报名截至至入学考试期间，到校外学习中心复核报考学生的毕业证书原件。复核通过后，由校外学习中心及时返还考生的毕业证书原件。复核过程中，对不符合入学资格的学生将立即取消其学历教育入学资格；对有疑问的审核材料，要求相关校外学习中心通知该学生自复审开始之日起10个工作日内提供相关的证明，如无法提供相关证明材料，则取消其入学资格。

2. 考试纪律

网络教育学院为加强对校外学习中心考试管理工作的指导和规范，制作了《校外学习中心考务管理导读》光盘，通过召开视频会议对所有校外学习中心考务人员进行培训，并将培训光盘发放给每个学习中心。考务管理培训光盘内容包括：学习中心考务管理具体工作解读；应杜绝的现象；学院考务管理人员的联系方式；考务管理流程；学习中心考试过程的管理流程；网上机考应急预案；监考人员须知；学院巡考人员职责；学习中心考务组职责；网上机考技术要求；机考考场监控系统要求；试卷管理及保密规定；学习中心考试地点设置和管理的规定；学生违纪处理审批表；巡考情况反馈表等。

同济大学网络教育学院要求校外学习中心的考试地点必须设在学习中心申请地所在地区内，原则上每个学习中心只能设置一个考点。学习中心申请的考点必须经过学院审核备案。学习中心不得擅自随意变更考试地点。如确需变更，须在考试排考前一周向学院提出申请，经学院同意后方可进行考点变更。考点必须具备良好的考试环境和安全保障条件。考试区域应与其他区域相对分离，考试期间应设置明显的指示标志。有满足考试需要的相关技术设施，并配有足够的考务工作人员。考点应加强对考务工作人员的培训与管理，保证考务工作顺利实施。考点应设有足够的符合笔试或机考要求的标准化考场。考场的消防等安全设施均须符合国家有关规定。

为确保试卷安全，网络教育学院给每个学习中心配置了试卷保密柜，并要求各学习中心派专人做好试卷的保管保密工作。试卷在考试前 5 分钟在考试现场启封。每学期末，学院派管理人员到各学习中心进行巡考，监督检查学习中心的考试组织工作。学院同时为每个学习中心配置安装了移动监控探头，在考试期间随时检查各考场的考试情况。

3. 检查评估

校外学习中心直接面对学生，为学生提供学习支持服务，其服务形象的好坏直接影响网络教育学院的形象，其服务质量的优劣直接影响网络教育的教学质量，因此，对学习中心的学习支持服务和管理进行有效的监督、检查和评估就显得尤为重要。而网络教育学院对学习中心的监督检查实际上贯彻在整个教育的全过程中。

在招生录取及入学环节，通过查阅学习中心的招生广告(简章)等，看其招生宣传资料是否报经网络教育学院，并注意学院是否有各类有关学习中心的投诉或疑问等，确定其招生政策熟悉程度、是否进行不当宣传或承诺；招生办公室检查学习中心上报学生入学资料的完整度、输入学生信息的准确度以及及时性、入学资格审查的认真严格的态度；新生入学时，可以考察其是否能及时做好新生学籍注册工作，及时完成新生档案的收集、整理和复查并及时上交网络教育学院，是否能及时通知学生缴费，是否存在搭车收费情况。

在教学管理环节，通过学习中心是否及时上报辅导教师、指导学生选课的差错率、学籍异动过程中的工作态度与效率、辅导答疑学生的参与度等工作，反映出学习中心的学习支持服务状况。

在助学、督学环节，对学生进行网上调查问卷，了解学习中心是否合理安排组织开学活动及对学生进行必要的学习平台培训、是否及时有效地为学生提供学习指导、是否积极督促指导学生按时完成网上约考及作业提交；通过学生课件单击率检查是否督学到位等。

网络教育学院除了平时鉴于日常工作中的问题和情况对学习中心的支持服务进行监督

检查外，还由学院学习支持服务人员进行随机访问学生、开展学生网上问卷调查、学生投诉电话（信箱、信件）的汇总，对校外学习中心存在的问题与不足进行及时的反馈。同时，网络教育学院根据《学习中心考核办法》每年对校外学习中心进行评估考核，对优秀的学习中心进行表扬奖励，对存在不足或问题的学习中心给予通报批评、限期整顿、停止招生或撤销学习中心的处理。

八、教学研究与创新特色

（一）教学改革与探索

同济大学一贯坚持成人教育一体化的教学理念，并运用现代技术手段，基于远程教育平台，从成人教育的教学、课程、考试、实践环节等方面着手进行教学模式综合改革的探索，进行了以学分制为基础、以精品课程建设为抓手、以网上机考为手段、以工科类专业实践环节改革为突破口的全方位的成人教育教学模式综合改革。在实践中，遵循教育教学规律，努力体现“以人为本”、体现教育公平与开放、体现符合成人从业人员的特点和需求、体现成人教育的人才培养目标，发挥资源共享的优势，为构建终身教育体系，建设学习型社会进行有意义的探索。其教学综合改革成果已在学院教学实践和教学管理中运用，取得了良好的效果，并在全国成人教育和远程教育领域产生了很好的影响。多年来，我校专门设立《继续与网络基金研究项目》，支持学校各学科百余名专业教师从事继续教育、网络教育的教材建设、精品课程建设以及教学研究，取得了丰硕的成果。继续教育学院、网络教育学院申报的教学研究项目《成人教育教学模式与方式的改革与实践》获 2009 年度上海市教学成果一等奖，《工科成人教育创新人才培养模式的实践与探索》获 2012 年度同济大学教学成果奖一等奖。

其中，学分制和“学分银行”的理念和做法在全国成人教育中处于领先，引起较大的反响，上海市教委和上海市成教协会也以此概念将在上海市全面推行上海市的“学分银行”计划；网络精品课程建设成效显著，取得并列全国第一的好成绩；率先在网络课程考试中施行在线机考；网上进行毕业设计实践环节改革也是网络教育领域改革的重点。试点期间，我校网络教育的各项改革与探索可谓成效显著，起到一定的示范和推动作用。

（二）特色与优势

经过多年来的探索和实践，我校网络教育在专业设置、教学形式、质量保证、考试方式等方面取得了一定的成果，形成了自身特色和优势。

1. 突现工科专业特色

同济大学网络教育在专业设置上充分考虑社会需求，发挥学校学科优势，开设了一批具有同济特色的如建筑学、土木工程、工程管理等工科专业。针对工科专科，在技术上支持各种格式文件的作业提交系统，为学生提供更为优质的学习支持服务；在资源建设上，不断改进课程课件内容、表现形式、功能与组成结构，应用多种媒体手段形象生动地展现工科专业课程内容，方便学生学习。再加上完善的教学支撑系统，使得同济大学网络教育工科专业形成了自己鲜明的特色，得到社会的广泛好评。

2. 课程在线考试

为更好地方便网络教育学生，充分发挥现代远程教育技术手段，我校针对网络教育期末课程考试推行基于互联网的在线考试系统，由计算机网络考试系统和网络视频监控系统等部分组成。同时，我校建设了满足在线考试要求的题库，涉及 83 门课程，共计 794 套试卷。从 2006 年秋季起累计参加在线考试的网络教育学生共计近 36 万人次，年均机考 11 万人次。

3. 网上毕业设计（论文）

从 2010 年开始，我校网络教育全面实施网上毕业设计（论文）管理及答辩工作，开展了对毕业设计（论文）指导教师、学习中心、管理人员等的培训工作；改进和完善了面向学生、指导教师、负责教师、管理人员、学习中心的毕业论文子系统，满足了需求；基本实现了毕业设计（论文）环节的过程动态管理。2010 年共约有 91%的毕业生参与网上毕业设计（论文）；参与学生 5000 余人；涉及校外学习中心 32 个；涉及 28 个专业；参与指导教师 253 人次；网上提交毕业论文答辩申请的学生人数 741 人；平均及格率为 97.6%；得到教学点及学生的普遍欢迎和认可。

4. 移动教育平台

随着基于手持式终端（手机）移动教育的开展，我校网络教育学院从 2009 年开始，推出了基于 3G 移动教育平台。该平台与同济大学现代远程教育网共享基础数据，学生在移动终端上完成所有的教学事务过程，使用与同济大学现代远程教育网（www.tjee.cn）同样的账号，通过手持式终端（手机）访问 http://3g.tjee.cn，教师和学生可获得丰富的资讯及完整的教学服务功能。同时，网络教育学院开始探索基于移动终端的教学资源开发方案，目前已开发基于 3G 支持移动终端的 9 门网络教育课程，试点期间访问量近 2 万人次。

5. 多种教育形式资源共享

从 2006 年开始，我校开始探索成人教育一体化的教学理念，并运用现代技术手段，基于远程教育平台，从成人教育的教学、课程、考试、实践环节等方面着手进行教学模式综合改革的探索，统一了网络教育、夜大教育及函授教育的教学计划，并在同一教学平台进行管理。对函授教育学生开放所有相关专业网络课件，作为学生课程学习的教学资源。对夜大学生开放网络课件，由学生自主选择面授学习或网络课件学习的方式，选择网络课件学习的学生按照网上学习要求进行考核。近五年，我校向夜大学生开放 12 门课程，包括马克思主义哲学、毛泽东思想与中国特色社会主义概论、法律基础与思想道德修养、大学英语（一）、大学英语（二）、公共关系学、信息管理、管理心理学、办公室管理、工程经济学、电子商务和市场营销，总计选择网络课件学习者达 20 752 人次。

（三）科研成果

同济大学在总结成人教育与网络教育的办学经验的基础上，积极参与教育部、上海市以及教育行业的各类成人与网络教育的研究项目，取得了丰硕的成果。

(1) 教育部“十五”规划项目：高等院校学习型组织理论与实践。

(2) 教育部“九五”规划项目：发达地区高等职业教育的基本模式及对策研究。

(3) 教育部“九五”规划项目：面向 21 世纪职业教育师资队伍建设对策的研究。

（4）教育部：中国现代远程教育战略发展研究子课题。

（5）教育部：现代远程教育研究课题之三——管理模式和运行机制研究。

（6）建设部：21世纪建设人才培养发展战略研究——中外对照系研究。

（7）上海市教育研究重点项目：上海现代远程教育资源整合与资源共享策略研究。

（8）上海市远距离高等教育学会：低成本呼叫中心在学校教育中的应用项目；普通高校举办高等职业教育的实践与启迪项目；现代远程教育改造传统成人高等学历教育学生学习力调查研究项目。

（9）上海市教委：高校与社会互动的试点项目；高校继续教育转型发展项目；高校继续教育队伍培训与能力提升项目；成人高等教育专业建设指标研究项目；成人高等教育土木工程专业建设标准研究项目；高校继续教育转型推进试验（人才培养立交桥）项目；校企合作非学历继续教育（城市建设与管理人才培训）基地建设项目。

（10）教育部职业教育与成人教育司：高校学历继续教育人才培养模式改革与创新探索项目。

（四）获奖情况

（1）中国可持续发展的学习型学校模式研究及其在高校中的实践：2005年上海市教学成果奖二等奖，学校二等奖。

（2）发达地区终身教育体系建设中的继续教育办学模式与教学资源共享研究：2005年国家级教学成果奖二等奖，上海市级二等奖，学校一等奖。

（3）基于学习型组织的流程再造研究及其在成人高校教学改革中的应用：2008年同济大学教学成果奖二等奖。

（4）建立健全继续教育和网络教育教学质量保证体系的研究与实践：2008年同济大学教学成果奖一等奖。

（5）国家精品课程（网络教育）建设组织奖金奖：2009年全国高校现代远程教育十年表彰。

（6）成人教育教学模式与方式的改革与实践：2009年上海市教学成果一等奖。

（7）继续教育课程资源建设与应用：2010年同济大学教学成果奖一等奖。

（8）基础力学虚拟实验训练平台：2012年全国现代远程教育协作组——现代远程教育实践教学高端学术论坛：实践软件与装置二等奖。

（9）竞技体育对抗性项目制胜关键技术系统研究与应用：2012年度国家科学技术进步奖二等奖。

（10）现代远程教育改造传统成人高等教育学生学习力调查研究：2012年度上海市远距离高等教育学会课题成果奖一等奖。

（11）工科成人教育创新人才培养模式的实践与探索：2012年度同济大学教学成果奖一等奖；2013年上海市教学成果奖二等奖。

（12）十五载磨砺、实践创新育人——构建成人教育建筑学专业实践性建筑设计课程体系：2015年同济大学教学成果奖二等奖。

（13）继续教育工科专业校企联合指导毕业设计模式的探索和实践：2017年同济大学教学成果奖一等奖。

综上所述,我校在开展现代远程教育试点工作期间取得一定的经验和教训。自2010年我校网络教育停招后,积极推动成人高等教育内涵式转型发展,提高办学质量,提升办学水平。学校将在新时代下认真审视高校继续教育发展转型之道,深化教育教学改革,建立健全学历继续教育教学质量标准,进一步提高人才培养质量;加强数字化学习资源和信息化平台建设,提升教学和管理的信息化水平;探索建立学历继续教育与职业教育的沟通衔接机制与人才培养新模式。以社会需求为导向,以服务社会为己任,拓展办学思路,积极利用现代远程教育手段开展非学历教育工作,充分发挥高校在现代远程教育中的骨干作用,为建设人力资源强国做出更大贡献。

东南大学现代远程教育试点工作总结

接教育部办公厅教职成厅函[2018]48 号文，东南大学第一时间对照 10 个自查要点和总体要求开展了自查自评和工作总结，现将学校自查自评工作的开展情况和学校网络教育试点以来的工作总结如下。

一、学校自查自评工作的开展情况

（一）办学方向与办学定位

坚持党的领导、全面贯彻党的教育方针、履行高校人才培养职责使命，处理办学规模、质量、结构、效益关系的情况。

东南大学坚持党的领导、坚持社会主义办学方向，全面贯彻党的教育方针，一贯注重办学质量，具有良好的办学声誉。多年来秉承“止于至善”的校训和“严谨、求实、团结、奋进”的校风，塑造风清气正的师德师风，打造爱岗敬业、精于施教的优良教风，形成热爱学习、追求卓越的优良学风，全面深化综合改革，集中力量建设一批世界、一流学科和一大批国内前列学科，争取早日建成具有鲜明中国特色、东大气质、人民满意的世界一流大学。

学校对网络教育的定位包含 4 个层次：一是牢牢把握网络教育是深化高等教育改革与发展的必然要求。网络教育不仅仅是教育手段、技术、方式的变化，更是当代教育思想、教育理念与教育实践的重大变革，因此不仅要坚定不移地用网络教育技术改造已有的成人教育、继续教育模式，更要着眼全校一盘棋，基于推进高等教育信息化改革创新的理念，把网络教育作为支撑学校教育教学改革创新的重要内容与重要平台规划与建设好，并列入学校各项重大工程（如 985 工程、211 工程等）项目通盘谋划。二是坚定不移地把发展网络教育作为学校服务社会的应尽之责。东南大学作为国家 985 工程、211 工程和双一流重点建设的大学，应在人才培养、科学研究、社会服务和文化传承等方面都实现高水平发展，其中，高水平的网络教育作为学校服务于社会的重要渠道，不仅是学校建设世界一流大学奋斗目标的重要组成部分，更是学校为建设学习型社会、构建终身教育体系作贡献的应尽之责。三是与建设世界一流大学的办学目标相对应，学校对网络教育自身发展的基本目标定位是“高层次、高水平、高质效”。也就是要以先进的网络教育技术平台与优质教育资源的建设为基础，推进高水平、高质量的教育教学与管理，培养高层次应用型专门人才，努力实现对社会、对学校贡献的综合高效益。四是始终坚持举办远程教育的特定性质定位。2002 年建立远程教育学院起，学校明确把网络（远程）教育定位为非全日制、业余性质的教育，以在职从业人员为受教育主体，主要面向在职人员开展高等学历教育和职业资格证书教育、岗位培训及其他非学历培训等各类继续教育。

学校一直认真执行教育部及江苏省有关网络教育的规范要求，注重教学质量、管理质量和发展规模的关系，提出以质量求发展，以发展促提高的工作目标，严格选择合作对象，控制招生规模，对教学站点和学习中心建设标准高，宁缺毋滥，多年来精心选择部分办学条件好，管理规范的高等学校、中等职业学校、机关企事业单位的教育培训中心合作，不与公司、个体（私人）中介联办。多年来坚持在质量保证的前提下适度发展规模，坚持网络教育教学支持服务水平与招生规模相匹配，所以东南大学网络教育的招生规模一直比较小，且学生以本科层次为主。招生人数最多时基本维持在2000～3000人/年。2016—2017年根据学校发展战略继续大幅减招学历继续教育学生，将发展重点完全着眼为非学历继续教育。2018年秋已全面停止招收各类继续教育学历生；目前网络教育学历在籍人数只有2700余人。

（二）管理体制与运行机制

职能部门分工和统筹管理等情况。

学校在继续教育的管理体制上，实行校党政统一领导、主管校领导分管、继续教育学院具体扎口管理的体制。继续教育学院作为具有管理性质的学校直属单位，归口管理学校的成人教育、网络教育、职业教育及各类非学历教育培训，其他院系不得对外设点办班、刊登广告。继续教育学院由远程教育学院、成人教育学院、职业技术教育学院于2004年合并而成，学院内设教学部、技术部、招生与站点部、教师教育培训部、EDP中心、职业发展与专业技术培训部、继续教育部等机构，对网络教育、成人教育、职业技术教育及非学历教育培训实施统一管理。

为保证教学秩序和质量，减少追求利润的思想倾向对教学工作的冲击，东南大学网络教育完全由东南大学管理和领导，没有与第三方公司和中介合作，所有教学站点或学习中心都由自己建立。网络教育学生从招生、教学组织、过程监管、实践环节、考试、毕业与学位申报全部由继续教育学院统一组织和管理。专业院系只负责安排优秀教师上课，保证教学质量。教学站点或学习中心只负责学生日常管理。另外，继续教育本科学生学士学位课程考试及省学位英语考试由学校教务处负责，学士学位归口教务处组织审核报学校学位委员会审批。相关财务由学校财务处派出的委派会计具体负责管理。

（三）制度建设与规范管理

建章立制情况及实际执行效果。

东南大学作为较早举办成人教育和远程教育试点的学校，一贯重视办学质量，重视规范办学，基于多年的办学实践建立了一整套完善的规章制度，并一直遵照执行，详见《东南大学远程教育教学管理汇编》(2006版)，同时根据办学实际不断更新、完善。2017年对成人高等教育学士学位条例进行了补充修订。学生通过江苏省成人学位英语考试是东南大学成人高等教育学士学位授予必要条件之一，由于2018年起江苏省逐步停止成人学位英语考试，东南大学适时修订了原学位授予实施细则，详见校机教〔2017〕193号文。2017年根据学校有关继续教育的定位和着力发展非学历教育培训的需要，还发布了《关于对学籍逾期学员进行学籍清理的通知》《护理学专业毕业实践环节考核补充规定》(校继教〔2018〕)02号)等。

良好完善的制度，严格规范的管理，认真严格的执行力，保障了网络教育基本的办学质量，发扬了东南大学严谨求实的校风，维护了东南大学良好的办学声誉。东南大学多年担任江苏省成人学籍管理组长单位，为江苏省成人学籍管理工作发挥了良好的示范带头作用，两次赢得教育部高校学生司颁发的“全国高等教育学历证书电子注册管理工作先进集体”奖及江苏教育考试院颁发的“网上咨询宣传优秀单位”等荣誉称号。

（四）专业建设与人才培养

贯彻落实《高等学历继续教育专业设置管理办法》，聚焦主业办好优势特色专业情况。

东南大学坚决贯彻落实教育部《高等学历继续教育专业设置管理办法》（教职成〔2016〕7号）和江苏省教育厅关于实施教育部《高等学历继续教育专业设置管理办法》的通知（苏教高〔2017〕3号）精神，所设置的专业如土木工程、电气工程及其自动化、工程管理、会计学、护理学等都是学校的优势学科和特色专业。多年来东南大学网络教育根据自身办学能力和定位，充分发挥办学优势和特色，主动适应国家战略和地方经济社会发展需要，以满足学习者学习发展需求为导向，以学习者职业能力提升为重点，坚持终身学习理念，坚持培养具有较高综合素养、适应职业发展需要、具有创新创业精神的应用型人才。

为保证质量，我校一直适度控制规模，坚持培养质量，严格规范管理。开设专业全部是学校全日制已经开办多年的专业，专业名称符合规范，每个专业都有完整的专业人才培养方案，各专业培养目标和教学计划全部由东南大学相关院系和继续教育学院共同研究确定。开办专业所必需的经费、教学设施、数字化学习资源、实习实训等办学条件全部满足，有力保障了专业可持续发展。

多年来，我校投入大量资金用于特色专业和优质课程资源建设，已建成江苏省成人特色专业点5个，包括土木工程、法学、会计学、医学影像学和护理学。护理学专业（含《生理学》《病理学》两门精品资源共享课）由于建设基础好，直接获批江苏省2017重点专业，详见《省教育厅关于公布江苏省成人高等教育重点专业（精品资源共享课程）的通知》（苏教高〔2017〕14号）。

（五）师资配备与资源建设

师资和教学资源配备情况，特别是本校教师参与网络教育教学、课程建设和教学改革研究情况，信息化资源建设和应用效果情况。

东南大学网络教育各专业主讲教师的来源以校内聘任为主，兼职教师为辅。具体实施时，坚持选派校内教学效果好、责任心强的课程骨干教师为网络教育的主讲教师，其中公共课、基础课教师中高级职称占100%。青年教师中很多是校青年教师授课竞赛的获奖者。少数课程聘请在学科上具有优势的兄弟院校的优秀教师上课。一方面，通过支付较高课酬等经济政策鼓励本校优秀教师走向网络教育教学一线，对教师所在院系给予一定的奖励以促进学科建设；各院系也积极鼓励优秀教师承担网络教育教学工作。另一方面，通过立项、优秀课件评比与奖励等措施，激励教师进行网络教学改革，调动教师的积极性，不断提高网络课件质量。网络教育除按计划更新课件外，还鼓励教师根据需要及时更新课件。对教学效果较差、责任心不强的教师，则取消其上课资格。辅导教师来源于学习中心自己的骨干教师或退休教师，有的是本市其他高校的在职教师，这些教师工作认真、负责，有的还兼任班主任。部分课程主讲教师还深入学习中心和教学站点，与辅导教师、学生进行面对面交流和学习互动。

所有任课教师都必须经过远程教育学院的技术培训，试讲合格后上岗；日常教学中，接受督导组老教授在业务上及技术人员在技术上的指导。

教学资源建设方面，通过政策推动、经费推动、竞赛推动等多种措施，着力推进教学资源的建设和共享。通过组织网络课程、课件建设立项，引导广大教师参与教学资源建设；学院遴选特色课程，进行课程立项，给予专门经费支撑。按精品课程标准录制视频讲解，开发网络课程，整个过程可以提供专业制作软件，也可外包请专业公司制作，每门课程启动立项5000～10 000元，专业制作70 000～80 000元，奖励10 000元。学院还对教学资源建设给予特殊的政策倾斜，立项经费中可以提取不超过50%的制作劳务费。相关举措较好地调动了教师进行资源建设的积极性。在鼓励资源建设和使用的过程中，第一步定期组织校级多媒体课件竞赛，建设成院内优秀课件；第二步推荐申报江苏省级成人精品课程；第三步通过不断更新、建设提升、完善，重点建设成为国家级网络精品课程。

资源共建共享取得了良好效果，体现在3个层面：①校内资源共建共享；②校际之间的共建共享；③服务经济社会建设与发展的资源共建共享。校内，网络教育资源为学校成人高等教育学生免费共享，全部资源对非学历教育培训开放。校际间，2011年在我校、南京大学、南京师范大学联合申报的江苏省教改立项重点项目《高校继续教育立交桥及其优质教学资源建设研究与实践》推动下，建立了优质资源共享中心，开启了三校学生公共课程免费共享实践，后又扩大到更多的高校，如南京航空航天大学、河海大学等。校外，我院的"精品课程""微课程""开放资源"向全社会免费开放。

（六）办学规模与招生管理

招生规模与学校办学条件和能力的匹配情况，在招生宣传、收费、注册等各环节的规范管理情况。

东南大学网络教育自办学以来，招生规模大部分年度均维持在2000～3000人，与我校全日制的招生规模4000人相比，办学条件与师资情况等均能满足我校网络教育学生的教学需要。

东南大学网络教育招生宣传归口东南大学继续教育学院，学院招生工作领导小组负领导责任，学院招生与站点管理部具体负责招生工作的运作。年度招生简章按以下工作程序制定：①召开年度招生工作会议，对各校外学习中心的招生专业、人数、招生地区进行调研并提出指导性意见；②学院招生与站点管理部草拟招生可行性方案，同时对当年招生的变动情况做出重点说明；③由招生工作领导小组向院长办公会议提交审定，并报主管校领导批准；④通过教育部全国网络教育阳光招生服务平台向教育部上报当年招生计划，同时向江苏省教育厅高教处审核备案。

招生简章由东南大学继续教育学院统一印制，当年的招生工作精神通过招生工作会议传达和布置，纸质的宣传材料通过邮寄的形式发放到各校外学习中心，同时在招生平台上发布。招生宣传(广告)的内容与招生简章一致，由学院统一拟定，经学院主管领导审定，加盖学院公章送《金陵晚报》《现代快报》等相关媒体刊发(主要面向华东片)。各校外学习中心原则上不另做广告宣传，如确有需要，必须按东南大学招生宣传的统一格式和口径，在报经学院审核同意后方可刊发，学院按照初审、反馈、复审、最后发布的程序进行管理。

学院通过招生报名情况、咨询情况以及专人浏览网站网页、报刊、电视等媒体形式对各学习中心开展的招生宣传的真实性进行监督。从学员报名材料中可以检查出各校外学习中心对招生政策的认识与理解程度，从各种媒体宣传和学员的咨询中可以发现各校外学习中心是否按照要求进行真实宣传,从学院的招生管理平台上可以监控各校外学习中心实际报名人数,考察其最后的招生结果。东南大学网络教育严禁校外学习中心与中介和个人进行招生合作,严禁校外学习中心进行不规范的宣传。经查核在历年(包括2017年度)的招生宣传中,各校外学习中心没有发布过模糊和虚假信息误导学生。招生期间,学院还及时在媒体上发布学院监督电话,接受各种举报,并及时进行查处。

(七)校外学习中心管理服务

校外学习中心的布局、运行和管理情况,学习支持服务的实际效果和学生满意度。

东南大学校外学习中心的设置以科学发展的办学理念为先导,以名校优质教学资源为支撑,以先进便捷的网络平台为基础,以双方真诚合作意愿和互补优势作为共同发展前提条件,调动一切积极因素谋求学历教育的健康发展、内涵发展。校外学习中心的设置标准严格执行教育部《现代远程教育校外学习中心(点)暂行管理办法》《江苏省高等学校成人教育校外教学点管理办法》和我校更严格的资质要求,设点单位必须是具有独立法人资格的教育机构。原则上校外学习中心应设在高等学校、中等职业学校、机关企事业单位的教育培训中心,坚决不与公司、私人办学机构以及中介联合办学。从2009年开始,新建立的校外学习中心全部是公办中职以上的学校。为优化专业结构和布局调整,学院对生源的延续性和规模做了刚性要求,走集约化发展的道路,在重点做大做强传统优势专业的同时,努力发掘社会急需的短线专业。

东南大学学历继续教育注重与行业的合作办学,对其校外教学站点设置的原则是:以行业对人才知识需求为前提,以行业对专业需求为切合点,紧密依靠行业办学的成功经验,坚持东南大学学历继续教育的办学方向,按照教育部有关文件的精神要求,规范地做好行业的继续教育。

东南大学网络教育非常注重对学习中心的培育和规范管理,以确保教学质量。建立的日常教学管理制度有:①教学任务书制度,即以教学任务书的形式对学习中心下达安排课程辅导教师与作业批改教师、实践环节指导教师等,要求将安排落实情况及时反馈;②教学期中检查制度,坚持进行教学期中检查,由学院领导带队深入学习中心,通过召开学员、辅导教师、管理人员座谈会,问卷调查及实地考察等办法,了解课件及课件播放质量,了解学员对教学安排的意见,了解学习中心教学辅导、作业批改和实验安排情况以及学员学习状况等,及时解答学习中心有关教学管理、技术管理方面的问题;③工作会议制度,每年结合教学期中检查召开远程教育学习中心工作会议,交流情况,解决问题,布置工作;④巡考制度,由学院派专人送试卷并参加巡考;⑤督导制度,督导组教授定期跟踪新任课教师听课,了解课件质量,实地体验远程教学效果,了解学习中心的管理状况和学员的反映;⑥新管理员培训制度,定期组织管理员培训会,内容包括平台使用、教学流程、管理制度等;⑦学习中心评估制度,按照《东南大学远程教育学院教学管理自评表》,采用站点自评、书面总结、学院考核相结合的办法,重点从教学过程管理、学生助学管理、学籍管理3个方面进行考核和奖励。

学习中心和教学点的所有工作运行,包括招生与教学实施以及学生的学习支持服务等工作,全部在继续教育学院相关职能部门的管理与指导下完成,实施效果良好,学生满意度较高。

（八）教学实施与考风考纪

对教学实施各环节的管理情况，对学业标准的把握情况，在把好网络教育人才培养“出口关”方面的措施情况。

东南大学网络教育各专业培养方案和教学计划全部由相关专业院系和继续教育学院在招生前协商制定，具体包括学制、人才培养指导思想、培养目标、主干学科、学科主干课、本科学位课程和教学计划。每学期期中，学院根据教学计划以教学任务书的形式将下学期教学任务下达各开课专业院系，落实教学任务。主要教学环节包括：

(1) 聘请主讲教师，明确主讲教师的工作职责。

专业院系确定教学经验丰富、授课效果好的教师担任网络教育主讲教师。在整个教学活动中，主讲教师的主要工作职责是：①撰写课程教学大纲和教案，包括推荐教材（纸质教材），提供课内和课外学时分配建议；②负责网络课程（录播课件或 Web 课件）的讲授、录制（录制由学院技术部负责），以及上机、实验指导，考前辅导；③参与学习支持服务，具体包括作业布置与讲解，主持实时答疑和专题论坛，提供 4～6 套综合测试题及参考答案；④完成试卷命题、阅卷及成绩评定。

(2) 提供充分的学习资源，方便学生自主学习。

网络资源有录播课件、Web 课件和复习课件（网上专题论坛、公共答疑室、电子邮件等），以及网上各种学习相关信息，学生可以网上直接通过点播课件学习或通过东大远程网下载学习。非网络资源有教材、课件光盘、教学指南（含课程表、课程教学大纲、教学日历、作业册等）、电子教案。

(3) 校外学习中心参与自学指导、辅导答疑。

校外学习中心辅导教师答疑：按照要求，校外学习中心辅导教师对部分课程、实验、课程设计和实习进行辅导、答疑、作业批改与实验指导，作业和实验报告批改量达 100%。

主讲教师与辅导教师教学交流：安排主讲教师与校外学习中心辅导老师交流，了解校外学习中心学生的学习辅导情况，帮助辅导老师进一步理解主讲教师的教学要求，使辅导更具有针对性。

主讲教师与学生面对面辅导答疑，如护理、护理学专业每学期安排主讲教师到校外学习中心对学生进行一次面授辅导。

(4) 按教学计划规定时数安排实施实践环节。

根据各专业特点，实践性环节有实验、课程设计、毕业设计（论文、实习、实践）等。上机实验内容、大纲、所占成绩比例由东南大学专业院系制定。课程设计内容由我校任课教师确定，成绩也由我校教师评定。毕业实习以开放实习为主，实习中要求学生记录实习日记，完成实习报告。实习结束后由实习指导教师给出学生评语，实习报告由我校专业教师批改。

毕业设计（论文）、护理学专业毕业实习工作条例、组织和管理均由继续教育学院负责，学生指导工作全部由专业院（系）负责，校外学习中心只负责学生日常事务的组织管理工作。各专业院系由专人负责，具体工作内容包括负责教师的安排、指导教师聘任和毕业设计（论文）、毕业实习工作的具体组织实施等。整个过程包括动员、选题、开题、中期检查、论文初稿、论文定稿、验收、答辩、成绩评定等多个环节。

学生正常学制为 2.5 年，毕业所需学分为 80 学分，学籍档案管理有效期为 5 年，一般超过学籍有效期限即会清理学籍。学生毕业需达到规定修业年限,思想道德品质鉴定合格、修满专业教学计划规定的全部学分。对于专升本学员,还必须通过教育部的统一考试,才能进行毕业注册。毕业审核时严格按照条件对学生进行毕业筛选,包括新生电子注册情况、毕业学分要求、各科成绩、本科学生的统考成绩等。具体操作时先按设置的条件进行机器筛选,再进行人工审核,公布初审名单,接受信息核对和反馈,再次复核形成毕业生库,剔除因申请学位等原因申请延长毕业的学生,按学历文凭电子注册要求形成最终毕业生库,上报江苏省教育厅学生处进行毕业注册。

东南大学一贯重视考风考纪,从办学开始就十分注重考试纪律,把考风考纪当作衡量办学质量的重要内容,狠抓考试纪律和规范化管理。主要措施有:建立一系列有关考试的规章制度,如《东南大学考试纪律》《东南大学远程教育站点学校考试组织工作要求》《东南大学远程教育各教学站点监考教师工作细则》《东南大学远程教育考试巡视员职责与纪律》《远程教育教师职责与要求》等,从制度上加以规范,做到有章可循。

为配合相关制度的贯彻落实,试点以来,我校始终严格执行考前培训,考试前对派往各个学习中心的巡视员进行培训;严格执行试卷保密和交接制度;严肃考场纪律,对作弊学员依据有关规定严格查处,情节严重的追究巡视员、监考人员和学习中心负责人的责任,如进行通报批评,撤销考点考试资格,同时报当地教育主管部门和上级主管部门备案等处罚措施。绝大部分学习中心都能配合我校严格考试管理,也能够严格要求学员遵守考试纪律,做到考试的公平、公正和严格。

(九)过程监管与质量保证

人才培养质量保证机制建设情况,特别是在招生、教学、考试、毕业等关键环节的质量监控情况。

为保证质量,我校网络教育始终保持适度规模,所有办学都在东南大学的直接领导和管理之下,并一直坚持以下做法。

(1) 依托校内相关专业院系办学。充分利用东南大学的优质教学和师资优势,为更多的社会人员分享。所有专业教学计划都由专业院(系)为主编制,授课教师由专业院(系)选派,毕业设计(论文)指导由专业院(系)负责。

(2) 网络教育教学工作接受远程教学督导组和教学指导委员会的指导和监督。远程教学督导组和教学指导委员会由各专业院(系)分管网络教学的负责人和部分专家、教授担任。其主要任务是:对网络教育的教学工作进行指导和监督;为网络教育培养专业应用型人才提供学术指导;为网络教育的可持续发展献计献策。

(3) 网络教育的学位授予由学校教务处负责,院(系)学位分委会讨论,校学位委员会审批。每个本科专业设置学位课,学位课程的考试由校教务处统一组织命题和评分。

(4) 学院早在2002年即组建远程教学督导组,参与网络教育各个教学环节的质量监督管理。

(5) 组建教学质量信息反馈渠道。通过听课、期中教学检查、巡考、问卷调查、学生座谈、网络通信等渠道收集意见改进工作。

(6) 每年召开教育管理工作研讨会,把教学服务管理工作作为一项重要议程,专门讨论研究,广泛征求意见,尽可能采取措施,求得改进。

(7) 持续完善招生、教学管理制度,以规范办学,保证质量。

(8) 不与公司和中介合作,牢牢把握办学主导权,招生、教学过程、考试、实践环节、毕业等全部由继续教育学院的相关职能部门负责。

(十) 社会评价与品牌声誉

行业企业、用人单位、学习者、本校师生等多方评价情况,学校网络教育的办学声誉情况。

东南大学开展远程教育试点办学以来,培养了近4万毕业生,除试点初期按国家政策招收过全日制高起本学生外,其余全部为在职业余学习学员。他们通过学习,提高了自身的从业水平,增强了信息化手段学习意识,提高了基于信息化手段的终身学习能力。网络教育对他们个人提升和发展的帮助效果显著。我校网络教育服务行业系统比较典型的有浙江、江苏、安徽司法税务系统法学专业学员的培养,江苏护理人才的培养,广西壮族自治区水利厅偏远山区水利职工的培养以及应南京对口援疆城市——新疆伊宁市的需要进行的相关人才培养等,不仅提高了他们的专业能力和综合素质,也为地方迫切需要的人才提供了智力支持。学院严谨认真的教学、深入细致的服务深受委托单位和学员们的一致好评,涌现出一大批在工作岗位上做出突出成绩的优秀学员,如来自江阴市人民医院的护理专业优秀本科毕业生王建英,获得卫生部"2010年优质护理服务考核优秀个人"荣誉称号;来自中材国际股份公司的土木工程专业优秀本科毕业生夏文远,获得优秀工程咨询成果一等奖,优秀工程设计二等奖;护理专业优秀本科毕业生王正梅,现为淮安市第一人民医院大外科护士总长,南医大护理学专业学位硕士研究生导师,获淮安市新技术引进一等奖和淮安市科技进步三等奖;护理专业优秀本科毕业生许艳,现为淮安市第二人民医院门急诊大科护士总长,被淮安市政府授予"五一劳动奖章",荣获"江苏省护士岗位技能标兵""江苏省卫生系统青年岗位能手"等称号。由于网络教育的学习形式特别适合成人的学习特性,比较好地解决了工学矛盾,不仅受到学员和所属单位的好评,也取得了良好的社会效益。

总之,由于毕业学员的个人学业收获和在各自岗位上所发挥的作用,东南大学的网络教育已被社会认同。学院通过现代网络技术手段,坚持高等教育大众化的具体实践,对广泛领域的在职人员实施继续教育和终生教育的功能已经较好显现。

二、学校现代远程教育试点工作总结

(一) 基本情况

回顾历史,梳理本校试点工作以来的基本情况。

东南大学自1999年被批准为江苏省远程教育试点高校、2000年又被批准为教育部重点支持兴办远程教育的试点高校以来,始终严格按照教育部的文件精神开展远程教育试点工作,谨慎发展,规范管理,注重质量。办学过程中本着立足江苏、面向全国的原则,积极探索现代远程教育的教学规律。远程教育曾经建立了30多个远程教育学习中心,主要分布在江苏、安徽、浙江、广西、新疆等地,在册学生总计51 790名,至2018年秋已培养毕业生36 555名,其中本科毕业学生数28 196人,学位授予学生数5538人,合计毕业率70.6%,学位授予率19.6%。

东南大学网络教育依托校内相关专业院(系)办学,开设土木工程、工程管理、机械设计制造及其自动化、电气工程及其自动化、计算机科学与技术、法学、电子商务、物流管理、公共事业管理、护理学等本科专业,以及建筑工程管理、机械制造与自动化、机电一体化、护理、计算机应用技术、旅游管理等高起专专业。东南大学网络教育充分发挥东南大学专业和教育资源的优势,重视网络教学资源建设,不断加强教学资源的建设和积累,服务学生学习需要,先后制作完成21个专业近500门课程的多媒体课件,其中不少课件被评为东南大学优秀课件、江苏省优秀教学课件。现有5个专业为江苏省成人特色专业,9门江苏省成人精品课程,1门国家级网络教育精品课程,2门国家级网络精品资源共享课程。相关资源不仅满足了远程教育的正常需要,同时也向校内成教学生开放共享,部分课程资源向兄弟高校和社会免费开放共享。

东南大学远程教育建院初期即建立了一系列管理条例,包括招生管理,教务、考务、学籍、成绩管理,学生管理,学习中心管理,财务管理和网络管理等,并不断根据发展和需要更新完善。我校多年担任江苏省成人学籍管理组长单位,为全省成人学籍学历管理工作发挥了重要作用,2011年再次获得教育部"全国高等教育学籍学历管理工作先进集体"荣誉;连续多年获江苏省教育招生网上宣传优秀单位。规范的招生与良好的学籍管理为保障质量、规范办学奠定了基础。

"规范管理、提高质量、改革创新"是成人教学工作的重心,也是我们努力的方向。围绕规范管理、保证质量、改革创新、促进发展,结合我校实际情况进行了一系列的探索实践。

(二)试点成绩和经验

全面系统总结试点以来各方面取得的成绩、经验。

东南大学自2000年开展远程教育试点以来依托自身的学科优势与教学资源,充分发挥网络教育的特点,在网络教育的教学、技术和管理等方面进行了卓有成效的探索与尝试,取得的主要成绩有:

(1)建成了功能完善的系统平台和支持环境。我校投入大量的人力和物力,从网络支撑环境,到一整套的远程教育教学软/硬系统,建成了功能较为完善的网络教育教学与管理平台,其高效整合了各种教学应用系统,如课件学习系统、实时答疑系统、管理系统等,集网上教学、学习辅导、教务管理为一体,不仅满足了网络教育发展的应用需求,也为成人高等教育和非学历教育使用。为保障该平台的有效运行,配置了11台服务器,其中WWW服务器4台,数据库服务器2台,课件点播服务器2台,FTP、实时转播服务器1台,语音答疑系统服务器1台,磁盘存储服务器1台,为服务器租用了1000M教育网、100M电信、50M网通的3条网络出口,还建有专用录播室4间,高清录播室1间。

(2)积累了丰富的学习资源,建成21个专业约500门课程资源及其他学习资源。其中"财务管理"与"病理学"被教育部认定为"国家级精品资源共享课程";建有江苏省成人重点专业1个,江苏省成人特色专业5个,江苏省精品课程9门;在第三届(2015年)全国微课程(体系化)大赛中获得了继续教育类的8项大奖,数量位列全国第一;在第四届(2016年)全国微课程大赛中我校组织的参赛作品共荣获9个一等奖、4个二等奖和2个三等奖,是继续教育层次参赛作品最多、获奖最多的单位;在2017年江苏省高等学校微课教学比赛中,10

个参赛作品全部获奖，计获一等奖 4 个、二等奖 1 个、三等奖 5 个；作为教育部“高校继续教育数字化学习资源开放服务模式研究及应用项目”首批启动单位之一，成功完成 10 门“开放资源”——精品视频公开课的建设，并已向社会全部免费开放。

（3）建成了网络教育必需的管理体制和较为完善的教学管理体系，包括招生管理，教务、考务、学籍、成绩管理，学生管理，校外学习中心管理，财务管理等。各种教学文档齐全，管理规章制度健全，对今后各种办学有很好的借鉴意义。

（4）对传统成人高等教育教学模式进行了改革和创新。东南大学 2006 年进行了远程学历教育和传统成人高等学历教育的实质性融合，不仅管理统一归口，培养目标、培养方案、学位授予条件一致，统一学习平台支撑，优质资源共建共享，而且率先在成人教育中运用远程教育的现代化教学手段，创建了成人教育教学“集中面授＋点播网络课件自主学习＋现代远程辅助学习支持服务”的新模式，为传统成人教育教学改革的理论和实践提供了有益的参考，发挥了很好的示范作用。

（5）培养了近 4 万名毕业生，不仅学生个人得到成长，更为地方和行业经济建设培养了大量留得住的应用型高技术人才，远程教育的学习理念使学生终身受益。

（6）建立了一支适应性强、理念新、技术强的网络教育管理团队和技术支持力量。参与网络教育的教师的教育理念得到更新，采用现代化技术手段使得教学能力得到提升。

主要经验是：办网络教育一定要做到规范管理、优化服务和确保质量，在这方面，主办高校是第一责任人。

东南大学作为远程教育试点主办高校，一直采用学校一级管理和领导的模式，牢牢把握办学主导权；始终将质量视为办学的生命线，从试点开始就十分注重办学过程各个环节的质量管控，为此相继制定并严格执行的一系列规章制度，为规范管理、优化服务、确保办学质量提供了保障。具体经验有：

（1）规范进口、严查出口。首先，从招生这个源头抓起，狠抓生源质量，规范入学考试，严格审批免试入学。其次，毕业前严格审查学员的毕业资格，凡不符合毕业条件的，一律不予毕业注册。

（2）依据培养目标不断优化培养方案。培养计划及教学要求一定要从培养应用型人才的合理定位出发加以制订，使其更符合培养对象的特点。

（3）提高课件质量、落实好实践环节。理论课程和实践环节是教学计划的两大组成部分，是传授知识、技能的主要途径，是网络教育的核心环节，提高课件质量和确保实践环节的实施是保证教学质量的关键。

（4）完善学习支持服务体系，营造良好学习气氛。学习支持服务体系是网络教育的重要教学资源，完善学习支持服务体系是确保教学质量的重要环节，是营造良好学习气氛的必要条件。

（5）加强考试管理，严格考场纪律。把考风考纪当作衡量办学质量的重要内容，坚持巡考制度，坚持监考人员、巡视员考前培训；严格执行试卷保密和交接制度；依据有关规定严肃查处作弊学员，情节严重的追究巡视员、监考人员和学习中心负责人的责任。努力做到考试的公平、公正。

（6）规范建立校外学习中心，认真培育校外学习中心。作为学员学习的具体管理部门，学习中心要为学生学习提供良好的条件和服务，其设置和管理直接影响教学质量，因此要严格规范校外学习中心点的设置和管理。主办高校应坚持确定日常管理制度,对校外学习中心进行培育、管理,以确保教学质量。我校由于长期坚持制度化、规范化管理,与我校合作的学习中心已经逐步适应了我校的管理要求,一种良好的、互相制约的协作办学氛围也已形成。

(三)存在的问题

查找学校试点工作存在的问题,客观分析原因。

(1)总体办学质量有待提高。网络教育受大环境影响,部分学校追求经济效益,过度招生,放任管理,造成办学声誉比较差的不良影响;远程生源总体质量比较差,是因为不少参加成人高考未能录取的学生转而选择入学门槛比较低的网络教育。以上现象势必多多少少会影响我校的网络教育,给具体办学过程带来一定的困扰,增加了办学的难度。

(2)教师对网络教育的适应性问题。教师习惯于传统课堂为主的教学形式,虽然经过远程教育学院的上岗培训,但在具体教学中还有一个适应过程,很难完全满足成人学习个性化需求的特性,教学中时不时会出现教与学的信息不对等现象。针对这一问题,除对教师按常规培训外,还须强化教师对这一特殊岗位的认同感与责任感,同时及时反馈教学管理人员、学生和学习中心的意见建议,以便主讲老师对照分析,有针对性地改进完善。一般地,主讲教师经过一学期的任教,都能比较好地适应网络教学。目前更大的矛盾是教师的科研、教学任务很重,导致其参与网络教育的积极性有限。

(3)部分学生不能很好地适应网络教育的学习特点,存在学习自主性不强的问题。办学中我们发现,不少学员的学习主动性不够,学习资源的利用率比较低,只关心考试结果,不关心过程学习,重文凭轻学习。为此,我们一方面加强导学服务,加强多种学习资源建设,如微课等新型移动学习资源建设,以适应成人利用碎片化时间灵活学习的特点;与此同时,我校还研究丰富平台资源的管理功能,方便学生充分利用各种教学资源,增强各种学习互动,激发其学习热情。

(4)网络教育科学研究比较弱,大量数字化资源利用率比较低。虽然我们积极参与和承担省教育厅、江苏省成人教育研究会有关教改项目和重点课题,继续教育学院院内也设立了部分研究课题,但网络教育的总体理论研究比较少,研究力量也比较弱,而且相关研究未能纳入学校的总体教学改革立项。

(5)网络教育积累的大量课程资源目前共享应用的力度还有待提高。随着我校学历继续教育收尾,非学历教育培训的着力推进,如何将这些资源服务非学历教育培训,乃至校外其他兄弟高校的成人学历继续教育,仍有很多问题需要解决。

(四)推进网络教育转型提质升级的思路和举措

在全面总结、深入研究讨论基础上,提出学校的下一步工作思路和举措。

(1)一方面,按照校长办公会的决定以"优质服务、稳定收缩"的精神完成现有学历继续教育的收尾工作;另一方面,以网络技术为支撑,不断强化我校继续教育服务社会的窗口作用,在转化、整合、利用已有各类网络资源的同时,基于长期网络教育的技术实践,研制开发能有效对接人民日益增长的美好需要的线上课程及其服务支持系统,建构富有东大鲜明特色的线上教育培训体系。

(2) 借鉴世界一流大学经验,调整改革我校继续教育体制机制,优化完善继续教育组织架构与管理运行模式,重点强化结合我校特点与优势开展高端培训的能力,开发高层次、高质量、高水平、高辐射的继续教育特色项目,建立各类国家级培训基地,在助力国民终身学习、企业持续发展、引领社会不断进步中,不断提升我校教育培训品牌影响力,实现"转型发展、服务社会"的战略目标。

总之,东南大学将以止于至善的态度,牢记使命,不忘初心,用系统创新的理念持续推进继续教育工作,为完善我国终身教育体系、建设学习型社会,做出新的、更大的贡献!

江南大学现代远程教育试点工作总结

2000 年 7 月，教育部批准江南大学开展现代远程教育试点工作。同年，江南大学网络教育学院成立，并面向在职人员基于互联网全面展开网络教育工作。为了适应新时期发展的需要，2005 年学校将继续教育学院与网络教育学院（以下简称继网学院）有机整合，成立了集管理和办学为一体的继续教育与网络教育学院。自开展网络教育办学以来，学校在教育部的正确领导下，深入学习《国家中长期教育改革和发展规划纲要（2010—2020 年）》，以建设学习型社会和逐步构建终身教育体系为主要目标，以培养社会发展和经济建设需要的高素质应用型人才为根本任务，始终秉持“规范中求发展，服务中树品牌”的办学理念，大力倡导“教育以服务为中心、服务以学生为中心”的服务理念，努力打造“规范、质量、创新、共赢”的发展局面，网聚优质资源，心系学生夙愿，服务全民学习、终身学习的学习型社会建设。

一、试点工作的基本概况

（一）运行情况

江南大学一直把网络教育试点工作作为一项长期、重要的工作来抓，充分肯定网络教育在学校人才培养和社会服务中的地位和作用，正确定位网络教育的职责——努力为社会培养合格的应用型人才，为教育事业的发展和地方经济建设全力服务，继网学院作为学校唯一开展试点工作的具体实施单位，负责学校网络教育工作的协调、组织、管理等各项工作。在教学教务、学籍管理等方面均根据校内本科培养的相关规定开展工作；教学计划的制（修）订、毕业生资格审定和学位授予等方面在教务处的直接指导和相关院（系）的参与下进行。教学过程中所有教学环节，相关院系均全力支持配合，派出优秀教师参与工作。学校分管副校长统一协调继网学院与学校各部门、院系间的所有相关工作。

截至 2018 年 12 月，经过近 20 年的探索和实践，江南大学网络教育共开设过食品工艺与检测等专科层次专业 21 个，食品质量与安全等专升本层次专业 22 个，累计开发网络课程 430 余门。目前经各省级教育行政部门批准，并正常运行的校外学习中心 66 个，分布在全国 22 个省、市、自治区。网络教育累计招收学生 267 810 人，累计毕业学生 142 155 人，12 786 名学生获得了学士学位，现有在籍学生 105 578 人。

（二）合作模式

1. 校企合作

江南大学的网络教育与弘成科技发展有限公司以项目合作的方式运行。双方的合作模式为：由江南大学制定各项政策，并拥有办学主体权，招生录取、教学模式、日常教务过程管理、技术手段、校外学习中心管理、毕业证书发放等主要业务环节均由学校独立完成。公司利用其资金和技术上的优势，为学校网络教育提供支持和服务。双方共同承担教学成本和相关费用，共享收益，双方根据协议对办学过程中产生的利润进行分配。日常资金运转由网络教育学院具体执行，由学校财务处和审计部门监管。

2. 与校外学习中心的合作

在与校外学习中心合作的过程中，根据学校相关文件规定，江南大学现代远程教育的办学权和教学权归属于江南大学。

承建学校网络学历教育校外学习中心的合作方都是具有独立法人资格的教育机构，均为获得省级教育行政部门审批的校外学习中心，有良好的声誉，办学严谨。

校外学习中心必须具有在当地完成教学任务所需的学生网上学习条件和实验(实习)条件。如运行良好的网络环境、多媒体学习设备，必要的教学资源管理、播放、备份系统等条件；校外学习中心为学生提供的支持服务种类包括招生宣传组织、入学测试组织、入学导学组织、教材课件发放、日常辅助教学组织、课余活动组织、课程考试组织等。为保证学习中心的服务质量，学校在每次招生前都与校外学习中心签订针对本批次招生的补充协议，约定招生专业、层次和规模、双方责任和奖惩制度等。

江南大学按照上级主管部门关于校外学习中心建设的一系列文件精神制定了《江南大学现代远程教育校外学习中心管理规定》，结合《学生手册》《教学管理工作手册》等文件汇编(见图 1)，严格校外学习中心管理。通过召开校外学习中心研讨会、实施校外学习中心评估等方式，听取意见、发现问题、采纳建议，并积极改进优化，不断提高管理服务质量。学校采取有效的奖惩制度，强化和理顺校外办学系统，对在招生、考试和各项助学工作做得好的校外学习中心和学习中心管理人员给予奖励；对不合格或不称职的校外学习中心，坚决给予撤销并做好善后事宜。多年来，学校已关停或整顿 15 家校外学习中心。

图 1　相关管理文件

3. 与公共服务体系的合作

江南大学与奥鹏教育、弘成学苑和知金建立了框架性的合作关系，目前与奥鹏教育、弘成学苑开展了实质性的业务工作。我校对奥鹏学生实行三级管理模式。将奥鹏总部作为直属学习中心进行管理，奥鹏协助我校管理下设的各校外学习中心。校外学习中心经我校考察、同意后方可设立。校外学习中心招生层次、专业、收费标准需经我校授权。新生录取、入学资格审核、学籍管理、教学管理等与我校自建学习中心的管理模式相同，均需经我校审批。

通常提供两种形式的学习支持服务：①学生直接接受我校的服务资源，与我校自建学习中心学生等同，可登录我校的学生学习平台；②通过奥鹏总部，接受我校提供的相同内容的服务资源。我校委托奥鹏组织考试，学校选派巡视人员，考试时间、出卷、批卷等与我校自建学习中心学生一致。弘成学苑招生录取的学生完全按照我校网络教育直属学习中心的模式进行管理。

（三）招生模式

江南大学网络学历教育采取自主招生的方式，开设了业余高起专、专升本和高起本 3 个层次，主要面向成人从业人员的非全日制教育，实行弹性学制和学分制，根据学科专业特点要求，最短学习年限（从注册到毕业的最短时间）为两年半（高起专和专升本）或五年（高起本）。网络教育招生工作由我校网络教育学院组织各校外学习中心面向社会开展，招生宣传的所有文字内容都由学院拟定，《招生简章》经学校审批后统一印制和发放，并公布年度允许招生的校外学习中心名单。按照招生宣传的相关规定，组织各校外学习中心开展招生宣传、咨询工作，并接受学生报名，通过网络教育管理平台上传报名信息，对符合入学测试条件的学生，由我校统一组织入学测试，根据实际情况采取机考和纸考两种形式。我校网络教育确定新生录取控制分数线总分为 180 分，由管理系统进行自动统计，符合条件者进行网上录取，入学测试后一周发布录取结果。通过入学测试或符合免试入学条件，即被录取为江南大学继网学院的新生，登录学院主页，即可查询录取结果，随后学院统一发放《录取通知书》。符合免试录取条件（如已有本科学历、应届普通全日制专科毕业生）的学生由我校统一办理录取手续。

我校对网络教育招生工作非常重视，并积极开展招生工作的风险防控。学校纪检、监察部门全程参与招生工作，对招生工作进行全方位、全过程的监督。按照教育部、省教育厅和省教育考试院的规定要求，制定了《江南大学继续教育招生工作暂行规定》《江南大学继续教育招生录取工作流程》等招生管理制度，严格规范一切工作程序和方法。学院以经常性更新“招生预警声明”方式提醒考生防止上当受骗，并通过实地检查，派专人每天对网上招生宣传真实性进行检查等方式，关注招生宣传的情况，一旦发现有虚假招生宣传现象，即通过学院网站予以声明和更正。

（四）教学模式

江南大学网络教育构建功能完善的学习和管理平台集群，提供形式多样、符合在线学习需求的教学资源，实现了教学管理的全过程信息化，实施了线上线下并举的混合式教学模式。

学生按照教学进度自主安排学习，参加校外学习中心组织的助学活动；以学生自学为主，老师辅导为辅。其内容主要为：纸质教材自学＋网络课程课件（学生光盘）自学＋移动学习＋网上教室（形成性考核）＋网上实时交互辅导＋阶段性测试＋阶段性辅导课件集中播放＋集中考试＋毕业论文。对部分学位课程、专业课程要求各校外学习中心聘请所在城市高校的教师进行面授辅导，释疑学生学习过程积累的重点、难点。同时，学校对部分课程还安排本校教师进行巡讲，以提升教学质量。另外，我校网络教育采用多种答疑方式保证及时解答学生疑问，如全天 12 小时的在线咨询和电话值机、课程论坛、课程信箱、QQ 群等。

毕业论文的写作由网络教育学院统一组织。具体程序及时间安排为：写作申请、选题、审批、导师确定、提纲起草、导师审阅意见反馈、初稿写作、导师审阅意见反馈、论文二稿、二稿及以上写作、导师审阅意见反馈、终稿写作提交、答辩和成绩评定。

针对网络教育的特殊性，我校网络教育的实验和实践性课程均由学校主讲教师统一编制实践大纲，大纲中明确学生需操作完成的要求、实践应具备的设备、场地等，并不断加大网上虚拟仿真实验的开发建设，采取线上线下相结合的方式开展实践教学。

加强学习过程性评价。我校逐步完善了网上形成性学习评价系统，借此提高教学质量和学习效率。评价内容包括：学生完成网上在线作业情况（可即时评阅成绩）、学生登录平台次数及在线时间、学生单击网上课程次数及在线时间、参加在线辅导次数、BBS论坛发有效帖条数、网上下载学习资料次数等。通过逐步提高形成性考核占总成绩比重等相关措施，激发学生学习的自觉性，促使学生上网进行学习，保证学习行为真实发生。

（五）考试模式

江南大学网络教育严格按照上级有关部门和《课程考核与管理实施细则》的要求安排网络教育的各类课程考试，学校统一组织，各校外学习中心具体实施。

网络教育的课程考试分集中卷面考试和课程大作业两种形式，课程大作业网上提交、网上评分，卷面考试采用机考与纸考两种形式，由学校统一组织。机考试卷由计算机随机生成，纸质考试由学院指派巡考教师携带试卷至各校外学习中心，校外学习中心组织学生集中考试，课程考试试卷生成采用题库和教师命题相结合的方式由学校统一组卷。两种模式均由各地校外学习中心组织考场和监考老师，学校统一派出巡考老师，在统一时间内进行。

学校考试管理的宗旨是坚持原则，严肃考场纪律，注重学习过程，目的是体现考试的公平和公正，以考试督促学生学习。学校制定了相应的管理规定和处罚措施，对监考不力、组织管理失误等现象均有明确的处罚办法（《课程考核管理规定》），并根据“关于对考点考核结果奖惩措施的说明”，对考试工作单独考核。采用考试负责制，外派的巡考、监考、督考教师均需签订责任书，负责相关考点的考风考纪。考试组织及考试过程中的各项工作均做好原始书面记录，对其中出现的问题，明确责任到点、责任到人。

二、网络教育支持服务体系的构建

江南大学网络教育确立了基于教学要素及教学过程的学习支持服务体系，即资源服务、学习过程服务、技术设施支持。

（一）健全资源支持服务，提供丰富、合适的教育资源

1. 信息资源支持服务

学校继续教育教学活动中，教学理念、教学资源、教学模式、教学管理、教学评价的信息化确保了教学全过程的信息化，如学习进度的跟踪、个性化提示和困难访谈、提出学习建议等的信息化实现。教学活动流程图如图2所示。

教学全过程的信息化是通过设计合理、流程明晰、功能完善以及技术先进的教学平台完

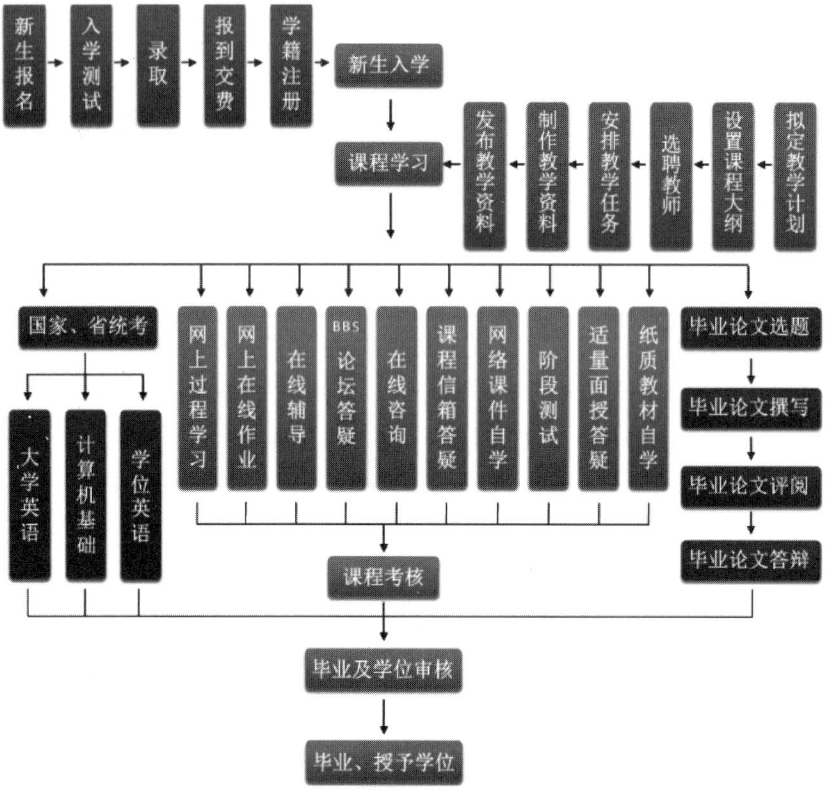

图 2 教学活动流程图

成的。目前,江南大学继续教育已形成教学支持服务平台集群,学校网络教育先后完善了网上报名、入学测试、教学教务管理、多媒体交互、学生学习、教师评阅、互认互选学习、统考辅导、学习中心管理、班主任工作、移动管理及学习、虚拟仿真实验 12 个平台系统(见图 3),功能贯穿招生宣传、报名咨询、信息上传、教学管理、学籍管理、在线辅导、在线作业和考试、论文写作指导、考试安排、毕业与学位审核等各个教学过程,实现了信息服务一体化。

教学全过程的信息化还包括了对学生支持服务的过程。江南大学继续教育实施了以继续教育与网络教育学院、校外合作办学单位和班级为基础的学生组织管理系统,为学生提供了完整的符合远程网络教学特点的、基于网络的学生支持与服务。

2. 学习资源支持服务

江南大学继续教育加强资源建设项目立项审核、资源验收、建设团队培训等工作,多方位保证资源建设的质量,实现了资源建设的多样化和特色化。

第一,强调课件内容的针对性,注重制作的质量,如企业全程参与,包括人才培养方案、课程体系的制定。校企共同研定课程内容及要求,将师傅带徒弟的典型经验和好的做法进行梳理总结,编入教学案例,增强课程的吸引力和有效性。不断更新课件制作技术及表现形式,以提高课件质量和视觉效果,培养学生的学习兴趣。

第二,建设我校特色专业虚拟仿真实验。有效实施工科专业远程实践教学,便于优势特色工科专业资源的共享和互认。

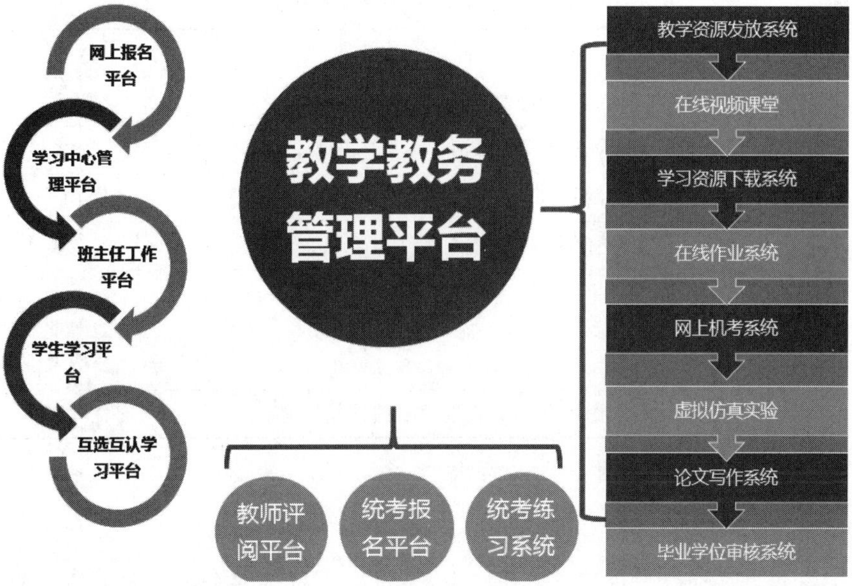

图 3　教学教务管理平台

第三，我校继续教育努力研究并开发优质教学资源，如特色(重点)专业、精品共享课程、微课程、继续教育专门教材的开发等。

第四，建设移动学习资源。进行了本校继续教育已有资源的共享兼容，针对不同的学习主题和需求进行分类和定制化应用构建。

第五，购买、共享其他学校的优势资源。

通过自建、共建、引入、整合等手段，经过不断的建设积累，形成多样化的数字化资源库(见表 1 和表 2)。

表 1　多样化教学资源种类及数量

序　号	类　型	数　量
1	实时辅导媒体库	18 497 学时
2	非实时辅导媒体库	9596 学时
3	试题库	2126 套
4	专题讲座	163 学时
5	教学案例库	1600 学时
6	常见问题解答库	2 套
7	网络课件	473 门
8	移动学习课程	104 门
9	继续教育专门教材	12 部
10	虚拟仿真实验	102 个

表 2　优质教学资源种类及数量

序　　号	成 果 类 别	数　　量
1	国家级(网络教育)精品课程	2 门
2	省级特色(重点)专业	5 个
3	省级精品(资源共享)课程	12 门
4	全国远程教育优秀实践教学软件与装置奖	二等奖 1 项
5	各级微课大赛	一等奖 1 项 二等奖 5 项 三等奖 5 项
6	“莱医特杯”虚拟仿真实验教学软件作品比赛	优秀奖 1 项

3. 人力资源支持服务

1）校本部的人员配备

江南大学自开展网络教育试点工作以来，一直努力打造一个积极向上的专职继续教育工作者队伍。深入学习和实践科学发展观，以建设学习型社会和构建终身教育体系为主要目标，注重员工的培训，鼓励和支持个人发展，营造和谐奋进的氛围，增强网络教育团队的向心力和凝聚力。学院目前有工作人员 65 人，其中 21 人为学校编制人员，44 人以现代人事制度聘用。

学校重视校内外继续教育管理人员的思想政治工作，坚持党建和学生思想政治教育的信息化建设，利用信息平台加强正面宣传，营造主流舆论，给予学生正确的引导。学院采用现代企业管理制度的岗位目标管理和绩效考核体系，集中办公，统一考评。深化以部门岗位聘任、岗位津贴、岗位管理为主要内容的人事分配制度改革，结合项目负责制实行目标责任，强化竞争、强化激励。

学校高度重视网络教育工作人员的各种培训，在相关领域获得科研成果的，给予政策上的扶持和倾斜。开展包括教学管理基础知识、计算机操作相关技能、网络教育相关理论等方面的讲座、交流的常规业务培训，提高员工的业务能力。2018 年，组织学习“党的十九大报告和党章”，学习习近平重要讲话，根据学校统一安排举办群众路线实践活动员大会和指导报告大会，全面贯彻党的教育方针，增强党员党性，提高政治素质。还开展了全院教职工的系列学习培训(见图 4)，如题为《精准执行、精细管理、精到服务》《日常生活中的法律问题》等讲座，以及对红豆集团和中船重工 702 研究所的参观学习等。专家的讲座精彩实用，对工作、对生活都有很强的指导作用。而参观学习则是让大家领略企业文化的迷人魅力。例如，“诚信、创新、奉献、卓越”的红豆文化，702 所研究人员的忘我拼搏严谨的科学探索精神，十分鼓舞人心。

2）校外学习中心的人员配备

各校外学习中心必须配备熟悉现代远程教育教学支持服务工作、能力较强、经验丰富的负责人及招生、管理、技术相关人员，工作人员与学生规模的比例为 1∶50～1∶80。

学校通过经常性的在线培训和定期的集中培训，不断提高校外学习中心管理人员的从业素质；通过校外学习中心的评估，以及弘成奖教金等方式实施有效的奖惩制度，有效调动

图 4 2018 年教职工系列培训

校外学习中心管理人员的积极性，确保了校外学习中心对学生支持服务的精准到位。

3）师资配备

江南大学网络教育的师资均源自校内各相关专业的有关学院。我校参与网络教育的教师通过课件制作前和多媒体实时辅导前的培训，了解网络教育的特点，掌握网络教育所需的相关知识与技能。另外，在学期初、学期中、学期末需接受定期培训，以胜任网络教育的常规教学工作。目前开设的各专业都实行了开课院系的学科负责人制。

为调动教师的积极性，网络教育学院结合教师自身的发展和全日制教学所需，一方面积极争取学校政策支持，在教师参加网络教育工作的报酬和科研成果申报等方面，学校予以政策上的倾斜和扶持。除作为教学工作量考核的重要依据外，还于 2009 年出台相关文件，专门对国家级网络教育精品课程获得者设立专项奖励，并在业绩考核和职称晋升等方面进行相应的奖励和加分；另一方面，学院加大投入改进技术，积极开展新型教学资源的创建，协助教师进行相关的课题研究和项目申报。学院于 2015 年和 2018 年对课件录播技术进行了迭代更替，分别建设了高清视频录播室和基于 OBS 的虚拟演播室（见图 5 和图 6），极大地提高了讲解视频的画面质量，从而提高了在线开放课程的视觉吸引力和可读性，为优质资源在各类教学资源建设立项评选中奠定了坚实的基础，如特色（重点）专业、精品共享课程、虚拟仿真实验等的建设都取得了喜人的成绩（见表 2）。网络教育教学资源全部反哺全日制教学，有效推进了全日制教学的信息化改革，教师信息化教学水平也得到了很大提升，有助于学校在线开放课程的建设以及“双一流”建设的推进。

（二）优化学习过程设计，提供合理、有效的过程服务

结合学校的办学特色和优势，网络教育构建了包括导学服务、学习辅导服务、作业和考试服务等在内的网络学习过程的支持服务体系（见图 7），实现了学前、学中、学后全过程支持服务。

1. 多种自学及助学服务

为学习者的课程学习提供一系列相关的服务，如导学、课件自学、学习平台学习、非实时辅导、实时辅导、阶段测试、在线咨询、课程论坛、面授辅导、移动学习、电话服务等，通过线上、线下的教学和支持服务，帮助他们在具体课程的学习中顺利获取各种学习资源，解决疑难问题，完成学习任务，达到预定的学习目标。

图 5　高清视频课件

图 6　基于 OBS 的虚拟演播室

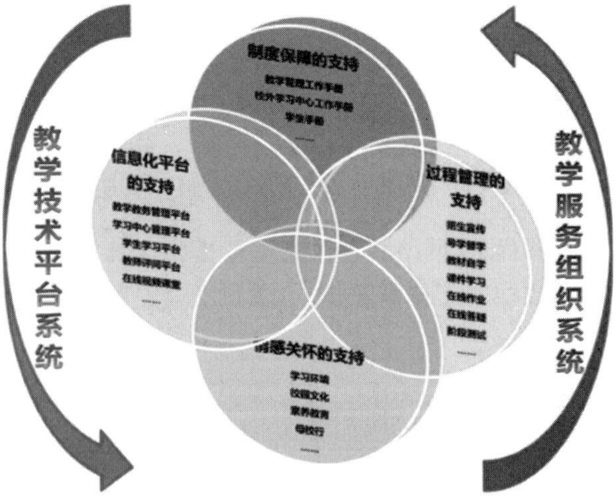

图 7　教学支持服务体系

2. 合适的学习过程监控

网络教育学院依据教学目标，在学习者的学习、网上活动、作业、考试等环节建立评价支持服务系统，采用先进技术和方法对学习者进行学习效果判断和评价。严格按照各专业每门课程的教学大纲和教学计划，结合每位学生平时的学习状况，如网上学习、网上作业、小组讨论、网上交互活动、阶段测验成绩、期中考试成绩、面授听课出勤等情况，以占课程总成绩30％的比例进行形成性综合评价。

3. 加强网络教育学生管理、思想政治工作和学风建设

网络教育学院专门成立了学生工作领导小组，关注学生的思想政治状态和舆情动态，创新学生思想政治教育手段，以寓教于乐的案例讲授方式加强学生的思想道德教育。

对于业余学生，充分发挥"网上江大"门户网站的作用，开辟专门栏目报到各校外学习中心开学、毕业典礼，组织学生返校，网上征集学生摄影作品，开展"作品赏析"等活动，着力虚拟校园建设，并通过"网上环保知识竞赛""同学风采""毕业祝福""江大校园行""毕业生聚会""同学联谊活动"等丰富了学生的业余生活，增进了同学之间的交流，师生之间的了解，并增强了远程学生对江南大学的归属感和对江大校园文化氛围的感受，同时还推出一帮一公益行动，组织各学习中心的同学与学院教师一起走进无锡市福利中心，与孤儿游戏、画画、读书，并捐赠日常用品。

（三）加大技术设施建设，确保可靠、先进的技术支撑

江南大学网络教育试点工作陆续投资4000多万元建设起网络实时和非实时教学系统，形成天、地、人三网合一，网络、通信、纸质、光盘等多媒体统一使用的现代远程教育体系，广泛适应各类学生多元化、个性化学习需求。

网络教育学院拥有采用100～1000M自适应网络设备组建的局域网，通过两条100M带宽独立电信接口接入Internet，并通过校园网的单独1000M光纤接入教育网，为不同上网方式的校外学习中心、学生提供了良好的网络环境。在此物理基础上，学院局域网内使用高速内部办公协作，资源共享系统。学院局域网拥有一个完整的C类中国教育科研网(CERNET)和11个电信网IP地址；刀片服务器11台，塔式服务器1台，分别用于网络教育门户网站及教学管理系统、继续教育门户网站及教学管理系统、非学历教育门户网站、多媒体语音实时答疑系统主服务器及双机热备的录制服务器、电子邮件服务器、数据库服务器、数据备份服务器、流媒体服务器、教学资源传输服务器(FTP)等。

随着办学规模的逐步扩大，网络教育学院根据实际教学的要求逐步加大网络硬件设施的投入，如服务器升级、采用更为先进的多媒体实时交互系统、改进出口路由和提升防火墙功能等，不断采用更先进的用于支撑教学教务的软件系统和环境，以充分保障规模、效益、质量三者协调发展。

网络教育技术采用完全基于Internet的B/S结构的教学支持系统和光盘课件相结合的方式，光盘课件与Internet(FTP)相结合用于传输教学资源。学籍管理、学生注册选课、学生活动、辅导答疑(实时与非实时)等所有教学活动(课程考试、入学考试除外)均通过网络完成。基于这样的技术路线，网络教育学院在提出技术环境建设规范的基础上，进一步加强了自身技术环境建设和对校外学习中心的指导、规范。

三、办学特色与改革创新

江南大学网络教育注重转变办学理念、规范办学行为、提升办学质量，坚持面向行业、面向区域，深入理解上级教育行政主管部门政策，结合学校长远规划，以规范护航，以创新带发展、以特色创品牌，以质量求生存，充分依托我校优势特色资源，与时俱进，不断改革创新，努力提高人才培养质量，积极开创我校网络教育新局面。

（一）彰显学科特色，创新行业人才培养

江南大学继续教育与中国焙烤食品糖制品工业协会、中国轻工协会无锡继续教育中心、中国照明协会、蒙牛乳业、红豆集团等轻工行业及企业形成了长期合作，重点打造了《食品安全监管培训》特色培训项目，学校的品牌特色优势得到有效彰显。

江南大学的食品科学与工程是学校重点优势学科，也是国家一流建设学科，建有食品领域研究单位中唯一的国家重点实验室。依托学校雄厚的技术基础优势资源，学校与中国焙烤食品及糖制品行业协会开展了长期的合作，有计划、有步骤地面向行业提供技术推广与培训。我校瞄准行业发展的需求，充分整合食品科学与工程优质教育资源、教学经验以及远程教育“人人皆学、时时能学、处处可学”的个性化优势和技术优势，创新教育模式和教学方式，研发课程内容体系。量身定制式开设培训课程，满足学员的个性化需求。培训内容实行递阶渐进式提升，理论与实践相结合，技术与管理相结合，基础工艺与产品创新相结合，针对现实市场的实际情况，发现问题，解决问题，为焙烤从业人员提供卓有成效的远程学习服务，培养既具有经营创业能力，又有过硬专业技术水平的复合型和创新型人才。

2002 年至今，该项目已培养学历教育学员 2000 多名，2011 年起开展高级研修班，职业培训每年 6 期，参训学员 1000 余人次。完成学业的大部分学员在经营着自己的企业，不是经营者的学员也都已经走上了知名企业的核心岗位，截至目前，还涌现出 2 位 2008 年奥运火炬手，28 位全国技术能手，12 位国家职业技能大赛裁判，35 位国家职业技能鉴定高级考评员，45 位高级技师，127 位技师，124 家学员单位被评为全国优秀饼店，43 家学员单位被授予三星级以上饼店荣誉称号，部分学员成为当地和省级的人大代表、政协委员。2018 年，该项目学历继续教育学生周斌偕同队友朋福东在德国慕尼黑世界面包锦标赛上击败烘焙强国法国、日本、德国，斩获冠军！这是中国面包烘焙史上摘得的首枚团队赛金牌！是所有中国面包职业人的骄傲，更是江南大学网络教育的骄傲！江大的品牌、食品专业的优势得到彰显，该项目有广阔的发展空间。

（二）面向区域经济，打造继续教育新高地

长三角地区是我国城市化水平最高、城市体系最完备的地区之一，同时也是经济建设最活跃、知识密集型产业科技人才急需的地区之一。苏南地区将以制造业为支撑，发展包括物联网、高端装备制造、节能环保、生物、新能源、新材料、新能源汽车等战略性新型产业。所有这些发展的基础，都需要与之相适应的人才培养和提升。我校以教育部高等学校继续教育示范基地建设项目为契机，与苏南地区总工会系统的学校合作，以积极的姿态参与地区经济发展所需人才的培养，充分发挥优势资源优势，合理利用网络教育这一有效的平台，培养社

会发展、经济建设急需的实业型人才，面向地方，为地区的区域经济建设贡献力量(见图 8 和图 9)。

图 8　欢迎中焙“黄埔系”食品专业同学莅临指导

图 9　马鞍山市、江南大学国家食品安全示范城市创建高级研修班合影留念

通过对长三角经济发达地区继续教育现状的分析，构建以在职成人为主要服务对象，以非学历教育为主导，以“六大工程”建设为内涵的江南大学继续教育管理运行机制；建立“三个面向”“三种方式”“三向维度”的江南大学继续教育“333”人才培养模式；搭建具有多网融合、资源共享、人才评测等功能的江南大学继续教育基地远程开放办学与数字化公共服务平台，着力建设了地处经济发达地区高等学校继续教育的发展起示范引领作用的继续教育新高地。

(三) 构建虚拟仿真实验，提高差异化竞争能力

通过本校优势专业实践课程网上虚拟实验室的建设，实现工科专业的远程实践教学，推进继续教育特色品牌资源的建设和共享，提高继续教育差异化竞争的能力，并有效辐射全日制教学，促进全日制本科教学的信息化改革进程(见图 10)。一是系列化建设。建设优势专

业所有实验课程及理论课程所有相关实验的网络虚拟实验室，保证实践教学的体系化和科学化，如食品科学与工程专业虚拟实验室是包括食品分析、食品工程、食品化学、食品微生物学等虚拟实验在内的一个全方位的虚拟实验室体系；二是共性实验共性建设及共享。通过具体实验课程建设的积累，将共性的建设元素（如仪器、药品、基础实验等）集合在一起，形成大学科资源库或素材库，为某一学科或相近学科提供建设元素，避免重复建设。

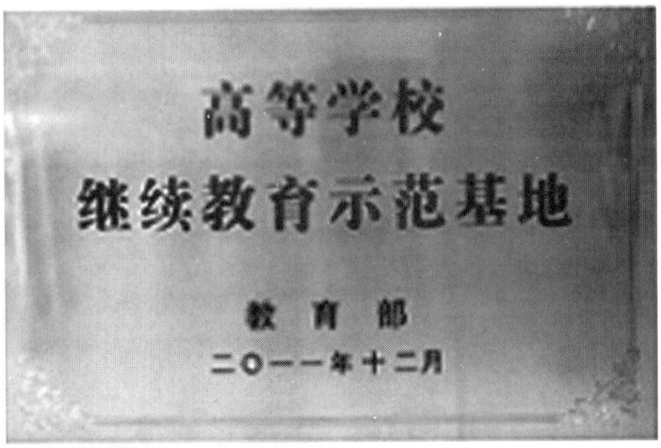

图 10　高等学校继续教育示范基地

截至目前，我校已完成《无机及分析化学》《化工原理》《大学物理》《有机化学》《食品微生物学》《食品加工工艺学》《食品分析》《食品生物化学》等食品科学与工程专业相关课程的虚拟实验建设（见图 11）。2017 年，《食品工艺学》仿真实验荣获省级在线开放虚拟仿真实验教学项目的立项，并优先推荐参加国家级虚拟仿真实验项目的遴选，2018 年，《无机及分析化学》获得轻工业十三五数字化项目立项。其中，《食品工艺学》虚拟实验项目在首届“莱医特杯”生物和食品类虚拟仿真实验教学软件作品比赛中获得优秀作品奖（见图 12）。建设完成的虚拟仿真实验通过实验平台应用于网络教育远程教学及全日制学生的专业学习及辅修、选修，每年大约有 2300 多人均取得了良好的教学效果。

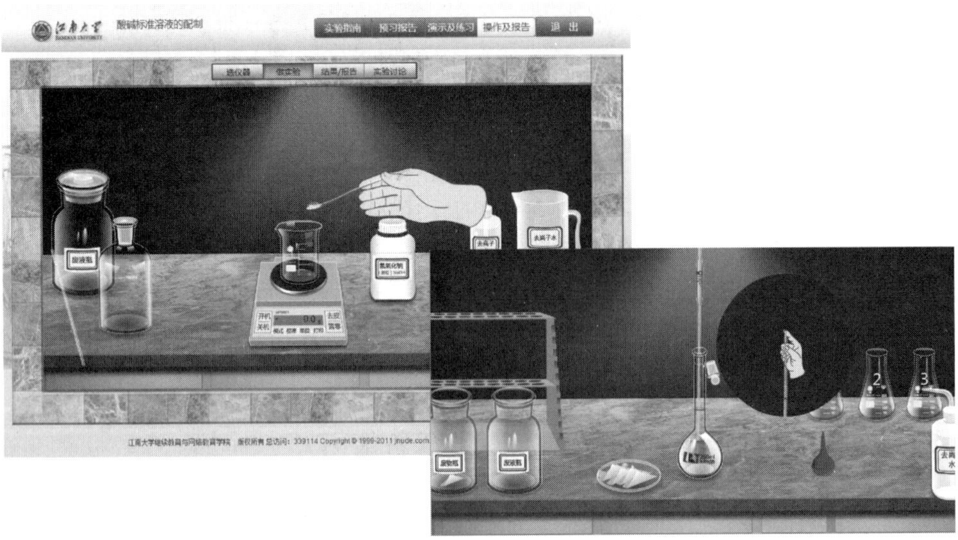

图 11　虚拟仿真实验操作界面

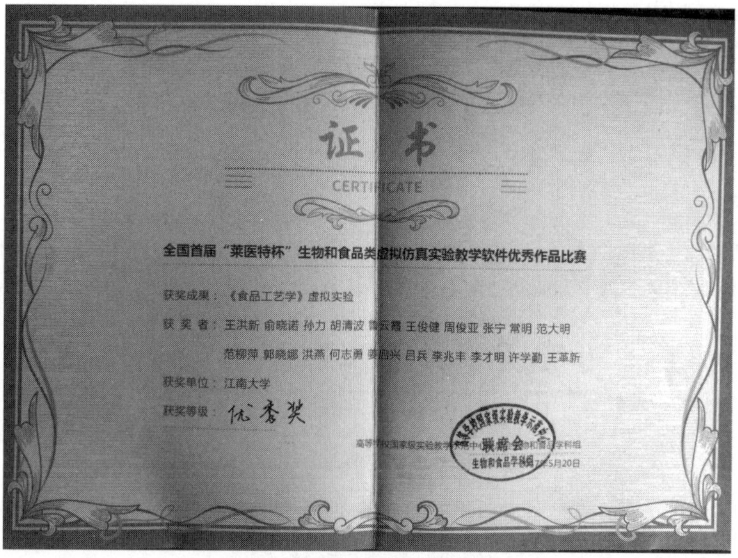

图 12　虚拟实验获奖证书

（四）探索实践学分互认，促进继续教育的融合

多年来，江南大学积极开展校内外学分互认的研究，如成人教育网络化教学改革、"远程教育工科专业在线实验教学模式的研究与实践"、开放教育与网络教育之间的学分互认探索（"国家继续教育学习成果认证、积累与转换制度的研究与实践"课题的实践项目）、教育部"普通高等学校继续教育数字化学习资源开放服务模式的研究及应用"、与省内高校合作的"江苏省数字化学习资源开放共享实施办法"的研究课题等，并积极参与各类资源共享和学分互认联盟，如先后参与了教育部组织成立的继续教育在线教育联盟、国家开放大学主持成立的学习成果互认联盟、全国高校现代远程教育协作组牵头组建的百校千课联盟等，弘成科技组织成立的资源共享共建联盟（见图 13）等。

通过学分互认研究，实践了校内资源整合优化、校企合作共建、开放教育与网络教育典型课程的科学互认、校际优势资源的共享，建成了项目及联盟内高校合作的长效机制，制定了学分互认的管理规范和技术标准，如学习成果认定规则、学习成果转换办法等，不仅实现了校内各类型继续教育的有机融合，继续教育人才培养网络化模式的教学与实践项目荣获学校 2009 年教学成果一等奖；还搭建了学校与行业合作、优质资源共享、教学培训、测评等结合的公共服务平台；"远程教育工科专业在线实验教学模式的研究与实践"项目荣获 2014 年国家教学成果二等奖（高教类）（见图 14）。

（五）推进考试信息化，提升考试管理水平

21 世纪是以知识经济为主导的信息时代，教育信息化迎来了前所未有的发展机遇，集天时、地利、人和的网络教育率先垂范。为了推动网络教育规范、健康、科学地发展，江南大学继网学院在"互联网＋教育"时代背景下，落实国家政策，紧跟时代步伐，结合自身特点，不断推出继续教育与网络教育信息化系列改革措施。网络教育传统的纸质考试，整个流程涉及出卷、试卷印制、封装、分发、考试、试卷收回、清点、阅卷、核分、成绩录入等诸多环节，考试

学习成果互认联盟

入盟函〔2018〕15号

学习成果互认联盟入盟确认函

江南大学：

贵单位及其申报的学习成果已通过机构审核委员会的专家评审，贵单位正式成为学习成果互认联盟成员单位，依据《学习成果互认联盟章程》开展工作，享有联盟成员的相关权利并承担相应义务。联盟成员单位代码为LM027。机构和学习成果的有效期为2018年1月1日——2023年1月1日，机构和学习成果的相关信息将通过学习成果转换管理网面向社会发布。

学习成果名称	层次（级别）	类型	学习成果框架等级
食品科学与工程专业（烘焙方向）	网络教育（本科）	毕业证书	7级
食品质量与安全专业	网络教育（本科）	毕业证书	7级

学习成果互认联盟秘书处

二〇一八年一月五日

图 13　资源共享与学分互认联盟

规模大，开考科目多，考点分布广，运行时间长，实施过程繁杂，各环节工作量大，人为操作极易出错，耗费大量的人力、物力，这一系列问题都亟待彻底解决。针对这些特点，基于云计算、大数据和分布式服务等技术，进行网络教育考试信息化的探索与实践，破解难题，先后推出在线考试和纸质考试信息化（见图 15）。

在教务管理系统的强力支撑下，陆续建立健全考试管理系统、题库支持系统、试卷组织系统、在线阅卷系统（见图 16），通过考试组织管理信息化、考试出卷信息化——在线组卷、非纸质考试信息化——在线考试和纸质考试信息化——在线阅卷“四大举措”，有效地提高了网络教育考试的工作效率，促进了考试过程公平、公正，实现了考核结果准确、智能，保证了考试流程精准、规范，进一步提升了网络教育的教育教学质量。

江南大学网络教育考试信息化将复杂的工作交给网络大数据和计算机，使过程更加规范、流程更加简化、工作更加精准，效率有效提高、质量有效提升、共享有效拓展；顺应时代，推陈出新，有力支持学校“双一流”建设，增彩江南大学“60 华诞”；率先垂范，资源共享，先后迎来十几所高校继续教育学院和网络教育学院来考察学习，互相促进，共同提高；前瞻性试验，创新性引领，服务国计民生，服务经济发展，服务全民学习、终身学习的学习型社会。

附件：

2009 年江南大学教学成果奖获奖项目名单

特等奖 6 项

序号	成果名称	成果完成单位	成果主要完成人				
			1	2	3	4	5
1	基础力学探究型教学模式的研究与实践	机械工程学院	陈安军	钱怡	许佩霞	周斌兴	浦广益
2	制药工程专业创新型人才培养的探索与实践	医药学院	张晓梅	朱瑞宇	窦文芳	陈蕴	汤鲁宏
3	民法学课程教学改革	法政学院	蔡永民	曾祥华	任丹红	杨梅	
4	江南大学国家生命科学与技术人才培养基地建设和发展	生物工程学院	堵国成	陆健	徐岩	饶志明	詹鲁
5	大学生心理健康教育创新体系的探索与实践	学生工作处	符惠明	朱飞	王珏	奚晓岚	庄潆杰
6	信息科学大学生创新人才培养模式探索	信息工程学院	王士同	梁久祯	吴小俊	钱雪忠	蒋敏

一等奖 22 项

序号	成果名称	成果完成单位	成果主要完成人				
			1	2	3	4	5
1	食品专业实践教学基础建设的研究与探索	食品学院、教育学院	鄖延军	姜启兴	范柳萍	陶谦	杨小红
2	大学生影视戏剧创作技能培养体系的创新与实践	文学院	庄若江	张时民	顾梅珑	史永霞	贺昱
3	微生物精品课程群的建设	生物工程学院	李华钟	段作营	樊游	曹钰	
4	基于特色型人才培养的涂料及涂装技术专业方向的创建与实践	化学与材料工程学院	陈明清	刘晓亚	傅成武	张红武	熊万斌
√5	**继续教育人才培养网络化模式的教学与实践**	**继续教育与网络教育学院**	**黄正明**	**殷宝良**	**孙力**	**徐昉**	**刘莉**
6	经管类大学生创新创业能力培养体系的建设与实践	商学院	李晓钟	唐建荣	何家凤	李丽霞	薛云健
7	心理拓展训练促进大学生心理健康与社会适应能力的理论与实践研究	体育学院	陈海波	闵春晖	戴平	吴健	王海波
8	科研驱动的图像图形智能处理课程群的教学模式改革	信息工程学院、数字媒体学院	李朝锋	林意	桑庆兵	邓赵红	方伟
9	包装设计创新教学研究与实践	设计学院	王安霞	陈新华	魏洁		

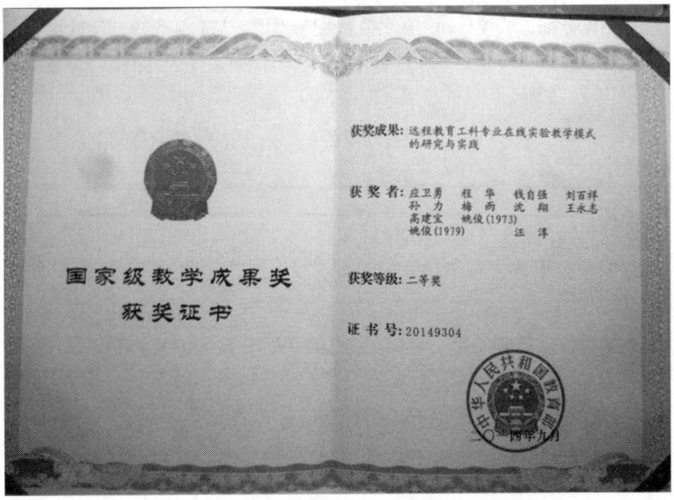

图 14　学分互认研究项目获奖证书

江南大学网络教育经过多年不懈的努力，现已发展成为涵盖工、理、文、艺、法、医、经、教八大学科 40 余个专业，形成以本科层次人才培养为龙头，学历教育与非学历教育并举的新格局。学院先后荣获“全国普通高校成人教育先进单位”“全国高等学校学历文凭电子注册管理先进单位”“江苏省成人高校学生管理先进集体”“无锡市社会教育培训先进单位”“全国继续教育示范基地”。网络学院连续多年被新华网、新浪网、腾讯网等多家国内知名网媒评为“全国十佳网络教育学院”“最具社会影响力网络教育学院”等。随着十九大的召开，未来 10 年将是中国继续教育事业蓬勃发展的“黄金时期”。我校网络教育将以此为契机，继续认真领会各级领导部门的相关文件精神，与时俱进、开拓创新，努力办好人民满意的继续教育和网络教育。

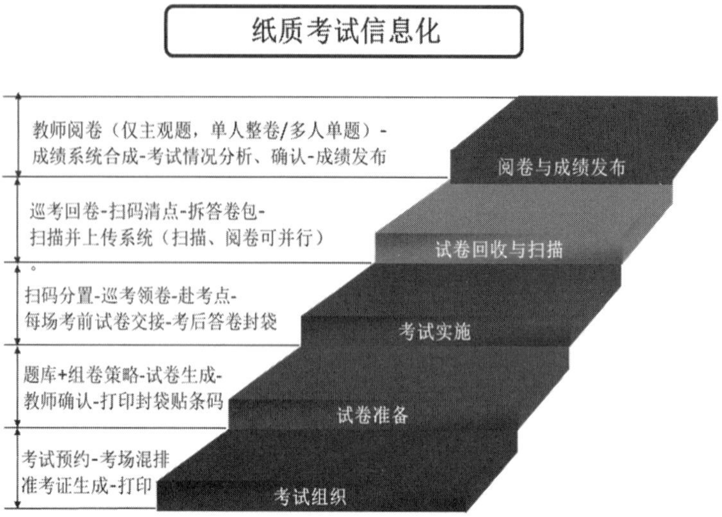

图 15　纸质考试信息化

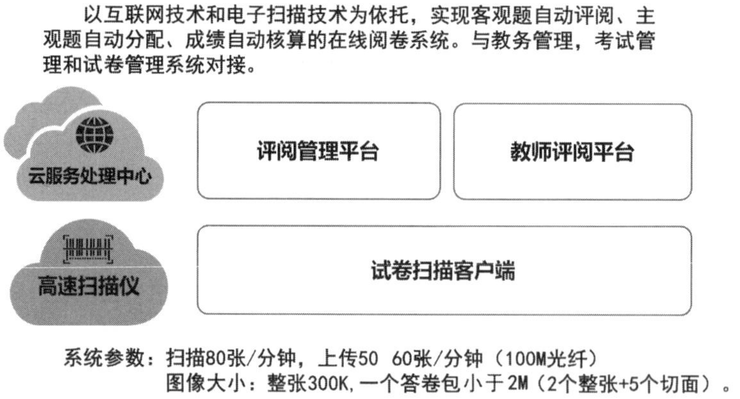
以互联网技术和电子扫描技术为依托，实现客观题自动评阅、主观题自动分配、成绩自动核算的在线阅卷系统。与教务管理，考试管理和试卷管理系统对接。
云服务处理中心
评阅管理平台
教师评阅平台
高速扫描仪
试卷扫描客户端
系统参数：扫描80张/分钟，上传50 60张/分钟（100M光纤）
图像大小：整张300K，一个答卷包小于2M（2个整张+5个切面）。

图 16　阅卷系统组成

山东大学现代远程教育试点工作总结

山东大学是教育部批准最早试办网络教育的高等学校之一。近 20 年来，山东大学始终高度重视继续教育，秉持学校“为天下储人才、为国家图富强”的办学宗旨，将继续教育作为人才培养与服务社会的重要内容、创建世界一流大学的重要载体与坚实保障，以立德树人为根本，以学生成长为中心，以“建立智慧型网上山东大学”为愿景，确立新目标、开拓新思路、探索新体制、制定新规范、实施新举措，积极发展学历继续教育、大力发展非学历继续教育，逐步实现了规模、结构、质量、效益的协调发展，取得了显著的人才培养与社会服务效应。

一、试点工作背景

山东大学是中国近代高等教育的起源性大学，其主体是 1901 年创办的山东大学堂。作为一所历史悠久、学科齐全、人文底蕴厚重、办学特色鲜明，在国内外具有重要影响的教育部直属全国重点综合性大学，山东大学历来高度重视继续教育工作，将继续教育作为实现大学人才培养、科学研究、社会服务、文化传承与创新四大功能的重要载体，于 1958 年举办函授和夜大学，是我国最早从事继续教育的高等院校之一。20 世纪以来，随着互联网技术的发展和成熟，远程教育踏入了新的历程，并对教育界产生了深远的影响。1999 年，中共中央、国务院在《中共中央国务院关于深化教育改革全面推进素质教育的决定》(中发〔1999〕9 号)中提出：“大力提高教育技术手段的现代化水平和教育信息化程度”“国家支持建设现代远程教育网络”。为服务国家战略，服务学习型社会建设，满足不同区域、领域、行业对创新性应用型人才的需求，山东大学积极探索网络教育人才培养模式，于 2000 年 7 月被教育部批准为现代远程教育试点高校。

二、试点工作任务

山东大学网络教育作为学校三大人才培养体系(研究生、本科生和继续与网络教育)的重要组成部分之一，明确提出试点的主要任务：一是提高政治站位，服务国家战略、终身学习体系及学习型社会的建设、成为学校连接社会的纽带；二是加强顶层设计，探索良好的继续教育管理运行机制；三是遵循继续教育规律，不断推动结构调整与转型发展，形成具有山东大学特色的人才培养体系，大力培养社会急需人才；四是提高质量、防控风险，坚持办学规模与服务能力相匹配，推进继续教育质量发展、内涵发展。

三、试点工作的基本情况

（一）起步期（2000—2004 年）

学校于 2000 年 4 月成立网络教育学院，实行一级办学体制，由网络教育学院代表学校行使网络教育的管理职能；订立联合办学协议，与国内 20 多家企业进行合作商洽，与山大鲁能信息科技有限公司和山大华天科技股份有限公司签署三方合作协议，由学校投入教学资源，进行教学管理，公司投入资金和技术，并分别成立了“网络教育领导小组”“网络教育发展中心”和“监督小组”。2004 年，网络教育学院与成人教育学院合并成立了继续（网络）教育学院，确立“理顺关系，规范管理，保证质量，积极发展”的整体发展思路，同时终止了与公司的合作。设立办公室、成人教学部、学籍部、培训与招生部、自考部、网络教学与资源建设部、技术部 7 个科室，健全了内部组织机构。截至 2004 年，学校有网络教育学习中心 38 个，共招生 2 万余人，1 万余人完成学业，顺利毕业。

（二）成长期（2005—2015 年）

学校高度重视网络教育的发展，把网络教育作为学校人才培养的重要组成部分，坚持“特色发展、内涵发展、质量发展”的办学原则，树立“以需求为导向、以学生为中心、以质量为根本”的办学理念，确立了适合校情的“校、院”二级办学体制，形成了“内部监督＋业务分割＋职能分工”式组织机构。2005 年，利用电大教育站点遍布全省的优势，学校与山东广播电视大学签订了《关于合作开展网络教育的意向书》，加速了网络教育的创新发展。截至 2015 年，学校网络教育开设有 89 个本、专科专业，学习中心 78 个，覆盖全国 25 省、山东省 17 地市，10 年间共招生近 19 万人。学校网络教育坚持服务国家战略，大力推进“三个面向”拓展，与国家食品药品监督管理总局、富士康等数十家行业、企业进行合作，开展“西藏地区卫生疾控人员学历提升”项目，成为教育部“优秀执业药师能力提升 e 计划”的首个发起单位，彰显了服务社会的能力。

（三）转型期（2016 年至今）

近年来，学校网络教育遵循高等教育的基本规律，以“提高质量、防控风险、打造品牌、推动转型”为方向，以文化建设为引领，坚持不懈地进行结构调整，坚定不移地实施转型升级，建设“一库两云多平台”继续教育信息化体系；建立山东大学（章丘）在线教育研究院，成为国内第一家高校和政府共建的在线教育研究机构；优化调整专业结构，推动信息化教学改革，提升学习支持服务水平，具有山东大学资源优势和办学特色的互联网生态平台型终身教育服务体系逐步形成。截至目前，学校网络教育开设有 61 个本、专科专业，学习中心 76 个，共招生 12 万余人。

四、试点工作特色和经验

（一）学校高度重视继续教育，明确办学定位

领导重视：学校党委、行政高度重视继续教育工作，党委常委会、校长办公会均多次听取继续教育学院工作汇报、研究通报继续教育工作，党委书记、校长及其他校领导均十分关心继续教育的改革与发展，多次批示指导继续教育工作。继续教育作为人才培养与社会服务的内容之一，明确写入了已颁布的《山东大学章程》，并在《山东大学事业发展"十三五"规划纲要》中提出要深入推进我校继续教育的改革创新、结构调整与转型发展，稳步发展学历继续教育，大力发展非学历继续教育，建立一流的在线教育服务体系。

管理体制：学校继续教育实行分管校领导负责，统一归口管理的管理体制。继续教育学院作为学校行政管理机构，代表学校行使办学和管理职能，统一管理全校各学院(单位)开展的成人教育、网络教育等学历继续教育和教育培训、涉外培训、老年教育等非学历继续教育；统一对外合作、招生工作和毕业工作，统筹各学院师资、专业建设、资源建设和教学过程，提供学习支持服务。各教学学院由分管领导专门负责继续教育工作，专职人员协助进行专业课程建设、教学过程管理和学习支持服务等。

制度建设：学校建立了较为完善的继续教育规范办学与质量管理制度体系。先后出台《山东大学关于实行网络教育校、院二级办学体制的意见》《山东大学网络教育学院二级办学实施细则》《山东大学继续教育学院网络教育招生管理制度》《山东大学现代远程教育校外学习中心建设管理办法》《山东大学继续教育学院教学过程管理规范》《山东大学继续教育学院毕业论文(设计)写作要求》等，对学校继续教育的组织领导、管理体制、机构设置、运行机制等做出了要求，充分保障了继续教育工作健康有序运行，确保了人才培养与人才发展的质量。

（二）依托教育信息化，创新人才培养模式

2015 年，学校从立足解决问题，着眼长远发展的角度出发，提出"一库两云多平台"的信息化建设整体构想(见图 1)，并于 2017 年正式上线投入运行，搭建了统一数据中心及云服务支撑环境，开发了统一身份认证的门户网站、课程中心、数字图书馆、慕课(MOOC)平台和移动学习 App。平台以实现质量管理、模式创新、资源共享、智慧学习、终身教育为最终目标，支持以学生为中心的自主、协作、交互式学习体验，以教师为主导的课程设计及教学组织，以教育数据为基础的教学决策、管理与服务，为学校网络教育人才培养模式的创新提供了强有力的支持。

1. 调整专业布局，优化人才培养方案

学校网络教育严格按照教育部专业设置要求，依托综合性大学的学科优势，以服务国家战略及区域社会经济发展需要为导向，调整和优化专业布局。目前，学校网络教育设有专升本 47 个专业、高起专 14 个专业。

在优势学科和特色专业建设上，学校充分考虑行业、企业、区域人才培养与人才发展的实际学习消费需求，按照定制式、个性化、应用型的建设原则，不断创新专业建设模式。一方

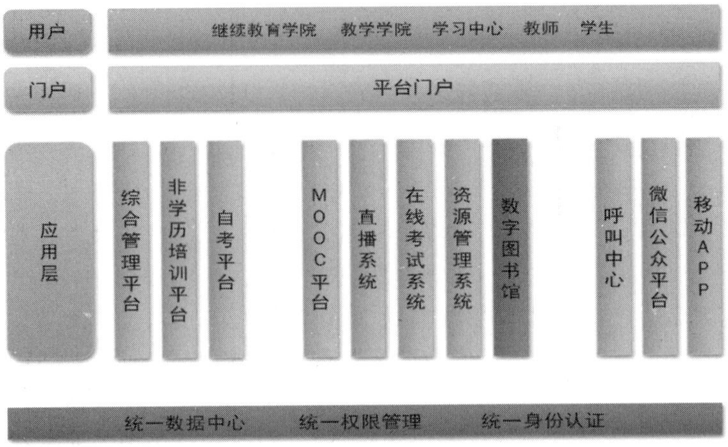

图1　一库两云多平台功能架构

面，建立了市场急需的全新专业，如交通运输、教育学（学前教育方向）等；另一方面，通过引入社会师资进行资源建设、组织专家团队实施模块教学，重点建设药学、社会工作、土木工程等专业。

在培养方案优化上，结合实际调研情况，从学生个性化学习需求、职业能力发展及社会行业发展需要的角度出发，以应用型人才培养为目标，重构专业课程体系，构建了科学、合理且具有时代特点的专业理论体系及实践教学体系，支持学生根据个人兴趣、发展方向选择构建与自身需求相适应的培养方案。

在“执业药师能力与学历提升工程”项目中，加强药学及相关专业建设，采用“一体化、一站式、延伸性”的培养模式，“开放式、柔性化、个性化”的培养方案，“职业化、需求式、综合性”的课程体系，“交互式、模块化、自主性”的学习体系，“引导式、顾问型、终身性”的服务体系，促使学生带着问题学、结合工作学、网上网下学，实现做中学、学中做，真正做到工学结合（见图2）。在土木工程专业建设中，学校从工作岗位出发，根据职业发展规律进行课程体系架构与设置，下设建筑工程、工程造价等5个专业方向，满足不同岗位对知识和能力的要求，大大提升了学校服务行业、企业及区域的资源空间。

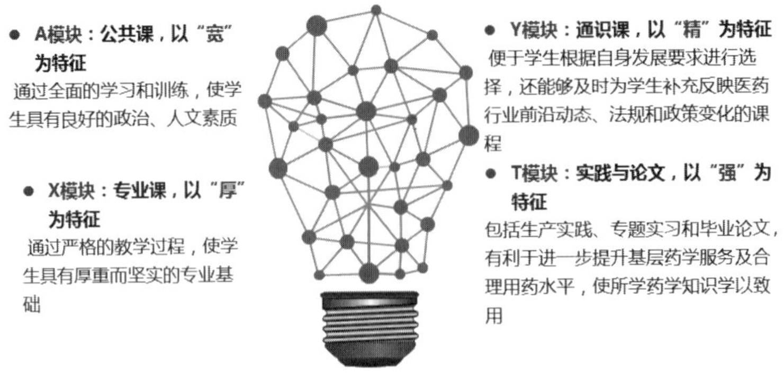

图2　执业药师人才培养方案（A+X+Y+T）

2. 建立专业化师资保障体系，升级资源建设

在师资配备上，学校以质量保障为核心，积极推动继续教育师资建设，打造了一支由校内外优秀教师、技术及行业专家构成的教师队伍。现有专、兼职教师 2024 人，其中主讲教师 735 人，校内教师占比 65.9%，辅导教师 1289 人。

教师是教学工作的主体，学校全面加强师德师风建设，坚持教书和育人相统一，坚持言传和身教相统一，坚持潜心问道和关注社会相统一，坚持学术自由和学术规范相统一，引导广大教师以德立身、以德立学、以德施教。

学校依托平台，构建线上师资库，线上线下结合对教师进行职前职后的现代教育技术、课程建设理念与方法、教学策略的设计与实施等培训，提供富媒体编辑工具及数字图书馆为教师课程设计提供技术及资源支持等，不断推动教师深入参与到网络教育教学、课程建设及教学改革研究中。

在资源建设上，学校进一步加强信息化资源建设水平，一是加大对软硬件的投入，将 3D MAX、VRAY、草图大师、AE 等软件运用到课程场景及课程细节制作中，新建 7 个虚拟演播室(见图 3)、新采购 4 台苹果后期编辑工作站、两台智能电视，提升课程质量与剪辑效率。二是新建 5 间智慧教室(见图 4)，打造本地＋远程相结合的特色智慧教学体系，既满足现场教学，课堂互动，录制课程的需求，又打破空间距离障碍，将不同校区的教室联动起来，实现远程互动式教学，小组任务式探究学习，远程毕业论文答辩等功能。三是创新课程开发模式，引入由课程教师、教学管理人员、资源建设团队共同参与的课程小组机制，加强对课程的设计、优化、审查，从多角度保证课程建设的质量。四是创新课程建设理念，融入“学习设计”思维，以学习者为中心，以学习成果为导向，采用任务驱动式的教学方法，以学习任务为主线贯穿整个学习过程，将教师、资源、工具以任务为单位有效整合，以有效学习活动组织学习过程。构建以知识点为单元的课程架构，通过富媒体表现形式、多样化学习活动共同促进学生对知识的理解和应用，课程资源及相关学习活动均可通过移动端访问。五是为网络学生免费提供 300 余门通识课程及数字图书馆，是国内首家提供此项增值服务的学校。

图 3　虚拟演播室

3. 落实教学模式改革

基于信息化建设，学校不断推进混合式教学的落实，以培养学生自主学习能力为目标，以教学平台为依托，推行行动导向的新型学习方式，设计了学生的整体线上学习流程，变基于资源的自主学习为基于任务的自主学习，变学科知识传授为主为在完成任务中主动获取

图 4 智慧教室

知识和能力，变接受型学习为探究型学习。一是学习指导，充分发挥课程教师在资源设计中的引导、在学习正式开始前的导学作用。二是在线课堂，通过模拟真实课堂的教学环境，通过线上交互系统或线下面授辅导(含课堂直播)帮助学生共同思考和改善学习过程。三是学习社区，以小组为单位组织学生进行研究性学习，提高学生分析和解决问题的能力，促进协作学习能力。

自 2016 年起，学校重点推进直播课堂的开(见图 5)展，涉及执业药师考前培训、管理技能、社会工作、时事政治与形势、人工智能新业态、英语文化、心理学等领域，已开展 13 个系列 22 个专题讲座，学生参与度高，反响良好，使用移动端参与的学生达到 70%以上。在专业课程方面，结合学生平台讨论、答疑情况，有选择地开展在线课堂，为学生提供更有针对性、时效性的学习支持，每学期完成近 50 门课程的在线课堂。同时，将课程视频学习、线上测验、作业计入考核，通过构建更加科学的考核评价体系，促进学生参与学习。2017 年学生的有效访问量达到近 1 亿人次。

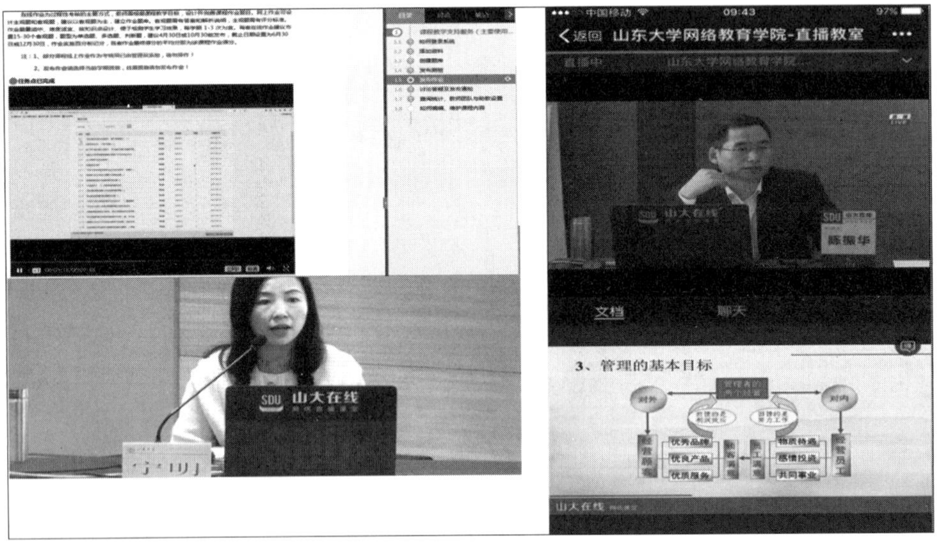

图 5 直播课堂

（三）围绕服务国家战略，打造“四个面向”拓展机制

学校继续教育以支撑国家发展战略，推动教育公平，服务学习型社会和终身教育体系建设为导向，在继续教育学院、教学学院和学习中心“三支队伍”的共同努力下，积极探索，开拓创新，形成了“四个面向”拓展机制，变个体式、发散性拓展为集中式、聚焦性拓展，优化了服务对象，稳定了学生来源，提高了学生集中程度，提升了生源质量，形成了服务行业系统、企业、地方和特殊群体、职业院校与技工学校的长效机制，打造了定向定制的继续教育模式。

面向行业，为专业技术人才发展、行业教育培训体系构建提供服务，打造了“学历提升＋能力提升＋资β格认证”的继续教育模式，目前已为国家食品药品监督管理总局、地方质量技术监督局、国税局、地税局、检察院、法院、卫生、保险等近40个行业开办了网络教育。其中，作为合作唯一发起高校，山东大学与国家食品药品监督管理总局执业药师资格认证中心联合实施了“全国执业药师能力与学历提升工程”项目，累计招生18 000余人，其中7000余人已顺利毕业，取得了显著的人才培养成效；与山东地市组织部合作开展“社会工作能力与学历提升工程”，已招收网络教育在籍学生1000余人，拟在全国推广。会议合影见图6。

图6　会议合影

面向企业，为岗位技能人才成长、企业人力资源体系建设提供服务，打造了“知识水平＋职业技能＋职业素养”的继续教育模式，对社会需求进行深入调研，综合考虑企业对人才的需求、岗位技能基本要求、职业素质要求和理论知识体系等要素，制定与生产实践、经济发展需要、企业个性需求相结合的人才培养方案；采用“网络＋面授”的教学新模式，利用网络教学环境有意识地培养学生的自主学习和创新性学习能力，选派优秀教师直接到企业授课，保证工学结合的效果；根据企业的不同培养需求，提供与之相适应的个性化服务和特色服务，包括对管理者的培训和对学生网络学习的指导，校园游及前沿讲座等活动（见图7）。截至目前，与新汶矿业集团、鲁西化工集团、富士康等100多个企业展开合作，为企业培养了大批实用型人才。

图 7 研修班合影

面向地方和特殊群体，为地方人力资源结构优化与人才发展战略实施、终身学习体系构建及市民文化素养提升提供服务。打造“聚焦式·项目化·公益性”的继续教育模式，已开展西藏基层公卫人员培训计划、广东省（深圳市）新生代产业工人骨干培养计划等。目前，学校在西部地区建有学习中心 12 个，占学习中心总数的 16%；与西藏大学合作举办卫生事业管理专业网络高等教育学历班（见图 8），培养了大批卫生疾控专业人才，提高了西藏地区卫生疾控人员的专业水平，为西藏地区卫生服务水平的提升做出了贡献；根据西藏自治区卫生厅要求和卫生疾控人员现状及学习条件，科学设计培养方案，实行“网络学习、名师面授和光盘助学”相结合的教学方式。鉴于西藏的特殊地理环境和自然条件，为了保证面授质量，学校每门课程每次选聘两名教师进藏面授，收到了良好的教学效果。

图 8 山东大学网络教育西藏大学学习中心 2008 年春季开学典礼

面向职业院校与技工学校，为面向未来的产业工人创新能力与文化素养的提升提供服务，打造“资源共享·专业共建·课程互认”的继续教育合作办学新模式。

（四）注重内涵建设，提升办学质量

1. 强过程监管

学校依托教学管理平台，加强招生、教学、考试、毕业等各环节的过程监管，确保网络教育规范发展。在招生管理方面，强化制度意识，严格招生宣传，实行学生完全线上缴费，增加异地身份证审核功能、手机号码验证码确认功能，严禁违规收费、跨省招生、机构代理招生等违规行为。在教学管理方面，建立课程开发、教学服务策划、教师聘用、教学过程及学习支持服务、毕业课程工作管控机制；依托平台构建全面的教学质量监控和保障体系。教师方面，动态监控教师的课程资源建设情况、学习活动组织及参与情况，作为督教和考核聘用依据。学生方面，跟踪记录学生的学习过程和学习结果，分析学生的课程参与度及完成度，有针对性地提出预警和督促。在考试管理方面，依托信息化技术彻底转变考试管理模式，实现题库管理、平台约考、数码印刷、云阅卷和在线考试等(见图 9)，逐步建立起现代继续教育考试管理系统；编制考试工作手册，建立考试巡考制度，规范考试安排，在线上考试中引入人脸识别系统，监管到每个学生的考试过程，严防出现重大违纪作弊现象。在毕业管理方面，论文工作全面线上进行，建立专门的师生交互渠道，支持论文在线提交、指导与审核；严格按照教育主管部门的要求进行毕业审核、学位授予审核，统一对网络教育进行毕业电子注册，毕业证书分别由省教育厅、学校统一制作。

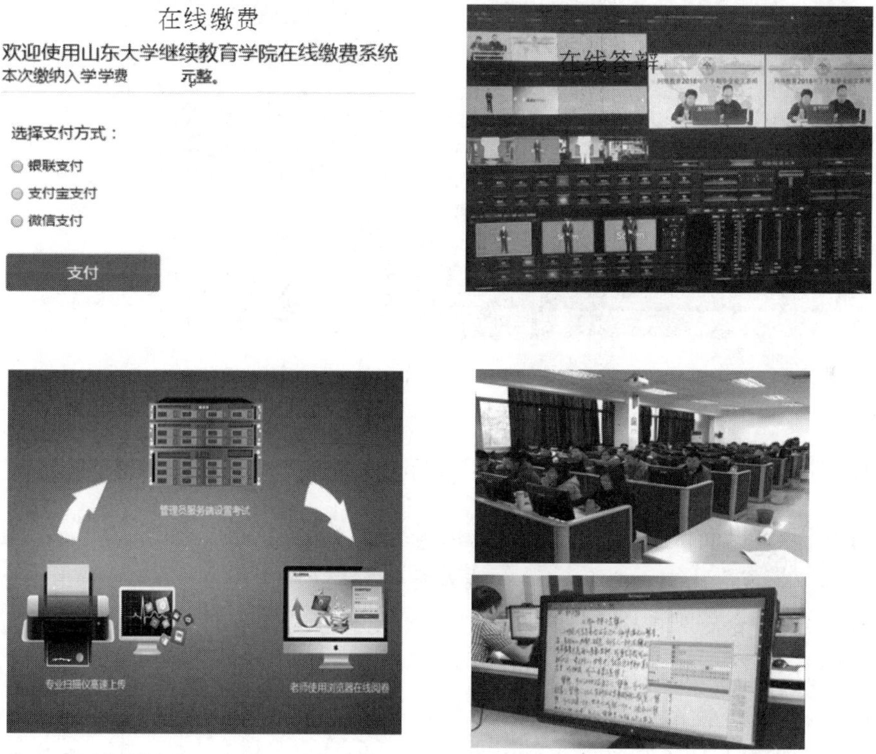

图 9　在线考试

2. 强化学习中心管理

学校始终坚持主体责任意识，不断强化对学习中心的监管。一是出台《山东大学校外学习中心质量管理规范》《山东大学校外学习中心检查方案》《山东大学校外学习中心学业顾问管理办法》等；二是建立校外学习中心办学质量保证金制度、学习中心退出机制；三是对违反国家法律法规、擅自设立考区、跨省跨区域招生、乱收费以及出现考试作弊行为等重大违规违纪的学习中心，实行一票否决；四是明确学业顾问与在籍学生人数比例不得少于 1∶300，举办学业顾问上岗资格培训班；五是利用办学管理平台，定性指标调查与定量数据监测相结合，对学习中心进行考察评估，促使其规范办学，提升学习支持服务水平。

3. 完善调研反馈机制

学校成立呼叫中心（见图 10），开设 400 服务热线，实现了全天候、24 小时的学生支持服务。2017 年，呼叫中心开展 20 次、9000 个电话大规模对外调查，涵盖学习中心学生服务质量调查、优秀学习中心调查、招生、财务问题调查、学生异常问题处理等；对 4000 余名学生的问题实时反馈；为学生、学习中心提供具有针对性的常见问题解决方案。

图 10 呼叫中心

（五）创新发展模式，形成我校办学特色

学校网络教育以立德树人为根本，积极探索出适合山大的办学模式，形成了山东大学的办学特色。其一，成立山东大学（章丘）在线教育研究院（见图 11），作为国内第一家高校和政府共建的在线教育研究机构，汇聚专家智库，加大学习设计研究与课程工场建设，探索与新时代要求相适应的新型课程资源建设，为网络教育学生提供更优质的课程资源。其二，打造“专业共建、资源共享”继续教育合作办学模式，先后与赛尔教育合作举办网络工程专业网络教育，与中兴通讯集团合作举办通信工程、电子信息工程两个专业的网络教育，与有关政府机构合作举办食品质量与安全专业网络教育等。其三，自主研发“企业学习力系统”，打造集“咨询、诊断、培训”于一体的继续教育模式，整合国内外优质资源，利用先进的技术手段，为政府、企事业单位培训大批管理与技术人才。其四，建立山东大学现代远程教育济南直属学习中心，由继续教育学院管理，目前共招生近 2000 人。编制《山东大学直属学习中心教育服务公约》，对直属学习中心教育服务工作提出明确的考核指标，不断探索了学习中心的管理模式，以示范为引领，推动学习中心支持服务水平的提升。

图 11　山东大学(章丘)在线教育研究院

五、试点工作存在的问题和困难

(一) 国家理论政策研究尚需深化

继续教育是我国基础教育和高等教育的补充和完善,是提高我国国民素质的一种重要方式。21 世纪以来,我国对继续教育的认识已经提升到战略的高度。目前,学校对国家教育、继续教育方面的理论政策研究尚且不足,应进一步加强责任意识,全面贯彻落实党的十九大精神,深化产教融合、积极发展“互联网+教育”、建设学分银行、构建终身教育体系等,助力“大众创业、万众创新”“互联网+”“中国制造 2025”“一带一路”等倡议规划,为转方式、调结构、促改革、惠民生提供有效的支持和服务,为国家富强、民族复兴提供更多的高素质人才。

(二) 教学研究能力尚需提高

网络教育不能沿袭传统教育理念,应根据成人学习者的需求,切实提高学习者的学习兴趣与学习效果。目前,学校网络教育的教学研究尚且不足,需要以信息化建设为支撑,进一步推进教学研究与教学运行同步进行,加大学习设计的力度,综合学习平台加强学习活动设计,提高教学质量和水平。

(三) 学习中心学习支持服务尚需加强

学校网络教育的发展依托继续教育学院、教学学院和学习中心的共同努力。学习中心作为网络教育的重要支撑,应加强对学生的学习支持服务。目前,学校网络教育校外学习中心学习支持服务不够,一方面,须加强制度建设,依托信息化平台,规范学习中心办学行为;

另一方面，建设好直属学习中心，打造学习中心的旗舰店，以示范为引领，推动学习中心服务水平提升。

附件

试点以来数据统计表（截至2018年年底）

试点高校：山东大学

学历继续教育				非学历培训		
累计招生总数	累计毕业生总数	累计开设专业数	共建设网络学习资源数	培训班总数	培训总人数	扶贫项目总数
332 999	194 506	108	1800余	1178	91 713	

中山大学现代远程教育试点工作总结

中山大学自2000年7月教育部批准成立网络教育学院，开展现代远程教育试点工作以来，始终严格按照教育部的有关政策和要求，坚决贯彻教育部“积极发展、规范管理、强化服务、提高质量、开拓创新”的远程教育办学方针，坚持“立德树人、育人为本”的办学宗旨，并将“质量第一、适度发展”作为中山大学网络教育的办学定位。

中山大学校党委和历任校长一直高度重视网络教育的试点工作，始终由主管本科教学的副校长分管网络教育工作，把网络教育的质量管理作为办学重点，举全校之力开展有中山大学特色的办学模式，网络教育办学取得了良好的社会效果。

为适应中山大学争创“双一流”高水平大学的战略定位与发展布局，于2016年5月19日中共中山大学委员会常委(扩大)会议做出了停招本专科学历继续教育(包括网络教育)，整合全校资源做大做强非学历教育的决定。为此，我校于2017年全面停止了网络教育以及其他方面的学历教育(本专科)的招生工作。

当前，中山大学网络教育的主要任务是做好停止招生后对在籍学生们的教学、管理、服务等收尾工作，目的是让网络教育在籍生能够按质、有序、合格毕业。对于不能按期(弹性学制的最长5年)毕业的学生，计划按照广东省学分银行和继续教育立交桥的方式保有学生们的学习成果，以及通过之后其他方式的继续教育模式获得相关等级学习成果的认定，最大限度地保护学生们的学习成果和利益。按照以上工作安排，中山大学网络教育将于2022年9月全面结束。

现将中山大学网络教育试点以来的工作总结如下。

一、基本情况

1. 试点背景

在国家急需广泛培养应用型人才之时，中山大学作为首批建设网络教育学院的大学，承担网络教育的试点工作，积极探索具有中山大学特色的网络教育办学模式，努力打造网络教育的优质品牌，构建优质平民教育的网络教育体系，为各类有学习愿景的社会人员圆大学梦。

2. 办学定位

中山大学自开展网络教育试点工作以来，始终将办学质量放在首位。学校分别于2006年3月及2010年12月召开了两次全校网络教育工作会议，深度研究和讨论中山大学网络教育的总体方略、措施办法、管理制度、工作规范等。在第一次全校网络教育大会中，时任校长黄达人教授做了“质量第一、适度发展”的主题报告，首次明确了“质量第一”的办学定位。主管网络教育的徐远通副校长也对学院的办学提出了“在规范中创新，构建优质平民教育的网络教育体系”的要求。在第二次全校网络教育大会中，时任副校长陈春声教授提出了“坚持质量第一，提升办学水平，办好有中山大学特色的现代远程教育”，对学校网络教育“质量第一”的办学定位做了进一步的阐述。这就使中山大学的网络教育质量有了根本的保障。

2006 年 3 月黄达人校长在中山大学网络教育工作会议上讲话如图 1 所示。

图 1　2006 年 3 月黄达人校长在中山大学网络教育工作会议上讲话

2006 年 3 月徐远通副校长在中山大学网络教育工作会议上讲话如图 2 所示。

图 2　2006 年 3 月徐远通副校长在中山大学网络教育工作会议上讲话

3. 机构设置

网络教育学院负责全校网络教育的统筹、实施与监督。网络教育学院的职能部门主要包括招生与学习中心管理部、远程教学部、学籍管理部、财务部与学院办公室。其中招生与学习中心管理部负责学习中心建设和招生工作，远程教学部负责网络资源建设与网络教学的组织，学籍管理部负责网络教育的教务与考务工作。

4. 专业建设

中山大学选择文、理、医各学科门类中社会需求旺盛且适合网上教学的优势专业开展网络教育，以实现学校优势专业的网上延伸。专业建设依托于相关专业院系，目前共有 11 个专业院系开设网络教育专业，包括 19 个专科专业（方向），22 个专升本专业（方向）。计算机科学与技术专业 85 学分，其他专业 80 学分。

2010 年 12 月陈春声副校长在中山大学网络教育工作会议上讲话如图 3 所示。

图 3　2010 年 12 月陈春声副校长在中山大学网络教育工作会议上讲话

5. 制度建设

中山大学坚持“以学习者为中心”的办学理念，基于该理念建立了完善的网络教育管理制度，覆盖了教学全过程，包括网络教育的资源建设、教学组织与实施、教学辅导、学习支持服务、教学评价等。迄今，中山大学建立的网络教育相关管理制度有 35 项，体现了对网络教育的管理与服务功能，通过网络教育管理制度的制定与实施，规范了中山大学网络教育的办学行为，保障了网络教育的办学质量。

6. 学习中心建设

中山大学严格按照《网络教育校外学习中心（点）暂行管理办法》（教高厅〔2003〕2 号）、《中山大学网络教育校外学习中心暂行管理办法》设置和管理学习中心。每个学习中心的设立都经过多次考查，严格审核办学资质。学习中心建设采取优胜劣汰原则，及时停办管理能力弱、支持服务不到位的学习中心。中山大学现有校外学习中心 52 个，全部分布在广东省内。

7. 教师队伍建设

参加中山大学网络教育的主讲教师有 363 人，辅导教师有 222 人（部分主讲教师兼任辅导教师）。主讲教师中，本校教师占 86.2％，其中超过半数教师具有高级职称；外聘教师占 13.8％，基本都具有讲师以上职称。在教学辅导人员中，本校教师占 28.38％，外聘教师占 15.76％，本校研究生占 55.86％，基本上满足学生的学习需求。

8. 网络资源建设

首先，在教师配备上，中山大学网络教育由专业院系安排优秀教师负责资源建设，所安排的主讲教师中，超过 57％以上的教师都具有高级职称，其中很多教师是博士生导师。

其次，在资源形式上，课程的学习资源门类多样，包括课程导学、授课视频、课程题库、学习活动库、期末复习资源库、案例库、常见问题库等。

最后，在资源质量上，资源建设秉承学校“质量第一”的办学方针，主抓课程的教学资源质量。迄今，中山大学已制作 509 门网络课程，共 19 510 节，313 门课程有完整的题库，除过期不用课程和实操性强的课程，题库覆盖率达 85％以上。

9. 教学辅导

为促进教学辅导工作的有效实施，中山大学实施网上巡学制度，网络教育学院设立专门的岗位负责学习平台上教学辅导工作开展情况的检查，包括辅导答疑情况、作业布置、批改、讲评情况以及新课件上传情况等，这一举措的实施促进了教学工作的顺利开展。多年来，作业工作的到位率均为100％，学生问题的回复率超过95％。

10. 考风考纪

自开展网络教育试点工作以来，中山大学一直非常重视考风考纪建设。迄今组织各类课程考试百余次，每次考试都严格按照考试规程，严格考试纪律。每次考试做到考前发放监、巡考通知，制作详细的培训资料，指定时间召开监、巡考工作会议。每次考试每个考点至少派1名巡考老师，人数多的考点安排2～3名巡考老师。每个课室至少2名监考人员，并依据课室容量适当增加监考人员数量。每个学习中心报考场信息，由网络教育学院依据考试方式的不同统一安排考场。

中山大学网络教育课程考试的平均通过率为87.71％，试点至今共查处作弊389人次，雷同卷346份。

11. 人才培养

截至2018年年底，中山大学网络教育在籍生7191人，其中专科3934人，专升本3257人。办学以来，中山大学网络教育学籍注册总人数77 256人，共为社会培养了毕业生59 745人，其中2923人获得了学士学位。

二、试点成绩和经验

通过全校各相关部门的共同努力，中山大学网络教育取得了一定的经验和成绩。

1. 建立以名师为主体的网络教育教师队伍

普通高校开展网络教育的优势在于拥有优质的教学资源和教师资源。为此，中山大学以“门门是好课，科科有名师”为目标，鼓励优秀教师，特别是名师参与网络教育教学工作。目前，中山大学共有313名教师参与网络教育教学工作，其中教授、副教授占教师总数的57.8％。

2. 建设以需求为导向的高质量学习资源

中山大学网络教育学习资源建设以需求为导向，依据从业人员的社会需求建设学习资源，以适应应用型人才培养的需求。中山大学学习资源涵盖了全部教学环节，包括导学课件、教学课件、网络题库等，目前已建成网络课件都可移动学习。中山大学组织的学生问卷调查显示，学生对学习资源的满意度达到90％以上。中山大学已有《远程学习方法与技术》《领导科学》《高级商务英语》3门网络教育课程被评为国家精品课程（见图4和图5），7门网络教育课程被评为广东省精品课程。获评精品课程，能够一定程度反映我校网络教育的资源质量。

3. 形成以学生为中心的学习支持服务体系

中山大学自开展网络教育试点以来，致力于以学生为中心的学习支持服务体系建设，已

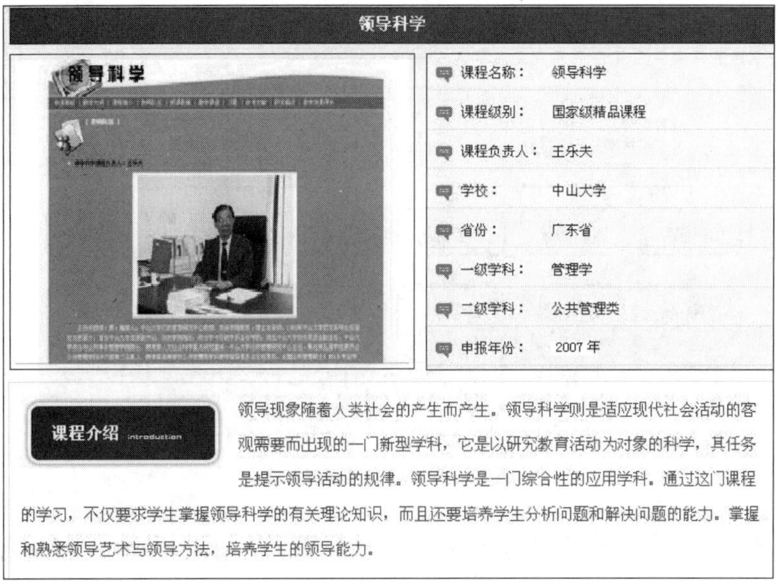

图 4 “领导科学”课程

图 5 “高级高务英语”课程

逐步形成网络教育导学的专业化、教学支持的制度化、教学辅导的常规化和网上巡学的岗位化，中山大学的学习中心也建立了班主任工作制度和督学机制，可以说，我们已经基本形成了学校、学院、学习中心 3 级架构的支持服务体系（见图 6），能从教学活动的整个过程为学生提供支持服务。中山大学各学习中心为加强与学生的适时沟通，普遍实施网上通知、短信群发、QQ 群、微信群联系等网络服务方式，有效增强了支持服务的工作效果。学习中心的学生班组建设，也丰富了学生的学习活动和业余生活，较好地满足了学生的需求。

4. 开展以网络教育教研教改为主体的科研工作

为积极开展网络教育试点工作，探索最适合普通高校的网络教育办学模式，中山大学积极开展网络教育的科研工作，以科研促发展，以理论指导实践。近年来，中山大学取得了较好的教学科研成功。中山大学参与并完成教育部继续教育调研课题 2 项，承担省级网络教

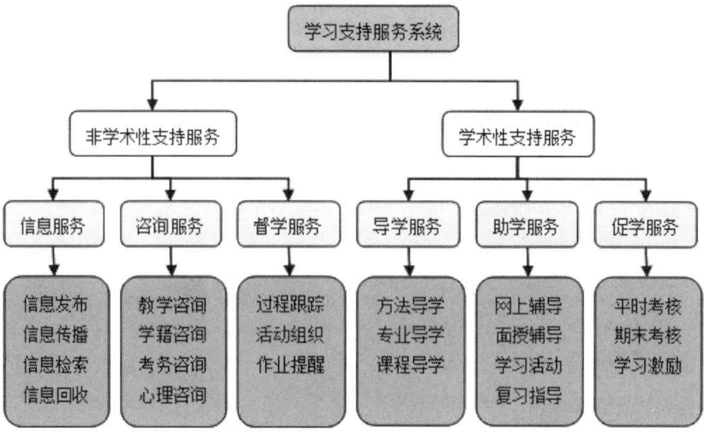

图6 学习支持服务体系

育课题6项，发表网络教育相关论文30余篇，其中CSSCI核心期刊论文10余篇。

5. 办学特色

一个大学网络教育的特色，也就是大学的办学理念和办学风格在继续教育工作中的一种体现。中山大学经过全校网络教育相关单位的共同努力和积极探索，已经形成中山大学特色的网络教育，其办学特色主要体现在以下3方面。

1）校内分工协作与学校统一管理的办学模式

中山大学自开展网络教育试点工作以来，学校领导高度重视，采取校内分工协作与学校统一管理的全校办学模式，具体而言，网络教育学院负责网络教育的统筹、实施与监督，专业院系（见图7）负责网络教育教学工作，学校网络与信息技术中心提供网络教育的技术支持。这种全校办网络教育模式是基于学校“办学权在大学”“整合全校资源”“自主开发资源”等的办学理念，与学校的办学能力、办学条件、办学方向和办学风格相一致，也与教育部对试点高校网络教育办学权和教育资源整合的要求相一致。该办学模式旨在最大限度地实现全校范围内的资源共享，也是真正意义上的大学办网络教育的模式。

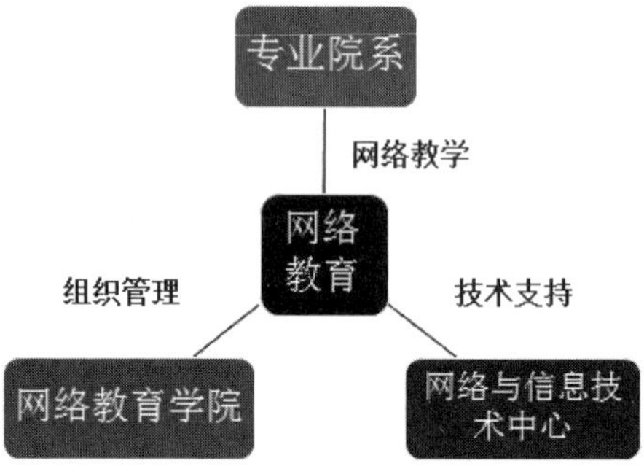

图7 专业院系

2）面向行业、系统、企业办学

在面向行业和系统办学的过程中，职业性质较强的专业学院能主动与地方政府联系，争取政府主管部门的支持，如护理学院在开办网络教育护理学专业时，主动与省卫生厅联系，得到省卫生厅的认可，专门发文支持我校利用网络教育提升在职护士的学历水平。中山大学网络教育的艺术与管理专业开办，也得到省文化厅的支持。网络教育的英语教育、汉语言文学教育，得到了省教育厅的支持，并进入“广东省中小学教师学历提升工程”。中山大学网络教育努力打造平民教育，服务社会，只要有学习愿望并努力提高自身素质的人都会成为我校学生，如学校曾与惠州监狱合作，为服刑人员提高学历教育服务。

3）以班主任为核心的学习支持服务队伍建设

班主任工作是直接面向学生，为学生提供学习支持服务的重要岗位。班主任承担了学习中心的绝大部分学习支持服务工作，如班风学风建设，学生组织建立，学生活动组织，导学、助学、督学以及参与教学教务管理工作等，建立以班主任为核心的学习支持服务队伍是提高学习中心学习支持服务水平最直接、最重要的途径。为此，中山大学网络教育学院于2010年组织多个学习中心共同制订了《中山大学网络教育班主任工作细则》，该工作细则对班主任的聘请、工作职责、工作内容以及考核办法做了详细的规定。该制度的制订和实施有效保障了学习中心支持服务的效果和质量。

6. 社会评价

招生反馈好：中山大学网络教育自开办以来，一直坚持“质量第一”的办学定位，学生在中山大学完成网络教育学业需付出更大的努力，同时中山大学给予校外学习中心的分成是全国最低的（25%），学习中心的招生积极性相对较小。然而，即便如此，中山大学网络教育在控制办学规模的前提下，仍然保持了适度、稳定的增长，一定程度上可归因于中山大学网络教育在社会中有相对更好的声誉。

社会影响好：自网络教育试点以来，中山大学网络教育在社会上保持了良好的形象，自始至终没有给上级教育行政部门留下社会投诉的负面记录，也没有在社会上造成不良的影响。

学习中心管理到位：中山大学在学习中心建设方面，严格把关，重点布局。为了加强对校外学习中心的管理和监督，中山大学只在广东省内建立校外学习中心。因为中山大学对校外学习中心管理严格，中山大学的网络教育校外学习中心没有出现乱招生、乱承诺的现象，也没有给社会留下负面影响。

毕业生就业情况好：因社会对中山大学网络教育的毕业生的认可程度高，毕业生在拿到毕业证后，有的找到了一直以来追求的工作岗位，有的转了正式编制，有的加薪或升职到重要领导岗位，有的继续深造等。

三、存在的问题

尽管中山大学网络教育采取了诸多举措，取得了一定的成绩，但是仍然存在一定不足。

1. 学习中心的支持服务问题

中山大学网络教育停止招生后，学习中心的学费分成显著减少。为此，有些学习中心的支持服务出现了人员配备不足，工作积极性不高的问题，需要网络教育学院采取一定的举措保障收尾阶段的学习中心收益，同时也需要网络教育学院加强对学习中心的管理，自身也需要提供更多的学习支持和服务。

2. 网络教育的教学交互问题

网络教育的教学交互是网络教学中的重要环节。为了促进网络教育教学交互，中山大学网络教育学院要求每门课程布置两次学习活动，在网络教育管理文件中明确规定了辅导教师每周的答疑次数，安排专人进行网上巡学。然而，仍然存在师生交互不活跃、学生提问数量少、提出的问题深度不够等问题，这也是试点高校普遍存在的问题。

3. 与行业系统结合不够紧密的问题

网络教育作为主要面向社会在职人员的一种教育形式，应该更多地面向行业、系统办学，一方面使得网络教育的办学更有针对性，更能体现职业性与专业性，另一方面，也能充分利用网络教育跨越时空的优势，解决在职人员的工学矛盾，为我国的社会经济发展做出更大的贡献。总的来说，中山大学网络教育面向行业系统办学不够，与行业系统的结合不够紧密。

四、推进网络教育转型提质升级的思路和举措

为适应学校战略发展需要，中山大学对全校的继续教育实施战略转型，停办学历继续教育，全面发展非学历继续教育，并将网络学历教育的经验、学习资源和师资力量更多地用于非学历的继续教育培训和模式创新方面，提高中山大学面向社会教育服务的层次和影响力。具体举措如下。

一是调整继续教育发展战略，学校整合了全校的继续教育办学项目与办学资源，专门成立了中山大学高等继续教育中心，负责全校继续教育的办学与管理，集中优势力量做大做强非学历继续教育。2018 年，学校非学历继续教育的年度总班次为 1269 个，培训总人次为 82 028。

二是认真做好网络教育收尾工作。学校非常重视网络教育收尾工作。为了保障网络教育顺利收尾，学校首先在人力资源的配备上给予保障，确保有相对充足的人员提供教学教务管理与服务；其次，在网络教学工作上，中山大学按照既定流程，一如既往、按质按量地开展各项教学工作；最后，在学习支持服务上，我校在做好自身教学支持服务工作的同时，密切关注学习中心的学习支持服务提供，及时督促学习中心开展学习支持服务，对于不配合的学习中心，中山大学采取由本部提供学习支持服务的方式保障学习支持服务质量。

三是布局在线培训工作。学校基于网络教育学院丰富的网络教学工作经验，结合在线培训特点，专门设计开发了在线培训平台，建设了一批以中山大学名师名家为主体的在线培训课程。迄今已聘请 20 位学科领域的专家学者、行业精英制作了 30 门在线课程，共计 238 节。

目前，中山大学在基于网络教育学历办学的基础上获得的经验和资源优势必将为我校非学历继续教育的发展和转型带来更大的优势和更加广阔的发展前景。

四川大学现代远程教育试点工作总结

一、四川大学现代远程教育试点工作背景

2000 年四川大学经教育部批准成为现代远程教育试点高校。同年,学校成立四川大学网络教育学院,负责全面开展四川大学现代远程教育试点工作。2017 年 1 月,四川大学原成人教育学院和原网络教育学院合并成立成人继续教育学院(成教与网络)。四川大学成人继续教育学院是学校学历继续教育的归口管理单位,负责现代远程教育的发展规划、招生、教学等相关工作。

试点工作以来,学校始终坚持以“规范管理、确保质量”的现代远程教育办学原则和“为各行业培养具有较好的专业基本理论和专业基础知识,能为地方经济建设和社会进步做出贡献的较高综合素质的实用型在职人才”的现代远程教育人才培养目标,始终坚持立足四川、服务西南,面向全国,为地方经济建设和社会进步服务。

二、四川大学现代远程教育试点工作的基本情况

(一)学历继续教育的基本情况

1. 人才培养规模

截至 2018 年 12 月 31 日,四川大学现代远程教育学历继续教育累计招收学生 297 637 人,其中在学人数 82 743 人,毕业学生 193 344 人,授予学士学位学生 5230 人。

2018 年,现代远程教育学历继续教育在学学生生源分布在全国 30 个省市自治区,其中四川省内在学学生共 34 397 人,占在学学生总数的 41.5%,西部地区(含四川、云南、贵州等 12 个省市自治区)在学学生共 57 882 人,占在学学生总数的 69.9%。现代远程教育学历继续教育近 5 年在学人数分布情况见图 1。

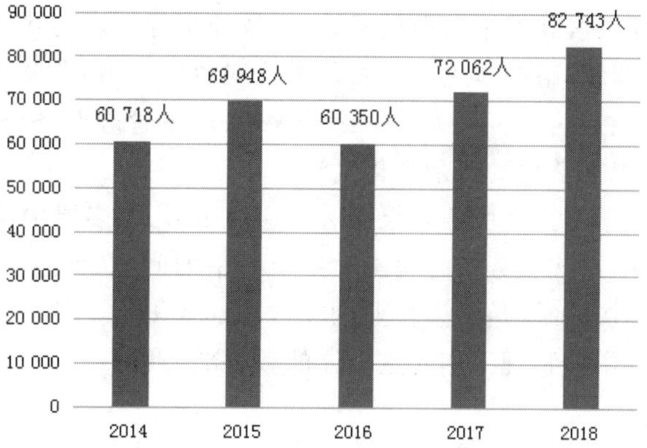

图 1　现代远程教育学历继续教育近 5 年在学人数分布情况

2. 专业设置

目前，四川大学现代远程教育学历继续教育共开设 2 个层次、45 个专业。学校充分发挥护理学、会计学、工商企业管理、行政管理、土木工程、人力资源管理、电气工程及其自动化等学科和特色专业的优势，结合社会发展和需求设置并动态调整办学专业。为提升办学层次，从 2018 年春季起，专科专业由 19 个减至 9 个，专升本专业由 26 个调整为 25 个。

3. 资源建设

从 2000 年四川大学开展现代远程教育试点工作以来，投入近千万元，积极推进数字化资源建设。数字化资源制作采取知识模块形式录制，知识点合理细分，每个模块都有合理的媒体展示。

截至 2018 年 12 月，四川大学已经建成包括 3 门国家级精品课程(网络教育)、2 门国家级精品资源共享课(网络教育课程)在内的数字化教学资源体系。该资源体系以 466 门课程教学课件为主要资源，以近 2500 套模拟练习题、507 项课程学习指导资料、172 项课程学习辅导课件等为补充，以 209 项专题讲座视频资源、211 项微课资源为扩展，基本实现了网络教育课程的全覆盖。四川大学网络教育数字化教学资源以自建为主，充分调动本校教师参与信息化资源建设工作，目前共完成 466 门课程数字化教学资源，其中 455 门课程是完全自建课程。为确保数字化教学资源的及时性、实用性，四川大学持续投入进行更新、改造，2014 年以来，通过全面技术改造，已实现全部资源支持移动学习，充分满足学生的学习需要。

4. 校外学习中心建设

四川大学现代远程教育的发展思路是："立足四川，面向西南，放眼全国"，为地方经济发展培养留得住、用得上的实用型人才。目前四川大学成人继续教育学院校外学习中心分为自建学习中心和授权奥鹏公共服务体系学习中心，共计 205 个。其中自建学习中心 104 个，授权奥鹏公共服务体系学习中心 101 个，分布在全国 29 个省市自治区，西部地区共 112 个校外学习中心，占 55%，其中四川省 42 个校外学习中心，基本形成了覆盖全国的网络教育格局。

5. 学习支持服务体系建设

学校利用信息化手段构建了全方位学习支持服务体系。学术性学习支持服务通过网络课件、课程论坛、E-mail、QQ、留言簿、网上实时答疑、实践教学管理系统及毕业论文指导和管理系统等网络化交互手段和期末的面授辅导、在教师指导和学习中心组织的学习小组活动等环节，解答学生的问题，组织学生参与专题讨论和协同学习；非学术性学习支持服务通过 CallCenter 咨询服务、短信留言等为学生提供学籍、档案管理服务；开展各种线上和线下校园文化建设和活动，丰富学生的业余文化生活。

学校现代远程教育学习支持服务效果显著。通过多形式、多层次、持续性的学习支持服务，落实首问责任制和一站式服务及时解决学生学习中的问题，促进师生之间、学生之间和学生与教学资源之间的协同学习，学生作业的完成率达到 85%。2012 年，四川大学网络教育学院获全国高等教育学籍管理工作先进集体的教育部表彰。

6. 质量体系建设

学院成立了质量管理办公室，通过网络教育月考评系统、办学学院月考评系统、校外学习中心月考评系统、年度校外学习中心专项检查以及现代远程教育年度质量报告构建全方位、全过程质量管理体系。2012—2018年，编制历年的网络教育报告。

（二）非学历继续教育的基本情况

1. 非学历继续教育的背景

2010年，《国家中长期教育改革和发展规划纲要》明确指出，要“更新继续教育观念，加大投入力度，以加强人力资源能力建设为核心，大力发展非学历继续教育，稳步发展学历继续教育”。学校适时调整政策、转变观念，构建符合社会经济发展需要的继续教育办学体制和机制，积极探索非学历继续教育发展路径。学校现代远程教育非学历继续教育以“转变观念、整合资源、立足西部、服务行业”为导向，采用学历与非学历结合、远程与面授结合、校内资源与校外资源结合的“三结合”方式开展，以实现学历教育与非学历教育的协调发展、相互促进。

2. 非学历继续教育的规模

学校自2012年开展现代远程教育非学历继续教育工作以来，共开设各类培训项目79个，其中扶贫项目共13个，培训学员6386人。现代远程教育非学历继续教育历年培训人数情况见图2。

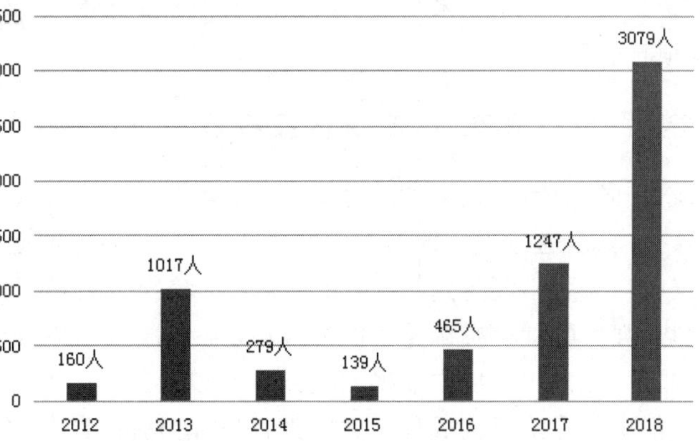

图2　现代远程教育非学历继续教育历年培训人数情况

3. 高等学校继续教育示范基地建设

作为首批“高等学校继续教育示范基地建设”成员单位和西部组组长单位，学校就“如何有效整合学校优质资源，如何有效服务行业、企业和地方社会经济建设，如何服务西部少数民族地区”等方面的问题展开了积极探索，努力寻求继续教育发展新模式。

为实现平台共建，资源共享，学校通过建立西部高等学校之间的校际联盟和与部分合作单位签订共建继续教育示范基地协议等方式引领西部高校继续教育发展。开展高等学校继续教育示范基地建设工作以来，四川大学与部分合作单位签订了共建继续教育示范基地协议。例如，与地处雅安——世界茶文化、茶栽培的发源地的四川省贸易学校建立“茶文化培训实践基地”；与地处民族地区的新疆昌吉职业技术学院建立“机电一体化人才培训基地”；与内蒙古包头财经学校建立“财经人才培训基地”等。通过合作，极大地丰富了学校的培训内容、扩展了影响区域，更好地发挥了服务西部地区、少数民族地区、社会基层的重要作用。

三、创新特色发展

（一）以服务区域发展为核心的“订单式”培养模式

学校结合西部地区的地缘特征，通过与地方、行业企业建立合作关系，采用“订单式”培养，服务少数民族地区、边疆地区、革命老区、欠发达地区，为西部及少数民族地区培养了“下得去、留得住、用得上”的实用型人才。例如，为国争光的奥运冠军董超、著名潮剧表演艺术家张怡凰、被评为全国网络教育优秀学员的阿坝州藏医院护士长三郎卓玛等。

（二）以“三大典礼”为龙头的校园文化建设

2011 年起，学校现代远程教育以“三大典礼为龙头，川大文化为重点，系列活动为拓展，服务平台为支撑”开展了形式多样的校园文化建设，使学生加深对校园传统文化和四川大学校训、校风的理解，让学生真切感受到四川大学厚重的历史积淀和亲切的人文关怀，激发学生的归属感和自豪感。学校多年来坚持开展汉字录入比赛、摄影比赛、征文比赛、棋类比赛、开学典礼、毕业典礼、学士学位授位典礼等一系列丰富多彩的校园文化建设活动。2011 年四川大学成人教育学院《发挥网络技术优势，提升学生综合能力》项目荣获四川大学第二届校园文化建设精品项目表彰。

（三）“以点带面，多点开花”的市场开拓模式

四川大学结合学校区域特点，以多学科为支撑，以特色项目为重点，坚持走“以点带面，多点开花”的市场开拓模式，通过学历继续教育的开展，进一步面向行业、系统开展非学历继续教育，使学校继续教育品牌不断得到提升。2012 年，学校充分发挥雄厚的师资力量、丰富的教育教学资源优势、强大的社会资源整合能力，有效地结合了成都市在建设“全国统筹城乡综合配套改革试验区”探索与发展中取得的实践经验以及高校在成都市“两化互动、城乡统筹”与政府职能创新中的理论研究成果，相继与四川省南充市、青海省西宁市、广东省汕头市、广东省台山市、吉林省等省份开展了统筹城乡发展专题培训项目合作。此外，学校还根据区域特色开展了系列旅游人才培养项目，社会反响良好。

四、社会贡献

（一）现代远程教育服务国家战略、经济社会发展情况

（1）学校坚持将优质教育教学资源向西部地区、贫困地区、民族地区和自然灾害频发地区输送和倾斜。2011 年秋季开始，学校现代远程教育与四川省残疾人联合会合作办学，累计培养学生 440 余人；2012 年秋季，面对西部贫困地区开展“圆梦川大”学历提升公益项目，在四川贫困地区甘洛县、宝兴县、汉源县举办网络教育，累计培养学生 200 余人；2013 年，与深圳市团工委合作面向四川籍新生代产业工人开展“圆梦计划”学历继续教育项目，累计培养学生 2800 余人。

（2）依托学校的优质资源，结合区域社会和经济发展需要，四川大学因地制宜，针对企业、事业单位、政府有关部门的特殊需要进行了订单式人才培养办学思路和模式的尝试，在重庆电力系统、四川省税务系统、云南建工集团、四川省公检法系统、福建省企业职工学历提升项目中共计培养 33 000 余人。

（二）现代远程教育资源开放情况

网络教育精品课程“商法学”“国际私法学”“土木工程经济”内容全部对全日制本科学生开放，部分章节对研究生开放。“国际私法学”“土木工程经济”两门网络教育精品资源共享课资源在爱课程网站上面向社会开放共享使用。学校作为普通高等学校继续教育数字化学习资源开放联盟成员，建立了数字化资源专栏，开放了包括 6 门学科课程、9 门心理健康拓展课程以及 11 件微课资源在内的一批教育资源。法学继续教育专业课数字化资源免费在新疆大学继续教育中得到应用，详见附件。

附件

试点以来数据统计表（截至 2018 年年底）

试点高校：

<table>
<tr><th colspan="6">学历继续教育</th><th colspan="3">非学历培训</th></tr>
<tr><th rowspan="2">累计招生总数</th><th rowspan="2">累计毕业生总数</th><th rowspan="2">累计开设专业数</th><th colspan="3">共建设网络学习资源数</th><th rowspan="2">培训班总数</th><th rowspan="2">培训总人数</th><th rowspan="2">扶贫项目总数</th></tr>
<tr><th>课程</th><th>课件</th><th>资源库</th></tr>
<tr><td>297 637</td><td>193 344</td><td>44</td><td>466 门</td><td>19 000 余门</td><td>6 个</td><td>79</td><td>6386</td><td>13</td></tr>
</table>

注：学历继续教育数据指本专科总数；学习资源指课程、课件、资源库等。

重庆大学现代远程教育试点工作总结

根据《关于开展“现代远程教育工程”实施二十周年试点工作总结的通知》(协作组函〔2018〕30号),重庆大学高度重视,20年来,重庆大学现代远程教育试点工作在教育部的正确领导下,在各省级教育行政部门的支持下,坚持立德树人、坚持育人为本、坚持规范办学、坚持确保质量。现将重庆大学“现代远程教育工程”试点工作总结如下。

一、试点背景

根据教育部《关于对中国人民大学等十五所高校开展现代远程教育试点工作的批复》(教高厅〔2000〕8号文件),重庆大学于2000年4月成立现代远程教育中心,2001年3月成立网络教育学院并开始招生。

学校网络教育依托重庆大学雄厚的办学实力、丰富的优秀教学资源,以培养社会急需的应用性人才为目标,开设了土木工程、工程管理、机械设计制造及其自动化、经济与工商管理、计算机科学与技术、会计学、电力经济、市场营销、采矿工程、公共事业管理等本专科学历教育专业,深受求学者和用人单位的欢迎。网络教育开设的专业都是学校全日制普通本科专业中的优势特色专业,其中电气工程及其自动化、机械工程及自动化、计算机科学与技术、土木工程是教育部“卓越工程师教育培养计划专业”;机械工程及自动化、电气工程及其自动化、土木工程、采矿工程、工程管理、计算机科学与技术、市场营销、工商管理等专业是“国家级特色专业”。

二、试点初衷

学校网络教育主要面向在职人员,利用互联网的现代远程教育技术优势,采用弹性学制,实行完全学分制管理模式,开展以成人继续教育为主的本、专科学历网络教育。

学校坚持网络教育以培养政治立场坚定、思想品德高尚,具有良好理论基础、信息素养、实践能力和学习能力的高等应用型人才为目标。

学院采用基于国际互联网(Internet)的远程教育技术模式,实行完全学分制和弹性学制,面向从业人员开展远程学历教育及非学历教育。学院全体教职员工本着“一切为了学生,为了一切学生,为了学生一切”的服务理念,以建设“一流的网上教学资源,一流的网络教育网站,一流的教学支持平台和管理系统,一流的学习支持服务和一流的课程体系”为奋斗目标,真正实现了5any学习模式,即任何学习者(Anyone)通过计算机网络,都能够在任何时间(Anytime)、任何地点(Anywhere)学习任何课程(Any course)的任何章节(Any chapter)。

学校坚决贯彻落实党的十九大关于“办好继续教育,加快建设学习型社会,大力提升国民素质”的总体要求，全面坚持党的领导、全面贯彻党的教育方针，履行高校人才培养职责和使命，把立德树人融入思想道德教育、文化知识教育、社会实践教育的各环节中，培养社会主义合格建设者和可靠接班人。

三、实施落实及创新探索

经过近 20 年的不断建设和发展，重庆大学网络教育学院形成了有自身特色的办学理念、充满活力的办学机制、适合成人在职学员个别化自主学习的办学模式和科学的教学管理模式，具有良好的社会声誉。

（一）管理体制与运行机制

学校高度重视网络教育的发展。《重庆大学章程》明确提出“适度开展非全日制研究生教育及学历和非学历继续教育、网络教育，为建设学习型社会、构建体系完备的终身教育提供支撑和服务。”《重庆大学“十三五”发展规划》提出“提高继续教育水平和教育培训质量，推动学习型社会建设”。

2003 年，学校与北京弘成科技发展有限公司合作成立了重庆重大远兴科技发展有限公司，实行“公司化”的网络教育管理体制。公司为网络教育学院提供技术支持、管理运营咨询和劳务服务。学院负责招生录取、资源建设、教学运行、学生管理、督学促学等过程管理和质量监控工作。

（二）制度建设与规范管理

学院坚持全面推进管理与服务“四化”建设——规范化、制度化、标准化、流程化，先后制定了教学管理文件、学生管理文件、校外学习中心管理文件、教师管理文件、行政管理文件等 51 个文件，并编辑形成《学生手册》《教师手册》《校外学习中心工作手册》《考务手册》《员工手册》等工作手册，形成岗位说明书 63 个、工作流程规范和工作质量标准 317 个，真正做到文件有要求、工作有安排、过程有指导、节点有检查、考核有权重、结果有展示，为网络教育健康发展创造了良好的环境。

学院在努力追求“管理最规范、技术最实用、资源最有效、服务最品质”的过程中，通过制度、标准、流程保证了网络教育的管理和服务品质，通过追踪技术前沿，强化技术研发，提高了管理和服务的针对性和有效性，通过对网络课程资源建设质量的不懈追求，提高了课程学习界面的友好性和可视性，通过数据分析和预警，提高了督促学生学习的针对性，这些措施保证了重庆大学网络教育的教学质量和学生的培养质量。

（三）专业建设与人才培养

学校网络教育以经济发展和社会需求为导向，结合学校的学科优势和教师资源优势，围绕企事业单位需求，合理设置专业。目前招生的高中起点专科专业有工商企业管理、会计、机电一体化、建设工程管理和建筑工程技术 5 个专业；招生的专科起点本科专业有安全工程、采矿工程、电气工程及其自动化、房地产开发与管理、工程管理、工程造价、工商管理、公共事业管理、会计学、机械设计制造及其自动化、计算机科学与技术、市场营销和土木工程

13个专业。学校严格执行教育部《高等学历继续教育专业设置管理办法》，从2017年开始，每年按要求在全国高等学历继续教育专业管理和公共信息服务平台上申报当年拟招生专业和招生计划，招生的本、专科专业都是《普通高等学校本科专业目录》《普通高等学校高等职业教育专科专业目录》的目录内专业，没有一个目录外专业。

依托重庆大学本科专业的坚实基础和部分师资力量，建设了适于网络学习的5个专科专业和13个本科专业，建设了10门公共基础课、39门专业基础课、144门专业核心课、34门专业选修课，全部课程实现网上在线学习。学院自试点网络教育以来(截至2018年12月30日)累计毕业人数273 539人，授予学士学位人数共5517人。

（四）师资配备与资源建设

学院主要依托学校的优秀教师资源，并根据教学需要聘请重庆其他高校教师一起承担专业培养方案的制订、专业建设、教学资源建设、网上辅导、毕业设计(论文)指导等工作。根据教师承担工作性质的不同，学院教师包括专业责任教师、课程资源建设教师、课程主讲教师、辅导教师和毕业设计(论文)指导教师。学院每年聘请有课程资源建设教师、课程主讲教师、辅导教师、毕业设计(论文)指导教师承担课程资源建设、教育教学、辅导答疑、学习支持服务及毕业设计(论文)指导工作。

学院设置有校外学习中心支持服务中心、教学管理服务中心、学生管理服务中心、技术支持维护中心、资源研发中心、重庆校外学习中心等9个管理服务部门，分别对不同的业务进行管理和服务。学院严格执行“一流的支持服务”标准，按照各部门、各岗位的岗位说明书、业务流程及工作质量标准执行和进行评价，不断提升各岗位人员工作的专业化水平，打造了一支专业化的管理团队和技术团队。“用心服务，还能更好”已经成为学院每个人的行为准则和内心标准，为网络教育的健康快速发展提供了高水平的团队保障。

技术是网络教育健康发展的重要基础。学院提出了“跟踪技术前沿、创新教育技术、支撑学院发展、引领远教未来”的技术发展思路，紧紧围绕“一流的网络教育网站、一流的教学支持平台及管理系统”任务，经过不懈的努力，目前已经形成5个数据库——学生基本信息库、课程资源库、题库、学生学习过程记录库、网上图书馆，8个系统——学生学籍管理系统、学生课程学习系统、毕业论文管理系统、课程成绩管理系统、考场安排系统、课程论坛非实时辅导答疑系统、音视频会议实时辅导答疑系统、数据分析预警系统，6个工作(学习、辅导)平台——学生学习平台、教师辅导平台、校外学习中心工作平台、教学管理服务平台、学生管理服务平台、校外学习中心管理服务平台。学院实现了电信、网通、移动、教育科研网等多个运营商的互联互通，为校外学习中心提供了标准化建设的硬件设备，统一配备人脸识别系统、身份证读卡器、摄像头等设备设施，保证了学生和校外学习中心快速访问“网上重大”教学平台，初步架构起了实用有效的完整网络教育技术体系，为学校网络教育的健康发展奠定了坚实的技术基础。

学院高度重视教学资源软硬件建设，将建设“一流的网络资源、一流的课程体系”作为学院发展的目标之一。学院建设了3个课程录播教室，每个教室均可进行虚拟录播，有5套课程录制系统可录制高清视频课程，其中一套系统可录制真三维视频，三套系统可录制二维视频，一套系统可录制普通课程。学院的资源研发中心专职负责学院课程建设和更新工作，具有较丰富的课程建设经验，能完成从网络课程教学设计到课程制作上线的全部工作，学院所有课程均可在计算机和移动终端上进行教学。学院网络教育课程配套辅导教材全部采用国家级出版社出版的教材。学院每年投入200多万元进行教学资源的建设和更新,现有在线课程共227门,课程视频时长总计2805小时,课程题库试题达129 023道,涵盖学院开设的本专科18个专业全部课程。

近年来,学院建设的"工程地质""互联网及其应用""Java程序设计""经济法""工程建设合同管理"5门课程获批"国家精品课程","Java程序设计""互联网及其应用""经济法""市场调查"4门课程入选"国家级精品资源共享课(网络教育课程)";2016年建设的"个案社会工作""建筑工程制图""Successful Presentation""有色金属冶金""电路原理""材料力学"6门课程参加首届卓越大学联盟高校青年教师教学能力大赛,获得两个二等奖、三个三等奖和一个优秀奖。

(五)办学规模与招生管理

重庆大学有注册缴费在读网络教育学生115 669人(截至2018年12月30日),其中专科生64 016人,本科生51 653人。

学院在招生录取过程中,严格按照教育部和各省级教育主管部门的要求进行。①严格新生数据采集。学生本人持身份证到校外学习中心通过学院配发的身份证读卡器采集新生信息,审核学生的关键信息(如姓名、证件号码、民族、性别、照片等),打印报名表并经学生本人签字确认。②严格入学考试。入学考试分网上入学考试和线下入学考试两种方式。网上入学考试由系统自动组卷,考生在1000套试卷中随机抽取一套试卷进行考试;线下入学考试由学生本人持身份证到校外学习中心参加现场考试,考试启用人脸识别系统进行身份验证,学院安排人员巡考。③严格新生录取:凡通过身份证读卡器读取基本信息且信息真实完整的学生,参加入学考试且成绩合格,通过系统身份证和手机号码实名唯一性比对无误,学院予以录取。④严控异地生源:根据身份证和手机号码比对,严格控制异地生源报名,原则上只能在本省范围内报读。学生如果在异地工作,需要提供当地的社保证明,才能在当地报读。

学费收取严格按照《重庆市物价局重庆市财政局重庆市教育委员会关于高校开展现代远程教育等收费标准的通知》(渝价〔2002〕473号)和《重庆市物价局重庆市财政局关于调整我市普通高等学校招生报名考试费等收费标准的通知》(渝价〔2005〕73号)文件进行,收费标准在学院的官方网站公布。

(六)校外学习中心管理服务

学院严格按照上级教育主管部门的要求设立校外学习中心,开展对校外学习中心的管理、服务和考核。学院在全国27个省(市、自治区)共设立了181个校外学习中心。学院严格按照上级教育主管部门的有关网络教育的政策文件要求,对校外学习中心的招生工作、教学支持服务、学生支持服务进行严格管理,学院每年召开校外学习中心工作人员培训会,传达上级教育主管部门的有关文件精神,学习学院教育教学管理规章制度,规范办学行为,强化管理服务。

学院为加强校外学习中心管理,掌握校外学习中心运行情况,制定了《重庆大学网络教育学院校外学习中心管理办法》,建立了校外学习中心巡视制度,学院经常派出院领导、部门负责人和工作人员对校外学习中心进行巡视,听取校外学习中心的工作汇报,对校外学习中心的工作进行指导、管理和监控。学院建立了《重庆大学网络教育学院校外学习中心考核及评价管理办法》,分别从校外学习中心基本条件、招生管理规范、学生管理服务、教学管理服务等方面对校外学习中心进行考核,通过考核,及时发现校外学习中心存在的问题和不足,提出改进意见和要求。对于违规宣传、违规招生、违规考试等实行一票否决,对于考核不合格的校外学习中心,采取停招整改或停止合作等措施。

(七)教学实施与考风考纪

学院为了指导学生完成学习任务,保证网络教育的教学质量,制订了规范的课程学习流程,学生按学习流程所设定的环节开展网上学习,学院按学生上网的学习情况进行课程考核,保障学习真实进行。根据网络学习的特点,课程考核采用形成性评价方式,激励学生学习,帮助学生有效调控自己的学习过程,使学生获得成就感,增强自信心,培养合作精神,评价指标主要包括学习时长、课后练习、论坛发帖、语音答疑、课程作业等,教学管理人员定时利用学习平台的监测和统计功能统计分析学生网上学习、参加答疑、参与讨论、提交作业等情况,并严格规范形成性考核的管理。完成课程学习及考核后,学生还必须通过毕业设计(论文)环节。

为加强考风考纪、规范考试、保障考试安全,学院制定并严格执行了《重庆大学网络教育学院考试工作管理办法》《重庆大学网络教育学院考试违纪作弊处理条例》《重庆大学网络教育学院考试试卷安全保密制度》《重庆大学网络教育学院考试应急方案》等文件。

加强考试管理,维护考场秩序。为严肃考风考纪、坚决杜绝代考,网络教育学院从2018年5月课程考试开始,全面实行身份证刷卡验证身份入场考试,取得良好效果。2018年8月,学院全面启用了带活体检测的人脸识别系统进行考生“刷脸”验证身份。在考试过程中,学院和校外学习中心组织安排作风正派、责任心强、坚持原则的教师担任巡考和监考工作,每次考试都实现所有考点巡考全覆盖。

对于考试违纪的学生,一律取消其该课程的考试资格,成绩以零分计,并视其情节轻重,给予警告、严重警告处分;对于考试作弊的学生,课程成绩以零分计,并视其情节轻重,给予留校察看、勒令退学,开除学籍处分。

(八)过程监管与质量保证

学校高度重视网络教育人才培养质量,制定了一系列规章制度对教学过程、课程考试、毕业管理等环节严格把关。

教学过程。学院制定了以学习过程性评价为主的课程形成性考核评定办法,学生必须学完规定课程内容,取得及格以上的学习过程成绩,才能进行规定的作业,完成3套作业取得平时作业成绩后,最后才有资格参加现场考试,取得现场考试成绩,最后由这3部分成绩合成课程总成绩。

课程考试。课程考试全部由主讲教师命题,由学院负责组织在学校批准的考试试卷定点印制单位进行印刷,并有专人进行监印,试卷印好后由专人按各校外学习中心考试预约数量进行分装,并用密封签密封。试卷在考前通过货运密件方式运抵校外学习中心,校外学习中心接收后不得拆封试卷箱(袋),学院巡考人员到达后,一同拆封清点试卷袋数,并移交试卷保密室保管。考试结束后，也通过货运密件方式运回学院，由考务人员拆封整理，组织主讲、辅导教师集中封闭阅卷。为严肃考风考纪，2018 年 8 月考试全面启用了带活体检测的人脸识别系统，考生必须通过“刷脸”验证身份才能入场考试，2018 年 12 月考试采用多题多卷、考室混排方式，坚决杜绝考试代考的严重作弊行为，维护考场秩序。

毕业设计(论文)。学院毕业设计(论文)全程通过网上教学平台组织实施，学生在平台上选择指导老师和题目(也可以结合工作内容自拟题目，指导老师审核通过即可)，根据老师下达的任务书提交开题报告，通过后，根据老师的意见撰写并提交论文初稿，通过与老师反复讨论修改，才能完成论文终稿的提交；然后，学院组织指导教师对学生论文终稿进行交叉评阅，检查学生毕业设计(论文)的完成质量和教师指导质量；在交叉评阅的基础上，学院还对拟申请学位学生的毕业设计(论文)终稿进行查重，超过重复比例上限的，取消学位申请资格；对不申请学位学生的毕业设计(论文)终稿随机抽取部分进行查重，超过重复比例上限的，最终成绩不合格；最后组织学生答辩。学生的毕业设计(论文)成绩由终稿成绩、交叉评阅成绩、答辩成绩和网上讨论的平时成绩按 3∶3∶3∶1 的比例构成。

督学促学。学院通过数据库系统共形成数据分析表格 47 个，涵盖从招生到毕业的各个环节，通过数据挖掘，拟定了 8 个方面 18 项学生的学习情况预警，提前发现学生学习中的困难和可能存在的问题，针对学生存在的不同问题，通过校外学习中心或学院直接与学生进行沟通交流，督促学生按计划完成相应课程的学习，为学生和校外学习中心提供优质的支持服务，保证了学生的培养质量。

毕业管理。学生在规定的学习年限内修完本专业教学计划规定的全部课程，取得相应学分，统考课程考核合格(本科层次)，准予毕业。学院通过毕业管理系统，对毕业生的资格进行严格审查，对符合毕业条件的学生自动进行毕业申请，学生本人在学院规定时间内核对个人信息和在网上填写的《毕业生登记表》相关信息，并根据个人情况确定是否需要进行延缓毕业申请。同时，学院通过主页公告、系统短信等渠道及时对学生毕业相关环节进行提醒。

电子注册。学院严格按照教育部《高等学校学生学籍学历电子注册办法》(教学〔2014〕11 号)中关于学历电子注册的相关要求，在学籍学历信息管理平台进行毕业生学历电子注册上报工作。学历注册信息与学历证书内容保持一致，学历证书发证日期与学生毕业日期一致，证书内页注明“网络教育”字样。

证书管理。每季毕业数据上报学籍学历信息管理平台注册成功后，再将已上报注册的毕业数据对接到学院学生档案管理系统，进行学历证书及档案的制作，管理系统的应用保证了数据来源、学历证书打印参数等准确性。学历证书及档案的制作和发放由专人专项负责。对毕业照片粘贴和证书盖章实行“三验三校”，确保证书制作零差错。在证书发放过程中，必须由学生本人持身份证至校外学习中心现场，经核验无误、学生确认签字后才能领取，保证了证书制作与发放的严谨与规范。

终身学习。学校针对《国家中长期教育改革和发展规划纲要(2010—2020 年)》所提出的“人人皆学、时时能学、处处可学”的学习型社会的总体目标，结合自身的网络教育优势，于 2013 年建设网络教育终身学习平台，对重庆大学网络教育全体毕业生免费开放全部资源，学校网络教育毕业生可参与学院任何课程的学习，并参与学院任何课程的辅导答疑活动，为全民学习和终身学习奠定了坚实的基础。

（九）社会评价与品牌声誉

长期以来，学院坚持立德树人、坚持育人为本、坚持规范办学、坚持确保质量，坚守“学生培养质量是学院长期生存与发展的生命线”的质量观，提出了打造“责任网院”“制度网院”“服务网院”“技术网院”和“文化网院”的学院建设目标，提出了“用心服务，还能更好”的品牌宣传口号，坚持打造“质量网院”品牌，努力成为一个有责任感的网络学院、一个有实力维护网络教育尊严的网络学院。

学院在人才培养过程中，始终坚持将培养适应生产、建设、管理、服务第一线需要的高等技术应用型人才作为根本任务。在专业设置和课程设置上，积极适应社会发展需求，理论与实际结合，加强学生专业能力和适应能力的培养，增强在职人员的培养，提升学生就业技能和服务社会能力，提升就业需求。根据学院的毕业生满意度调查，学生的满意度达到95%。毕业学生纷纷表示，通过网络教育学院的学习，其理论知识更加系统、更加扎实，同时所学课程内容实用性强，其工作能力得到了极大的促进与提升。

根据学院对毕业生的调查跟踪反馈，相关行业企业、用人单位普遍认为：学院专业设置、人才培养目标、规格、能力等方面的社会针对性和实用性强；毕业生实践能力强、岗位适应期短、具有较强的创新意识，不少学生已经成为所在单位的业务骨干，得到用人单位的较高评价。

办学以来，培养出获得“福建省技能大师”的叶宗贤、在读期间获得国家10项实用新型专利的贾清民等优秀毕业生，学院多次在新华网和腾讯网举办的实力网络教育学院评选活动中荣获“中国口碑影响力网络教育学院”“综合实力网络教育学院”等称号。

四、服务社会

（一）服务民族地区发展

学院勇于承担社会责任，充分发挥学校学科与人才优势，把优质资源和先进的教育理念输送到经济社会发展滞后地区，提升了党政干部、专业技术人才等在职人员的整体素质，培养了一批经济社会发展急需的管理干部和技术型人才。2012年起对接云南绿春县和西盟县的精准扶贫需求，为国家级贫困县免费培养学历教育人才达1570人，免去学费总额904万元；2018年起为宁夏固原市免费培养1000名党政管理人员，免去学费总额576万元。扶贫项目2017年入选第二届教育部直属高校精准扶贫精准脱贫十大典型项目。

（二）服务特殊人群

从2004年7月启动的“爱心双百工程”，由重庆大学网络教育学院资助100万元学费，分5年时间帮助重庆市100位以上的残疾人进入重大网络教育学院学习。2006年12月，重庆大学网络教育学院被评为重庆市“十五”期间扶残助残先进集体。

（三）爱心捐助及公益活动

2008年“512汶川地震”对地震灾区学习中心及学生进行赈灾捐款；2012—2015年持续

对重庆市合川芭蕉完全小学进行爱心捐助、助教活动;2014 年学院推出“一元钱一片爱”系列公益活动,希望能够将“爱心、诚信、包容、感恩、帮助”的情怀深深扎根在全国 170 余个校外学习中心、10 余万在读学生的心中,象征着爱心、正能量的旗帜传递活动将由学院起航,分别从北方片区、江浙沪片区、川渝黔片区、华南片区以及西北西南片区共 5 条线路进行爱心接力。2018 年 12 月帮助黔江马喇镇建设多媒体教室,以帮助村民学习新知识。

五、试点成绩和经验

成为试点高校以来,学校努力探索适合自己的、具有鲜明重大特色的网络教育发展模式与发展道路。学校坚持“立德树人”的网络教育办学主线,守住网络教育规范发展的制度红线,确立“从简单适应需求到支撑引领发展,努力建设与一流高校相匹配的一流网络教育”的发展上线,将一流高校的学科优势转化为网络教育的办学强势,使网络教育在与学科建设的良性互动中服务经济社会发展,为学习型社会建设做出应有的贡献。

经过多年实践探索和理性思考,逐渐明确了学校网络教育的发展思路。

(1) 以市场为导向。面对日趋激烈的市场竞争,必须坚持从市场需求出发,重视学生需求,把握市场参与者动态,积极应对竞争,及时调整和升级教育服务,逐步完成从“满足学生需求”到“创造学生需求”的转变,增强学校网络教育的市场竞争能力。

(2) 以规范为保障。提升管理或服务,规范化的管理和服务均需要相应的制度、标准和流程来保障。为此,要按照“制度化、标准化、流程化”的要求,不断加强管理与服务规范建设,以保障各项教育教学活动规范有序运行。

(3) 以技术为支撑。网络教育竞争力依赖于网络技术、数字通信技术和多媒体技术以及人工智能技术等的持续更新,因此“跟踪技术前沿,创新教育手段”将永远在路上。只有持续跟踪技术进步,实时升级技术系统,才能为网络教育的进一步发展提供强大的技术支撑。

(4) 以资源为基础。丰富实用的教育教学资源是网络教育的基础。要围绕学生培养目标,建设高质量的网络教育资源(课程),提高资源保障水平,满足学习者的多样化需求。

(5) 以服务为核心。坚持“一切为了学生、为了一切学生、为了学生一切”的服务宗旨,全面了解目标客户及非目标客户的工作和生活需求,发现潜在的学习需求,构建起覆盖学前、学中、学后阶段的全方位的学习支持服务体系,提供有价值的增值服务,以卓越服务打造和提升核心竞争力。

(6) 以质量为生命。提高学生培养质量是网络教育生存与发展的关键,必须坚持走以质量提升为核心的内涵发展道路,以一流的管理、技术、资源及服务推动网络教育学生培养质量的持续提升,不断提高学校网络教育的社会认可度,办好人民满意的网络教育。

六、改革发展

(1) 进一步强化使命意识和责任意识。全面贯彻落实全国教育大会精神,坚持马克思主义指导地位,坚持中国特色社会主义教育发展道路,坚持社会主义办学方向,培养德、智、体、美、劳全面发展的社会主义建设者和接班人。学校要时刻秉承立德树人的使命意识,把立德树人的成效作为检验一切工作的根本标准,真正做到以文化人、以德育人,做到以树人为核心，以立德为根本。要遵循教育规律，坚持改革创新，实现高等教育内涵式发展。

学院充分利用网络教育优势，教育引导学生培育和践行社会主义核心价值观；教育引导学生珍惜学习时光，心无旁骛求知问学；教育引导学生树立高远志向，历练敢于担当、不懈奋斗的精神；教育引导学生培养综合能力，培养创新思维。

学院坚持“国家的需要是我们的使命，学校的需要是我们的责任”的价值观，以制度和活动为载体，进一步推进学院专业化和职业化管理，保障学校网络教育的可持续健康发展。

(2) 兼顾规模、质量、结构和效益的关系，进一步提升网络教育质量。网络教育将进入规模快速发展与质量内涵提升并重的新常态，学校将逐步从规模型发展方式转型为质量型发展方式，坚持质量优于规模，坚持社会效益优于经济效益，坚持教育规律优于市场规律。

(3) 加强网络教育理论研究与实践。网络教育的持续健康发展离不开理论指导。要主动跟踪全球网络教育(现代远程教育)发展趋势，把握最新发展动态，加强网络教育宏观政策和发展战略研究，提高决策科学化水平。分析和研究网络教育的规律和特点，提高网络教育的针对性和有效性，加强对网络教育理论的学习和研究，为办学实践提供必要的理论支持和实践指导。研究和总结办学实践经验，加强对外宣传，扩大社会影响，提升社会形象。

重庆大学将以党的十九大和全国教育大会精神为引领，坚持立德树人、坚持育人为本、坚持规范办学、坚持确保质量，继续坚持“规范化、制度化、标准化、流程化”的制度建设方向，进一步提高管理与服务水平；继续坚持“跟踪技术前沿、创新教育技术、支撑学院发展、引领远教未来”的技术及资源建设思路，进一步为学生提供便捷友好、更加有效的技术支持。通过管理、服务和技术，传递重庆大学网络教育的品牌价值——专注你的学习，其余的事交给我们；实现重庆大学网络教育的品牌目标——让网络学习成为时尚；践行重庆大学网络教育的品牌宣言——用心服务，还能更好！

西安交通大学现代远程教育试点工作总结

西安交通大学网络教育学院自2001年成立以来，在教育部和西安交通大学党政的坚强领导下，严格按照教育部和学校的各项文件规定，按照“立足西部，面向全国，连通海外”的指导思想，以办好人民满意的现代远程教育试点工作为目标，以准确定位、规范办学、特色发展、服务社会、传承文化为宗旨，在规模、效益、研究、质量、社会声誉等方面均取得了显著成绩和长足发展。

现代远程教育试点工作一步步从小到大，由弱到强，走过了近20年的风雨历程，从严格规范招生行为，着力加强校外学习中心管理，到大力开展教学资源建设，从强化学习支持服务，严肃考风考纪建设，到全方位构建教学质量保障体系，我们做了大量艰苦细致且卓有成效的工作。坚持先进的网络信息技术创新研究引领一直是西安交通大学的优良传统，学校先后自主研究开发了天地网远程教育系统SkyCLass®、先进的教学教务管理平台和学生学习平台，招生信息采集系统、入学课程机考系统、网银收费系统、移动学习系统、学生学习日志记录系统、无感人脸生物考试识别系统、论文写作答辩系统、学费电子发票系统，建立了先进适用的云服务平台等。多年来，西安交通大学在现代远程教育新技术研发应用方面一直走在全国试点高校的前列，多次受到领导、广大师生、同行、社会舆论的赞誉和广泛好评。

一、试点工作发展阶段及主要任务

1. 发展阶段1（2001—2006年）：网络教育学院成立及试点工作起始

早在1998年，西安交通大学就成立了现代教育技术中心，积极开展现代远程教育的技术准备工作。经过全面的筹备准备工作，于2000年6月通过了教育部专家的评审，2000年7月14日，教育部教高厅〔2000〕8号文件正式批准包括西安交通大学在内的15所高校开展现代远程教育试点工作。2001年3月30日，网络教育学院正式成立，主管副校长于德弘教授担任院长。网络教育学院西安交通大学现代教育技术中心和原西安医科大学、陕西财经学院电教中心等部门组成，依托西安交通大学丰富的教学资源，雄厚的办学力量，确立了“立足西部，面向全国，连通海外”开展多层次、多模式的现代远程教育试点工作发展思路。全面落实教育部对远程教育试点的指示和要求，结合西安交通大学人才培养和社会服务的宗旨，提出了网络教育学院的主要任务。

（1）探索大学如何适应信息时代教育多元化、网络化发展中出现的新问题和新方法，提高教育质量和效率，改进人才培养模式，推进网络多媒体教育在本科教育中的应用。

（2）统筹规划学校远程教育办学业务，开展校外现代远程教育，并将现代远程教育定位在在职人员继续教育方向。其中，招生、教学、学务、技术服务、资源建设等具体业务由网络教育学院和职业技术暨继续教育学院合作开展。

（3）开展网络教育重大技术课题专项研究，研制出我国第一套天地网远程教育系统

SkyCLass®,首创了“既见树木又见森林”的导航学习新模式,改变了以往“千人一面、线性罗列”的网络学习模式,支持归纳、类比、联想等多种学习手段,有效提高学习效率。

(4) 开展多媒体资源建设,建立学校自主版权的网络课程资源库、多媒体课件素材库、案例库以及名师讲座等。

(5) 推广现代教育理论、技术与应用等的师资培训,为网络教育储备师资。

(6) 与兄弟高校合作,通过网络教育开展课程互选、学分互认的联合办学实践。

在此期间郑庆华副院长主持自主研制出了“天地网远程教育技术平台 SkyCLass®”,获得包括国家科技进步二等奖等多项嘉奖,和上海交通大学、浙江大学开展了基于卫星和地面网开展课程互选学分互认的开创性工作,获得了教育部教学成果二等奖,积累了一批教学资源,培养了一支教学管理和技术支持的队伍,为后来的快速发展奠定了坚实的基础。

2. 发展阶段二(2006 年至今): 与继续教育学院合并及快速、健康、创新发展

2006 年 12 月,经学校研究决定将网络教育学院、职业技术暨继续教育学院合并调整为继续教育学院。继续教育学院、职业技术教育学院、网络教育学院共设一个行政管理机构,实行统一管理,对外简称继续教育学院。此后十余年来,学院按照保持既有教育优势、整合优质教育资源、拓展大学后继续教育,立足陕西、面向西部、着眼全国,全面推进和构筑终身教育体系的办学思路,以规范办学、特色发展、服务社会、传承文化为宗旨,在规模、效益、质量、社会声誉等方面取得了长足发展。

截至 2018 年 12 月,学院已累计为社会培养了 20 余万名各类实用型人才,其中获得学士学位近 2 万人。2017 年,现代远程(学历)教育在册学生达到 15.8 万人,非学历教育全年线上线下培训各类人员近 9 万人,办学实力和综合影响力位居国内前列。

2018 年共开设现代远程教育专业 25 个,以理、工、管学科为主,法、经为辅,建立了各类校外学习中心(含共建)159 个,其中位于西部、贫困地区和革命老区的中心约占 56%。自主搭建的远程教育技术平台提供了从学生入学到毕业的全流程高效率信息化管理和服务,建立了先进适用的云服务平台,日均分发流量超 2TB,学习服务平均响应时间为 109ms,日请求次数最高超 1 亿,平均日访问量 18 700 人次,保障了全国各地学习者的学习活动,办学实力和综合影响力位居国内前列。

二、长期坚持正确的办学方向和办学定位

多年来,西安交通大学全面贯彻党的教育方针,坚持党对教育事业的坚强领导,履行高校人才培养职责和使命,以积极办好人民满意的现代远程教育为奋斗目标。开展现代远程教育工作的指导思想是:“规范办学,体现特色,立足西部,面向全国,连通海外”。办学层次定位于继续教育,面向开放教育,采取“规范管理,兼顾效益,特色发展,强化服务”的办学方针,本着“办学、技术、资源、管理、服务”协调发展的思路。

十九大报告提出了“优先发展教育,加快教育现代化,办好人民满意的教育”,以及“办好继续教育,加快建设学习型社会,大力提高国民素质”。多年来,在总规模可控的基础上,适当降低了中西部及部分贫困革命老区学生学费标准,增加了中西部及贫困革命老区的招生量,努力承担试点高校的社会责任和教育扶贫责任。

继续教育是学校面向社会办学的重要形式之一。在《西安交通大学章程》的总则第七条

中：学校主要教育形式为全日制本科生教育、硕士和博士研究生教育，以及职业技术教育、继续教育和留学生教育。学校将继续教育纳入“十三五”总体规划、学校综合改革和“双一流”建设体系，推动继续教育科学发展。《西安交通大学“十三五”规划纲要》明确提出要强化教育服务功能，优化教育资源配置，探索大众化教育背景下的办学新机制和人才培养新模式，举办体制机制灵活、社会资源参与的教育机构，稳定发展网络学历教育，巩固发展非学历培训教育，推进学历教育、非学历培训教育两翼驱动。

学院以开拓创新、服务经济社会发展为导向，遵循高等继续教育发展规律，加强党建和学生思想政治教育，积极践行社会主义核心价值观，加强党团组织建设，把学生思想政治工作贯穿教育教学全过程。通过课堂教学、专题讲座、学生党课、参观实践、学生评优、公益活动、微信平台以及形式多样的校园文化活动，使学生思想政治教育工作有的放矢、活泼生动、丰富高效。

以 2018 年为例，举办了丰富多彩的校园文化活动（见图 1），开展“汉服印象”“网络教育踏樱寻梦返校”“水墨彩舞”书画活动、春季、秋季趣味运动会、学校创新创业大赛，以及“消防日”系列活动，召开 16 次“班团例会”，32 次“学生会部长例会”，70 次“学生会各部门例会”，积极开展主题团日活动，传播正能量，引导学生全面健康成长。开展一学一做系列团日活动，如“旗帜领航，牢记使命”等 6 个等主题团日、主题班会，组织全体学生干部学习党的“十九大报告”，组织学生参观学校西迁纪念馆等，弘扬和传承“西迁精神”。

图 1　丰富多彩的校园文化活动

三、坚持规范招生，严格收费管理

（1）招生宣传。每季印制招生简章上报教育部阳光平台备案。简章明确了网络教育的入学资格、报名时间、学习形式、学习期限、统考、学历和学位证书、电子注册等政策要求。学院官网向社会公布招生简章、收费标准、咨询与投诉电子信箱和电话，同时公布可以招生的校外学习中心名单以及撤销或停办不招生的校外学习中心名单。学院指定专人全面监控、定期核查涉及本校网络教育招生宣传的网站、页面及信息条目，特别是各类电商平台上的虚假宣传行为，对被冒名开展虚假、违规的招生宣传行为，及时通过学院官网进行声明，提醒考生切勿上当受骗。学院要求所有校外学习中心不得自行印制招生宣传材料或发布招生广告，更不得在招生中进行虚假承诺。

(2) 收费管理。西安交通大学根据教育部有关网络教育学生可按教育成本收费，并实行学分制管理方式的文件精神，根据陕西省物价局、陕西省教育厅陕价费函发〔2001〕96号文件批准，现代远程教育本科学生(高起本各专业约140学分，高起专、专升本各专业约80学分)，学费按每学分80～110元收取。

自2001年3月网院成立到2009年的春季，收费工作一直采用学生报到集中收费的传统方式，即学生报到时设多个收费摊点，工作人员现场开具发票收取现金。这种收费方式存在很多弊端。第一，学生报到时需携带大量现金，报到途中资金安全得不到保障；第二，需要工作人员清点现金，工作量大，工作效率低，而且假币识别困难，容易造成不必要的损失；第三，大量学生集中报到，经常出现排长队现象，延缓报到流程，同时还需大量安保人员维护秩序，导致财务统计工作的及时性和准确性得不到保障，学习中心欠费现象频出。

鉴于以上情况，自2009年4月起，网络教育学院与中国银联控股的银行卡专业化服务公司——银联电子支付服务有限公司(ChinaPay)合作开展网上银行缴费服务，提供包括工行、建行、农行、中行、交行等在内的20余家银行卡支付服务，更加方便、快捷地为学习中心和学生提供网上银行缴费服务，规范我院学生收费管理工作，减少学生缴费中间环节，维护学院和学生的合法权益，在平台上新增了网银缴费功能，学生可直接登录"学生学习平台"通过个人网上银行缴纳学费。成功实施网银收费工作，使我院收费工作走到全国试点高校网院的前列。

2016年5月，学院又与易宝支付有限公司合作，开展POS机业务，为各学习中心配备POS机设备，学生可以直接到学习中心刷卡缴费，学费直接缴纳到高校的账户里。2017年10月，学院又与支付宝(ALIPAY)、微信支付(WeChatPay)合作。2018年1月因与银联电子支付公司的协议到期，又开通了易宝支付有限公司的网上银行业务(YEEPAY)。缴费后方能在平台选课学习，杜绝了欠费现象。

学生缴费票据也由最初的手开票，到现在的机打发票，大大提高了票据处理工作的效率。2018年秋季开始积极响应财政部财政票据电子化政策，配合高校和技术部门初步实现了学生缴费票据电子化，加快了票据处理效率，避免了票据邮寄过程中易遗失的风险，同时学生可以第一时间拿到票据，方便了学生报销，提高了办事效率，实现了学生票据"无纸化"工作目标。

(3) 办学规模与学校办学条件、能力、教学管理技术服务覆盖面基本相匹配。随着近年来我校技术服务队伍的不断扩大、服务器不断增加和教学管理技术服务手段创新，基本做到了办学规模与学校办学条件、能力、教学管理技术服务覆盖面相匹配。

四、规范校外学习中心管理，强化学习支持服务

1. 校外学习中心管理服务

截至 2018 年 12 月，西安交通大学现代远程教育目前在全国 26 个省（市、自治区）设立校外学习中心 159 个，其中与公共服务体系合作授权的学习中心 83 个，自建自用 76 个。

2. 学习支持服务

西安交通大学网络教育学院拥（见图 2）有完整的学生支持服务建制，组建了由 11 人组成的隶属于远程教育中心的学生支持服务管理科，建立了完备的学习支持服务系统，主要由面向学生的服务系统、面向学习中心的督导系统和针对招生的预警系统 3 部分组成。

图 2　网络教育学院

1）面向学生提供完善的服务

西安交通大学所有课程都配套有课程论坛，依据《辅导教师考核管理办法》和《辅导教师聘用协议》聘请符合资质的辅导教师为学生提供专业的日常在线课程学习辅导，每个学习中心都按照要求配备线上或线下辅导教师，在学院专业辅导教师的统一安排下为学生提供辅助学习辅导。学院主页建立"支持服务综合平台"为学生提供最新消息、学院风采、专题报道、常见问题、在线调查、在线客服等类别的咨询与交互服务。同时，在线客服系统植入学习

平台内，通过桌面平台和移动平台，针对各种学习行为提供在线帮助。通过官方微信公众号，新浪、腾讯微博、微信投票系统等新媒体工具为学生主动推送政策文件、学务信息、各种学习资料、助学导学帮助、线上评优选秀等信息，确保学生从入学前到缴费后、从在线学习到在线练习和各种在线考核、从考试前到考试后、从论文开题到答辩通过、从入学学籍管理到毕业后各种证件发放每个环节都及时发布相关通知、学习流程和注意事项，强制学生了解自己的学习过程和学业进度，参与各项学生活动。以支持服务综合平台为被动手段，新媒体工具为主动手段建立起一套“迎进来、送出去”的学生学习支持服务体系。

2）面向学习中心的督导服务

学生支持服务部门利用学院自行开发的“学习过程跟踪系统”分别按照日期、学习中心名称、课程和学生等指标（见图 3），实时监控校外学习中心各类教学和学生学习行为。针对所有学习中心每月公布一次学生学习行为监控报告，分别从学生登录学习平台产生的课程相关日志、课程无关日志、视频学习时长、在读学生实际登录率等指标判断校外学习中心一段时间以来的学生支持服务情况和学生的实际在线学习情况。

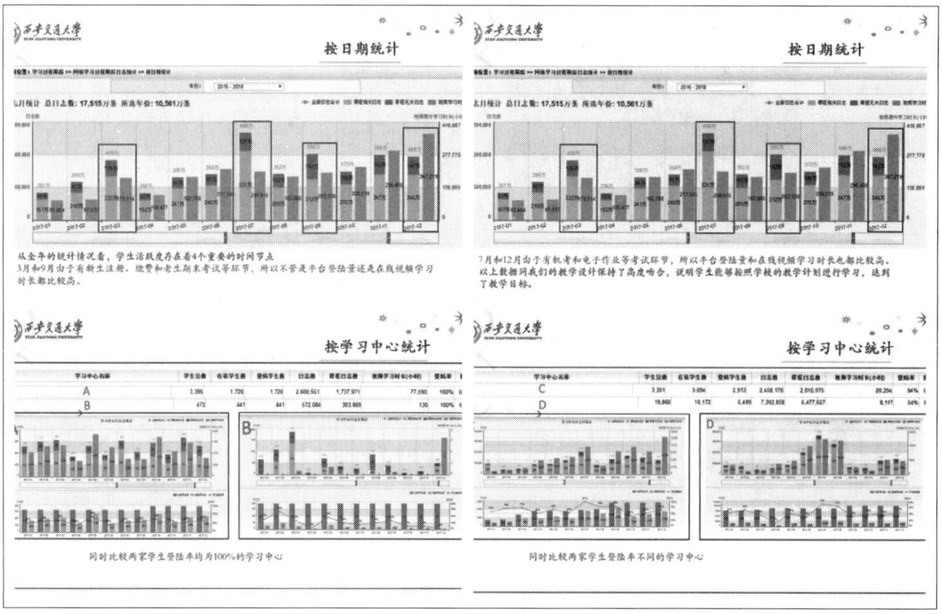

图 3　按不同指标统计

3）依靠招生预警机制规范招生行为

每年两季招生期间，学校充分利用“学习过程跟踪系统”中的招生预警模块，实时监控各地学习中心的招生行为。通过对招考学生的地理位置定位、学生身份证信息的解读从而判断出所在学习中心是否存在违规招生或跨区域招生等行为，远程监控招生进程，规范招生行为（见图 4）。

3. 学生满意度

西安交通大学每学期都针对学生发放《期中教学检查调查问卷》和《教师授课情况调查问卷》，通过在线填写调查问卷了解学生对所学科目的认知程度、具体的学习感受以及对课件质量的反馈和学习支持服务满意度。通过学生反馈，及时调整授课方式和服务方式，力求

图 4　微信小程序报名地理位置获取

最大限度地提高教学和服务质量。

另外，西安交通大学还充分利用微信、微博等自媒体工具，组织各种线上投票活动。每年都会通过上述媒介面向全体学生在线举办年度优秀学生、优秀学生干部、优秀毕业生评选活动，通过民主投票的方式，广泛征集、人人参与，公平公开地评选各类优秀(见图 5)。通过各类评选活动凸显榜样的力量，并真实了解学生对学校和学习过程中各项工作的满意度。自 2015 年开展满意度调查以来，学生平均满意度为 90%以上。

图 5　评选各类优秀

五、积极建设高水平网络教学资源，全面监管教学过程，努力保障教学高质量

1. 师资配备与资源建设

1）校内外师资队伍的发展壮大

西安交通大学现代远程教育授课及负责课件资源开发建设的教师主要来源于本校各院系专业学科的优秀教师，既有年轻在职的教师、博士，又有经验丰富的退休老教授，还有部分其他高校、政府、企业、医院、研究机构的教师。现累计有授课教师 303 人，校内主讲教师副教授及以上 147 人，讲师 156 人。另外，各校外学习中心聘请优秀辅导教师 1583 人，与学校共同组成“双师型”教学团队。

2）教学专业的设置考评

自西安交通大学现代远程教育教学专业设置以来，充分考虑学生群体在职人员的特殊性，结合西安交通大学的特色和优势，设置了一系列社会实践性较强的专业，包括法学、药学、护理学、机械工程等。专业数量逐年递增，专业设置不断进行考评。计划通过“兄弟”网院的专业实证调研，不断综合考评并开设“有帮助、有质量、有特色”的新专业。2018 年各层次开设专业汇总如图 6 所示。

序号	层次	专业名称	序号	层次	专业名称	序号	层次	专业名称
1	专升本	电气工程及其自动化	1	高起专	电力系统自动化技术	1	高起本	电气工程及其自动化
2	专升本	法学	2	高起专	药学	2	高起本	热能与动力工程（现更名为：能源与动力工程）
3	专升本	工商管理	3	高起专	人力资源管理	3	高起本	工商管理
4	专升本	护理学				4	高起本	计算机科学与技术
5	专升本	环境工程				5	高起本	土木工程
6	专升本	会计学				6	高起本	护理学
7	专升本	机械工程				7	高起本	机械工程
8	专升本	计算机科学与技术						
9	专升本	金融学						
10	专升本	经济学（财政金融方向）						
11	专升本	能源与动力工程						
12	专升本	土木工程						
13	专升本	药学						
14	专升本	化学工程与工艺						
15	专升本	电子商务（物流管理方向）						

图 6　2018 年各层次开设专业汇总

3）课程资源的补充完善

目前西安交通大学网络教学资源媒体组成的类型包括流媒体、Web 型课件（包括精品课程、课程网站、MOOC 课程）、PPT、Word、PDF、Flash、素材库、题库、电子教案、案例库等，共有流媒体格式网络教学课件 545 门，共计 34 879 学时，参考资料 6360 套，习题集 2015 套。

同时，积极开展远程 MOOC 课程资源的建设，加入了“MOOC 中国联盟”并担任理事长高校。聘请本校优秀教师参与 MOOC 课程的建设，已制作完成 47 门远程 MOOC 课程，并将部分 MOOC 课程发布至 MOOC 中国、学堂在线、中国大学 MOOC、Coursera 等平台上。学校共有 100 多门 MOOC 课程在全国十个平台上开放共享，取得良好效果，目前的累计学习选课人数已超过 300 万人次。

2013 年，国家级网络精品课程《模拟电子技术》完成共享课建设并放在教育部、财政部十二五期间启动实施的高等学校本科教学质量与教学改革工程支持建设的高等教育课程资

源共享平台——“爱课程”网站上(见图 7)。

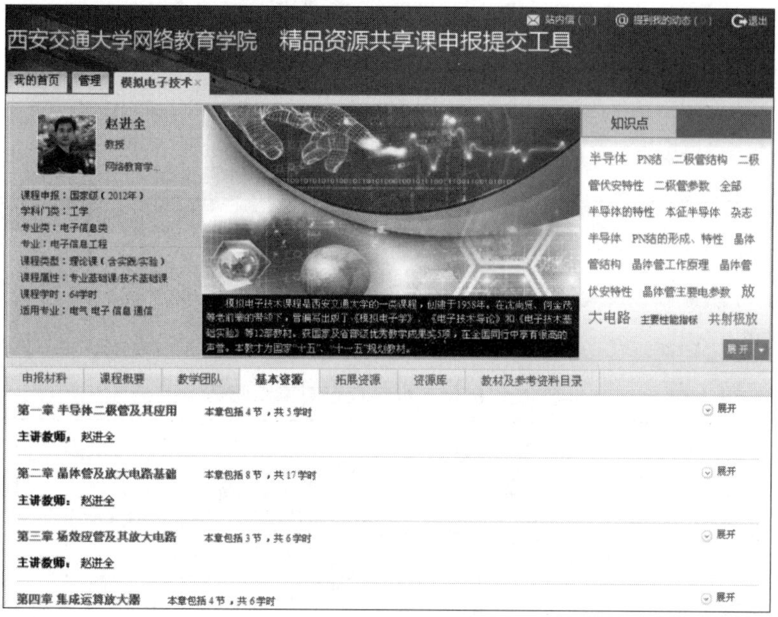

图 7　模拟电子技术课程首页

2. 过程监管与质量保证

1) 招生过程监管

细化招生流程，规范服务标准，保证各个环节都可查、可核实，针对学生倡导“一次性告知”和各环节衔接服务，从“窗口化”服务向“信息化”服务转变，提升服务质量，树立网络教育社会公信力。

主要措施有：发布《招生工作流程》(见表 1)。考生从招生咨询到完成缴费共分 8 个重要环节，抓住两个关键“现场”：现场报名和现场入学考试；同时，做好网上招生引导服务，在学习中心、招生人员认证、报名查询、录取查询、网银缴费等环节重点把控。

表 1　招生情况

招生工作流程	网上核查链接	网址公示	确认方式	是否收费
1. 查询当季招生学习中心	招生学习中心名单	http://www.xjtudlc.com/html/2016/zsxxgg_0615/1469.html	网上确认	无
2. 招生工作人员身份认证	全国招生工作人员认证系统	http://www.xjtudlczsb.com/	网上确认	无
3. 现场平台报名(或网上报名)	教学管理平台(或网上报名)	http://mxueli.xjtudlc.com/或(http://m.xjtudlczsb.com/)	现场或网上报名	无报名费
4. 报名成功查询	报名成功查询	http://www.xjtudlc.com/html/enroll/index.html	网上确认	无
5. 现场参加入学考试	报名地点查询	http://www.xjtudlc.com/html/2016/zsxxgg_0615/1469.html	现场完成	无考试费

续表

招生工作流程	网上核查链接	网址公示	确认方式	是否收费
6. 录取结果查询	录取结果查询	http://www.xjtudlc.com/html/enroll/index.html	网上确认	无
7. 领取录取通知书	学习中心地址	http://www.xjtudlc.com/html/2016/zsxxgg_0615/1469.html	现场领取	无
8. 网银缴费	学员学习通道	http://www.xjtudlc.com/	网上完成	学费缴纳

针对招生可能存在的重点问题(见表2),建立了招生重点问题预防响应处理机制,严把招生入口关。

表2 针对招生可能存在的重点问题

序号	出现的问题	问题等级	预防响应	处理措施
1	跨区域招生	一级	平台立即关闭	问题属实,停止招生;情节严重,上报当地省级教育部门处理
2	招收全日制套读学生	一级	平台立即关闭	问题属实,停止招生;情节严重,上报当地省级教育部门处理
3	委托中介机构代理招生	一级	平台立即关闭	问题属实,停止招生;情节严重,上报当地省级教育部门处理
4	虚假宣传、虚假承诺	一级	平台立即关闭	问题属实,停止当季招生
5	入学考试替考严重	一级	平台立即关闭	问题属实,停止当季招生
6	收取报名费、入学测试费	一级	平台立即关闭	问题属实,停止当季招生
7	电子照片采集不合格	二级	平台立即关闭	认识问题并修正后,方可启动招生
8	手机号录入虚假	二级	平台立即关闭	认识问题并修正后,方可启动招生
9	电子邮箱录入虚假	二级	平台立即关闭	认识问题并修正后,方可启动招生
10	工作单位录入不完整	二级	平台立即关闭	认识问题并修正后,方可启动招生
11	各类附件上传不合格	二级	平台立即关闭	认识问题并修正后,方可启动招生

招生工作人员的双系统认证(见图8)。为了预防个别社会不法机构和个人以经济利益为目的,组织"冒名"招生、点外招生、中介招生和虚假承诺等违规招生行为,打击不法分子的招生欺诈行为,发布了《全国招生工作人员认证系统》,公示了招生人员的照片、联系电话、微信、所属学习中心、报名地址等重要信息。

及时公布非法代理机构和虚假招生网址。严厉打击各类非法中介机构在网络上的虚假宣传行为,实时通过"网络舆情监控系统"筛查出有关西安交通大学网络教育学院网络教育虚假宣传信息,及时在网站进行通报,维护网络教育办学声誉。

严格入学考试身份核查环节。考生必须通过人脸识别系统进行核验(见图9),现场采集考生面部信息,并与报名照片进行一对一比对,验证成功后获取机考系统登录密码方可参加入学考试,防止替考作弊,严肃考风考纪,为广大师生营造更加公平、公正的考试环境。

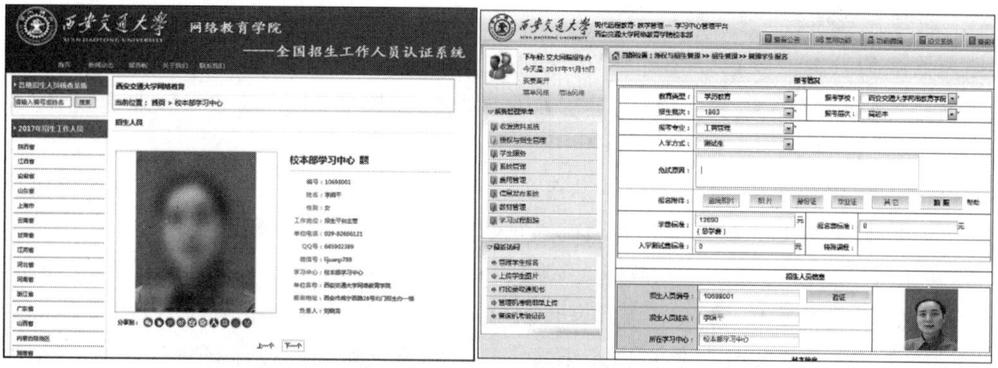

图 8　招生工作人员双系统认证

图 9　招生考试采用人脸识别进行入场验证

学生收费全部通过网银缴费，并从 2018 年 9 月开始向学生提供电子发票（见图 10）。网站同时声明：学习中心或任何个人不得以任何方式收取报名费、考试费、补考费、论文指导费、答辩费、毕业证书工本费和超过规定标准外的学费等任何费用。学员可拒绝缴纳，并向学校或当地物价管理部门投诉、举报。

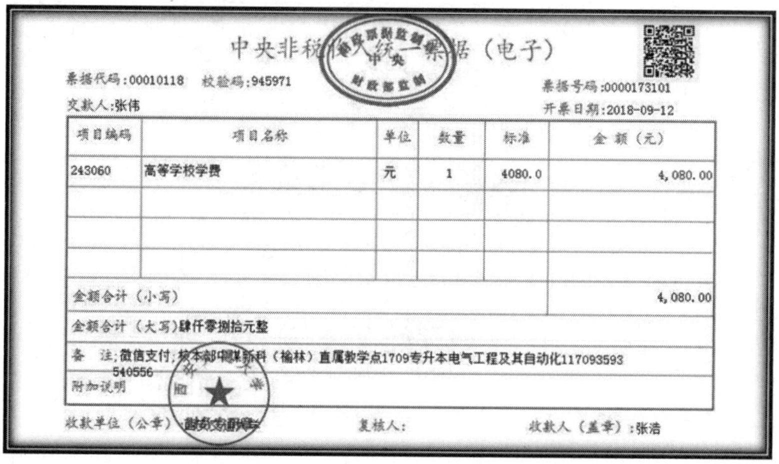

中央非税收入统一票据（电子）

票据代码:00010118　校验码:945971　票据号码:0000173101

交款人:张伟　开票日期:2018-09-12

项目编码	项目名称	单位	数量	标准	金额（元）
243060	高等学校学费	元	1	4080.0	4,080.00
金额合计（小写）					4,080.00
金额合计（大写）肆仟零捌拾元整					
备　注:微信支付,校本部中[illegible]新科（榆林）直属教学点1709专升本电气工程及其自动化117093593540556					
附加说明					

收款单位（公章）　复核人:　收款人（盖章）:张浩

图 10　2018 年 9 月系统开具的首张电子发票实图

2）教学过程监管

“现代远程教育专家指导委员会”指导和决策远程教育教学各重要环节。委员会由学校各学科聘请的知名专家教授组成，为远程教育教学过程指导把关，以加强专业建设、提高教学质量为主要目的。

授课师资培训及课件质量把控体系建设。主要包括 3 个模块：网络教育教师特色化教学设计的培训、课件主讲教师录制事项的培训、已录制课件的质量把控。

论文指导与答辩师资队伍的规范化建设。就论文写作指导与答辩过程中新聘教师业务流程不熟悉、评阅不及时、拿捏不恰当等问题对师资队伍进行规范化管理，以指导委员会成员为主，聘请其中论文指导与答辩经验丰富的知名专家进行经验传递与业务培训，并根据院处文件拟定《西安交通大学现代远程教育毕业论文指导教师考核评价办法》，严格有效地加强论文指导与答辩师资队伍的建设（见图 11）。

西安交通大学院处函件

西安交通大学现代远程教育
毕业论文指导教师考核评价办法

西交继（2019）2 号

图 11 《西安交通大学现代远程教育毕业论文指导教师考核评价办法》函件

教学的过程性评价与结果性评估。为了充分了解学生的实际学习情况和教师教学内容的准确性、实践性以及师生交互的情况，以调查问卷的形式对教学进行综合评估，在大数据的背景下对教学进行检查。

论文写作与答辩体系的监管与完善。以论文写作的基本流程为框架，对每个阶段进行监管，从论文写作过程与答辩环节的实践应用中得以启示，对论文的体系进行完善，主要包括采用维普论文查重系统规范论文写作的学术性与原创性，保障论文的专业质量（见图 12）。

图 12 维普论文检测系统

自主研发论文答辩报名系统(见图 13),本科论文答辩环节将以“学位申请报名+自主报名”的形式为主。视频答辩与现场答辩的结合为学生论文答辩提供多样化方式,并结合 Skyclass 视频答辩系统高效地为学生参加论文答辩提供服务(见图 14)。

图 13　论文答辩报名系统

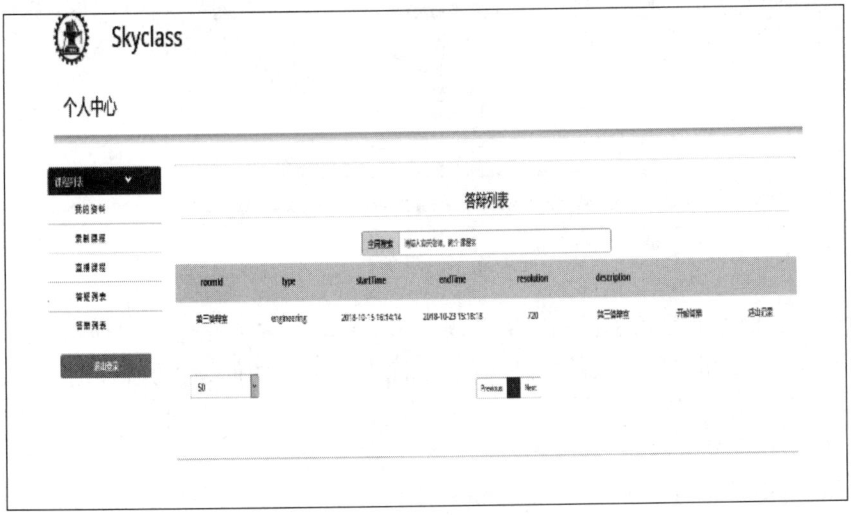

图 14　Skyclass 远程答辩系统

题库系统的建设(见图 15)。为了帮助学生更加有针对性地掌握教学或考试内容,经过教学考务部门与技术支持的沟通,对题库系统提出思路并进行建设。

3) 考务过程监管

西安交通大学在现代远程教育试点工作中一直积极探索适合现代远程教育学生考试管理的新方法。无论是课程考试体系的构建,还是应用技术的革新,都从实际应用中发现不足

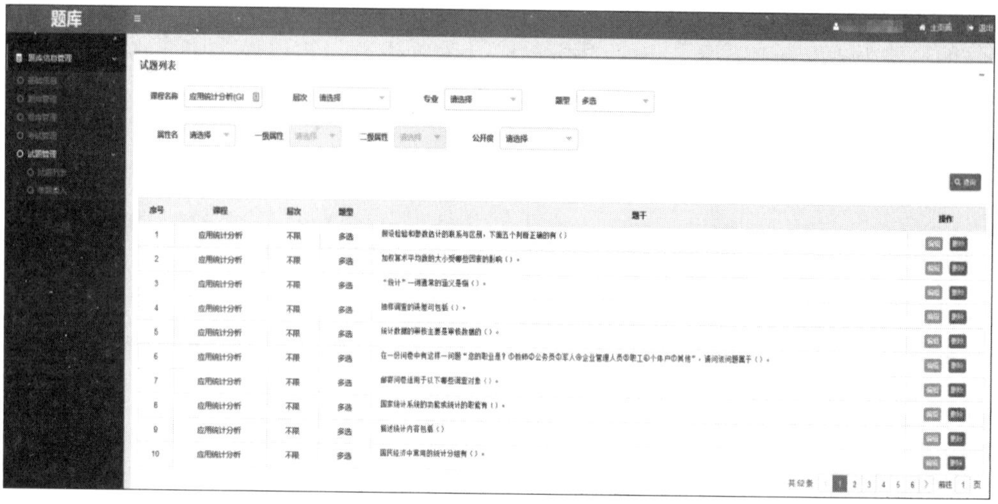

图 15　题库系统

并不断进行完善。

规范考试制度，逐年修订各类各项文件(见图 16)。从制度方面保障考试管理的规范，利用文件严格管控，避免各类乱象发生。

图 16　逐年修订的相关文件

笔试试卷印刷方面采用了数码印刷及动态填充技术。考生信息与课程电子试卷唯一绑定，规避了因科目试卷混装导致的信息混乱、分拣工作量大的问题，同时杜绝了私自印刷试卷、伪造等舞弊行为(见图 17)。

构建“网络智能感知系统”的课程考试体系。在笔试、机考入场验证及巡考环节上进行多次改革探索，不断加强巡考力度，并经历了技术手段应用的 3 次迭代，由身份证识别到学生卡比对考生信息，最终在不断尝试探索与技术革新下将先进的人脸识别和无感签到技术手段应用于考试监管过程中，有效杜绝考试违纪行为(见图 18～图 20)。

考务后台数据的管理与操作。在运用人脸识别和无感签到进行信息识别或比对时，生成的数据将在考务的后台进行管理与操作，包括签到数据的导出以备查验、签到终端的核查操作(见图 21)。

考试结束后考务管理员导出签到表格对接成绩发布，未识别签到学生按照缺考处理，坚决杜绝考试违纪行为。

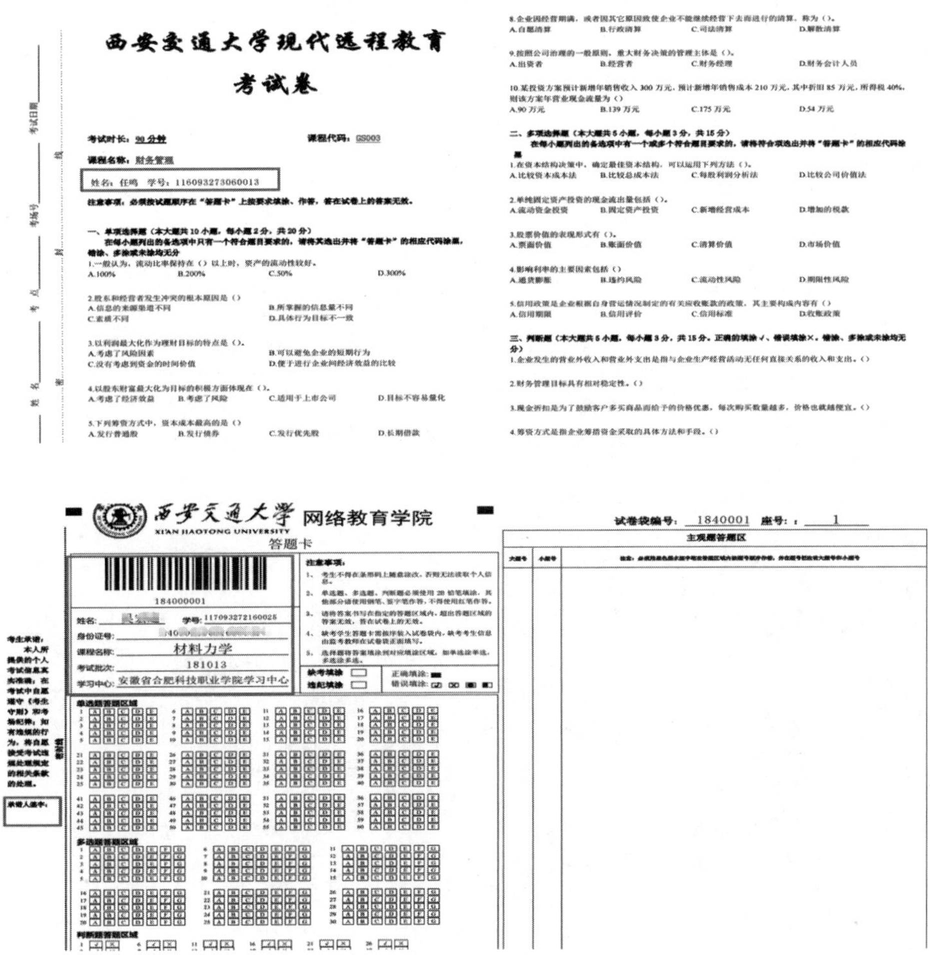

西安交通大学现代远程教育

考试卷

考试时长：90 分钟　　课程代码：GS003

课程名称：财务管理

姓名：任鸣　学号：116093273060013

注意事项：必须按试题顺序在“答题卡”上按要求填涂、作答，答在试卷上的答案无效。

一、单项选择题（本大题共 10 小题，每小题 2 分，共 20 分）

在每小题列出的备选项中只有一个符合题目要求的，请将其选出并将“答题卡”的相应代码涂黑，错涂、多涂或未涂均无分

1.一般认为，流动比率保持在（）以上时，资产的流动性较好。
A.100%　B.200%　C.50%　D.300%

2.股东和经营者发生冲突的根本原因是（）
A.信息的来源渠道不同　B.所掌握的信息量不同
C.素质不同　D.具体行为目标不一致

3.以利润最大化作为理财目标的特点是（）。
A.考虑了风险因素　B.可以避免企业的短期行为
C.没有考虑到资金的时间价值　D.便于进行企业间经济效益的比较

4.以股东财富最大化为目标的积极方面体现在（）。
A.考虑了经济效益　B.考虑了风险　C.适用于上市公司　D.目标不容易量化

5.下列筹资方式中，资本成本最高的是（）
A.发行普通股　B.发行债券　C.发行优先股　D.长期借款

8.企业因经营期满，或者因其它原因致使企业不能继续经营下去而进行的清算，称为（）。
A.自愿清算　B.行政清算　C.司法清算　D.解散清算

9.按照公司治理的一般原则，重大财务决策的管理主体是（）。
A.出资者　B.经营者　C.财务经理　D.财务会计人员

10.某投资方案预计新增年销售收入 300 万元，预计新增年销售成本 210 万元，其中折旧 85 万元，所得税 40%，则该方案年营业现金流量为（）
A.90 万元　B.139 万元　C.175 万元　D.54 万元

二、多项选择题（本大题共 5 小题，每小题 3 分，共 15 分）

在每小题列出的备选项中有一个或多个符合题目要求的，请将符合项选出并将“答题卡”的相应代码涂黑

1.在资本结构决策中，确定最佳资本结构，可以运用下列方法（）。
A.比较资本成本法　B.比较总成本法　C.每股利润分析法　D.比较公司价值法

2.单纯固定资产投资的现金流出量包括（）。
A.流动资金投资　B.固定资产投资　C.新增经营成本　D.增加的税款

3.股票价值的表现形式有（）。
A.票面价值　B.账面价值　C.清算价值　D.市场价值

4.影响利率的主要因素包括（）
A.通货膨胀　B.违约风险　C.流动性风险　D.期限性风险

5.信用政策是企业根据自身营运情况制定的有关应收账款的政策，其主要构成内容有（）
A.信用期限　B.信用评价　C.信用标准　D.收账政策

三、判断题（本大题共 5 小题，每小题 3 分，共 15 分。正确的填涂√、错误填涂×。错涂、多涂或未涂均无分）

1.企业发生的营业外收入和营业外支出是指与企业生产经营活动无任何直接关系的收入和支出。（）

2.财务管理目标具有相对稳定性。（）

3.现金折扣是为了鼓励客户多买商品而给予的价格优惠，每次购买数量越多，价格也就越便宜。（）

4.筹资方式是指企业筹措资金采取的具体方法和手段。（）

西安交通大学 XI'AN JIAOTONG UNIVERSITY 网络教育学院

答题卡

184000001

学号：117093272160025

课程名称：材料力学

考试批次：181013

学习中心：安徽省合肥科技职业学院学习中心

试卷袋编号：1840001　座号：1

主观题答题区

单选题答题区域

多选题答题区域

判断题答题区域

图 17　试卷答题纸电子化

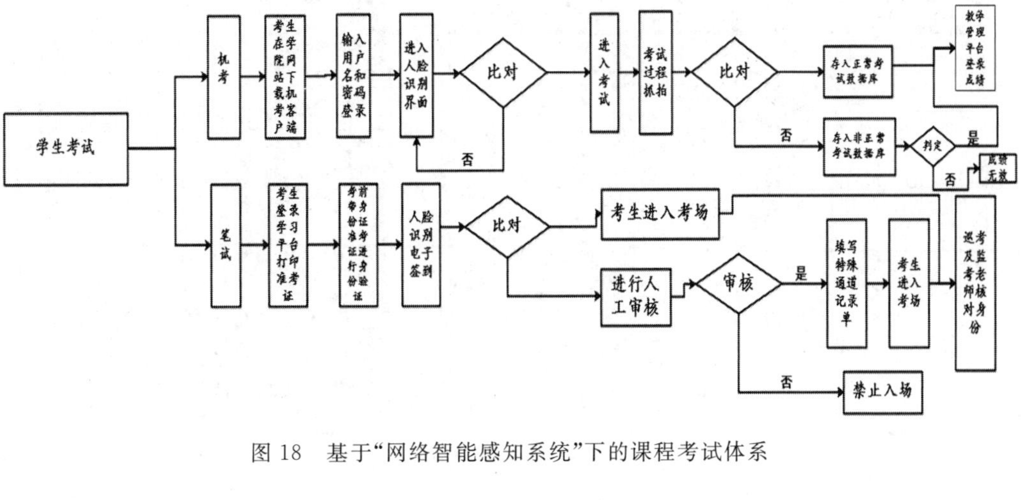

图 18　基于“网络智能感知系统”下的课程考试体系

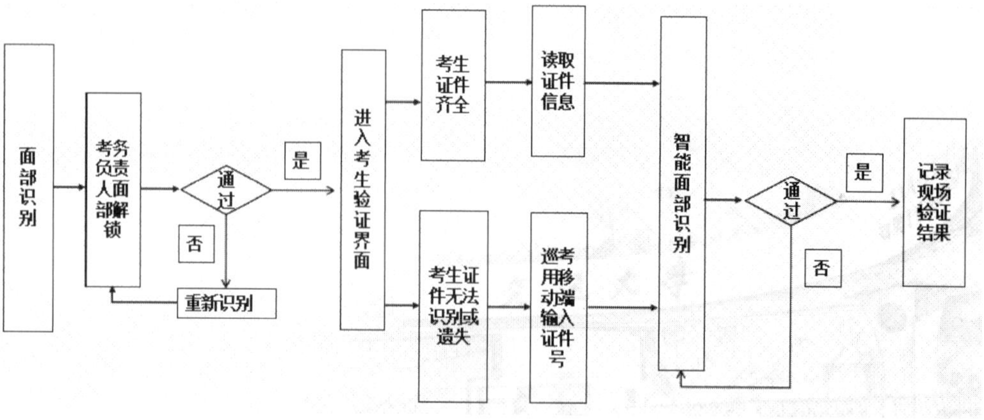

图 19　面部识别流程业务设计图

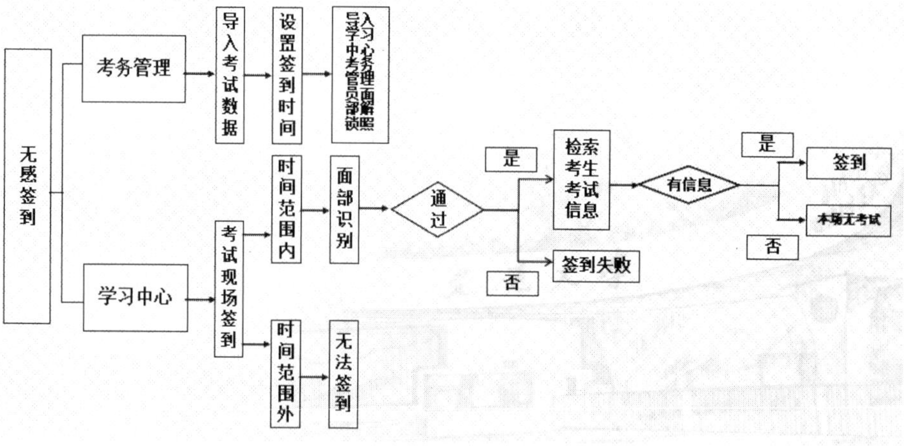

图 20　无感签到流程业务设计图

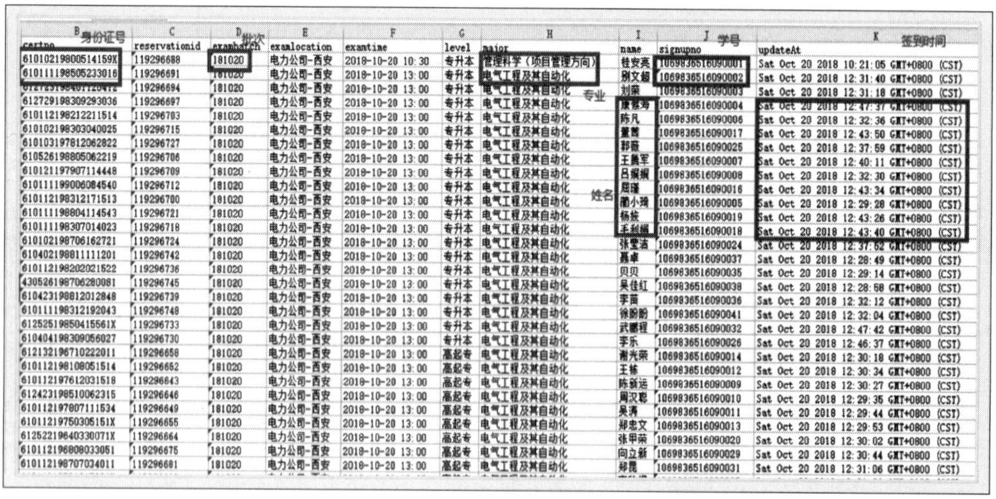

B	C	D	E	F	G	H	I	J	K
certno	reservationid	exambatch	examlocation	examtime	level	major	name	signupno	updateAt
61010219800514159X	119296688	181020	电力公司-西安	2018-10-20 10:30	专升本	管理科学（项目管理方向）	桂安燕	1069836516090001	Sat Oct 20 2018 10:21:05 GMT+0800 (CST)
610111198505233016	119296691	181020	电力公司-西安	2018-10-20 13:00	专升本	电气工程及其自动化	别文超	1069836516090002	Sat Oct 20 2018 12:31:40 GMT+0800 (CST)
[illegible]	119296694	181020	电力公司-西安	2018-10-20 13:00	专升本	电气工程及其自动化	刘荣	1069836516090003	Sat Oct 20 2018 12:31:18 GMT+0800 (CST)
612729198309293036	119296697	181020	电力公司-西安	2018-10-20 13:00	专升本	电气工程及其自动化	[illegible]	1069836516090004	Sat Oct 20 2018 12:47:37 GMT+0800 (CST)
610112198212211514	119296703	181020	电力公司-西安	2018-10-20 13:00	专升本	电气工程及其自动化	陈凡	1069836516090006	Sat Oct 20 2018 12:32:36 GMT+0800 (CST)
610102198303040025	119296715	181020	电力公司-西安	2018-10-20 13:00	专升本	电气工程及其自动化	董蕾	1069836516090017	Sat Oct 20 2018 12:43:50 GMT+0800 (CST)
610103197812062822	119296727	181020	电力公司-西安	2018-10-20 13:00	专升本	电气工程及其自动化	郭薇	1069836516090025	Sat Oct 20 2018 12:37:59 GMT+0800 (CST)
610526198805062219	119296706	181020	电力公司-西安	2018-10-20 13:00	专升本	电气工程及其自动化	王鹏军	1069836516090007	Sat Oct 20 2018 12:40:11 GMT+0800 (CST)
610121197907114448	119296709	181020	电力公司-西安	2018-10-20 13:00	专升本	电气工程及其自动化	吕娟娟	1069836516090008	Sat Oct 20 2018 12:32:30 GMT+0800 (CST)
610111199006084540	119296712	181020	电力公司-西安	2018-10-20 13:00	专升本	电气工程及其自动化	屈瑾	1069836516090016	Sat Oct 20 2018 12:43:34 GMT+0800 (CST)
610112198312171513	119296700	181020	电力公司-西安	2018-10-20 13:00	专升本	电气工程及其自动化	阚小娟	1069836516090005	Sat Oct 20 2018 12:29:28 GMT+0800 (CST)
610111198804114543	119296721	181020	电力公司-西安	2018-10-20 13:00	专升本	电气工程及其自动化	杨婧	1069836516090019	Sat Oct 20 2018 12:43:26 GMT+0800 (CST)
610111198307014023	119296718	181020	电力公司-西安	2018-10-20 13:00	专升本	电气工程及其自动化	毛莉娟	1069836516090018	Sat Oct 20 2018 12:43:40 GMT+0800 (CST)
610102198706162721	119296724	181020	电力公司-西安	2018-10-20 13:00	专升本	电气工程及其自动化	张雪洁	1069836516090024	Sat Oct 20 2018 12:37:52 GMT+0800 (CST)
610402198811111201	119296742	181020	电力公司-西安	2018-10-20 13:00	专升本	电气工程及其自动化	聂卓	1069836516090037	Sat Oct 20 2018 12:28:49 GMT+0800 (CST)
610112198202021522	119296736	181020	电力公司-西安	2018-10-20 13:00	专升本	电气工程及其自动化	贝贝	1069836516090035	Sat Oct 20 2018 12:29:14 GMT+0800 (CST)
430526198706280081	119296745	181020	电力公司-西安	2018-10-20 13:00	专升本	电气工程及其自动化	吴佳红	1069836516090038	Sat Oct 20 2018 12:28:58 GMT+0800 (CST)
610423198812012848	119296739	181020	电力公司-西安	2018-10-20 13:00	专升本	电气工程及其自动化	李苗	1069836516090036	Sat Oct 20 2018 12:32:12 GMT+0800 (CST)
610111198312192043	119296748	181020	电力公司-西安	2018-10-20 13:00	专升本	电气工程及其自动化	徐盼盼	1069836516090041	Sat Oct 20 2018 12:32:04 GMT+0800 (CST)
61252519850415561X	119296733	181020	电力公司-西安	2018-10-20 13:00	专升本	电气工程及其自动化	武鹏程	1069836516090032	Sat Oct 20 2018 12:47:42 GMT+0800 (CST)
610404198309056027	119296730	181020	电力公司-西安	2018-10-20 13:00	专升本	电气工程及其自动化	李乐	1069836516090026	Sat Oct 20 2018 12:46:37 GMT+0800 (CST)
612132196710222011	119296658	181020	电力公司-西安	2018-10-20 13:00	高起专	电气工程及其自动化	谢光荣	1069836516090014	Sat Oct 20 2018 12:30:18 GMT+0800 (CST)
610112198108051514	119296652	181020	电力公司-西安	2018-10-20 13:00	高起专	电气工程及其自动化	王栋	1069836516090012	Sat Oct 20 2018 12:30:34 GMT+0800 (CST)
610112197612031518	119296643	181020	电力公司-西安	2018-10-20 13:00	高起专	电气工程及其自动化	陈新运	1069836516090009	Sat Oct 20 2018 12:30:27 GMT+0800 (CST)
612423198510062315	119296646	181020	电力公司-西安	2018-10-20 13:00	高起专	电气工程及其自动化	周汉聪	1069836516090010	Sat Oct 20 2018 12:29:35 GMT+0800 (CST)
610112197807111534	119296649	181020	电力公司-西安	2018-10-20 13:00	高起专	电气工程及其自动化	吴涛	1069836516090011	Sat Oct 20 2018 12:29:44 GMT+0800 (CST)
61011219750305151X	119296655	181020	电力公司-西安	2018-10-20 13:00	高起专	电气工程及其自动化	郑忠文	1069836516090013	Sat Oct 20 2018 12:29:53 GMT+0800 (CST)
61252219640330071X	119296664	181020	电力公司-西安	2018-10-20 13:00	高起专	电气工程及其自动化	张甲荣	1069836516090020	Sat Oct 20 2018 12:30:02 GMT+0800 (CST)
610112196808033051	119296675	181020	电力公司-西安	2018-10-20 13:00	高起专	电气工程及其自动化	向立新	1069836516090029	Sat Oct 20 2018 12:30:44 GMT+0800 (CST)
610112198707034011	119296681	181020	电力公司-西安	2018-10-20 13:00	高起专	电气工程及其自动化	郑霞	1069836516090031	Sat Oct 20 2018 12:31:06 GMT+0800 (CST)

图 21　后台签到数据的导出

4）学籍管理过程监管

目前西安交通大学现代远程教育每个批次、层次学生毕业均严格按照教育部的要求和我校学籍管理规定通过教学管理信息平台审核毕业资格。学生毕业须学制已满、修完教学计划规定的全部课程并取得规定学分，本科毕业须通过全国公共基础课统一考试。

学位授予按照《西安交通大学现代远程教育、成人高等教育及高等教育自学考试本科毕业生学士学位授予实施细则》（西交网教〔2015〕101号）执行，由学校教务处进行条件及资格审查。

六、努力铸造“西安交大远程教育”优质品牌

1. 用人单位评价

2015—2017年，针对用人单位对学生满意度的调查，继续教育学院分别对“仁宝通讯科技有限公司”“西安交通大学第一附属医院”“石家庄轨道交通有限责任公司”“中国电子科技集团第五十四研究所”等几十家用人单位做了在校生和毕业生学习工作情况反馈调查（见图22）。问卷调查了社会用人单位对我校网络教育毕业生的职业道德、敬业精神、专业能力、学习能力、计算机能力、创新能力、组织能力、工作业绩等方面，总体满意度平均为95.58%。

图22　在校生和毕业生学习工作情况反馈调查

社会用人单位普遍反映：西安交通大学网络教育毕业生普遍具有理论基础扎实和实践动手能力强的特点。学生在单位具有敬业爱岗意识，专业能力强，能够刻苦钻研技术，解决单位的技术难题，多数成为单位的业务骨干。台企健鼎（无锡）电子有限公司人资部长李秉泽先生高度评价和西安交通大学的合作：“非常感谢西安交大有这样的办学模式，网络教育利用零碎的时间进行学习，时间和地点灵活，非常适合在职人员学历提升，改善企业文化，提高员工的综合素质，稳定了员工队伍”。据了解，这家台企原先员工的流动性很大，平均工作期限不到1年，新员工的招募和培训成为企业的最大问题。和学校合作后，极大缓解了企业发展的这个大问题，坚定了在中国大陆发展的信心。

2. 毕业生的表现

远程教育毕业生在各行各业中发挥了越来越重要的作用，受到用人单位的广泛赞誉，如网络教育学院0610批次高起本“管理科学”专业毕业生、中国航空工业西飞国航厂铆装钳工薛莹同志，其所在班组承担着波音737-700垂直尾翼可卸前缘组件的装配任务。她以精湛

的飞机装配技能和出色的班组管理能力赢得波音公司“用户满意员工证书”，荣获“全国劳动模范”“全国三八红旗手标兵”“陕西省道德模范”“陕西省优秀共产党员”等多项荣誉称号；作为战斗在生产一线上的普通劳动者，薛莹还被推选为中共十八大代表（主席团成员）、十九大代表。

3. 吸引了高层次的学习者

自2013年以来，共有4200多名具有本科以上学历的人员报名成为西安交通大学网络教育的第二学历学生，其中28名学生具有硕士研究生学历，还有若干有海外留学经历和海外留学文凭的学生报名入学。

七、技术引领，研发探索与实践创新迈上新的台阶

办学18年来，网络教育面向社会实际需求设置招生专业，利用学校优质资源组建教学和管理服务团队，自主研制了天地网远程教育系统、网络教育综合管理服务系统、SkyClass移动学习系统等，建立了系统严谨的网络教育办学体系。“场景感知的知识地图导航移动学习关键技术及其应用”2018年获得陕西技术发明奖一等奖。

（1）不断扩充云平台的计算、存储、网络交换能力，建成一套基于“混合云”部署架构的数据中心。私有云部分采用超融合架构，基于“KVM＋Ceph＋OpenStack”技术构建，已整合CPU核心1152颗，11TB高速内存，312TB网络存储能力；私有云拥有1Gb/s CERNET接入，800Mb/s电信专线，700Mb/s联通专线接入以及CDN接入，并支持主备机房容灾切换，建成一套支持CPU并行的“Hadoop＋Spark”大数据处理平台，包含14个计算节点，以及一套支持GPU并行的机器学习数据分析平台，包含Nvidia Tesla M40、Grid K2、Titan X GPU 16块。存储课件资源2200多门，总量15TB。采用阿里云虚拟机服务，满足课程点播直播等业务系统的对稳定性、连通性的需求；搭建深度学习环境，支持大数据图片识别与数据处理分析相关研究的深入。

系统安全方面，通过配置SSL安全链接并做相应适配改造，解决通信过程中的数据泄密和被窜改隐患；在传统防边界防火墙内，部署内网防火墙，上线堡垒机，通过采用运维审计系统，强化数据维护人员权限的精细化管理。

（2）经过持续开发和迭代完善，自主建成教学管理与学习支持服务平台及学习行为大数据平台。

（3）支持服务软件。所有课程都配套有课程论坛，依据《辅导教师考核管理办法》和《辅导教师聘用协议》聘请符合资质的辅导教师为学生提供专业的日常在线课程学习辅导。主页建立“支持服务综合平台”为学生提供最新消息、学院风采、专题报道、常见问题、在线调查、在线客服等类别的咨询与交互服务。通过官方微信公众号，新浪、腾讯微博，微信投票系统等新媒体工具为学生主动推送政策文件、学务信息、各种学习资料、助学导学帮助、线上评优选秀等信息。

（4）开发移动学习系统。围绕感知移动场景、提升用户体验、促进个性学习、保障规模服务这4个移动学习应用关键目标与难题，攻克了4项核心关键技术，研制出场景感知的知识地图导航移动学习系统，实现移动学习直播交互、资源云存储管理、日志统计分析、个性化服务等功能，完成了移动学习从无到有、从有到优、从优到精的转型升级。图23为平板电脑

屏幕显示的课件。

图 23　平板电脑屏幕显示的课件

(5) 电子学习资料和在线作业。学生资料导学和复习资料发布于学生学习平台导学资料下方以及学生论坛，同时会制作成微信图文形式发布于我院官方微信，详细、及时、生动的课程导学使学生的学习更有计划性，对课程的学习进程更直观、清晰，同时提高了学习的趣味性。

(6) 在线考试系统应用“人脸识别技术”。自 2013 年正式实行入学测试机考，2017 年应用“人脸识别技术”逐步推行课程考试机考，取得了良好的效果。课程考试机考平台入口如图 24 所示。

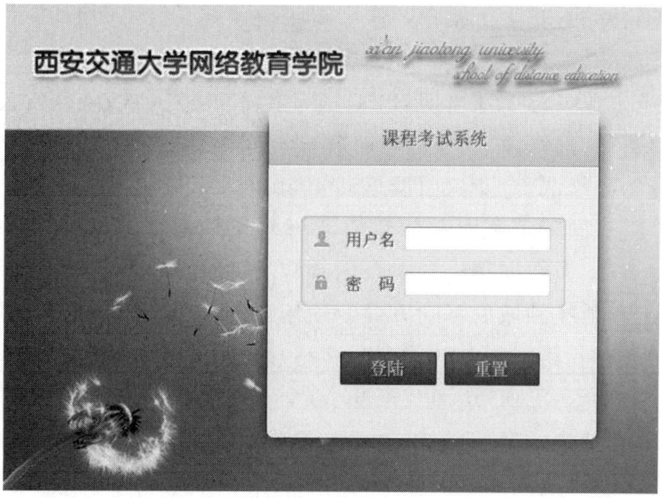

图 24　课程考试机考平台入口

(7) 应用论文管理平台。开发了毕业论文管理系统，实现了论文选题、初稿、终稿、答辩等流程规范化管理。学生论文终稿，面向学生开放全文、题目、作者和指导教师 4 种检索方式与全文下载。

（8）开通论文视频答辩系统。该系统除了常规的视频通话功能外，还具备共享文档、在线讨论、在线录制等功能，为不能到现场答辩的学生提供了便利。

（9）积极探索新媒体，提高教学管理信息发布的效率。2017年开始大力开发推广微信公众号，为继续教育及培训学生提供及时准确的信息通知。

八、非学历继续教育飞速发展

1. 非学历继续教育的工作进展

继续教育学院非学历继续教育工作起步于2006年。经过12年的发展，目前已形成联合国教科文组织国际工程科技知识中心丝路培训基地、国家重点建设职教师资培养培训基地、陕西省职教师资培训基地、陕西省专业技术人员继续教育基地、陕西省公务员网络教育培训基地、陕西省军转干部培训基地6个功能互补、业务相互依托的国家级、省级培训基地网络。业务范围涵盖政府、国有企事业单位干部培训，公务员网络培训，高层管理者发展项目（EDP），专业技术人员继续教育，职教师资培训，职业培训、社区教育、国际化培训等。

在课程建设方面，开发积累了党务廉政、公共管理、依法治国、传统文化、一带一路、节能环保、智能制造等各类培训专题近50个，覆盖课程500余门，并形成以交大教师为主体，其他高校、企业、智库的研究、管理、技术人员参与的高水平师资队伍。

同时，非学历培训工作贯彻"扎根西部，服务国家，世界一流"的定位，积极服务区域经济社会建设，先后与陕西汉中、安康签订培训协议，根据地方需求开展管理干部、企业经营管理人员培训。与陕西省军转办合作开展军队转业干部进高校培训，与陕西省公务员局合作申报国家级"一带一路"公务员培训基地，承担陕西省"三支一扶"从医类基层工作人员培训等。

2. 非学历教育发展迅速

随着学院工作的开展，非学历教育工作取得了快速增长，2018年，非学历培训共开展各类长期、短期培训班380期，面授培训22 500人次，比2017年增长80%。在线培训4.5万人次。政府、国有企事业单位干部培训班143个，参训9000人次；陕西省公务员网络教育培训基地开设必修课两门，选修课20余门，在线公务员学习人次4.5万；开展面向陕西省专业技术人员继续教育的公需课、专业课面授培训4350人次。

联合国教科文组织国际工程科技知识中心丝路培训基地"丝路工程科技专项培训"更新、扩展课程内容，举办"大数据理论与实践创新应用""医学科技前沿发展" "物联网理论与实践创新应用"等工程科技领域的不同方向专项培训班19期，培训来自90多个国家的留学生1900人次，并实现在丝路工程专项培训"一带一路"重要城市新疆、厦门开班；高级工商管理、公司治理与资本运营等EDP培训开班6个，全年招生310人；社区教育贯彻终身教育思想，面向退休人群开展适用的音乐、舞蹈、书法、烹饪等技能、兴趣培训，春、秋两个学期共开班224个，招收学员7000余人次。2018年，非学历培训还结合培训需求在省内考察确定了红色教育系列、航空航天系列、特色小镇系列、开发区系列等20余个现场教学基地。

3. 非学历继续教育的工作特色

1）以基地为依托汇聚培训资源，拓展业务

以联合国教科文组织国际工程科技知识中心丝路培训基地、国家重点建设职教师资培养培训基地、陕西省职教师资培训基地、陕西省专业技术人员继续教育基地、陕西省公务员网络教育培训基地、陕西省军转干部培训基地6个功能互补、业务相互依托的国家级、省级培训基地为依托,主动对接社会资源,开拓培训业务。

2）响应一带一路倡议,积极开展国际培训(见图25)

与西安国际港务区、奥鹏教育合作开展一带一路培训,筹备西安丝路国际学院。2015年以来,承担联合国教科文组织、中国工程院的IKCEST丝路培训基地建设。目前,继续教育学院已举办46期"丝路工程科技发展专项培训",共培养了来自100个国家的3400余名留学生以及在华外向型企业人员。

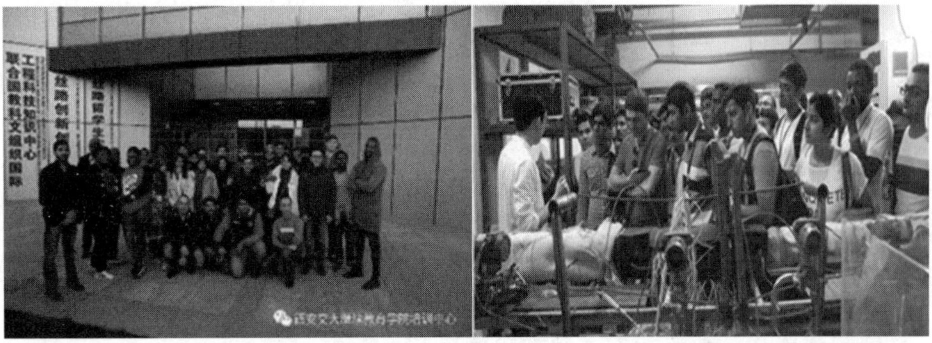

图25　响应一带一路倡议

九、试点工作成绩和经验

1. 准确定位、整合资源,有力推动远程教育事业健康发展

现代远程教育是学校服务社会、构建终身教育体系的重要组成部分。学校始终把网络学历教育定位于在职人员的继续教育方面,整合校内优势学科的专业培养方案、课程、师资、科研资源和管理力量,形成具有优势的办学管理服务体系。联合兄弟高校创立"MOOC中国联盟",有力推动了网络教育、开放教育、非学历教育的资源共享。

2. 研究先行,技术引领,"办学、技术、资源、管理、服务"五位一体协调发展

西安交通大学现代远程教育的试点工作坚持研究先行,技术引领,自主研制开发了"天地网远程教育技术平台SkyClass",并联合兄弟高校开展了"课程互选、学分互认"工作,有力推动了办学、技术、资源的协调发展。随着办学业务的推进,先后研发了网银收费、招生信息采集管理、学习行为大数据分析等先进系统功能,不断提高管理效率和教育质量。

3. 以优秀师资团队、优质资源为核心构筑教学服务体系

依托学校优质的教学资源,制作了545门网络教育课程,47门MOOC课程,建立了一支具有责任感、使命感的核心师资、教学管理、技术服务团队。十多年来,学校的管理人员、教师、学习中心教师和管理人员相互协作,齐心协力,有效支撑起了全国161个校外学习中心、十多万名在籍学生的教学管理和服务。各项工作规范、有序,赢得了合作伙伴和学生的一致信任和高度赞誉。

4. 严格规范管理，维护学校的良好声誉

西安交通大学现代远程教育试点工作自始至终严格坚持规范办学，在办学过程中建立起了从招生报名信息采集到毕业论文管理的完整的教学过程信息化管理平台，实现了从招生、缴费、平台学习跟踪、考试、毕业论文写作等各环节的公平公正与高效管理，保证了整个网络教育教学过程可跟踪、可审计、权责分明、快捷高效，建立了一支责任意识强的核心管理队伍，制定了完善的管理制度。西安交通大学自 2001 年试点开始以来，未接到任何个人和单位严重违规问题的投诉，也未发生任何招生、教学考试大面积严重违规事件，维护了百年老校良好的办学声誉，保障了网络教育事业持续、健康、快速发展。

5. 履行社会责任，面向行业需求，开辟新型人才培养模式

自 2011 年起，开展了面向广东省新生代产业工人的“圆梦计划”、陕西省贫困家庭的“交大·爱心一百”资助计划、退伍军人学费优惠、“和谐·关爱”行动等，以及倡导人人环保理念的“交大·环保”创新项目，以优惠的教育服务为社会培养应用型人才。同时，积极与大型企业合作，先后与中国大唐集团、陕西省电力公司、台湾仁宝、台湾健鼎、万家乐、科达、美的、鲁能集团、潍柴动力、海信集团、平顶山煤业集团、中煤集团等企业建立了广泛合作办学关系，已培养应用型骨干人才数万人。

6. 发挥学校优势，服务国家一带一路倡议

在中国工程院的指导下，面向“一带一路”国家培养人才，建立了 IKCEST 丝路培训基地，开发了 14 个专题培训项目，举办了 43 期培训，累计培训来自 107 个国家的学员 3400 多人。丝路培训基地获得“2017 年特别受百姓喜爱的终生学习品牌项目”称号(见图 26)。

图 26 荣誉证书

十、目前存在的主要问题

1. 在新形势下，质量、规模、效益的关系需要进一步理顺

随着高等教育毛入学率的快速提高，学历补偿型的继续教育将向终生教育体系转变。网络教育目前以资源和平台为主要培养方式，很难满足新时代对创新型高素质人才的培养需求。网络教育必须进一步在提高人才培养质量、满足学习者多元化需求的前提下，探索保持规模和效益协调发展的模式。

2. 教学质量监控、支持服务体系有待进一步完善

目前对教学质量的监控主要依靠传统单一的教学检查评估、考试巡考和对学生的调查问卷，利用教学平台大数据进行改进、提高、评价教学支持服务质量的研究还在初级阶段。

针对网络教学的质量评价指标体系建设还有待进一步完善，教学指导专家委员会的教学督导作用还有待进一步加强。

针对网络教育的教学法研究应用不足，还没有充分利用“互联网+”和新技术改进网络教育教学质量，教学支持服务有关的技术平台、服务模式还需要进一步改进。

3. 培养方案需要进一步改革，满足在职人员的学习需求

网络教育学生均为在职人员，因工作岗位的要求，有非常强烈的各种实际工作技能提高的需求。但目前网络学历教育的培养方案大部分参照全日制本科教学，课程内容又大多以专业理论为主，与学生的学习要求有较大差距，如西安交通大学护理专业的学生很多是持有“护士执业资格证”的在职护士，很多都是从业时间长、实践经验丰富的护士，甚至是护士长，在不降低教学质量标准的前提下，如何改革学校现有的培养方案，满足他们的需求，有待进一步研究和创新。

4. 校外学习中心的建设需要进一步加强

校外学习中心是高校开展现代远程教学服务的堡垒，是学校立德树人、传播大学文化的重要桥梁。目前，校外学习中心在教学过程中对“立德树人、努力办好人民满意的现代远程教育”的总体办学目标认识不足，对大学校园文化建设、大学学术活动的参与度偏低。部分学习中心过分追求经济利益，忽视教育质量的提高，存在重招生规模，轻教学服务的现象，对改进教学质量的措施热情不高，影响了网络教育总体质量的提高。

十一、未来推进网络教育转型提质升级的思路和举措

指导思想：以习近平新时代中国特色社会主义思想为指导，紧紧围绕党的十九大对教育工作的新要求，学校将在教育部的领导下全面贯彻党的教育方针和习近平教育思想，坚持正确的政治站位，坚持立德树人，努力办好人民满意的现代远程教育。进一步解放思想，创新思维，加强内涵建设和规范化建设，控制招生规模，加快教学改革步伐，强化校外学习中心管理，实现现代远程教育的转型发展。

1. 转型升级，培养面向新时代社会需求的实用型人才

以提升办学质量为核心目标，控制招生规模，逐步取消专科专业招生。深入分析新时代实用型人才需求，整合学校优质教学资源和行业专业技能资源，改革培养方案，改造教学内容，开展线上线下相结合、学历教育与非学历培训相结合的教学活动。不断完善教学服务支撑体系建设，为学生提供周到、精准的学习服务。以新形态体现西安交通大学“起点高、要求严、基础厚、重实践”的教学传统，铸造交大网络教育的优质品牌。

2. 开展新技术研究，建设适应新时代的互联网智慧教学平台

积极研发基于大数据和人工智能技术的在线智慧教学平台，实现海量异构课程资源的高效组织与深度挖掘、学习者学习模式的场景感知、优质课程资源的精准推送、智能学习指导（通过人工智能技术进行个性化的课程辅导与帮助）、全方位教学效果评估等核心功能，全面提高网络教学的智慧化服务能力。

3. 进一步加强对校外学习中心的管理，建立规范运行服务体系

在持续提升平台保障能力和资源服务质量的基础上，进一步完善制度建设，强化校外学

习中心责任。以办学能力评估和服务质量考核为抓手，完善启动、退出机制，推动校外学习中心改进教学保障工作，提高招生门槛。

4. 发挥网络教育优势，培养丝路“五通”人才

积极响应国家“一带一路”倡议，依托学校“丝路大学联盟”和中国西部科技创新港的建设，发挥现代远程教育的管理、技术服务和资源优势，面向“一带一路”沿线国家需求，培养具有国际化视野的“政策沟通、设施联通、贸易畅通、资金融通、民心相通”专业技能型人才，为西安交通大学现代远程教育事业发展建立时代新坐标。

北京理工大学现代远程教育试点工作总结

一、北京理工大学远程教育发展概况

（一）北京理工大学概况

北京理工大学1940年诞生于延安，是中国共产党创办的第一所理工科大学，是新中国成立以来国家历批次重点建设的高校，首批进入国家“211工程”和“985工程”，首批进入“世界一流大学”建设高校A类行列。毛泽东同志亲自题写校名，李富春、徐特立、李强等老一辈无产阶级革命家先后担任学校主要领导。在英国QS教育集团公布的2018世界大学排行榜中，北京理工大学位居世界第389名、亚洲第76名、中国大陆第17名。学校现隶属于工业和信息化部，全体师生、员工正对标国家“两个一百年”奋斗目标，全力朝着中国特色世界一流大学的建设目标迈进。

学校现设有18个专业学院以及徐特立学院、前沿交叉科学研究院、先进结构技术研究院、医工融合研究院等教学科研单位，工程、材料科学、化学、物理、数学、计算机科学、社会科学先后进入ESI国际学科排名前1%，其中工程学科进入前1‰。近年来，学校结合传统优势和长期发展需要，重点建设“5+3”个学科群——“高效毁伤及防护”学科群、“新材料科学与技术”学科群、“复杂系统感知与控制”学科群、“运载装备与制造”学科群、“信息科学与技术”学科群和“特色理科”学科群、“医工融合”学科群、“军民融合与创新发展”学科群，形成“优势工科引领带动、特色理科融合推动、精品文科辅助联动、前沿交叉创新互动”的学科整体建设布局。学校现有教职工3300余名，汇聚了22名两院院士、49名“千人计划”入选者、39名“长江学者奖励计划”教授、38名“国家杰出青年科学基金”获得者、22名“万人计划”领军人才、4名国家级教学名师等高层次人才和6个国家级教学团队、5个国家自然科学基金创新研究群体、10个教育部“长江学者”创新团队；拥有1个“2011计划”国家级协同创新中心、9个国家级重点实验室及工程研究中心、6个国家级实验教学中心。

学校累计获得国家级教学成果奖20项、国家级精品课程10门、国家精品视频公开课10门和精品资源共享课9门。学校现有全日制在校生2.7万余人；在教育部“全国大学生创新创业年会”上，连续九届共15件作品获“十佳作品”奖，在全国高校排名第一。2017年，学生在阿联酋首都阿布扎比举行的无人机及机器人领域国际顶级赛事中获冠军；2018年，学生荣获“创青春”全国大学生创业大赛专项赛金奖，包揽“互联网+”大学生创新创业大赛（北京赛区）冠亚军且获得五项“第一”。近5年，学校本科生就业率一直保持在97%左右，研究生就业率达98%以上。面向国际，学校已经与6大洲71个国家和地区的270多所高校签订校级合作协议，与德国慕尼黑工业大学、亚琛工业大学、俄罗斯鲍曼国立技术大学、日本东京工业大学、以色列理工大学、美国伊利诺理工大学等50多所合作院校设立学生交换项目，形成人才培养国际化的全球网络。

（二）北京理工大学远程教育发展概况

北京理工大学远程教育学院成立于2000年，是经教育部批准的15所远程教育试点高校之一。学校十分重视发展远程教育，将其列入学校中长期发展规划。北京理工大学现代远程教育全面贯彻党的各次会议精神，以邓小平理论和“三个代表”重要思想为指导，着力践行科学发展观，深入贯彻《国家中长期教育改革和发展规划纲要（2010—2020）》（以下简称为《纲要》）精神，深入贯彻教育部、北京市教委和北京理工大学的办学政策，明确我校远程教育发展的指导思想、基本原则、发展思路和整体目标。

截至2018年年底，有在校生134 679人，毕业生71 116人，其中6123人获得了学士学位。在教学上贯彻以学习者为主体的指导思想，注重提高教育教学质量，成立了北京理工大学继续教育教学指导委员会，加强教学指导、教学研究与专业建设工作，加强师资队伍建设，努力提高教学质量，由北京理工大学远程教育学院制作的精品资源，9门获得国家级精品课程，11门获得北京市精品课程奖，3门获得精品课程教材奖，1门获得国家精品资源共享课，申请了国家版权局颁发的著作权登记8项，荣获优秀实践教学软件与装置一等奖一项。现开设的专业有机械制造与自动化、机械电子工程、车辆工程、电气工程及其自动化、汽车检测与维修技术、会计学、工商管理、公共事业管理、法学、信息管理与信息系统、市场营销、国际经济与贸易、计算机科学与技术、软件工程、数字媒体应用技术、物联网工程技术、数控技术、计算机应用技术、眼视光技术等专业，办学层次为高中起点专科、专科起点本科。目前，北京理工大学共在全国30个省、市（直辖）、自治区建有203个远程校外学习中心，其中与奥鹏教育、知金教育合作建设了132个远程教育学习中心。学院设有“职业技术教育”“教育技术学”硕士专业、教育学博士专业，培养硕士研究生和博士研究生，有力地推动了远程教育的快速发展。

学院建设了一支爱岗敬业、德才兼备、作风优良的高素质管理服务队伍，包括院长1人，书记1人，副院长2人；专职管理人员62人（固定编制19人，外聘合同工作人员43人，包含技术人员）。其中教授（研究员）3人、副教授（副研究员）8人、讲师（助理研究员）12人（见图1）。在编人员的学历层次为博士7人、硕士13人、学士3人，合同聘用人员的学历层次为博士1人、硕士26人、学士16人（见图2）。

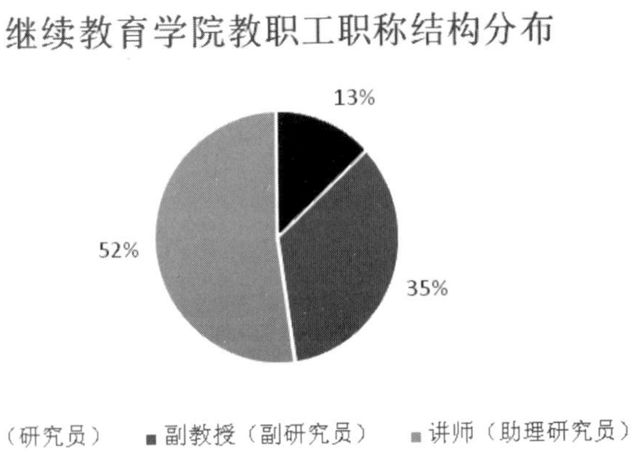

图1 继续教育学院教职工职称结构

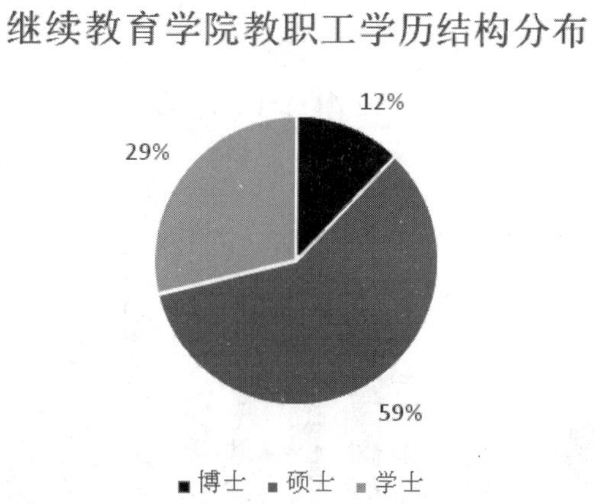

图 2　继续教育学院教职工学历结构

1. 招生规模（见图 3）

图 3　历年招生人数

2. 毕业生及学位授予情况（见图 4 和图 5）

图 4　历年毕业生人数

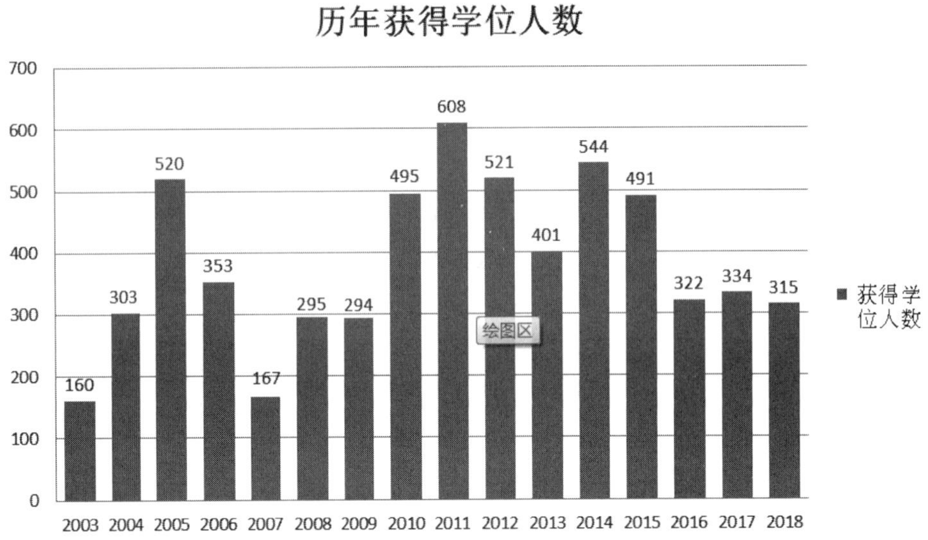

图 5　历年获得学位人数

3. 统考通过率图表（见图 6 和图 7）

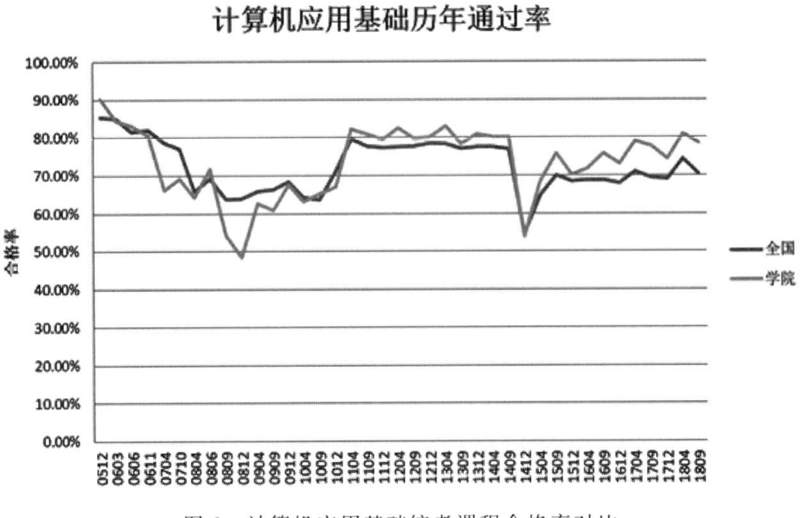

图 6　计算机应用基础统考课程合格率对比

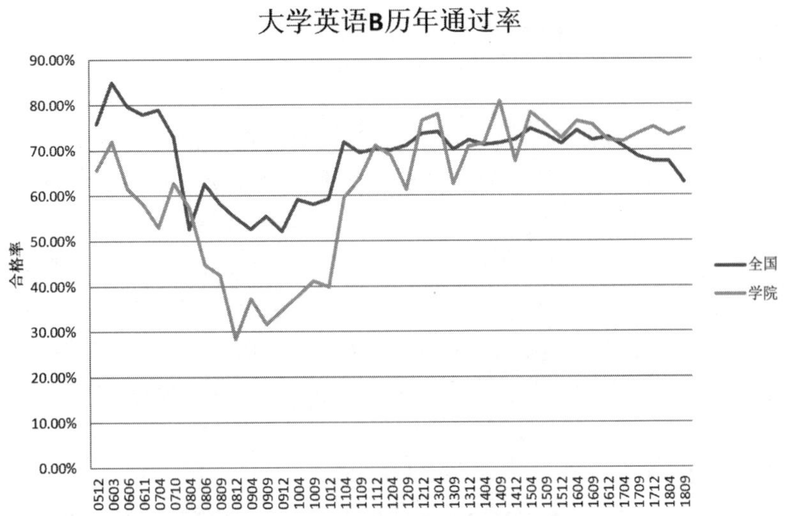

图 7　大学英语 B 统考课程合格率对比

4. 三级英语通过率（见图 8）

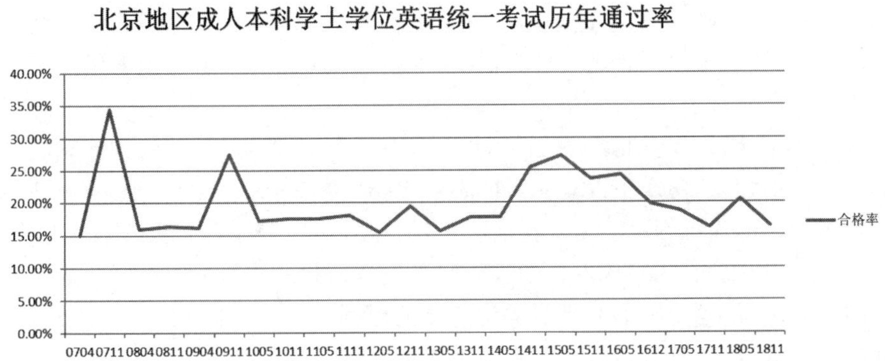

图 8　学位英语合格率

5. 资源建设类型（见图 9）

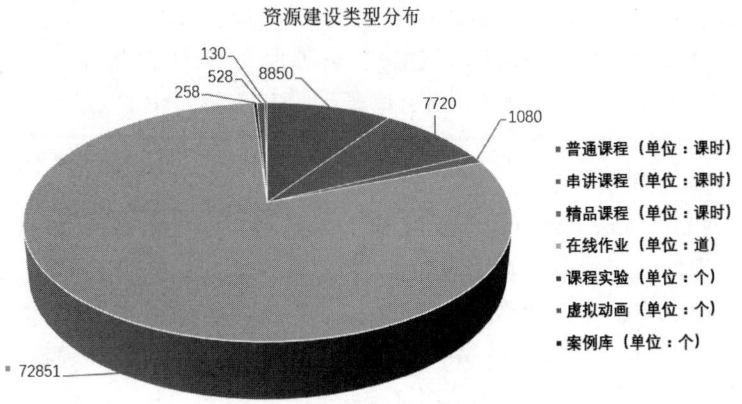

图 9　资源建设类型分布

（三）北京理工大学远程教育发展历程

1. 学院发展历程

北京理工大学现代远程教育经过 20 年的发展，以国家经济建设、科技进步、社会发展对人才需求为动力，充分依托学校雄厚的师资队伍和丰富的办学资源，发挥学校的办学优势与学科专业特色，利用先进的信息与网络技术，发展现代远程教育。在北京理工大学工科背景下的资源开发，集全校资源为一体，将许多技术应用到远程教育资源与课件建设中，这些资源又反哺于学校的专业学院，提升了远程教育学院在学校中的地位和影响。整个发展历程从 IT 新技术出现引发，由技术创新带动管理创新，再带动教学模式创新，最后带动服务模式的创新，经历了起步摸索规律阶段、稳步发展规范阶段、成熟探索创新阶段和转型调整阶段。

1）起步摸索规律阶段

远程教育试点工作初期，远程教育定位为普通高等教育类型。2002 年，教育部下发了《教育部关于加强高校网络教育学院管理提高教学质量的若干意见》和《关于高校网络教育学院 2002 年秋季招生计划准予备案的通知》（教高司函〔2002〕188 号），对试点高校提出了办学定位的明确要求。学院贯彻教育部关于现代远程教育的有关文件，坚持“以教学质量为核心，以教学稳定为基础，以教学改革为动力，以资源建设为保障”，进行了远程教育管理和运行模式的初探，制定了系列管理文件《现代远程教育文件汇编》，从制度上保证了现代远程教育试点工作的顺利开展。

北京理工大学从试点之初就本着“立足国防、面向全国、服务地方”的方针完成首批校外学习中心和专业的建立，制定了设立学习中心的申请、设备要求和合作协议等系列文件，确立了设立学习中心的审批程序。为支持国防建设，将首批校外学习中心设在国防科工委所属的“五大行业十大集团”的高等专科学校或职工大学。建站趋势采取由西向东、由穷到富、先打好国防远程建设、再支援地方经济文化建设的原则。《人民日报》《光明日报》媒体多次报道了我校远程教育，《现代教育报》曾专题报道了北京理工大学现代远程教育学院的办学理念与实践经验。

在起步期，学院在办学上坚持突出工科院校的特色，采用普适性的函授＋电大的教学模式，学习介质以发放光盘为主，学习支持以电话支持为主，采用课堂直播和课堂搬家的形式建立了首批远程教育教学资源。初期建设的远程教育平台是单向的、简单的 B/S 架构，仅停留在学籍和成绩管理的水平，采用校园网集中管理模式，依托教育网出口提供服务，采用集中式存储方式完成单一的教学运行模式，课程辅导和与学习中心的远程连线依托 ISDN 宽带业务数字网完成。

2）稳步发展规范阶段

在本阶段，在教学方法上进行改革成为工作重点，针对成人系列的教育特点，北京理工大学远程教育学院深入贯彻了注册考试制度，实行弹性学分制，实现了夜大模式向远程模式的真正转变，从“以教为主”向“以学为主”转变，从“以教师为主体”向“以学生为主体”转变，重视对学生学习方法、学习能力的培养，利用先进技术推动教育教学管理模式的改革，为学生的自我终身学习打下良好的基础。

在办学过程中，进一步完善管理规定，把规范办学和加强教育质量管理作为现代远程教育可持续发展的重要保障。学校成立了北京理工大学成人高等教育暨现代远程教育教学指导委员会。在教学指导委员会的领导下，成立了专业建设组和教学督导组，全面贯彻专业责任制及专业教师责任制，加强质量管理，深化教学改革，并定期召开一年一度的教师恳谈会和校外学习中心工作会议，分招生、教学、技术等专题对校外学习中心工作人员进行培训，通过每年的年检年报和校外学习中心的评估工作，全面促进了我院的规范办学和体系建设。

在技术上，整个远程教育全面进入 Internet 网络阶段，开始开展个性化学习模式，全面进行资源整合，开展了 callcenter＋专用邮箱＋BBS＋QQ＋短信＋网站的特色学习支持服务，进行了实验平台及拓展资源融合，能够进行网上查询统计，达到网上质量自动监管并进行预警分析；各种主讲辅导材料完成网上下载，开启各站组织辅导和上网辅导的双管齐下的辅导模式，聘请专家在线答疑。完成了毕业设计论文、评语智能自动生成的功能建设；完成了网上作业，智能评价的功能建设；完成了工程环境下的虚拟实验的交互设计和智能虚拟汽车实验平台的建设。

这一阶段，北京理工大学完成了从网上不可控管理到网上可控管理的转变，实现了从网上远程教学无围墙管理到现阶段有围墙管理；从网上硬性指令管理到现阶段人性化服务管理；从网上传统教学思维方式到现有的计算机思维方式；对远程教育、非学历教育、职业教育和研究生教育进行裁剪或组合；使虚拟空间、多媒体下的泛载学习、移动学习成为常态；从面向教学过程的设计转为面向教学资源的设计；整体评价系统包括了从单一的指标评价向大数据为基础的系统评价；系统整体相当于评价系统＋电子档案袋＋E-learning 整合。

3）成熟探索创新阶段

随着党的十七大胜利召开，北京理工大学远程教育学院的远程教育正式进入成熟探索创新阶段。学校坚持“依法办学、规范管理、注重质量、开拓创新”的工作方针，充分发挥高校远程教育资源优势，努力为社会提供多样化的教育支持与服务，建设了远程教育、成人教育、国际合作教育、研究生教育、基地培训和技师研修 6 个门户网站，将 23 门精品课程全面向社会开放，为社会提供优质教育资源，为国家构建终身教育体系贡献力量。

在这一时期，学院融入全新的教学技术手段，深入探索教学资源建设的规律，实现了碎片空间管理到知识空间管理再到频道空间管理的转变，引入微课程和 MOOC 的教学设计理念，引入移动学习理念，完成了外文智能语音对话的功能，同时在外文建设中完成了自动导航出国功能。引入交互影视艺术，形成影视艺术和教育技术相融合的交互式教学模式。运用以视觉为中心的文化氛围改变受众的感观和体验，提出了“工科问题文科化，文科问题戏剧化”的设计理念，提出了让学习者主动参与的设计思想，通过故事互动以及角色和任务选择之类的交互形式，真正达到“在学中做，在做中学”的目的。构筑了《汽车发动机原理构造及电控》等数门国家级精品课程。鲁昕部长对北京理工大学的先进教育观念和教学设计的更新给予了充分肯定，并要求将我院的精品资源在全国职业教育和继续教育范围内全面推广。

学院的远程教育系统平台在这一阶段也全面延伸到智能驱动和数据挖掘的领域，引入了云计算的概念，采用 SOA 的架构，进入了基于大数据和云存储的电子商务运行模式。配备自定义的事件驱动式动态短信服务，引入新型学习支持服务模式，如微博、微信和 QQ 等。建立了教育部云环境重点开放虚拟实验室和教育部高端动漫仿真开放实验室，配备先进三维立体成像激光扫描仪，可以进行与 3DMAX、EON 等技术相关的三维仿真动漫实验平台的开发工作。

2. 校外学习中心的发展历程

北京理工大学隶属于国防科工委，始终坚持“立足国防、面向全国、服务地方”的服务面向定位，充分依托学校雄厚的师资队伍和丰富的办学资源，发挥学校的办学优势与学科专业特色，利用先进的信息与网络技术，发展“为国防事业服务的现代远程教育”。始终坚持“依法办学、规范管理、注重质量、提高效益”的工作方针，以培养优秀应用型人才为目标，奉行一切为了学生学习和发展的办学理念，不断探索总结远程教育发展规律，努力构建学校、校外学习中心、教师及学生协同发展体。

北京理工大学的校外学习中心发展历程是一个自西部地区向东部地区发展的过程，2007年以前，西部地区学习中心的比例达到75%以上，近几年东部地区的学习中心数量迅速增加。这一发展历程是不断摸索远程教育办学规律、寻找远程教育知识认知规律、探索网络环境下校外学习中心管理方法和模式的过程。这一过程与校本部一样，也可以分为起步摸索规律阶段、稳步发展规范阶段、成熟探索创新阶段和转型调整阶段，在这一过程中不断与时俱进、提出和解决如下一系列问题。

- 如何进行资源合理化推送？
- 如何完成各学习中心教学一体化、形成全国同步？
- 怎样完成从函授夜大教学到远程的转换工作？
- 如何对西部地区和国防教育进行更加有力的支持？
- 各学习中心和学生想要什么？
- 如何完成对他们的支持服务？
- 资源的配置和带宽是怎样的关系？
- 各学习中心的配置应当如何？
- 在技术环境直接限制教学行为的情况下，各学习中心怎样更有效地完成教学补偿性任务？
- 在为学生个性化服务方面，新的IP网络环境下如何提高交互水平、完成学生和教师的有效沟通？
- 如何进一步加强追踪管理和质量控制？
- 网站出现后，各学习中心的配置是什么？
- 如何把好入学质量关？
- 如何做好对新生素质的培养、入学教育、新资源配送配发、电子图书馆的建立等工作？
- 云端一体化、微信平台出现后，基于大数据的评价系统出现，新的教学平台出现，如何加强学生的移动学习、网上银行建设、教师紧密耦合辅导？

1）起步摸索规律阶段

初始时期是在原函大教育基础上进行远程建设，根据英国开放大学和国内最基本的远程起步要求，各学习中心完成了综合数字ISDN终端的配备（7万元），各单位都拿出了自主经费进行先期投入，并开辟了专用机房供学生使用，当时带宽和接入网都未达到2M，手机也没有达到智能状态，仅通过ISDN会议系统完成全国第一批网络交互环境，开始着手对教师课程进行录制，以光盘发放形式配发教学资源，用函授的教材辅导和大量的函授加远程模式完成了起步阶段工作。这时的经费都是自有资金进行投入,不以营利为目的,不与其他企业合作,独立办学、独立知识产权、内部进行运作。

刚开始由于网络不可控、组织架构差,与合作单位仅为业务指导关系,目标不明确,建立学习中心原则模糊,上层认识不到位,相关措施不足,网上办学无经验可依,尤其是严重缺乏技术支持和资源保障,学习中心没有技术人员和技术支持部门,只能对原函授队伍进行整体改造和重组,同时按要求配备各级管理人员和技术支持,利用原有的国防函授站进行重点单位试点办学,采用了内外步骤高度一致、统一思想和认识做法、一对一机构调整、一对一网络辅导模式调整、人员配置及制度建立,做到了如下 5 点。

(1) 保证学习资源配置到学生手中全部到位。

(2) 保证教学辅导超过 1/3,弥补由于教师认识不到位、财政支持不到位等引发的资源配置不到位问题。

(3) 网络半自动化工作流程符合北京理工大学教学体系规定的各项要求和标准。

(4) 在函大和夜大的基础上保证考试的正规性,辅导工作的一贯性。

(5) 完成函授向远程的平稳过渡。

收回了部分下放课程,作业由纸质开始向在线作业过渡,监考模式、收费形式、毕设形式、资源配送形式、辅导形式也逐步向远程过渡,完成了基础性建设,包括硬件、服务器、ISDN、多媒体教室等,人员标准配置、学习中心管理文件、远程网院制度都逐步出台,过渡过程中专门提出了严禁乱收费,严禁违规招生等要求,并迅速向全国校外学习中心推广,远程教育学习中心由无序向有序过渡。

2) 稳步发展规范阶段

2002 年步入一个重要转折时期,原有的教育部全日制精英教育转变为成人学历办学,招生类别由 01 号转为 07 号,给管理带来了极大冲击。原来那些按高考分数录取、素质好、功底强的学生管理起来压力相对较小,并且允许招收住宿生,学生可以很快步入正轨。2002 年不再准许招收住宿生,文凭进入成人系列,提出宽进严出的办学理念,远程教育进入关键性的转型期,生源两极化给教学和学生管理增加了很大的难度,走读和成人的特点也给网络控制和网络资源提供带来巨大难题。2003 年,教育部办公厅关于印发《现代远程教育校外学习中心(点)暂行管理办法》的通知(教高厅〔2003〕2 号),明确了校外学习中心的职责、条件、审批手续、接受教育厅的年检和评估等加强对校外学习中心进行管理的办法。

面对这样的形势,北京理工大学远程教育学院迅速集全院之力,调动学校信息技术力量进行深入研究和研发,对教学计划进行大规模针对性调整,把资源建设得更加符合网络学习形式,全力加强网上资源获取能力,加强学习支持和教学辅导,实现了“三级平台—二级主线—一个通信圈”,完成了电大模式的承上启下教学互通,进一步深化了校外学习中心管理,达到了大校—学习中心—学生的同步控制和可控管理,基本形成一个以学生为中心的管理状态。

3) 成熟探索创新阶段

由于新的云端技术的出现,主办校推出了很多创新机制,作为学习中心管理人员和辅导教师,与主办校不断同步发展,也形成了稳定的教学队伍和经验丰富的管理团队。主办校推出了常态评估体系,建立了质量预评估组,由教学部、技术部、财务部、学籍部等部门的人员组成,预评估组将根据北京理工大学评估指标对各校外学习中心进行评估,在评估中进行复合型评估，对评估报告进行复核审查，对存在的问题给予及时纠正，问题严重的将给予黄牌警告并停止招生。学习中心也积极配合，提升办学理念，与主办校无缝连接。学习中心也可以查看全局发展情况，将质量控制从无形转变为有形，办学由无目标变为有目标，增强双方的信任度，达到规范管理的目的。

4）转型调整阶段

随着远程教育的发展，社会上对远程教育的学习方式越来越认可，近几年报读远程教育的人数迅速增加，尤其是2017年招生人数出现了爆发式增长，2018年学校在招生规模上进行了控制，但是学生规模的总体规模还是比较大，导致工作量急剧增加，使得保证并提升质量变得更加困难。学校开始引导学习中心进行转型调整，从追求规模转向追求内涵发展和质量建设。2018年学校根据“控制规模、转型发展、提升质量”的总体要求，对2019年春季招生学习中心及学习中心招生专业授权进行梳理和调整。

（1）优化调整学习中心布局。2019年减少了75个招生学习中心，从目前203个学习中心减少到128个（其中与公共服务体系共建的学习中心有72个），减少了约40％的数量，后续将进一步优化调整，直至总体合理、布局均衡。

（2）根据人才培养需求和学习中心的实际情况合理授权招生专业。引导学习中心差异化办学，突出办学特色，避免学习中心之间的不良竞争。平均每个学习中心减少专业授权7.6个（次），单个学习中心最多减少20个，所有学习中心共减少专业授权455个（次）。

二、北京理工大学远程教育的进展与成绩

（一）办学指导思想明确，办学行为进一步规范

1. 明确指导思想，强化办学质量意识

长期以来，北京理工大学坚持以习近平新时代中国特色社会主义思想和十九大精神为指导，紧紧围绕立德树人这一根本任务，以问题为导向，继续推进继续教育改革与转型，提升教育水平和办学质量，服务“双一流”建设，打造与一流大学相适应的继续教育能力。

在申请远程试点学校的初期，主管校长就做出指示，要以“依法办学、规范管理、注重质量、提高效益”为办学方针，以“立足国防、面向全国、服务地方”为服务定位，要充分利用北京理工大学的工科特点，北京理工大学现代远程教育完全由学校自己承办，不与企业合办远程教育。以满足国家经济和社会发展以及建设创新型国家与和谐社会的重大需求为导向，面向在职从业人员开展专科学历教育和本科学历学位教育，以人才培养为核心，加强内涵建设，强化过程管理，提升服务水平，保障教学秩序稳定，深化教育教学改革，提高教育教学质量，推进学院体制机制改革，提高服务社会的能力，努力打造继续教育品牌，为我国国防科技工业发展和地方经济建设培养高层次应用型人才。充分利用各种教育技术推进教育教学改革，在各专业院系支持下开发使用的网络课件和技术平台，走出一条独立办学之路。

学院的远程教育办学资源拥有独立知识产权，扩展了独立办学的空间，使北京理工大学的远程教育形成良性循环，可以保持其持续发展。学院一直以培养优秀应用型人才为目标，奉行一切为了学生学习与发展的办学理念，注重培养学生网络环境下的自主学习能力与实践能力，不断探索总结现代远程教育规律，努力构建学校、校外学习中心、教师及学生协同发

展体，不断完善学习支持服务体系，实现现代远程教育"规模、结构、内涵"协调可持续发展。

2012年，主管校领导将学院的办学方针又加了4个字，变为"依法办学、规范管理、注重质量、提高效益、开拓创新"，鼓励学院在远程教育稳步发展的同时，开拓创新，加强内涵建设，提高学历教育质量，提升国际国内合作水平，积极发展研究生教育，努力开拓非学历继续教育新局面，提高工作质量服务水平，为学校建设高水平研究型大学做出新的贡献。

2. 重视机构设置，完善远程管理职能

北京理工大学远程教育建设初期隶属北京理工大学教务处直接管理，实施管办分离，在发展成熟后开始独立运行，后又按照教育部精神与北京理工大学继续教育学院合署办公，组成了北京理工大学继续教育学院、远程教育学院的继续教育办学机构。共设以下职能机构：学院办公室、招生办公室、教学办公室、学籍部、财务室、远程学习部、资源与技术部、培训部、教育技术研究所、职教基地（见图10）。

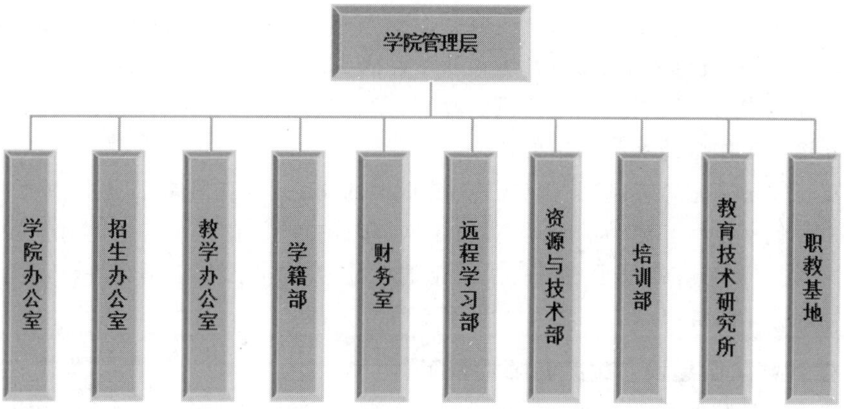

图10　学院组织架构图

其中：

学院办公室负责学院人力资源开发与管理服务，固定资产（不含设备）和办公资源管理，后勤保障服务，综合治理和楼宇管理，学院宣传、各类会议记录、文件与资料管理，协调学院部门运行，学院发展规划与建设等工作。

招生办公室负责制定成人高等教育与现代远程高等教育招生章程、招生规范及相关文件；制定成人高等教育招生计划，编制招生简章，开展招生宣传、咨询、录取工作，发放入学通知书；制定现代远程高等教育招生计划（包括组织协调各校外学习中心招生计划），编制招生简章，开展招生宣传咨询、组织考生报名、资格审查、自主入学考试工作，录取新生、发放入学通知书；编制中外合作办学项目（包括预科班）招生简章，开展招生宣传咨询、组织考生报名、资格审查、自主入学考试工作，录取新生、发放入学通知书；大学生思想政治素质教育服务工作；组织开展大学生活动；学历学生班主任管理工作。

教学办公室负责成人高等教育、现代远程高等教育教学计划的实施，包括教学工作计划的拟订、教学过程的组织管理及运行协调；任课教师的聘请、管理与服务；组织成人英语统测与现代远程高等教育国家统考相关工作；教学质量检查、监控；学生学习支持服务（含教材采购）与督导工作；组织、管理和控制校外学习中心教学的运行；校外学习中心的建立、管理与服务；成人高等教育、现代远程教育年检年报。

学籍部负责成人高等教育、现代远程高等教育学生的学籍注册与管理；成人高等教育、现代远程高等教育学生的成绩管理与服务；审核学生的毕业、学位申报资格；发放各类证书。

财务室负责制定学院财务管理的有关规章制度并监督实施；学院各类项目财务管理、运行监控；编制学院年度财务预算与决算；各类项目收费、结算与拨付；各类酬金支付；学院财务借款与支出报账。

远程学习部负责校本部远程学习中心远程教育的招生、教学组织实施、学生管理与服务支持；学院现代远程教育新专业孵化。

资源与技术部负责教育教学系统平台的研发、运行与维护；教学实验的开发、实验室的建设与管理；精品课程建设与课件制作；学院网站的建设、信息安全及技术服务；仪器设备的采购、管理与维护。

培训部负责各类非学历非学位培训项目的开发与市场开拓；各类非学历非学位培训项目任课教师的聘用、管理与服务；各类非学历非学位培训班的教学教务管理。

教育技术研究所负责教育技术学研究生学科点建设；中职骨干教师培训及中职教师攻读研究生培养；远程教育教学研究；各级科研项目研究。

职教基地负责研究和制订基地建设的计划；发挥基地在骨干教师、校长进修、技师培养等师资培养培训工作中的示范和辐射作用。

学院实行关键岗位监督制，设置责任比较重大的岗位，对其监督都是由各级主任完成，关键岗位主要包括学费和成绩的管理，设置不同岗位的权限，在数据连接上有很强的勾稽核对关系，并在岗位区分和制度上也进行了严格的设计，在总体办学上不允许任何工作人员的差错影响全局办学。

3. 加强教师队伍建设，实施名师汇聚工程

队伍建设是学院发展的关键。根据学院办学特点，按照专兼结合、为我所用、分类管理原则，学院保证了很多合同工的同工同酬，不断提高在职人员的业务水平，将所有人的成长、业务提升、前途都作为学院的生命线，在此基础上，保持了团队的相互促进、相互上升，业务不断熟练的良好态势，立志做好三支队伍建设工作。

北京理工大学现代远程教育在《北京理工大学现代远程教育管理文件汇编》中对教师的聘用有明确的规定，包括对教师的任职条件、主要职责、教学的基本要求等。实施名师汇聚工程，以学校内聘任兼职为主，兼顾校外高水平专家，要求能够长期稳定合作，具有多年远程教学经验，入职前都需要经过再次的网络教育理论和技术培训。

学院为每门统设课程都配备一名主讲教师，每名主讲教师至多担任两门统设课程的讲授；针对学院的每门统设课程，必须配备课程辅导教师一名，辅导教师由各校外学习中心依据规定组织遴选，并备案、备查；针对每个专业班配备导学教师一名，督促和指导学生进行网络学习。师资配备基本满足了学生的学习要求，为了进一步保证教学质量，学院加大了主讲教师对课程（尤其是对全国网络统考课程）的辅导力度，增加了串讲、平时作业的次数及针对性，在教学过程中更加注重过程管理，并对各校外学习中心中的各课程辅导教师进行统一培训。平均每年聘请教师 300 人，学习中心辅导教师 1087 人，全国师生比约为 1∶24。在教师的年龄阶段上呈现不断下降的趋势，学历层次不断上升，远程教育操作水平、网上教学组织能力和教学水平不断提升。

在毕业设计（论文）指导老师与学生的分配比例上，我院一直保持着 1∶20 的比例，尤其

是对于计算机、机电工程等工科类专业，学生需要得到更多的指导，学院会酌情减少老师所指导的学生人数。

4. 规范管理制度，强化服务意识

学院根据成人和现代远程教育的特点，强化成人和现代远程教育质量观，认真实施新的教学计划并及时总结，加强教学研究工作，明确每个专业的培养目标，进一步改革课程体系，优化教育教学环节，不断更新教学内容，进一步完善考试考核方法；完善并加强教育教学管理制度建设，强化工作流程建设，规范教学管理工作。

1）规范管理，形成专业管理兼纵向管理相结合的管理模式

学院远程教育最初的教学理念是从夜大和函授继承来的，在教学管理方面也是由夜大管理入手，经过十多年的发展，根据远程办学的深入和工作的细分，形成了专业管理兼纵向管理相结合的管理模式。其中包括教学统一化管理、横纵向资源共享管理、教学纵向统一化管理、制度化建设统一管理，发挥学院整体最大效应，减少资源管理内耗和重复建设。曾一度四元一体化，即继续教育学院、远程教育学院、职业技术学院、国际教育合作学院、学校培训部、国家培训地等若干办学机构，都全部或部分承载在远程平台基础上，体现学院整体的国际化、远程化、学历普适化、研究高端化等一系列的学院特性，为学院的长足发展起到了一定的作用。

2）严格教师聘任制，制定激励措施

学院制定完整的教师聘用管理办法，继教〔2017〕06 号文件，包含聘任教师面向对象、应聘条件、聘用教师职责与要求、聘任教师程序及教师续聘、解聘等内容。目前承担现代远程教育教学工作的主讲教师均来自本校相关的专业学院，以学校内聘任兼职为主，教师中具高级职称的教师占授课教师人数的 84%。主讲教师均已经熟悉网络教学的运行模式。这些教师都至少有 5 年以上的网上教学经历，并多数为青年教师，他们可以通过各种通信工具和远程平台构建与学生的交互，能够较准确地把握学生的水平和学习进展。在教学过程中注重过程管理，并对各校外学习中心的各课程辅导教师进行统一培训。

在教学过程中，严把质量关，严格执行继教〔2017〕07 号文件《北京理工大学学历继续教育课堂教学管理办法》，教师要做好课前准备，教学内容符合教学大纲，内容充实，反映本学科和相关学科的新成果、新进展，将科学性、系统性的专业内容与远程教育的特点相结合，采用灵活的教学方法，调动学生的学习积极性，提高课堂的教学质量。教师不讲与课程教学无关的内容，不讲抹黑国家、有悖社会公德的内容，不讲影响民族团结、宗教的问题，不评论敏感政治事件。

在远程教育刚开始时，由于学生和教师受到传统教育惯性的影响，对网络新的教育形式不能够很快适应，部分程度上影响了教学效果和教学质量。针对以上问题，为了充分调动教师的积极性，学院分别出台了若干相关政策。

（1）对常年在学院从事网络教学的教师，给予较为优厚的授课待遇，并在技术保障等方面给予强有力的支持。学院出资对与学院合作的教师开发的网络课件进行出版发行，发行的课件采用教师所在学院、教师本人和学院三方成果共享方式。对于教师制作网络课件的工作量，在教师本职工作考核和职称评定中予以承认。

（2）为充分发挥学院任课教师的积极性、创造性，激励教师提高教学水平及履行相应职责的能力，保证各项教学任务顺利完成，提高教学质量，实现学院的可持续发展，使教师队伍

建设更加科学化、规范化，学院提出《北京理工大学继续教育暨现代远程教育学院远程教育教师配置基本要求》，明确教师任职资格，并下发给各校外学习中心，组织学习、落实。

(3) 加强学风、考风、站风“三风建设”，出台了教学管理流程(网院版、校外学习中心版、学生版)，进一步加强质量保证和监管力度，推动远程教育质量提升，完成精品课程建设，发挥精品课程作用，建设专家团队，着力提升师资管理队伍。

(4) 围绕学习支持服务、教学管理、考务管理等出台相应政策，先后编制了《考生考试特殊情况说明》《考生违纪情况说明》等，更新《现代远程教育毕业设计(学生)指导简明手册》，做到有章可循，有据可查。

经过多年的发展，学院对远程教育全过程进行了规范和质量保障，在校外学习中心建设、招生政策、学生学习服务、学生管理、教学管理、学籍管理等方面，制订了《校外学习中心工作细则》等制度，并针对一些具体问题制定针对性更强的文件进行管理，为我校继续教育的质量提供了保证，并取得较好成效。

5. 实现一体化管理，严格规范财务收费环节

北京理工大学现代远程教育依靠自身的力量进行发展和建设，没有吸纳社会资金。经费投入主要依靠学校的投入和学院的自有资金，其资金主要来源是学费。学费的收取依据是根据京价(收)字〔1999〕第 303 号文件和京价(收)字〔2000〕第 62 号文件规定，确定各专业的收费标准上报北京市教委，最后经上级主管部门审核批准后执行。各校外远程学习中心收费标准的确定，是依据上级审批的标准并结合当地的物价水平等综合因素，双方经协商确定。每学期初，北京理工大学在远程教育平台和招生简章上公示所有校外学习中心的收费标准。

学校对校外学习中心远程教育学生的学费采取了“全额收取，按比例返还”的方式。在收取学费方面，主要分为 3 个阶段：①2017 年以前学生网银支付学费和学习中心代收并存；②2017—2018 年主要以网银支付为主；③2019 年以后全部网银支付。在收费工作中，学校严格执行国家的财经制度和政策法规，学费收取到位后，费用全部上缴学校财务处，没有存在坐收坐支的违纪现象。对于收取到位的远程教育学生学费，学校按照与校外学习中心双方签订的协议将学费按比例返还给各校外学习中心。学院财务实现一体化，实现了项目管理，学生缴费后我们可以随时随地完成各类报表的输出，如可以查询各校外学习中心收缴账目，也可以查询某个学生的收缴记录，既有宏观管理，又有个性化管理，为整个财务管理奠定了良好的基础。

为了贯彻落实财政部、工信部上级有关部门关于财务“收支两条线”的精神，加强对学习中心收费的监督管理，能够做到在历年审计中实现零错误。从 2007 年开始，学校对所有的现代远程教育学生学费实行了统收统拨的形式，并制定下发了《北京理工大学关于成人高等教育函授与现代远程教育学生学费收取办法的通知》(北理工继教函〔2007〕9 号)。为了加强对远程校外学习中心的监督管理，规范教育收费行为，不断提升学校的管理能力，杜绝学习中心的违规收费行为，学院与学习中心签订责任书，制定了《关于加强对现代远程教育校外学习中心收费和管理的补充规定》(继教〔2010〕18 号)。根据学院发展的需要，努力提升为校外中心服务、为中心学生服务的管理意识，减少学习中心的收费环节，方便学生缴纳学费，进而提高收费效率，在调研的基础上制定了《远程教育学院关于变更收费方式使用网银收费的请示》(继教字〔2012〕48 号)；制定了《北京理工大学现代远程教育学生学费使用网银

收费的实施方案》《POS 机使用管理规定》;修订了《北京理工大学现代远程教育学生学费缴纳办法(试行)》。学院经过院委会讨论决定,从 2011 年开始启动实施网银收费的前期准备工作,经过不断的调试和改进,管理条件和技术条件基本成熟,2013 年初开始实施网银收费。这样从源头上杜绝了乱收费现象,不断规范学校的教育收费行为。

学院目前正在将原有财务化管理进行二级化项目管理,逐渐将教师的支出进行明细化分类,目前该系统正在试运行中。同时,为了保证教师能够掌握自身情况,学院不定期地将教师的收入公布在网上,教职工能随时登录自己的账号查看酬金情况,这一举措也得到教职工的欢迎。

6. 落实办学保障措施,排除各级隐患

学院具有一系列的应急处理机制和严密的组织措施,包括网络/服务器报警式管理、过载报警、阈值信息报警(成绩过高过低)、对学习环节的提醒、教学时间观察报警、敏感地区(新疆)考试预案组织、敏感时间的非法信息预警、重大考试违纪的预案、群体事件预案、网上突发事件预案。一旦发生问题,及时处理、及时清退、不留后患。建立制度约束,校外学习中心和主办校责任分明,不允许出现推诿。成立专门小组,及时发现问题,及时通报。做到措施到位,亡羊补牢,做耐心细致的思想工作;鼓励各级同心同德,共同抵制不良之风,及时纠正对质量不够重视的种种作风;与各学习中心签署岗位责任书;严格执行财务规定;入学前加强入学教育,学生手册及各项规定做到学生人手一份。加强制度建设,主办校加强培训,培训由各部门主任亲自讲座,对新功能、新政策、新做法,要点工作,防范工作进行及时培训。做到全员警示:常抓不懈,进行接力棒式培训,绝不允许延期工作或不负责造成工作隐患。各站平时积极排除隐患:软件(管理)隐患和硬件(设施)隐患、发现问题越早越好,并尽快解决。

(二)把握内涵,严把招生质量关

回顾北京理工大学 18 年来的远程教育招生工作,经历了探索、创新、发展的过程。概括总结为:始终坚定不移地贯彻落实教育部历年的远程教育招生工作有关政策,旗帜鲜明地落实党的教育方针,坚持“规模、质量、效益”的协调发展理念,坚持“对国家、对学校、对考生”的高度负责精神,在规范招生的过程中不断追求学校品牌信誉,在为考生提供优质服务的过程中不断赢得考生信任,招生规模逐年稳中有升,为学校远程教育的发展提供了生源保障。近年来,整体招生规模提升较大,北京理工大学远程教育学院根据有关精神以及实际情况做出了一系列举措,保证北京理工大学的远程教育招生工作健康发展。

1. 明确招生工作定位,规范招生行为

1)实现远程教育类型转变和招生工作定位的历史回顾

北京理工大学作为 2000 年经教育部批准的远程教育试点院校,2001 年启动招生,当时远程教育定位为普通高等教育类型。2002 年,教育部下发了《教育部关于加强高校网络教育学院管理提高教学质量的若干意见》和《关于高校网络教育学院 2002 年秋季招生计划准予备案的通知》(教高司函〔2002〕188 号),对试点高校提出了办学定位的明确要求,坚定不移地落实好上级文件精神。2003 年初,北京理工大学在招生简章中明确注明招生对象为在职从业人员,学生毕业时发北京理工大学成人教育系列的毕业证书,学习形式为“网络”,国

家承认学历(《简章》在教育部有备案)。校外学习中心都统一使用校本部印制的《招生简章》,统一宣传内容,防止在宣传上出现偏差。

同年6月,当"非典"疫情给招生工作带来不利影响及一些院校仍作"发放普通高等教育毕业证书"的招生宣传,招生工作面临多重压力时,学校及时果断地向各学习中心下发了《关于做好2003年现代远程教育招生工作的通知》(远院字〔2003〕18号),再次要求各学习中心:"要站在远程教育事业可持续发展的高度统一思想,坚决贯彻教育部关于发展现代远程教育的方针政策不动摇"。按学校的办学定位统一宣传口径,尊重考生的知情权和选择权,不误导考生。

同年8月底,学校收到《教育部办公厅关于严格现代远程教育招生工作管理的紧急通知》后,引起校、院各级领导的高度重视。第二天,学校就向各校外学习中心原文转发了教育部《紧急通知》(见附件五),并要求各校外学习中心认真学习贯彻落实。同时,如实填报了《2003年网络教育学院招收高中起点本专科学生基本情况表》上报教育部高教司备案。

2) 落实教育部远程教育本科统考工作的回顾

2004年,教育部下发了《教育部关于开展现代远程教育试点高校网络教育部分公共基础课全国统一考试试点工作的实施意见》(教高〔2004〕5号),"统一考试"意见的出台,使得一些考生缺乏学习信心,秋季招生出现本科生源明显下滑局面。学校通过学习认识到,实行统考是保证本科教育基本质量的需要,也是国家维护"教育公平"的具体举措。北京理工大学招生工作加大宣传力度,要求学习中心通过耐心宣传学校的优质教育资源和一系列教育教学改革以及减少学分降低学费为学生提供更多的优质服务等措施,帮助考生提升学习信心。2005年基本走出招生低谷。

3) 实行了招生计划和专业授权的管理

为了保证招生规模和教学资源相匹配,促进学校远程教育"规模/质量、效益协调"发展,学院采取了招生计划和专业授权管理。每年春秋两季北京理工大学远程教育学院启动招生前,都会向各校外学习中心下达申报招生计划和专业授权通知。各校外学习中心根据本单位实际教育教学资源情况和本地区生源状况,申请专业授权和招生计划。经学校审批后,通过招生简章和网站公布,同时向教育部阳光招生平台备案。未经授权的专业,不允许招生。

4) 严格执行教育部试点高校数据上报备案工作

北京理工大学根据教育部每年下达的各项新生数据备案上报工作,相应制定北京理工大学内部工作流程,并且严格按照教育部要求对招生备案、招生计划、招生数据、宣传材料等进行备案和上报,从未因任何原因影响到我校各项数据对接,对于各项工作,都按时按点、保质保量地完成。

时至今日,教育部要求的每年十余项相关远程招生报批、备案数据没有发生过任何与上报备案信息和数据不合的事件。

5) 北京理工大学在规范招生行为,提高招生人员素质方面的主要工作

(1) 围绕落实教育部历年下发的远程教育招生工作文件精神,结合北京理工大学招生工作的实际状况,每年都会起草下发数份招生工作指导性文件与教育部文件一同下发到学习中心。北京理工大学从2002年开始制定《招生工作规范》,以后根据教育部有关招生政策和学院招生工作出现的新情况、新问题每年进行修订并下发执行。

(2) 根据学习中心负责人或招生工作人员的频繁轮换以及新建学习中心的不断扩充,

学校加强了招生工作人员培训，全面提高招生人员的政策水平和工作能力，保证了招生工作质量的逐年提高。培训方式主要有：以会代训，每年校外学习中心会议上都有招生工作专题发言和专题讨论；针对新建学习中心招生人员的培训；建立北京理工大学远程教育工作群，对招生人员随时进行工作指导。目前这个工作人员群已经发展到400多人，也包括部分教学、学籍管理人员。

2. 定期检查，杜绝虚假招生宣传和非法招生活动

1）严格执行教育部远程招生工作要求

北京理工大学远程教育学院严格执行教育部对远程教育招生工作的各项要求，积极配合各类专项检查与预警工作，并坚决主动地完成。为了牢牢把握学校的招生权，北京理工大学从未委托过任何中介机构代理招生。针对一些不法分子冒充我校工作人员招收远程（网络）学生行为，北京理工大学发现后坚决查处或配合公安机关查处此类案件。多年来，北京理工大学通过有关媒体和学校网站发表重要声明17个，及时转发教育部有关预警6个。以澄清事实，敬告考生谨防上当。

2018年春季，教育部对某社会机构违规招生进行了预警，我院第一时间发布了《关于开展远程教育自查工作的重要通知》（继教发〔2018〕13号）并发布了《关于北京理工大学远程及成人高等学历教育招生宣传的郑重声明》继教发〔2018〕12号，对北京理工大学远程教育学院各远程教育校外学习中心开展了极为严格的招生自查工作，要求必须彻底清查并以书面文件上交学院招生办公室。经查，北京理工大学远程教育学院各校外学习中心未与某教育机构有任何合作行为。

2）规范招生工作人员的招生行为

北京理工大学根据教育部文件内容，以塑封页的形式制作了“北京理工大学现代远程教育招生工作八严禁”，下发给各校外学习中心每个招生人员用以自律。

3）北京理工大学在对外监管方面采取的措施

（1）向社会公布学校举报电话，重视并认真处理考生的来电来访。发现有不实宣传，学校高度警觉认真纠正，将问题处理在萌芽状态，坚决维护考生合法权益。

（2）审查校外学习中心印制的本中心宣传材料与校本部的简章在招生政策、学制、收费标准等方面是否一致，不一致的内容坚决予以纠正并视情况轻重对校外学习中心进行相应处罚。

（3）常年对网站上的非法宣传信息进行检索，学院在网络监督方面上主要通过百度以及谷歌搜索引擎，以“北京理工大学”“远程”“网络”“教育”等关键词进行相应搜索，通过发现的排名前位的网站，一一点选，在网页中一旦出现有非法宣传北京理工大学不实招生信息的情况，北京理工大学会以电话或者网络方式进行核实，若核实确有招生，则勒令其停止以北京理工大学名义招生，同时在北京理工大学网络学院网页上进行郑重声明。对发现的非法网站，做到发现一家，杜绝一家。

（4）校本部招生办公室坚持常年咨询，周末有专人轮班受理全国各地考生电话咨询，对来访进行接待。北京理工大学直接面向考生宣传，一直强调招生工作透明度的重要性，维护考生的合法权益。

（5）通过电话等手段对学习中心报送的新生进行抽查，对可能出现的不明新生来源进行了排查，更加保证了广大学生的利益，维护了学校的声誉。

4）对发现违规招生的问题进行积极整改

为保障学生正当权益和要求，切实落实好党的十九大关于“办好继续教育”的要求，维护好北京理工大学远程教育的品牌和声誉，北京理工大学远程教育学院对发现的问题和风险进行了迅速积极的整改。其中在2017年底出现的部分社会机构负责人失联的事件中，连续下发了《关于限制2018年奥鹏远程教育招生计划的通知》（继教发〔2017〕38号）、《关于限制2018年远程教育招生计划的通知》（继教发〔2017〕39号）、《关于给予内蒙古鄂尔多斯市文远学校学习中心等4个远程教育学习中心暂停招生处理的决定》（继教发〔2017〕40号）3个文件及通知，对2018年远程教育全体学习中心的招生规模进行了限制，并暂停了4所校外学习中心的招生工作。

3. 实行两级审核制度，各司其职，各尽其责

北京理工大学政策宣传、招生录取工作遵循“统一政策，共同宣传，分散报名、集中录取”的原则，对考生报名材料实行两级审核制度，各司其职，各尽其责。

1）招生材料和招生宣传的审批

每年由校本部统一印制招生简章寄往各校外学习中心。招生简章中明确网络教育入学资格、报考时间、学习形式、修业年限、统考科目、学历文凭、学位授予、电子注册等政策要求。同时通过我院网络平台向社会公布招生简章、可以招生的校外学习中心名单、收费标准、咨询与投诉电子信箱和电话等。北京理工大学要求如有对学校远程教育招生的宣传计划，需要印制招生材料及刊登广告等必须经由校本部审核通过后，方可进行宣传。校外学习中心不得自行印制招生宣传材料或发布招生广告，不得在招生中进行虚假承诺。北京理工大学在任何媒体宣传的所有内容与在教育部备案的招生简章内容完全一致。

2）招生录取工作的审批和分工

校外学习中心直接受理考生报名，接收新生填写的报名表及相应材料（包括纸质的和电子的），并对考生的原件及复印件的一致性进行审核，对信息的准确性进行审核。

在招生录取过程中，校本部对考生报名材料进行再次全面审核，包括纸制材料和电子材料是否齐全、真实、准确等；通过网络平台完成录取工作后履行审批手续，实行统一录取，统一打印录取通知书。

自2017年春季批次开始，北京理工大学远程教育学院新生录取通知书进行了电子化改进，学习中心可直接查看并打印校本部招生办已录取新生，提高了工作效率。

根据教育部《关于做好2008—2010年现代远程教育试点高校网络高等学历教育新生学籍电子注册数据库有关工作的通知》（教高司函〔2010〕54号）以及《关于做好试点高校网络高等学历教育2012年春季新生录取信息上报、管理的通知》（网招委函〔2012〕01号）等文件的要求，北京理工大学积极对2008—2010年的新生进行了数据清查及专升本验证工作。又在此基础上，下发了《再次核查2004—2010各批次专升本新生专科毕业证核查通知》（见附件九）等一系列文件，对北京理工大学历年来远程教育的学生进行了彻底清查。新生录取信息数据清查工作收效明显。

正是因为规范招生，严守入口，严把质量关，从而使得该项措施极大地推进了学校及学习中心招生工作的规范进程，保障了办学双方和学生的合法权益。

3）改进招生录取工作流程，对报名录取环节进行更加细致的管理

我们对学习中心在报名时采用了更加严格的身份证双重验证，验证学生的手机号是否

在本人名下，以及手机号是否正常使用。以上两项若有任何一项不合标准，将不能完成报名审核环节。

2019年春季批次开始，北京理工大学远程教育学院仅将已缴费新生数据上报教育部平台。截止日之前未缴费的新生，将被取消录取。各类境内人员报名必须使用身份证。校本部招生办最终录取后由系统给学生发送短信督促其完成后续工作。

4. 建立预警机制，确保生源可靠

为了维护学校远程教育的办学形象，本着对考生高度负责的精神，北京理工大学在自觉排查违规招生方面，自2011年全面建立了招生预警系统，向学习中心下发了《关于落实教育部网络教育招生预警要求的紧急通知》，系统平台在原有10项检测功能的基础上，将新生入学检测功能进行了进一步升级和完善扩展为16项，对套读、兼读、异地招生等可能的违规行为做到有效监管。同时，我院在2010年招生环节中对手机群发软件功能进行了实用化操作，对在录取过程中发现的疑点进行整体性排查，对可疑问题，一经发现，可以做到及时处理，有效处理。据不完全统计，2009—2013年共清退考生1000多人，2014年后各批次平均清退人数随着北京理工大学远程教育学院招生规模的增加而提升。自2017年开始，随着学院招生规模翻番，北京理工大学远程教育学院从自建平台及奥鹏教育平台清退人数均有较大增幅。其中录取人数最多的2017年，单批次清退考生达到1000人以上。

针对招生规模增长较快，生源质量面临下降风险的情况下，根据教育部和学校有关精神，北京理工大学远程教育学院对招生规模以及专业层次进行了一系列限制。在2018年取得招生整体规模下降41%的基础上，对2019年开始招生的学习中心进行了更为细致的招生量化，对学习中心进行了优化，暂停了一部分学习中心的招生，发布了《关于2019年暂停部分校外学习中心招生工作的通知》(远教发〔2018〕3号)。另外，对全部招生的校外学习中心指定了详细的招生要求，下发了《北京理工大学远程教育学院2019年招生计划及具体工作要求》(远教发〔2018〕6号)，进一步严控生源质量。

北京理工大学对违规招生的行为，一经发现，果断处理。北京理工大学除对网络、媒介宣传等手段杜绝非法招生的情况外，同时通过技术手段对学习中心报送的新生信息进行批量处理，如果发现批量外省身份证号、外省手机号码、重复手机号码、大城市外流、兼读、套读等可疑情况，可以进行报警提示。

2017年秋季录取过程中，学院招生办公室发现某学习中心学生联系方式、学生来源等存在较大问题，存在异地招生、代理招生风险，经核实后学院招生办公室提出让其自行清退的要求，学院招生办公室经过核查和筛选后，单批次就对其清退了近500人。用现代手段对新生数据进行分析，逐个排查其中的疑点，收到了很好的效果。

（三）立足国防，支持西部地区和行业的教育发展

1. 从建立校外学习中心开始，支持西部地区和行业发展

根据北京理工大学“立足国防，服务社会”的办学指导思想，多年来，北京理工大学积极探索利用远程教育这一现代教育教学手段，为国防部队人才建设和西部地区经济社会的发展服务的有效途径。建站趋势与办学理念密不可分，总体趋势采取由西向东、由穷到富，先打好国防远程建设，再支援地方经济文化建设。从校外学习中心的建立上体现了“两个优先”和“一个探索”原则。

首先，优先将北京理工大学原来在军工企业的函授站转型为远程学习中心，如安徽六安、山西兵大、内蒙一机等。

其次，优先在我国西部地区和边疆地区建立远程教育学习中心，如云南数字连锁中心、延安大学、吕梁学院、新疆建设兵团电大等。

最后，近年来，北京理工大学正积极探索与部队院校合作办学，将优秀的教育资源远程延伸到国防部队官兵。北京理工大学建立了八一学院学习中心，预将远程教育辐射到全军，为广大解放军指战员提供了学历进修的便利条件。

2. 统筹专业布局，考虑西部地区的发展特点建立特色专业

北京理工大学远程教育学院依托学校优势学科，充分发挥工科院校长期以来在高层次人才培养等方面形成的综合优势，建立特色专业，为社会培养实用性人才，实现北京理工大学“立足国防、面向全国、服务地方”的人才培养目标。根据我校现有专业状况，开设的专业倾向于为部队培养军地两用人才和西部地区的实用型人才服务，如汽车服务工程的一系列专业方向，项目管理、市场营销等专业。

北京理工大学远程高等教育车辆专业依托学校优势专业条件，不断推进继续教育品牌战略实施。目前围绕汽车服务工程(检测与维修)、汽车服务工程(鉴定与评估)、汽车服务工程(汽车营销)、汽车服务工程(理赔与估损)等专业进行课程资源建设。按照专业建设以课程建设为核心的思想，探索更好、更新的教学设计理念和制作理念指导北京理工大学精品课程建设工作，完成汽车类等50余门核心课程的课件录制。着力打造汽车类精品课程，其中《汽车发动机原理构造及电控》获国家级精品课程奖，《汽车自动变速器原理与维修》获国家级精品课程奖提名，荣获优秀实践教学软件与装置一等奖。汽车仿真实验平台提供三维仿真实验、三维虚拟实验、VR仿真实验、二维演示实验等1200多个实验，使汽车服务工程专业成为学院的品牌专业，为社会培养了大批急需的人才，为国防和地方的经济建设贡献了力量。

3. 按照国家意志办学，给予西部地区足够的政策倾斜

(1) 根据当地经济条件，适当降低学校与学习中心的分成比例，支持他们教学管理的正常运行。

(2) 降低学费标准，让利给学生，支持他们完成学业。

为了给西部地区及该地区国防基地的工作者提供更多的学习、进修机会，享受在名校接受高等教育的待遇，促进西部地区稳定，考虑到西部未发达地区的具体情况，学院在西部地区招生、缴费和学费分成政策上给予了一定的倾斜，将学费调整到60～70元/学分(北京市物价局批准的收费最高标准是160元/学分)。

(3) 派教师对骨干课程给予辅导。

(四) 创新体制，建立工科特色的教学管理体系

1. 发挥工科院校学科优势，树立特色教学管理体

远程教育与普通高等教育的培养目标和教育对象存在显著的区别。它是面向在职从业人员的教育，教育的目的是培养数以万计的受过高等教育的高级技术型专门人才。经过20年的发展，学校领导、授课教师、管理人员在思想理念上发生了根本性的转变，由原来的不了

解到了解，再到支持和大力配合，形成“以学生为中心”的服务和管理体制。经过20年的发展，从一开始的“二张皮”到现在的多层次融合。

1）教学管理体系的工科特色及发展过程

在学校领导的指示下，北京理工大学远程教育学院发挥学校工科优势，不与企业合作，采取独立办学的模式，以工科为背景，进行专业设置。学院不畏艰难，在校领导正确的教学指导下，以学校完整的教学体系和信息化体系为基础和支撑，根据远程教学特点逐步设计出了适合远程教育的教学体系。

首先，学校高度重视远程教育，历届主管校长都由专门负责研究生和本科的教学校长担任，站在全校的角度可以看到，集合全校大量科研成果支援网院。其次，学校的各个工科型专业学院，如机械与车辆学院等，为了全面支持我们的资源建设和学科建设，大量提供他们的教学和实验资源，使得远程的教学内容可以不断跟上科研发展和社会需求。

远程工科建立的一个最大概念是共享融合，需要完成工程环境下的虚拟实验的交互设计，完成工程环境下虚拟学生的心理分析，要在工程环境下不断启发引导学生，进行落地型教学。工科教学还要把复杂的公式、定义、定理具体化，对公式、定理与情景教学进行双向正反教学。

教学管理体系的设置从夜大教学起步，过渡到函大教学，再借鉴电大三级教学模式，形成适合远程特点的321平台模式，在此基础上，逐步完善功能，形成面向资源的办学模式，随后根据学院现有的管理体制进行资源整合，最终形成5位一体化(研究生、非学历、成人、职业、远程)和学分银行(内部和外部)管理模式以及行业公共服务管理平台模式的发展过程；经历了从函授阶段到电大阶段，再到Internet阶段，最终达到智能阶段，升级为云端一体化的公共服务体系模式，也是从普适性模式过渡到个性化模式，从民族地区模式进展到为国防军队服务；由战略布局到教学策略、学习支持和教学资源的配置和推送的过程。

2）教学计划的修订与完善

在远程学院成立之初，本着“立足国防，面向全国，服务地方”的办学理念，在学校相关院系的教授和专家的共同努力下，全面制订具有工科特点的远程教学计划，经过20年的发展，共修订20个专业33个教学计划。新教学计划充分体现远程教育的特点，遵循远程学生的学习规律。它是根据面向社会需求、经济发展、个性发展的可持续发展设计课程体系。同时，教学计划也会及时更新，尤其是信息类课程，随着软件版本的提升一同改变。

在课程设计上，为适应远程教育的特点，推出了通识课程，专门设置了选课池，为学历或非学历教育专门配备了带有预浏览形式的公共选课池和学习服务支持资源，扩展学习者的知识面和专业拓展能力，进一步加强网上自学的导学能力。

2. 细化教学环节，多种手段完成远程教学质量控制

学校在现代远程教育试办过程中十分注重建设质量保障体系，具体包括教学模式(针对从业人员学习的特点，不断探索总结现代远程教育规律，形成以弹性学制完全学分制形成性考核为基本制度的自学、导学、助学、督学相结合的教学模式)，成立了北京理工大学成人高等教育暨现代远程教育教学指导委员会，实施名师汇聚工程，加强专业建设、制度建设、个性化学习支持服务体系(包括协同发展体：基本形成了以学生为中心、以现代远程教育网络系统为纽带的学校、校外学习中心、教师三方协同发展体，个性化服务现代远程教育平台、现代远程教育网络系统、虚拟演播实验室、多媒体网络实验室、专线视频实验室、计算机教学

实验室），教学资源建设（包括“211工程”项目——基于Internet网络的多媒体教学支撑平台、课程建设与网络课件、电子图书馆藏书量达10万余册、虚拟试验平台建设），校外学习中心的建立、建设与监管，管理队伍建设等，质量保障体系日趋完善，工作水平不断提高。

1）细化教学组织活动，设计与实施教学环节

学院把远程教学组织活动进行细化，按照流程分为授课、辅导、答疑、形成性考核、自学、考试、毕业设计和实验与实践环节，具体如下。

（1）授课：每门开设的课程均有网络课件，学院对网络课件的内容、设计提出具体要求。要求课件内容适合教育对象，并随教学需要随时调整，课程要与时俱进、应用为先。以指导学生学习为主，引入案例教学，采用网络影视课件制作等方法，开发出有职业特色的精品课程27门，其中北京市精品课程11门，国家级精品课程9门，历年制作的入围精品课程7门。

（2）辅导：每门课程串讲3次、考前答疑1次，分别安排在学期初、学期中和学期末。这两项工作通过ISDN视频电话会议系统进行，同时生成网络版，上传到教学网站上，学生可以随时上网学习，并向校外学习中心发放串讲光盘，供上网不便的学生使用。20年来共刻制并发放串讲光盘7万余张、课件光盘150万余张。

为配合校外学习中心30%的面授辅导，学院加强了主讲教师责任制，制定了相关教师任职资格规定，并建立了面向对象的邮件系统，该系统的特点是当学生选择某门课后，教师的邮箱中将自动出现学生和该学习中心辅导教师的通信地址，以此加强校外学习中心与主办校主讲教师的沟通交流，同时也加强校外学习中心辅导教师的各种形式的辅导，要求各校外学习中心必须配备每门课程的辅导教师，并进行审查。教学过程中，校外学习中心辅导教师必须定期进行辅导。举办对校外学习中心二级辅导教师的网上培训300余次，以加强教师队伍的技能性。

（3）答疑：在北京理工大学现代远程教育教学网站上设有网上论坛，学生可以随时上网提问和讨论，学院每个月在网上公布不同课程的答疑时间，教师使用视频系统定时上网答疑。学生对教师定时上网答疑反映很好。学生还可以通过给教师发送电子邮件的方式提问，教师通过电子邮件回答学生的问题。对于没能及时参加答疑的学生，网站还建立了答疑回放区，将答疑的文字材料都发布在上面供学生查阅。

（4）形成性考核：根据远程教学的特点，产生了自适应和具备远程教育特点的考核。学院每学期开设的所有课程均采用形成性考核。形成性考核一般分为作业及过程考试。作业为网站在线作业或校外学习中心布置的作业，分为3次。学生出勤为学生参加校外学习中心辅导出勤情况；教学实践相关考核可以是上机、综合性设计、应用示例报告、口试、学习总结、小测验、小论文、案例分析、小组活动等方式，侧重于对学生应用、分析、综合、实践能力的测试。

各校外学习中心根据具体情况布置作业，作业可以是教师课件内的练习（模拟）题，也可以是校外学习中心指导教师自拟的练习题。为了加强形成性考核工作，学院制定了远程教育形成性考核考务工作原则和校外学习中心辅导教师职责，并进行作业抽查等。

学校加强了网上的形成性考核和过程化控制，采取驱动式管理和策略管理的方法，运用计算机网络所拥有的信息数据库管理技术和双向交互功能，对每个学生的个性资料、学习过程和阶段情况等进行完整的系统跟踪记录、储存。学生可以在线或脱机完成作业，每一阶段

的作业可进行3次，取最高分并智能性地给出该项作业的参考知识点，以供学生进行进一步的学习，学生的最终成绩取3个阶段的平均分数。

（5）自学：远程教育是一种全新的教学模式，其最大的特点就是在时间上师生异步，在空间上师生分离，师生之间缺少面对面的直接交流。针对这种特点，学院重视现代远程教育课件制作和网络系统平台的完善和管理。在课件的制作上强调课件的指导学生学习的功能，在教学过程中强调以学生自主学习为主。

学院对学生的自学提供了便利的网上环境和通信环境，采用事件驱动的通信模式，对学生的学习进程将会自动予以提示。建立了移动短信平台，能够及时向自学学生发送教学安排、通知、新的管理规定和要求。加强了网站的个性化建设，能够及时通报学生的学习进度，并在在线作业方面采用智能化的手段，给出复习建议。发放的自学辅导资料也经历光盘到网络，直到云端一体化的阶段。

为了更好地为学生自学服务，在资源推送及配备模式管理方面，学院多种途径提供纸质资源、课程光盘、辅导光盘、网上资源、网上辅导、学习中心服务器镜像、南北方ISP、资源制作中心、素材订购等。同时，收集学生的选课信息并在入学和每学期开学注册时按照学生选课情况统一配发相关资料。

（6）考试：学院开设的所有课程都有期末考试和网上提交两种考试形式。课堂考试约占75%，分为闭卷考试和开卷考试。少数课程采用写论文、上机实验、课程设计或做大作业等网上提交形式作为期末考试。学生注册考试过程也由原来的校外学习中心上报学生人数和名单到现在的学生或学习中心通过网络平台进行注册考试。“注册考试”是在远程教育探索阶段的重大转折点之一，通过注册考试这一行为，使得远程教育与夜大和函授教育区别开来，为弹性学分制、网上收费以及学生个性化学习定制和服务等功能的实行奠定了基础。

在考场安排方面，由原来的手工安排发展到现在的系统提供智能型考场安排，完成了学生在注册考试后校外学习中心的考场安排工作，其中包括考试时间、考试地点、考场名称、考试科目、考生信息和考生照片的采集和生成，生成的考场安排可以在网上供学生查询。同时，校外学习中心也可根据自身情况进行动态调整，体现了人性化和服务学生的意识。

（7）毕业设计（论文）：毕业设计（论文）发展经历了3个阶段：第一个阶段是采取与夜大类似的流程，由校外学习中心根据毕业班的学生人数按专业配备当地的指导教师，学生在当地完成所有毕业设计（论文）环节；第二阶段为从学校各教学院系为每个校外学习中心的每个专业班聘请一位本校教师作为综合指导教师，综合指导教师通过网络或实地对毕业设计的全过程进行指导，综合指导教师还要参加各校外学习中心毕业答辩的全过程，保证公平有效地评定结果；第三阶段为由学院聘请指导教师，毕业设计（论文）的所有流程均在毕业设计（论文）管理平台上完成。现已实现了全部校外学习中心开展网上毕业设计（论文）工作。毕业设计（论文）管理平台的开发和使用规范了毕业设计（论文）工作的管理流程，加强了毕业设计（论文）工作的痕迹化管理，评语智能自动生成的功能建设切实提高了毕业设计（论文）工作的整体质量。

学生参加毕业设计（论文）的时间也由原来的从最后一学期开始，改为提前到最后一学年的上学期开始进行，提前半个学期安排，以便学生利用假期的充足时间了解毕业设计（论文）工作，并进行调研。毕业设计（论文）的参考题目符合远程学生的特点，在题目的选定上，鼓励学生结合工作实际选题。

在学生论文写作的过程中，学院网站上会及时发布设计（论文）的相关信息，方便学生查看。选题、开题报告、终稿等写作环节都需要学生在规定的时间段上传至毕业设计（论文）管理平台，由指导老师进行确认才可进入下一步，这一举措切实地提高了论文写作的整体质量；针对新疆等地区教学资源不平衡、学生基础较薄弱、有时差等问题，采取有针对性的辅助措施，如安排业余时间较充裕的指导教师、加强指导教师的辅导力度等，以保证学生论文的完成情况符合学院的要求。进一步提升毕业设计（论文）工作的平台运作效能，实现网上答辩、语音辅导答疑、专业公共辅导答疑等，使毕业设计（论文）工作日趋成熟。

（8）实验与实践环节：为了配合形成性考核，学院架设了虚拟测试服务器，页面功能与真实远程系统平台相同，但使用完全独立的测试数据库，让学生和校外学习中心管理老师可以在虚拟测试服务器上实验系统功能。学院还建设了教学观摩为主、可交互性操作的实验系统，实现了6个类型的演示＋嵌入式操作试验模拟试题的建设工作和试验模拟的平台操作，并建立相应的网上模拟试验环境。同时，允许进行部分场地实操，编写了《现代远程教育网上实验手册》。

2）成立教学指导委员会等多个组织监督教学实施过程

为了更好地监督和控制远程教学质量，学校成立了教学指导委员会等多种组织对远程教学全过程进行监督，制定了《北京理工大学继续教育教学指导委员会章程（试行）》。

（1）北京理工大学继续教育教学指导委员会：为了进一步提高教育教学质量，加强专业建设，充分发挥学科专家对成人高等教育教学改革与建设的研究和指导作用，加强对现代远程教育教学工作的宏观管理，进一步提高教学质量和办学水平，学校于2006年底成立了北京理工大学继续教育教学指导委员会，聘请有经验的高水平专家担任委员及专业主任，指导专业建设工作。制定了指导委员会章程，指导委员会主任由主管校长王晓锋教授担任，副主任由校长助理、教务处处长和现代远程教育学院院长担任。在教学指导委员会的领导下，成立了7个专业建设组和1个教学督导组，开展专业建设与教学检查督导工作；召开校外学习中心工作会议，分招生、教学、技术等专题对校外学习中心工作人员进行培训，进一步树立依法办学观念，提高规范办学水平。

贯彻执行新学籍管理规定，加强学籍管理。统筹招生规模与生源质量，加大了对校外学习中心招生工作人员的培训力度，按照上级招生工作精神要求，落实招生工作的“阳光工程”；依法办学，规范管理，加强校外学习中心的建设和管理工作。建立校外学习中心管理人员培训制度，加强对已经招生的校外学习中心招生、教学、考试、毕业设计各个教学环节的管理，推动函授和远程校外学习中心应用现代通信技术手段，强化现代技术在教学中的应用，提高校外学习中心建设水平，共同打造现代远程教育协同发展体。

（2）教学巡视组。教学巡视组由资深的教授组成，按照北京理工大学的教学要求，对教学情况进行检查，包括对部分学习中心、夜大教学情况进行检查，并指导青年教师讲课，改进教学方法，提高教学效果。

（3）毕业设计专家组。毕业设计专家组由各学科带头人作为各专业毕业设计的领导人，负责和组织教师展开教学毕业设计（论文）的指导工作、答辩工作、论文评阅工作，并对毕业设计中存在的问题给予指导。

（4）毕业设计仲裁组。毕业设计仲裁组的专家由更高一级专家组成。对成绩有异议的学生，可以向北京理工大学远程教育学院提交复议申请，由仲裁组根据学生网上提交的所有教学监控资料、答辩录像以及答辩过程记录对其成绩进行重新评定。毕业设计流程及学习时间节点如图 11 所示。

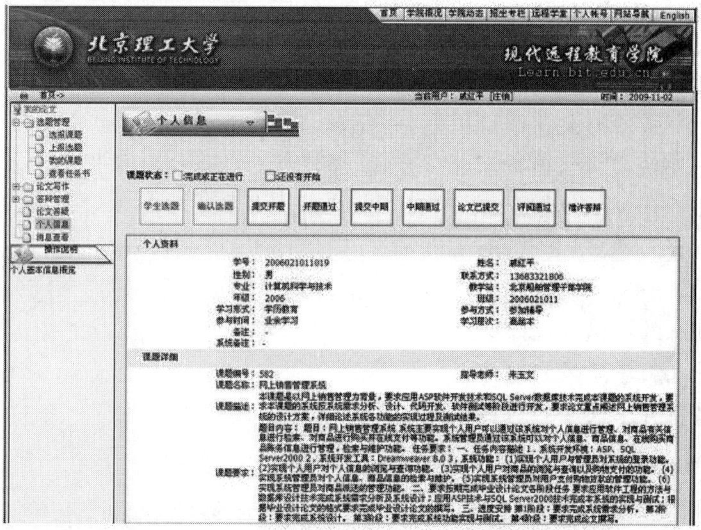

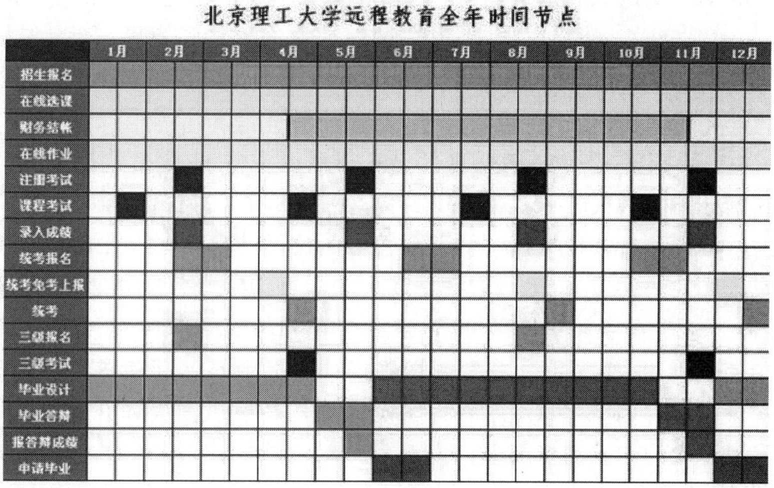

图 11　毕业设计流程及学习时间节点

（5）教学质量与评估组。教学质量与评估组由教学部、技术部、财务部、教学部、学籍部等部门的领导和管理人员组成，预评估组根据北京理工大学的评估指标对各校外学习中心进行评估，在评估中进行复合型评估，对评估报告进行复核审查，对存在的问题给予及时纠正，对问题严重的校外学习中心将给予黄牌警告并停止其招生。

3）运用技术手段进行远程教学质量监督与控制

依据高科技手段对远程教育进行教学管理和视频监控，以完成对远程教学质量的保障。

网上质量监控管理包括网上学生学习进度管理；网上学生档案袋的管理；网上学生个性化学习问题管理；网上交互式专家答疑答辩管理；网上毕业设计进程管理；网上毕业答辩痕迹化管理；网上的统计监控的报表的质量观测点管理；网上交流平台包括手机、短信、微信、QQ 等通信平台抽检管理；网上服务器安全监控管理；网上资源质量抽查管理；网上常态评估数据库管理;网上财务钩稽性核对管理。

视频监控包括网上答疑答辩监控管理;校外学习中心远程会议监控管理;教室录播视频监控管理;完成远程远端考试考场监控管理;监控完成楼内安放管理。

4）建立一系列的教学评价与监督机制

学院采取了一系列措施对教学质量进行控制,具体有:

(1）建立了一系列的教学评价机制,包括软件评价机制、学习当量评价机制、资源交换一体化机制。其中资源评价的内容主要包括知识碎片、知识点、课程和实验/实践。评价的主要依据为学生点击率、学生反馈、资料来源、学习时长等。

(2）通过调查问卷、网上调查、手机调查(微信调查)等进行教学质量反馈。

(3）通过质量培训和质量评估电影进行主动式的质量控制服务。

(4）建立常态的评估数据库。

(5）召开全国教学质量专题年会。

(6）通过各校外学习中心自查自评和省厅评估完成质量控制。

(7）实行远程教育巡考制度,加强对教育教学质量的监控。

3.加强过程化管理,构建完善的远程学习支持服务体系

功能完善的学习支持服务体系,直接影响远程教育教学的质量。学习支持服务的目的在于指导、帮助和促进学生的自主学习,提高远程学习的质量和效果。近年来,学院采取了一些行之有效的措施,为构建和完善学习支持服务体系打下了良好的基础。

建立了功能完善的、具有独立建制的学习支持服务体系。建立了专业答疑库、智能分类库,并配有主讲教师责任制下的专家服务团队进行后台支持,以大学科为主的服务团队和校外学习中心的辅导团队构成的树状服务支持体系,为学习支持打造个性功能。服务体系做到关注学生的学习进程,追踪学习状况,考察学习关键点,能够对学生的财务状况进行分析,同时提供了嵌入式的通信系统,进行事件驱动式的学习支持服务。开通了 callcenter 和 400 专线答疑电话,为学生配备了一套基于导学的专家启发式答疑系统和回放系统,可达到 3000 人同时在线,分 100 个教室的答疑答辩规模。学习中心定期辅导答疑、校本部主讲教师在线辅导答疑相结合,制定了《继续教育学院辅导答疑值班流程》,并通过 QQ 群、电子邮件等方式开展对学生的学习支持服务。

1）学习支持服务的内容

学院在教学过程中为学生建立个性化的学习支持服务。系统平台可以给出学生上网的累积时间、参加答疑次数、完成作业情况、欠费缴费情况、学分完成情况、预计毕业情况,还会醒目地列出所有学习环节的重要时间点,使学生对自己的学习状态有一个正确的评价,为网上质量评测提供一个较合理的依据。具体内容包括:

(1）课程的基本信息,如课程计划、教学要求、教材、教学参考书目录、有关课程的通知等。

(2）多种形式的课件,如手机课件、Web 课件、光盘课件、串讲辅导课件、视频教学课件和 PPT 课件等。

(3）帮助学生理解和消化所学知识的资源,在评判中能够智能地给出复习的知识点,如课后习题和在线作业系统。

(4）按学科分类,通过多种方式及时解决学生在学习过程中遇到的问题,如 BBS 讨论

区、能容纳3000人同时在线的语音答疑系统、视频答疑系统。

(5) 建立虚拟学习小组，帮助辅导教师对学生进行辅导，如QQ群。

(6) 通过邮箱、短信和电话等方式(如嵌入式专用邮件系统、短信平台、免费技术电话、callcenter呼叫中心、微信等)建立全天候的技术支持服务，及时解答学生的疑问，学习支持服务人员均为硕士以上学历的研究生。

2) 教学辅导

学院对学生进行的教学辅导包括以下内容：

(1) 课程辅导：所有开设课程均在网上实现每月交互式答疑制和预约答疑制，教师登录学院网站每月每门课程答疑一次。为克服网上静默和学生无所适从的普遍现象，学院有效地组织了相应学科的助教和研究生针对本门课程的实际问题进行提问，并将教师和学生的互动情况通过语音和文字形式展现在网上，提供回放功能。同时在网上公布主讲教师的电子邮箱，学生可以通过电子邮箱向教师提问；网站BBS回答学生留在网上的问题，参加学生讨论。学生和教师可以实时对话进行网上答疑教学、视频答疑教学和语音答疑教学。

(2) 专家答疑：在毕业设计写作过程中，每个专业均聘请一名该专业领域内的专家就专业知识方面给学生进行答疑和指导。

(3) 统考辅导：为提高统考通过率，学院加大了统考辅导力度。统考辅导方式包括：①到各学习中心面授辅导；②网上视频串讲答疑；③电子邮箱、BBS、400电话、QQ群答疑辅导等。

(4) 学习中心答疑辅导：为帮助学生更好地学习课程，学院要求各地校外学习中心每门课程都要配备辅导教师，负责课程辅导、答疑、习题指导和讲解，帮助学生学习理解相应的内容主讲。

3) 加强主办校、学习中心和学生三级教学流程同步管理

学院还全面实施对学生的过程化管理，其中包括事件驱动式的过程化控制管理和构建以学生为中心的督学、导学机制等。

(1) 事件驱动式的过程化控制管理。

系统平台采用事件驱动的方式对学生交费、选课、注册、考试、成绩录入等全过程进行监控，形成贯穿本门课程整个学习过程的教学监控系统，每个环节都有相应的状态追踪报表用来显示相关信息，并运用了计算机网络所拥有的信息数据库管理技术和双向交互功能，对每个学生的个性资料、学习过程和阶段情况等进行完整的系统跟踪记录、储存，及时发现问题，并基于系统记录的个人资料提供针对不同学生的个性化学习建议。对学生的在线作业完成状况以及在线作业出错知识点进行监控，并根据学生成绩及做错的试题智能性地给出需要学生进一步巩固的相关知识点，以供学生进行进一步的学习。

(2) 构建以学生为中心的督学、导学机制。

针对远程教育师生交互性不强的特点，学院开发了智能通信圈平台，系统根据学生选择的课程对象自动生成该学生与主讲教师及辅导教师的关系对象，并根据关系对象产生面向对象的邮箱系统，形成一个总部、主讲教师、辅导教师及学生之间的关系链，通过短信平台发送重大教学活动信息，随时督促学生进行网上学习。由于在线作业采用阶段内取最高分的形式，激励学生不断复习，以取得最高分，提高作业成绩，并通过课件平台的众多教学资源激发学生的学习热情，鼓励学生自主学习。

4）答疑和实验频道建设

为方便学生学习，在学院网站上开通了答疑讨论区，方便学生之间相互交流和讨论，取得了较好的效果。学院建设实验频道，扩展实验资源建设，完成了实验的形成性考核，并面向全社会开放。同时，实现实验学分互认制、实验证书合格证认同制、学历和非学历实验共用制以及实践环节独立制。

5）学习资料

在学习资源的配置方面，学院为学生配套提供每门课的文字教材、音像教材、课程课件光盘和串讲光盘，以便于学生学习。其中统用资源入学后统一配备，个性化资源进行订购推送配备。

为了帮助学生更好地了解整个学习流程，更好地根据时间节点安排自己的学习进度，学院将所有功能配备图片和文字说明编制成《现代远程教育学生手册》，让学生能够根据手册简单地完成功能操作。

6）对学生的技术支持服务和咨询服务

学院各部门的学习支持服务人员每天受理询问电话，当场解决学生的问题，如果当场无法解决，就记录下来，解决后给学生或者校外学习中心教师回电话告知解决情况。

7）建立电子图书馆

学院在985院校中，率先完成电子图书馆的建设，藏书量10万册以上，涵盖所设专业的参考书，还有文学、艺术、科技和生活等方面的各种图书，极大地丰富了学生的课余生活。近期将完成论文期刊的建设，在学生后期自学以及毕业设计过程中，提供了良好的资源支持。近期我院还将建立期刊库和论文库供学生学习使用。学生文化建设如图12所示。

图12 学生文化建设

8）建立学院微博和微信公众号

学院还建立了新浪官方微博、腾讯官方微博和微信公众平台，可以对外宣传学院的远程教育，并解答，关注者提出的问题。自学院微信公众平台建成以来，关注用户量近1万人、绑定学号用户近4千人，为广大师生在线学习、信息查询带来了极大的方便。微信公众平台可以实时查看动态新闻，学生只要绑定学号可以在线观看网络课程、查询自己的余额、学分、成绩、注考情况，还可以查看重要时间节点、学习中心通知、学习中心动态等信息，弥补了学院在手机移动平台的技术空缺，为广大师生带来了极大的方便。

4. 严肃考风考纪，用现代化手段加强考试环节

1）考务制度建设

学院在远程建院伊始制定了《北京理工大学现代远程教育教学管理文件汇编》，考务管理规定包含了考务工作组织、考场安排、考前准备、巡考教师职责、主监考和副主监考职责、监考教师职责、考场纪律、试卷装订密封办法、试卷保管办法、考场偶发事件处理办法等规范和管理考试工作。根据远程教育的特点，进行了不同程度的更新和完善。

试卷印刷采用政府采购印刷资质印刷厂进行印刷，试卷寄送采用EMS，有效提高了安全性和时间准确性，建立了试卷保密管理制度。考试预约制度有效地提升了试卷准备数量的准确性，也为排考场和照片对照检查提供了可能性。教师出卷试做制度保证了试卷的正确性。

2）适合远程特点的考试方式

北京理工大学远程教育学院每学期开学前都将考试计划公布在网站，根据远程学生的理解能力强、机械记忆差的特点，学院鼓励教师结合课程性质灵活地采取考试方式。纸质考试方式分为闭卷考试、开卷考试，网上考试采用论文、机考实验、课程设计及大作业等形式。

3）加强考务管理及考风考纪建设工作

为了进一步加强北京理工大学远程教育学院的考务管理工作，《考务管理手册》对考务管理规定进行了细化，并增加了学生考试管理办法和考试违规处理办法。建立了远程教育巡考、监考制度，培训上岗制度。制作了《北京理工大学远程教育、函授教育、夜大校外学习中心监考员培训专题片》，有效指导学院级各站巡考、监考培训工作。

建立巡视制度，学院领导带队巡考。学院成立了由学院领导、教务处、教学指导委员会、学院工作人员及任课教师组成的巡考队伍。考前巡考会议上，重点传达巡考教师职责，要求巡考教师检查考场安排，监督试卷的保密、考试期间巡视考场、监督考试过程。巡考教师到达校外学习中心后，参加校外学习中心监考教师会议，强调监考要求和注意事项。在校外学习中心监考会议上重点培训监考教师职责、监考工作流程、学生考试纪律及具体注意事项。特别规定无论哪种考试方式，考试过程中都不得查看手机等通信工具。

考试结束后，要求校外学习中心考务负责人和巡考教师填写各门课程实考人数统计表、特殊情况登记表和巡考考点评价表。

考试期间，学院考试小组对各中心试卷保密性、考试组织及考风考纪进行微信及QQ视频检查。

考试过程中学院有专人值班，及时处理考试中的突发事件。

4）远程平台关于考务的智能化建设

经过20年的发展，学院远程考务智能化建设从无到有，随着计算机技术的日新月异，现已建成试题库、模拟试题库，开发了在线作业系统，实现了考试安排、注考、自动编排考场和打印考务数据、教师登分和分数检查、考试成绩查询与统计等涉及一整套考试流程的考务系统。

试题库实现了依据课程知识点的智能组卷、在线考试和试卷分析，能够通过统计数据，进行教学调整和安排，完成了每门课程的模拟题库建设工作。

2002 年，采用学生和学习中心通过平台进行注册考试，系统自动完成考试数量统计和汇总，自动生成试卷袋面、考生签到表、门贴、桌贴等一系列考务资料，大大减轻了工作量。

学院平台对考务组织的支持，也由原来的进行数据汇总和统计的单一功能发展到智能编排考场、自动生成和打印带有多媒体信息的考务资料等功能。

每次考试后，会使用平台的统计功能对成绩进行统计和分析。对于通过率较低的课程，学院采取与相关授课教师交谈，进行教学与试卷分析总结，增加课程辅导等办法；与校外学习中心沟通，加强过程考核，进一步提高学生的成绩。

5）试点高校网络教育部分公共基础课全国统一考试

试点高校网络教育部分公共基础课全国统一考试（以下简称“统考”）是教育部网考办组织实施的全国性统一考试，对于 2004 年 3 月 1 日以后入学注册的远程本科层次学历教育的学生来说，统考成绩合格是取得毕业证的必要条件之一。统考的报考方式从最初的手工报考和缴费到现在通过网络平台完成报考和网上缴费功能。考试方式也由笔试改为机考。

学院的统考工作也由刚开始的简单组织报考，到现在的采取多种措施对考生进行教学和辅导。具体措施如下。

（1）设置专门的岗位负责统考和辅导工作。

学院设置 1 个统考管理岗，负责统考工作。设置了 4 个专职辅导教师岗，负责辅导工作。

（2）制定相关政策激励统考。

学院出台政策，将统考成绩与相应课程相关联，将在线作业成绩与平时成绩相关联，促使学生主动上网完成指定内容的学习。

（3）设立统考专栏，丰富统考学习资料。

为了方便学生查找统考资料，学院在平台上设立统考专栏，将统考相关政策、通知及学习资源等放在专栏内。为了更好地帮助学生学习，学院从各渠道收集统考资料，建立统考题库；每次考前编写印制和发放辅导资料；将网上串讲课件放学院平台供学生下载学习等。

（4）对二级辅导教师和考生进行培训和辅导。

二级辅导教师与学生的交流较多，学院针对统考相关问题对校外学习中心的二级辅导教师进行培训。通过邀请统考专家参与座谈会、举办统考课程培训班等方式提高二级辅导教师的业务水平。同时，学院加大了对学生的辅导力度。每次考前，学院都会下派专职辅导教师和主讲教师到学习中心对考生进行考前串讲（北京的 16～20 学时，外地的 8 学时），同时安排主讲教师进行网上考前串讲。串讲及答疑内容录制成视频课件，放在统考专栏供学生下载学习。

（5）利用多种渠道督导和答疑。

学院除通过公布主讲教师邮箱、专职教师手机和办公电话供学生联系外，还按科目和地区建立了QQ群，通过400电话、BBS、短信平台等多种方式对学生进行答疑和学习支持。

6）北京地区成人本科学士学位英语统一考试

北京地区成人本科学士学位英语统一考试是由国务院教育行政部门确定实施，由经批准的教育考试机构承办，在全国范围内统一举行的教育考试，是成人本科学生获取学位的必要条件。北京理工大学作为北京地区的考点之一，主要承担学校继续教育学院、远程教育学院在北京地区的继续教育及远程教育学生的学位英语考试。为切实做好组考工作，确保考试质量，使考试工作做到严密组织、严格要求、严明纪律，确保考试顺利进行，学院以国家考试政策法规为依据，坚持公平、安全、准确、科学、规范的原则，以“三杜绝”“一减少”（杜绝一切泄密、失密事件；杜绝一切工作差错和雷同卷；杜绝安全事故。把违章犯纪的人和事减少到最低程度）为工作目标，从严组考，依法办事，强化管理，维护学位英语考试的严肃性和权威性。学院学位英语考试报考工作也由刚开始的组织学生手工报考到使用学院管理平台报考，保证了报考数据的准确率。

学位英语的考试方式经历了由AB卷到答题卡横、竖排版再到现在的一题多卷，针对每次变化，学院都及时调整组考方案，加强培训。通过制作培训手册、录制培训光盘、编制违规学生登记表等方法，把组考工作流程化，违规取证规范化。学院从报名组织到考生填写诚信承诺书、考试环境、考场规范、考试全程网上监控、考试监考巡考配备，以及安全保卫的实施、医务人员的保障、考场环境及宣传导航、考生身份验证管理、运输试卷安全、大规模考场分级管理、试卷档案封存、应急预案的提出等都进行了全面改进，并进行层层责任落实，高效完成了北京教育考试院交给的任务。

（1）设立组考领导小组负责组考工作。

严格遵照北京市教委安排和要求，根据《北京地区成人本科学士学位英语统一考试工作手册》和北京教育考试院的有关会议精神，贯彻落实组考工作。考前成立以院长为组长、书记为督导的组考领导小组，专门负责学位英语考试的组织工作。

（2）拍摄考务培训片，推广到远程考试，取得良好效果。

学院率先对学位英语监考员培训工作进行改革，将培训内容拍摄制作成影视片，片中包含考前、考中和考后各个环节的培训内容，包含考试中如何识别作弊手段和发现问题后如何执行预案等。之后以此片为基础和蓝本，根据学院考试的考务要求，转换成北京理工大学远程教育期中期末考试巡考监考人员的考务培训片，取得了良好的效果。

（3）为北京考试院拍摄考务培训片，推广到全国考点。

接受了北京教育考试院的任务，将学院的考务培训片转换成针对全国考点学校的学位英语考务培训片，树立了北京教育考试院的形象，在全国产生一定影响，也产生了一定的社会效应。

（4）提出“一题多卷”方式，被北京教育考试院采纳。

作为学位英语考试领导小组成员单位，学院向北京教育考试院提出并论证了“一场多卷”的改革方法，该提议被北京教育考试院采纳。此项措施有效地抑制住了依靠场外高科技作弊的现象。

（5）采取多种措施，提高学位英语通过率。

针对学院学位英语通过率不高的问题，在课程设计上，学院把综合英语课程对应学位英语，在教学过程中对考点和题型进行讲解。在学院平台建立三级英语频道，把考试大纲、历年考题等资料放在网上供学生学习。每次考前都聘请教师录制串讲，把课件放在网上供学生学习。

三级英语组织形式和考务管理也同时推进了学院远程考试的管理水平，学院将三级英语的管理经验应用于远程考务培训，效果良好。

（五）学科引领，教学与管理信息化水平稳步提高

1. 发挥学科优势，走产、学、研一体化的科研之路

根据北京理工大学建设“国内一流、国际知名”的高水平研究型大学的办学要求，学院将办学定位于培养追踪国际学科前沿发展的、结合国内重大发展规划的、国内急需的、具有交叉学科优势的、具备工科特色的人才，即以培养应用型人才为主、学术型人才为辅，着重培养学生对于基础理论的应用能力、技术创新能力和社会实践能力，致力于造就一批具有国际视野、开拓能力和领军潜质的拔尖创新人才。学院坚持滚动式发展，力求培养出一支集研究型、技术型和综合型为一体的强大的学科队伍。为了实现远程持续性发展，不断提升办学内涵，学院建立了教育技术学硕士点，以全校的信息化建设和教育技术发展为学科研究的主体，突显将信息技术、计算机技术、网络技术以及教育技术理论和课件设计理念进行融合的工科背景下的教育技术学科的发展特色。学科发展的专业方向和学院发展的方向紧密相关，学院在技术和师资方面倾力支持学科发展，每年投入近 500 万元用于远程教育平台的硬件和软件技术支持，也为教育技术学科研究条件提供了强有力的支撑。

学院视学科为办学的生命线和办学质量的坚强保障，打破了传统成教“以办学为牵引，经济为目标”的办学方针，提出了“以学科为牵引，科学办学为准绳”新的办学方针，该办学理念和思想得到了国内教育技术学首席专家何克抗的充分肯定，得到了郭大成书记、胡海岩校长、王越、周立伟院士等学科领导的坚决支持。2005 年教育学硕士点获批，2011 年教育学博士点获批。在远程教育问题的研究、平台的建立、人才的培养过程中凝练学科队伍，形成了一个以远程学院为主体、以多方面人才为梯队的、相对完整的教育技术学科队伍。学院建立了教育技术研究所，形成了以教授为学科带头人，以中青年教师为骨干的科研和研究生培养体系，其中教授 6 人、副教授 8 人，具有博士和硕士学历的教师人数达 90%以上。产、学、研的循环链如图 13 所示。

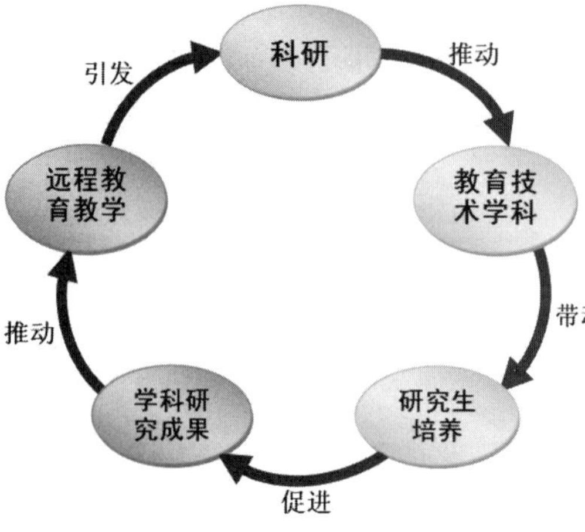

图 13　产、学、研的循环链

在20年的学科发展中，学院秉承“以技术创新带动管理创新，以管理创新带动教学创新”的理念，充分利用已有资源建设平台，鼓励研究生参与到学院远程建设工作中去。通过沿着“工科背景下的特色专业”的建设思路，确立了与学校国防特色紧密相连的军事教育技术、智能教育技术和以技术为创新驱动的技术环境下的教学与管理、现代远程教育技术、教育信息技术的5个研究方向。建立了远程建设与教学培养的双向互动机制，形成了自有的产、学、研循环链，即远程教学引发了学院科研，科研又推动学科，学科带动研究生培养，各研究团队完成科研课题研究，又推动学院发展，形成良好的循环。借助学科发展促进远程建设，以远程需求为研究目标，边实践边研究，产生学科远程共同发展的新局面。充分考虑到单纯共享不能产生可持续发展的价值，所以建立了资源交换中心推动了远程资源公平化，建立了可持续的、新的资源建设管理模式。

近年来，学院共培养教育技术学研究生10届50人，培养计算机学科研究生15届300余人，培养中职系列研究生10届500人。在国内、国际会议、学术期刊上发表论文近百篇，部分被EI、SCI、ISTP等检索。

为充分发挥研究生的积极性、主动性和创造性，学院打破传统教学培养模式，让研究生积极参与学院课题项目，取得了丰硕的成果。参与制作国家精品课程“多媒体通信技术”，该项精品课程荣获国家网络精品课程奖；针对现有远程框架平台存在的问题，学院研究生提出新的远程框架平台，并将首次提出的软总线的概念成功应用到远程系统的设计开发过程中；针对现有移动终端普及化、平民化的特点，不断展开手机课件建设和3G移动学习问题的研究，并已解决课件与手机终端兼容性的问题；针对考场监控环境下的考试作弊行为，学院研究生成功申请并参与国家自然科学基金项目《云环境下基于图形化预定义和参数化方法的视频对象行为分析关键技术研究》，该项目现已取得阶段性成果；参与申请的教育部人文社会科学研究青年基金项目《科学发展观引领下的教育创新与创新型国家建设重大问题研究——教育发展的公平指数研究》正在紧张进行中。除此之外，学院研究生还积极参与学院教材的编写工作，参与编写的《网络影视课件学教程》获得2013年北京市精品教材奖（见图14）。

图14 网络影视课件学相关著作

2. 加强软硬件建设，完善教育教学管理平台

20年间，学院在软硬件建设上下大力气，滚动投入资金近亿元。运维服务模式从校园网集中管理模式到南北方分布式管理到部分资源分布式模式到现在的托管模式；网络接入由最开始的教育网发展到现在的电信、网通和教育网三网接入模式；存储架构由集中式存储发展到分布式存储，再发展到现在的云存储模式；运营架构从最初的单一教学运行模式发展到现在的电子商务运行模式；网站规模由小企业级信息供应发展到ISP级大企业供应商模式。

1）紧跟时代脉搏，加强硬件建设保障远程教育稳步运行

在硬件条件方面，学院创建初期，只有一两台服务器托管在北京理工大学网络中心，由于学院远程教育规模和业务系统发展迅速，很快网络中心就不能满足业务需求了，于是北京理工大学远程教育学院正式将服务器托管到电信机房。建设初期平台拓扑图如图15所示。

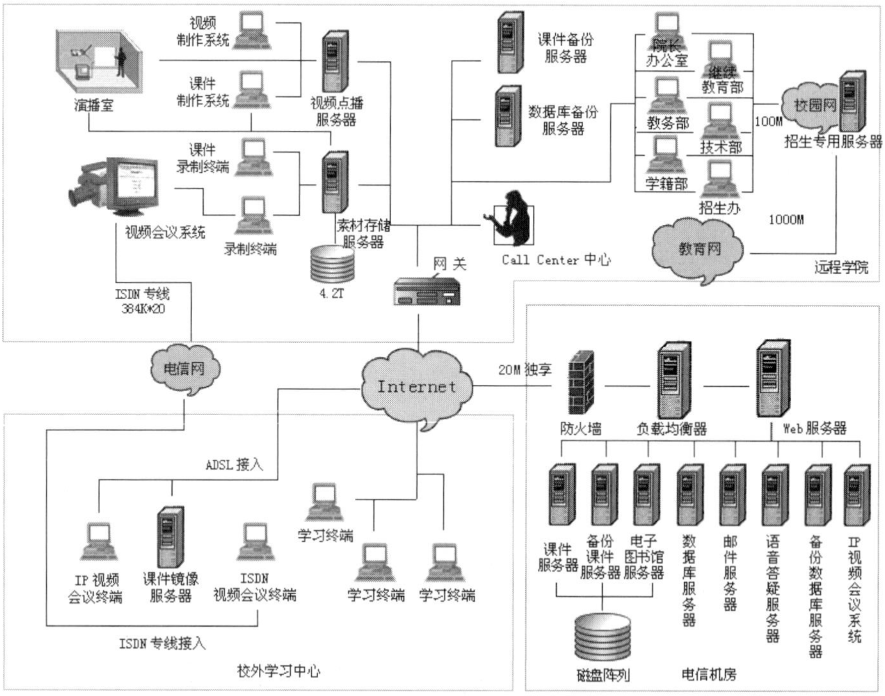

图15　建设初期平台拓扑图

学校将继续教育学院列为985、211中的重点发展方向，各界领导换届以来，继续教育学院从小红楼进一步扩展到学校面积最大的教学楼，办公面积由原来的600平方米扩到7000平方米。学院自筹资金对该楼进行了加固提升。目前，该楼属于重点文物保护大楼，而且是学科展示大楼，该楼内装备全套智能设备，带有防泄漏的服务器机房，按照国防的需要，为全军远程服务，同时作为远程教育的备用机房。大楼建有12个微机实验室、4个答辩室、18个高级多媒体教室、8个高清录制答疑室、2个直播机房、1个中心机房，并制定了《继续教育楼UPS电源机房管理制度》《继续教育楼答疑室管理规定》《继续教育楼多媒体设备管理办法》《继续教育楼多媒体教室展台中控面板操作说明》《继续教育楼强弱电设备间管理规定》《继续教育楼实验室防火安全管理制度》《继续教育楼中心机房管理办法》，实现了全网接入，带

宽达千兆，各类服务器 40 余台，微机 600 台，为远程教育提供了有力的硬件保证(见图 16)。

图 16　北京理工大学远程教育学院硬件设施

大楼配备了全套的一流远程监控系统(见图 17)，其本身的功能包括远程、近程的教学，安防监控，教学监控以及网上教学信息的追踪和监控，配备自动录播系统、楼宇安防自动化系统、两套联动式远程教学系统和全套数字化管理，若有需要，可以在任何桌面上观看教学、教学答疑、教学监控、考场监控、IP 远程网上监控等，能够完成网上答疑答辩监控管理、校外学习中心远程会议监控管理、教室录播视频监控管理、远程远端考试考场监控管理、楼内安防监控管理等。机房整体建制、楼宇智能建设、远程教学监控有了巨大的飞跃。

新办公楼建设了两间标准机房，用于维护本地办公局域网络正常运行和远程核心数据

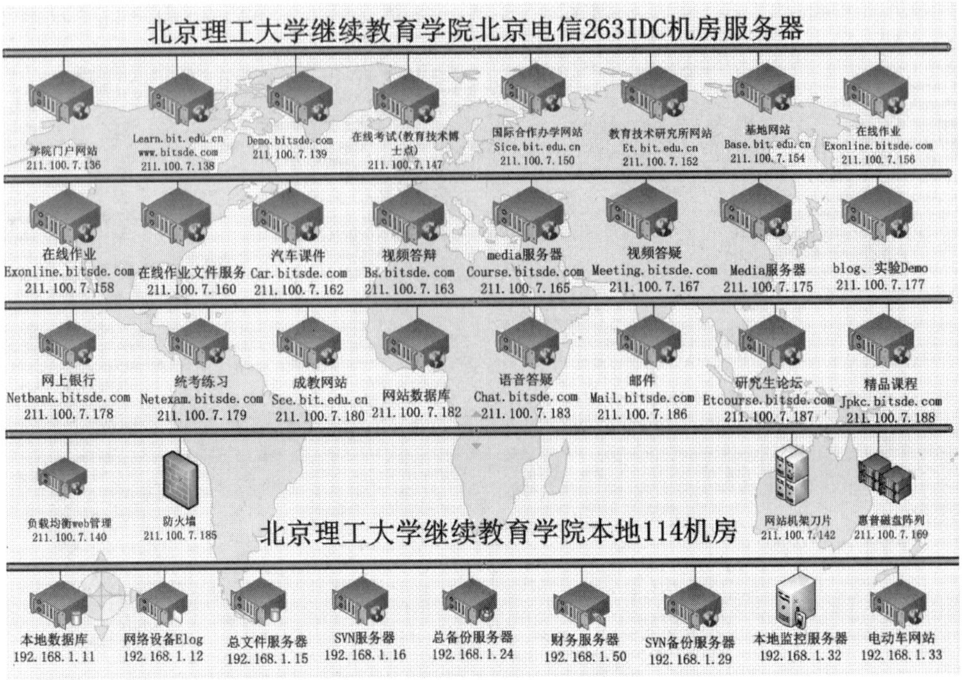

图 17　服务器监控系统

库双备份的任务。本地机房配备服务器 16 台，本地办公局域网采用校园网和光纤接入两种模式，校园网接入带宽为千兆，光纤接入总计 100M，既能满足校园的日常办公，又能利用光纤传输速度快等优势完成大规模的视频会议系统的应用，例如统考辅导、语音答疑和毕业设计答辩等教学活动(见图 18)。

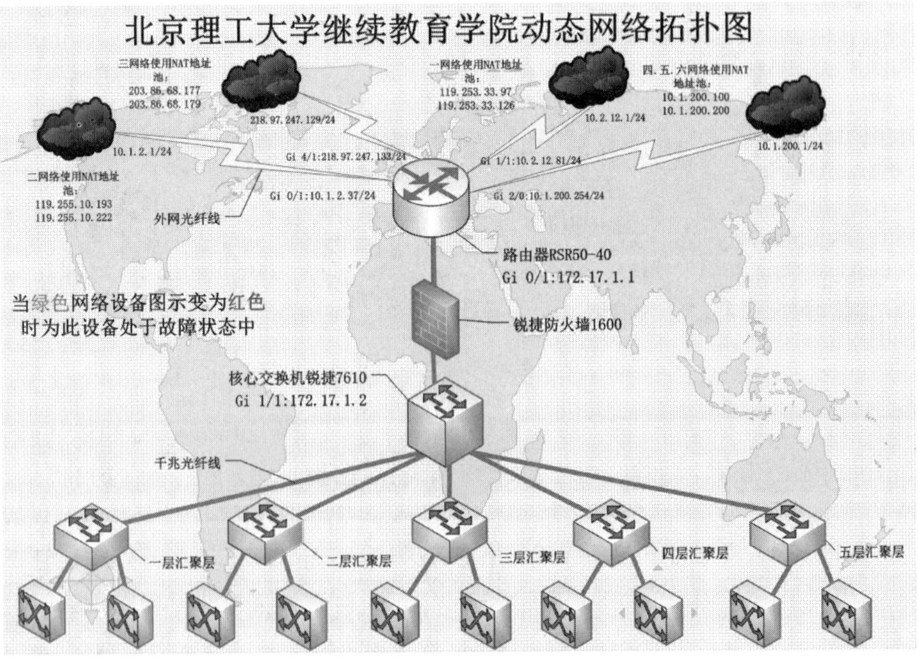

图 18　本地办公楼拓扑结构

在电信机房的配置方面，在负载均衡设备的统筹管理下，学院配备了33台服务器，运行着包括远程教育平台、国际合作办学网站、成人教育网站、研究生教育网站、基地网站、毕业设计、统考练习、在线考试、流媒体课件、精品课程、汽车实验平台、核心数据库、在线作业、电子图书馆、语音答疑、视频答疑、视频答辩、网上银行、邮件、测试平台以及资源磁盘阵列存储等。重要数据都采取双备份的原则。托管机房采用电信、网通和教育网三线带宽，独享100M，为各种网络条件下的学生访问我院系统平台和各种应用服务提供了良好的网络环境。

2）以智能化教学平台为依托，与时俱进，紧跟国际先进水平

北京理工大学远程教育学院平台最初构建于2001年，采用“自研自用”的系统平台管理模式，平台全部由自己开发与维护，具有独立知识产权的自有系统能够随时引入先进的教学思想和教学理念，远程的教学路线明确，紧跟国际潮流。这种方式最大的优势就是灵活，平台功能可以随时根据学院的政策及管理的变化及时调整，对许多问题都能够做出快速的处理，很符合“从无到有，从小到大”的发展模式。网站还推出了英文版网页，友情链接了16个国外的知名院校，设计风格独特，版面清新，随时更新英文时事新闻，与国际接轨。主平台及各子项开发成果曾多次荣获北京市及北京理工大学教育教学成果奖。

平台建设初期的技术选择主要考虑到性能与可扩展性，选定JSP为开发语言构建自己的系统，制定了《继续教育学院技术部软件编写规范》和《继续教育学院技术部软件开发流程》，编制了《技术部远程平台系统手册》。学院选择了当时非常著名的国际开源论坛系统——Jive作为基础框架构建远程教育平台，数据库方面，学院选用了PostgreSQL，而Web Server选用的是Tomcat，这一整套系统全部采用开源免费的软件，没有任何额外的软件投入，节省了大量办学经费，为学院远程教育初期的顺利开展打下了良好的基础。随着远程教育的快速发展，学生人数从最初的几千人迅速扩大为几万人的规模，给平台带来了不小的压力。为了能够达到要求，我们使用了企业级Weblog服务器，并为学院的系统设计负载均衡方案，通过多台后台服务器同时为学生提供服务，大幅提升了系统的稳定性与反应速度。

多年来，系统平台的开发模式由原始的教学平台移植发展到针对远程的功能一对一开发，再到现在的组态式系统功能开发；从面向管理和教学流程的开发发展到面向资源的管理模式开发，紧跟国内外先进技术，秉承以学生为中心的平台更新理念，完成了多次平台技术和理念更新，为北京理工大学远程教育学院近20年来远程教育事业的发展做出了巨大的贡献，但平台自身存在的问题也日益突出。由于北京理工大学远程教育学院平台构建非常早，当时采用的技术架构已经难以适应学院远程教育事业的发展，与当前流行的技术标准存在较大差距。

2016年北京市专项检查专家组来北京理工大学远程教育学院检查时，对北京理工大学远程教育学院平台提出了不少的问题和建议，因此北京理工大学远程教育学院决定启动继续教育综合平台的开发工作。

在继续教育综合平台（以下简称“新平台”）中，除了建设新的远程教育平台外，为了达到学院资源整合的目的，把学院现在的各种业务都融合进一个统一的新平台中。根据北京理工大学远程教育学院的业务划分，新平台的总体架构设计为以学习平台为中心的多业务互融互通综合平台。

在对学院业务分类整理提炼的基础上，提出新平台的基本结构包括：一门户（学院综合

门户)、四平台(远程教育平台、成人教育平台、研究生教育平台、培训教育平台)、一中心(以在线学习系统为中心)、一基础平台(统一的用户及权限管理系统)。

在新平台中首先要实现学院的综合门户,门户中把学院按不同业务范围划分到不同区域展示,实现整体上综合管理,具体业务上各具特色,同时每种业务可实现自己特有风格的二级门户网站。不同类型的用户可以在综合门户上进行单点登录,登录后可以自由访问学院所有的子平台或系统,屏蔽不同系统细节,让用户感受不到不同平台之差的差异,就像使用同一个平台一样,从而大幅提升用户体验。

其次,按业务类别建立4个子平台,其中远程教育平台主要处理远程教育业务;成人教育平台主要处理成人及夜大业务;研究生平台主要处理研究生相关业务;在线培训平台主要处理在线培训业务,包括课程学习及单独的培训项目等。

再次,为了充分利用学院资源,达到节约能源、资源共享共通的目的,建立统一的在线学习系统,以学习系统为中心将其他平台桥接到一起,每种业务类别的学生都能在该学习系统进行学习,达到同一资源为多种学习服务的目的,逐步实现基于学生的学分银行系统。

最后构建统一的用户权限管理系统,实现多平台中用户的统一管理,权限统一分配,可以灵活地为每个平台中的用户分配功能权限及可操作范围,让专人做专事,责任权利明确、责任权利统一。系统云架构图如图19所示。

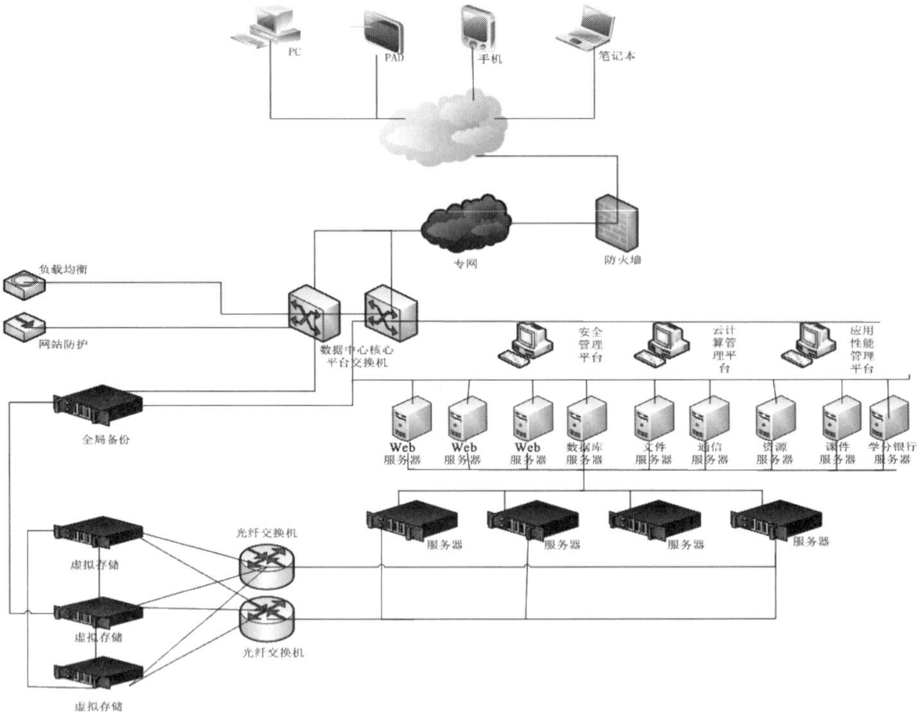

图19 系统云架构图

3. 提炼整合资源框架,开创网络影视课件理论,实现优质资源共建共享

远程教育资源建设是教育信息化的基础,是集计算机技术、信息化技术、图像处理技术、虚拟仿真技术、流媒体技术、三维动画仿真、多媒体技术、三网合一技术、均衡负载技术于一

体的综合平台。北京理工大学远程教育学院与全校各专业学院中的200多名教师合作，共同打造了具有北京理工大学远程教育学院具有较强工科特质的、具有先进教育技术特色的优质品牌。

远程系统资源建设包括网络课程建设、资源建设的评价以及教育资源管理系统的开发。学院在进行课程课件的制作，资源库的建立与维护，实验内容的准备，实验平台的搭建，课程评价体系标准的建立以及课件开发平台等的研究时都遵循了现代教育技术中课程设计的原则和模式。

在建设初期，确定教学目标和以学科专家为首的、授课教师为主的、制作人员为辅的综合团队，共同定制教学目标和任务。针对远程教育中的受教育者在空间上的分散性和各自背景的复杂性，对不同的学生群体制作出有针对性目标人群的课程课件，分为专科、专升本和本科层次的课件，类型分为流媒体课件、串讲课件、实验课件等。教学资源建设主要包括建设常见问题库、作业库、模拟试题、案例库和重点难点描述、术语库等。资源建设的教学评价包括贯彻教学设计始终的形成性评价和对教学平台和教学效果的总结性评价。远程资源架构模型如图20所示。

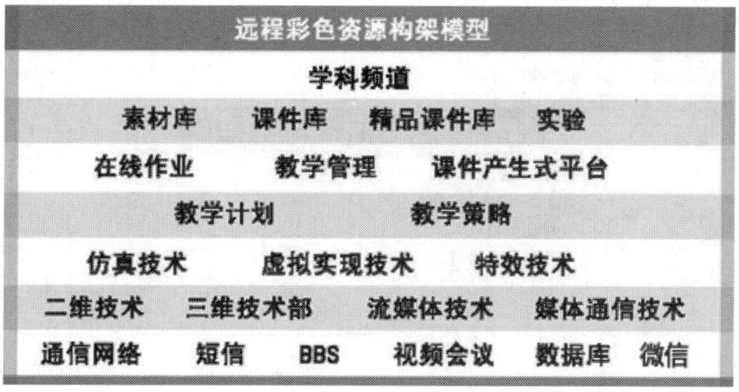

图20　远程资源架构模型

北京理工大学远程教育学院现已建设的知识点素材库、课件库、外链资源库，都可作为知识点资源类型，以实现课程资源的多次复用，为学历教育和非学历教育提供服务。

1）普通课程建设

按照学科知识体系以及网络教学的要求，对各种教育资源的综合集成，其中包括素材类教育资源建设，主要包括试题库、多媒体素材、案例素材、常见问题素材和教育资源索引等。

SCORM(Sharable Content Object Reference Model——可共享对象参照模型)是美国的教学管理系统全球化学习联盟(ADL)制定的远程教育标准。北京理工大学远程教育学院以通用SCORM标准为框架，严格规划并实施《继续教育学院课件录制流程》，使得课件制作具有更加独特和规范的制作流程，全面贯彻了专业体系建设的宗旨。

在课件制作过程中，有经验的教师会采用与学生带有交互的讲课形式控制讲课环节，做到深入浅出、由浅入深；而目前的录像形式和网上答疑形式，由于教师无法掌握同学的听课状况，了解学生的学习状况，无法进行在线交互，也就无法对教学过程中的不适之处进行及时的调整。根据以上情况，北京理工大学远程教育学院采用了以知识点为单元进行录课的方式，每45分钟做一次课堂在线自测练习，并采用辅导教师制和小班制请部分同学随班录制，产生相应的讲课场效应，这些同学还将参与在线答疑提问、网上自测练习、单元测试、模拟考试、课件评价等环节。

北京理工大学远程教育学院目前使用的流媒体课程分为公共类课程、计算机类课程、会计类课程、工商管理类课程、机电类课程、法学类课程、人力资源类课程、汽车类课程和数字媒体技术类课程共 274 门，串讲课程 162 门，辅导大纲讲解 268 门，模拟试题 274 门，实验 1000 余个。学生登录网站即可查看所有教学资源，各种课件都会根据课程大纲即时更新。20 年来，课程更新率已经达到 100%，即所有制作的网络课程都经过大大小小的更新，包括页面、内容、框架、视频、模拟题等。网上公布的所有教学资源到位率达 100%，根据用户反映的情况和教学效果证明系统资源配置合理，内容完备，针对远程学习的同学有较强的适应性。

2）精品课程建设

由北京理工大学远程教育学院制作的以王越院士讲授的“信息系统与安全对抗导论”为首的系列精品课程建设工程，获得 9 个国家级精品课程奖和 11 个北京市精品课程奖(见图 21)。

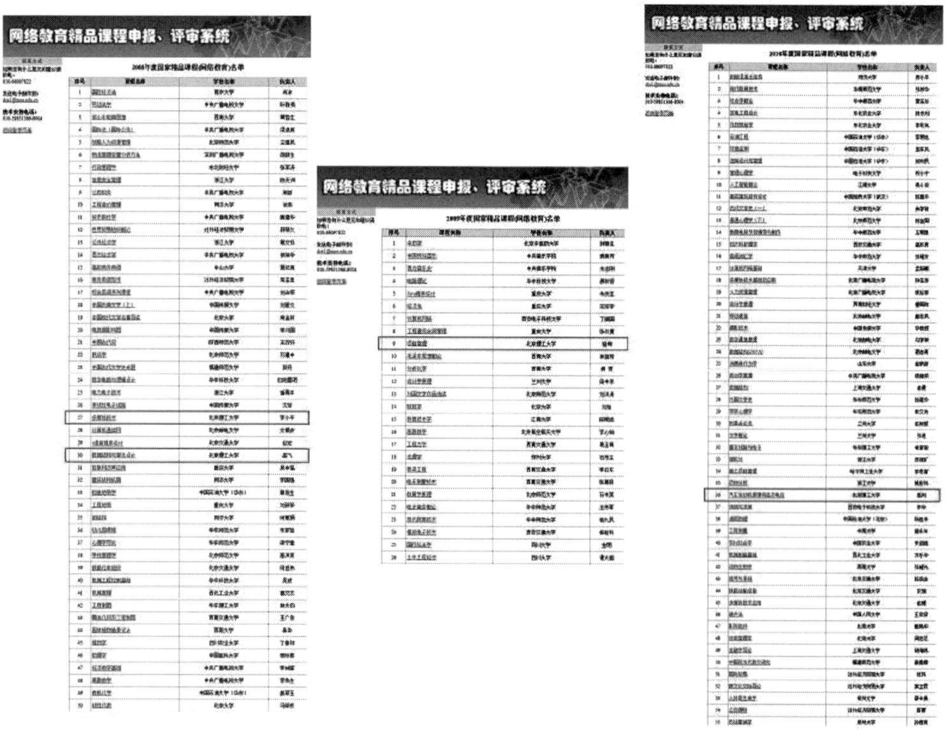

图 21　国家级网络精品课程获奖

精品课程课件的特点为：在内容的表现形式上，把各种理论、思考信息等大量引入教学视频、三维成像技术、虚拟扣像技术、实时三维场景建造技术、真彩色实时纹理映射和视频动态纹理映射技术、空间矢量线性色键器技术、掩模技术和空间粒子技术等表现形式，其技术复杂度和三维特性均高于现有的省级电视台的二维半的技术水平。设置课程大纲、重点难点、在线答疑、虚拟实验、课后练习等功能，突出了网上远程学习的交互性，避免以往的“课堂搬家”式网上教学，实现多种交互功能，模拟真实的实验环境，学生可亲自动手做实验练习，直接感受操作过程，达到良好的远程交互式学习效果。

根据不同课程的需要,制作部分技能训练型课件。通过生动的动画片形式讲解有关专业中的知识,设置录音、对话练习、自我测试等功能,使学生融入其中,在家听名师辅导,反复视频学习,免除笔记的烦琐,将宝贵的时间用于学习思考,轻松学习记忆,为学习者提供足够的发挥空间,并充分发挥了网络教学的优势。

北京理工大学远程教育学院在保证服务的同时也会及时更新网络精品课程体系,积极联系原班教师队伍,更新、增改网络课程的实验内容和作业练习内容,使网络课程不断丰富,保持领先。教师保证平时的课程答疑并把答疑内容更新至课件中,将精品课程内容作为北京理工大学远程教育学院最高级别的资源进行维护。

3）资源模型的研发

该开发模型是在北京理工大学远程教育学院20年课件资源建设基础上、在北京理工大学远程教育学院首次教育技术学研究生教学活动研讨中产生的。北京理工大学远程教育学院根据现代远程教育技术的特点,充分结合网络课程开发的实际需求,对网络课程的开发步骤进行了模型化整理,结合了理工学科的特点,综合教学策略,融入课件制作理念,吸收全国优质资源和制作风格,形成了良好的课件制作闭环开发模式,如图22所示。

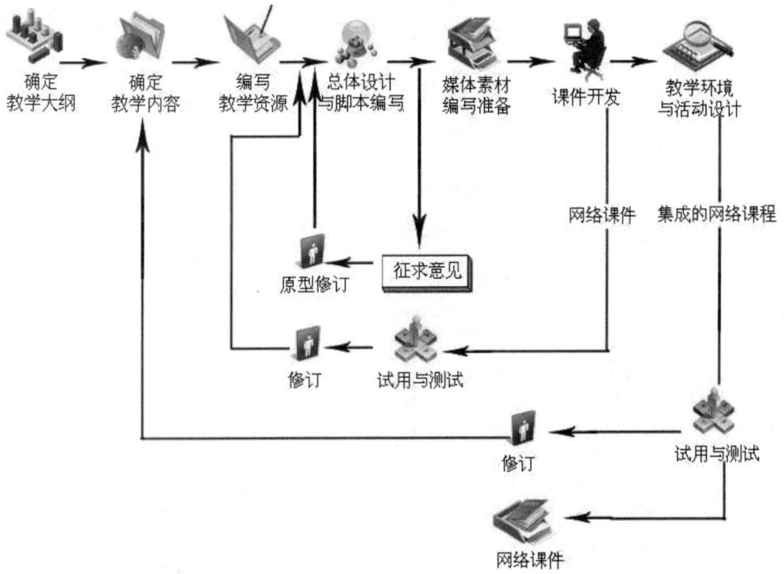

图22　课件开发流程图

本模型一共设置了四类角色：教师本人、学科专家、知识工程师(教学设计专家)、技术工程师(课件制作专家),分别完成了教学内容的讲解、学科内容的监测与指导、教学内容的设计及学科教师与技术人员的沟通、课件的技术实现。模型依据接收远程教育学生的特点和课程总体要求进行课程教学大纲的确定,选择并准备适合的教学内容,然后对教学资源进行整理和综合,包括常见问题库、作业库、模拟试题、案例库和术语库等。接下来在科学的学习理论的指导下,对课程进行总体设计和课程脚本的编写,力求将现代教育技术中科学的教学策略实施其中,对每个教学单元的内容及其安排以及各单元之间的逻辑关系进行详尽的教学设计,并写出相应的脚本内容。开发者可以根据模型脚本的内容结合教学环境和教学活动的设计方案进行媒体素材的编写准备工作,并着手课件的开发工作。在对初始完成的课件进行试用与测试、修订工作之后，最终完成符合资源建设模型的现代远程教育网络课件。

4）影视课件的诞生

多媒体技术的飞速发展和网络技术的快速更新，网络课程只有不断更新，才会有生命力，学生上网学习无非是要获取所需的知识，最好是更新于课本的知识，所以网络学院必须不断地提供给学生所需要的最新内容，才能有吸引力。

基于影视课件理念的课程建设模式是北京理工大学远程教育学院精品课程建设的结晶。学院首次提出了以教育技术、课件制作、交互影视和第九艺术为核心的“四位一体”的影视课件理念，一经提出即获轰动。应用影视课件理念，加入课程分析环节，界定教学文化氛围和学习者特征；确定教学目标及学习路线，融入交互式情景教学设计；使用高科技影视特技的制作方法进行影视课件的创作与设计，最终完成课程的制作与合成，构建了课程建设新模式，如图 23 所示。

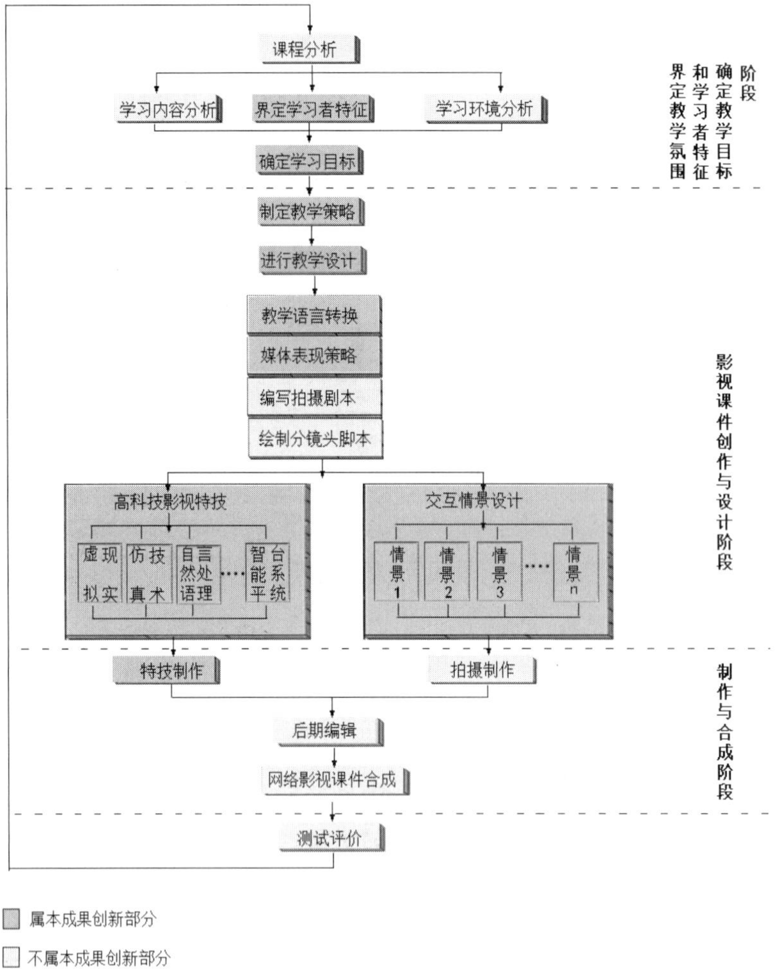

图 23 影视课件课程建设模式

学院提出了“影、视、教、学、实践”一体化的新的教学设计思路，融入全新的教学技术手段，深入探索教学资源建设的规律，以高端为引领，强化工科背景下的网络教学整体设计，以国际视角展开对网络精品资源建设的整体规划，形成了多层次、多视角、多角色、多功能的可自选学习路线的情景式学习模式，呈现出系列性、实践性、戏剧性、移动性、影视交互性等特色，构筑了“汽车发动机原理构造及电控”等数门国家级精品课程。学院营造了以全方位培养学生知识、技能、智力、情感为目的的开放式教学环境，建设了面向国防、面向职业、面向继续教育的教学资源模式，属国内首创。鲁昕部长对本成果教育观念和教学设计的更新给予了充分肯定，并要求在全国职业教育和继续教育范围内全面推广。

2011 年 4 月，葛道凯司长在“继续教育改革和发展座谈会”新闻发布会上高度评价北京理工大学精品课程。2011 年 12 月在“继续教育数字化学习资源共享与服务成果展览会”上北京理工大学作为北京地区高校，代表教育部向国家领导人进行了成果展示，鲁昕副部长针对本成果的设计思想评价说这是一种教育观念的更新，表示这个学习方法的改变非常好，并指示职成司有关领导在全国职业教育范围内全面推广（见图 24）。会议期间，鲁昕副部长还亲自向国务委员刘延东、教育部部长袁贵仁介绍了北京理工大学资源建设情况，受到国家领导人及社会各界的普遍赞誉。

图 24　教育部领导参观我院精品课程

北京理工大学远程教育学院的“影视课件”理念经历了从最初的理念构想到实践应用，又到汲取实践效果反馈的过程。在教育部领导的指示下，成果在全国职业教育、继续教育、国防领域内部分中职学校、高职学校、部分网络学院、军队士官以及相关的专业行业内进行了广泛推广，涉及职业教师和培训机构 9200 万，学生受益面宽，数量大，辐射范围广，对提高教育水平和增强教学效果成果显著。

北京理工大学远程教育学院充分应用影视语言，大量应用视点、悬念、冲突等影视概念完成教学设计，重视课程环境渲染，完成空间设计，推出情景嵌入式教学，摸索出新的制作手段和方法，充分利用新媒体和高科技，营造高仿真度实践应用环境。本成果建设了一支影视课件专业团队，具备学科专业专家、编导人员、高科技制作团队、专业摄影摄像团队、后期编辑团队，并且和多家专业电视台合作。在硬件方面配备1个虚拟演播实验室、3个专业摄影棚、35个三维动漫仿真工作站、1个后期编辑实验室及专业摄像器材，总建设投资量3000万。

在2013年底举行的教育技术国际论坛(ETIF 2013)和全国教育技术院长、系主任联席会议中，明确了北京理工大学的网络影视课件学的分学科方向地位，提出了课程编导专业的建设意向，当场有若干高校表示有意向成立该专业。这一举措推动了全国教育技术的又一飞跃。

5）手机版课程建设

学院紧跟形势，把握移动学习的重要现实意义和深远社会意义，积极探索手机和Pad终端学习，进而发展到云端一体化学习模式。

学院首先将精品课程引入移动终端，手机版情景导航(见图25)模式配置了最常用的餐厅和医院两个场景，设定了服务生或医生可能说的语句，并标识出关键词，同时以自主播放的形式设置了问题回答，最终达到提高学生的英语语言水平以及在不同文化环境中实际运用的目的。学生可以直接运用该应用出国就餐，反响良好。

图25 手机版情景导航

实用英语手机版随身口语可以完成学生与虚拟教师的情景对话，将英语学习深入任何时间和地点。学生可以听到这些句子，并清晰而自信地讲出来。通过与虚拟教师的会话，积极地练习这些句子，从而提高口语实际应用能力，达到开口说出一口流利英语的目的。

随后学院将所有的普通课件都制作成手机版，可以适用于安卓和苹果系统观看浏览。

4. 以学科频道为中心，完善虚拟仿真实验环节，建设教育部重点实验室

学院坚持“以学科频道为中心”的教学结构，主张学科的基本结构在教学中居于支配地位，并起决定作用。重视科技文化教学，强调教学内容现代化、直觉思维和发现学习。要按照一级学科、大概念设计，实现多层次、多角度、多种搜索策略、多种在线资源链接、不同类别资源进行综合架构，实现资源拓扑结构网状化和通过搜索引擎结构化搜索知识点。

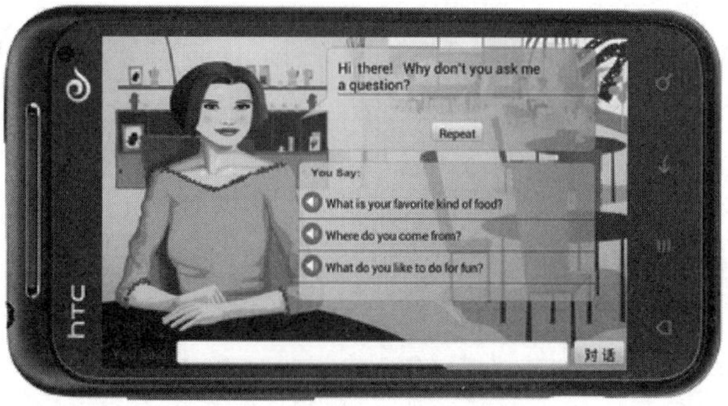

图 26　手机版随身口语

根据学科范围划分建立了 7 类学科频道，其中包括的典型应用有《汽车虚拟平台》包括基础教学虚拟实验 1733 个、仿真教学虚拟实验 2846 个、虚拟拆装教学实验 4 个；《英语实用视听说》虚拟动画 120 个；《计算机组成原理》包括虚拟仿真动画 408 个；《项目管理》案例库，共计 130 个案例；《多媒体技术》包括演示模拟实验 260 个。通过生动的动画片形式讲解有关专业中的知识，设置动手操作、原理动画讲解、录音、对话练习、自我测试等功能，使学生融入其中，为学习者提供足够的发挥空间，并充分发挥了网络教学的优势。

2005 年，学院建立了虚拟演播实验室、多媒体网络实验室、专线视频实验室和微机实验室 4 个专业实验室，并举行了隆重的揭牌仪式。北京理工大学校级领导们出席了揭牌仪式。实验室揭牌仪式推进了现代远程教育的发展，使学院在学科建设上迈出了决定性的一步。

2013 年，北京理工大学远程教育学院依托职教师资培养培训专业点获批了两个教育部重点实验室，即“云环境重点开放虚拟实验室”和“高端动漫仿真开放实验室”，获批资金 400 万元(见图 27)。两个实验室将成为首批教育部下属的云环境开放型虚拟实训中心，提供最先进的教育理念、最前沿的动漫与游戏制作信息、最完善的课程教学体系和最全面的实训实

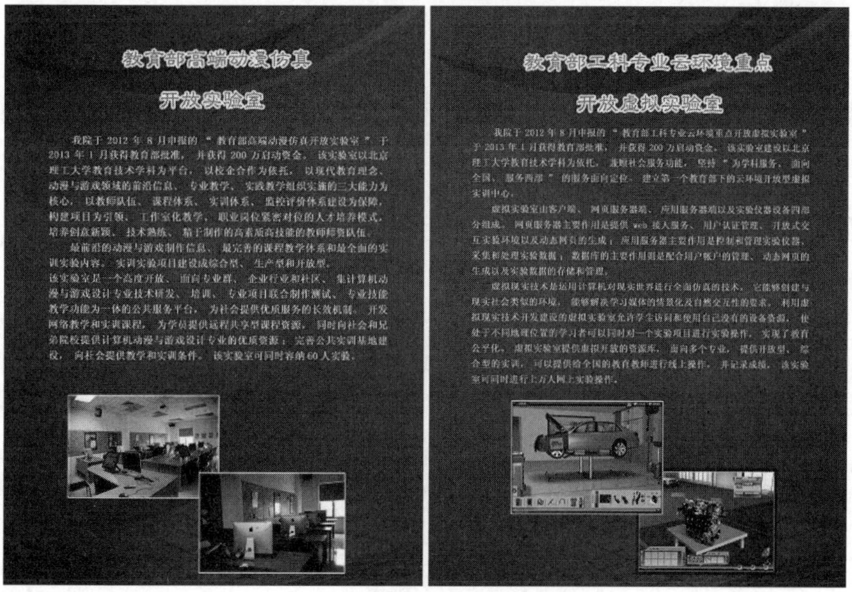

图 27　教育部重点开放实验室

验内容。该实验室为教育部人才培训、为学校远程人才培养提供了虚拟实验环境，配备有先进的三维立体成像激光扫描仪，并进行与3D Max、EON等技术相关的课件开发工作。在为教育部培训的同时，也装备了技术资源开发人员，为北京理工大学远程教育学院影视课件在远程的应用提供了有力的保障。实验室的服务对象首先为学院汽车、计算机、机电等专业的工科学生，为工科的远程建设打好基础；其次为教育部以及西部学校提供直接的免费支持，还将兼顾与其他的社会行业培训和技师培训，到目前为止已经产生了良好的效果。

从目前职教师资培养培训情况看，虚拟实验室在提高教学质量，满足不同类型学生的个性化学习要求，解决硬件投资不足，节约教学成本方面具有实际意义，特别是培养学生的实践动手能力，提高分析问题和解决问题的能力方面具有重要的意义，为培养技能型、应用型职教师资力量发挥不可估量的作用。

（六）服务为本，加强校外学习中心内涵建设和制度管理

1.明确校外学习中心依托单位办学定位，贯彻落实规范助学

北京理工大学现代远程教育坚持“立足国防，面向全国，服务地方”的办学理念，以更好地满足国家经济和社会发展以及建设创新型国家与和谐社会的重大需求为导向，面向在职从业人员，开展专科学历教育和本科学历学位教育，以人才培养为核心，加强内涵建设，强化过程管理，提升服务水平，保障教学秩序稳定，深化教育教学改革，提高教育教学质量，推进学院体制改革，提高服务社会的能力，努力打造继续教育品牌，为我国国防科技工业发展和地方经济建设培养高层次应用型人才。

在申请远程试点学校的初期，主管校长指示，考虑到北京理工大学的工科特点，北京理工大学现代远程教育完全由学校自己承办，不与企业合办远程教育学院。

北京理工大学远程教育学院的校外学习中心由零起步，经过20年的发展，现在正常招生的学习中心127个。北京理工大学远程教育学院自成立之日起，在校外学习中心布局上，从一开始就本着“立足国防、面向全国、服务地方”的方针，以工科为背景，不畏艰难，首先从工科专业开始，从西部地区开始，向东部发展。在办学上，突出工科院校的特色，不以营利为目的，不与其他企业合作，独立办学、独立开发，牢牢把握学校的办学权和话语权。因此，学院的远程教育有了独立的发展空间，所有的知识产权也没有争议，形成了良性循环，即投入—产出—运行。

对于校外学习中心的设立，申请单位要满足如下条件：

（1）申请单位应当是普通高校、成人高校、广播电视大学和社区学院（教高司函〔2001〕106号）。

（2）申请单位要具备教育部规定的资质、教育环境、技术环境、师资队伍和场地设施等。

（3）对于特色专业，如机械、电子等专业，或特殊省份，可以考虑设立在国家级重点中专或条件较好的技校。

（4）申请单位的领导对远程教育有正确的认识，定位准确，理念正确。

（5）申请单位要有正常的招生机构和招生渠道。

（6）考虑校外学习中心的布局情况，一个省内不设立过多的校外学习中心。校外学习中心所在城市不要太近，给校外学习中心一定的发展空间。

（7）由相关部门、相关领导组成校外学习中心考察组，对申请单位进行现场考核和网上

考核，对不符合教育部省厅和北京理工大学要求申请单位一律不予批准，严格按照教育部和北京理工大学的要求进行技术考核、教学考核、管理机制考核、学科考核以及办学环境考核，并给出考核意见，在院务会集体通过后报送省厅备案审批，审批通过后才允许新建学习中心开始招生。

现代远程教育是我国终身教育体系的重要组成部分，是“加快建设学习型社会”和“加快建设人才强国”的巨大力量。2018 年 9 月，习近平总书记在“全国教育大会”上鼓励各级各类学校与时俱进创新教育理念和人才培养模式，发展“互联网＋教育”。校外学习中心成立后，要坚持以国家方针政策为依据，搞好制度建设，坚持依法办学；以北京理工大学远程教育学院为依托，共享教育资源，更新教育理念；以远程教育为平台，夯实办学基础，提升办学能力；以学习中心教育资源为基础，做好学习中心软硬件建设；以服务为宗旨，以继续教育为导向，走教、管、学结合之路；以面授辅导师资队伍建设为重点，积极探索远程教育教学规律，坚持规模、质量、效益、结构协调发展。

校外学习中心成立后，合作单位领导要十分重视学习中心建设，结合学校自身的实际情况，给学习中心配备了综合素质较高的专兼职管理人员，建立了健全的组织机构，所有管理人员均上报北京理工大学远程教育学院备案。对于中心在办学中遇到的困难和问题，学校领导及时予以解决。

校外学习中心的发展也离不开北京理工大学远程教育学院在各个方面的指导与支持，提出“行政合作、业务指导的相互协作、共同发展”的工作原则，为了提高管理服务水平，学院不断投资，完善学习支持服务体系、优质资源整合与共享体系、质量监控管理体系，建立、更新课件系统资源库，完善作业库和试题库等功能。

为了有效保护现代远程教育资源，学习中心制定了《关于保护教育资源的有关规定》。

校外学习中心招生工作是在北京理工大学现代远程教育学院的统一领导下进行的。招生工作遵循“统一政策、共同宣传、分散报名、集中录取”的原则，学习中心与校本部各司其职、各尽其责。

北京理工大学会向校外学习中心配发统一的宣传资源，严格规范学习中心的招生行为，包括为各个学习中心统一印制招生简章，作为学习中心招生最重要的宣传资料；招生形象统一，统一配置招生广告、广告架子；统一配发北京理工大学的远程教育标牌；统一对外宣传口径，统一文字，统一各站名称；实现阳光教育平台、学校远程平台、各站平台、各大商业网站的统一；从办学至今无任何虚假宣传、虚假广告，一经发现，即严肃处理；打击不法网站套用北京理工大学的名义进行招生；不接受中介介绍的生源；多次处理不法招生行为；保持学院一贯的品牌效应。主办校与其他兄弟院校公共维护学校和教育的名誉、公共招生，绝不搞招生恶性竞争，绝不允许各站通过不正当手段与兄弟院校争抢生源；维护支持各省远程建设，除按照教育的规定进行规范办学的同时，并积极贯彻省厅领导意志；省厅不允许的事情坚决不做，认真配合省厅和当地专家的各项工作和检查工作，虚心听取省厅意见，对反映的问题及时落实，坚决查处。

学习中心为使招生宣传做到客观、翔实、准确，非常重视中心工作人员的政策学习与业务学习环节，不断提高工作人员的素质。在宣传咨询工作中，学习中心要求工作人员统一思想、统一宣传口径，不说不负责任的话；提倡换位思考，从学员的角度出发，为学员考虑、对学员负责；充分尊重学员的知情权和选择权，不误导学员，不做虚假承诺。在教学管理工作中，学习中心从未以任何名义从事与远程教育支持服务无关的业务活动。在招生宣传、咨询过程中，学习中心以北京理工大学远程教育招生简章为基础，通过加强宣传，让学生充分了解和熟悉现代远程教育这一新的教育形式和国家政策，为学生以后的学习奠定稳定的思想基础。学习中心只招收业余学员，从未与其他招生机构进行合作，没有违规招生、点外设点和异地招生的现象。

学员审批录取工作实行两级审核制度，首先由学习中心对报名学员所持证件的原件进行初审，然后由校本部对学习中心审验合格的上报材料进行复审并录取。对考生报名资格，学习中心能做到严格把关，不符合报名条件的考生坚决不予登记上报。在初审过程中，学习中心一方面对报考学员加强宣传教育，明确报名条件；另一方面专门聘请有经验的同志协助进行验证工作。通过初审的学员需要参加由北京理工大学远程教育学院统一组织的入学考试，入学考试由校本部统一出题库，学习中心负责聘请教师进行入学考试辅导。入学考试形式为网上考试，学员输入考生号后，系统随机从题库中抽题形成入学考试试卷，并由学员在规定时间内作答。入学考试成绩合格的学员，由校本部招生办统一录取。被录取的学员由校本部发放录取通知书，学习中心组织录取学员来中心报到注册。在招生工作中，报名、填表、入学辅导、考试、审批、发录取通知等工作环节都有学习中心专人负责，各项工作按照北京理工大学招生办的要求严格执行，一丝不苟。

对于录取的学员，学习中心严格执行国家物价部门和主办校的有关规定进行统一收费。学习中心的财务工作由专门的财务人员负责管理与监督，学习中心根据地区分布的不同设60～130 元/学分的收费标准，特别是西部地区的收费标准非常低，学习中心根据学员每学期的实际选课情况按学分收取学费，并按主办校的要求不收取学费以外的任何费用。

为减少费用收缴过程中的风险，已实现了与学习中心、银行合作，实行“无现金收费”。从 2011 年开始启动实施网银收费的前期准备工作，经过不断的调试和改进，管理条件和技术条件基本成熟，目前已经实现网银收费，这样从源头上杜绝了乱收费现象，不断规范学校的教育收费行为。

学习中心的称谓和标牌使用以省级教育主管部门备案的名称为准，一般为“北京理工大学现代远程教育××××校外学习中心”，标牌按照统一的规格要求制作。在学习中心发展过程中，要求管理人员、辅导教师、支持服务人员、场地配备都能够满足学生的需要，学生规模要求与学习中心的教学管理和学习支持服务能力相适应。

通过 20 年的发展，北京理工大学总结出校外学习中心管理的 5 种模式，除主办校与校外学习中心直接管理的模式外，学校通过与新疆生产建设兵团广播电视大学、云南省现代远程教育社会服务体系数字化连锁中心、总参八一学院、知金教育咨询有限公司、北京奥鹏远程教育中心有限公司合作探索新的管理体制，引起了学习中心管理模式的变化。

新疆生产建设兵团广播电视大学是纵向加平行的混合管理模式，它下设教学点进行局部学习支持，学院直接管理到站点一级，实行平行级下文件。

云南省现代远程教育社会服务体系数字化连锁中心形成了连锁和办学移动性管理，可根据人群调整学习中心的设置，实行三级管理支持，责任划分明确，毕业设计和学习支持渗透到最基层。总部和主办校进行双重学习支持，总部全部依照主办校，他们进行二级学习辅导，弥补了西部地区教学资源不足的现象。

总参八一学院是在军级领导和北京理工大学领导的共同支持下成立的，是加强全军国防教育与军地两用人才培养的一项重要举措，覆盖70多个军、550多个团级单位，实行自我封闭性管理，传播途径包括军队多种方式，自成体系的一体化服务，推送教学模式，统一的教学接口，统一的标准和制度，结合军队特点实现远程教育。

知金教育咨询有限公司是典型的公共服务体系，它们在北京理工大学服务机制下进行二次资源配置、教学管理和支持服务，内部形成了自主评估体系，进行满意度调查、自主学习辅导、资源制作模式，全面贯彻北京理工大学的总题建设和教学模式。

北京奥鹏远程教育中心有限公司是由教育部门2005年4月正式批准运营的远程教育公共服务体系，能够运用独立的网络技术服务平台和大数据分析体系，以灵活、方便、个性化的技术手段为不同年龄、不同职业的人们提供数字化学习机会和全天候一站式学习支持服务。

今后学院会对这些个性化问题、民族地区问题、国防军队问题等各种独特现象更加关注，进行战略性部署，进一步加强教学策略、学习支持服务、资源配置等方面的研究，坚持“立足国防、面向全国、服务地方”的服务定位，充分依托学校雄厚的师资队伍和丰富的办学资源，发挥学校的办学优势与学科专业特色，利用先进的信息与网络技术发展现代远程教育。

2. 重视校外学习中心基础设施建设，满足学生辅导及活动需求

2000年，北京理工大学现代远程教育试点工作开展之初，学院要求远程教育校外学习中心的合作单位必须能够容纳一定规模学生，校外学习中心必须按照教育部和当地教育管理部门的规定到省(市)高教厅审核和备案，并接受当地教育管理部门的监督和检查；校外学习中心的招生计划需报当地教育管理部门备查，制定了《北京理工大学现代远程教育学院对申办校外学习中心单位的设备要求》。

随着教学活动的开展和国内通信及网络环境的改善，学院也会在通信和网络基础设施方面对校外学习中心提出更高的要求。学习中心按要求具备相应的办公和教学硬件条件，具有完善的网络硬件系统(见图28)。为满足现代远程教育的需要，中心配有完善的多媒体教室、网络机房、专用服务器，组成了实时与非实时的交互式远程教学系统。经过20年的发展，北京理工大学远程教育学院全国校外学习中心共有接入设备95套、多媒体教室595间、联网计算机16727台、专用服务器381台(见图29)。

图28　校外学习中心网络硬件设备

1）网络设施

校外学习中心现有多媒体教室、计算机房、台式计算机构成的校园局域网，网络平台运

图 29　校外学习中心教学设施展示

行稳定、可靠，能够满足教学与管理服务的需要，学生可以通过网络开展双向交互式远程教学。学习中心的所有计算机均可直接登录北京理工大学远程教育平台，进行课件点播，收看串讲和答疑，使用各类教学资源和信息，无须通过专用服务器接收存储后共享。

学习中心机房配备了专用课件镜像服务器，安装了全部课件，保证学生可以在学习中心各机房利用课件进行学习；在多媒体教室，学生可以通过视频会议设备参加互动答疑。充足的教学硬件设施为学习中心提供了有力的教育教学保障。

2）学习环境

学习中心享用依托单位的学习环境，提供符合专业教学要求的网络教室、实验、实习等设施。联网多媒体计算机的配置能满足学生到学习中心学习的要求。有相对集中的教学场所，学习环境采光、音效良好、干净、整齐、舒适，计算机房安装了多媒体辅助教学系统（电子教室），实现了广播教学、演示教学、电子教案等功能，使用方便，教学效果良好，得到授课教师和学生的一致好评。

3）安全保障

在学习中心，安全工作是重中之重。学习中心教学楼与实验楼的建筑结构和强度都符合国家安全标准，每层都备有灭火器、消防栓，并有防火通道可以及时疏散学生。专门成立了治安保卫委员会负责学校的安全工作，制定了《安全保卫规章制度》和《防火安全责任书》，安全工作分工明确、责任到人。

有些学习中心的保安工作由专门聘请的保安员承担，在学校各楼层、操场、重要场所都安装有摄像头，并有专人负责监控，确保了学校内的安全。学习中心的教室卫生由保洁公司负责清洁工作，操场的自行车停放也有专人负责码放，使学员能够在一个安全、干净、有序的环境中学习。

学习中心有专人负责网络方面的技术支持，包括资源定期更新、网络安全防范等工作，采取多种手段确保网络安全。中心机房配备了专业硬件防火墙，各机房均配备硬盘保护卡，每天清除垃圾文件，有效防止非法信息传入与扩散，对于硬盘的操作系统资料数据，可以选择性地保护恢复。硬盘保护卡同时可以对局域网中的各个客户端进行硬盘数据的备份还原，也可一点对多点进行备份还原工作，大大提高了工作效率。

学习中心不断加强安全方面的制度建设，先后制定了《计算机机房及网络安全管理制度》《计算机网络及相关设备管理制度》《校园网络系统安全管理制度》《多媒体教室管理制度》《多媒体教室电教设备操作说明》等相关制度，并由校领导专门负责各项制度的实施与落实（见图 30）。在教学期间，机房与多媒体教室都有专人负责巡视，保障了机房、教室与设备的安全。

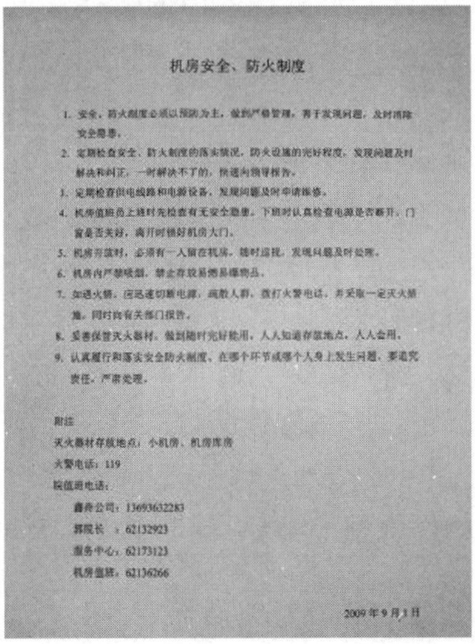
机房安全、防火制度

1. 安全、防火制度必须以预防为主，做到严格管理，善于发现问题，及时消除安全隐患。
2. 定期检查安全、防火制度的落实情况，防火设施的完好程度，发现问题及时解决和纠正，一时解决不了的，快速向领导报告。
3. 定期检查供电线路和电源设备，发现问题及时申请维修。
4. 机房值班员上班时先检查有无安全隐患，下班时认真检查电源是否断开，门窗是否关好，离开时锁好机房大门。
5. 机房开放时，必须有一人留在机房，随时巡视，发现问题及时处理。
6. 机房内严禁吸烟，禁止存放易燃易爆物品。
7. 如遇火情，应迅速切断电源，疏散人群，拨打火警电话，并采取一定灭火措施，同时向有关部门报告。
8. 妥善保管灭火器材，做到随时完好能用，人人知道存放地点，人人会用。
9. 认真履行和落实安全防火制度，在哪个环节或哪个人身上发生问题，要追究责任，严肃处理。

附注

灭火器材存放地点：小机房、机房库房

火警电话：119

院值班电话：

鑫奔公司：13693632283

郭院长 ：62132923

服务中心：62173123

机房值班：62136266

2009 年 9 月 1 日

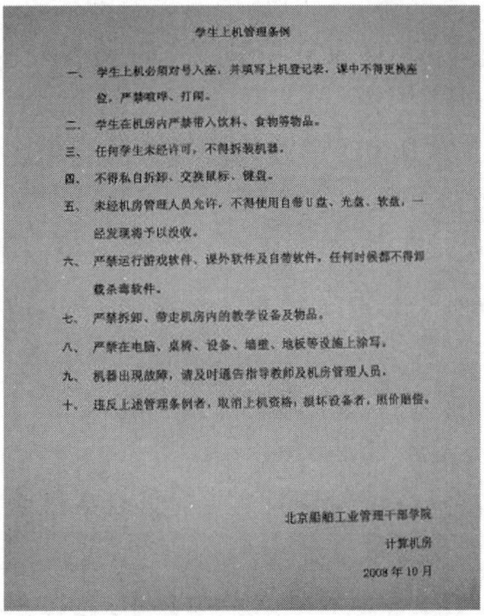
学生上机管理条例

一、 学生上机必须对号入座，并填写上机登记表，课中不得更换座位，严禁喧哗、打闹。

二、 学生在机房内严禁带入饮料、食物等物品。

三、 任何学生未经许可，不得拆装机器。

四、 不得私自拆卸、交换鼠标、键盘。

五、 未经机房管理人员允许，不得使用自带 U 盘、光盘、软盘，一经发现将予以没收。

六、 严禁运行游戏软件、课外软件及自带软件，任何时候都不得卸载杀毒软件。

七、 严禁拆卸、带走机房内的教学设备及物品。

八、 严禁在电脑、桌椅、设备、墙壁、地板等设施上涂写。

九、 机器出现故障，请及时通告指导教师及机房管理人员。

十、 违反上述管理条例者，取消上机资格；损坏设备者，照价赔偿。

北京船舶工业管理干部学院

计算机房

2008 年 10 月

图 30　校外学习中心安全保障制度

4）其他设施

随着学习中心规模的稳定发展，学习中心领导也不断加大办公及教学管理方面的投入。学习中心配备专用办公室，专用办公室备有上网计算机、长途电话等。另外，专职管理人员每人都配备了办公联网台式计算机，并配置了传真机、打印机、扫描仪、摄像机、录像机、录音机、照相机、录音笔、电子教鞭等一大批教学办公用的设备。在打印室，备有高速复印机、网络打印机、一体机等设备，可以随时满足学员打印、复印等方面的需要。学习中心建立了网上交流平台，不同部门、不同办公室之间可随时进行有效沟通，或进行数据、文件的传递，极大地提高了办公效率，节省了办公费用。学习中心不断完善生活设施，建立方便、卫生、安全的活动场所，如设置了开水供应处，学生可随时喝到饮用开水；根据学生规模扩建了洗手间；食堂每周六、日对外营业，为辅导教师和学生就餐提供方便；针对在职学生业余学习的特点，学习中心建立了手机短信、微信平台，使学生能及时掌握上课、考试、答疑和班级活动信息，受到学生的一致好评。

3. 有专司网络教育的机构，有完备的校外学习中心人员与结构管理体系

1）管理机构

各校外学习中心在业务上直接接受学院的领导，行政上接受本单位的领导，每个远程教

育校外学习中心都必须成立由主任、教学管理负责人、计算机技术及网络管理人员组成的校外学习中心管理组织，各校外学习中心主任由合作单位主要行政领导负责推荐，报学院院委会审核批准准予聘任。

学院和校外学习中心通过签订协议明确各自的责任、义务和权利，并在教学运行中互相监督，改进管理办法，完善办学模式。具体管理办法详见2005年12月出台的《现代远程教育管理文件汇编》。常务副院长与校外学习中心的主任签订党风廉政责任书，责任书中规定“带领全体党员、干部严格执行国家和教育部政策和法规，按照学院关于现代远程教育办学的各项规章制度开展工作，坚决杜绝远程教育招生、录取、考试等环节可能出现的以权谋私等腐败现象，防止本校外学习中心发生违法违纪和违反廉洁从政规定的行为。”“把党风廉政建设工作作为校外学习中心年度综合考核的重要指标。”对于行业内的校外学习中心，采用与其他校外学习中心办学相同的管理办法，在办学学费和招生人数方面，考虑行业特点将给予一定的支持。

后来，北京理工大学按照教育部的有关规定制定了《校外学习中心工作细则》。在日常管理过程中，随时对校外学习中心的管理情况进行监控和指导，对校外学习中心管理过程中出现的问题及时加以解决。每年定期组织校外学习中心工作会议，对远程教育招生、教学、学籍管理规定等文件内容进行讲解，共同讨论和修订管理文件的细则，保证管理规范有效落实。组织各类管理人员研讨相关的业务培训，转变办学观念，掌握管理平台的使用方法，并进行实际操作考核，提高管理水平和业务能力。

2）人员配备

学习中心设立专职主任，要求具有本科或本科以上学历，有丰富的教学管理经验，对工作认真负责，作风正派。

学习中心设专职管理人员和技术人员，兼职和辅助管理人员若干人。所有的专职管理人员均具有大专及以上学历，通过竞聘上岗，有一定的管理经验，有较好的计算机操作能力，能够熟练使用北京理工大学远程教育管理平台完成相关的管理工作，使用办公软件完成各类报表，使用手机短信平台发布信息，使用QQ群管理网上学习小组，熟悉各类相关报名考试和学习系统的使用方法，能够及时有效地指导学生完成各项网上操作，能够满足教学管理和学生服务工作的需要。

随着远程教育的发展，为保障教学质量，学院有专人负责学习中心任课教师的聘任工作。每学期期末，学院根据课程需要聘请主讲教师，确定课程教材，主讲教师一般是北京理工大学的专业教师，学院为每门统设课程配备主讲教师一名，每名主讲教师至多担任两门课程的讲授；学习中心按照学院的要求，具体落实多媒体教室、机房、实验室等实习实训条件。针对一些难度比较大的课程，学习中心会聘请课程辅导教师加强课余辅导，以使学生及时巩固所学知识，保证良好的学习效果。

学习中心重视辅导教师的配备，每门课程均配有符合主办校要求的辅导教师，并制定了辅导教师聘任和管理规定。所有的辅导教师均具有大学本科及以上学历，专业方向有计算机、机电、工商管理、人力资源、财会、法律、汽车、数字媒体等，能够满足学生辅导的需要。

为了提高教学质量，学习中心建立了管理人员听课和学生反馈制度，及时反映辅导教师的授课效果和学生意见，与辅导教师进行沟通与交流，不断改进辅导方法，注重串讲辅导课程与教学课件和答疑的相互配合，收到了良好的效果。

3）人员管理

学习中心逐步建立了较为完善的人事管理制度，各类人员均上报主办校审批备案。

学习中心各岗位都有培训计划，培训内容主要分为：岗位培训和业务培训。每年组织的培训主要有针对新聘员工的岗位职责培训，针对技术人员的网络安全培训，针对毕业设计指导教师、毕业班班主任、毕业设计管理人员和技术人员的网上毕业设计系统使用培训，针对招生人员的"招生政策和管理规定"培训，以及全员参加的"新教学管理规定实施"培训等，各种不定期的工作培训，使各类人员及时掌握了新的教学要求、管理规定和操作方法，提高了管理水平。

学习中心的人员考核方式，按学院的相关考核制度执行，考核内容主要分为思想理念、职业素质、业务能力、完成任务情况、改革创新等几个方面，每年考核一次。学习中心主任、副主任和技术一级岗人员由院考核小组进行考核，学习中心的其他员工由部门进行考核，考核结果由院人力资源处统一存档，考核成绩通知本人，并与奖金和工资级别挂钩，考核不及格者下岗。考核制度的连贯性和持续实施，有效地激励了员工进步，实现了人员的优化组合。

学习中心还根据自身情况制定了"学籍管理岗位职责""招生管理岗位职责""考务管理岗位职责""教学管理岗位职责""技术管理岗位职责"等文件，逐步做到了规范化、制度化、科学化管理。

4. 引导学生的网络学习活动，做好校外学习中心的支持服务工作

随着远程教育的不断发展，学院在资源建设方面的飞速进步，学习中心对学生的服务也更加完善。

1）学习资源的提供与服务

学习中心依托主办校为学生提供学习资源，主要有教材、辅导资料、课件光盘和北京理工大学远程教育平台。北京理工大学远程教育平台提供了全部课程的网络课件、在线练习和在线答疑，开设了近千个网络实验和拥有数万册电子图书的数字图书馆，满足了学生远程学习的需要。

学习中心在保证学习资源使用方面，提供了以下 5 方面的服务。

(1) 为学生订购教材，在开课前将教材发到学生手中。

(2) 到主办校领取课件光盘和辅导材料，在开课前发到学生手中。

(3) 建有网络环境的计算机房，为学生使用北京理工大学远程教育平台提供了设备保证。

(4) 设有学生上机辅导教师，为学生使用远程学习平台提供指导。

(5) 配有班主任检查学生选课、在线作业、参加面授辅导、注册考试等情况，督促学生完成教学过程。

学习中心有鼓励学生利用网络资源的保证措施。将网络资源使用纳入学习小组活动内容；对学生使用网络资源情况进行检查，并将学习情况记入学生平时表现，作为评优的参考条件之一；对新生进行重点实训；学习中心机房为学生开放（免费），保证教学计划的落实。对学习态度积极、经常使用网上资源的学生随时给予表扬，对学习成绩优秀并积极参加学习小组活动的学生给予表彰，努力提高学生上网学习的积极性。

有些学习中心还自己想办法为学生提供更多的学习资源，如红旗大学图书馆目前藏书六万余册，并且订有《英语沙龙》《微型计算机》《英语学习》《法律与生活》《应用写作》《文史知识》等专业书刊，学习中心学员均可使用学员证借阅。

2）信息与咨询服务

为学生提供信息与咨询服务是学习中心的重要工作。现代远程教育以学生上网学习、自主学习为主，面授辅导为辅。新生入学后在学习观念、学习方法、学习习惯、学习能力等方面还不能适应网络环境下的自主学习为主的个性化的远程教育的要求，因此有效地对学员进行指导、帮助他们克服学习中的困难、向主办院校反映学员提出的意见与要求，成为学习中心进行咨询服务工作的首要目标。北京理工大学现代远程教育学院非常注重为学员提供服务，急学员之所急，想学员之所想，利用网上信息、短信平台等各种手段主动与学员联系，及时发布通知。

为切实服务好学生，学习中心还制定了咨询服务制度，学籍、教学、招生办公室、班主任形成了咨询服务网，各负其责，重点负责与自身业务相关的咨询服务，咨询服务工作实行首问负责制，对学生咨询和反馈认真记录，重要问题与主办校及时沟通，以便更好地为学生提供服务。

学习中心多种渠道为学员提供信息服务，首先是利用网站公布考试、辅导、答疑等活动安排，以及重要活动通知；利用飞信、短信平台等软件工具向学员发布紧急通知、重要活动安排、工作时间节点等信息；各班主任利用 QQ 群、POPO 群等信息平台发布教学信息；利用学院短信平台、邮件群发系统发布各种信息。

学生需要咨询问题，可直接拨打学习中心的咨询电话，也可以通过向学习中心发 E-mail，或在网上以 QQ、MSN 等方式进行。丰富的沟通手段缩小了学员与学习中心的距离感，使学习中心真正成为学员与主办院校、主讲教师之间沟通的平台。

学习中心对学员的日常网上学习十分关注，还制定了相应的督学制度。为了使学生充分利用网上的学习资源自主学习，学习中心定期发布信息，公布辅导、考试时间安排及重要通知，各班主任经常通过短信等形式提醒学员及时上网学习、按时完成作业外，学院定期检查学生上网的学习时间；抽查部分班级上网的学习情况；每学期做上网学习时间统计；对网络学习优秀者给予表扬，并以此作为平时成绩评定的一项依据，有效地提高了学生主动上网学习的自觉性和积极性。

3）课程学习支持

学习中心严格执行北京理工大学的教学计划和教学大纲，按照现代远程教育教学的特点进行管理。现代远程教育以学生上网学习、自主学习为主，面授辅导为辅。学习中心根据课程难度及学员的需要制订辅导计划，平均每门课程的面授辅导学时占课时总数的 30%左右，对一些难度较大的课程，适当增加辅导学时，受到学员的欢迎。中心要求辅导教师要给学员留一定的作业，并要对上交的作业进行及时的批改和反馈。在专业课的学习中，北京理工大学现代远程教育学院通过组织 BBS 答疑、主讲教师每月一次的语音答疑、期末串讲、期末答疑、IP 系统网上答疑等新的教学方式，与各学习中心形成交互环境。学院还专门成立了学习支持服务团队，通过解答网上的问题、编写学习服务手册、热线咨询电话等方式，全方位地为学员学习提供支持与服务。

课程学习支持的主要方式与内容（见表 1）：

表1　课程学习支持的主要方式与内容

主要方式	内　　容
主办校提供的网上教学资源	教学大纲、教材、课件、作业、期末复习资料等
教学辅助光盘	北京理工大学每学期免费发放，内容与课件相同，专为上网困难同学准备
专线ISDN、语音、视频三大答疑系统	辅导教师与学生网上互动答疑
面授辅导	学习中心安排辅导课，内容为课程的重点和难点
串讲	针对期末考试复习的面授课
答疑	直接解答学生网上学习问题或自学遇到的疑难问题
布置作业	学习中心辅导教师布置、批阅

远程学员在学习过程中必须按时在网上完成各项工作，从检查学员信息，到每学期的选课、注册考试、提交网上作业等，都必须遵守时限。一旦延误，就会给学员带来不必要的麻烦，影响学员学习，甚至毕业。学习中心要求各班主任必须对学生负责，加强网上的监督。

学员入学时，大部分还不适应网上学习的要求。根据这一情况，学习中心在新生第一学期专门开设了“远程技术入门”课程，积极引导学生通过自己动手，认识远程教育运用现代计算机网络技术、多媒体信息技术实施个性化、互动式学习的优势和特点，使学生转变观念，接受并逐渐习惯新的教学模式。

每个学期，学习中心都对学生进行现代远程教育学习技术的培训。在教师的指导下，进入北京理工大学现代远程教育学院网站，输入学生本人的学号和密码，对本学期开设的课程进行选课、注册考试和单击所需课程课件，通过学校的上网实践，学生可以熟练地进行在线选课注册学习成绩、学员信息、学籍情况等信息的查询等操作，掌握单击网上课件和搜索网上相关信息的能力，能够在网上独立参与讨论和答疑，使得新生尽快融入网络学习的环境中。

本科层次的学员要毕业，必须通过全国公共课统一考试，学习中心非常重视此项工作，安排专人负责核对报送考生的信息和统考辅导。同时，反复向学员强调其重要性，积极组织学员进行考试，不放弃任何一次机会。为了帮助学员顺利通过统考，北京理工大学现代远程教育学院每学期都安排有丰富经验的教师直接到各学习中心为学员辅导。学习中心按课程建立了QQ群，统考辅导教师也加入进来，在群中为学员答疑解惑，或一对一辅导。学院还将历次统考试题等复习材料放在网上供学员参考，同时启用考试测试库及测试平台系统，取得了良好的效果。学习中心也有重点地安排了英语与语文统考的辅导，另外还安排学员上机进行考试模拟，帮助考生适应统考的考试模式。

4）学习方法与活动支持

学习中心一直积极探索远程教育的教学方法，坚持以学生为主体的教育理念，把帮助学生树立自主学习的思想作为导学工作的主题，把不断提高学生的自学能力作为学生管理的重点贯穿于整个教学过程中。

（1）入学教育。

主办校每学期初举行网络视频开学典礼，学习中心组织全部新生参加，并在开学典礼后安排入学教育的内容，主要内容是：①宣讲国家远程教育的政策法规和主办校的各项管理规定，使学生明确远程教育学历的性质和作用，了解北京理工大学远程教育的优势和特色；讲解各项教学管理规定和学生管理制度；介绍辅导教师、班主任、教学和学籍管理人员、学习环境等；②由班主任组织学生分成学习小组，建立QQ群，发放教材、光盘和学生管理手册，建立班级信息库；③讲授远程教育学习入门课程（8学时），按选课、在线作业和注册考试3个阶段分别讲授，使学生逐步学会和掌握北京理工大学远程教育学习平台的使用方法。

（2）毕业教育。

毕业教育从毕业设计开题开始至毕业审报结束，主要内容是：①宣讲毕业设计要求；②宣讲北京理工大学远程教育毕业管理规定，使学生明确最终学习年限、申报毕业的条件和要求，以及学位申请的相关事宜；③指导学生填写毕业生登记表和学位证书申请表，提供毕业咨询和服务；④毕业生留影、发放毕业证、办理书费结算等离校手续。举办学位颁发仪式。

（3）学习小组与网上交流活动。

远程学生的学习基础参差不齐，绝大部分是在职人员。为解决工学矛盾，组成学习小组尤为重要。以学习互助为主要目的学习小组能直接促进学生的学习进步，促进学生之间的交流和培养学生的人际交往能力与团队精神。学习中心的这种合作式学习方式有3种，见表2。

表2　学习中心的合作式学习方式

合作式学习方式	交流形式	交流内容
小组活动（每10人左右为一组）	由组长组织活动，时间、地点、内容自定	讨论学习内容； 交流学习经验； 交流作业（含在线作业）； 期末复习等
伙伴式学习（一对一）	自愿结对互助学习； 电话、网上或面谈	讨论学习内容； 交流学习经验； 交流作业（含在线作业）； 期末复习等
网上学习讨论人数不限	利用校友录、QQ群等形式进行网上交流，资源共享	讨论学习内容； 交流学习经验； 交流作业（含在线作业）； 期末复习等

学习中心的所有班主任都具有网上学习指导能力，在导学过程中，长期坚持“只提醒，不代办”的原则，以检查上网情况，指导操作方法和提醒完成学习过程为主，让学生自己动手上网完成各项学习任务，养成主动上网查看信息，到QQ群中寻找帮助的习惯，使学生在完成学业的同时，逐渐掌握网上信息检索、资源利用、计算机常用系统配置和插件下载安装等方法，不断提高自主学习和自主管理的意识和能力。

5. 规范校外学习中心教学与教务管理体系，严格考务管理体制

1）教学档案管理

校外学习中心根据北京理工大学现代远程教育管理要求，越来越重视中心的档案资料的规范管理，制定《学习中心档案管理规定》，对现代远程教育所需要的有关教学、文件资料分门别类进行系统化、条理化、科学化管理。学习中心各岗位人员负责对自己工作范围内的档案资料进行收集、整理，由学习中心专人进行整理、立卷、存档。

完备的各类档案促进了学习中心各项工作的规范管理，为学习中心的发展提供了有效的保障。

2）教学环节管理

校外学习中心在教学组织和教学管理方面也更加严谨与规范，并注重教学过程的管理和监控。学习中心严格执行北京理工大学远程教育学院的教学安排及进度，提前做好各教学环节的准备工作。

在教学管理中，校外学习中心建立教学管理机构，设专人负责教学管理工作和网络技术工作，严格遵照主办校的教学计划和教学大纲组织教学工作。学生自愿购买教材，每学期开课前，将自学指导书、校历等资料及时发放到学生手中。

校外学习中心严格按照《北京理工大学现代远程教育教师教学规程》选聘有资质且教学经验丰富的高校教师为辅导教师，并对他们提出教学要求，检查教学质量。每年学习中心都制订岗位培训计划，严格组织落实，定期组织辅导教师一起学习、探讨在辅导过程中出现的问题及如何提高辅导水平。

按照主办校的要求，校外学习中心还统一对辅导教师进行了现代远程教育平台的技术培训，通过培训使辅导教师树立了远程教育的思想观念，熟练掌握了现代远程教育平台的各项功能，全面了解教学内容，达成共识，有针对性地进行课程辅导，提高了导学水平。

为了及时了解导学效果和质量，促进导学水平和导学质量的提高，学习中心建立了辅导教师考核制度，每学期对辅导教师进行考核，对辅导教师的教学态度、教学方法、多媒体教学方式的运用、师生互动等几个方面进行测评，并及时反馈信息，促进了导学质量的提高。

在教学过程中，学习中心一是紧紧抓住学生上网自主学习的主渠道，定期检查学生上网学习情况；二是重视学习中心根据教育部对远程教育辅导课课时的总体要求及课程难度所设置的辅导课教学的实施。

在教学过程中，学习中心充分注重学生自主学习和教师的导学作用，开展交互式多样化的教学活动，注重素质教育，强调应用能力、实践能力的培养。在教学环节上注意合理安排自学、辅导、作业、实践、测验、考试等教学环节，充分发挥各环节的互补作用，有效地保证了良好的教学效果。

3）毕业论文工作

随着北京理工大学现代远程教育学院教学改革的进行，学院更加重视毕业设计（论文）的过程管理。学员选题、教师下达任务书、开题报告、论文提交以及最后的答辩等过程，都放在网上进行，强化了学员与指导教师之间的互动环节，也更加有利于指导过程的监督与管理。学院自有的平台、科学化的评语库，为毕业设计（论文）工作实现全面在网上操作奠定了基础。在学院相关管理人员的指导下，校外学习中心毕业设计工作管理人员都具备熟练网上操作的能力，并对毕业学员进行了统一培训。目前，毕业学员已经100%实现网上操作。

校外学习中心严格按照《北京理工大学现代远程教育学院关于毕业设计（论文）工作的有关规定》组织学员进行毕业撰写工作。为保证毕业工作各个环节顺利进行，校外学习中心每学期都根据学院的要求制订毕业工作时间安排，提早布置，认真督促。每批次毕业设计（论文）写作开始前，北京理工大学远程教育学院都要求各校外学习中心为即将开始毕业设计（论文）写作的学生开动员大会。在会上，学习中心对学员提出要求，讲解平台的使用，以及需要注意的事项。同时，北京理工大学远程教育学院聘请资深的教授录制了有关毕业设计(论文)写作的视频课程,使学员明确毕业设计(论文)如何选题、收集材料和组织架构,启发、指导毕业学员写出合格的毕业论文;在学员撰写论文的过程中,学习中心在每个时间点前提醒学员做好阶段性工作,并及时与学院指导教师沟通,及时解决出现的问题;在毕业设计(论文)答辩工作中,学习中心从网络环境、硬件环境各个方面给予保障,为学员网上答辩创造良好的条件。近几年,随着远程教育的不断发展,北京理工大学远程教育学院毕业设计(论文)工作的相关政策以及流程也在逐渐完善。在政策上,北京理工大学远程教育学院在原来的基础上增设了二次答辩政策、延期写作政策,完善了复议政策。在工作流程的完善上,改变了校外学习中心上报毕业设计写作名单的申报方式,采取网上申报的方式,并且将各类上报样表统一化。目前已获得了很好的效果。

学习中心非常重视主动与主办校的联系、沟通工作,责成各主管部门要对口与主办校相关部门主动联系,如招生、学籍管理、教学中有关政策及技术性问题能及时向主办校相关部门进行咨询,并根据工作实际需要提出积极的、建设性的建议。

4)考务管理

考务管理作为教学管理的重要环节,学习中心一向十分重视。为了严格考试管理,学习中心在北京理工大学远程教育考务管理规定的基础制定了学习中心考务工作管理办法。北京理工大学现代远程教育学院的领导对考试工作十分重视,无论是统考,还是校考,每次都亲临考场进行检查和巡考。学习中心在考务上严格执行主办校的《考务工作管理办法》,做好、做细各项工作。

学习中心在接收和运送试卷全过程中,严格按照主办校关于试卷运送、保管的规定,采取有效的安全措施,严把保密关,做到试卷有专人接送、专人保管、专柜存放。

考试前,学习中心严格遵照主办校有关规章制度,严肃考风考纪。考前召开中心全体人员参加期末考试工作动员会,进行考前培训,学习监考教师职责,学生考试纪律,考试注意事项及考试相关工作通知等,明确岗位职责。学习中心在自己的网站上刊登考试安排,同时各班主任将其转发到各班 QQ 群里;考务人员按要求布置考场,考场保证学生隔位就座;将考场座次表、监考人员表、考场纪律、监考教师职责、考场偶发事件处理办法统一装入每个考场的监考公文袋,并在考场黑板上书写考试科目、考试形式和考试的起止时间。

考试中,监考教师领取试卷,履行签字手续。学生持身份证、学生证、准考证进入考场;每个考场设两名监考员,主监于考前向考生宣读“考场纪律”(限第一场),要求考生把非考试用品放在指定位置,关闭手机,副主监提前 10 分钟启封试卷,并配合主监考核查考生的证件。考试过程中监考教师认真履职,严格考场纪律,不许擅自离开考场,不做与监考无关的事,对作弊行为及时制止,并填写“考场记录”,对突发事件要及时上报。

考试后,监考教师按“考场座次表”顺序收卷,经考务工作人员复核后当场封卷。试卷袋由巡考人员签字,并于考后次日寄回学院。校外学习中心工作流程如图 31 所示。

6. 积极展开校外学习中心自评工作,给出意见和建议

1)建立了远程校外学习中心定期查访制度

(1)派巡考人员及相关工作人员进行现场问题解决。

(2)主办校展开年检预评审制度。

(3)展开学习支持服务,不断通过交互进行服务性访谈、在线服务。

(4)不定期请中心负责人到本校进行核心问题的座谈。

北航院校外学习中心班主任工作流程

工作顺序	工作内容	工作步骤	办理时间
第一步	新生工作	发放录取通知单 核对学生个人信息 通知学生参加入学教育（开学典礼） 组织学生照相 建立学生QQ群	刚开学时准备
第二步	教材发放	开学后发放学生教材 做本学期书费台帐 领取、发放教学光盘	开学后一个月内
第三步	教学工作	开学后通知学生在校交费 网上录入已交费学生学费 核对网上选课进行情况或进行集体选课 检查在线作业完成情况 通知学生按网上课程表安排来校上课	每学期中
第四步	网络统考	通知学生网上报考网络统考（只限专升本） 收集办理免考相关材料 通知报考学生参加网络统考在线测试 通知报考学生参加网络统考面授辅导 通知报考学生参加网络统考考试	每年4、9、12月前一个月准备
第五步	学位考试	办理学生"三级英语"报名及收费手续 网上提交参加"三级英语"学生信息 将"三级英语"报名费交相关人员 发放"三级英语"准考证	每年5、11月前二个月准备
第六步	学籍工作	办理新生学生证 提交本校学生统本免修免考相关材料及名单	开学后一个月内
		提交转专业、个人信息变更相关材料	学期中
第七步	期末考试	检查学生注册考试情况 通知学生参加考前串讲 通知学生查看考场安排及考试方式 提醒学生考场时携带的考试工具	每年1、4、7、10月前一个月准备
第八步	毕业设计	上报参加毕业设计的学生名单 公布参加毕业设计的学生分组名单 通知学生参加毕设的面授辅导 检查上传选题、开题报告、中期检查、论文终稿完成情况 上报参加毕业设计论文答辩名单 通知相关学生参加毕业设计视频答辩 通知论文不及格的学生参加下次论文准备	每年5、10月前三个月准备
第九步	申请毕业 申请学位	提交毕业生、学位申请表 上报毕业、申报学位学生信息表 办理毕业班学生退书费手续	每年1、3、7、9月前一个月

考场规则

1. 开考前20分钟学生持学生证进入考场。
2. 开考后30分钟不得进入考场，开考后60分钟经批准方可离开考场。
3. 学生进入考场只准携带考试用具，不准携带任何通讯工具，不准随身夹带文字材料及其它与考试无关物品。
4. 进入考场后按学号入座，将学生证或身份证放在桌子右上角。
5. 按要求在试卷及答题卡上的指定位置填涂学号、姓名等有关内容。
6. 考试开始时间到才能答题。
7. 学生答题一律使用蓝、黑色钢笔或圆珠笔（另有规定除外）。
8. 考试中保持考场安静，不得吸烟，不得喧哗；关闭手机、BP机，且不许放在桌子上。
9. 考试中不准交头接耳、左顾右盼，抄袭或让他人抄袭，传纸条、交换试卷、代答按作弊处理。凡考试作弊或协同作弊者，该门课程考试成绩记零分，以后必须重修该门课程，并取消其评优和授予学位的资格。作弊情节严重、累计两次作弊或让他人替考者，取消其学籍。
10. 提问要先举手，待监考教师同意后轻声提问。对试卷有疑问只限于印刷字迹不清、缺页、漏页、卷面漏损或有污迹。不得询问和试探与解题相关的问题。
11. 考试结束前要求离开考场的学生须先将答卷及答题卡反扣在桌面上，交卷后不准在考场附近逗留。
12. 考试终了时间一到，一律停笔，按顺序将答题卡、答题纸、试卷、草稿纸排好，静候收卷。待监考人员收齐答卷，检查无误发出指令后才准离开考场。
13. 学生不得将试卷、答题卡、草稿纸等考场上所发的任何材料带出考场。

图 31　校外学习中心工作流程

校外学习中心考察组由相关部门、相关领导组成，对新发展的校外学习中心进行现场考核和网上考核，对不符合教育部省厅和北京理工大学要求申请的教学站一律不予批准，严格按照教育部和北京理工大学的要求进行技术考核、教学考核、管理机制考核、学科考核以及办学环境考核，并给出考核意见，在院务会集体通过后报送省厅。

教学质量预评估组由教学部、技术部、财务部、教学部、学籍部等部门组成，根据北京理工大学评估指标对各校外学习中心进行评估，在评估中进行复合型评估，对评估报告进行复核审查，对存在的问题给予及时纠正，对问题严重的校外学习中心给予黄牌警告并停止招生。

教学巡视组由资深的教授组成，按照理工大学的教学要求，对教学情况进行检查，指导青年教师讲课，改进教学方法，提高教学效果。

2）同时进行网上常态质量监控管理

北京理工大学制定了《北京理工大学远程教育学院校外学习中心常态评估体系》，建立了质量预评估组。学习中心也积极配合，提升办学理念，与主办校无缝连接。学习中心也可以查看全局发展情况，将质量控制从无形转变为有形，办学由无目标变为有目标，增强双方的信任度，达到规范管理的目的。

3）校外学习中心的管理及控制过程

(1）全网管理：大校决策权和校外学习中心分层管理。

(2）全网同步的机制管理、承上启下的过程智能控制的管理。

(3）在同步机制约束下的业务管理。

(4）在同步机制约束下的个性化、地区化、类型模式化(如军队、连锁中心等)。

(5) 管理一级办学全局内容，包括主讲教师、毕业设计辅导教师等。

(6) 全面指导的二级管理，包括辅导教师和校外学习中心的管理人员的统筹管理。

(7) 直接或间接对学生学习过程的监控、驱动和执行等的管理。

4) 每年定期组织校外学习中心工作会议

学院每年定期组织校外学习中心召开工作会议，对远程教育学籍管理规定等文件内容进行讲解，共同讨论和修订管理文件的细则，保证学院的管理规范有效地落实。组织各类管理人员研讨和相关的业务培训，转变办学观念，掌握管理平台的使用方法，并进行实际操作考核，提高管理水平和业务能力。技术部针对注册考试系统的使用，对校外学习中心的管理人员和学生进行培训。根据省厅和北京市的评估体系，制定了学院自评估体系，对即将迎评的校外学习中心先进行自评估。

5) 对于校外学习中心的违规处理

“北京理工大学现代远程教育西北税务学校校外学习中心”是北京理工大学于 2009 年经陕西省教育厅审批在西北税务学校设立的。自中心设立以来，北京理工大学发现其在招生方面，规模发展过快，与现有师资资源不匹配，招生存在不规范行为，针对这些问题，北京理工大学积极采取应对措施，并立即停止其招生；针对协议中提供的单位名称和银行账号不相符等问题，本着负责的态度，北京理工大学远程教育学院立即停止了西北税务学校校外学习中心的招生工作，并特向陕西省教育厅说明情况。

北京理工大学与成都广播电视大学经友好协商于 2015 年 5 月合作举办远程教育，协议有效期至 2018 年 5 月。2015 年 7 月经四川省教育厅备案审批，北京理工大学现代远程教育成都广播电视大学校外学习中心正式成立并启动招生。2017 年 6 月，北京理工大学远程教育学院发现成都广播电视大学校外学习中心人员配备不足，管理不规范，存在安全隐患，未提供有效学生支持服务，考试组织不规范，在乐山设置分考点。为了规范校外学习中心管理，提高远程教育教学质量，经学院研究决定，暂停成都广播电视大学校外学习中心招生，限期整改。

北京理工大学与北京奥鹏远程教育中心有限公司经友好协商于 2015 年 4 月合作举办远程教育，协议有效期至 2020 年 4 月。2015 年 9 月授权赣州市盛华职业培训学校奥鹏远程教育学习中心启动招生。2018 年 10 月考试中，赣州市盛华职业培训学校奥鹏远程教育学习中心考试组织管理不规范，考试前一天拆封试卷，巡考教师及时发现并通知学院，学院立即取消该中心当批次考试资格。为规范校外学习中心管理，提高远程教育教学质量，经学院研究决定，暂停赣州市盛华职业培训学校奥鹏远程教育学习中心招生，限期整改。

6) 对特殊情况的特殊处理

在“七一五”动乱时期，面对新疆全面限制网络和电话等通信方式的情况下，为了不影响学生的正常学习过程，主办校积极采取应急预案。首先将在线作业根据学生选课情况进行打印，然后学习中心下发作业题给学生，学生完成后上交学习中心，学习中心整理汇总后上报北京理工大学远程教育学院，学院老师完成评阅后整理学生平时成绩，并将学生提交的纸质作业保存备查。期末考试也是根据当时的情况延迟进行，在限制时间过后，学院单独组织试卷、单独安排时间、单独评阅，让这些学生完成了课程考试。这段时间学生不能上网，有时电话也打不通，学院要求学习中心的教师采取多种方式为学生服务，甚至上门通知学生交作业、参加考试等。通过学院和学习中心的共同努力，把对学生的影响降到了最低。

（七）拓展视野，广泛开展远程教育国际化交流

1. 凭借理念优势，积极拓展国际影响力

《纲要》明确提出“开展多层次、宽领域的教育交流与合作，提高我国教育国际化水平”的要求。北京理工大学远程教育学院深入贯彻《纲要》精神，发挥远程教育平台优势，实现教育国际化的战略目标。北京理工大学是国际继续工程教育协会会员，每年参加世界继续工程教育大会，认真学习借鉴国外继续教育、远程教育、职业教育的发展成果和先进经验，引进优质资源和先进技术。英国 Open University 大学、沙特教育部部长、美国犹他州立大学、德国累斯顿工业大学等国外专家学者来北京理工大学远程教育学院考察和交流，北京理工大学与斯坦福大学、美国 UCLA 等建立了合作关系，提高了北京理工大学远程教育的国际影响力（见图 32）。

图 32　北京理工大学开展国际远程教育国际合作的情况

2. 借鉴国外先进经验，积极展开国际合作

北京理工大学远程教育学院积极开展与国外大学的交流与合作，创新合作模式，实现优势互补。北京理工大学充分发挥学科和专家团队优势，在汽车、数控、计算机等领域形成国际国内硕士专业学位培养、国家级师资培训、北京市行业技能培训等系列职业教育培养培训体系。加强和国际合作，2015 年 5 月成功承办“国际继续工程教育协会 2015 年理事会暨在线学习研讨会”，斯坦福大学等 16 所国外知名高校继续教育学院院长参加会议，100 多名代表参加了会议（见图 33）。引进国际优质资源，大大加快了远程教育的国际化进程。

3. 提高学生素质，链接国际知名网站

北京理工大学远程教育学院站在高处，充分意识到学生的综合素质、创新能力和国际视

图 33 国际继续工程教育理事会执事参观北京理工大学远程教育学院实验室

野人才培养的重要性，在学院网站上链接了国际知名大学的网页，提高了学生的外语能力，拓展了他们的国际视野。

三、特色与创新

（一）技术创新带动教学管理服务的创新

在学院发展的起步摸索阶段，积极推行交费和选课模式，从没有选课交费模式的混沌状态到流程清晰，完成了远程教学模式的初步规范管理。远程的规范性管理和各试点高校网院推出的注册考试或选考等功能的出现，正面推进了各高校的网上管理规范制度，真正打破了学籍制，实行了学分制，使散生学习和目前规模较大的校外学习中心集中学习得到有效管理和严格控制，矫正了未实行注册考试时呈现的考试试卷数量无法控制，由于多次考试沉淀原因造成的考试成绩单累计增加和系统安全性得不到控制等问题。通过实行注册考试制度，使考试制度人性化，使校外学习中心和学生有一个主动学习的自主权和考试时间的选定，同时也能够提供给校外学习中心准确的考试人员名单。

经过充分的调研，北京理工大学远程教育学院借鉴了兄弟院校的远程教学管理模式中的注册考试制度，经院委会讨论通过，对此项目展开了一年半的开发，并用一年的时间进行了软件平台的测试和试运行。平台功能包括：选课结束之后进行注册考试，注册考试后系统给出考试人数统计报表，根据注册考试人数统计进行校外学习中心排考场，并且根据注册考试人数统计打印成绩单。

试行注册考试制度以来，直接引发远程初期仿夜大时期的学年制到真正学分制的转变。远程教育就是要实行弹性学制，将选课和注册变得十分灵活，这就带来了教学模式和管理制度的创新，把主动权交给学生。同时，这种制度的变革也对教师提出了更高的要求，鼓励教师从教的积极性，教师必须不断提高教学水平，以满足学生的需要。由注册考试引发的管理制度的最大特点是强化目标、放开过程，给学生以充分自主性，调动其自主学习的积极性和主动性，鼓励学生充分发挥主动学习的精神，使优秀生提前毕业，有利于学生个性与独立自主能力的培养和发展；有利于学生拓宽知识面，形成合理的知识结构；有利于发挥高校的办学特色，以适应市场经济对各类人才的需求。顺应了社会发展和科技发展对人才培养的要求，正视了培养对象之间存在的差异。

实施注册考试后的新的管理制度有以下几方面的优点。

(1) 有利于优化知识结构。以开设大量选修课为前提,学生可以根据社会就业和个人发展需要进行专业学习,构建自己的知识体系,组成最优化的知识结构。

(2) 有利于因材施教,发展学生个性,培养各类型的人才。可以充分发挥学生主体的能动作用,调动其积极性。对学有余力的学生可以充分发挥其聪明才智,多学多考,以便突出其专长;对基础欠佳的学生,可以从实际出发,安排自己的学习计划及发展方向。

(3) 有利于充分利用学校的教育资源。广大学生可以自由选课,自由考试,考务管理员可以按照学生的考试需求准备试卷,同时省去了处理缓考的环节,有效地提高了工作效率。

自主选课和注册的管理体制,其运行模式完全符合教育教学规律和人的全面发展成才规律,符合新世纪对人才培养的要求,将在我国未来的高等教育改革和发展过程中发挥不可估量的重要作用。

随着技术的进一步发展,学院积极引入微信等现代化通信平台,达到了随时随地与学生进行交互的目的,真正做到了以学生为中心,改变了北京理工大学远程教育学院的服务理念、服务途经和服务方式,真正达到以需求为牵引为学生服务的效果,产生了师生零距离的突破。引入云端一体化的概念,使得学生不光具备了计算机所有资源的共享,还能共享移动资源。智能手机技术的出现推动远程教学管理,完成了移动教学实践的功能实现。

学院不断将新技术融入资源建设中,推动了新的教学资源形式的出现。引入虚拟4S店汽车营销环节,为学生提供生动形象的教学体验。将传统的教学设计进行二次影视化设计,从根本上改变了课件的表现形式,产生了第二教学目标,带动整体的管理水平和教学服务水平的提高。要提高整体水平,必须每一步都有支撑。创新需要支撑,需求来自于服务。北京理工大学远程教育学院的服务宗旨是一切为了学生,在创新中对应需求,有目的地进行创新,而不是单纯为了创新而创新。

(二) 影视课件理论带动教学设计理念的创新

北京理工大学远程教育学院凝聚6年的资源建设经验,首次提出了基于影视课件理念的课程建设模式。该成果首次提出了以教育技术、课件制作、交互影视和第九艺术为核心的“四位一体”的影视课件理念。应用影视课件理念,加入课程分析环节,界定教学文化氛围和学习者特征;确定教学目标及学习路线,融入交互式情景教学设计;使用高科技影视特技的制作方法进行影视课件的创作与设计,最终完成课程的制作与合成,构建了课程建设新模式。

“影视课件”理念是教学设计、课件技术、交互影视和第九艺术的有机结合,它结合教学设计中的“认知理论”和“建构理论”展开了对学习者群体分析和教学情景设计的深入研究,将影视课件认知视点、悬念设计、冲突理论等问题融入教学设计,最终形成“影、视、教、学、实践”一体化的影视网络媒体教学新模式。

在教学设计和课件技术的基础上,本成果引入交互影视艺术,对教学资源进行重新设计,形成影视艺术和教育技术相融合的交互式教学模式。运用以视觉为中心的文化氛围改变受众的感观和体验,提出了“工科问题文科化,文科问题戏剧化”的设计理念,制作了精美的场景、震撼的视觉效果、巧妙的故事情节等细节描述,让学生在心情愉悦的情境下学习课程,树立起区别于传统资源的、新的观察点和兴奋点。

本成果同时引入第九艺术、高科技手段、三维虚拟环境以及三维模型人物提供具有沉浸感的学习体验，深入探讨教学实践环节与第九艺术融合性的创新，着重强调学习过程中提供模拟真实世界体验的学习方法。提出了让学习者主动参与的设计思想，通过故事互动以及角色和任务选择之类的交互形式，开展多层次、多视角、多角色、多功能的情景式学习，真正做到“在学中做，在做中学”。

网络课件的受众人群是一个复杂的、匿名的群体，在教学设计中，仅单一地、简单地定义受众人群，如按学历层次划分人群，致使课件功能单一，受众层次单一，达不到终身学习和全面学习的设计目标。本成果在课程建设初期加入了课程分析环节，从全新视角出发，分析学习者从事的职业、学习的目标、学习的网络环境和语言环境，针对不同类别的人群制定多元化学习策略，运用多种学习路线的方式，展开特色教学服务，达到受众面广的教学传播效果，为新型资源建设模式奠定了基础。

多数课程的教学设计都围绕课程大纲进行，缺乏情景设计，仅以传统课堂搬家的方式进行网络教学，致使教学效果过于呆板，缺乏教学互动。本成果通过运用影视剧作中的“冲突”“视点”和“悬念”理论改进了教学设计环节，融入交互式情景设计；通过经验视点设计完成更具人性化和哲理化的知识点表述；通过细节设计加强课程重点内容的描述，强化记忆；通过冲突和悬念设计让课程内容更加情节化和故事化；通过交互影视完成分支路线学习；通过趣味性的虚拟奖励机制，强化知识点学习效果。

传统课程制作手段单一，媒体呈现力不足，教学感染力匮乏，对实践空间缺乏沉浸感，无法完成实验和实践环节的真实体验。设计缺乏多角度、多功能、多应用的设计理念，致使资源功能过于单一，用途较窄，且无法达到影视交互和虚拟交互的融合。本成果通过强化学习元素的逼真性和表现力，提高实例的功能性和多用途性；通过实验环境的虚实结合，完成应用型人才的职业能力提升；通过设立虚拟代理和智能语义技术，将虚拟现实、虚拟仿真等高科技影视特技手段运用到资源制作环节中，实现人机交互对话，完成教学互动；通过建立 3G 移动学习终端，完成移动学习和异地实训操控的同步。

（三）工科远程教育的需求带动教学新模式的产生

北京理工大学远程教育学院的工科课程设计坚持以学生为中心，以丰富的媒体表现力展现教学内容，分析远程学生的特征，根据远程教育的特点，实施知识应用型教学目标设计。根据我国远程教育发展阶段的特点和工科教学的特质需求，引入了国外的先进经验和计算机人工智能技术，设计了一套教学策略库，通过智能型的自适应设计方法完成政策性的教学路线调整和工科教学过程的自适应设计，并将该设计方法融入远程教学平台体系中。

工科远程教学的特点是媒体表现丰富，教育技术及传播技术更为先进，涉及范围广泛，所以在远程教学的整体建设中，依托大校自身的学科优势，采用科研与教学相结合的方式，形成了优化的远程教学体系，结合知识应用教学目标，进行前沿理论与综合、应用相结合的教学设计和系统功能设计，并推出系统平台软总线概念和频道设计理念，紧扣时代和学科最前沿，为学生提供多种形式的学习资源，并紧扣媒体网络教育的特点和要求，选择不同的媒介传输方式。

北京理工大学远程教育学院坚持严把教学管理、服务质量关的基本思路，通过学生学习过程监控与评价、教师教学质量评估、学习支持服务等方面完善教学质量保障与评估体系。学生完成课程学习后，可以在实验频道实际动手操作，从而进行回忆、复习、探索知识，起到了理论联系实践、培养问题解决能力的作用。

远程教学是多维化的，在设计上既体现了基于建构主义理论的教师主导型、引领型的教学理念，又给予学生自主选择、自主讨论、自我测试的平台空间，实现了教师主导引领和学生主体选择的统一。根据远程学习的特点，进行了完整化的教学设计和网络资源匹配。综合考虑了资源的多种类型、不同风格、不同手段、不同表现形式等特点，结合教学对象的多层次、解决问题的多角度等不同层面的要求，综合运用了各种媒体并发挥其各自优势，形成媒体间的互动，强调各种媒体的立体化教学设计，注重激发学生的学习兴趣，形成了相应的网上课程教学环境，并建立了丰富的实际案例资源库和虚拟网上试验库。

（四）毕业设计平台带动教学半结构智能化发展

针对毕业设计内容不断翻新，远程教学出现了毕业设计指导教师能力不足所带来的成人类的毕业设计走形式、无内容，拿不出毕业设计成果，达不到工科标准下的要求等问题，为此北京理工大学远程教育学院在工科毕业设计方面提出了模板式建设方案，按照学科方向对学生从开题到需求设计、测试编码等全过程进行模板式指导，要求同学在此基础上进行标准化、过程化设计，实事求是地以工科学生的标准进行一个完整的毕业设计过程。

结合北京理工大学远程教育学院承担的国家“十一五”计划《对 CSCW 环境下构建智能化分布式答疑/答辩系统问题的研究》课题，研制了智能型答疑答辩系统。此系统可以根据教师的研究背景和学生的答辩课题的方向差异进行成绩加权分配，智能地给出评语，使评判成绩和答辩评语完全一致，防止由于教师学科背景不同、地区性科研发展不平衡引起的偏差，克服了地区性、人为性的评分不公平，也防止了工科评语文科化，甚至学科之间的评语界限不清等问题，较好地完成了异地教师对异地学生答辩和智能型评判的全过程。

北京理工大学远程教育学院于 2009 年 12 月开始全面在各远程校外学习中心推行毕业设计系统监控整个论文的写作过程，收回了远程本科层次的毕业设计指导工作，实行网上提交与指导论文，使用网络毕业设计(论文)辅导与答辩系统，网络视频答辩。在各远程校外学习中心领导和教师的大力支持和积极配合下，近几年来，远程毕业设计提交平台通过了完整的运行，通过对平台的管理，规范了毕业设计工作的管理流程，加强了毕业设计工作的过程监管，切实提高了毕业设计工作的整体质量，在全国率先实现了痕迹化管理和成人毕业设计智能平台的管理。

在毕业设计(论文)写作过程中，全程实施平台监控，即学生论文写作的每个阶段(如选题、开题报告、中期报告、终稿等)均需上传至平台，由指导教师确认后方可进行下一步。同时，校外学习中心负责毕业设计(论文)的教师也可以在系统上监测每位同学的写作状态，方便督促。

在写作期间每个重要的时间节点，学院统一安排指导教师为学生进行 3 次语音答疑和一次专业公共辅导答疑，为学生答疑解惑。另外，学生还可以通过邮件、短信、毕业设计平台答疑专栏留言等方式与教师进行沟通。学院会在网上及时发布毕业论文的相关信息，并将论文的相关参考资料放在学院网站上，以供学生下载参考。

多年来，北京理工大学远程教育学院不断开发完善毕业设计管理平台，根据毕业设计系统中各教师的反馈，增强了系统中师生交互的功能，使指导教师的完整指导痕迹在平台上有据可查；开发了本部和教学中心可以监控每个学生毕业设计状态的相关功能；实现了根据相关内容自动生成学生毕业设计任务书功能；努力解决了指导教师自动签章的问题；制作并完善了导出毕业设计成绩单的相关功能；完成了答辩教师在答辩过程中可以实时录入答辩成绩的功能；在整个毕业设计过程中，提供及时的技术支持，解决了大量教师或学生误操作带来的问题。

（五）特色经验带动校外学习中心管理创新

校外学习中心接受试点高校的委托，根据试点高校统一要求和工作安排，配合试点高校进行招生宣传、生源组织、学生学习支持、学籍和日常管理，开展现代远程教育支持服务的机构，一举一动都直接影响着主办校在全国范围内的声誉，学生无小事，学习中心更无小事。北京理工大学远程教育学院对校外学习中心的设立和管理始终严格按照省市教育厅的要求，支持当地经济教育发展，坚持"立足国防、面向全国、服务地方"的原则，配合各省市教育厅进行年检评估工作，并且及时向省教育厅如实汇报，如建立"北京理工大学现代远程教育陕西省电子工业学校校外学习中心"时，接受了陕西省教育厅的严格审核，学校领导现场做了详细的汇报。

北京理工大学远程教育学院对校外学习中心的管理中做到了：优选伙伴，打好基础，加强宣传，强化制度，培训为先，稳定发展，质量规模并重，产生良好的社会效应和一定的经济效益。

在校外学习中心的管理方面，学院不断摸索学习中心管理规律、教学规律、远程环境下教学认识规律，不断进行自查自检，根据各个学习中心的优点、优势及时总结，不断提升自评标准和水平，逐步将北京、广东、上海等学习中心好的经验向全国渗透推广，并通过系统方式产生新的认识。如知金北京校外学习中心建立的管理体系逐步完善，逐渐形成了独特的支撑系统和服务特点，并且建立了一整套规范细化的自评体系。

由于各个学习中心的条件、认识、规模、经验等方面现实情况各不相同，在学习中心的管理过程中，学院重点培养优质校外学习中心，将这些中心好的优势迅速普及到全国，如将北京宣武红旗业余大学、北京广播电视大学等几个校外学习中心三级英语方面的优秀经验融入全国考试中；将"网银收费"的方式首先在北京船舶工业管理干部学院等少数几个学习中心进行试点，逐步推广到全国，这也是"以点带面"管理的重要体现。

学院对全国校外学习中心的管理实行全面的预警机制，积极主动采取预防措施，而不是等问题出现后被动解决。学院平台建立了对学生学籍、学生学习时间、在线作业完成情况、毕业设计痕迹化过程等多方面的预警功能，异常情况可以及时被监控，一旦发现异常，可以迅速下达相关文件，或者通过会议、邮件、电话等方式及时采取防患措施。为了保护校外学习中心的合法权益，学习中心名称全部在阳光平台进行公示，不断树立校外学习中心形象，学习中心获得了良好信誉。

学院对校外学习中心不断进行培训，使学习中心能够及时把握北京理工大学远程教育发展动态，及时应用远程技术发展和平台建设的新功能，形成同步性创新。对远程教育教学流程方面，学院制定了《学院远程教学工作流程》《校外学习中心工作流程》《学生学习流程》，实现了学院、学习中心、学生三位一体同步，使学习中心的工作变被动为主动，更加细化、系统化、规范化。

总部工作流程展板如图 34 所示。

图 34　总部工作流程展板

校外学习中心工作流程展板如图 35 所示。

图 35　校外学习中心工作流程展板

北京理工大学远程教育发展 14 年以来，各个校外学习中心没有出现过群体恶性或者突发事件以及有损学校办学形象的事件，这与学院的规范管理、校外学习中心的严格自律是分不开的，与建站合作单位的类型也是密不可分的。北京理工大学远程教育学院的校外学习中心基本建在公办普通高等院校或者优秀中等职业学校，在新建校外学习中心时通过严格审核，学习中心成立后提供优质服务的同时严格监管，这样就办出让教育部放心、让省厅放心、让高校放心的校外学习中心。

随着时代的进步、技术和环境的不断变化，校外学习中心的管理也要与时俱进，不断推出新内容。学习中心不断推出了新的管理模式和通信圈，学习中心可以通过电话、E-mail、QQ、MSN、微信等各种方式为学生提供优质的资源与服务，缩小了学员与学习中心的距离感，使学习中心真正成为学员与主办院校、主讲教师之间沟通的纽带和桥梁。

学生学习流程展板如图 36 所示。

图 36 学生学习流程展板

（六）远程教育带动职业教育发展

随着北京理工大学远程教育学院远程系统平台的升级扩展和资源建设的优势，在多次的评估和检查中得到教育部和国防科工委的高度重视。教育部将北京理工大学增列“国家职业教育师资培训(远程)基地”为其职业系列的第 55 号教育基地，同时国防科工委也将在北京理工大学国防科技工业继续教育远程公共服务体系的基础上成立“北京理工大学国防科技工业继续教育骨干基地”，这两个基地在技术上都是依托北京理工大学远程教育学院现有的远程教育平台。2007 年 10 月，教育部批准北京理工大学作为全国重点建设职业教育师资培养培训基地。同年 12 月，北京理工大学全国重点建设职业教育师资培养培训基地揭牌仪式在国际交流中心隆重举行。北京理工大学将把基地建设工作纳入学校发展的总体规划，充分利用学校高水平的师资力量和优质的实验室资源，发挥学校办学优势与特色，为职业教育培养新一代学科专业带头人。

通过职业教育也拓宽了远程的办学理念，展开了校外实践基地的建设工作，为远程汽车等专业的实践活动摸索出了相应的经验。通过职业办学聘请一批资深的专家教授和企业业务骨干，充实到远程办学的教师队伍中，为远程向职业发展及特色专业的发展打下了基础。学院也将有意承接教育部师资培养培训远程基地工作。

四、存在的问题

（一）远程学历教育学生规模迅速扩大，导致工作量急剧增加，保证并提升质量的难度显著加大

目前，北京理工大学远程学历教育在校学生规模偏大。近几年招生人数增长过快，尤其2017年招生人数出现爆发式增长；2018年学校在招生规模上进行了控制，比2017年大幅减少了招生规模，但总体学生规模仍然较大。学生规模的迅速增长，导致工作量急剧增加，使得保证并提升质量变得更加困难。

（二）学习中心数量较多，分布需进一步优化；学习中心专业设置过多，需进一步聚集学生

目前学习中心总数为203个，其中与公共服务体系学习中心共建的有132个，分布在全国30个省市、自治区和直辖市，有的省份只有1个学习中心，而最多的则超过了20个，分布不太合理。另外，少数学习中心学生规模不大，但专业设置很多，导致1个专业只有几个学生。这样的情况不利于招生，也不利于培养，导致效果不佳，效益不好。

（三）专业特色还要更加突出，特色专业建设力度需进一步加大

目前，学生主要集中在学校具有优势的通用专业，而体现学校特色的汽车类、信息类、计算机类专业的在学人数总体偏少。计算机类专业占比15%，机电工程类专业占比5%，机械与汽车类专业占比4%。这表明学校的学科优势还没有充分发挥，体现学校特色的专业品牌影响力还需进一步提升，以吸引更多的优质生源，并获得更高的社会认可度。

（四）在招生、缴费和考试等环节需进一步强化风险防范意识

以前为方便学生报名，没有在招生报名环节采用手机号码验证功能等，但招生规模的迅速扩大，可能发生异地招生、中介招生的风险；以前为方便学生快速选课，在学费收缴环节采取网银支付和学习中心代收两种并存的收费方式，但随着招生规模的扩大，可能出现乱收费、收费跑路的风险；以前的考试组织虽已采取了现场巡考、远程巡考等措施，但随着招生规模的扩大，可能出现批量替考、组织作弊等现象。这些都有可能导致发生违规事件，特别是群体性违规事件，势必会严重影响我们的声誉，对继续教育事业造成无法弥补的损害。

五、今后的改革措施

（一）改革思路

坚持立德树人，以提升继续教育人才培养质量为核心，进一步控制学生规模、强化督导、防范风险，依托学校的学科优势和人才资源，突出特色建设继续教育专业。

（二）改革措施

1. 通过制订远程教育招生计划，清理各类“沉淀”学生，调整录取新生流程等，控制学生总体规模

（1）制订远程教育招生计划，设置单个学习中心招生的上限和下限，逐年缩减招生规模。

各学习中心在招生工作中必须严格执行国家及学校制定的招生章程、招生规范及相关文件，并在招生宣传咨询、组织考生报名、资格初审、查验新生信息、入学考试等工作中贯彻落实。对于违反国家及学校招生规定的学习中心，将给予警告、暂停招生，直至取消招生资格的处理。暂停招生的学习中心如拟恢复招生，需向学校提出书面申请，经学校批准后方可招生。

自 2019 年春季招生批次开始，各学习中心按照学校授权的招生专业和下达的招生计划数开展招生工作。招生规模在 2018 年的基础上逐年缩减。

2019 年，各学习中心必须严格按照本科、专科学生 1∶1 的比例进行录取，即各学习中心招收的高起本及专升本人数占比之和不得低于录取的高起专人数占比。自 2020 年春季招生批次开始，只招收本科生，不再招收专科生。

（2）分类制订措施，清理各类“沉淀”学生。

各类“沉淀”学生（包括未报到、未缴费或者事实上已经放弃学习的各类学生）占全部学生人数的 15%左右，这部分学生既占资源，又增加了管理成本，学校将启动专项治理工作。

（3）调整录取新生流程，增加报名学生的有效性。

将新生的交费工作调整到上报教育部阳光平台前，阳光平台新生上报数据只报已交费学生，没有按期交费的学生按自动放弃处理（原来一直保留学籍，造成较多“沉淀”学生）。

2. 进一步缩减办学类型和专业数量，突出特色优势专业建设

在办学类型上，根据教育部“三教融合”的要求，自 2019 年起，取消函授教育招生，自 2020 年春季远程教育招生批次开始，只招收本科生，不再招收专科生。

在专业设置上，充分依托学校的学科优势，大力发展体现学校特色的专业，2019 年大规模缩减夜大教育招生专业，将招生专业从现在的 15 个专业层次缩减为 6 个专业层次；大幅缩减远程教育招生专业，将现有的 33 个专业层次缩减到 23 个。

3. 进一步优化学习中心的布局、合理授权招生专业

根据规模适中、布局合理的原则，进一步优化现有学习中心的布局。对同一地区分布过于密集的学习中心进行优化；对人数较少的学习中心暂停招生。重新梳理各学习中心的专业授权，不同的学习中心专业授权不一样，引导学习中心根据当地人才培养需求和自身特点差异化办学。

4. 进一步抓好招生、收费和考试等关键环节，重点防控风险

1）严把招生关

第一是 2019 年春季启动报名学生的手机号码实名认证工作，验证通过后才能进行后续的报名工作，避免异地招生和中介招生。

第二是通过技术手段对新生信息进行批量处理，结合身份证号、手机号、工作单位等信息列出可疑人员进行重点排查，避免违规学生进入我校。

第三是学校在网络平台和招生简章等显著位置公布投诉、举报电话、招生预警等信息，及时制止不法分子的违规行为，防止学生上当受骗。

2）严把收费关

目前北京理工大学绝大部分学习中心已采取支付宝收费方式，还有少数学习中心学费采用代收代缴方式。学校决定2019年开始，新老学生全部采用支付宝交费，杜绝乱收费、收费后跑路的风险。

3）严把考试关

严格按照学校的相关考试管理规定，重点做好“试前保密”“试中规范”“试后处理”3项工作。

第一做好考试前的试卷保密工作，防止试卷泄密。坚持实施巡考人员现场检查和学院领导远程抽查的两级试卷保密检查制度。

第二做好考试过程中的监考组织工作。严肃考场纪律，认真检查考场证件；按要求集中管理考生手机，严禁考生将手机带入考场；积极利用金属探测仪、身份证识别仪、手机屏蔽仪等现代技术手段防止考生作弊；探索建立可远程监控的现代标准考场机制。

第三做好考试后违纪考生和违规学习中心的处理工作，对违反考试纪律的学习中心和个人，严格按照学校的相关处理规定执行。

5. 建设新的远程教育综合管理平台，提高学习支持服务水平

加快建设新的远程教育管理平台，新平台由一个门户进入，是一个集“远程教育、成人教育、研究生教育、自考教育、教育培训”五位一体的继续教育综合管理平台。根据北京理工大学远程教育学院的业务划分，新平台的总体架构设计为以学习平台为核心的多业务平台互融互通的综合性管理平台。平台的建立将提高学历、非学历继续教育的管理水平和学习支持服务水平。

新的平台将为学生提供PC、Pad终端和手机移动学习等多样化的学习方式，为学生的学习提供更加便捷的服务。

6. 加强办学过程的督导和检查

参照教育部、北京市的专项检查标准，组织校外专家、院外专家开展学习中心督导和检查工作，及时发现办学过程中的问题，并指导学习中心整改，不断提高办学水平。为开展好此项工作，将大力加强继续教育教学指导委员会和督导组的建设。

7. 建立新的学习中心考核与奖惩机制

新的考核与奖惩机制主要考虑：适度的招生规模、严格的教学管理、优秀的助学服务、丰富的学生活动等。考核结果分为A、B、C、D共4个等级。结果与学习中心的表彰、奖励、招生指标挂钩。

8. 重点建设六项工程，确保提升人才培养质量

坚持“以质量为核心，促进内涵发展”的工作方针，重点建设“六个工程”，即教育质量提升工程、特色专业建设工程、精品课程建设工程、教师队伍建设工程、支持服务建设工程、继续教育文化建设工程，确保提升继续教育人才培养质量。今后将陆续出台这六项工程的具体建设内容和要求。

东北农业大学现代远程教育试点工作总结

20 年是一个时代，一个坐标，一种符号；20 年开创了一种模式，孕育了一种文化，树起了一面旗帜。

东北农业大学作为全国 68 所试点院校之中为数不多的农业学府，20 年来学校始终坚持以农为根，以农为本，秉承初心，铿锵前行，守望在北国冰城潜心研究如何通过开展现代远程教育培育人才、推广科技、传播文化。值此 20 年之际，总结东北农业大学网络教育办学经验，忆往昔，寻初衷，观利弊，思得失，以期为新时代中国现代远程教育的发展再谱新篇。

一、试点工作背景与初衷

"一碗米"连着粮仓，关系着粮食安全。"一碗米"连着三农，关系着乡村振兴。2018 年 9 月 25 日，中共中央总书记习近平来到黑龙江，在有着"中国绿色米都"之称的建三江（见图 1）考察时，双手捧起一碗大米，意味深长地说了一句话：**"中国粮食，中国饭碗。"**，足以看出总书记对我国农业问题的高度重视。

图 1　中国绿色米都建三江

东北农业大学（见图 2）1948 年创建于哈尔滨，这也是中国共产党在解放区创办的第一所普通高等农业院校。学校的建立在保证国家粮食安全、边疆农业人才培养、农业科技推广等方面做出了突出的贡献，但面对 20 世纪中国农村基础弱、底子薄、农业人才匮乏以及"毕业的学生回不去，留下的人员出不来"的现状还缺乏有效的解决措施。构建终身教育体系、建立学习型社会，是我国教育发展的蓝图，为实现这个宏伟目标，1999 年教育部组织实施"现代远程教育工程"，东北农业大学深感通过现代远程教育手段解决人才短缺，提升涉农人员素质，化解工学矛盾意义重大，遂举全校之力申办开展"现代远程教育试点"工作，并于 2000 年 7 月获批。这对学校的教育发展来说，具有划时代的意义，虽然当时互联网技术还不普及，信息技术传播手段有一定的局限性，但是这种全新的教育模式带动了教育理念的变革，为学校延伸人才培养区域，突破传统的成人教育发展思维和模式，提升农业人才素质奠定了基础。

图 2　东北农业大学

东北农业大学参与现代远程教育试点工作，就是要借助卫星通信、互联网这些能够突破时空限制的现代技术，打通高等院校与边远乡村之间的壁垒，将优质教育资源通过远程教育延伸到农村一线，打通农业人才培养的最后一千米，为实现中国农业现代化、实现乡村振兴的战略提供智力支持(见图 3)。

图 3　东北农业大学利用现代远程技术开展网络教学

二、试点工作的发展历程

现代远程教育试点工程是中国教育的一次革命，也是时代赋予高校的历史使命，东北农业大学始终以国家的政策导向为指导，以落实国家的发展战略为己任，扎实开展试点工作，回顾 20 年的办学发展历程，大体可以分为以下 4 个阶段。

第一阶段：发展初期(2000—2002 年)

东北农业大学 2000 年获批试点并开始举办现代远程教育人才培养工作，按照教育部办公厅〔2000〕8 号文件要求，培养全日制高中起点本专科学生，由于办学初期硬件设施、招生模式、教学组织等各项工作都处于探索阶段，因此发展初期办学规模较小，首批招生 274 人，拉开了东北农业大学开展现代远程教育的序幕。

第二阶段：转型发展时期（2003—2007 年）

按照教育部办公厅《关于严格现代远程教育招生工作管理的紧急通知》（教电〔2003〕369 号）要求，试点学校必须停止招收高中起点普通本专科学生，培养对象转向在职人员。2003—2007 年是东北农业大学现代远程教育全日制脱产学生与非全日制学生并存的交汇期。期间学校既要做好在校全日制网络教育学生的教学、管理工作，又要开展适合在职人员网络教育的教学组织、课程资源建设等工作，探索转型后的发展路径。2007 年全日制学生顺利毕业，完成全日制向继续教育办学的转型，并提出依托行业体系，立足本省，适度外延的办学思路，先后在山东、山西、河南、河北、福建等省份设立了校外学习中心，拓展了办学领域，实现了走出去的战略目标，为下一步发展奠定了基础。

第三阶段：快速发展时期（2008—2015 年）

2008—2015 年，随着学校办学条件的不断提高、办学声誉的不断提升、办学体系的不断完善、管理和技术队伍的日臻成熟，学校现代远程教育事业逐步发展壮大，招生规模大幅提升，招生区域由转型期的 9 个省、直辖市逐步扩大到覆盖全国 20 余个省、直辖市，招生数量从 2007 年的 9881 人攀升到 2015 年的 24 716 人，在籍学生达到 55 000 余人，实现了东北农业大学网络教育从未有过的繁荣局面。

第四阶段：稳步发展时期（2016—2018 年）

2016—2018 年是学校现代远程稳步发展时期。按照教育部《高等学历继续教育专业设置管理办法》（教职成〔2016〕7 号）、《关于做好高等学历继续教育 2017 年拟招生专业报送有关事宜的补充通知》（教职成厅函〔2017〕28 号）、《关于开展高等学校继续教育发展年度报告工作的通知》（教职成厅函〔2018〕15 号）、《关于开展现代远程教育试点高校网络教育办学情况自查自评工作的通知》（教职成厅函〔2018〕48 号）等文件要求，进一步规范管理，科学设置校外学习中心，梳理办学中存在的问题，适度控制办学规模，大力发展非学历培训，近 3 年学历教育年均招生数量稳定在 3 万人以内，非学历教育培训领域不断扩展，各项工作稳步推进。

三、试点工作的组织实施

“天下难事，必作于易，天下大事，必作于细”。试点工作是从无到有，在摸索中前进的一项伟大工程，尤其试点初期互联网基础相对薄弱，试点高校没有可以借鉴的经验，也没有良好的办学条件，为了开展好试点工作，学校精心筹划，健全机构，细化方案，投入资金，提升软硬件条件，满足网络教育人才培养的需要。截至目前，东北农业大学累计投入资金 1.6 亿元。20 年点滴，积聚今日的事业，记载着东北农业大学试点工作实施的历程。东北农业大学现代远程教育历年招生情况如图 4 所示。

2000 年 7 月，教育部批准东北农业大学为现代远程教育试点院校，为办好试点工作，学校组建了网络教育学院，专门负责现代远程教育工作。

2001 年，学校召开校长办公会专题研究网络教育工作并形成学校会议纪要：东农会

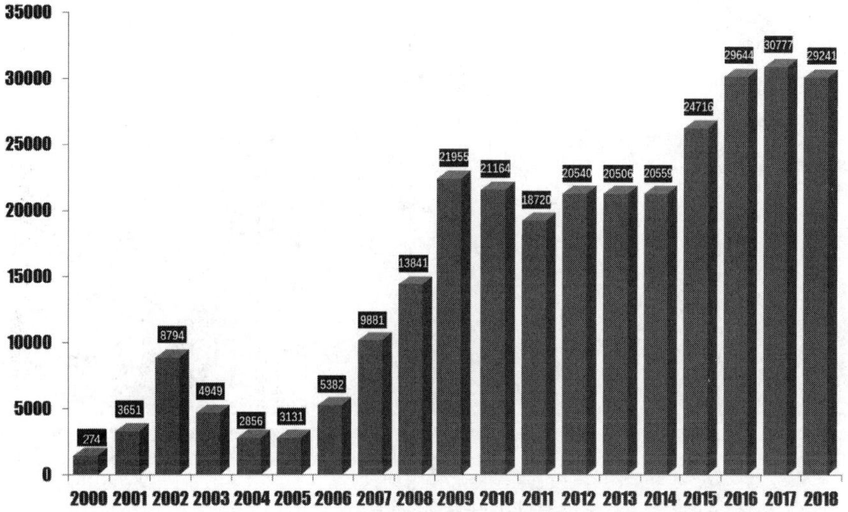

图 4　东北农业大学现代远程教育历年招生情况

纪〔2001〕1 号。会议决定网络教育学院作为学校二级法人体制，设立二级财务，相对独立发展。要求加快发展网络教育学院，尽快拿出独立办学的方案。同时，要抓紧研究利用远程教育为黑龙江省培训农民、提高农民素质的措施，抓好为“三农”服务的常规性、普及性的工作。

2003 年，经学校批准，网络教育学院与成人教育学院合并成立继续教育中心，负责东北农业大学成人教育和现代远程教育的具体工作，办学方向实现向在职人员继续教育方向的转移。

同年 12 月，根据黑龙江省教育厅黑教高〔2003〕309 号文件精神，由东北农业大学发起，黑龙江省教育厅组织本省 10 所高等农业院校统一实施黑龙江省“村村大学生计划”的人才培养工作。牵头单位为东北农业大学，为黑龙江省提高农村人口素质、推动区域经济发展，培养具备现代农业发展理念、掌握新技术的人才具有重要意义。

2004 年 3 月，“村村大学生计划”正式实施，首批启动的五大连池校外学习中心通过远程教育手段开展教学，开设的专业为农村发展管理专业。

2006 年 8 月，网络教育学院与黑龙江农垦总局建三江分局合作，举办垦区管理干部培训，培训班第一次采用在线学习、现场教学、省外经济发展地区挂职实习的混合式教学，首次采用提前设计、过程监控、培训后跟踪的培训模式，获得了垦区用人单位的高度评价，成为东北农业大学当年落实农业部《2005—2010 年农业农村人才工作规划》，贯彻实施人才兴农战略的典型案例。

2007 年 1 月，黑龙江邮政局与东北农业大学联合举办的全省邮政县(市)局长现代农业知识培训班，采取网络教育方式开展培训。

同年 4 月，东北农业大学与张家口市委组织部联合举办农村基层干部“素质工程”本科班，共培训农村基层干部 239 人，为期两年，培训结束后颁发东北农业大学网络教育学院结业证书。

2010 年，协助黑龙江省人力资源社会资源保障厅完成“黑龙江省专业技术人才知识更新”项目论证实施工作，承担黑龙江省 13 个涉农专业的远程培训工作，完成 11 895 人的远程培训任务，远程培训规模首次突破万人大关(见图 5～图 7)。

图 5 东北农业大学现代远程教育年度工作会议

图 6 东北农业大学现代远程教育开展农业知识培训

同年，与河北省唐山市丰南区政府合作实施农村党员“金钥匙”工程，为丰南区开展优秀村党支部书记培训，“金钥匙”工程培训体系获得了区政府的高度认可。

2012 年 8 月，时任黑龙江省教育厅厅长张永洲莅临东北农业大学网络教育学院调研，对学校“应用驱动，技术创新”的教育技术发展思路和成熟的教育信息技术开发团队的工作给予肯定(见图 8)。同年，黑龙江省教育厅成立了黑龙江省现代教育技术中心，落户在东北

图 7　东北农业大学现代远程教育积极开展合作办学

农业大学网络教育学院，主要负责“龙江学习网”的建设和运行服务，承担实施黑龙江省教育信息化公共服务平台和数字化教学资源库建设工程工作。

时任省教育厅厅长张永洲来学院参观指导工作
时任黑龙江省政协副主席梁荣欣学院参观指导工作
教育部科技司副司长雷朝滋来学院参观指导工作

图 8　各级领导来东北农业大学调研现代远程教育工作

2013 年 5 月，时任黑龙江省政协副主席梁荣欣莅临东北农业大学网络教育学院参观调研。梁荣欣对东北农业大学网络教育发展、文化建设、团队建设、网络教育支持平台建设等给予了高度评价与赞扬。

同年 7 月，时任教育部科技司副司长雷朝滋莅临东北农业大学网络教育学院调研，并听取“龙学网”建设情况汇报。他对学校近年来的发展给予充分肯定，并对“龙学网”的建设提出了宝贵建议。

2015 年 1 月，东北农业大学与新疆生产建设兵团农广校开展远程教育工作，标志着学校与西部省份合作迈出了实质性的一步。

截至 2018 年，东北农业大学网络教育先后荣获全国现代远程教育十年贡献奖、网络教育资源共建共享优秀组织奖、中央广播电视大学现代远程教育优秀合作成就奖、中央广播电视大学现代远程教育高校创新发展奖(见图 9)。“作物栽培学”“变电工程设计”两门课程获得国家网络教育精品课程称号(见图 10)。

图 9　东北农业大学荣获的现代远程教育部分荣誉

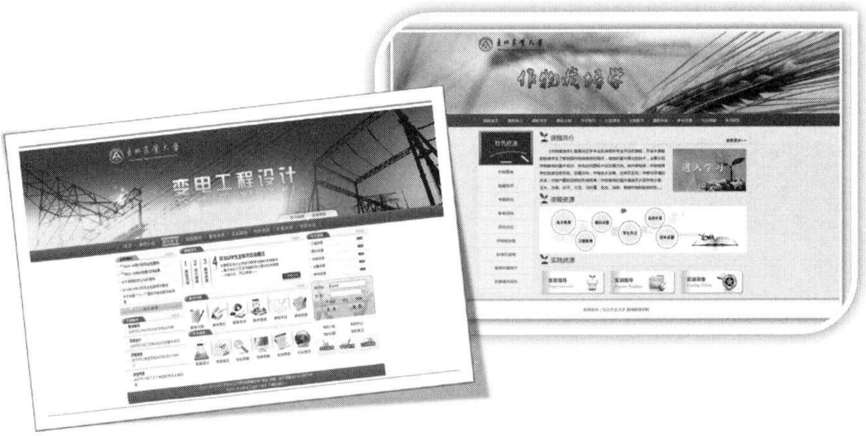

图 10　东北农业大学荣获的国家网络教育精品课程

四、试点工作取得的成绩

东北农业大学现代远程试点工作的成绩绝非一蹴而就，20 年沉浮，远程教育之所以能够在变化中找到无限生机，依靠的是远程教育协作组的精心指导，依靠的是学校对网络教育工作的高度重视，通过不断的探索和创新，完成了现代远程试点工作在学历教育和非学历教育两个领域的双轮驱动，建立了符合东北农业大学办学实际的办学体系，以高度的使命感在中国乡村广袤的田野上竖起一面东农远程教育的旗帜。

（一）充分利用网络教育优势，推动继续教育综合改革进程

学校高度重视网络教育办学工作，在学校章程及学校规划中都明确表明了继续教育的办学方向与发展路径。始终坚持办学主体地位，牢牢掌握办学主动权，规范招生、教学、考试、收费、毕业等重要办学环节的管理。按照教育部、协作组相关文件精神，推进继续教育改革发展，转变管理方式，规范办学行为，提高人才培养质量，成立了由校级领导牵头的继续教育综合改革领导小组，利用网络教育优势有效推动了网络教育、函授教育和非学历继续教育

综合改革，引导我校继续教育转型发展。

1. 顶层设计科学合理

为推进东北农业大学网络教育管理体制进一步完善，建立起能够满足在职人员学历提高与能力提升的终身教育体系，东北农业大学依托全面、系统、高效的网络教育运行模式与核心资源，逐步将成人教育学院、管理干部学院、应用技术学院、网络教育学院合并重组，成立东北农业大学继续教育学院，统筹规划管理全校继续教育工作。

2. 办学形式深度融合

东北农业大学将网络教育与成人函授的管理模式进行全面整合，修订人才培养方案，采用统一培养方案，统一考核标准。依托一体化数字教学平台完成教学组织，充分实现教学资源共建共享机制。积极探索网络教育与非学历继续教育办学体系的有机融合，通过办学形式互补与课程体系融合，统一身份认证，建立学分积累制度，为实现学分转换、互认奠定基础。

3. 办学质量全面提升

东北农业大学以尝试"三教融合"为契机，全面梳理网络教育工作的专业设置、课程资源、硬件条件、师资力量等办学资源，重新审定服务水平与办学能力，根据办学条件制订招生计划，根据区域发展设立校外学习中心，合理布局，优化服务。结合实施校外学习中心教学评估检查制度，查找学习中心在办学过程中存在的问题，进行有效的规范指导，以评促改、以评促建、协同发展，切实提高了网络教育的教学质量与服务水平。

（二）建立科学投入机制，保障试点工作稳步发展

东北农业大学高度重视网络教育经费投入保障制度与机制建设，将网络教育经费纳入学校整体规划管理中，投入逐年递增，建设完成网络教育大楼 9000 余平方米，可同时满足百人办公和千人教学；20 年累积资金投入 1.6 亿余元、各类设备 5400 余台；拥有自主知识产权开发的各类软件平台 40 个，评估价值 2300 万元（见图 11）。东北农业大学充分重视人力资源投入，累计投入的技术、管理人员培训经费 600 万元。东北农业大学建立了网络教育经费管理制度，保障网络教育工作的长远发展。

图 11　东北农业大学继续教育学院的基础设施

（三）发挥学校人才优势，推进网络教育信息化建设

开展试点工作以来，东北农业大学主动适应经济新常态和社会发展要求，以立德树人为根本，以开发人力资源为重点，建立了一支高水平的专业技术队伍，涵盖多媒体制作、软件开发、硬件维护、教学支持服务等服务方向，为现代远程教育的发展提供了技术保障。面对“三教融合”的发展趋势，学校积极调整产业布局、优化人员结构，提升技术支持服务能力，有效推进了网络教育的信息化建设。

（四）加大教学资源建设，推动寒地农业课程体系建设

学校在课程资源建设上，以网络教育人才培养框架和运行规律为方向，建成了一批凸显北方寒地现代化农业特色的优质课程资源，主要涵盖北方农业作物栽培先进技术、农业水利设施建设、动物养殖、动物医学、农业机械等 13 个专业领域。优质的特色课程资源在黑龙江省专业技术人员知识更新培训和畜牧行业从业人员培训项目上获得了黑龙江省人力资源与社会保障部门的高度认可。

（五）立足龙江面向全国，构建网络教育办学体系

东北农业大学根据各级教育行政部门相关文件精神开展校外学习中心建设工作，严格审查联合办学单位的办学资质，根据区域经济、生源状况以及产业发展的需要，通过考察评估，并向当地教育行政部门备案后开展招生工作。截至 2018 年 12 月，东北农业大学招生地域覆盖了全国 20 余个省（直辖市），自建校外学习中心 41 个，并与奥鹏公共服务体系合作开展办学，形成了布局合理、管理规范的网络教育办学体系。

（六）服务乡村振兴战略，培养农业落地人才

试点工作开展以来，东北农业大学紧紧围绕农学、畜牧、园林等农业类特色专业，结合专业师资团队与现代远程教育优势，培养了一大批现代农业科技人才。在立足本省的同时，利用网络教育手段将非学历培训的领域拓展到辽宁、河北、山西、山东等省份。随着国家新型职业农民计划的提出，学校以此为契机将职业教育与网络教育深度融合，努力实现农民职业培训项目的突破和创新。截至 2018 年 12 月，东北农业大学共计培养学历教育毕业生 190 836 人，非学历培训 99 171 人（见图 12）。通过调研及校友反馈，东北农业大学网络教育毕业生大部分活跃在农业科研、生产一线、技术服务等领域，为国家乡村振兴战略提供了人才支撑。

（七）通过信息化手段，不断完善优质教育资源共享机制

东北农业大学充分借助信息化手段，搭建了以学习者为中心的网络学习支持服务体系，采用 3D 动画、虚拟现实等技术，建设了大量多种形式、多种载体的优质教学资源，为西部地区提供课程学习服务，建立了资源共享、开放和服务的新机制。

（八）依托现代教育技术，构建远程学习支持服务模式

东北农业大学高度重视教育技术变革在网络教育改革中的作用，从思想上确立“以学习

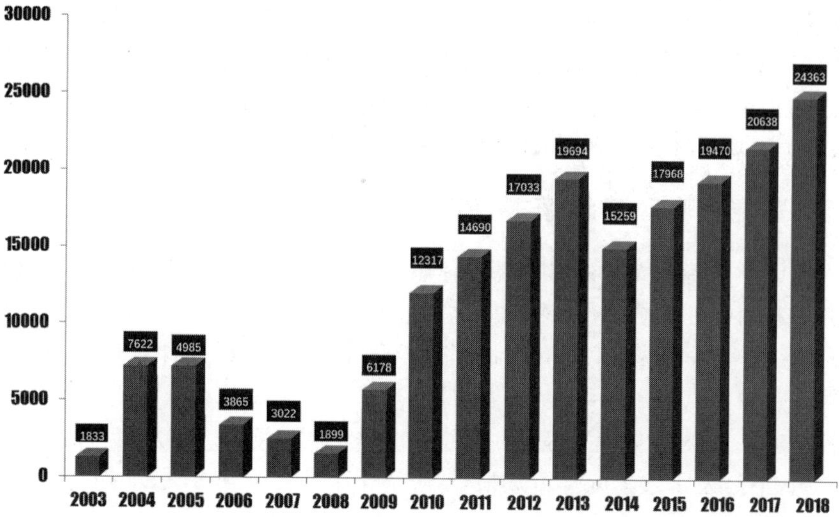

图 12　东北农业大学现代远程教育历年毕业生情况

者中心"的服务宗旨。利用新技术,设定新流程、规划新模式,建设完成了招生管理系统、综合教学系统、考试预约平台、在线考试系统、成绩查询系统、管理监控系统,实现了注册信息、课程设置、选课信息、课程变动、课程辅导、作业布置、考试等从入学到毕业全过程的远程学习支持服务模式,构建了科学、规范、高效的学习支持服务体系。东北农业大学独立开发的现代远程教育应用平台如图 13 所示。

图 13　东北农业大学独立开发的现代远程教育应用平台

(九) 利用开放办学环境,构建大规模教学组织管理模式

标准的工作流程是开展教学活动、保障教学质量的重要前提。针对网络教育学生人数

多、覆盖地域广、学习中心分散的特点，东北农业大学强化了教学组织、考试管理的信息化建设，自主研发题库自动组卷系统、网上考试预约系统和网上阅卷系统，优化选课、学习、作业、考试、成绩、论文等业务流程，建立了教学工作“任务目标化、管理信息化、考核精细化”的运行机制，保障了大规模教学组织、考试管理的有序进行。

（十）丰富课程资源建设模式，激发学生的学习热情

东北农业大学坚持独立开发专业课程体系，组建了专业的录制团队与后期制作团队，依托学校特色学科与专业优势，利用多媒体、虚拟现实等手段，开发了数字化课程、精品课、公开课、微课、慕课等教学资源 671 门，形成了内容科学、形式多样的课程体系，东北农业大学制作的在线课程资源获得国家级网络精品课两项，微课、慕课等在线课程在各类国家级课程大赛中累计荣获一等奖 12 项、二等奖 12 项、三等奖 5 项（见图 14）。完善的课程体系建设丰富了教学资源，激发了学生的学习热情，增强了学生的在线学习黏度，提高了教学质量。

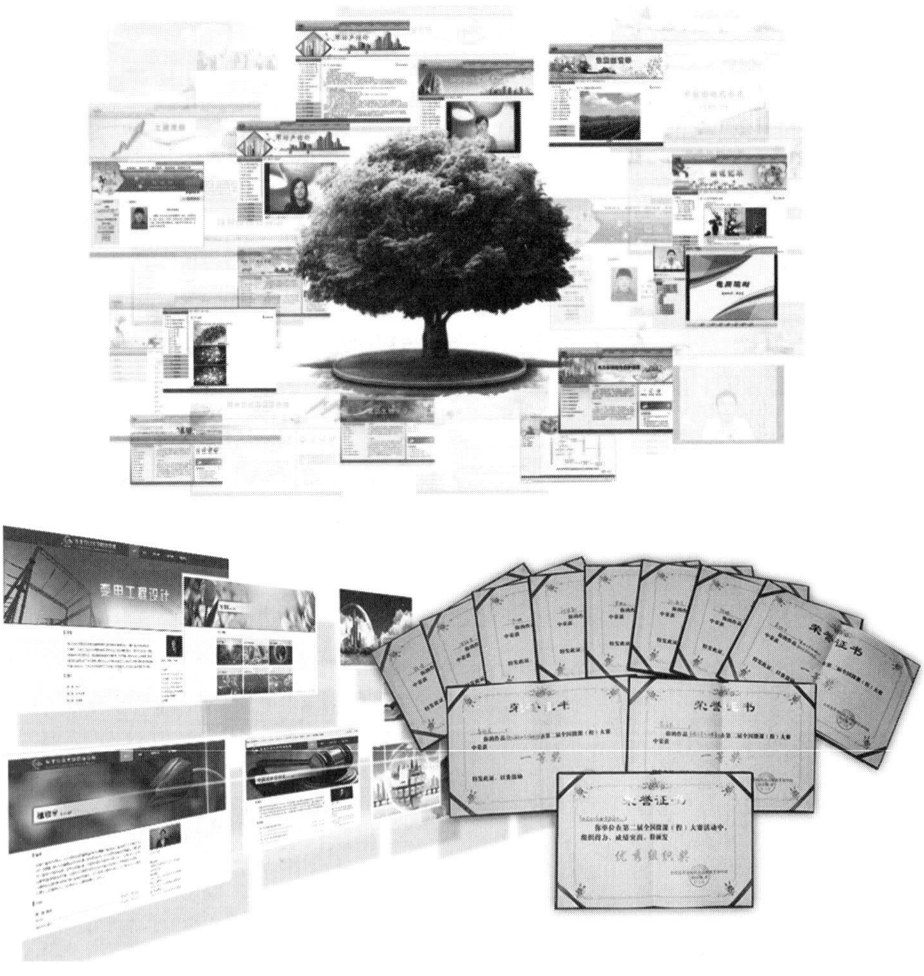

图 14　东北农业大学现代远程教育课程体系建设与获奖情况

五、试点工作发展思路

（一）明确内涵、提升质量，以“乡村振兴战略”为导向，扎实做好农业远程教育

全面贯彻习近平新时代中国特色社会主义思想和党的十九大精神，紧紧围绕国家实施乡村振兴战略目标，充分发挥农村远程教育智力“加油站”功能，加强涉农专业课程体系建设，稳步发展学历教育，大力发展非学历培训，推广现代农业科技新知识、新技术，为乡村振兴战略注入新动能，为农业农村现代化建设提供人才支撑。

（二）创新外延、实施转型，以项目合作为平台，实现网络教育多元发展

按照“适应需求、面向人人、有机衔接、多元立交”的新思路，打通断头路，推动创新外延和实施转型的有效衔接，依托优质的教学资源与完善的教学模式，以课程标准化与学分互认为纽带，在校际合作、课题研究、行业培训及企业团队建设等方面积极开展对外项目合作，实现学历教育和非学历教育多元化发展，服务地方经济建设。

（三）整合资源、加强服务，以信息技术为手段，构建教学质量保障体系

加强信息化建设，以提升教学支持服务能力为主线，推进课程创新、技术创新与管理创新，全面整合资源，完善综合教学服务平台，推动信息技术与教学有效融合。利用“大数据”“云平台”等先进技术手段，开展教学质量管理与效果分析，有的放矢，补齐短板，形成规范化、现代化的网络教育教学质量保障体系。

六、结束语

现代远程教育试点工作的20年，正值中国改革开放蓬勃发展的20年，也是中国社会与经济发生巨变的20年，农业、农村、农民问题的内涵随着20年的经济积累和国家惠农政策的调整已经发生了翻天覆地的变化，远程教育、科技推送、电子商务、产业联盟方兴未艾，现代远程教育与互联网技术、移动通信技术交织在人们的生活工作中改变着农民的观念、刷新着农村的面貌。美丽中国，最美乡村，城乡一体化协调发展的宏伟画卷正在新时代的中国大地上慢慢展开。

追随国家发展战略、追赶时代前行的脚步，伴随着科技和教育理念的巨大变革，东农的远程教育将更加注重内涵与质量，开拓创新，锐意进取，为学习者提供优质的教育体验。在现代远程教育试点工作新的发展时期，东北农业大学将凭借东农人满腔的热情、丰富的经验和执着的精神，以精细管理为抓手，以满足教学服务为宗旨，提升远程教育办学质量，为全面构建终身学习社会不懈努力。

20年，东农远程教育初心不变，为学习者架起求知的桥梁。

20年，东农远程教育矢志不渝，为新农村营造最美的画卷。

北京中医药大学现代远程教育试点工作总结

一、试点背景

中医药学是中华民族原创的、自成体系的医学科学，凝聚着深邃的哲学智慧和中华民族几千年的健康养生理念及其实践经验，是中国古代科学的瑰宝，也是打开中华文明宝库的钥匙，其理顶天立地、其术济世活人、其声闳中肆外。数千年来为中华民族的繁衍昌盛做出了重要贡献，也对世界文明进步产生了正面的、积极的影响。

不忘本来才能开辟未来，善于继承才能更好创新。传承是中医药发展的根基。没有传承，中医药发展就没有根本，就如无本之木，无源之水。从古至今，一代代良医口传心授，一部部著作典籍层出不穷，总结的宝贵诊疗经验得以流传，丰富的中医药理论得以赓续。这不仅是先人们智慧结晶的集成，更是中医药学绵延永续的根本。

北京中医药大学是一所以中医药学为主干学科的全国重点大学，是唯一进入国家“211工程”建设的高等中医药院校，是国家“985优势学科创新平台”建设高校，是国家一流学科建设高校。在长期的办学实践中，学校秉承“勤求博采、厚德济生”校训，倡导“人心向学、传承创新”理念，坚持“立德树人、以文化人”宗旨，彰显特色、强化优势，是我国培养高层次创新型中医药人才的教育基地，为中医药的传承创新做出了重要贡献。

北京中医药大学是教育部批准开展现代远程教育试点高校中唯一的一所中医药高等院校。自2000年教育部批准开展现代远程教育以来，学校始终坚持贯彻执行国家有关继续教育和现代远程教育的方针政策，落实有关文件精神（见图1），办学始终定位为：为已具有医药学和护理学教育经历的在职人员提供一种新的成人高等教育形式，旨在提高和改善现有中医药人员的知识结构、知识水平和学历层次。

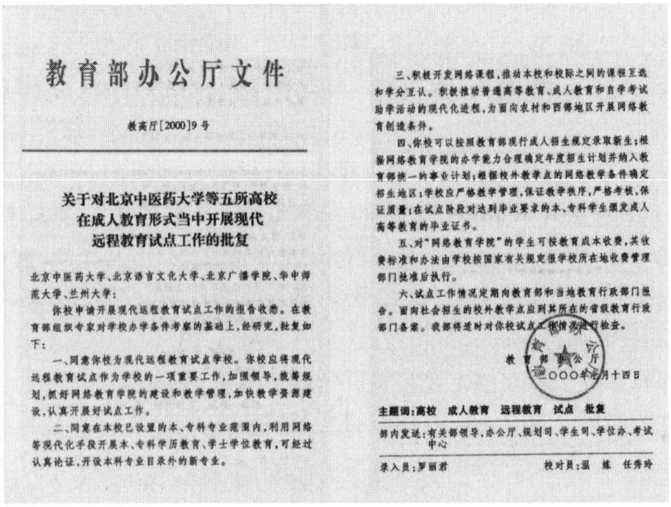

教育部办公厅文件

教高厅[2000]9号

关于对北京中医药大学等五所高校在成人教育形式当中开展现代远程教育试点工作的批复

北京中医药大学、北京语言文化大学、北京广播学院、华中师范大学、兰州大学：

你校申请开展现代远程教育试点工作的报告收悉。在教育部组织专家对学校办学条件考察的基础上，经研究，批复如下：

一、同意你校为现代远程教育试点学校。你校应将现代远程教育试点作为学校的一项重要工作，加强领导，统筹规划，抓好网络教育学院的建设和教学管理，加快教学资源建设，认真开展好试点工作。

二、同意在本校已设置的本、专科专业范围内，利用网络等现代化手段开展本、专科学历教育、学士学位教育，可经过认真论证，开设本科专业目录外的新专业。

三、积极开发网络课程，推动本校和校际之间的课程互选和学分互认。积极推动普通高等教育、成人教育和自学考试助学活动的现代化进程，为面向农村和西部地区开展网络教育创造条件。

四、你校可以按照教育部现行成人招生规定录取新生；根据网络教育学院的办学能力合理确定年度招生计划并纳入教育部统一的事业计划；根据校外教学点的网络教学条件确定招生地区；学校应严格教学管理，保证教学秩序，严格考核，保证质量；在试点阶段对达到毕业要求的本、专科学生颁发成人高等教育的毕业证书。

五、对“网络教育学院”的学生可按教育成本收费，其收费标准和办法由学校按国家有关规定报学校所在地收费管理部门批准后执行。

六、试点工作情况定期向教育部和当地教育行政部门报告。面向社会招生的校外教学点应到其所在的省级教育行政部门备案。我部将适时对你校试点工作情况进行检查。

教育部办公厅

二〇〇〇年[illegible]月十四日

主题词：高校　成人教育　远程教育　试点　批复

部内发送：有关部领导，办公厅、规划司、学生司、学位办、考试中心

录入员：罗丽君　　校对员：温　炼　任秀玲

图1　教育部办公厅文件

二、试点远程教育工作的落实与实施

远程教育学院是北京中医药大学开展远程教育的具体实施机构，教学工作均由大学各二级教学单位负责安排专业教师承担。学院设立办公室、招生部、教学部、技术部，分别负责招生、教学管理、支持服务等相关工作。学校教务处、继续教育处负责远程教育学院招生、教学管理、考试、毕业注册等方面的监督管理工作；学校财务处负责远程教育学院财务工作的统一管理。学院重要工作按学校要求上报学校党委常委会、校长办公会决策。在学校党委的正确领导下，学校各职能部门的监督管理下，形成一套有效的远程教育教学运行和监督管理体系，保证远程教育的健康、有序发展。

目前远程教育学院共有专职管理人员 15 人。教学工作均由本校事业编制专任教师承担，目前任课教师 124 人，均有教师资格证，高级职称占比 90.3%。在全国 19 个省市自治区设有学习中心 28 个。开设有中医学、中药学、针灸推拿学、护理学、工商管理和公共事业管理 6 个专业，涵盖高起专、高起本和专升本 3 个层次，目前共有在校生 17 767 人，累计毕业生 48 068 人，累计授予学位 1547 人。

1. 培养人才方面，为 24 个省市自治区培养各级各类中医药人才 48 068 人

2000 年远程教育学院成立以来，招生对象定位为医药行业在职从业人员，针对这些人群，在课程设置上体现中医药特色和应用型人才的培养目标。严格按照培养方案组织教学活动，探索出课件点播、面授辅导、网上作业、音视频辅导、文字教材和讲义、交流园地与答疑辅导、临床实践的混合式教学模式，在教学过程中保证各个教学环节认真落实与实施。学院每年聘请 124 名本校专任教师承担教学及辅导答疑工作，确保教学计划落实到位。办学以来，为 24 个省市自治区培养各级各类中医药人才 48 068 人。通过网络学习形式，使全国所设学习中心省市有学习需求的学生能够分享到北京中医药大学的优质教学资源，为基层中医药人才队伍建设、满足人民群众健康需求做出了贡献。

北京中医药大学远程教育办学以来，取得了良好的社会声誉。部分学员在当地医药卫生行业成绩突出，被评为劳动模范。部分毕业生考取硕士、博士研究生，继续深造。还有部分优秀学员赴美国、加拿大、澳大利亚从事执业针灸师工作，为中医药国际传播做出了一定贡献。

2. 根据自身教学特点量身定制一套满足教学及服务管理的教学管理平台

为适应现代远程教育教学及管理需要，开发了一套集教学、管理、信息分析为一体的教学管理系统，包括报名系统、网站新闻系统、总部教学管理、学习中心教学管理、学员学习、电子图书馆、交流论坛、电子邮件系统八大模块。目前已进行了 3 次大的升级更新，使用过程中对系统功能不断进行升级完善，对相关模块进行优化和整理，使其功能更强大，操作也更趋于合理和便捷。

3. 强化教学支持服务，建立了丰富的中医药教学资源库

学校重视教学资源建设工作。①教学计划规定的课程均可实现教学平台在线学习，目前在用课件 101 门，其中 94 门为本校专任教师录制，占比 93%；其余 7 门从中国人民大学和北京大学医学部购买；②每门课程都配有指定的专门教材或自编讲义、网上作业、试题库

及音频或Word形式的复习指导；③电子图书馆：拥有医药卫生行业类电子书籍5万多册，免费向学员开放；④继续教育资源：先后引进4门基础（中医基础理论、中医诊断学、中药学、方剂学）、4部经典（内经、伤寒、温病、金匮要略）及临床专题项目共61项专题讲座供在籍学生免费学习。

4. 建立规范的教学过程管理与质量保证体系

围绕培养目标建立了系统的管理规章制度，保障各个教学环节的规范运行和质量控制。

招生方面：严格按照国家有关招生政策和学校要求执行，招生简章统一印制，并在官网公布。网上报名和网上审核严格按照招生规定进行资格审核，招生对象为已取得卫生、中医药执业资格的中医药人员或已经获得国家认可的中等专业学历的同专业人员，招生专业按照教育部《高等学历继续教育专业设置管理办法》进行备案。招生工作通过网上报名、现场确认、资料上传、网上审核、入学考试、录取注册等程序严格进行。缴费环节由学生通过支付宝线上支付直接交至大学财务。

教学方面：在办学过程中，根据各专业的教学目标制订合理的教学计划。教学过程中保证各个教学环节（包括课件点播、面授辅导、网上作业、音频辅导、文字教材和讲义、交流园地与答疑辅导、临床实践等）的认真落实与实施。学习中心利用微信、短信平台、QQ等现代通信手段发布学习信息督促提醒学生学习，将分散的学生个体组成学习小组，便于学生在学习过程中相互沟通交流，互相提醒共同学习。通过学习，使学生既学到系统的理论知识，又学到实用的临床技能。

考试方面：严格执行考试管理办法，严抓考风考纪。对考场安排、考场秩序、监考教师等均有严格管理规定。课程考试采取集中笔试的形式，由北京中医药大学统一命题，统一安排考试时间。试卷由巡考教师于考试前一天随身携带至考点，考试完毕后全部试卷均携带回学校，由大学专任教师统一批阅，76%课程实行闭卷考试。每个学习中心均安排大学工作人员进行巡考，对监考教师进行统一培训。考试结束后各学习中心将考试情况书面上报，对违规考生按学籍管理规定进行处理。

毕业环节管理方面：严格按照毕业条件和学位条件进行审核管理。凡修满教学计划规定的全部学分，毕业实习合格者，准予毕业。专升本和本科学员必须通过网考办组织的公共基础课统考，方能毕业。对于高起本科和专升本科毕业生，根据《北京中医药大学授予成人高等教育本科毕业生学士学位工作细则》，符合学位条件者，可申请学位，经资格审查符合条件、学位论文成绩良以上、论文答辩通过者，提交北京中医药大学各学位分会审议通过，最后由大学学位评定委员会审核，确定授予学士学位。

学习中心管理方面：根据医药学的教育特点及教学要求，建立校外学习中心要求必须是医药类高等院校。为保证学习中心的各项工作规范运行，定期对学习中心办学行为进行专项检查，贯彻“以评促建、以评促改、以评促管、评建结合、重在建设”的指导原则，主要检查学习中心的设置、运行、制度建设与落实，招生、收费、考试规定实际执行，教学教务管理，学生支持服务，安全稳定（网络、管理）等方面的运行情况，强调以质量建设为核心，达到规范办学行为、提升办学质量的目标。

三、推进网络教育转型提质升级的思路和举措

1. 落实健康中国战略，加强基层医生中医药知识培养

党的十九大报告明确要求“加强基层医疗卫生服务体系和全科医生队伍建设”。《中共中央国务院关于实施乡村振兴战略的意见》提出“推进健康乡村建设，加强乡村中医药服务”。国务院办公厅印发《关于改革完善全科医生培养与使用激励机制的意见》，要求“巩固完善全科继续医学教育。大力发展远程继续教育，普及全科适宜技术，实现全科医生继续医学教育全覆盖。积极开展基层全科医生进修培训和学历提升教育。加强对全科医生的中医药和康复医学知识与技能培训，将中医药作为其继续教育的重要内容，鼓励提供中医诊疗、养生保健康复、健康养老等服务”。中医药学蕴含着丰富的全科医学理念，具有“简、便、验、廉”的特点，在承担基层常见病与多发病诊疗、预防保健、病人康复和慢性病管理等一体化服务方面具有十分明显的优势。我国农村地域广，人口分散，传统教学方式难以大规模地培养乡村医生，而充分利用现代远程教育技术，通过计算机和手机在线学习相关课程，发挥“互联网＋中医教育”处处能学、时时可学的优势，线上线下相结合，对现有在岗乡村医生进行培训，提高中医技能及临床服务能力，打造真正为基层群众服务的乡村全科医生队伍。

为加强基层医生中医技能培养，学校正在开发“临床实用推拿手法”“临床实用推拿治疗”“临床实用针刺”“临床实用灸法”“临床实用拔罐”“临床实用刮痧”六门课程，强化技能操作环节的培养，提升基层医生及乡村医生中医服务能力，为践行健康中国战略、乡村振兴战略做出贡献。

2. 贯彻落实国家“一带一路”倡议，大力拓展国内外中医药知识非学历在线培训工作，普及中医药健康养生文化

中医药是国家“一带一路”倡议的重要内容和最佳载体。国务院发布的《中国的中医药》白皮书显示，中医药已经传播到183个国家和地区。与相关国家和国际组织签订专门的中医药合作协议86个，在海外建立了17个中医药中心。据世界卫生组织统计，目前103个会员国认可使用针灸，18个国家和地区将针灸纳入医疗保险体系。中医药作为中华民族的瑰宝，不仅是对外的一张名片，更是中国千百年来医学文化的对外传播。下一步将继续加强网络教育的平台建设和资源建设工作，针对国内外需求大力拓展中医药知识非学历在线培训工作，普及中医药健康养生文化。

总之，学校认真总结现代远程教育试点工作的办学经验，梳理问题，根据党的十九大关于“办好继续教育，加快建设学习型社会，大力提高国民素质”和《中共中央国务院关于实施乡村振兴战略的意见》提出“推进健康乡村建设，加强乡村中医药服务”的总体要求，认真落实推进中医药网络教育转型提质升级的相关举措，围绕“培养什么人、怎样培养人、为谁培养人”这一根本问题，按照坚持立德树人、坚持育人为本、坚持规范办学、坚持确保质量原则，遵循教育规律，不忘试点初心，在教育主管部门的领导下，确保学校网络教育办学工作规范有序地发展。

北京语言大学现代远程教育试点工作总结

北京语言大学是中国唯一一所以对来华留学生进行汉语、中华文化教育为主要任务的国际型大学，素有“小联合国”之称。对中国学生进行外语、中文、信息科学、经济、艺术等专业教育，同时承担培养汉语师资、出国留学预备人员出国前的外语培训工作等任务。经过50多年的发展，北京语言大学已经发展成为一所以语言文化教育和语言文化研究为特色和优势的综合类国际型大学，是我国中外语言、文化研究的学术重镇和培养各领域优秀人才的摇篮。北京语言大学网络教育学院依托北京语言大学的特色和优势，面向中外学生开展学历、非学历现代远程教育。

一、基本情况

（一）办学方向与办学定位

1. 办学方向和定位明确

北京语言大学于2000年12月开始网络教育的试点工作，自2002年开始面向中国学生招生。北京语言大学现代远程教育试点18年以来，能够全面贯彻党的教育方针，遵循教育规律，以立德树人为根本任务，着力培养德、智、体全面发展的社会主义建设者和接班人。学校按照教育部关于网络教育发展的各项政策文件，不断规范各项管理，加大教学资源的建设和投入，经过长期的探索和实践，已将网络教育工作作为建设国际化高水平高等学校的一个重要组成部分，是学校在新形势下更好履行教书育人、服务社会和文化传承等教育使命的重要载体，也是近年来北京语言大学通过教育信息化推动教育教学改革的重要前沿阵地。

学校明确了以“贯彻方针、突出特色、保障质量、创新发展”为网络教育学院的办学指导思想，将网络教育定位为：秉承学校特色和优势，以“立德树人”为根本任务，遵循远程教育发展趋势和规律，整合校内外各类资源，采用多种混合教学模式，对内面向广大在职人员开展学历和非学历教育，培养具有良好思想道德品质，较宽的基础理论知识、扎实的专业能力以及较强实践技能的高级应用型人才；对外面向全球开展汉语国际教育、传播中华文化，培养更多爱华、友华人士。

办学目标确定为：承担服务国家、服务社会、服务学校、服务学生的使命。对内为学习型社会、终身教育体系的建设发挥作用，对外为汉语国际教育事业贡献力量，努力争取将学院建设成在国内语言类同类学院中位居前列、在汉语国际教育和中华文化传播中处于核心地位的、特色鲜明的一流网络教育学院。

2. 注重学生思政教育

北京语言大学重视成人学生的思政和意识形态教育，为全面贯彻落实习近平总书记“新时代中国特色社会主义思想”和党的十八大、十九大精神及中央各项决策部署，不断创新思政教育的理念、模式、策略和方式，提高成人学生的思想理论水平，强化学生的理想信念、爱国主义情怀、品德修养。为促进北京语言大学成人学生思政教育工作的更好落实，网络教育学院开展了《新时代高等学历教育学生思政教育策略研究与实践》项目的专题研究与实践，该项目入选2018年度中国教育发展战略学会终身学习专业委员会的重点课题。

3. 正确处理办学、质量、结构、效益的关系

北京语言大学统筹网络教育和其他各类教育的协调发展，强调确保质量下的规模、结构和效益，历来重视对网络高等学历教育招生计划的管理，严格按照教育部关于高等学校专业设置备案、审批和管理办法执行。在此基础上，根据自身以及校外学习中心的实际教学、支持服务和管理能力，合理安排招生规模，全面落实教学计划，切实保障教学过程。同时，北京语言大学根据办学规模的需要，不断加大投入，持续优化对学生的各项支持服务。在效益的价值取向上，坚决将人才培养和服务社会的办学效益和社会效益放在经济效益之上，始终坚持将“立德树人”作为根本任务。

（二）管理体制

北京语言大学非常重视网络教育工作，对网络教育进行归口管理，依法规范网络教育办学行为。

学校设立网络教育学院，作为北京语言大学实施现代远程教育试点工作的部门。学校明确指定分管副校长对网络教育学院进行业务监督、指导和管理审批，保证网络教育的办学质量和实施过程的依法规范，维护学校办学声誉，促进北京语言大学网络教育持续、健康发展。网络教育学院作为北京语言大学二级非法人单位，负责北京语言大学网络教育的实施工作，下设院务办公室、办学管理办公室、远程教育研究室以及中国学生远程部（公司化运行）和远程汉语部。中国学生远程部主要面向国内学生开展学历教育与非学历培训。远程汉语部主要面向国外学生开展远程汉语国际教育和中华文化传播。

北京语言大学网络教育学院严格按照“管办分离”的办学模式，由院领导直接管理办学管理办公室，主要负责学校办学自主权的把控和教学质量的监管，如各地学习中心设立的核查，合作协议的审核上报，招生宣传与录取管理、学习中心管理、学生管理、教学过程管理和学习支持服务全过程的监管。

（三）制度建设与规范管理

学校网络教育学院通过深入探索，不断积累实践经验，出台了完善的质量管理体系手册，包括《管理文件汇编》《流程管理手册》《学习中心工作手册》（包括基本管理制度、学生学习概述、学习中心招生服务、入学教育、收费管理、学籍档案管理、课程学习管理、考试管理、毕业论文及答辩管理、毕业管理、统考组织管理等从招生到毕业各项具体工作实施指南）、《学习中心常见问题集》《教育部相关政策汇编》等，同时北京语言大学针对学习中心工作中的两项重点工作又出台了《学习中心辅助招生工作指南》和《学习中心考试工作指导手册》。2017年春季，网络教育学院进一步制定了《北京语言大学网络教育学院学习中心积分管理制度》和《北京语言大学网络教育学院办学管理工作关键点手册》等。北京语言大学逐步完善了招生、教学、师资培训、学生、学习中心管理等各项管理制度。

（四）专业建设与人才培养

1. 专业建设

北京语言大学网络教育学院严格贯彻落实《高等学历继续教育专业设置管理办法》，立足学校优势特色专业和重点发展专业，在保证网络教育学院特色发展的基础上，开设有英语（商务、应用）、日语、韩语和汉语等5个语言类专科专业，并开设有13个本科层次特色和优势专业，包括汉语国际教育、汉语言文学、新闻学、英语、日语等语言文学类专业，会计学、人力资源管理、信息管理与信息系统等管理类专业，金融学、国际经济与贸易等经济类专业，计算机科学与技术、数字媒体技术等工科专业，以及语言障碍特殊教育专业。

2. 人才培养

北京语言大学网络教育坚持把立德树人融入思想道德教育、文化知识教育以及社会实践教育各环节，明确了知识传授、能力培养和价值塑造“三位一体”的育人原则。专门聘请学校各学科专业的教授、副教授，或是经验丰富的学科教师担任学监和专业负责人，监督指导培养方案的制定，负责专业课程体系、课程规范及授课教材的审定，使网络教育的教学设置更加符合在职成人的职业化、应用型的培养需求。以汉语国际教育专业为例，北京语言大学依据培养方案设置专业课及教学大纲，构建了完整的汉语国际教育知识体系。在课程中还增设了教学实践、备考国际汉语教师资格证书等内容，以增强学生的职业能力。为切实提升人才培养质量，北京语言大学网络教育积极探索传统混合教学、混合同步教学及在线混合教学等多种混合教学模式，采取各种举措优化教学。例如，设计各类多媒体课件，组织丰富的教学活动、论坛交互讨论，设置多形式形成性考核等。

自试点开始至今，北京语言大学共培养专科毕业生92 613人，本科毕业生39 188人，其中有5548人取得了学士学位，为社会培养了大量的应用型专业人才。自2013年开始，每年开展大范围的学生调研和访谈，调查结果显示，学生满意度、毕业生满意度良好。远程汉语培训方面，试点以来为60多个国家的6000多名学生开展了汉语培训。

（五）师资配备与资源建设

北京语言大学非常重视远程教育课程资源的基础建设，集合学校各优势和特色专业的优秀师资，讲授专业课程，辅导学生学习，同时建立专业的资源开发技术团队，累计开发了300余门网络课程（目前使用245门），坚持定期更新，满足远程教育教学使用需求。

1. 师资配备

北京语言大学校院两级党组织始终从战略高度认识教师工作的重要性，把加强教师队伍建设作为基础工作来抓。北京语言大学远程教育以优势学科、特色专业、重点课程为建设核心，遴选校内外的学科专业师资，打造了一支由行业专家顾问、学监和专业负责人、课程顾问教师、课程主讲教师、课程辅导教师和论文指导教师构成的全方位师资队伍。其中，目前在岗课程主讲教师共145人，校内教师占65%左右，校外教师占35%左右（含部分专业技术人员），课程主讲教师团队中高级职称的约占65%，教师团队全部具有职业资格证书或专业技能教学水平合格证书。各类课程辅导教师共474人，全部具有硕士研究生以上学历，有一定的课程教学经验，符合高等教育教学和辅导的资质要求，为学生制订科学的学习计划，提供导学资料，设计引导式课程问题，提供视频面授辅导课程，主持课程交流园地，及时解决学生咨询的问题，全方位解决学生的学习难题。

北京语言大学远程教育始终重视选聘有理想信念、有道德情操、有扎实学识以及有仁爱之心的教师，同时重视教师队伍素质的培养提升，提供各种培训机会，并鼓励教师参与科研项目。2014 年度以来，北京语言大学远程教育专职教师共开展基于远程教育的创新项目 50 余项。近 3 年，在远程教育领域的核心期刊发表文章 6 篇，国际会议论文 5 篇，其中两位专职教师获选中国成人教育协会“中青年学术新秀”称号。

2. 资源建设

北京语言大学网络教学课程资源建设的指导思想是“统筹规划、优质高效、重在应用”，自 2006 年开始，组建专业的技术开发团队，大力推进资源建设，逐步规范资源开发流程，完善资源质量监控体系。在长期教学实践过程中，北京语言大学开发了内容丰富、形式多样的网络教学资源。从多年的资源建设经验中，北京语言大学形成了一支统筹规划、分工合作、高效率的资源建设队伍。

目前远程学历教育方面，用于教学的课程资源约 245 门，每年度更新课程数约为课程总数的四分之一。所有课程均通过网络提供给学生。同时，所有课程均匹配相应的移动学习资源，供学生利用碎片化学习使用。其中，“继续教育优质资源共建共享的探索与实践”项目荣获 2017 年北京市高等教育教学成果二等奖，另有国家级精品教学资源 6 门，院级精品教学资源 40 多门，这些课程是北京语言大学在在线资源建设的最新成果，其教学内容精细、教学方法完善、教学手段灵活、特色鲜明、教学效果显著。

远程汉语教学资源方面，北京语言大学网络教育学院自主制作了 62 门数字化课程，随着数字化资源建设技术和教学模式的发展，课件呈现形式有所不同，包括基于网页的交互式课件和多元互动交互课件。2018 年，北京语言大学网络教育学院承担了文化与旅游部的“在线文化大讲堂”项目的设计与制作工作等。

3. 平台建设

本着以学生为中心，更好地服务学生的思想，北京语言大学于 2016 年改造了中国学生学历教育平台(DEE)的整体架构，升级了教学平台学生学习空间，改造后的学生平台得到广大师生的认可。同时，自主开发完成了同步支持 Android 与 IOS 的移动学习平台，PC 平台的所有功能在移动学习平台上都得以实现。目前正在开发非学历统一教学平台。同时，建成高端远程在线实时教学系统，实现了基于线上的多种“混合教学”，专门搭建了针对外国学生的网站和平台，如汉语国际教育教学平台、高端汉语教师培训项目平台、商务汉语培训项目平台等，为来自 50 多个国家的学生提供学习支持平台。

（六）校外学习中心管理服务

北京语言大学网络教育学院尤为重视学习中心建设工作，在校外学习中心布局、运行以及管理方面都尤为慎重。

1. 校外学习中心布局

北京语言大学在校外学习中心体系建设中，严格遵照教育部和各级教育主管机构的相关规章制度进行。学校一直坚持“资质优良、严格审查、备案审批、加强管理”等原则，确保校外办学体系能够真正有能力、有条件服务于北京语言大学网络教育。自2000年成立以来，北京语言大学充分发挥品牌和教学优势，经历了十几年的发展和甄选，积累了一定数量的学习中心。

目前学习中心有公共服务体系学习中心、校外自建学习中心和校本部学习中心。主要合作模式为：公共服务体系学习中心（奥鹏、弘成）在阳光平台备案后进行授权招生；校外自建学习中心一般依托当地高校、高职、电大或事业单位下设的培训学校等公办机构，在地方教育主管部门和阳光平台备案后进行授权招生；校本部学习中心则采取直属运营模式。

截至2018年9月，在阳光平台备案学习中心共计782家，其中校本部学习中心1家，校外自建学习中心37家，弘成公服学习中心33家（授权33家），奥鹏公服学习中心711家（授权493家）。这些学习中心主要分布在华东、华北、华中、东北等地区。

2. 校外学习中心运行管理

北京语言大学学习中心建设涉及学校网络教育学院、依托单位、学习中心以及学习者等多个利益主体，进而决定了其建设与管理有赖于在网院的主导下，各方的积极参与和紧密合作。北京语言大学以校本部为蓝本建设示范学习中心，不断进行标准化建设的探索和创新。将示范学习中心的优秀案例和管理模式逐步推广到校外各类型学习中心，保障学习中心规范建设及整体运作。

北京语言大学建立了准入与退出机制，其最终目标是兼顾各学习中心的质量和利益，保障北京语言大学的可持续发展。准入与退出遵循以下几个原则：一是学习中心的准入与退出机制首先应考虑北京语言大学网络教育学院办学体系的整体协同效应；二是学习中心的准入与退出机制应能根据实际的教育及经济社会发展情况进行动态调整，保障北京语言大学网络教育学院的可持续发展；三是综合考虑多方面因素，选择比较有优势的办学单位作为学习中心；四是把学习中心的准入与退出机制纳入北京语言大学网络教育学院管理文件中，使准入与退出机制的内容、措施、程序规范化，具有可操作性。

（七）过程监管与质量保证

北京语言大学围绕培养高素质人才的目标，提高全员的质量意识，规范教学管理，建立了与学院定位和人才培养目标一致的质量标准和质量监控体系。

1. 严格执行教育行政部门相关政策和规定

北京语言大学网络教育严格执行教育部及北京市教委相关政策和规定，从招生录取、教学考试、支持服务、毕业、学位授予等各个环节确保规范有序。

北京语言大学网络教育制定系统的管理制度和文件，向各学习中心发放《北京语言大学网络教育学院质量管理体系手册》和《北京语言大学网络教育学院办学管理关键点手册》，在招生管理、学籍管理、教学管理、学生支持服务、学习中心管理、毕业管理、宣传管理等各方面的关键环节进行有效监督和复核。

2. 严把生源质量关

北京语言大学作为毋庸置疑的办学主体，在招生的组织和管理方面的职能主要体现在：制定招生管理文件，包括《招生管理规范》《招生简章》、招生计划、宣传与广告计划及广告规范样本等文件内容；加强对学习中心的宣传监督，对于招生宣传过程中违反教育部有关招生规定，徇私舞弊、弄虚作假的行为一经发现，立即对学习中心采取停止招生的措施；对学习中心的招生行为进行监督，严查在学习中心以外私自设立学习中心（站点）进行招生、以学校名义收取任何未经许可的费用或向学生做任何违反有关政策法规的承诺等行为。同样，这些行为一经发现，立即对学习中心采取停止招生的措施；制定入学测试相关文件以及安排学习中心入学测试相关事项，入学测试相关文件主要包括《考生须知》《考场规则》以及入学测试操作指南等规定；规范学习中心开学典礼暨入学教育具体内容，监督学习中心的学费标准及执行情况；学校设立呼叫中心进行招生监督回访，以确保招生质量；定期对学习中心进行走访和业务指导，一旦发现问题，及时解决，根据多年的招生和服务经验，及时更新《校外学习中心招生工作指南》和《学习中心业务指导手册》等，对学习中心一线工作人员进行业务指导和培训。

3. 深化教学管理

追求高质、高效的教学实施及科学真实的质量考核结果是北京语言大学网络教育学院一直以来常抓不懈的教学工作目标。学校从教学和考核标准制定、过程监管和工作组织等多方面入手，采取行之有效的措施保证教学质量。

制定清晰标准，有章可循。学校聘请校内专业专家，拟定培养目标和教学实施计划。在此基础上，结合教育主管部门的各项管理规定，对教学计划中各类课程的学习目标进行明确说明，设定符合中国学生学历教育质量要求的课程考核形式，并根据学习目标和考核形式，建设教学资源及学习辅导内容。

掌握学习动态，有的放矢。学校制定辅导工作要求，聘请合格师资进行课程辅导，定期对辅导教师进行业务培训。开展混合式教学，强化导学管理，以学生为中心进行学习过程监督管理。严格按课程考核要求进行形成性考核成绩评定，依托技术手段掌握学生的学习参与情况和学习效果，并针对学生学习难点进行辅导答疑。

清晰工作职责，严肃教师考核管理。网络教育学院制定科学详细的教师工作规范，明确说明岗位职责、工作标准及考核要求，加强对全部教师的工作，根据工作规范制度要求进行量化考核并引入绩效管理制度，提高教学质量，约束教师行为，保证教学辅导质量。对学习中心督导管理教师进行积分考核，采取奖优罚劣的方法，促进学习中心督导教师，及时督促学生参与学习，保证学习效果。

规范工作流程，严格管理监督。远程教育的技术先进性使得跨时空、跨地域的学习成为现实，但网络教育学院独特的教学模式对过程管理提出了新的要求。学校为了保证各项教学工作能够顺利实施并取得良好的教学质量，从业务流程开始梳理，注重细节和关键点控制，制定工作流程和操作规范，涵盖教学管理、教学辅导、学习中心落地实施和过程管控等不同参与人员，每个岗位职责明晰、高效、规范，同时，学校对各节点工作结果有明确要求，并采用科学的监督管理策略对关键点进行控制，保证远程教育的顺利实施和教学质量。

4. 严格考试管理

课程考试管理是学校始终强调的重中之重。在考试过程中，学校始终坚持以下原则：

建章立制，有法可依。学校建设有完善合理的《考务工作手册》，对考试要求、考试组织规范、考试纪律有明确说明及相应违规处理意见，并能够严格执行。

加强考前组织培训。为提高学习中心的重视，任何课程考试之前，都将进行 3 类培训：

学习中心考试组织及制度培训、巡考人员培训和监考人员培训。将制度性要求详细传达，对组织工作进行规范培训，提高各类教师对特殊问题及突发状况的处理能力，保证考试组织顺利实施。

考试过程监督管理。一直以来，学校在招生之初，即通过电话回访对所有学生进行学习形式、考试要求的普及性教育，杜绝违规招生。在学习过程中也多次提醒学生遵守考试纪律。考试过程中，学校为80%以上的考点安排巡考教师，巡考教师均为学院任职教师。巡考教师对考点纪律负责巡视，要求每个教室都张贴考场纪律规范，监督监考教师、严肃考场纪律，检查学生身份证件及准考证(无证或证件不符不得参加考试)，并对违规行为进行严肃处理。此外，检查学生签到和考场记录，对考场情况进行拍照记录，确保考试真实有效。

考试内容的保密。学校专人专岗负责考试试题建设，依托技术平台，进行完善的题库建设。根据学习目标及组卷原则制定试卷，并组织2名以上辅导教师进行试题评测，保证试题的难度及考核内容的正确性。每次考试，课程组卷数量都不少于2套，由试卷负责人直接与印厂联系印制，并由专人负责试卷的复检运送。要求考点有完善的试卷存储条件，考前严格检查试卷密封的完整性。对试题违规行为进行严肃处理，必要时终止当前批次考试并启动备用试卷。在严格的控制下，迄今未发生严重考试试题泄露事件。

所有考试试卷，全部回收至学校本部，由学校组织专业教师进行试卷评阅。试题评阅标准清楚，给分明确。如学生认为成绩有异，可在规定时间进行成绩复查。通过以上努力，学校对试题试卷及阅卷工作做到了严密科学、公平公正。

5. 加强考风考纪教育，严处违规违纪

学校对考风考纪保持高度重视，全方位、全过程进行监督管理。

对校外学习中心相关人员进行业务培训，提高服务和管理教师的思想认识，严肃考试组织工作，保证考试组织严谨规范。对出现工作疏漏或违规的考点进行严肃处理：考前发现问题及时纠错，保证考试顺利进行；考中发现问题，终止考试或告知成绩作废，严重者撤销考点，直至停止学习中心合作。

学校对远程教育在读学生进行学风和考风考纪教育，提高学生的思想认识，严肃认真对待各类考试。通过招生回访、入学教育、《学生手册》、考前提醒、学风要求、考场纪律等，全过程、全方位进行思想教育，防微杜渐。如有学生违反考纪，学校将根据考纪规定严肃处理，直至勒令退学、开除学籍。

6. 规范毕业管理

在毕业论文撰写环节，北京语言大学网络教育学院统一制作了毕业论文写作指导课件，并就每个专业的毕业论文写作制定了《北京语言大学网络教育学院学士学位论文写作规范(××专业)》，就毕业论文的含义、写作程序、时间安排、撰写格式、成绩评定、注意事项等方面进行详细的阐述，并提供参考题目及参考样式。全部论文的写作和指导、评审全部通过管理平台完成，实现了毕业论文的规范化管理。应用“知网论文查重”服务，把控学位论文质量。根据成人学生对专业知识学习以应用为主的特性，北京语言大学对本科学位授予质量进行严格审核，提高了毕业论文的质量要求，并将毕业论文和学位论文区分管理。

毕业条件审核方面，北京语言大学网络教育学院对已满足教育部规定的最短学习期限的学生，进行毕业条件认定，对学生的学分取得情况、课程成绩、论文等进行复核。

（八）品牌声誉

办学声誉方面，主要有：

- “继续教育优质资源共建共享的探索与实践”项目获评2017年北京市高等教育教学成果二等奖。
- 英语教学团队获评“北京市继续教育优秀教学团队”。
- “初级日语Ⅰ”“中外文化交流史”“听说Ⅰ”3门课程获评“国家级精品资源共享课”；“中国文化概论”“初级日语Ⅰ”获评国家级精品课。
- “中国的物质文化——衣食住篇”和“中国的精神文化”两门课程入选“国家级精品通识”课程。
- “介词辨析（下）”“卡门—浪漫主义的‘恶之花’”“会意字字例讲解”“英语语法系列微课”等12门课程在全国“微课”大赛中获奖。
- “英语语法”“中外文化交流史”“综合英语Ⅰ”3门课程在MOOC中国联盟上线并开放。其中，“英语语法”荣获MOOC中国2016—2017年度“最受学生喜爱的课程”。
- “以流程管理促远程教育机构学生支持服务质量提升”“基于MOOC平台的创新型远程国际汉语教师培训项目（ICTP）”“当代中国国情与文化——基于信息化的网络教育推动中华文化境外传播课程”和“在线教育大数据分析平台推动教育教学创新”4个项目入选“中国高校远程与继续教育优秀案例库”。
- 计算机专业学生在“北京高校继续教育大学生计算机应用竞赛”中获评二等奖、三等奖。
- 两位老师获选中国成人教育协会第二届“中青年学术新秀”。
- 获选教育部在线教育联盟“语言教育与文化传播e计划”牵头单位。

社会声誉方面，主要有：

- 连续20余次获评新华网、腾讯网等主流媒体和协作组授予的“十佳网院”等称号。
- 为“MOOC中国联盟”“中国移动学习联盟”“国际远程教育合作联盟”首批发起单位和副理事长单位。
- 连续6年，北京、苏州、淄博、福州、威海、南京、乌鲁木齐、福州、德州、济宁、青岛企创、大连12个学习中心获评“中国远程教育校外学习中心”荣誉称号，其中苏州和威海两次获得该称号。

此外，我校网络教育学院在汉语国际推广和中华文化传播、创新创业人才培养、关注特殊群体、扶贫攻坚助学以及与其他机构、院校的资源共建共享等方面也取得了不少成绩。

二、试点成绩和经验

北京语言大学开办网络教育以来，一直坚持“立德树人”根本任务，在各个方面都取得了良好的成绩，也积累了不少经验。

（一）确立理论指导实践的专业化发展思路

为了促进网络教育的专业化发展，学校鼓励教职工深入开展远程教育相关理论与实践的研究，并营造了良好的学术生态和基于工作价值转化的创新环境，支持开展了相关研究项目和基于工作的创新项目，如基于微信平台的课程设计与开发、现代远程教育学生归属感提升策略探索等。鼓励教职工踊跃参加国际学术研讨会、业内的培训会和分享会，研究最新的网络教育动态，不断追踪网络教育的技术热点与教学热点，用理论指导解决网络教育实践中的难点与痛点。近 3 年来，北京语言大学网络教育学院教师于核心期刊发表论文 6 篇，国际会议发表论文 5 篇，出版教材 2 本，申报省部级项目 1 项，两位老师获评中国成人教育协会第二届“中青年学术新秀”。已有研究成果使北京语言大学的网络教育实践能够在理论的指导下不断提升、不断创新，在各方面都得到了良好的发展。

（二）创新网络语言教育教学模式

针对北京语言大学语言教学的优势，试点以来北京语言大学一直把创新有效的网络语言教学模式作为研究重点，积极创新和实践。特别是始于 2009 年的混合教学模式改革，是对国家提倡混合教学政策的响应，不仅提升了学历教育的质量，扩大了非学历高端培训的规模，支持了北京语言大学不同类型教育间的协同发展和教学模式创新，同时还为校内课堂教学改革提供了参考和经验，如翻转课堂模式、混合同步教学模式等。

试点以来，在不断实践的基础上和建构主义、克拉申输入假说、互动教学等理论的指导下，北京语言大学的网络语言教学模式经历了 3 个发展阶段：从最初的“资源主导教学模式”（2001—2008 年），发展到“阶梯目标引领下的混合教学模式”（2009—2014 年），再到现在教学效果良好的“在线交互式混合模式”（2015 年至今），并在成人夜大学历教育、高端培训项目、远程汉语国际教育项目等实践中都取得了良好的实践效果。

（三）坚持优质资源共建共享

北京语言大学坚持优质资源共建共享的理念。在校内，网络教育为成人夜大教育学生提供网络课程和支持服务，为学校的中国学生提供优质 MOOC 课程、创新创业课程、职业证书课程和安全教育等优质课程资源，为学校的来华留学生、境外联合培养学生以及外籍校友和学习者提供各类在线汉语课程。同时，积极推动和探索与校外其他类型机构间的学分认定与转换。一方面，以面向国内继教、职教院校、电大和培训机构共建学分认定和转换体系的方式，开展特色课程的共享和优势专业的共建，如协助云南开放大学建设汉语国际教育本科专业；协助北京开放大学共建会计专业等；另一方面，发挥自身国际化优势，积极探索与国外院校或机构在课程和证书方面的学分认定和转换，如“中级汉语听说”“初级汉语读写”两门课程被美国鲍勃琼斯大学认定为其学分课程；“中国当代国情与文化”课程被美国社区大学联盟推荐为全美社区大学学分课程等。

作为“MOOC 中国联盟”副理事长单位，积极推动优质资源共建共享。北京语言大学“继续教育优质资源共建共享的探索与实践”项目荣获 2017 年北京市高等教育教学成果二等奖。作为教育部“语言教育与文化传播 e 计划”牵头单位，至今已联盟 15 家单位，初步形成了资源共享、学分转换与衔接机制的实施方案，确定了《语言教育与文化传播优质资源建设标准》，并建立了资源建设质量保障机制。

（四）以流程优化促进学生支持服务水平提升

构建了以远程学生学业过程为主线、以满足学生发展和学习需求为目的的网络教育学生支持服务流程体系，形成了包含有17个一级、62个二级、219个三级流程的《北京语言大学网络教育学院流程规划表》和《北京语言大学网络教育学院流程管理手册》，实现支持服务流程的有效执行与不断优化提升，为行业学生支持服务和远程教育质量保障提供了参考案例和实践经验。

（五）形成"三位一体"质量保障体系

通过近20年的实践及总结，北京语言大学网络教育形成了"三位一体"的质量保障及监控体系，切实保障招生、教学及服务质量，强调外部质量控制和内部质量控制的有机耦合。"三位"体现为政府的质量要求、社会的质量声誉和学校内部的质量控制。其中，学校内部的质量控制主要关注招生、教学及服务各个环节，并形成了相应的质量要点，可概括为：招生环节——按章办事、跟踪回访、考核评优；教学环节——增强导学、助学、促学力度，监控学生学习状态、完善题库建设、严把考试关；服务环节——一切为了学生、为了一切学生、为了学生的一切。"一体"是指学生，各类质量控制紧紧围绕学生学习的要求和需求。"三位一体"质量保障及监控体系的实践运行，切实保障了网络教育质量。

（六）以远程汉语国际教育和中华文化传播为己任

遵照习近平主席"要推进国际传播能力建设，讲好中国故事、传播好中国声音，向世界展现真实、立体、全面的中国，提高国家文化软实力和中华文化影响力"的讲话精神，同时秉承北京语言大学的办学特色和优势，网络教育学院始终把汉语国际教育和中华文化传播视为重要的使命。北京语言大学网络教育学院是我国最早面向境外开展远程汉语国际教育的机构，经过近20年的实践与发展，学校建设成了以汉语培训、汉语教师培训和中华文化传播为主体的远程汉语国际教育业务体系，积极面向海外市场招收各类远程汉语学员，自主研发了"网上北语"远程汉语国际教育教学平台，形成一套行之有效的北京语言大学特色的远程国际汉语教学模式，设计制作了一批优质的多媒体网络汉语课程。同时，网络教育学院广泛开展国际合作，打造了一系列特色品牌项目。例如，为解决海外优秀汉语教师匮乏而开发的高端在线汉语教师培训(ICTP)项目；为美国鲍勃琼斯大学提供的暑期学分课程；为泰国商务人士提供的商务汉语项目；为印度尼西亚青少年提供的文化与语言课程；为韩国乌珍公司提供的高管汉语培训项目，以及作为美国社区大学联盟学分和面向联合国官员学习的"当代中国国情与文化"课程，等等。

随着全球在线教育的蓬勃发展和MOOC大潮的到来，学校紧跟时代潮流、创新发展，在汉语教学资源和教学平台建设方面实现了跨越式发展，强调以育人需求引领发展、注重在线移动教学，提出互动在线混合汉语教学模式。同时，通过课程资源共用、在线混合和翻转课堂教学，积极探索远程汉语跨境教学与来华留学生汉语课堂教学互利融合、协调发展的有效路径，为学校进一步拓展国际教育办学空间、深化教育国际合作与交流提供助力、积累经验。

（七）坚持服务社会的办学导向

积极响应国家人才发展战略，始终以服务社会为办学导向。

（1）校企合作，助学历提升。对接行业、企业人才需求，在相关专业教学计划内融入行业相关课程满足行业人员的学习需求，促进行业、企业从业人员的学历提升。如根据我国《保险销售从业人员监管办法》（保监会〔2013〕2号）文件精神，2015—2017年开展了“保险销售人员学历提升计划”。

（2）多语种培训，促技能发展。面向社会群体，以“多国语言在线”和“网上北语”平台为依托，以岗位能力提升为目标开展多语种培训。例如，鲁迅文学院青年作家英语培训项目、马来西亚英语培训项目、佳能高管汉语项目、MI能源俄语项目、中国铁建国际集团法语项目、中铁十九局集团国际公司沙特项目等。

（3）关注中西部及贫困人群，实现助学扶贫。关注社会特殊人群及中西部和贫困地区的人才培养需求，与国家相关企业、单位进行密切合作，开展各类公益助学项目。例如，为了帮助部分未能实现大学梦的在职青年在工作之余顺利圆梦大学，配合共青团昆明市官渡区委开展的“青年志愿者圆梦大学助学行动计划”（官青通〔2014〕18号）。为服务国家“汉语走出去”和“一带一路”倡议，针对泰国商务人士在与中国交流合作中使用汉语进行沟通的需求，设计了5个层级的在线商务汉语课程。针对印尼华侨子弟和青少年开设了文化与语言课程，帮助他们了解和学习中国文化，同时提升其汉语表达能力。

三、存在的问题

（一）成人学生的思政教育仍需不断加强

党的十八大以来，北京语言大学特别重视成人学生的思政教育，围绕立德树人目标，确立了“三位一体”育人原则，制定了网络教育学院《学生思政工作具体实施方案》，在落实“三全育人”方面做了不少探索与实践，所开展的《新时代远程高等学历教育学生思政教育策略研究与实践》项目也入选了2018年度中国教育发展战略学会终身学习委员会的重点课题。然而，由于以往阶段对于成人的思政教育工作在整个教育体系内客观上存在有相较其他教育主体的重视相对弱化现象；此外，网络教育办学模式决定了办学中需要有大量的外聘辅导教师和学习中心支持服务教师，由于以往阶段对这部分教师有关“三全育人”方面的学习培训不够充分和深入，致使他们对于“三全育人”的内涵、实施途径和方法等方面内容的掌握和理解不到位。基于以上原因，对标新时代的新要求，北京语言大学针对成人学生的思政教育还有差距，仍有很多需要努力的空间，网络教育成人学生的思政工作需要在理念、模式、策略和方式等方面不断创新和加强。

（二）应用型人才培养质量仍需不断提升

北京语言大学网络教育学院一直坚持并不断创新应用型人才培养模式，试点以来为社会培养了大量的优秀人才，获得用人单位和学生的一致好评。但是，一方面，由于成人在职学生存在着较为严重的工学矛盾和家学矛盾，且自主学习能力相对较弱，在一些学生中也存在有“只重考试结果，不重学习过程”“只重一纸证书，不重真才实学”等不良意识；另一方面，北京语言大学网络教育学院及其校外学习中心在督学、导学、促学和助学等学生支持服务方面以及学生学风教育引导和教学管理制度方面仍有需要加强和进一步完善的地方，造成部分学生学习参与度不高，学习积极性欠缺等问题，影响了学校人才培养的质量。因此，未来，北京语言大学网络教育学院在应用型人才培养方面需要采取更加系统有效的措施，切实提升育人质量。

（三）服务国家战略与区域经济发展对人才需求的能力和渠道有待继续拓展

在服务国家战略方面，北京语言大学网络教育学院始终把汉语国际教育和中华文化传播视为重要使命，经过近 20 年的实践探索，设计开发了先进的远程汉语国际教育教学平台和优质的国际汉语在线课程资源，承担了文化部的“在线文化讲堂”课程项目，助力“一带一路”沿线国家语言与文化类人才培养，很好地支持了国家“汉语走出去”和“一带一路”倡议。但是，由于我校网络教育学院自身海外渠道开发与拓展能力相对薄弱，对不同国别和区域对于远程汉语和中华文化学习需求、网络环境、网络教育的接受度等方面的了解还不够深入全面，使得部分远程汉语国际教育项目的服务对象定位不够准确，或者因网络条件等因素遇到实施困难等问题，导致项目受众和教学效果无法达到预期目标，后续仍需从服务国家战略层面进行深入拓展，并充分了解目标区域的相关情况，做好相关项目的设计和实施。

在服务区域经济发展方面，除服务于各行业、各类人才需求的学历教育项目外，在非学历培训方面也做了很多探索，开设了多国语言在线项目、学位英语项目、港大面试项目和高端培训等，培养了一批优秀的人才。不过，因学校的优势和特色专业并未有强大的行业背景（如铁路系统、石油系统、教师系统等），加之学校网络教育学院对区域经济发展、人才需求情况的了解还存在不够全面、深入的情况，因此现有非学历项目的开发与拓展在服务行业、企业方面以及项目覆盖的广度和深度方面仍存在不少欠缺，后续仍需继续深入挖掘行业企业需求，创新合作模式，进一步拓展各类培训项目。

（四）服务学校信息化建设的作用仍需进一步加强

长期以来，北京语言大学网络教育学院积极服务于学校的信息化建设，尽心竭力辅助学校做好教育教学改革和质量提升工作。虽然北京语言大学网络教育学院积累了优秀的教学平台、课程资源、教学案例库和教学素材库，在平台开发和资源制作方面储备了具有创新性的人才，为学校的信息化建设做了很多贡献，如承担语言资源高精尖创新中心委托的“全球语言文化在线博物馆”项目语料部分的制作与服务、教务处委托的 MOOC 制作等。但是，在信息技术飞速发展，大规模开放在线课程的兴起和学生需求日益多元化方面，高等教育面临着前所未有的机遇与挑战，作为北京语言大学教育信息化实践的前沿阵地，网络教育学院在未来仍需进一步加强其服务学校信息化建设的能力。

四、推进网络教育转型提质升级的思路和举措

对标新时代“办好继续教育”的总体要求，围绕“培养什么人、怎样培养人、为谁培养人”这一根本问题，在全面总结，深入研究讨论基础上，北京语言大学提出了下一步推进网络教

育转型提质升级的工作思路和举措，具体如下。

（一）坚持“三位一体”育人原则，全面落实“三全育人”

全面加强党对教育工作的领导，坚持立德树人，坚持“价值塑造、知识传授、能力培养”“三位一体”育人原则，构建组织保障机制和系统实施方案，继续全面落实“三全育人”。一是加强“三全育人”的系统规划与制度建设。二是继续加强对各类教师的有关“三全育人”的内涵、实施途径和方法的培训。三是修订学生培养方案并基于所开展的思政项目研究成果，对学生培养方案进行全面修订，以将学生的思政教育贯穿学业学习的始终。四是秉持思想政治工作是北京语言大学各项工作的生命线，精心培养和组织一支会做思想政治工作的政工队伍，把思想政治工作做在日常、做到个人。五是加强思政课程资源体系建设。六是进一步丰富“思政”专栏，定期发布有关实事热点、国家发展成就、民族精神、传统文化、道德修养等专题报告。七是充分发挥党员学生在班级中的作用。

（二）围绕应用型人才培养目标，深化教育教学改革

进一步深化专业教育和职业教育的衔接以及专业教育与创新创业教育的融合，推进产教融合、校企合作，培养更多的高技能人才。继续加强学风建设和教学管理制度建设，继续利用大数据分析加强教学过程管理，继续做好学院“在线教育大数据分析平台”建设工作，全面实践混合式人才培养模式。

（三）以学生为中心，加强学生支持服务体系建设

以促进学生的发展和解决学生学业过程中的困难为核心，继续优化学生支持服务体系。一是持续优化学生支持服务流程规划表和《流程管理手册》。二是开展具有区域特色的各类学生活动。三是不断丰富学生支持服务工具与手段。四是充分利用大数据学习行为分析平台所取得的信息，为学生各学习节点提供个性化、差异化服务。五是继续加强对校外学习中心人员的业务培训和制度培训，增强学习中心人员对北京语言大学学生的支持服务质量。

（四）提高建设标准，开发优质学习资源和平台

未来，资源建设的主要任务：一是提高资源建设标准，强化常规课程的精品化建设；二是提升满足学生个性化学习需求的 MOOC 精品课程建设质量；三是加强学习资源库建设和管理；四是加快新开设专业课程和通识课程的建设进度；五是加强教学活动设计和新技术应用，支持教育教学改革。此外，在平台建设方面，北京语言大学网络教育学院将继续开发可服务于多元机构、多样化需求的综合学习与教学管理平台。

（五）进一步健全和加强师资队伍建设

根据新时期对教师的新要求，进一步健全和加强师资队伍建设。一是创新各类教师队伍建设模式。根据不断变化的学生规模与学生需求，创新课程主讲教师、辅导教师和论文指导教师队伍建设模式。二是积极推进北京语言大学网络教育内部教职员工的专业化发展。以专业化发展为目标，积极引导教职员工，通过深入推进各种形式的调研、学习和培训，以及

基于工作的创新和研究，不断提升整体队伍对于远程教育规律、成人学生成才规律以及成人学生思政教育规律的认识和把握，这是实现“立德树人”目标和网络教育整体质量提升的一项重要工作。

（六）服务国家战略，深入推进远程汉语国际教育和中华文化传播

继续以服务国家战略为目标，深入推进远程汉语国际教育和中华文化传播。

一是大力发展汉语非学历培训和师资培训项目。在现有汉语培训项目、汉语师资培训(ICTP)项目和中华文化课程项目的基础上，重点开拓针对不同国别、行业、企业、商会的国别化、专业化的汉语培训项目，以及与更多国外高校的课程(如学分课程)合作项目和专业共建项目。同时，抓住“一带一路”倡议的发展机遇，加强与沿线国家相关机构的合作交流，针对不同国别需求，开发汉语国际教育学历和非学历项目。

二是助力中华文化国际传播。充分发挥作为教育部“语言教育与文化传播 e 行动计划”牵头单位和“MOOC 中国联盟”副理事长单位的资源和联盟力量，抓住文化部委托制作“在线文化讲堂”课程项目的契机，进一步丰富中华文化相关资源，开拓中华文化国际传播路径。

三是加强在线汉语课程资源与教学平台建设。建设满足不同教学模式和不同学习需求的优质在线汉语课程(包括汉语课程学习 App 产品等)，运用新技术不断升级和完善在线汉语教学与管理平台和网站，为项目推广与展示、教学模式实施、课程学习及教学管理等提供支持和保障。

四是探索多种在线互动混合教学模式。根据不同项目的具体要求和学生的实际情况，探索全部远程互动、部分远程互动＋当地面授、部分远程互动＋来华面授、部分远程互动＋当地面授＋来华面授等多种互动混合教学模式。

五是深化国际合作与交流机制。充分利用学校孔子学院、海外分校办学资源，探索海外面授教学和远程跨境教学的融合机制，以远程教学的方式加强对海外办学的支持力度，保证办学质量，扩大办学规模。

（七）服务区域经济发展，大力拓展中国学生非学历教育

树立服务区域经济发展、民族地区发展意识，发挥学校学科与专业的优势，以更新知识和提高技能为重点，开展大规模的非学历培训，助力学习型组织(机构、单位)建设。一是在现有英语、小语种、高端培训以及课程共建共享等各类项目的基础上，深入挖掘学校学科优势，围绕区域经济发展对人才的需求，积极开发和拓展其他各类培训。二是采用多种混合教学模式进行非学历产品供给侧创新，拓展非学历项目的办学空间和服务范围。三是坚持共享理念，通过与政府、行业、企业等的多方合作和协同发展，服务更广泛的学习者需求，大力拓展非学历教育规模，增强非学历项目的服务面和覆盖面。四是储备优秀师资库、建立更加完善的面授与在线学习支持服务体系和学员俱乐部等，提升非学历项目的附加价值。

（八）充分发挥现代远程教育试点的经验，提升服务学校信息化建设的能力和水平

北京语言大学网络教育学院将继续做好服务学校信息化建设方面的工作。一是服务校内本科生教育，从选修课、职业证书、素质教育(如创新创业课程、思政课程和职业道德课程

等）、双学历教育等切入，将网络课程资源、教学素材库和案例库用于校内本科生。二是服务校内研究生教育（在职），支持学校在统一的招生政策和统一的质量框架下探索多样化的混合教学模式，供学习者选择。三是在服务学校“双一流”建设方面，将继续发挥北京语言大学网络教育学院在资源设计、制作和平台开发方面的优势，支持学校汇聚优秀师资，建设一流的大规模开放在线课程。

未来，北京语言大学仍将致力于把网络教育学院建设成在国内语言类同类院校中位居前列，在远程汉语国际教育和中华文化传播中处于领先地位，特色鲜明、质量一流、国际化的学院而不断努力。

中国传媒大学现代远程教育试点工作总结

中国传媒大学自2000年开始，被列入现代远程教育试点名单，成为现代远程教育试点高校之一。一直以来，中国传媒大学始终明确人才培养是远程教育的根本任务，将包括远程网络教育在内的学历继续教育放在与本科教育、研究生教育同等重要的位置上，共同构成中国传媒大学完整的人才培养体系。自开展试点工作至今，中国传媒大学远程教育事业快速发展，成果显著，培养了大量应用型专门人才，为国家经济、社会发展做出了贡献，尤其是为我国广播影视和信息传媒行业的繁荣提供了有力的人才支撑。

一、远程教育试点回顾和基本情况

1998年，教育部正式批准首批现代远程教育试点院校，远程教育试点工作正式启动。北京广播学院（中国传媒大学前身）组成了专门队伍，对中国传媒大学申请现代远程教育试点工作进行了论证。学校认为，现代远程教育是利用最新的现代通信技术开展的新型教育形态，将会对整个教育领域产生深远影响。中国传媒大学作为国内信息传播和广播电视行业的龙头院校，在利用现代信息技术方面必须走在前面。抓住这一难得的历史机遇，将可以深化教学改革，极大提高学校的办学水平，有效满足我国广播影视行业和信息传媒行业对高素质专门人才的迫切需求，对中国传媒大学服务社会、提高办学声誉都具有重要意义。在此之前，中国传媒大学曾利用卫星电视等远程教育方式为广播电影电视部等系统提供规模化专业培训，为数万广播电视系统工作人员进行授课，在利用现代通信技术开展远程教育方面拥有一定经验和优势。经过充分论证，中国传媒大学整理了相关资质和材料，向教育部申请试点资格，开展远程教育试点。

2000年，中国传媒大学专门成立了“现代远程教育中心”，作为远程教育工作组织和实施的专门管理部门。由时任北京广播学院院长刘继南亲自牵头，召集校内各二级学院院长、教学负责人及各学科带头人组成工作组，商讨开办远程教育试点工作的各项事宜；投入专项资金，建设远程教育所需要的各项软硬件环境；选拔全校最优秀的师资和技术骨干，组成课程团队，借鉴国内外最先进的远程教育理念，制作高水平的网络课程，为开展现代远程教育试点工作做好充分的准备。

2000年7月，教育部办公厅下发《关于对北京中医药大学等五所高校在成人教育形式当中开展现代远程教育试点工作的批复》（高教厅〔2000〕9号），批准中国传媒大学（原北京广播学院）开展现代远程教育试点工作，中国传媒大学成为当时教育部在全国的31所试点院校之一。

2001年4月，中国传媒大学在河南省郑州市召开了网络教育教学点建设现场工作会议。全国22个广播电视（影视）厅（局）的人事教育负责人和教学点管理人员、技术人员共计63名代表参加了会议。广播电影电视总局人教司副司长刘爱清参加了会议并做总结报告，教育部高教司远程与继续教育处副处长李平出席会议并讲话。会议代表们在郑州广播电视学校(中国传媒大学远程与继续教育学院网络教育教学点)多功能教室观看了通过视频会议系统传输的刘继南院长在北京主教室的致辞和中国传媒大学远程与继续教育学院教授的实时授课,并通过有线电视网络登录中国传媒大学远程与继续教育学院校园网浏览网络教育教学管理平台。这标志着中国传媒大学至郑州网络教育教学点现代远程教育网试通成功。

2001 年 4 月 21 日至 22 日,中国传媒大学在全国 11 个网络教育教学点进行了首次网络教育招生入学考试,共有 3013 名考生报考。7 月,录取首批现代远程教育学生 2052 名报到注册。从此,中国传媒大学远程教育试点工作全面展开。

远程教育开学典礼如图 1 所示。

图 1　远程教育开学典礼

2005 年 5 月,原中国传媒大学现代远程教育中心、继续教育学院、成人教育学院合并,成立远程与继续教育学院。2015 年,学校实行学部制改革,远程与继续教育学院同培训学院合并,成立中国传媒大学继续教育学部,远程与继续教育学院成为学部下属学院之一,负责我校学历继续教育和在线非学历继续教育工作。

中国传媒大学远程与继续教育学院现拥有网络、函授、业余等多种教学形式,开展高中起点专科、专科起点本科和高中起点本科等层次的学历继续教育。目前,中国传媒大学在全国现设有 64 个现代远程教育校外学习中心,同时依托公共服务体系建立学习中心 89 个。开设的现代远程学历教育专业 27 个,均为校内全日制普通教育开设专业,大部分都是本校优势专业和特色学科。开展试点至今,中国传媒大学共招收现代远程教育学生 99 454 人,毕业生 19 471 人,授予学士学位 2968 人。

二、试点以来取得的成绩和经验

清晰的办学定位和顺畅的管理关系是办好远程教育的前提基础。在开办现代远程教育过程中,中国传媒大学明确"主办高校是现代远程教育的办学主体和责任主体",深刻认识到现代远程教育的教学质量和服务管理状况直接影响到主办校的办学声誉,确保招生、教学、办学权都在学校,严格按照相关制度规定设置和管理学习中心,规范建点和招生宣传,按照校内教学标准组织学习活动，严格执行考试规定，认真做好学习支持服务，确保教学安全稳定。通过理顺关系，明确权责，中国传媒大学现代远程教育得以扎实稳步地协调发展。自开展试点以来，中国传媒大学现代远程教育始终将教学质量视作学校办学的生命线，努力推动人才培养机制的改革和创新，面向社会、面向行业，主动服务于国家战略。开展试点以来，取得了一定的成绩和经验。

1. 建立完善的规章制度体系，保证人才培养质量

教学质量是学校的生命线。中国传媒大学始终将不断提高教学质量作为学校开展现代远程教育的核心目标。高质量的现代远程教育离不开完善、规范的规章制度体系。自开展试点以来，中国传媒大学不断规范现代远程教育各个环节的工作，建立了从招生管理到教学管理、教务管理学习支持服务、教学督导、课程学习资源建设、校外学习中心管理等一系列规章制度，有效覆盖到远程教育工作的方方面面，确保现代远程教育各方面工作都有章可循。完善的制度体系建设是中国传媒大学现代远程教育得以健康发展的基础和保障，也是中国传媒大学开展现代远程教育以来取得的重要成绩之一。

远程教育所开办的专业均为校内普通全日制教育开设专业；培养方案的制定充分体现应用型人才培养的特点，确保应用型专门人才培养的目标定位不偏移；教学计划和课程大纲均由校内各院、系制定，符合课程体系建设要求和专业人才培养要求；教学活动全部通过远程教学管理平台进行统一管理，确保教学权始终掌握在学校手中；重视学习的实际参与和形成性考核，探索实践教学的新方法；高度重视考试管理，对任何考试违纪、作弊行为零容忍；加强教学督导，建立了内外部督导相结合的完善教学质量监控体系。通过全方位严格管理，确保了现代远程教育人才培养的质量。

2. 充分满足了行业和社会的人才需求

中国传媒大学远程教育秉承“植根广电系统，面向全媒体，服务全社会”的办学理念，以培养具有较高信息素养和技能的应用型专门人才为目标，不断满足社会和广播影视、信息传播等行业对合格传播人才的需求。开展远程教育试点以来，累计招收学生近 10 万人，毕业学生近 2 万名，开展非学历培训岗位培训，累计培训人次达 21 万。其中大部分毕业学生都成为全国广播影视系统和传媒行业的骨干，有效满足了我国信息传播行业的人才需求。

中国传媒大学现代远程教育主动服务国家战略，努力满足社会需要。2011 年，为贯彻落实党中央书记处对共青团做好新形势下农民工工作的要求，支持广东团省委推出新生代农民工骨干培养发展计划，又称“圆梦计划”。中国传媒大学与广东团省委合作，共同支持“圆梦计划”。学校通过减免学费和广东团省委的资助，为 80 名农民工圆了大学梦。2012—2016 年，中国传媒大学与国家广电总局合作，对西部地区内蒙古、广西、重庆、四川、贵州、云南、陕西、甘肃、青海、宁夏 10 个省(区、市)的市、县广播电视单位(含工作地点在省会城市以外的省局直属单位)专业技术人员，西藏、新疆和新疆兵团 3 个省区所有广播电视单位专业技术人员实施广播影视远程专业学历教育。学员学费的 80%由国家广电总局资助，其余 20%由个人和单位分担。该项目连续实施 5 年，共有 907 名学员获得学费资助。此项计划后来逐步拓展至中东部各省区。通过服务社会，认真履行高校的大学使命，获得了良好的社会声誉，陆续收获来自学生和用人单位的好评。

开展试点以来，中国传媒大学积极利用现代远程教育技术，结合行业需求，对全国广播电视系统进行了多次大规模的岗位培训和继续教育。从2000年起,中国传媒大学远程教育陆续对全国30多个省、自治区、直辖市广播电视(影视)局和新疆生产建设兵团广播电视局所属的广播电台、电视台、有线电视台、教育电视台的编辑、记者、主持人、策划人员、节目制作人员和管理人员开展广播电视节目制作培训,广播电视管理培训,影视技术岗位培训,编辑、记者、主持人资格考试培训等。尤其是2003年,中国传媒大学远程教育对29个省、自治区、直辖市广播影视局和新疆生产建设兵团广播电视局、中国广播影视集团所属的新闻采编人员开展了资格培训,共有约10万名学员参加了培训。试点以来,中国传媒大学远程教育已经为21万余人提供了在职学习服务,有力地支持了广播影视及传媒行业的发展,为我国信息传媒事业的发展贡献了自己的力量。

3. 强化教学管理,不断提高教学质量

中国传媒大学现代远程教育牢固树立以教学质量为根,以为学生服务为本,全面协调可持续的科学发展观;明确"两个主体"责任意识,强化学校的办学主权,将提高教育质量、培养合格人才作为首要目标;明确一把手负责制,由中国传媒大学校长承担教学质量第一责任人;强化教学环节和教学流程的全过程管理,打造过硬的教师队伍,提高学习支持服务水平,严肃考风考纪,确保教学运行的安全稳定,确保办学规模和远程教育学习支持服务能力相适应,促进办学规模、结构、质量和效益协调发展。

教学管理工作研讨会如图2所示。

图2 教学管理工作研讨会

中国传媒大学远程教育高度重视对学生学习行为的监督和管控,通过完善教学环节设计,保证学习行为的发生,从而落实教学主体的教学责任。远程教育学生学习的全部环节包括课程公告、课程学习、作业提交评阅、学习小组、答疑交流、题库自测、视频辅导、学习资源拓展、督导监控等,所有教学和管理环节都通过学习平台完成(见图3和图4)。通过各项教学设计吸引学生上网学习,学校通过对学生学习数据的收集、分析,对学生进行积极主动的引导,保证教学活动实施的有效性。

中国传媒大学远程教育高度重视师资队伍建设工作。为确保中国传媒大学远程教育教学质量,充分体现高校对远程教育的教学主导权,中国传媒大学现代远程教育充分依托校内各二级学院,所有课程的主讲教师均由校内任课教师担任。学校明确要求由各学院选派教学经验丰富、教学水平高、教学责任心强的骨干教师承担和主持远程教学工作,确保远程教

图 3　视频辅导和在线交流

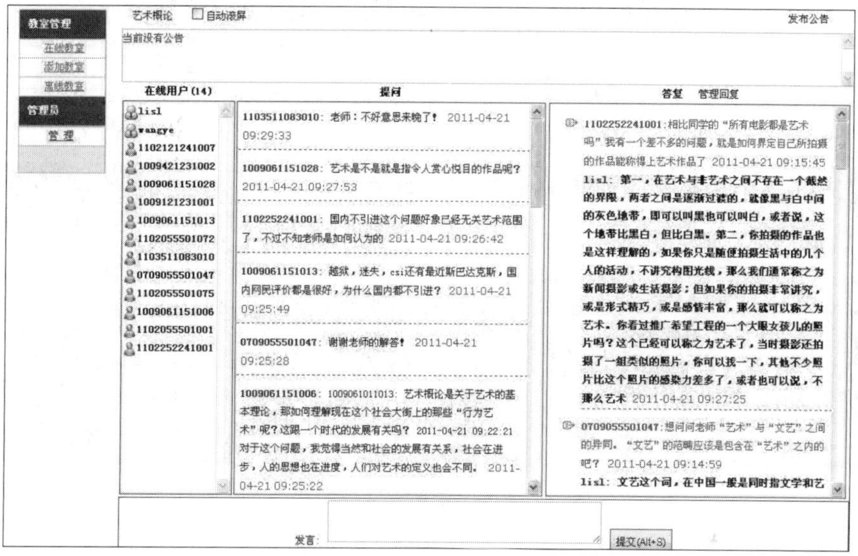

图 4　答疑中心师生交流

育“名校、名师、名课程”的高质量、高水平。目前，中国传媒大学 15 个学院的近 300 名教师活跃在远程教育的教学战线上，辅导教师队伍也在不断更新与优化。中国传媒大学制定并不断完善《中国传媒大学现代远程教育任课教师考核评分标准》，每学期通过教学督导组对任课教师进行考核评价，建立了网络教育精品课程建设制度，并制定了《中国传媒大学网络教育精品课程建设管理办法》，对网络教育精品课程的申报、审批、共享、经费支持等内容作了详细规定。鼓励教师开展网络教育的教学改革研究，鼓励在本科教学中使用网络课程等，并通过科研立项的方式吸引优秀教师投身于远程教育教学和研究工作中，促进远程教育教学质量的提高(见图 5)。

提高服务水平，做好学习支持服务工作。在服务过程中注重以人为本，坚持细化过程。通过网络学习平台中的“课程公告”“答疑中心”“在线交流”“视频辅导”等环节实现对学生的学术性支持服务，确保学生在学习中的问题在第一时间得到解答(见图 6)。建立起多渠道、多手段的非学术性支持服务，通过入学教育、平台问讯处、电话、短信、邮件、QQ 群、微信群、官方微博、手机移动 App 及面对面等多种渠道和手段与学生建立联系，构建起多渠道、立体化的学习支持服务体系，随时随地为学生提供帮助，充分体现现代远程教育的特色。

严抓考试管理，严把考试质量关。中国传媒大学深刻认识到，考试工作是检验远程教育

图 5　远程教育优秀教师受到表彰

图 6　新生入学教育和学习指导

人才培养成果的重要手段，关系到学校的声誉，也关系到远程教育事业的发展。因此，中国传媒大学将考试工作视为中国传媒大学远程教育的最核心内容之一，始终用最严格的标准进行要求。加强考试规章制度建设（见图 7 和图 8），制定了一系列规范课程考核管理工作的规章制度，包括《中国传媒大学现代远程教育学生选考办法》《中国传媒大学现代远程教育课程考核管理办法》《中国传媒大学现代远程教育考场规则》《中国传媒大学现代远程教育监考守则》《中国传媒大学现代远程教育巡考工作细则》等，明确考核准备、试题命制、试卷管理、考场组织、监考、阅卷与成绩评定等内容，涵盖了课程考核管理的各个环节；严格执行考试计划，每年分 4 次设置课程考试计划，认真组织任课教师命题，按照考试管理规范考题进行排版、校对、印刷、分装，并有效、安全地管理试卷；认真做好考试组织工作，考试前做好考风、考纪的宣传工作，考试中严抓考场纪律，杜绝一切违规违纪现象，考试后细致整理试卷，组织阅卷、成绩登记、成绩审核和发布；加强对学习中心的考试监管，认真组织巡考，指导、督察各地考务安排，确保考试的严肃性、公正性；不断探索课程考核的新办法、新途径，以应用型人才培养的目标，结合本校学科专业特点，采取灵活多样的考核方式，加大学习过程在学生成绩评定中的比重，丰富和完善远程教育题库系统，促进考试管理工作的规范化、标准化和科学化，确保考试结果公正、公平。

4. 持续推进教学改革

中国传媒大学现代远程教育较早实施了完全学分制。在建设较为充分、完整的专业课

图 7　认真组织课程考试

图 8　论文答辩

程体系的基础上，实施自由选课和弹性学制，将更多的选择权交给学生，学生根据教学计划的安排，自主设计和优化自己的知识结构，促使学生变被动学习为主动学习，教师不断提高教学质量，推动了中国传媒大学现代远程教育教学管理模式的改革。

2008 年 4 月，中国传媒大学按照“师生为本、学术至上、创新为魂、发展为要”的办学思想和“质量立校、人才强校、科研兴校、特色制胜”的发展战略，制定并实施“中国传媒大学现代远程教育教学质量与教学改革工程”(见图 9)。这是国内现代远程教育的第一个教学质量工程体系，对于提高现代远程教育教学质量进行了有益的探索。“质量工程”以经济社会发展对人才培养的客观需求为导向，以提高教育质量为目标，坚持“积极发展、规范管理、强化服务、提高质量、改革创新”的方针，遵循现代远程教育的基本规律，牢固树立人才培养是试点高校的根本任务、质量是生命线、教学是中心工作的理念(见图 10)。“质量工程”围绕特色专业与课程体系建设、网络教学资源建设与共享、网络教学改革与创新、教学团队与高水平师资队伍建设、教学管理体制创新、教学质量保障和监控体系建设六大工程、16 个项目进行。通过“质量工程”的实施，中国传媒大学现代远程教育在教学和管理的各个方面都取得了长足的进步，初步建立了全面协调可持续发展的机制，使中国传媒大学现代远程教育的规模、结构、质量、效益协调发展，办学条件更加完备，办学水平进一步提升；网络精品课程建设成绩显著，教学模式继续改革创新，教学管理制度更加健全，教学质量不断提高。

中国传媒大学积极探索远程教育与函授、业余教育的融合，于 2010 年将函授、业余教育的学生管理纳入远程管理平台，函授、业余教育的学生可以根据自身实际情况，申请选择网络学习方式开展学习活动，享受远程教育的优质学习资源，充分满足学生多样化、个性化、差

图 9 中国传媒大学举行“现代远程教育教学质量与教学改革工程”研讨会

图 10 教育部高教司远程与继续教育处刘英处长在“质量工程”研讨会上讲话

异化的学习需求。

推动教学改革，提高现代远程教育教学质量，是现代远程教育的核心课题。2010 年，中国传媒大学远程教育启动的“现代远程题库建设工作”，推动中国传媒大学现代远程教学改革向前迈出了一大步(见图 11)。“现代远程教育题库建设”是中国传媒大学现代远程教育考试改革的必然要求，也是课程建设的重要组成部分。通过试题库建设的实施，有效保证了课程教学内容和教学质量的相对稳定性，克服命题及阅卷的主观随意性，提高试题和试卷的质量，促进考试管理工作规范化、标准化、科学化。对于提高教学质量，不断满足学生个性化学习需求都具有重要的意义，不仅对现代远程教育具有推动作用，而且对中国传媒大学全日制教育教学工作也产生了积极的影响。

为探索资源开放与共享的新途径，2013 年开始，中国传媒大学远程与继续教育学院通过网络教学平台为中国传媒大学全日制本科学生开设了包括“艺术概论”“中国现代文学史”“电视节目制作技术”“电视摄影构图”“人像摄影”5 门课程在内的“网络公选课”。这标志着中国传媒大学远程教育教学质量得到充分认可。“网络公选课”的开始，使优质的网络教育教学资源能够被全校全日制普通教育学生充分利用，在满足全校学生学习需求的基础上，促进教师转变教学观念、改革教学方法、更新教学内容，提高了教学信息化水平，有力推动了中国传媒大学教育教学改革(见图 12)。在此基础上，中国传媒大学还利用远程网络教学平台和资源，积极开展线上、线下相融合的混合式教学，为推动我校整体教学改革提供了有益的经验。

图 11　中国传媒大学举行现代远程教育教学工作会议

图 12　为校内全日制本科学生开设网络公选课

5. 建立健全教学质量监督保障体系

经过长期的努力建设，中国传媒大学现代远程教育已基本形成一套系统完备、特色鲜明、行之有效的教学监管办法，建立和完善了一整套科学、标准的量化评价体系。从 2003 年开始，中国传媒大学就成立了现代远程教育教学督导组，聘请校内具有丰富教育经验和实践工作经验的老专家、老教授们担当督导专家，全面、全过程监控所有课程，建立了教学保障长效机制。督导组实行例会制度，学期初有计划，学期中有小结，学期末有总结(见图 13)。通过定期例会，总结教学情况，专题研究教学过程中的难点。督导组专家随时检查、评估网络教学情况，随时发现问题，随时反映问题，随时解决问题，为此专门制定了《中国传媒大学远程与继续教育教学督导与评价条例》，规范督导工作流程和管理规定，保证教学督导工作顺利开展。

2015 年，为促进中国传媒大学学历继续教育事业发展，加强继续教育学部教学、科研水平和社会服务能力建设，全面提高中国传媒大学学历继续教育的教学质量，中国传媒大学继续教育学部成立了“继续教育学部学术委员会”。作为继续教育学部的最高学术机构，统筹行使学历继续教育在学术事务方面的监督、决策、审议、评定和咨询等职权，对中国传媒大学学历继续教育事业的发展提出意见和建议，确保中国传媒大学学历继续教育发展的正确方向。

6. 课程资源建设成果丰硕

优质的数字化学习资源是现代远程教育的核心元素。中国传媒大学作为我国广播电视传媒行业的最高学府，在视音频制作、媒体资源开发、软件开发等方面具有雄厚的实力，积累

图 13　督导工作常抓不懈

了大量丰富的视音频教学资源，这使得中国传媒大学的数字化学习资源建设获得了独特的优势。为了打造优质精品课程，中国传媒大学专门组建了一支理念先进、技术精湛的课程制作开发团队，按照专业小组开发模式，分工分类进行网络课程开发、节目制作和其他网络资源的开发制作。所有课程均由校内各二级学院选派本校优秀骨干任课教师担任课程主讲，充分保证网络课程资源的优良品质。多年来，学校持续投入，为远程网络课程资源开发工作建设了演播馆、录音间、苹果非线性编辑工作站、网络非线性编辑系统等，配备了数码摄影、摄像设备，并为移动课程开发购置移动终端设备，从硬件设施上确保建设优质教学资源。

开展试点至今，中国传媒大学独立开发现代远程教育网络课程 200 余门，建立起了适应远程教育和校内教学需要的网络课程体系，网络课程资源覆盖本校所有主干专业和主干课程。课程丰富生动，课程制作理念先进，表现形式灵活，教师组织教学积极认真。截至目前，中国传媒大学共有 7 门课程获得国家网络教育精品课程称号（见图 14），2 门课程被评为国家级网络教育精品资源共享课，4 门微课程在首届全国微课程大赛中均获得优秀奖。此外，还有 6 门网络课程获得"国家广电总局科研成果一等奖"；4 门网络课程获得"国家广电总局科研成果二等奖"；2 门网络课程获得"第十届全国多媒体课件大赛一等奖"；1 门网络课程获得"中国数字化教育高峰论坛会"多媒体课件一等奖；1 门课程在教育部新世纪网络课程建设工程中被评为优秀；1 部多媒体教材获得"北京市高等教育精品教材"称号；还有多门课程获得各种荣誉和奖项。中国传媒大学现代远程教育还建设了各类非学历教育课程、前沿视频讲座、岗位培训课、视频公开课、移动课程及其他讲座数百门，建设有电子图书馆、广告资源库等数字化学习资源。除了保证中国传媒大学网络教育教学用课件的制作外，中国传媒大学还与高教出版社合作，承担了教育部中等职业教育课程课件的制作，并为中央广播电视大学、北京邮电大学等开发网络课程。2009 年，中国传媒大学在"现代远程教育与终身学习高端论坛"暨"现代远程教育十年成果展"上被授予国家精品课程（网络教育）建设组织金奖（见图 15），这是对中国传媒大学远程教育课程资源建设所取得成绩的充分肯定。

7. 持续投入，建设安全稳定的软硬件教学环境

技术先进、功能强大的学习平台是远程教育发展的物质前提条件。建立多样化的学习平台和安全的应用环境始终是中国传媒大学远程教育的目标之一。中国传媒大学远程教育拥有一支自己的技术研发团队，经过多年不懈的努力，开发设计出了拥有自主知识产权、适合本校教学需求的应用系统，构建了包括中传在线网站、招生管理系统、网络教学平台、教学教务管理平台、论文系统、题库、学分银行等在内的立体化学习环境，提升了信息化管理水

图 14　国家网络教育精品课程

图 15　荣获国家精品课程(网络教育)建设组织金奖

平，为学生提供了良好的教学支持服务。技术团队密切跟踪最新的信息技术，随时根据网络教学需要调整、改造和升级应用系统，高效地保障了教学工作的顺利进行，充分保证了远程教育信息安全，满足了远程教育工作发展的新需求。2015 年 7 月，全新改版的网络教学平台 4.0 版投入使用，实现了学生随到随考，随考随录，随录随学，满足了学生个性化的学习需求。此外，中国传媒大学技术团队开发、维护学部官方网站 www.cuconline.cn，为学部宣传和各类型教育服务提供技术支持；研发 MOOC 学习平台和学分银行网站平台，满足不同类型学习者的多样化需求，提升教学、管理和服务水平。随着远程教育工作的不断发展，中国传媒大学现有软硬件设备已逐渐不能满足业务发展的需要。目前，中国传媒大学正在对服务器系统进行大规模的升级改造，同时进行教学需求论证，为开发全新的学习管理平台做准备，以提升远程学生视频学习体验，充分保障学生远程学习的信息安全。信息化建设在教学和管理中的应用有效促进了各类教育形式教学质量和管理水平的提高，也在一定程度上推动了整个学校的信息化发展。

三、对远程教育试点工作的思考

1. 国家的政策支持是远程教育可持续发展的根本保障

开办试点至今，远程教育为不同领域、不同地域、不同行业培养了众多合格的知识人才，为国家建设提供了有力的人力资源和人才队伍支持，对国家的整体发展做出了不可替代的重要贡献。这一切成绩的取得，都离不开国家对远程教育事业的支持和帮助。在当前我国建设社会主义现代化强国的关键时期，进一步支持远程教育事业，探索远程教育服务社会、服务基层、服务区域发展的新途径，同样离不开国家的政策支持。进一步明确远程教育的根本任务，加大财政投入力度，提高学历继续教育办学层次，完善相关法规制度，提高学费标准，给予高校更多的办学自主权，为远程教育的健康、稳定、可持续发展提供保障，对于远程教育服务国家发展战略和人才强国战略都具有重要的意义。

2. 重视协调质量、规模和效益的关系

远程教育必须坚持以质量为中心，但同时需要注意协调好质量、规模和效益之间的关系。一方面，片面强调追求办学规模和经济效益，会影响质量建设，造成办学定位模糊、办学目标偏移，甚至出现背离教育本质属性的现象。另一方面，一定的规模和效益又是支撑远程教育教学质量的物质基础。没有一定的招生规模及其带来的经济效益作为支撑，就不会有持续的教学投入。过小的在校学生规模无法带来教学质量的持续提高，反而会因为学费过少，导致教学运行、平台改进和课程资源更新都遇到严重困难，最终造成教学质量受到影响。事实证明，在远程教育教学投入完全来自学费的情况下，没有规模就没有效益，也就没有教学质量的保障。因此，必须协调好质量、规模和效益之间的关系，过分强调扩大招生规模和过分限制招生规模都是不可取的。

3. 结合高校专业优势，办出特色远程教育

试点高校开办现代远程教育，应该结合高校自身的学科、专业优势，办出特色。中国传媒大学作为我国信息传播研究领域的最高学府，建设形成了以新闻传播学、戏剧与影视学、信息与通信工程为龙头的学科协调发展、相互交叉渗透的学科体系。其中，“新闻传播学”和“戏剧与影视学”两门学科入选“双一流”建设学科。中国传媒大学的继续教育专业设置也充分反映和适应学校的优势学科。近年来，中国传媒大学继续教育各类型、各层次开设的专业涵盖了学校的各个主要学科，充分体现了学校的学科优势和专业特色。

4. 远程教育市场应进一步规范治理

与全日制普通教育完全依靠国家财政投入不同，现代远程教育面向市场，有效吸引了社会办学力量的参与，对促进远程教育的快速蓬勃发展起到了重要的推动作用。但也应该看到，在远程教育市场监管不足的情况下，社会上出现了众多招生机构无序竞争的情况，一定程度上扰乱了远程教育市场的正常秩序，导致各试点高校被迫压低学费标准，削弱了教学投入，使远程教育的教学质量受到一定影响，也给远程教育的声誉带来极大的负面影响。这需要政府主管部门进一步做好顶层设计，统筹规划，规范治理远程教育市场，重塑远程教育的良好生态。

华中师范大学现代远程教育试点工作总结

华中师范大学(见图 1)是教育部直属重点综合性师范大学,国家“211 工程”重点建设大学,国家教师教育“985”优势学科创新平台建设高校,首批列入国家“双一流”建设高校,也是国家培养中、高等学校师资和其他高级专门人才的重要基地。2000 年,为贯彻落实《面向 21 世纪教育振兴行动计划》,华中师范大学成立网络教育学院,开始进行现代远程教育试点。

图 1　华中师范大学

近 20 年来,学校坚持社会主义办学方向,认真贯彻执行教育部有关网络教育的系列方针政策,按照“以生为本、依法办学、注重质量、兼顾效益”的指导思想,以社会发展和市场需求为导向,充分依托学科与师资优势,不断强化管理服务水平,创新人才培养与教学模式,构建优质的教育资源库,多次获得“公众满意的中国十大网络教育学院”“十大热门现代远程教育试点高校”“全国十佳网络教育学院”“国家精品课程(网络教育)建设组织奖”等荣誉,如图 2 所示。

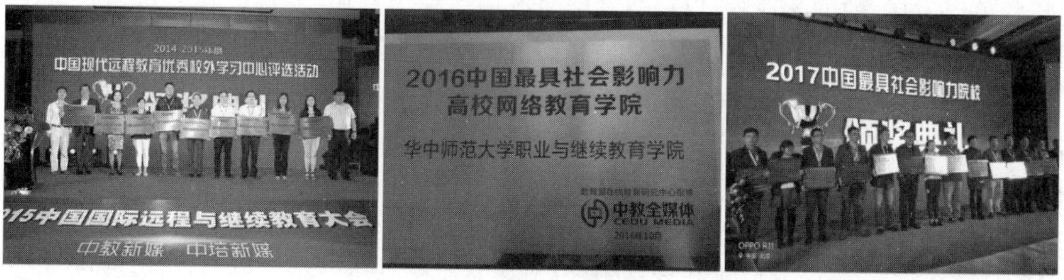

图 2　获得荣誉

2010 年,为整合校内继续教育资源,搭建终身学习“立交桥”,学校将网络教育学院、继续教育学院和职业技术学院合并组建成“职业与继续教育学院”,负责各类学历与非学历继续教育的教学与管理工作,网络教育与成人高等学历教育、高等教育自学考试等其他继续教育形式得以互通有无、取长补短。职业与继续教育学院(见图 3)下设终身教育研究所,鼓励和引导各类教师、研究人员及相关专业人才积极参与网络教育教学的各个环节,拥有一支

15人的专职教师队伍和成人教育学、职业教育学2个硕士学位点，主办有专业期刊《高等继续教育学报》，面向继续教育和职业教育两个学科方向开展理论研究、应用研究和学术交流。

图3 职业与继续教育学院

截至2018年9月，华中师范大学先后在湖北、湖南、河南、广东、江西、江苏、浙江、福建、云南、河北、山东、安徽等省、市、自治区建立校外学习中心128个，累计招生224 437人，向社会输送本、专科毕业生131 360人，为提高在职人员综合素质、职业能力做出了积极贡献，也为学校教育信息化探索了路径和积累了经验。现代远程教育的各项事务均取得了长足发展与可喜的成绩。

一、明确办学定位，坚持正确的育人观

学校在《华中师范大学章程》、学校"十一五""十二五""十三五"规划、《华中师范大学关于进一步加快职业教育和继续教育发展的意见(讨论稿)》《华中师范大学关于深化综合改革的实施意见》等重要文件中对网络教育发展提出总体要求与实施路径：秉持"以质量求生存，以特色谋发展"的办学理念，以社会发展和市场需求为导向，充分依托学校的学科优势，积极利用现代化教育手段和市场办学机制，提供多样化的优质教育服务，为构筑终身教育体系和学习型社会服务。

在试点开展过程中，全面贯彻党的教育方针，以"立德树人"为根本任务，努力发挥人才培养与社会服务两大职能。坚持办学规模与质量并重，设立标准、优化管理，建设有影响力的品牌专业，推动网络教育发展转型与改革。重视意识形态工作，坚持学生思想道德教育与知识技能教育并重，落实思政工作会议精神，对课堂教学、课件资源、培训过程进行严格把关与审查，着力提升国民素质和职业能力，促进人的全面发展。坚持社会效益与经济效益并重，牢记培养知识技能型劳动者与全面提高文明程度的使命，以优质的教育赢得声誉，获取合理回报。

二、规范办学，严守主体责任意识

自试点伊始，华中师范大学首先根据教育部有关政策文件精神，按照湖北省教育厅要

求，从办学实际出发，制定出一系列网络教育教学、管理的规章制度，覆盖内部管理、合作办学、学生管理、教务教学等全方位，并不断根据政策的调整进行修订。

为使网络教育事业得到持续健康发展，学校严格执行教育行政部门相关政策与规定，在招生总量上控制规模，在招生环节上严格监管，对违规行为毫不姑息。为强化招生宣传的规范性，学校要求各学习中心必须在所在地教育主管部门的备案公示，所用广告及招生宣传资料均由华中师范大学统一印制。各学习中心不得超越权限，擅自为学生调整学习形式或转专业，严禁将招生中不能解决的问题带入学籍管理中解决，对不合要求的生源予以坚决清退。对有违规行为的学习中心根据情节轻重进行约谈、限制招生，直至暂停招生的处罚。颁发《华中师范大学关于全额收取网络教育学费的通知》，从 2016 年春季起全面推行全员全额网上缴费，有效规避了办学风险和资金管理疏漏。

为加强学习中心监管，学校重新修订了《华中师范大学继续教育校外学习中心设置办法》，完善准入和退出机制，以此规范对学习中心的新建、调整及变更。制定《华中师范大学现代远程教育校外学习中心综合管理评价及奖励办法》，对网络教育学习中心从基础条件、政策执行、招生管理、教务管理、教学支持、学生满意度等各方面提出具体要求，将评价结果作为学习中心奖励、评优及合作协议续签的重要依据，以评促建，引导学习中心将工作重心从招生转变到注重培养环节。

华中师范大学 2017 年继续教育站点工作会议如图 4 所示。

图 4　华中师范大学 2017 年继续教育站点工作会议

三、以生为本，着力提升培养质量

质量是远程教育的生命线，华中师范大学网络教育始终紧密围绕人才培养质量这条生命线探索具有自身特点的教学与管理模式。

合理定位，全面修订人才培养方案。在网络教育发展过程中，学校遵循教育规律，主动适应在职人员终身学习的需求，多次对开办专业和人才培养方案进行调整与修订。其中，2013 版人才培养方案首次将业余、函授与网络教育相同专业相同层次的课程“三类合一”，加大通识课程与任意选修课的比例，引导对素质教育和实践应用能力的重点培养，在学习成果积累与转换方面做出有益探索。2017 年，根据教育部《高等学历继续教育专业设置管理办法》文件精神，在华中师范大学全日制 69 个本科专业内，结合社会需求与成人学习特点，依托优势学科与资源，启动新一轮专业设置与调整(见图 5)。新版人才培养方案开设了教育学、学前教育、汉语言文学、社会工作等特色专业，涵盖专升本、高升专、高升本 3 个层次，侧重于应用性和实践性，并充分考虑到专科和本科两个层次的学业标准及其课程体系上的衔接。

图 5 《学历继续教育人才培养方案》(2017 年版)

制定标准，为人才培养提供科学依据。成立华中师范大学教学委员会职业与继续教育分委员会、职业与继续教育学院教学督导委员会，在整体上对人才培养规划、专业课程设置、教学质量监控进行把控与指导。制定关于教学计划管理、教学运行管理、质量评价、实践教学、学风建设、教师队伍建设等方面的规章 17 项，科学合理地覆盖教学教务全过程，形成较为完备的质量保证系统。

四、优选师资，加强教学资源建设

由专职教师主导建设的专兼职教师队伍主要负责网络教育课程的授课与日常辅导答疑，其中本校教师占比 77%。建有课程教学资源 467 门，全面覆盖开设专业与课程，其中绝大部分课程资源都由校内副高及以上职称专业教师主持开发，7 门课程入选国家精品课(网络教育)、4 门课程被评为国家资源共享课程，入选国家精品课程数量排在所有试点高校前列。采众家之长，注重资源的多元化，与中国大学 MOOC、爱课程网、超星尔雅在线、网梯资源联盟中心、北京麦课在线教育等多家机构开展数字化学习资源的共享合作，并分专业建设了一批优秀学生论文库、素材库和案例库等辅助类学习资源。

五、强化过程管理，保证人才培养质量

根据人才培养方案制订学期教学计划，明确教学过程与具体要求，形成以“名师主导课程建设＋骨干教师主讲＋辅导教师日常答疑＋学生全程参与互动”为主的远程教学模式。学校还通过专家指导、制度建设、教学质量监控等方式加强监管。在校教学委员会职业与继续教育分委员会和教学督导委员会的指导下，先后制定了《华中师范大学职业与继续教育学院学分互认管理暂行办法》《华中师范大学职业与继续教育学院本科毕业生论文写作与论文答辩的有关规定》《华中师范大学高等学历继续教育教学过程管理规定》《华中师范大学高等学历继续教育教学质量管理与监控的工作规范》等规章制度，设置专人专岗对教学过程的各个环节实行全面检查和监控（见图 6）。

成人教育学硕士研究生开题报告会
相关院系教学院长人才培养方案讨论会
组织教师网上阅卷
网络课程结业考试

图 6　强化过程管理

六、严肃考风考纪，营造良好学风

考试是教学过程管理的重要环节，是衡量学生的知识与能力、评价教学质量的基本手段，华中师范大学高度重视对课程考试和实践教学的管理，通过加强宣传教育力度、严格试卷保密制度、加强人员管理与培训等方式规范各类考试行为（见图 7）。所有课程的考试试卷均由华中师范大学统一命题、统一印制，统一批改，试卷密封送达学习中心，考试前方可拆开试卷袋。考试前需预约，实行个性化答题卡，从根本上杜绝学生没有选课和学习，只参加考试的现象。通过“支持考生真实性身份检测及防作弊监控的在线考试信息化系统”，对在线考试活动进行全程智能监控。

学校一方面从制度上推动网络教育考试的科学化和规范化，制定了《华中师范大学网络教育课程考试管理暂行办法及考场规则》《考生考试违规处理办法》《考试管理应急预案》《监考教师工作程序与规范》《巡考教师工作规范》《课程考试工作流程》等制度，明确了华中师范大学学生参加课程考试的必要条件、考试方式、考场规则与考试管理等内容。另一方面，将考风考纪、实践指导与党风廉政建设相结合，加强巡考人员素质与业务学习，制定巡考工作

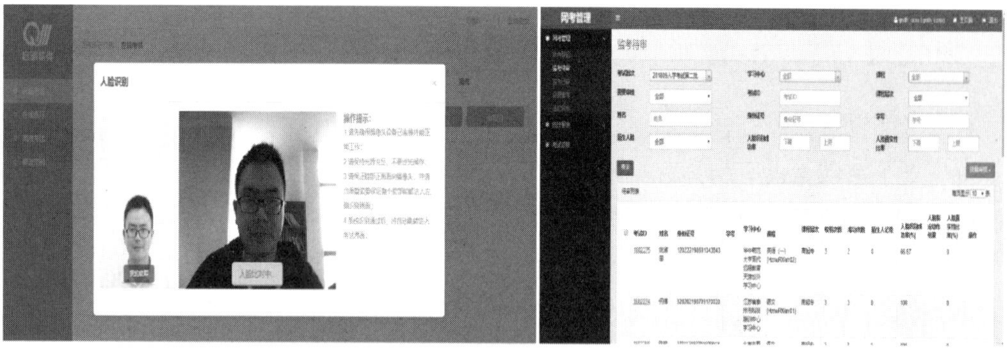

图 7 加强人员管理

"N 不准"行为规范，明确 8 项巡考职责和任务，对高风险考点、环节进行重点盯防。

七、加大投入，不断提升信息化支持服务水平

现代远程教育的发展与现代信息技术的支持密不可分。作为教育部首批信息化试点高校，华中师范大学高度重视现代信息技术与网络教育的深度融合，从局域网技术服务方式到广域网应用模式，再发展到云计算、云教育技术模式，始终积极主动推进信息技术在网络教育教学与管理上的应用与创新。历经 5 代平台升级，华中师范大学信息化平台现已形成由教学教务综合业务管理系统、入学机考系统、在线学习管理系统、在线考试系统、网络阅卷系统、智能论文管理系统、财务查询与平财管理系统等多个分布式业务系统集成整合而成的综合平台。基于云计算服务架构的云呼叫中心系统，能实现跨校区、跨网段、多终端适配、灵活业务场景的用户热线支持服务，提升了华中师范大学网络教育对外服务的用户体验。认证开通了网络教育微信公众号 sneccnu，能实现官方资讯推送、学务信息查询、线上＋线下混合式网络研修等多种服务。

八、拓展远程教育服务领域，大力发展非学历教育

非学历教育作为终身学习的主要实现方式，能直接服务于现代化经济发展，是实现科教兴国、人才强国战略的重要途径，也是现代远程教育的一个发展方向。华中师范大学近年来提出学历与非学历"两条腿走路"，借助网络平台的优势和网络教育覆盖面广、自由灵活的特点在大量的"国培计划"、省培等教师培训中引入远程培训。组建了一支由国内知名专家学者、一线优秀教师，以及本地辅导教师组成的培训师资队伍，既注重理论的引领，又贴近学员的工作实际。通过招标引入国内优秀的公司开发培训资源，借助服务外包购买了国内著名软件公司提供的培训平台及技术支持服务，与国内其他知名培训机构开展合作，共享资源，提高培训质量。近 5 年来，通过远程培训和集中培训等形式为教学一线培训 10 万多师资，在教育部 2017 年度通报的国培计划示范性项目满意度评估结果中，由华中师范大学承办的教师工作坊高端研修项目荣获第一名；"云南省骨干教师能力提升高端研修"获优秀案例荣誉，入选"中国高校远程与继续教育优秀案例库"。图 8 为 2018 年华中师范大学职业与继续

教育学院荣誉证书。

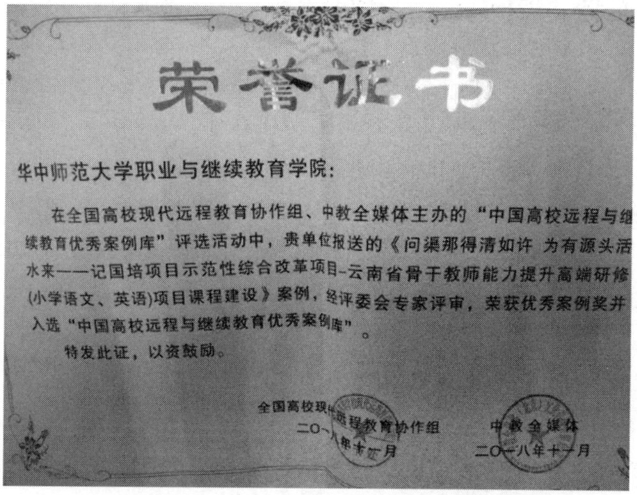

荣誉证书

华中师范大学职业与继续教育学院:

在全国高校现代远程教育协作组、中教全媒体主办的“中国高校远程与继续教育优秀案例库”评选活动中，贵单位报送的《问渠那得清如许 为有源头活水来——记国培项目示范性综合改革项目-云南省骨干教师能力提升高端研修(小学语文、英语)项目课程建设》案例，经评委会专家评审，荣获优秀案例奖并入选“中国高校远程与继续教育优秀案例库”。

特发此证，以资鼓励。

全国高校现代远程教育协作组 中教全媒体

二〇一八年十一月 二〇一八年十一月

图 8 2018 年华中师范大学职业与继续教育学院荣誉证书

华中师范大学活动照片如图 9 所示。

图 9 华中师范大学活动照片

九、增强人文关怀，共同弘扬华师精神

学校与校外学习中心携手，积极构建校园文化环境，既对学生进行管理、提供服务，同时不忘人文关怀。各学习中心在新生入学后以专业或年级为单位，建立班集体组织，配备班主任或辅导老师，建立QQ群、微信群，加强学生之间的联系，不定期组织班级活动。每年度组织优秀学生评比，邀请优秀学生代表参加站点会议并发言，在学生身边树立学习范例，激励学生自我督促与发展。学习中心每年至少组织一次开学典礼或毕业典礼，努力营造校园氛围，增强学生的归属感。积极组织学生参与“华师故事”的讲述、两岸四地学子“阳光支教·孔子行脚”等活动，共同弘扬“忠诚博雅、朴实刚毅”的华师精神。

经过多年的不懈努力，华中师范大学现代远程教育发展稳健，现已形成以高校为主，社会力量共同参与，人才培养有特色、有保障的基本格局。在新形势下，为深入贯彻党的十九大关于“办好继续教育”的要求，推进网络教育改革发展，华中师范大学将网络教育转型发展纳入学校深化综合改革的整体布局，树立终身教育理念，以提高质量为核心，健全管理体制机制，创新人才培养，推进信息技术与网络教育的深度融合，努力建成与教师教育特色鲜明的、高水平研究性大学相适应的高水平现代远程教育。

兰州大学现代远程教育试点工作总结

2000 年 7 月，教育部《关于对北京中医药大学等五所高校在成人教育形式当中开展现代远程教育试点工作的批复》(教高厅〔2000〕9 号)同意兰州大学开展现代远程教育试点工作，同年，兰州大学成立网络教育学院开展现代远程教育工作。2013 年，兰州大学网络教育学院与继续教育学院合并成立网络与继续教育学院。

一、基本情况

(一) 坚持社会主义办学方向，坚持立德树人根本任务

兰州大学现代远程教育工作全面贯彻党的教育方针，认真落实党的十九大关于"办好继续教育，加快建设学习型社会，大力提高国民素质"的总体要求，以全国高校思想政治工作会议和全国教育大会精神为指引，坚持立德树人、坚持育人为本、坚持规范办学、坚持确保质量的原则，认真履行高校人才培养的职责和使命。遵循现代远程教育规律和成人在职学习的特点，秉承"自强不息、独树一帜"的校训，立足西部、面向全国，积极服务国家"一带一路"倡议，努力为国家(特别是西部地区经济建设和社会发展)培养"用得上、留得住"的应用型专业人才。

兰州大学现代远程教育依托学校优质教育资源，利用现代信息技术面向在职成人开展学历教育和非学历教育，是学校人才培养体系的重要组成部分，是学校服务社会、构建终身教育体系和学习型社会的重要平台。

(二) 办学体制机制健全，过程管理科学规范

现代远程教育工作由学校统一领导，网络与继续教育学院是归口管理部门，同时也是现代远程教育的办学机构。网络与继续教育学院的主要职责是研究制定学校现代远程教育发展规划和规章制度并组织开展工作，组织学校各教学单位和授课教师完成专业建设、信息化课程资源建设和教学辅导等工作。

经过多年的探索与实践，网络与继续教育学院不断加强体制机制建设工作，逐步形成包含宏观、中观和微观 3 个层次，面向教师、学生、技术人员和管理人员等不同对象，涵盖管理、教学、学生服务、信息化资源建设、技术支撑 5 个方面的规章制度 160 余项，涉及管理、招生、教学、教务、考务、学籍与注册、学习支持服务、信息化资源建设、技术支撑 9 大环节较为完善的制度体系，并将规章制度、工作流程和工作要求等汇编出版了《远程教育管理与实务》一书，力争做到任何工作、任何环节都有章可循，有据可依。

(三) 在线教学资源内容丰富，学习支持服务成效显著

积极吸引校内优秀教师参与现代远程教育教学和信息化教学资源建设工作。现有网络

课程261门,其中自建专业课程242门,引进通识教育课程19门,信息化教学资源满足率100%。组织教师积极参加现代远程教育教学改革和研究工作,其中3门课程获国家现代远程教育精品课程,1门课程获国家现代远程教育精品资源共享课,1门课程获“MOOC中国”联盟优秀教学组织奖。部分课程在校内专业硕士和全日制本科教学中使用,受到师生的好评。

通过教学质量评价问卷调查统计,98.7%的学生认为校外学习中心对学生的服务态度热情或良好,89.4%的学生对参加学习感到总体满意,81.5%的学生表示其所属工作单位对其参加学习的学习效果表示满意。

(四)建立培养质量保障体系,严格监管教学管理过程

建立了人才培养质量保障体系,制定了人才培养方案、过程管理和监控措施。

(1)严格按照国家要求开展招生工作。成立招生工作领导小组,健全招生工作制度,严格审核录取流程,严审考生入学资格。

(2)严格落实教学环节。教学组织全部在教学管理平台进行,由学校统一制定人才培养方案、统一开课、统一学习过程、统一考试、统一阅卷、统一发布成绩。学生开课须经过缴费确认,未缴费的学生不予开课。学生开课到申请考试规定最短学习时长为3个半月,学习时长未达到规定要求的学生不能申请考试。课程作业、主题讨论和命题作业等网上学习活动参与课程考核,严格监管辅导教师及时评阅网上作业。本科毕业论文组织论文指导教师进行查重。2017年以来共对32家学习中心开展了教学检查,督促学习中心针对存在的问题及时改进,有效促进了学习中心管理和服务水平的提高。

(3)严格考试管理。一是与学习中心签订《兰州大学网络教育考试工作责任书》,明确学习中心考试工作责任。与考试相关的涉密人员签订保密责任承诺书。二是在每次课程考试前向学生和学习中心发布通知,明确考风考纪要求。三是召开考务人员考前培训会,学习考试纪律。四是召开学习中心监考培训会,宣讲考试纪律和注意事项。五是加强巡监考工作,并安排考务值班人员及时解决考试中出现的问题。六是考试结束后,分析问题并形成总结报告。对发现考试违规违纪的学习中心和学生,从严处理。

(4)严格毕业资格审核。实行学校、学习中心两级管理的毕业审核机制,对学籍状态、课程成绩、论文成绩、统考成绩、实践考核等进行分级审核,符合毕业资格的学生在学信网电子注册。毕业证书和学籍档案由学校统一管理。

(五)办学影响力不断扩大,社会美誉度持续提升

兰州大学现代远程教育在办学过程中通过不懈努力,社会美誉度持续提升。2009年被新浪网评为“十大最爱社会认可远程教育学院”。2010年被全国高校现代远程教育协作组和中国远程教育杂志社授予“中国现代远程教育十年成就奖”。2011年被新华网评为“2011年度十大创新力远程教育学院”。2013年被新华网评为“2013中国十大网络教育学院”。2014年被新华网评为“2014中国最具社会影响力网络教育学院”。2015年被新华网评为“2015中国口碑影响力网络学院”,被腾讯网评为“2015社会知名网络学院”。2016年荣获中国国际远程教育大会颁发的“中国最具社会影响力高校网络教育学院”,被腾讯网评为“综合实力网络教育学院”,被新华网评为“社会影响力网络教育学院”,1项成果入选高校现代

远程教育优秀案例库。2017年被中教全媒体评为“2017中国最具社会影响力院校”，被腾讯网教育年度总评榜评为“2017年度综合实力网络教育学院”，被新华网评为“2017年度品牌影响力网络学院”，1项创新项目入选“2017中国高校远程与继续教育优秀案例库”。2018年被中国教育技术协会评为“继续教育信息化建设标杆院校”，被中教全媒体评为“中国最具社会影响力网络与继续教育学院”，被央广网评为“2018年度影响力网络与继续教育学院”。

二、办学特色

（一）立足西部，履行人才培养的职责使命

西北地区优质教育资源匮乏，兰州大学现代远程教育扎根西部大地，为西北地区培养了大批应用型专业人才。试点以来，毕业学生12.9万人，西北地区占50%以上。其中，2017年毕业学生1.7万人，西北地区占58.5%。所培养的人才中，新疆少数民族学生占当地学生总数的20%，青海少数民族学生占当地学生总数的32%，宁夏少数民族学生占当地学生总数的22%。许多现代远程教育毕业生，在工作中取得了优异成绩，为国家和社会做出了突出贡献。如2012届毕业生卢治红2011年被中华全国总工会授予“全国五一劳动奖章”；2013届毕业生田蹊在学期间被甘肃省委宣传部授予“甘肃省走基层先进工作者”荣誉称号；2015届毕业生郭瑞娟曾先后获“甘肃省优秀护理管理者”“甘肃省护理岗位技能大赛优秀指导老师”等荣誉。

（二）规范管理，实施全过程质量监控

坚持质量第一的指导思想，构建了完善的人才培养质量保障体系。成立了现代远程教育教学指导委员会，负责教学质量的宏观指导和整体把控；加强专业建设，优化人才培养方案；建立健全了现代远程教育完备的教育教学规章制度；成立了专门的学习服务和学习中心管理机构，负责监督检查现代远程教育业务的开展情况和受理学生的投诉；学校和学习中心严格按照规章制度、工作规程开展业务工作，严把关键环节质量监控，严格组织招生、教学、考试、学生管理与服务等工作，严把毕业生出口关；建立首问责任制，不同类型的问题都能及时得到答复或解决；通过学习中心教学检查、学生工作单位调研、综合考核等方式检查教学质量的落实情况；通过召开入学教育、师生座谈会、问卷调查等形式征求意见和建议，及时反馈教育教学工作中的不足和问题。以学生为根本，想学生之所想，注重现代远程教育新理念、新思想和新技术在教学管理和服务方面的应用，努力提高教学质量。

（三）技术驱动，推进教育信息化与教育管理现代化

坚持“以学生为中心”，与时俱进创新在线教育教学方法，适应现代远程教育学生的学习新需求。构建了可满足“泛在学习”环境下的助学、促学和学习服务新模式；重视现代教育技术在现代远程教育中的应用，建立了现代化的教学、管理和服务平台。当前，学习中心管理、招生、教学教务、学生管理与服务、缴费等全部业务都在线开展，实现了数据统一共享，业务分块操作，进度协调促进的教学管理和服务模式。

2016年率先设计并建设了移动学习平台;2017年开通微信、支付宝、网上银行等多种在线缴费模式;2018年部分课程启用人脸识别技术的在线考试,启用标准化在线阅卷。

(四) 创新发展,开展"混合模式"教学改革

将现代远程教育教学模式、教学资源和学习服务成果推广运用到其他类型成人教育(业余、函授)教学工作中,为学生搭建了教学平台,并提供了180门现代远程教育在线课程供成人教育学生学习。对15个成人教育专业采用"混合模式"组织教学,受到普遍好评。

(五) 育人为本,构建"三全"学习服务模式

通过全员服务、全过程服务和全方位服务的"三全"学习服务实践探索,形成了"关注细节,用心服务"的学习支持服务理念。首先,加强制度建设,规范服务行为,成立了专门的学习支持服务机构——学生服务中心,负责受理各类意见、建议、投诉和咨询,并制定了严格的服务制度,学生服务人员均须按照服务标准提供全面、快捷、专业的服务。其次,开辟投诉渠道,保障学生权益。学校非常重视学生反映的每一个问题,学生服务中心作为投诉或障碍申告的归口管理部门,受理建议与投诉,并严格按照工作流程进行处理,保障学生权益。第三,运用先进技术,提高服务效能。建设了智能促学系统,班主任和管理者可以通过系统查询学生的学习记录,及时督促学生完成学习任务。第四,加强数据分析,提升服务水平。重视数据在学习支持服务工作中的作用,每月汇总各类学习支持服务数据,收集学生平时反映的各种问题,记录广大师生和社会人员提出的意见、建议和投诉,并形成《学习服务月报》。通过"三全"服务模式的实践,学生的学习参与度不断提高,学习兴趣明显增强,退学率逐年递减。此项成果被全国高校现代远程教育协作组评为优秀案例。

三、不足之处

(一) 应对现代远程教育复杂生态环境的能力不足

当前,现代远程教育生态环境相对复杂,社会上还存在"重文凭,轻能力"的现象,导致部分学习者片面追求"文凭",不注重学习过程和学习效果。相应的社会上产生了形形色色的机构和利益群体,更有甚者冒用学校名义开展生源组织、做出各种虚假承诺。既要规范办学、保证质量,又要应对当前复杂的生态环境显得能力不足。

(二) 现代远程教育和全日制教育融合度不高

当前,现代远程教育和校内全日制教育缺乏有效的统筹、衔接。教学模式创新、信息化课程资源建设和学生管理等方面联系不紧密;现代远程教育教学模式创新、数字化教学资源和教育信息化建设方面的实践成果在全日制教育教学中的应用程度较弱。

华东师范大学现代远程教育试点工作总结

一、学校试点工作背景和发展定位

20世纪90年代，信息和网络技术迅猛发展，为适应信息化社会对教师教育提出的新要求，华东师范大学于1999年5月成立现代教育技术培训中心，主要承担大中小学校教师、管理人员和本校师范生、教育硕士的现代教育技术、信息技术的培训工作。随后在此基础上开始筹建网络教育学院，并于2001年1月正式开展网络教育，成为教育部远程教育试点学校之一。学校提出“依托华东师范大学在教师教育领域的优质资源，以教师教育为本，充分利用网络环境的优势，提升教师的学历学位层次，开展教师职务培训，全面提高教师利用现代教育技术的能力和信息素养，为我国基础教育改革做贡献。”的办学目标，并由时任校长王建磐教授兼任院长。在教育部及学校的指导下，坚持科学发展观，以“规范办学、提升质量、凝练特色、创新发展”为办学理念，立足上海，面向华东地区，辐射全国，兼顾西部、农村和特殊行业，以教师继续教育为主体，关注在职教师和社会在职人员的学历提升和在岗培训，努力为在职人员架构终身教育体系。经过20年的发展，学校网络教育实现了从规模数量向质量效率的转化，从常规管理向科学管理的转化，从学历教育向学历和非学历教育协调发展的转化，使得远程教育的发展与学校建设高水平大学的目标相适应，与引领中国教师教育发展的追求相适应，与建设终身教育体系和学习型社会的大局相适应。近年来，学校在继续教育方面进行了诸多方面的改革和创新，在办学理念、办学模式、教学与学习支持服务、技术应用、资源建设、管理机制上不断推陈出新，逐步探索多样化、网络化、终身化、开放式的远程教育新模式，形成了“以学历提升为基础，以高端培训为地标，以技术研发为支撑，终身教育一体化”的办学特色，树立了华东师范大学远程教育的办学品牌。

二、学校现代远程教育试点工作总结

（一）基本情况

1. 管理体制与运行机制

在网络教育学院起步阶段，学校投入近2000万建设经费，改建了一幢独立的教学楼，配备网络设备、计算机房、教学课件制作实验室、微格教学系统、多媒体教室、语言训练中心、电子化阅览室、卫星教学系统等设施。学校专门颁发《关于我校网上教育课程建设的实施意见》(华师(2002)045号)文件，鼓励校内教师积极参与网上专业和课程、课件建设，在政策上给予扶持与支持，同时组成专家组对拟建的远程教育平台方案进行指导，将网络教育的发展放在学校发展的重要地位。学院积极参与教师教育网络联盟的筹备工作，在2003年的首届“教师教育网络联盟”中，华东师范大学被推任为网联副理事长单位和副秘书长单位。

学校的2005—2010年事业发展规划纲要提出:“加快网络教育学院建设,尤其要发挥网络教育学院在全国教师教育中的作用,进一步扩大学校在全国的影响”。2007年在“985”发展教师教育创新平台的背景下,学校对网络教育学院的发展进行重新定位,先后对学院领导班子进行了调整,对网络教育学院进行了结构性调整,由原来的挂靠机关的直属单位变成以教学科研为主的二级学院,并组建教育信息化系统工程中心作为学术支撑。学校也进行了人事制度改革,允许网络教育学院通过人事代理、学院聘用等方式充实管理队伍,满足招生规模扩大和教学管理的需要。

为了进一步规范和发展继续教育工作,学校于2008年8月成立了继续教育管理处,将非全日制的继续教育工作归口继续教育管理处,实现了继续教育“管办分离”。同年底,学校召开了全校性的第一次继续教育工作会议,总结了50多年的发展历程,确定了我校未来继续教育工作的指导思想和改革举措,提出了5项措施:①推进管理体制改革,更新继续教育理念;②调整办学结构,打造继续教育品牌;③加强师资队伍建设,提高继续教育教学质量;④推进学分制建设和课程体系改革;⑤增强服务意识,推进规范管理。2012年,继续教育管理处与基础教育办公室整合为“基础教育与终身教育处”。

2013年3月,学校在网络教育学院、继续教育学院的基础上成立开放教育学院,通过整合资源、凝聚优势、创新模式,打造以教师教育为特色,与985高水平研究型大学相匹配,融教学、管理、科研、社会服务于一体的继续教育学院,使大学资源更好地服务于学习型社会建设,服务于终身教育事业。

通过十多年的发展,学院已经形成了“一院四中心”的架构,即开放教育学院,现代教育技术培训中心、远程教育研究中心、教研员研修中心、教育信息化系统工程中心。学院的教学依托教育信息技术学科,科研依托教育信息化系统工程中心。

近几年,学校对网络教育的年均投入达3000多万元,截至2012年年底累计投入27 898万元。学院拥有独立的一幢办公楼,办公面积达3760平方米,设有各部门的管理办公室、信息中心、资源开发区、微格教室和现代化演播室等。

开放教育学院目前在成人高等教育学历提升方面拥有在籍学生3.6万人,包括网络教育、夜大学和自学考试,其中网络教育在籍学生2.8万人。在非学历教育方面,形成了年培训10万人次的能力,包括网络远程培训、面对面培训、远程教育和面对面培训相结合的混合培训。

办学以来,网络教育开设高升专和专升本两个层次37个专业的学历教育,其中高升专专业11个,专升本专业26个。在已经开设的专业中,教师教育类专业超过60%,成为国内教师教育专业最全,面向教师教育网络教育资源最丰富的远程教育学院之一。学院在全国19个省、市、自治区建立80余个校外学习中心。截至2013年年底累计毕业学生60 842人,获得学士学位1405人。

2. 制度建设和规范管理

主办学院于2009年制定了ISO 9000工作文档,第一次系统地梳理了主办学院的工作,形成华东师范大学网络教育质量管理体系,最终生成3个文件:《华东师范大学网络教育学院质量管理手册》《华东师范大学网络教育学院程序文件》《华东师范大学网络教育学院工作手册》,涉及教学、教务管理、考试、辅导教师、课程资源开发与建设、档案管理等系列制度文件。ISO 9000工作文档的形成对主办学院的工作起到了很好的促进作用,使主办学院的管理工作上了一个台阶。

为了提升工作规范性,主办学院制定了《华东师范大学开放教育学院(网络教育)教学教务工作手册》《学习中心管理手册》《班主任工作手册》《任课教师工作任务书》等工作制度。主办学院定期修订《学生手册》,每学期都制定下一学期的工作周历。为了方便学习中心和学生及时完成相关教学任务,主办学院每月都发布下月工作任务和结点。

主办学院重视学习中心的建设和规范管理,每年定期组织3次与校外学习中心的业务工作会:①校外学习中心年度工作会议,对校外学习中心进行年度工作考评,介绍下一年度主办学院的发展思路,主要面向学习中心负责人;②片区招生工作会议,总结当年的招生工作并布置下一年度的招生工作,特别强调规范招生,主要面向招生工作人员;③校外学习中心管理人员、技术人员培训会议,主要对管理制度、技术平台的新变化进行解读和培训,面向教务管理人员和技术人员。另外,不定期召开专题业务培训会,如班主任培训会、考务培训会等。

主办学院依托专业院系开展各类教学活动,每月举行专业院系教务员例会,通报面授教学、直播课堂、论文指导、命题、阅卷等方面出现的问题,以及校外学习中心的反馈,布置下个月的各项教学任务。每周召开班主任会议,了解每周的教学情况和学生情况,及时发现问题并解决。遇到特殊问题,走访专业院系分管领导,共同协商解决。

3. 专业建设和培养模式

我校依托专业院系开设专业,专业院系承担培养计划制订、网络课程建设、面授讲课或直播讲课、作业批阅、课后辅导(在线)、期末考查和毕业论文辅导等全部教学工作。根据市场需求和学校特色,逐步调整各层次的专业设置。自试点以来,我校共开设过37个专业,其中师范类专业23个,学前教育、应用心理学、中文等成为受社会欢迎的热门专业。学前教育招收的本、专科学生主要是来自全国各地幼儿园的在职教师,同时关闭一些社会需求量已达饱和的专业,如地理、历史、生物等。

我校贯彻落实《高等学历继续教育专业设置管理办法》,聚焦优势特色,服务地方建设。2017年9月,根据院系师资和发展重点,调整、停办了多个经管类本科专业,接下来将进一步精简,仅保留优势特色及社会急需专业。近5年招生专业数量变化见图1。

4. 人才培养和社会服务

学院依托全日制教学资源,在为第一线教师开展高等学历提升方面做出了较大的贡献,目前培养的师范类毕业生近八万人。学院响应社会对在职人员学历提升的要求,不断扩充专业,开设了一批应用性强的专升本和高升专专业,为社会紧缺人才培养提供服务,受到社会的欢迎和好评。

2002年,学院借助教育信息技术教学科研力量,与学校研究生院合作联合培养了六批教育硕士,培养学生近300人,涉及教育管理、语文教学、数学教学、英语教学等专业,为硕士学历的远程教育做出了探索,并积累了实践经验。

学院为了支援西部建设,先后在云南、新疆、甘肃、内蒙古、宁夏、广西等西部地区设立学习中心共15个,并在专业建设、管理规定等方面给予西部和农村地区特殊的优惠政策。例如,在新疆等少数民族地区的学习中心,学院特别取消了招生人数不满30人不开班的规定,有学生需求就提供服务。

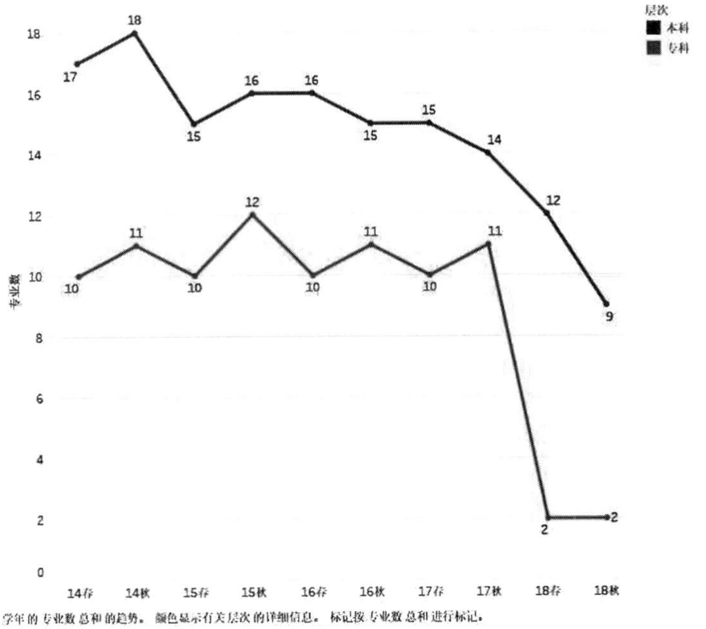

图 1　近 5 年招生专业数量变化

学院还于 2012 年与学前与特殊教育学院共同承接了国家民政部“为全国各儿童福利院培养特殊教育本科人才”的任务，开设了特殊教育专升本专业，为全国残联儿童的慈善事业做出了努力和贡献。学院又根据舟山宗教事务局对寺庙主持提升国民教育素质的要求，针对相关僧人开设了宗教哲学类专业。

5. 师资配备、资源与平台建设

网络教育的师资由专业院系承担，据统计，目前校内院外任课教师为 230 名。另外，专业院系为满足成人实践性课程的指导需求，聘请了 43 名校外教师。另有学习中心辅导教师 466 名，主要负责面授环节、课程辅导、平时作业批改等工作。所有任课教师中具有高级职称者占 40%。

在课程资源建设方面，主办学院已完成专升本、高升专数字化课程 821 门，共约 9000 小时的音视频录音和录像内容。在多年的开发实践中，不断提升课程质量，开发了 5 门国家级网络精品课程、6 门国家级精品共享课、1 门国家级教师教育精品共享课。主办学院构建立体化教学资源载体，针对每门课程，为学生提供了多种教学资源，如图 2 所示。课程展示页面截图如图 3 所示。

从 2012 年起，主办学院在推进新课程建设的同时，为了适应时代发展和学生学习需求，陆续对已有课程进行迭代开发，已重新开发或升级 11 个专业共计 182 门网络课程，如图 4 所示，并将课程资源设计为一体多版，包括 PC 版、安卓版和 IOS 版，并且智能适应学习终端，以进一步丰富基于互联网的混合型学习模式。

为满足工作需要和提升师生在线学习体验，主办学院在信息化建设上持续投入，自 2008 年以来，主办学院的重要信息化建设见表 1。

图 2　网络课程的立体化教学资源载体

图 3　课程展示页面截图

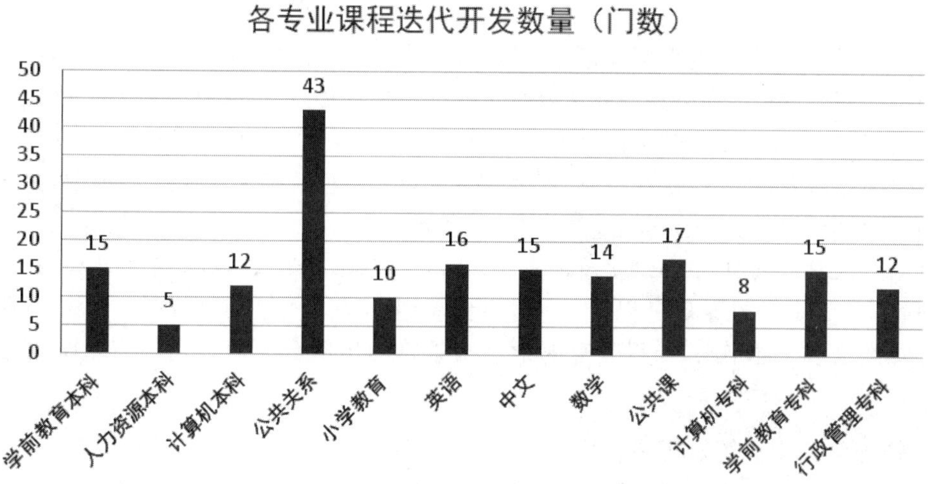

图 4　近 6 年各专业课程迭代开发数量

表 1　主办学院的重要信息化建设

时　　间	主要信息化建设内容
2008—2010 年	重建并启用教务管理系统
2011—2013 年	• 开发完成学习中心质量管理系统； • 重新开发网络教育门户网站； • 更新必修课和选修课的学习论坛
2014—2017 年	• 持续更新教务管理系统，满足业务变更需求，提升效率； • 更新在线学习平台、部分支持移动学习； • 更新直播课堂平台、支持移动端
2018—2020 年	• 启动网络教育 5 个核心系统的网络安全等级保护认证工作； • 规划建设新一代网络教育平台

6. 办学规模和招生管理

学校现代远程教育的招生规模在 2017 年以前都比较平稳，每年新注册学生在 1 万名左右。2017 年由于外部消息的影响，主办学院新注册人数大幅度上涨，全年超过 2 万，随之学校和学习中心在教务、管理上也面临着巨大的挑战和压力。2018 年学校经过综合评估，强调“控制总量，提高质量”的原则，进一步提高录取门槛，将招生人数限制在 1 万左右。近 5 年现代远程教育学籍注册人数如图 5 所示。

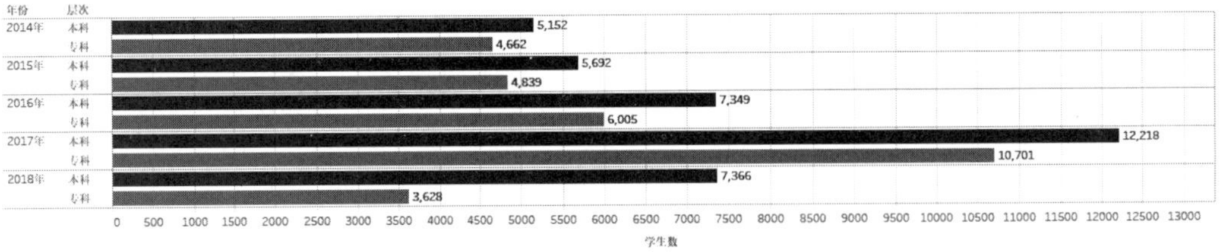

图 5　近 5 年现代远程教育学籍注册人数

在招生管理方面，学院根据教育部文件精神，结合网络教育的学习特点，制定招生简章，并报校职能部门审批。在委托校外学习中心进行招生宣传时，要求学习中心严格执行教育部“关于做好网络高等学历教育招生工作通知”的有关规定开展招生工作。主办学院在招生过程中对招生对象、招生层次和专业、招生方式及录取条件等都做了明确的规定，并通过技术手段确保学生信息真实、可靠。

在新生入学考试中，主办学院严格按照全国教师网联入学联考办公室的规定，统一考试时间进行集中考试。在录取过程中，主办学院对学生前置毕业证书进行严格审核，并根据入学成绩择优录取。近年来，上报教育部学信网学籍学历平台注册成功的新生学籍信息超过 99%。

7. 校外学习中心管理服务

学校始终坚持规范化的校外学习中心设立程序和运行标准，主要包含教育资质、政府支持、管理队伍、管理制度、办公条件、在线学习条件等几个要求，保证了校外学习中心具有服务和引导学生的能力和条件。

根据合作协议，校外学习中心的职责主要是协助我校网络教育招生并为学生提供全面优质的学习支持服务：学习中心根据培养计划，配合主办学院做好学生课程辅导、答疑、组织考试等教学支持服务工作；根据学籍管理条例，做好学籍管理工作；同时组织开展以年级、专业为主体的班级活动，营造学习氛围，建设良好学风，参与学生之家的建设工作。

根据学校"十三五"对继续教育事业规划的要求，主办学院进一步加快继续教育高品质转型，严把质量关。为了充分发挥学校自身的办学优势和专业特色，近年来不断主动调整校外学习中心的区域布局和数量，不断优化校外学习中心的建设和管理。2014 年校外学习中心为 75 家，2018 年校外学习中心为 46 家，预计到 2019 年底，学习中心数量将减少到 16 家。

在学习支持服务方面，主办学院通过多种渠道，包括电话、QQ 群、工作表、网站通知、短信等，加强对校外学习中心的运行管理和指导。学习中心作为学生的第一服务责任主体，为学生提供畅通的联系渠道，主要方式有 QQ 群、微信群、短信、班会等。主办学院会通过电话回访、问卷调查等方式掌握学习中心对学生的支持服务情况。

8. 教学实施与考风考纪

主办学院着力抓好教学实施的全过程；专业院系教务员在分管领导指导下，进行网络教育教学安排。主办学院每月召开院系教务员例会，通报当期教学情况以及班主任和学生的反馈意见。对任课教师实施考勤制度，专人负责跟踪导师的论文批阅情况，向院系通报教师的违规情况，根据违规程度扣除绩效。监督教师的命题、阅卷质量，随机抽样，送交专业督导审查。学生的毕业论文在平台上记录开题报告和每次学生提交、导师给予指导意见，学生修改的全过程，保证了论文质量。

考风考纪方面，严控人才"出口关"。主办学院严格按照学校相关文件、规章和制度，相继出台了《考场规则》《监考人员守则》《组织考试工作细则》《巡考须知及工作注意事项》等一系列规章制度，特别是把学习中心考试组织工作的规范性作为综合考核中最重要的指标，直接和学习中心的绩效挂钩，保障考试工作的质量和安全。具体实施措施如下。

- 考前通过发送短信、考前广播、试卷印制《考场规则要点》等途径向学生告知考试规则。
- 学生凭学生证、身份证参加考试，监考人员逐一查验学生证件。
- 派巡考人员全程督察学习中心考试情况，巡考人员基本为本院工作人员，考试过程中，携带印有考生头像的信息表核查学生身份。
- 阅卷过程中，阅卷老师凡发现字迹或答案高度雷同的试卷，将根据规定严肃处理。
- 严查考试中替考和使用电子设备等违纪行为，对违纪考生和学习中心进行通报批评，根据违纪处理办法，给学生相应处理，直至开除学籍的处罚；对于涉及的学习中心，给扣减绩效、限制招生直至停止招生，追究责任的处罚。

9. 过程监管与质量保证

在招生入口关，主办学院严格核查学生信息，并记录在学院管理平台，再同步报送阳光平台，做到信息准确一致。主办学院对学生课程学习进行过程性评价，课程的成绩由平时作业（占 20%）、在线学习（占 10%）、面授课出勤率（占 10%）、期末考试（占 60%）组成。为了保证学生的学习效果，技术平台、任课教师、助教和班主任联动协作。技术后台监控每个学生的在线学习时间，要求一个学分不少于两个小时；任课教师通过面授课现场互动、电子邮件，批改平时作业和期末试题，进一步严格执行既定的评价标准；助教进行答疑咨询和主题讨论互动；班主任进行面授课签到和日常管理，跟踪学习动态，进行学习引导。

期末考试普遍采用集中考试的方式，主要是卷面考试，个别课程提交论文。严格考试管理，通过考前告知、考中监管、考后复查的方式，坚决杜绝考试中学生替考、使用电子设备的违纪行为。学生所有的信息，包括学籍注册、学籍异动、考试成绩、统考情况等都记录在平台上，并且信息的修改导入有严格的权限，并留有操作记录和操作人信息，保证了信息的准确可追溯。在毕业审核中，通过平台对学生的毕业条件进行严格审查，只有在平台上全部符合毕业条件，才能通过毕业审核，再与学生入学档案、学籍档案相映证，形成技术和人工双检验、双保险机制。毕业生档案备份学校档案馆，可复查，可追溯。

学校网络教育依托学校优秀的教学师资和教学品牌，在办学近20年间通过建设优质的网络课程、提供专业的学习支持服务，进行规范有序的学习中心和教学教务管理，赢得了良好的办学声誉和社会评价，为构建终身教育体系做出贡献。培养的大量教师人才遍布全国各地的教育行业，获得各地教育行政主管部门和广大中小学教师、幼儿园教师的认可和好评。近年来，很多本科毕业生来修读第二专业，在应用心理学、汉语言文学专业中占学生人数的50%以上，凸显了专业的品牌优势和社会效益。

（二）试点成绩和经验

1. 依托院系、管办分离，确保质量、把控风险

为了确保网络教育的质量，我校采用管理与办学分离的立体化管理模式。我校基础教育与终身教育处负责统一管理；主办学院负责教学教务平台管理，提供课件模板。对一些时效性强的课件，定期根据教师的要求进行整改，确保课件的内容质量；专业院系负责制订培养计划、聘用教师，配备教务员。专业院系和主办学院的教学管理始终处于并列的运行状态，专业院系有专人参与整个教学过程的联系，主办学院的教学管理人员对整个教学过程提供技术、教务管理保障。主办学院在教学中一旦发现与教学有关的问题，会及时反馈给各专业院系。这种立体式管理模式既有学校职能部门的全面管理，又有专业院系对教学内容和要求的质量把控，同时主办学院提供全面的技术和管理保障，使整个办学过程平稳运行。

2. 培养方案改革试点，突出应用实践型的人才培养

网络教育建设初期，培养计划基本都是照搬全日制的，课程设置注重理论知识的学习，侧重学术能力的培养，没有体现成人教育解决实际问题，注重实践性的特点。结合学生的反馈和实际需求，我们以学前教育专业为试点，对培养方案进行了全面系统性的重构。

为了保证课程研发与建设的专业性和实践性，主办学院组建了由学前领域专家引领，资深的教研员、优秀的一线园长和教师一起加入的课程开发团队。核心团队成员多次研讨，提出课程改革的总体思路是，重“实践逻辑”而非“学术逻辑”，重“问题解决”而非“知识习得”，重“以例释理”而非“以理释例”。学前教育专业培养计划前后对比，见表2。培养计划改革后，受到学生的普遍好评，认为课程结合幼儿园实际，用理论解决实际问题，对提高实际工作能力非常有帮助。

表 2　学前教育专业培养计划前后对比

整　改　前	整　改　后
教育概论	学前儿童心理健康与辅导
儿童心理发展理论	新生入园分离焦虑的应对策略
教育统计与测量	婴幼儿餐饮及营养
幼儿教育心理学	幼儿园主题活动的设计与实施实例分析
中国教育史	儿童心理发展理论
外国教育史	幼儿教育心理学
学前儿童心理卫生	家园社区合作共育
比较学前教育	幼儿园游戏
儿童家庭教育	幼儿园教育活动设计与指导
幼儿园游戏研究	活动环境与幼儿发展
特殊教育概论	幼儿园班级管理
学前教育管理	幼儿园课程
哲学与儿童	幼儿教育思想史
幼儿园课程	学前儿童行为观察
	特殊儿童早期干预

3. 专项研发信息化管理平台，实现学习中心量化考核

主办学院于 2012 年自主研发了学习中心质量管理平台，并于 2017 年荣获国家计算机软件著作专利权(见图 6)，实现了对校外学习中心信息化规范化的线上过程性质量监管。主办学院将各学习中心的学期工作做成任务列表并发布到质量管理平台中，各学习中心每完成一项任务后都在平台中确认。通过这一平台，主办学院对学习中心的工作监督从“事后考核”转换为“事前提醒”，避免了学习中心管理人员变动对工作造成的影响，最大限度保证了学生的利益。管理平台中设置学习中心招生管理、教学教务管理、收费管理等各项全面细化的考核指标，通过量化考核指标，主办学院对学习中心的任务实际完成情况进行阶段性及时评价，以事实和数据说话，将考核评价落在实处，考核从结果性评价转变为过程性评价，促进学习中心的管理水平与主办学院各项工作要求保持一致。

每年主办学院依据学习中心质量管理平台上的过程性考核数据结果，给予评级、表彰和奖励，极大地促进学习中心的工作积极性，提高学习中心的管理质量。

4. 提升课程建设专业化程度，实现网络课程建设管理模式创新

主办学院追求网络课程品质的卓越，形成了独具特色的课程建设与管理文化。通过精细化的规范管理流程，有效破解了量产与质求之间的传统矛盾；通过“护航型”的主讲教师管理模式，在常规管理中引入了有效的支持(如培训、模板、支架、范例等)，成功地引导主讲教师开发优质课程；通过标准学习单元的设计，实现了各个学习单元的生成性、开放性、连通性、微型化、自包含、智能性、自跟踪及进化发展，避免了以往课程大而全，难以局部修改的弊端；通过可用性测试，利用国际一流的可用性测试软件、教育技术标准测试软件和眼动仪等软硬件设备，通过直观的数据分析结果，对网络课程的界面、内容、活动设计等多方面进行针对性改进，从而使得开发出的网络课程有更高的用户满意度。

目前，学院已与新疆师范大学、云南开放大学等多省高校建立长期资源共享和合作机制，促进了优质网络课程资源的均衡和资源优化配置，广受在线学员好评。

中华人民共和国国家版权局

计算机软件著作权登记证书

软件名称：学历继续教育校外学习中心质量管理系统 V1.0

著作权人：华东师范大学

开发完成日期：2017年07月01日

首次发表日期：未发表

权利取得方式：原始取得

权利范围：全部权利

登记号：2018SR301964

根据《计算机软件保护条例》和《计算机软件著作权登记办法》的规定，经中国版权保护中心审核，对以上事项予以登记。

中华人民共和国国家版权局 计算机软件著作权登记专用章

No.

图 6 著作权

5. 发挥教师教育特色，学历与非学历教育协调发展

学校网络教育以教师教育为特色。历年学历教育的专业设置几乎涵盖所有师范类专业，满足了一线教师提升学历的需求，并突破了地域、师资条件的限制，为西部边远地区和少数民族地区的师资队伍建设做出贡献。目前主办学院已培养师范类毕业生近四万人，遍布全国各地的基础教育第一线；非学历教育重点聚焦在教师专业发展领域，是全国 33 家具有远程培训资质的单位之一，每年有 8000 多人次的面授培训量，以及近 20 万人次的远程培训量，连年承担国家级和各省的示范性远程培训与面授培训项目。随着主办学院非学历教育研究及实践工作的稳步推进，在全国教师培训中的专业化声誉和影响力逐渐提升：作为中国教育学会教师培训者联盟秘书处，连续两年承办联盟年会，助力教师培训者的专业成长，赢得了业界的高度评价；作为全国中小学教师信息技术应用能力提升工程办单位，协助教育部教师工作司组织并管理了全国 1000 万中小学教师的能力提升工作。

6. 科研与实践良性互动，有效促进继续教育转型创新

与全国绝大部分继续教育学院不同的是，学校开放教育学院是集教学、科研、管理为一体的综合型学院，拥有一支 14 人组成的专业科研力量，研究与服务在这里形成了良好的互动。如图 7 所示，研究功能为网络教育服务提供系统建模与智力支持，服务功能为科学研究提供实践平台与理念验证。得益于研究与服务的互动，学院不断产出创新思路、不断迭代地改进成果、改进服务，科研成果产出持续增加，有效促进了继续教育的转型提质。

2014 年与 2018 年为这两个教学成果奖评奖年度，学院两年均同时有两个主题分获上海市的一等奖与二等奖，涉及远程教育的质量管理、培训专业化、满足个性差异的课程资源库等内容。基于科研与实践的互动，学院的科研成果在智慧教育、教育信息化、培训专业化等方面处于全国的领先水平。学院科研人员承担多项国家级、省部级课题，主持的“教师信

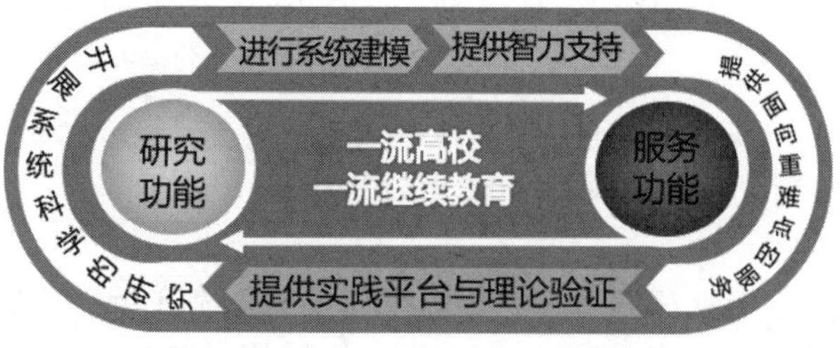

图 7　研究与服务功能的双轮驱动

息技术应用能力”标准体系与“师范生信息化教学能力”标准均在全国发布。2017 年，学院还成立了“互联网＋教师专业发展创新实验室”，致力于新技术新媒体条件下的教师专业发展范式变革研究。

（三）存在的问题

1. 立德树人的渠道不够多元

立德树人是高校的立身之本，学校始终坚持把立德树人作为教育的根本任务，着眼提升网络学历教育办学质量，端正办学指导思想，确保正确办学方向，把立德树人融入思想道德教育、学科知识教育、社会实践教育各环节。尤其在 2016 年 12 月全国高校思想政治工作会议之后，主办学院按照我校有关加强和改进新形势下思想政治工作的总体要求，首先把立德树人融入思想政治工作贯穿网络学历教育教学全过程，通过提高管理队伍的政治站位、加强思政理论课程建设、落实意识形态工作责任制、加强师德师风与学风建设、把思政教育融入学生日常管理等工作，在全程育人、全方位育人和全员育人方面取得了一些成绩，但由于网络教育对象的成人、非全日制、地域分散、远程学习等特点，客观上造成立德树人工作的难点，例如针对成人学生个体的日常立德树人及思政工作如何开展，渠道还不够多元化，还需进一步创新工作方法和渠道。

2. 面向成人学习的适应度有待提高

网络教育的学习者都是在职工作人员，他们确实需要通过提升学历提高自己的资历和工作的稳定性，因此未入学前的关注焦点自然是学历含金量，而入学后，职业发展的潜在需求逐渐外化并上升为新的关注焦点，如何提升他们的工作胜任力是成人教育特别要回答的问题。学校虽然在学前教育的专业培养方案上做了面向成人应用实践的创新变革，但大部分网络教育专业，受惯性思维与教育体制的双重影响，很多方面还留下了学术性、研究性的烙印，与网络教育致力于培养应用型人才的定位不完全相符。从学习方式的灵活性、学习内容的实用性、学习评估的能力导向、师资配备的实践属性等方面都需要更大程度的加强。

3. “互联网+”技术优势没有得到及时和充分的利用

随着“互联网＋”的发展，大数据、学习分析、物联网与人工智能等新技术为网络教育的发展带来了巨大的潜力，使课程开发敏捷化、教学环境现场化、学习选择自主化、质量分析过程化、自我诊断智能化等成为可能。主办学院已完成教育部人文社科课题“基于大数据的学习过程质量分析工具”的研究，并将该研究成果应用于非学历教育的平台，但近几年来，网络学历教育的学习与管理平台主要以维持现有功能为主，并没有将这些创新的技术与理念落实在平台建设与更新中。个性化学习推送、灵活的移动学习、面向全过程的及时预警与动态干预等功能尚未实现。

三、推进网络教育转型提质升级的思路和举措

本着“一流高校办一流继续教育”的宗旨,我校主办学院在十三五规划中确定了“实现在‘教师培训’与‘远程教育’两大领域享有国内领先优势、在‘教育技术创新与继续教育实践的结合’方面具有国内示范引领地位与国际影响”的奋斗目标,并就网络教育的转型提质预测了网络教育未来发展的两个阶段。

第一阶段:优质诚信阶段。培养水平有助于切实提升学习者在相应专业(领域)中的工作能力,证书含金量提升,继续教育信誉提升。

第二阶段:创新发展阶段。尊重个性、精准推送,为不同需求的人精准服务学习内容。社会需求分析科学、动态,能够快速响应需求,助力社会变革。

为了跨越性地达到“创新发展阶段”,主办学院在近两年里做了大量的创新实践,如互联网+教师专业发展创新、微认证与发展测评体系、面向创新创业的精品项目研发等,这些创新实践在非学历教育方面大放异彩,在全国范围内具有引领价值。这些已经取得的成绩,可以迁移到学历教育中。

随着双一流大学建设工作的开展,“创新”成为学校高质量履行继续教育义务的核心动能。学校将在未来的实践中充分发挥研究实力,以优质特色专业为突破口,为网络教育的转型升级探索符合教育规律、充分发挥“互联网+”优势的学历教育新模式。具体而言,有三大举措。

(一)精简专业与学习中心

高等学校开展网络学历教育依然是促进教育公平、建设学习型社会、构建终身教育体系的重要组成部分。作为一所具有强大的专业优势和学科优势的双一流高校,为了更好地满足社会需求,服务国家和当地建设人才需要,履行社会责任,根据学校继续教育的战略定位,发挥学校的专业特色和学科优势,有所为有所不为,探索和逐步建立与“学校全日制学历教育办学层次”相适应的学历继续教育办学功能,不断优化专业和学习中心的设置。

我校从2019年开始仅保留具有优势特色及地方需求迫切的7个专业,其中本科专业有学前教育、应用心理学、汉语言文学、法学、公共关系,专科专业有学前教育、行政管理。

同时,从2019年开始学校设置的校外学习中心数量也将大幅减少,学习中心的布局更加合理,保留的学习中心主要集中在上海地区,最终形成以本地为主,兼顾西部地区作为“网络教育促进教育公平载体”的小规模形式,这一举措将为学校提高学习中心管理的有效性、风险可控度、生源质量,尤其是为推进网络教育转型提质升级等提供坚实的基础和保障。

(二)精细化控制招生规模

为了保证网络教育质量,学生数量必须严控在教学条件可以支撑的范围内。学校在这方面一直把控良好,但以往总的来讲重在总量控制。随着专业的减少,一些没有专业“必选

项"的学生开始涌入仅余的一些专业中。为此,学校将在总量控制的基础上进一步做到专业分量的控制。通过这些举措,确保教学条件能够很好地支持学习者的学习与发展。

(三)启动2020网络教育创新行动计划

关于该行动计划的讨论已历时一年时间,开放教育学院遵循教育规律,整合成人学习与"互联网+"技术的最新成果,形成了该行动计划。启动时间为2020年春季,2018—2019年为准备期。

2020网络教育创新行动计划目标:以优势特色专业为突破口,重点通过培养方案、评估模式与技术支持的创新,全面提升网络教育内涵与品质,有效落实能力导向学习,呼应知识快速膨胀时代对劳动力高素质的社会诉求,培养能够助力新时代建设的合格专业人才。网络教育创新关键行动见表3。

表3 网络教育创新关键行动

创新内涵	原　　来	2020创新计划(核心词)
学习理念	知识导向学习	能力导向学习
学习产出	强知识、弱技能+学历文凭	工作胜任力+学历文凭、能力认证
学习方式	正式学习	正式学习+工作场所的学习
学习支持	人工助学	智能助学(非学术)+教练辅导(学术)
学习评估	多元评估	目标导向的多元评估(含微认证)
专业设置	市场导向	优势学科导向
学分互认	网络教育范围内	普通高校与继续教育、学历与非学历
学科发展	未关注	学科教学变革(应对"互联网+"的挑战)
师资结构	学校师资	学校师资+一线专家

注:微认证是一种学习者可以通过提交相应的实践证据,证明自己具有某种微能力的评估方式,具有细微精准、能力聚焦,非正式学习、自定节奏,能力评估、实践导向,数字徽章、即时分享等特点,2014年由美国的数字承诺组织首推,迅速得到各州认可和应用。我校的开放教育学院为国内首推微认证成果的机构。

具体而言,各维度的创新内涵如下。

- 学习理念:强调能力导向的学习,为社会培养能够将理论应用于实践的优质人力资源。
- 学习产出:除了学历文凭与能力认证这些相对功利层面的产出外,对学习者而言,更重要的是提升专业工作的胜任力。
- 学习方式:在正式学习之外,通过"微认证"等基于证据的评估方式,引入工作场所的学习,支持成人在工作实境中针对性地提高必备技能。
- 学习支持:通过大数据、学习分析、人工智能等方式做到精准靶向的非学术助学,并加强专家参与的学术助学。
- 学习评估:在原有多元评估的基础上,强化学习目标与评估方式的对应关系,增加"微认证"这种体现实践能力的评估方式,使"能力导向的学习"可以通过评估落地。
- 专业设置:保留并大力发展华东师范大学的优势学科作为成人网络教育的专业。

- 学分互认：将“微认证”作为通用货币，通过它打通高等教育（本科在校生）和继续教育，学历教育与非学历教育（教师培训）的桥梁。
- 学科发展：通过在“互联网＋”方面的探索创新，助力在校学生培养的信息化变革，促进学科的长足发展。
- 师资结构：引入更多的一线专家，增加实践指导的实力，为能力导向的学习准备相应的师资队伍。

中国石油大学(华东)现代远程教育试点工作总结

中国石油大学(华东)是教育部和五大能源企业集团公司、教育部和山东省人民政府共建的高校(见图 1),2017 年进入国家“双一流”建设高校行列。学校是石油石化高层次人才培养的重要基地,被誉为“石油科技、管理人才的摇篮”,现已成为一所以工为主、石油石化特色鲜明、多学科协调发展的大学。

图 1　中国石油大学(华东)

学校于 1955 年开设夜大学教育,1956 年开办函授教育,是石油行业成人高等教育的开启者。20 世纪 90 年代中后期开始探索基于企业信息网的远程教育,2001 年经教育部批准开展现代远程教育试点。试点以来,学校始终坚持“立足行业、服务地方”的办学定位,坚持教育理念创新、培养模式创新,管理机制创新、服务模式创新,构建了具有鲜明石油石化行业特色的现代远程教育体系。

一、总体情况

学校现代远程教育以服务国家能源战略为使命,依托学校学科优势,构建了资源勘查工程、石油工程、油气储运工程等石油类专业为主、通用类专业为辅的专业体系。以社会和学生发展需求为导向,创新人才培养理念,构建了由“专业培养计划”和“职业发展计划”组成的人才培养方案,自主研发 571 门次网络课程,完善了混合式教学模式。2009 年,《面向石油行业的远程与继续教育人才培养模式创新实践与研究》获第六届高等教育国家级教学成果二等奖(见图 2)。

学校现代远程教育以信息技术为支撑,在全国率先实现了网络教育与函授教育的完全融合。建成覆盖全国主要省、市、区和石油石化企业的办学网络,建立了“学院-地区-站点”三级学习中心管理体系,构建了全过程、全天候、立体化、个性化的教学管理和支持服务体系。2004 年通过 ISO 9001:2000 认证(见图 3)。

图 2 第六届高等教育国家级教学成果二等奖

图 3 ISO 9001:2000 质量管理体系认证揭牌仪式

试点过程中，学校坚持开放办学，不断拓展社会服务领域和发展空间，积极服务"一带一路"倡议、区域经济和社会发展，先后建成"教育部高校继续教育示范基地""人力资源与社会保障部国家级专业技术人员继续教育基地""教育部、财政部优质省级职教师资培养培训基地""国家安监总局安全监管监察学院（青岛）""中国（教育部）留学服务中心出国留学培训基地"。学校现代远程教育为石油石化行业和地方经济社会发展做出了巨大贡献，赢得了良好的社会声誉，办学模式和经验多次被教育部、中央电视台报道。

二、试点成绩

1. 服务国家重大战略，立足石油特色发展

在举办现代远程教育的过程中，学校始终坚持党的领导，全面贯彻党的教育方针，坚持立德树人，坚持"立足行业、服务地方"，积极服务石油石化行业、服务国家重大战略、服务区域经济社会发展，累计为石油石化行业和地方经济社会发展培养 24 万余名毕业生，成为石

油、石化行业最大的成人教育基地,为石油企业职工搭建了一个终身学习的平台。

学校坚持“高起点、高水平、高质量”的办学思路,把远程教育纳入学校的整体发展规划,将其作为人才培养体系的重要组成部分,不断规范管理,强化服务,稳控规模,提高质量,实现了办学规模、质量、结构、效益的协调发展,面向石油石化行业办学,成为学校鲜明的办学特色。网络教育 2001 级新生开学典礼如图 4 所示。

图 4　网络教育 2001 级新生开学典礼

2. 全校联动统筹管理，共享资源协同发展

学校坚持对远程教育的统筹管理,成立“远程教育与继续教育指导委员会”,制定了一系列保障远程教育科学发展的政策措施,形成了全校“一盘棋”的共识,先后在安全工程、石油工程、油气储运等专业与教学院部开展专业共建和实验室共建,实现了学校继续教育优质资源与学校全日制教学资源的共建共享,推进远程教育与全日制本科教育、研究生教育、留学生教育的协同发展。教务处、财务处、信息化建设处等相关部门全面参与现代远程教育办学的指导、协助、监督等工作。2005 年远程教育指导委员会会议如图 5 所示。

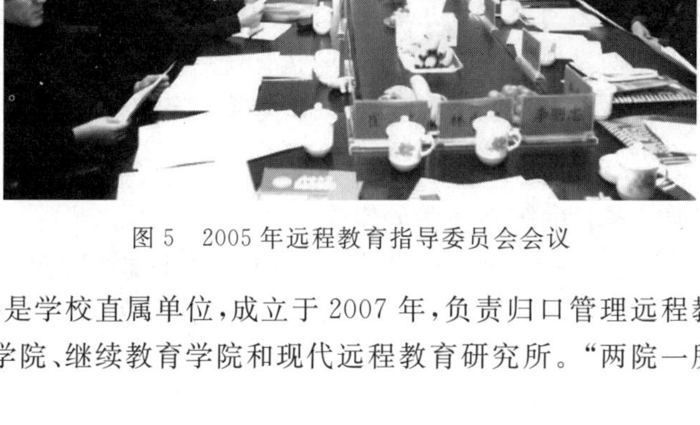

图 5　2005 年远程教育指导委员会会议

教育发展中心是学校直属单位,成立于 2007 年,负责归口管理远程教育与继续教育工作,下设远程教育学院、继续教育学院和现代远程教育研究所。“两院一所”既分工负责,又

密切配合的管理运行机制，形成“内部整合、外部合作、多元立交、行业特色”协调发展的办学格局。

3. 健全体系细化标准，规范管理健康发展

学校认真贯彻国家和地方有关政策、法规，坚持依法施教、规范办学。立足学校章程，建立健全制度体系，制定了学习中心建设管理、招生与考试管理、教学组织管理等 37 个规章制度（见图 6）。统一工作标准，实施规范管理，编制了《现代远程教育教学工作规范》《现代远程教育支持服务工作规范》等 35 个标准性文件（见图 7）。建立教学质量监控体系、办学风险防控体系，实现了标准化、规范化、精细化管理，办学质量稳步提升。

中国石油大学(华东)远程与继续教育学院文件

中石大远教发[2012]7号

关于印发《中国石油大学（华东）现代远程教育校外学习中心业务评价管理办法（试行）》的通知

各学习中心（站）：

为进一步规范对校外学习中心支持服务的过程管理，提升学习支持服务水平和管理水平，确保我校现代远程教育持续、健康、科学发展，学院制定了《中国石油大学（华东）现代远程教育校外学习中心业务评价管理办法（试行）》，现印发给你们，请认真贯彻执行。

中国石油大学（华东）远程与继续教育学院

二〇一二年七月一日

主题词：远程教育　学习中心管理　通知

教育发展中心办公室　2012年7月1日印发

图 6　学习中心业务评价管理办法

图 7　管理与服务工作规范

4. 坚持特色聚焦需求，创新模式内涵发展

学校始终坚持以学生发展需求为导向，培养具有较高综合素养、适应职业发展需要、具有创新意识的应用型人才，建成以石油工程、化学工程与工艺等山东省成人教育品牌专业为代表的高水平石油主干专业群，构建了数字化学习与课堂教学相结合、自主学习与协作学习相结合、虚拟实验与现场实训相结合、形成性评价与终结性考核相结合的“混合式教学模式”（见图 8）。

学校自 2001 年开始，在全国率先提出并实践用网络教育先进的技术手段和丰富的教学资源改造函授教育，以函授教育成熟的办学网络与科学的管理体系支撑网络教育。2003 年，全面实现了网络教育与函授教育在办学理念、办学模式、教学站点及教学资源等方面的融合发展和“七个统一”，即实施统一的质量标准、执行统一的培养计划、使用统一的教学资源、采用统一的教学模式、共享统一的支持服务、实行统一的考核标准、共享统一的技术保障，提高了办学质量和办学效益（见图 9）。

5. 打造优质资源体系，促进学生全面发展

在学校“大教学”思想指导下，现代远程教育与全日制本科教育共享师资和教学资源，组建了由校内专任教师、校外辅导教师、企业技术专家等构成的、专兼职结合的教学团队。

图 8　混合式教学模式“四个结合”

图 9　网络教育与函授教育“七个统一”

学校专门设立教学改革、教材和资源建设、教学成果和教师奖励、专业建设等专项发展基金，累计立项 98 个教学改革项目、598 个资源建设项目，投入 8500 万余元支持教师参与远程教育教学、改革、建设等工作。石油大学第二届成人教育优秀教师表彰大会如图 10 所示。

图 10　石油大学第二届成人教育优秀教师表彰大会

学校坚持“以学习者为中心”，致力于建设优质课程资源，建成了专业化的资源建设团队，实现了课程设计、课件录制、后期制作等全过程的自主研发。累计投入 2.2 亿元在青岛、东营、北京等地建成 8 个高水平录播室和 571 门次网络课程的资源库。构建了富媒体式、实训实景式、虚拟仿真交互式等 7 种资源建设模式，建成 8 门国家级网络教育精品课程(见表 1)，4 门国家级网络教育精品资源共享课，20 门省级成人教育特色课程。120 门课程被石油石化企业引进作为培训课程。

表 1　国家级网络教育精品课程

序　　号	课程名称	备　　注
1	构造地质学	国家级精品共享课、国家级精品课
2	沉积岩与沉积相	国家级精品共享课、国家级精品课
3	油库设计与管理	国家级精品共享课、国家级精品课
4	有机化学	国家级精品共享课、国家级精品课

续表

序　　号	课程名称	备　　注
5	采油工程	国家级精品课
6	环境监测	国家级精品课
7	物理化学	国家级精品课
8	电工电子学	国家级精品课

学校积极开展共建共享、课程互选、学分互认的研究与实践，牵头组建“网络教育教学资源研发中心”和“百校千课联盟”，创建了一方主持、多方参与、统一研发的课程资源共建模式，形成了校际合作、学分互认、自主参与的资源共享模式与机制，开发的“教材＋网络课程”优质资源被40多万网络教育学生选用。我校的“网络课程建设标准”被山东省作为成人高等教育特色课程的评选标准，发挥了技术引领作用。2016年，学校为山东省建成“成人高等教育数字化资源共享平台”，受益高校达51所。

6. 立足行业控制规模，多措并举稳定发展

学校与企业建立了有效的合作机制，根据企业需求，共同制订培养计划，确定培养目标和教学内容；企业参与对教学全过程的监督和评价。现代远程教育系统基本覆盖了全国所有石化企业，各企业职工均可免费享受“石大在线”的网上教学资源。2001—2015年，学校远程教育年招生规模始终控制在2万人左右，来自石油石化行业的生源占比超过50%。

学校坚持加大教学投入，不断改善办学条件。建有一支专业化教学管理和支持服务团队，其中校内教学管理团队93人，校外支持服务团队1279人。在校内建有专属专用的综合教学楼3栋、多功能教室56个、微机室4个、实习实训室4个，依托校外学习中心及其所在地的学校、企业教育资源，建立了一批稳定的校外实习实训教学基地(见图11)。2016年以来，严格控制招生规模在年均4万人，实现稳定发展。

图11　石油工程专业学生实习

7. 强化考核提升服务，推进站点升级发展

立足石油石化行业，服务地方经济发展，建立了覆盖全国主要省、市、区和石油石化企业

的办学网络,自建学习中心 96 个,其中 36 个建立在石油石化企事业单位。创建了“学校-地区管理中心-校外学习中心”三级管理体系,建立示范、优秀、普通和新建四级校外学习中心服务体系,建成 21 个示范性学习中心,以示范工程引领站点建设。建立了青岛、东营、北京、济南 4 个“直属学习中心”,发挥其改革试验田、办学示范区的引领作用。按照《学习中心业务评价管理办法》,定期组织考核评价,严格实行优胜劣汰。2018 年继续教育工作会如图 12 所示。

图 12　2018 年继续教育工作会

创建《学习支持服务运行导图》和《学生学习规划导图》,指导学习中心开展督学、促学工作。每年召开学习中心工作会议,定期组织业务培训,提升学习支持服务能力和水平,实现全员持证上岗(见图 13)。学校每年主要通过在线问卷调查、面对面访谈等方式,对学习中心的支持服务能力、质量等方面进行调查。

图 13　学习中心管理人员培训班

8. 教学环节全程监管,严把出口质量发展

依托教学平台,建成学习导航、信息服务、监控分析等支持服务“七大系统”,实现对选课缴费、在线学习、课程考试、教学评价、毕业设计等教学环节的全过程监管。严肃考风考纪,实行考务工作“五统一”,即学校统一命题、试卷统一印制、考试统一标准、监考统一安排、试卷统一评阅。开发了“人脸识别系统”验证考生身份,全面督考巡视、确保考试安全(见图 14)。

依据学籍、毕业和学位管理等规章制度,严格规范成绩管理,严格审查毕业信息,严格审查学位资格,确保毕业和学位授予质量,严把“出口关”。试点以来,累计培养 24 万余名毕业生,毕业率为 83.8%。

图 14 期末考试实施“人脸识别”

9. 引入国际质量标准，构建体系规范发展

学校始终把提高办学质量作为所有工作的核心，不断建立和完善远程教育人才培养和教学质量评价体系。2004 年，通过 ISO 9001：2000 国际质量管理体系认证。编制了《质量手册》和“质量策划与控制”“教育教学服务过程的检查与测评”“内部质量审核”等 24 个程序文件，涵盖招生、教学、考试、毕业全过程。

专门成立质量监控与评价室，建立了学校内部控制、用人单位监督，教师、学生、管理人员共同参与的教学质量监控和保障体系。2013 年，率先发布《中国石油大学现代远程教育质量年度报告》，主动接受社会监督。2016 年、2017 年的质量报告均被山东省教育厅选为示范案例（见图 15 和图 16）。

图 15 现代远程教育教学质量报告（2016）

图 16 现代远程教育学习导引

10. 油地军校深度融合，打造品牌引领发展

学校现代远程教育为国家战略、石油石化行业、区域地方经济发展做出了巨大贡献，培养了大批紧缺的应用型人才，涌现出了“全国劳动模范”汪宏辉，“全国五一劳动奖章”获得者王红、李绍霞,“全国三八红旗手”束滨霞、崔尚红、张春荣等优秀毕业生代表。

现代远程教育发挥学校属地优势,积极拓展服务面向:主动对接新旧动能转换工程、创新驱动发展战略,实施服务山东计划;创办“四点半课堂”,服务社区教育(见图 17),获评 2017 年全国终身教育品牌项目;“送课进军营”(见图 18),服务军民融合,免费向部队官兵提供 100 门优质网络课程;积极参与“求学圆梦行动”计划,为广东、江苏等省 3000 余名农民工提供学历继续教育。

领航 新征程

央广网产经 > 公益

“四点半课堂”彰显民生温度——青岛西海岸新区着力提供中小学生课后服务

2018-03-14 09:23:00 来源:人民网-人民日报海外版

孩子们在“四点半课堂”上制作手工

徐全宝摄

近日,青岛西海岸新区灵山卫街道窝洛子社区的“四点半课堂”再次扬帆起航,来自中国石油大学的李逸龙教授为孩子们上了新学期第一课。

一直以来,很多小学生下午3点半或者4点半就早早放学,而家长大多要到五六点才能下班赶去接,中间约有两个小时成了孩子监护的“真空”。这就是困扰很多家长的“3点半难题”或者“4点半难题”。

图 17 “四点半课堂”服务社区教育

图 18 “送课进军营”服务军民融合

学校先后承担教育部重大研究课题《面向能源行业的高等学校继续教育示范基地建设研究与示范》等 10 多项省部级课题,先后荣获包括国家级教学成果奖在内的各项奖励 30 余项。同时,还荣获全国普通高校成人高教先进单位、全国高等教育学籍学历管理工作先进集体、山东省成人教育先进单位等荣誉称号。2014 年，山东省教育厅召开中国石油大学(华东)远程教育和继续教育新闻媒体座谈会，推广我校远程教育和继续教育办学模式。国家级专业技术人员继续教育基地揭牌仪式如图 19 所示。

图 19　国家级专业技术人员继续教育基地揭牌仪式

教育部简报、《高教领导参考》等多次专题介绍、推广学校办学模式。2016 年 12 月 29 日，中央电视台《培养高校人才，服务“一带一路”》节目对学校继续教育办学成果和经验进行了报道。2018 年 5 月 4 日，中国军事网报道学校军地共建“送课进军营”活动。

三、存在的问题

1. 国家层面政策相对缺乏

自试点以来，国家层面继续教育的政策相对较少，高校办学缺乏明确的政策依据和指导。各高校的招生规模、培养质量差别较大，甚至在招生考试等方面存在个别乱象。亟须国家加强成人教育的政策供给，推动现代远程教育科学发展、健康发展、高质量发展。

2. 自身发展亟须转型升级

随着继续教育的快速发展，以及石油石化行业的转型升级，学校传统优势专业的生源逐渐减少、新兴特色专业刚刚起步，致使学校高等学历继续教育的办学特色有所弱化，专业布局有待优化，现代远程教育的服务领域有待进一步拓展。

厦门大学现代远程教育试点工作总结

一、基本情况

2001年1月，经教育部批准，厦门大学成为现代远程教育试点高校。多年来，学校始终坚持把立德树人作为根本任务，着眼提升高等学历继续教育办学质量，培养社会主义合格建设者和可靠接班人。

1. 高度重视、明确定位，加强继续教育顶层设计

学校将继续教育纳入学校整体发展规划，端正办学指导思想、确保正确办学方向，根据学校发展战略调整，不断深化继续教育改革与转型发展。2014年，学校制定《厦门大学章程》时，明确提出厦门大学“以高等学历教育为主体，同时开展多种形式的非学历教育，为构筑终身教育体系和学习型社会服务”。2015年，学校在制订“十三五”规划时，进一步提出“加强继续教育顶层设计，理顺管理体制，促进资源整合，加强质量保障体系建设，打造厦大继续教育品牌，积极服务学习型社会建设”。当前，学校认真贯彻落实党的十九大关于“办好网络教育、继续教育，加快建设学习型社会”的精神，将建设与厦门大学创建世界一流大学目标发展相适应的高水平、有特色的继续教育作为继续教育新一轮发展的奋斗目标，为“加快建设学习型社会，大力提高国民素质”做出应有的贡献。2018年，《中国共产党厦门大学第十一次代表大会党委报告》提出我校要“落实终身教育需求，为社会提供高质量的继续教育服务”。未来，学校现代远程教育以习近平新时代中国特色社会主义思想为指导，坚持党对一切工作的领导，服务学校“双一流”建设，发展高水平、有特色的现代远程教育，为实现厦门大学建设“两个百年”任务目标添砖加瓦。

2. 调整机构设置，完成网络教育结构调整

2004年，根据厦门大学发展战略的调整，原成人教育学院、职业技术学院和网络教育学院合并为“厦门大学继续教育与职业教育学院”。2013年为完善体制机制，强化规范管理，加快发展继续教育，学校将“厦门大学继续教育与职业教育学院”更名为“厦门大学继续教育学院”。

福建省高等教育自学考试委员会2005年批复同意学校不再承担福建省开考体制改革试点专业（本科、专科）的主考任务（闽教自考〔2005〕7号文件）。福建教育考试院2015年下发《关于调整自学考试部分面向社会开考专业主考学校的通知》（闽考院自〔2015〕1号），明确厦门大学从2017年下半年起不再承担此前已有的自学考试主考任务。2005年停招函授生和自考助学班，只保留夜大学，服务厦门地区的在职人员，根据社会需求变化及学院转型发展需要，2017年起停止夜大学招生。2007年停止高等职业技术教育招生，2009年该部分学生已全部离校，2010年停止中职硕士班招生。2017年，为贯彻落实教育部《高等学历继续教育专业设置管理办法》的文件精神，根据学校高等学历继续教育的发展战略和办学定位，经学校2017年第3次招生工作领导小组会议审议通过（厦大专纪要〔2017〕13号），我校决

定自 2017 年起停止成人高等学历教育招生；同时，学校现代远程教育自 2018 年春季起，全部停止专科层次招生。

自此，学校从 2018 年起，高等学历继续教育仅保留本科层次的网络教育。

3. 规范管理、质量为先，促进现代远程教育规模与质量协调发展

学校严格按照教育部“积极发展、规范管理”的要求积极稳妥地开展现代远程教育的试点与实践。采用基于国际互联网（Internet）这一技术载体组织教学和管理；采用网上课件教学、视频辅导等方式，并配有网上作业、网上答疑、网上讨论；采用学分制及弹性学习年限，较好地适应在职人员的学习需求；重视开展远程条件下的管理服务工作，注重师生互动和学风建设，全面提高学生的综合素质。根据社会需求及学校优势学科特色，学校现代远程教育目前开设专升本、高起本两个层次，覆盖法、经、管、理、工等多个学科门类的多个专业。与专门从事网络教育技术服务的机构合作，在全国多个地方设立校外学习中心，为参加学校现代远程教育的学生提供优质的服务。现有在籍生 34 098 人，已经为社会培养了 48 626 名毕业生（数据截至 2018 年 12 月 30 日）。

二、试点成绩和经验

学校举办现代远程教育 17 年以来，根据学校自身的优势和特点办学，制度完善，管理规范，规模与质量协调发展，为国家经济和社会发展培养优秀人才。

1. 加强信息化建设，不断改进现代远程教育技术手段

随着信息化的快速发展，学校积极致力于现代信息技术在现代远程教育中的运用，通过设备和技术的不断完善，促进网络教育的教学、教务、学习支持服务等工作全面提升，使学校的现代远程教育工作逐步走上现代化的轨道。教学方面，2001 年采用卫星直播方式进行教学工作，2004 年采用因特网直播方式进行教学工作，2008 年采用三分屏课件进行教学工作，2013 年至今使用网络课程进行教学工作。教务及学习支持服务方面，2006 年正式启用厦门大学远程多媒体互动教学平台，2009 年正式启用厦门大学网络教育教学教务管理系统，2011 年全面升级厦门大学网络教育教学教务管理系统，2017 年上线试运行厦门大学网络教育平台，正式接入在线阅卷系统，2018 年正式接入在线考试系统，并提供移动学习 App 及微信公众号，推进移动学习工作。

2. 构建全面质量保障体系，创新现代远程教育人才培养模式

第一，与时俱进，建立了适应现代远程教育发展的制度体系。学校自举办现代远程教育以来，一直重视制度建设，依规依章，规范管理，已基本建立起从招生、教学、学习支持服务、毕业、学位等一系列适应现代远程教育发展的制度体系，并通过院系合作、教师培训会、听课、巡考、学习中心工作会、教学工作会等机制，保障现代远程教育制度体系落细、落实，保证人才培养方案的实施，并取得了较好的效果。

第二，适应需求，专业设置特色鲜明。学校严格按照《高等学历继续教育专业设置管理办法》（以下简称《办法》），根据自身办学定位和人才培养定位，开设适应社会需求的招生专业，从 2018 年春季起只保留本科层次招生，专科层次不再招生。目前，学校现代远程教育招生的本科层次专业 13 个，其中高起本层次招生专业 2 个，专升本层次招生专业 11 个。在落实《办法》指导意见的同时，现代远程教育招生专业依据学校学科特点和目前全日制本科专业开设情况，深入调研、全面分析评估、充分论证，确定并重点建设我校优势专业和特色课程。目前，现代远程教育招生专业充分体现学校的优势学科建设情况，例如学校的工商管理、理论经济学、应用经济学属于一级国家重点学科；会计学、金融学、法学、国际经济与贸易等多个专业属于我校的优势专业。

第三，探索和建立了校内合作办学模式。办学 17 年以来，学校不断探索现代远程教育的办学模式，深化继续教育学院与专业院系合作办学的途径和方法，建立了由专业院系负责提供师资力量，制订专业教学计划，继续教育学院负责招生、教学、学生等管理及技术和平台支持。继续教育学院每学期都考核教师的教学情况，并将考核结果反馈给有关专业院系，要求专业院系撤换不胜任现代远程教育教学的教师，不断完善校内合作举办现代远程教育的办学模式。

第四，教学模式适应现代远程教育的学习特点。目前，现代远程教育的教学形式主要有课件教学、线上答疑、在线作业、在线测试、离线作业、面授辅导等；重视形成性考核，学生须完成课件点播、离线作业、在线练习、在线测试四项形成性考核，形成性考核成绩占总评成绩的 30％～40％；教学内容从重视理论教学，逐渐转为重视实践教学，尽量采取案例教学的方式进行教学，理论联系实际，使学生易于接受；教学监管手段丰富，有教学督导员制度、听课制度、教务人员监管等，以保证教学制度的落实。

第五，根据专业和课程特点确定考核方式。多年来，学校根据远程教育的发展情况和专业及课程特点，调整课程的考核方式，由纸质闭卷考试一种方式，逐渐发展为纸质闭卷、纸质开卷、小论文、在线考试等适应专业及课程特点的考核方式。考试内容也由重理论转为理论与实践相结合，着重考核学生的知识运用能力，使得考试更加贴合成人在职学习的特点；重视考风考纪，考试期间，除派出巡考人员到学习中心巡考外，开发手机 App 远程巡考小程序，通过手机随机抽查学习中心的考场情况，实现远程巡考。

第六，论文写作管理由线下转为线上，答辩形式更加规范有序。学校根据论文写作管理规定，开发了论文写作管理平台，论文写作管理均在论文管理平台上进行，指导方式由邮箱等线下变为线上。参加答辩的论文必须提交查重报告，由 3 名教师组成答辩小组，组长必须具有中级以上职称，采用现场及视频两种答辩形式，论文答辩组织规范、有序，严格把关论文答辩质量。

第七，加强监管，注重对学生培养关键环节的把控。严格规范招生宣传，严查违规行为，严格筛查招生信息，及时、完整、准确地采集新生数据，严格审核新生入学资格，切实把好招生入口关，提高生源质量。通过学习平台及时反馈教学问题，确保学习进度，聘请教学督导员，监督、检查、指导教学工作。实行听课制度，确保教学及时、有效。基本实现从试卷命题、试卷印刷和保管、考试安排、试卷评阅、成绩发布和复核、考试违规处理等考试全过程的监管。严格按照《厦门大学网络教育学籍管理规定》的毕业条件审核学生的毕业资格，达到我校毕业要求的，才准予毕业。

第八，加强服务，搭建学习支持服务体系。强化对校外学习中心综合管理，监督各学习中心做好学生服务工作。工作中采用“对口联系”制度，每个学习中心均有“对口服务人”，负责对接处理学习中心各类综合性事务及特殊事务，并在重要环节整体跟进学习中心工作进度。建立年度学习中心工作会制度和视频工作会制度，并通过走访制度和巡考制度不定期抽查监督学习中心工作，指导学习中心业务，提升学习中心管理服务质量。在学习平台上设置“毕业生满意度问卷调查”功能，要求每位毕业生进行填写，其中有一项指标是学习支持服务满意度调查，不断改进自身工作。

3. 紧跟国家重大战略，服务人才强国战略

2014 年“在线教育联盟”土建类高校在线课程资源建设研讨会上，根据会议决定我校作为首批建设的“土木工程”专业相关课程高校之一，负责“构建卓越工师 e 梦计划”中“工程力学”网络课程的建设任务，实现校际资源共享，有利于集中优质资源培养人才（见图 1）。

图 1 “构建卓越工师 e 梦计划”中的“工程力学”网络课程

积极参与福建省继续教育网络课程建设项目。制作完成“我们该怎么吃？——‘中国居民膳食指南(2016)’解读”微课程（见图 2），该课程入选福建省第二批继续教育网络课程，并获批 2018 年省级终身教育重点建设项目，助力促进终身教育，培养个性化人才。

图 2 “我们该怎么吃？——‘中国居民膳食指南(2016)’解读”微课程

4. 服务西部地区、民族地区发展，助力推进教育公平

设立专门的数字化学习资源共享网站，向西藏民族大学定向共享我校优秀数字化学习资源，包括 2 门国家级精品网络教育资源共享课、12 门优秀网络课程、53 讲微课程，对口支援西藏，履行学校支援西部建设的职能。厦门大学-西藏民族大学数字化学习资源共享网站如图 3 所示。

图 3 厦门大学-西藏民族大学数字化学习资源共享网站

我校在云南、新疆、广西、重庆等西部地区历年来共招收现代远程教育学 3253 人，培养毕业生 1503 人。通过网络教育使用优质教育资源助力西部人才培养。新疆地区更是面向行业进行宣传，与中国太平洋保险公司深入交流，在克拉玛依、石河子、哈密、库尔勒、昌吉、伊利等地的分公司设立集团班，为企业培养实用人才。2015 年春季中国太平洋保险公司克拉玛依集团班合影如图 4 所示。

图 4 2015 年春季中国太平洋保险公司克拉玛依集团班合影

5. 响应军民融合号召，助力建设高素质军队人才队伍

学校长期以来一直有着拥军送教的优良传统，依托学校的师资力量和学科优势，结合现代远程教育学习方式灵活弹性的特性，送教入军营，为军队人才建设和国防事业贡献应有的力量，与汕头市南澳海防团、厦门市警备区等单位建立合作伙伴关系，通过网络学历教育形式支持部队人才队伍建设(见图 5～图 7)。2009 年至今，现代远程教育共招收部队学生 2907 人。2013 年，现代远程教育从服务现役军人进一步扩大到服务退役士兵，与福建省民政厅等主管部门开展共建，为退役士兵提供继续教育平台，迄今学校现代远程教育已招收退役士兵学生 5109 人。我校现代远程教育服务部队人才培养优秀案例入选“2017 全国高校远程与继续教育优秀案例库”。

汕頭日報

SHANTOU RIBAO

2011年5月 15

李德生同志遗体在京火化

厦门大学来汕送教

贫困先心病患儿 今年救助300名

优秀共产党员评选 首次网上投票推荐

图5 汕头日报报道我校网络教育开学典礼

图6 厦门大学陈善昂副教授在厦门警备区角屿连队现场授课

图7 慰问共建单位驻厦73291部队

三、存在的问题

学校现代远程教育取得了一些成绩，但工作中还存在不足，仍需进一步改进。

一是体制机制方面，学校现代远程教育的管理和办学长期以来均由继续教育学院承担和实施，“管办分离”的体制机制有待进一步理顺和完善。

二是招生管理方面。仍需要进一步加大对学习中心的招生监管力度，形成更有效的约束机制。

三是师资方面。学校从事现代远程教育教学的教师由专业院系选派，有些从事全日制本科教学教师还不太适应现代远程教育教学模式，教学效果和教学方法还需进一步改进。学校未将授课教师从事现代远程教育教学工作计入其工作量，教师从事现代远程教育教学的积极性还有待进一步提升。

四是资源建设方面。由于缺乏全校统一的资源建设规划和规范，尚未形成有效的资源整合和协调机制，普通全日制本科和远程学历教育的课程资源重复建设，未实现资源利用效率的最大化。校际间教学资源共建共享的机制尚未建立，无法有效引进校外优质教学资源和共享我校优秀课程资源。学校在资源建设与管理方面的研究不足，创新不够。科技的飞速发展、教育理念的不断进步带来了学习模式、管理模式的变化，固有的资源建设与管理模式已无法完全适应当下的教学需求。

五是学习支持服务方面。部分学习中心把工作的重心放到市场招生，而忽视了教育的根本，在队伍建设、教学管理及学习支持服务方面投入不足；个别学习中心工作人员配备不足、流动性大，业务不熟练，责任心不强，管理人员无法为学生提供及时、准确、周到、有效的学习支持服务，阻碍了各项教学任务的顺利开展和落实到位；部分学习中心人员的服务理念陈旧、服务意识不强、缺少创新服务，面对新形势、新变化、新要求反应不敏感，适应性不强。

四、推进现代远程教育转型提质升级的思路和举措

第一，加强顶层设计，统筹办学资源，科学合理定位。当前现代远程教育正面临着转型发展的新形势，学校要科学统筹规划、找准办学定位，适应实现新时代赋予现代远程教育的使命和目标。

第二，加强规范管理，推进体制机制改革。坚定办学宗旨，完善、落实相关管理制度，不断深化现代远程教育各项制度建设和规范管理，提升办学质量，加强对办学各个环节的监管与服务。

第三，加强队伍建设，着力打造远程教育优秀团队。树立危机意识、竞争意识，建立健全人才激励机制，建设高素质管理队伍。搭建员工成长平台，逐步形成职责明晰、锐意进取、管理有序、保障有力的员工管理体系，实现人尽其才。

第四，深化教育教学改革，着力培养实用人才。以更新知识和提高素质为重点，开展非学历培训，助力学习型行业、组织、单位建设；根据教育部印发的《高等学历继续教育专业设置管理办法》，适应社会需求，调整专业设置，因材施教，加大教育教学改革步伐；健全质量保障和评估体系，提高现代远程教育教学质量。

第五，建立资源整合与协调机制，加快开放和共享进程。建立师资库，加强优质师资建设；建立资源整合机制，强化课程资源建设，促进优质资源的共建共享。

第六，完善优质服务，构建在职学生科学管理与服务模式。建立现代远程教育各学习中心的管理、培训和考核机制，加强对关键教学环节支持服务的监管力度，探索学生管理服务新模式，完善学习支持服务体系。

第七，拓展战略合作，丰富培养模式。积极服务国家人才战略，推动继续教育基地建设。与学校战略合作伙伴合作建立继续教育联盟，探索校校合作、校企合作、学校政府合作等培养人才的新机制，开展现代远程教育。

第八，加强社会服务，助力国家战略发展。立足厦门、扎根福建、面向全国，增强面向行业企业人才培养的能力和水平，特别是进一步做好军民工作，助力部队官兵的继续教育；进一步探索智力支援海西地区、西部地区、贫困地区的渠道和途径，履行好高校服务社会的职能。

中南大学现代远程教育试点工作总结

一、试点基本情况

中南大学是教育部直属全国重点大学、国家“211 工程”首批重点建设高校、国家“985 工程”部省重点共建高水平大学和国家“2011 计划”首批牵头高校，2017 年 9 月经国务院批准入选世界一流大学 A 类建设高校。

2001 年 1 月，教育部批准中南大学为现代远程教育试点学校(教高厅〔2001〕1 号)。同年 8 月，中南大学正式成立独立建制的网络教育学院，开展现代远程教育。

中南大学网络教育秉承“知行合一，经世致用”理念，全面贯彻落实《教育发展规划纲要》精神，坚持服务行业、服务区域经济与社会发展、服务国民经济建设主战场，以扎实苦干求发展，以改革创新谋进步，在学校党政的正确领导和全校师生的大力支持下，构建了网络教育硬件平台和软件平台，建设了丰富的网上学习资源，面向中西部地区和铁路交通、医疗卫生和有色金属行业建设了一批满足办学需要的校外学习中心，累计注册学生 35.7 万人，毕业 25.1 万人。十多年来，学校网络教育办学条件不断改善，办学规模逐步扩大，办学质量和办学效益稳步提升，为探索网络教育办学途径、构建终身教育体系、服务在职从业人员学历继续教育做出了积极的贡献。

按照适应“双一流建设”总目标的继续教育发展改革思路，学校决定 2018 年大力压减学历继续教育招生规模，从 2019 年起全面停止学历继续教育招生，转型发展高端非学历继续教育培训。

二、试点工作历程

1. 凝练科学准确的办学定位

依据网络教育的办学方针政策和中南大学的办学实际，学校始终将网络教育定位于“发挥学校资源和网络教育技术优势，面向湖南，面向医疗卫生、铁路交通、有色金属行业，面向中西部地区欠发达地区，为在职从业人员更新知识、增强技能、提高素质、提升学历服务，为搭建终身学习立交桥、建设学习型社会服务”，坚持“学校自主办学与多渠道合作办学相结合，以学校自主办学为主；软件建设与硬件建设相结合，以软件建设为主；学习中心建设依托公办学历教育机构与依托其他教育培训机构相结合，以依托公办学历教育机构为主；规模发展与保障质量相结合，以保障质量为主”，从根本上保障了网络教育的健康有序发展。

2. 建立严谨规范的管理制度

学校坚持将网络教育的办学安全规范作为第一要务，高度重视网络教育规章制度的制定和实施。根据网络教育客观实际情况，网络教育学院以教育部文件精神为准绳，先后对管理规章制度开展了 3 轮深入的修订和完善，形成了涵盖招生、学籍管理、教学过程组织、考试、毕业论文、证书发放、学习中心管理、收费、学生评优、教学档案管理、网络安全、技术支持、学习服务、学院内部管理等各项工作的规章制度60多项，不但对各教学环节都做了明确的规定和要求，而且对学习中心的日常运行、网络教育学院内部运行机制也提出了规范管理的要求，严谨规范的规章制度确保了网络教育事业在安全规范办学的前提下不断发展。

3. 实行严格规范的招生管理

学校把网络教育的招生对象严格控制为在职从业人员，报考专升本层次者必须持有国民教育系列专科或以上毕业证书，必须能在中国高等教育学生信息网查验或具有学历认证报告，其中报考护理学专业者必须持有国民教育系列医药类专科或以上毕业证书，同时持有卫生部颁发的护士执业证书；报考药学专业者须取得执业药师资格证或医药类及相关专业毕业的在岗医药从业人员。报考高起专层次者必须持有高中、中专、职高或以上毕业证书。

学校严格掌握只有经过省级教育行政部门批准备案、年检合格且如期在全国网络教育阳光招生服务平台公布的校外学习中心，才具有招生宣传和组织生源的资格。校外学习中心只能在教育行政部门规定区域配合学校开展招生宣传工作，不得自行组织招生，不得跨省区或点外设点组织招生，不得自行印制招生宣传材料或发布招生广告，不得开展录取工作。

学校统一印制招生简章，对网络教育招生宣传、录取工作实行统一管理。校外学习中心严格按照招生简章口径宣传报名条件、学习考核方式和收费标准。针对继续教育领域的社会乱象，学校在网络教育平台显目设置“招生预警”，并由网络教育学院安排专人定期搜索假冒中南大学的非法招生宣传网站以及非法中介机构进行的有关招生活动，一旦发现问题，及时跟踪处理。

新生入学资格由校外学习中心初审，学生基本信息由学习中心通过身份证阅读器读入、上传，并将有关证件原件扫描上传至招生信息平台，由网络教育学院组织终审，并通过阳光招生平台报送。学生的专科毕业证、身份证、护士执业证书等的扫描件和其他有关信息数据均留存在学校的学生学籍库中。

4. 建设专兼结合的高水平师资队伍

学校成立了现代远程教育领导小组和网络教育教学指导委员会，依托校内专业学院聘请学术水平高、教学经验丰富的专家、教授组成学科专业专家组，规划、指导网络教育改革与建设；选聘教学经验丰富、热心网络教育的骨干教师建立稳定的主讲教师梯队；选聘青年教师、品学兼优的硕博士、研究生构成辅导教师梯队。建设了一支具有现代远程教育理念，德才兼备，乐于网络教学，结构合理的专兼职相结合的网络教育教师队伍。

5. 探索适应需求的专业结构和人才培养方案

学校的学科专业资源优势和行业特色与医疗卫生、铁路交通、有色金属行业和中西部地区教育资源配置欠发达地区在职从业人员接受学历继续教育的客观需求，奠定了构建优势工科、医学专业与经、管、文专业相结合的网络教育办学结构的基础。通过深入系统的调查研究和充分的分析论证，依托国家重点学科和学校传统优势学科专业逐步开设了以土木、交通、机械、计算机、自动化为主的工科专业；以护理学为主的医学专业和以会计、管理、法学为主的经管文专业，形成了优势特色明显、需求旺盛的工医经管文相结合的专业结构。按照坚持以宽专业设置为基础，“基础宽口径、出口多方向”的基本思路，构建“前期相同，后期分流”的课程体系；教学内容突出“新知识、强技能、重应用”；毕业训练强调“学以致用、学用结合”，逐步完善了符合网络教育规律的人才培养方案。

6. 实施全程覆盖的质量监控

学校高度重视学生的学习过程和学习效果，从建立健全教学管理制度、加强学生学习过程监管、探索适合网教特点的考试模式以及推进直接指导与远程指导相结合的毕业论文指导模式等环节加强教学过程质量管理，修订了包括《中南大学网络教育学籍管理规定》在内的一系列教学管理文件，对各教学环节提出明确要求；通过教学信息系统管理平台实时掌握学生的在线作业及在线考试的完成情况，有效督促学生及时完成学习任务；利用巡考管理系统和巡考记录有效发挥巡考工作的检查、督促职能，促使学习中心对组考过程中存在的问题及时整改；针对成人在职人员学习的特点，实现所有形成性考核课程网上提交、网上评阅的考核方式；推进直接指导与远程指导相结合的毕业论文指导模式，从选题、写作、答辩等环节实现双重指导，毕业论文通过万方系统开展论文相似性检测，防控抄袭现象。

7. 构建丰富开放的课程资源

学校立足于学习者有效学习、个性学习、灵活学习的需求，充分利用网络与信息技术，加强课程素材库、教学案例库、虚拟实验库、测试与考试题库、答疑库、专题讲座等教学资源建设，增强课程资源的趣味性、实用性，累计自主开发单机版与网络版课程资源 470 门，“普通高等学校继续教育数字化学习资源开放联盟”开放课程 12 门，公开课视频 121 个，充分发挥移动技术“便携、通信、交互”的优势，部分课程中引入移动学习模式，开发了集阅读与练习、多种媒体于一体的 IBOOK 电子书，设计制作“精、深、透、小”的微课程。截至 2018 年年底，获得国家级网络教育精品课程 1 门、国家网络教育精品资源共享课 2 门、校级精品课程 28 门。此外，组织编写网络课程教材 45 种，其中《生命与环境》教材荣获第三届中国大学出版社图书奖优秀教材奖一等奖，《新视角大学英语教程》(下)、《刑事诉讼法学》、《民法学》等 9 种教材荣获中南地区大学出版社优秀教材一、二等奖。

8. 创成高效实用的网络教育平台

学校依靠自身技术力量自主开发门户网站、教学管理平台，设计并研发了集成远程教育网站、教学管理平台、远程视频教学平台、学生学习平台、在线考试平台的网络教育平台，包括远程教学直播平台、视频答疑平台及论文远程审查平台等。微信服务系统可以提供主动的个性化信息查询及信息推送服务。网银缴费系统使学生通过网银实现快速缴费。

网络教育平台通过网络专线与教育网、电信网和联通网连接，出口总带宽 1600M，配置服务器 19 台，磁盘阵列 4 套，负载均衡交换机 4 台，虚拟磁带库 1 套，存储虚拟化网关设备 1 台，万兆核心交换机 1 台。应用服务器使用负载均衡技术提高服务器响应速度，解决网络拥塞问题，同时应用服务器虚拟化技术，动态分配硬件资源。阵列之间采用双活技术，并使用虚拟磁带库每天备份，保证数据安全稳定。

9. 开展丰富多样的学习支持服务

学校高度重视网络教育的学习支持服务工作，全方位地开展从课程学习、课外辅导、学习资源、毕业论文、学业管理等多个方面给学生提供从入学到毕业全程性、多样化、个性化的学习支持服务体系，设置了专门的学习支持服务管理岗位，负责及时响应学生的诉求，解答学生疑问，协调解决学习支持服务工作中的问题，促进学习支持服务工作质量不断提升。同时对校外学习中心的支持服务提出明确的要求，定期对校外学习中心的学习支持服务工作进行检查考核，对检查考核发现的问题提出限期整改的要求，从而建立有效的校内、校外相结合的学习支持服务工作体系。

三、典型做法与经验

1. 明确办学定位，顺应社会需求，形成了优势特色明显的网络教育办学格局

凝练并践行了“一并举、二服务、三面向”的办学定位和“四结合、四为主”的指导思想，依据行业和社会需求，依托学校优势和行业特色，权衡是否适办网络教育，构建了工医经管文相结合的专业结构；培养方案以宽专业设置为基础，坚持“基础宽口径、出口多方向”，构建“前期相同，后期分流”的课程体系；教学内容突出“新知识、强技能、重应用”；毕业训练强调“学以致用、学用结合”，形成了优势特色明显、需求旺盛的办学格局。

2. 更新教学观念，加强队伍建设，构建了丰富多彩的网络学习资源库

组建以专家学者和优秀教师为主体的主讲教师队伍，引导教师加强网络教育基本规律的学习研究，加深对网络教育学习对象的了解，掌握网络教育技能，融合传统教学和在线教学两种教学模式的优势进行教学设计，注重在内容选择上贴近实际应用，实现教师引导与学生自主学习的有机衔接，提高学习资源的适应性、针对性和吸引力。自主开发完成两轮更新的网络课程 381 门，校级网络精品课程 8 门、国家级网络精品课程和网络教育精品共享课 3 门，出版网络教育规划教材 45 种。

3. 探索网络教育规律，满足学习需求，构建了和谐统一的学习支持服务体系和教学过程管理体系

根据成人在职学习特点和网络教育规律，立足为学生提供系统的学习指导，满足学习诉求，从呼应学习咨询和引导督促学习两个方面建立了包括响应服务和主动服务的完整学习支持服务体系，为学习者提供全方位、个性化、多样化的支持和帮助；依托网络教学管理平台，建立健全教学管理规章制度、工作流程规范和校外学习中心工作基本要求，构建了与学习支持服务体系和谐统一的教学过程管理体系，保障了教学过程管理的规范化。

4. 瞄准技术前沿，立足高效实用，搭建了功能完善的网络教育服务平台

加大更新、改造力度，坚持自主研发和引进吸收相结合，搭建了一个能够较好地贯彻网络教育先进理念和方法手段、具有全部产权完全自己掌控，由硬件与系统服务平台、软件服务平台和学习资源制作平台组成的高效实用的网络教育服务平台。

5. 加强网络教育规律研究，积极探索网络教育规律，形成了一批网络教育成果

学校鼓励承担网络教育教学的主讲教师和专职管理、技术人员开展网络教育研究，每年拨出专项经费支持一批网络教育省级、校级教改立项，对构建具有自身特色和优势的网络教育人才培养体系进行探索与实践，从理论层面对网络教育的人才培养的热点、难点问题进行了广泛深入的研究，在国内外会议、期刊共公开发表论文 45 篇，其中 CSSCI 来源期刊 10 篇，形成较为系统的网络教育理论支撑。“基于知识推送的“会计管理信息系统”网络课程资源建设研究与实践”获 2013 年湖南省高等教育教学成果奖三等奖。“中南大学网络教育人才培养体系的构建与实践”获 2015 年湖南省教学成果三等奖。

四、面临的困难和问题

(1) 激发学生的学习兴趣与监管学生学习过程的方法手段仍需进一步健全，培养质量和办学声誉与学校“双一流”发展定位尚有差距。尽管我们下大力气建立了丰富的网络学习资源和完善的网络学习平台，开展了多种形式的学习支持服务，但如何进一步激发学生的自主学习积极性，更加有效监管学生的学习过程，从整体上把培养质量提高到与世界一流大学相适应的水平尚有差距。

(2) 招生区域分布较广，办学规模较大，校外学习中心规范办学管理监控难以完全到位，个别校外学习中心考试违纪违规现象仍未杜绝。目前我校合作办学校外学习中心多达172个，覆盖全国25个省、市、自治区，在籍学生达8.78万。尽管我们建立了一整套完整的校外学习中心建设管理规章制度，规范学习支持服务流程，但对校外学习中心规范办学管理监控仍有差距，死角尚未完全消除，少数校外学习中心考试管理不够规范，违纪违规现象仍有发生。

(3) 网络教育资源局限于网络学历教育，非学历教育尚停留在起步阶段。网络教育学院目前以网络学历教育为主，向非学历教育开展网络教学还处于推进之中，工作思路调整、人员结构安排和工作重心转向上与网络教育转型提质升级的客观要求仍有差距。

西南交通大学现代远程教育试点工作总结

一、试点背景和初衷

在改革开放和现代化建设新时期，邓小平同志反复强调，实现社会主义现代化，科技是关键，教育是基础。

在世纪之交的重要时刻，江泽民同志又深刻指出，"当今世界，以信息技术为主要标志的科技进步日新月异，高科技成果向现实生产力的转化越来越快，初见端倪的知识经济预示人类的经济社会生活将发生新的巨大变化。"在21世纪，以高新技术为核心的知识经济将占主导地位，国家的综合国力和国际竞争能力将越来越取决于教育发展、科学技术和知识创新的水平，教育将始终处于优先发展的战略地位，现代信息技术在教育中广泛应用并导致教育系统发生深刻的变化，终身教育将是教育发展与社会进步的共同要求。为了实现党的十五大所确定的目标与任务，落实科教兴国战略，全面推进教育的改革和发展，提高全民族的素质和创新能力，教育部在1998年12月24日发布了《面向21世纪教育振兴行动计划》，提出："实施'现代远程教育工程'，形成开放式教育网络，构建终身学习体系"。现代远程教育是随着现代信息技术的发展而产生的一种新型教育方式。它是构筑知识经济时代人们终身学习体系的主要手段。充分利用现代信息技术，在原有远程教育的基础上，实施"现代远程教育工程"，可以有效地发挥现有各种教育资源的优势，符合世界科技教育发展的潮流，是在我国教育资源短缺的条件下办好大教育的战略措施，要作为重要的基础设施加大建设力度。

2000年，教育部发布《关于支持若干所高等学校建设网络教育学院开展现代远程教育试点工作的几点意见》：为落实《面向21世纪教育振兴行动计划》，推动现代远程教育工程的进展，积极发展高等教育，教育部决定支持若干所高等学校建设网络教育学院，开展现代远程教育试点工作。

西南交通大学作为全国"211工程"大学，积极参与教育部开展现代远程教育试点工作，并于2001年1月5日获得教育部批复，同意西南交通大学开展现代远程教育试点。

二、试点任务

现代远程教育是西南交通大学高等教育的重要组成部分，是学校向社会提供优质教育资源的重要窗口，是学校积极服务国民经济发展和终生教育的重要途径。西南交通大学现代远程教育的主要任务为：

（1）开展学历教育。面向社会招收学生，主要通过网络教学的方式完成学历和学位教育的教学工作；面向全日制在校生，开设网络课程，取得单科学分，同时可实现校际之间的课程互选和学分承认。

（2）开展非学历教育。面向社会开设继续教育课程，包括课程培训、岗位培训、证书考试和自学考试助学活动等，为社会从业人员参加学习提供服务。

(3) 探索网络教学模式。通过试点逐步建立起包括课程体系、教学内容、教学方法、课件制作、自学、辅导、作业、实验和实践教学、网上测试、教学质量保障和监控等各个教学环节的网络教学模式，加强教学过程的管理。

(4) 探索网络教学工作的管理机制。通过试点逐步建立并完善包括招生、注册、收费、学籍管理、考试组织、学分认证、证书发放、毕业等网络教学工作的管理制度，建立起适应学习化社会需要的网络教学工作管理机制。

(5) 网上资源建设。加大经费投入，减少重复建设，协作开发丰富高质量的网上教学资源、试题库及网上测试系统，保证网络教学工作顺利进行；依法保护知识产权，并建立起资源共享的形式和运行机制，形成网上教育资源建设的滚动发展机制，促进我国信息产业的发展。

三、实施落实

（一）学历继续教育

1.办学历史

2001 年，西南交通大学经教育部批准开展现代远程教育试点工作。同年学校设立网络教育学院，代表学校归口管理现代远程教育工作，并设立总校学习中心，开设了高中起点专科、高中起点本科和专科起点本科 3 个层次，第一届共招收现代远程教育学生 1200 余名。

从 2002 年开始，学校在四川、广东、福建、陕西、浙江等省份设立校外学习中心，逐步建立了覆盖全国 26 个省（直辖市、自治区）的 60 多个学习中心（不含公服体系学习中心）。专业设置也从试点之初开设的 6 个专业，逐步发展到覆盖学校主要特色专业、以轨道交通为主的 30 多个专业。

2004 年，根据教育部相关规定，学校停止招收脱产学生，现代远程教育的办学定位调整为主要面向在职从业人员开展继续教育、培养技能型和应用型人才。

2006 年，学校根据实际办学需要，停止招收高中起点本科学生，只开设高中起点专科和专科起点本科两个层次。

从 2007 年开始，学校分别与奥鹏、弘成和知金公共服务体系开展现代远程教育联合办学。

2010 年，学校开始探索移动学习模式，并于 2012 年推出了自主设计和开发的“青书PAD”移动学习系统，受到学生（尤其是铁路行业学生）的欢迎。

2012 年，学校开展基于“核心课程”的教学改革试点工作，实行形成性考核方案，强调过程学习，课程最终成绩由平时成绩和期末考试成绩按比例合成。

2013 年，学校根据实际办学需要，将网络教育学院与成人教育学院合并组建远程与继续教育学院（以下简称“远程学院”），现代远程教育工作由远程学院归口管理。

2014 年，学校与铁路部门合作开展轨道交通实用型人才培养新模式试点，受到铁路职工的欢迎。

2015 年，学校牵头成立了轨道交通职业教育联盟。

2016 年，学校开始探索学分银行和学分互认工作，并在部分学习中心开展试点。

2017 年，学校积极贯彻落实《高等学历继续教育专业设置管理办法》，只保留了土木工程、铁道机车车辆、电气工程及其自动化、交通运输等轨道交通相关专业，力争聚焦主业办好优势特色专业。

2018 年，学校开展期末考试机考和在线缴费试点，达到了预期目标。

自开展试点以来，西南交通大学现代远程教育已经累计为社会输送毕业生 26 万余人，为行业发展（尤其是铁路行业发展、地方经济建设和学习型社会建设）做出了积极贡献，有力地支持了"教育强国""交通强国"战略和"一带一路"倡议，较好地完成了试点任务。

2. 组织架构

学校设立有远程与继续教育学院，代表学校归口管理各类学历继续教育、非学历继续教育和社会化考试等工作，履行管理职能，承担继续教育的规划和具体组织实施。在现代远程教育工作中，远程与继续教育学院承担招生、学籍、服务等事务性管理工作，教学学院承担课程组织、毕业设计指导等教学任务。

3. 制度建设

学校在 2000 年设立网络教育学院后，着手制定一系列现代远程教育相关制度，并在办学过程中根据上级主管部门和学校实际办学情况，不断调整相关政策。目前学校建立了较为完善的现代远程教育管理规定，正在执行的有 26 个，这些规定对学习中心管理、招生、教学、教务、考试和收费工作等各个环节进行了规范和要求，为系统高效地开展现代远程教育各项工作提供了有力的执行依据和政策保障。西南交通大学现代远程教育规章制度见表 1。

表 1　西南交通大学现代远程教育规章制度

类　型	文　件　名
学习中心管理	1.《西南交通大学现代远程教育学习中心管理规定》； 2.《西南交通大学现代远程教育学习中心工作人员管理规定（试行）》； 3.《西南交通大学现代远程教育学习中心设立与退出管理规定》； 4.《西南交通大学远程与继续教育学院关于印发〈西南交通大学网络教育校外学习中心工作考核实施细则〉的通知》
招生	5.《西南交通大学网络教育招生工作暂行规定（试行）》； 6.《西南交通大学网络教育学生入学资格审核管理办法》； 7.《西南交通大学网络教育学生入学考试管理办法》； 8.《西南交通大学远程与继续教育学院入学考试机考管理细则》
教学及支持服务	9.《教学检查实施方案》； 10.《西南交通大学网络教育本科毕业设计（论文）撰写规范》； 11.《西南交通大学网络教育学生课程平时成绩考核办法（试行）》； 12.《西南交通大学网络教育专科总结报告写作要求》； 13.《西南交通大学网络教育学院本科学生实习报告撰写要求》； 14.《西南交通大学网络教育学院辅导教师管理办法（试行）》

续表

类　型	文　件　名
教务	15.《西南交通大学网络教育学生学籍管理规定(试行)》; 16.《西南交通大学成人高等教育本科毕业生学士学位授予工作细则》; 17.《西南交通大学远程与继续教育学院考生守则》; 18.《西南交通大学远程与继续教育学院监考人员工作职责》; 19.《西南交通大学远程与继续教育学院巡考人员工作细则》; 20.《西南交通大学远程与继续教育学院考试违规处分条例》; 21.《西南交通大学网络教育学院优秀毕业生评选办法(试行)》; 22.《西南交通大学网络教育学院关于课程成绩复议工作的管理规定》; 23.《西南交通大学网络教育学院学生个人信息管理办法》; 24.《西南交通大学网络教育学院课程免修、免考管理办法》; 25.《西南交通大学网络教育关于全国大学英语四、六级和成人学位外语考试作弊处理办法》
收费	26.《西南交通大学远程与继续教育学院学费管理办法》

4. 队伍建设

学校全面依托学校各二级教学学院开展现代远程教育教学,师资队伍全部来自教学学院。学校对首次参加网络教学的教师进行培训,使他们能够尽快熟悉现代远程教育工作,满足资源建设与教学辅导的要求。在开展试点以来,已经建立一支分工明确、专业能力强的师资队伍。师资队伍的主要构成有:总校课程主讲(责任)教师、课程资源建设立项教师、课程辅导教师、毕业设计论文指导教师及学习中心辅导教师。

课程主讲教师负责资源建设、题库建设、作业布置、试题编制及阅卷工作。课程辅导教师负责网上讨论区主动引导发帖及学术讨论、非实时交互辅导答疑,按照主讲教师的授课内容进行归总,对每个学习阶段进行针对性的指导。所有的开设课程均配有主讲教师与辅导答疑教师。毕业设计论文指导教师负责学生毕业设计论文的开题、过程稿修改、定稿,参与答辩评阅工作。学习中心根据课程设置及要求,聘请课程辅导教师实施导学、答疑、作业批改等环节。

5. 学习中心建设

通过多年的建设,西南交通大学已经在全国 26 个省(直辖市、自治区)设立了 60 多个学习中心,同时与奥鹏、知金、弘成公共服务体系开展联合办学。

学校对学习中心实行 3 类检查评估制度:教学检查、合作办学安全评估和年度考核。教学检查每学期进行一次,主要目的是检查教学相关工作(见图 1)。合作办学安全评估,每年春季进行,主要从招生、考试等重要环节对学习中心进行检查,尽早发现不安全的办学因素并及时解决。年度考核在每年年底进行,主要从招生、教学、教务、考务、支持服务等各个环节全面检查学习中心的各项工作,找出问题,表扬先进,全面提升学习中心的整体水平。

学校对学习中心的招生、教学、教务工作人员和班主任实行培训与持证上岗制度,每学期开展 1～2 次学习中心工作人员现场或者网上培训(见图 2),并进行考核、发证,只有持有合格证书的工作人员(见图 3),才能从事现代远程教育相关工作。

图 1 学习中心现场检查

图 2 工作人员现场培训

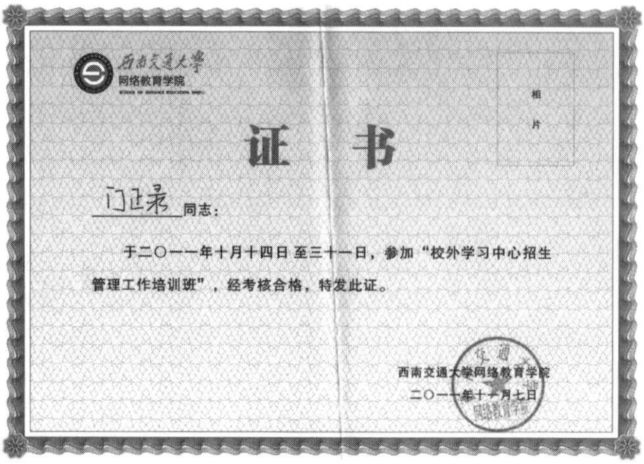
西南交通大学
网络教育学院

相片

证 书

门正录同志：

于二〇一一年十月十四日至三十一日，参加"校外学习中心招生管理工作培训班"，经考核合格，特发此证。

西南交通大学网络教育学院
二〇一一年十一月七日

图 3 学习中心工作人员业务培训合格证

6. 专业建设

学校依托各办学学院开展专业建设，开设的专业主要是学校特色和优势专业，以轨道交通为主如表2所示。学校根据行业需求和继续教育特点制订了适合成人学习的现代远程教育教学方案。一是以培养技能型、应用型人才为目标，重点考虑企业和在职人员的实际需求，与全日制本科教学有明显区别；二是“线上与线下、课堂与实践”相结合，人才培养方案中增加了实践课程的比例；三是引入了“院校教师与行业专家相结合”的教学方式，部分课程由铁路局专家为学生授课；四是行业特色明显，围绕轨道交通发展制定教学内容；五是坚持对学生进行思想政治教育，所有专业都开设了“毛泽东思想和中国特色社会主义理论体系”课程。

表2　目前开设的专业

招生层次	招生专业
高中起点专科	建筑工程技术（工民建）、建设工程管理、工程造价； 机电一体化技术、铁道机车、铁道车辆、铁道供电技术、铁道供电技术（城轨自动化）、铁道供电技术（电力机车）、铁道供电技术（铁道供电）、铁道工程技术、铁道信号自动控、铁道信号自动控制（铁道通信）、铁道交通运营管理（铁道运输）、铁道交通运营管理（高速铁路）、道路桥梁工程技术、城市轨道交通运营管理
专科起点本科	工商管理、工商管理（人力资源）、会计学、金融学、公共事业管理； 车辆工程、车辆工程（城市轨道交通）、电气工程及其自动化、电气工程及其自动化（电力机车）、电气工程及其自动化（铁道电气化）、电气工程及其自动化（城市轨道交通自动化）、自动化（铁道通信）、自动化（铁路信号）、土木工程（工民建）、土木工程（工程概预算）、铁道工程、道路桥梁与渡河工程、工程管理、交通运输、交通运输（高速铁路）、交通运输（城市轨道交通）、机械设计制造及其自动化、计算机科学与技术、物流管理

7. 招生和收费

学校在招生宣传方面严格遵守教育部和各省级教育行政部门的规定，制定了严格的招生宣传审批程序和检查机制。招生简章（见图4）经学校成人教育招生工作领导小组会议和远程学院领导严格审议通过后，方能进行公布和印刷，并在教育部网络教育质量监管系统中备案。学习中心必须使用学校统一制发的招生简章进行宣传。各学习中心在进行招生宣传时，必须严格按照学校的文件要求，实事求是，严禁虚假宣传，严禁发布模糊的信息误导学生，严禁为吸引生源“随意承诺”。若学习中心违反招生有关规定，学校将暂停其招生资格，勒令限期整改，若整改无效，则取消办学资格。

西南交通大学统一负责学籍各项数据的维护与管理，按照教育部要求统一进行学籍电子注册，学习中心按照学校要求进行数据采集等工作。

收费工作由学校计财处统一管理，远程学院不设置二级财务，由远程学院配合学校计财处做好各项收费工作。在收费标准上，按照四川省发展改革委员会、物价局的批复及《西南交通大学关于公布收费目录及收费标准的通知》执行，收费项目包括学费和新生入学报名考试费。在收费方式上，严格执行“收支两条线”，所有收费统一汇入学校账户，再根据合作协议进行分配，同时学校给每个学生都开具收费票据。从2018年开始，学校开展了学生通过在线缴费方式直接向学校缴纳学费的试点，学费不再通过学习中心代收。

图 4　招生简章

8. 教学模式与教学组织

1）教学模式

西南交通大学现代远程教育主要是针对在职人员进行的非脱产学历教育，以学生通过课程纸质教材或移动学习平台（青书 PAD、青书卡）和课程课件（精品课程、视频课件、课程精讲、课程导学）进行自学为主，主讲教师通过课程实施大纲讲解、习题讲解、课程作业和非实时答疑等多种方式对学生的学习进行辅导，解答学生在学习过程中遇到的问题，所有辅导录像均会及时上网，学生可随时点播学习。

考试课程的考核采取平时考核与期末考试相结合的方式。在平时考核中，会对学生单击课件次数、参与网络答疑情况、课程讨论区的有效发帖数予以记载，对学生完成作业情况予以考核；学习中心以学生参加面授辅导、学习小组等活动为依据评定学生的平时成绩。

2）教学计划

在专业设立后，专业教学计划由远程学院组织相关教学学院负责人或者专家委员会牵头制订。在教学实施过程中，学校对新开设专业都会请教学学院负责人和行业专家提出意见并进行修订，以使人才培养与行业需求相适应。

3）教学实施

学校注重学习过程管理，通过主动学习支持服务，提醒、督促学生按时完成各类教学环节，学生的平时成绩按比例纳入期末总成绩。辅导教师通过讨论区回答学生的学术帖，远程学院对教师的网上辅导实行质量监控，并与辅导酬金挂钩。

在教学实施过程中，远程学院提前整理下一学期开设的课程以及课程的课件、教材信息等，向教学学院下达教学任务书，各教学学院安排课程主讲教师，原则上由录制课件的教师担任课程主讲教师。开学后主讲教师布置课程作业，录制课程实施大纲、习题讲解，更新课件的内容，同时，学校聘请课程辅导教师承担课程的网上辅导答疑，并安排专人对课程教师和辅导教师工作进行检查和考核(见图 5)。

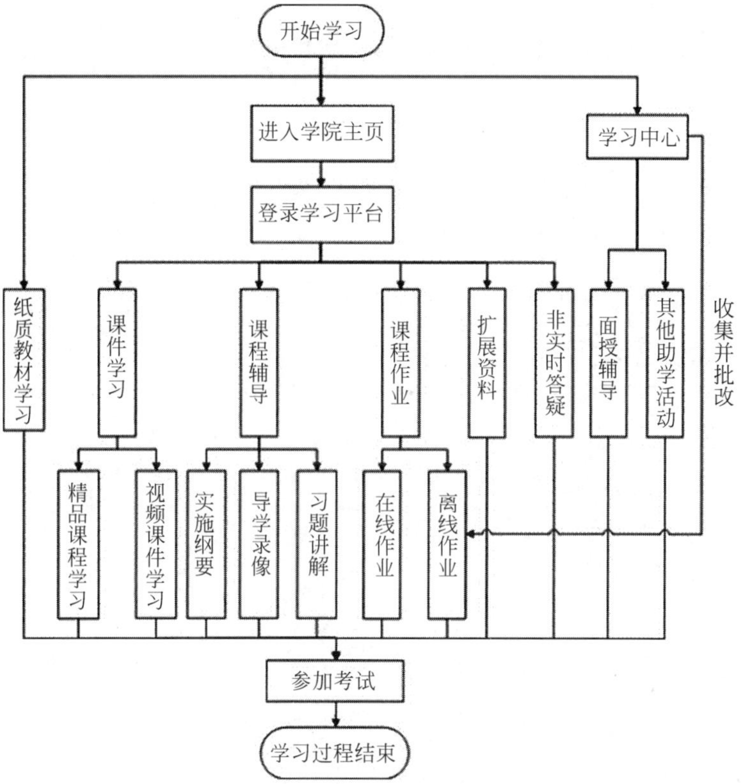

图 5　网络教育学习过程

学校制定了课程平时成绩考核办法和核心课、非核心课程网上活动成绩考核办法,平时成绩由学生参加网上活动成绩、在线作业成绩、离线作业成绩和参加学习中心助学活动成绩构成(见图 6)。为了做好学生学习过程的指导和帮助,学校安排专人定期查看学生上网学习和完成在线作业的情况(见图 7),对情况异常的学生,和学习中心沟通,通过短信、电话等形式提醒、督促学生按时完成各阶段的学习任务。每学期结束后统计分析学生平时成绩的各项数据,找出不足之处不断改进。

4) 考试

学校一直以来严把考试关,大力加强考风考纪宣传,不断加大考试管理力度,严肃考风考纪。每学期要召开考试工作动员大会和学习中心考试工作视频会议(见图 8),明确考试纪律和工作职责。每学期均派出巡考人员对学习中心考试工作进行管理和监督(见图 9),及时发现、纠正考试工作中出现的问题,严肃处理考试违纪行为。

学校在每次考后,根据异常数据调阅云阅卷平台中保存的试卷图像,进行试卷笔迹分析,严肃处理替考违纪行为。学校正在试点期末考试在线机考,对考试和考场的管理更加细化。

5) 毕业环节

远程学院统筹负责本科毕业设计(论文)的组织和管理工作,管理人员每天查看各专业教师的指导情况,提醒、督促教师及时指导学生的毕业设计;每天查看各中心学生的完成情

西南交通大学网络教育

专升本自动化（铁路信号）专业教学计划（2019年春季入学适用）

培养目标： 本专业旨在培养适应铁路、城市轨道交通建设需要，获得工程师基本训练的应用型工程技术人才。通过本专业的学习，毕业生掌握铁路信号技术基础理论和专业知识，能够从事铁道信号领域的技术开发、设计、应用、维护和管理工作，成为具有一定创新精神和研究开发能力的高级技术人才。

基本要求： 1、具有较为扎实的数学和外语(英语)基础，具备阅读和翻译本专业外文资料的能力。2、掌握铁道信号的基本理论和专业知识，具有分析和解决本专业一般工程技术问题的能力。3、掌握计算机应用技术知识，具备参与铁道信号系统相关软、硬件开发应用能力。

专业特色： 本专业方向是为铁路、城市轨道交通信号控制领域培养人才的特色专业，为了适应我国高速铁路及城市轨道交通的飞速发展，我们积极调整课程体系及教学内容，如：专门开设了列车运行控制技术、铁路调度指挥系统、可靠性理论与应用等新课程，提高了学生跟踪新技术的能力，为学生适应交通现代化发展创造了条件。

主干课程： 铁路信号、车站计算机联锁、列车运行控制系统、铁路信号远程控制、高级语言程序设计A、可靠性理论、通信原理概论、数据库原理。

学期	课程名称	课程代码	学分	考核形式	课程性质	是否为申请学位所需课程	是否为核心课程
第1学期	大学英语III	000300	4	考试	公共基础课		是
	概率与数理统计	000800	3	考试	公共基础课		
	高级语言程序设计A	125701	4	考试	专业基础课		
	计算机应用基础	001300	4	考试	公共基础课		是
	学习导航	002000	2	考查	公共基础课		
	专业概论（自动化类）	003600	1	考查	公共基础课		
	小计		18				

图 6　教学计划

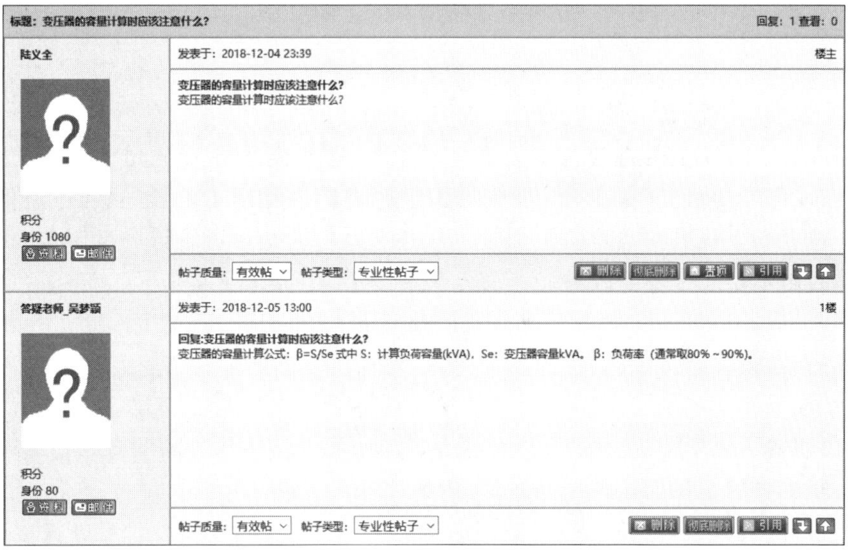

图 7　网上讨论区

况，及时与学习中心沟通，指导、督促学生完成毕业设计各阶段的任务。同时要求学习中心专人负责毕业设计工作，聘请辅导教师协助指导教师对学生毕业设计（论文）的格式和完成进度等进行检查和指导，并在答辩前对学生论文的格式和内容进行预审核。

图 8　学习中心组织考务会

图 9　期末考试巡考

学校对本科层次学生的毕业设计进行抽样答辩。答辩采取视频答辩与现场答辩相结合的方式，以视频答辩为主，如果个别专业或个别铁路站段有特殊要求（例如，要求学生 100% 答辩），则安排教师去学习中心或铁路局进行现场答辩（见图 10）。未被抽中参加答辩的学生，其设计（论文）需进行书面评审，评审小组的组成要求与答辩组的要求一致。

图 10　毕业设计现场答辩

6）教学检查

学校一直坚持每学期进行教学检查制度，制定了《西南交通大学网络教育教学检查实施方案》，远程学院每学期对常规性工作进行动态监控，并在期末巡考时按照检查指标逐项对学习中心进行现场检查（见图 11）。此外，学校会不定期开展专项检查工作，由远程学院领导带队到学习中心进行专项教学检查。每学期通过教学检查，及时发现教学管理工作方面的不足，提出整改意见，并将检查结果以正式文件公布。

图 11　现场教学检查

9. 课件建设

学校根据各专业教学计划，提前立项制作课程课件和题库，组织专家进行课件评审。

在资源建设中，所有课程资源均采用校内科研项目管理办法进行立项建设，项目负责人一般为院系推荐的教学经验丰富的教师或课程负责人，但必须是西南交通大学的课程主讲教师，此举可加深教师对现代远程教育教学的理解，进一步提高师资队伍水平。

学校共建有 6 个全自动录播教室，以服务于现代远程教育教学为建设目标，从最初的三分屏课件，到课程精讲、视频课件、课程网站等多媒体课件等，到目前采用的巨幕背投＋触摸屏＋手写板讲解等多种课件形式相结合，努力实现新教育技术对不同类型课程的最优展示（见图 12）。

图 12　高清录制室和高清录制教室

目前已完成近400门网络课程资源建设，覆盖学校开设的所有专业，形成了“以精品课程为龙头、教学资源多样化”的复合型教学资源体系，全部用于学校现代远程教育教学，部分课件以共享的方式提供给社会大众和兄弟院校使用。课件截图如图13所示。

图13 课件截图

学校组织校内教师深度参与现代远程教育工作，大力开发现代远程教育专用教材，已经出版了专用教材52本（见图14），均在学校现代远程教育教学中使用，取得了较好的教学效果。

图14 学校出版的网络教育专用教材

10. 信息化建设

1）硬件建设

学校建设了由教育网、联通、电信三网合一的外部通道，目前电信通道已经升级至1Gb/s带宽，完全能够满足所有学生和学习中心对平台系统资源的访问。

远程学院机房配备了高性能、大容量的UPS，为云计算中心（见图15）的55台服务器硬件设备提供了电源支持和保护。所有核心数据都集中存放于局域网中管理，并配置了数据库高可用组及异地小时级灾备，保证数据安全。

2）信息化系统

通过多年的不断积累，学校逐步形成一套完整的网络教育平台体系，目前该体系包括：

图 15 云计算中心

(1) 对外宣传网站。主要包括学院门户网站、移动学习、开学典礼、视频公开课、开放共享课等专题网站。

(2) 支撑网络教学的网站。主要包括学习平台、课程网站、作业系统、测试系统、毕业设计、毕业答辩等网站。

(3) 支撑教学支持服务的网站。主要包括学生社区、在线问答等网站。

(4) 支撑管理的网站。主要包括综合管理信息系统、邮件服务,即时通信平台、视频会议系统以及推送平台、学习中心二级网站、运维系统等。

11. 学习支持服务

学校贯彻“大服务”的学习支持服务理念,将资源建设、平台开发、过程跟踪、督学促学、学生咨询、考试服务等统一纳入支持服务体系中,采用总校和学习中心两级服务架构,实施首问负责制、闭环服务制度,服务人员包括总校呼叫中心教师(见图 16)、学习中心工作人员、班主任以及其他管理人员,服务途径包括学习平台、学习讨论区、企业 QQ、微信、电话、短信等,服务方式包括主动与被动服务,服务内容包括学术性与非学术性服务。学习中心主要承担新生入学指导、组织面授辅导、收缴各类实践教学报告和大作业、组织期末考试、开展毕业设计论文的预审和组织答辩、接受学生的咨询等学习支持服务。

图 16 呼叫中心

学校每学期都会对学生开展网上问卷调查和电话回访，教学检查时与学生进行座谈，了解学生的学习情况，征求学生的意见和建议。结果显示，学生对学校远程教育的综合评价较高，尤其在招生、教务管理、学习资源、学习平台等方面满意度最高。多数学生表示，学校远程教育要求严格，质量有保障，通过学习能够真正获得知识和技能的提升，对工作有较大的帮助。

12. 社会效益

自开展试点以来，西南交通大学现代远程教育累计为社会培养了毕业生 26 万余名，其中将近一半为铁路相关行业的毕业生，有力地支持了地方经济建设、国家铁路发展和“一带一路”倡议的推广，为实现“教育强国”“交通强国”和学习型社会建设做出了应有的贡献。

在 18 年的办学实践中，西南交通大学现代远程教育以质量为生命线，秉承学校“严谨治学、严格要求”的办学传统，致力于人才培养，主动服务国家战略和学习型社会建设，得到行业组织和社会机构的认可，曾获得“国家精品课程（网络教育）建设组织奖”金奖（见图 17）、“中国十佳网络教育学院”和“最受社会认可远程教育学院”等荣誉称号。

图 17　西南交通大学荣获“国家精品课程（网络教育）建设组织奖”金奖

（二）非学历继续教育

1. 积极发展国内铁路行业培训

自 2006 年以来，学校围绕铁路第六次大提速及我国高速铁路的建设和发展，积极组织开展动车组司机、动车组机械师等铁路关键岗位人员理论培训工作（见图 18）。为了做好中国铁路总公司下达的培训任务，学校在构建有铁路特色的教育培训体系和轨道交通人才培养模式和方法的基础上，不断改革与创新培训工作，使之适应铁路行业人才培训的需求；坚持持续培育与优化稳定的培训师资队伍，确保高质量教学；培训教材及时更新，针对性强、理论联系实际；每年投入资金，不断改善教学环境和住宿条件；强化管理、精心组织，提供了一流的培训服务。十余年来，西南交通大学已培养 1.6 万余名合格的动车组司机，为中国高速铁路的安全运营做出了应有的贡献，被誉为培养动车组司机的“摇篮”。

学校积极服务于国家粤港澳大湾区建设。为配合广深港高速铁路的开通运营，香港铁

图 18　铁路总公司第 78、79 期动车组司机培训班开学典礼

路有限公司从 2014—2017 年，分 3 批次将 78 名学员送至西南交通大学参加动车组司机理论资格培训（见图 19）。在为期 30 天的培训过程中，他们要学习高速铁路的专业知识和内地铁路的规章制度。在学校教师的悉心指导下，全体香港学员克服了语言不畅、专业知识薄弱、技术标准和规章制度差异等困难，努力学习，刻苦钻研，顺利完成培训，通过了由国家铁路局组织的动车组司机理论资格考试。他们中的大多数成为香港的首批动车司机。

图 19　西南交通大学培养的第一批香港高铁司机

多年来，学校培训工作坚持立足铁路，面向地方，面向全国，主动适应经济发展对社会人才的需求，遵循“稳定、质量、效益”的办学方针，依托学校传统、优势学科和教学资源优势，积极而有序地开展了继续教育培训，充分显示和发挥了学校“服务社会”的功能。学校根据委托单位的需求，灵活适时地开办各种专题的高级研修班和培训班，包括采取订单式培训、上门服务（培训）等多种形式。学校还积极开拓高端培训市场，2016 年承接了交通运输部主办的“2016 年部机关处级领导干部调训班”和由四川省委组织、经济和信息化委员会、国务院国有资产监督管理委员会（简称国资委）主办的“四川省轨道交通产业创新发展研讨班”（见图 20）等高端培训班，培训 127 名高层次学员。由于培训质量高，培训效果好，交通运输部人事教育司专程向学校发来感谢信。

图 20　四川省轨道交通产业创新发展研讨班

2. 大力拓展援外培训

为了配合国家“一带一路”倡议和中国铁路“走出去”战略，学校主动加入商务部援外培训计划，并牵头成立了“轨道交通职业教育联盟”，取得了丰硕的成果(见图 21)。2015 年开展国际培训业务以来，学校主动承办商务部援外培训项目 32 个，培训学员中很多为处级以上官员，其中还包括南苏丹交通部部长、巴拿马交通部副部级官员、尼日利亚交通部规划司司长、缅甸铁路商务局局长、老挝公共工程与运输部人事司司长及巴基斯坦铁路局拉合尔分局副局长等一批高级别官员。

图 21　商务部援外培训部长班

学校还积极开展培训“走出去”项目。2015—2016 年，学校在老挝首都万象开设了两期“老挝铁路技术海外培训班”，来自老挝公共工程与交通运输系统的 60 名官员和技术人员参加了培训。2016—2017 年，学校在肯尼亚出色完成“肯尼亚蒙内铁路当地技术人员培训”，共实施了 3 期，为肯尼亚培养了 970 名一线铁路技术人员(见图 22)。

3. 对外交流与合作

按照习近平总书记和印度总理莫迪共同发表的《中印联合声明》，中印双方于 2015 年 5 月签订了《中华人民共和国国家铁路局和印度共和国铁道部关于深化铁路合作的行动计划

图 22　肯尼亚蒙内铁路当地技术人员培训

(2015—2016 年)》。在签订的“行动计划”中，中国政府委派西南交通大学作为对口单位与印方共建铁道大学，开展学科体系建设、课程及教材设计、教师和学生交流培训、工程实验室建设以及共同举办学术会议等合作。2016 年，西南交通大学徐飞校长和印度铁道部铁道委员会委员 Anand Mathur 分别代表西南交通大学和印度铁道部，签署了《中印高速铁路高层管理人员培训项目服务合同》(见图 23)。按照合同，学校将针对印度铁路运营及管理方面的人才培训需求，在高速铁路运输管理、高速铁路牵引供电技术、动车组技术以及既有线提速等各方面举办学术讲座和体验式考察培训。该培训项目一共 8 期，目前已经完成第 1 期。

图 23　西南交通大学徐飞校长与印度铁道部 Anand Mathur 委员签署培训服务合同

按照李克强总理和埃塞俄比亚及非盟领导人会谈成果，西南交通大学与中国土木工程集团有限公司结成投标联合体参与埃塞俄比亚铁道学院投标工作，在技术评标中名列第一。目前，该项目在习近平总书记及李克强总理的指示下，由商业项目转为援建项目，学校已重新向商务部递交了援建方案，将继续积极参与项目建设工作。

西南交通大学与乌干达铁路建设项目中方合作单位中国港湾工程有限责任公司就乌干达铁路人才培养等方面达成合作意向，由学校协助乌干达建设铁路技术学院，并承担乌干达国家铁路管理单位各层次、各类别人才的委托培养任务。

四、创新探索

（一）自主开发学习系统和学习资源

远程学院设立了技术研究与资源开发部，配备的专职开发人员均为硕士及以上学历，具备较强的专业背景和技能。目前，西南交通大学现代远程教育所有的学习资源、核心数据库和学习系统、办公系统等均自主开发和管理，专业团队能够与业务部门深入沟通，及时响应业务需求，积极推动信息化系统和课件建设的进度。

通过持续不断的自主开发和建设，学校从学生入学前的报名、考试、录取、通知书的打印、电子注册，到入学后的学籍管理、网上学习、作业提交、参加测试，以及论文的开题、撰写、沟通、答辩等环节，到毕业后的证书管理、学位申请、档案管理等，基本实现了各环节工作的过程控制和信息化管理，也实现了课件资源的多次升级、更新，并自主开发了移动学习系统和 300 门配套移动课件，为西南交通大学现代远程教育改革发展提供了坚实的技术保障和有力支撑（见图 24 和图 25）。

图 24　学习平台

图 25　学生学习资源

（二）率先推出覆盖主要专业的离线式移动学习系统

学校于 2012 年设计并推出了“青书 PAD”移动学习解决方案，该方案针对现代远程教育学生的特点，采用离线与在线相结合的方式，使学生能利用碎片时间进行学习，有效地缓解了在职学生的工学矛盾。目前移动学习用户已达 6 万多人，交互频次每月达到上百万次，移动学习的理念得到学习中心和学生的广泛认可。在远程教育协作组以及中国远程教育杂志社举办的多次研讨会上，学校的移动学习解决方案得到与会专家的广泛好评，《中国远程教育》杂志两次对学校的移动学习进行了专题报道，多家兄弟网络教育学院专程到学校针对移动学习进行交流。移动学习系统如图 26 所示。

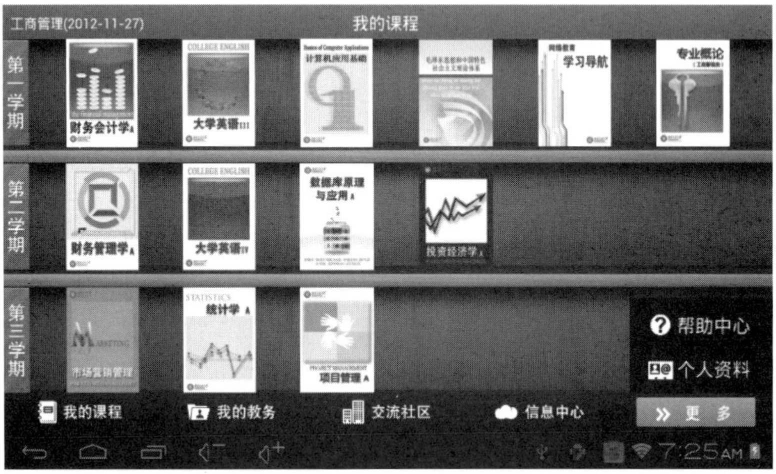

图 26　移动学习系统

（三）探索学分银行建设和学分互认

学校在教育部和四川省教育厅相关文件的指导下，积极开展学分银行建设和学分互认。一是，在铁路局学习中心内推行各类国家标准或者行业标准的资格证书互认，减少铁路职工重复学习，降低学习难度，取得了较好的效果。二是，与学校的培训结合起来，认可各类国家标准或者行业标准的资格证书，吸引培训班学生参加现代远程教育的学习。

（四）探索课件共享

开发优质教学资源并进行共享，是西南交通大学现代远程教育的重要任务之一。学校首先在校内实现了现代远程教育资源的共享，在 2006 年推出了校内课件资源共享网站（见图 27），课件资源免费向校内各类学生开放。

学校积极倡导课程资源向社会开放，力求使优秀的教学资源能够服务于行业，服务于社会。除全部 6 门国家级网络教育精品课程在远程学院网站上面向社会公开外，一批校级精品课程和优秀讲座也将陆续向公众开放。在教育部组织的“2011 年继续教育数字化学习资源共享与服务成果展览会”上，学校向中国中铁股份有限公司派发了两万张免费学习卡（见图 28），让铁路一线职工也能够享受到学院的课程资源和教学服务。

图 27　校内课件资源共享网站

图 28　免费派发的学习卡

学校还积极探索校际课件共享。从 2016 年开始，学校与合肥学院开展合作，由学校提供工程力学、画法几何及机械制图等 37 门课程资源，供合肥学院的继续教育学生使用，目前有 1 万多人次选学了相关课程，取得了较好的效果。

（五）探索在线考试

2018 年，学校在部分学习中心针对部分课程开展基于人脸识别的在线机考试点工作，该系统是立足大规模考试的需求，结合人脸识别技术、网络传输技术建立的一套考生身份信息认证及信息管理的智能化考试系统（见图 29）。

考试中，采取“强制＋随机”的监管手段对考试过程进行监控。考生通过系统人脸识别验证后方可进入系统进行考试（见图 30）。考试过程中采用不定时抓拍，对出现的不能识别面孔、中间离场、换面孔及多面孔等情况进行违纪审核。在线机考试点工作的考试过程和考试结果均达到预期水平，这样的考试方式不仅有利于考试的管理，提高考试效率，同时也受到学习中心和学生的欢迎。

（六）探索在线收费

线上支付和移动支付已经成为社会潮流，为了进一步提高现代远程教育的管理和服务

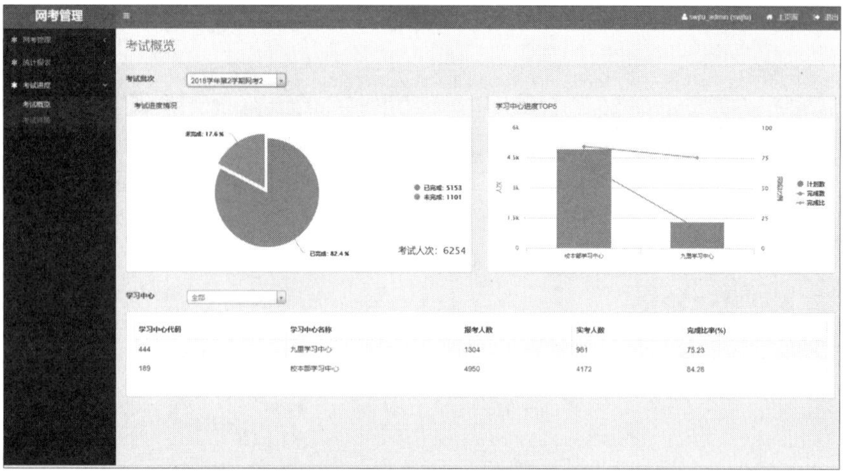

图 29　在线考试系统管理界面

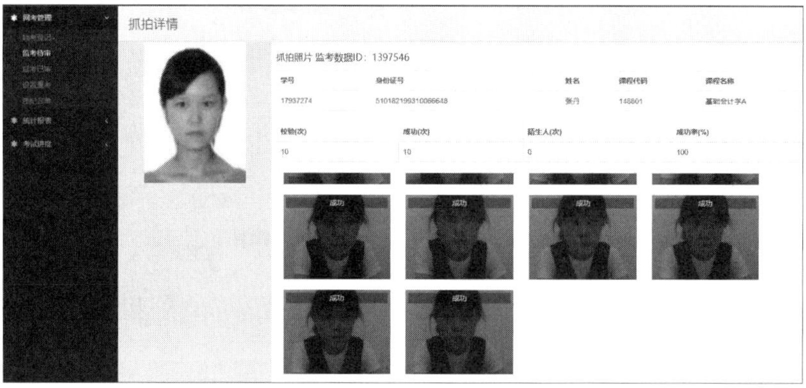

图 30　在线考试采用人脸识别认证

水平，提高学生缴费的便捷性，学校于 2018 年 3 月在部分学习中心开展学生线上缴费试点，学生可以通过微信缴纳学费，2018 年 9 月推广到大部分学习中心。学校计划在 2019 年全面实行通过银行卡、微信、支付宝等形式收缴学费。

在线缴费（见图 31）的推出，提高了学生缴费的便利性，学生不用专门到学习中心缴费，扫码即可完成缴费。学习中心省去了收费和清缴的工作，减少了财务风险，只需要督促学生按时缴费。高校实现从学生缴费到结算的全过程信息化管理，提高了工作效率和工作质量。在线缴费一经推广，就受到学生和学习中心的普遍好评。

（七）牵头成立轨道交通职业教育联盟

2015 年 1 月，在现代远程教育协作组的指导下，西南交通大学牵头成立了轨道交通职业教育联盟（见图 32）。截至目前，联盟成员单位已扩大到 28 家（见图 33）。其中，既有以西南交通大学、兰州交通大学等为代表的轨道交通类综合性大学，又有以郑州铁路职业技术学院、广州铁路职业技术学院等为代表的轨道交通职业教育院校，既有以广铁集团、太原铁路局集团公司等为代表的轨道交通企业，又有以知金教育咨询有限公司、四川慧泉教育科技有限公司等为代表的教育技术企业。

图 31　在线缴费界面

图 32　第一届轨道交通职业教育联盟研讨会

通过轨道交通职业教育联盟，各成员单位实现了优质资源的融合共享，合力构建了集理论教学和实践训练、市场拓展和日常运营、平台建设和资源开发等于一体的，覆盖多层次、全专业，线上与线下教学相结合的轨道交通职业教育培训体系，全力推进高校资源开放与在线教育联盟 e 行动计划项目，致力于打造中国轨道交通职业教育“航母”，推动中国轨道交通职业教育资源“组团出海”。

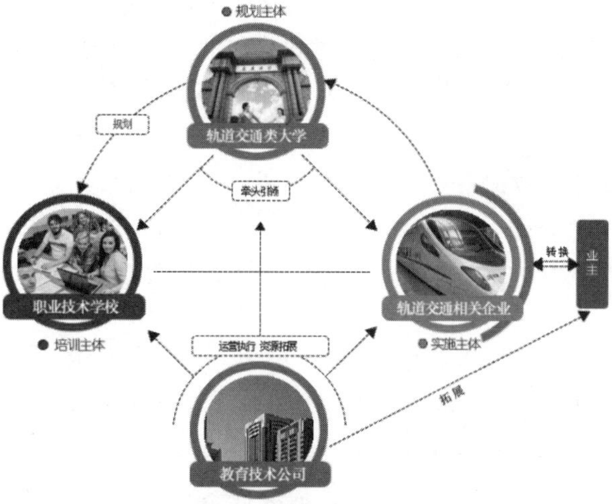

图 33　联盟成员结构图

五、改革发展

（一）调整办学目标，主动服务国家战略和学习型社会建设

1. 学历继续教育

在开展试点初期，学校开展现代远程教育办学，主要还是借鉴普通本科的办学模式，开设了高升专、高升本和专升本 3 个层次，脱产与非脱产两种学习类型，在专业设置上，也与学校普通本科基本保持一致。随着国家铁路大发展、“一带一路”倡议，学校将继续教育的办学目标进行了调整，主要围绕“建设交通特色鲜明的综合性研究型一流大学”的总目标，构建与之相适应的继续教育体系，利用现代化教育手段和多样化办学机制，为社会提供多样化的高等学历教育，培养具有良好思想道德品质、较宽基础理论知识、扎实专业能力以及较强实践技能的实用型人才，积极服务于教育强国、交通强国、“一带一路”等国家倡议和学习型社会建设。

在学习中心建设布局上，学校依托行业优势，重点向铁路行业倾斜，迄今为止已经与全国 18 个铁路局、10 个铁路职业技术学院和铁路相关单位开展学历继续教育合作，超过一半的学习中心设立在铁路相关单位，已经建立了较为完善的覆盖全国铁路行业的教学站点网络，能够为铁路行业继续教育人才培养提供有力支撑。

在专业设置上也重点突出学校轨道交通特色和优势，轨道交通相关专业占全部开设专业的 74%。近年来，针对国内高铁和轨道交通大发展的情况，学校还在原有专业的基础上拓展了高铁和城市轨道相关的方向。

通过覆盖全国的学习中心网络和较为完整的专业体系，学校现代远程教育吸引了大量铁路相关行业的学员。目前，现代远程教育在籍学生中，铁路相关行业的学生比例将近一半，已经累计培养了铁路相关专业学生近 8 万人。

2. 非学历继续教育

积极发展国内铁路行业培训。学校作为国家最早设立的动车组司机资格理论考试考点，承担了全国绝大多数动车组司机资格的理论考试任务。截至 2018 年年底，学校为中国铁路总公司培养动车组司机 194 期 16 934 人，动车组机械师 125 期 9935 人，为我国高速铁路关键岗位源源不断输送高铁人才，培训工作得到中国铁路总公司培训主管部门的充分肯定，取得的培训成绩也得到社会各界的关注和认可。

大力拓展援外培训项目。为了配合国家“一带一路”和中国铁路“走出去”倡议，学校主动承接商务部、科技部援外培训计划，取得了丰硕的成果。自 2015 年开展国际培训业务以来，学校共承办商务部援外培训项目 32 个，共有 40 余个国家的 755 名官员来校培训，学员遍布亚洲、非洲、南美洲和欧洲。通过这些国际培训，加深了各国学员对“一带一路”倡议的理解和认识，展示了我国的发展成就，为合作单位搭建了交流合作的平台，广泛结交了国际朋友，为下一步继续拓展国际培训奠定了良好的基础。

（二）改变发展模式，逐步实现从“速度规模型”向“质量效益型”转变

在试点初期，由于办学经费以学校自筹为主，办学初期一次性投入巨大。现代远程教育

在当时是新生事物，社会认可度较低，生源较为匮乏，尤其是与学校对口的铁路行业，对是否可以用远程教育解决工学矛盾、有效提升职工素质还存在观望态度。因此，在现代远程教育初期处于探索阶段，在保证教学质量的同时，要兼顾长期、可持续发展，没有一定的办学规模，就没有可持续的经费投入，无法保障现代远程教育办学过程中的硬件购置、课件开发、软件开发、教学支出等关系办学质量的重要环节。

随着试点的不断深入，学校调整了办学目标，将现代远程教育定位为面向在职从业人员的继续教育，舍弃了与轨道交通无关的法学、艺术设计等专业，重点开办以轨道交通为主的特色和优势专业，以服务轨道交通行业、服务地方经济建设、学习型社会和“一带一路”倡议为主要任务。随着国家铁路大提速、高铁和城市轨道交通的迅猛发展，以及轨道交通行业和社会对现代远程教育的认可度越来越高，西南交通大学现代远程教育迎来了大发展的机遇期，办学规模上了一个新台阶。

规模的不断增加，也带来了一些问题。例如，如何解决轨道交通相关专业实践课程，课件更新的速度跟不上轨道交通行业知识更新的速度、无法有效满足轨道交通行业对最新知识的需求。随着教育部和各省教育厅对现代远程教育监管要求的不断提高，在学习中心场地保障、服务和管理水平等方面也逐渐显现出不足，部分学习中心的办学条件无法有效支撑学校建设高水平、高质量现代远程教育的要求。

为了解决这些问题，近年来学校提出，要改变发展模式，坚持可持续发展，逐步实现从“速度规模型”向“质量效益型”转变。近几年来，学校重点围绕“规范管理、提高质量”做了以下工作：

（1）进一步加强制度建设。重点加强学习中心管理、招生、考试、收费等重点环节的制度建设，陆续出台了一系列文件，规范各环节办学行为。

（2）狠抓规范管理和质量监控。每年开展合作办学安全评估和教学检查的现场检查，由远程学院院领导带队到学习中心进行实地检查，坚持实事求是，肯定成绩、指出问题、排除隐患，尤其是对于在合作办学过程中存在严重问题的学习中心，采取了暂停招生、停止合作等措施。

（3）优化现代远程教育办学层次结构。近年来，学校主动减少高升专层次的比例，提高专升本层次的比例，目前已经实现本科占比达到三分之二，远超现代远程教育协作组提出的本科占比不得低于百分之五十的要求。

（4）控制办学规模。自 2018 年起，将每年招生规模控制在 4 万人左右，使得办学规模保持在相对合理水平，学校资源能够较为有效地支撑现有办学规模。

（5）加大投入，提升教学质量。近年来，学校持续投入资金对原有学习资源进行重新制作，对硬件系统管理平台进行更新升级，提高教师待遇，激发教师参与现代远程教育的积极性。

通过上述这些做法，西南交通大学现代远程教育规范管理的基础进一步夯实，办学质量得到较大提高，学生和用人单位的认可度、满意度也有了较大提升，社会效益进一步凸显，阶段性地实现了向“质量效益型”的转变。

（三）持续推进人才培养模式改革

西南交通大学现代远程教育人才培养方案，历经了以下 4 个发展阶段：①无经验可以参照，照搬本科教学模式；②积累部分经验后，面向成人重新制订教学计划和课程大纲；③开展基于“核心课程”的教学改革，实行形成性考核方案，强调过程学习；④发挥行业优势，与轨道交通企业深度合作，为企业定制方案培养专门人才。

从2012年秋季开始，学校开展基于“核心课程”的教学改革工作，各教学学院专家已对所开设的专业确定了核心课程，原则上高升专6～8门核心课程，专升本核心课程包括6～8门专业课和“大学英语”“计算机应用基础”统考课程。为了规范学生学习过程管理，学校重新修订了《西南交通大学网络教育学生课程平时成绩考核办法（试行）》，同时制订了核心课程和非核心课程网上活动成绩考核办法，现代远程教育学生课程的平时成绩包括课程作业（在线作业和离线作业）、参加网上活动及参与学习中心助学活动3部分成绩，其中参加网上活动包含登录某课程网站并单击学习课件、在课程论坛有效的发帖提问或回复其他人的问题、在课程论坛浏览有效帖等。核心课程的平时成绩占总成绩的35%，非核心课程中考试课程的平时成绩占总成绩的60%，考查课程的平时成绩占总成绩的100%。这次的教学改革工作改变了以往的期末考试单一评价方式，要求学生积极参与网上课件学习、网上讨论、网上作业等学习过程，并通过线上平台、线下监督等形式对学习过程进行评价。这种形成性考试形式符合成人学习的特点，减少了现代远程教育带来的“时空隔离”的不利影响，便于学校掌握学生的学习进度，并及时对学生的学习情况进行干预，有效地提高了学生的学习成果和教学质量。

在服务铁路行业人才培养方面，学校也进行了有益的尝试。为了促进教学与生产实际相结合、解决铁路系统学生的工学矛盾等问题，学校提出了“促使学历与非学历教育更加有效地衔接”的人才培养模式创新方案，并在太原铁路局、柳州铁路局等单位开展试点。主要做法有：①制订新的教学计划，体现“线上与线下、课堂与实践相结合”，增加与专业相关的培训课程和实践环节；②制订了学分认证标准，允许使用部分铁路局培训课程、《动车组司机职业资格证书》和《动车组机械师职业资格证书》代替学历教育相关课程；③引入“院校教师与行业专家相结合”的教学方式，公共基础课、专业课和专业基础课主要由高校教师负责教学，培训课程由铁路局负责教学。铁路行业教学模式的创新实践，契合铁路现场实际，重点突出其岗位知识和综合素质的培养，同时也减轻了在职学员的学习压力和工学矛盾，受到铁路局和职工的欢迎。

六、面临的问题和努力的方向

（一）内涵建设滞后于规模发展

主要体现在：①轨道交通领域的新理念、新技术、新方法不断涌现，课程体系和教学内容的更新滞后于新形势发展的速度，不能满足新专业方向和职业化的教学要求；②学习支持服务有待继续加强，对学习过程的指导不够，运用数据分析提高管理质量的能力不够；③学习中心工作人员的业务能力，离学校建设高水平、高质量的现代远程教育的要求还存在一定差距，普遍需要进一步提高，学习中心的制度建设需要进一步完善。

（二）服务国家战略、行业和地方经济发展的能力有待提高

西南交通大学认为，新时代现代远程教育的主要矛盾是，人民群众对高质量、多元化、可

持续的现代远程教育需求与现代远程教育供给不平衡、不充分之间的矛盾。目前，随着国家铁路（尤其是高速铁路和地铁）大发展、“一带一路”和中国铁路“走出去”不断深入推进，轨道交通领域人才需求进一步提升。地方经济飞速发展，也对地方人才培养提出了更多的需求。目前，西南交通大学现代远程教育服务于国家战略、轨道交通行业和地方经济发展的能力还有很大提升空间，如何精准对接政府部门、企业和个人，如何有效解决用人单位对人才素质提升的需求，是今后需要解决的重要问题。

（三）办学结构有待进一步优化

在西南交通大学继续教育业务中，学历教育仍占绝对主体地位，非学历教育的占比较小，这与继续教育的发展趋势不相适应。

目前西南交通大学现代远程教育办学正在向“质量效益型”转变，在进一步坚持贯彻“规范管理、提高质量”的办学理念的基础上，主动控制学历继续教育办学规模，使得办学规模与办学条件更加适应。

今后在非学历继续教育工作中，要加强制度建设、构建长效机制；开展信息化建设，探寻办学新形式；加强队伍建设，提高师资及管理队伍国际化水平；加强教学资源和硬件设施建设，努力扩大培训规模，提高培训质量。

西南大学现代远程教育试点工作总结

一、基本情况

西南大学是教育部直属，教育部、农业部、重庆市共建的重点综合大学，是国家“211 工程”和“985 工程优势学科创新平台”建设高校。学校溯源于 1906 年建立的川东师范学堂，拥有悠久的历史，学科门类齐全，综合性强，特色鲜明。学校坚持以人才培养为根本，培养具有强烈社会责任感、深厚人文底蕴、扎实专业知识、富有创新精神和实践能力的高素质人才。西南大学自 1956 年起兴办成人教育，现代远程教育（网络教育）试点工作从 2001 年起步。2001 年 1 月 5 日，教育部下文批准学校开展现代远程教育试点工作，使学校跻身于当时全国开展现代远程教育试点工作的 38 所高校之列。学校网络教育从无到有、从小到大。2018 年设置了 41 个本科专业、6 个专科专业；2018 年注册学生人数 47 422 人，在籍学生人数 164 753 人。现已累计招收学生 55 万多名，毕业 37 万多名学生；在全国 20 多个省、自治区、直辖市建立了 350 多个网络教育校外学习中心，还与 100 多个奥鹏校外学习中心稳定合作，取得了显著成绩。现将现代远程教育试点工作情况总结如下。

1. 试点背景与历程

20 世纪末，为积极响应党中央国务院提出的“开展现代远程教育，构建终身学习体系”的重大战略决策，当时学校党政领导班子，特别是时任西南师范大学的邱玉辉校长着眼于长远，谋划于未来，提议并组建了“西南师范大学远程教育中心”和“西南远程教育研究中心”，在重庆市率先开展了远程教育的基础和前沿技术研究。

两个“中心”当时仅有 5 名专兼职人员和一间不足 80 平方米的办公室。全体人员在“中心”主任张小真教授的带领下，发扬艰苦奋斗的精神，克服重重困难，仅用一年时间，就在校内教师培训工作中成功地试运行了基于双向视频的远程教育试验系统，形成了现在的西南大学网络与继续教育学院远程教育平台雏形。2000 年，顺利通过了教育部专家组的评估考查。当年 12 月 15 日，学校决定在两个“中心”基础上成立网络教育学院，时任西南师范大学校长的邱玉辉兼任学院的第一任院长。2001 年 1 月 5 日，教育部下文批准我校开展现代远程教育试点工作，使我校跻身于当时全国开展现代远程教育试点工作的 38 所高校之列。在教育部批文下达不到一个月的时间里，在校长助理、副院长张为群教授的带领下，网络教育学院赴重庆、湖南等地首批建立了三峡学院、怀化师专、常德师专 3 个教学站，组织学校计算机科学与信息学院、外国语学院和文学院 3 个学院的 3 个网络教育专业，精心谋划开办网络教育的前期准备工作。同年 3 月 9 日，学校启动网络教育招生，首次在网络教育学院网站上公布了招生简章，4 月 21 日在 3 个教学站举行网络教育首次入学考试，试录取计算机科学与技术、英语、汉语言文学 3 个专业专升本新生 156 名。5 月 12 日，学校举行西南师范大学网络教育首届新生开学典礼，使学校在办学史上第一次有了网络教育，形成全日制教育、成人教育、网络教育三位一体的教育格局。随后，网络教育学院主动出击，积极开辟市场，奔赴广西、四川、贵州、福建、广东、河南等地联系共建校外学习中心事宜，历经数月，于 2001 年底建立首批校外学习中心 20 余个，招收学生 3000 余名。

2003 年 9 月，学校成为全国教师教育网络联盟首批核心成员单位，担负了教师网联平台的前期论证与设计工作，还就教师网联成员间开展网络教育学分互认做了大量的调研与平台设计组织工作。

此后，网络教育一路高歌猛进，虽然在 2004 年受到一些挫折，但很快便走出低谷，恢复元气。至 2005 年，网络教育已从最初的 3 个专业 100 多名学生发展到 22 个专业 26 000 多名学生。

2004 年，学校在全国网络教育试点高校中做出了两个首创：一是首创对校外学习中心实行招生申报审核制度；二是首创对校外学习中心的月报月检制度，为实现校外学习中心的规范管理和日常工作过程管理监控的全面制度化、规范化和科学化打下了坚实的基础，广大学习中心的支持服务和助学工作的质量得到不断提升，学生的投诉明显减少，社会的满意度大幅提高。

2005 年 7 月 17 日，教育部批准西南师范大学和西南农业大学合并组建西南大学，西南大学网络教育学院也于同日更名。合并后的西南大学网络教育如虎添翼，不仅拓宽了招生专业与渠道，还积极发展非学历教育。

从 2007 年起，学校坚持对网络教育办学学院实行一年一度的教学质量评估，使网络教育教学质量明显提升，教师对网络教育教学质量的各项指标均有明显提高。

2008 年 11 月，教育部高教司将“高校网络教育阳光招生服务平台的设计与开发”研究项目下达给我校。经过学校与北京西普公司联合攻关，2009 年 9 月底，阳光平台便开通试运行。在教育部高教司的领导下，在各试点高校的大力支持下，阳光平台在规范招生环节过程中发挥了很好的作用，基本达到了建设目标。

2010 年 5 月 12 日，学校按教育部要求整合教育资源，实行“强强联合”，将网络教育学院与继续教育学院合并组建了西南大学网络与继续教育学院。

2. 办学方向与办学定位

在党的坚强领导下，全面贯彻党的教育方针，坚持中国特色社会主义教育发展道路，坚持社会主义办学方向，立足基本国情，主动适应经济社会发展新常态和人的全面发展需求。坚持以学习者为中心的价值取向，以立德树人为根本，以素质教育为指导，根据学校自身办学能力，发挥办学优势和特色，坚持终身学习理念，以满足学习者学习发展需求、提升学习者职业能力和综合素质为导向，遵循高等教育规律和职业人才成长规律，主要面向在职从业人员培养具有较高综合素养、适应职业发展需要、具有创新意识的应用型人才。创新办学体制和机制，改革人才培养模式，推进信息技术与继续教育的深度融合，推进优质教育资源建设，拓宽人才成长通道，搭建终身学习“立交桥”，更好地为终身教育体系和学习型社会的建设服务。

《西南大学章程》第十三条指出：“学校基本教育形式为全日制本科教育和研究生教育，适度开展继续教育、非学历高等教育。”学校对继续教育发展的指导思想是：全面贯彻党的教育方针，以科学发展观为指导，遵循教育规律，坚持规模、结构、质量、效益协调发展；坚持以社会需求为导向，走以在职人员继续教育为主的办学道路，着力培养应用型人才；坚持“校内依托办学学院，校外建立学习中心”的办学模式；发挥综合大学优势，突出教师教育和农业教育特色，立足重庆，面向西南，服务全国，争创特色鲜明的国内一流的网络教育机构，为构建现代国民教育体系和学习型社会发挥重要作用。

《西南大学“十三五”发展规划实施方案》将深化继续教育人才培养和合作模式改革列入任务分解及时间进度表中。《西南大学“十三五”人才培养专项规划》指出要稳步发展学历继续教育，大力发展非学历教育，推动各类继续教育的有机融合，建立学分银行和人才培养的立交桥。创新合作办学机制，推进产教结合，优化专业设置和课程体系，建立应用型人才培养标准。加强质量标准体系建设，完善质量监管体系，促进在线资源建设。

学校“十三五”事业发展规划目标确定的网络教育年招生规模为 40 000 人。

随着“互联网＋”时代新技术融入教育领域的趋势和挑战的愈加彰显，随着广大民众对提升专业能力的需求和优质继续教育资源不充分、不均衡之间矛盾的日益激烈，学校也愈加明确认识到继续教育对于应对上述挑战和矛盾的重要地位，并因此给予越来越多的关注和重视。《西南大学 2018 年工作要点》(西委〔2018〕15 号)提出，要进一步“加强网络与继续教育的规范化管理”，明确将规范管理、提升质量作为新时代学校网络与继续教育发展的基本定位和战略方向。

3. 管理体制与运行机制

学校自 1956 年起兴办成人教育，2001 年开办网络教育，2010 年整合成人教育与网络教育，设置网络与继续教育学院，是纳入学校统一管理的直属单位，现有员工 116 名，设有 12 个部(室)。全校的网络教育由网络与继续教育学院归口管理，校内其他单位都不得以网络教育的名义对外招生。网络与继续教育学院不直接举办任何专业，而是依托相关学院办学，网络与继续教育学院对各承办学院给予技术上的支持和提供办学条件，对外管理学习中心和学生，对内管理各承办学院，具体负责招生、学籍管理、教学、毕业、财务管理等管理工作。办学学院(部)主要负责教师、教学、毕业论文指导、毕业答辩等教学相关工作。学习中心承担招生、督学、教学辅导、教学实践指导、考试组织、学籍辅助管理等工作。

4. 制度建设与规范管理

为确保网络教育依法治教，规范办学，学校在校、院两个层面制定和执行规章制度，以确保学校继续教育的规范化管理与运行。首先，在学校层面，从 2012 年以来，制定和颁布了关于归口管理、校外学习中心管理、教育收费及管理、人才培养方案、招生录取、专业设置、课程与教材建设、教务与考务、教育质量评价监控与督导等方面的规定和制度 33 个(见附件)。其次，在学院层面，面向学院、各办学学院(部)及学习中心制定和颁布了关于招生考试、课程建设规范与审核、教育教学费用发放、学习中心标准化建设与管理、奖励办法、学生学习实习和社会实践、毕业论文等具体政策、举措和操作流程，以规范网络教育的管理和运行。

5. 专业建设与人才培养

1）依托学校的优势特色学科开设网络教育专业

根据教育部《高等学历继续教育专业设置管理办法》文件要求，对学校继续教育专业进行了规范和调整。取消了不适合网络教育的艺术类专业和按方向招生专业，大幅压缩专科专业，优化专业设置。网络教育专升本专业由原来的 47 个调整为 41 个、高起专专业由原来的 38 个调整为 6 个；网络教育专业设置主要聚焦学校教师教育、农学教育、经济管理等优势特色专业，其中教师教育类专业 13 个、农学教育类专业 4 个、经济管理类专业 9 个，共计 26

个,占设置专业总数的63.4%。

2)探索以职业能力为导向的人才培养模式

学校网络教育推进以职业能力提升为导向、以培养应用型人才为目标的人才培养模式。坚持“基于综合、立于专业、归于个性”原则,注重学生知识、能力、素质协调发展,不断完善人才培养体系。在此背景下,2017年学校投入经费500余万元,开展了继续教育本科专业培养方案的修订工作,强化了新时代下人才培养的新目标和新定位以及落实的新策略,着重体现各专业实践能力、职业能力提升的人才培养目标,以主动适应学习者职业发展和社会需求、突出实用性和针对性、全面服务学生发展为基本修订原则。该方案具有以下特点:第一,优化课程体系,构建公共基础必修课、公共基础选修课、专业必修课、专业选修课、实践教学环节、创新创业实践6个版块;第二,增设专业案例教学;第三,丰富实践教学环节,如案例、实作、虚拟仿真;第四,增设方向模块,按照专业(方向)特点和职业岗位需要,设置专业方向模块选修课程,建设面向应用型人才不同发展路径的个性化课程模块,增强学生的社会适应性;第五,设立创新创业学分,学生发表的科研论文、获得职业资格证书、学生在其他教育机构学习获得的课程学分、学生创业实绩经专家论证后可以替代相应课程学分。

6. 师资配备与资源建设

1)配备雄厚的网络教育师资

学校有网络教师1870名,其中授课教师915人,辅导教师955人。在授课教师915人中,本校教师833人,占91%;本校教师中,教授194人、占23.3%,副教授336人、占40.3%,讲师303人、占36.4%;校外教师82人,高级职称43人,占52.4%。

2)建设优质的网络课程

学校十分重视教学资源建设。所有办学学院均指派优秀教师编写网络课件脚本,以保证课件质量;网络与继续教育学院切实把好课件制作质量关,以体现网络教育办学水平;教育技术部门做好教育资源建设的技术服务与保障,以提供坚强后盾。

近年来,为鼓励优秀教师参与教学资源开发工作,提高教学资源的质量,学校先后出台了《新课程规范》《网络课件验收标准》《课件脚本评估及报酬标准》等文件,组织专家对网络课件及课件脚本进行评估,奖励优秀课件的主创教师。此外,学校网络与继续教育学院积极推动将自主开发的网络课件用于校内全日制教学。学校积极参与推动与百校千课共享联盟、全国高校继续教育数字化资源开放与在线教育联盟、MOOC中国联盟、全国教师教育网络联盟等单位和平台间的资源共建共享和学分互认。

目前学校已经为网络教育自建数字化课程1126门,2014年以来新建及改造数字化课程465门,新建数字化课程146门,还建设了一批实践教学视频资源。

3)建设功能强大的硬件系统和教学平台

(1)硬件设施建设情况。

网络条件:校园网采用万兆以太网,学校信息中心千兆交换到网络与继续教育学院大楼,网络与继续教育学院内部为1000M以太网交换到桌面。

服务器与网络存储:服务器包括数据库服务器(IBM 3850 X5)、应用服务器60余台(IBM 3650 M3、DELL PowerEdge R510、HP DL385 G5、HP DL380 G4、HP DL580 G5、HP DL388 G8、浪潮NF5270M3、曙光a950r-f、宝德PR4860R)、刀片服务器2台(华为E9000)、配置存储系统3套(华为S5600V3、华为S5300V3、EMC VNX)。

学校网络教育拥有独立 Internet 带宽为 1550M，其中 CERNET 出口 1000M、Chinanet 出口超过 200M，联通 300M，移动 50M。

网络与继续教育学院共建有 12 个专业录播室，用于视频课件录制和双向视频答辩。

（2）软件设施建设情况。

2017 年，学校完成了教学管理系统的第 5 次升级，完全支持各种移动终端的移动学习和移动管理，系统功能更加强大，使用更加方便，目前系统环境处于全国领先水平。学校网络教育平台有学生、教师、管理人员 3 类用户，学生可以在该系统中完成课件学习、作业练习、论文写作、提问、交流等学习功能；教师可以完成作业布置、批改、答疑、论文指导等教学功能；管理人员在系统中可以增减信息，布置有关招生、财务、教务、教学、考务、教材、技术等工作。

4）开展有效的网络教育教学研究

学校非常重视网络教育科学研究，以研究促进继续教育的效益与质量，以理论研究确保和提升继续教育的科学化水平，不断探寻创新与改革的动力源泉。学校通过依托教育信息化技术优势主持和开展国家省部级及外部机构协会资助的相关科研项目、鼓励教职工以开展相关领域学术研究并发表科研论文等形式推动继续教育科学研究，投入大量经费支持和组织全校广大教师科研立项开展网络教育科学研究。

自 2015 年以来，学校每年投入 1000 万元经费用于课题研究和项目建设，先后建设了 6 个专业虚拟实验教学平台，完成了 2018 年培养方案的修订，建设了大量的案例库，对专业标准、课程标准、毕业论文选题、教学评价、教师评价、培养模式、教学管理、个性化学习等进行有效的研究。

7. 办学规模与招生管理

学校统筹网络教育和其他各类教育的协调发展，正确处理网络高等学历教育规模、质量、结构和效益的关系，适当控制招生规模。2018 年，网络教育 37 个本科专业招生注册 24 254 人，6 个专科专业注册 23 168 人，共计 47 422 人，比 2017 年减少 2 万多人。目前在籍总人数为 164 753 人。

为规范招生管理工作，学校制定有《西南大学规范学历继续教育招生工作规定》（西校〔2012〕489 号）和关于印发《西南大学网络高等学历教育招生管理规定》的通知（西校〔2018〕478 号），明确招生组织、宣传、录取、收费等各环节工作要求。

1）招生宣传

根据《教育部办公厅关于印发〈网络高等学历教育招生与统考数据管理暂行办法〉的通知》（教职成厅〔2011〕3 号）文件要求，学校制定网络教育招生简章并上传至“中国现代远程与继续教育网全国网络教育阳光招生服务平台”备案。在招生简章和宣传资料中，学校严格按照《教育部关于印发〈高等教育学历证书电子注册管理暂行规定〉的通知》（教学〔2001〕4 号）、《教育部关于当前加强高等学校学历证书规范管理的通知》（教学〔2002〕15 号）等文件的规范要求，明确毕业证书和学位证书的专业、层次、学习年限、学习形式等基本内容。学校统一印制招生简章并邮寄到校外学习中心，供对外宣传。同时，还在学校网络与继续教育学院网站上对外发布招生简章。

学校对学习中心招生实行按季授权制，协议有效、年检合格、无重大违约违规行为或事故的学习中心才能申请招生资格。取得招生授权的各校外学习中心按照学校统一制作下发的招生简章配合开展招生宣传工作，不得自行制作、发布招生简章和宣传材料招收学生，不得发布模糊和虚假信息误导考生。学校在招生过程中采取学生调查、匿名电话调查等检查措施对学习中心在招生宣传中的真实性进行核实，一旦发现不实宣传，立即停止招生。

2）招生范围和规模

学校严格审核考生报考资格，严格限制跨省籍异地报考。学校实行招生计划管理，控制学习中心招生规模，要求学习中心的在籍生数量与助学能力适配。

3）入学考试的组织

网络教育入学考试由学校自行命题，自行组织，自行阅卷，自行划定录取分数线。考生均要参加并通过由学校自主命题和自行组织的入学考试并被录取后才能入学。学校要求考生到学习中心参加报名和入学考试，入学考试采用人脸识别监控的方式，监督考生考试的过程。

4）收费

学校网络教育严格按照重庆市物价局核准的收费标准进行收费，目前只收取学分学费。每季招生之前，学校网络与继续教育学院通过网站对外公布招生省（自治区、直辖市）的收费标准。考生录取后也将收到当地学费标准的短信。

学校要求学生通过网上缴费的方式直接将学费交到学校账户，不授权学习中心代收代交学费，有效避免了学习中心搭车收费和乱收费。

5）录取与注册

对于符合入学资格并通过入学考试的考生，学校将发放录取通知书。学生收到录取通知书，完成网上缴费即可参加学习。按照《教育部办公厅关于印发〈网络高等学历教育招生与统考数据管理暂行办法〉的通知》（教职成厅〔2011〕3 号）文件要求，学校将当季招生数据上传至“中国现代远程与继续教育网全国网络教育阳光招生服务平台”，完成学籍注册。

学校在管理系统中保留学生身份证扫描件、毕业证书扫描件，并将学生签名的《西南大学网络教育学院考生报名信息确认与承诺书》与录取通知书存根作为学生个人学籍档案。

8. 校外学习中心管理服务

根据教育部有关文件精神，学校制定了《西南大学网络教育校外学习中心管理规定》（西校〔2016〕539 号），明确了校外学习中心的基本条件和主要职责，指导学习中心建设和管理。

1）学习中心布局

学校在 24 个省（直辖市、自治区）建立了 353 个校外学习中心，其中自建 253 个，依托“中央广播电视大学现代远程教育公共服务体系”100 个，所有学习中心均通过“全国网络教育阳光招生服务平台”备案。学习中心主要分布在重庆、四川、云南、贵州、陕西、广西、江西、湖南、福建、浙江等省份。

2018 年秋季，学校授权 172 个自建和 80 个公共服务体系学习中心招生。

2）学习中心运行和管理

学校网络与继续教育学院设立有学习中心管理办公室，有专人分片区对学习中心工作进行招生监控、业务指导、咨询服务、学生反馈、问题跟踪等事务。学校制定有《西南大学网络教育学习中心助学行为规范》（西校〔2016〕701 号），规定了学习中心助学基本条件、人员配置和详细助学服务内容与要求。学校编制了《学习中心工作手册》和《学习中心助学工作核心流程》，要求学习中心按照规定实施面对学生的各项助学服务。此外，学校还制定有《西南大学网络教育校外学习中心月报月检工作考评与奖励实施办法》(西校〔2013〕142 号),开展学习中心助学工作的精细管理,考评并通报学习中心每月完成各项助学工作情况,并根据考评结果进行奖惩。

3) 助学服务效果与满意度

网络与继续教育学院成立有学生服务办公室,不间断为学生提供咨询服务,实行接听电话首问责任制,保障及时处理和回复学生问题。学校充分利用互联网技术建立全面的教学资源服务系统支持学生学习。通过《网络教育学习指南》《系统使用帮助》等对学生网络学习技能进行适当的指导,同时安排专业技术支持人员为学生提供及时的咨询和帮助。通过 WEBCALL 在线咨询和微信公众号,学生也可自助获取系统内在线帮助信息。学校通过系统智能记录学生上网学习时间、访问资源情况、完成作业情况、在课程论坛中的发帖、回帖数量等,对学生的学习情况进行了解,并给予适当的行为引导与支持。

同时,学校建设有"学习中心协同工作系统",将学习中心所有助学工作的安排直接推送到工作人员手机,提醒学习中心按时、按要求完成对学生的助学服务。系统还将学生的所有学情数据也推送给工作人员,方便其及时提醒学生完成学习任务。

通过以上方式,学校实现了助学服务的有效开展和助学质量的不断提高。学校通过电话回访和学生座谈,了解学生对于学习中心的各项助学工作的满意度。总体来讲,学生咨询能得到及时回复,能不断得到学校和学习中心学习的提醒和协助,符合要求的学生均能按时毕业。

9. 教学实施与考风考纪

1) 教学实施

严格执行培养方案,根据培养方案制订每学期开课计划;任课教师由办学学院确定并报网络与继续教育学院备案,选课人数多的课程,要求组织教学团队;学生自主选择选修课;教师每周一次固定时间(19:00—21:00)值机,与学生交流,组织主题讨论,对论坛问题进行回复;论文指导按 1∶20 确定指导教师,论文写作包括选题、提纲、初稿、终稿等环节;按照形式多样、难度合理、学生自主参与的原则,建立学术综述式、经典/新著评析式、时事评述式、行业会议/赛事综述式、区域专业调查式、工作报告式、给定材料(文献、数据)加工式等不同类别的毕业论文(设计)模板供学生选择。加强对继续教育毕业论文(设计)的指导与互动,建设毕业论文(设计)范文库,为毕业论文(设计)改革提供科学合理的实施路径。

把教师的值机、答疑、作业批改、试卷评阅、论文指导纳入月报月检,对试卷评阅、论文指导进行专项评估,月报月检得分和评估结果与办学学院评优、绩效挂钩。

注重学生的学习过程,制定了合理成绩构成比例,课程成绩由作业、平时和期末成绩 3 部分组成。作业成绩占课程成绩的 20%,平时成绩占课程成绩的 20%,期末成绩占课程成绩的 60%。专升本和高起专毕业学分为 80 学分,高起本毕业学分为 150 学分。

为了适应学校转型发展,以提升职业能力的应用型人才为目标,2018 年全面修订了培养方案,要求专升本和高起专学生修课课程门数在 20 门以上,高起本的课程门数在 40 门以上。

2) 考风考纪

为加强考风考纪,规范考试工作,采取了以下措施。

(1) 加强领导,落实责任。

学校成立由主管校长负责、网络与继续教育学院院领导和各办学学院(部)主管领导组成的课程考试领导小组,负责学校课程考试工作的政策制定和重大事项的决定。网络与继续教育学院设立考务办公室,负责课程考试工作的组织和协调,办学学院(部)负责课程考试工作的命题、题库建设、阅卷等工作。学习中心成立考试工作小组,设立考试办公室,负责实施集中考试具体工作。

(2) 建章立制,加强管理。

学校修订完善了《西南大学高等学历继续教育课程学习违规与课程考核违纪作弊处理办法》(西校〔2017〕634 号)、《西南大学网络与成人教育巡考工作暂行办法》(西校〔2013〕75 号)、《西南大学网络与成人教育巡考工作实施细则》(西校网继〔2016〕47 号)、《西南大学网络与成人教育课程考试工作预案》(西校网继〔2016〕46 号)以及《西南大学网络与成人教育课程题库建设与管理暂行办法》(西校〔2013〕76 号)等规章制度和文件,保证了考试工作有章可循。

(3) 加强巡考,规范管理。

考试期间,学校派出符合要求的干部、教师、管理人员和委托省中心、学习中心所在地行政主管部门干部作为巡视员,巡视各学习中心,并全面主持该学习中心的考试工作。巡考员必须召开学习中心负责人和全体主、监考教师参加的考务工作会;审查主、监考教师资格,提出主、监考要求;按照考场设置的有关规定检查考场;监督与配合学习中心处理与考试有关的紧急情况,按学校有关考试规定与纪律处理学生作弊事件和主、监考教师失职事件。

(4) 采用新技术,实现考试多样化。

学校采用先进的考务管理系统和在线考试系统,高效提升考试管理的智能化管理水平和效率。除传统笔试考试外,我院还上线了在线考试系统,开展部分课程在线考试,考生只在规定的考试期限内在线完成考试即可。这极大地方便了考生,解决了许多学生由于在职属性不同,较难在统一时间参加考试的问题。

(5) 做好考后评估和总结。

学校的所有网络教育课程考试阅卷工作全部由任课教师进行,坚持以参考答案和评分标准为依据,做到评判准确、公正、科学有据。阅卷完成后,将办学学院的阅卷、答卷和成绩单的返还等项工作纳入办学学院月报评估中,做好相关回收、统计、记录工作,汇总各办学学院在命题和阅卷等方面出现的问题,按课程对成绩进行分析,并将情况反馈到相关办学学院,以求改进。同时,对学习中心的试卷收回情况、缺考学生信息录入工作以及提供的《考试领导小组名单》《监考员登记表》《试卷销毁证明》《试卷分发统计表》等进行评估,并将缺考成绩录入、课程考试相关记录材料返还、试卷装袋、学习督学工作质量评定、巡考员信息管理纳入学习中心月报评估工作中。

10. 过程监管与质量保证

网络教学质量是网络教育的生命线,学校网络教育始终围绕教学质量各环节常抓不懈,使教学质量不断提高。

1) 完善制度建设

建立了招生、教学、考务、专业建设、资源建设、评估考核等一系列教学管理文件,规范教学运行和管理。

2) 加强教学资源建设

将教学资源质量的高低提高到直接决定网络教育教学成败的高度认识,课件要求每

5 年更新一次。

3）开展质量评估

学校坚持每半年召开一次网络教育办学学院工作会议，将教师辅导（值机）、作业布置与批改、辅导答疑、论文指导、课程建设、考试考查、教材选用等几个方面教学指标的检查作为会议的主题，以翔实的数据总结前半年工作，布置后半年工作。许多办学学院就是通过这样的会议改进了教学工作。

从 2007 年起，学校对网络教育实施了每年一度的质量评估，建立了几十项评估指标和观测点，并通过经济杠杆对评估结果实施奖优惩劣。此举使教学水平与质量又得到了根本性的改观，使学校网络教育质量整体上了一个台阶。

4）全面从严治考

学校构建了考试评估系统。每一次考试，学校都要派出由教师、管理人员等组成的巡考队伍，最多时曾达到 300 多人。巡考前，学校纪委监察部门的领导宣讲巡考纪律与规定。与此同时，还指派处级干部赴学习中心巡视，检查督导考试工作。对学习中心，学校网络教育将考试工作作为对该学习中心招生、优秀的一票否决项目。

5）管控学生学习过程

根据学生上网学习情况的数据统计，检查督促学生的学习情况，并将学生的网上学习情况作为平时成绩构成的依据，学生课程成绩由作业、平时和期末成绩 3 部分组成，作业成绩占课程成绩的 20%，平时成绩占课程成绩的 20%，期末成绩占课程成绩的 60%。

6）提高学习中心助学服务水平

2002 年下半年，学校印发了第一稿《校外学习中心工作手册》，明确规定学习中心助学服务的内涵与工作流程。此后，根据工作需要与变化不断修改完善。至今，共印发 4 稿手册。同时，为使学习中心工作人员熟练掌握教学技术手段和教务管理系统，举办了各种类型培训班，培训学习中心工作人员。

7）实施月报月检制度

学校在建立网络教育校外学习中心初期，曾采用"年报年检"管理方式和"巡查突访"等临时检查措施对学习中心实施管理与监控，但由于学习中心数量多、分布广，收效有限，且缺乏时效性与针对性，对一些学习中心在年报年检以前和在临时检查中发现的问题只能进行事后整改修补，达不到常态化的过程管理和适时监控的效果。经过不断的调研和论证，在教育部加强网络教育过程管理要求的指导下，结合学习中心助学工作实际，学校于 2004 年 9 月起对学习中心试行了月报月检工作，并于次年 5 月正式实行。经过在实施过程中的不断完善，目前这项工作已固化成为学校对学习中心实行过程管理与质量管理的有效制度。

月报月检制度就是将以前以年为时间单位细化为以月为时间单位对学习中心的助学工作和服务质量进行评定、通报和奖惩的制度。它分为四部分：一是确定月报月检工作项目（指将学习中心年度各项工作内容梳理成一个一个的工作项目）；二是月报月检考评内容（各个月报月检项目的具体任务）；三是月报月检考评标准与评分办法（指对每个项目提出的具体完成时间和质量要求以及评分方法）；四是奖惩（年终各项目得分的平均分达到优秀、良好、合格标准的给予不同等次的奖励，不合格者将受到停止招生等处罚）。

学校一般于每年年底在总结当年月报月检工作情况的基础上，根据下一年度的工作规划和安排，提出次年学习中心月报月检工作项目、考评内容、考评标准、考评形式和具体的奖惩办法，并在学习中心年会上予以公布。学习中心所有各个项目的评分均可在规定时间内提出申诉，各个学习中心的月报月检评分均是公开透明的。

十多年来的月报月检制度取得明显成效：学习中心助学工作的服务质量得到明显提升，学生与家长的投诉明显减少，年均几例；学生的学习积极性和主动性有了显著提高，学习系统反映出学生的各种“提交”和“参与”指数都有了大幅度的增长；真正实现了网络教育过程管理与质量管理全覆盖，学校对学习中心助学工作全过程能进行实时管理，每项工作从开始到结束均有学校网络教育管理人员的同步参与和监控，在任何环节出了问题，都能及时发现和及时整改；达到互相促进、互相提高的目的，在督促学习中心按质、按量完成各项工作的同时，也促进了学校网络教育的管理工作，从整体上提升了学习中心各项工作的质量，使学校网络教育办学和管理水平上了一个新台阶，有力地促进了学校网络教育的健康发展。

2012 年下半年，学校又将这一制度推广到对办学学院的教学质量评估上，使学校对办学学院的年度评估更加具有说服力和有更大的促进作用。

8）强化教学评估

学校成立了继续教育教学督导委员会，该委员会是学校聘请的专家组织，每年定期或不定期对试题、阅卷、论文、教学质量、管理质量等进行抽查、监督和专项检查与评估，是重要的外部评估手段。在执行外部评估的同时，他们还参与指导制定专业规范、专业教学质量标准和基础课程的教学基本要求，承担继续教育专业设置咨询工作，审议继续教育专业人才培养方案，审议、推荐有关教学改革方案和成果，承担继续教育立项课题的检查、鉴定工作等，使外部评价不只停留在评判结果的层面，更是落地到基于评价依据的改进工作中。

11. 社会评价与品牌声誉

为进一步提升人才培养质量，更好地满足继续教育学生个体发展需求和社会用人单位的人才需求，学校以网络问卷调查的形式开展“用人单位对西南大学网络教育 2017 届毕业生的满意度调查”工作。调查问卷包括 3 个部分：一是基本信息（单位名称、行业属性和地区）（见图 1）；二是满意度调查，包括用人单位对毕业生的整体评价和对各方面能力的评价（包括个人素质修养、敬业精神、工作责任心、适应工作的能力、完成工作的效率、外语水平、计算机能力、创新精神、团队合作精神以及工作实绩十大方面），以及对接受继续教育后的工作效能提升的评价；三是意见和建议征集，以开放式题目收集用人单位在继续教育学生培养

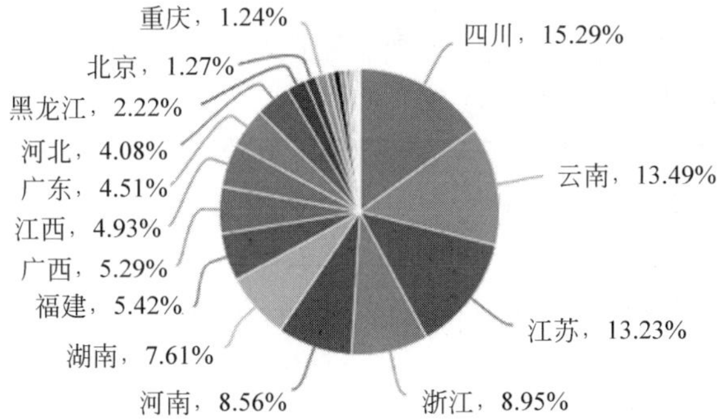

图 1　参与“用人单位对西南大学网络教育毕业生的满意度调查”的单位区域分布

等方面的意见和建议。最近一次满意度调查为2018年4月23日，共回收有效问卷2615份，参与调查的单位覆盖全国多个省份，尤其以四川、云南、江苏、浙江的单位最多，从行业属性看民营企业单位参与比重最多（见图2）。

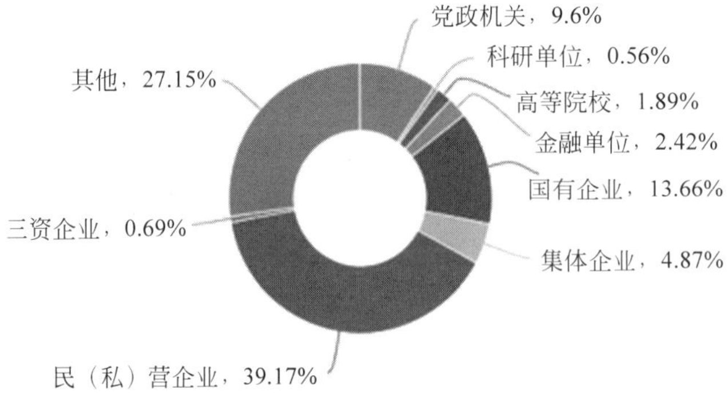

图2 参与“用人单位对西南大学网络教育毕业生的满意度调查”的单位行业属性分布

总体而言，用人单位对我院毕业生综合素质给予了很高的评价，约59.03%的用人单位表示非常满意，36.07%的用人单位表示比较满意。95%以上的用人单位认为，员工在就读我院网络教育之后，综合能力得到了显著的提升（见图3）。

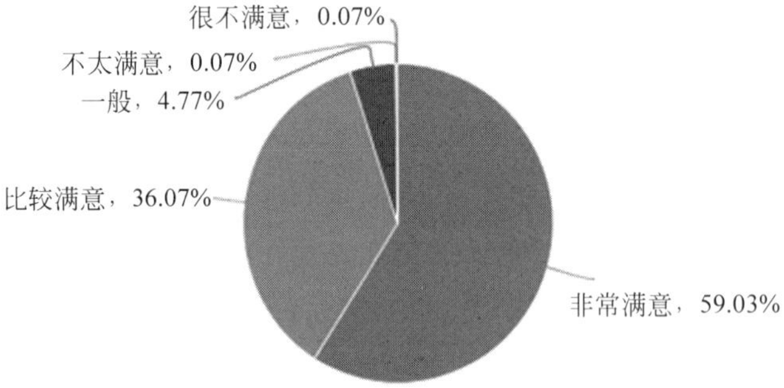

图3 用人单位对西南大学网络教育毕业生总体满意度结果分布

在对毕业生十大能力维度的满意度调查中，除了对外语水平、计算机能力的满意度水平比重略低于90%以外，对于其余8项能力均有90%以上单位表示比较满意和非常满意。其中，对个人素质、敬业精神、责任心、适应能力、工作效率等方面均得到95%以上的满意度，可见学校继续教育人才培养不仅对于学生专业知识与能力的提升大有裨益，而且对学生综合素质和品质的全面提升具有良好的收效。

参与调查的用人单位在高度认可学校继续教育的人才培养质量的同时，也对学校在继续教育学生的培养发展和就业工作等方面提出了宝贵意见，包括在教学中更加注重提高学生的社会实践能力、开拓创新能力，促进理论知识和实践训练相结合；拓宽培养范围，增设专业课程（如水利专业课、工程施工、大数据和人工智能、心理学、脑科学、认知科学知识以及人文知识等课程）等。

二、试点成绩和经验

1. 高度重视，长远规划：以顶层设计引领网络教育发展

学校高度重视网络教育的发展。近年来，始终坚持“规范、质量、服务、创变”的核心发展理念，把规范办学行为，提高人才培养质量放在第一位，以服务创质量，以创变求发展。以国家出台的继续教育文件为依据，把学校网络教育工作写进《西南大学章程》《西南大学“十三五”发展规划实施方案》《西南大学“十三五”人才培养专项规划》，并制定了《西南大学成人继续教育归口管理暂行办法》和《西南大学关于继续教育质量工程的实施意见》等专门文件，用以指导学校网络教育的发展。

2. 规范管理，树立品牌：以教育质量塑造网络教育品牌

相较于其他的教育类型，网络教育具有更多的服务特质。因此，要办好一所学校的网络教育，必须强化管理、做好服务，创立品牌。近年来，学校特别注重网络教育的品牌管理。

1）规范招生管理

为了规范招生，学校印发了《西南大学规范学历继续教育招生工作规定》（西校〔2012〕489号），从制度上进一步规范了网络教育的招生组织、招生宣传、招生录取、学费收取、校外合作单位管理等行为。同时，学校要求所有校外学习中心认真贯彻和执行《重庆市规范高等教育招生秩序严肃高等教育招生纪律若干规定》的文件精神，始终强调学校是招生唯一合法主体，统一招生宣传，不得虚假、模糊宣传和发布不实信息误导和欺骗考生入学，严格审核考生报考资格，重点监控异地报考生，杜绝招生中介倒卖生源。

2）严格收费管理

在收费方面，学校严格执行重庆市物价局对网络学历教育的收费项目和设定的收费标准，并通过《招生简章》对外公布。严格执行财经制度，明确学校才是唯一收费主体，学生在网上缴费，校外学习中心不得以任何理由收取学生任何费用。通过以上缴费方式管理，学校设立的校外学习中心均能够正常协助学生缴费，没有乱收费、搭车收费现象。

3）加强教学管理

为了全面提高教学质量，学校一直坚持“以我为主”的办学模式和教师选派制度，并组织专家成立教学检查小组，评估教学过程。在网络学历教育中，强调校外学习中心助学质量的提高，将助学服务落实到学生的每一步学习中。为此，学校建立月检月报制度，对专业承办学院和校外学习中心的工作每个月进行考评，优秀的予以表彰奖励，不合格的予以批评限期整改，严重的给予暂停、整顿或撤销合作。

3. 多方联动，协同治理：以合作交流构筑网络教育体系

网络教育是社会化的教育服务，既需要独立的办学主体，更需要多元力量的协同参与。近年来，学校网络教育采用多方联动，协同治理的办法，以合作交流的方式构筑网络教育体系。

1）以点带面，建构全国性的教学服务体系

学校网络教育通过与校外成人教育机构、函授站的合作，建立了全国性的网络教育服务体系。校外学习中心的设置，须经省教委审批，与学校签订合作办学协议，并经学校招生授权后方能协助学校开展招生工作。对于月检月报不合格、招生出现重大违规、有任何乱收费的校外学习中心的合作实行一票否决制。

2）强化管理，推行校外学习中心标准建设

学校制定了《西南大学网络教育校外学习中心助学行为规范》（西校〔2016〕701 号），规定学习中心助学基本条件、人员配备和详细助学服务内容与要求。另外，学校还制定有《西南大学网络教育校外学习中心管理规定》（西校〔2016〕539 号）、《学习中心工作手册》、《学习中心助学工作核心流程》等，要求学习中心严格按照规定提供标准化的学习支持服务。为了有效保证助学质量，学校还建设有“学习中心系统工作系统 App”，将学习中心的所有助学工作都纳入监控和考核。

3）分层实施，建构立体化的教学服务平台

学校积极探索分层实施，强化省中心的管理职能，对部分学习中心试点新的管理和运行模式。

4）面向世界，开展国际性的网络教育交流

我们先后邀请了新西兰的 Prof. Garry Falloon 和美国密西根州立大学的 Prof. John Bell 莅临学校，就信息化课堂教学实践和在线教育展开了深入的交流。

4. 技术融合，变革教学：以“互联网+”促进网络教育改革

学校网络教育工作的开展充分利用了“互联网＋”的思维，体现了互联互通、融合创新的原则，借助多种学习技术和创新的学习模式，促进智慧生成、实现精准服务。通过升级换代，提升了教学和管理平台的人性化和便捷性。目前，学校已经拥有比较成熟的“互联网＋”教育技术平台，如 MOOC 资源、大数据学习分析技术、数字化课程与教学资源的开发、智慧教师课堂教学技能培训、小蚂蚁移动教台、远程同屏互动课堂、VR＋教育等。

5. 创新转型，协同发展：以多元办学加快网络教育转型

面对当前的教育改革，为有效发挥办学优势，学校尝试多元办学，采用上下协同、横向协同和点面协同加快网络教育转型。具体体现在：第一，积极与教育部、重庆市教委、重庆市教育信息联盟等单位合作，争取政策资源；第二，充分利用校内优质研究资源，形成强大的项目研究团队，保证研究质量；第三，以学校中心，联络重庆市二十九中学、遵义第二中学等实践基地，以及各个校外学习中心、各个非学历培训项目，共同致力于创新转型，协同发展。

6. 开展科研，突出应用：以科学研究推动网络教育升级

学校非常重视网络教育科学研究，通过依托教育信息化技术优势主持和开展国家、省部级及外部机构协会资助的相关科研项目，鼓励教职工以开展相关领域学术研究并发表科研论文等形式推动网络教育科学研究，投入大量经费支持和组织全校广大教师科研立项开展网络教育科学研究。以 2017 年学校开展的网络教育相关研究为例：

1）主持和承担的科研课题情况

顺利完成了教育部中国移动项目“信息化教学支撑课堂素质教育的有效模式及实证研究”，建成智慧课堂实验室 1 个，开发智慧教学平台并获软件著作权 2 个，完成项目研究报告 3 个（共计 15 万字），政策建议 4 次获政府采纳，在核心期刊发表论文 5 篇。承担了重庆市教委教学改革重大项目“重庆市继续教育学分银行信息管理平台建设方案研究”“高等继续教育质量监控体制机制研究与实践”“高等继续教育学科课程标准研究及实践推广”3 项科

研项目。承担了重庆市教育考试院启动的“破解新高考‘选科失衡’问题的理论与实证研究”项目。另外，还参与了重庆市中小学法治教育资源包建设项目、重庆市教师资格证面试考官培训平台项目、西南大学人文社会科学研究重大培育项目“教育信息化在教育精准扶贫中的实施路径研究”、西南大学人文社会科学重点项目“信息化课堂教学的有效模式构建研究”、西南大学教育学部种子计划重大交叉项目“在线教育发展与公民受教育权保障研究”等。

2）学术科研成果的发表情况

《在线学习》2017 年第 8 期和中新全媒网站发表院长专访文章《以教育改革引领继教转型》，报道学校的继续教育转型工作，扩大了在《中国远程教育》《在线学习》《中新全媒》等媒体的社会影响力。此外，2017 年在 CSSCI 期刊发表了《教育信息化观照下的贫困地区教育精准扶贫模式探究》等 3 篇高水平学术论文，并被《新华文摘》《人大复印资料》等转载。

3）科研立项情况

2017 年发文公布立项的研究项目（西校〔2017〕48 号）共计 63 项，其中包括 17 个重大项目、19 个重点项目、26 个一般项目和 1 个委托项目。此外，还专项针对虚拟实验平台、专业培养方案研究、化学与物理虚拟实验建设、通识教育选修课程教材建设等项目进行了投入。网络与继续教育学院从 2017 年度开始每年划拨科研专项经费 1000 万元予以支持网络教育研究。

7. 服务社会，强化责任：以供给侧改革促进学习型社会建设

1）学校网络教育服务国家战略、经济社会发展与学习型社会建设的情况

第一，学校是“重庆市中小学法治教育课程建设基地”，建设了中小学在线法制教育微课程资源，为提高重庆市中小学法治教育水平贡献了力量；第二，学校通过打造区域学分银行系统，构建市民终身学习“立交桥”，为持续性、灵活性累积和管理学习成果开辟了可操作的实现路径，有效促进了学历教育之间、学历教育与非学历教育等各类教育之间的沟通衔接；第三，在课程建设方面，学校已拥有国家网络教育精品课程 5 门、学历教育网络课程 788 门、中小学教师远程培训学科资源 141 门、继续教育课程 68 门、专题 2737 个，向社会免费开放网络课程 80 多门、视频学习资源近 40 门，是开放资源联盟高校中开放资源最多的高校，为全方位服务经济社会发展做出了较大的贡献；第四，在非学历教师培训方面，学校是“教育部‘国培计划’远程培训国家资质机构”，为国家和社会培训学员近 100 万人次。

2）学校网络教育资源面向校内、社会开放服务情况

学校网络教育资源面向校内开放 300 余门通识课程资源，供校内学生选修学习；在普通高等学校继续教育数字化学习资源开放联盟平台上向社会开放 118 门继续教育资源。同时，学校网络课程资源也共享给其他合作单位和高校使用，重庆市成人高等教育协会成员单位、遵义师范学院、宜宾学院等合作单位，使用人次 13 988 人。

3）学校网络教育与其他高校、行业、企业、国际机构等的合作情况

学校积极探索创新人才培养模式，积极推进校校合作，校企合作，广泛开展与其他高校、行业、企业、国际机构的合作，充分发挥网络教育的优势，共同培养复合型应用人才。学校与上海双威通讯网络技术有限公司、网梯公司、智隆公司、鹏远程教育中心、知金教育公司等建立了长期、稳固的合作伙伴关系，与广西师大、云南师大、遵义师院、重庆科技学院等 30 余所高校开展了校际资源共享合作。

三、面临的问题与困难

十九大报告中多处提到人才培养任务,提升人才培养质量是新时代继续教育的新使命、新任务,也是“办好继续教育”的关键和核心所在。学校虽然在网络教育发展与人才培养质量方面取得了积极的成效,但依旧存在一些问题,主要表现为:

1. 学生规模较大、招生专业生源结构不平衡增加办学管理难度

由于受社会行业以及经济结构对人才需求的影响,学校网络教育规模学生人数偏多,目前在籍学生为164 753人,与全日制在籍学生比约为3∶1;专科学生占比高,2015、2016、2017年专科生招生人数占招生总数60%以上,2018年下降为49%;各专业和办学点人数分部不均衡,个别专业招生较多,招生人数多的前10个专业在籍生人数占总人数的60%。学生规模大、教学点分散增加了网络教育日常运行和管理的难度。

2. 线上、线下混合教学模式开展不足

由于受传统教学的影响以及人们对网络教育的误解,有的学习中心主要开展线下面授,有的学习中心主要利用平台进行线上学习,没有很好地将线上和线下学习活动进行整合,学生主要通过录制好的视频与课件教学资源进行自主学习,与教师及其他学习者的互动不共时,教与学存在一定程度的信息不对称问题。

3. 信息技术与教学深度融合不够

对于学生和教师而言,由于没有正确认识信息技术与网络教学之间的关系,因此把二者融合的落脚点放在了信息技术的展示和学习上,而非将信息技术有效地融合于各学科的教学用以辅助学习,因此导致教师的教学方式不能很好地满足学生的需求,学生的学习方式不能满足自身的发展。

四、推进网络教育转型提质升级的思路和举措

为了应对学历教育市场的显著变化、科技革命所引发的学习方式和教育方式变革、网络教育应然目标和实际目标的冲突,学校将认真贯彻党的十九大和全国教育大会精神,坚持把立德树人作为根本任务,围绕“培养什么人、怎样培养人、为谁培养人”这一根本问题,以转型发展为契机,进一步提升网络教育质量。学校转型提质升级的思路与措施包括“两个转变、三个举措、三个推进”。

1. 以“两个转变”加速学校网络教育转型发展

1)从“学历补偿型继续教育”向“职业能力提升为导向的继续教育”转变

培养什么样的人是学校继续教育始终放在第一位的问题。过去,学校继续教育以学历补偿为主,课程设置不能很好地满足社会需求,教师教学重理论,实践环节不足,多数学生学习被动,教学质量参差不齐。当前,学校继续教育将以职业能力提升为导向,加大继续教育的全民普及力度,在专业和课程设置上进行合理优化,把课堂融入企业,把理论授课转为实践教学,充分考虑学生目前的工作单位与学校继续教育培养目标之间的差别,满足学科的专业知识和职业技能适应各类企业、各个领域的需求。

2）从“单一学历教育”向“学历非学历两翼齐飞、协调发展”转变

学校主要有成人高等学历教育、高等教育自学考试和现代远程教育（网络教育）3 种办学形式。办学 60 余年以来，为国家培养了数十万各级各类继续教育人才，有效地促进了地方经济建设和社会的发展。学院自 2005 年起，通过网络开展非学历远程教育，有效地拓展了继续教育的范围，在终身教育和构建学习型社会上发挥了积极作用。面对当前的教育改革，为有效发挥办学优势，学校主张学历教育和非学历教育两翼齐飞，协调发展。在学历教育方面，我们将按照教育部关于“积极发展，规范管理，强化服务，提高质量，改革创新”的网络与继续教育发展的精神，一如既往规范管理，提升质量，打造网络学历教育品牌，立足重庆，面向西南，服务全国。在非学历教育方面，由网络与继续教育学院整体布局，负责政策制定、项目统筹、资源平台建设、建立标准、强化服务与管理。

2. 以“三个举措”推动学校网络教育的提质更新

1）控规模：控制网络教育的招生规模

学生规模的数量，影响着继续教育人才培养的质量。学生招生规模过大，生源整体素质将会有所下降。为做好学校的网络教育培养工作，树立网络教育品牌，结合学校网络教育师资等资源情况，进一步优化校外学习中心结构，及时调整招生能力不足或助学服务不到位的学习中心，使网络教育年度招生规模控制在 4 万人以内。

2）调结构：调整网络教育的专业结构

针对学校网络教育部分专业招生人数太多，专业之间招生不平衡的情况，学校将依据市场需求进行专业结构调整。第一，每年组织对全校网络教育各专业的建设情况进行评估，公布相关数据，作为专业动态调整的决策依据；第二，建立严格的新增专业申报准入机制；第三，将各专业的招生情况、人才培养质量及学生的满意度作为主要依据，建立专业预警与退出机制；第四，根据各专业的发展情况对年度招生计划进行调整，动态控制专业规模。调整层次结构，重点发展本科教育。

3）推改革：推行网络教育培养模式的改革

学校在以培养职业能力提升为导向的应用型人才培养目标的指导下，推行培养模式改革。第一，构建校企合作新模式，共建特色专业。学校将大力拓展与知名企业和行业的合作，吸收企业中的优秀专家共建特色专业资源，将企业（行业）的职业培训和认证课程融入专业课程建设中，实现学历学分和非学历学分互认互通，联合培养新型人才；第二，以混合式教学模式为特色、重视实践教学环节，进一步加强虚拟仿真教学平台、案例库、实践教学视频等资源建设；第三，进一步加强学风建设，严肃考风考纪。加强信息化、人工智能等新技术与考试监控创新融合，在为学生提供智能化、便捷化、个性化考试系统平台的同时，采用新的考生身份确认系统，建立智能化机考监控系统，加强对考风考纪的监控和问责，防止徇私舞弊等严重违规行为出现；第四，以职业导向、分类培养为指导思想，按照形式多样、难度合理、学生自主参与的原则，建立多种不同类别的毕业论文（设计）模板供学生选择。加强对网络教育毕业论文（设计）的指导与互动，聘请校外专家担任论文指导教师，建设毕业论文（设计）范文库，切实推动毕业论文（设计）改革。

3. 以“三个推进”实现学校网络与继续教育升级换代

1）推进六位一体质量工程建设

人才培养质量是整个继续教育质量的核心，推进人才培养模式的转型从本质上也是提

升继续教育质量，二者无法割裂和独立，是错综复杂的一体化系统工程。学校将以人才培养质量为核心抓手，推进“六位一体”的继续教育新时代质量工程建设，从继续教育人才的培养目标(标准研制)、培养过程(实践教学、技术融合、精品课程)、培养结果(质量控制)三大维度，探索和建构以分类培养、标准引领为特色的继续教育人才培养模式和综合质量建设路径。科学研究作为标准研制、实践教学设计与实施、精品课程设计与实施、技术融合模式探索、质量控制体系建构的贯穿始终的理论根基和知识创生源泉，也是“六位一体”质量工程不可或缺的重要组成部分。

第一，通过标准研制，为继续教育人才培养提供科学依据和标准。由学校网络与继续教育学院主导，各有关学院(部)协同攻关，研制包括高等继续教育专业标准、课程标准、数字化资源建设标准、教学与评价标准、校外学习中心建设标准、人才培养质量标准等，适应新时代背景下学习者和经济社会发展需求的高等继续教育标准体系，为继续教育人才培养提供科学依据和指导、执行、评估、验收的标准参照。各个子标准之间相互独立，又紧密关联，以人才培养目标和质量标准为核心，确保子标准之间及综合标准体系的一致性、对应性、同质性，尤其是对校本继续教育人才需求和社会需求的适切性，以及复合分类培养目标的多样性、特殊性和层次性。2017 年以来，在各有关学院的协同攻关下，网络与继续教育学院不断探索和推进专业标准、课程标准等的系列研制，并取得诸多阶段性成果，完成了土木工程专业等 16 个人才培养专业标准的编制工作，为后续标准研发工作的开展奠定了重要的参照基础。

第二，通过质量控制，建立继续教育质量评估与监控体系。在质量控制方面，学校加强招生过程质量监控，着重从外部和内部做好继续教育教学质量的综合质量督导与办学学院及学习中心月报月检自评工作，加强对继续教育学生学习质量、校外学习中心支持服务质量的监控，基于数据和事实，定期对继续教育全面质量要素、过程及结果进行系统追踪和报告，为持续改进继续教育工作，提升继续教育质量，增强继续教育人才培养质量提供科学、客观、系统、全面的证据和指导。此外，在大量研究和借鉴英国、美国等国际高校远程教育质量年报经验的基础上，学院还在积极探索建立以人才培养为中心的校本继续教育质量年度报告机制。

第三，通过实践教学，探索产、学、研、用一体化的创新人才培养机制。学校以职业能力提升为导向，转变人才培养观念，加强实践环节的教学改革。通过建设健全虚拟仿真实验平台、以优秀教学素材为主体的专业案例库、具有教学示范和推广意义的课程案例库、实践实训库，强化实践教学环节，完善教学方法，培养理论基础扎实、同时具备动手操作能力的应用型、技能型人才，积极探索产、学、研、用一体化的创新人才培养机制。此外，下一步学校还将探索和推进能够展现职业和实践能力的多样化、多形式、分类指导、学生自主选择的毕业论文/设计改革，从人才培养的输出终端探索质量检验的创新模式。

第四，通过技术融合，促进新时代继续教育学习模式和教学模式的变革。学校将按照“互联网＋”时代的质量观和育人观，调整和优化资源配置结构，推进现代信息技术与继续教育教学的深度融合，通过实时数据智能挖掘、数据实时显示分析、数据智能评价与预警等大数据、人工智能的新技术对学生学习行为、特征、效果以及教师的教学过程进行大数据分析，将这些新技术深度融合进招生管理、教学管理、教学过程、学习过程，让技术成为继续教育人才培养模式转型的动力能源。

第五，通过精品课程，为继续教育质量的提升打下坚实基础。学校依托各办学学院(部)

的师资力量和丰富的教学资源，实施在线精品开放课程建设“125”工程，计划用 5 年时间，每年建设 20 门在线精品课程，总共建设至少 100 门在线精品开放课程，力争入选国家级、省部级在线精品开放课，为继续教育质量的提升打下坚实基础。同时，还将加强 MOOC 和 SPOC 资源建设，打造多元化微课资源，大力推动名师名课建设，确保以优质课程资源建设为继续教育人才培养输送和供给源源不断的高质量、精准匹配的血液和营养。

第六，通过科学研究，促进继续教育工作的科学化水平和理论化水平。通过校内科研立项、学术研讨、学术会议、培训等形式大力资助和推动教职工对国内外最前沿继续教育人才培养相关理论和实践的相关研究、学习和交流，旨在举全校致力于继续教育研究的教师与科研工作者之力突破传统人才培养模式的视野和局限，坚持以科学研究驱动人才培养模式的改革和创新，以高度的科学化和理论化确保继续教育人才培养模式转型的根基和航向，最终从整体上提升继续教育质量。

2）推进现代信息技术手段与教学管理深度融合

大力推进虚拟仿真实验室建设，切实提高网络教育学生的实践与动手能力，在已经建设的 6 个虚拟仿真实验教学平台和管理平台基础上继续加大投入，建设全校统一的虚拟仿真教学管理平台，整合全校已有的虚拟仿真实验资源，共享校内实验资源，为提升网络教育和在校学生的实践动手能力助力。目前学校统一的虚拟仿真实验教学管理平台一期建设工程已经完成招标。

3）推进非学历教育特色发展

学校在开展网络教学工作的基础上，通过现代网络，面向社会开设继续教育课程，包括课程培训、岗位培训、证书考试和自学考试助学活动等，为社会从业人员参加学习提供服务。利用学校资源优势，推进非学历教育特色发展：第一，继续开展远程培训和集中培训项目，为地方经济服务；第二，利用学校平台和课程资源，向高校提供共享服务；第三，在深度调研的基础上，为社区教育提供支持服务；第四，积极响应国家政策，为农民工提供技术培训服务；第五，根据需要开展和推进精准扶贫项目。

福建师范大学现代远程教育试点工作总结

2002 年 3 月 20 日，习近平同志亲临福建师范大学网络教育学院（见图 1）考察，充分肯定福建师范大学现代远程教育工作，并对今后发展提出了指导意见，为学校高水平办好现代远程教育指明了努力方向，提供了根本遵循。按照全国高校现代远程教育协作组《关于开展"现代远程教育工程"实施二十周年试点工作总结的通知》（协作组函〔2018〕30 号）的精神和要求，现将学校试点工作开展情况总结如下。

图 1　福建师范大学网络教育学院外景

一、基本情况

福建省是改革开放先行省份、对台工作前沿阵地，党中央和国务院对福建发展高度重视、大力支持，赋予了一系列先行优惠政策，支持福建加快高质量发展，福建办好现代远程教育具有十分重要的战略意义。习近平总书记曾在福建工作近 18 年，福建是习近平新时代中国特色社会主义思想的重要萌发地和实践地。2000 年，习近平总书记在福建工作时，以超前的战略眼光，在全国率先作出建设数字福建的重大决策，拉开了福建大规模推进信息化建设的序幕。在习近平同志的关心支持和殷切期望下，学校认真贯彻落实建设数字福建的部署要求，主动顺应现代远程教育发展趋势，充分发挥综合性大学优势，着力先行先试，注重运用网络信息技术，积极探索开展现代远程教育，并于 2001 年 1 月成功获批成为全国首批 68 所现代远程教育试点高校之一。17 年来，学校牢记习近平同志对我校提出建成"富有鲜明特色的教学科研型省属综合大学"的嘱托，认真按照习总书记当年擘画的宏伟蓝图，坚持学历继续教育与非学历培训并重，大力发展现代远程教育，致力以教育信息化带动教育现代化，多渠道为社会提供优质的网络教育服务，先后荣获"中国最具影响力十佳网络教育""全国现代远程教育十年贡献奖”“中国最具社会影响力高校网络教育十强”“中国企业学习与人才发展高校贡献奖”等一系列荣誉(见图 2 和图 3),为发展在线网络教育、构建终身教育体系、建设学习型社会做出了积极贡献。

图 2　颁奖

图 3　荣誉

1. 办学方向与办学定位

2001 年获批为试点高校以来,学校始终注重加强党的全面领导,始终坚持社会主义办学方向,立足国情省情,主动适应和把握网络信息技术发展趋势,结合学校发展阶段特征,科学谋划网络教育事业发展。**一是把牢正确方向**。始终坚持以马克思列宁主义、毛泽东思想、邓小平理论、“三个代表”重要思想、科学发展观、习近平新时代中国特色社会主义思想为指导,深入学习贯彻习近平同志关于教育、网络和福建工作的重要论述,紧紧围绕“培养什么人,如何培养人,为谁培养人”这个教育根本性问题,全面贯彻党的教育方针,认真落实教育部办公厅《关于支持若干所高等学校建设网络教育学院开展现代远程教育试点工作的几点意见》(教高厅〔2000〕10 号)精神,坚持立德树人、改革创新、强化特色、提升质量,积极稳妥地发展高质量、有特色的网络教育,努力培养德、智、体、美、劳全面发展的社会主义建设者和接班人,为推动高等教育大众化、建设学习型社会做出积极贡献。**二是坚持科学定位**。从全局和战略的高度，将网络教育作为学校教育体系的重要组成部分，作为提升教育信息化水平的重要途径，列入学校高水平大学和"双一流"建设目标任务体系。遵循网络特点和教育规律，坚守教育初心，强化教师教育和综合大学特色，坚持社会效益与经济效益相结合原则，正确处理好网络教育办学规模、结构、质量、效益的关系。根据福建乃至国家社会经济发展水平、高等教育状况、教育普及程度等因素，明确网络教育发展目标、办学层次、人才培养类型和规格，立足福建、辐射全国，面向基层、行业、社区、农村，广泛开展教师教育、职工教育、社区教育、老年教育、残疾人教育、退伍兵教育等各类学历教育和非学历培训，通过现代通信网络向社会提供内容丰富的教育资源，为社会从业人员参加继续教育提供服务。

2. 管理体制与运行机制

《福建师范大学章程》明确规定，网络教育与普通全日制高等教育一样，是学校教育形式的一种，是学校教育功能的体现。经过 17 年的探索实践，逐步形成"学校统一领导——学院具体负责——多方密切协作"的网络教育管理体制与运行机制。学校成立了现代远程教育工作领导小组，负责统筹规划全校的网络教育工作。坚持把网络教育纳入学校年度工作计划中，校党委常委会议和校长办公会议定期听取和研究网络教育工作，及时解决存在的困难和问题，给予人、财、物等方面的保障与支持。成立网络与继续教育学院，负责网络教育办学的管理和实施，同时行使继续教育行政管理职能。2013 年 7 月，学校将网络教育学院、继续教育学院、应用科技学院整合成网络与继续教育学院、职业技术教育学院，实行"一套班子、两块牌子"的办学管理模式，承担全校网络教育教学、技术管理与服务职能，进一步理顺办学关系，优化整合资源，实现归口管理。学院成立以来，充分发挥网络教育工作的开放性、协作性和交互性特点，不断改革管理体制与运行机制，逐步建立并完善适应学习型社会需要的网络教育教学工作管理机制，同时充分发挥我校全国重点建设职业教育师资培养培训基地、全国高等学校继续教育示范基地的作用，依托奥鹏、弘成公共服务体系，稳步建设校外学习中心，不断加强远程教育协作，为学生提供优质、高效、灵活、快捷的学习服务(见图 4～图 6)。

图 4　百名毕业生母校行

图 5　教育学院和应用科技学院

图 6　主要联盟合作伙伴

3. 制度建设与规范管理

高度重视网络教育建章立制工作，构建了一套上下衔接、相互支撑、运行有序的管理制度体系，覆盖招生、注册、收费、学籍管理、考试组织、学分认证、证书发放、毕业等各教育环节，编好织紧网络教育规范管理的制度“笼子”，推动网络教育走上规范化、制度化轨道。**在教育教学方面**，制定《网络教育与函授教育教学管理与实施方案》《网络教育与函授教育教材管理办法》《网络教育与函授教育任课教师管理条例》《教学事故认定与处理办法(修订)》《网络教育与函授教育毕业论文(设计)工作管理办法》《福建师范大学成人高等教育学士学位授予工作细则》《网络教育与函授教育学籍管理办法》等，不断完善规范教学管理的长效机制，严格按照教学基本要求，组织实施各教学环节的考试、考核和考察。根据科技、经济和社会发展需要，及时调整优化网络教育课程设置和教学内容，确保网络课程达到教学基本要求。激励优秀教师参与网络课程教学，保证授课质量；利用网络技术建立导学制度，保证每位学生都有指导教师提供指导服务。**在招生考试方面**，对网络教育招生计划、招生章程和宣传广告实施统一管理，并报生源所在地的教育行政部门核准，坚决杜绝虚假招生宣传。出台《网络教育与函授教育课程考试与试卷命题、印制、保管等管理规定》《网络教育学分管理规定》《网络教育与函授教育考试管理办法》《网络教育与函授教育考试违规作弊认定与处理办法》《网络教育与函授教育考试巡视人员管理规定(暂行)》《网络教育与函授教育学生纪律处分条例》等规章制度，严肃考风考纪，坚决杜绝替考等违规违纪现象。**在内部管理方面**，学校和网络与继续教育学院签订党风廉政建设责任书、网络与信息安全责任书、校院两级目标管理责任书等，确保高效完成各项预期发展目标。制定《网络教育管理手册》《教职工基本岗位职责》，建立健全人事、财务、网络信息安全等重点领域和关键环节管理办法，确保各项管理与学习支持服务工作有章可循、有据可依（见图 7～图 9）。

图 7 培训会议（一）

图 8 培训会议（二）

图 9 手册与教学计划

4. 专业建设与人才培养

坚持市场需求导向，根据经济社会的发展和用人单位的需求，及时调整优化网络教育的专业结构，构建产教融合、校企合作协同育人体系，不断提高人才培养的社会适应性。**一是突出师范专业特色**。我校是一所以教师教育为特色的综合性大学，现有 19 个教师教育类专业，其中 5 个专业是“国家人才培养基地”，建有 12 个国家级“特色专业”“人才培养模式创新实验区”“专业综合改革试点”。专业建设指导委员会积极发挥师范专业优势，注重校企合作，深入调研论证，广泛征求意见，统筹规划网络教育专业设置，共设置有 31 个专升本专业，5 个高起专专业。**二是突出人才培养质量**。科学制订人才培养方案，加强师资团队配置，发挥博导名师引领作用，依靠现代教育技术，组织研发课程，加强课程资源建设，搭建优质教学平台。强化培养过程管理，从专业配比、培养目标、课程体系、学分学时、教学模式等方面，严格规定教学计划、课程学分、课程自学时数、课件学习时数、双向视频辅导时数、教材遴选等教学内容。制定标准化人才培养规范，方便学生利用便捷和丰富的课件资源学习所学专业的基本理论、专业知识，掌握基本技能，提高人才培养质量（见图 10 和图 11）。近 5 年，学校网络教育获福建省教学成果一、二等奖 3 项。

图 10　各种培训

图 11　活动剪集

5. 师资配备与资源建设

坚持把师资队伍建设作为办好网络教育的最基础性工作来抓，大力实施人才强教战略，建设一支政治优良、师德高尚、业务精湛、结构合理的专兼职教师队伍，不断拓展优质教学资源，为办好网络教育奠定坚实基础。**一是选优配强师资**。成立由分管教学校领导、各学院分管教学副院长、博导代表等组成的网络教学指导委员会，负责研究、咨询、指导全校的网络教育教学工作(见图12)。网络课程主讲教师团队由相关专业学院遴选推荐、网络与继续教育学院考核选用。每年对网络教育新任课教师开展岗前培训，每年度评选表彰一批网络教育优秀教师，让从事网络教育的教师有本事、有荣誉。试点工作以来，我校逐步建立一支以教学名师、高职称教师为主导，教学经验丰富、教学手段多样化的专兼职教师队伍，现有网络教育授课教师464人，其中博导26人，副高以上职称占64.2%，授课教师中本校教师比例为93.9%，校内外辅导教师475人，授课教师、辅导教师和学生的比例为1∶77；论文指导教师和学生的比例为1∶19，较好地满足了学生的学习需求。**二是建设一流平台**。累计投入1亿多元资金用于网络教育软硬件环境建设，建成功能完善、界面亲和、操作简便的网络学历教育教学及管理平台、培训平台，开通手机移动学习App“福建师大学历在线”。网络机房和网站群通过电信、联通宽带多出口接入Internet，拥有97个固定互联网IP资源。主要网络设备有H3C S7506E高端多业务路由交换机、锐捷RG-S5750高性能以太网交换机等网络设备，中心机房配置IBM POWER系列等各类服务器63台(见图13)。配置抗DDoS、防火墙、入侵检测、防病毒网关、上网行为管理、Web防护、漏洞扫描、数据库审计、VPN、堡垒机等网络信息安全设备，既有效满足在读网络教育学生同步在线学习的需求，又有力保证网络教育平台与信息安全。**三是打造精品课程**。成立资源信息部，建有一支近20人的技术开发队伍，每年预算近600万元专项建设经费。选聘校内教学经验丰富、学识水平高、责任心强的优秀教师参加网络课程资源建设，遴选组建一支300多人的专家队伍，开发制作学历教育课程400多门15 000多学时(见图14)，制作了非学历培训课程10 600多学时。积极研发慕课课程，注重与“985”“211”高校课程共建共享，扩大优质资源覆盖面。2007年至今，已有5门课程被评为国家级网络教育精品课程，6门课程被评为国家级网络教育精品资源共享课，16门课程获得福建省教育厅继续教育网络课程立项，10门视频公开课在中国教科网门户网站受到社会大众的欢迎和好评，获评全国“国家精品课程(网络教育)建设组织银奖”和“网络教育资源共建共享优秀奖”(见图15)。截至目前，已建成中小学教师继续教育数字资源库，上网培训课程资源约30 000多学时，其中60%为国家级课程资源，80%为新课程改革培训资源。学校还建设了继续教育资源开放专题网站，选取高水平网络教育课程和有特色非学历培训课件183门、视频公开课15门，向社会免费开放，累计访问量近40万人次。

图12 2018年度招生工作会议

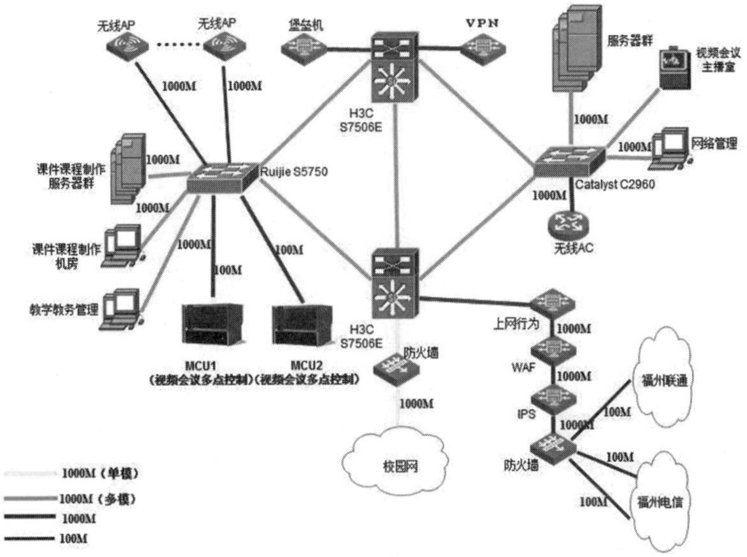

图 13　福建师范大学现代远程教育网络拓扑总图

图 14　双向视频会议系统主播室

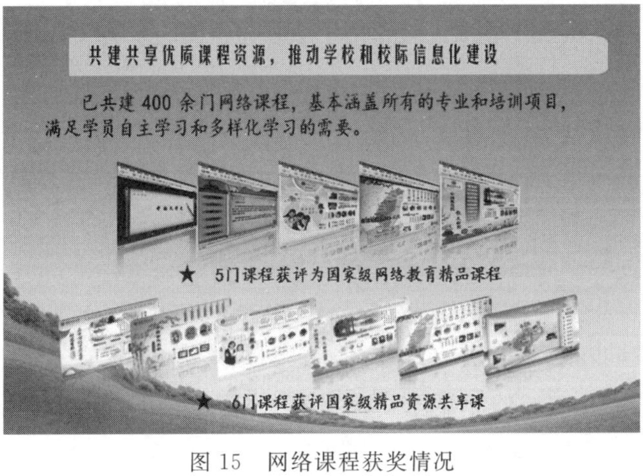

图 15　网络课程获奖情况

6. 办学规模与招生管理

坚持办学规模总体与学校办学资源相适应、与社会需求相契合的原则，强化质量标准和规范管理，适度发展网络教育办学规模，试点以来学籍注册总人数 283 935 人，现有网络教育在校生 72 664 人，其中本科生 29 415 人、专科生 43 249 人。严格招生工作全过程管理，重点加强招生宣传、收费、注册等各环节管理，保证生源的基本质量，切实把好入口关。每年度的招生计划和实际招生情况都向教育部报备。严格遵守教育部及上级教育主管部门的招生政策与规定，严格遵守《现代远程教育试点高校规范办学自律公约》，规范招生宣传，对网络教育招生计划、招生章程和宣传广告实施统一管理，报生源所在地的教育行政部门核准，并报送教育部阳光平台，均无点外设点情况。坚持做到“三个不”：不招收各级各类全日制在读学生同时兼读或套读网络教育；不招收非高中毕业、非国民教育系列或不具有同等学力者进入高等学历教育相应层次的学习；不接收招生中介机构输送的生源，严格生源属地化管理，所有考生必须本人真实参加入学测试。每年定期召开校外学习中心工作年会与业务培训会议，分管校领导出席会议并讲话，每次都不厌其烦反复强调招生考试工作纪律。严格执行物价部门批准的学费标准，全面实行在线缴费方式。

7. 校外学习中心管理服务

依托中央电大奥鹏教育公共服务体系在全国 23 个省(市、区)设立 340 家校外学习中心，自设 51 家校外学习中心。加强校外学习中心规范化建设，既注重保护发挥校外学习中心的积极作用，更注重提高支持服务学生学习的质量与水平。**一是严格准入条件**。出台《校外学习中心作用、建设基本条件及评估》等制度，坚持校外学习中心依托建设的单位必须具有事业或企业法人资格，能独立承担相应的法律责任，具备从事教育或相关服务资格、相对独立用于网络教育的场所及教学服务设施，并具有进一步扩展的能力。对所有申请合作共建校外学习中心的单位组织考察，符合条件的由学校报所在地省级教育主管部门审批后开展合作。明确校外学习中心不具备独立招生、教学、颁发学业证书的资格，隶属建设单位，业务上接受我校指导，同时接受所在地教育部门的监督、检查和评估(见图 16)。**二是严格规范管理**。出台《校外学习中心管理暂行规定》《学习中心服务规范》《学习中心安全管理办法》等文件，促进校外学习中心管理制度化。规范管理校外学习中心工作人员，向每位学习中心工作人员发放聘书。校外学习中心每季度填写《学习支持服务自评表》，定期开展自我综合测评，督促校外学习中心规范办学行为。定期通过双向视频会议系统，召开网络教育校外学习中心管理人员工作座谈会，开展业务培训。每年度召开校外学习中心负责人工作会议，传达学习上级有关最新政策，交流工作经验，共商解决存在的问题。**三是严格兑现奖惩**。积极配合各中心做好所在地省级教育部门的年报年检，每年对各中心进行一次检查评估，通过电话回访、季度测评、问卷调查等方式，向学生了解学习情况和中心支持服务工作情况。从合作办学经费中划出一定比例作为奖励经费，对运行良好的学习中心进行奖励，对运行不良的校外学习中心进行通报批评、扣发经费、限期整改，直至停止招生、解除合作关系。长期以来，学生对我校校外学习中心的导学、促学、督学等学习支持服务满意度较高。近 5 年，共有 12 个校外学习中心荣获“全国高校现代远程教育优秀校外学习中心”称号。

图 16　热烈欢迎福建师范大学领导莅临指导

8. 教学实施与考风考纪

高度重视教学实施过程，坚持以学生为本，深化教育学改革，强化考风考纪教育，全面提升教育质量。**一是强化支持服务**。坚持以学生为中心的教学理念，按照网络教育学习的开放性、协作性、交互性及突破时空界限等特点，建立和完善了网络学习系统、教学系统、管理系统、视频会议系统，全方位服务学生学习。创建电子图书馆、公开课等平台资源，满足学生学习需求。建立健全奖励办法，近年来共评选优秀学生 1159 名、优秀学生干部 384 名，优秀班主任 618 名，进一步提高学生学习和教师教学的积极性。**二是优化教学设计**。大力推进教育信息化建设，推动信息技术与教育教学深度融合，通过 PC 端和移动端学习相结合的方式，方便学生学习，缓解工学矛盾。实施协同学习、实时辅导、作业答疑、互动交流、实验实践等教学环节标准化管理，不断优化课程教学设计。通过双向视频会议系统进行实时辅导，开设留言板与课程答疑区，有针对性地为学生答疑解惑。合理分配成绩比例，线下、线上活动占总成绩的 10%，教学过程考核占总成绩的 30%，期末考试占总成绩的 60%。**三是严肃考风考纪**。坚持每年召开新生开学典礼，上好入学教育第一课，倡导诚信学习。完善考试管理、违规作弊处理和认定办法等规章制度，将考试安全纳入办学衡量指标。加强考点考风考纪教育，对所有巡考人员都进行岗前培训，签订《巡视人员工作责任书》，规范考务工作流程(见图 17)。运用平台大数据，强化对考点、考场及学生的考试安全风险评估及预警性分析，进行实时远程监控，严肃处理违规违纪学生，确保人才培养“出口”质量。

图 17　考务工作会议

9. 过程监管与质量保证

牢固树立质量是生命线的意识，严格对网络教育过程进行监管，不断丰富学习教育的形式，促进教育质量稳步提升。**一是强化过程监管**。在教学各环节制定一系列质量标准和规范，建立由目标、执行、评价、反馈、改进等组成的具有自我完善、自我约束、自我激励机制，努力做到每项教学工作有计划、有实施、有评估、有改进。定期召开教学工作会议，总结梳理教育工作的得与失，部署安排下阶段的教育工作。强化教学管理，监督教学各环节的实施，检查教师指导和参加毕业论文答辩工作。完善课程评价标准，对教学效果、学习行为、学习支持服务进行追踪评价，建立健全规范管理和质量保障机制。突出抓好考试环节，制定考务实施手册，严格把控工作流程，确保考试工作的严肃性和公信力。加大考试监管力度，不惜投入大量人力、财力，每年选派近300名工作人员到全国各考点巡考，指导督促考点做好考务工作(见图18)。**二是创新学习形式**。采取以学生自主学习和网上协同教学为主，线上与线下交融式混合型教学的模式，积极研发慕课、翻转课堂等教学资源，通过网络课程、面授课程及实践等形式，使学习形式更加多元化，满足不同类型学生的学习需求。依托教学过程积累的大数据，分析梳理网络教育的特点，组建班组学习共同体，实现协同学习，增强学习实效。创新交流沟通方式，运用微信公众号、QQ群等新媒介实施导学、促学、督学，强化学习支持服务，不断巩固和扩大教育质量。

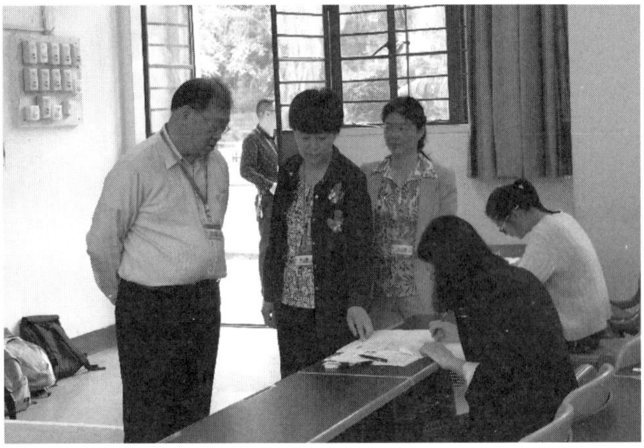

图18　过程监管

10. 社会评价与品牌声誉

试点以来，学校网络教育办学深受社会行业企业、用人单位、广大师生普遍好评，是福建省内唯一获得教育部“全国高校继续教育示范基地”荣誉称号的单位，连续多年荣获腾讯网“回响中国”年度总评榜之综合实力网络教育学院荣誉称号，并于2017年荣获由教育部主管的中教全媒体“中国最具社会影响力院校”荣誉称号(见图19)。**学生学习满意度方面**，以问卷形式进行学习满意度情况调查，共收回有效问卷3851份。根据统计，学生学习满意度高。网络学习课件中难易度情况、更新情况、资源丰富程度等，满意占96.2%；平台学习环境中网站布局、页面设计、导航指示、模块运行等，满意占95.9%；教学教务管理和学习支持服务，满意占97.7%。**用人单位满意度方面**，据调查问卷统计，毕业生92.9%在企事业单位就业，其中事业单位占50%，民营企业占42.9%。从用人单位对毕业生总体评价及毕业生工作表现的意见反馈看，用人单位对毕业生总体印象良好，很满意占36.2%，满意占56.9%，不满意为零。

图19　品牌声誉

二、试点成绩和经验

1. 服务国家发展战略有力度

充分发挥地处21世纪海上丝绸之路核心区的独特作用，积极服务国家“一带一路”倡议，助力中华文化对外传播。将我校网络教育与对外汉语教学优势有机结合，从2004年开始建设对外汉语网络课程资源，开发了近200课时的对外汉语网络课程“得力汉语”，并于2005年采用网络教育手段开展针对菲律宾、印度尼西亚等国家的汉语选修课远程教学，参训学生达5000多人（见图20）。同时，将这些网络课程资源应用到我校在菲律宾、印尼建立的两所孔子学院日常教学中，受益学生达3000多人。充分发挥对台文教交流优势，制作开发“台湾历史与文化”等课程，被推荐到教育部数字化资源共享平台使用。

图20　活动

2. 助推经济社会建设有效度

发展以教师教育为特色的远程教育，师范专业毕业生114 630人，占比59.2%，涌现出成千上万的各级中小学优秀教师、优秀教育工作者、校长、学科教研室主任、园长。服务福建产业发展，设立7个校企合作专业，探索产业与教育融合的新型产业工人培养模式，为职工提供“不脱产、不离岗、送教上门、网上学习”的现代教育服务，推进职工学历和技能“双提升”。自2007年春季以来，校企合作班共录取了7822名企业学生，人才培养成效深受企业和学生肯定，并于2015年荣获“中国企业学习与人才发展高校贡献奖”。为中国著名企业361度有限公司员工开展远程教育服务，得到省领导的高度评价。自2012年秋季起，面向惠安进行艺术专业人员的网络继续教育，至今已有学生213人，其中5人成为中国石雕大师，8人成为福建省工艺大师，28人成为福建省工艺名人，53人成为泉州市工艺大师；获得高级职称9人，中级职称185人。获批成为福建省退役士兵定点教育培训单位，为退役士兵开展“订单式”教育培训和就业指导，共招收7个批次总计11 872名退役士兵，赢得上级主管部门、用人单位、退役士兵毕业学生的广泛好评（见图21）。2018年5月20日，学校与福建省自强助残助学基金会共同创建自强学院，依托网络教育学院运行，探索残健融合无障碍特质教育模式，帮助残疾人平等融入社会、接受融合高等教育（见图22）。

图21 获奖情况

图22 创建自强学院

3. 创新人才培养模式有温度

推动信息技术与教育教学深度融合，助推教与学“双重革命”，探索构建“六网融通”人才培养模式，形成以学生为中心的网络教育体系，即在终身教育理念指导下，以学习者学习为中心，集网络学习空间、网络学习课程、网络学习支持、网络学习测评、网络教学团队和网络教学管理于一体，全面支持在线人才培养的教育模式(见图 23)。①网络学习空间。集成空间系统、教务系统、学习平台、考试平台等国家网络教育核心支撑系统与平台。②网络学习课程。协同行业企业、高校等力量开展课程建设，实现网络学习课程的教、学、测、评、管一体化和全覆盖。③网络教师团队。坚持引育并举、名师领衔，汇聚一支数量充足、结构优化、素质优良、热爱网络教育的教师团队。④网络学习支持。以学生服务需求为驱动，构建完善的网络学习支持服务体系，通过在线咨询、BBS 论坛、电子邮件等形式，满足学生多样化的学习需求。⑤网络教学管理。建设开放灵活、功能强大的网络管理平台，实现信息技术与教育管理的深度融合。⑥网络学习测评。基于网络对学习者的学习行为、学习过程和学习成果进行的测量和评价，对学生的学习情况作出客观评价。

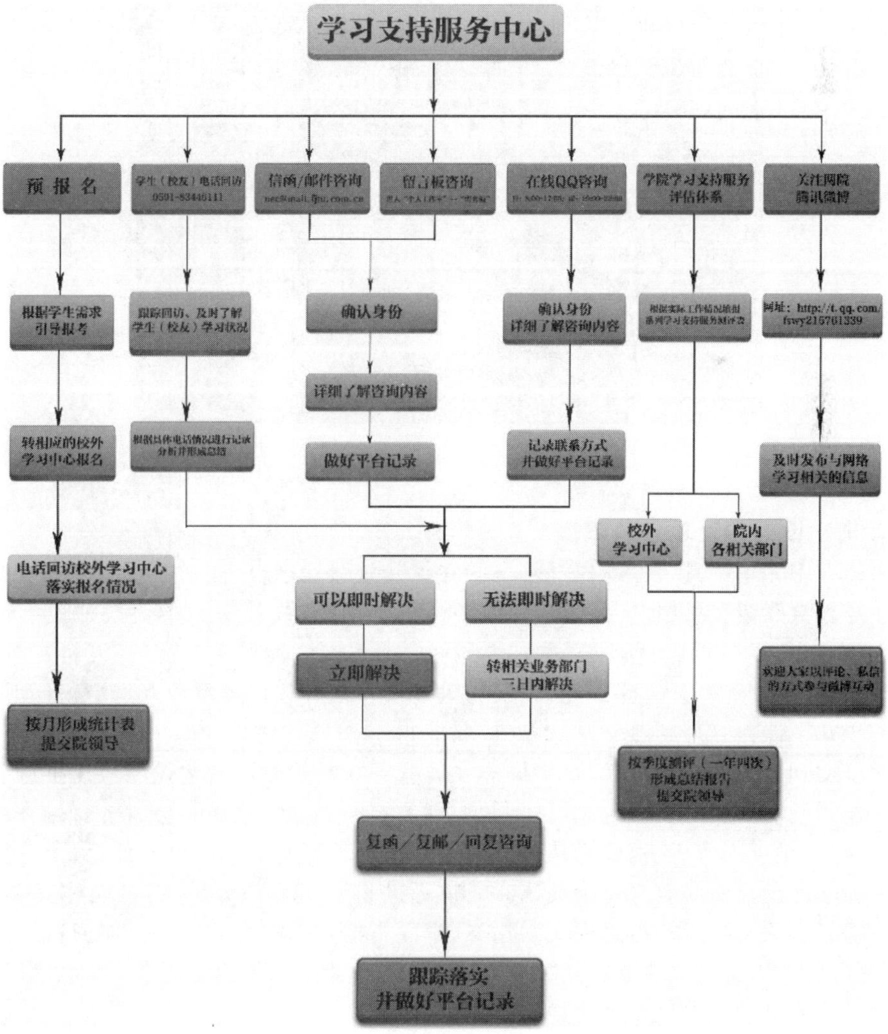

图 23　学习支持服务中心

4. 促进教育资源共享有广度

坚持面向基层、面向边远和民族地区，积极响应教育部“实施全国教师网络联盟计划”和“向中西部地区支教”的号召，免费为贵州省5个贫困县的中小学教师继续教育远程培训提供优质的教育资源；为内蒙古、湖南、贵州、广西、新疆等地区提供远程培训资料，承办云南、贵州等地5个“国培计划”项目。联合北京交通大学等高校成立网络教育教学资源研发中心，探索高校间课程共建共享新模式，合作开发“现代远程教育系列教材及网络课程”22套、150万册，共建共享学分课程68门(见图24)。主持修订《马克思主义基本原理导读》网络教育配套课程与教材，《教师礼仪与修养》被评为全国高校网络教育通识教育精品数字教材。2013年至今，研发中心成员高校选修我校课程学生数达10.5万人次。学校承担教育部全国教师网联组织的网络学历教育课程互选和学分互认，参与建设教师网联课程互选公共服务平台，与北京师范大学等8所教师网联高校开展汉语言文学专业课程互选、学分互认，年选课学生近200名。建设继续教育资源开放专题网站，选取高水平网络教育课程和有特色非学历培训课件183门、视频公开课15门，向社会免费开放，累计访问量近40万人次。

图24 研讨会

5. 参与建设学习型社会有深度

在福建省率先建成具有国内先进水平的在线开放课程平台“福师在线”，牵头成立“福建省高校在线教育联盟”(见图25)，指导省内各高校采用“在线教学＋本地教师线下辅导”全程在线学习MOOC，或“线上学习＋主讲教师见面课＋本地教师线下辅导”混合式教学等模式，推动全省高校大规模开放课程建设，实施大规模在线开放课程跨校互选、学分互认，建立平台化跨校共享课程管理和学分互认新机制，取得了一系列建设成效。有关工作经验在教育部网站全文刊登，福建省教育厅负责同志在教育部在线开放课程建设与应用推进会上，专门介绍福建经验和“福课联盟”机制，得到教育部领导的充分肯定和与会者的普遍好评。

在17年的试点工作中，福建师范大学对办好网络教育有5点深刻的体会。**一是必须坚持正确的办学方向**。网络教育作为我国教育体系的重要组成部分，坚持社会主义办学方向是根本前提。必须坚持以马克思主义为指导，全面贯彻党的教育方针，正确处理好经济效益与社会效益的关系，紧紧围绕立德树人根本任务，抓好学生思想政治教育，牢牢把握正确的育人导向。**二是必须坚持以学生为中心**。以学生为中心是新时代教育工作的新理念，必须坚持把促进学生全面发展作为网络教育工作的出发点和落脚点。主动适应和把握网络教育

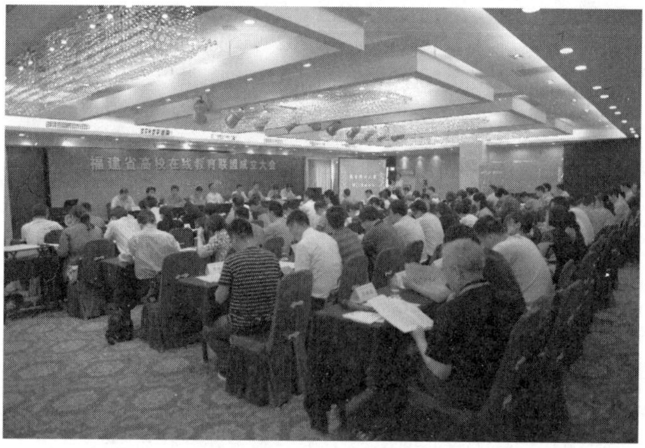

图 25　福建省高校在线教育联盟成立大会

的规律，统筹多类型、多层次网络教育发展，围绕学生、关爱学生、服务学生，充分尊重网络教育学生的个性特点，在满足学生多元化、个性化学习需求中不断发展。**三是必须坚持提高教育质量**。提高质量是教育改革发展的核心任务，网络不能因为是远程教育、开放教育就放松了质量。相反，只有坚持更高的质量标准，加强规范管理，提高教育质量，形成特色品牌，才能在激烈的竞争中立于不败之地，才能真正回归育人的初心。**四是必须坚持深化改革创新**。网络教育要发展，根本靠改革。必须更新教育理念，发挥福建和学校独特优势，以信息化带动教育教学现代化，深化网络教育管理体制机制改革，创新招生考试制度，改革人才培养机制和模式，深化产教融合、校企合作，不断扩大开放办学，努力办出富有时代特征、体现区域特点、彰显学校特色的现代网络教育。**五是必须坚持服务发展大局**。我国高等教育发展方向同我国发展的现实目标和未来方向紧密联系在一起，网络教育更具有鲜明的服务属性。必须坚持“四个服务”的鲜明导向，以市场需求为驱动，推动网络教育与社会需求“同频共振”，着力拓展与“一带一路”沿线国家和地区的教育交流合作，不断提升服务党和国家工作大局的水平(见图 26 和图 27)。

图 26　毕业典礼

图 27　学位授予仪式

三、存在的问题

学校结合高等教育、继续教育、网络教育改革发展趋势，认真梳理、研判和分析开展现代远程教育试点、提升网络教育办学质量的进程中存在的主要问题，具体呈现为“六个不适应”。

1. 思想观念与转型发展策略不适应

网络教育市场呈现出的教育形式多样化、教育产品差异化、教育渠道多元化的态势，对高校举办网络教育提出了新任务、新要求。综观试点工作进程，我们发现对于如何契合形势发展需求，充分发挥学校学科、人才、平台优势，精准确定适合自身特性的办学定位，精准谋划适合自身发展空间的办学路径思考得不多，推动网络教育发展的理念观念仍偏于传统，办法举措仍缺乏创新。

2. 专业建设与市场行业急需不适应

对照市场需求、社会需求，审视我校网络教育专业的设置情况，仍然存在整体专业结构相对老旧，与市场需求、行业需求不适应的情况，尤其是当前行业急需的理工类、应用型专业开设较少，专业链与产业链有机衔接的专业设置和调整机制尚未形成；现有专业建设创新力度不够，人才培养方案与具体岗位实际衔接不紧密，无法充分满足网络教育学习者的学习需求；部分专业办学层次较低，本、专科专业设置比例不合理，专科专业占比仍比较大，无法充分满足在职人员（特别是六类专业人才）学历提升的要求。

3. 师资队伍与提高质量目标不适应

受制于传统观念和激励机制，教师参与网络教育的积极性仍然不高。目前，本校教师参与网络教育工作计入教学工作量、列入职称评聘条件等激励机制还不完善，学科带头人、专业负责人、优秀教师承担网络教育课程教学和资源建设的比例还不高。专任教师中具有一线实践经验的教师还比较少，“双师双能型”教师的比例还比较低，行业企业高级管理人员、技术人员参与网络教育的规模还比较小。现有网络教育师资队伍利用信息技术开展教学工作的能力还比较弱，推进现代信息技术与教育教学深度融合的进程还比较慢，尚未形成由“讲”到“导”的理念和行动转换。

4. 教学模式与学生学习需求不适应

在线互动模式设计虽在技术手段上呈现了良好的交互性，但受制于教师的及时参与率，具体教学内容、教学资源的更新相较课堂面授式教学仍显滞后。学习支持模式仍限于学生与资源的互动，学生与教师两个主体之间的双向互动机制尚未有效形成，学生基于网络自学和学生与教师在线互动为主的混合式培养模式尚未有效推进，这一定程度上造成教师对学生真实学习状态的掌握还不够直接、准确，学生的学习需求难以实时得到教师的响应。

5. 类型结构与协调发展要求不适应

目前，学校网络教育在类型结构上，学历教育仍占主体，非学历教育发展的速度、力度都还不足。当前，随着非学历教育的参与者不断增多，除高校之外，各行业、企业和教育机构也纷纷加入非学历教育市场的竞争，面对这一形势，如何充分整合校内优势资源、充分发挥学校办学特色、充分协同有关各方力量，加速提高学校非学历教育的参与度，促进学历教育与非学历教育协调发展，全面提升服务学习型社会建设的能力，是当前学校网络教育的一个重要发展方向。

6. 现有布局与创新发展形势不适应

"互联网 + 教育"成为教育发展的新方向，在此形势下，学校网络教育科学确定教育规模、调整专业结构的响应还比较慢；推进多种继续教育形式整合发展、归口管理的改革创新力度还比较弱；增强校外学习中心支持服务能力，满足学习者多样化需求的务实举措还比较少；推进职前教育与职后教育相衔接，职业教育与普通教育相沟通，服务终身教育体系与学习型社会建设的能力还有待提升。

以上这些问题的存在，需要今后站在新时代教育事业发展的高度，深入审视网络教育规模、结构、质量、效益的关系，着力推动网络教育工作找差距、补短板、提质量、上水平。

党的十九大报告提出，要"高度重视网络教育""加快建设学习型社会"，充分体现了党中央对网络教育改革发展的重视，彰显了网络教育在优化教育资源配置、促进优质教育资源共享、建设学习型社会进程中的重要地位和作用。作为现代远程教育试点高校，我校将坚持以习近平新时代中国特色社会主义思想和党的十九大精神为指导，深入学习贯彻全国教育大会精神，驰而不息贯彻落实习近平同志来校考察时重要指示精神，始终坚持社会主义办学方向，全面落实立德树人根本任务，紧紧围绕"培养什么人、怎样培养人、为谁培养人"这一根本问题，严格按照"坚持立德树人、坚持育人为本、坚持规范办学、坚持确保质量"的原则，遵循教育规律，坚守试点初心，不断改革创新，积极推进网络教育转型提质升级，全力推进网络教育的理念、思路、模式创新，为加快推进教育现代化、服务学习型社会建设、办好人民满意的教育作出新的、更大的贡献。

中国农业大学现代远程教育试点工作总结

一、试点背景与任务

1999年,中共中央、国务院发布了“面向21世纪教育振兴计划”,其中一项重要计划是“现代远程教育工程”。为落实《面向21世纪教育振兴行动计划》,推动现代远程教育工程的进展,积极发展高等教育,教育部决定支持若干所高等学校建设网络教育学院,开展现代远程教育试点工作。我国作为发展中的农业大国,具有广泛的接受高等农业教育的社会需求,而高等农业教育资源相对分散,开展高等农业网络教育尤为迫切。中国农业大学作为教育部直属的全国重点高等院校,具有高等农业教育雄厚的师资力量和良好的社会声誉。

(一)申办与批准

在以信息技术重新构建我国高等农业教育的背景下,中国农业大学利用积累多年的远程教育教学和管理经验,积极落实开办远程教育的技术和资金。2000年9月,向教育部提交了《中国农业大学关于申办现代远程教育试点学校的请示》。

按照教育部教高厅〔2000〕10号文件《关于支持若干所高等学校建设网络教育学院开展现代远程教育试点工作的几点意见》要求:“网络教育学院应该由试点学校主要领导直接负责学院”,2000年10月,经校长办公会通过决议:学校决定成立中国农业大学网络教育学院,由江树人校长兼任院长。

2001年6月,根据教高厅〔2001〕7号《教育部办公厅关于对中国农业大学等六所高校开展现代远程教育试点工作的批复》,中国农业大学被教育部正式批准为现代远程教育试点院校。

(二)理念与目标

按照中国农业大学建设“世界一流农业大学”的宏伟目标,网络教育一直秉承“解民生之多艰,育天下之英才”的校训,坚持面向农村、面向基层、面向成人的办学定位,认真贯彻“以质量为中心,改革创新,规范管理,适度发展,办出特色”的办学方针,坚定落实“四个一致与四个服务”的办学原则,即“与国家教育主管部门的政策要求一致,为国家高等教育事业发展服务;与农业经济和农村社会发展需求一致,为广大农业农村基层人员服务;与中国农业大学的整体发展目标一致,为中国农大的教育信息化服务;与中国农大网络教育学生的需求一致,为学生的自身发展和提高服务”。

学校网络教育充分利用高速发展的现代信息通信技术,以国家需求与市场需求为导向,多方位整合开发以“农”为特色的优质教育资源,建设先进的网络教育支撑平台和立体化的网络教育资源体系,稳步发展以“农”为特色的网络学历教育。同时,整合各农业高校的科技资源和信息资源,积极服务于社会主义新农村建设,开展农村基层干部、新型职业农民培养、综合信息服务等非学历培训,努力构建终身学习的现代远程教育服务体系。

二、试点实施与落实

中国农业大学自2001年开展现代远程教育试点工作以来，在教育部和各级教育行政主管部门的领导和支持下，始终坚持学校办学主体和责任主体不动摇，充分利用现代信息技术，发挥学校资源优势，摸索建立并完善适合成人、在职、远程学习的教学模式、技术模式和管理模式，在办学理念、学习中心管理、招生、教学教务、考试、学生支持服务、安全稳定等各个方面充分落实主办高校的“两个主体”职责。

中国农业大学网络教育学院作为学校开展现代远程教育的专门机构，始终认真贯彻落实我国现代远程教育方针政策，坚持以质量为中心，规范管理，经过十多年的探索与耕耘，建设了一批内容丰富、形式多样，适应成人学习的“立体化”教学资源；建立健全了一套现代远程教育管理制度和工作流程；构建了功能强大、高效便捷的远程教育技术支撑服务平台；组建了“以学生为中心”的全方位的学习支持服务体系；搭建了不断自我完善的网络教育教学质量监控保障体系，形成了具有中国农业大学特色的现代远程教育办学体制和办学模式。

（一）整合教育和技术优势，构建农科优质数字化资源体系

1. 依托学校农科特色优势，创建网络教育农科专业和课程体系

针对“农业、农村和农民”的终身教育体系建设，网络学院对涉农继续教育进行了系统研究和规划，以多学科相互配合、协同并进的方法，创建了全面而有市场需求的涉农专业体系。在专业设置与培养方案上，以行业需要为本位，依托农科优势与特色，以培育兼具专业理论知识和实践技能的应用型和复合型人才为目标，形成了包括农学、动物医学、动物科学、农村区域发展、农林经济管理、农业机械化及其自动化、食品质量与安全、土地资源管理、园艺、园林等22个以农科为主要特色的现代远程教育专业体系（见图1）。在教学计划中设置通识课、专业教育课、任选课3个课程组群，通过3个课程组群的科学组合与灵活选择，形成面向不同层次、不同专业的教学计划。通识课确保了应用型人才培养的全面和谐发展；专业教育课确保了学生拥有扎实的学科基础理论和系统的专门知识；任选课分为公共选修课和地域特色课两个部分，公共选修课满足了在职学生个性化、多样化的学习需求，地域特色课的设置则充分开发地方教学资源，使学习中心的教学资源与学院资源融为一体，为学生提供更具特色和更切合学生工作实际的教学内容。

2. 依托名师教学团队优势，建设优质特色师资体系

师资队伍建设和课程建设是网络教育的基础建设，是网络教育质量的根本保证。加强精品网络课程建设，提供优质的数字化教学资源，标志着现代远程教育从“规范管理”到“优化教学”的转型，对推动现代远程教育的发展具有重要意义。中国农业大学网络教育十分重视教师队伍、技术开发和管理服务“三支”队伍建设，采取得力措施吸引优秀人才。建立严格的教师聘用标准及评价指标体系，选聘教学经验丰富的主讲教师和辅导教师，引进优秀教学设计和课件制作人才，实施“名师与教学团队工程”。加强主讲教师、辅导教师、教学设计和技术开发队伍业务培训，不断提升网络教育教学设计理念，提高教学资源制作水平。目前形成了一支由主讲教师、专兼职辅导教师、毕业论文指导教师、设计开发技术人员、教学管理与学生支持服务人员组成的高水平、覆盖全部专业及课程的教学辅导队伍、技术开发队伍和管

图 1　证书

理服务队伍。

3. 以农科特色为主导，建设优质立体化教学资源体系

以农科特色资源为主导，中国农业大学网络教育一贯紧抓数字化资源建设水平，从师资力量保证、资源呈现方式与技术保障、教学研究与运行管理等方面出发，把不断提高资源质量、优化资源体系作为教育改革发展的核心任务。坚持以应用型人才培养为目标的课程设计思想，始终以精品课程建设的标准规范网络教学资源建设的各个环节，在设计理念上研究并吸收 MOOC 和微课的特点，适应碎片化学习、移动学习趋势，建设以知识点为单元的小视频，加大实践教学的建设力度，综合考虑网站资源与移动学习资源、系统学习资源与专题资源的一体化建设，推动课程资源建设水平的整体提升。根据各专业应用型人才培养目标，已制作 400 余门网络课程和 350 多个专题视频，编写出版网络教育系列教材讲义 100 余门，建设各种形式的教学资源素材库，从整体上形成了内容科学化、体系完整化、形式多样化、传输网络化的立体化教学资源体系。其中包括 55 门院级精品网络课程；2 门校级精品网络课程；4 门国家级网络教育精品课程；5 门国家级精品资源共享课（见图 2）；3 本北京市高等教育精品教材。

图 2　国家级精品资源共享课

坚持利用精品课程建设的示范作用，推进网络课程建设整体发展，获得优异成绩：

- 双孢蘑菇的采收、光栅图像学算法、透视投影实例、“消化管”系列等8个微课程先后获全国微课程大赛优胜奖及一、二等奖；
- 网络课程“兽医寄生虫学”荣获中国农业大学教学成果一等奖，北京市高等教育教学成果二等奖；
- 在教育部组织的现代远程教育试点十周年庆典中，我校荣获“优秀网络教材建设奖”“网络精品课程组织奖”“网络教育扶贫奖”等5个奖项，为全国试点高校之首；
- 在协作组组织召开的“现代远程教育实践教学高端学术论坛”上，网络教育虚拟实验软件《犬解剖学虚拟实验》荣获全国实践教学软件与装置三等奖，实践教学论文《网络课程中实践教学设计初探》荣获优秀实践教学论文二等奖。

（二）遵循远程教育规律，搭建网络教育管理与支持服务体系

1. 引入质量管理理念与方法，强化规范管理与质量监控体系

建立指导与质量监督组织，实施全方位质量监控。按照教育部的相关要求和教学评估指标体系，根据网络教育发展的需要，中国农业大学网络教育积极引入质量管理理念与方法，建立“以质量为中心”，以教学实施流程为基础，构建一个开放的、系统的、学校、社会和培养对象三方参与，并能不断自我完善的网络教育教学质量监控保障体系。成立了网络教育教学指导委员会、考试委员会，聘请了网络教育专业顾问、教学督导等，全面指导和组织实施各环节教学质量监控。从人才培养目标的确立、教学计划的制订、课程设计与资源开发、各项教学活动组织实施、学习支持服务以及教学效果评价等方面进行有效监控，以确保各项工作的基本要求，不断改进和提高人才培养质量。

完善考评考核制度，加强教学管理和教学质量的监控。网院致力于质量监控体系的建设与监管，采取阶段检查、中期考评等有效手段，不断强化规范管理。通过细化内部管理规范和考核标准，完善对学生、教师、管理人员的考核。对学生，建立形成性考核与终结性考核相结合的学习质量考核评价体系、教学和学生服务质量调查和反馈机制；对教师，加强教学质量的监控，制定完善了教师考评办法和教学效果评价体系，激发教师教学的积极性；对管理人员，实行平时考评与年度总评相结合、自评与领导评价相结合、考评与奖励相结合的考评制度和方法，以确保各项管理工作规范有序进行。

2. 加强校外学习中心布局与建设，构建校外支持服务体系

本着优势互补、共同发展的原则，我校依托地方农业普通高校、职业技术学院、广播电视大学等地方院校，在全国26个省、自治区、直辖市先后建立了90余所校外学习中心，其中西部占29％，中部占16％，东部占55％，为开展现代远程教育提供教学管理支持及学生服务的延伸。通过不断优化校外学习中心布局，充分整合各合作单位的优势资源，积极与地方政府开展合作，推动行业系统办学，开展农村基层干部培养项目等特色项目，形成了中国农业大学现代远程教育覆盖全国的发展格局和服务体系。

校外学习中心的管理和服务水平是提高现代远程教育质量并使之健康、持续发展的关键。建设一个办学思想明确、队伍健全、教学设施满足需要、管理规范、服务到位、确保教学质量、进取创新的校外学习中心是学院追求的目标。网院严把设立关，严格遴选条件，抓好中心建设源头。通过加强学习中心管理人员业务培训，采取“请进来、送出去”方式，使培训

工作常规化、培训形式多样化、培训内容规范化、培训人员专业化，不断提升了各项工作的管理水平和服务水平。学校注重加强校外学习中心的建设与管理，采用“五个统一”，即统一品牌、统一课件、统一教材、统一考试、统一管理，建立考评标准和激励制度，促进校外学习中心规范健康、可持续发展（见表1）。

表1 校外学习中心日常工作考评指标体系模块

序号	模 块	分值（比例）	一级指标（个）	二级指标（个）	一票否决指标（个）
1	中心建设	15(7.5%)	5	7	1
2	招生管理	30(15%)	5	10	1
3	学籍管理	25(12.5%)	6	11	—
4	选课教材管理	25(12.5%)	4	10	—
5	考试管理	30(15%)	6	14	2
6	学生服务	35(17.5%)	6	17	—
7	教学辅导	20(10%)	2	5	—
8	毕业实践	20(10%)	3	12	—
	合计	200(100%)	37	86	4

3. 利用网络教育技术支撑平台，搭建全方位的技术支持服务体系

通过构建集学生平台、教师平台、师生交互平台和管理平台于一体的技术支撑系统（见图3），建立了以网络技术为手段的全过程、全方位的支持服务体系。应用网站、平台、视讯系统、呼叫系统等，实现资源共享、信息传送、多渠道远程交互及网上学习过程跟踪，为学生和教师提供便捷、高效的数字化教学环境。学院前后3次对教学平台进行全新迭代开发，梳理业务流程，整合优化管理，引进UCenter平台，利用Web 2.0、RSS、SNS网站特点，建立起交互性更强、功能更大、便捷高效的管理与服务平台。目前，三位一体的网络教育技术支撑系统已经比较完善，有效地支持了几万在校学生的招生、教学、学籍、咨询、办公等运营服务。CNTS现代远程教育教学教务管理系统、基于Web的通用题库管理系统、毕业论文（设计）管理系统等20余项软件，荣获国家知识版权局颁发的软件著作权证书。

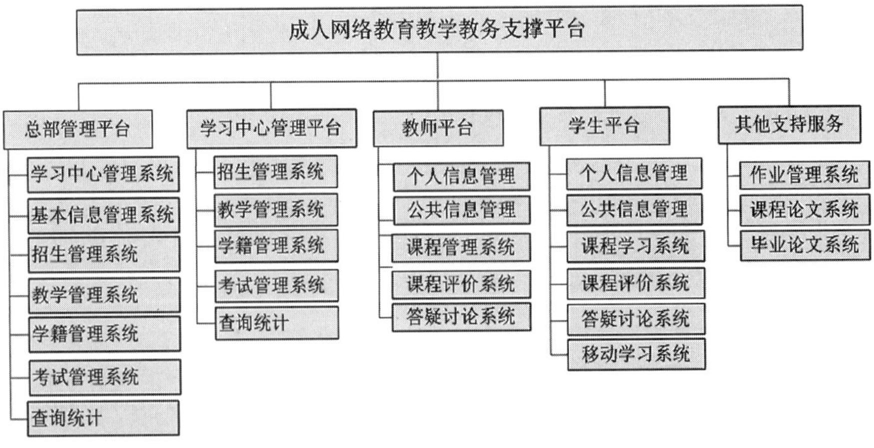

图3 网络教育教学教务支撑平台

4. 以学生为中心，建立健全学生支持服务体系

创新支持服务方式，多渠道提供满意周到的信息咨询服务。树立“以学生为中心”的服务理念，完善服务制度、拓宽服务内容，实施多途径、多渠道服务方式，不断探索具有中农大网络教育特色的支持服务体系（见图 4），为学生提供全过程、全方位的学习支持服务。贯彻首问负责制，成立学生咨询服务中心、呼叫中心、辅导中心，利用多种电讯网络系统、服务手段为学生提供支持和服务。同时，为了给学生营造多彩的校园文化氛围，适时组织网上、网下学生活动，创建七彩校园社区，建立班级和学习小组，搭建协作学习为主体的虚拟学生社区，为师生、生生提供交流沟通和展示自我的平台，增强了学生的凝聚力（见图 5）。

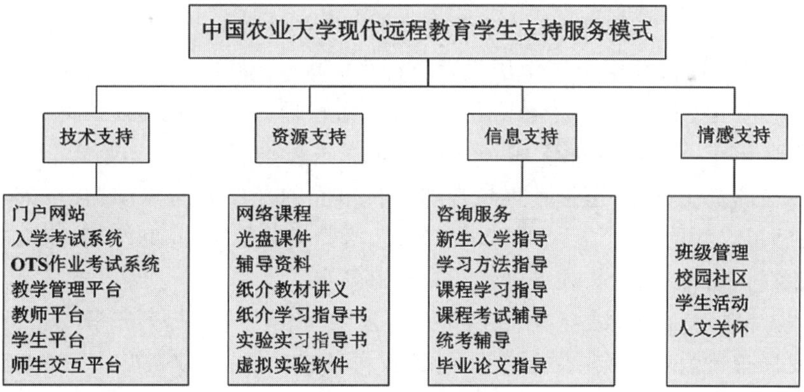

图 4　学习支持服务体系

图 5　校园文化

（三）创新合作机制，探索网络教育人才培养与服务模式

1. 深入行业系统，面对不同对象，创新人才培养与服务模式

中国农业大学网络教育结合对社会需求的广泛调研，充分发挥学校学科优势和师资优势，根据在职人员素质提升的实际需要，调整网络教育的专业设置，从最初的农业推广与创

新管理、动物医学等9个专业，发展到2018年的土地资源管理、园林、水利水电工程等22个专业。不断改革网络教育人才培养方案，进一步明确应用型人才培养目标，理论够用为度，创新教学组织模式，全面修订教学计划，优化课程体系，根据不同专业特点设计综合实践课程、调查报告、毕业论文等多种形式的实践性教学环节，以培养学生分析问题与解决问题的能力。

1）针对农村基层干部，开展学历教育定向培养工程

“农村基层干部学历教育定向培养工程”是针对以农村基层的乡村干部、后备干部以及致富带头人为主要对象，以农村社会经济发展和管理为主要内容，以远程教育为主要手段，开展“农村基层干部在岗能力培训”和“农村基层干部学历教育”。其中“农村基层干部在岗能力培训”项目开设了以乡村管理、农业产业化经营、农村资源开发和环境保护等提高基本能力素质的课程；“农村基层干部学历教育”开设了园林、动物医学、动物科学、农村区域发展、食品质量与安全、土木工程、农林经济管理、工商管理8个专业。该工程已经在北京、重庆、四川、上海、山东、江苏、山西等10个省、市、地区进行推广。当地政府部门制定了专门的政策，提供相应的资金补贴，遴选并审核参加项目培养的范围和对象，对合格人才进行考核录用。至今已招收学历教育学生14 000多名，已培养毕业学生9000多名，为农村基层培养了一支热爱乡村，用得上、留得住的高素质村干部队伍。

2）针对新型职业农民，结合“互联网＋”，开展新型农民素质提升工程

当前，发展现代农业，促进农民增收，转换农村发展动能，亟须新型农民的培育。新型职业农民的培育作为现代农业发展现实的需求和未来的基础，是农村人才培养的重点。为提升农业院校继续教育服务社会主义新农村建设、新农民培养和新农业发展的能力，构建职业农民队伍，为农业现代化建设和农业持续健康发展提供坚实的人力基础和保障，中农大网络教育积极落实“互联网＋教育”“互联网＋农业”的政策方针，与福建农业职业技术学院合作建立“福建新型职业农民教育培训网”，提供“E知”网络教育支撑平台，以及优质数字化教学资源，运用现代信息技术助力职业农民培育，服务福建省“万名新型职业农民素质提升工程”，为学员随时随地自主学习、在线咨询、相互沟通交流提供开放性的空间，有效解决广大学员的工学矛盾，变“短期集中培训”为“不间断培训”，实现“线上线下相互融通、产中产后跟踪服务”，打造建立在现代信息技术基础之上的职业农民培育的“福建模式”。

3）联合地方双拥办，开展军地两用人才培养

随着社会经济发展、产业结构调整和科技的进步，军队的现代化水平也在不断提高，军队不但对两用技能人才的需求越来越强烈，而且不断提出新的更高的要求。现代远程教育是培养军地两用人才的有效途径。学校网络教育与北京市双拥办公室合作，根据“双拥办”提出的“现役军人学历教育需求”，开展军地两用人才定向培养班，提高现役军人及其家属的学历文化素质和专业技术水平，推进北京地区军地两用人才建设。在对“军地两用人才”需求状况调查与分析的基础上，针对军队生源的特殊性，制定了一套切实可行的教学组织方案和相关政策。开展全面的教学、管理与服务工作，在满足现役军人和随军家属学习“可知、可达”的同时，确保“军地两用人才”培养目标。

4）针对贫困地区青年骨干，开展温暖助学行动

为帮助我国贫困地区高中后的青少年实现就业与享受高等继续再教育，缓解社会就业压力，提高贫困人口的文化职业素质和自我脱贫能力，同时缓解我国发达城市电子高新技术

企业和酒店、餐饮、休闲等行业的招工压力，中国农业大学与中国教育学会合作开展了“就业助学扶贫行动”。

该行动目前面向湖北、重庆、河北等贫困地区家庭经济困难的高中毕业生（或同等学力）进行招工并在北京市的企业就业，以其部分收入作为学费报考中国农业大学网络学历教育，学生可以在企业承建的教学基地实践学习，实现了就业入学两不误。“十二五”期间，中国农业大学开设了高起专层次的“工商管理”专业，并针对企业的需要制订了专门的教学计划，工学结合，订单式培养，尤其注重学生的生产实习和社会实践。该工程得到国家统战部“温暖工程”的支持，并纳入“温暖工程”，更名为“温暖工程就业助学扶贫行动”。

另外，面向中央广播电视大学启动的“一村一名大学生专升本定向培养项目”、针对食品行业系统职工制订的食品质量与安全专业定向培养计划正在稳步推进中。这些项目不仅为农村基层培养了较高层次的应用型人才，提升了食品行业系统的职工素质，而且还积极履行了社会责任，为贫困落后地区的教育发展做出了应有的贡献。

5）针对涉农管理干部，开创“混合式”培训服务新模式

中农大网络教育针对县级主管农业的领导干部工作需求，结合当地农业和农村实际发展，进行干部教育培训。几年来，相继与河北省邢台市农委、广西壮族自治区玉林市农委、浙江乐清市农业局、安徽凤阳县合作，针对各地农业领导干部、大学生村官，开展线上与线下相结合的教育培训。通过培训，转变了领导干部观念，开阔了视野，加深了对国家乡村振兴战略、县域经济发展、农业现代化等基本概念的内涵、特征和运行规律的理解，明确了工作目标和思路，进一步增强了发展本地农业和农村经济的信心，提高了政策水平和领导管理能力。

6）针对农业高校在校学生，切实推进资源开放共享

作为“普通高等学校网络教育数字化学习资源开放联盟”成员之一，中国农业大学网络教育结合中国农业大学优势学科资源，以农科特色资源建设为核心，以农村农业农民为服务主体，以服务三农、服务社会为目标，在深入调研的基础上联合多所农林高校，建立面向“三农”的农村网络教育教学资源库，搭建农业继续教育资源共享平台，推动优质资源全民共享。

开发的“成人教育网络化教学管理平台”在继续教育学院的成人教育学生中得以应用，实现了函授学生的远程学习和学籍管理。开发的“网络选修课管理系统”在烟台校区实现了校内本科生的网络课程选修，有效促进高校本科教育的信息化，并不断提高数字化教学资源的开放共享水平。

2. 联合各方资源，拓展服务渠道，开展科教与信息综合服务

1）联合地方高、中等（职业）院校，构建立体又灵活的教育服务体系

拓展办学渠道，联合地方高、中等（职业）院校，在全国建立100余个学习中心。整合当地优质教育资源，聘请优秀教师，为当地开展现代远程教育提供条件，方便学生就近学习。在籍学生有70%以上是来自县及以下的基层农业战线的人员，毕业后都在农业战线的各个岗位发挥积极作用，真正做到教学相长，互相促进。

2）联合农业专家志愿团，开展形式多样的科技服务

以中国农大为主，联合北京科研院所和农业高校的专家，组建服务“三农”专家志愿团。根据农业因时之需，农民因事所需，随时召集各领域有经验的专家、教授100多名，通过信息平台开展各种科技推广应用、专家咨询和教育培训等公益性活动。其中，较为典型的有：河北隆化基地3000多亩制种玉米大斑病远程咨询，挽回农民400多万元的损失；天津推广水产

养殖技术，通过网上诊断决策系统、远程会诊、呼叫中心、移动式诊断决策系统、机顶盒推送系统5种模式，建立24小时服务咨询模式，使科技入户得到延伸，提高了当地的科学养殖水平。

3）联合县级政府，建立农科教联盟示范基地

在北京延庆、密云，河北曲周，内蒙古凉城，河南南乐等区县建设了10余个各具特色的农科教示范基地，搭建了12个双向卫星站和50多个单向卫星站。开发了集通俗的语言文字、图像、动画、音频、视频于一体的多媒体课件180个，编印农业科技资料2万多份。依托“农村党员干部现代远程教育教学资源建设”项目，制作了100多小时的农业实用技术电视节目；针对农村文化室的需求，开发了“乐农家”数字资源包，集成了3000多个符合地方需求的视频节目，包括电影、戏剧、小品相声、实用技术、致富经、法制、养生保健等，容量达到1000G。

4）联合行业企业，搭建教育培训及农业信息综合服务平台

中国农业大学与隆平高科合作，强强联手，产学优势互补，启动“隆平在线”。以“现代远程教育模式、整合优质产学资源、结合地方实践经验、创新农业信息服务”为宗旨，通过农业人才培养与农业信息化服务两大功能系统，搭建面向全球“三农”的教育培训及农业信息综合服务平台。农业人才培养系统是以信息化技术为基础，结合远程教育的先进理念和优质资源，利用远程课程直播、专家咨询和提供系统解决方案的方式，打造先进的农业、种植业人才培养体系，满足种植业、农业人才素质提升的需求。以信息化服务为手段，聚焦农业、农村和农民，提供与农业相关的政策信息与服务内容。

三、试点成绩与展望

（一）铸造品牌，赢得广泛认可与赞誉

学校网络教育在面向“三农”不断创新人才培养模式的实践中，取得了显著成绩，创出了中国农业大学现代远程教育质量品牌，得到教育部的充分肯定和社会的广泛认可。

1. 教育部支持与肯定

学校网络教育办学17年来，得到上级各级领导的支持和肯定。2003年，我校牵头成立的“高校农科教网络联盟”被教育部列入“十一五”教育发展规划的重要内容之一，得到时任国务院副总理回良玉、教育部周济部长以及财政部、科技部等部委领导的支持和肯定。2005年，承担科技部“十一五”国家科技支撑计划项目“现代农村信息化关键技术与示范”，与延庆县人民政府联合研发的面向“三农”的综合信息服务数字化产品“乐农家”数字资源包——被北京市列为“三下乡”计划力推的活动之一。2009年，在教育部组织的现代远程教育试点十周年庆典中，我校荣获5个奖项，为全国试点高校之首。2011年，中国农业大学被教育部授予“高等学校继续教育示范基地”和“普通高等学校继续教育数字化学习资源开放联盟”单位。2012年，在教育部召开的“全民终身学习活动周全国总开幕式”暨“全国高校继续教育改革发展研讨会”上，我校网络教育做了“建设农科优质资源，创新服务社会模式”的典型发言，得到教育部领导的高度肯定。在教育部主办的“继续教育数字化学习资源共享与服务成果展览会”上，我校“为三农服务的中国农业大学现代远程教育”主题展作为全国高校继续教育服务社会的6个典型案例之一进入主展区布展，受到教育部参观领导的一致赞扬。2014年，教育部建立全国高校在线联盟，我校为农业高校在线联盟牵头单位 。

2. 行业赞誉和社会评价

学校网络教育开展 17 年来，以服务社会为己任，以质量求生存、以特色和服务求发展，形成了网络教育服务社会的办学模式，创出了中国农业大学网络教育质量品牌。学院荣获新浪网、搜狐网、新华网、中国远程教育杂志等国内主流媒体评选的“全国十佳网络教育学院”“全国十大品牌网络教育学院”“最具社会责任感远程教育学院”“最具社会满意度远程教育学院”等称号近 20 项(见图 6)，行业权威刊物先后报道学校现代远程教育办学特色与成果专题文章 20 余篇(见图 7)。

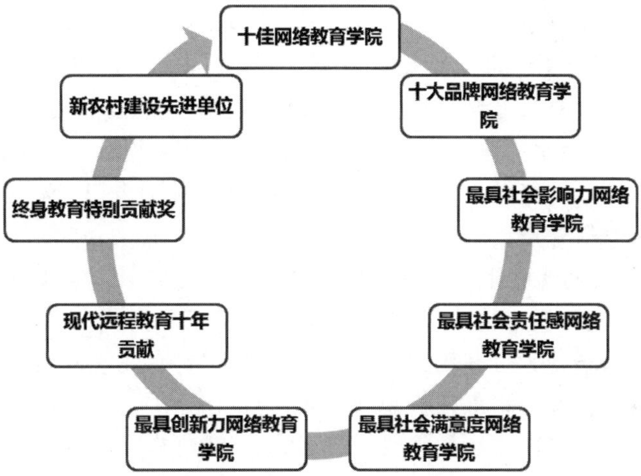

图 6　所获行业及媒体赞誉

2007 年	中农大网院潜心研究　厚积薄发
2007 年	中农大网院：建立农业远教模式
2007 年	中农大网院：赋予质量和服务新内涵
2008 年	如何开展面向农村基层的网络教育
2008 年	农业远教在研究与创新中发展
2008 年	中农大网院：围绕应用型人才培养开展精品课程建设
2008 年	中农大网院：七年耕耘育英才
2009 年	中农大网院：全面打造“乡村领头羊”培训工程
2009 年	中农大网院以学生为中心确立教学辅导模式
2010 年	中农大网院：创新农村基层信息服务模式
2010 年	中农大网院：逐步完善的学生支持服务体系
2010 年	中农大网院：大学教授与网络教育的不解之缘
2011 年	创新中的中农大网络教育
2011 年	中农大网院：学习中心考评的思考
2012 年	中农大网院：以班级建设提升学生归属感
2012 年	网上农大，人生因你而精彩
2013 年	中农大网院：铸造应用型人才培养体系
2014 年	“农村基层干部学历教育定向培养工程”的案例分析
2015 年	新农村新农民绿色培育 e 计划——全面整合农业在线教育资源
2016 年	以全面质量管理的角度透视网络教育教学质量监控

图 7　《中国远程教育》《在线学习》等刊物近几年报道文章选录

（二）助力乡村振兴战略，加快网络教育转型

按照党的十九大报告和全国教育会议精神，努力开拓创新，在提高网络教育质量的同时，加快网络教育转型发展的步伐，正确处理改革、发展、稳定的关系，做好规模、结构、质量与效益的协调发展，切实解决发展进程中遇到的各种矛盾和问题，积极推进我校网络教育创新发展。

面对新形势和新要求，转变观念，改革创新，拓宽办学途径，加强特色项目研究，努力探索适应社会需求的新途径与新措施。挖掘面向行业、企业和社区服务的特色项目，争取地方政府支持，推进行业系统办学，推动教育资源向服务国家主导产业和特色产业集聚。

(1) 开展乡村振兴基层干部学历提升计划。实施乡村振兴战略，需要有强大的科技和人才支撑，需要加强农村基层基础工作，培养造就一支懂农业、爱农村、爱农民的“三农”工作队伍。加强与地方政府组织部门合作，以乡、镇、村领导干部及后备干部为对象，教育、科技推广和信息服务相结合，网络教育、现场辅导与实践教学相结合，培养高层次的农村基层干部，推动社会主义新农村建设。

(2) 开展精准扶贫就业助学计划。消除贫困、改善民生、逐步实现共同富裕，是我们党的重要使命。党中央全力实施精准扶贫，其中重要的一条是要提高贫困地区劳动力人口的文化素质，把人口压力转换为可利用的人力资源优势。为此，我校网络教育将充分发挥学校资源优势，探索网络教育助力精准扶贫的新模式，为建档立卡贫困户的适龄青年提供学习资源，使他们实现读书与劳动的有机结合，提高他们的文化素质。

(3) 大力发展非学历教育，促进学历与非学历教育的贯通和相互促进。创新学历教育课程建设思路，通过“学历与技能”的办学模式，积极探索利用学历教育中已经积累的资源，包括课程、平台架构与社区空间、区域布局、学员流量等，拓展延伸到非学历教育培训中。结合国家乡村振兴战略，整合学校优质资源，积极参与职业农民培育计划，开展农业实用技术培训、农村劳动力转移、农民素质提升，推进农业科技成果转化、农村特优产品电子商务等项目。

(4) 搭建高校、行业、企业、政府的网络教育平台。充分利用学校在全国农业高校的领头羊地位，发挥自身人力资源、技术资源和信息资源优势，搭建高校、行业、企业、政府之间的网络教育平台，促进网络教育与行业企业培训、社区教育的深度融合，为行业、企业、社区提供订单式的人才培养方案；面向农业高校的全日制学生，搭建校内教学网络平台，推进校内课程网络化教学，提升校内教学信息化服务能力；面向农业高职院校，搭建成人教育网络教务平台和教学平台，开展专业共建、课程共建、资源共享合作，促进农业院校教育信息化发展。

（三）继往开来，推进网络教育健康可持续发展

中国农业大学网络教育通过近20年的探索与实践，使我们深深体会到中国农业大学现代远程教育的稳步健康发展，得益于始终坚持“服务三农”的办学定位和四项原则：坚持依法办学，完善制度，确保中国农业大学网络教育的稳定和有序运行；坚持服务“三农”，面向基层的办学定位，彰显中国农业大学网络教育的优势和特色；坚持“以学生为中心”的教育理念，推进优质教学资源的建设与共享；坚持加强校外学习中心的规范管理，确保中国农业大

学网络教育的质量品牌。

今后20年,中国农业大学将以建设世界一流农业大学为目标,继承中国农业大学特有的勤勉持重、爱国忧民的精神传统和严谨求实、厚德博学的办学传统,秉承“解民生之多艰,育天下之英才”之校训,加强现代农业远程教育的理论研究与实践探索,为我国远程教育的发展和学习型社会的建设做出应有的贡献!

南开大学现代远程教育试点工作总结

南开大学现代远程教育在党和国家的关怀下，经过二十载的励精图治，为建设学习型社会发挥了巨大的引领和推动作用。南开大学现代远程教育在教育部的领导和指导下，经过不断探索和实践，为不同区域、不同领域、不同行业培养了一大批经济类、管理类的优秀人才、专业技术应用人才和各行各业有文化、有专业知识的劳动者，推进了高等学校优质教育资源覆盖面，增加了广大城乡劳动者接受高等教育的机会，在国家和地区不同行业的人力资源建设和人才队伍建设中发挥了重要的作用。

一、南开大学远程教育试点背景

20 世纪 90 年代，互联网技术与信息技术得到快速发展，人们对教育的认识有了新的突破，不再局限于传统面授教育。同时，我国正致力于建设学习型社会，树立终身学习的社会理念，因此远程教育在我国得到迅速发展。1999 年，中共中央、国务院发布了"面向 21 世纪教育振兴行动计划"，其中一项重要计划是"现代远程教育工程"；同年，教育部正式启动了现代远程教育第一批普通高校试点工作，发布的《关于启动现代远程教育第一批普通高校试点工作的几点意见》中明确提出试点工作的目的。

(1) 要充分发挥已有教育资源的效益，利用普通大学的自身优势和现代信息技术培养高素质专门人才，为更多的人提供接受高等教育和各种终身学习的机会；

(2) 从技术、教学、管理等方面开展试验，探索现代远程教育的模式，研究解决可能出现的问题；

(3) 创造条件，逐步在全国范围内推广，探索适合我国国情的发展现代远程教育的新路子。

二、南开大学远程教育试点初衷

根据教育部"面向 21 世纪教育振兴行动计划"实施现代远程教育工程，形成开放式教育网络，构建终身学习体系，有效地发挥现有教育资源的优势，是在我国教育资源短缺的条件下办好大教育的战略措施和部署。南开大学远程教育的发展经历了一个由满足日常需求到主动寻求发展、由校内应用到校外推广的过程。1999 年，南开大学首先尝试并实施了本部校区与泰达学院校区的区间远程教育。为了使两校区的学生同步听到所学课程，南开大学设计构建了泰达学院的双向实时交互式远程教育系统，泰达学院十间远程教育教室与南开主校区实施互联，自 2000 年 12 月起，先后有 90 多门课程在远程教室上课，通过网络做到了资源共享，打破了时空的限制，同时开启了全国远程教育教学的先河。2000—2005 年，先后有天津市市长、教育部部长、国家总理等各级领导及国内外行业专家来到泰达学院视察远程教学系统和远程教室，并给予了远程教育高度的评价。2001 年 6 月 15 日，教育部批准南开大学开展远程教育试点工作，南开大学成立了现代远程教育学院，承担网络高等学历教育职能，从此远程教育作为一种新的教育教学方式，开始了具有探索性的实践历程。

三、南开大学远程教育工作的总体情况

（一）发展过程

1965 年，南开大学正式设立成人高等教育机构，“文革”期间中断，1981 年起恢复成人高等教育，1986 年成立成人教育学院，2008 年更名为继续教育学院，先后开办夜大学、函授、高等教育自学考试及各类培训教育，共培养成人高等教育毕业生 5 万余人。2013 年起，成人继续教育向高端非学历培训转型，逐步停止夜大学、函授招生，目前已顺利完结，无在校生。

南开大学于 1999 年实施校区间远程教育，2001 年成立现代远程教育学院，承担网络高等学历教育职能，作为经教育部批准的首批开展远程学历教育的试点高校之一面向全国招生。通过近 20 年的发展，形成高起专、专升本、高起本 3 个办学层次。

在办学过程中，南开大学远程教育积极对标世界顶尖大学继续教育，恪守“知中国，服务中国”的教育理念，传承“允公允能，日新月异”的校训精神，以服务国家发展战略为己任，以融入区域经济社会发展为方向，以助力学习型社会建设为目标，以提升学习者职业能力为重点，着力打造国内领先、国际有影响力的远程教育体系，为学校的人才培养、社会服务、文化传承、国际交流及基于互联网的教育改革探索贡献力量。

（二）管理体制

南开大学继续教育学院统筹管理全校继续教育，目前主要包括网络高等学历教育与非学历培训。远程教育的具体工作由现代远程教育学院在相对独立的教学与管理运行机制下承担，日常工作由一名副校长主管，学院设书记一人、院长一人、副院长两人，下设教学教务部、资源管理部、招生管理部、学习中心与学生工作部、天津管理部、创新教育中心。学院财务管理、人事聘任、干部任免、资源使用和经费投入等方面由学校统一管理，统筹协调。

（三）办学规模

南开大学远程教育招生规模从最初的每年不足千人，逐步增长至 2017 年春季的相对高点，随后自 2017 年秋季开始，主动自我控制规模，使我校远程教育的招生规模有效控制在全国远程教育招生委员会建议的一季 2 万人的目标范围内。目前，学院现有在籍学生 139 886 人，其中专科生 78 904 人，本科生 60 982 人。2001—2018 年，注册学籍总人数 265 248 人，毕业总人数 107 043 人，授予学士学位总人数 4405 人。

（四）办学模式

学院按照国家教育部对远程教育的实施方式，以建立校外学习中心的模式进行远程教育的招生与办学。2001 年以来，校外学习中心的建立从无到有，现在全国 20 个省、市、自治区拥有 40 家自建校外学习中心。从 2007 年开始，与奥鹏远程教育公共服务体系正式合作，借助奥鹏公服体系的优势，迅速扩大南开远程教育在全国的影响，现在全国远程教育阳光招生服务平台共备案有奥鹏校外学习中心近 500 家，近年来每季招生授权中心约有 300 家。通过自建校外学习中心及奥鹏校外学习中心，现拥有校外学习中心 530 个，其中省内学习中

心 5 个，省外学习中心 525 个。

（五）办学资源

学院现有教学管理人员 59 名，课程辅导教师 65 名，授课教师 271 名。其中，校内授课教师 176 名，占授课教师总人数 52.4%，副高级及正高级职称人数占比为 67%，硕士研究生学历层次及以上者占比为 86%。

截至 2018 年年底，累计开设 52 个专业，累计建设资源数 1075 门次。现开设有 43 个专业，共开设数字化课程总数达到 600 门次，学生课程点播总量达 644 773 人次，其中自主建设课程数量 434 门次，自主建设课程率为 72.3%；引进包含尔雅通识课程、麦克通识课程、东北财经大学会计学基础精品课程与会计实验课程、奥鹏建设公共课程等校外优质教育课程 166 门次。完成慕课建设 26 门次，精品课程 11 门次，微课程 50 门次，累计有 35 门次微课程在由中国教育学会、中国教育技术协会举办的全国微课程大赛中获得 7 个一等奖、1 个二等奖，如图 1 和图 2 所示。

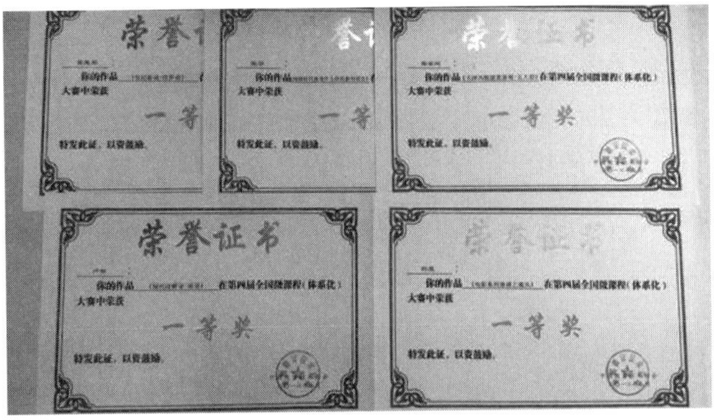

图 1　第四届全国微课程（体系化）大赛高等教育组一等奖证书

统计学
网络营销学
CEREMONY
面向对象
程序设计
1. 慕课《生产运营管理》杨坤 2. 慕课《3D 游戏软件设计》张晓媛 3. 慕课《概率论与数理统计》李勇权 4. 慕课《网络营销》秦勇
5. 微课《饮用水消毒及消毒副产物》鲁金凤 6. 慕课《会展经营管理》喻晓航 7. 微课《急于心·救于行，简易心肺复苏技术》郭梦圆
8. 微课《职业礼仪与职业形象设计之面试礼仪》范清 9. 慕课《面向对象程序设计》王恺

图 2　慕课和微课

四、南开大学远程教育办学特色和经验

（一）办学方向与办学定位方面

1. 坚持社会主义办学方向，围绕立德树人根本任务，加快推进南开继续教育发展

南开大学第九次党员代表大会指出“以‘知中国服务中国’为宗旨的社会服务取得新进展”“创新发展继续教育和远程教育，为地方政府和企事业单位的人才培养作出贡献”。近年来，南开大学认真贯彻党的十九大和全国教育大会精神及学校九次党代会精神，坚持把立德树人作为根本任务，着眼提升高等学历继续教育办学质量、培养社会主义合格建设者和可靠接班人，端正办学指导思想，切实履行好高校人才培养的职责使命，确保正确的办学方向。办学过程中，积极对标世界顶尖大学继续教育，始终以“公能日新”的南开品格为标准，实现了向非学历教育高端化与远程教育多样化的转型，并按照“中国继续教育新典范，南开一流建设生力军”的战略规划稳步前行，着力打造国内领先、国际有影响的继续教育体系，为学校的人才培养、社会服务、文化传承、国际交流合作及基于互联网的教育改革探索贡献力量，为南开大学“双一流”建设增色添彩。

2. 坚持办好人民满意的教育，服务国家战略、经济社会发展与学习型社会建设

南开大学远程教育始终遵循高校服务社会的宗旨，落实中央京津冀协同发展重大战略，服务滨海新区的建设战略，解决地方急需培养人才的需求，着重建设和发展贴近于市场需求、国家经济建设需要，满足求学者需求的专业，2017 年远程教育新增“信息安全”等专业，在“学管理上南开，学旅游上南开，学保险上南开”的特色品牌专业基础上，突出了南开大学新工科专业的学科优势。2013 年，南开大学获批设立国家级专业技术人员继续教育基地和天津市专业技术人员继续教育基地，为深入实施专业技术人才知识更新工程，加快经济社会发展重点领域人才培养搭建了平台。

3. 坚持党对教育的全面领导，加强和改进远程教育党建和学生思想政治教育

南开大学远程教育始终坚持党的全面领导，深入贯彻党的各项教育方针。认真学习贯彻党的十九大精神和全国教育大会精神（见图 3），专题研究远程教育领域中的党建、廉政、意识形态、统战和师生思想状况，积极推动远程教育中的思想政治建设。

全面落实全国高校思想政治工作会议精神，发掘我校优质教学资源，建立健全有南开特色的思想政治理论课程。严把师德师风关，在课堂、教师和教材中把握社会主义办学方向。聘请南开大学马克思主义学院的优秀教师为远程教育的学生开设马克思主义理论课程。针对不同培养层次的学生，制订切实可行的思想政治理论课程，加强对学生思想政治觉悟的正确引导；坚持不懈、深入浅出地传播马克思主义科学理论、深入回答重大理论和现实问题情况。完善马克思主义基本原理、社会主义现代化建设概论、国情教育、舆情教育等优质课程的建设工作；加强中华优秀传统文化和革命文化、社会主义先进文化教育。图 4 为我院开设的十九大系列微课之一。

同时积极引导学生的言论及思想导向，统筹协同学习中心与学生工作部做好思想政治教育工作。加强学生论坛日常管理，强化论坛思想引导、人文关怀、心理疏导等内容。

图 3　召开学习贯彻全国教育大会精神宣讲会

图 4　十九大系列微课之一《“四个伟大”内涵及其逻辑关系》

（二）质量控制和质量管理方面

1. 坚持科学的质量管理体系，提高网络学习教育的质量管理水平

南开大学现代远程教育学院于 2012 年 7 月正式导入“GB/T－ISO9001:2008 标准”，建立适用于网络高等学历教育服务全过程管理的质量体系，重新规划和设计网络高等学历教育服务全过程制度管理、工作程序和业务流程，明确各部门及工作人员的工作职责，优化工作流程，不断提高管理工作质量和工作效率，不断提升学习支持服务水平。

按照 ISO 9001 质量管理体系树立了资源、服务、管理、创新的质量方针，形成以 1 本质量手册、21 个程序文件、132 个支持文件和 193 个记录文件的四级管理文件，并以学生满意度、教师满意度、学习中心满意度和内部服务管理满意度 4 个指数作为质量目标。其中：

学生满意度指数 2014 年≥87.38，2015 年≥87.38，2016 年≥91.6，2017 年≥92.7，2018 年≥89.4。

教师满意度指数 2014 年≥92，2015 年≥94.33，2016 年≥95.08，2017 年≥94.58，2018 年≥94.7。

学习中心满意度指数 2014 年≥84，2015 年≥91.56，2016 年≥91.8，2017 年≥93.3，2018 年≥92.2。

内部服务质量指数 2014 年≥65，2015 年≥75.45，2016 年≥78.33，2017 年≥78.56，2018 年≥82.13。

2015 年 1 月，南开大学现代远程教育学院获得中国合格评定国家认可委员会(CNAS)和英国皇家认可委员会(UKAS)认可的国内和国际两个 ISO 9001:2008 质量管理体系认证证书。2018 年 1 月顺利通过外部审核获得由 CNAS 和 UKAS 颁发的符合 ISO 9001:2015 标准的质量管理体系认证证书，如图 5 所示。

图 5　证书

随着质量管理体系的平稳运行，各项质量指标均稳步上升，建立了内外结合的教育服务的监督检查改进机制。

2. 坚持完善的质量控制体系，确保网络学习教育质量的稳步提升

为进一步加强远程教育教学的指导与监督，成立了双主任制的南开大学远程教育教学指导委员会和专业教学指导小组，如图 6 和图 7 所示。远程教育教学指导委员会由分管本科教学的副校长和分管远程教育的副校长任主任委员，并聘请教务处处长任教学督导，聘请商学院质量管理专家、教授任质量督导；各专业学院院长、书记及相关专业学术委员会主任或副主任任委员。专业教学指导小组由 2 名各专业学院的相关专业的学科带头人任专业组长。远程教育学院每年度召开教学指导委员会和教学指导小组工作会议，对专业建设、课程建设、教材建设、质量管理、意识形态等方面进行全方位指导和把关，从而适应不断变化的远程教育发展。

图 6　2010 年 5 月 20 日，远程教育指导委员会与教学指导小组成立

委员姓名（从左至右）
白长虹、关立军、张金成、梁琪、付士成、杨光明、关乃佳、朱光磊、崔勋、王立新、卜文俊、倪虹、宁稼雨、陈晔

图 7　委员

同时，为进一步推进和深化教育教学改革，切实提升本科教学质量，发挥课堂思想政治教育监督职能，聘请教学指导委员会专家教师承担学院教学督导工作职责，有计划地对学院本科层次专业课程进行政治纪律及教学全过程的监督、辅导和评价。本科教学督导工作每2～3年一轮，力争实现本院开设的专业课程监督评价的全覆盖。

在学位授予方面，成人学士学位授予工作经我校学士学位分组审核通过后，报南开大学校学位评定委员会统一审核，审核通过方可获得我校成人学士学位。

3. 坚持把制度建设贯穿办学全过程，提高网络学习教育的科学化、规范化水平

南开大学以资源、服务、管理、创新为质量方针，不断完善制度建设，在师资队伍建设、学习中心管理、招生学籍和毕业管理、课程和教材建设等诸多方面，出台100多项规章制度，保证我校远程教育顺利开展，如《南开大学授予成人高等教育本科毕业生学士学位工作细则》《南开大学网络高等学历教育学生管理规定》《课程主讲教师岗位职责》《课程辅导教师管理规定》《论文指导教师考核指标体系》《招生录取工作管理规定》《学位论文相似度检测处理办法（试行）》《学生毕业申报流程与校外学习中心毕业工作流程》《我校现代远程教育学院课程评估办法》等。

（三）专业建设与人才培养方面

1. 坚持明确的人才培养目标，构建特色培养模式

在人才培养目标上，南开大学远程教育始终明确人才培养目标和规格，致力培养能够掌握专业基础理论、知识和技能，具有国际视野、管理能力、服务意识、创新精神，成为能够从事与本专业相关工作的应用型专业人才。在此目标基础上，南开大学探索出4种培养模式：系统培养、多样成才的通识教育培养模式；产教融合、校企合作的职业教育培养模式；工学结合、知行合一的实践教育培养模式；国际合作、开放创新的国际教育培养模式。

2. 坚持系统化的课程模块，突出学生个性化的培养

在课程体系构建上，注重“突出能力，整体优化，保持弹性”，提出“课程体系模块化、课程设置系列化”的构想，设置专业知识结构、个性发展需求、通识教育需求3个模块；规划公共课程、专业课程、实践教学课程、职业需求课程、创新创业课程、学习拓展课程、综合素养课程、通用能力课程、成长基础课程，突出学生个性化培养，如图8所示。

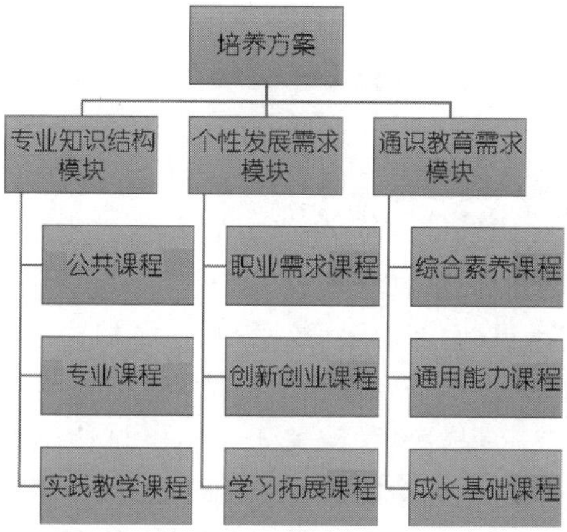

图 8　培养方案

3. 坚持高质量的教材选用，确保人才培养的效果

在教材管理上，南开大学现代远程教育学院严格执行教材的审核、选用等方面的规定。在教材的选用原则方面：各学科、各专业的课程教材选用，必须符合社会主义办学方向和国家法律法规，必须与国家及学院人才培养模式相结合，与学科和专业知识的系统传授相结合，以选用高质量、有特色的教材为总原则。每门课程都应按照课程标准的要求，选用已正式出版的教材，同等条件下应优先选用教育部规划教材、教育部精品教材。全院各专业公共基础课程教材版本要保持相对稳定，必须符合国家的相关规定。思政类课程必须采用马克思主义理论研究和建设工程重点教材。

（四）规范管理与监督监管方面

1. 坚持对校外学习中心的科学设置和严格管理，确保网络教育的规范办学

校外学习中心是主办高校开展现代远程教育的校外学习支持服务机构，在整个远程教育教学过程中肩负着重要职责。我校远程教育在对校外学习中心的布局上，一方面，本着以南开服务社会的基本精神，学习中心覆盖面广，基本覆盖到大陆近 30 个省和直辖市。在东部地区经济相对发达的区域，不仅省会城市设有学习中心，地区级市县也有学习中心的设立，西部欠发达地区，也不同程度设有南开大学远程教育的学习中心，至少保证各省省会城市必有我校远程教育的学习中心，最大程度保证学生报读和学习的方便。另外，我们在学习中心及学生相对密集的省份，探索了在自建校外学习中心体系下设置管理中心的模式，对学习中心的管理方式进行了有益的尝试。

南开大学制定了严格的校外学习中心管理制度，主要包括《现代远程教育学院关于校外学习中心（直管）设置程序》《现代远程教育学院校外学习中心（直管）设置条件》《现代远程教育学院关于撤销校外学习中心实施办法》《现代远程教育学院校外学习中心工作职责》《现代远程教育学院校外学习中心年度管理评估暂行办法》《现代远程教育学院班主任管理暂行规定》等文件，并积极配合各学习中心所在地的教育主管部门进行年检评估工作。严格禁止校外学习中心点外设点、接收中介机构输送生源的违规行为，定期对校外学习中心实施监督和评估，并配合各教育主管部门进行年报年检，如有违规行为，立即查处，停止其招生资格。对于不合格的学习中心，坚决予以撤销。

2. 坚持对招生、考试、论文、毕业等关键环节上的规范管理，确保远程教育的质量和水平

在招生管理上，南开大学现代远程教育学院严格执行教育部及各级教育主管部门关于远程教育的招生政策，统一宣传口径，不作任何虚假宣传和违规承诺，同时严格执行物价部门及学校批准的学费标准，按照规范收取学费。

在考试管理上，学院立足贯彻“能力本位”原则，在考核中，减少记忆性内容，增加实践、分析的内容等。学院的各门课程都采取过程性评价与终结性考核相结合的学业评价机制。2018 年，学院出台《我校现代远程教育学院关于学生考试违纪作弊的认定及处理办法（试行）》，对考生和考点的考试违纪作弊情况进行了认定，并分别制定了相关处理办法。通过加强对各学习中心管理人员的教务、考务管理培训，多种宣传渠道在考前加强对学生的考风考纪宣传教育工作，期末考试试卷由学院统一管理，加强监考巡视等方面，规范考试管理。在期末考试前一天，派驻巡考人员至学习中心巡查考试情况。

2018 年，引入电子阅卷和数码印刷模式，使任课教师批阅试卷流程更顺畅，操作更便捷，试卷批阅周期大大缩减，试卷存储和检索过程也更科学、完善。

在论文管理上，学院制定出《我校现代远程教育学院学位论文作假行为处理实施细则》《我校现代远程教育学院学位论文相似度检测处理办法》《我校现代远程教育学院学位论文写作要求和管理规定》。

在毕业管理上，学院制定《学生毕业申报流程与校外学习中心毕业工作流程》，严格毕业申报工作。由学习中心组织完成毕业生新华社图像采集，并督促、协助学生完成网上校对工作，学校按照学籍、学分、统考、学费、学制、资格、图像采集等多项指标，审核筛查学生的毕业条件。

3. 坚持高标准的教学实施与监控，确保远程教育的良好学风

南开大学现代远程教育学院教学教务部在开学前确定每学期的开课时间、开课计划和考试计划，以及各门课程的参考教材信息，各类开课信息及时在开学前予以公布。学生按照教学计划和每学期的开课计划，自主修读各门课程，自愿购买参考教材，学生以完成观看视频课程辅以教学资料为主，对课程知识有疑问可在论坛进行提问，学院的辅导老师会在 24～72 小时进行解答，辅导老师最晚不能超过 72 小时解答学生的问题。期末考试的考试形式一般为闭卷纸考、开卷纸考、线上课程论文、线上大作业。

南开大学远程教育的课程评价以教育部《高等学历继续教育专业设置管理办法》为指导，以精品课程建设为方向，凡列入我校远程教育教学计划的课程都要参与评估。在教学评估中始终把握两大原则：一是教学内容、过程管理、教学效果综合考量的原则。在评估过程中把教学内容作为课程评估的基础，把过程管理作为课程评估的关键，把教学效果作为课程评估的落脚点，三者结合起来，进行综合评估。二是定量与定性评估相结合的原则。在评估过程中，按照评估标准做到定量与定性评估相结合，尽可能使评估标准趋于定量化，以提高评估结果的可比性与可靠性。

（五）服务国家战略和经济社会发展方面

1. 坚持远程教育服务国家战略，促进教育扶贫发展，推动教育公平

南开大学现代远程教育学院重视国家服务民族地区的发展战略，在新疆、内蒙古、广西、宁夏等少数民族自治区每年授权招生的学习中心近 70 家，每年招生的规模近 2000 人，极大地方便了少数民族地区人口通过先进技术手段提升学历层次及获取知识。另外，与中东部地区相比，我院在少数民族省份及西部偏远省份如青海、甘肃等，一直维持最低的学费价格，且近十年以来都未曾对学费进行上调，有效促进了西部相对落后地区学生的学习积极性。

2012 年起，南开大学现代远程教育学院先后与天津经济技术开发区、天津港保税区、共青团天津市委和天津自贸区等 14 个单位签署了“圆梦计划”项目合作协议（见图 9），确立了政府、高校、企业三方合作的远程学历教育联合培养优秀外来建设者和产业工人的新模式，截至 2018 年共招收优秀外来务工者 10 665 名。

图 9 “圆梦计划”项目签约仪式

2013 年起，按照中央扶贫开发工作部署，南开大学对甘肃省庄浪县定点扶贫，作为该工作重要组成部分，截至 2018 年已连续 5 年承担庄浪县干部培训任务，培训干部共计 291 名，如图 10 所示。截至 2018 年年底，共有 31 642 名西部地区学子享受南开大学优质教育资源并将获得学历提升。2017 年 8 月，在学校对口帮扶的甘肃省庄浪县建立了南开大学远程教育学习中心，连续 3 年免费对 150 名学生提供学历继续教育机会。紧紧围绕推进“乡村振兴战略”，联合《农家书屋》杂志社共同发起实施“彩虹桥人才计划”项目，如图 11 所示。该项目定位于“服务农村青年、带动家庭致富、推动乡村振兴”，2018 年秋季首批招生来自 10 省市 31 个县 83 人。“彩虹桥人才计划”依托于南开大学丰富的教育扶贫经验和农家书屋基层组织优势，贯彻落实中央精准扶贫和精准脱贫战略，充分发挥教育在扶贫开发中的重要作用，是团属机构“走进青年、转变作风、改进工作”的创新性实践探索。

南开大学现代远程教育学院积极践行推进教育公平的国家大政方针，不仅招收大陆地区学生，对推动内陆地区经济建设的在内陆长期工作的港、澳、台身份的学员，也积极提供学历晋升机会，每年招收一定数量的港、澳、台在内陆工作的学生，满足其学习的愿望，以更好地推动教育公平。学院在服务特殊人群及弱势人群方面积极作出探索，2014 年，学院协同

图 10 现代远程教育学院庄浪县职业教育中心学习中心揭牌暨首期学员开班

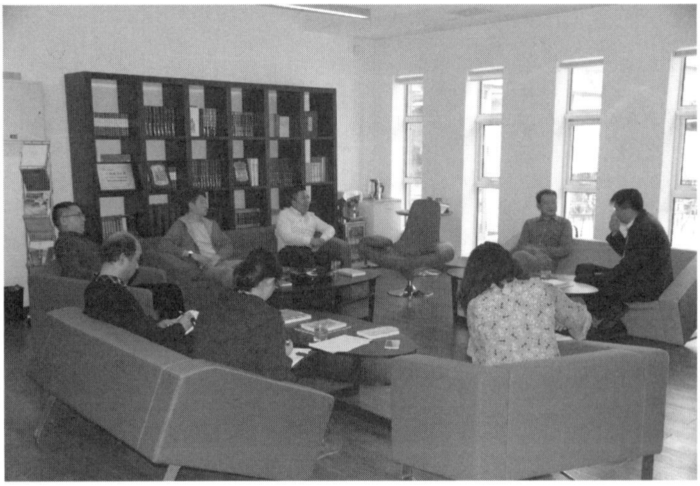

图 11 学院与《农家书屋》杂志社洽谈项目

北京市残疾人联合会，推进其关于合作开展“万名残疾青年”继续教育工程的实施，先后招收了身体残疾但有志学习的高起专、专升本层次残疾人学员 74 人，并对其予以 10 学分的学费优惠的支持和帮助，这些学院最终学有所成如期毕业并服务社会。图 12 为我院学生荣获残奥会金牌。

2. 坚持远程教育的深度融合，发挥远程教育的社会性功能

将优质教学资源服务校内外及社会。南开大学现代远程教育学院全部学历平台课程资源面向学院学历教育学习者免费、无时限开放。2018 年推出《学习贯彻党的十九大精神》系列、《管理的常识系列微课：计划的方法》系列等微课程。

探索将社区教育、老年教育与远程教育相结合的模式，推动全民树立终身学习理念。2017 年 10 月至 12 月，与天津市教委、河西区社区教育委员会共同举办“生态文明进社区”活动，如图 13 所示。

图 12　南开大学现代远程教育学院新疆奥鹏学习中心专科工商企业管理专业 2011 年春季学生刘明在 2012 年伦敦残奥会上获得金牌

图 13　生态文明进社区系列讲座

3. 坚持远程教育的创新发展，探索远程教育的新模式、新方法

推进行业合作办学项目。南开大学远程教育与四川旅游学院通过精确整合各自优势资源，实现了线上教学与面授教学互为补充、非学历培训与学历教育相互融通、理论教学与实践教学相辅相成的创新教育模式，即青苗计划。该计划打通了学历提升、职业培训和高起点就业的成长路径。

为充分发挥南开大学旅游学科的优势，促进行业“资源共建共享”“校际、校企合作”及“高中起点一贯制学历教育培养模式构建”，2014 年，由南开大学与美国饭店协会教育学院、万豪国际酒店集团合作签署三方国际协议，充分发挥各自的优势资源，共同开发推出“国际酒店管理英才起航计划”教育项目(如图 14 所示)，以创新的教育理念开设整合了远程学院与国际专业学院的优势教育资源，将美国饭店协会教育学院国际酒店管理课程体系和雇主万豪国际酒店集团的管理岗位培训嵌入教学计划中。2015 年 12 月，南开大学与世界中餐业联合会签署战略合作协议，共同组建南开大学餐饮远程教育学院，紧密结合企业实际运行与发展的需求，开展“中餐业国际化人才培养计划”，如图 15 所示。

图 14 南开大学凭借“起航计划”教育项目，荣获美国饭店协会教育学院评选的首个“亚瑟奖—教育创新贡献奖”

图 15 “中餐业国际化人才培养计划”签约仪式

4. 加强学习型学院建设，提升在职教工的整体素质

学院教职工根据各自分管的业务，每年被选派参加行业内各类研修班、研讨会议、论坛等，不断充实新的知识，了解行业热点。2018 年，学院承办第十九届海峡两岸继续教育论坛，来自海峡两岸 25 所会员高校和 18 所特邀高校约 150 人参加会议，征集论文 55 篇，38 篇论文入选会议论文集，其中优秀论文 26 篇，我校 2 篇论文获评优秀论文和优秀组织奖。

五、推进远程教育转型提质升级的思路和举措

南开大学远程教育将积极对标世界一流大学继续教育，在育人的过程中坚持初心，传承好“允公允能”的南开品格，以“知中国，服务中国”为使命，坚持立德树人根本任务，将思政教育与专业培养相结合，服务国家战略与学习型社会建设；继续以“日新月异”的精神促进创新项目研发、实施，突出远程教育特色，严格管理、科学管理，牢牢坚持社会主义办学方向，提升教学质量与管理质量，与专业学院协同发展，助力教学改革，服务“双一流”建设，服务全球南开国际战略。

1. 加强学校对远程教育工作的统筹协调

南开大学远程教育工作始终按照“中国继续教育新典范，南开一流建设生力军”的战略规划稳步前行。在实际的办学中，需进一步加强学校的统筹协调、政策扶持，建立灵活有效的管理体制，探索如何满足适应新形势运行机制，以期尽快达到学校的战略发展规划中对于远程教育的发展地位和发展期望。

2. 服务国家战略和经济社会发展

发挥学校的优势和专业特色，在学历和非学历教育领域，与有关行业系统进行合作，开展专业共建，面向全社会成员进行学历教育，开展各种培训，适应“人人皆学，时时能学，处处可学”的学习型社会需求。以经济和社会发展需求为导向，推进 MOOC、微课、精品课建设，建立完善的支持在线学习和移动学习课程体系。通过对优质课程资源的交叉综合运用，向不同学习类型、不同学习需求、不同学习层次的学习者提供适用的学习资源。不断探索多种形式，最终实现学校、社会教育二者有机融合、共享互认，为建设学习型社会、服务学习者终身学习的需求贡献力量。

3. 服务学校教育教学改革

在“一校多区”的发展中实现优质课程资源的开放共享，促进混合式教学、翻转课堂的南开模式探索与实践，服务全校的信息化课程建设。学院信息化课程将结合学校 SPOC 平台、直播课程平台建设应用，可以满足不同校区间多样的同步/异步、标准化/差异化教学的需求，为学校的教学改革带来积极助益。

4. 质量持续改进

加强演播室建设和移动学习终端的开发和建设，建立线上教学和线下教学、自主学习和协作学习、个性化学习、理论学习和实践学习等相结合的多样化混合型教学模式，构建以学生学习为中心，以课程为单元的教学模式，为学生提供包括学习指导、资源传送、技术服务和情感支持等在内的多样化、全方位支持服务。建立学生个性化学习电子档案，以课程作业、学习记录、平时考核等过程性评价为主，逐步形成过程性评价与终结性考核相结合的学业评价机制，提出学习建议等个性化解决方案，促进教学质量提高，全面提升继续教育信息化管理水平，向远程教育 2.0 迈进，加快推进移动学习、协同学习、智慧学习，积极构建人工智能交互服务系统。面对十几万的在校生以及以往上万的毕业生，给学生提供更全面的服务，解答学生关于招生、教学、学籍、毕业、学位等各方面的问题，举办多种多样线上、线下的学生活动。

5. 加强规范管理

继续推进课程考试考风考纪规范化管理，严肃处理违纪作弊学员及出现大面积作弊的学习中心。加强对现有300余门课程的试卷进行电子化阅卷改造，逐步推进电子化阅卷走向深入和成熟。继续推进题库系统的建设，为考试改革的深入进行夯实基础。对学习中心实行区域化管理。在部门人力支持得到扩充和满足的前提下，将相关工作深耕细作，将学习中心按照地区进行划分，设定不同的管理小组，因地制宜采取措施，加强管理，构建全国性的办学整体布局与管理手段。

南开大学远程教育将继续坚持“资源、服务、管理、创新”的质量方针，力争成为南开大学“双一流”建设生力军，将继续提高质量，规范发展，努力打造国内领先的远程学历教育品牌，成为新时代远程教育的质量典范、服务典范、创新典范。

吉林大学现代远程教育试点工作总结

吉林大学网络教育经过17年的建设和发展，初步形成了面向社会、企业、行业在职人员的继续教育网络，先后为国家经济建设社会发展培养了大批合格人才，为推动学习型社会建设做出了贡献。现将我校网络教育试点工作总结如下。

一、试点基本情况

经教育部批准，吉林大学于2001年开展现代远程教育试点工作，成立网络教育学院统一管理和开展网络教育办学。学校先后自建校外学习中心192家，并与三公服(奥鹏、弘成、知金)合作办学，累计招生的学习中心834家，累计注册371 673人，累计毕业245 436人。截至2018年10月，我校停止招生的学习中心532家，正在运行的校外学习中心总数为494家(自建30家，公服464家)，运行专业44个。在籍学生111 285人。目前，继续招生校外学习中心345家(自建20家，公服325)，招生本专科专业25个。在技术支撑硬件环境建设方面，我校计算机网络通过整合、互连、升级建设，已经成为国内覆盖面积最大的校园计算机网络，对外服务的18台服务器完全可以满足网络教育教学运行、教学管理、在线学习、在线考试、论文管理、学生支持服务等需求。在课程和资源建设方面，我校持续开展网络教育课程建设、教学改革和创新，鼓励教师参加网络教育教学改革研究，近年来以微课的模式改革优化我校网络课程的教学方式，更好地满足并适应学生的碎片化学习方式及移动终端学习需求，已建设完成覆盖所有专业的网络课程600余门，数字化课程304门，网上题库287门。

二、试点成绩和经验

1. 试点取得的成果

17年来，吉林大学网络教育以良好的办学质量和办学信誉得到社会各界的一致认可，在国际合作、资源建设与共享、服务经济建设等方面做出了较大的贡献，取得了一定的成果。

1）网络课程共享，探索实践优质数字化学习资源的共享与开放

吉林大学以学科齐全为优势，以网络平台为依托，开发并向社会开放“普通高等学校继续教育数字化学习资源开放联盟”吉林大学网站，积极推进数字化学习资源开放项目建设，取得了一定成效。

吉林大学数字化学习资源开放项目的特色主要表现在4个方面：一是开放的课件学科门类较为齐全；二是开发的课件多为名师授课，适合社会学习者使用；三是自2013年起，优化了课件制作，按照教学资源知识点化、小微化、交互式、可在移动平台上运行等要求进行录

制,给社会上的学习者带来了更多便捷;四是利用多种渠道进行宣传,使开放资源最大范围惠及社会。

早在 2003 年,吉林大学就开始尝试开展数字化学习资源开放和共享工作,如图 1~图 3 的数字化学习资料,向全校师生开放了 94 门网络课程,为全日制本科生和成人教育学生提供丰富的学习资源,弥补了“非典”对教学工作带来的影响,此举在非常时期对教学模式进行了有益的探索,在社会上引起了强烈反响。吉林电视台、长春电视台、《新文化报》《城市晚报》等多家新闻媒体均做了专门报道(见图 4)。

图 1 数字化学习资源开放平台

图 2 平台开发公司讲解新开发的教学平台

图 3　辅导教师利用教学平台进行实时辅导

抗击非典　教育

吉大开放网络教学

本报讯　记者常海燕报道　昨日，记者在吉林大学获悉，为了更好地防控非典，同时不影响学生的学业，吉林大学远程教育学院和成人教育学院研究决定，将一年来开发的具有自主版权的网络教学课件向全校师生全面、无偿开放。

今年招生咨询会
吉大改在网上

图 4　新闻媒体报道学院在防控非典期间免费开放网络课程

2）拓展辅助教学，数字化资源融入学历与非学历教育

用现代远程教育补充传统成人高等学历与非学历教育，是吉林大学实施数字化学习资源共享的创新之举。2008 年开始实施的“现代远程教育补充成人学历与非学历教育”工程，为函授、业余及培训学员发放网络课件，使他们在面授之余随时得到辅助指导，提高了成人教育人才培养的质量。

3）服务地方经济建设，取得累累硕果

吉林大学充分利用丰富的网络学习资源，逐步构建与国家及地方经济发展相适应、结构合理、类型多样、充满活力的网络服务体系，为社会各行各业培养了大批应用型和技能型人才，在经济建设中发挥了骨干作用。

（1）启动士官工程，培养复合型军地两用人才。

2010 年 5 月，吉林大学为某航空飞机维修养护基地提供网络教育服务，培养士官学员 300 余人。经过学习，士官的综合素质和专业技能得到了很大提高。

（2）服务地方经济，振兴东北老工业基地。

为提高企业员工素质（见图 5～图 8），吉林大学陆续与一汽集团、鞍钢、营口港务局、沈阳机床等企业合作兴办网络教育，毕业学员现已成为各条战线的生产能手、技术骨干、先进生产者和技术状元。其中，营口学员刘云鹏被评为“网络教育百名学习之星”，成为通过网络教育成才的典范。

图 5　营口港务局继续教育学生在工作现场

图 6　吉林大学教师在新疆给石油工程专业学生授课

图 7　优秀钻井工集体

图 8　2009 级学员李宪留(左二)在探井现场

(3) 支援边疆建设,培养大中型企业技术人才。

2002年起,吉林大学通过网络教育为新疆石油管理局等大中型企业,培养专业人才和技术骨干共1300余人,为新疆的建设和企业的进步发挥了积极的推动作用。其中,现任西部钻探公司、克拉玛依钻井公司、探井公司总经理的2009级学员李宪留所在单位被评为“优秀钻井工集体”;现任新赛股份公司总经理的2005级本科学员何伟被评为全国“优秀施工企业家”。

(4) 提高干部素质,面向党政机关培养人才。

2003年起,吉林大学与广东省政府办公厅、呼伦贝尔市政法系统合作,面向政府机关人员开办法学、经济管理本科班,使学员政治理论水平、业务知识和整体素质都有了很大的提高。现今,大多数学员在党政机关和政法系统担任领导职务,为社会和谐稳定与经济发展做出了积极贡献。

4) 注重社会效益,主动承接公益教育服务项目

吉林大学始终把开展社会服务、发展继续教育、培养多层次人才作为学校的重要任务,2011—2016年主动承接共青团广东省委推出的新生代产业工人“圆梦计划”,为培养优秀产业工人、促进广东地方经济文化发展做出了较大的贡献。

吉林大学自2011年起承接“圆梦计划”项目,当年录取学员78人,2013年又有200名特殊的“圆梦计划”学员走进了吉林大学,专业类别主要为管理类、经济类和理工类,至2016年初,学员全部顺利毕业。为保证项目健康运行,学校立足学员实际,以全新的教育教学理念,完善人才培养方案,探索实践新型人才培养模式,组建了项目管理团队,选配具有丰富经验的教师负责项目管理,选派责任心强、业务水平高的知名教授学者负责课程主讲,注重导学、督学、促学等各环节对学生的学习支持服务,通过辅导、答疑、考核、座谈等方式跟踪并及时反馈学员的学习质量和效果。同时,针对项目的特殊情况,主动减免了学员的学习费用,并对项目学员单独免费开放了若干门课程。优良的师资、规范的管理、周到的服务,使我校“圆梦计划”项目得到顺利实施的同时,还吸引了大量学员参与到项目中,项目实施效果得到共青团广东省委的认可和好评。

5) 援非教育培训,让吉大网络教育惠及非洲大陆

吉林大学作为教育部援外培训基地之一,2002年至今,成功举办了多期非洲国家现代远程教育及网络通信研修班(见图9),为非洲国家培养了上千名现代远程教育方面的专业人才,增进了中非友谊,加强了国际合作。

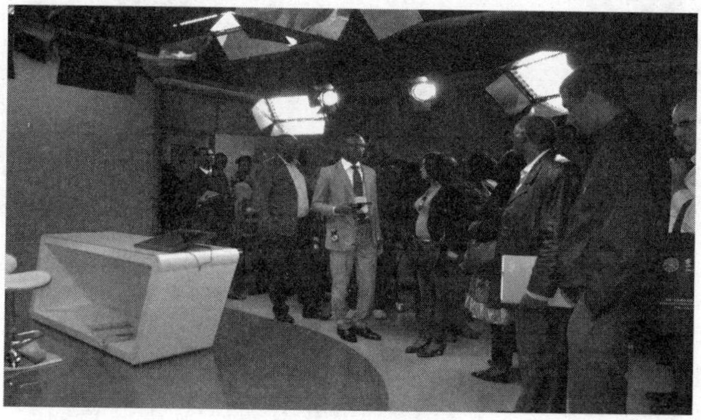

图9 非洲英语国家现代远程教育研修班官员参观学院演播室

2. 取得的经验

网络教育是学校服务社会的重要窗口和平台，为确保办学质量，谋求可持续发展，吉林大学通过明确"一个理念"、强化"两个到位"、坚持"三个注重"、构建"四个体系"、实施"六项举措"，在理论和实践上突出了网络教育的办学特色。

1）一个理念

培养合格人才、服务经济发展，是吉林大学网络教育办学一贯秉承的办学宗旨，在具体工作中，我们坚持"规范办学、科学管理、提高质量、持续发展"的办学理念，踏实工作、努力奋斗，使我校网络教育取得了长足的发展。

2）两个到位

要办好网络教育，必须掌控住两个关键环节：一是对上级文件要严格遵照执行；二是对学生的学习支持服务要到位；据此，我们提出了"两个到位"：一是要贯彻落实教育部关于网络教育发展的文件精神要到位；二是导学、促学、助学、督学等学生学习支持服务工作要到位。坚持"两个到位"，规范了办学，提高了质量，维护了办学声誉。

3）三个注重

三个注重是"注重社会效益、注重学生个性化发展、注重网络教育品牌的树立"。我们将爱国主义教育、传承文化知识、培养学生技能有机结合起来，因材施教，按需教学，根据社会和学生需要制定了网络教育人才培养方案，培养的人才深受各行各业欢迎。

4）四个体系

为确保办学质量，根据网络学习的特点，构建了硬件与技术支撑体系、学习与课程资源体系、综合管理服务体系和质量保障体系，保证了学生学习支持服务各环节的顺畅进行。图 10 和图 11 是学院利用网络系统进行远程答辩。

图 10　学院利用网络系统进行远程答辩 1

5）六项举措

（1）启动"质量工程"，构建办学质量监控保障体系。

建立完善质量监控保障制度。制定了《吉林大学继续教育督学工作办法》《吉林大学继

图 11　学院利用网络系统进行远程答辩 2

续教育指导委员会章程》《吉林大学继续教育违规办学处理暂行办法》《吉林大学网络教育实施过程管理办法》《吉林大学学历继续教育年报年检实施方案》《吉林大学网络教育校外学习中心办学检查考核办法》《吉林大学网络教育办学档案建设的规范要求》等多个质量管理文件，确保办学过程有指导、有依据、有办法、有制约。

(2) 强化学习中心办学督导与监管。

加强对学习中心的办学督导。定期召开学习中心主要负责人会议，要求各学习中心强化质量意识，统一办学思想，规范办学行为，提升对学生的学习支持服务能力。不定期开展学习中心管理人员现场及线上业务培训，明确管理服务流程要求，印制《吉林大学网络教育业务培训手册》，便于学习中心学习和熟悉掌握网络教育各环节工作的要求和操作流程。

建立常态化的质量监督机制。对学习中心实行年报年检制度，对其年报材料进行评审并公示结果，编制年度办学质量报告，不定期对学习中心开展实地办学检查，对有投诉、办学过程存在风险与问题的学习中心实行重点监查、密切跟踪，督促其整改到位。图 12 和图 13 是对学习中心进行评估检查的现场。

图 12　对学习中心进行评估检查 1

图 13 对学习中心进行评估检查 2

图 14 和图 15 是学院召开学习中心工作会议现场。

图 14 学院召开网络教育评估与巡考工作总结会

图 15 学院召开吉林大学网络教育学习中心工作座谈会

(3) 创新人才培养模式,提高网络教育办学质量。

创新教学和管理模式。基于社会需求,制定网络教育全新培养方案和课程体系,着力实现专业设置与产业需求、课程内容与职业标准、教学过程与生产过程对接。

加大网络教育过程学习的支持力度。辅导教师通过学习支撑平台发布导学资料、课程学习重点难点、问题答疑材料汇总、考前辅导，并在课程论坛区对学生学习过程中遇到的问题进行回复并展开讨论。通过学习支持服务平台为学生和教师之间建立了畅通的沟通渠道。

形成过程性评价与终结性考核相结合的学业评价机制。制定了《吉林大学网络教育形成性考核管理办法》，通过学习支撑服务平台的课程论坛、小组讨论、网上作业、课件点播等过程考核方式，提高形成性考核所占比例，有效缓解了工学矛盾，受到学生的好评。

加强人才培养模式改革理论研究。近5年，吉林大学承担继续教育省部级课题17项，校级课题35项。

(4) 加强考试管理，严肃考风考纪。

① 实行远程考试监控视频系统全方位覆盖(见图16)。吉林大学远程考试监控视频系统于2016年8月正式投入使用，对于不具备独立机房及监控设备的学习中心，不允许其继续招生。该系统的启用对于严肃考风考纪，提高办学质量起到了良好的效果。

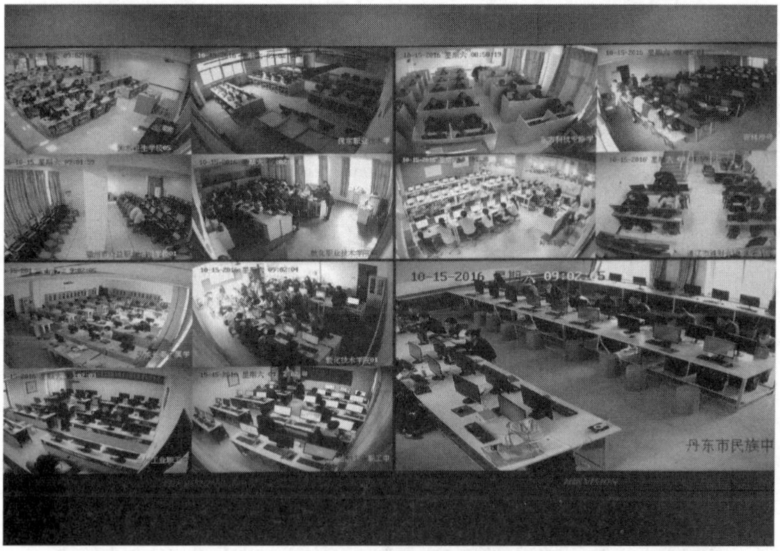

图16　期末考试考场监控画面

② 启动机考考生身份确认系统。新生报名通过手机短信验证，并确定该手机号码在系统内唯一，入学机考限制IP，时间固定，要求通过手机验证和身份证刷卡进入考场，保障了考生信息的准确性。

③ 笔试考试执行考点巡视制度(见图17)。学校巡考人员将笔试课程试卷带到考场进行派发，考试结束后带回。学生必须凭本人学生证和身份证进入考场，巡考人员现场逐一核查学生证件。

课程考试采用网上评卷系统阅卷，在保证成绩准确性的同时，大大提高了阅卷效率，实现了试卷电子存档。

(5) 为学生提供精细的支持服务。

① 大力开展校园文化建设。以提高质量为核心，发挥名校优势，如图18～图21所示，聘请名师参与继续教育教学活动，开展“学子校园行”、举办“继续教育大讲堂”“名家讲座”等系列校园文化活动，为学生提供高质量的学习支持服务。

图 17　期末考试现场

图 18　开学典礼

图 19　继续教育大讲堂

图 20　校园行学员认真听取校史馆老师讲解校史

图 21　校园行学员参观校史馆

② 充分发挥网站信息服务功能。为解决学生在学习过程中遇到的各类问题，招生、注册、教学、考试、统考、学籍等部门对常见问题在学院网站上进行了有针对性的解答，方便学生查阅。

(6) 大力加强资源建设，优化学生学习支持服务系统。

① 强化基础设施建设，为资源建设提供强有力的支撑。如图 22 所示，增建现代化演播室，开发移动资源，构建运行移动学习平台，使学生尽享移动终端的学习便利。引进交互式流媒体录制、开发系统，制作"碎片式、知识点式"微课课件，全面提升网络教育课程建设的整体水平，让学生享受系统化、知识点型、更方便学习的微课课件支持服务。

② 学习支持服务系统和教学平台的配套程序开发建设，为学习中心和学生提供了更好的支持服务。通过升级机考系统，更新注册管理程序和财务平台、教务平台、考务平台、论文平台、学籍平台，实现了毕业生批量审核，异地生甄别、审核、柔性计划、报名手机验证码、异地生单独审核、二学历人工录取、考生多次考试等功能，为入学测试、课程考试、网上答辩、统

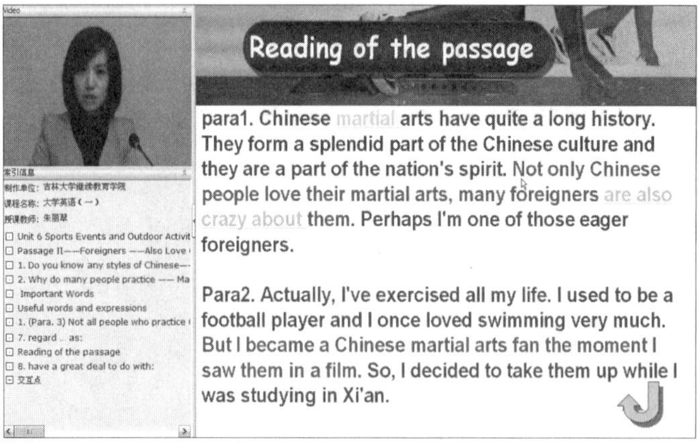

图 22　教师在录制微课

考辅导提供了全方位的技术支持。

③ 开辟了吉林大学继续教育专属（MOOC）平台。与国内最大的中文慕课（MOOC）平台——“清华学堂在线”合作，引入了清华大学部分优秀 MOOC 课程应用于网络教育。开设 MOOC 选修课程，采用参与式、讨论式、案例式等教学方式，实现了在线学堂与继续教育教务平台的对接。

三、面临的问题和困难

回顾过去，我们取得了一定的成绩和经验，也遇到一些问题和困难。主要表现在：

(1) 由于吉林大学网络教育学生人数多、基础差、覆盖面广，因此对网络教育办学质量的监管还要加大力度。

(2) 由于网络教育灵活分散的学习方式，除教学外的活动开展较少。今后要围绕育人这个中心，适度开展丰富多彩的活动，把学生凝聚起来，把学习兴趣调动起来。

(3) 校外学习中心的管理水平直接关系到网络教育的办学质量，因此对校外学习中心管理人员的培训和指导还要进一步加强。

(4) 针对网络教育教学模式的教学改革理论研究不够，投入不足。

(5) 学生诚信教育和校外学习中心诚信体系建设还需加强，要增强学生的社会责任感，树立守信光荣、失信可耻的道德观念；引导学生践约守信，诚实做人。

四、推进网络教育转型提质升级的思路和举措

展望未来，吉林大学面临着良好的发展机遇，也同样面临着严峻的挑战和考验。我们要把握机遇，迎接挑战，更新观念，创新体制，确定发展目标，采取多种措施，推动我校网络教育健康发展。

1. 统一思想，明确目标，推动网络教育健康发展

未来一段时期，吉林大学将始终坚持社会主义办学方向，全面贯彻落实党的教育方针，

主动适应国家战略和经济文化发展需要，坚持立德树人，以改革创新为动力，以质量求生存，凭优势发展，以特色取胜，建立科学的管理体制和激励机制，推动吉林大学网络教育的办学规模、效益、质量、结构协调发展。根据上述指导思想，我们将总的工作目标确立为：到2020年，我校网络教育要在人才培养、社会服务、专业布局、办学质量等方面形成明显优势和特色，在保证质量的基础上，全面提高网络教育的整体办学水平，坚持“价值塑造、能力培养、知识传授”三位一体的育人原则，着力培养适应时代前进和自我发展的需求，能努力践行社会主义核心价值观，具有系统专业知识和技能的高素质人才，为构建终身教育体系、建设学习型社会做出更大的贡献。

2. 继续完善教学质量监督保障体系，确保办学质量稳步提高

根据《国家中长期教育改革和发展规划纲要》的要求，要树立以提高质量为核心的教育发展观，完善教学质量监督保障体系，注重内涵式发展，把提高办学质量作为改革发展的核心任务。发挥名校优势，邀请更多名师教授参与网络教学活动，树立质量意识，强化教学全过程的管理服务，明确质量要求，建立健全质量保障制度，把促进学生全面发展、适应社会需要作为衡量教育质量的根本标准。

3. 开发与建设网络优质课程，提升课程建设水平

加快网络教育优质课程开发与建设的步伐，切实提高网络教育教学资源质量，不断推进优秀的数字教学资源的开放和共享。为推动和完善优质课程的建设工作，吉林大学将继续开展网络优质课程的开发与建设工作，加大优质课建设的经费投入和政策支持力度；更新、改进推出更优秀的教学资源，丰富现有网上教学资源内容，进一步完善网络课程的教学和支持服务模式，加强网络教学支持服务和课件质量监管，提高教学效果，同时带动其他课程的建设，全面提升我校网络教育课程建设的整体水平。

4. 坚持转型发展，全面提质升级

从继续教育发展形势上，学历教育已基本完成高等教育补充功能。2019年秋季，吉林大学将停止专科教育招生。而非学历教育人才培养具有投入少、周期短、见效快的独特优势，是建设人力资源强国的“利器”，已当之无愧地成为构建终身教育体系、建设学习型社会的重要教育形式。我们需加快转型发展步伐，扩大非学历继续教育办学规模，尽快将非学历继续教育作为主业发展。

吉林大学要加快培训教育的发展。继续扩大非学历办学规模，加强培训基地建设，加强与行业、企业、政府合作办学，巩固长线优势项目，积极开发高端培训项目。创新培训模式，加强在线培训教学资源建设。

经过多年的努力，吉林大学网络教育事业已呈现出持续快速发展的喜人态势：办学实力不断增强，社会效益和经济效益不断提高。以较高的办学质量和良好的办学信誉为未来的改革发展奠定了坚实的基础，我校将继续开拓进取，走内涵式发展道路，提高教学质量、管理服务质量和办学效益，争取为学习型社会建设和终身教育体系的完善做出更大的贡献。

东华大学现代远程教育试点工作总结

东华大学是教育部直属、国家"211 工程"、国家一流学科建设高校。学校以习近平新时代中国特色社会主义思想为指导，坚定贯彻党和国家的教育方针，以立德树人为根本，依法自主开展人才培养、科学研究、社会服务和文化传承创新，为国家、上海和行业的经济建设和社会发展提供人才和科技支撑。

2001 年，东华大学经教育部批准成为开展现代远程教育试点的高校之一，同年成立了网络教育学院，负责现代远程教育试点的归口管理和具体运行工作。根据《教育部办公厅关于支持若干所高等学校建设网络教育学院开展现代远程教育试点工作的几点意见》(教高厅〔2000〕10 号)文件精神的要求，东华大学网络教育学院在校党政的领导下，在现代远程教育方面进行积极的探索和尝试，推动现代远程教育工程的进展，以远程教育推进高等教育发展，在校内开展网络教学工作的基础上，通过现代网络技术，向社会提供内容丰富的教育服务。

东华大学自开展现代远程教育试点以来，坚持自主办学，控制规模、保证质量，坚持树品牌，做精品，抓资源建设，重特色的观念，现将开展现代远程教育试点的情况总结汇报如下。

一、通过试点，建立和完善了现代远程教育办学体系

1. 明确办学方向，找准办学定位

东华大学育人工作坚持党的领导，全面贯彻党的教育方针，遵循"以学生的全面发展与成才为中心"的办学理念，秉承"崇德博学、砺志尚实"的校训和"严谨、勤奋、求实、创新"的优良校风，坚持立德树人，把思想政治工作贯穿于教学全过程，培养基础宽厚、实践能力强、具有创新精神和社会责任感的高素质人才。

试点工作开展以来，学校党政领导坚持积极、慎重和稳妥的态度，强调要把握网络教育的发展方向，找准定位，根据学校学科优势，培育自身的特色；明确网络教育要以育人为本，以在职人员的继续教育为主，为建设学习型社会和构建终身教育体系服务。遵照教育部的精神，试点工作根据"继续教育，自主办学"的原则和"积极发展、规范管理、教学改革、诚信服务"的运作理念，加强规范管理，不追求规模，着力提高现代远程教育教学质量，突出办学特色，以服务于纺织服装行业和区域经济发展为办学重点。

学校历次发展规划对包括网络教育在内的继续教育均有明确要求。《东华大学"十三五"规划纲要》提出了"积极开展继续教育和各类人才培训服务，为学习型社会提供继续教育等服务。""努力为社会提供形式多样、高质量的教育培训，现代远程教育等继续教育服务。稳定成人学历教育规模，发展现代远程教育，形成特色明显的继续教育品牌，满足学习型社会发展需求。与各级政府部门、行业系统、企事业单位密切合作，加强各类培训基地、培训中心建设，利用自身学科专业优势，为地方、行业培训专门人才。"

2. 逐步理顺校内管理体制与机制

东华大学网络教育的管理体制和运行机制在试点过程中经历了与成人教育逐步融合的过程。试点筹备期及办学初期，为保证试点各项工作有一个良好的基础，东华大学网络教育学院由分管校领导任院长，同时任命一名常务副院长和一名副院长。自 2002 年年底起，网络教育学院院长由成人教育学院院长兼任，实行"两块牌子，一套班子"的运行模式。2007—2008 年，网络教育学院和成人教育学院在内部机构设置上进一步融合，并完成了资源整合。2010 年，学校第 17 次校长办公会议讨论决定，成人教育学院、网络教育学院组建继续教育学院（网络教育学院名称对外保留）。

作为学校现代远程教育试点的归口管理部门和运作单位，网络教育学院对外负责与上级归口管理部门的联系，对内负责贯彻落实上级的文件精神。除日常管理外，网络教育招生、校外学习中心的设立、收费政策、毕业与学位政策等重大事项都必须报请学校批准后执行。网络学历教育招生方案、录取方案均报校成人高等教育招生领导小组审核后方对外公布。网络教育本科毕业生学位申请名单报相关专业学院学位评定分委员会审核通过后，上报校学位评定委员会。

机构设置方面，东华大学网络教育学院领导班子包括院长 1 名、副院长 2 名。此外，继续教育学院还聘请校内相关院系专家作为专业主任，对网络学历教育人才培养方案进行制定或修订，开展师资队伍建设等。

3. 完备制度建设，坚持规范管理

现代远程教育试点在招生、网络教学、资源建设、学生管理、校外中心管理等方面均具有一定的探索性。东华大学自试点工作开展起，就通过建章立制规范各项工作，明确操作要求。重要制度性文件须由网络教育学院院务会议审议后提交学校，通过后方可公布。网络教育学院内部管理的规章制度由相关部门起草或修订，分管院领导审核同意后提交学院院务会议，通过后正式实行。

试点工作开展以来，东华大学根据教育部总体要求和各项工作规定，通过制定或修订，已建立了相对完善的招生、教学管理、学生管理、校外学习中心的设立和管理、考试管理、资源建设、质量保障等各方面的规章制度，并根据制度要求和实际操作需要，明确关键工作的操作流程，有效地保障了网络教育各项工作的规范性。

4. 加强专业建设，优化师资队伍

东华大学网络教育专业建设严格按照教育部 2016 年发布的《高等学历继续教育专业设置管理办法》要求，对照现行《普通高等学校本科专业目录》及东华大学全日制本科招生专业，对网络教育专业设置进行梳理和调整。2018 年，网络教育停止了专科层次各专业的招生。目前开设有艺术、经管和工科三大类专升本专业，专业设置彰显学校纺织、服装特色。所有招生专业均通过全国高等学历继续教育专业管理和公共信息服务平台进行申报工作，待教育部批复后，方对社会公布招生。

在人才培养目标的设置上，遵照学校本科人才培养的总体要求，网络教育本科各专业的人才培养，坚持贯彻党和国家的教育方针，为社会主义现代化建设服务，为人民服务，与生产劳动和社会实践相结合，培养德、智、体、美、劳全面发展的社会主义事业建设者和接班人。主要培养掌握相关专业基础理论和专业知识，具有良好素养和较强的专业实践能力，掌握相

关领域的工艺和技术的应用型高级专门人才。

网络教育各专业人才培养方案根据专业发展和社会需求，由专业主任、行业专家与教学管理部门共同确定，教学计划开设课程分公共课、专业基础课、专业课。为加强素质教育，培养方案中开设了讲座课程。应用类课程教学设计注重学生实践操作技能的训练，在课程形式、内容、考核方式等方面都侧重学生的动手实践能力培养。人才培养方案和教学大纲在学习总量相对稳定的前提下，实行动态调整。

教师聘任和管理依照《东华大学继续教育学院教师管理暂行条例》执行，坚持"学校专业教师为主，社会其他教师资源为辅，学历教育任务与非学历教育任务相结合"的原则，优先聘任具有高校教学经历，业务基础扎实、教学经验丰富、教学水平高、教学效果好、学生满意度高的教师；实践性教学优先聘用具有较高专业技术水平和丰富实践经验的"双师型"教师或工程技术人员。东华大学特色理工类专业，如纺织工程、轻化工程、高分子材料科学与工程等，均聘请本校专业教师担任课程主讲教师。2018 年，网络学历教育授课教师中，本校教师占 66%，副高及以上职称教师占 57%；聘任助教(辅导教师)80 名，以本校研究生为主。

5. 探索资源建设，推动教学改革

试点工作开展以来，东华大学注重"以人为本、以用为本"，加强教学资源建设，以资源建设推进教学改革发展，引导教师与时俱进，积极参与、适应并充分运用网络教学环境，探索有效的网络教学方法，不断改进课件质量。随着互联网技术的推广应用，东华大学网络教育在信息化、手机化、泛在化等方面也在不断探索。

东华大学网络课程资源建设按照"规范标准、特色优先、分类建设"的原则，坚持以纺织、服装和数字媒体设计为优势领域，突出实践性、应用性和有效性，加强课程思政的引导与融入，构建以职业发展为导向的课程体系。

网络课程以自筹经费、自主开发设计为主。经过多年的实践，东华大学网络教育构建了课程分级建设标准，形成了可持续的课程建设机制和服务模式，坚持标准化、专业化、精品化发展。试点工作初期，我院网络教育课件资源以三分屏课件为主。自 2011 年以来(2007—2010 年我校网络教育没有招生)，我校网络教育对课件资源进行了全面改造，先后建设数字化课程资源 314 门次。由于专业调整等，目前实际使用 194 门，其中数字化高清课程 155 门，占总课程数的 80%。在课程使用的教材中，由东华大学教师编著教材的课程有 31 门。

2016 年以来，东华大学网络教育进一步围绕"以学生为中心的教与学"，以知识点为单元对课程内容进行重构，制作在线课程课件，切实提高了资源建设和教学质量。目前，按照新形式建设的在线课程共 91 门，占总课程的 46.9%。

除网络学历教育课程外，近几年，东华大学网络教育学院服务学校教务处、材料学院、纺织学院、服装学院、管理学院、计算机学院等的网络课程建设，用于申报校级、上海市及国家级精品课程、全英文示范课程等奖项。2017 年，学院进一步联合东华大学教师教学发展中心共同举办在线课程建设与推广研讨会，探索继续教育资源面向校内的共享方式。

如图 1 所示，为满足数字化课程资源建设和更新的需要，近年来，东华大学网络教育学院先后建设了 6 间专业化课程录播室，普遍采用虚拟合成技术、主流 Web 前端开发技术、增强现实技术等，实现了网络课件从试点初期的三分屏、单屏形式向高清数字化演播形式转变，为在线课程资源建设与更新提供支撑和保障。

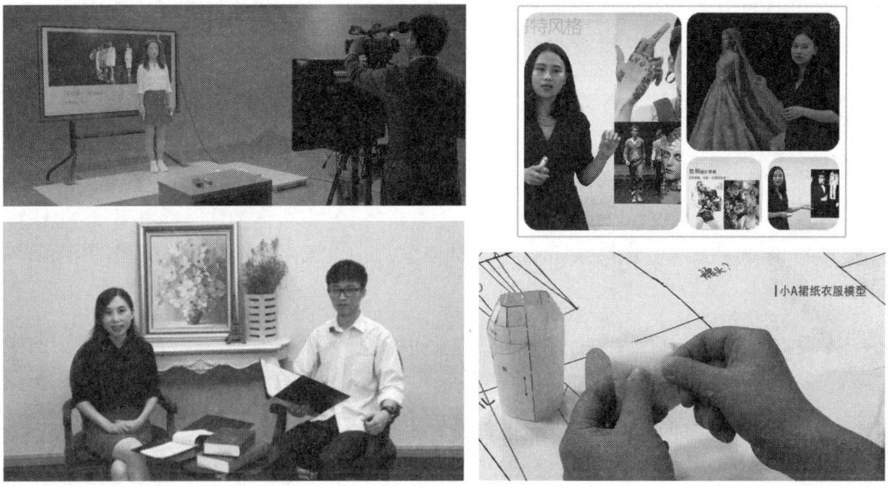

图 1　课程资源建设

6. 控制办学规模，规范招生管理

东华大学网络教育坚持规范管理，不追求规模，保障质量。网络教育招生始终根据学校办学定位及自身办学能力，保持规模适度。自 2002 年试点招生开始以来，网络教育学院动态调整招生人数、专业结构、学习中心结构，招生规模最大时一季招生 3000 余人。2007—2010 年，根据我校继续教育总体调整安排，网络教育暂时停止了招生。2010 年，经校长办公会讨论同意，在网络教育学院和原成人教育学院整合成立继续教育学院的基础上，网络教育自 2011 年恢复招生。

遵照教育部关于现代远程教育试点的招生政策，东华大学网络教育始终坚持以我为主的招生原则，招生权力由学校控制管理，规范开展自主招生。招生简章由网络教育学院统一印制，对外宣传的提法明确为“东华大学现代远程教育招生简章”，格式规范、条文清晰、内容完备。校外学习中心无招生权，只能在我校网络教育学院统一组织下，根据招生工作要求，按照当年招生简章和相关规定，开展招生宣传、生源组织及接受报名等工作。网络教育学院在要求各校外中心进行招生宣传自检自查的同时，也定期抽查各校外学习中心在社会上的宣传手段。2017 年，东华大学网络教育学院为调整生源结构，暂停了全国所有校外学习中心的招生。

招生录取由网络教育学院根据招生简章及相关政策拟定录取分数线和录取方案，报校成人高等教育招生工作领导小组审定通过后执行。录取名单经审批后，报送教育部、上海市教委和其他有关部门备案，校档案馆存档。同时，学生录取信息均按规定按时在教育部网络教育阳光招生平台上报注册。

7. 适当设立校外学习中心，加强管理服务

根据教育部办公厅《关于现代远程教育校外学习中心（点）建设和管理的原则意见》（试行）（教高厅〔2002〕1 号）和《现代远程教育校外学习中心（点）暂行管理办法》（教高厅〔2003〕2 号）文件精神，东华大学网络教育制定了《东华大学网络教育学院现代远程教育校外学习中心设立办法》《东华大学现代远程教育校外学习中心招生管理暂行办法》《东华大学网络教

育学院现代远程教育校外学习中心管理办法》等，分别明确了校外学习中心的设立标准、设立程序、招生规则、管理职责等，以规范和加强校外学习中心的建设与管理。

自开展试点工作以来，东华大学网络教育先后建有校外学习中心14个，分布在上海市、浙江省、江苏省、安徽省、江西省、山东省、广东省和福建省。校外中心重点布局在东、南沿海一带纺织、服装产业集聚的地区，其中一个校外学习中心直接依托纺织企业设立，6个校外学习中心依托纺织服装类高职院校设立。2017年，我校网络教育暂停了全国所有校外学习中心的招生。目前在运行校外学习中心10个。此外，授权奥鹏远程教育公共服务体系招生并有在读学生的校外中心11个。

学校通过管理制度，明确了学习中心的主要职责。为落实校外学习中心各项日常管理工作，加强校外学习中心监督，东华大学网络教育学院定期组织校外学习中心工作布置与培训会议，将开学事务、学期内事务、毕业班事项、期末考试等工作的时间节点、具体要求、平台操作方法等内容发放给各站点管理人员，各站点根据学院要求及考核标准进行学生支持服务与日常管理工作。学期中，网络教育学院相关部门安排人员不定期到校外学习中心沟通交流，检查工作，发现问题后及时沟通。期末考试前召开专门的考务会议，明确相关工作要求。

学习支持服务坚持"以学生为中心"，提供导学、督学、促学服务，贯穿学生就读的全过程，从新生入学指导到毕业，形成持续连贯的全程跟踪服务体系。校外学习中心均有专门的学生管理人员，网络教育学院根据试点以来学生支持服务工作中遇到的各种问题和实际情况不断总结，制定并完善了《东华大学现代远程教育学生支持服务规范》，校外学习中心均按照该规范要求为学生提供全面、专业的支持服务，对学生通过现场、电话、短信、站内信、邮箱等提出的各类问题，提供解答和帮助；针对特殊类型学生主动进行学习进度提醒、作业提醒、考试提醒、报考提醒等。基于多种媒体手段的全程性学生服务体系，有效地保证了各类教学、管理信息的及时传递，答疑解惑，做到既全面覆盖，又关注特殊情况。学生满意度调查显示，在学习支持服务方面，有89％的学生表示满意或非常满意。

8. 有序组织教学，严肃考风考纪

东华大学网络教育严格按照人才培养方案实施教学，教学计划作为教学的总方案，由教学管理部门统一实施，关键环节加强监控。教学计划课程开出率100％，课程配有教学进度表、教学大纲、考试大纲等文件。网络教育课程均为网络授课，学生通过平台内的视频课件，辅以导学复习资料和实时、非实时答疑自主学习，艺术类学生可申请参加实践课程面授，学院统一安排参加成人教育的面授。

学院高度重视考试工作，制定有《考生守则》《学生考试违纪处分规定》《监考人员职责》《考点主考及考务人员职责》《巡考工作细则》等制度性文件。每次考试前均组织召开考务会议，按照各项制度落实考试工作。为严肃考风考纪，网络教育学院通过网站、短信等形式大力宣传诚信考试、诚信做人，对学生进行考前教育，严抓考风、考试纪律。考前对监考人员进行监考培训，明确监考人员工作职责、到场时间、考场操作要求等。考点主考由各学习中心主要负责人担任，积极配合网络教育学院巡考人员工作。

网络教育学院严把出口关，严格毕业论文(设计)过程管理，严抓从选题、开题到论文答辩等各环节。从论文选题开始，要求指导教师与学生定期交流，多次指导，直至论文定稿。学院对所有学位论文均进行论文重复率检测。论文评阅教师根据重复率检测报告和论文内容以及学生平时的表现，决定是否允许学生参加答辩。一旦发现学生学术作假，将取消其答辩资格，情节严重的按照违纪处分办法进行相应处理。毕业管理严格按照学籍管理规定执行，毕业要求明确，可操作性强。图 2 为 2018 届网络本科毕业生学位授予仪式。

图 2　2018 届网络本科毕业生学位授予仪式

9. 加强过程监管，完善质量保证体系

规范管理、保证质量是现代远程教育试点健康有序开展的根本。东华大学自试点工作开展以来，秉持依法办学、治学的理念，不断加强组织领导，牢固树立服务意识，严格规范管理，重视教学质量，逐步在组织建设、专家建设、过程监控等方面建立和完善人才培养质量保证机制。

（1）“学校—学院—部门”三级内部质量管理机制。学校层面上，继续教育学院由学校分管人才培养的副校长领导，重大事项须报请学校批准后执行。学院层面制定了体系完备的网络教育管理制度。部门层面专门成立了教学研究与质量控制中心，独立于学历与非学历教育管理部门之外，负责教学督导管理、教学资源质量管理、学习站点监控、教学评估方案制定与落实等。网络教育招生全程在校成人高等教育招生工作领导小组监管下进行。

（2）“教学督导—专业主任—教学资源专家”的专家督导体系。教学督导主要负责对教学过程常态进行检查，诊断和发现问题并及时反馈，为教与学的改进提供指导和建议。专业主任主要承担网络教育各专业与课程建设任务，授课教师推荐与授课水平把关。教学资源专家负责在线课程资源建设研究、规划、指导、评审等工作。

（3）“两抓三严四评”的教学质量管理模式。“两抓”即抓好学生的思想政治和文化素养教育；抓好教学管理。“三严”即严格教学过程的管理，严格学生网络学习管理和课程考核、考试，严肃考风考纪。“四评”即教学督导评教、专业主任评教、学院干部评教和学生评教，以评促教，以评促改。

（4）定性与定量相结合的教学资源质量评估体系。制定了在线课程建设规范和评价指标，定期组织教学资源专家、学院干部对在线课程进行研讨会式的定性评价和问卷式的量化评估。

（5）高效严密的学习中心质量监控体系。网络教育学院对校外中心招生宣传严格要求，校外中心必须统一按照我校网络教育学院发布的《招生简章》内容进行宣传，明确规定不得有超出《招生简章》的不实宣传和虚假承诺。网络教育学院定期派教学督导和学院管理人员前往学习中心实地检查办学管理等各项工作，建立学习中心工作例会制度，并定期提供人员培训。

二、试点以来，赢得良好的社会评价与品牌声誉

试点工作开展以来，东华大学网络教育在规范管理、资源建设和支持服务等方面积极尝试，不断探索，人才培养工作得到了学生、用人单位的广泛认可，特别是通过发挥纺织、服装专业优势，采用网络教育手段服务于纺织、服装行业企业人力资源开发，助力企业可持续发展，东华大学网络教育得到行业企业的一致好评，赢得了良好的声誉，与一些纺织服装企业进行了多次人才培养合作，网络教育毕业生遍布东、南沿海地区的纺织、服装产业集聚区。图 3 和图 4 为学生作品展。

图 3　上海纺织服饰博物馆学生作品展

图 4　“美在东华”杯学生作品 T 台秀

根据 2018 年进行的学习满意度相关调查，学生对学校的总体印象表示满意，大部分学生有意愿继续在本校深造或推荐他人就读。85％以上的学生对继续教育课程和教学、学生支持服务、收费和奖学金安排等满意或非常满意，学生对学校形象评价较高，学生忠诚度近

90%。83%的学生对校园环境和网络教学环境满意或非常满意。

根据用人单位对毕业生的评价调查，对毕业生职业素质非常满意的达 85%。对毕业生的专业知识评价总体满意度达 95%，而对组织管理能力、文字表达能力评价相对较低；工作贡献方面，对毕业生的工作业绩满意度达 97%。有 90%的用人单位对毕业生有升职或加薪。

东华大学教师通过参与网络教育教学资源建设和网络教学，不仅自身教学信息化水平有所提高，对网络教学的认知水平也普遍得到提升。围绕“以学生为中心的教与学”，从思想上转变了教师课堂搬家的传统录课思维，使教师在课件资源建设上注重教学设计，重新编排课程体系，精炼并视觉化呈现教学内容，注重学生学习体验。近几年，东华大学网络教育先后两次在全国性微课程大赛中获得 5 个奖项。学校教务处与各专业学院依托远程教育平台制作课程资源，用于申报校级、上海市及国家级精品课程、全英文示范课程等奖项，深受教师欢迎。

三、通过试点，积累了现代远程教育办学经验

1. 通过试点，以网络教育服务经济社会发展和终身教育体系与学习型社会建设

网络教育是新技术条件下继续教育发展的新形式，东华大学通过试点，积极探索，以网络教育不断丰富继续教育、终身教育的内涵，提高继续教育服务社会、辐射行业企业的能力。自试点开展以来，东华大学网络教育累计为社会培养本、专科毕业生 12 221 人，他们中有投身大都市建设的优秀农民工，有自强不息探索创业之路的设计师，有各类国有企业、民营企业的技术带头人、营销骨干。他们遍布各行各业，各类岗位，通过网络教育，为自己的职业发展打下了更加深厚的知识基础，增强了自主学习的能力，在学习型社会中具有更强的适应力，从而能够为经济社会发展做出更大的贡献。近几年，东华大学网络教育先后各有一名学生荣获全国“百姓学习之星”荣誉称号和上海市十佳学习标兵荣誉称号，共 17 名学生先后荣获上海成人高校“优秀学员”荣誉称号。图 5 为上海成人高校“优秀学员”颁奖仪式。

图 5　上海成人高校“优秀学员”颁奖仪式

2. 坚持立德树人，注重新媒体传播，弘扬正能量

东华大学网络教育始终坚持高校立德树人的育人宗旨，大力倡导“美在东华”的教育理

念。认真贯彻执行全国高校思想政治工作会议精神，不断加强课程思政，努力使思想政治工作贯穿网络教育教学和管理的各个环节。如图 6 所示，学历教育课程体系还逐步增设了拓展课，结合素质教育需求及东华艺教传统，发挥微博、微信等新媒体手段在思想政治教育中的宣传作用，创新文案风格，传递高校的理性与知性，体现东华美育特色。

图 6　网络新媒体传播正能量

3. 聚焦学科特色，服务行业企业，培育继续教育品牌

东华大学网络教育始终注重依托学校学科特色和优势，开发优质资源，服务纺织服装行业企业。为适应新形势下高校继续教育转型发展的需要，我校网络教育学院进一步以社会需求为导向，学历教育先后与安徽、山东、福建、江苏、浙江、广西等地纺织服装产业集聚区企业合作，订单式培养人才，为企业一线工人、技术人员、管理人员的学历提升提供教育机会，

使他们能够工学兼顾，学以致用。非学历教育以“全国纺织服装师资培育与专业发展中心”和“全国纺织服装企业人才培训中心”等为平台，受政府、行业协会、企业等委托，不定期开展高端研修课程。该类课程聚焦企业和政府未来的创新、市场、品牌、人才、技术等核心战略问题，帮助政府和企业高级管理人员在专业化和国际化的大潮中精准定位，实现产业升级、转型、并构、创建新的价值链。

艺术教育一直以来秉承“发现美、追求美”的艺术教育理念，打造多元的学生展示空间。通过出版作品集，举办学生作品展、动态服装秀等形式，为学生展示专业技能，极大地激发学生创新创作热情提供了良好的平台。服装培训项目根据行业发展逐步建立起系统化、阶梯化的课程体系，注重理论与实践教学相结合，提高实战能力，充分与市场接轨，培养企业亟须的既懂理论，又有良好动手实践能力的高级人才。图 7 为优秀学员作品展示。

图 7　优秀学员作品展示

依托学校的纺织服装学科特色，东华大学网络教育践行服务行业企业的办学方向，注重应用型特色人才培养，学历和非学历教育在纺织服装行业树立了良好的社会形象，服装教育有稳定良好的生源，东华大学网络教育也在纺织服装学科建立了相对成熟的网络教学体系。截至 2018 年 12 月，纺织服装艺术类专业共计培养学生 1611 名，其中大纺织类专业培养学生 838 名。学生的主要培养方向为掌握相关专业基础理论和专业知识，具有良好素养和较强的专业实践能力，掌握相关领域的工艺和技术的应用型高级专门人才。网络教育先后毕业的纺织服装类学生在各自的工作岗位上为行业服务，成绩斐然。例如，福建七匹狼实业股份有限公司罗龙祥同志帮助企业不断创新科研，参与的十个科研项目被评为“国内领先”水平；山东岱银集团李广军同志在研发领域做出的贡献为集团创收超过 56 亿元；安徽华茂集团的舒畅同志先后荣获中国棉纺织行业“传承大工匠”、中国纺织大工匠、中国纺织行业设备维修大工匠和中国设备工程大工匠等；江苏联发纺织股份有限公司向中林同志先后获得国家级、省市级专利优秀奖、科技进步奖和优秀论文奖；狮爵艺术设计机构创始人兼摄影艺术家林旭峰同志凭借丰富的色彩创意搭配时装拍摄，在摄影事业上有着独特而深沉的追求，曾担任世界文化大会艺术总监，联合国海洋大会东方艺术纽约联展艺术总监等。

4. 推动教育教学与管理的信息化，提高教师网络教学能力

试点的过程也是引导教师、管理人员逐步认识网络教育、掌握网络教育规律的过程，其中网络教学和管理环境以及网络课程资源是网络教育必不可少的组成部分。试点开展以来，东华大学网络教育学院积极开展网络教学与管理平台的研发，在功能上不断完善平台设计，根据互联网技术、计算机技术和网络教育自身的发展不断更新平台应用，网络教学与管理平台先后经过 4 次重大的改版调整，目前已建成功能完备、界面友好的网络教学与管理环境。随着移动通信技术的发展，东华大学网络教育与时俱进，开发了“指尖东华”App，真正实现了移动学习、碎片化学习，学生在移动端的学习记录可以与平台数据同步。

根据新媒体技术的优势和网络学习的特点，东华大学网络教育学院积极引导教师分析网络教学特点和学生认知规律，开展基于网络的教学设计，参照慕课的设计理念，以学生为中心，以知识点为单位组织教学内容，精炼并视觉化呈现，注重学生学习体验。在使教师逐步熟悉掌握网络教学规律的同时，东华大学网络教育也建立起了包括《在线课程建设方案》《在线课程建设流程》《在线课程评价指标体系》等在内的一系列制度，并积累了一批在线课程资源，所有网络教育课程均有配套网络教学课件。随着数字化高清技术的发展，我校网络课程资源也分期分批进行了升级，目前数字化高清课件占在用课件资源的 80%。

5. 网络教育资源面向校内、社会开放服务，积极推进资源共享

一直以来，网络教育学院的在线课程资源与全校其他学院共享。校内教师在网络教育学院完成在线课程建设后，可将授课课件用于全日制教学。网络教育学院邀请计算机学院教师主讲的“信息系统与数据库技术”在线课程，于 2017 年在“中国大学 MOOC”网上线，不仅面向校内学生，也向社会开放，至 2017 年年底共有近万人参加学习。

近年来，东华大学通过网络教育学院已建成网络教育精品课程资源共享课 1 门、上海市精品视频公开课 1 门、上海社区课程资源建设与共享精品课程 6 门，开展“美在东华 乐在微课”系列微课累计达 100 余讲次，配合本校各学院与其他高校建设课程累计达 70 余讲次，从而达到了满足院内、服务本校、共享外校、支援社区的目标。

6. 通过试点带动网络教育、继续教育科学研究

东华大学网络教育、继续教育科研工作一直以宣传继续教育、终身教育思想，指导并推进相关实践发展，繁荣学校网络教育、继续教育、终身教育事业为目标。试点过程中，网络教育学院先后参加了教育部、上海市教委网络教育、继续教育课题研究十余项，相关研究成果获得全国纺织工业联合会、上海市成人教育协会等的奖项，在积累了成果的同时，也有效地通过研究指导了网络教育实践工作的开展。2012 年，学校成立了东华大学终身教育研究所。近年来，研究所主要开展了学历、非学历在线课程及微课程的设计与研发、教学研究，在线资源质量监管与评估，校外站点质量监控等相关教研工作。2017 年，研究所共计 8 个 2015 年度课题项目顺利结项，内容包括继续教育的资源建设、社交媒体合作学习、大数据分析、人才培养、政校企合作等。此外，东华大学终身教育研究所还承担了上海市教委委托课题。

四、需进一步探索的问题

1. 需进一步提高认识，充分重视网络教育在推动高校教育教学改革中的重要作用

网络教育是现代信息技术迅速发展并不断普及化背景下的产物，是信息时代高等教育新的发展空间和教学形式。试点工作的开展有效地提升了东华大学继续教育进一步服务社会的能力，使继续教育可以面向在职人员提供更为灵活弹性的高等教育机会。同时，也应看到网络教育的应用在推动高校教学与管理信息化方面的重要作用。网络教育为教师提供了开展网络教学的现实空间，对转变教师观念，推动高校教育教学改革的作用不容忽视，学校需进一步提高认识，增加投入，切实保障网络教育的健康持续发展。

2. 网络教育人员队伍专业化水平需进一步提高

当前，网络教育技术发展迅速，社会对网络教育的需求也越来越多样化、个性化，同时，网络教学活动的开展也有其特殊的规律，对教师教学能力的要求有不同于传统课堂教学之处。这些都是网络教育教学与管理人员面临的挑战，要求网络教育队伍建设应保持可持续性和相对稳定性，不断加强业务学习，不断提高工作水平。同时，需进一步通过有效激励政策，提高教师参与网络教育教学改革的积极性，加强教学研讨和对不同类别教师的分类指导，从而整体提高网络教育人员队伍的专业化水平。

3. 教学质量保障与监管措施有待进一步完善

网络教育需进一步完善教学质量保障体系，加强落实，形成全员参与的合力。不断探索网络教育教学规律，加强教学设计研究，探索网络教学的科学有效的评价方式和评价指标。同时需要改进学生网上学习行为监控，使网络教学效果真正体现在学生有效的学习行为上。

4. 需进一步加强规范管理，提高依法办学能力

网络教育发展迅速，面向社会大众，在办学过程中，学生权益和办学机构权益均应在合法的框架下得到保护，这对办学机构自身的依法办学能力也提出了更高的要求，需要在今后的办学过程中在注重学生管理规范性的同时，进一步强化依法管理的理念，规范操作流程，提高依法开展工作的能力，做到有法可依，有法必依。

5. 发挥学校学科优势，助推行业、企业发展力度需进一步加强

试点过程中，东华大学网络教育在服务纺织服装行业培养人才方面虽取得了一些成绩，但仍需进一步探索加强与行业、企业合作的有效途径，加强行业需求调研，利用好纺织服装行业平台，从而提高行业服务能力。

五、推进网络教育转型提质升级的思路和举措

1. 对标新时代“办好继续教育”的总体要求，坚持立德树人，加强思想政治教育

坚持以习近平新时代中国特色社会主义思想和党的十九大精神为指导，深刻领会全国高校思想政治工作会议精神和全国教育大会精神，以学校“十三五”规划为指导，在校党委的领导下，在网络教育过程中坚持立德树人，以学生为本，致力于培养基础宽厚、实践能力强、具有创新精神和社会责任感的高素质人才。

以社会主义核心价值观为引领，弘扬高尚师德师风，探索网络教育思政工作模式，引导广大教师以德立身、以德立学、以德施教，努力实现知识传授与价值引领的有机统一。

结合网络教育远程学习和成人业余学习的特点，在网上学习平台构建和完善思政专题版块，引导教师进行学科德育，充分发挥新媒体的优势，以多种形式开展学生思政工作。

2. 规范管理与内涵建设并举，处理好规模、质量、结构、效益的关系

通过加强规范管理，增强依法依规办学能力。健全行政管理、招生考试、教学管理等制度，在学生学籍管理、教师聘任、学生奖学金制度、教师评优奖励、学术诚信等方面的管理做到有法可依，管理过程规范。根据管理规章制度优化工作流程，操作要求明确，提高可操作性。

通过加强内涵建设，不断提高人才培养质量。结合网络教育的社会需求和成人学生特点，加强教学体系设计，适时调整和完善人才培养方案，加强应用型人才培养。加强教师培训，促进教师了解成人学生、更新教育理念、掌握现代教育技术，提高教师网络教育的教学能力。

进一步拓展网络学历教育招生多元渠道，优化专业结构，保持网络教育中长期发展的适度规模，创新招生宣传的方法与渠道，做好互联网新形势下的招生宣传。深入纺织服装产业集聚区，重点开拓区域性、行业性合作项目。增强项目内涵，联系实践基地，开拓第二课堂，以优质的人才输出赢得市场。保持网络教育规模、质量、结构、效益的平衡，以平衡求可持续发展。

3. 完善网络教育办学体系，以优质的教育资源和服务提高网络教育服务社会的能力

完善支持服务体系，提升学生管理服务水平。完善对学生的个性化精准服务，从细节着手，加强学习过程的督学促学工作，将学生支持服务中需要主动提醒的关键事项、提醒对象细化，提升管理服务水平。推进学生学习平台改版，新平台力争给学生带来更加人性化、友好便捷的访问体验。

完善课程体系建设。进一步梳理各专业教学计划，依据学科和专业特点，评价、精选优质课程，不断优化教学计划，形成紧跟时代发展，贴近职场需求和成人学生学习需求的课程体系。

加大优质数字资源开发，丰富课程资源类型，打造精品课程。坚持以学生学习为中心，强化教学设计，推进网络教育在线课程资源的高清视频改建；重点依托学校特色优势专业，参照慕课建设要求，进一步设计开发学校、学院特色课程资源。

构建信息化基础设施新环境，促进网络学习和移动学习的衔接融合。改进网络学习环境，在界面设计和功能设计上更符合网络学习特点，提升学生的网络学习体验。完善指尖东华 App，进一步构建随时随地的学习环境，使移动学习更便捷、可靠。

4. 完善网络教育质量监控与激励体系，保证人才培养质量

优化“同行专家评价、督导评价、教师自评、学生评教”学历教育教学质量监控体系；建立数字教育资源评价与审查制度；加强校外学习中心的质量管理。通过核心价值观宣传、评优奖励、诚信系统建设等引导教师致力于教书育人，学生笃实求学、诚信立身。

面对新时代，东华大学网络教育将积极落实十九大报告对继续教育提出的“加快建设学习型社会，大力提高国民素质”的要求，落实全国教育大会精神，以学校第十次党代会和“十三五”规划为指导，以内涵建设为主要任务，统筹各类教学形式、完善课程体系、推动教育资源的融合与共享，立足上海、服务全国，服务终身教育。

中国地质大学(武汉)现代远程教育试点工作总结

2000年11月,中国地质大学(武汉)向教育部上报了《关于成立中国地质大学网络教育学院及开展远程教育的可行性论证报告》,教育部于2001年6月15日批复学校可以开展现代远程教育试点工作,并要求"抓好网络教育学院的建设,加强现代教育技术的研究与应用,加快教学资源的建设,探索适应现代远程教育需要的人才培养模式和教学管理的机制"。

自2001年试点以来,学校严格按照教育部要求,不忘试点初心,牢记使命,坚持立德树人,重视顶层设计,明确办学定位,发挥优势特色,切实加强管理,规范办学行为,严格教育管理,试点工作取得了显著成绩,积累了宝贵经验。

一、试点工作基本情况

(一)加强顶层设计,全面统筹推进

中国地质大学(武汉)党委行政高度重视现代远程教育工作。自试点启动以来,始终坚持将现代远程教育纳入学校整体规划,融入学校"十五""十一五""十二五""十三五"事业改革与发展总体规划中;始终坚持将现代远程教育纳入学校年度工作要点,努力实现学校现代远程教育发展的一脉相承、统筹推进、循序提升。归纳起来,学校现代远程教育的发展可以概括为启动建设、规范发展、质量提升3个阶段,即将进入新时代发展新阶段。

1. 启动建设阶段

学校于2001年6月15日获教育部批准可以开展现代远程教育试点工作,在当年的《"十五"事业改革与发展总体规划》中,着力构建现代远程教育试点工作的办学体系,提出"要加强校园网建设及管理,建成以校本部为中心辐射鄂州大学、沙市大学、深圳虚拟大学等教学点的网络教育体系"。2006年,学校现代远程教育试点工作的办学体系初步构建,规范办学、稳步提高教育教学质量成为首要任务。在《"十一五"事业改革与发展总体规划》中,学校提出"重视对网络教育、成人教育的指导和监督,使其规范办学,稳步提高教育教学质量"。

2. 规范发展阶段

经过10年发展,到2011年,学校现代远程教育已初具规模,形成了比较完整的办学体系,在2011年《"十二五"事业改革与发展总体规划》中,学校对现代远程教育赋予了更高的使命,提出了更具体的要求,即"构建以服务建设终身学习型社会为己任的远程与继续教育模式""稳步发展学历继续教育""鼓励全日制优质教学资源向非全日制在校生开放,加大对国家网络精品课程的建设力度,完善和更新现有专业的教学资源""重点抓好教师远程教学能力建设、支持服务能力建设、教学与学习档案库建设、校外学习站点建设,规范管理,完善继续教育质量评价体系与激励机制"。

3. 质量提升阶段

现阶段，面对国家改革发展对人才培养的整体要求以及国土资源行业转型中对人才结构和专业布局调整的新需求，学校在《"十三五"事业改革与发展总体规划》明确提出"完善继续教育体系，为国土资源等行业提供人才支撑"的发展要求，并制定了《继续教育"十三五"发展规划》，明确了继续教育工作的指导思想、办学定位、发展目标和保障措施。

2018年9月10日，习近平总书记在全国教育大会上的重要讲话，站在新时代党和国家事业发展全局的高度，对新时代教育工作做出了重大部署，为新时代办好现代远程教育指明了前进方向，提供了根本遵循。学校认真贯彻落实全国教育大会精神，进一步明确了新时代现代远程教育发展新阶段的总体办学定位：坚持社会主义办学方向，落实立德树人根本任务，遵循思想政治工作规律，遵循成人教育规律，依托学校学科专业优势，充分利用"互联网+"教育手段，建立完善的现代远程教育质量保障体系，培养德、智、体、美、劳全面发展的社会主义建设者和接班人。

（二）统一归口管理，加强制度建设

1. 写入学校章程

2015年3月，教育部核准颁发《中国地质大学（武汉）章程》。"兼顾继续教育""稳步发展继续教育""完善包括现代远程教育、成人教育、高等教育自学考试和非学历培训在内的继续教育体系"，明确写入学校章程。

2. 强化领导责任

在党委统一领导下，学校明确一位校领导分管学校继续教育工作，每年定期召开继续教育工作会议，讨论学校继续教育发展，解决具体问题。学校校务会议还对继续教育发展的一些重大问题进行专题研究和决策，确保继续教育工作的可持续发展。

3. 设立专门机构

学校于2001年6月15日获教育部批准可以开展现代远程教育试点工作，当年6月即成立网络教育学院具体实施试点工作。2007年7月，学校将网络教育学院和成人教育学院合并成立远程与继续教育学院，统筹管理学校网络教育、成人函授、成人自考以及非学历培训工作。

4. 明确机构职能

远程与继续教育学院是学校唯一的学历继续教育办学单位，其他学院和机构均不得举办学历继续教育，但须配合做好各项相关工作。现代远程教育校外学习中心协助做好相关授权后的管理服务工作，业务上接受远程与继续教育学院的领导。远程与继续教育学院既是管理单位，又是办学实体单位。

5. 规范办学制度

建章立制是保障现代远程教育试点工作规范运行的长效机制。学校在试点之初就制定了相关的规章制度，包含站点建设、招生、教学和课程资源建设等方面，现历经2008年、2014年和2018年3次集中修订与完善，已涵盖现代远程教育各个环节，内容分为综合管理、站点与学习支持服务管理、招生与学籍管理和教育教学管理4个主要方面。

6. 强化制度执行

在实际办学过程中,学校严格执行各级管理规章制度,确保各项工作运行规范、有序。截至目前,针对不同程度不规范的 23 个学习中心分别给予了通报批评、限制招生、暂停招生和终止合作等处理。

(三) 优化学习中心布局,构建有效管理机制

中国地质大学(武汉)现代远程教育按照"服务经济发展,合理均衡布局"的原则,在突出学校办学特色的基础上立足行业,兼顾基层,审慎选择合作办学单位。

1. 优化学习中心布局

学习中心是学校办学空间的延伸,是现代远程教育办学环节的重要节点。学校学习中心建设经历了探索、发展和规范等阶段,学习中心新建从"快速扩张"走向"精心布局",学习中心管理从"摸索尝试"走向"明确规范"。目前,学校有在校生的学习中心 75 个,2018 年秋季开展招生的学习中心 55 个(见表 1),分布在全国 24 个省、市和自治区。

表 1　2018 年秋季招生学习中心分布情况

所属省份	数量	所属省份	数量
安徽省	1	河南省	1
甘肃省	1	黑龙江省	2
广东省	2	湖北省	5
广西壮族自治区	1	湖南省	2
海南省	1	吉林省	1
河北省	4	江苏省	3
辽宁省	1	陕西省	1
内蒙古自治区	1	上海市	1
宁夏回族自治区	1	四川省	3
山东省	4	新疆维吾尔自治区	2
山西省	5	云南省	3
浙江省	6	江西省	3

2. 完善学习中心有效管理机制

一是成立站点管理部门,具体负责学习中心的新建、管理、评估与指导工作,针对学习中心不同阶段实施有效管理。学习中心的建立,要求"优中选优、合理布局",综合评估合作单位的办学资质、办学条件后,进行实地考察,达到学校设点要求,由学校最后签订办学合作协议。学习中心的管理,要求"规范办学、保证质量",学院各部门加强沟通协作,注重过程管理,促进学习中心高效有序运行。学习中心的评估,要求"聚焦问题,整改到位",以数据为依据、以问题为导向,找出真问题,拿出实举措,达到以评促建、以评促管、以评促改。**二是**持续优化管理流程。初步形成"设立-管理-评估-反馈-整改"的管理闭环,促进学习中心管理水平

迭代升级，同时建立学习中心“退出补进，总量控制”的管理机制，评估不合格的学习中心坚决予以淘汰。为进一步加强学习中心内涵建设，学校不定期举办业务人员培训会、分区域学习中心座谈会等，持续加强对学习中心工作的有效管理和指导。

（四）把好“出入口关”，保证人才培养质量

1. 高度重视“出入口关”

中国地质大学（武汉）高度重视现代远程教育“招生关”和“毕业关”，要求严格把握质量，做好风险防控。学校现代远程教育招生工作密切结合办学实际，以保证学校现代远程教育可持续发展为目标，紧扣规范办学这个永恒主题，切实加强和规范招生工作各环节，贯彻强化管理与重点监督同步落实的原则，尤其强调招生风险防控，从招生工作流程中查找可能存在的风险和风险表现形式，并加以防范控制，惩防并举，注重预防，保证招生规范。

2. 强化规范招生

目前，学校现代远程教育已经形成“事前有要求，事中有监管，事后有总结”的招生管理机制。招生开始前，发布专门文件，召开专题会议布置招生工作；招生过程中，采用数据观测、电话回访和实地走访等形式，监控学习中心的招生动态，发现问题及时处理；招生结束后，详细分析各个学习中心的招生情况，形成招生总结，提出改进方案。

近几年招生工作中，学校采取了调控招生计划，调整生源结构，新建人脸识别系统、大数据呼叫平台等一系列措施和手段，保障招生工作规范运行。学校近 10 年现代远程教育每季招生人数平均值约为 9 500 人，规模适中（见图 1）。

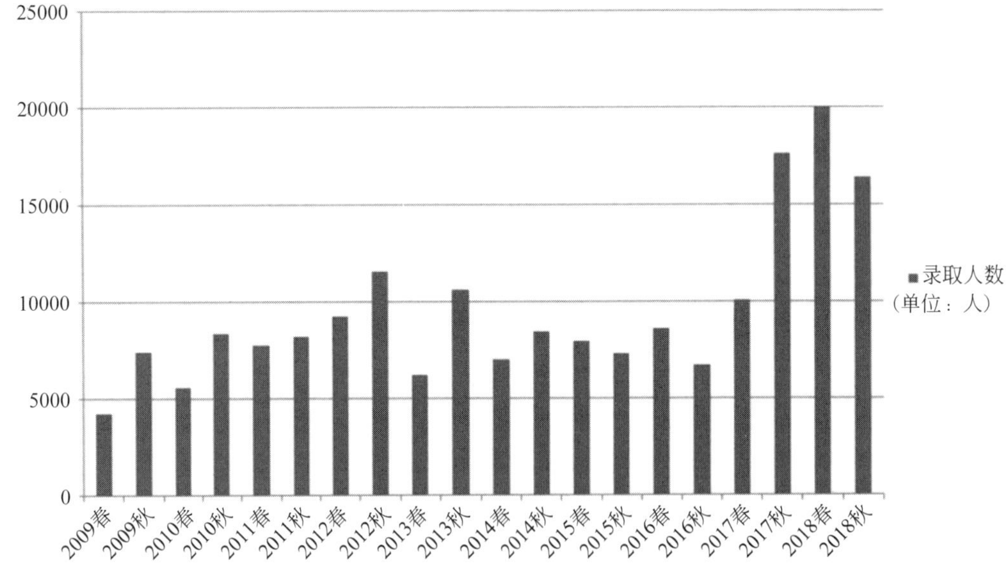

图 1 近 10 年现代远程教育每季招生情况

3. 确保毕业质量

毕业“出口关”体现学校教育质量，学校依据国家有关规定和学校人才培养质量要求制定了现代远程教育毕业标准和学位授予标准。具有中国地质大学（武汉）网络教育学籍，并

且在不少于学制规定时间内,修满教学计划规定所有学分的学生,完成毕业论文(设计)撰写和答辩,经严格审批程序,通过者才能获得中国地质大学(武汉)网络教育毕业证书。本科生达到学位授予条件,经个人申请,学校学位委员会审批,通过者才能授予中国地质大学(武汉)成人学士学位。开展现代远程教育试点工作之初,学校采取"人机混合"的方式审核学生毕业条件,2010 年以后全部采用计算机审核学生毕业条件,杜绝人工操作造成的偏差。

(五) 依托学校优势资源,提升教育教学质量

中国地质大学(武汉)充分依托学科、专业和资源优势,积极做好现代远程教育专业体系、课程体系、教学资源和教师队伍等建设工作。

1. 聚焦优势学科办好特色专业

试点工作开展以来,学校现代远程教育专业教学计划经历 4 次调整与修订。2018 年,按照教育部《高等学历继续教育专业设置管理办法》的要求,进一步聚焦优势学科,结合应用型人才培养目标,针对原有专业做了系统的调整与优化,目前设置有现代远程教育专科专业 16 个、专升本专业 20 个、高起本专业 2 个。学校现代远程教育教学计划由远程与继续教育学院、教务处和相关学院等单位共同制定,经学校远程与继续教育教学指导委员会审核通过后,正式颁布执行。

2. 着力加强学习资源建设

学校现代远程教育课程体系与教学资源建设经历了 3 个阶段:早期以购买课程、自建三分频视频课程、出版含有配套纸质教材的网络课程资源包为主,满足学员基本学习需求;中期以国家级网络精品课程建设为契机,自建符合 CELTS-9 标准的网络课程,为学生提供内容体系完备、表现形式多样的学习资源,满足学员在线学习需求;现阶段主要建设符合 SCORM 标准的 5 类在线学习资源,满足学员多终端学习需求。截至目前,学校已建设完成 472 门优质课程学习资源,其中 2 门入选国家网络教育精品课程,上线的课程资源总量共计 1.5T。

3. 形成稳定教师队伍

学校现代远程教育经过多年的教学实践,已经形成了稳定的教师队伍。目前,主讲教师 245 人,论文指导教师 1701 人,论文评阅教师 388 人。主讲教师中正高职称 47 人,占 19%;副高职称 113 人,占 46%;中级及以下职称 85 人,占 35%。主讲教师中博士 143 人,占 58%;硕士 73 人,占 30%;学士及其他 29 人,占 12%。无论从学历结构,还是从职称结构看,学校现代远程教育师资队伍都能够胜任教学及相关辅导工作,能够确保教育教学工作的顺利实施。

(六) 细化考务管理流程,狠抓考风考纪

学校现代远程教育一直狠抓考风考纪建设,坚持课程考核工作的规范化管理。每次期末课程考试前,都召集所有学习中心负责人、考务管理和监考人员专门召开考试工作布置会议,强调考风考纪。考试组织采用信息化管理手段,利用管理平台自动完成考场编排、考试数据生成等工作,考务管理人员根据管理平台生成的数据印制、发放试卷,安排监考、组织巡考,确保过程严谨、规范。考试实施过程中,采用主考负责制,主考由各学习中心依托单位法

人代表担任，要求主考必须落实各个考务管理环节，选聘、培训考务工作人员，做好试卷保密管理，杜绝重大责任事故。同时，期末课程考试期间，学校均派出巡视人员，实地检查、督促考务工作，确保考试组织的安全、规范、有序。

中国地质大学（武汉）是采用信息化评阅远程教育期末课程考试试卷最早的学校之一。远程教育期末课程考试采取信息化扫描答题纸，统一网上阅卷，要求教师按照评分标准公正、科学地评阅试卷，确保成绩客观、真实。每学期考试结束后，均对考试成绩、缺考率等有关情况进行数据分析和问题查找，以促进考试工作的不断改进和完善，同时召开专门的考试工作总结会议，对存在问题的学习中心按照制度给予相应处理。

（七）坚持高质量办学，赢得良好社会声誉

1. 坚持高质量办学

学校现代远程教育秉承“以学习者为中心”的教育理念，为学生提供高质量的教学资源和高效率的学习支持服务，以企业和社会人才需求为导向，主动适应经济社会发展变革需求，办学质量不断提高，获得了广泛的社会赞誉和用人单位的好评。

2. 多次获得表彰奖励

学校远程与继续教育学院先后获得上级主管部门和行业协会颁发的“湖北省高等教育学历证书电子注册管理工作先进集体”“中国十佳网络教育学院”“最具社会影响力网络教育学院”等称号。

3. 行业企业、用人单位给予较高评价

社会用人单位对学校毕业生的个人素质、敬业精神、工作责任心、适应工作能力、团队合作精神等方面的评价满意度比较高。例如，德州热力公司认为，学生通过学习成为适应企业发展的高素质技能人才，成为企业不可或缺的业务骨干；冶金工业部华东勘查基础工程总公司认为，毕业生的业务素质和工作能力有了很大的提高，工作突出、业绩显著。

4. 学生对学校现代远程教育的满意度较高

2018 年 5 月，远程与继续教育学院随机调查学生满意度，回收问卷 1819 份，其中 67.95% 的学生表示很满意，24.68%的学生表示满意。2018 年 6 月至 2018 年 10 月，远程与继续教育学院对 2018 年秋季新生进行电话回访，接通电话 14 818 个，在回访中对学习中心在招生、报名、考试等环节服务满意的学生有 12 059 名，满意率达 81.4%。

二、试点成绩和经验

中国地质大学（武汉）现代远程教育经过近 20 年的发展，建成了适应行业发展和社会需要的专业体系，编制了适合成人知识更新与能力提升的培养方案，建设了内涵丰富的学习资源，构建了以过程落实为主体的教学质量保障体系。主要成绩和经验如下。

（一）坚持立德树人，扎根中国大地办好远程教育

学校始终坚持立德树人根本任务，加强学生理想信念、思想道德建设，着眼于“培养什么人，怎样培养人，为谁培养人”这一根本问题，不断加强远程教育学生思想政治工作，努力培

养德、智、体、美、劳全面发展的社会主义建设者和接班人。在远程教育的培养方案中要求远程教育毕业生应掌握马克思列宁主义、毛泽东思想、邓小平理论、“三个代表”重要思想、科学发展观、习近平新时代中国特色社会主义思想的基本理论知识，努力践行社会主义核心价值观，热爱祖国，拥护党的路线、方针、政策，遵纪守法。开展现代远程教育试点工作以来，学校一直坚持在所有专科、专升本专业教学计划中分别设置《毛泽东思想和中国特色社会主义理论体系概论》(3学分)和《马克思主义原理》(3学分)课程，同时充分利用开学典礼、毕业典礼、社会公益活动等形式，把学生思想政治教育融汇到社会实践中。

学校坚持扎根中国大地办远程教育，积极响应国家号召面向西部、面向行业企业，为国家培养急需应用型人才。学校先后在西部地区设立现代远程教育校外学习中心13个，累计为西部地区培养远程教育毕业生近4万人。学校先后与青海省地质矿产勘查开发局、蒙牛乳业股份有限公司、周大生珠宝股份有限公司、陕西煤业化工集团、神华集团有限公司等数十家企事业单位合作，面向员工开展远程教育，提升员工的知识能力和职业素养。

(二) 立足行业人才培养需求，服务社会经济发展

多年来，中国地质大学(武汉)一直致力于加强与自然资源行业的合作，注重为自然资源行业发展提供智力支持、培养专业人才，提升自然资源行业人才综合素质。近几年，学校围绕自然资源行业人才需求，积极探索现代远程教育模式改革，尤其是线上线下混合式教学改革，取得了良好的效果。

一是主动对接，送教上门。2017年秋季，直属学习中心与房县国土资源局合作开展现代远程教育，实行上门服务，将入学考试、招生录取等工作实施放在合作单位，学校还选派专家赴房县为学生集中面授，这是直属学习中心主动对接基层行业单位的首次成功尝试。

二是增设面授环节，增加课程针对性。2018年秋季，河南省国土资源系统的近500名从业人员需要深造学习，提升专业素质。学校依托郑州学习中心组织报名就读我校优势专业——土地资源管理和国土资源调查与管理，除在线学习专业课程外，还针对河南省国土资源系统从业人员增设为期一个月的集中面授。

三是根据工作需要，定制专门的教学计划。青海省第八地质矿产勘查院面临单位转型，学校针对员工的不同专业背景，为该单位专门制定适合其具体情况的专业教学计划，并送教上门。

(三) 推进信息化建设，提升教育教学管理效率

加强业务流程改造，提升信息化建设水平。2010年以来，中国地质大学(武汉)认真梳理现代远程教育招生、学籍、毕业、考务和学习支持服务各个环节业务流程，对部分业务流程进行结构化改造，同时引入信息技术将结构化的工作流程从“线下”搬到“线上”。

2017年以来，学校不断推进信息化建设在现代远程教育领域的应用水平，如新建设了微信公众号，方便学生报名和信息查询，及时传递学院最新的教育动态，加强与学生之间的联系与互动；增设微信巡考小程序，扫描准考证上的二维码即可实时查询考生的真实信息；打造移动学习手机客户端，让学习者不再受时空的限制，在任意地点、任意时间都可获取学习信息，实现学习自由化和自主化；推出网上缴费平台，学费管理人员可实时掌握学生的缴费情况，提高审核速度，降低学费资金管理的风险，学费管理步入信息化轨道；运行大数据呼叫平台，能够实时监测报名信息数据的真实性和有效性；人脸识别系统正式在机考中运用，

保证了考生考试信息的真实性,增加了考场安排的灵活性。这些信息化技术的广泛应用大大提高了教学管理的工作效率,减少了人工误差,规范了工作流程,提高了管理精细化程度,从整体上提升了学校现代远程教育的办学能力。

《中国地质大学(武汉)远程与继续教育学院运用互联网技术优化毕业办证流程》和《以信息流为主线,以规范高效为目标—中国地质大学(武汉)远程教育课程考试信息化改革显成效》两个案例入选"中国高校远程与继续教育优秀案例库",学校多次被邀请至全国性会议上针对课程考试信息化改革方案做典型发言,至今已有厦门大学、华中科技大学等10余所高校来校现场调研、学习。目前,该方案已被30余所现代远程教育试点高校采用,在行业内产生了重要影响。

(四) 以过程落实为核心,保障教育教学质量

现代远程教育中要保证教学质量,过程落实是关键。中国地质大学(武汉)现代远程教育要求以教学过程落实为主体,各项业务服务于教学过程落实,招生工作不断提升生源质量,控制招生规模,严禁学习中心跨区域招生,保证学习中心学习支持服务的辐射范围;站点管理重点要求学习中心加强内涵建设,为学生提供有效的学习支持服务;考务管理要求精确到人,保证课程考核落到实处,着力构建"目标设定-过程落实-结果考核"的质量保障体系。

为确保教学过程落实,学校现代远程教育采取以下具体措施:首先,加强对新生的入学指导,使其尽早适应自主学习为主的模式,掌握现代远程教育学习规律及方法,确保学习过程的顺利开展。其次,将学习资源分解为教学大纲、学习进度、电子教案、课程辅导录像、网络课程、阶段性作业和综合测试七大环节,并对每一环节提出具体的量化学习要求,学生每个环节达到学习要求,才能获得相应成绩。第三,将毕业论文选题、指导、评阅、答辩等各环节全部纳入在线平台管理,确保各个环节落实到位,有迹可查,保证毕业论文的质量。第四,通过增设微信公众号、开发移动学习App、建设课程学习论坛、安排在线答疑等多种方法开展学习支持服务,记录学生的学习数据,分析学生的学习状态。

以教学过程落实为核心的教学质量保证体系有效促进了学生的学习。近年来,学生的平均学习时长大幅提高,保证了学校现代远程教育的教学质量。

三、试点存在的主要问题

(一) 个别学习中心办学行为需进一步监管和指导

学习中心是现代远程教育办学的重要节点,也是监管的难点。当前,个别学习中心还存在办学理念有偏差、重招生轻教学、学习支持服务不完善等问题。对此,学校将进一步加强对学习中心的监管和指导,严格贯彻"退出补进,总量控制"机制,统一各学习中心的办学思想,端正办学态度,保证办学质量,维护学校的办学声誉。

(二) 少数专业教学质量需进一步提升

中国地质大学(武汉)深入贯彻落实《高等学历继续教育专业设置管理办法》,不断提升专业建设质量。但目前,部分专业还存在照搬普教计划、针对性不强、优质学习资源偏少、资

源更新较慢等现象。学校将进一步加强现代远程教育的针对性和实效性,重新审视和设计专业建设、课程设计、教学设计、教学管理、资源建设、考核方式等方面,加快课程资源更新,构建更为合理的人才培养教育教学体系,提升学生的学习兴趣、学习体验和学习效果。

(三)学习支持服务方式方法需进一步创新

面向新时代网络教育转型提质升级要求,学校现代远程教育学习支持服务方式方法还比较单一,新技术、新方法应用不够,学术性学习支持服务不足,缺乏与学生直接沟通的有效途径,仍然存在部分信息传达不及时、不通畅的情况。学校将进一步加强对学习支持服务方式方法的研究和创新,构建辐射范围广、应用方法新、支持力度大、反应速度快的学习支持服务,加强与学生的沟通和联系,保证信息畅通,保证各项政策、要求传达落实到位,保证各类困难、问题解答到位。

四、推进网络教育转型提质升级的思路和举措

(一)落实立德树人根本任务,培养德、智、体、美、劳全面发展的社会主义建设者和接班人

中国地质大学(武汉)党委认真贯彻落实习近平新时代中国特色社会主义思想和党的十九大精神,牢固"四个意识",坚定"四个自信",践行"四个服务",认真贯彻落实党的十九大关于"办好继续教育,加快建设学习型社会,大力提高国民素质"的总体要求,加强党的全面领导,坚持社会主义办学方向,认真落实全国教育大会和全国高校思想政治工作会议精神,全面提升我校现代远程教育水平,努力办好人民满意的现代远程教育,努力培养德、智、体、美、劳全面发展的社会主义建设者和接班人。

始终把党的领导和思想政治工作贯穿现代远程教育教学全员、全方位和全过程,进一步加强学校远程与继续教育学院党组织、领导班子、干部队伍和教师队伍建设,在远程与继续教育各环节、各流程、各方面强化立德树人根本任务,在教师选聘、课程体系设置、教学实施、教材建设、学习支持服务等方面加强现代远程教育的党建、思想政治和意识形态工作。

坚持规范办学、坚持确保质量、坚持终身学习理念,遵循思想政治工作规律,遵循成人学生成长规律,遵循成人学生教育规律,努力提高工作能力和水平,将学生培养成为践行社会主义核心价值观、"品德高尚、基础厚实、专业精深、知行合一",具有系统专业知识和技能的应用型人才。

(二)尽快适应行业转型,融合行业发展,紧跟现代远程教育时代步伐

2018 年 4 月国务院机构调整,撤销原国土资源部,成立自然资源部。自然资源部的业务职能和管理范围发生了较大转变,调整成为生态整体保护、系统修复和综合治理提供重要保障,统筹管理山、水、林、田、湖、草。面向未来,学校现代远程教育要更新教育理念,要全面了解自然资源行业所想、所需,尽快适应行业转型,融合行业发展,调整相应专业的培养体系,为自然资源行业人才培养做出应有的贡献。

适应转型关键在于"快",而专业培养体系从需求调研到形成计划,再到运行测试、反馈

修正需要一个很长的周期，难以满足实际需求，容易错失发展机遇。学校需要加快进度、认真组织、精心实施，加大学习借鉴力度，向其他行业学习、借鉴。建立敏捷迭代开发和实时动态调整机制，设计基本知识模块和动态方向模块相结合的体系结构，构建组装灵活、适应性强、针对性强的专业体系，保证学校现代远程教育能紧跟时代步伐，及时、有效破解自然资源行业转型期的人才需求问题。

（三）加速教育供给侧改革，提升远程教育质量，匹配社会需求

现代远程教育与劳动力、知识储备等供给侧要素紧密相关。2015 年以来，我国经济社会领域的供给侧结构性改革全面展开。产业结构的升级导致劳动力需求方向出现两个转变：一是新就业劳动力需要适应经济社会发展"新常态"的要求；二是原有劳动力需要调整知识结构，及时适应产业转型升级和企业创新发展。

面向未来，学校现代远程教育要着力"教育供给侧"改革，主动对接国家、行业和区域需求，准确构建专业体系，设定培养目标，理顺社会需求和教育供给的对应关系，建立科学有效的运行、反馈机制。广泛吸收学科专家、教育专家、企业骨干、一线员工，甚至远程教育学生参与专业设置研究和培养计划的制订，建立与经济发展、社会需求、产业升级、行业转型相匹配的质量标准和计划方案，有效统筹知识学习与能力提升、专业培养与综合发展，加强教育供给与社会需求的有效对接，构建开放式的可持续发展办学体系。

（四）构建优质专业集群，促进远程教育升级，打造核心竞争力

进入新时代以来，学校现代远程教育要着手考虑依托学校学科和资源优势，聚焦主业，构建具有中国地质大学特色的优质专业集群，全面提升现代远程教育人才培养能力，促进学校远程教育升级，打造核心竞争力。

数字化学习资源是优质专业集群的基础，是现代远程教育的重中之重。学校现代远程教育不但要基于自身优势，聚合互联网平台内的各类优秀资源，更要立足互联网信息资源的制高点确定发展定位与工作重心，培育适合自身的人才培养链和发展链，形成独具特色的教育系统，促进学校现代远程教育从学历补偿教育主导，向职业能力培养、个性化提升和综合性人才培养升级。

武汉理工大学现代远程教育试点工作总结

武汉理工大学是由原武汉工业大学、武汉交通科技大学、武汉汽车工业大学于 2000 年 5 月 27 日合并组建而成，是首批列入国家“211 工程”重点建设的具有鲜明行业特色的教育部直属全国重点大学，学校于 2001 年成为全国远程教育试点单位之一，十多年来，学校远程教育成为发挥学科特色、服务行业、支持和参与终身教育体系和学习型社会建设的重要载体。

一、立足行业，构建新型远程教育教学模式

在三校合并之前，各校均设有成人教育学院，在建材建工、交通、汽车行业设有多个继续教育合作办学站点，有成人脱产、业余大学、夜大学、函授教育、自学考试、岗位培训、技能培训等多种办学形式，三大行业中有大量需要补充专业知识的学习需求，传统的成人教育教学模式是“面授＋自学”，学生参考教材及辅导资料自学，同时辅以一定量时间的集中面授辅导是成人教育的主要教学组织形式。因成人学习者工学矛盾突出，导致长时间集中面授难以组织实施。同时，教学手段的单一导致学生自学过程中缺乏教师指导，学习难度大、效率低、学习效果不佳。办学成本的不断增加，致使高校办学的主体责任得不到有效体现，为了有效整合成人教育的优势，将网络多媒体学习渠道、丰富的资源、个性化的支持服务相结合，形成网络教学模式，对于解决成人教育教学过程中的诸多问题具有重要的现实意义。

武汉理工大学于 2000 年 7 月 23 日筹建现代远程教育。根据 2001 年 6 月 15 日教育部文件（教高厅〔2001〕7 号）《教育部办公厅关于对中国农业大学等六所高校开展现代工业远程教育试点工作的批复》，学校正式成立网络教育学院，成为全国远程教育试点单位之一。

1. 构建适应社会发展的高质量的教学平台，不断更新教学资源

武汉理工大学是一所行业特色鲜明的高校。学校现代远程教育充分利用学校的学科优势，秉承以人为本、质量为先、立足行业、服务社会的远程教育办学宗旨，以提高建材建工、交通、汽车行业职工队伍素质为办学目标。针对企业职工集中脱产学习困难，工学矛盾的问题，学校坚持校企合作，试点以来经历了地网（视频会议系统）、天网（卫星系统）和因特网 3 个发展阶段，建立了基于 ATM 电讯和多媒体技术视频会议系统，基于卫星通信技术的卫星直播系统，通过双向交互式数字卫星主播教室和分布企业的卫星接收站的天网系统，将学习资源传输给企业职工。随着互联网的发展，建立了基于互联网技术的拥有门户网站、课件点播、教务教学、实时答疑（答辩）、网上作业（考试）以及实时信息发布等众多功能的武汉理工大学网络教学平台，为学生提供个性化学习平台。目前学校拥有包括 Web 服务器、课件服务器、数据服务器、电子图书服务器、移动学习系统、短信平台以及互动答疑服务器为核心的

系统，采用了中国电信服务器托管和骨干网络接入，按照学生数量及平台访问情况，先后在北京、广州、太原、大连和无锡建立分布式镜像服务器(组)，保证了整个平台系统安全、稳定、有效地运行，使学生获得良好的自主学习网络环境和学习支持服务。学生可以利用网站进行学籍查询、成绩查询、网上学习、在线及非在线答疑，解决学习中的各种疑问。

学校共制作网络课程 400 余门。根据学校网络教育"十三五"规划，学校在资源建设方面加大投入力度，利用目前拥有的 5 个高清录播室，对网络课程进行了更新和重建，已完成 89 门基于知识点的符合 SCORM 标准的终端自适应的网络新课程和 34 门实践教学微课的视频录制与后期制作，同时完成了 93 门旧课程以及 160 门旧题库的改造工作，购买了 6 门网络新课程，完善了资源包等辅助教学资源。学校作为全国远程教育试点高校之一，经过多年的发展积累，形成了较为完善的学习体系，积累了大量优质的教学资源。

2. 立足行业，依托学校优势学科为企业培养应用型、技术型人才

武汉理工大学远程教育办学充分发挥学科优势，立足三大行业，培养建材建工、交通、汽车等行业的应用型人才，建设专业特色突出的网络教育体系，并不断进步和发展。

学校依托优势学科和全日制本科特色专业，结合行业和社会需求，设置网络教育招生专业。试点初期开设的专业主要为土木工程、工程管理、交通运输、轮机工程、汽车服务工程等主干专业，办学过程中根据各地的经济发展情况及合作单位的办学条件，适当调整专业布局，逐渐增加了无机非金属材料、电子商务、电子信息工程、物流管理及机电工程专业等社会通用专业。在人才培养过程中注重 5 个"对接"，即教育培训与从业人员素质提升对接；学校办学与企业行业的需求对接；专业的设置与职业岗位对接；课程、教材、内容与职业标准对接；校内教师教学与校外工程技术人员的指导对接。

为满足三大行业用人需求，学校通过行业董事会加强了与用人单位的交流与联系，积极了解行业对人才培养的要求，增加特色专业课程制作的经费投入，加强教学资源更新的力度，推进移动学习资源包的建设。自试点以来，先后组织学校各院系教师编写了土木工程、工商管理等 5 个专业学习资源包，组织编写了《高等数学学习与考试指导》《大学英语学习与考试指导》《财务管理学习考试与指导》《计算机基础学习与考试指导》《结构力学学习与考试指导》等针对在职人员学习特点的系列教材 17 门。组织课程主讲老师制作了所有开设专业移动学习 TF 卡(移动学习资源包)，满足了在职学生在不同工作环境中的学习需求。为了方便学生及时了解网络教育的学习方式、学习要求以及学生学习过程中要注意的问题，制作了入学考试学习指导光盘，免费发给每个报名参加学习的学生，内容包括学院简介、专业介绍、新生学习指南、入学考试网上机考操作指南、入学考试复习指导、专升本学生网络统考报名缴费操作指南等，为学生进校后圆满完成学业打下了基础。

3. 立足行业，服务社会，合理布建校外学习中心

武汉理工大学远程教育秉承以人为本、质量为先、立足行业、服务社会的办学宗旨，校外学习中心是学校和学生之间的纽带和桥梁，科学合理布建校外学习中心是学校为行业，为社会服务的保障。试点初期依托行业内成人教育站点建立校外学习中心，为行业企业职工提供优质远程教育服务，为了满足中西部地区的人才需求，学校在贵州、云南、甘肃、新疆、内蒙古、宁夏、山西等省增设学习中心，利用校外学习中心将优质的教学资源输送到教育水平相对落后的西部地区，为西部地区培养更多、更好的高素质人才。

学校现有78个校外学习中心，分布在全国25个省、市、自治区。其中云南、甘肃、新疆、河南等中西部地区学习中心40个，占比51.28%。依托行业企业建立校外学习中心23个，占比29.49%。

4. 依托学校师资建立高质量的教学管理团队

学校远程教育聘请具有丰富教学经验的教师担任主讲教师和教学辅导工作。

学校高度重视师资队伍的建设和管理，制定了相关的考核管理办法，加强对授课教师、辅导教师的聘任管理工作。对每个主讲教师(授课教师)签订课程录制合同，对首次承担课程录制的教师，通过指导视频进行培训，保障了教师的课程质量。自试点工作开展以来，学院先后聘任授课教师280余名，全部为学校各院系的专职教师，其中具有副高职称以上的占65%，聘任课程辅导教师66名，大部分是全日制同专业的授课教师。建立了网上学习园地，按专业设置了辅导教室，辅导教师在学习园地上发布学习计划，进行学习指导，回答学生的提问，开展网上互动，解决学生自学过程中遇到的各种问题。校外学习中心管理人员537人，具有高级职称的比例占20.6%，校外学习中心辅导教师1253人，具有高级职称的比例占42.6%，协助学校在招生、教学、考试、毕业以及学生支持服务等方面开展工作。

5. 注重教学质量，加强过程管理，保证远程教育教学环节的实施

教学管理制度是教学实施和教学质量的根本保障。试点以来，学校根据成人网络学生的特点和校外学习中心的实际情况，先后制定了《网络教育教学过程管理规范》《网络教育考试管理规范》《网络继续教育教学评估指标》等各项教学管理制度15个，汇合教育主管部门的有关教学文件装订成册，下发至各校外学习中心，作为日常教学工作的指南，保证各项教学工作有章可循。

为了加强学生自学过程管理，督促学生积极参与网上学习互动等教学活动，保证学生考核成绩的真实性，改革了成绩计算方式，课程总评成绩=平时成绩×40%+卷面成绩×60%，其中平时成绩由网上提交作业30%+课件学习×5%+互动×5%构成。增加了强制性学习要求，课件学习不达到规定的时段，不能提交作业和考试，并通过多种方式，对学生的网上学习情况进行了监控。为了解决学生学习过程中遇到的问题，建设了视频答疑室，聘请66名辅导教师(辅导教师均为学校各院系教师，是课件主讲教师)，既进行在线答疑，也通过学院网站《学习园地》发表学习指导，考前辅导，疑难解答，回答学生学习过程中遇到的问题。

学校注重提升校外学习中心教学管理水平、教学管理能力和教学管理质量，多次召开学习中心工作研讨会，总结教学工作中取得的成绩，交流教学管理经验，查找存在的问题，并对教学站点的教学管理人员进行业务培训。

学校高度重视考风考纪建设，制定了《武汉理工大学网络(继续)教育学院学生考试违规处理办法》等若干考试管理制度，注重考试全过程管理，加大巡考工作力度，规范阅卷和成绩管理工作程序。严肃处理考试过程中或在阅卷过程发现的违纪舞弊学生，2016年处理考试违纪学生830人次；2017年处理考试违纪学生599人次。

学校成立了各专业教学工作指导委员会，负责网络教学计划的制订、修改工作，负责对远程教育教学工作提出意见和建议，前后3次对教学计划进行了全面修订，目前教学计划的课程设置、学分及课程考核方式符合国家远程教育协作组的要求。

二、构建远程教育质量保障体系

开展试点工作以来，武汉理工大学始终坚持依法依规办学，以教育质量为主线，构建了适应网络教育的管理体制和运行机制，制定并完善了招生与站点管理、教学与资源建设管理、学习支持服务等一系列网络教育管理制度，充分体现职责和权利的关系。通过严格执行制度，规范管理，有效保障了学校网络教育教学的运行。

1. 构建适应网络教学管理的体制与运行机制

武汉理工大学网络教育在学校相关职能部门的指导和监管下，由继续教育学院归口管理。校招生领导小组审批网络教育招生宣传方案、招生计划、录取方案；依法治校办公室审核网络教育各类协议；财务处审核学费标准及学费的分配方案；教务处协调本校师资和教学资源；学生工作部(处)负责协调开展学生支持服务；教学督导与质量管理办公室负责教学培养环节督导和教学质量监督。

继续教育学院根据学校授权，负责对外签订合作协议，建立校外学习中心，负责网络教育招生、考试、录取、学生注册、学费收缴、专业教学计划和教学大纲制订、教学实践环节实施、学习过程管理及考核、毕业论文指导及毕业证书发放、网上教学管理服务平台的建设及维护、网络教学资源的制作及更新、提供学生学习支持服务等相关工作。

2. 依法依规办学，严格招生、教学等过程监管，保证网络教学质量

武汉理工大学注重网络教育的过程监管和质量保证工作。网络教育招生工作在校招生工作领导小组统一领导下组织进行，接受纪委监察处监督。网络教育教学过程纳入学校教学质量保障体系，由教学督导与质量管理办公室进行监管。

在招生工作方面，学校严格执行教育行政部门相关政策和规定，认真履行监督职能，坚持做好以下 6 方面工作。

(1) 每季招生简章等宣传材料必须经学校招生工作领导小组审核通过、依法治校办公室复核报湖北省教育厅备案后方可对外公布，学校对招生宣传材料进行统一管理，学院网站定期发布有关招生工作的声明，提醒广大考生谨防上当受骗。

(2) 严格督查跨省招生现象，认真审核生源，对于以外省身份证报名的考生，需提交本人工作证明加上社保缴纳证明或户籍证明材料。

(3) 随机抽检、电话访谈考生，发现电话不符或者宣传不实等情况，及时反馈各学习中心纠错或整改，实时监管各学习中心的招生行为。

(4) 入学考试采取预约制，学习中心需提前 3 天向继续教育学院招生办公室递交考务安排，招生办公室审核通过后组织学生考试。

(5) 各校外学习中心必须严格执行考场纪律及监考制度，对考生要求现场签到，考试结束后将签到表盖章存档备查。

(6) 继续教育学院随机派人巡考各学习中心，抽检入学考试情况。

在招生过程中，利用信息化手段，报名采取身份证阅读器统一进行信息采集，从 2011 年开始，入学考试全部实现统一网上机考，考试试卷由在线题库系统随机组配，做到了同桌不同卷，较好地遏制了考试舞弊现象。

从2018年春季招生起，学校建立考生诚信档案，每位考生亲笔填写个人《诚信承诺书》并签名，《诚信承诺书》告之考生在报考武汉理工大学网络教育时应明确承诺：第一，本人已知悉武汉理工大学网络教育的相关政策，未通过中介，自愿报名参加学习，按照标准缴纳报名费、学费和书杂费，保证入学后认真学习，积极完成作业，诚信考试，任何考试中不找人替考，遵守考试纪律，如有违反，甘愿接受学校一切处罚；第二，本人提供的身份证、毕业证等证明材料真实有效。学生《诚信承诺书》将作为录取必备审核材料存入学生档案，并作为今后课程考试痕迹核对的依据。

学校重视学生学籍、学历电子注册工作，将其列入A级风险点，并制定了严格的风险监控措施。从新生学籍注册，到毕业生学历注册，严格遵照教育部相关规定执行。在规定时间提交数据，完成阳光平台新生学籍注册、学信网毕业生学历电子注册。

学校根据省物价局相关规定，制定武汉理工大学网络教育学生学费收缴办法及标准并报湖北省物价局审批备案。继续教育学院负责督促学生按时向学校缴纳学费，学校不允许收取规定学费标准以外的任何费用。

教学督导与质量管理办公室每届安排1～2名督导作为继续教育学院的专职督导，学院配备一名专职人员协助学校督导工作，其主要工作职责就是对校外学习中心的教学过程和教学环节完成情况进行实地检查和远程抽查，并将发现的问题反馈到相关管理部门，及时了解和协助解决校外学习中心存在的问题。多年来，学院坚持网上督导和现场检查的方式对校外学习中心的教学环节完成情况进行检查和抽查，每个学期要对3～5个校外学习中心进行检查，对规范学习中心的教学管理起到了积极的促进作用。

学校重视毕业环节管理工作，制定了《武汉理工大学网络教育教毕业论文(设计)工作规范》。在毕业设计(论文)准备过程中，严格按照规定配备指导教师，指导教师通过电话、电子邮箱、QQ、信函、面对面指导等多种方式进行论文写作和毕业设计指导工作，同时根据毕业设计不同阶段的要求，安排学生返校集中指导。在开展毕业答辩过程中，建设了远程视频答疑答辩室，对申请学位的本科毕业学生实行远程视频答辩。组织教师和学习中心聘请的专业教师组成毕业答辩小组，严格把关，保证了答辩的真实性和严肃性。远程答辩严格按要求进行，答辩前审阅学生论文，审查学生资格。对于部分不能开展远程视频答辩的校外学习中心，安排专业教师参加现场答辩。

坚持考试巡考制度，坚持召开考试巡考工作会议，制定了《巡考人员工作规范》，明确了巡考人员的工作职责。考试试卷由试题库生成，试卷由学校统一印制，学校有专人负责分装试卷、回收试卷等管理工作。考试前由统一安排的巡考教师送到校外学习中心。巡考教师巡视考试工作，监控考试全过程。所有的考试试卷都由学校组织教师统一批改，为了规范阅卷和成绩管理，2018年春季实行了课程考试电子阅卷。

为推进学生支持服务工作规范化、精细化、实效化，学校启动辅导员线上管理模式。近年来，学校围绕管理支持、业务支持、发展支持3项主要内容，建章立制，督学助学，培训辅导员队伍，开展学生支持服务工作，学生上网率明显提升。

3. 加强校外学习中心管理，完善学生学习支持服务

武汉理工大学严格管理校外学习中心的增设，有材料初审、专家小组实地考察、继续教育学院党政联席会讨论决议、主管校领导审批、进入申报环节。

校外学习中心根据学校的要求，具体负责招生政策的宣传、组织学生报名、安排学生按规定的时间参加学校组织的考试、协助学校完成部分学生学习指导、辅导和咨询服务。学校每年下半年都召开学习中心年会，上半年召开片区工作调研会，深入调研各校外学习中心，指导校外学习中心开展工作。

各校外学习中心接受当地教育主管部门和武汉理工大学双重管理。当地教育主管部门每年对校外学习中心进行年检评估，学校每两年一次，定期对校外学习中心进行评估检查或专项检查，对于存在严重隐患和风险的校外学习中心，采取限期整改、暂停招生，直至取缔等措施。试点以来，停止或取消校外学习中心 18 个。

校外学习中心在学校指导下，组建虚拟班级、聘任班主任队伍，完善学生学习支持服务和日常管理，学校每学年都对校外学习中心聘任的班主任工作进行考核，考核其在学生日常管理、督学、导学等学生支持服务方面的工作情况，在网络平台开展对班主任工作的满意度调查。

三、学校开展现代远程教育试点工作的主要经验

自现代远程教育试点工作开展以来，武汉理工大学始终坚持正确的办学方向，始终坚持"育人为本，德育为先，能力为重，素质提升"的育人观，以社会效益为先，规范办学过程，严控办学环节，提升办学质量，在新时代网络教育转型提质升级、为学习型行业服务和全社会终身教育体系的建设中，取得了一些成绩，获得了一些经验。

1. 立德树人，坚持正确的办学方向

学校始终坚持社会主义办学方向，以培养德、智、体、美、劳全面发展的社会主义建设者和接班人为办学目标，把思想政治工作贯穿网络教育教学全过程，实现全员育人、全程育人、全方位育人。

一是坚持党对网络教育工作的领导。继续教育学院成立党总支和 3 个党支部，严格贯彻落实学院党政联席会议制度，以习近平新时代中国特色社会主义思想指导党建工作，始终坚持正确的政治方向和正确的育人导向。二是做好学生思想政治工作。学校重视辅导员班主任队伍建设，加大班主任辅导员队伍的考核和培训力度，建立学生支持服务体系，提升学生工作队伍自身能力，在督学、导学过程中引导学生深刻领会习近平新时代中国特色社会主义思想的历史地位和丰富内涵，推动习近平新时代中国特色社会主义思想入心入脑，确保党建和思想政治工作全覆盖。三是牢牢把握意识形态工作主导权。学校在网络教育中加强网络意识形态工作，紧密关注网络舆情，加强舆论引导，做大、做强主流舆论，强化了思想引领与价值塑造。

2. 依托行业，促进学习型行业建设

武汉理工大学由隶属国家建材局的原武汉工业大学、隶属交通部的原武汉交通科技大学、隶属中汽总公司的原武汉汽车工业大学合并组建，有明显的建材建工、交通、汽车行业背景。自试点工作开展以来，学校紧密依托三大行业开展远程教育办学，先后面向三大行业累计招生 106 483 人，占总人数 41.16%。2004 年、2005 年完成湖北省扶贫专项项目，为海洋船舶驾驶专业培养应用型人才，对建设学习型行业、服务学习型社会起到了促进作用。

一是利用三大行业董事会、校友会等平台，全面了解行业企业需求。学校依托建材建

工、交通、汽车三大行业,成立了由200余家行业大型国有骨干企事业单位组成的三大行业董事会。学校充分利用三大行业董事会召开会议、校企高层互访活动、行业内百余家国有企事业单位的高级管理人员和技术骨干来校合作访问的机会,积极宣传武汉理工大学的远程教育优势和人才培养特色,深入了解行业、企业人才的需求状况,从而使得学校面向行业办学具有更强的针对性和时效性。二是建立依托三大行业的校外学习中心,为建设学习型行业提供学习平台。学校充分发挥行业优势,出台《关于深入推进面向建材、交通、汽车、矿山、电力等行业办学的实施意见》,支持和鼓励各校外学习中心加大在三大行业内办学的力度,与大批具有行业、企业背景的单位合作建设校外学习中心,为三大行业建设学习型行业提供了学习平台。目前我院共有校外学习中心78个,其中依托行业、企业建立校外学习中心23个,占比29.49%。三是加大面向行业办学力度,为提升行业劳动者的能力素质提供全方位支持。学校依托全日制本科优势学科和特色专业,并结合行业特点,设置网络教育招生专业,先后开设了行业特色鲜明的相关主干专业,如土木工程、无机非金属材料、船舶与海洋工程、汽车服务工程等专业,涵盖学校国家特色专业、湖北省品牌专业和校级品牌专业。注重应用型、技能型人才的培养,制订符合行业、企业特点的教学计划,课程设置可根据实际需要作适当调整。丰富教学资源,投入专项经费,开发网络课程,建成了400多门网络课程的资源库,保障了学员学习的需要。长期以来,学校在招生政策、学习平台建设、专业设置、培养方式、教学资源等各方面对三大行业学习者能力提升给予了全方位支持。

3. 服务社会,办学政策向中西部地区倾斜

武汉理工大学坚持把远程教育的社会效益放在工作目标的首位,紧扣国家发展战略主题,紧扣中西部地区的人才需求,办学政策向中西部地区倾斜,教育资源与欠发达地区共享。

学校在建站、招生、专业设置、收费等环节向中西部地区倾斜,优先发展中西部地区的网络教育。学校现有78个校外学习中心,分布在全国25个省、市、自治区。其中云南、甘肃、新疆、河南等中西部地区学习中心40个,占比51.28%。根据中西部地区行业和产业需求,学校依托优势学科和全日制本科特色专业,设置网络教育招生专业,调控招生规模。自试点工作开展以来,为中西部欠发达地区培养各类技术人才10.2万余人,实现了学校优质教育资源与中西部教育欠发达地区共享。

4. 规范办学,落实办学的主体责任

武汉理工大学自开展试点工作以来,将规范办学作为基本要求,落实办学的主体责任,建立并形成了完备成熟的远程教育办学与管理体系。

一是建立了继续教育学院归口管理体制,有效保障网络教育质量。在相关职能部门的分工协作、全过程监管和指导下,通过建立一系列教育教学管理制度,严格规范招生、教学、考试过程,选配优秀的教师和建设优良的学习资源和学习平台,依法依规办学。二是面向行业,依托学校优势学科设置专业,形成鲜明的网络教育特色。学校面向建材建工、交通、汽车三大行业办学,依托学校优势学科和特色专业设置学校网络教育专业,自主控制办学规模,严格规范招生管理和教学过程。三是充分利用现代信息化手段,构建学习型行业的网络教育支持系统。我校远程教育体系依托现代化信息技术平台,实行线上线下结合管理、人机结合服务,是知识共享、教学传播的平台,是从业者终身学习和整体素质提高的重要渠道,是行业、企业在实施人才战略、构建学习型行业和学习型企业过程中的重要支持。

5. 育人为本，构建网络教育事业共同体

武汉理工大学充分发挥学校的行业特色和学科优势，在继续教育领域构建继续教育事业共同体，构筑终身学习的共同家园。

一是注重校企合作，把行业职工素质的提升作为网络教育的主要任务。二是加强校外学习中心的建设和管理。通过对校外学子中心的建设和管理，使校外学习中心树立以学生为本，把网络教育当作事业，而不是生意来做的理念。三是加强辅导员、班主任队伍建设，加强学生班集体建设。通过建立班集体、QQ 群、微信群，辅导员、班主任对学生的世界观、人生观和价值观予以正确引导，并为学生提供学习支持服务和人文关怀，把育人工作落到实处。

6. 转型发展，积极探索非学历教育

高等教育大众化发展与终身学习思想的普及，使学历教育在继续教育中占比逐渐减少，非学历教育的重要性日益凸显。学校在开展现代远程教育试点工作中，以提质求生存，以转型谋发展，在非学历教育领域开展了积极的探索。

一是转变观念，把非学历教育作为学校继续教育的重要工作。通过大力开展非学历教育，为构建终身教育体系，为行业建设学习型企业，为社会建设学习型组织发挥切实作用。二是积极响应教育部和全国高校远程教育协作组的号召，学校申报并获批《建材行业职工素质提升及国际人才培养 e 行动计划》，为服务国家“一带一路”倡议建设奠定了基础。三是成立专门机构，调研建材建工、交通、汽车三大行业非学历培训需求，为下一步转型发展提供决策依据。

7. 深度融合，提高信息化教育水平

武汉理工大学注重推动信息技术与继续教育相融合，充分利用网络资源和网络教育的优势，在加大信息化硬件投入的同时，不断提升授课教师和辅导教师利用信息化开展网络教学的能力，转变传统的单向授课教学模式，促进教育观念转变和教学改革，提高教育信息化服务水平，取得了良好效果。

一是改变了课堂组织模式。通过开展混合式教学，教与学之间的关系发生改变，学生由过去的单一聆听者和回答问题的人，变成了真正意义的参与者，教育回归以人为本的初衷；二是改变了教学重理论轻应用的局面。网络教育的定位是为社会培养应用型和技术型人才，教师从学生的需求出发，转变教育观念，更新教学目标与内容，更贴近社会对劳动者知识能力和素质的实际需求，使得高等教育服务社会的功能得以彰显。三是教师信息化教学能力得到提升。教师进行网络教学，必须离开传统的教室、黑板，使用现代化信息技术设备和网络平台将教学活动信息化、网络化，间接提升了教师信息化教学能力。这些教师进行网络教育获得的经验在全日制学生教学过程中发挥了辐射作用，一定程度推动了我校信息技术与教学相融合工作，促进了学校教育观念转变和教学改革。

四、武汉理工大学开展现代远程教育试点的主要问题和困难

1. 网络教育课程体系、教学内容有待进一步适应行业社会发展

进入新时代，三大行业发展迅速，网络教育课程体系的设置、教学内容更新的速度无法完全适应国家对三大行业转型升级的要求。

近年来，教学信息化技术快速发展，部分教师认识不足，学校教师全日制教学和科研的工作压力大，占据大量时间和精力，一定程度上影响教师主动研究更新教学内容的积极性。同时，学校对教师的激励模式单一，造成部分教师参与网络资源课程建设的动力不足。

2. 强化网络教育的过程监管，考风考纪有待进一步加强

网络教育学生大部分为在职学生，学习中会面临工作、学习和家庭的矛盾，学习时间、精力得不到保障。而且学生文化基础参差不齐，学习目的不尽相同，所以存在部分学生学习态度不端正、学习积极性不高，在考试中存在作弊现象。

3. 学生支持服务体系有待进一步提高

学校远程网络教育工科专业较多、学生学习难度较大，少数校外学习中心聘用专业辅导人员水平参差不齐，组织线下辅导力度不够，教师对学生网上学习答疑、网上学习讨论和心理指导不够及时，师生网上互动不积极。

4. 远程教育非学历职业教育培训工作有待提高

试点以来，学校面向建材、交通、汽车三大行业开展了远程教育学历教育，非学历职业教育培训工作有待进一步开展，今后工作中将面向“中国制造 2025”战略，积极推进“中国建材行业人才素质提升 e 行动计划”，在高端船舶和海洋工程装备、新能源汽车制造等领域，对接职业标准，创办企业大学，推进非学历职业教育培训，为企业培训一线技能型人才。

哈尔滨工业大学现代远程教育试点工作总结

一、基本情况

哈尔滨工业大学隶属于工业和信息化部，始建于1920年，同时有威海校区和深圳校区，形成了“一校三区”的办学格局，是一所以理工为主，理、工、管、文、经、法等多学科协调发展的国家重点大学。学校是我国较早创办成人高等教育的学校之一，1955年创办夜大学，1988年成立成人教育学院，1999年成立了继续教育学院，2000年成立远程教育学院，2001年获批全国68家现代远程教育试点高校，2008年成人、远程、继续教育学院统称为继续教育学院。

学校网络教育坚持社会主义办学方向，以培养人才，服务社会为目标，面向在职从业人员，针对社会需求，培养实用性、技能型人才，构建终身学习的教育服务体系为办学定位。分管学校教育工作的副校长兼任继续教育学院院长，由常务副院长主持学院全面工作，重要事项由院务会研究决定，学院财务由学校统一管理。网络教育的运行由学院办公室、技术中心、招生办公室、教学办公室、学籍与学生办公室专职人员组成。学校现有校外学习中心39个，对校外学习中心的管理实行常务副院长总负责，分管副院长和相关办公室对口监控、管理、服务。

学校网络继续教育注重日常管理，突出办学特色，先后出台与修订了《授课教师聘任与管理办法》《监考人员工作规程》《远程教育教学管理办法》《校外学习中心管理办法》等规章制度。学校网络教育共设置专业（方向）20个，其中依托国家、省部级重点学科和重点专业的有8个，师资配备有教授（或教学带头人）、副教授、讲师、助教，其中75%是本校教师，25%是校外聘请的优秀专业教师。自开展试点工作以来，学校在资源建设方面投入经费3000余万元用于基础设施建设和网络资源建设。学校严格执行教育行政部门相关规定，规范招生管理，坚持在培养能力范围内，依据现有师资力量及专业水平合理招收学生，不盲目扩大规模，生师比始终控制在100∶1以下，目前在籍学生8194人。

学校视办学质量为生命线，完整落实各教学环节，保障学习行为发生的监管与学习支持，严格控制学生毕业关。高度重视网络教育的办学质量和人才培养的社会信誉，建立了教学督导、教学（站）协管、考务巡视相结合的教学质量保障机制，为航天、国防、公务员系统等输送了大量优秀的人才，得到社会的广泛认可，赢得了较好的声誉。

哈尔滨工业大学远程教育的情况汇总请见附件。

二、试点成绩和经验

哈尔滨工业大学拥有优秀的教学资源和学科优势，有良好的办学学风和办学经验，师资力量雄厚，学校的网络教育伴随整个国家的网络教育事业一起成长。为更好地服务社会、适应需求，学校及时调整专业设置、开辟新的专业，为满足学生的个性需要、提高办学质量，不断修订、优化培养方案，建成了 300 多门高质量课件资源。自开展试点工作以来，网络教育招收 53 066 人，毕业 39 824 人，获得学位 5 301 人。哈尔滨工业大学秉承“规格严格，功夫到家”的校训，在网络教育上一贯注重质量标准和办学过程管理，经过多年的不断探索，形成我校网络教育办学特色：严把“三关”，即招生关、培养关和毕业关。

1. 严把第一关——招生关

哈尔滨工业大学严格要求各学习中心统一口径，使用学校统一印制的招生简章等宣传品。站点自行加印宣传材料或在各种媒体发布广告，需将发布内容样本提交学校，经审查合格后方可使用。学校要求各中心定期自查本地区出现的虚假、冒用我校名义开展招生的行为(包括网络、当地报纸、媒体广告)，同时设立专门技术人员定期进行网上排查，一旦发现问题，及时反馈处理。严格审查入学资格，消除隐患，学校在学生报名的时候，就要求各学习中心认真核查学生的入学资格，坚决杜绝套读、脱产、前置学历不符等情况。学院招生部门对所有报名学生还要进行二次复核，坚决剔除不合格学生。经过坚持不懈的严格把关、及时处理，净化了学校网络教育招生宣传的市场环境，从招生入口保证了学校网络远程教育的健康、可持续发展。

2. 严把第二关——培养关

为提高学习支持服务水平，学校设立教学协管员及学习中心协管员机制。教学协管员是学生与教师联系的纽带，学习中心协管员负责联络监督各个校外学习中心，业务部门管理人员也可将问题任务递交给学习中心协管员及教学协管员，分散执行，提高执行效率。这样，各业务部门、教学协管员、学习中心协管员可以形成交叉服务网络，全面提升服务能力。同时，加强实践教学，开展校际学分互认。学校参加了教育部“理工类课程互选、学分互认及学分积累的研究与实践”课题研究项目，通过研究增强了远程教育试点工作的科学性、示范性。

加强网络教育考务监督、规范考试管理。通过评估学生的学习特点，建立科学的评价指标和灵活多样的累加式考核办法，注重对学生知识面的宽窄、通过自己的学习获得了多少知识、平时学习(包括实践)的情况、自学的能力、是否具有自己的独立见解等多方面学业完成状态进行综合考察。学校所有的考试不提供所谓的复习范围，坚持考试过程不放水，同时也从授课模式和教学方法上与教师进行沟通探讨，做到在平时授课中突出重点、难点，导学助学到位，加强应用型教育。哈尔滨工业大学制定了严格的考务工作流程和制度，每次考试学校都派出大量巡考人员直接参与学习中心考务工作并给予规范指导，共同完成考务工作。

3. 严把第三关——毕业关

坚守学业标准，杜绝“包过”现象。多年以来，在社会学生中形成了这样一个观点：在哈尔滨工业大学读网络教育不容易毕业。这是因为哈尔滨工业大学坚守着高等学历教育的培养规格，底线、红线坚决不能跨。任何人不满足学业标准，没达到修业年限，坚决不予毕业。假使有学生蒙混过关，也会坚决予以追缴，收回证件。学校注重学籍管理和制度建设，不断完善学籍管理工作制度，先后 3 次修订《远程教育学生手册》，及时修订和增补学籍管理各项制度。严格执行教育部、黑龙江省教育厅相关规定，按时在“中国高等教育学生信息网”做好学籍学历电子注册工作。严格做好招收学生的前置学历的清查工作，设有严格的毕业资格逐级审查制度，谨防毕业生出现错误信息。

此外，还实行严格的收费管理制度，学费全部由学生自己在网上利用支付宝方式直接交纳，在平台上学生可以随时查阅自己学费的使用情况，这样就从根本上杜绝了学习中心乱收费、高收费现象，也避免了出现学习中心挪用学费现象。

三、存在的问题

自开展现代远程教育试点以来，经过十多年的发展建设，在新的形势下，面临两个方面的问题。

1. 网络教育面临的形势发生变化

高等教育录取率连年提高，网络教育生源人数下滑。学生质量参差不齐，成人学生年龄普遍偏大，接受能力差别大，又存在着工学矛盾。相关政策带来影响，国家和教育部门相继出台了政策，这些变化一方面降低了网络教育的门槛，另一方面也收窄了哈尔滨工业大学的生源层次。存在办学风险，社会机构或服务体系盲目追求生源数量进行招生，产生负面影响，异地办学，校外学习中心监管难度较大，信息技术的发展及不良社会风气影响，教学过程存在风险。

2. 继续教育的发展趋势越发明朗

我国经济社会发展为继续教育提供了新的发展机会。干部培训政策界限清晰，技术创新促进企业培训发展，社会转型需要个体提升职业能力，小康社会民众不断需要提高生活质量，信息化、智能化手段日新月异，国际交流日趋频繁。这些变化都促使继续教育不断创新，以适应社会的需要。

四、推进网络教育转型提质升级的思路和举措

哈尔滨工业大学根据国家继续教育发展的形势和政策变化，结合学校发展实际和继续教育“十三五”规划，从 2018 年起，停止学历继续教育招生，大力发展非学历继续教育（培训）。

1. 转型发展的定位

继续教育要服务社会发展需求、提升个体综合素质、突出高校文化引领、助力一流大学建设，坚持品牌化、标准化、国际化的特色发展路径。继续教育要不断提高大学的声誉，扩大优质师资的社会影响，以强势学科突出培训特色，提供鲜活的继续教育经验，输出高质量的课程和知识，服务社会发展需求，建立与世界一流大学发展相适应的高等继续教育。

2. 转型发展的举措

大力开展非学历继续教育，开展多层次、多类别的培训。开展党政干部培训，在全国范围内，面向各部委、地方政府、部队、事业单位提供全方位培训服务。开展专业技术人员培训，发挥哈尔滨工业大学工科背景优势，为全国各行业领域专业技术人员能力和知识更新提供培训服务。开展企业经营管理人员培训，按照市场需求和企业发展愿景，提供中高级管理

人员等全方位的培训服务。开展社区教育培训，贴近学习者，在提高社区人员生活品质、再就业教育、创新创业教育等领域提供培训服务，履行高校服务社会的职能。开展职业能力提升和认证培训，围绕职业资格认证、行业企业认证、个体职业能力提升等提供培训服务。开展国际教育培训，借助"一带一路"等国家倡议，加强与国际知名大学和企业合作，开展留学培训、语言培训和国际合作项目培训等。进行网络资源开发与运营，依托现有课程资源和技术优势，为社会提供网络资源建设与运营的整体解决方案，发展网络培训。

3. 转型发展的支持与保障

多级联动，促进继续教育工作全面开展。建立良性运行机制，调动部门、院系、教师开展继续教育工作的积极性，立足行业和领域，突出专业和学科特色，展示发展成就和教师风采。发挥一校三区的优势，区域互补、错位发展、资源共享、协调联动，不断推进继续教育工作的转型升级。加强队伍建设，探索相应的激励机制。根据继续教育发展特点，多渠道选人用人，调整人员结构，建立有影响的讲师队伍和管理队伍，健全用人保障制度，实行目标管理和绩效考核，建立适应业务发展的评价激励机制。制定政策，促进可持续发展。学习借鉴继续教育的成功经验，构建内容资源体系、培训运营体系、质量评估体系，坚持成本和质量意识，在资源使用、条件保障和运行管理等方面给予相应政策支持，促进健康可持续发展。加强培训基地建设，充分发挥辐射带动作用。不断加强已有的国家、省部级基地建设，积极争取新的国家、省部级资源平台，充分发挥中组部"全国干部教育培训高校基地"、教育部"国家级教师教学发展示范中心"、人社部"国家级专业技术人员继续教育基地"、黑龙江省"国家公务员培训基地"等作用，认真落实中组部、工信部、人社部、教育部、黑龙江省等上级部门的政策要求，不断扩大基地的影响。

附件 1

哈尔滨工业大学远程教育情况汇总

1. 学校概况

哈尔滨工业大学隶属于工业和信息化部，始建于 1920 年，坐落于哈尔滨市，占地面积 347.49 公顷，同时有威海校区和深圳校区，形成了"一校三区"的办学格局，是一所以理工为主，理、工、管、文、经、法等多学科协调发展的国家重点大学。学校是首批进入国家"211 工程"和"985 工程"大学之一，现有 20 个学院、86 个本科专业、17 个国家重点学科、24 个博士后科研流动站、7 个国家级重点实验室、2 个国家工程实验室、2 个国家工程研究中心，有教职工 5297 人、在校学生 46 138 人。学校以"规格严格，功夫到家"为校训，坚持"面向国家重大需求，面向国际科技前沿"，为工业化、信息化和国防现代化服务，为地方经济社会发展服务，突出国防、航天优势，紧密结合国民经济和社会发展的重大国家需求，不断提高学术研究水平、科研创新能力，为国家和地方的经济社会发展做出了积极的贡献。

哈尔滨工业大学是我国较早创办成人高等教育的学校之一，1955 年创办夜大学，1988 年成立成人教育学院，1999 年成立了继续教育学院，2000 年成立远程教育学院，2001 年获批全国 68 家现代远程教育试点高校。2008 年，成人、远程、继续教育学院统称为继续教育学院。学校是中组部全国干部教育培训高校基地、人社部国家级专业技术人员继续教育基地、教育部高等学校教师教学发展示范中心，是黑龙江省国家公务员培训基地、黑龙江省专业技术人员继续教育基地等。学校是继续教育学会副理事长单位、中国成人教育学会常务理事单位、中国继续工程教育协会理事单位等。

2. 办学方向和办学定位

学校网络教育深入学习贯彻习近平新时代中国特色社会主义思想和党的十九大精神，坚持社会主义办学方向，坚决贯彻落实党的教育方针，牢固树立"四个意识"、自觉坚定"四个自信"、忠诚履行"四个服务"，依托学校优势学科开展网络教育，以培养人才，服务社会为目标，面向在职从业人员，针对社会需求，培养实用性、技能型人才，努力构建终身学习的教育服务体系为办学定位。学校重视网络教育结构，合理控制办学规模，以学生的培养质量为生命线。

3. 管理体制与运行机制

继续教育学院负责学校的成人教育、网络教育和继续教育，分管学校教育工作的副校长兼任继续教育学院院长，学院由常务副院长主持全面工作，副院长分管专项工作，重要事项由院务会研究决定，学院财务由学校统一领导和管理。

网络教育的运行由学院办公室、技术中心、招生办公室、教学办公室、学籍与学生办公室专职人员完成。学院办公室负责网络教育综合事务、财务管理、发展研究等。技术中心负责学院网络建设与维护、技术保障、信息安全等相关工作及课件资源建设相关工作。招生办公室负责网络教育招生、校外学习中心的建站及管理工作。教学办公室负责网络教学改革与发展、教学各环节的组织、实施与管理工作以及网络课件建设规划工作。学籍与学生办公室负责网络教育学生学籍管理和学生辅导及助学相关工作。

4. 制度建设与规范管理

学校网络教育注重办学特色和质量，先后出台与修订了《授课教师聘任与管理办法》《监考人员工作规程》《校外学习中心管理办法》等规章制度，建立了教学督导、协管、巡视等教学质量保障机制。严格执行教育行政部门相关规定，规范招生、教学管理，经过不断实践，形成"服务＋管理"的模式，制定了《哈尔滨工业大学继续教育学院远程教育教学管理暂行办法》等规章制度，注重考试过程组织和管理，成立考试领导小组，监督、巡视考务工作，实施累加式考核管理。为提高学习支持服务水平，学校建立了教学协管及学习中心协管制度，各业务部门、教学协管员、学习中心协管员共同组成交叉管理服务网络，全面提升了管理与服务能力。

5. 专业建设与人才培养

学校网络教育坚持以提高教学质量为核心，依托学校的专业办学总体优势，紧密结合社会各方面不同的学习需求，适时调整和优化专业结构，形成了以工学为主、工管文结合的专业布局，并依靠各院系的师资力量，不断加强专业建设，保证了所办专业的教学条件和教学质量。学校网络教育共设置专业(方向)20 个，如表 1，其中依托国家、省部级重点学科和重点专业的有 8 个，如表 2，各专业(方向)分布情况如表 3 和表 4。

表 1　网络教育专业设置一览表

序号	专业名称	层　　次	学　　年
1	机械设计制造及其自动化	高中起点本科	5
		高中起点专科	2.5
		专科起点本科	2.5
2	焊接技术与工程	高中起点专科	2.5
3	电气工程及其自动化	高中起点本科	5
		高中起点专科	2.5
		专科起点本科	2.5
4	电气工程及其自动化(电力系统方向)	专科起点本科	2.5
5	工程管理	高中起点本科	5
		高中起点专科	2.5
		专科起点本科	2.5
6	工程管理(工程造价管理)	高中起点本科	5
		高中起点专科	2.5
		专科起点本科	2.5
7	工程管理(燃气方向)	专科起点本科	2.5
8	工程管理(给排水方向)	高中起点专科	2.5
9	工商管理	高中起点本科	5
		高中起点专科	2.5
		专科起点本科	2.5
10	公共事业管理	高中起点本科	5
		高中起点专科	2.5
		专科起点本科	2.5
11	行政管理	高中起点专科	2.5
		专科起点本科	2.5
12	管理科学与工程(项目管理方向)	高中起点本科	5
		高中起点专科	2.5
		专科起点本科	2.5
13	会计学	高中起点本科	5
		高中起点专科	2.5
		专科起点本科	2.5

续表

序号	专业名称	层次	学年
14	金融学	高中起点本科	5
		高中起点专科	2.5
		专科起点本科	2.5
15	法学	高中起点本科	5
		高中起点专科	2.5
		专科起点本科	2.5
16	计算机科学与技术	高中起点本科	5
		高中起点专科	2.5
		专科起点本科	2.5
17	建筑工程技术	高中起点专科	2.5
18	土木工程	专科起点本科	2.5
19	道路桥梁与渡河工程	专科起点本科	2.5
20	行政管理	专科起点本科	2.5

表 2 依托国家、省部级重点(专业)设置的专业

序号	专业名称	专业	依托的重点学科
1	机械设计制造及其自动化	工学	机械制造及其自动化(国家)
			机械电子工程(国家)
			机械设计及理论(省部)
2	焊接技术与工程		材料物理与化学(省部)
3	电气工程及其自动化		测试计量技术及仪器(省部)
4	工程管理	管理	管理科学与工程(国家)
5	土木工程	工学	结构工程(国家)
6	道路桥梁与渡河工程		
7	建筑环境与设备工程		市政工程(国家)
8	计算机科学与技术		计算机应用技术(国家)

表 3 各办学类别的专业(方向)分布情况

类别	工科专业	管理类专业	合计
网络教育	11	9	20

表 4 各办学层次的专业(方向)分布情况

类别	高起本	高起专	专升本
网络教育	11	15	17

6. 师资配备与资源建设

哈尔滨工业大学历来高度重视师资队伍建设，担任网络教育教学的教师主要选自校内各院系。以 2017 年为例，网络教育聘用教师 156 人左右，教师职称有教授(或教学带头人)、副教授、讲师、助教。其中 75%是本校教师，25%是校外聘请的优秀专业教师。

学校开展试点工作以来，根据网络教育发展趋势，分别于 2008 年、2012 年、2014 年修订教学计划，注重以学生专业知识学习与职业能力培养相结合为主线，优化课程体系，精选教学内容，使用优质教材，编制教学大纲，通过规范的教学实施为学生的职业发展需求奠定了扎实的基础。

网络教育培养方案的修订增强了针对性和实用性。针对在职从业人员网络教育的特点和培养应用型人才的目标，坚持以更新知识和提高技能为重点，以工作需求为导向，在课程设置和教学设计中强调实用的原则，使理论和实践紧密结合。网络教育学生可以不受地域和时间的限制，根据学校制定的开课计划，自主选课学习，解决学生的工学矛盾。在提高教学水平、保证教学质量的基础上，积极推行改革新举措，如录制小型课件，时间 30 分钟，方便学生学习，建设虚拟实验平台等，助力学校网络教育的创新发展。

自开展试点工作以来，学校在资源建设方面投入经费 3000 余万元用于基础设施建设和网络资源建设。目前，学校运行的服务器 14 台，租赁阿里云服务器 3 台，交换机 13 台，运行的各类网站、系统共计 27 个，使用联通、电信专用光纤网络，实现全平台系统化管理。

学校网络教育配备性能强劲、稳定安全的网络服务器等设备，包括网站服务器 1 台，用于门户网站、电邮系统、课程讨论区、课件演示等；课件点播服务器 3 台，可提供 1000 人同时访问和 5000 人非实时在线学习；教学教务管理平台、网上支付接口服务器、数据库服务器、域名解析服务器、数据备份服务器、统考练习系统服务器 6 台；为了保证用户具有更快的访问速度，学校将课程课件点播服务器分别托管于中国联通哈尔滨 IDC 机房、广州亚太信息引擎数据中心 BGP 机房，同时租用北京阿里云服务器，从而使身处全国各地不同网络环境的用户都能比较顺利地在网上实时学习。

学校网络教学资源主要包括网络课程录播系统、网络课程软件库、课件管理和点播系统、教学教务管理平台、统考练习系统等。网络课程生成系统可以将教师授课现场的音频、视频和课堂展示实时合成情景化课件。多种流媒体同步合成的模式有：Teaching Cast CSF (College soft Stream Format)专用流媒体实时合成系统，能够将视频、音频、多层活动屏幕展示、鼠标运动轨迹等实时合成网络课程；MPEG-4 视频压缩技术，它比 MPEG-1 的画面质量更高，压缩比更高，但是媒体形式比较单一。课堂展示格式主要是：PowerPoint 和 Word 等 Microsoft Office 系列工具软件制成的演示文稿；HTML 的超文本网页制作格式；Authorware、Flash、BMP、JPG 等制成的动画或图片格式。

学校网络课程的建设标准遵循教育部现代远程教育资源建设委员会 2000 年 5 月制定的《现代远程教育资源建设技术规范(试行)》相关规定。截至 2017 年，学校已有远程(网络)课件 315 套，其中 2014 年以来新建课程 122 套。在网络课件建设中，学校按照精品课程建设要求，制定了网络课件建设规范，从课件建设立项、教师审批、脚本制作、过程审查、最后验收等多方面把关，保证课件质量。

学校有计划地对早期录制的课件进行审查，通过教师自查、网上调查、专家审查等环节查找问题，修正错误，重新按新的标准录制课件，目前课件的整体质量比早期有很大的提高。

学校自开展远程教育以来就十分重视网络教育平台的建设工作。2001 年学校开发了现代远程教育第一版门户网站，招生简章、专业设置、培养方案、配套教材、课程表、各类重要通知等信息全部上网发布，还设置网上课件点播系统及“七星阁”课程讨论区等学习模块，为学生在线学习提供了极大便利。2006 年 9 月，学校新版远程教育网站正式上线服务。2016 年门户网站再次改版，新版网站的栏目划分更加科学，导航更为清晰，内容编排更加合理。目前，门户网站中远程教育模块已成为学生、教师、管理人员相互联系的重要纽带。

2005 年学校教学教务管理平台投入使用。该平台分为学生界面、教师界面、管理员界面以及校外学习中心界面，从入学考试、新生注册、选课、预约考试、录入成绩到审查毕业资格、打印毕业证书，都可以在平台内完成。经过几年的运行和不断修改完善，教学教务管理平台在实际工作中发挥着越来越大的作用。2010 年年底，为了适应国家政策调整及学院办学思路、实际工作流程的变化，学校决定针对现代远程教育专门开发新教学管理平台及学生学习平台。2012 年初，学校与北京经华智业教育科技有限公司联合研发的新教学管理平台及学生学习平台正式上线运行。2012 年春季学期以后入学的新生全部在新平台中管理。同时，学校还开发了管理平台与第三方支付平台——“支付宝”的技术接口，远程教育学生实现网上即时交纳学费。

2012 年 5 月，学校通过公开招标采购了“网梯远程教育多媒体课件制作系统”“多媒体教学资源管理系统”及“实时多媒体交互系统”，并在秋季学期投入使用。采用新的课件制作系统生成的课件，具有良好的兼容性，不再需要安装任何独立的播放器即可观看；课件更易于扩展，可以通过移动设备进行学习。

学院多年的资源建设打造了中国联通 100Mb/s 光纤、中国电信 100Mb/s 光纤和共享学校的教育科研网 1000Mb/s 光纤接入设备间，保证了网络教育信息发布、课件传输、文件共享、远程答疑答辩、视频会议的畅通无阻。2017 年，学校再次对课件录播室进行改造升级，建成 5 间现代化课件录播室，各类专用计算机 14 台，配有 84 寸、100 寸大屏触控一体机 4 台、电视机 5 台、专业摄像机 8 套、切换台 1 套、专业提词器 3 套、液晶数位屏 5 台、NAS 网络存储服务器 1 台、录制设备虚拟蓝箱一套、互动绿屏一套，设施一流，并配有专业的制作团队，位于行业前列。同时，全面采用新的多媒体课件制作系统软件，使学校网络教育课件制作条件和信息化水平得到明显提高。目前，学校网络教育软、硬件条件能够满足教学需求。学校将继续遵循稳定规模、保证质量的基本思想，使办学条件、办学规模、办学质量三者得到协调发展。

为引导、促进学生学习，调动学生学习的积极性，踊跃参与课程学习讨论，学院助教老师每天在线浏览新平台互动交流区，与学生交流讨论，回复本专业学生提出的问题。同学们在课程学习过程中如有问题，可进入互动交流相关课程讨论区，随时向助教老师发帖请教。学院在新平台启用了课程辅导功能，在“我的课程”列表下单击该课程“进入”集中答疑。授课老师在线进行课程辅导。上述学习支持措施的实施，对于促进学生的学习起到了良好的作用。

7. 办学规模与招生管理

哈尔滨工业大学严格执行教育行政部门相关规定，规范招生管理，坚持在培养能力范围之内，依据现有师资力量及专业水平合理招收学生，不盲目扩大规模。目前，校外学习中心共有 39 个，试点以来学籍注册总人数 53 066 人，2018 年停招后，在籍学生还有 8194 人。招生规模完全匹配学校办学条件和能力。

哈尔滨工业大学严把学习中心招生入学关。要求统一宣传口径，保证招生规范化。学校的招生宣传严格要求各学习中心统一口径，使用学校统一印制的招生简章等宣传品。各站点若需自行加印宣传材料或在各种媒体发布广告，需将发布内容样本先提交学校，经审查合格后方可使用。学校要求各中心定期自查本地区出现的虚假、冒用我校名义开展招生的行为(包括网络、当地报纸、媒体广告)，一旦发现问题，及时反馈处理。学校设立专门技术人员进行网上排查，对出现冒用我校名义的招生网页，如能查到具体单位，则问责该单位；如无具体单位，则依据不实广告的所在区域，联系学习中心，要求其自查并协助追查，同时向出现冒名违规招生地区教育局及省教育厅发函声明。

8. 校外学习中心管理服务

设立的校外学习中心普遍采取对方申请、地域考察、学院专程现场评估、院务会集体讨论确定的步骤。对设立校外学习中心的单位进行审查，有如下方面：申请单位的资格、具备的社会支持、具备的管理力量和组织保障、具备的技术条件等，实行一票否决制。学校现有校外学习中心 39 个，其中黑龙江省内 1 个，省外 38 个，直属学习中心 1 个，依托公办单位设置的校外学习中心 38 个，主要分布在黑龙江、辽宁、北京、天津、河南、河北、山西、山东、江苏、上海、浙江、福建、广西、云南、广东、陕西等。

学校对校外学习中心的管理实行常务副院长总负责，分管副院长和专门办公室对口监控、管理、服务。日常性工作均由专门办公室具体布置，并及时了解、掌握、收集落实情况；对带有政策性的问题由院务会讨论决定，专门办公室布置落实，分管副院长检查，常务副院长监督。对校外学习中心提出的建设性或合理的意见、建议、要求和问题，基本都能及时解决或给予说明和解释，使校外学习中心能在第一时间了解各级教育行政部门、学校、学院对网络教育的方针、政策和要求。自开展试点工作以来，学院和校外学习中心本着诚心为本、友好合作、各负其责、相互监督的原则，在监控、管理、服务过程中双方都基本满意。

学院采取多种形式对学习中心工作进行检查，定期或不定期到校外学习中心实地考察和调研。学院各个部门通过网络管理平台对学习中心完成工作的质量进行检查，围绕学院中心工作和热点问题进行专项检查，派出巡考人员对学习中心考务工作进行检查等，通过以上检查，保证学院及时了解学习中心的工作情况。特别针对教学管理、学习年限等问题，同学习中心的学生和教师交流，一旦发现问题，及时提出解决方案。积极收集学习中心信息反馈，对教学质量、教学教务管理的执行情况进行检查和监控，对实施的教学环节、教学过程进行指导。

在教学管理和学籍管理方面，分别设有教学调度和学籍管理人员对校外学习中心实施专人管理，教学调度通过管理平台监督各学习中心教学计划的执行，公布考试成绩；学籍管理人员负责学生成绩管理，学籍信息的校对，审核毕业生和授予学位学生的资格，所有人员的联系方式均在学院网站上公布，便于学习中心的学生和教师与学院及时沟通和反馈问题，发现问题后及时处理，从而加强对学习中心的管理，以免造成不良后果。

对学习中心的评估主要采取与当地教育主管部门集中评估相结合、平时工作评价与每年学习中心工作会议集中评价相结合的方式进行。对学习中心人员的培训，采取每年召开一次学习中心工作会议，以会代训，使学习中心负责人员了解学校办学思想及各项规章制度，起到学习政策、沟通情况、统一思想、解决问题的作用。另外还就有关工作进行专题培训，例如在网络管理平台投入使用时，专门对相关人员进行技能培训；在实行网上收费后，专门对相关人员进行培训；每次入学考试时都由学院派出的巡考人员对学习中心监考人员进行培训等。

学院设立的校外学习中心为学生提供的支持服务种类包括入学前的支持与服务，课程学习的支持与服务，学习能力的支持与服务，辅导答疑的支持与服务以及作业、测验与考试的支持与服务。学生在学习的同时，能够浏览学院网站上发布的信息，利用答疑区、讨论区，能够更好地学习，并养成好的习惯。保证师生有效的交互是促进学生加深理解知识的重要措施。为此，我校积极开发多种具有双向交互功能的网络软件，以实现网上作业、教师答疑、非实时课程辅导、实时课程辅导、课程学习交流论坛管理人员和学生交互等功能。为了减轻校外学习中心在学习支持管理方面的压力，提高办事效率，学院通过学院网站和教学管理平台，提供优质网络教学资源、考试考场安排、各种有关教学管理的规章制度、教学表格的下载，提供沟通反馈信息平台，及时处理和解决校外学习中心反映的问题；每年定期举行学习中心工作会议，并加强管理人员的培训等，使校外学习中心、学生真正体会到学校学习支持服务的效果，提高了学生的满意度。

9. 教学实施与考风考纪

教学环节包括授课、辅导、答疑、作业、自学、考试、论文、实验和实践环节等的设计与实施，完整落实教学环节、保证学习行为发生的保障与监管是网络教育的核心。学院聘请优秀教师针对网络学生的实际水平及学习能力，依据学生培养目标，精心进行课程的准备，并在专业课程录制间进行课程讲授的录制，授课的音频、视频、教学演示等信息进行编辑后形成完整课件，通过网络进行远程传输和共享利用，使各地学生从网络上享受优秀的教学资源。课件内容中不仅包含知识讲授、习题讲解，还包括重点难点解析、课程答疑库、习题库等的建设，将学生在学习过程中容易提出的问题进行集中整理、集中解答，并建立专门的课程讨论区，按照不同的专业科目进行分区，学生可将学习过程中的问题在课程讨论区中与同学及教师进行交流解答。针对学生对学习情况的反应，我们对课程难度较大的科目进行教师值机答疑，以远程视频方式与外地学习中心学生进行互动式疑问解答。严格要求同一专业不同层次的课程教学设计针对不同授课对象，严格区别教学内容，深度不同，注重应用性。

学生通过以上的课件学习及辅导答疑，并完成不同科目的相应作业，掌握了课程的相关知识。在课程考试方面，学院征求授课教师的意见，依据课程类型、性质的不同，以闭卷考试、开卷考试、提交学习报告 3 种形式完成学习考核。

实验及实践教学环节不便于通过网络进行，授课教师在课程课件中对其进行一定的讲解或演示，并提供相应的文字指导和具体实施要求，校外学习中心负责在本中心或本地区有实践教学条件的实验室或实习基地内，组织学生进行实验或实践环节操作，督促学生按时完成报告，并进行考核。确定学院虚拟实验建设思路，支持有条件的院系开发，选择公共课（大学物理）、专业基础课（电工及电子基础）和专业课（机械制造技术基础）3 门课程为学院首批建设虚拟实验项目,这几门虚拟实验于2013年初上线使用。同时,为加快虚拟实验建设进程,慎重选择采购已经成熟开发且在大多学校使用稳定的课程,经过改造为网络学生使用。

毕业设计(论文)是教学计划的重要组成部分,是培养学生理论联系实际和综合运用所学知识、提高分析问题和解决问题能力的有效手段,是对学生掌握和运用所学理论和知识效果的综合考核办法。学院坚持在毕业论文的写作、指导、评阅方面严把质量关,全部安排正式受聘于我学院的教师进行指导。制定严谨的毕业论文撰写阶段时间进度安排表,对开题、初稿、复稿、终稿提交及审阅修改做出明确时间要求,学生依据学院的《毕业设计(论文)撰写规范》和指导教师通过论文指导平台进行思路的交流及论文的上传修订,学习中心负责教师及学院工作人员对该平台进行实时监督,达到及时督促学生保质保量完成论文的目的。终稿确定后进行论文打印装订,统一邮寄至学院,由学院组织专门评审答辩小组对论文进行评阅。论文答辩采取远程视频互动方式,学生对论文进行15～20分钟陈述,答辩组进行提问,给出成绩。论文组织既注重环节控制,又掌握适宜的考核,收到了较好的效果,落实了《哈尔滨工业大学继续教育本科生毕业设计(论文)撰写规范(修订版)》《哈尔滨工业大学继续教育专科生毕业综合报告撰写规范(试行)》。根据学生实际情况合理调整了本科毕业设计的工作量,专科生不再做毕业论文,只需按要求撰写5000字左右的毕业综合报告。

考试过程不放水。学院所有的考试不提供所谓的复习范围,学生不能通过考前背几道题就通过考试。有的工科科目比较难,学生的课程通过率比较低,学生乃至学习中心都多次提出能否给出60%的复习范围。学院坚持考试过程不放水,同时也从授课模式和教学方法上与教师进行沟通探讨,做到在平时授课中突出重点难点,导学助学到位,加强应用型教育。坚持课程学习质量评定标准,补考试卷试题难度与正考相当,杜绝学生正考不参加而通过参加相对简单的补考轻易获取学分的做法。

另一方面,增大开卷考试范围,注重对学生解决问题方法掌握程度的考核。学生在学习和备考开卷、半开卷考试时要对课程有全面的了解,不能临时抱佛脚,临考前突击背题。由于存在着开卷考试复习范围比较宽泛,相对闭卷考试难度较大的情况,教学实践表明,开卷考试对于督促学生认真学习具有很好的作用。网络教育学生要学会怎么寻找、组合海量未知问题的解决思路,而不是死记硬背少数已知问题的答案。

加强实践教学,开展校际学分互认。学院参加了教育部"理工类课程互选、学分互认及学分积累的研究与实践"课题研究项目,该项目是教育部"高等学校继续教育课程学分标准及质量内涵和学分转移制度与机制的研究及应用"教学改革项目的子项目。开展此项目立项研究,旨在进一步加强对远程教育试点工作中的重点、难点和热点等问题的研究,形成远程教育理论研究与实践紧密结合的高质量成果,对于增强远程教育试点工作的科学性、示范性具有十分重要的意义。通过参与研究项目,学院参加体验的学生可以选修其他网院(项目组高校有华东理工大学、哈尔滨工业大学、山东大学、大连理工大学、江南大学)课程,从而实现在学院读书的同时,可以体验其他网院课程并获取学院承认的学分。

10. 过程监管与质量保证

在招生方面,严格审查入学资格,消除隐患。哈尔滨工业大学在学生报名的时候,就要求各学习中心认真核查学生的入学资格,坚决杜绝套读、脱产、前置学历不符等情况。学校对所有报名学生还要进行二次复核,坚决剔除不合格学生。

学校高度重视网络教育的办学质量和人才培养的社会信誉,建立了教学督导、教学(站)

协管、考务巡视相结合的教学质量保障机制，取得很好的实施效果。

学院的教学督导组始建于2003年，聘请学校有丰富教学经验的专家进行教学督导。多年来的教学督导工作增强了教师的质量意识和责任心，提升了青年教师的教学水平，推进了适应网络教育需求的专业建设和课程建设，收到了明显成效。其主要工作包括：通过审阅网络课件等方式进行课堂教学质量检查，抽查毕业论文，不定期抽查实验课，利用课前、课后或在网络上与学生交流，了解学生对学院教学工作的意见、建议等。2008年以后，学院进一步加强了针对专业课教师的教学能力进行督导。2010年后的督导工作，重点是对申报成人、远程教育优秀教学奖及教学组织者奖的授课教师进行教学质量评价。2012年，教学督导工作被纳入学院新成立的专业建设委员会职责范畴，不仅对于保证成人教学质量，而且对于学院发展规划、专业设置等战略性决策都具有重要作用。

建立协管员制度，提高支持服务水平。为提高对学生的支持服务水平，学院设立教学协管员及学习中心协管员，由所有在职职工担任。教学协管员是学生与教师联系的又一个纽带，负责查阅、收集学生疑问，传递到辅导教师，并及时反馈答复，同时监督教师对学生的指导过程。学习中心协管员分头负责联络监督各个校外学习中心，发现问题后及时反映给教学协管员及相关业务部门管理人员。业务部门管理人员也可将问题任务递交给学习中心协管员及教学协管员，分散执行，提高执行效率。各业务部门、教学协管员、学习中心协管员可以形成交叉服务网络，全面提升服务能力。

加强考务监督、规范考试管理。关注网络学生的学习特点，建立科学的评价指标和灵活多样的累加式考核办法，注重对学生知识面的宽窄、通过自己的学习获得了多少知识、平时学习(包括实践)的情况、自学的能力、是否具有自己的独立见解等多方面学业完成状态进行综合考察。为规范远程课程考试，学院制定了严格的考务工作流程、制度。每次考试学院都派出大量巡考人员直接参与学习中心考务工作并给予规范指导，共同完成考务工作。要求巡考人员认真履行职责和要求，检查学习中心的考场安排是否规范、监考教师是否认真负责；重点防范考场出现替考、雷同卷等严重违纪现象发生。

哈尔滨工业大学一贯重视网络教育毕业设计环节的教学质量，不断强化毕业设计教学过程管理，建立健全了毕业设计的质量保障体系。我校多次修订了关于远程教育毕业设计的若干规定。现行的《哈尔滨工业大学继续教育本科毕业设计的若干规定》和《哈尔滨工业大学继续教育专科生毕业综合报告撰写规范》明确了教师在毕业设计(报告)教学工作中的职责，对毕业设计(报告)选题、指导、撰写、答辩(专科无此项)与成绩评定等环节提出了具体要求。学院教学督导专家组对开题、中期检查、答辩资格审定及答辩过程进行检查督导。这一系列措施，形成了对毕业设计(报告)教学环节的全过程监控，保证了毕业设计(报告)的质量。

学校规定，具有远程教育学籍的学生，在规定的学习年限内学完教学计划要求的全部课程，完成各教学环节，考核成绩合格，修满规定的学分，德、智、体达到毕业要求，准予毕业，颁发哈尔滨工业大学毕业证书(注明学习形式)。毕业资格的审查程序：学籍管理人员根据毕业条件提出名单，远程教育部主任审核，主管远程的副院长复审，常务副院长签字提交学校，校长审批，上报省教委。本科学生取得毕业文凭及完成电子注册严格按照国家的统考政策执行，没有未取得统考合格成绩而为其进行学历文凭电子注册的事情发生。根据《中华人民共和国学位条例》和国务院学位委员会“关于授予成人高等教育本科毕业生学士学位暂行规定”，哈尔滨工业大学对成人（远程）教育本科毕业生授予学士学位的具体条件是：思想道德品质和政治表现合格；在校期间通过省级统一组织的学士学位外国语考试；各科成绩达到75分及以上，毕业设计（论文）成绩良好；在校期间没有纪律处分。凡本科毕业生（含专科升本科）同时具备以上条件者可申请学士学位。

11. 社会评价与品牌声誉

远程教育毕业生经过在学期间系统的学习，掌握了基础理论知识和专业知识，自身学习能力得到提高，对工作的适应性得以加强，特别是经过严格管理、严肃的考试要求，对认真工作、诚实做人都有帮助。在毕业生中有的考取研究生，有的考取公务员，岗位工作能力得到提升，在单位和社会得到广泛认可。学校继续教育为航天科技、科工集团等航天国防单位输出优秀毕业生，很多学生参与了“神州”系列及载人航天等重大工程，为我国的航天事业做出了贡献；为国家公务员系统培养了万余名高素质毕业生，为上海宝冶等大型企业培养了优秀毕业生，在我国的现代钢铁工业、装备制造业等国民经济支柱产业中发挥着应有的作用。

自试点工作以来，学校获得较好的社会声誉，对人才培养、社会发展做出了自己应有的贡献。学校目前是“中国高等教育学会继续教育分会副理事长单位”“中国扶贫开发协会高校教育扶贫委员会副理事长单位”，曾荣获“全国高校现代远程教育优秀校外学习中心”“2007—2008年度试点高校网络教育统考工作优秀单位”“最具社会满意度网络教育学院（2012、2015、2016）”“现代远程教育十年贡献奖”“中国现代远程教育（1998—2016）终身教育特别贡献奖”“十大热门现代远程教育试点高校（2011、2013、2015）”等荣誉称号及奖项。

北京科技大学现代远程教育试点工作总结

1999年3月，教育部批复同意清华大学等4所高校开展现代远程教育试点工作。北京科技大学为更好地为行业服务，采用现代化教育方式，让更多的从业者，特别是边远地区的从业者，共享学校的优质教育资源，接受高水平、现代化的远程教育，向教育部提出举办现代远程教育的申请。2002年2月，教育部正式批准北京科技大学开展现代远程教育试点工作，成为全国68所现代远程教育试点高校之一。同年7月，在北京科技大学管庄校区设立了北京科技大学远程教育学院，正式开始了现代远程教育试点的历程。

一、发展历程

（一）良好开端阶段（2002—2007年）——研究先行，投入到位，规范服务

2002年2月，北京科技大学接到教育部批准开展现代远程教育试点工作通知后，经过几个月的筹备，于7月在管庄校区成立了远程教育学院。选定与双威网络通讯公司签署了合作协议书，由双威公司提供卫星网络支持；10月召开了首次远程教育校外学习中心筹建工作会议，并在全国筹建14个校外学习中心；同时积极做好现代远程教育专业教学计划、网络课件编制等教学准备工作；2002年12月举行远程教育学院首次入学考试，录取新生912名；2003年2月，现代远程教育首批学生正式开课。学院坚持“以学生为本、以质量为核心”的教育发展观，在学院创建过程中组织专门人员研究远程教育的规律，制定了《北京科技大学远程教育学院规章制度》《北京科技大学远程教育学院学生手册》，从制度上保证了远程教育在一个较高的起点上起步。2005年，完成远程项目购置计划200万元（管庄校区配套40万元），大大改善了现代远程教育的网络设施和技术条件。2006年，远程教育学院购置并启用了第2套教学与管理平台。年内，远程教育教学改革成果被评为学校第22届教学成果特等奖。

（二）初步发展阶段（2008—2013年）——加大投入，升级平台，完善制度

2008年1月，原北京科技大学成人教育学院与北京科技大学远程教育学院合并，成立了北京科技大学远程与成人教育学院，统管成人学历继续教育。同年，学院与网梯科技发展有限公司合作启动第3套教学与管理平台需求分析工作；修订并实施了课件制作新标准，2008年年底各类现代远程教学课件已达201门；2008年，现代远程教育注册新生比2007年增加36%，在校生规模首次超过万人。2009年，完成了第3套现代远程教育教学与管理平台的调研、论证、招标和合同签署；完成了2009版教学计划修订工作，新版教学计划突出体现远程教育以学生在业余时间自主学习为主的规律和特点；按新课程体系和课件管理新办法、模板启动了2009版现代远程教育课程教学资源的更新与建设。2010年，根据学院教学管理模式，针对现代远程教育特点，结合校外学习中心现状，完成了现代远程教育教学管理

规章制度的修订并汇编印行；加强对校外学习中心的管理，进一步完善了年审制度，实施动态管理，对违规的校外学习中心进行停招处罚，在校生规模小的校外学习中心的终止招生；停止了总规模小的高起本层次各专业的招生；9月，根据校区党政联席会决定，筹建了“直属中心”，主要职责是服务北京地区、直接开展现代远程教育教学管理工作（直属中心2014年因机构调整撤销）。2011年，第3套现代远程教育教学与管理平台投入使用；启动了基于新平台的网上教学试点工作；编著出版《北京科技大学现代远程教育学习指南》。2012年，为加强教学支持服务，修订、出台了《关于加强网上教学活动管理的若干规定》《网上教学活动教学检查实施细则》《主持教师工作细则》《关于加强在线学习的通知》等管理文件，网上教学工作进一步铺开并顺利进行。2013年，完成了现代远程教育教学与管理平台服务模式转换；统筹管理校外学习中心、函授站资源，对珠三角、长三角地区校外学习中心、函授站进行了整合；开拓边远地区生源市场，新设新疆巴音郭楞校外学习中心、内蒙古呼和浩特校外学习中心；同时，为充分利用公共服务平台优势，新设北京知金校外学习中心；注重为企业生产一线服务，与北京钨钼有限公司、北京中北华宇建筑工程公司签订了订单式培养企业员工的合作协议；强化校外学习中心学生的管理工作，提高学生学习支持服务质量，出台了《远程教育班主任工作职责》《班主任岗位职责和工作标准》等管理文件，并配套了《班主任工作手册》等应用表册；推进微课制作试点工作，组织教师参加了全国高校微课比赛。

（三）稳步发展阶段（2014至今）——改革创新，充实提高，形成规模

2014年，远程教育招生同比增长10 031人，在校生近30 000人；完成了《2010年10月—2014年3月增补、修订远程教育教学管理文件汇编》的修订工作并印行。修订了远程教育《关于教学课件制作的有关规定》，并出台了教学课件新模板，新增课程导航、学以致用、学习活动等栏目；鼓励教师打破传统课程框架，创新课程设计思路；推出移动学习App，为学生移动学习提供条件。2016年，在总结2个学期试点工作经验的基础上，秋季学期开始在密云学习中心开展课程复合模式考核试点，即课程机考＋课程线下非集中考试（大作业等）＋线下集中考试的考核模式。2017年，远程教育教学教务管理平台不断优化功能，新增平时成绩自动生成功能，配合学生学费直收，平台新增学费管理功能，通过平台可以直接查询学生缴费和消费情况，同时，平台更新了考试预约功能，未交费学生不能完成注册，不能预约课程考试；2017年春季学期，学院开展集中在线考试试点；按照《关于制（修）订2017版学历继续教育（网络教育）教学培养方案的原则意见》和《关于制（修）订2017版学历继续教育（业大教育）教学培养方案的原则意见》，完成了2017版学历继续教育教学培养方案制、修订工作；远程教育课程考核方式改革试点工作基本结束，初步形成了远程教育课程考核新模式，复合考核模式从2017年第4次考试开始全面实施。校企合作取得新进展，服务地方社会经济发展，为山西省产业转型升级，福建海西经济区发展做出了自己的贡献。

二、试点工作的基本情况

（一）办学方向与办学定位

《北京科技大学大学章程》指出，“学校以全日制本科生和研究生学历教育为主，同时开展其他类型教育”。学校《十三五继续教育发展战略规划》明确以“提质量，抓规范，建特色，

树口碑”为目标，做好远程与成人高等教育、继续教育工作，稳步提高教育教学质量，巩固办学特色和优势，不断优化育人环境，使继续教育成为学校人才培养体系的重要组成部分和社会服务的重要窗口。

学校始终坚持质量、规模、效益三者之间协调发展的办学理念，根据自身办学能力，合理确定办学规模。目前，学校现代远程教育每年招生控制在 20 000 人左右，在保持适度规模的同时，坚持内涵发展，突出办学特色，不断提高现代远程教育质量。

（二）管理体制与运行机制

2016 年，北京科技大学对管庄校区进行了机构改革，学校继续教育实行管办分离，由学校教务处归口管理，负责指导管庄校区教务科做好政策执行、统筹规划、质量监控和学籍学历管理；远程与成人教育学院负责学历继续教育办学管理。学院配备了专职管理队伍和教师队伍，设有办公室、招生办、教学运行部、考务部和学习支持服务部等部门和 8 个专业（课程）组。继续教育学院负责非学历继续教育的培训管理，设有办公室、研发部和培训部等部门，承担培训任务。学生思想政治工作归口学校学生工作部（处）管理，负责指导管庄校区学生工作办公室做好学生教育管理和共青团工作。涉及归口和统一管理的专项工作或重大业务，采取管庄校区和学校相关部门双签的责任制度。继续教育办学所用师资根据需要可在全校各学院、部门范围内选聘。

（三）制度建设与规范管理

为规范教学管理，建立以质量为核心的管理制度和工作机制，远程与成人教育学院根据实际情况，总结现代远程教育实践经验，不断修订、完善教学管理文件，于 2010 年 9 月印行第 2 版文件汇编——《远程教育教学管理文件汇编》（2010 版），包含 18 个文件及配套的应用表格；2014 年 3 月又将其后增补（8 个文件）、修订的文件（1 个文件）汇集成《2010 年 10 月—2014 年 3 月增补、修订远程教育教学管理文件汇编》印行。通过各项制度的逐步实施，建设符合学校现代远程教育教学实际的教学质量保障制度和质量标准，坚持对现代远程教育教学质量实施全过程的监控与反馈，形成闭环式管理，为现代远程教育教学质量提供了可靠保障。

2017 年，学校出台了《北京科技大学管庄校区教学委员会章程》（校区教发〔2017〕05 号）、《北京科技大学关于进一步加强现代远程教育校外学习中心管理的指导意见》（校教发〔2017〕10 号）等文件，教务处委托管庄校区教务科实施学历继续教育监督管理职能，对学历继续教育教学工作的重要问题进行审议、审批、咨询和指导，初步建立了管办分离体制，为依法办学，规范管理打下坚实基础。

（四）专业建设与人才培养

依托学校在冶金、矿业和机械等学科的优势和影响，学校坚持根据企业（行业）的需求设置专业，特别是依据教育部《高等学历继续教育专业设置管理办法》，进一步规范了现代远程教育专业设置，突出学校工科优势，为企业（行业）服务，为地方社会经济发展服务。目前开设的 14 个专业中，工科专业 9 个，包含冶金工程、采矿工程、机械工程、土木工程、自动化等特色专业，在校生中，工科专业的学生占 51%（见表 1）。

表 1　现代远程教育专业设置一览表

层　　次	序　　号	招生专业名称	层　　次	序　　号	招生专业名称
专科	1	电气自动化技术	专升本	4	机械工程
	2	机电一体化技术		5	冶金工程
	3	计算机信息管理		6	土木工程
	4	建筑工程技术		7	会计学
	5	煤矿开采技术		8	工商管理
	6	汽车检测与维修技术		9	法学
	7	市场营销		10	环境工程
	8	黑色冶金技术		11	国际经济与贸易
专升本	1	应用化学		12	采矿工程
	2	车辆工程		13	自动化
	3	计算机科学与技术		14	行政管理

北京科技大学现代远程教育的培养目标是：培养成人学生成为爱国、诚信、敬业的守法公民，具有系统专业知识和技能、较强自主学习能力、较高信息素养和创新能力的，能够在一线从事工作的高级应用型人才。我们坚持从人才市场分析入手，以岗位(群)核心能力需求定位培养目标，以工作过程为主线设置课程，以典型产品或服务为载体设计学习项目，以职业能力形成为依据选择课程内容。在课程内容上充分考虑职业资格、技能考试的需要，与社会公开考试的职业资格、技能考试相衔接与融合；坚持“以学为主”的原则，摆脱灌输式的“以教为主”教学传统，课程资源要便于学生自学；同时加强课程整合、优化，科学地处理好各层次、各教学环节之间的关系。

例如，远程与成人教育学院计算机专业组教改项目《成人职业化教育的模块化课程体系探索与实践》入选“中国高校远程与继续教育优秀案例库”。专业组深入研究成人学历教育特点，进行了大量的市场调研工作，明确本专业岗位核心能力，并据此开发模块化学历教育课程体系，同时，在教学实践中不断充实和完善新的课程体系和课程内容，受到学生和用人单位的一致好评。

(五) 师资配备、资源与平台建设

北京科技大学 1700 余人的专任教师队伍是开展现代远程教育的坚实后盾，学校重视现代远程教育教师的聘任管理，为保证师资队伍稳定，主要以校内聘任为主，目前共有 114 名教师(含外聘)参加了现代远程教育的课程资源建设和教学工作，本校教师授课的比例为 86%。学校定期对这些教师进行有关现代远程教育教学模式、教学特点、学生学习特点、技术路线等方面的培训，每学期至少组织教师参加一次校内教学经验交流和教学业务培训，资助教师参加校外业务培训(每学期 5 人次左右)。目前，学校从事现代远程教育管理的专职人员 27 人(其中，具有高级职称的占 14.8%)，他们从事现代远程教育管理多年(其中，从事现代远程教育管理工作 10 年以上的 19 人)，拥有丰富的管理经验。校外学习中心管理人员

277人(其中,具有高级职称的占15.5%),能够满足学生学习支持服务的需要。

学校组织教职员工积极开展现代远程教育教学改革研究活动,先后进行了课程体系模块化探索,课程考核复合方式改革等专项研究,教师发表教研论文百余篇,出版现代远程教育用教材10余种,荣获北京科技大学教学成果奖10余项。

学校重视教学资源建设,所有开设课程均建有网络课件,截至2018年年底,远程教育共有在用教学课件223门,其中2014年以来新建教学课件105门。学校现代远程教育媒体资源包括网络课件、纸质媒体(教材、教学辅助资料)、光盘等(见图1),同时配置主持教师负责组织网上教学,布置、批改学生平时作业,网上答疑咨询、交流讨论等。另外,各校外学习中心根据学生选课情况,聘请相应课程的辅导教师(目前为444人)(须报经学校审核备案),对学生进行定期面授辅导、实验指导、答疑和批改作业等。

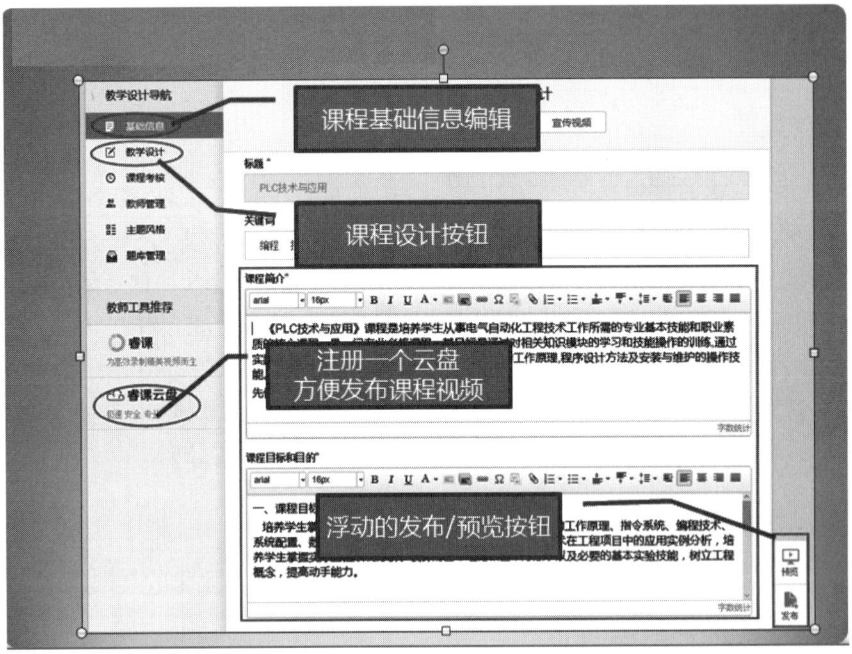

图1 教学资源建设

学校现代远程教育教学教务管理平台与网梯科技发展有限公司共同开发,已升级为第3版,教学与管理功能齐备,平台日常运营服务采取外包模式,使用49台服务器,全国22个资源分布点,涵盖几乎所有网络,提供80Mb/s的下行带宽,保证不低于20000人的在线学习,不低于1000人的并发学习,不低于95%的连通率,能够满足学生随时学习的需要。学生注册、选课、在线作业提交、考试预约、在线考试、成绩查询、答疑、交流讨论、学费消费等均可通过网络平台进行;同时,实现了移动学习和平台学习进度的完全同步;学院还创建了远程教育微信公众号,开发了微学习平台(见图2)。通过信息化建设,提高了管理的效率,提升了教育的教学效果。

2018年,远程与成人教育学院申报的《现代远程教育的新型课程空间设计》项目,获学校第28届教育教学成果奖。2015年启用的新课程空间为教师提供了更强大的设计平台,为进一步发挥教师的主观能动性,不断提高教学质量提供了技术保障。

图 2　微学习平台

（六）办学管理

在加强专业建设、资源建设和师资队伍建设的基础上，北京科技大学现代远程教育教师团队包括主讲、主持、辅导教师。主讲教师的主要职责是通过媒体进行课程讲授，负责网络课程的设计与开发，主持教师主要负责主持网络课程的实施，辅导教师则是学生日常学习的辅导者。学校现代远程教育开设的课程均设有主讲教师并建有网络课件，负责网上教学(在线作业、网上辅导答疑、课程论坛互动等)的主持教师与学生比为 1∶590，负责学生日常学习(线下作业、面授辅导、主持小组学习等)的辅导教师与学生比为 1∶150，校外学习中心管理人员与学生比为 1∶243，能够满足学生的学习需求。现代远程教育教学教务管理平台为学生提供全天候(24×7)的热线技术支持服务，保证学生能够提供高速流畅的访问课程资源，完成学习任务。

学校严格执行教育行政管理部门招生相关政策和规定，规范招生管理。现代远程教育招生、录取工作由远程与成人教育学院统一组织、实施。每次招生工作开始前，学院将招生简章、招生要求、可招生的校外学习中心名单以通知形式下发给各校外学习中心，同时在学校现代远程教育官网上公布。校外学习中心按照学院的招生简章和招生要求做好在当地的招生宣传和报名工作，协助学校做好考生身份认证、考试安排、录取通知书的核发等相关工作。严禁虚假招生宣传，严禁委托中介机构招生。学院设专岗定期检查是否有网站和中介机构打着学校旗号进行虚假非法招生宣传和招生活动，一旦发现，立即查处，要求网页立即撤下非法宣传广告；重点对个别有虚假宣传嫌疑的校外学习中心提醒、检查，并电话回访学生，杜绝虚假宣传；同时在学院网站、微信公众号显著位置发出通告，提醒考生不要轻信非法网站“包过班”等虚假宣传，谨防上当受骗。严禁异地招生，持非本地身份证的考生，需提供本地居住证并通过审核后方能报考。防止兼读、套读，不招收 18 岁以下考生。由于措施到位，所以有效防范了招生违规现象。

学校招生入学考试采取自主命题方式，考试科目和命题依据均参照全国成人高等学校招生考试，考生的入学资格由校外学习中心按学校招生要求进行初审，查验考生所提供的学历证书原件及身份证、居住证等材料，并将复印材料上报学院；学院进行复审并报管庄校区教务科建立学籍档案；教务科审核后报北京市教委主管部门审核备案。

学校现代远程教育学生通过学校财务处平台直接向学校缴纳学费，校外学习中心不得代收学费。

（七）校外学习中心管理服务

目前北京科技大学设有远程教育校外学习中心31个，主要分布在京津冀、长三角和珠三角地区，西部、东北、中南地区布点过少；在校生人数达1000人以上的校外学习中心有10个，500～999人的3个，200～499人的6个，200人以下的12个，规模整体偏小，且分布不均衡，其中，大同校外学习中心一家独大，在校生占总数的45%。

学校严格按照上级主管部门要求和学校现代远程教育有关文件规定对校外学习中心实施管理。所设校外学习中心均通过上级主管部门审批、备案后建立。在校外学习中心备案地址以外从未设立其他分支机构，没有委托中介机构代理招生。

学校坚持招生权、办学权和教学权，专业和课程设置、招生录取、教学实施、考试命题和成绩评定、毕业论文答辩、毕业和学位资格审核等重要环节均由学校统一管理并负责实施，无转移和下放办学权和教学权的现象。校外学习中心主要负责本地区招生宣传、组织报名和在校学生管理工作：校外学习中心按学校要求配置辅导教师，负责指导学生制订学习计划、答疑、作业辅导、指导学习小组活动等；配置班主任，负责定期检查学生学习进度，对不能按时完成任务的学生提出预警，督促学生上网浏览课件，完成在线作业，参与课程网上互动；提供场地、设备和监考人员，组织学生参加各类课程考试。

学校对校外学习中心实施动态管理，从而保证了现有校外学习中心在招生管理、教学条件、人员配备、学生规模、学习支持服务质量上能够符合学校的要求。具体措施主要有：

（1）精选合作伙伴，认同办学理念。学校已有的合作办学单位，绝大多数为公办学校，同时，学校新设站点考察时，除了必备的硬件条件外，重点考察依托单位的办学理念，通过双方认真沟通，若办学理念存在差异，则实施一票否决。对已设立的校外学习中心，通过每年定期举行的工作年会、校外学习中心管理人员培训等方式（见图3），向校外学习中心传输正确的办学理念和价值观，努力使校外学习中心在思想观念上与学校保持高度一致，在各项工作中按照学校的要求执行，与学校同心同德，合作共赢。一般情况下，每年春季学期安排校外学习中心主任年会，秋季学期对校外学习中心基层管理人员进行集中面授轮训。

图3 工作会议

(2) 建立并实施校外学习中心奖励和退出机制。学校按照《教学检查办法》,对校外学习中心定期考核,要求各校外学习中心以书面的形式上报每学期的主要工作任务、实现的目标、完成的时间等,加强了对校外学习中心监督、指导和服务的力度,提高了工作的主动性和计划性。同时,学校采用定期或不定期的方式派人到校外学习中心检查工作,并和当地教育主管部门进行沟通,了解学校在当地设立校外学习中心的运行和管理情况,一旦发现问题,及时解决。扶优扶强,加大对重点建设校外学习中心的支持力度;严禁校外学习中心以中心名义从事与其职责无关的经营性活动,严禁自立收费项目超标收费,对违反学校规定、工作质量较差的校外学习中心限期整改,并视情节轻重予以停止招生或终止合作等处理,使校外学习中心能够健康发展。近 5 年,学校停撤校外学习中心 7 个,新建学习中心 8 个。

(3) 加强远程教育学生管理,加大校外学习中心班主任工作相关文件执行力度,规范班主任工作行为,定期评选优秀班主任,提升学生管理质量。

通过动态管理、教学检查可以看出,大部分学习中心能够按照学校要求实施管理,工作比较规范、到位,学生满意度较高,但在学习支持服务方面针对性、创新性不够,学生学习的主动性、积极性有待提高,学生网上资源使用率较低。学校需进一步加大管理和指导力度,要求并指导各校外学习中心加强学生学习过程管理,针对本中心学生的特点,采取切实措施提高学生的学习积极性,促使学生的学习真正发生。检查中也发现个别学习中心管理比较混乱,工作质量较差,学校对复查仍未能改进的学习中心按规定停止招生或撤销站点。

(八) 教学实施与考风考纪

北京科技大学现代远程教育的教学组织方式为:网络教学+适量的面授辅导。每学期,学校安排教师进行课程导学和课程综合辅导;学生主要依托网络教学资源自主学习。学生可以通过网络教学平台、课程论坛、电话等方式与课程主讲教师或主持教师进行答疑咨询或其他交流;课程主持教师定期在教学平台的课程论坛设立讨论主题,引导学生参加课程讨论。主持教师定期进行值机答疑活动,对学生进行辅导答疑。学校要求各学习中心须为学生提供全面的学习支持服务,指导和帮助学生完成学习任务。学校通过校外学习中心对学生进行入学教育培训,校外学习中心根据学生选课情况,聘请相应课程的辅导教师(须报经学院审核备案),对学生进行定期面授辅导、实验指导、答疑和批改作业等。毕业环节由学校统一组织,专科学生完成毕业大作业,主要由学校在当地聘请的教师指导完成。本科学生毕业设计(论文)的指导工作由学校教师和学校在当地聘请的辅导教师共同完成,答辩和成绩评定主要由学校教师负责。实验实践环节在校外学习中心进行,由课程主讲教师提出课程的试验或实践计划、要求及相应的试验指导,校外学习中心聘请辅导教师具体指导实施。

学校坚持"以学生为本"的理念开展现代远程教育教学工作,从培养目标、课程设置、资源建设到学习支持服务等充分考虑学生的自身特点和实际需要,并将为学生服务的思想贯穿到教学实施和管理的每个环节。学校对每一位参加学习的学生都要进行入学教育,让学生明白现代远程教育的教学方式和教学特点、如何获取学习资源和学习支持、现代远程教育的学习方式和考核方式等。为使入学教育更加规范、有效,编著出版了《北京科技大学现代远程教育学习指南》(中央广播电视大学出版社出版),并配置了网络课件。

学校采取切实措施,推动网上教学全面展开。网上教学工作主要由主持教师负责,学校出台《主持教师工作细则》《网上教学活动教学检查实施细则》《关于加强网上教学活动管理的若干规定》等文件，明确主持教师网上教学的具体工作职责、对教师的网上教学工作进行考核，主持教师每门课程每月至少组织1次学习活动、1次在线实时答疑，并通过课程论坛、课程公告、在线作业等与学生互动，开展答疑、质疑、专题讨论等活动；学生在线学习状况计入平时成绩，以鼓励学生加强在线学习。

学校现代远程教育学生管理工作主要由校外学习中心承担，为提高工作质量，学院成立学习支持服务部归口管理校外学习中心学生管理工作，负责相关工作布置、检查、总结及奖惩；学校要求各校外学习中心配置足够的管理人员，特别是每250～300名学生必须配备1名班主任，为学生提供全面细致的学习支持服务；校外学习中心配置辅导教师，对学生学习予以辅导，主要负责指导学生制订学习计划、答疑、作业评阅、指导学习小组活动等；班主任负责定期检查学生学习进度(至少期初、期中、期末各一次)，对不能按时完成任务的学生提出预警，督促学生上网浏览课件，完成在线作业，参与课程网上互动。校外学习中心对学生的学习支持服务情况是学校评价其工作质量的主要指标，该项指标权重占整个指标体系的50%。

学校严格按照现代远程教育课程考核管理办法实施考试管理工作，所开设的课程均由学校组织教师统一命题、统一制卷、统一评阅。2017年第4次考试开始，全面实施复合模式课程考核改革，即，课程在线考试+课程线下非集中考试(大作业、报告等)+线下集中考试的考核模式，其中线下集中考试约占70%左右。

课程考试从试卷的收取、印制、装订、分装、密封以及最后的核准，每个环节都由专人负责严格把关，试卷的交接均须履行交接手续并签字，最大限度上避免了制卷错误和试题泄密的可能；校外学习中心按要求安排考场，由学院考务部严格审查，对于不合格的考场，要求重新安排(见图4)。各次考试均由学校派人巡考，巡考人员由有组考经验的管理人员或教师担任，全面负责监督、指导各校外学习中心的考务工作。监考人员由校外学习中心指派，但事先需向学院考务部报备、审核。

图4 课程考试

学校历来重视考风考纪建设，已逐步形成一套比较有效的现代远程教育考试管理工作办法。在工作中，严格按照远程教育《课程考核管理办法》实施考试管理工作，从考生身份核查、考场纪律，到成绩评定各环节都严格按规定进行，办学以来，未发生有组织的替考、大面积作弊等严重违反考纪现象。

课程考试总成绩由平时成绩与期末考试成绩构成，平时成绩占总成绩的40%，2018年开始，平时成绩由原来的课程辅导教师和班主任共同根据学生完成课程作业(含线上和线下作业)、参与课程面授辅导、网上学习、咨询答疑、课程论坛等情况，线下赋分改为平台根据学生在线学习状况自动生成。

（九）过程监管与质量保证

北京科技大学始终坚持质量、规模、效益三者之间协调发展办学理念，逐步制定和完善符合学历继续教育教学实际的教学质量保障制度和质量标准，建立了教学检查制度、教师课程教学评价机制和评价标准、校外学习中心建设和评估制度等，坚持对现代远程教育教学质量问题实施全过程的监控与反馈，形成闭环式管理，为现代远程教育教学质量提供了可靠保障。

学校着力推动现代远程教育招生、教学管理、考试管理、毕业、学籍学历管理、收费等环节的全过程科学规范化建设，切实提高服务质量和管理水平。教务处为切实承担统筹、监管职责，制定了《关于进一步加强现代远程教育校外学习中心管理的指导意见》《关于进一步加强现代远程教育校外学习中心管理的通知》等文件，从招生管理、教学运行管理、日常管理、学生学习支持服务、考试环节管理、学籍学历管理工作 6 个方面对学习中心进行教学检查，通过检查达到了规范办学行为、提高教学质量和管理水平的效果。

在试点的基础上总结经验，学院出台了《关于加强网上教学活动管理的若干规定》《网上教学活动教学检查实施细则》《主持教师工作细则》《关于加强在线学习的通知》等文件，加强对网上教学过程的检查和监督。

改革远程教育学生管理工作，出台了《远程教育班主任工作职责》《班主任岗位职责和工作标准》《关于评选和表彰优秀班主任的规定》等文件，并配套了《班主任工作手册》《学生学习计划模板》等应用表册，进一步规范远程教育班主任工作，不断提高学生学习支持服务质量。学院组织了相关培训和经验交流，2014 年进行了首次校外学习中心（业大教学点）优秀班主任评选，共评出优秀班主任 5 名，学生支持服务贡献奖 9 名（见图 5）。

图 5　2014 年校外学习中心优秀班主任评选

在毕业管理方面，按照国家及学校有关文件和规定执行，严格审核毕业资格和学位资格，现代远程教育学生要修满教学计划规定的学分，本科层次学生还需通过教育部组织的部分公共基础课的全国统一考试并取得合格成绩，方能获得毕业资格。通过由省、自治区、直辖市教育主管部门组织的成人高等教育本科英语统一考试，课程成绩达到学校学位授予条件的授予相应学科的学位。

学校重视对校外学习中心的监控、管理和服务。每年定期召开现代远程教育工作会议，传达、学习上级主管部门的有关规定和文件精神，总结工作，研究远程教育的规范管理和改革创新等问题，对各方面工作突出的校外学习中心给予表彰；学校通过工作年会、校外学习中心管理人员培训(每年1～2次)等方式,向校外学习中心传输正确的办学理念和价值观,努力使校外学习中心在思想观念上与学校保持高度一致,在各项工作中按照学校的要求执行,与学校同心同德,合作共赢。

(十) 社会评价与品牌声誉

北京科技大学在冶金、矿业、机电等学科领域具有较强的师资条件和办学优势,长期以来与企业(特别是冶金行业)建立了良好的合作关系。现代远程教育充分发挥这一优势,先后在上海浦东钢铁公司、酒泉钢铁公司、首都钢铁公司等11家冶金企业建立了校外学习中心,开设了冶金工程、土木工程、机电工程、采矿工程等特色专业,通过现代远程教育为冶金企业培养人才,受到企业的欢迎。学历继续教育和非学历培训互相促进,在冶金行业继续教育领域占据了重要地位,形成了良好的社会声誉。

随着冶金行业减量发展,学校继续教育在为行业培养人才的同时,积极拓展服务领域,如借助学校在矿业学科的优势,开设采矿(煤矿)、工商管理(小微企业)等专业,为山西省煤炭减产后的产业转型优化升级服务。

学校定期对在校生、毕业生、用人单位进行满意度调查,满意度平均达95%以上。

三、试点工作成绩和经验

(一) 试点成绩

(1) 校企合作,培养人才。

依托学校在冶金、材料和矿业等学科的优势和影响,学校坚持为企业(行业)服务,根据企业(行业)的需求,量身定制课程内容,并采取多元化的教学方式,学历和非学历相结合,为企业打造综合教育培训方案,受到企业一致好评。例如,上海学习中心历年来为宝钢集团浦钢公司职工培养了千余名专业人才,为宝钢集团浦钢公司搬迁到宝山,为世博会召开做出了重大贡献。福建闽海学习中心校企合作,学习借鉴"二元制"技术技能人才培养改革经验,学校招生与企业招工同步,实现学生与学徒二元身份,尝试教师与师傅二元教学,打造"学历+技能"的培养模式,这种模式不仅满足了社会各方面的需求,也有效提高了现代远程教育中职业教育性不足的问题。

(2) 资源丰富,形成体系。

作为相对独立的办学实体,北京科技大学继续教育基地——管庄校区拥有独立师资、独立管理队伍、独立校舍,同时又可共享学校本部资源。学历继续教育发挥了成人教育、现代远程教育、培训办学资源和优势,积累了较丰富的教育教学管理制度与经验,拥有一支长期专职从事成人高等教育的师资队伍和教学管理队伍,并完成了对传统成人高等教育和现代远程教育在办学机构上的整合。非学历继续教育依托学校在冶金、材料和矿业等学科的优势和影响,在全国钢铁行业的企业管理培训和冶金技术培训领域已具有相当的影响,同时学校与国内多家大型钢铁集团建立了长期稳定的战略合作伙伴关系,校企合作、产学研合作的稳步推进,促进了学校继续教育的开展。学校已形成以培养技术应用型人才为目标,以职业技术教育为特色,以成人函授、业大教育和现代远程教育为主要办学形式,积极开展各类培训，多层次、多类型、多渠道、多元化的继续教学办学格局，在社会上赢得了较高的声誉。其中，现代远程教育更是积累了比较系统、丰富的教学资源。

（二）办学经验

（1）主动适应行业和社会需求，及时调整专业设置，优化课程体系和改革课程内容。突出成人教育培养“应用型”人才的特色，从职业岗位所需的能力要求入手，兼顾毕业生应具备的职业资格与技能等级构建相应的课程体系，针对远程教育“以自主学习为主”的特点，实现课程模块化、“微型”化（学习内容是简短的，学习资源是易获得的，学习过程是短小的，学习方法是灵活的，学习方式是便捷的，学习成效是多元的且是可及时测量和评价的）。同时，注重做好现代远程教育、成人函授教育、成人业余教育之间的横向沟通和纵向衔接，在融合中建立复合教育体系，资源共享，学分互认，使教学设计与学校继续教育多元发展的总体建设目标协调一致。

（2）创新教学支持服务模式，主动服务，送教上门。本着“一切为了学生”的宗旨，不断探索、改进教学支持服务体系，建立了校外学习中心班主任制度、学生学习小组制度等，帮助学生解决学习中的实际困难。学校鼓励各校外学习中心深入重点企业（单位）调研，根据企业（单位）的实际情况，量身定制，采取多元化的教学支持服务模式，以适应学生的不同情况。例如，学校首钢学习中心紧密结合企业“一业多地”建设和社会经济发展的需要，初步形成了“两主、两服、四导、六结合”的教学支持服务模式：两主，学员以个性化自主学习为主，辅导教师以多样化导学为主；两服，丰富的多媒体教学资源服务，现代化的学习技术和环境服务；四导，入学引导、学法指导、学中辅导、学程复导；六结合，个性化自主学习和多样化的导学辅导相结合、教材消化与应用网络等媒体资源相结合、实时和非实时与集中和非集中的双方交互式相结合、独立学习与小组式学习相结合、传授专业知识与专业实践相结合、诚信教育与过程监控督查相结合。

（3）以先进教学思想为先导，探索现代远程教育新模式。充分发挥学院拥有一支长期专职从事成人高等教育的师资队伍和教学管理队伍的优势，采取政策激励、资金保障等手段，鼓励教职工开展现代远程教育教学研究和科研、学术活动，取得了较好效果，已有10多项教学成果获北京科技大学教学成果奖。

四、存在问题与困难

我们认为，现代远程教育面临的主要问题是，试点高校多为研究型大学，现代远程教育在研究型大学的地位和作用不明确，许多高校重视程度不够，教育主管部门对学校开展现代远程教育（乃至整个学历继续教育）相应政策支持力度不够，投入严重不足。

现代远程教育服务对象主要是在职从业人员，工学矛盾突出，学生素质差异性大，学习需求个性鲜明，如何提高教与学的有效性和质量，对于工科专业而言，还有一个特殊问题——实践课教学，但相关的教育理论研究严重不足，教学资源缺乏针对性，教学手段不完善。

五、推进现代远程教育转型提质升级的思路和举措

（一）厘清现代远程教育的办学思路，做好发展体系设计

做好社会服务是学校的重要任务。发挥学校优势，服务冶金行业，为行业企业培养从业人员是学校的重要使命。作为直接服务于经济社会发展的现代远程教育，必须始终坚持面向国家战略需求、面向行业需求办学。学校要立足冶金行业，跟踪产业调整，与市场紧密结合，创新校企合作模式，为企业制订适合员工学习深造的培养计划；要充分集中学校优势资源，开设特色工科专业，培养技能型、应用型人才，逐步形成办学特色，促进现代远程教育成为北京科技大学办学的重要组成部分，为促进行业发展和建设终身学习型社会做出新贡献。

（二）深化教学改革，提高教学质量

教学改革关键在主办校，因此这也是学校现代远程教育今后一个时期内的工作重心。学校计划在培养模式、教学设计、资源建设、教学实施等方面采取切实措施进行教学研究与改革；加强与行业、企业的深度合作，推行以能力为本位的“模块化”教学；加大“微小课件”建设力度，进一步丰富移动学习 App 的教学资源，满足学生泛在学习的要求；继续优化远程教育平台性能，借助远程平台大数据库建设，深入研究成人个性化学习的特征，借助新媒体使平台功能进一步开发与完善，构建学校与学生之间的直接联系通道，提高学习支持服务质量；创新网上教学、学习活动方式，不断提高教学质量。

对外经济贸易大学现代远程教育试点工作总结

一、基本情况

（一）办学方向与办学定位

在校党委的正确领导下，16 年来，对外经济贸易大学一直致力于稳步推进远程教育各项工作，先后把远程教育纳入我校“十五”“十一五”“十二五”“十三五”规划及大学章程，形成了由教务处牵头的成熟规范的一级教学管理体制。

1. 办学方向

坚持党对各项工作的全面领导，认真贯彻党的教育方针，以党的十九大精神、习近平新时代中国特色社会主义思想为统领，围绕习近平在全国教育大会强调的培养什么人、怎样培养人、为谁培养人这一根本问题，全面加强党对教育工作的领导，坚持立德树人，加速推进教育现代化，加快提升教育国际影响力，始终倡导“不忘初心，立德树人，不忘使命，服务社会，不忘梦想，融入时代”的办学方向，坚持以网络为基础，面向在职从业人员开展远程非全日制的学历和非学历教育，提升广大在职从业人员的思想道德和科学文化素质，切实履行学校人才培养的职责使命，培养社会主义合格建设者和可靠接班人。

2. 办学定位

(1) 在校内综合定位上：对外经济贸易大学远程教育被界定为虚拟空间的对外经济贸易大学，学院进行学校授权式管理，学院坚持正确办学方向，牢牢把握办学主导权。

(2) 在教育服务对象上：坚持面向广大成人在职人员，基于网络开展以继续教育为主的学历、非学历教育，不招收任何全日制学员，不招收兼读、套读学生。

(3) 在人才培养目标上：培养掌握网络技能、富有求知热情、具有自主学习能力、满足职业与行业需要的国际化、复合型的财经外语类应用人才。

(4) 在人才培养规格上：从生源入口、教学实施、学员出口等方面，采取普通教育、成人教育取其中的原则标准。

(5) 在内部管理系统上：通过学校一级管理整合全校优秀资源。

(6) 在区域服务政策上：坚持发展东部、兼顾中部、倾斜西部。

(7) 在规模发展设计上：根据我校教育承载量，以渐进方式稳步发展，保持常量规模。

(8) 在远程教育延伸上：发展远程教育的同时辅助普教、辐射函授，建设全民学习、终身学习的学习型社会。

（二）管理体制与运行机制

为确保对外经济贸易大学远程教育健康、高效、规范、稳定发展，设立了对外经济贸易大学远程教育指导委员会，由主管校领导、学校教务处、相关院系和继续教育与远程教育学院领导组成，校远程教育指导委员会统筹指导我校远程教育工作。长期以来，我校把远程教育纳入大学章程和学校事业发展整体规划。

我校继续教育与远程教育学院是我校的直属学院，归口管理全校远程教育工作，统一负责远程教育招生、校外学习中心设置和远程教育日常管理等工作；我校教务处在教学上实施一级管理，代表我校统一向各院系下达教学任务书，与教师签订各类远程教育教学协议，督促和检查教学质量、进度和效果，远程教学任务计入教师教学工作量；各相关院系推荐远程教学教师，落实远程教学任务，参与远程教育专业和课程设计工作，参与远程教育学位论文指导教师的选派和审定工作。北京经华智业教育科技有限公司提供技术支持。

（三）制度建设与规范管理

远程教育是对外经济贸易大学高等教育的重要组成部分，贸大远程坚持“1248”办学理念，即坚持一个中心、两个基本点、四项基本原则和处理好八大关系。一个中心即人才培养质量；两个基本点即课程体系建设和服务体系建设；四项基本原则即遵守规则、开拓创新、突出特色、科学发展；八大关系为：第一，遵守规则和开拓创新的关系。以风险防控为主线，围绕学习中心是否备案、是否招收全日制学员、是否乱收费、是否虚假承诺、是否跨省招生、是否出现考风考纪混乱等违规行为，进行监管和督查，目前尚未发现大的风险隐患。第二，始终致力于处理好质量与规模的关系。控规模，提质量，始终把办学质量放在首位。第三，致力于处理好经济效益和社会效益的关系，始终把品牌建设、社会声誉放在首位。第四，致力于处理好事业与职业的关系。第五，致力于处理好眼前与长远的关系。第六，致力于处理好硬件和软件的关系，倡导以事业凝聚团队，以事业凝聚人心，以事业推进学校的发展。第七，致力于处理好和校外学习中心的关系。第八，致力于处理好学历教育和非学历教育的关系。

我校远程教育始终坚持“先规则，后游戏”的原则，多年来相继建立健全员工、学习中心、任课教师、招生、教学教务、考务管理等一整套规章制度。另外，我校始终坚持规范办学，质量立校，自 2002 年开办现代远程教育试点工作起，就确立了学校一级教学管理体制。这些制度有力保障了我校远程教育各项工作的顺利进行。

（四）专业建设与人才培养

贸大远程坚持按照成人学习特点和教学规律，做好专业与课程体系建设，完善人才培养方案，增强人才培养的针对性和适用性，不断提高人才培养质量。根据我校自身办学能力，发挥办学优势和特色，主动适应国家战略和经济社会发展需要，坚持终身学习理念，以满足学习者学习发展需求为导向，以学习者职业能力提升为重点，遵循高等教育规律和职业人才成长规律，力争为社会培养更多具有较高综合素养、适应职业发展需要、具有创新意识的应用型人才。

为配合教育部关于对高等学历继续教育专业设置的统筹规划与宏观管理，我校积极贯彻、认真落实《高等学历继续教育专业设置管理办法》（教职成〔2016〕7 号），对现设的本、专科专业进行梳理、调整和规范，经校内专家在高等学历继续教育专业设置与评估方面的研究、论证，删减至 4 个高起专专业，增设 13 个高起本专业，保留 13 个专升本专业。2017 年，我校通过北京市及教育部审批，自 2018 年起，新入学的学生全部按照目录内专业进行招生。

（五）师资配备与资源建设

1. 师资配备情况

对外经济贸易大学远程教学实行学校一级管理体制，绝大部分教师都来自我校各院系的专职教师，并有少量的外聘教师。

2018 年，我校投入远程教学的教师共有 171 人，其中教授 63 人，副教授 83 人，讲师 25 人；其他外聘老师 3 人（教授 1 人、副教授 1 人、讲师 1 人）。

我校要求教师们把远程教学摆到与课堂教学同等重要的地位，并从远程教学大纲的编写、课件制作的规范、远程课件脚本编写的注意事项及后期的课件答疑、辅导、出题规范等多个方面进行重点培训。完成了学院门户网站、校外学习中心网站、学院业余文化活动平台、开学典礼专题、毕业典礼专题等网站或专题的内容管理工作；完成学生和校外学习中心在线答疑、QQ 群答疑和电话答疑的技术支持工作。

截至 2018 年，对外经济贸易大学继续教育与远程教育学院共开设 200 余门普通课程、开放学习 15 门小学分讲座课程。除两门英语口语课程外，其余 192 门课程（不含小学分课程）均有网络课件。国家级精品网络课程有 7 门，分别为“商务英语写作”“世界贸易组织概论”“商务英语”“营销学原理”“跨文化交际导论”（英）、“公司理财”和“国际贸易”。

由对外经济贸易大学校内专职教师亲自讲授的网上课件达 171 门，其余课程为外聘教师制作。所有这些成果的取得都是全体教师辛勤劳动的结晶，满足了学生的学习需求，保证了我校远程教学工作的顺利进行，受到了学生们的好评。

2. 我校鼓励教师参与教学资源建设的相关政策和措施

对外经济贸易大学历来十分重视教学资源建设，为加强学校内涵发展，全面提升教学质量，我校从各级教学资源建设入手，着力打造一批能代表我校教学水平、具辐射示范作用的教学资源，并在政策、经费、师资、科研、技术及管理等各方面对这些资源进行全方位的配套支持。

① 我校以课程体系与教学内容改革为核心，加强教学资源建设规划，以教学研究与课程改革为突破口，推动教学资源建设和人才培养质量。网络教育教学资源建设自 2002 年起即纳入我校科研规划中，课件制作作为我校教学实验课题给予立项，科研工作量进行认定并给予经费支持，目前已有 170 门课件制作被我校立项（专门研究网络教育的课题超过 7 项）。对于评为省级或国家级优秀（精品）课程的，我校根据下拨资金还将给予 50%的配套建设经费。

② 我校对网络教育实行“一级教学管理”模式。教学任务均由教务处统一下达，并建立了一整套网络教育制度和规范，鼓励优秀教师积极承接远程教学任务。远程教学及课件开发等项目纳入我校日常教学和科研工作序列，教师工作量计算和教师待遇都有相应制度规定，政策包括《关于教师承担网络教育教学工作的规定》《网络教育教学科研管理规定》等 13 项。事实证明，有了这些制度和政策的推动，我校在网络教育领域提供的是一流的师资、一流的教学管理，从源头上保障了教学资源的质量。

③ 为加强教材建设，鼓励教师积极从事教材编写与教材研究，我校通过《关于教材编写立项的有关规定（2003 年修订）》，以积极推动精品教材建设。网络教育系列专门教材的建设于 2004 年启动，目前已出版 97 部与网络课程配套的教材。

④ 在教学基本条件建设中，加大教学科研、教学实践的建设。我校投资上千万元，相继建立了国际贸易实务模拟、电子商务、企业决策模拟等实验室，逐步把对外经济贸易大学经贸人才北京市级实验教学示范中心所获得的经验、成果在网络教育领域进行开放。

（六）办学规模与招生管理

对外经济贸易大学自开展远程教育以来，累计招生注册 13 万余人，毕业 8.4 万人，毕业率为 65%，其中，本科毕业生为 4.2 万人，获得学士学位近 1 万人，学位授予率为 23%，目前在册学生 3.8 万人。

严把政策关，严格按照教育部有关规定制定远程教育招生简章，实事求是向社会公开我校远程教育招生专业、教学计划、招生条件、收费标准、毕业条件等信息。严禁跨省招生，严禁虚假宣传和不实承诺，严禁误导学员。规范招生行为，招生简章制作、网上宣传和平面媒体宣传由我院统一发布，从出考题到阅卷、录取、发放录取通知书统一由我校管理。

严把入口关，为配合教育部"网络学历教育新生学籍数据管理流程"，对于专升本一学历严格把关，非国民教育系列毕业证书不得报考远程教育专升本。严格按照报名要求审核学生信息，对新生的核心数据(包括姓名、性别、民族、出生年月日、身份证号码、照片等信息)做到零差错。

（七）校外学习中心管理服务

1. 校外学习中心布局

根据党的十九大关于"办好继续教育，加快建设学习型社会，大力提高国民素质"的总体要求，结合各地区的经济社会和产业发展需求，为当地培养所需人才，相继对远程教育校外学习中心做整体布局。我校目前在全国 24 个省(直辖市、自治区)设立了 81 个学习中心，其中北京地区 5 个(含校本部)，京外 76 个；依托公办单位设置的有 33 个，依托民办单位设置的有 48 个。北京、浙江、广东、新疆等地区为我校远程教育招生主要省份。

2. 校外学习中心运行和管理

贸大远程以"规范合作，依法依规办学"为基本原则，以"抓环节、重质量、走内涵"为发展道路。从学习中心申请、办学评估、招生、撤销整个管理过程都设置健全、合理、规范的规章制度，所有现行学习中心全部按照规定的日期签订对外经济贸易大学远程教育协议书，已在各省教育厅登记备案，上报阳光平台。每年定期召开学习中心视频工作会议，宣传教育部和各省教育厅关于继续教育新的方针、政策和我校修订后的收费标准、招生、教务、考务等规章制度，加强学习中心业务培训，做好咨询解读、督促落实工作。在学习中心管理上基本做到"国家放心、学生满意"的现代远程教育。

贸大远程依据中国远程教育实际和对外经济贸易大学办学特色自主开发全部核心学习平台和管理平台，确保网络学习真正在网络上发生，先进高效的学习支持服务确保远程教育质量。

贸大远程网络教育平台能体现目前国内远程教育办学的主流思想和功能，最大限度体现对外经济贸易大学的办学思路，适应我校现代远程教育未来发展的需要以及学院办学的实际情况。

① 招生、缴费、学习、教学、管理与服务等远程教育相关工作全面通过网络实现和辅助，

学生完全可通过网络实现在线报名、在线考试、网上支付和几乎全程的在线学习。

② 通过平台内办公自动化系统，学院与校外学习中心教学管理人员实现协同办公，提供无缝快捷的学习支持服务。

③ 平台提供关键学习活动及管理活动的详细日志记录与分析报告，使得各系统能够为学院提供精确的查询统计数据，便于学院根据数据进行分析、决策。

④ 基于严谨的业务逻辑和事务处理规范，在提供高效率工作支撑工具的同时，还融合国内外先进的远程教育管理理念。

⑤ 贸大远程学习与管理平台对移动学习和学习的社群属性做了有益的研究与实践，研发了 iPad 版本的课程，实现了社群媒体功能、MOOC 的思想在课程中的应用。

3. 良好的学习支持服务

① “4887”服务承诺制。为学生提供更好的学习支持服务，及时为学员答疑解惑，实行“4887”服务承诺制，即课程网上平时答疑要求教师在 48 小时内回复，日常管理问题在 8 小时工作制内回复，实行每周 7 天不间断服务。

② 学院网站开辟“校友之家”、教师的“每月推荐”以及学生的“每月之星”等专栏，编印了贸大远程《学习者的故事》一书。

③ 开展学生第二课堂活动。校本部学习中心多年来开展了一系列经常性的学生活动，如学生学习交流活动、师生走进关爱儿童之家献爱心活动、篮球活动、卡拉 OK 比赛、乒乓球比赛、迎奥运摄影和征文比赛、师生新年联谊活动等。组织学生积极参加“2014、2018 年北京高等学校继续教育大学生计算机应用竞赛”，增强了学生的归属感。

4. 学生满意度

得力于设定合理、健全、规范的校外学习中心管理制度和各学习中心认真、负责的管理人员，大部分校外学习中心都能够做到精细化管理，极大提升学习支持服务质量，在教育服务意识、导学咨询服务、学习过程管理、统考支持服务、毕业服务、督促提醒答疑、学生活动组织工作、学生个性化服务等学生支持服务方面都能做到让学生满意。绝大部分学生对校外学习中心管理制度，工作人员的能力、服务态度，对学习过程管理、学习方式、信息沟通渠道、技术支持等服务方面表示满意，但少部分学生建议提供学习教材。

（八）教学实施与考风考纪

在课程教学上，采用的教学方式有：网上授课、网上辅导、网上答疑、网上作业、网上测试、网上实验、面授辅导等多种方式。通过平时网上答疑系统（非实时），学生可以方便地对招生问题、知识内容、技术问题、管理制度、教学日程、财务问题等各方面进行提问，任课老师和教学管理人员各自分工，会在 48 小时内进行回答。每个学期都安排有定时答疑（实时）时间，学生和教师可以在网上实时交流，教师同时会进行集中辅导和总结等。

为丰富学生第二课堂活动，浓厚远程学术文化氛围，充分利用我校名人名师教育资源，我院开设了小学分课程。通过在线形成性学习考核方式，让学生了解更前沿的专业知识，深受学生欢迎。

毕业论文和实践报告也开设有辅导课程，并提供了相应的写作规范和参考题目。每年春、秋两季，学院对所有申请学士学位的本科毕业生都进行了毕业论文答辩。虽然组织工作烦琐复杂，但是借助网络视频技术和各地学习中心的积极支持，学院顺利地进行了毕业论文答辩工作。

为加强和完善学院考试制度，形成严肃、公平、规范的考试氛围，学院专门成立了远程教育考试管理工作领导小组，主管院长任组长，成员由学院各部门主任和各地远程学习中心一把手组成，在考试前亲自部署，考试中亲临指导、检查各项工作的具体落实情况。学院每学期都会派老师去校外远程学习中心进行期末考试巡考，充分做好考前、考中、考后各项工作。目前，学院已制定完善了考试管理制度，如《诚信考试实施办法》，“四信四书”等。“四信四书”即诚信考试管理、诚信监考、诚信巡考、诚信考试，中心主任签署《诚信考试管理承诺书》；监考人员签订《诚信监考承诺书》；巡考人员签订《诚信巡考承诺书》；考生签订《诚信考试承诺书》。

（九）过程监管与质量保证

1. 招生环节质量监控

在招生方面，严把招生入口关、电子注册关和毕业关，要求各地学习中心严格按照学院发布的招生简章进行招生宣传，严禁虚假宣传，任何单位或个人不得以所谓的“包过”“不考试”“交钱就拿证”等虚假承诺招揽生源；自 2015 年秋季招生起，启用身份证识别器采集学籍信息，确保学生信息录入零差错。

2. 教学环节质量监控

教学效果是我校领导、教务处、远程教育学院普遍重视的一项重要工作，我校专门成立了“远程教育工作指导委员会”，由专家组在每学期开学前及教学过程中定期进行教学效果检查，随时反馈意见，并责成有关部门及教师及时改进工作。

为了提高基础课程的教学质量，全面提高学生的综合素质，我们在教学计划的制订上，给予基础课程更多的学分；对于公共基础课程，学院安排了更多的面授辅导，促使学生更加重视。同时，在选拔教师时，对公共基础课程的教师进行更加严格的挑选。在课件制作和学习支持服务等各环节积极学习，借鉴 ISO9001 质量管理体系的思想和策略不断优化，提高教育质量保障体系的制度机制和实施机制。

为了保证毕业论文和实践报告的质量，我们开设了相应的辅导课程。同时，在毕业论文和实践报告的写作过程中，学院加大了辅导力度，分别在不同阶段设置了相应步骤：起草开题报告或提纲—初稿审阅—复稿审阅—终稿审阅—公布成绩。通过对每个阶段的辅导，最终保证了毕业论文和实践报告的质量。

同时，学院对所有申请学士学位的毕业生，组织其进行论文答辩。论文答辩采取本地答辩及异地视频答辩两种方式。

3. 考试环节质量监控

远程教育期末考试每年在同一时段在全国所有校外学习中心同时进行，排考由远程教育工作人员统一进行。考试试卷由对外经济贸易大学远程教育在考试前一周通过快递发送至各学习中心，我校选派责任心较强的教师赴各学习中心巡考，考试结束后由我校远程教育统一阅卷，发布考试成绩。

4. 毕业环节质量监控情况

① 严格按照《对外经济贸易大学远程教育毕业、结业、肄业管理办法》审核学生的毕业条件。

② 严格按照《对外经济贸易大学远程教育学士学位授予办法》审核学生的学位条件。

（十）社会评价与品牌声誉

对外经济贸易大学自2002年开展现代远程教育试点工作以来，多次蝉联“全国十佳网络教育学院（机构）”，荣获多家主流媒体评选的“最强师资奖”，7门课程被评为国家精品课程（网络教育）。在全国远程教育10年庆典表彰活动中披金夺银，一举荣获网络教育教材建设金奖、国家精品课程（网络教育）建设组织奖银奖、优秀网络课程推广奖银奖等5项大奖，成为全国68家试点高校获奖最多的高校之一。

近年来，我校远程教育得到教育部和北京市教委的高度重视，成为国家首批继续教育示范基地建设高校和全国数字化学习资源开放联盟高校，承担了北京市政府投资信息化项目——北京高校继续教育状态数据平台建设、北京高校网络教育资源开发研究共建项目等多项重大科研项目。《对外经济贸易大学远程教育一级教学管理模式的创新与实践》项目获北京市教学成果二等奖；我校与中国人民大学、北京大学联合申报的《北京高校继续教育质量年报制度》项目获北京市教学成果一等奖；不仅通过品牌建设打造核心竞争力，在业界更以竞合优势在北京地区乃至全国凸显着综合实力。

远程教育始终把“发展东部、兼顾中部、支持西部”作为重要发展战略，远程教育配合我校滇西扶贫计划，开展“贸大 · 勐腊/勐海伴对伴行动”，为少数民族党员干部、新生代农民工骨干和经济困难的学习群体提供学费减免；加强对北京地区社会主义新农村建设的教育援助，持续关注平谷区挂甲峪发展，设立了教育部全国高等学校继续教育示范基地、北京高校青年教师实践基地。

二、试点成绩和经验

自2002年开展现代远程教育试点工作以来，贸大远程在办学规模、质量建设及品牌树立等各方面都取得了长足的发展，曾是北京地区18家试点高校组长单位。16年来，贸大远程始终紧跟国家教育发展形势与政策要求，把立德树人作为教育的根本任务，致力于为国家及地方经济建设培养经贸领域的专门人才，为终身学习型社会建设服务，取得了较好的成绩。

（一）立足本校优势，突出一级教学管理体制特色

对外经济贸易大学自开办远程教育之日起，就确立了学校一级教学管理模式，成为贸大远程质量保障体系的基础性措施。学校一级教学管理模式就是由我校远程教育指导委员会统筹指导、教务处下达教学任务、相关院系具体落实、远程教育学院归口管理、公司提供技术支持。其中，学校成立远程教育指导委员会，由主管校领导、学校教务处、相关院系和远程教育学院组成；远程教学任务计入教师基本教学工作量和科研工作量。贸大远程90%以上的主讲教师都具有副教授以上职称，有效确保了远程教学的优秀师资队伍建设。经过多年探

索，基本形成网络教育专业精品课程群一体化建设特色，专业性与职业性相结合的个性化人才培养特色，资源、技术与服务无缝衔接的运行机制特色和优质数字化学习资源开放与共享特色。

（二）以质量为核心，致力于精品教学资源的建设与共享

贸大远程秉持“教师主导、学生主体”的育人理念，坚持以学生为中心，以服务为宗旨，强化教师的引领作用，推进学习支持服务的大团队建设，注重学习过程管理，通过加强对在线学习资源组织与教学设计、招生组织与管理、引领式教学辅导、考试组织和管理等一系列环节的管理，建立了具有贸大特色的现代远程教育质量保障体系。

（1）“7＋1”教学模式。

为满足学生个性化自主学习需求，最大限度地体会学习乐趣，全方位360°保证学习效果，贸大远程在不断实践中逐渐形成“7＋1”的教学模式，即网络课堂＋网上答疑＋光盘自学＋导学教材＋网上作业＋适量面授＋集中考试及丰富的第二课堂活动构成了贸大远程教育模式的精髓。

（2）完善的质量保障机制。

第一，我校将远程教育师资圈定为名师名人和中青年骨干教师。中国著名的WTO专家薛荣久教授、博士生导师黎孝先教授等一大批名师名人先后步入远程课堂。第二，结合学员的不同特点，精心制作复合课件。第三，知名教授及学者亲自参与网上答疑。第四，核心课件在正式进入网络课堂之前，均须在对外经济贸易大学制定的成人传统课堂上进行试用等。

（3）自主研发出版网络教育系列教材。

2005年，贸大远程组建团队研发适用于网络教育的系列教材，分别由清华大学出版社和对外经济贸易大学出版社正式出版了网络教育系列教材累计97门，出版的教材数量名列全国第二，教材与课程配套率名列全国第一，在全国试点高校处于领先地位。

（4）打造精品课程，资源共享。

贸大远程成功研发200余门网络课程，2000余小时的时事经济、金融热点以及职业能力提升方面的专题讲座。其中校级主干课程有165门。7门课程被评为国家精品课程（网络教育）；3门课程被评为2012年国家级网络教育精品资源共享课；2门课程被评为2014年国家级网络教育精品资源共享课：精品课程及特色课程在我校网站首页面向全校本科生、研究生、留学生免费开放，形成了学校资源开放的窗口和平台，在校内获得了良好反响。校际推广应用课程总数达79门，位居全国前三。MOOC《责任型创业》系列慕课列入了我校2015年本科教育培养方案，自2017年秋季学期起，我校三年级本科生已经开始学习该系列慕课，同时已逐渐受到社会的关注。“MOOC中国”网站（www.mooc.cn）链接该系列课程。

（5）加强国际合作，探索网络教育国际化发展之路。

2009年，我校与英国开放大学签署合作协议，通过课程引进的方式，加速我校远程教育国际化发展进程。引进英国开放大学4门职业技能培训课程（简称OU课程），通过本土化建设，在保留英国开放大学教学特色的基础上，融入了中国远程教育教学理念，增加了课程导学、视频讲解、案例扩充、在线活动、情景模拟等，使得OU课程更符合中国学生的学习需求。

（三）开展项目课题研究，成果显著

2012 年，《对外经济贸易大学远程教育一级教学管理模式的创新与实践》项目获北京市教学成果二等奖；我校与中国人民大学、北京大学联合申报的《北京高校继续教育质量年报制度》项目获北京市教学成果一等奖；对外经济贸易大学远程教育国际贸易教学团队和继续教育商务英语教学团队被评为 2013 年北京高等学校继续教育优秀教学团队。开发了国家“全国高校数字化教育资源开放联盟”的模拟平台，设计开发了“北京高等学校继续教育状态数据平台”，并成功申报为北京市政府投资信息化项目。

（四）不忘初心，积极支持西部教育

2013 年 8 月，启动了“滇西教育援助计划”，面向云南勐腊县少数民族党员干部、新生代农民工骨干和经济困难的学习群体，提供了 100 张“伴对伴”学费减免卡，提供了 100 门免费课程。2016 年 7 月，又专门针对勐海县推出了“贸大·勐海伴对伴行动”。除提供 100 个减免学费名额外，还免费开放了 24 门远程教育精品课程。

2008 年 6 月，学院向新疆和田地区教育学院捐赠了 40 台计算机以及投影仪等设备，并专门派技术人员安装调试，另外还捐助了价值数万元的图书。

（五）独创的区域管理模式，反响良好

2003 年，独创了远程教育分院模式，设立了浙江分院，此后几年，陆续设立了云南分院、江苏分院、广东分院、山东分院等。分院是我校委托具有教育管理经验的独立法人机构在当地设立的内部外派的地域性管理机构，归口辅助统揽对外经济贸易大学指定区域内的远程教育日常事务，分院本身不进行招生。分院在我校远程教育规模发展和品牌建设中发挥着重要作用。浙江分院王克祥院长编著的《贸大远程区域品牌建设——来自浙江一线的探索》一书受到教育部以及教育主管部门的高度肯定和赞扬。浙江分院所形成的浙江模式、浙江经验、浙江精神、浙江品牌在业内外产生了良好反响。由于主客观原因，分院模式已于 2012 年终止。

三、存在的问题

（一）教学质量不能完全尽如人意

(1) 课件内容有待升级。随着信息化技术的发展和“互联网＋教育”模式给教育观念和体制带来的深层次影响，人们的学习及阅读习惯对课件提出新的挑战。多年来，虽不断分期分批进行课件的升级改造，但有些课件的表现形式及内容仍需要进一步更新升级至 3.0 版。

(2) 教学方法有待改革。为更好地满足学生的需要，首先逐步增加混合式教学课程的比例。另外，要求任课教师尝试探索更有效的教学方法。

(3) 管理制度有待细化。需进一步完善院内管理人员、任课教师、学习中心管理人员和辅导教师的管理制度，全面修订《对外经济贸易大学远程教育学生手册》，完善学习中心建站、人员配备、招生、学生管理、评估标准等制度。为远程教育的规范有序开展进一步提供制

度保证。

（二）单一网络教学模式不能完全适应学生的学习习惯

网络教学模式单一，不利于调动学生学习的积极性和主动性，以学生为中心需要进一步落实，从教学模式和教学组织看，应进一步改进现有教学模式，通过现代化的教学工具和手段，实现时间碎片化，学习内容系统化，注重过程考核的完善等。目前学生获取知识更多是一种被动学习状态，教学模式和教学设计上有较大的提升空间。

（三）信息化建设和应用水平不能完全满足学生多样化学习需求和规模化在线学习需要

对外经济贸易大学综合管理服务平台和教学平台在远程教育管理和教学支持服务方面一直起着重要的保障作用，随着时间的推移，原有的技术手段在很多方面已经不能很好地满足学生多样化的学习需求和规模化在线学习的需要，需进一步升级改造，提高移动学习等新技术应用水平。

（四）对远程学生的思想政治教育不能完全符合新形势的要求

立德树人是教育的根本任务，是社会主义教育的本质之所在。远程教育在办学过程中，要始终坚持正确的政治方向，要处理好经济效益与社会效益之间的相互关系，要把社会效益放在一个更加突出的位置，把立德树人贯穿于远程教育全过程和各个环节，贯穿于远程教育办学理念、课程体系与日常管理中，以更加有针对性地开展对远程学生的思想政治教育。

四、推进网络教育提质、增效、升级的思路和举措

（一）进一步端正远程教育办学指导思想，坚持习近平新时代中国特色社会主义思想，把立德树人贯穿到远程教育办学的全过程

以习近平新时代中国特色社会主义思想为统领，认真贯彻落实习近平在全国教育大会上的讲话精神，坚持中国特色社会主义教育发展道路，培养德、智、体、美、劳全面发展的社会主义建设者和接班人。始终围绕培养什么人、怎样培养人、为谁培养人这一根本问题，加强我校思想政治工作，推进教育改革，加快补齐教育短版，努力构建德、智、体、美、劳全面培养的教育体系，形成更高水平的人才培养体系，把立德树人融入思想道德教育、文化知识教育、社会实践教育各环节，贯穿到远程教育全方面工作中。

（二）以“共建”为抓手，塑造远程教育的时代品牌，推动远程教育的高质量发展

运作模式上与专业院系协同“共建”，让专业学院深度参与远程教育教学计划修订、教学内容完善、日常教学过程、人才培养体系等方面的建设，同时共享远程教育现代化管理平台、教学手段与教学资源等建设成果。通过共建共享，全面提升远程教育办学质量，塑造远程教育的时代品牌。

（三）以学生为中心，构建全方位远程学习支持体系

针对远程教育的特点，在现代信息技术支撑下，一方面，重新改造传统视频教学课程，逐步转向 MOOC 式的现代远程学习模式，突出碎片化和移动化学习的特点。另一方面，从学习的各个环节入手，构建全方位的支持体系，包括资源服务、技术支持、学习过程和行政管理等全方位的服务，切实帮助学生克服远程学习中的困难，提高培养质量和效果。此外，增加线下活动内容，加大学生对我校的认同感和归属感。

（四）以需求为导向，探索远程教育“微专业”人才培养新模式

为更好地解决“传统教育与社会需求脱节”的问题，定位于高等教育层次的职业应用，“微专业”开始出现。“微专业”是指提炼专业人才培养的核心技能，通过 5～7 门核心课程组建的“微专业”体系的学习，使学生能够很好地弥补课程学习与人才培养要求以及实际应用或认证需求之间的匹配问题，更好地达到某领域的学习技能要求，提高实践能力。我校将选择试点专业，探索新形势下远程教育“微专业”人才培养模式，以更好地满足社会发展对人才的需求。

（五）以“走出去”为新视角，提升我校远程教育国际影响力

为更好地顺应国家经济社会发展和“走出去”战略需要，充分发挥我校在人才培养上的优势，巩固与利用我校远程教育 16 年来的办学成果，根据教育部相关政策，要逐步拓宽远程教育国际化办学领域，以进一步提升远程教育的国际影响力。

具体举措包括以下七个方面。

1. 开展学生党建活动，树立核心价值观

远程教育“电子党建”特色受到市教工委的高度认可和好评。今后，针对远程教育学生分散在全国各地的特点，继续做好线上、线下相结合的学生思想政治工作，在远程学习平台中对在册学生党员标注党徽标识，体现他们的党员身份，提高他们的党员意识。引导学员向党组织靠拢。发挥广大学生党员在学习型社会参与网上答疑、诚信考试、第二课堂等学习活动中的模范带头作用，不断树立社会主义核心价值观，形成新时代远程教育学生党建和思想政治工作亮点。

2. 实现时间碎片化、学习系统化

学院将注重利用互联网技术，实现时间碎片化，屏幕小型化，便利的设备让学生触手可及，使学生从 PC 端、移动端等设备，通过微课堂等在线平台随时随地读贸大，时时刻刻攒学分。贸大课堂如影随形，无处不在，无处不有。

3. 以学生为主体，变被动接受为主动获取

学院已启动贸大财经在线平台建设。平台将提供网上学堂，线上学习，同时配以线上线下讨论，通过混合式教学和翻转课堂教学模式推进教学范式的变革，改变教师单向传授与学生被动接受的现状，逐步形成以学生为主体，以教师为主导的教学共同体，实现教师教学模式和学生学习方式的转变。

4. 促进互联互通，推动学分互认

学院将探索推动学历继续教育发展的新途径，搭建学历教育的“立交桥”，实现专业层次互联互通、课程内容互联互通、课堂交流互联互通，同时还将推动校外、院外的学习成果与本院课程的学分互认，寻求学习成果流动共享的新模式。

5. 推出专题讲座，满足个性化需求

为满足学生个性化学习需求，学院还计划将改革开放40年、一带一路、长江经济发展带、粤港澳大湾区建设、中美贸易、供给侧结构性改革、京津冀一体化、疏解北京非首都功能等战略和热点专题制作系列讲座，供学员学习和交流，逐步实现贸大“财经知识淘宝课堂”。

6. 改变单一网络教学模式，满足学生多样化的学习需求

今后会在网络教学中，采取网络学习与面授相结合的混合式教学方式，适当增加面授比例，课程面授学时力争占到总学时的15%，逐步扩大到25%。

7. 根据教育部相关政策，结合“一带一路”倡议，推动远程教育“走出去”

一是通过我校在世界各地设立的孔子学院和孔子学堂，把我校优质教学资源通过网络等多种手段进行输出；二是结合“中国企业走出去”等战略背景下的国际化人才需求，制订国际化人才培训计划，为国际化人才培养做出贡献；三是根据教育部相关政策，结合“一带一路”倡议，推动远程教育“走出去”。

北京航空航天大学现代远程教育试点工作总结

一、试点办学基本情况

（一）试点办学历程

办学工作启动：2002年，北京航空航天大学（下文简称北航）获批开展现代远程教育试点办学工作（教高厅〔2002〕2号），与有卫星通信资源的上海双威通讯网络有限公司（下文简称上海双威）签订《关于共同建设网络学院开展远程教育合作协议书》，共同建设北航现代远程教育学院（以下简称远程学院）：北航负责教学运行管理，提供教学师资和办学场地；上海双威负责教学平台建设，提供技术服务，首批招生人数469人。

逐步探索时期：2003—2010年，远程学院逐步建立面向全国的网络教育平台，实现网络教育的全流程管理，并开发了213门网络教育课程，同时也积累了较多教学管理、项目运营及市场拓展的经验，招生人数为63 056人。

快速发展时期：2011年，双方签订《关于继续开展远程教育项目的合作协议书》后，远程学院加强了招生和市场推广工作，办学规模进一步扩大。2011—2015年，招生人数为157 723人。

2015年年底，远程学院平台在线学生103 572人，校外学习中心157个，覆盖我国除西藏、港澳台地区的所有省市。

2016起停止招生：2015年12月，学校与上海双威的合作协议到期，结合国家新的要求和学校建设世界一流大学的目标，学校决定停止招生，与上海双威商定不再续签协议。自2016年起，远程学院停止招生。

（二）试点办学成果

北京航空航天大学开展试点办学工作14年期间，累计招生约为22.1万人，累计毕业19.8万人，累计授予学士学位人数19 274人，平台在线学员最高超10万人，积累数字课程200多门，在线学习平台迭代更新至第三代，校外学习中心最多时达到156个，覆盖我国除西藏、港澳台地区的所有省市，这是学校扩大社会影响力，履行服务社会责任的重要体现。我校远程学院被新浪2014教育盛典评选为最具品牌影响力网络教育学院。

学校历来重视与行业区域的合作发展，为行业提供订单式、针对性强的学历教育。经过不懈努力，在北京地区，依靠北航独特的优势，远程学院曾经与大新华航空公司、首都机场、南苑机场、国航飞机维修公司、航天一院、闽龙陶瓷基地、北京经济技术开发区总工会和企业协会、京东方、用友集团、中关村科技园海淀园区、速八连锁酒店、金百万餐饮连锁、通州永顺镇政府、北京市政集团总公司、北京市保安集团总公司等建立了合作关系，为行业培养人数占总人数的10%左右，为全社会培养高素质、实用型人才做出了突出的贡献。

二、试点工作相关经验与思考

（一）试点办学经验分享

在办学经验方面，我校认为国家试点网络教育办学工作的初衷是通过推动高等教育信息化、网络化，不断缩小不同地区的教育水平差距，为广大人民群众提供更多学历提升的机会，促进教育公平，促进高等教育的普及化。随着移动学习、碎片化学习形式的兴起，高校应该不断加强教育信息化建设，以教育信息化促进优质教育资源共享，为每个人的成长成才创造条件。

北航远程教育历经十多年发展，形成了一套高效易用、安全可靠的网络教育信息化平台，有效地保障了大规模学生的高质量学习。同时，北航紧跟移动互联网技术发展，推出安卓和 iOS 移动端的“北航在线”学习系统，实现了学生实时在线学习，及时完成线上、线下作业，方便学生与老师、学生与学生之间的答疑和互动，为学生提供了方便、快捷、高效、实时的自主学习体验。学校还积极推进成人教育信息化建设，探索线上线下混合教学模式，建设成人教育学院的网络教学平台，开始实行面授课程与网络课程相融合的教学模式，为“三教融合”打下坚实的技术基础。

（二）对今后试点办学工作的思考

当前，我国高等教育即将进入普及化阶段，继续教育面临人才强国和制造业强国战略不断深化，终身学习观念不断增强等发展机遇，也存在行业市场化程度过高、办学同质化严重、整体质量滑坡等问题，呈现由学历继续教育向非学历教育转型的发展态势。2002 年开始试点办学工作，使得北航继续教育从较早时期的函授、夜大学形式逐步发展为开展学历、非学历及国际教育等项目的、较为全面的办学格局，也存在一些亟待解决的问题，如教育质量、特色不足，与行业发展的联系不够，在服务人才强国、军民融合、制造业强国、脱贫攻坚等国家战略中还没有找准定位；没有形成与北航地位相适应的继续教育品牌等。随着学校不断加快“双一流”建设，对继续教育工作以及试点办学工作提出了新要求。

三、今后的办学方向

北航继续教育学院将围绕服务学校“双一流”建设，围绕立德树人根本任务，进一步明确学院“对内为学校人才培养贡献力量，对外成为学校服务社会、联系行业的基层触角”的办学定位，扎实做好党政军干部及基层骨干培训，服务国家战略、服务地方经济社会发展，开拓优质在线培训、职业教育以及国际教育项目，深化产教融合、校企合作，传播北航知识、精神和文化，为加快建设学习型社会贡献力量。

（一）打造技术领先、开放自主的高水平在线教育平台

采用市场化机制建设服务于全链条人才培养、全业务融合发展的在线教育平台，以在线教育为牵引，带动全校教育培训工作蓬勃发展，推进线上线下相结合的教学模式改革创新，

同时探索新的业务模式，力争在技术、服务、平台输出等方面形成新的增长点。

（二）打造高水平的课程资源团队

培养一支高水平的课程资源团队，完成重点课程资源建设，用市场化的手段激励专业学院教师参与资源建设，大力支持专业学院教师申报教育部、工信部、北京市等网络课程资源奖项，助力学校教学名师培育计划，实现学校、学院和教师多赢。

（三）打造贯通学历、非学历的学分银行平台

建立学分累积、转换制度，使各类、各层次学生可通过技能培训、职业证书等多种渠道对接学历教育，满足学生多样化、个性化的学习发展需求，使高校更好地服务职业教育和行业企业，实现学历、非学历教育及成人、远程教育的融合发展，构建具有北航特色的终身教育体系。

中央音乐学院现代远程教育试点工作总结

一、试点基本情况

中央音乐学院现代远程音乐教育学院自2002年被教育部正式批准为高等院校远程教育试点单位以来，坚持党的领导，全面贯彻党的教育方针，使中央音乐学院在我国音乐教育事业中发挥更为积极的、创造性的重要作用。中央音乐学院现代远程音乐教育学院的办学方向是：培养国家建设和发展所需的优秀音乐人才，服务社会。办学定位是：品质一流、规模适度。围绕办学定位和办学方向，充分利用中央音乐学院的教育资源，逐步建立和完善远程音乐教育体系，开展多层次、多类型的网上音乐教育，以适应社会对现代化音乐文化事业发展的需要。

现代远程音乐教育学院为中央音乐学院内部相对独立的二级教学部门，其整体工作受到中央音乐学院的领导和支持，主管领导先后为中央音乐学院前校长王次炤、副校长肖学俊和现任校长俞峰。学校历任领导对学院工作都非常重视，定期听取继续教育发展情况的汇报，指导制定发展规划，及时解决各种实际问题。学院设有教务教学部、资源建设部、培训部、行政办公室4个组织机构，各部门均制定有岗位职责。教务教学部主要负责网络学历教育招生、毕业、教学过程的管理等工作；资源建设部主要负责数字化音乐教育资源的建设工作；培训部主要负责社会音乐非学历培训工作；行政办公室主要负责财务、统筹等日常工作。

现代远程音乐教育学院从建院开始就制定了《校外学习中心管理规定》《招生工作规范》《学籍管理规定》《教学管理规定》《毕业工作流程与操作规范》《学士学位授予细则》《考试管理规定》等一系列规章制度。目前看来，这些措施让远程音乐教育的教学质量得到保证，使得教学、教务管理更加规范，执行效果基本满意。

现代远程音乐教育学院多年来开设过音乐教育、艺术管理、数字音乐、钢琴调律4个专业，在这些专业下设有高起专、专升本、高起本3个层次。2017年，在教育部规范专业设置和专业层次的指导下，贯彻落实《高等学校继续教育专业设置管理办法》，依据学校全日制教育的专业设置，专业统称为音乐学，并在层次上取消了高起专，保留高起本和专升本层次。自试点以来，我院学籍注册总数22 882人，毕业总人数12 574人，其中5456人获得学士学位。截至2018年12月，我院在籍学生人数为7175人。

远程音乐教育以网络学习为主，课件的研发和制作尤为重要。我院充分发挥中央音乐学院名师、名课的教学资源优势，先后开发了各类教学网络课件80门，并配套出版了一系列远程音乐教育教材，我院每年还不断更新旧课件和制作新课程，2014年以来，我院新建29门数字化音乐课程。

为规范办学，加强教育质量管理，中央音乐学院现代远程音乐教育学院制定了一系列规章制度，对招生、教学、考试、毕业、学位等关键环节进行了规定和监管，并积极响应教育部的要求，把招生预警、考试考核放在十分重要的位置。

从2014年秋季招生开始，按教育部要求使用身份证阅读器采集新生的身份证信息，以确保学生信息真实、准确。在考试管理上，为适应新的学习形势，提升考试的智能化管理，2018年6月我院正式启动在线考试形式，学生可在个人工作室中完成，考试开始与开始过程中启用人脸识别和不定时人脸抓拍功能，尽量杜绝考试中的作弊行为，确保考试成绩的公正性。

中央音乐学院现代远程音乐教育学院对学生的毕业资格与学位授予有专门的规定。我院颁发的学历证书为成人教育类型，其电子编码均按北京教委的有关规定执行。对符合学位申请要求的学生，经学校学位评定委员会讨论通过后，方可颁发证书。

总之，我院一直充分贯彻教育部有关远程教育"积极发展、规范管理、强化服务、保证质量"的16字方针，基本原则一直是在稳定中求发展，以期为社会培养出更多高质量的、合格的音乐人才。

二、试点成绩

中央音乐学院现代远程音乐教育学院依托中央音乐学院优质的师资资源，在课程建设、教材出版以及科研成果方面取得了不错的成绩，在课件制作和音乐人才培养方面积累了丰富的经验。

（一）课程建设

我院充分发挥中央音乐学院名师、名课的教学资源优势，开发各类网络教学课件80门。其中，获得教育部国家级精品课程10门、教育部国家级网络精品课程2门、教育部国家级视频公开课6门、教育部国家级精品资源共享课3门、教育部国家级精品资源共享课（网络教育）1门，获得教育部教学成果奖二等奖、第七届北京市教育教学成果奖一等奖，获得北京市教委精品课程7门、MOOC中国联盟精品课程4门。

1. 荣获教育部国家级精品课程

袁静芳"中国传统器乐"（2004）
王次炤"音乐美学基本问题"（2005）
汪毓和"中国近代音乐史"（2006）
于润洋"西方音乐史"（2007）
伊鸿书"中国古代音乐史"（2007）
钟子林"20世纪西方音乐"（2008）
张前"音乐表演美学"（2008）
姚亚平"西方音乐体裁与名作"（2009）
徐昌俊"作品分析"（2010）
俞人豪"世界民族音乐"（2010）

2. 荣获教育部国家级网络精品课程

袁静芳"中国传统器乐"（2009）
余志刚"西方音乐史"（2009）

3. 荣获教育部国家级视频公开课

王次炤“音乐美学基本问题”(2012)

余志刚“西方音乐史专题掠影”(2012)

袁静芳“中国传统器乐”(2012)

范乃信“曲式与作品分析进阶”(2014)

宋玉涛“新体系音乐视听声觉训练——基于中国音乐文化”(2014)

郝卓娅、王时、李彤“视唱练耳中音乐技能的基础与拓展训练”(2014)

4. 荣获教育部国家级精品资源共享课

伊鸿书“中国古代音乐史”(2013)

钟子林“20 世纪西方音乐”(2013)

向民“作品分析”(2013)

5. 荣获教育部国家级精品资源共享课(网络教育)

袁静芳“中国传统器乐”(2013)

6. 荣获教育部教学成果奖二等奖、第七届北京市教育教学成果奖一等奖

王次炤等“音乐数字化教学的创新与实践”(2013)

7. 荣获北京市教育委员会精品课程

袁静芳“中国传统器乐”(2004)

李吉提“曲式与作品分析”(2006)

于润洋“西方音乐史”(2007)

姚亚平“西方音乐体裁与名作”(2008)

张前“音乐表演美学”(2008)

徐昌俊“作品分析”(2010)

俞人豪“世界民族音乐”(2010)

8. 荣获 MOOC 中国联盟精品课程

吴晓萍“工尺谱概论”(2016)

泰尔、曲大卫“钢琴即兴伴奏”(2016)

林松涛“学校音乐教育新体系——小学音乐课程示范教学”(2016)

丁铌“爵士初级乐理与即兴”(2016)

9. 近 5 年的新建课程

“曲式与作品分析进阶”(范乃信)

“新体系音乐视听声觉训练——基于中国音乐文化”(宋玉涛)

“视唱练耳中音乐技能的基础与拓展训练”(郝卓娅、王时、李彤)

“工尺谱概论”(吴晓萍)

“钢琴即兴伴奏”(泰尔、曲大卫)

“学校音乐教育新体系——小学音乐课程示范教学”(林松涛)

“爵士初级乐理与即兴”(丁铌)

“基础和声”(杨乃林)

“现代和声”(金平)
“数字音乐应用基础”(金平)
“歌曲编配”(周姣姣)
“MIDI 管弦乐编配”(钱琦)
“现代音乐作品赏析”(班丽霞)
“合唱指挥”(杨鸿年)
“曲式与作品分析”(向民)
“流行音乐词曲创作”(付林)
“电影音乐分析与写作”(董颖达)
“论文写作”(高拂晓)
“音乐编辑”(毛微微)
“录音混音技术与应用”(毕崇宁)
“钢琴专业课”(童薇)

2016 年,学校正式启动校内 MOOC 课程建设项目,至今已制作和升级改造了 10 门慕课课程,分别是

“爵士初级乐理与即兴”(丁铌)
“学校音乐教育体系——视唱练耳”(宋玉涛)
“学校音乐教育体系——体态律动”(王阳)
“西方音乐史”(潘澜、班丽霞、刘小龙)
“中国古代音乐史”(陈荃有)
“中国近现代音乐史”(李淑琴)
“吉他基础入门”(郦嘉炯)
“基础乐理”(远程音乐教育学院教研组)
“钢琴基础入门”(童薇)
“工尺谱概论”(吴晓萍)

(二)教材出版

我院建院以来出版了 20 册“现代远程教育丛书”系列教材,分别是

《中国民歌》(周青青)
《中国传统器乐》(袁静芳)
《音乐治疗学基础》(张鸿懿)
《中国少数民族音乐文化》(和云峰)
《曲式与作品分析》(李吉提)
《基础乐理》(付妮)
《实用电声小乐队编配》(龚耀年)
《音乐表演艺术论稿》(张前)
《电子乐器演奏法》(哈布尔)
《西方音乐体裁与名作赏析》(姚亚平)
《歌曲作法》(龚耀年)

《20 世纪西方音乐》(钟子林)
《基础和声》(刘锦宣)
《中国近代音乐史》(汪毓和)
《中国萨满音乐文化》(刘桂腾)
《中国新疆维吾尔族木卡姆音乐》(周吉)
《中国少数民族多声部民族教程》(樊祖荫)
《音乐美学基本问题》(王次炤)
《中国古代音乐史》(尹洪书)
《中国蒙古族长调民歌》(扎木苏)

(三) 科研成果

科研成果方面,中央音乐学院现代远程音乐教育学院主要完成了两项国家级科研成果。

(1)“国家科技支撑计划——音乐数字化服务关键技术与应用”是新中国成立以来科技部与教育部首次合作的重大艺术类科研项目,是我院建院以来所参加的最高级别的国家级科研项目。此项目开发了音乐数字化平台,完成了 2000 首中外音乐作品、20000 首中国传统音乐资源的收集,制作了 30 门网络课程,建立了以古琴、新疆维吾尔木卡姆、音乐鉴赏为主要内容的中国传统音乐文化数据库和音乐教育资源库。

(2) 科技部科技支撑计划项目“科技部公共文化数字资源传播服务关键技术研发与示范”中的课题“中国乐器数字博物馆构建关键技术研究与示范”(课题编号:2014BAK15B04),选取中国民族、民间有代表性的 400 件乐器开展数字化资源收集、整理、汇编工作,针对 60 件有重要价值的乐器建立了 3D 模型库和音色库,增加了乐器数字化资源的展示型和互动性,是国家级的乐器数字博物馆,信息资源规模达 20 万条,是权威的网络乐器百科知识库。

总的来说,中央音乐学院现代远程音乐教育学院作为远程试点高校中唯一一所艺术院校,在远程学历教育的网络课程建设、教材、学生培养等方面取得了一些经验和成绩,这主要得益于依托中央音乐学院强大的师资力量。同时,与远程教育学院注重教学质量,一直遵循品质一流、规模适度的办学定位和为国家培养优秀音乐人才,服务社会的办学理念也是分不开的。习近平总书记在给中央美术学院 8 位老教授回信中提出做好美育工作,弘扬中华美育精神的殷切期望,按照总书记的要求,作为音乐艺术院校和远程学历教育的试点院校,我院将进一步做好美育教育与音乐教育的普及工作,努力提升民众的艺术素养,为建设社会主义文化强国做出应有的贡献,这也正是远程院校普及教育和为服务社会的根本作用和意义所在。

三、存在的问题

(1) 部分网络课件因为制作的时间比较久远,有些课件还不是视频文件,课程的吸引力不强,这些课件有待逐渐升级更新。

(2) 公共基础课程相对薄弱,学生参加国家统考通过率不高。为此,我院 2016 年购买了相关公共课和管理类课程,今后还将加强对公共基础课以及网络统考的辅导。

（3）校外学习中心辅导教师主要依托其学习中心和周边的资源，水平参差不齐，今后要加大对校外学习中心辅导教师的网络和面授培训。

（4）成人教育的学生基础较差，时间不充裕，学习方法不够科学，监管有难度等是常见的问题，如何提高学生的积极性、主动性，引导他们主动自主学习，也是有待解决的问题。

四、推进网络教育转型提质升级的思路和举措

（1）进一步提高继续教育教学质量，加强教学教务管理，规范办学。

（2）根据社会需求和成人终身教育的要求，继续制作一批高质量、具有音乐专业特色的电子教学课件。

（3）丰富非学历继续教育内容，在原有项目基础上大力发展适应社会需求的非学历培训，实现真正的全民学习、终身学习。

（4）升级构建一个集学习、管理、交流于一体的智能化管理学习平台，给学生带来更流畅、更好的学习体验。

（5）全面提升授课教师的基本素养和教学能力，打造一支高质量的管理队伍。

大连理工大学现代远程教育试点工作总结

2002年2月，经教育部批准，大连理工大学（下文简称大工）成为全国68所现代远程教育试点高校之一，同年学校成立网络教育学院，统筹规划、归口管理并实际运作全校的现代远程教育。自试点伊始，迄今已17载，一代代大工现代远程教育人披荆斩棘、砥砺前行。回首来时路，一步一脚印，展望未来山，勇攀更高峰。

一、接受挑战启征程

1999年初，教育部“面向21世纪教育振兴行动计划”经国务院转发正式发布，提出实施“现代远程教育工程”。如今，现代远程教育工作开展已20年，在有数千年历史的教育鸿篇中是新之又新的一页，但它已经在这册史卷中画下了浓浓的一笔。

2002年伊始，教育部办公厅批复同意大连理工大学作为现代远程教育试点院校。学校领导高度重视试点工作，成立网络教育学院负责运作现代远程教育。2005年1月，经学校研究决定，继续教育学院、网络教育学院和成人教育学院合并，组建成立新的继续教育学院，由于资源的有效整合，发展战略的调整，大连理工大学的现代远程教育得到快速发展。2012年11月，继续教育学院更名为远程与继续教育学院。学院名称虽几经更迭，但现代远程教育试点工作却一如既往。

面对新的挑战，大工的现代远程教育人没有退缩，一步步摸索，一点点积累，披荆斩棘，开辟前路。学校历任领导多次莅临学院指导工作，“如果你不能来到大连理工大学学习，大连理工大学的继续教育就来到你身边”“远程教育大有文章可做！”学校领导们到学院调研时说的话犹在耳边，理清发展思路，转变发展观念，深化改革，为国家和社会的人才培养贡献大工力量，大工远程教育人牢记在心，并为之奋斗不息。

二、规范管理促发展

“海纳百川、自强不息、厚德笃学、知行合一”的大工精神时刻铭记在心，“规范管理、提高质量、突出特色、创建品牌”的指导思想时刻践行不倦。大工远程教育人永远记得要创办具有大连理工大学特色的高水平远程教育，服务国家战略和地区经济建设、社会发展，为构建终身教育体系添砖加瓦。

为了提高办学质量，学院17年磨一剑，至今已形成“三体系一保障”，涵盖远程教育管理的各方面。

（一）以学生为中心，打造学生支持服务体系

不断提高学生的支持服务能力和水平是学院不懈的追求，学院根据现代远程教育的特点对学生支持服务提出了“强调管理制度，强调流程设计，强调支持服务，强调招生办学”的四强调原则，要求管理制度要合理，流程设计要科学，支持服务要精细，招生办学要稳定，并建立了专门的学生支持服务部门。图1为毕业生工作流程图。

1. 推行一站式学生服务

2007年8月，学院成立现代远程教育第三办公室，负责学生支持服务。学生支持服务队伍从成立之初的3人发展到现在的19人，实现了渠道式、专业化的管理与服务。

为了规范管理，做好学生支持服务，学院多措并举对学务中心加强管理。①建章立制，以《学务中心工作手册》为依据规范学生支持服务；②施行首问负责制，负责人实时解答服务问题，实时跟踪服务信息，直至问题圆满解决；③对重要的工作岗位实行AB制，做到岗位互补，相互监督，保证支持服务工作的连续性；④对关键工作节点实行责任负责制，做到支持服务信息反馈及时有效，支持服务内容传达准确无误，保证支持服务工作的时效性；⑤选修远程教育课程，参与课程全过程学习与考核，了解平台操作，熟悉学习平台的使用；⑥注意提炼和总结，汇总《常见咨询问题集》，作为日常工作的基本手册与参考资料。

经过多年的锤炼，大工现代远程教育从学生入学到毕业离校，本着“逻辑上行得通、实践上可操作”的原则，逐步摸索、优化，形成了从报名审核、入学资料审核、数据上传、学生卡制作发放、学籍管理与学籍异动、毕业资格审核、毕业材料归档、学费结算、毕业证书及毕业档案发放、签领单回收10个环节科学严谨的工作流程，保障了每年数万人次的招生、毕业工作的顺利进行。

2. 加强校外学习中心管理服务

远程教育的学生来自祖国的天南海北，对学生的管理要依托校外学习中心进行，学院提倡无缝对接校外学习中心，提高学生支持服务质量。

在校外学习中心的管理上，学院强化学校办学权和教学权主体地位，严格贯彻执行国家有关校外学习中心管理的规定，制定了学习中心软硬件建设、教务管理与服务、招生与考试工作等系列管理规范或规章制度。定期组织深入各地学习中心走访调研，实地了解学习中心办学情况，检查和指导学习中心的各项工作；定期组织校外学习中心业务培训会，解读政策法规、规范工作流程，提升基层工作人员业务水平和规范化意识；对各方面工作较为突出的校外学习中心进行表彰奖励，对工作不到位的学习中心予以督促整改，甚至取消招生授权。各校外学习中心在学院的指导下，加强对学生的服务，加强学生的思想政治教育工作、精细化管理工作、校园文化建设工作。

发展至今，大连理工大学现有授权303个校外学习中心，其中自建校外学习中心18个，依托奥鹏公共服务体系建设校外学习中心285个，分布在全国28个省（直辖市、自治区）。

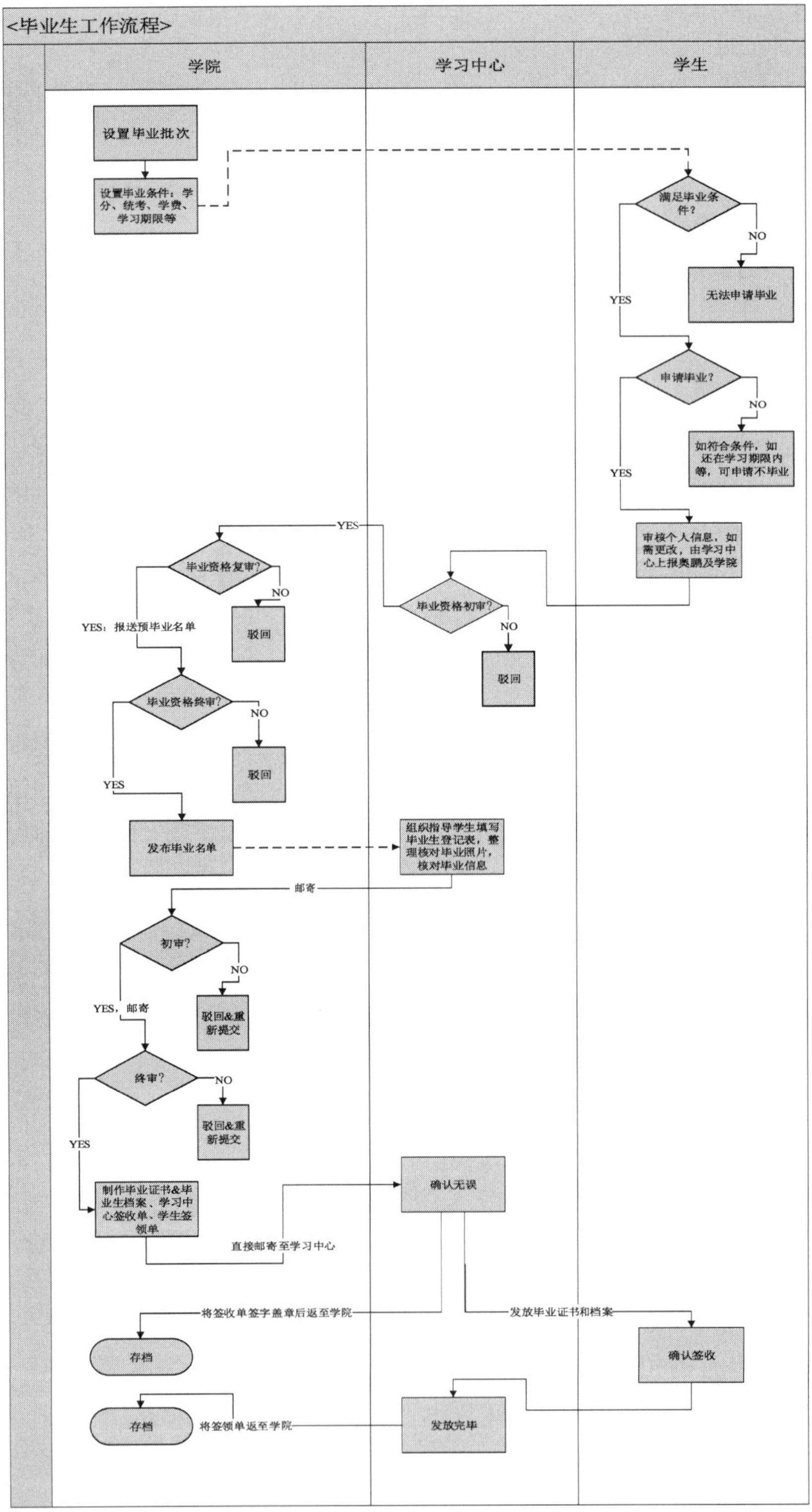
<毕业生工作流程>
学院
学习中心
学生
设置毕业批次
设置毕业条件：学分、统考、学费、学习期限等
满足毕业条件？
NO
无法申请毕业
YES
申请毕业？
NO
如符合条件，如还在学习期限内等，可申请不毕业
YES
审核个人信息，如需更改，由学习中心上报奥鹏及学院
YES
毕业资格复审？
NO
驳回
YES：报送预毕业名单
毕业资格初审？
NO
驳回
毕业资格终审？
NO
驳回
YES
发布毕业名单
组织指导学生填写毕业生登记表，整理核对毕业照片，核对毕业信息
邮寄
初审？
NO
驳回&重新提交
YES，邮寄
终审？
NO
驳回&重新提交
YES
制作毕业证书&毕业生档案、学习中心签收单、学生签领单
确认无误
直接邮寄至学习中心
将签收单签字盖章后返至学院
发放毕业证书和档案
存档
确认签收
存档
将签领单返至学院
发放完毕

图 1　毕业生工作流程图

（二）以质量为导向，发展教学支持服务体系

大连理工大学现代远程教育在教学管理过程中不断深入探索，提出教学工作“三贴近”，即贴近教学的基本要求、贴近学生的实际水平、贴近社会的真正需求，培养“学得会、留得住、用得上、下得去的应用型人才”。为了实现这一办学目标，学院在提高教学质量、解决网上学习困难、激发学生学习积极性方面不断摸索，形成了一套完善的大工远程教育教学支持服务体系，在专业建设、教材、导学、考核等教学环节环环相扣，取得了显著成效。

1. 专业建设特色化

十几年来，学院主动对接国家战略，合理调整专业布局，既突出本校特色，又面向社会需求。以应用型人才培养为目标，聚焦主业办好优势特色专业，重点建设学校的工科特色专业和有较强优势的管理类专业，形成了以工科专业为主、经管专业为补充的专业体系。目前高起专层次保留 9 个特色专业，专升本层次丰富至 13 个专业。在籍学生 77％为土木工程、电气工程及其自动化等工科专业，学生从事的行业也以制造业、建筑业为主。

在人才培养方案制定和课程教学中，学院聘请来自学校各院系和行业企业的专家为教学指导专家，共同修订培养方案，完善教学大纲和教学计划，确保课程结构的完整性和系统性。在专业课程设置中，增设实践环节及随岗实践要求，突出工科特色和工程特色。目前，专升本层次各工科专业课程设置中实践环节学分占比达到 17％以上。

2. 教师队伍多元化

网络教育课程主讲教师由各学校学术水平高、教学经验丰富的教授、副教授及其教学团队担任。年均聘请授课教师 230 余位，本校授课教师占比 100％。课程辅导教师队伍由专兼职教师组成，其中专职课程辅导教师 31 人，兼职教师队伍由高校教师和在校博士生组成，年均聘请 150 人次，通过定期业务培训、签订教学任务书、量化考核制度等手段规范管理。

3. 教学考核规范化

学院根据远程教育的特点，为激发学生学习的积极性，积极探索课程考核方式改革，采取灵活多样的考核形式，有笔试考核（开卷＋闭卷）、课程设计考核、实验实践考核、在线作业考核、离线作业考核和协同学习考核等，并加大过程考核（包括网上学习行为、在线作业）成绩的比例，从多方面对学生的学习进行综合考评。

在考风考纪方面，学校始终不遗余力地加大考风考纪制度建设，先后出台和修订了《校外学习中心考试管理办法》《监考人员工作职责》《考场规则》《考场违规行为处理规定》等制度。建立健全考试巡视制度，考场配备视频监控设备及考生身份证刷卡系统，确保考试过程可监控、考场视频记录可调用、考试违纪责任可追诉，严把考试质量关，有效控制考试风险。同时，引入信息化阅卷系统，降低试卷批阅、合分、登分的错误概率，规避人为操作风险。

（三）以内涵建设为目标，创建学习支持服务体系

教学质量是办学的生命线，大连理工大学现代远程教育通过深化教学改革，不断提升教学质量，以学习支持服务体系的创建为契机，加强内涵建设，为广大求学者营造了专业化、个性化、全方位的学习之路。

1. 课程辅导坚持“五相关”

为了提高教学质量，专业教师在进行学习支持服务时，坚持教材要与课件高度相关、课件要与导学材料密切相关、导学要与作业练习完全相关、作业要与试卷有机相关、试卷要与课件教材紧密相关。在辅导过程中，专业教师要制订条理清晰的教学大纲、学习计划，提供有指导性意义的导学资料，设计符合远程教育特点的考核作业。

2. 毕业论文辅导坚持写作模板化、指导规范化、答辩专业化

针对网络教育工科毕业论文的特点，2009 年，学院改革实施毕业论文模板化，使学生的选题及写作(设计)符合所学专业方向的教学要求；同时，学生在教师的指导、模板的引导下得到了从开题、提纲到初稿、终稿等理工科毕业论文(设计)的一个完整的全过程训练。

对论文指导，在课程设置上专门开设了毕业论文指导课程；在指导过程中，强调“三一致、四结合”，即论文撰写格式、论文指导服务、论文把关要求与普通本科一致；远程教育学生撰写论文要与所学专业、所在职业行业、所在岗位实践、所在职业发展方向相结合。

论文答辩依托大连理工大学优质的教师资源，每次答辩均聘用各专业的学科带头人等作为答辩小组组长，答辩过程中，评审教师结合学生工作进行评议和提问，充分调动了学生积极思考应答，既是考核，又不乏指导。

(四) 以信息化建设为保障，推进现代远程教育工作有序开展

自 2002 年大连理工大学开始试点现代远程教育，十几年间，学院形成了完善的 3 个支持服务体系，而这 3 个支持服务体系的有序运行，离不开信息化建设的全力保障。

1. 软硬件投入为基础

经过十几年的发展建设，学院累计投入近 2000 万元资金加强软硬件建设。现有专属机房 2 个，专属服务器 15 台，并建设了 5 个不同呈现形式的课程摄制棚，可以完成大屏幕、剧组式、影视级摄制等多种视频格式，网络实现了联通、电信、教育网光纤专线接入。学院联合奥鹏公共服务体系打造了学生在线学习平台、教学教务管理平台、学习中心管理平台等“六大平台”，实现学生全过程管理信息化、教学教务管理精细化、内部管理流程化、节点数据准确化的“四化”管理。

2. 资源建设为保障

优质的网络课件、丰富的网络学习资源是开办现代远程教育保证教学质量的前提，学院高度重视网络教学课件等教学资源的建设，为教学资源建设持续投入 1000 余万元，目前从课件数量、课件质量到课件水平等综合方面，均已形成自己鲜明的特色。学院自主研发了适合网络高等教育学生学习的网络课程、虚拟实验课程等教学资源 370 余门次，出版现代远程教育系列教材 67 本，其中“工程估价”“数字电路与系统”(见图 2)被评为国家级精品网络共享课。

随着科技的发展，网络课件的表现形式不断变化，静态网页、三分屏已是过去时，知识点单元化的微课是目前网络课件的主要呈现形式。在课件资源开发中，学院采用了 AE 应用、平台虚拟化、优化流媒体编码等新技术；采用碎片化、单元化微课的模式，加大课程设计力度，适应移动端播放需求，真正实现了远程教育随时随地学习的要求。

图 2 “数字电路与系统”

三、开拓创新树品牌

17 载远程教育规范管理成绩斐然，但大工远程教育人从不因循守旧，工作中勇于担当、锐意进取，在改革中实践，在实践中创新，一系列卓有成效的改革与探索赢得业界广泛赞誉，大工品牌深入人心。

（一）创建专职教师队伍

学院从 2007 年开始引进远程教育专职专业教师，并成立专业教师中心。经过 10 多年的发展，从成立伊始的 2 个人到如今的 31 位专职专业教师，涵盖学院全部本、专科专业。目前学院每学期开设 260 多门课程，专业教师队伍承担了大部分课程的辅导工作。学院通过搭建工程实践平台，组织专职教师于寒暑假深入工厂、企业进行工程实践，增强解决实际问题的能力，从而为学生提供更为贴近工程实际的指导。

自 2007 年起，学院将现代远程教育类课程建设、教材建设、虚拟实验建设等纳入大连理工大学教学改革基金项目体系中。具有丰富的教学经验、在本学科有较厚的基础、了解本门课程的发展动态、有较高的学术水平的学校优秀教师，与具有现代远程教育丰富教学经验的一线专业辅导教师共同开展教学改革。

截至 2018 年年底，学院共立项 446 项，投入项目经费基金 1046 万元，自主开发出一批适合网络教育学生学习的普通网络课程、精品网络课程、虚拟实验（平台）等教学资源，并正式出版现代远程教育系列教材 67 本，有效地满足了教学需要，为教学质量的提高提供了有力的保证。

（二）建立工科特色实践体系

大连理工大学的远程教育以工科专业为特色，为解决工科实验网络教学开展难的问题，学院加大经费投入用于实验课程的开发建设，先后筹建了 3 个电气工程实验室和 1 个网络工程实验室，填补了实践教学环节的空白，并且有效地实现了理论教学与实践教学的紧密结合，提高了远程教学效果。

为适应现代远程教育的网络教学环境，学院根据教学现状采用“多层次、多方式”的实验形式提高学生的实际动手操作能力和专业技能水平。学院通过对大连学习中心采用现场实验、自主录制《常用电子仪器的使用》《晶体管共射极单管放大器》等 22 门演示实验、开发机械 3D 虚拟仿真和购买电子工程虚拟仿真实验等多种方式，使学生完成验证性实验、技能训练性实验和项目工程实验的训练。

（三）开展“学子母校行”活动

学院以文化建设、内涵建设为基础，注重大学文化传承，举办“学子母校行”活动（见图 3）。自 2009 年首次举办至今，已成为学院开展校园文化建设、增进与学生交流的常规活动，为学院与学习中心和学生搭建了交流的平台，促进了彼此间的联系，也增强了学生的归属感和荣誉感。

图 3　母校行的图片

在母校行活动中，学院领导亲自向学生们介绍学院的发展建设情况和办学特色；对学年优秀学生、优秀毕业生实施表彰颁奖；教师、学生进行经验交流；学院学务中心、教学中心、专业教师中心从学生管理、课程学习、教学管理等教育教学工作进行详细解说，强调学院工作的相关环节、流程；组织学生前往学校本部参观校史馆及国家重点实验室，激发学生作为一名大工学子的自豪感。

（四）追求教学模式创新

学院在教学模式上，紧抓时代脉搏，不断尝试创新，协同学习、在线资源共享学习、开放课程建设等均取得一定的成绩。

1. 开展“协同学习”

为提升应用型人才培养质量，强化从重视考试结果向重视教育过程的转变，学院开展了协同学习模式的探索。图 4 为协同学习教学模式流程。在实行过程中，学生以小组案例分析为学习任务，按照各自分工，自行查找资料。小组成员间密切配合，保持学习的一致性，互相查看学习成果与疑问，从而进一步交流与讨论。辅导教师查看学生个人及学习小组的讨论情况，指导学生完成案例分析任务，检查学生提交的学习成果并回答学生的疑问，及时指出学生的不足，提醒学生按时完成学习进度，并对学生的学习成果进行点评。

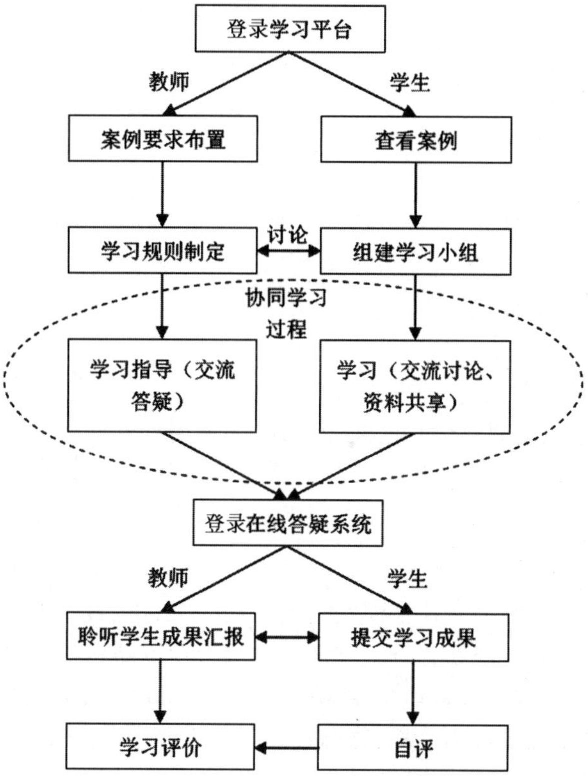

图 4　协同学习教学模式流程

经过多年的探索和完善，协同学习模式不仅做到将理论学习与实践学习相结合，并且显著增强了学生的语言表达能力和团队合作精神，达到贴近应用型人才培养目标的效果。《网络高等教育协同学习模式的探索与实践》项目获得 2014 年辽宁省教学成果二等奖，同时此项教学改革也入选了 2016 年中国高校远程教育优秀案例库。

2. 探索资源共享

“在线联盟”是大工远程教育深化教学模式改革，探索校际资源共享的一个重大尝试。2012 年 8 月，由担任教育部研究课题子课题“理工类课程(含实验)互选互认的研究与实践”的华东理工大学、大连理工大学、哈尔滨工业大学、江南大学和山东大学的网络(继续)教育学院共同确立了项目基本框架。随后，调研与需求分析、理论研究和标准制定、平台对接整合、确认课程并组织学生参加课程互认互选、汇总进行成效分析、提交项目验收总结报告等环节进展顺利。

2013 年 9 月，华东理工大学、大连理工大学、哈尔滨工业大学、江南大学和山东大学的网络(继续)教育学院在总结交流课题研究成果的同时，基于相同的办学理念以及办学交流的需要，共同发起并组建“在线实验课程资源共享联盟”。2014 年 9 月，《远程教育工科专业在线实验教学模式的研究与实践》项目获评国家级教学成果二等奖。此项成果获奖，充分展现了大工多年来在工科专业实验教学模式上的探索与实践，也反映了我们为应对“工科实验教学难”的行业现状，在工科教学模式改革、人才培养模式创新等方面所付出的辛勤努力。

3. 试水开放课程

为了推进优质教育教学资源共享，进一步推动教学模式改革，提高教学质量，大连理工大学于2013年10月成立“大连理工大学开放课程教学中心”。大连理工大学开放课程教学平台，目前同时承载着辽宁省教育厅跨校修读学分、辽宁省教育厅精品共享课、大连理工大学全日制本科生通识课和辅修专业在线课程项目。

2014年至今，中心已为辽宁省23所高校60门省级精品课、56门跨校修读学分课程及校内5门全日制通识课程提供服务，启动了面向校内全日制学生的“工程管理”“日语”“计算机科学与技术”三个线上与线下结合的辅修专业。截至目前，累积学生2万余人次通过大连理工大学开放课程教学平台获取相应成绩与学分。

（五）坚持产教融合

为助力“创新驱动发展”“科教兴国和人才强国”等国家发展战略的实施，大工远程教育积极探索与企业、行业的融合，尝试学校与企业、专业与产业、课程与职业、教学与生产相对接的实践过程，践行教育与产业相互渗透、相互支持、共同育人的产教融合创新模式。

1. 联合开展专业建设

近年来，学院与大连港集团、辽宁渔业集团、山东乳山造船厂、大连机床厂、华晨宝马等多家知名的行业企业实行校企联合、产教融合办学，持续不断在机械设计制造及其自动化、船舶与海洋工程、电气工程及其自动化、物流管理、工商管理等专业开展合作，适时增加行业企业亟须的建筑环境与能源应用工程、物流管理等专业（方向），进一步完善了学院专业设置的合理性、科学性，更加突出行业应用特色。

2. 联建教学管理平台及课程资源

学院与企业联合，共同创立了课程制作基地，运用其新一代在线课程制作理念及方法，配合一流的课程制作团队，规范和完善课程制作流程，引进剧组式、影视级课程制作手法，先后完成了40多门精品开放课程。这些课程都面向辽宁全省高校师生和社会学习者开放，实现了优质课程资源的最大共享化。

3. 联合实施教学过程

学院有针对性地调整培养计划，增加了贴近行业企业需求的专业课程，联合行业企业共同实施培养实用型人才的目标。学院在探索产教融合的实践过程中，突出专家委员会指导、监督、保障作用，重视专业核心课程比重和学生实践动手能力。在教学过程中，以远程课程教学为主，以面授辅导为补充，采用案例式教学；聘请学校教学经验丰富、具有扎实理论功底及实践经验的名师和业内知名专家及技术领军人物登台授课，提升教学的实用性与针对性。

四、立足贡献报春晖

大连理工大学现代远程教育试点17年来，聚焦人才培养总目标扎实开展各项工作，各方面均取得了一定的成效。学校的试点工作为在职从业人员素质提升、学习型社会与终身学习体系建设做出了突出的贡献，得到社会各界，尤其是行业企业和学生的高度评价。

（一）科学布局，服务地方经济建设

现代远程教育是我校人才培养体系的重要组成部分。2008—2018 年是大工现代远程教育快速发展备受社会和同行瞩目的阶段。学院主动对接国家战略，服务地方经济建设与社会发展，特别是服务东北老工业基地振兴。学院突出学校特色，聚焦主业办好优势特色专业，结合地区和行业发展需求，战略布局校外学习中心，现授权 303 个校外学习中心，分布在全国 28 个省（直辖市、自治区），均发展良好。截至目前，学院已为社会培养本、专科成人毕业生 25 万余人，为社会输送了大批应用型人才，为地方经济建设发展做出了重要的贡献。

如图 5 所示，邢台技师学院教师李金豪参加了电力系统自动化技术专业学习，获得第 43 届世界技能大赛工业控制项目优胜奖，并作为中国共产主义青年团第十八次全国代表大会代表受到习近平总书记、李克强总理等国家领导接见。中铁七局集团武汉工程有限公司的高明星是机械设计制造及其自动化专业学生，通过网络学习专业课，解决了他工作中遇到的难题，成为盾构机领域的技术带头人。此外，中铁十八局集团第五工程有限公司执行董事、总经理李文广，河北建设集团援建四川平武县响岩镇项目经理徐永宏，在西安比亚迪集团公司工作、从事汽车设计制造工艺技术和手机等电子产品制造工艺技术研发工作的崔富强等，都是大工现代远程教育毕业生的优秀代表，得到各级领导和社会各界的广泛好评。

图 5　李金豪获第 43 届世界技能大赛工业控制项目优胜奖

（二）校企合作，树立网络教育品牌

学院依托学校雄厚的办学实力，积极推进校企合作，树立了我校网络教育的品牌，得到社会行业企业的广泛认可。大连港集团、英特尔半导体有限公司、飞毛腿集团有限公司、金岭集团等大批知名企业与学院形成了稳定的合作关系。校企合作、定向为企业培养专业技术人才的做法,得到企业和学生的高度认可,产生了良好的社会效益。

2018年,我们开展了学生学习满意度调查,主要涉及平台操作、课件质量、教学内容、课程设置、学习过程、学习支持服务等6个方面。调查结果显示,学生的学习总体满意度达98.4%。我们对412家社会用人单位开展调研,99%的单位对我校毕业生总体认可度较高;97%的单位对毕业生在本单位的发展前景看好;93%的单位认为大工的专业设置、课程安排与社会需求契合度较高,通过学习提升了员工的业务能力水平。

"学在大工"是社会对大工的赞誉。大工现代远程教育在课程建设、教学管理、学习中心建设、学习支持服务等方面已形成规范、务实、高效的人才培养质量保障体系,综合实力居于全国试点高校前列。2012年,获全国高校网络教育协作组网络教育十年贡献奖;多次被社会媒体评选为中国最具社会影响力试点高校、年度十大热门试点高校等。

(三)服务社会,做好精准扶贫

作为教育部的定点扶贫项目,大连理工大学承担了扶贫云南省龙陵县任务。远程与继续教育学院以远程教育服务为切入点,采取以远程教育扶贫为主,切实落实精准扶贫任务。学院通过与龙陵县人民政府、龙陵县教育局的多次沟通讨论,瞄准龙陵县经济发展的需要,以实用技能型人才培养为目标,开展计算机应用技术、电气工程及其自动化等为主的工科专业人才培养,选定龙陵县职业高级中学为定点扶贫单位,建立大连理工大学龙陵县职业高级中学学习中心,并捐助计算机(60台)建立多媒体教室,针对贫困学员采取减免学费方式开展助学活动,学习中心于2014年秋开始正式招生,目前共计招生122人,皆为贫困助学学员。

在大连理工大学现代远程教育的引领下,学校同时加大对当地师资的培训力度,目前,龙陵县职业教育质量日益提升,龙陵县职业高级中学被评为"全国职业教育先进单位"。学院扶贫工作扎根当地并取得实效,得到社会的一致好评。

五、担当使命书奋进

试点成绩的取得,得益于学校坚持党的领导、坚持立德树人根本任务,牢牢把握社会主义办学方向;得益于学校办学过程中坚持以学校学科和专业优势依托,着力服务国家战略和各地经济建设与社会发展。大连理工大学在全面总结17年试点工作、深入研讨的基础上,将继承、发扬成功的经验与做法,针对人才培养中的薄弱环节,进一步提高认识,聚焦新时代对人才培养的新要求,从以下几个方面着手,办好新时代的网络教育。

(一)不忘初心,牢记使命,办好人民满意的继续教育

学院将继续深入贯彻落实党的十九大关于"办好继续教育,加快建设学习型社会,大力提高国民素质"的总体要求,深入学习全国教育大会精神。端正办学指导思想,确保正确办学方向,落实立德树人根本任务,积极对接国家发展战略需求,着眼提升高等学历继续教育办学质量、培养社会主义合格建设者和可靠接班人。在开展网络教育办学中,坚持立德树人、坚持育人为本、坚持规范办学、坚持确保质量,遵循教育规律,回归试点初心,为加快推进

教育现代化，建设教育强国，办好人民满意的教育继续努力。

（二）主动对接国家战略，办好优势特色专业，处理好质量、规模、结构和效益的关系

在网络教育办学中，学院将主动对接国家战略，服务各地经济建设与社会发展，特别是服务东北老工业基地振兴。以《高等学历继续教育专业设置管理办法》为指导，突出本校特色，聚焦主业办好优势特色专业，结合地区和行业发展需求，根据学科战略布局动态优化人才培养的专业结构，加大办学投入，进一步处理好质量、规模、结构和效益的关系，不断把学科、师资、科研的特色优势转化为人才培养的特色优势。

（三）不断提高办学质量，推进新时代网络教育转型提质升级

以“规范管理、提高质量、突出特色、创建品牌”为指导思想，进一步加强对人才培养过程的规范化管理，提高学习支持服务质量，推动精品课程建设，加大教学模式改革研究，加强师资队伍建设，持续加强学习中心建设与教学考试管理，不断提高网络教育办学质量，推进新时代网络教育转型提质升级，切实履行好高校人才培养的职责使命。

中国医科大学现代远程教育试点工作总结

中国医科大学响应1999年中共中央、国务院发布的“面向21世纪教育振兴行动计划”，于2001年向教育部申请开展现代远程教育试点工作，经过答辩，教育部于2002年2月正式批复中国医科大学准许开展现代远程教育试点工作。中国医科大学在教学技术支持部门教育技术中心的基础上成立了网络教育学院，经过前期充分的准备工作后，于2002年秋季开始第一批次的招生工作，至今已经过了整整17个年头，坚持立德树人、坚持育人为本、坚持规范办学、坚持确保质量，传承红医文化，不忘初心，牢记使命的宗旨，逐渐发展壮大。现将建院以来的发展历程回顾如下。

一、办学方向

中国医科大学坚持社会主义办学方向，致力于传播和创造知识，以造就思想和能力领先的高素质医学人才、培养社会主义事业合格建设者与可靠接班人为目标，以贡献重大科学研究成果和引领科技创新为担当，以服务与奉献经济社会发展、提供高水平医疗卫生服务为己任，以弘扬中华民族优秀传统文化、传承与创新红医精神为使命，立足辽宁、服务全国、影响世界，培养政治坚定，技术优良，具有较强实践能力和创新精神的高素质专门人才。

二、机构设置及分工

中国医科大学高度重视网络教育相关工作，由主管教学副校长分管网络教育学院，全校各院系部处通力配合、统筹管理。网络教育学院的合作办学、教学培养、招生工作、毕业工作、学位授予工作必须通过校长办公会、本科教学指导委员会、招生就业工作会、学位委员会等报告审查。

中国医科大学网络教育学院院长负责学院的整体工作并主管学院办公室，副院长负责教学、教务、考务和技术中心并主管学院教务科。学院办公室负责日常行政业务、学习中心建设、学习中心评估、招生、学籍、毕业、学费、学院平台开发、硬件维护、课程资源维护等。学院教务科负责制订教学计划、课程建设、组织教材编写、组织教学、题库建设、组织考试、课件录制、组织教师出题阅卷、组织监考巡考、教学资源研发制作等。

三、软硬件环境建设

中国医科大学在2014年从校区搬迁至新校区，搬迁之前，网络教育学院的办公面积为800余平方米，建设有3个演播室和一个服务器机房，至2014年，老校区的演播室和机房完成了它们的使命。我们在搬迁之际建设了新的数字高清演播室、高清虚拟演播室及第三演播室，服务器也由原来的单机服务器升级为虚拟化服务器，并由学校网络中心统一进行校园信息化管理，办公面积也提升到了2000余平方米。图1为高清数字演播室。

图1　高清数字演播室

自建院以来，网络教育的网站平台就由网络教育学院自行开发与维护，先后进行了4次改版与升级，一直沿用至今。

四、专业设置

中国医科大学网络教育学院先后开设过预防医学、医学检验、信息管理与信息系统、临床医学、口腔技术、基础医学、应用心理学、卫生事业管理、药学、护理学等多个专业。按照相关政策逐渐调整与规范，目前保留专业包括护理学专科、护理学本科、护理学专升本、药学专科、药学本科、药学专升本、公共事业管理专升本。

五、规章制度建设

中国医科大学遵循建章立制，拟定了若干网络教育相关规章制度，并于2015年进行了修改和扩充，目前在用规章制度15项及评估体系1套，包括《中国医科大学网络教育学院校外学习中心管理规定》《中国医科大学网络教育学院招生工作规范》《中国医科大学网络教育学籍管理办法》《关于课程责任教师工作职责的规定》《中国医科大学网络教育学生课程考核及成绩管理办法》《关于加强实践教学管理的规定》《中国医科大学网络教育学院关于全国高校网络教育部分公共基础课统一考试的管理办法》《中国医科大学网络教育试卷印刷及扫描管理规定》《中国医科大学阅卷中心管理暂行规定》《中国医科大学网络教育校外学习中心组织考试工作的规定》《中国医科大学网络教育学生考试违规处理办法》《中国医科大学网络教育学院毕业实习报告(毕业论文)管理办法》《关于下发中国医科大学授予网络教育本科毕业生学士学位实施细则(试行)的通知》《中国医科大学网络教育学院优秀学生评优办法》《中国医科大学网络教育学院校外学习中心设立与退出管理规定》《中国医科大学网络教育学院校外学习中心管理质量评估指标体系》。

中国医科大学充分利用网站平台对入学新生进行管理规定的宣讲，各项教学活动严格按照各管理规定执行。招生、毕业、学士学位申请等环节需分别经过学校校长办公会、校学位委员会讨论审核通过。

六、资源建设

经过多年的努力，先后建立数字图像教学资源库，包括人体解剖学、组织学、病理解剖学、实验诊断学、断面解剖学、影像诊断学等学科图像；建立了机能虚拟实验室，采用计算机虚拟仿真与网络技术，涵盖20多个机能学实验的模拟仿真，由于模拟仿真实验无须实验动物，无须实验准备即可帮助学生理解实验的操作步骤以及实验效果，可以作为机能学实验教学的一个有益补充；开发了实践教学库，该库包括基础护理11个操作、内科护理9个操作、外科护理7个操作、妇产科护理7个操作、儿科护理8个操作；开发了人体实验库，包括血型、人体信号、肺音听诊和心音听诊共35个虚拟操作实验；开发了实验实践教学平台，为了能够更好地管理与应用网上虚拟实验，我们开发了实验实践教学平台；录制各种形式学历教学课件100余门，累计4000多学时；录制急救技术、康复技术、中国基层医生培训系列课程、临床执业医师培训课程、护士执业辅导课程等非学历教学课件；开发疾病查询系统及基层医生知识查询系统。

除建设了网络教育平台外，还开发了适用百姓大众使用的626健康网、适用基层医生学习的辽宁卫生人才培训网、为临床执业医师服务的临床执业医师考试应试辅导平台、为护理人员服务的护士执业资格考试应试辅导及训练平台。

七、教材建设

以往网络学历教育基本采用全日制本科生教材，无论是教材的难易程度，还是教材的组织体系，都不适用于网络教育学生。学校集全校师资编写了一套成人高等教育基础医学教材18本，成人高等教育护理学专业教材22本，成人高等教育药学专业教材17本，在上海科学技术出版社出版发行。该教材针对成人护理学及药学专业学生，充分体现以教师为主导、以学生为主体、以学生自主学习为主的模式，对于具体学习内容，力求体现科学性、适用性和易读性的特点。该教材充实和更新了一些新知识、新技术、新工艺和新方法，使其能充分发挥助教助学的功能。图2和图3均为教材。

中国医科大学网络教育学院自2006年便开始着手开展乡村医生培训的准备工作，组织编写了乡村医生培训系列教材（共17个分册），教材打破了常规的编写体系，以系统疾病为基础进行编写，更适合基层医生和乡村医生使用。

八、学生规模

最初每年秋季招生，自2016年起每年春秋两季招生，现每季招生1万名左右，在校生7万余名，累计毕业学生10万余人。

图 2　教材图 1

图 3　教材图 2

九、教学管理

1. 制订培养计划

中国医科大学为网络教育各专业和各层次制订了培养计划、课程设置、教学大纲、教学计划及完成计划的措施。公共服务体系(奥鹏)教育、校外学习中心及学生必须按照要求完成。

2. 教学课件制作

按照培养计划的要求,学校组织各学院教师在我校的 3 个演播室进行网上教学课件的录制,并且根据实际情况 5 年为一个周期进行重新录制,将新的医疗知识扩充。现已上线各类新老课程百余门,累计 4000 余学时。

教学质量是教学的核心,实践教学是网络教育的短板,为了提高教学质量,学校加强实践教学内容。第一部分是形态学,包括系统解剖学和病理学;第二部分是机能学,包括生理学和药理学;第三部分是实训操作,包括内科护理学、外科护理学、妇产科护理学和儿科护理学。

3. 教学实施

提高教学质量,组织教师学习课程设计,深入探讨教学研究方法。提升服务质量,加强与学生互动,开展学生调研,解决学生需求。增加平台功能,通过教学平台,学生可以轻松完成课程学习及扩展知识了解。强化实践教学与毕业实习,为学生提供更好的教学平台。

4. 考试管理

中国医科大学非常重视网络教育考试工作,每学年组织 4 次考试,2 次期末考试及 2 次补考,考试由我校统一命题,每次考试前由网络教育学院发布考试计划,学校派管理人员或授课教师作为巡视督导员进行部分校外学习中心的抽查巡考,检查试卷的密封情况及考场纪律,监督试卷的回收过程。

5. 试卷评阅及成绩管理

中国医科大学实行电子化阅卷,在具有严格监控的环境下拆封回收的试卷并进行电子扫描，由各二级学院教研室教师在具有监控环境的计算机机房进行集中评阅，评阅后立即生成单科成绩报表存档备查。

6. 全国统考和学位考试的支持工作

统考是学生在学期间必须通过的考试，一直以来是学生们学习的难点，学校高度重视全国统考，特聘请专业老师为学生辅导，辅导老师在认真研习统考大纲及教材后总结出精炼的学习内容并录制成视频供学生学习，以提高我校学生的统考通过率。除此之外，为了支持学生办理统考免考，我院实现统考免考网上申报，加大线上审核力度，提高工作效率的同时也方便了学生。

为方便学生参加辽宁省学位外语考试，中国医科大学从 2014 年起开始启用辽宁省学位考试网上报名系统，学生在规定时间登录学院平台进行报名，在网上填写报名信息。

7. 严抓考风考纪

考风考纪是考务工作的重中之重，学校加强了网络教育考试各个环节的管理，从命题组卷到试卷印刷，再到分装邮寄都由专人负责，保证试卷的安全性。为加强校外学习中心的考试管理工作，我院组织教师对部分学习中心的期末考试进行巡视督导，每年完成近 80 个考点的巡考工作，对学习中心的考试组织工作进行了有效监督，同时也加强了与各个学习中心一线老师及学生的交流。

十、创新之处

1. 自主搭建网络平台及技术创新

中国医科大学网络教育的网络平台由我校自主开发，具有相当大的灵活性，根据业务变化可随时调整现有的或开发新的功能模块，最有特色的为图像教学资源库及实践教学平台，经过10 余年的积累，已开发近 120 个后台管理功能。此外，在 2017 年将 Python 编程手段应用到学生管理和教学管理的业务中，实现常规报表数据和部门教学数据一键智能生成。目前在探索将 Python 的数据信息和人工智能应用到网络平台中，将使网络平台更智能化。

2. 医学教学增加了网上实践环节

网络教育教学计划中增加了实践教学内容和要求，一定程度上解决了网络教育进行实践教学的难点。

形态学实践：包括系统解剖学、断面解剖学、影像学、组织学、病理解剖学等学科，实践学习内容和环境，每幅图像都包括学习、讲解和练习。

虚拟实验室：包括生理学（“家兔呼吸运动的调节”“尿生成的影响因素”“家兔血压的调节”“离体蛙心灌流”“神经干动作电位引导”5 个）、药理学（“安定的抗惊厥作用”“药物对离体肠的作用”“神经体液因素与药物对心血管活动的影响”3 个）和健康评估等学科要求的实验，学生通过网络进行虚拟实验。学生通过网上虚拟实验室对将要开展的实验进行预习，掌握实习的关键步骤和要点，大大提高了实验的成功率。

实践操作实验室：将临床实际操作的过程全部录像，制作成教学视频，供学生利用网络进行实践学习，根据教学需要制作的“护理技术标准操作”70 多个视频课件，该课程课件已经应用到全日制护理学专业学生的教学。

108 项临床技能实践的实践操作：将临床实际操作的过程全部录像，制作成教学视频，供学生利用网络进行实践学习，并通过抓取关键帧，对重点操作步骤进行进一步讲解。

3. 教材体系创新

以往网络教育基本采用全日制本科生教材，无论是教材的难易程度，还是教材的组织体系，都不适用于网络教育学生。中国医科大学集全校师资编写了一套成人高等教育基础医学教材 18 本，成人高等教育护理学专业教材 22 本，成人高等教育药学专业教材 17 本，在上海科学技术出版社出版发行。该教材针对成人护理学及药学专业学生，充分体现以教师为主导、以学生为主体、以学生自主学习为主的模式，对于具体的学习内容，力求体现科学性、适用性和易读性的特点。该教材充实和更新了一些新知识、新技术、新工艺和新方法，使其能充分发挥助教助学的功能。

4. 视频课件制作格式更新

以往的课件一般采用三分屏的格式，每学时 45 分钟左右。我院制作的课件现在是以知识点为单位制作微课，将课件时长压缩，格式为流媒体，最大限度地利用学生的碎片时间，不仅方便学生进行在线学习，并且适用于移动学习。

5. 创新了教学评估模式

中国医科大学将原来网络教育网上作业 20 分＋笔试 80 分的(2＋8)教学评估模式进行改革，改革为(2＋3＋5)的教学评估模式，即网上作业 20 分＋网上实践 30 分＋笔试 50 分。这样不仅能加强学生的实践，还能提高学生上网自主学习的积极性。

6. 采用电子阅卷

将阅卷工作由之前的“中心回寄试卷→纸质试卷按科目整理分类→试卷分发给各科负责老师→老师阅卷→手动上分→成绩发布”，改为现阶段的“中心回寄试卷→试卷扫描→老师在线阅卷→成绩导出→成绩上传”，减少了阅卷流程。系统随机分配试卷，保证阅卷的严密性。阅卷时教师直接进行加减分操作，系统自动合成总分，提高阅卷效率。此外，阅卷平台可以对阅卷进度进行监控，合成成绩，导出数据分析等。

十一、社会评价与品牌声誉

为增加学生和社会对中国医科大学网络教育的了解，增强和学生的交流及提高我校学生的归属感，扩大学校的社会影响力，学校经常派教师参加各校外学习中心的学生交流活动。学校校长、主管教学的副校长多次参与合作单位调研，出席校外学习中心的开学典礼、毕业典礼和学位授予仪式，经常和学生交流，以提升我校网络教育的品牌效应。

中国医科大学网络教育多年来培养了 10 万余名的网络教育毕业生，毕业生遍布全国各地，在各医疗相关的企事业单位工作，社会评价很好。我校学生经过在校学历教育，不仅提升了学历，也通过学习掌握了更系统化的知识体系，丰富了自己的知识储备，在各行各业中都能提升自己。我校网络教育毕业生中有很多出众的人才，毕业后有顺利晋级的，有担任和胜任护士长的，有办企业当企业家的，有竞聘成为医院副院长、院长的，有些毕业生的成就尤其突出。

2009 届春季太原市电大学习中心毕业生李丽珠，2015 年 4 月在校期间被中共中央委员会及国务院评为“全国先进工作者”，2017 年 5 月当选为党的十九大代表，现任太原市精神病医院老年科主任，2018 年 6 月 6 日到她昔日的母校中国医科大学太原广播电视大学校外学习中心做了一场以“您好，新时代”为主题的辅导报告。

2015 级青岛学习中心护理学专业本科学生王文颖，在所在单位每年的技术比武中，多次取得单项第一的好成绩，并且被评为岗位小能手、巾帼文明荣誉称号、工会积极分子、科室先进个人、优秀带教老师、病人最满意护士。她还代表医院参加卫生局运动会，并取得了优异成绩。

2013 秋季青岛学习中心护理学本科学生郑柯柯，参加了“青岛红十字会中韩医疗团”，利用业余时间献爱心，参加所在单位内的“品质管理”工作，获得了“青岛中心医疗集团第四届品管圈大赛优秀奖”，于 2017 年获得院级“优秀职工”，并获得了“第四届医护技能大赛岗位能手”的称号

2016 年秋季护理毕业的 2016 届秋季护理学专升本北京市在校生黄如童，获得所在单位的网络继续教育学习奖励金及获得北京市儿童福利院 2018 年“不忘初心 牢记使命 团结奋进”学习贯彻党的十九大精神征文活动作品三等奖。

2014 年春季护理科毕业及 2017 届春季护理学专升本北京东城在校生，秉承“立德树人”与“专业技能培养”兼顾的理念，业务能力突出，2018 年 11 月 6 日，微信公众号“健康东城”——走进东城卫计系统青年故事第 22 期专门对李佳的事迹进行报道。

2018 届秋季药学专升本在校生刘方明，当年与高考及军校学习擦肩而过，成为“农民工”，通过网络教育学习相关知识和技能，现在 IVD 试剂研发团队工作，努力创业。

十二、存在的问题

1. 网络教育全过程监督还需加强

中国医科大学网络教育发展 10 多年来，取得了很大成绩，培养了很多学生，但是对教育全过程监督和监管工作做得不够，需要加大投入，加强管理力度，利用新技术手段全面监控全过程，办好让人民满意的网络教育，确保人才培养质量。

2. 提高统考和学位考试通过率工作还需加强

中国医科大学网络教育本科层次学生国家统考和学位考试一次性通过率都不高，需要加大力度制作辅导课程课件并努力推动学生学习统考和学位考试课程，提高一次性通过率，提高教学质量。

3. 教学资源尚需充实，资源的利用度有待提升

网络教育在各专业课程运行过程中，除了向学生讲授知识外，培养学生的自学能力已成为教育过程的重要目标。为了达成这一目标，除了教学方式的转变，还需要大量可获得、易获得的学习资源。目前教学资源的数量虽然不少，但是需要制作更多的创新性教学资源，包括 3D 教学课程、VR、AR 教学课程的研发制作，供学生广泛使用。

4. 管理平台功能还需完善

中国医科大学网络教育学院管理平台虽然完善了很多功能，但是还需要升级 2.0 和 3.0 版本，增强和完善各功能，加强移动客户端的建设，更好地为学生服务。

十三、推进网络教育质量的举措

1. 网络教育学院要充分利用信息技术，以“互联网+”的思维促进学校本科教育教学深度变革

（1）制作教学资源，丰富学校本科教学资源种类。加强教学资源的建设，扩充学生课后学习资源，加大力度制作并推广内容丰富的数字化教材、富含多媒体的数字化课程、中国大学 MOOC 和人卫 MOOC 的医学及基础课程。

（2）协助学校建设并推广虚拟仿真实验教学中心。按照国家级仿真实验教学中心建设的要求，建设基础医学虚拟仿真实验教学中心，力争建设国内顶尖的医学虚拟仿真实验教学中心。不断充实虚拟仿真平台内容，为学生提供全面的课外实验资源。建设临床医学虚拟仿真实验教学中心，通过引入各类临床实践虚拟操作设备，探索在临床实践教学中实现教学实验环境的虚实结合、学习过程的三维沉浸、教学过程的实时互动，增加学生在模拟真实环境下的实践动手机会，增强实践操作能力。

（3）加强校内资源平台的建设使用。通过不断加强教师教育技术培训，提高教师对课程平台的认识，调动教师加强平台课程建设，丰富教学资源的积极性和主动性。通过不断完善课程平台为师生网络互动、生生网络互动、学生自主学习提供全方位的支持和服务，也为线上和线下相结合的混合式教学提供资源保证和平台保证。

（4）利用电子阅卷系统，提高本科学生考试的高效性、保密性。把网络教育的阅卷平台应用到本科教育中，在监控教室内进行试卷扫描，随机生成账号，教师集中统一在监控教室中进行电子评阅，评阅结束后成绩单直接生成上传本科教学管理平台，评阅效率大大提高。在此基础上成立中国医科大学阅卷中心，以承担本科生及研究生的所有考试扫描评阅工作。

（5）为中国医科大学新媒体助力。协助校党委宣传部制作各类媒体宣传片，建设校园电视台，研发各种新媒体制作，助力学校主体工作。

2. 大力发展非学历教育，助力地方经济发展

为贯彻落实辽卫办发〔2014〕125 号《关于印发 2014 年辽宁省基层卫生人员培训方案的通知》总体要求，中国医科大学组织编写系统疾病为基础的《乡村医生培训系列教材》，搭建平台“辽宁卫生人才培训网”，联合辽宁省卫生计生委继续组织乡村医生专业能力系统化培班。该项目作为乡村医生执业培训的补充，采取文字教材、网络课程自学和教师面授辅导相结合的学习形式，对乡村医生进行培训，已经先后在抚顺新宾和清原、鞍山海城、铁岭、丹东凤城、东港和宽甸满族自治县开展培训工作，培训人员规模达 9400 人。未来我校计划把培训覆盖到辽宁省 14 个城市，针对每个地区的不同需求制订教学计划，完成计划性人才培养。同时，充分考虑基层卫生工作人员的日常工作需求增加新的培训内容，更新课程资源，整合《乡村医生培训系列教材》，积极推动基层卫生人员的专业能力提升，做到按需施教、学为所用、注重实效，争取把办出特色和水平的乡村医生专业能力系统化培班的模式推向全国其他省市。

东北财经大学现代远程教育试点工作总结

一、试点工作基本情况

1999 年,中共中央、国务院发布《面向 21 世纪教育振兴行动计划》,其中一项重要计划是"现代远程教育工程",计划指出"实施'现代远程教育工程',形成开放式教育网络,构建终身学习体系",第一次将现代远程教育列为国家工程,推动了全国现代远程教育的发展。2019 年是"现代远程教育工程"提出实施的 20 周年。20 年来,现代远程教育在党和国家的关怀下、在教育部领导下,各试点高校积极参与试点工作,在推进优质资源共享、促进高等教育公平、构建学习型社会发挥了不可替代的重要作用。东北财经大学自 2002 年 2 月获批教育部现代远程教育试点资格后,于同年 7 月成立网络教育学院开展现代远程学历及非学历教育,网络教育已成为东北财经大学总体办学格局中的重要组成部分。

(一)试点背景

开展现代远程教育,实现高等教育大众化、终身化并解决教育公平性和普及性的问题,是我国国情的需求。我国是发展中国家,运转着世界最大规模的教育体系,而我国亟待解决的是提高人的素质,面对教育资源匮乏且分布极不均衡的困境,通过传统的教育发展方式解决这些问题几乎是不可能的,这就要通过随着现代信息技术发展而产生的新型教育方式——现代远程教育。

东北财经大学始建于 1952 年,是一所突出经济学、管理学优势和特色,经济学、管理学、法学、文学、理学等多学科协调发展的财经大学。作为新中国最早创办的财经高校之一,东北财经大学是十年动乱期间全国唯一完整保留的财经类本科高校,是改革开放后全国最早由"学院"升格为"大学"的 4 所财经高校之一,也是为我国高等财经教育事业做出特殊贡献,有特殊影响力的财经高校。东北财经大学的办学水平和教学质量在社会上已享有良好声誉,财经教育领域具有较强的综合实力,软硬件条件都能满足网络教学的要求,且有条件设立相关归口管理部门对网络资源和远程教育资源进行整合,可针对在区域内具有一定优势地位、人才需求旺盛的专业开设网络教学。

2000 年 7 月,教育部颁发了中国远程教育发展史上一份重要文件:《关于支持若干所高等学校建设网络教育学院开展远程教育试点工作的几点意见》,东北财经大学在这一政策鼓励下,顺应时代需求,凭借自身经济与管理学科及信息技术优势积极申请参加试点,经过严格审批于 2002 年 2 月获批教育部现代远程教育试点资格,开始在推进高等教育大众化、畅通优质教育资源输送渠道、促进高等教育信息化和区域经济发展等方面贡献东财力量。

（二）试点初衷

东北财经大学自申请现代远程教育试点资格及创立网络教育学院以来，便提出“网络教育的产品是服务”，把教育服务质量当作网院的生命线，之后，东财网络教育事业始终以“让人人享有优质教育”为愿景，以“规范办学、优质服务、科学管理”为办学方针，以“为学生创造价值”为办学目标，秉承“促进学生成长、成才”的办学宗旨，不忘教育初心，牢记育人使命。图1为试点初衷图。

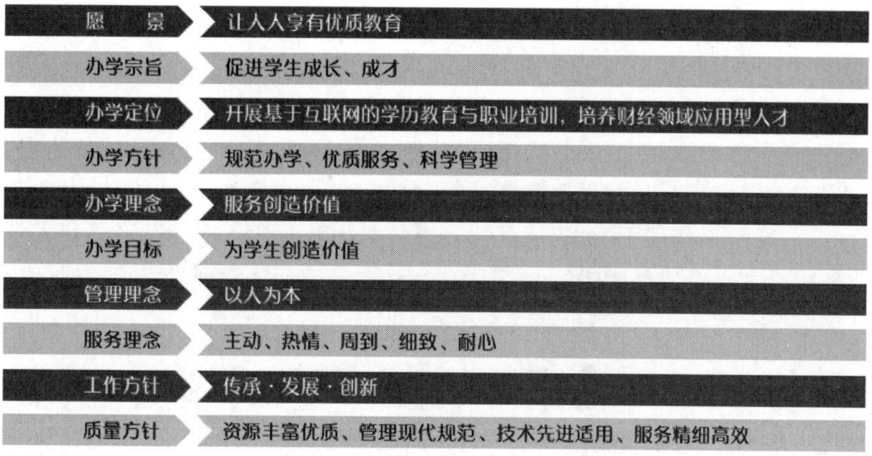

图1　试点初衷图

（三）试点任务

东北财经大学申请现代远程教育试点资格旨在完成以下任务：

（1）开展学历教育，针对学校优势特色专业面向社会招收专科、本科学生，主要通过网络教学的方式完成学历和学位教育的教学工作，助力高等教育大众化、普及化任务的实现；面向社会开设网络课程，参加某一或多科课程培训学习，取得单科或多科学分，并最终实现校际之间的课程互选和学分互认。

（2）开展非学历教育，面向社会开设继续教育课程，包括课程培训、岗位培训、证书考试、助学活动等，主要在会计、税务、银行、保险等领域面向全国开展非学历继续教育培训。

（3）构建集学历和非学历教育为一体的多层次、多模式、全方位网络教育体系，打通学历教育与非学历教育的多维、多向互通渠道，畅通继续教育、终身学习通道。

（4）探索网络教学模式。通过试点逐步建立起包括的课程体系、教学内容、教学方法、课件制作、辅导、作业、实验和实践教学、网上测试、教学质量保障和监控等各个教学环节的网络教学模式，加强教学过程的管理，探索适合现代远程教育最有效的教学模式。

（5）探索网络教学有效的管理机制。通过的试点逐步建立并完善包括招生、注册、收费、学籍管理、考试组织、学分认证、证书发放、毕业等网络教学工作管理制度，建立起适应学习化社会需要的网络教学工作管理机制。

（6）网上资源建设者。加大经费投入，减少重复建设，协作开发丰富、高质量的网上教学资源、试题库、网上测试系统、教学相关系统，保证网络教学工作顺利进行，并逐步建立起资源共享的形式和运行机制，形成网上教育资源建设的发展机制，促进学校信息化建设及区域经济的健康发展。

(7) 积极开展教育帮扶活动。充分利用网络教育方式推动优质教育资源向资源贫瘠地区延伸，不断整合和优化教育资源，促进弱势群体享受优质教育资源。

二、试点工作的主要做法及成效

(一) 基本情况

2002年，东北财经大学获批教育部现代远程教育试点资格，同年成立东北财经大学网络教育学院，面向全国开展学历与非学历网络教育。

学院共设立渠道管理部、教学管理部、学生服务中心、多媒体制作部、软件研发与运维中心、市场发展部、项目运营部、教学服务部、课程师资部、人力资源部、传播与发展研究中心、财务部、行政部、党群工作部14个职能部门，分属“学历教育业务中心”“产品研发业务中心”“非学历业务中心”“支持服务中心”四大职能中心(职能中心不单独设置管理职能与人员编制)。图2为组织架构。

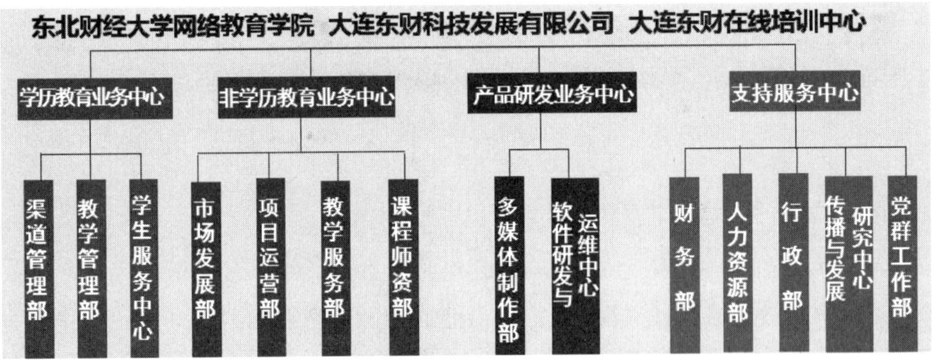

图2 组织架构

依托东北财经大学经济与管理学科优势，网院分别与学校工商管理学院、法学院、会计学院、公共管理学院、国际经济贸易学院、金融学院、旅游与酒店管理学院、投资工程管理学院、马克思主义学院、管理科学与工程学院等开展师资共享，教学、专业开设等资源互通合作，在合作建设中明确双方的责任与工作内容，达成开放、创新、共享、共赢的合作模式。网院目前开设16个专业；在全国除青海、港、澳、台以外的30个省、市、自治区建立了数百个校外学习中心(为支持我国西部欠发达地区继续教育发展，我校在重庆、四川、贵州、云南、广西、陕西、甘肃、宁夏、西藏、新疆、内蒙古等省、直辖市、自治区均设立了校外学习中心)，累计招收学历教育学生40万余名，目前在籍学生10万余人，输送毕业生28万余名。2018年在全国授权招生的学习中心共266个。

历经17年探索、实践与发展，东北财经大学网络教育学院已形成拥有健全的组织机构和运营机制、规范的质量管理体系、丰富的教育产品、获业界一致认可的办学模式及品牌的办学格局，学生规模、质量管理、口碑声誉都跻身于全国一流继续教育之列。2007年两会期间，《光明日报》连续刊载长篇报道《托起明天的太阳——解析“东财模式”》。图3为媒体报道。

光明日报

GUANGMING DAILY

知识界代表委员之声

文化传承呼唤新大师

以品牌效应促中华文化传播

公益为宗 利益为源

精细管理 精致服务

托起明天的太阳

——东财网络教育模式解析（下篇）

客户至上 真诚永远

图 3 媒体报道

（二）试点工作成绩

1. 试点工作指导思想明确，成效显著

东北财经大学领导班子将现代远程教育试点工作提高到战略层面，并制定专门的网络教育发展战略规划，将网络教育纳入学校“双一流”建设工程项目。学校在“十三五”发展规划的主要任务中提出“拓展教育市场，提高社会服务能力”。根据经济社会发展需要和教育市场需求，合理配置成人高等教育、自学考试和网络教育资源，进一步提高办学资源的利用效率。以培养应用型、技能型人才为目标，加快优质网络教育资源建设和校外学习基地建设”。《东北财经大学“双一流”建设方案》明确指出：学校将“双一流”建设与服务经济社会发展有机结合，积极开展战略研究和政策咨询、深入推进“政产学研”深度融合发展、聚力打造高品质教育服务品牌作为学校建设“双一流”的任务，提出进一步提升网络教育的社会声誉和地位，探索网络教育合作办学新模式。试点以来的统计数据如表 1 所示。

表 1 试点以来的数据统计表

学历继续教育				非学历继续教育		
累计招生总数	累计毕业生总数	累计开设专业数	共建设网络学习资源数	培训班总数	培训总人数	扶贫项目总数
425 183 人	283 332 人	高起专 17 个 高起本 16 个 专升本 19 个	学历课程 404 门 纸质教材 413 本 电子教材 128 门课程 题库 404 门 14 万题 仿真实验实训系统 2 个	面授班总数 112 个	10 204 人	0
				网络培训项目数 40 个	2 339 572 人	

注：学历继续教育数据指本专科总数；学习资源指课程、课件、资源库等。

2. 17 年铸就“东财模式”

17 年来，东北财经大学网络教育逐渐形成“通过引进现代教育技术、课程资源、教学方法和管理理念，以质量为核心，全面构建网络教育质量管理体系，在遵循教育发展规律的前提下，向学生提供全方位、全过程的学习支持服务及学历与非学历一体化网络学习解决方案，向社会输出更多优质教育资源、教育技术和支持服务”的“东财模式”。

东北财经大学网络教育通过了 ISO 9001 质量管理体系认证和 CMMI3 级软件成熟度认证。学校是全国 50 家“高等学校继续教育示范基地”之一，是全国“普通高等学校继续教育数字化学习资源开放服务联盟”103 个成员之一。东北财经大学网络教育学院曾多次获评“中国最受欢迎的十佳网院”“中国最具影响力十佳网络教育学院”称号，获得了教育部全国高校现代远程教育协作组授予的“现代远程教育十年贡献奖”。2014 年，学院当选全国高等学校现代远程教育协作组副秘书长单位，2018 年获批人力资源和社会保障部“国家级专业技术人员继续教育基地”。

3. 为经济社会发展输送大量适用人才

试点以来，东北财经大学网络教育办学实力、教育教学质量、社会声誉得到较大提高，为经济社会发展培养了大批应用型专门人才。我校网络教育毕业生的社会认可度逐步提高，为我国现代远程教育发展积累了宝贵经验，东北财经大学丰富的教学资源、先进的教学理念和优质的教学服务在更广阔的区域中得以传播和延伸。

与实践相结合的教学计划设计使我校网络教育毕业生的社会认可度逐步提高。部分毕业生经过努力考取了高等学府的研究生、政府公务员，获得了各种社会职业资格证书，体现了扎实的理论基础；多数毕业生在会计、电子商务、金融、法律、管理等主要与经济密切相关的各行业工作中，能够将课堂所学融会贯通，灵活应用于工作实际；部分毕业生能将管理学知识应用于企业管理工作，对企业提出合理化管理意见，改进和完善管理监控环节，受到用人单位的好评。

4. 优质教学资源推动学习型社会建设

东北财经大学是“MOOC 中国联盟理事会”成员之一，2018 年成为首批“百校千课共享联盟试点基地”，先后荣获国家税务总局电子化教材一等奖、网络教育教材建设奖银奖、国家精品课程(网络教育)建设组织奖银奖、优秀网络课程推广奖铜奖等多项荣誉，拥有国家级网络教育精品课 5 门、国家级网络教育精品资源共享课 3 门，近 100 门网络课程被其他高校引进。

东北财经大学网络教育具有专业的课程策划、开发和制作技术团队，教学内容更新快速，始终保持课件内容与业务变化和国家政策的一致性，通过对课程进行改造，完善了课程多媒体视频资源库基础数据，增强了课程互动性、跨平台、多终端访问特性，更能适应碎片化、终身化、信息化时代的移动学习的主流需求。我校网络教育课程开发模式“以课程为中心，以知识点为单元”，打破了以往网络课程“章→节”的线性组织结构和资源堆砌现象，而采用“章→节→知识点”的多层次复合结构，并以“知识点”为核心整合各类学习素材。这种以知识点为核心的网状结构的课程资源，能够较好地与教学过程融合。

为激发远程学习者的学习兴趣，推动全民学习、终身学习，东北财经大学网络教育采用二维动画形式自主设计、制作了 16 门专业微课，生动风趣、诙谐幽默、寓教于乐。技术的改进和革新，流程的优化和完善，通过进一步加强东财特色网络教育教学资源的开发和应用，以精品资源共享建设为契机推进优质教学资源的共享，不断完善了教学资源库的建设，用以满足人们日益增长的对优质教育的需要，推进“人人皆学、处处能学、时时可学”的学习型社会建设。图4为微课专业。

图4　微课专业

5.“技术+教育”打造东财品牌

自获批试点以来，东北财经大学网络教育始终坚持走自主研发的技术创新路线，采取“对标”策略，坚持向高标准看齐，专注教育领域产品研发，全方位满足网络教学对信息化技术的需求，学校现有应用于网络教学及平台管理等方面的软件产品著作权和软件产品登记证共计49项，全部为适用于教育领域的系统平台或软件产品，并全部应用于教学实践。为将理论知识更好地与工作实际接轨，网院自主研发了“学习支持平台”“教学支持平台”“论文指导平台”“易森会计实验软件及系统平台”“移动学习平台”“官方网站平台”“课程资源服务管理平台”“微信二次开发”等，更自主研发了独具特色的“会计循环模拟实验平台”，最大限度地模拟和还原企业的真实环境，通过仿真模拟手工操作完成会计循环全部过程，根据原始凭证分析企业发生的各种经济业务，熟悉记账凭证的编制及日记账、明细账、总账的登记，编制企业的主要会计报表，从而真正理解会计信息的形成过程，真正帮助会计人员或非财务人员迅速提升会计业务水平。

6.积极承担社会责任成绩斐然

承担社会责任是高校义不容辞的责任和使命，网络教育作为我国高等教育的重要组成部分，凭借其自身优势和特色，为高校完成这一使命开辟了一条独特路径。2004年，东北财经大学正式与大连市残疾人联合会合作，为大连市符合条件的残疾人提供免费就读网络学历教育的机会，帮助他们解决求学难题，以实际行动为残疾人群体圆梦。依据“海燕班”的特征，系统分析适合“海燕班”学习并有利于其就业的专业设置，最终确定开设国际经济与贸易、法学、会计、电子商务4个专业，专门成立了“海燕班”工作组，制订了“海燕班”学生回访计划，深入特殊学生家中，不定期进行回访，听取学生心声，解决网络学习的实际困难，耐心通过短信、QQ提醒、微信、语音等多种方式加强对“海燕班”学生的服务关怀和学习指导，真正把东财网院对残疾学生的关怀和服务送到家。“海燕班”公益项目至今已持续15年，免费培养了310名残疾人,209人已顺利完成学业,获得毕业证书。我校针对"海燕班"项目的研究成果《不忘育人初心,精准教育助残——东北财经大学网络教育"海燕班"助残计划》还荣获了2017中国国际远程与继续教育大会"2017年度全国高校远程与继续教育优秀案例库"优秀案例奖。图5为"海燕班"毕业生合影。

图5 "海燕班"毕业生合影

7. 助残扶弱诠释教者仁心

东北财经大学网络教育秉承奉献互助信念,弘扬公益服务精神,于2015年初成立"党员1+1"志愿者服务队,以党员作为先锋模范,带动热心群众,一起在志愿服务过程中贡献自己力所能及之力,共同开展公益助残活动。

2015年起至今,网络教育学院全体教职工共计参与公益活动700多人次。"党员1+1"志愿者服务队与大连市爱纳孤独症障碍者综合服务中心合作开展孤独症障碍者日常帮扶活动,开展了孤独症儿童入园课程陪护,孤独症障碍者深度陪伴,孤独症障碍者"社交口才与人际交往""职业基本素养""职业人际关系与礼仪"课程讲授等服务项目。"党员1+1"志愿者服务队还组织策划和协办了"全国助残日"百名志愿者进社区孤独症知识宣讲、孤独症障碍者家庭亲子运动会、"与'星童'同行携手成长 共享精彩生活"主题徒步、"蔷薇花开 星儿绽放"世界提升孤独症意识日主题活动等十余项活动。形式多样、内容丰富的志愿者活动受到孤独症儿童及家属的热烈欢迎,学院也营造出人人关爱残疾人、人人都是志愿者的浓郁氛围,培养了教职员工无私奉献的志愿服务精神。

"党员1+1"志愿者服务队的公益善举获得社会各界的广泛好评与肯定,并先后获得"2015年度关爱孤独症障碍者公益行动企业社会责任卓越奖""2016年度优秀志愿服务团队""2016年大连市助残先进集体"等荣誉称号。

(三)试点工作经验

1. 构建"双融"人才培养机制

东北财经大学面对经济社会需求,不断探索具有财经领域继续教育办学特色的人才培养途径和方法,通过学历教育与非学历教育相融合、线上教学与线下教学相融合的"双融"方式建立了"互联网+"时代适合财经从业人员的继续教育人才培养机制。

东北财经大学经过摸索了一整套包括人才培养目标与标准、师资体系、课程体系、教学服务体系、质量保障体系、技术支撑体系等在内的人才培养整体解决方案，建立起符合财经行业继续教育特征和财经从业人员特点的继续教育人才培养机制。该机制重在打通学历教育、非学历教育、线上教学、线下教学的多维、多向互通渠道，将不同教育理念、不同教育形式、不同教学方式、不同学习习惯深度融合，培养符合“互联网＋”时代与社会需求的财经领域应用型人才，对高校如何针对成人在职学员开展继续教育、如何与组织共建网络大学以实现学习型组织建设提供经验借鉴。图 6 为“双融”人才培养机制示意图。

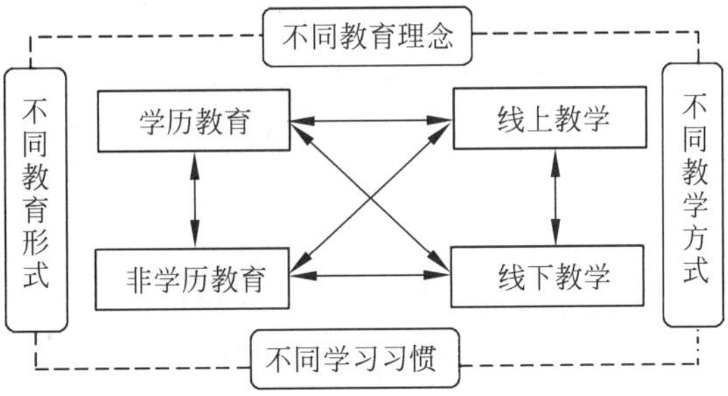

图 6 “双融”人才培养机制示意图

东北财经大学网络教育已与财政、税务、银行、保险等领域的政府、行业和企业共建企业大学，结合财经高校在财经领域的学科和师资优势，通过混合式教学模式，对组织内不同级别、不同岗位、不同职别员工提升职业素质提供整体继续教育解决方案，20 余个网络大学的成功组建与持续运营获得了业内的高度评价。

2. 制定规范化文件，建立质量管理体系

东北财经大学网络教育质量管理体系建立采用过程方法，结合 PDCA 循环[策划(Plan)、实施(Do)、检查(Check)、改进(Act)]与基于风险的思维。体系文件制定前，做了系列的质量管理准备工作，调整组织机构，详细划分各部门职责，规范各项业务实操流程，最后形成完善的质量体系文件，并对之加以实施、保持和创新。图 7 为 ISO 9001 中的 PDCA 循环图。

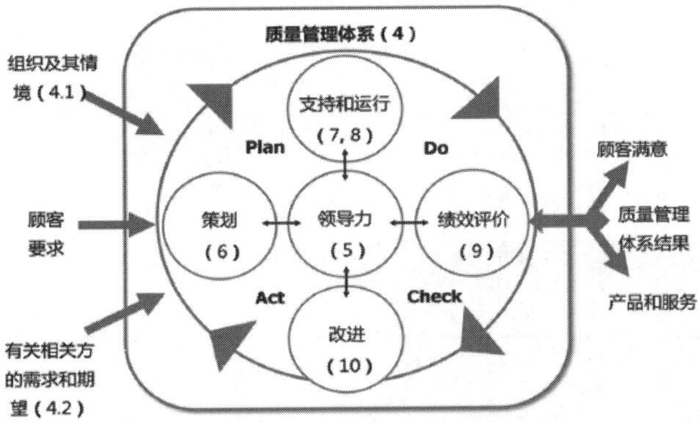

图 7 ISO 9001 中的 PDCA 循环图

东北财经大学网络教育质量管理体系结构由 4 个层次构成：第一层为质量手册，是学院质量体系运行所参考的纲领和行动准则，需要全员执行和遵守；第二层为程序文件，明确教学管理过程的工作流程；第三层为三级文件，细化工作要求，以确保体系过程有效，关键过程得以控制；第四层为体系运行过程所需的表格与记录。从招生管理至教学管理，再到学生

管理等网络教育管理全过程，均严格执行质量管理体系内对应的文件管理制度。如我校根据现代远程教育市场发展和自身建设需要，不断调整招生管理和支持服务组织架构，优化业务流程，明确岗位职责，并总结出“学习中心管理信息化、学习中心培训精细化、支持服务标准化、市场研究专业化、市场推广系列化、考核评估体系化”六大管理和服务特色。截至目前，学院共建立质量手册 1 个、程序文件 19 个、三级文件 54 个、记录 223 个。

3. 以加强学习中心管理为目标，构建科学合理的评价指标体系

为了提高学习中心管理的规范化水平，东北财经大学逐步建立了较为完整的现代远程教育学习中心评价指标体系。指标体系分三级，分别为 8 个一级指标(办学条件和人员管理、招生管理、学生活动、考务管理、教学管理、学务支持服务、费用管理、改革和创新项目)，16 个二级指标，31 个三级指标。学习中心评价指标体系的建设，一是明确了与学习中心管理有关的核心业务和标准，奖励先进，鼓励创新，创造可持续发展的东北财经大学现代远程教育学习中心文化；二是将管理目标转化为详尽的、可测量的标准，帮助学习中心及时发现问题，持续改进问题；三是采取考核评估目标自上而下的设计原则，针对招生管理、学务、教务、考务等相关支持服务进行多维度评价；四是依托先进的信息技术，通过学习中心管理系统有效的分析、反馈，使考核评估结果更加准确、及时、透明，真正实现了考核评估的平台化、规范化。

4. 以人才培养为核心，建立符合财经行业继续教育特征和财经从业人员特点的继续教育人才培养机制

针对财经行业人员入职门槛低、专业发展难、专业知识更新速度快、实践操作强等特征，结合该行业从业人员学历提升需求迫切、知识需求升级等特点，创造性地通过 SSOC 网络教育管理模式构建了现代化管理模式，革新性地建立了由高校教师、社会专家、行业能手三合一的师资队伍进行课程体系策划与教学实施，并运用先进的信息化手段和网络技术研发系统平台，培养契合财经行业继续教育特征和财经从业人员特点的继续教育人才，满足地方经济和行业发展需求。

东北财经大学网络教育组建了顾问委员会、教学指导委员会和专业建设委员会三级委员会，并制定了相关制度，协助推进专业、课程与教学管理以及师资队伍等方面的建设和改革，对学院教学改革与发展的重要问题进行研究、咨询和指导，对于进一步深化网络教育教学改革与创新，提高网络教育教学质量和人才培养质量，加强对人才培养工作的宏观指导，充分发挥专家队伍对教学改革与创新的研究和指导作用具有重要意义。图 8 为三级委员会示意图。

图 8　三级委员会示意图

为将“以人才培养为根本”真正落到实处，东北财经大学网络教育对网络教育学历教育课程进行了改造并完善了课程多媒体视频资源库基础数据，增强了课程互动性、跨平台、多终端访问特性，更适应碎片化、终身化、信息化时代的学习需求。

5. 精准服务学生创新提升归属感，学务工作落实规范化办学加强风险防范

东北财经大学网络教育以“用数据推动服务”的工作思路，通过数据分析深入挖掘数据价值，找到学生服务创新突破口，通过组织丰富多彩的线上线下学生活动，提升学生对学校和学院的认同感和归属感。完善学习中心、网络教育学院多端超期学生数据查询和预警功能及流程，有效促进毕业出口，降低学生沉淀率的同时，为搭建“学生入口——在学——出口全过程预警、督学服务机制”奠定基础。图 9 为工作流程图。

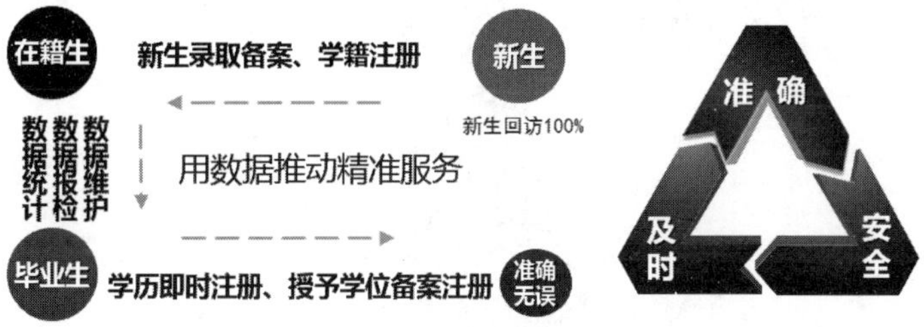

图 9　工作流程图

6. 以学习者为核心，深度融合软件研发与教育教学

东北财经大学网络教育根据应用型人才的特点，以教育质量为导向的网络教育管理模式，以建构主义学习理论为基础，经过“设计开发—实践—检验—再设计开发”的反复迭代实施，构建了以学习者为核心，提供灵活定制的学习内容、随时随地的学习效果检验、真实有效的在线实训系统、贴心及时的辅导答疑、丰富多彩的社区活动的网络教育教学平台。平台的各个系统之间互相联系、互相辅助，形成一整套完整的基于“学”“练”“考”“管”“辅”的教育支持系统。平台的主要构成系统有：在线学习系统、实训系统、在线练习系统、在线考试系统、论文写作系统、教学教务管理系统、学习中心管理系统、网络课程开发管理系统、网络教育指标分析预警系统、财务管理系统、学籍管理系统、在线辅导系统、督学导学系统、学习者社区系统等。

7. 以“服务创造价值”为指引，强化教育扶贫助弱

现代远程教育能够颠覆传统学习对时间和地域的限制，通过智能手机、iPad 等设备利用碎片化时间进行信息知识获取，满足人们的个性化学习需求，诸多优势使得现代远程教育更应在扶贫攻坚的战役中承担起“教育扶贫助弱”的艰巨任务。东北财经大学网络教育通过以下措施推进教育扶贫助弱：一是对口精准帮扶、增强“造血功能”，东北财经大学网络教育特针对残疾人群体开设“海燕班”，认为开展特殊教育和职业培训、提高残疾人文化素质、提高就业层次、扩大就业范围，是帮扶残疾人全面参与社会生活的关键，截至目前，东北财经大学网络教育“海燕班”受惠学生 300 余名；二是关爱特殊群体、彰显“无疆大爱”，积极推进精准关爱孤独症儿童项目，通过“党员 1＋1”志愿者服务队开展孤独症障碍者日常帮扶活动、孤独症儿童入园课程陪护、孤独症障碍者深度陪伴等服务项目，获得社会各界的好评；三是优质资源共享、服务西部地区，为支持我国西部欠发达地区继续教育发展，我校在重庆、四川、贵州、云南、广西、陕西、甘肃、宁夏、西藏、新疆、内蒙古等省、直辖市、自治区均设立了校外学习中心，并降低学费标准，将优质课程、精品课件、网络教学等教学资源以远程方式提供给西部地区，共享信息化教育教学成果。图10为管学关系图。

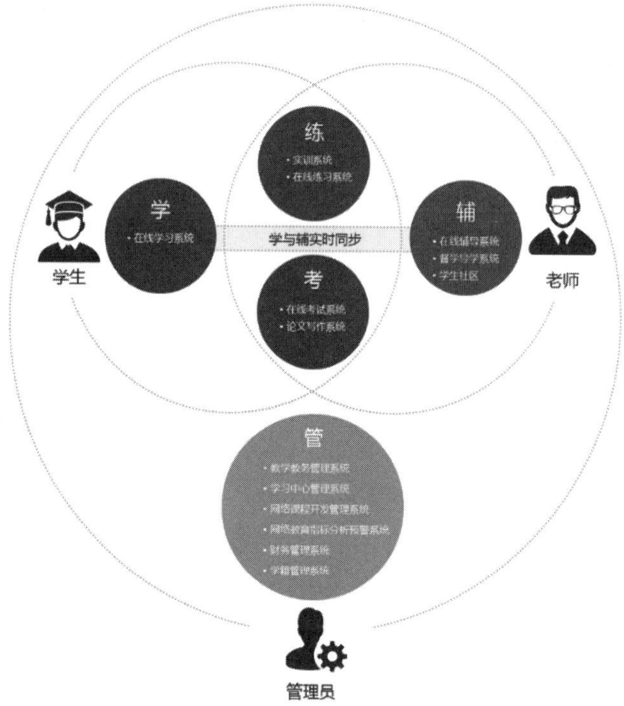

图10　管学关系图

（四）面临的困难和问题

高校现代远程教育在促进我国构建终身教育体系，促进学习型社会建设，服务国家战略发展中发挥着重要作用，现代远程教育快速发展的同时也面临着若干问题。

1. 部分学习中心的退出，对东北财经大学现代远程教育办学质量有一定的影响

随着教育部《高等学历继续教育专业设置管理办法》和国务院关于取消对高等学校校外学习中心审批等政策的出台，一些省区的相关政策不明确，告知性备案只在部分省级地区实施，部分本科招生规模较小的学习中心将面临生存问题，优化学习中心布局的工作开展比较困难。同时，随着现代远程教育由规模发展向质量提升转变，部分办学条件和支持服务水平略差的学习中心将被终止合作。此外，由于单位体制改革、业务转型等因素，学习中心依托单位有退出现代远程教育的意愿。上述原因都将对我校现代远程教育办学质量造成一定影响，学习中心退出将会对在籍学生的支持服务产生一定影响。

对于招生规模较小、招生人数大幅减少及有退出意向的学习中心，东北财经大学可加大沟通和培训力度，同时进行密切监控。对于告知退出的学习中心，应协商解决在籍学生的后续支持服务等问题，保证学生服务质量不下滑。同时，在已实施告知备案的地区，预先洽谈新的依托建设单位，为接收退出学习中心的学生服务做准备。我校也将积极应对政策变化，加大专升本招生力度，通过加强统考专业化辅导，不断提高本科层次学生的招生占比。

2. 课程资源迭代速度有待提升，思政课和实践课稍显不足

信息技术时代，知识推陈出新的周期也在逐步缩短，东北财经大学网络教育课程资源迭代速度还有待提升，此外，思政课和与实际岗位相关的实践课稍显不足。我校网络教育应充分依托网络教育教学指导委员会和专业建设委员会，加强网络教育学院与专业合作学院、教学策划人员与课程主讲教师之间的充分沟通、有效沟通，缩短课程资源更新、改造和开发时长，进而提升课程资源迭代速度。按照国家针对高校深化创新思想政治教育工作所提出的总体要求，结合职业分析、学习者分析、实践能力需求分析规划设计课程体系，持续进行思政课和实践课的开发。

3. 教育扶贫助弱项目仍需丰富和扩充，相关长效机制有待健全

东北财经大学网络教育相关扶贫助弱项目相对数量较少，服务群体及涵盖层面较为有限，且目前还没有形成系统的帮扶体系，相关帮扶长效机制还有待进一步健全。因网络教育日常教学管理与服务工作纷繁冗杂，网络教育扶贫助弱项目开发的重视程度、工作力度、投入程度都存在一定的局限性。针对教育扶贫助弱项目，各业务部门之间的合力不足，在学历、非学历层面打通扶贫助弱的教育通道还存在现实困难。当前我校现有网络教育扶贫助弱项目实际效果良好，但仍有很大的提升和完善空间，东北财经大学网络教育还能在网络教育扶贫助弱上为社会创造出更多的价值。

（五）深化试点工作的思路和举措

切实提升网络教育办学质量、坚持数量质量并重发展、进一步推进网络教育转型升级、加强网络教育服务社会功能是新时代赋予高校现代远程教育的使命和责任，我校将充分发挥网络教育现有优势及试点以来的经验，全面提升对区域和社会经济发展的贡献度。

1. 推进产教深度融合，聚力打造质量为先的网络教育品牌

深化产教融合，促进教育链、人才链与产业链、创新链有机衔接，充分进行产教融合与共同育人实践，将学历教育与非学历教育形成合力，相互促进、相互补充，健全学员及行业、企业的人才培养需求，在产教融合中实现应用型、技术技能型人才培养，促进经济转型升级，培育经济发展新动力，进一步提升网络教育的社会声誉和地位，探索网络教育合作办学新模式，同时提升理论研究水平及科研创新能力，加强对继续教育功能定位、财经人才培养模式、教育教学质量提升、学习中心规范化建设、非学历教育转型发展、继续教育学分银行建设等方向的积极探索和深入研究，用理论研究成果指导教学实践，切实提高科研成果转化率及理论影响力，发出“东财网络教育声音”，打造高质量的网络教育品牌。

2. 贯彻落实全国教育大会精神，切实加强思政工作建设

深入学习贯彻全国高校思想政治工作会议和全国教育大会精神，切实加强学校党的建设，坚持把立德树人作为根本任务，把思想政治工作贯穿教育教学全过程，积极推动思政工作新思想、新战略进教材、进课堂、进头脑，实现全过程育人、全方位育人，努力写好新时代现代远程教育改革发展的“奋进之笔”。

3. 积极探索“学历教育——非学历教育——软件研发”三位一体的网络教育新模式

面向国家战略和地方经济社会发展重大需求，东北财经大学应发挥财经高校学科优势，借助技术的支持进一步更新教育理念，改变教学结构，提升网络教育质量。充分发挥协同发展优势，稳步发展学历继续教育，大力发展非学历继续教育和软件研发，提升学历继续教育、非学历继续教育和软件研发三方面业务的社会影响力。整合校内外各类资源，合理有效地利用各种渠道，积极开拓与发展非学历继续教育和软件研发业务，通过三位一体的网络教育新模式合力为服务国家发展战略和人才强国战略做出更大的贡献。

（六）"办好继续教育"的意见建议

1. 宏观层面

1）推动继续教育顶层设计，开展继续教育立法

我国有《中华人民共和国义务教育法》《中华人民共和国高等教育法》《中华人民共和国职业教育法》等教育法律法规，但针对在全面提高全民教育水平和人口素质方面发挥巨大作用的继续教育，却未有国家层面的相关立法。开展继续教育立法，确保继续教育应有的地位，才能从根本上避免继续教育管理的"多头"管理或"多头"立法现象，才能规范和指导全国继续教育工作的开展，保障继续教育的健康发展和顺利实施。

2）推进建设高等教育资历框架

2017 年 3 月，广东省质量技术监督局批准发布全国首个《广东终身教育资历框架等级标准》(DB44/T1988—2017)，填补了我国教育领域的标准空白。有此先例，教育部可成立相关委员会，出台全国性的高等教育资历框架及各级各类教育的内涵标准，以此指引各单位自主办学，制定培养方案，设置课程体系，开展课程建设，实行学分制，打破刚性的学制限制，国家与社会依据资历框架开展评估与引导。当然，框架的搭建会历经反复讨论、研究、修订和打磨，所以前期可以建立合理、高效、可行的高校继续教育质量评估体系，让高校继续教育质量有一把统一的衡量标尺，质量评估体系中除了规范高校继续教育教学计划、课程设置、教学内容、教学模式、教学评估、师资力量、教学设备等，更要强调多维度测评教育对象的学习效果及转化等。

3）增加继续教育投入，建立稳定的长效投入机制

各高校网络教育没有国家财政拨款，教学支出都来源于学费收入，各高校对于网络教育的学费收入的重视程度和使用分配又各有不同。有鉴于此，针对从事网络教育的高校，按照一定比例财政拨款用于教学投入、国家有关部门应制定相应的学费收入与教学投入比例要求，以保证一定比例的教学投入，同时制定稳定、长效的检查、评估机制。

4）政府主导推动各类高等学历继续教育的"实质等效"

将各类高等学历继续教育归一化，统一为高等学历继续教育，让各类高等学历继续教育达到"实质等效"，加快取消在不同历史背景下诞生的函授教育、夜大学、电大等形式，这样，每个高校的办学规模得到有效控制，真正实现规模、结构、质量与效益的平衡。

5）各学校教育层次重视教育治理理念的更新

人类处在迈向知识经济的时代，知识不再是学者群体闲逸的好奇和纯粹的精神追求，已经演变为社会公众的生活必需品。长期以来，我国一直提倡终身教育，但效果并不明显，终身教育更像是一句口号。真正实现终身教育，要引起各学校教育层次广泛重视，使终身学习的观念从义务教育开始深入人心，激发广大在校义务教育学生与高等教育学生的学习动机，从而逐步实现教育的民主平等。

2. 微观层面

继续教育教学质量的提高不是一个学院、一个行业的事，而是需要社会方方面面的辅助、计划、配合和参与，“打铁还需自身硬”，提升教学质量，各负责继续教育的办学单位、业界的同仁们可以从以下几个微观层面仔细讨论和深入思考。

1）避免盲目遵从市场导向而忽视了教育的发展规律

目前继续教育的定位通常是市场需求导向，一味满足就业需求，过度放大了继续教育生产性的作用，短期看好像提高了教育质量，但是站在长远的发展眼光看，教育的目的在于促进人的全面发展，将人仅看作是工作机器是错误的，没有体现教育的民主性，同时忽略了教育的生活性功能。对于基础知识的教授，还须非常重视，基础学科有利于完整人格的塑造，过度强调就业功能是对教育本体功能的弱化，我认为高等继续教育的职责应该包括两方面内容，首先是它的高等性，其次才是适用性。

2）规范招生、合理规划办学规模

明确规模与质量的关系，正确处理网络教育规模、质量和效益的关系，不盲目追求招生数量，在切实保障招生、教学、考试等环节规范、有序、安全的前提下，择优录取（2013 年 9 月 1 日起，全国已经初步建立小、中、大学籍的信息管理系统。随着时间的推移，每位学生的各学习阶段学籍在网上可查将会逐步实现。可以仿效学信网，在网上可查到高中、中专等毕业证书的有效性，提高报考网络教育高中起点学生的生源质量），确保人才培养质量。高校要承担办学主体责任，加强对学习中心办学的管理和监督，同时倡导学习中心自律，进一步规范办学行为，加大资金投入，加强教学支持服务队伍建设，不断提高学习中心支持服务质量和水平。

3）集中力量充分发挥各自专业学科优势，建立终身教育生态圈

调整优化学科专业结构，着重力量建设特色专业，充分发挥本校的专业学科优势，并深入探索高校与行业、与企业合作的定制化人才培养模式，建立校企合作育人机制。逐步建立网络教学和面授教学、自主学习和协作学习、理论学习和实践实训相结合的混合式教学模式。注重高校、行业、企业优秀教学资源的挖掘和整合，组建教学能力和实战能力兼备的混合型师资队伍，加快推进信息技术与教育教学的深度融合，构建精品课、公开课、共享课、微课等学科资源群，促进教育资源共享和资源精准推送，真正实现学有所教、教有所长。着力推动教学管理运行机制的构建与优化，对教学总体规划设计、教学环境、资源建设、师资发展、支持服务等影响教学质量的各个关键因素进行重新定义并有机结合，形成良性继续教育生态圈，畅通终身学习通道。

4）基于大数据的学生网上行为数据分析，提供精准服务，助力教育质量提升

大数据时代，指尖每敲击一下键盘，就自动上传为互联网海量数据的一部分。对学生行为数据的撷取、管理和处理，分类服务需求，可以进一步提高服务的针对性及精确度。例如，高校教学教务平台可全面、有效记录学生的网上学习行为和结果，并根据网上的行为记录，细化学生网上行为的指标体系和标准，对未能达到相关标准的学生进行相关督导，并形成相关记录，借助技术手段切实提升教育质量。

5）逐步统一全国招生电话号码，维护对外宣传的统一形象

基于现有呼叫中心系统的技术实现，为保证高校招生的全国统一形象及咨询内容的标准化，在各招生的城市逐步推广统一招生电话号码。呼叫中心技术现在已经发展到第 5 代，

已经实现异地设立呼叫座席，服务器放在高校，进行本地化管理。学生拨打统一招生电话号码，服务器自动将该信息分配到学生所在地区的呼叫座席。相关通话记录，自动记录到高校的呼叫中心服务器中，保证了高校在对外宣传形象上的统一和管理上的有效。

6）对继续教育的重视度先从每个学校做起

各个高校的网络教育（继续教育）学院在各个高校中地位各有不同，大都处于边缘地位，建议提升继续教育重视程度从每个学校开始，可以组织召开由校长或是分管校长参加规范办学等的相关会议，以促进各高校将网络教育纳入学校统一发展规划中，提升网络教育办学质量，以保证各项政策要求能有效贯彻。

上海外国语大学现代远程教育试点工作总结

一、基本情况

（一）学校对网络教育的办学定位

上海外国语大学根据国家教育部和上海市教委关于高等教育与现代远程教育相关的文件精神，紧密结合学校的战略发展目标，确立我校网络教育的办学定位。我校开展网络高等学历教育是主要面向在职从业人员的非全日制教育，是我校继续教育发展和成人终身学习的重要形式，也是我校高等教育的重要组成部分。

（二）学校网络教育办学体制、管理机制与运行机制

上海外国语大学网络教育学院是上海外国语大学的二级学院，承担教学和管理任务。学院设有院长兼书记一名，行政管理人员五名，外聘班主任两名。

（三）学校网络教育规章制度建设与规范管理

在党的十九大"全面依法治国"与学校"依法办学治校"的要求下，根据教育部《依法治教实施纲要(2016—2020年)》的工作要求，上海外国语大学为完善内部治理结构和规章制度，开展规章制度清理工作。我院及时清理有关规范性文件，对学院已有的规章制度进行保留、废止、失效、修订、新立等清理措施，最终制定17条规章制度并收录入《上海外国语大学规范性文件汇编》，其中包括《上海外国语大学网络教育学院招生管理规定》《上海外国语大学网络教育学院统考管理规定》《上海外国语大学网络教育学院学分制管理规定》《上海外国语大学网络教育学院学籍管理规定》《上海外国语大学网络教育学院学位论文工作有关规定及相关附则》《上海外国语大学网络教育学院课程考核工作规范》《上海外国语大学网络教育学院授予学士学位规定》《上海外国语大学网络教育学院缴费、注册管理暂行规定》《上海外国语大学网络教育学院在校生成绩单、学籍(在读)证明办理办法》《上海外国语大学网络教育学院学生证管理规定》《上海外国语大学网络教育学院学生评教暂行规定》《上海外国语大学网络教育学院学生的权利与义务》《上海外国语大学网络教育学院违纪处分规定》《上海外国语大学网络教育学院毕业鉴定的规定》《上海外国语大学网络教育学院积极分子评选条例》《上海外国语大学网络教育学院奖学金评选条例》《上海外国语大学网络教育学院优秀毕业生评选条例》，学院制定的规章制度覆盖办学的全部环节，保障依法依规办学。

（四）专业建设与人才培养

上海外国语大学网络教育学院认真贯彻执行国家教育方针，贯彻落实《高等学历继续教育专业设置管理办法》，综合上海市人才需求情况和我校远程教育发展规划，结合我校办学特色和学科优势，制订招生计划，设置招生专业。专业建设发展以上海国际特大城市和"四

个中心"战略定位为参照,以语言教学为基础,以应用学科为导向,以学科优势和人才资源为支撑,以培养高质量外语人才以及复合型涉外应用人才为目标,积极推进专业建设。为了贯彻落实《上海市教育委员会关于印发〈上海市高等学历继续教育专业设置管理实施细则〉的通知》,学院从2018年开始不再招收专科层次的学生。学院近5年招生的专业详见表1。

表1 学院近5年招生的专业

层 次	2014年	2015年	2016年	2017年	2018年
专科	应用英语	应用英语	应用英语	应用英语	/
本科	英语	英语	英语	英语	英语

培养目标:为培养德、智、体、美、劳全面发展的社会主义建设者和接班人,学院以培养应用型人才为目标,设计了适应在职人员学习的"多样化、个性化"的教学内容、课程体系和学习支持服务系统。

学制和学分:上海外国语大学网络教育学院专升本学制为(含第二本科)2.5年,总计80学分(第二本科总计60学分);高升本学制为5年,总计160学分。专升本(含第二本科)最长修业年限为4.5年、高升本最长修业年限为7年。

毕业和学位:学生在规定学习期限内修完教学计划规定的内容,修满学分,并且通过全国现代远程教育试点高校网络教育学生部分公共课程的统一考试者,准予毕业,达到学位授予标准者授予学士学位。

(五)师资配备与资源建设

上海外国语大学网络教育学院自2002年创立之初,便依托上海外国语大学国内语言教学领域的顶尖师资展开课堂教学,并聘请部分优秀校外教师,严把教师入口关。授课教师均具有硕士以上学历或副教授以上职称,具有高级职称的比例为53%,授课教师中本校教师占87.5%。

上海外国语大学网络教育学院十分重视教学资源建设,迄今为止建设数字化课程138门,其中自建课程132门,总时长约173 880分钟,2014年以后新建数字化课程51门。其中英语和日语专业的课件以教授的目的语为主要教学语言,是国内为数不多的以外国语为教学语言的课件。

学习支持服务的软硬件建设及信息化建设情况。上海外国语大学网络教育学院2002年成立之初由上海上外网络教育发展有限公司提供技术支持,该公司为学院建立了域名为www.sisunet.net的官网首页以及在线教育平台的接入口,主要用于学院对外宣传、对内通知、课件学习等用途。为了满足学院发展的需要,2017年学院建立了新的官网首页,7月正式投入使用。新的官网域名采用学校信息中心提供的教育网二级域名www.sde.shisu.edu.cn,自此我院官网首页完全纳入学校信息化建设的范畴中。新首页在原来首页的基础上,增加了在线咨询、在线报名和自适应功能等,更好地满足了学院实际工作的需求,进一步体现了信息技术的进步。

移动学习的开展情况。上海外国语大学网络教育学院目前使用的教学平台是由苏州青颖飞帆公司开发的教学平台,该平台同时支持计算机终端和移动终端(iOS系统和安卓系统)的学习。截至2017年年底,平台上共有51门课件正在使用,学生在线学习总时长达到1 003 944分钟。通过青书教学平台,学院实现了在计算机终端和移动终端的远程教学,成为上海地区屈指可数的双终端教学单位。该平台的建设和使用,充分满足了学生随时随地学习的愿望,提高了学生的学习效率,真正实现了远程教育的目标。

(六)办学规模与招生管理

上海外国语大学网络教育学院认真学习贯彻国家教育部和上海市教委关于高等教育、网络教育改革与发展的文件精神,遵循远程教育发展的特有规律,端正办学指导思想,坚持规范办学、坚持确保质量原则,根据教学、学习支持服务和管理能力,控制招生规模,确保人才培养质量。2018年在籍专科生48人、本科生315人。

上海外国语大学网络教育学院在招生过程中严格执行教育部关于现代远程教育试点高校网络高等学历教育招生工作的有关规定,采取以下措施规范招生录取工作。

(1) 加强招生宣传工作管理,招生简章和招生信息真实、有效,不做虚假承诺,不委托个人或中介机构开展招生宣传组织生源。

(2) 建立直接面向学生的招生录取工作机制,不设立代报名点,不委托招生。

(3) 严格按照《上海外国语大学网络教育学院招生管理规定》开展招生考试、费用收取、入学资格审核等工作。

(4) 按照教育部的部署和规定,积极做好新生"阳光平台"学籍注册工作。

上海外国语大学网络教育学院近5年的招生人数见表2。

表2 上海外国语大学网络教育学院近5年的招生人数

层　次	2014年	2015年	2016年	2017年	2018年
专科	27	15	27	38	
本科	77	94	88	123	181

由于实行多项规范招生的措施,上海外国语大学网络教育学院招收的学生具有较高的质量,2017年新生中有硕士研究生4名、本科生32名。

(七)校外学习中心管理服务

上海外国语大学网络教育学院从2009年停止校外学习中心的招生工作。

(八)教学实施与考风考纪

上海外国语大学网络教育学院不断深化课程改革,加强内涵建设,坚持育人为本、坚持确保质量原则,遵循远程教育规律,全面贯彻落实十九大关于"办好继续教育,加快建设学习型社会,大力提高国民素质"的总体要求,采取以下措施确保教学实施。

(1) 坚持和完善"混合式"教学模式,以教师为主导、学生为主体,将课堂面授与远程教学、自主学习与协作学习有机结合。英语专业基本实现全课件化,并针对外语学习的特点,加大投入精读课和听说课的师资力量,充分发挥"混合式"教学的优势。

(2) 加强学院管理内涵建设。重视学院内部制度建设、流程建设,做好管理育人、服务育人工作，构建全员、全过程、全方位育人格局。坚持管理与服务相结合，建立长效工作机制，增强教学管理人员的服务意识，建立首问负责制、24 小时解答制度，让学生问题不过夜。

(3) 加强教师管理。执行严格的教师准入和备案制度，聘用前对教师资质进行全方位的审查和备案，签订《上海外国语大学网络教育学院兼职教师聘任协议书》，对教师的工作任务、师德师风、考评奖励等作出规定，强化教师的教学责任意识。

(4) 建立课堂教学效果的评价体系。学院每学期都开展学生评教，根据《上海外国语大学网络教育学院教师奖励条例》，结合学生评教结果，综合考量教师师德、考勤、业绩等方面的表现，对优秀教师进行奖励，提高教师的积极性和创造性。2017 年共有 16 人次教师获得奖励。

为进一步严肃考风考纪，上海外国语大学网络教育学院制定《上海外国语大学网络教育学院课程考核工作规范》，对学生考试纪律、考试违纪的处分程序、成绩评定与管理、缓考与补考管理等作出规定。学院规定学生必须参加期末考试，考试在校内指定教室进行，每门考试均设主考和监考教师。学生如因病假、公假等原因不能参加考试，需事先由本人向学院提出书面申请(因病请假须附医院诊断书、因公请假须附由公司盖章的请假单)。对于无故缺考的学生，一律作旷考处理。凡考试作弊的学生，一律以零分计，作不及格处理，且必须重修该门课程。凡不及格的课程，必须通过补考或重修，直至在规定的修业年限内通过考试方可毕业。

（九）过程监管与质量保证

上海外国语大学网络教育学院将《中共教育部党组关于加强高校课堂教学建设提高教学质量的指导意见》作为提升学院教育教学质量的“纲领性”文件，充分依托学校的师资、教学设施与资源，依托学院从事网络教育近 20 年的管理经验，充分调动学生学习的积极性，发挥教学资源和网络教育的技术优势，重视教学过程监管，严抓教学质量。

依托学校师资与资源，网络教育与全日制教育协调发展。上海外国语大学网络教育学院聘请本校的优秀教师担任课件制作、面授辅导、论文指导等教学工作，在每学期的学生评教中，任课教师都获得学生的充分肯定。

同时，上海外国语大学网络教育学院积极向学生开放办学资源，网院学生与全日制学生同样享用校内图书馆等学习资源，可参加大学英语或其他语种四、六级考试和英语专业四、八级考试，并可参加校内各类名家讲座。

上海外国语大学网络教育学院对标新时代“办好继续教育”总体要求，落实立德树人，坚持全员育人理念，在规范管理的基础上，以学生为本，及时了解学生需求，适时调整教学教务工作。为确保学生工作顺利开展，学院配备两名辅导员、两名专职班主任，负责学生的考勤、纪律、思想等工作。每名行政岗管理教师下沉到班级，第一时间解答学生疑问，帮助和引导学生养成自我管理、主动学习的良好习惯。

重视学生奖励。2017 年出台《上海外国语大学网络教育学院奖学金评选条例》《上海外国语大学网络教育学院优秀毕业生评选条例》《上海外国语大学网络教育学院积极分子评选条例》。通过这些措施提高学生学习的自主性、互动性，真正办好让人民群众满意的教育，迄今为止共有 53 人次学生获得奖励。

重视教学过程监管，重点抓毕业、学位等关键环节，保证教学质量。学院严把毕业生质量关，学生必须在规定学习期限内修完教学计划规定的内容，修满学分，并且通过全国现代远程教育试点高校网络教育学生部分公共课程的全国统一考试后方可毕业。为保证培养质量，学院实行“淘汰制”，2017 年毕业率达 90%。上海外国语大学网络教育学院近 5 年毕业人数见表 3。

表 3　上海外国语大学网络教育学院近 5 年毕业人数

层　　次	2014 年	2015 年	2016 年	2017 年	2018 年
专科	/	65	32	21	9
本科	160	188	88	64	69

我院 2017 年的统考总合格率为 81.60%(表 4)，高于全国的总合格率。

表 4　上海外国语大学网络教育学院学生 2017 年参加远程教育全国统考情况一览表

统考时间	统考科目	考试人数	合格人数	免考人数	合格率(含免考)
2017 年 4 月	大学英语 A	11	8	7	83.33%
	计算机	11	10	7	94.44%
2017 年 9 月	大学英语 A	36	26	11	78.72%
	大学英语 B	1	1	0	100.00%
	计算机	32	29	14	93.48%
2017 年 12 月	大学英语 A	10	5	1	54.55%
	计算机	11	7	1	66.67%
总合格率					81.60%

上海外国语大学网络教育学院制定《上海外国语大学网络教育学院授予学士学位规定》《上海外国语大学网络教育学院学位论文工作有关规定及相关附则》，严格把控学位授予标准。

(1) 制定了相关的规章制度保障学位申请的规范性和严肃性。就撰写论文的目的、基本要求、组织管理及论文保存、学位授予条件、不得授予情况、学位授予程序和原则等各项内容做出了明确和详尽的规定。

(2) 为学生专门开设“学位论文写作”课程，通过该课程的学习，使学生初步掌握论文写作的基础知识和技能、具备相关的专业理论基础知识和写作能力。

(3) 制定论文工作流程、规范论文写作格式。设计了《上海外国语大学网络教育学院论文选题表》《上海外国语大学网络教育学院论文开题报告》《上海外国语大学网络教育学院论文指导记录表》《上海外国语大学网络教育学院论文评阅书》《上海外国语大学网络教育学院各学科论文格式规范》等表格。

(4) 选择有责任心、具有较高学术水平的教师担任论文指导教师，每年担任指导教师中的教授、副教授比例都在 10%以上，一位教师所带学生不超过 10 个，同时规定每个学生至少和指导教师见面 3 次以上，保证每位学生都能得到充分的指导。

(5) 规定申请学位的学生必须参加论文答辩，通过论文答辩方可申请学位。

(6) 保障学位工作的规范性，每次将学位申请名单上报校学位评定委员会进行评审，通过后授予学位。

(7) 认真组织教育部学位授予信息年报工作。

授予学位的规定：

(1) 在规定年限内修满所需学分，准许毕业，教学计划规定的所有考试课程的平均成绩大于或等于 75 分。

(2) 毕业前取得以下外语类资格证书之一：专业英语四级合格证书、八级合格证书，大学英语六级成绩单达到上海市学位委员会办公室划定的成人高等教育本科毕业生申请学士学位英语水平最低线。

(3) 学位论文成绩合格且通过论文答辩。

学院将符合学位申请条件的学生名单上报校学位评定委员会进行评审，通过后授予学士学位。学院近 5 年学位授予情况见表 5。

表 5　上海外国语大学网络教育学院近 5 年学位授予情况

年　份	2014 年	2015 年	2016 年	2017 年	2018 年
人　数	80	81	27	30	31

（十）社会评价与品牌声誉

多年来，上海外国语大学网络教育学院把教学高质量视作学院的生命线，对于毕业和学位标准有较高的要求，得到学生的认可，学生对于学院的教学水平普遍表示满意。同时，我院的教学水平和学生质量得到了社会的广泛认可。我院许多毕业生已经在外国使领馆、知名 500 强外企以及许多知名企事业中担任职务。由于我院毕业生专业基础知识扎实，实践能力强，走上工作岗位后，他们利用所学知识为工作单位做出了贡献，展现了上外学子的风采，成为适应社会急需的应用型、创新型人才，受到用人单位的好评。同时也有部分同学通过了国家研究生入学考试，被录取为全日制研究生；有更多的同学凭借自己突出的外语能力被海外名校录取，进一步深造。

二、试点成绩和经验

（一）试点期间取得的成绩

现代远程教育是高等教育和高校人才培养体系的重要组成部分，是普通高校履行人才培养、科学研究、社会服务、文化传承职能的重要方面，是适应经济转型升级、社会管理创新和民生改善的现实需要，是实现国家富强、民族振兴、人民幸福的“中国梦”的重要支撑。学院致力全面贯彻党的教育方针，深入实施教育、科技和人才规划纲要，准确把握新时期经济社会发展新趋势，满足人的全面发展新需求，加强内涵建设，以提高教育教学质量为核心，以体制机制改革为重点，以加强制度建设和规范管理为保障，以改革创新为动力，以推进信息化为抓手，促进科学发展，全面提升服务能力和水平，推动我校网络教育事业健康发展。学院基本建立了以学习者为中心的灵活开放的学习制度，人才培养模式改革创新取得突出进展，办学水平和教育教学质量显著提高，数字化优质资源建设、共享和开放水平进一步提升，信息技术的应用不断深入，网络教育管理体制机制日趋健全，社会服务能力大幅提升。自2002年以来，学籍注册总人数4931人，毕业3757人，其中1637人获得学士学位，对实现教育公平起到重要作用，推动了全民学习、终身学习的学习型社会建设。

（二）网络教育的创新、特色与经验

上海外国语大学网络教育学院大力加强微信公众号的建设，陆续推出招生简章、学院特色、学习支持服务、名师风采、名家讲座、班主任风采、毕业生访谈、喜报、教育质量提升年、践行十九大精神等系列文章，全面客观地展示了学院的全貌。在公众号的菜单里，学生能便捷地查看教学日历、招生信息、联系方式、官网链接等。开通至今共发送图文消息236条，共计10万余字，获得1487人的关注。

网络教育学院秉承"求真务实、突出特色、锐意创新、全面发展"的宗旨，2016年起系统开设诠释世界·成就未来——网络教育学院名师系列讲座，弘扬优秀学科精神，倡导良好学术风气，加强远程教育环境下的校园文化建设及学术道德建设。该项目获2017年上海外国语大学校园文化建设优秀成果奖三等奖。近3年开设的讲座见表6。

表6　近3年开设的讲座

讲座时间	主讲教师	主　　题
2016年	邹申	英语专业八级专题讲座
	王恩铭	美国文化与英语学习
	吴刚	自然文学的魅力—从玛丽·米特福德的〈我们的村庄〉说起
	顾秋蓓	英语学习的艺术
	史志康	莎士比亚：人生地图(Shakespeare：A Map of Life)
	周怡	艾丽丝·门罗与短篇小说艺术
	王恩铭	从2016年美国总统选举看美式民主的破裂
2017年	邹申	英语专业八级专题讲座
	王欣	英语诗歌的赏析与解读
	蔡君梅	大学英语六级复习与备考
	王恩铭	美国文化与英语学习
	吴刚	奇幻世界里的现实追求
	王璐	大学英语四级考前辅导
	王璐	大学英语六级考前辅导
	梅丽	石黑一雄作品中的小人物与大时代
2018年	虞建华	什么是文学
	蔡君梅	大学英语四级考前辅导
	蔡君梅	大学英语六级考前辅导

（三）网络教育科学研究与获奖情况

上海外国语大学网络教育学院申报的《上海外国语大学在线教学管理平台的可行性研究》获上海外国语大学教育教学改革研究项目立项并圆满完成。

“诠释世界·成就未来——网络教育学院名师系列讲座”荣获上海外国语大学校园文化建设优秀成果奖三等奖。

2 名教师获上海外国语大学组织部青年干部调研课题立项，其中 1 人获二等奖。6 人次获校级各项奖励。

三、存在的问题

（1）课程和教材体系应进一步体现以职业和岗位需求为导向，课程应用性、实践性有待提高，应满足学生以能力提高为重点的知识和技能需求。

（2）远程教学的开展对学习者的信息化素养、学习自主性提出了更高的要求，学院需进一步营造远程教学的学习氛围、完善学习支持服务体系，帮助学生提升信息化环境下的学习能力。

（3）教师的教学理念急需转换，信息化教学技能有待提高。

（4）需大力开发非学历教育远程教育体系。

四、推进网络教育转型提质升级的思路和举措

在十九大关于“办好继续教育”和全国教育大会精神的指引下，上海外国语大学网络教育学院将结合我校“服务国家发展、服务人的全面成长、服务社会进步、服务中外人文交流”的办学使命，紧密结合学校“十三五”教育事业发展改革规划与“双一流”学科建设，促进三全育人，融入学校统一规划发展，融入上海新一轮综合改革发展，服务国家和地区的人才战略，培养国家、社会发展需要的国际化人才，提升上海外国语大学继续教育办学品牌的影响力。

（1）明确定位。上海外国语大学网络教育学院将进一步根据市场需求，优化专业设置，创新人才培养模式和教材建设，探索学历继续教育与全日制教育优质资源的共建共享，以满足国家政治、经济、文化建设和和谐社会对人才的需求为目标，以加强人力资源能力建设为核心，针对成年人的特点和学习需求，创新人才培养模式，完善人才培养方案和教学管理制度，落实教学环节，加强过程管理，办好人民满意的教育，建设终身学习社会。

（2）加大投入，提高质量。进一步加大教学投入，全面提升网络教育软硬件水平，不断提高学习资源建设水平和学习支持服务能力，完成网络教育的提质升级。

（3）加强培训，提高水平。注重提升教师信息素养和应用信息技术开展教学的能力，更新教学理念。支持远程教育师资的专业化。

（4）加强网络教育监管，加强面向教学全过程的管理，逐步形成学校自律、社会监督和政府调控相结合的网络教育质量保证体系。

（5）争取建成资源丰富、结构合理、制度健全、灵活开放、学历教育和非学历教育协调发展的现代远程教育体系。

华东理工大学现代远程教育试点工作总结

一、试点背景与初衷

2001 年，为响应与落实教育部《面向 21 世纪教育振兴行动计划》精神，加快教育现代化和信息化步伐，建设覆盖全国的现代化远程教育网络，构建终身学习体系，推动全民族的文化素质提高，华东理工大学经过一年多的准备与建设，以及认真的讨论，认为已基本具备建设网络教育学院，开展现代远程教育试点工作的条件，向教育部提出申请开展现代远程教育试点工作。2002 年 2 月，教育部批准我校开展现代远程教育试点工作；2002 年 3 月，华东理工大学正式成立网络教育学院。

二、试点任务

华东理工大学确立了“坚持原则、积极筹办，立足华东、面向西部、辐射全国，质量第一、办出特色，校企结合、稳步推进”开展现代远程教育试点的指导思想，明确了我校的现代远程教育试点任务，具体如下。

(1) 依托华东理工大学学科优势，设置特色专业以及社会需求比较旺盛的专业，如应用化学类、工商管理类等。

(2) 分阶段推进招生培养工作，第一阶段于 2002 年在上海市、浙江省、江苏省等建设校外学习中心，积累经验；第二阶段在取得网络教育办学经验后，进一步向中西部地区辐射。

(3) 建立科学的教学管理体系，使现代远程教育的招生、教学、学籍管理、考试及文凭发放等各类教学管理环节纳入学校统一的教学管理系统，以保证远程教学培养人才的质量。

(4) 建立切实可行的网上监控、技术维护和技术维修制度，以确保教学秩序稳定。

(5) 高度重视校外学习中心建设工作，认真组建校外学习中心管理队伍。

三、试点做法与经验

1. 满足在职从业人员学习需求，探索注重过程的混合式教学模式

根据远程教育教与学过程相对分离、成人业余学习的特点以及企业对人才知识结构和能力的需求，设计教学内容、教学策略和考核方法，优化教学管理过程，创建并完善了“网上自主学习、实时直播授课、集中面授辅导、教师网络答疑、注重过程考核”30 字学习方针。

针对成人学员工学矛盾比较突出的现状，为帮助他们提高平时学习的自觉性和积极性，2007年对课程考核进行了创新改革。新课程考核办法注重学习过程的考核，规定平时学习过程的考核占总分的40%，包括课件点播次数与时长、作业完成情况和面授辅导出勤率等，期末考试成绩占总分的60%。图1为网上学习平台。

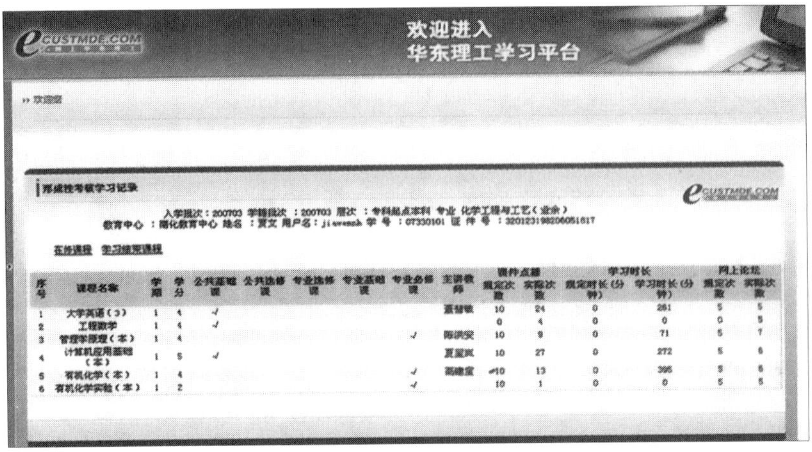

图1 网上学习平台

2. 服务全面工程能力人才培养，探索工科在线教育模式

实验教学是工科在线教育的难点。学校从2005年开始致力于工科在线教育的研究，探索了在线实验和现场实验相结合的实验教学，形成虚拟实验和远程控制实验相结合的在线实验模式，解决了基于互联网的实验关键技术开发和实施的难点，实现了工科在线教育的大规模实验教学。根据学科特色，重点围绕6个工科专业33门课程开展了系统的在线实验开发工作，先后建成远程控制实验装置9套和虚拟实验77套，可完成在线实验230余个，同时8门在线实验特色课程被评为国家精品课程。图2为在线实验室。

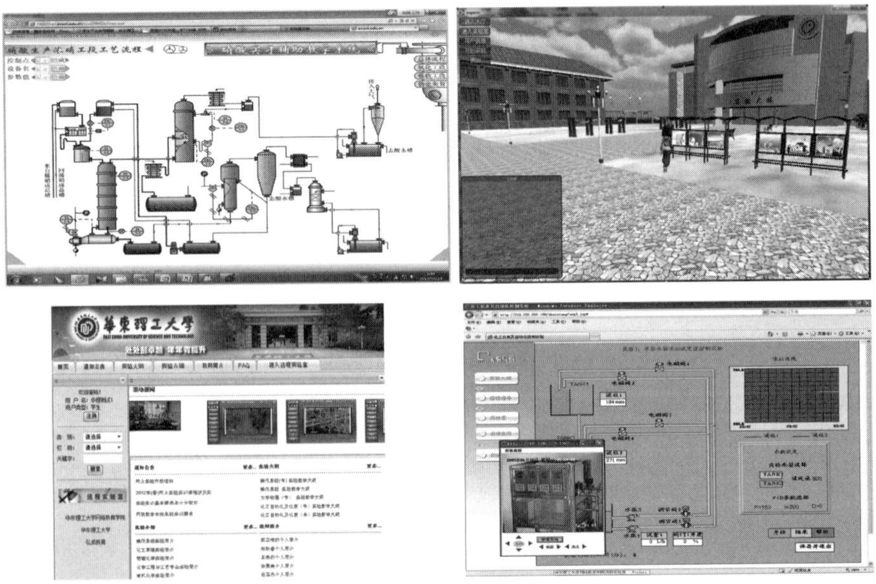

图2 在线实验室

《工科在线实验教学体系的研究与实践及校际互选互认》项目获得 2013 年上海市级教学成果奖(高等教育)一等奖,《远程教育工科专业在线实验教学模式的研究与实践》项目获得 2014 年高等教育国家级教学成果奖二等奖。图 3 为获奖证书。

图 3　获奖证书

为进一步推动工科在线教育的深入开展,开展了广泛的国内外学术交流。2008 年承办了“工科专业现代远程教育学术研讨会”,2010 年举办了“高校远程与虚拟实验课程建设研讨会”,2012 年承办了“现代远程教育实践教学高端学术论坛”,与国内远程教育专家、远程教育同行共同研讨了在线实验的建设、开发与实施等工作,获得了一致好评,同时与远程教育业内领先的英国开放大学开展定期交流网上实验教学思想及在实验教学中取得的最新研究成果。英国开放大学的 Nick 教授与 Mark 副教授对于我校在在线实验教学方面取得的成果给予了高度评价。图 4 为学术交流会。

图 4　学术交流会

2012 年,教育部批准“高等学校继续教育课程学分标准及质量内涵和学分转移制度与机制的研究及应用”项目,学校牵头承担其系列课题之一的“理工类课程(含实验)互选互认的研究与实践”,与大连理工大学、江南大学、山东大学、哈尔滨工业大学 4 所高校共同展开理工类含实验课程共享的研究与实践。2013 年 10 月,5 所高校成立了“在线实验课程联盟”(见图 5)。

工科在线教育不仅在现代远程教育和全日制教育中得到了应用,还与国内 4 所重点理工类高校实现了资源共享,取得了良好的教学效果。截至目前,累计 5.6 万多人次进行了在线实验。

图 5　在线实验课程联盟

3. 立足学校优势学科，探索企业、行业合作培养模式

对于企业、行业而言，人力资源是竞争力的根本和关键，是提升企业、行业核心竞争力的助推剂。华东理工大学网络教育学院从应用型人才培养和企业、行业的实际要求出发优化教学计划，如在教学计划安排中重视工科类专业公共基础课教学，加强应用性和技能类知识课程的教学。在课程设置上，力求满足企业对人才专业知识结构和能力培养的需求，对教学要求进行优化和调整。针对工科类专业课程内容关联度大、理论性强、学习难度大的特点，加强课程教学设计。在课件制作中强调教学策略的应用，在每门课程中做好导学环节的设计，在每个知识点后安排测试题，对重点、难点加强面授辅导（见图 6）。

图 6　企业、行业合作

试点以来，学校依托自身的优势学科和专业，立足化工、机械等行业，积极开展企业、行业委培项目，先后为中国石化集团宁波工程公司、中国石油天然气股份有限公司吉林石化分公司、江苏省化学工业联合会、浙江凯达机床有限公司、浙江菲达集团有限公司、台积电、昆山市安全生产行业等百余家企业、行业培养了一批应用型和技能型人才。例如，2011 年学校与中石油吉林石化公司联合培养网络教育本、专科生项目，是吉林石化公司“十百千”人才工程的一项重要举措，旨在强化吉林石化公司技能人才和专业技术人才队伍建设，进一步提高吉林石化公司科技兴企的管理能力和专业化水平，累计为其培养了近 400 名员工。

4. 服务国家战略，积极落实教育扶贫工作

自确定华东理工大学定点扶贫云南寻甸县以来，学校始终把落实党中央的部署放在首位，把定点扶贫工作作为一项政治任务抓紧、抓好，按照制定的云南寻甸扶贫方案积极推进教育扶贫工作。校党委书记杜慧芳、校长曲景平分别带队赴寻甸县开展定点扶贫工作，我校与寻甸县签订了网络教育合作协议，在寻甸县委党校设立了“华东理工大学现代远程教育寻

甸学习中心”，标志着华东理工大学与寻甸县学历教育合作办学正式启动。学校通过先进的远程教育手段落户寻甸县委党校，为全面提升寻甸县广大党员干部继续教育专科、本科学历提供优质的资源。2017—2018 年免费为寻甸县培养基层干部学员近 90 名(见图 7)。

图 7　寻甸县广大党员干部学历教育

华东理工大学网络教育学院于 2006 年 7 月至 2007 年 9 月期间赴浙江景宁畲族自治县大均乡中心小学，于 2007 年 7 月至 2012 年 7 月期间赴安徽金寨开展扶贫支教暑期社会实践活动，发放院长奖学金暨助学金，捐赠计算机、教学设备、文具和书籍等，得到安徽六安广电报、皖西日报以及金寨县人民政府网、金寨教育网、金寨先锋网、金寨共青团等多家当地媒体的关注与报道(见图 8)。

图 8　安徽金寨扶贫活动

5. 服务城市转型发展，积极开展农民工学历提升项目

为提升农民工的学历层次和专业技能，发挥他们在学习型城市、创新型城市、生态型城市建设中的作用，杭州市总工会从 2012 年启动了“资助农民工上大学”项目。2013 年，学校作为专升本学历层次合作的试点院校之一积极参与本项目，形成了杭州市总工会、华东理工大学网络教育学院、杭州学习中心三方协同推进的农民工在线学历教育培养模式。为支持杭州市总工会的资助农民工上大学项目，学校在农民工在线学历教育项目学费分配上给予了一定的优惠，通过杭州市总工会、用人单位和学校三方在学费方面给予的资助和优惠，农民工得到了最大的实惠，充分调动了农民工上大学的积极性。截至 2018 年，先后共 1200 余名农民工进入学校网络教育学习深造，增强了农民工的学习自信和文化自信，其中 300 多名农民工已陆续毕业，他们中获得优秀学生、优秀毕业生称号的达到 34 人次。农民工获得本科毕业证书后，将更有优势考取相关专业职业资格证，为下一步的职业晋升奠定了基础；提

高企业员工的文化素质水平，促进企业的转型升级，得到了用人单位的认可(见图 9)。

图 9　资助农民工上大学

6. 持续开展网络教育研究，不断提升办学水平和影响力

学校采取立项的方式，每年开展华东理工大学在线教育教学项目研究工作，每年立项 20 个左右项目，向网络教育教师、网络教育学院管理人员以及校外学习中心管理人员发布网络教育教学研究指南，紧紧围绕网络教育精品课程建设、远程教育质量保障、工科远程教育、网络教学管理、校外学习中心管理、移动学习等热点、难点问题进行了积极的思考和探索，已在各类杂志和学术会议上合计发表论文 92 篇，其中核心期刊 29 篇。

“现代远程教育与终身学习高端论坛暨现代远程教育十年成果展”荣获国家精品课程(网络教育)建设组织奖、网络教育教材建设奖、网络教育资源共建共享优秀奖、优秀论文奖和远程教育贡献奖 5 项奖，获奖项数进入全国远程教育试点高校前茅，居上海市试点高校之首(见图 10)。

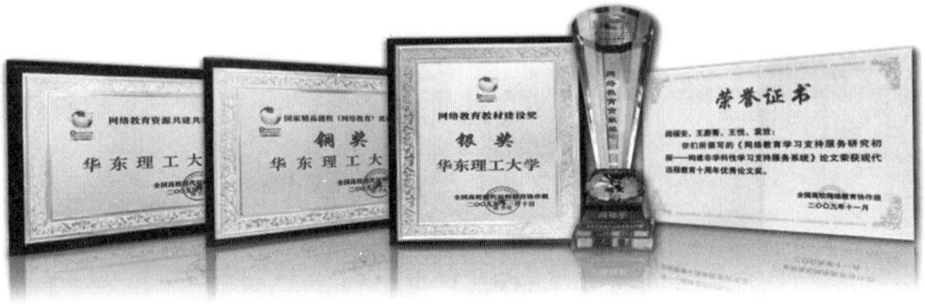

图 10　荣誉证书

2012 年，华东理工大学承担了教育部“理工类课程(含实验)互选互认的研究与实践”子项目，并作为项目牵头单位邀请大连理工大学、哈尔滨工业大学、江南大学和山东大学等高校网络教育学院参与。2015 年 5 月已顺利完成结题工作(见图 11)。

2015 年，华东理工大学承担了教育部“全面工程能力培养”实践教育 E 计划，以华东理工大学、大连理工大学、江南大学、山东大学、哈尔滨工业大学等在线实验联盟高校为基础，建设涵盖主要工程学科的课程资源，构建和企业、社会接轨的工程实践体系，培养具有全面工程能力的人才。

图 11　课程互选、互认工作会

2015 年，华东理工大学承担了上海市网络教育高校学生互选互认建设项目，积极开展继续教育在线课程学分互认建设试点研究，联合上海交通大学、同济大学、东华大学、上海交通大学医学院等 5 校开展学分转移试点工作，推进上海市学分银行建设提供有效的方法、机制、方案和成功案例。

良好的理论研究基础和工科专业在线教育教学实践使网络教育学院在各类教学成果奖中取得不俗的成绩，其中《工科在线实验教学体系的研究与实践及校际互选互认》项目获得 2013 年上海市级教学成果奖(高等教育)一等奖；由学校牵头，哈尔滨工业大学、大连理工大学、山东大学、江南大学等 5 所高校参与的《远程教育工科专业在线实验教学模式的研究与实践》项目获得 2014 年高等教育国家级教学成果奖二等奖。

丰富的教学资源、规范的教学管理、人性化的支持服务使华东理工大学网络教育学院赢得了学生和社会的广泛好评，连续入选“公众满意中国十大名牌网络教育学院”“十大品牌网络教育学院”“综合实力网络教育学院”等称号。

7. 实施 ISO 9001 质量管理体系，推进精细化管理

华东理工大学网络教育学院于 2008 年通过 ISO 9001:2000 质量管理体系认证，成为上海市现代远程教育试点高校中首个通过质量管理体系认证的网络教育学院，并于 2009 年成功转为 ISO 9001:2008 质量管理体系。制定了“精心设计、潜心建设、用心服务，创建具有华理特色的远程教育体系”的质量方针，形成一套适宜的、完整严密的、统一协调的质量体系文件(一级文件 1 个，二级文件 20 个，三级记录文件 200 个左右)，从而使各项网络教育教学质量活动有法可依、有章可循、有据可查。为严格执行 ISO9001 质量管理体系的程序，实现了从招生开始的学生信息监控，以及教学过程中教学计划制订、专业设置、课程设置、课件制作、答疑辅导、考试组织的学生学习的全过程监控，使网络教育学院能够及时发现、了解学生、教师以及社会对网络教育教学质量的影响，实现对教学队伍和学生学习环境的非正常状态的提前预警，有利于网络教育教学质量的保证(见图 12)。

8. 坚持立德树人，培养应用型、技能型人才

试点以来，学校累计培养了网络教育本、专科生 9.7 万余名，通过远程教育培养，这些学生有的进入国内外名校进一步深造，有的考上了国家公务员，更多的成为国家经济建设各条战线上的生产、技术和管理骨干。例如，200503 级工商管理专业学生熊金平，连续两届当选省人大代表，2011 年入选全国高校远程教育协作组组织评选的“百名学习之星”，他作为农村致富带头人，带领农民兴办专业合作社，用学到的理论知识不断提升管理水平，采取“基地

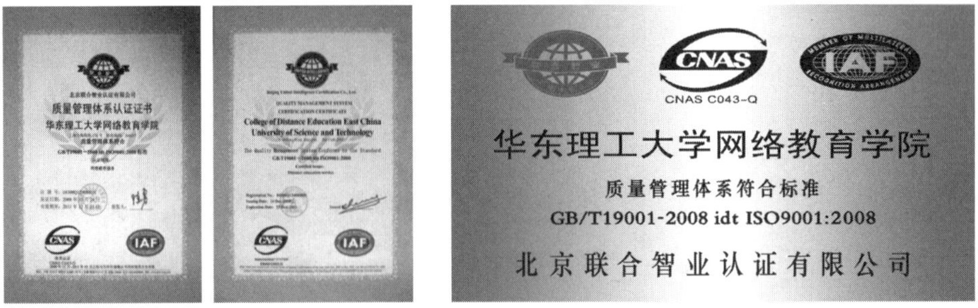

图 12　ISO 9001 质量体系认证

＋农户”的经营模式，建立起万亩长豇豆无公害生产基地，带动了该区蔬菜产业的发展。200803 级国际经济与贸易专业学生潘巨煊，2011 年入选全国高校远程教育协作组组织评选的“百名学习之星”，他将学到的知识用于工作实践，与软件工程师一起设计了一套有效实用的结合订单、供应、生产、船务、仓储和报关等重要环节的跟踪系统；热心公益事业，积极参加义务献血活动，资助广东河源紫金 1 名贫困小学学生学费和生活费；2010 年，他荣获第五届弘成奖学金最高奖“风采奖”，又将 5000 元奖金全部捐出。200709 级自动化专业学生赵国柱，潜心创造发明，先后发明“高频电信号检波笔”“自动控制式家用防雷装置”并取得专利。201503 级自动化专业陆凯忠，获得“2016 年上海市成人高校十大学习标兵荣誉称号”，他在专业技能方面不断钻研，为企业做出了显著贡献，先后被评为上海市十大工人发明家、全国建设行业技术能手、全国技术能手等称号，在读期间努力学习新知识，积极学好每一门功课、做好每一项作业，用学到的知识进一步提升其专业技能（见图 13）。

图 13　毕业留念

南京大学现代远程教育试点工作总结

2002 年 2 月 27 日，教育部办公厅正式批准南京大学为开展现代远程教育的试点高校之一。2003 年 1 月 8 日，南京大学正式成立了网络教育学院开展现代远程教育，初始下设办公室、教学部、教务招生部和技术部 4 个部室，后逐步调整增加到 7 个部室。网络教育由此成为南京大学人才培养的重要组成部分。

南京大学网络教育学院（以下简称“学院”）在办学过程中全面依托南京大学一流的师资力量和丰富的教学资源，从 2003 年至今，努力打造名师、名课、名教材的“三名工程”的办学特色，始终将“三名工程”视为我校实施建立现代远程教育品牌的关键举措和发展目标，坚持立德树人，以育人为本，规范办学，确保质量，把培养社会主义合格建设者和可靠接班人放在第一位，努力服务于国家经济建设和社会发展。

2004 年学院开始招收“专升本”学历教育学生，招生专业有法学、行政管理和英语（商务英语）3 个专业，校外学习中心 23 个，在读学生 782 人。2013 年学院成立十周年之际，“专升本”招生专业增加到 12 个，同时增加招收“高起专”学历教育学生，开设了课程单科选修和专业选修项目，初步建立“学分银行”，在读学生 10 873 人。学院目前有“专升本”专业 13 个，“高起专”专业 2 个，校外学习中心 37 个，在读学生数 18 966 人。

自成立以来，学院共招收学生 54 215 人，毕业学生 29 798 人，授予学位 15 719 人，为国家培养了一大批“留得住、用得上”的实用型专门人才。

一、办学方向与办学定位

学院自成立以来坚持党的领导，坚持社会主义办学方向，认真贯彻落实党的教育方针，以“立德树人”为根本任务，坚持规范办学和质量办学的原则。党的十八大以来，以习近平新时代中国特色社会主义思想为指导，围绕南京大学发展规划和“双一流”建设方案，为构建学习型社会和终身教育体系，脚踏实地，努力办好人民满意的具有南京大学特色的网络教育。

（1）《南京大学章程》总则第十条明确提出“根据社会需求适当开展非全日制学历教育和非学历教育”。2015 年出台的《南京大学继续教育“十三五”规划纲要》，提出学校将继续坚持“积极发展、调整结构、规范管理、提高质量”的指导思想，稳步发展学历继续教育，大力开展非学历继续教育。

（2）南京大学《一流大学建设高校建设方案》中指出，要“大幅提升教育对外开放水平，实现学校整体发展与高水平学科建设的良性互动”，要“构建社会参与机制，在面向全国服务的同时，为江苏省的经济社会发展提供人才支持和知识贡献”。为此，南京大学积极发展网络教育，坚持“立足江苏、服务全国”，利用高水平学科、一流师资和优质资源，积极为各地各级政府、企事业单位和社会民众服务。

（3）南京大学网络教育坚持以“立德树人”为根本，全面加强党建和学生思想政治教育工作。积极应用现代化的技术手段，通过教材、课件和实践活动，切实提高线上教学的意识形态工作渠道作用，加强线下教学的意识形态工作阵地作用，把思想价值引领贯穿网络教育教学全过程、各环节。

（4）南京大学网络教育紧紧依托学校学科优势、师资优势和智力优势，定位于培养“应用型、职业性、高层次”人才。“职业性”是指教育对象主要面向在职人员，利用业余时间学习；“高层次”是指培养层次以“专升本”为主；“应用型”是指专业设置、课程结构和教学内容紧密结合社会实际需求，形成了“立足应用、兼顾基础”的办学特色，为地方经济建设和社会发展培养了大批实用型人才。

（5）南京大学在网络教育发展过程中，强调“规模、结构、质量、效益”协调发展的原则，突出“三个结合”，即非学历教育和学历教育相结合；远程教学和课堂辅导相结合；社会效益和经济效益相结合。通过优化办学结构，保持适度规模，以质量为根本，以社会效益为目的。

二、管理体制与运行机制

网络教育学院是独立运行的二级学院，由主管本科生招生和培养、学生就业创业工作的副校长分管。为加强管理，学校成立了“网络教育工作管理委员会”，对学院的办学起指导、监督作用。继续教育学院是职能管理部门，对学院工作进行统筹管理。

学院在管理和运行机制上实施“学院制办学、企业化运作”的管理模式，负责现代远程教育的招生、教学和管理工作，设有办公室、招生部、支持服务部、教学部、教务部、技术部和教学资源中心 7 个部室。学院主要依托学校专业院系办学，主讲教师、辅导教师等基本来自各院系。

学院在各地设有校外学习中心，学习中心由南京大学与依托建设单位共同建设并经当地省级教育行政部门备案后正式设立。学习中心在业务上接受南京大学网络教育学院指导，行政上隶属于依托建设单位。各校外学习中心按照学院的要求对当地学生进行管理和服务。

三、人才培养模式机制探索与创新

结合南京大学“学科建设与本科教学相融通，通识教育与个性化培养相融通，拓宽基础与强化实践相融通，学会学习与学会做人相融通”的人才培养思路，学院充分运用南京大学的学科建设和师资优势，开设社会需求量大、应用性强的现代远程教育专业。2017 年教育部颁布《高等学历继续教育专业设置管理办法》后，学院积极调整，对专业结构进行重新规划，大幅削减了高起专专业。目前，学院开设专升本专业 13 个，高起专专业 2 个。

1. 合理定位人才培养目标

学院以培养全面发展的应用型人才为目标，从重视应试教育向重视能力培养和素质教育转变，注重学生综合素质的提升，在确保基本理论“必需、够用”的基础上，着力培养与提高学生的应用能力和实践能力，重视培养学生的创新精神与创业能力。课程设置上逐步增加文化素质类课程和实践类课程的比重，顺应了我国社会经济转型发展对继续教育人才培养的要求，体现了现代远程教育应用型、职业性和开放性的特点。

2. 强化优势特色专业建设

在专业建设中提出以专业主流知识为基础，以服务于学生求知为导向，以问题为中心的课程改革思路，提升教学品质。例如，在行政管理专业的建设中，顺应本专业探索和掌握政府现实行政管理规范与改革的应用性特点，新的专业设置方案将强化学生对专业角色和职业情境的认同，并以此建构品质竞争力。在课程设置上适度重构，逐渐建立起专业基础理论、专业核心知识和专业实务技能相结合的教学体系；在人才培养规格上立足应用、兼顾基础、注重实效、突出能力。行政管理专业被评为江苏省成人高等教育特色专业和重点专业。

3. 优化专业布局和课程设置

学院以社会需求为导向，定期对专业设置和课程的内容进行调整和更新，深化课程内容改革，关注学科发展和变化，及时吸收科学发展的新成就，以适用培养高素质人才的需求。定期更新教学计划，2013 年对法学等 9 个开设满 5 年的本科专业进行教学计划修订。2014 年对电子商务等 4 个专科专业的教学计划进行了重新修订。2016 年对国际经济与贸易等 2 个专业进行教学计划修订。2017 年新增 4 个专业，撤销 7 个专业。2018 年撤销数字媒体专业，2019 年撤销旅游管理专业。

4. 探索人才培养新模式

通过校企合作制订符合社会需求的人才培养计划，经过探索、实践、总结，进一步推动学院专业建设，为教学计划制订和课程内容改革提供新的思路。与江阴海澜集团、无锡睿泰集团等多家企业开展合作，为企业转型升级、结构调整，员工学历提升、技能培训提供了很好的支撑和服务。依托中国人民解放军东部战区陆军政工网，搭建现代远程教育平台，成立东部战区直属教学班，将此作为智力拥军工程来抓，在培养部队人才方面做出贡献。

四、“三名工程”的实践与特色

1. 学术深厚、教学一流的师资队伍

在师资配备中，坚持以本校教师为主。学院现有 200 名教师，其中南京大学教师 172 人，占比 86%。在这支教师队伍中，85%以上的教师都具有副高以上职称，其中教授 82 人，副教授 90 人。南京大学现有的 10 位国家级教学名师中，有 4 位在网络教育学院任教。除此之外，学院还有 7 名长江学者特聘教授担任主讲教师，学校也选派优秀的中青年骨干教师负责课程教学的全程。学院定期召开专业教师研讨会，以及使用教师和助教的业务培训和平台指导工作，以促进教学质量的提高。

2. 内容丰富、品质一流的课程资源

学院建设完成网络课程 226 门，其中移动课程 100 门，另购入 9 门网络课程。2017 年更新了 16 门，新开发了 2 门网络课程和 5 门微课。现有课程中，有 5 门课程获选国家级网络教育精品课程、2 门课程被评为江苏省成教精品课程。2016 年教育部公布了首批“国家级精品资源共享课”名单，其中网络教育课程有 160 门，南大网络教育学院申报的资源经济学、刑法学、大学语文、计算机组成原理、公共政策、Internet 实用技术 6 门课程全部入选，入选的课程数量位于全国 68 所网络教育试点高校前列。入选课程在“爱课程”网站上免费向社

会开放，深受高校师生和社会学习者的喜爱。2017年刑法学等4门课程获评江苏省成人高等教育精品资源共享课程（见图1和图2）。

图1　精品资源共享课1

图2　精品资源共享课2

学院建设的“数字化教学资源库”目前已新建或整合各类教学资源近千个，包括网络课程、学术讲座、精品课程、研究性教学资源等，资源使用访问量 870 多万人次；开通名师大讲堂、数字图书馆和数字博物馆方便学生查阅文献资料，感受名校学术氛围；向全校师生开放了 200 多门网络课程，校外学生只需申请注册即可使用；学院制作并派发了“免费终身学习卡”，体现了优质教学资源的社会化服务。

学院还自主研发了“素材库与课件开发系统”，加强了内部各类教学素材的管理，实现按需组合、快速生成出不同特点或不同种类的新型网络课程。该系统极大地提升了课程升级改造的工作效能，可高效快捷地生成适应不同学习人群的、多种样式的网络课程，并支持移动学习、跟踪学习痕迹，提升了网络课程的总体建设水平，真正满足了“自主学习”“处处能学、随时能学”的学习需求。

3. 名师执笔，编著一流精品教材

南京大学网络教育学院自建院之初就重视教材建设，明确提出了“现代远程教育系列教材”的出版规划。在教材建设实践过程中，我们充分认识到要突破并解决课程改革的难点和重点，既要大力培育精品课程，又要着力加强教材建设，两方面平衡发展。按照“精化原理、强化应用、融入实际、综合交叉”的原则，我们组织具有丰富教学经验的骨干教师，结合近年来教学研究的新成果，针对远程教育以网络学习、业余学习、自主学习为主要形式的特点，编著出版了一批理论与实际相结合，满足学生个性化发展需要的优秀教材。

目前我院已经出版教材 15 种，包括《大学语文》、《公文写作》、《行政法学概论》、《商务英语口语》、《网页设计与制作》、《视音频处理技术》、《资源经济学》(第 2 版)、《数字出版概论》、《刑法学》、《投资学概论》、《货币、银行业和货币政策》(第 2 版)、《公共管理导论》、《市场信息学》(第 2 版)、《行政法与行政诉讼法》和《公共政策学》。其中，《商务英语口语》被高等教育出版社列为国家“十一五”规划重点出版教材(见图 3)。

图 3　精品教材

五、教学资源的多渠道开放共享

通过“数字化教学资源库”建设，开通了名师大讲堂、数字图书馆和数字博物馆，构建了共享和可持续利用的资源库管理服务系统支撑平台，目前全部资源使用访问量 870 多万人次。

(1) 校内开放。学院的全部网络课程都面向校内各类师生开放使用，使得不同用户群按需自主构建知识结构。

(2) 社会开放。社会学员有638余人次通过单科选修或专业选修的形式修学学院所提供的网络课程，18门网络课程通过第三方平台对部分有需求的高职院校在校学生开放学习，1门微课在Coursera和“中国大学MOOC”平台上分别发布。

(3) 定制开放。资源库中的全部资源能够根据需要实现定制开放，目前已有55门课程对西北大学、新疆伊犁师范学院等对口支援院校开放，30个名家学术讲座视频向校友开放。

(4) 继续教育立交桥。2013年起，我校和东南大学、南京师范大学开展成人高等教育课程互选、学分互认，随后向河海大学、苏州大学、扬州大学等高校开放共享。目前已有8门公共基础网络课程上线向合作高校继续教育学生开放，共逾4万多名学生上网学习。

六、“校校企”合作，开启“海澜模式”，服务社会

海澜集团成立于1988年，总部位于江苏省江阴市新桥镇，是国内服装龙头企业。集团现有总资产500亿元，全国各地员工6万余名。在2016年中国企业500强中名列202位、中国民营企业500强中名列36位。

2014年我院联合江阴职业技术学院为海澜集团安全防控指挥中心的成员——海澜卫士举办了一期大专班，2016年举办了海澜卫士二期大专班，为海澜卫士提供了学习和发展的平台，有效提升了卫士的综合素质。

南京大学网络教育学院、江阴职业技术学院与海澜集团的“校校企”合作，意味着我院在人才培养和服务社会功能上取得了一定的示范性成效，保持了一种稳定、融洽、持久的合作关系，展现了优势互补、互惠共赢的良好局面，在开创合作办学新模式的发展上取得了一定的成绩；对于海澜集团来说，南京大学网络教育学院和江阴职业技术学院联合，为企业提供了难得的机会和平台，让海澜人走进南大、走近名师、学习知识和技能，开阔视野，效力企业和社会。

为了更好地为企业提供服务，学院配备专人负责海澜项目，积极收集企业需求，有针对性地开展活动、讲座、培训，提供个性化的支持服务(见图4)。

图4 南京大学现代远程教育海澜集团生源基地授牌仪式

1. 召开校企合作研讨会，做好高校资源与企业需求对接

结合海澜集团人才转型的需求，南京大学网络教育学院、江阴职业技术学院进一步拓展合作平台，在做好学历教育的同时，加强非学历培训的合作，利用多方资源，为企业发展提供

有力支持;同时,积极推广与海澜集团校企合作的模式,充分利用南京大学的品牌效应在江阴大产业集群人力资源及结构转型中发挥作用,在合作过程中,既做好企业的实际服务工作,又要使实践工作上升到理论层面和系统层面,用顶层设计的思维架设为企业服务。三方共同签订了《海澜集团、南京大学、江阴职业技术学院“校校企”人才培养合作框架协议书》(见图5)。

图5 三方共同签订人才培养合作框架协议书

2. 领导重视,三方共办开学典礼

2013年三方共同举办了学历提升合作办学开学典礼,2014年举办了海澜卫士大专班一期开班典礼,2016年举办了海澜卫士二期大专班开班典礼,江阴海澜集团有限公司、江阴职业技术学院以及我院领导都出席了典礼并发表讲话,体现了对合作的高度重视,也增强了学生的归属感,提高了学生的学习积极性(见图6)。

图6 开学典礼

3. 三方党支部共建，先锋同行

中共南京大学继续教育学院网络教育学院联合党支部、中共江阴职业技术学院继续教育学院党支部、中共海澜集团有限公司安全防控指挥中心党支部举行了主题为“两学一做、携手共建、先锋同行”的三方党支部共建签约仪式(见图 7 和图 8)。

图 7 签约仪式图 1

图 8 签约仪式图 2

共建仪式上,三方党支部书记分别介绍了本单位的党建工作情况,党支部结对共建是新形势下加强基层党建的有效途径,对于创新工作、发挥党员先锋模范等方面都具有积极意义。本着“优势互补、资源共享、合作共建”的宗旨,以“互帮、互助,促进工作、共同提高”为目标,三方协商结为共建单位并签署共建协议。

4. 组织学生参观母校，增强归属感和自豪感

为了消除远程教育带来的距离感和隔阂感,让学生真切地感受南大的悠久历史和深厚的文化意蕴,更好地吸收、传承南大精神,加强文化素质教育,海澜集团副总裁江南、江阴职业技术学院副院长刘文君多次率海澜卫士大专班学员到南京大学鼓楼校区进行参观、学习,观看南京大学宣传片、参观校史博物馆和拉贝故居(见图 9 和图 10)。

图 9　我院赵清院长热烈欢迎海澜卫士的到来

图 10　在南京大学北大楼前合影

5. 开展讲座培训，线下面授与线上学习相结合

通过江阴职业技术学院的牵线搭桥，我院充分利用南京大学的优质资源和师资力量，邀请院系教师为企业学员开展讲座，开拓学员的视野，丰富学习内容，为江阴当地龙头企业培养人才计划的实施推波助澜，全方位地为地方经济服务(见图 11～图 13)。

图 11　校校企合作人力资源管理提升培训项目

图 12 南京大学政府管理学院陶鹏、朱伟博士为学员培训

图 13 海澜集团人力资源协会“卓越 HR 训练营”在南京大学参加培训

七、智力拥军，以“强军梦”助推“中国梦”

作为战区内教育部正式批准开展现代远程教育试点的知名高校之一，南京大学高度重视与南京军区的合作办学，开设“南京大学现代远程教育南京军区直属教学班”，2014 年开始招生，作为智力拥军工程来抓，这既是在现代远程教育工作上的一种模式创新，又是南京大学在培养部队人才方面迈进了一大步(见图 14)。

南京大学现代远程教育拥有自主、灵活的学习方式、丰富的教学资源，官兵不出营门即可获取南大优质的学习资源，领略南大名师讲课的风采。网络教育能在任何时间、任何地点自主学习的特点，也弥补了部队官兵流动性大、学习时间不确定的缺陷，能够有效地满足官兵系统学习、提升学历和能力素质的需求，既为个人圆名校梦，又为部队建设培养人才，具有良好的社会意义，是高校继续教育服务社会的重要表现。

在军区领导的支持下，前期由南京大学网络教育学院与南京军区政治部就合作举办现代远程教育事项做了充分、严谨的调研和讨论，在生源组织、教学教务管理、平台开发等方面做了大量的筹备工作，并报请江苏省教育厅审批，教育部备案，顺利开班。南京军区直属教学班依托军区政工网，教学班网站“网上南大”于 2014 年 7 月 1 日正式上线，面向南京军区部队官兵，开展以业余在线学习为主要形式的高等学历教育，目前开设了“高起专”和“专升

图 14　南京军区直属教学班开学典礼

本”，共 9 个专业，在籍学生近 600 人。官兵在学习期限修满规定学分，符合相关条件，即可取得由南京大学颁发的、国家教育部认可的毕业证书和学位证书。随着直属教学班的逐步开展，针对军区的特殊性和广大官兵在实际学习中遇到的问题和需求，我院本着服务部队官兵的原则，不断改进工作，派专人负责直属教学班的各项事务，无论在学习过程中，还是在日常管理等环节都能够体现便捷性、自主性、灵活性，帮助官兵顺利完成学业，达到提升学历和能力素养的目的。

八、规范管理，注重教学质量，推进教育公平

学院在建院之初，就把培养高质量、应用型人才作为人才培养目标，以服务社会为宗旨，坚持“规范办学、质量办学、品牌办学、内涵办学”的原则，稳步发展办学规模，着重提升人才培养质量，开展高水平的现代远程教育。

1. 规范招生行为，保证网络教育生源的质量

每年工作会议期间，组织校外学习中心依托建设单位负责人、学习中心负责人进行座谈，要求正确处理网络教育规模、质量、结构和效益的关系，确保我校网络教育招生的生源质量。

每季招生过程中，学院适时安排招生巡站工作，组织相关校外学习中心召开招生工作座谈会，有效落实过程监管。

严把新生入口关，对新生报名材料提交、报名资格审核、参加入学测试等各个环节严格把控，不符合规范要求的一律不予录取。

2. 建立完善的教学管理制度，规范教学组织与运行

制定相关文件，规范教学管理工作，提升教学质量。通过继续教育“教学督导组”，加强网络教育教学督导工作。对教师教学、学生学习、考风考纪、论文答辩情况进行检查，及时发现问题，汇总后统一研究解决。严格教学检查工作，对学生学位成绩及毕业率、学位授予率等数据进行分析，评估教学与管理工作存在的优缺点、教学质量的水平与现状，对突出问题进行重点研究和改进。

3. 做好每学期各类考试的组织与管理工作

对于命题、考试、阅卷等各个工作环节严格要求，加强监督和管理，确保考试的可信度和有效度。

严抓考风考纪。通过召开考务会议，强调监考和巡考职责，切实履行职责，严肃处理违纪现象。重视巡考工作，每次考试组织学院的工作人员参加巡考，巡考人员须参加学习中心召开的考务会议，并重申监考、巡考要求，确保监考人员、巡考人员的全考场覆盖，并要求监考教师、巡考教师履职尽责。

4. 严格毕业审核与学位审核

通过计算机和人工审核相结合，切实做好毕业生资格审查、学位申请审核工作。按照教育部和省厅要求，认真做好毕业生图像采集工作；收集、整理《毕业生登记表》，及时将毕业生信息上报教育部进行电子注册；根据学历电子注册结果打印毕业证书，确保学历电子图像信息、电子注册信息数据、毕业证书填写内容三者完全吻合。

5. 加强校外学习中心质量评估

南京大学在设立现代远程教育校外学习中心方面，严格按照教育部、江苏省教育厅相关要求，遵循合理布局、从严控制、健康发展的原则，严格控制校外学习中心规模。南京大学先后设立现代远程教育校外学习中心 64 个，经优化调整，目前开展招生的校外学习中心 37 个，分布在江苏（17 个）、上海（1 个）、浙江（6 个）、安徽（4 个）、江西（1 个）、山东（1 个）、广东（3 个）、陕西（1 个）、河北（1 个）、吉林（1 个）、新疆（1 个）全国 11 个省（市、自治区）。

积极配合相关地区省级教育行政部门组织的校外学习中心年度检查、评估工作。根据目前已公布的年检结果显示，我校现代远程教育校外学习中心全部合格。

6. 严格执行学业标准，把好“出口关”

按照学校学籍管理规定，学生修满规定的学分，参加全国基础课统考，成绩合格，方予毕业。对申请学位者，除达到毕业要求外，还提高标准，即所有课程平均成绩达 70 分以上，学位课程成绩达 80 分以上，参加江苏省统一组织的学位英语考试，成绩合格，毕业论文等级良好以上，方可授予学位。

九、良好的社会评价与品牌声誉

南京大学现代远程教育创办 15 年来，以规范的管理、严格的教学、高素质的人才培养，树立了良好的品牌声誉，获得了较高的社会评价。

通过对在读学生进行满意度调查，结果显示学生学习满意度总体评价为“优”的比例为 86%，“良”为 12%，“合格”为 2%。15 个项目指标优良率全部达到 95%。

通过走访、座谈及问卷调查，显示社会用人单位对毕业生的反馈评价：总体评价为“满意”的比例为 92%，“比较满意”为 8%。在专业技能、创新能力等具体 9 个项目指标中，评价为“满意”和“比较满意”的均达到 100%，其中有 4 项“满意”率为 100%，2 项“满意”率达到 90%，仅有“管理能力”1 项“满意”率为 73%。

毕业生吴旭东挂任滨海新区党群工作部部长，被江苏省盐城市委、市政府 3 次评为先进工作者；东部战区直属教学班陈伟被评为优秀士兵，曾获得全营通信专业比武第一名，转业后成为一名通信技师；毕业生吴雪萍，横店集团东磁股份有限公司董事会秘书，曾获《新财富》第八届、第十二届金牌董秘；毕业生施正西是江苏省南京市栖霞区住房和建设局书记，他利用自己学到的专业知识为地方建设做出贡献。

办学过程中，为了更有针对性地服务于地方经济，学院积极开展校企合作，树立品牌效应。

2012 年 11 月，学院与江阴海澜集团开展校企合作，陆续举办了“海澜卫士班”“人力资源管理班”、卓越 HR 训练营等学历教育和非学历培训班，同时开展了支部共建等活动。2015 年 12 月，“南京大学现代远程教育海澜集团生源基地”正式挂牌。从 2014 年开始，南京大学本着智力拥军，服务官兵，为部队信息化建设培养高素质、技能型人才的原则，面向东部战区部队官兵开展以业余在线学习为主要形式的高等学历教育，通过实行军地协同管理，提供精准学习支持，“网上南大”深受广大官兵好评。

十、存在的问题

1. 发展现状与社会需求不协调

目前学院办学以提升社会人员的学历为主，没有大力开展社会急需的政策法规、岗位技能、职业素养等各类非学历继续教育培训。没有充分发挥网络信息技术的优势，将学校的优质教学资源向社会共享，导致服务社会的面较窄，针对性不强，发展不全面，特别是在建设学分银行，搭建各类继续教育立交桥方面进展较慢，办法不多。

2. 学历教育办学质量亟待提升

学历继续教育由于面向社会展开，学生构成人群复杂，学习态度参差不一，造成教学过程监管有难度，学生到课率(在线率)与课堂教学效果以及毕业论文质量相较全日制本科教学存在一定差距，论文答辩还有待进一步加强。学院提倡名师教学，课件的制作均为教学科研一线的骨干教师，时间精力有限，部分辅助教学由助教协助完成，一定程度上影响了网络教育的办学质量。在网络教育发展转型期，如何进一步提升学历教育的办学质量是我校要研究解决的问题。

3. 信息技术与教育教学深度融合不够

学院在教学资源建设方面取得了一定的进展，但在使用信息技术改造传统网络教学模式方面还做得不够深入，还是以传统的网络灌输式教学为主，学生与教师的互动较少；由于缺乏现代化的交互式网络直播教室，部分校外学习中心缺乏先进的网络教学辅助设施，难以组织学生开展网络教学环境下形式多样的教学。

郑州大学现代远程教育试点工作总结

一、郑州大学现代远程教育试点背景、初衷和任务

在波澜壮阔的改革开放时代背景下，教育部“现代远程教育工程”提出20周年之际，郑州大学现代远程教育也与伟大时代风雨同舟走过了17年。试点以来，郑州大学现代远程教育扎根中原，面向全国，始终坚持“教育要面向现代化，面向世界，面向未来”的国家教育方针，以满足各行各业社会在职从业人员的再教育需求为导向，积极实践、改革创新、锐意进取，不断推动远程教育供给侧结构性改革，全面提升办学质量和管理服务水平、大力加强课程资源建设、持续进行学习中心管理体制机制改革，多年来探索出了一套完整的教学、管理、研发与服务体系，形成了稳定的发展格局，为郑州大学一流大学建设和中原崛起做出了实质性贡献。

（一）试点背景

2000年7月，原郑州大学、郑州工业大学和河南医科大学三校合并组建新郑州大学。三校合并之际，随着教育部现代远程教育试点工作的推进，学校审时度势抓住开展现代远程教育试点工作的机遇，以网络管理中心为依托，于2001年6月正式成立了郑州大学远程教育学院，2002年2月，经教育部批准，郑州大学成为国家开展现代远程教育的68所试点高校之一，也是河南省唯一的试点学校。远程教育学院作为学校远程教育的职能管理机构，有效地整合校内资源，实施远程教育学院与网络管理中心两块牌子、一套人马的管理体制，负责统筹、协调、组织和管理全校的现代远程教育工作，面向在职从业人员开展现代远程学历教育与非学历教育。

（二）试点初衷

开展试点以来，郑州大学深入领会中共中央关于“科教兴国”的战略指导思想，认真学习《国家中长期教育改革和发展规划纲要》精神，全面贯彻落实教育部《关于支持若干所高等学校建设网络教育学院开展现代远程教育试点工作的几点意见》和《关于加强高校网络教育学院管理提高教学质量的若干意见》等文件要求，结合学校发展实际，明确现代远程教育发展方向，深耕现有教育业务，全面拓宽教育领域，准确把握远程教育的新形势、新特点，立足科学发展，坚持多层次、多形式、多渠道办学模式，逐步形成多元化的办学格局。充分动员社会力量，以培养具有创新精神和实践能力的应用型和复合型人才为目标，为构建终身教育体系和提升人才培养质量做出应有的贡献。

（三）试点任务

郑州大学现代远程教育依托学校的学科优势和师资力量，确立了“面向在职从业人员，培养实用性、技能型人才，努力构建终身教育服务体系”的人才培养目标定位。坚持“以学习者为中心”的办学理念，以提供全面、及时、个性化的教育服务为宗旨，运用先进的信息技术，聘用业务精湛的管理人员和技术人员，搭建完备的学习平台，整合优质教学资源，充分发挥名校、名师、名课的优势，以校内远程教学为起点，以数个社会热门专业为重点，开展高等学历及非学历教育，旨在构筑河南省及全国的终身教育体系，提高全民科技、文化素质，为社会各行各业培养优秀的应用型人才。

二、政策实施与试点成效

（一）政策实施

郑州大学现代远程教育坚持规范化办学，将依法办学作为发展前提，始终把保证教育质量放在第一位，规范各类办学行为，管控办学风险，做到规模适度、保障质量，合理规划现代远程教育的专业结构、管理服务部门和校外学习中心的布局，利用先进的现代远程教育技术手段进行信息化、科学化管理。强化过程管理，提升服务水平，深化教育教学改革，提高教育教学质量，推进继续教育体制机制改革，促进我校现代远程教育“规模、结构、质量、效益”高水平协调健康可持续发展。

1. 认真组织谋划，做好顶层设计

1）学校重视，积极申办

2001 年 6 月，教育部召开“新世纪全国网络教育学术研讨会”，郑州大学派专人参加会议，听取教育部高教司司长张尧学等领导与专家的讲话，对现代远程教育有了进一步了解，明确了开展现代远程教育须获得教育部“开展现代远程教育试点学校”的办学资格。会议结束以后，郑州大学党委、行政召开专门会议，根据教育部办公厅教高厅〔2000〕10 号文件《关于支持若干所高等学校建设网络教育学院开展现代远程教育试点工作的几点意见》精神，成立郑州大学远程教育规划建设领导小组，时任校长的曹策问任领导小组组长，常务副校长申长雨任领导小组副组长，分管研究生、教学、本科生、财务与后勤的 4 位副校长任副组长，校办、教务处、研究生处、党委宣传部、人事处、财务处、设备处处长任领导小组成员，王宗敏任远程教育学院院长，领导小组下设办公室，办公室设立在远程教育学院。

经过认真准备、积极筹建和努力申报，2002 年 2 月 22 日，教育部发布教高厅〔2002〕2 号《教育部办公厅关于对北京科技大学等 21 所高校开展现代远程教育试点工作的批复》文件，郑州大学位列其中，正式成为现代远程教育试点高校，开启了现代远程教育探索和发展的征程(见图 1)。

2）勇于探索，稳步发展

自 2001 年建院以来，郑州大学现代远程教育经历了 3 个发展阶段(见图 2)。

第一阶段——起步探索。学校提出“远程教育学院搭台，专业院(系)唱戏”的教学与管理模式。在学校领导的大力支持和关怀下，在相关部门和教学院系的积极配合下，从搭建学习支撑平台，科学规划专业设置，建设高质量课程资源，各项教学管理制度相继建立，郑州大

教育部办公厅文件

教高厅〔2002〕2号

教育部办公厅关于对北京科技大学等21所高校开展现代远程教育试点工作的批复

上海市教委，辽宁、河南、广东、四川省教育厅，国防科工委人事教育司，有关高等学校：

按照《面向21世纪教育振兴行动计划》提出的大力发展我国现代远程教育的要求，我部从1999年开始，已先后批准45所高等学校开展现代远程教育试点工作。随着现代远程教育试点的不断深入，为在更大范围内探索和总结基于计算机网络条件下的现代远程教育教学模式、管理模式和运行机制，经研究，我部决定继续在具备条件、符合要求的高等学校中择优批准一批学校，以进一步扩大试点规模。经过学校申报、专家评审，现决定同意北京科技大学等21所学校（名单见附件）为现代远程教育试点学校。

— 1 —

各试点学校要按照我部《关于支持若干所高等学校建设网络教育学院，开展现代远程教育试点工作的几点意见》（教高厅〔2000〕10号）的精神，将现代远程教育试点作为学校的重要工作，加强领导，统筹规划，加强现代教育技术的研究与应用，加快教学资源的建设，积极探索现代远程教育的人才培养模式和教学管理制度。要采取切实有效措施，把教育教学质量始终作为试点工作的生命线。试点工作情况应定期向我部和当地教育行政部门报告。

有关省（直辖市）教育行政部门要高度重视和支持试点学校的现代远程教育试点工作，加强指导，按照教育部有关文件精神切实加强对远程教育教学质量的检查和管理，我部将适时对试点工作情况进行检查评估。

附件：北京科技大学等21所现代远程教育试点学校名单

二〇〇二年二月二十二日

主题词：远程教育　试点　高校　批复

部内发送：有关部领导，办公厅，规划司、师范司、学生司、学位办

教育部办公厅　　2002年2月27日印发

— 2 —

附件：

北京科技大学等21所现代远程教育试点学校名单

北京科技大学	郑州大学
对外经济贸易大学	武汉大学
北京航空航天大学	华南师范大学
中央音乐学院	电子科技大学
大连理工大学	西南科技大学
中国医科大学	西南财经大学
东北财经大学	四川农业大学
上海外国语大学	西北工业大学
上海第二医科大学	西安电子科技大学
华东理工大学	陕西师范大学
南京大学	

— 3 —

图1　郑州大学开展现代远程教育试点的批复文件

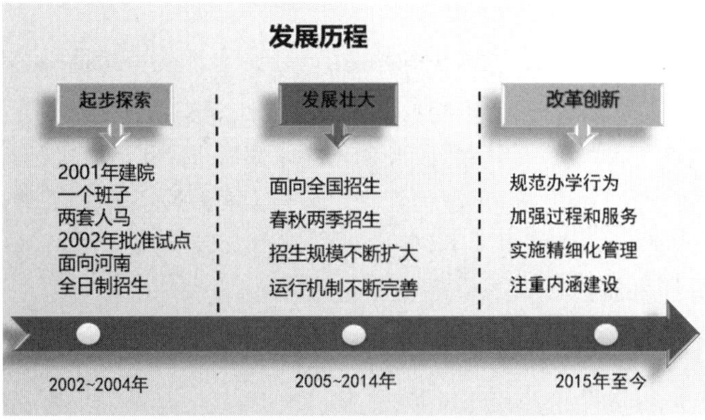

图2　郑州大学现代远程教育的发展历程

学现代远程教育各方面工作开始有序进行。本阶段，郑州大学现代远程教育确立了“立足校内、面向河南、大胆探索、稳中求进”的发展思路，在省内寻求合作伙伴，设立校外教学站，调研兄弟试点高校收费标准，开始面向省内招生。2005年，随着国家远程教育政策的调整，社会对高层次专业技术人才的需求增长，在校领导的高度重视和各院系的大力配合下，我校现代远程教育度过了创业起步阶段。

第二阶段——发展壮大。2005年，郑州大学现代远程教育开始走出河南，开拓新的办学领域，实行一年两次招生，招生规模有了较大突破。与此同时，郑州大学远程教育学院组织机构有了较大的调整，新的领导班子围绕“扩大办学规模、强化内涵建设，提升教学质量，突出办学特色”的工作思路，积极探索新的教学发展和机构管理模式，成立了新的中层管理机构，配备了高素质、专业化、年轻化的管理与技术团队。新的远程教育技术支撑平台研发并投入运行，逐步实现远程教育招生报名、教学、考务、学籍、服务与学费管理的现代化，探索出了一套具有我校特色的教育教学管理模式与运行机制。

第三阶段——改革创新。郑州大学远程教育学院新一届领导班子以“十三五”发展规划为战略方向，按照“规范、改革、创新”的发展思路，加大教育信息化科研投入，注重提升质量，在教学管理制度创新、规范办学行为、考试改革、支撑平台升级、在线资源建设、实施精细化管理、加强内涵建设、服务学校工作大局等方面取得了显著成绩。

3）质量为本，健全制度

自2001年建院以来，郑州大学远程教育学院先后完成了3次领导班子成员换届，多次调整组织架构，根据郑州大学现代远程教育的中心工作进行部门重新调整设置以及管理和技术人员的结构调整，以保障人才培养质量。

在管理体制的继承和创新过程中，郑州大学远程教育学院逐步加强制度建设，采取一系列措施对工作人员进行科学管理，截至目前，形成了完备的内部管控制度，使各项工作都有规可依，有章可循，流程化运行，提高了工作的实效性。2018年4月开始进行岗位管理制度改革，实施岗位酬薪分级制度、部门之间轮岗制度、月工作考核制度、钉钉工作考勤制度，通过这些改革措施，调动工作人员的积极性、加强工作纪律管理，通过信息化手段规范管理流程，提高了工作效率和服务质量。

第一，完善各项规章制度，使管理工作科学化、规范化、制度化

开展试点以来，郑州大学远程教育学院注重制度建设，先后制定完善了各项规章制度62项，如《学生手册》《郑州大学现代远程教育教师聘任管理办法》《郑州大学现代远程教育课程资源建设与教学相关经费使用规定》《郑州大学现代远程教育学生档案管理暂行规定》《郑州大学现代远程教育校外学习中心设立与管理办法》《郑州大学现代远程教育学籍管理规定》等，并逐步在实践中制定了一系列具体的教学管理办法和操作流程，使郑州大学现代远程教育的日常行政、教务管理、课程资源建设、学生学习支持、毕业、学籍管理、学习中心监管等各项工作有章可循，更加规范化、制度化、科学化、精细化（见图3）。

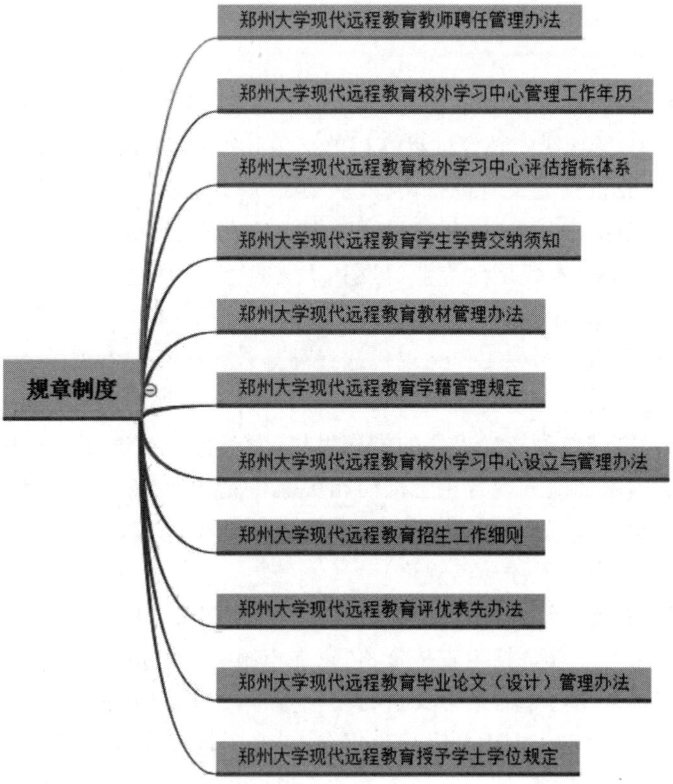

图3　郑州大学远程教育学院规章制度（部分）

第二，明确岗位职责，规范工作流程

为保证郑州大学现代远程教育教学管理与服务工作正常开展，我校对远程教育各管理部门的工作职责、工作内容、工作流程、部门之间的分工、合作进行了明确的定位，实行定岗定编定责制度。同时，施行轮岗制度，有效避免了管理人员职业倦怠、部门之间信息孤岛，保证了单位管理机制的健康运转。

第三，创新服务机制，健全服务体系

为监督和保障远程教育教学和服务质量，不断完善信息反馈渠道，郑州大学现代远程教育于2005年成立了质量保障部，2013年合并成立了学习支持服务中心，2017年启动了学习中心精细化管理平台，建立了综合全面的教学质量、管理效率、服务水平的反馈体系，通过多样化的服务方式开展个性化、全过程的学习支持服务：建立学习支持专题网站，对外发布综合性学习支持服务信息，开展多渠道主动助学和促学服务等，并保证节假日期间的学习服务正常，提高服务时效和服务质量。

2. 严格招生管理，规范办学行为

1）依法合规办学

郑州大学现代远程教育始终坚决贯彻执行国家及地方教育主管部门的各项政策法规，严格按照国家和地方有关规定组织现代远程教育的生源，规范各类办学行为，管控办学风险，做到规模适度、保障质量，合理规划校外学习中心的布局与招生。根据学习中心实际教学、支持服务和管理能力，我校合理安排招生规模，正确处理规模、质量、结构和效益的关系，切实保障教学过程，确保人才培养质量。招生数量偏大的学习中心适度控制招生规模，进一步加强办学内涵建设。

开展试点以来，郑州大学始终以教育部远程教育相关政策为办学指导思想，积极开展学历与非学历教育，2017年，现代教育试点高校的招生政策作出重大改革，按教育部高教司的文件精神，我校在专业设置上及时进行调整，从2018春季开始，专科专业由18个缩减至11个，同时停招8个师范类本科专业；从建设一流大学的大局出发，2018年秋季所有专科层次的专业停招，只保留16个本科层次专业（见图4）。

2）严把入口关

第一，明确指导思想。招生工作是现代远程高等教育生存与发展的基础，招生工作规范化管理，对于现代远程教育健康持续发展和学校的声誉有积极的影响。基于这种认识，始终把“规范办学，健康发展”作为招生工作的指导思想，力求在所有学习中心中树立规范招生意识。我校严格按照国家及地方教育主管部门相关文件精神组织现代远程教育的生源，并根据学习中心实际教学、支持服务和管理能力，合理控制招生规模，正确处理规模、质量、结构和效益的关系，从入口保障人才培养规格。

第二，严控招生资格。郑州大学严格按照教育部的要求，只有在各省、自治区教育厅正式审批备案的学习中心才具备招生宣传资格，正在申报、审批过程中的学习中心一律不得以我校现代远程教育校外学习中心的名义进行招生宣传；已具备招生资格的校外学习中心，如为方便学生报名，需在限定范围内增设招生报名点，必须报所在地省级教育行政部门备案同意，未经教育行政部门批准，任何单位和个人均不得以我校现代远程教育校外学习中心名义进行招生宣传。

专业名称	层次	专业代码	学习年限/年	学分	入学考试科目
法学	专科起点本科	030101k	2.5~5	100分	大学英语、大学语文
汉语言文学		050101			
工商管理		120201k			
金融学		020301k			
财务管理		120204			
会计学		120203k			
人力资源管理		120206			
教育学		040101			
英语		050201			
电子商务		120801			
信息管理与信息系统		120102			
旅游管理		120901k			
药学		100701			
计算机科学与技术		080901			大学英语、高等数学
通信工程		080703			
电气工程及其自动化		080601			
土木工程		081001			
护理学		101101			大学英语、大学语文
基础医学		100101k		120分	

图 4　郑州大学现代远程教育招生专业、层次、学习年限、学分及入学考试科目

第三，统一招生宣传。招生简章和宣传材料必须由我校统一印制。宣传材料内容严谨可靠，与上级主管部门的文件精神相一致，没有任何模糊不清、容易误导学生的情况。各学习中心制作和在各类媒体发布招生广告和信息，必须经我校审核同意，并经当地教育主管部门审核批准和备案后才能发布，严禁发布违法招生广告、散布虚假招生信息。严禁校外学习中心进行跨区域招生宣传，一经发现违反招生范围规定，立刻停止该学习中心的招生资格或终止合作。对假借我校名义乱发招生广告、乱招生、乱收费的单位和个人，会同有关执法部门严格查处(见图 5)。

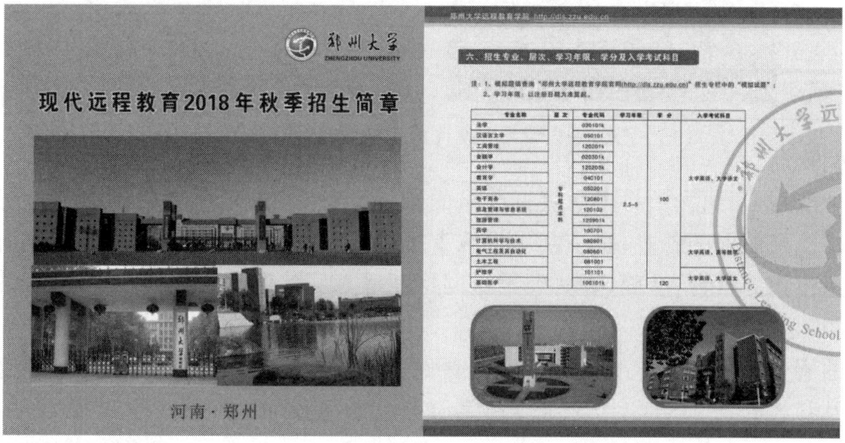

图 5　郑州大学现代远程教育 2018 年秋季招生简章

第四，规范招生程序。郑州大学严格要求学习中心对报名学生的入学资格和基本信息进行初审确认，初审通过后，我校工作人员电话联系学生本人，核对学生的报名信息进行二

次确认，对不符合入学资格的学生一律审核不通过。审核通过的学生本人必须到学习中心参加由我校组织的入学机考，考试结果当场显示，考试通过后会收到我校统一发放的录取通知书，并到学习中心报到注册(见图 6 和图 7)。

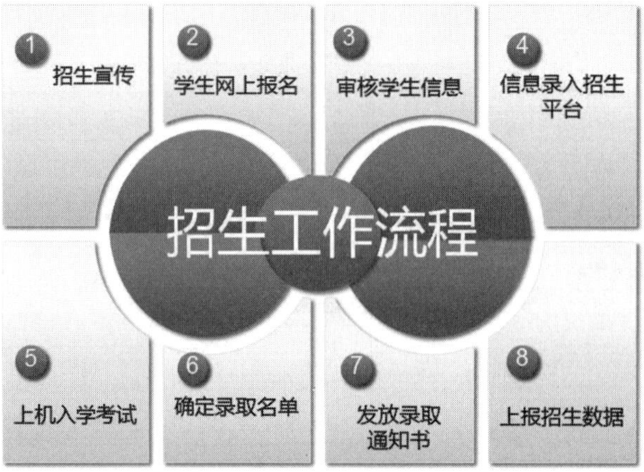

图 6　郑州大学现代远程教育招生工作流程

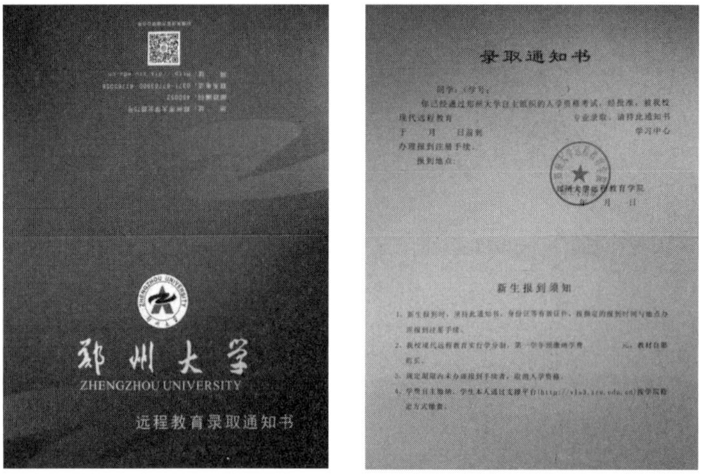

图 7　郑州大学现代远程教育录取通知书

新生录取后，郑州大学将再次进行严格的资格审查，凡以弄虚作假获取入学资格的，取消入学资格。凡录取的新生，统一制作录取审批表，报学校审批备案，并按教育部有关要求，通过阳光招生服务平台，准确、及时地报送网络高等学历教育新生数据，进行电子注册。

3）提供优质的服务

优质的服务是做好招生工作的基础，郑州大学要求学习中心工作人员必须精通业务，了解教育部及我校的招生政策，努力提高招生服务水平，注重招生接待咨询。必须明确告知学生报名、考试及学习流程，引导学生接受电话回访。学生入学后，学习中心必须做好后续学习支持服务工作，坚持“以服务为宗旨，以学生为中心”的服务理念，从学生入学到毕业，始终为学生提供热情、专业和高效的学习支持服务。

（二）试点成效

1. 建设优质资源，管理好教学组织全过程

开展试点以来，郑州大学现代远程教育实行学分制和弹性学制。教学组织上，采用基于互联网的远程教育技术模式，实时教学和非实时教学相结合，以网上学习为主，面授教学为辅的教学方式，便于学生自主学习和网络学习。教学过程主要包括自学教材、视频课件学习、完成在线测试、参与课程讨论与网上辅导答疑、参加学校学生活动、完成期末考试与毕业实践环节等 8 个教学环节。

1）重视开学典礼与入学教育

郑州大学在开学时开展新生开学典礼和入学教育，并通过视频会议系统直播到各校外学习中心。通过这一环节加强对新生学习方法和技能的培训与指导，帮助学生树立自主学习的观念与信心，传授学生远程学习方法，演示网上学习操作流程，使学生尽快熟悉、适应远程学习环境，为他们顺利进行后面的学习打下良好的基础。同时，在开展入学教育时，组建学习班级和网上学习群组，为学生搭建一个相互交流、互动分享的平台。我校根据现代远程教育的特点编写了《学生手册》，在入学时免费发放给学生，把学校编写的“网上学习导论”课程列入教学计划课程体系，引导学生掌握网上学习方法（见图 8 和图 9）。

图 8　郑州大学远程教育学院新生开学典礼

图 9　郑州大学自编教材《网上学习导论》与《现代远程教育学生手册》

2）提供网上优质课程资源

根据所开设各个专业的教学计划，以我校专业院系的雄厚师资为依托，聘请教学经验丰富、网络教学能力强的教师担任远程教育学院主讲教师，按照课程建设的要求和规范进行课程规划和设计、课件制作、课件录制等。采用“模块＋知识点”的方式进行教学设计，课程讲授内容“少而精”，按知识点进行课程讲授，一般一门课程有 6～10 个模块，课件按知识点录制，每节课件长度在 20～35 分钟，比较好地适应了远程教育学生学习时间不足、碎片化的学习需求（见图 10～图 12）。

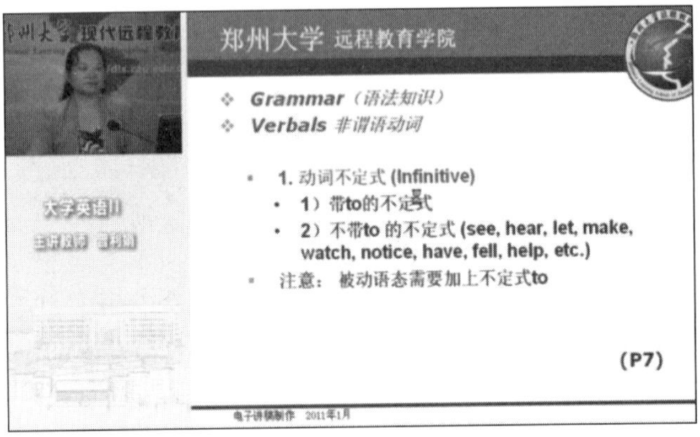

图 10　三分屏形式课件

图 11　高清大屏形式课件

郑州大学的网络课程资源主要由具有丰富教学经验的校内教师主讲，是集视频讲解、教学大纲、课程导学、教学案例、阶段串讲、在线测试和辅导答疑等学习资料于一体的多媒体教学资源。

所有课程都按标准录制视频课件，提供相关学习资源。我校先后自主开发网络课程 739 门，在用 539 门，覆盖全部已开设课程的 100％。目前学院的网络课程主要有 4 种形式：三分屏形式的课件、单流形式的课件、高清大屏形式和虚拟抠像形式的课件。在开课前一个月上传课程资源到学习平台，由专人审核。开课前，发布开课学习通知，学生通过自己的账号登录学习平台后，可以随时学习本专业的课程资源及其他相关学习资源。

根据现代远程教育的特点，我校现代远程教育实验课程采用了演示性实验、虚拟实验的

图 12　虚拟抠像形式课件

方式，以视频、动画的形式制作，保证实验过程的情境性和直观性。在考核上，根据实验教学的性质和要求，采用课程设计、课程报告等方式完成。为保证远程教育教学质量，我校根据知识更新、教材内容变更、技术更新等多方面因素，有计划、分批次更新或重新制作网络课程，始终保持课程的针对性和时效性，课程的使用周期在 5 年左右。全部专业所有课程正在按照新的技术环境制作网络课程，150 门课程已经更新为高清视频(见图 13)。

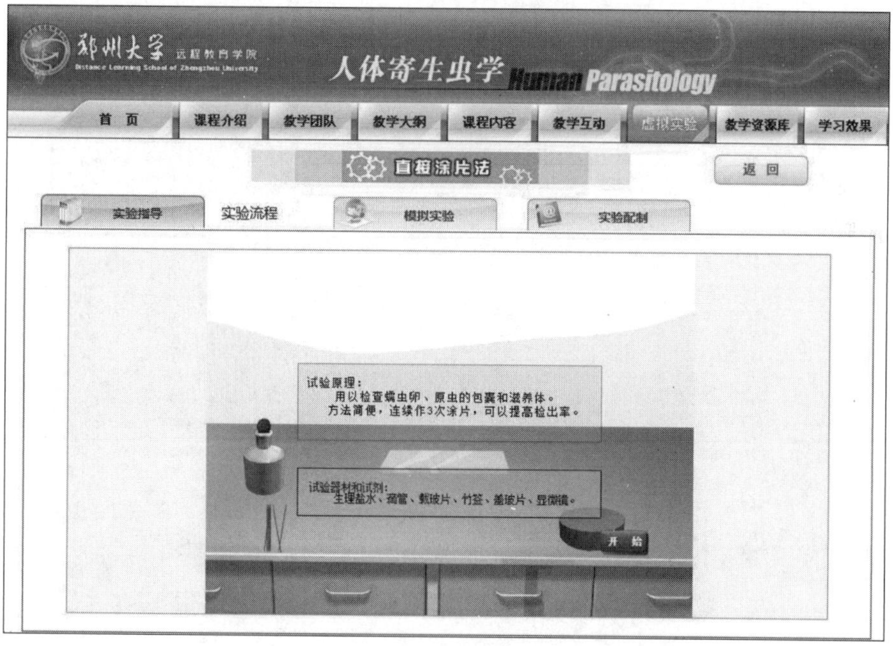

图 13　郑州大学实验教学精品课程“人体寄生虫学”

郑州大学建设的网络课程一贯保持着高质量特点，取得了良好的社会效益。2009—2011 年，我校共有 3 门课程获得国家级精品课程荣誉称号，4 门网络课程获得国家级精品资源共享课程的荣誉称号；2016 年 2 门课程入选河南省精品视频公开课，2017 年 4 门课程在河南省成人在线开放课程中立项，7 门 MOOC 课程被认定为河南省在线开放课程，2018 年 9 门课程被推荐为河南省在线开放课程(见图 14 和图 15)。

图 14　郑州大学 MOOC 平台-厚山学堂

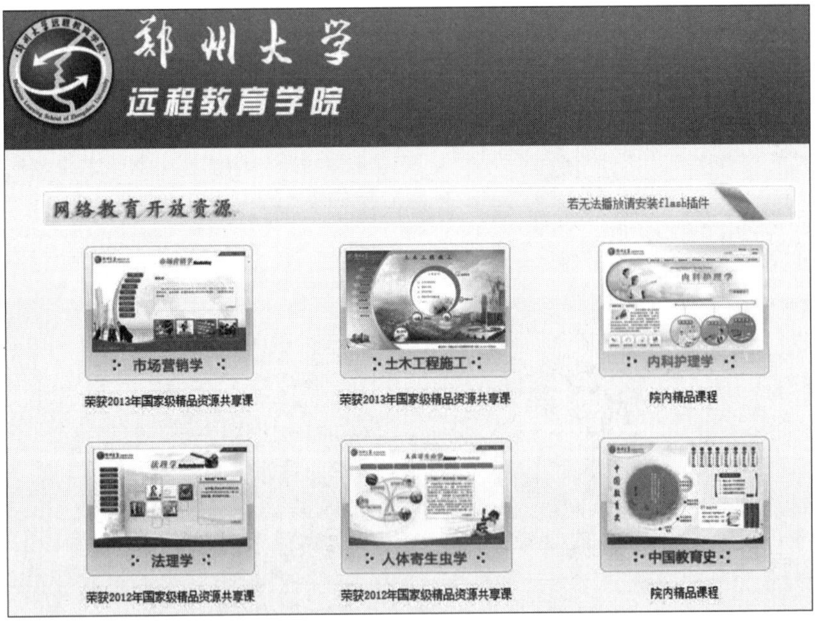

图 15　郑州大学现代远程教育精品课程资源

3）教材管理与服务

远程教育学习者主要是已经走上社会的成年人，在教材的选用上郑州大学充分考虑成人学习的特点，突出教材的实用性、实效性、实践性，适合成人自主学习。由各专业经验丰富的教师确定教材及版本，学习中心负责为学生订购和发放。郑州大学鼓励教师根据远程学生的特点，设计开发远程系列教材，目前已经开发远程系列教材 39 门(见图 16)。

图 16　郑州大学现代远程教育自编教材

每学期开学前，郑州大学会及时在郑州大学远程教育学院网站上发布开课计划以及教材信息。每门课程均配有任课教师编写的《课程指导书》，学生学习时也可以下载查阅，以便更好地进行各门课程的学习。

4）通过在线测试，随时检测学习效果

课程按章节提供网上在线测试，学生可以随时进行学习效果的自检。每门课程都按章或模块设置在线测试题，每套测试题都包含单选题、多选题、判断题各 5 个，共 15 个题。学生登录学习平台学习完课件，就可以完成每章的自测题，自测题占课程总成绩的 30%，学生可以重复测试，系统以最高成绩计分，其成绩按照 30% 的比例计入课程的总成绩中。另外，郑州大学还积极组织任课教师编写课程指导书，课程指导书不仅有课程大纲，而且每章后面都有习题，学生可通过做每章节的练习题检验自己的学习情况(见图 17)。

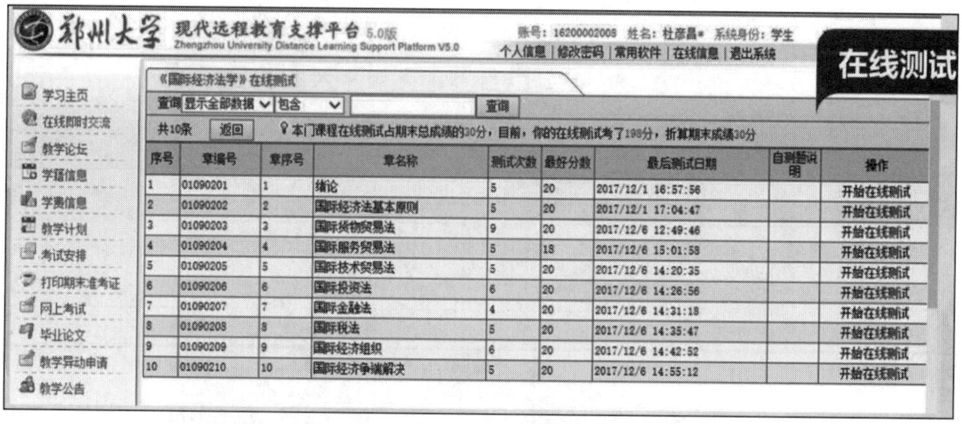

序号	章编号	章序号	章名称	测试次数	最好分数	最后测试日期	自测题说明	操作
1	01090201	1	绪论	5	20	2017/12/1 16:57:56		开始在线测试
2	01090202	2	国际经济法基本原则	5	20	2017/12/1 17:04:47		开始在线测试
3	01090203	3	国际货物贸易法	9	20	2017/12/6 12:49:46		开始在线测试
4	01090204	4	国际服务贸易法	5	18	2017/12/6 15:01:58		开始在线测试
5	01090205	5	国际技术贸易法	5	20	2017/12/6 14:20:35		开始在线测试
6	01090206	6	国际投资法	6	20	2017/12/6 14:26:56		开始在线测试
7	01090207	7	国际金融法	4	20	2017/12/6 14:31:18		开始在线测试
8	01090208	8	国际税法	5	20	2017/12/6 14:35:47		开始在线测试
9	01090209	9	国际经济组织	6	20	2017/12/6 14:42:52		开始在线测试
10	01090210	10	国际经济争端解决	5	20	2017/12/6 14:55:12		开始在线测试

图 17　在线考试系统页面

5）定期组织辅导答疑，组织师生互动

课程辅导分 3 个阶段，即课程学习前的导学、学习中的重难点串讲、考试前的考前辅导答疑。通过视频会议系统，定期安排主讲教师在规定的时间给学生辅导，学生可以通过语音和文字两种方式与教师交流，教师即时解答。除了这种实时的辅导答疑，还通过课程论坛进行非实时的交流,学生可通过教学管理平台课程论坛发帖咨询问题以及进行讨论,有课程辅导教师及时回帖回答学生问题。另外,学习平台公布了教师的联系方式,学生可发电子邮件给教师,咨询学习过程中遇到的问题。各学习中心根据实际情况灵活安排辅导面授,组织教师对学生开展面授辅导(见图18)。

2018年秋季考前辅导答疑安排

学院	专业	课程编号	课程名称	主讲教师	时间	辅导教室
信息工程学院	计算机科学与技术	081701	计算机组成原理	石磊	2018年10月16日上午 9:00-10:30	3号教室
		651901	文字处理软件应用	张青	2018年10月9日上午 9:00-10:30	1号教室
		652301	动态网站建设	胡静	2018年10月9日上午 9:00-10:30	2号教室
		080703	数据库原理与应用	职为梅	2018年10月15日上午 10:00-11:30	1号教室
	计算机应用技术	650402	网络技术基础	李向丽	2018年10月8日上午 9:00-10:30	1号教室
	计算机网络技术	081701	计算机组成原理	石磊	2018年10月16日上午 9:00-10:30	3号教室
物理工程学院	电子商务	080703	数据库原理与应用	职为梅	2018年10月15日上午 10:00-11:30	1号教室

图 18 郑州大学现代远程教育 2018 年秋季考前辅导答疑安排(部分)

6)开展丰富的学习活动

为加强学生之间的交流、增进学生与学校之间的感情,学校注重校园文化建设,成立学习小组、网上学生会等组织,定期组织面对面的学生活动,如学生座谈会、学生联谊会、母校参观等,为学生搭建一个相互交流沟通的平台(见图 19)。

图 19 郑州大学现代远程教育学生活动

7)考试设计与组织实施

结合现代远程教育的特点,改革传统单一的考试形式,考试形式向灵活化、多样化方向发展。根据不同课程的性质及要求,采用闭卷考试、开卷考试、网上在线考试、综合作业、课程论文等多种考试方式进行考核。在考试内容上,注重考核学生对知识的掌握、理解及运用，重视能力的提高及创新意识的培养。从成绩组成上，采用形成性考核与终结性考试相结合，形成性成绩包括平时的课件学习（10%）、在线自测（30%）、期末成绩占（60%），利用教学支撑平台记录学生平时的学习情况，把学习情况进行细分量化，并对其进行客观评价，转化为平时成绩（见图20）。

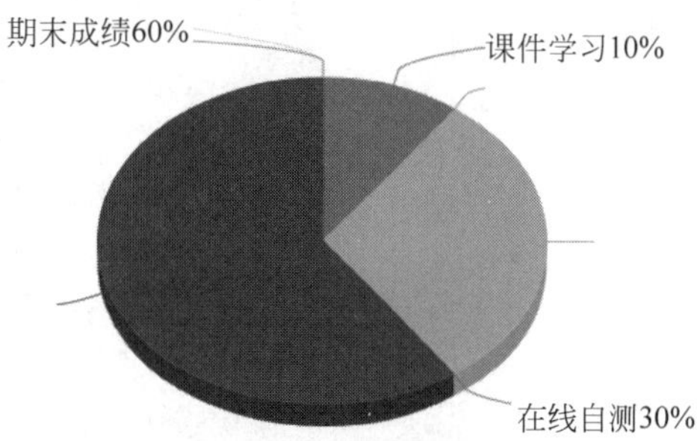

图20　成绩组成

近年来，郑州大学一直积极探索将现代教育技术、网络技术、信息技术应用到考试工作中，全面改进考试工作，提高工作效率。考试预约到考场编排、试卷评阅、成绩合成等环节，全部考试过程基本实现网络化、信息化管理，所有的学习考试行为教学支撑平台都有记录，构建了教学档案数据库，并开展对学生学习行为数据的统计、分析、挖掘，归纳学生的学习规律，有针对性地进行教学改革（见图21～图23）。

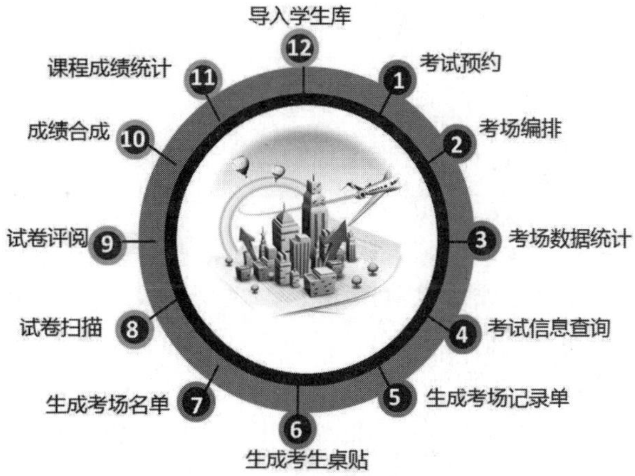

图21　考试流程信息化

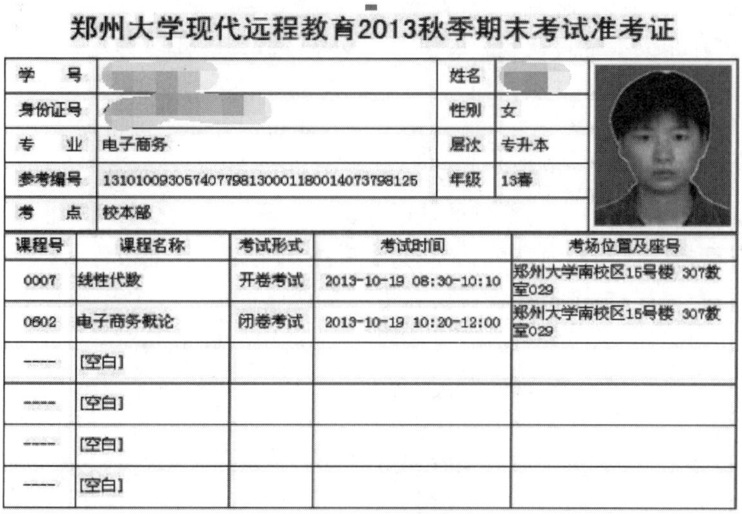

郑州大学现代远程教育2013秋季期末考试准考证

学　号	[illegible]	姓名	[illegible]	
身份证号	[illegible]	性别	女	
专　业	电子商务	层次	专升本	
参考编号	131010093057407798130001180014073798125	年级	13春	
考　点	校本部			

课程号	课程名称	考试形式	考试时间	考场位置及座号
0007	线性代数	开卷考试	2013-10-19 08:30-10:10	郑州大学南校区15号楼 307教室029
0602	电子商务概论	闭卷考试	2013-10-19 10:20-12:00	郑州大学南校区15号楼 307教室029
----	[空白]			
----	[空白]			
----	[空白]			
----	[空白]			

图22　考试准考证

图 23　考试组织程序

建立考试组织与管理相关制度，确保考试过程严谨、规范和公平。我校制定了《郑州大学现代远程教育考试规则》《郑州大学现代远程教育监考守则》《郑州大学现代远程教育考前准备注意事项》《郑州大学现代远程教育巡考守则》等一系列规章制度，规范考试组织实施工作。考前对监考教师和相关考务工作人员进行考前培训，使参与考试工作的人员清楚考试工作的流程及相关要求，严格按照考试工作各个环节的规定操作，保证考试工作规范有序进行。建立考试结果复核、考试违纪现象通报制度，对考试过程中出现的违纪现象进行通报批评，并追究相关考点及工作人员的责任，对存在违纪现象的学生给予取消考试成绩的处罚。

8）加强毕业实践，把好出口关

毕业设计是检验学生综合运用基础理论和基本知识解决实际问题的能力。根据各专业毕业实践要求，学生通过毕业设计、毕业实习、毕业论文的形式完成毕业实践环节（见图 24～图 27）。

我校制定了《郑州大学现代远程教育毕业论文管理办法》《郑州大学现代远程教育毕业论文撰写规定》《郑州大学现代远程教育毕业论文指导教师聘任与管理办法》《郑州大学现代远程教育毕业论文（设计）答辩工作细则》等一系列规定，形成远程教育学院统一管理、各专业院（系）规范要求、校外学习中心具体落实的三方共同负责的管理机制。

在具体实施上，毕业论文的撰写周期为 6 个月，指导教师与学生的比例一般为 1∶10 左右，具有相关专业背景、中级以上职称的教师才具备指导教师资格。学生根据选题要求和参考题目，结合自己的岗位和职业实际确定选题，完成毕业论文开题报告，独立撰写毕业论文，并通过平台上传开题报告、论文初稿、终稿，指导教师通过平台和电子邮件等方式进行毕业论文的指导和反馈，对开题报告、初稿、终稿提出修改意见，并最终对毕业论文的格式规范和质量进行把关，审核通过后，学生才能参加答辩。

按照答辩的相关规定，从相关专业院系聘请优秀教师组成答辩委员会负责论文答辩，每个答辩组由 3 位教师组成，至少两名具有副教授以上职称。根据远程教育的特点，采用现场答辩和视频答辩两种形式，答辩程序完备，答辩过程严谨规范，答辩记录完整。

图 24　学生毕业论文

图 25　毕业视频答辩

图 26　毕业现场答辩

图 27　毕业论文答辩总控室

9）依托平台对学习过程进行记录与跟踪

依托郑州大学远程教育学院支撑平台，可以记录与跟踪每个学生的学习过程和学习痕迹，包括学生登录平台学习的时间、次数、时长、课件点播时长、下载的次数、论坛发帖时间和数量等，学生可以通过平台学生端随时了解自己的学习进度，及时调整学习状态，教学管理和服务人员也可以通过管理端了解学生的学习状态和学习进度，并为学生提供有针对性的督学、促学措施。

2. 聚焦过程管理，构建学习支持服务体系

学习支持服务是远程教育的重要组成部分，我校通过规范管理提升服务质量，将管理与服务有机结合，逐步构建了远程教育学院、学习中心、学生与班级为一体的学习支持服务体系，提供从学生入学到毕业全过程的学习支持服务。学院在发展过程中，逐步完善学习支持服务机制，形成了多样化、个性化、全过程的学习支持服务方式（见图 28～图 31）。

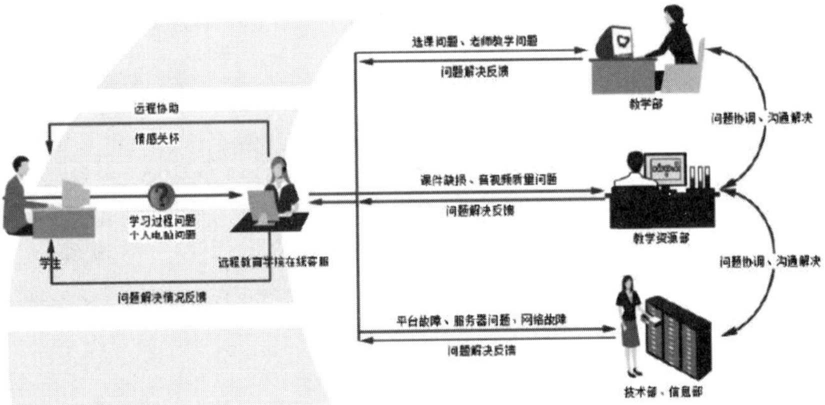

图 28　学习支持服务流程

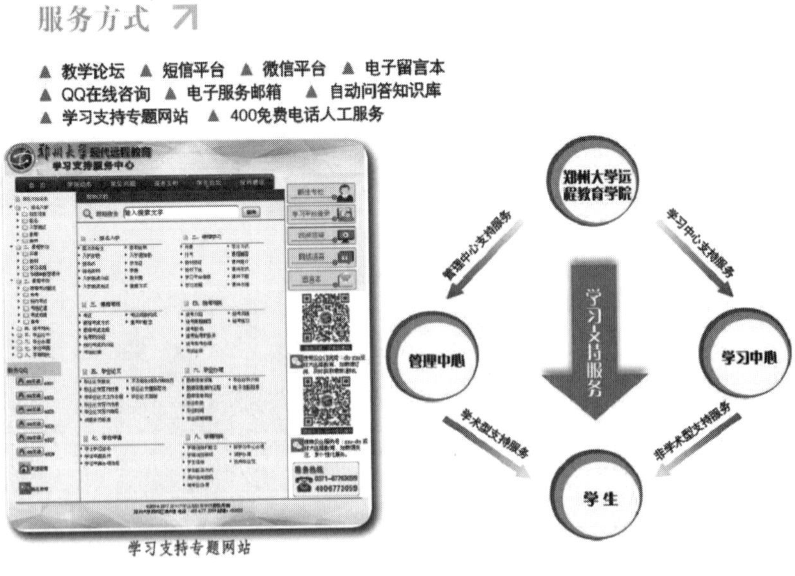

图 29　学习支持服务方式 1

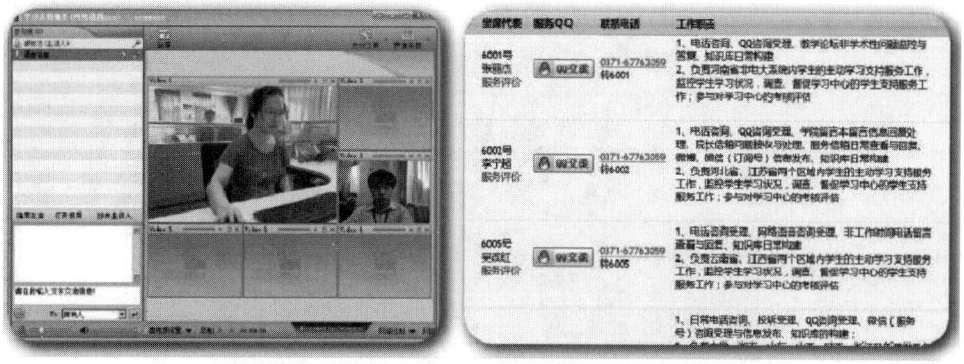

图 30　学习支持服务方式 2

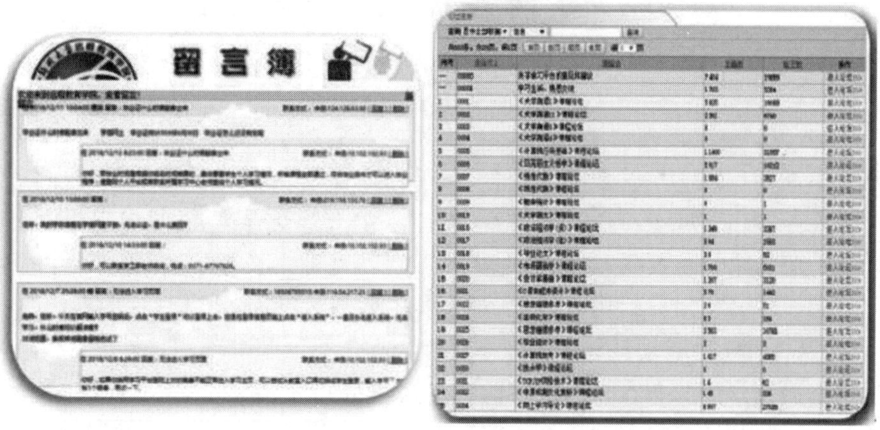

图 31　学习支持服务方式 3

学习支持服务中心在实践探索中构建了学术性支持服务与非学术性支持服务相结合、网上和网下相结合、实时与非实时相结合，全方位、立体化、个性化的学习支持服务体系。面向我校所属的全国 18 个省份的学生和学习中心，提供业务咨询受理、问题意见反映、投诉受理反馈以及对学习中心的服务监控等，为学生提供全方位的学习咨询与服务，为学习中心提供及时顺达的沟通渠道，督促、引导学习中心为学生提供学习支持服务，畅通教学过程反馈渠道。

3. 探索学生工作，开展网络思政教育新模式

开展试点以来，郑州大学现代远程教育始终高度重视学生工作，结合远程教育学生的特点，积极探索学生党团建设、思想政治教育工作、网上校园文化建设新思路，开展了丰富多彩的学生文体、竞赛、社会实践等活动形式，加深了学生和学校的感情，极大地提升了我校现代远程教育的人才培养质量和办学声誉，得到广大学生的热烈响应和支持。

1）探索虚拟基层学生党组织建设新模式

根据郑州大学党委的部署和要求，远程教育学院党总支在基层党建创新活动中开展了网络教育网上党建活动，创新成立了网上党支部和网上团支部。例如，以学习中心、年级、专业等为参照，建立网络虚拟班级，实行班主任制度，建立网上党支部、网上团支部、网上学生会、在线学习互助小组，网上党建活动取得了较好的效果，初步总结出一套适合开展网络教

育党建活动的模式和经验(见图 32)。

图 32　学生干部线下座谈会

2）形成学生思想政治理论学习教育新机制

郑州大学高度重视学生思想政治教育,在现代远程教育学生管理方面实行“三个教育”制度：入学教育、思想政治教育、毕业教育,新生入学举行开学典礼,组织学生学习《新生手册》,每个专业第一学期都设置“思想道德修养”或“马克思主义哲学”课程,坚持每年两次优秀毕业生评选工作,宣传榜样,树立典型,激励学生认真学习,提升自身素养。

3）丰富混合式学生活动载体新形式

针对网络教育学生分布在全国各地的特点,我校远程教育学院先后依托互联网开展以建党、建国为主题的“摄影大赛”“征文大赛”,组织新生举办入学茶话会,回归母校参观学校、图书馆等系列活动,采取线上直播、线下组织结合的方式举行每年春、秋季两次的开学典礼,使新生在入学伊始增进对郑州大学的了解;每年开展两次优秀毕业生评选工作,宣传榜样,树立典型。校内学习中心不定期组织学生进行线下联谊会、座谈会、社会实践及志愿服务活动,增进学生之间及学生与学校之间的交流和感情,加强学生与学校之间的链接,提升学生的归属感,激发学生奉献社会,服务人民的意识(见图 33～图 37)。

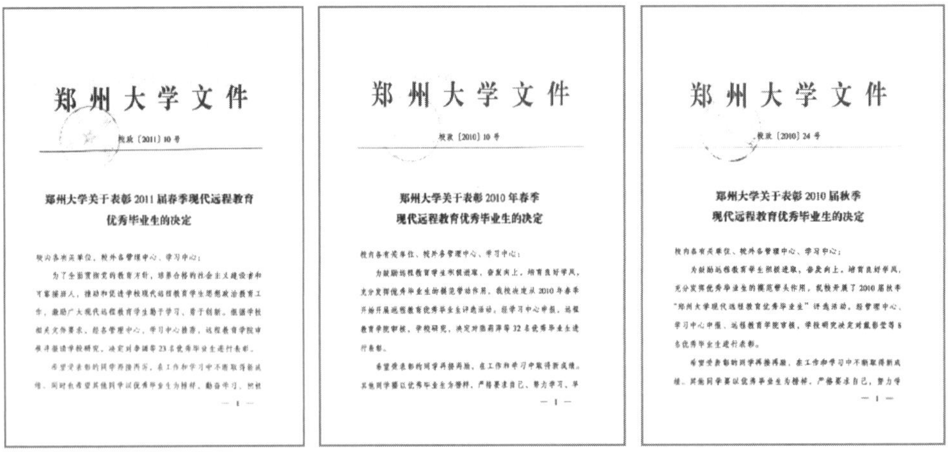
郑州大学文件

校政〔2011〕10 号

郑州大学关于表彰 2011 届春季现代远程教育优秀毕业生的决定

郑州大学文件

校政〔2010〕10 号

郑州大学关于表彰 2010 年春季现代远程教育优秀毕业生的决定

郑州大学文件

校政〔2010〕24 号

郑州大学关于表彰 2010 届秋季现代远程教育优秀毕业生的决定

图 33　郑州大学表彰现代远程教育优秀毕业生

图 34 和图 35 为“庆祝新中国成立 60 周年”摄影大赛学生组一等奖。

图 34　巨型国旗(陈代述 校内学习中心)

图 35　编织美好新生活(纳建忠 个旧学习中心)

图 36　郑州大学远程教育学院 2017 级校内学习中心学生活动

图 37　郑州大学远程教育学院 2018 级校内学习中心学生活动

4. 加强业务培训，提升学习中心管理水平

校外学习中心是远程教育管理机构的重要组成部分，是主办院校行使教学管理与服务职能的延伸，其管理水平的高低直接影响远程教育的社会声誉。自试点以来，郑州大学现代远程教育结合学习中心的特点和职能逐步完善相应的管理制度和规范，并把学习中心业务培训工作作为一项常态化规范性的工作定期开展，通过以下 6 个方面的明确，以提升学习中心教务管理人员的业务素质、管理水平与服务质量。

第一，明确校外学习中心的办学性质与地位。郑州大学现代远程教育校外学习中心是经校外学习中心所在省市教育厅批准，接受郑州大学的委托，根据郑州大学的统一要求和工作安排，进行郑州大学现代远程教育招生宣传、生源组织、学生学习支持、学籍和日常管理，开展现代远程教育支持服务的机构。校外学习中心需严格按照郑州大学《郑州大学现代远程教育校外学习中心设立与管理办法》中第 1 章“校外学习中心的办学性质与地位”的相关内容明确其办学性质和地位。

第二，明确校外学习中心的职责。校外学习中心需根据和郑州大学远程教育学院签订的协议，认真执行各项规章制度，为学生提供必需的现代远程教育学习条件和良好的学习支持服务，保证教学工作顺利进行，保障教学质量。校外学习中心的职责须严格执行郑州大学《郑州大学现代远程教育校外学习中心设立与管理办法》中第 3 章“校外学习中心的职责”的相关要求。

第三，明确校外学习中心岗位设置与岗位职责。为保证教学活动顺利进行，校外学习中心都配备有相应的管理岗位，岗位设置和岗位职责须按郑州大学《郑州大学现代远程教育校外学习中心设立与管理办法》中第4章“校外学习中心岗位设置与岗位职责”严格执行。

第四，明确评优表先条件。学校每年组织一次学习中心年度工作会议，每两年开展一次评优表先会议，评选出符合条件的郑州大学现代远程教育优秀学习中心和郑州大学现代远程教育工作先进个人。具体的评选条件严格按照《郑州大学现代远程教育评优表先办法》执行。

第五，明确违约责任与处理办法。校外学习中心须严格遵守《校外学习中心设立与管理办法》，其办学行为中凡有《郑州大学现代远程教育校外学习中心设立与管理办法》第5章“违约责任与处理”列出的任一情况者，视行为严重程度由郑州大学远程教育学院给予通报批评、限期整顿、停止招生、撤销校外学习中心等不同程度的处理。

第六，明确学习中心的各项业务工作。学院把业务工作培训作为一项定期进行的规范性的日常工作，每年举办一次学习中心业务工作培训会议，不断更新《学习中心业务工作培训材料》和《学习中心工作手册》。每年的业务培训都会就招生、教务、财务、学生管理、考务管理和学习中心管理等工作内容及政策变化进行详细培训说明，以保证学校与学习中心工作上的步调一致，确保远程教育各项工作有序开展。

同时，我校根据每年的教学工作进度，在每项工作开展前通过远程视频会议的方式对学习中心进行培训与讲解。通过不定期检查、巡视、调研，以及针对招生、教学、考试等各项业务定期召开视频会议等方式，全方位对学习中心工作进行检查、指导、培训和服务（见图38～图40）。

图38　郑州大学远程教育学院2018年年度工作会议

图39　学习中心业务工作培训会1

图 40　学习中心业务工作培训会 2

5. 依托党建活动，凝聚学院队伍团队意识

开展试点以来，郑州大学现代远程教育始终坚持把党建与现代远程教育的发展紧密结合，牢牢把握“以党建促发展”的指导思想，围绕学校发展大局开展党的建设工作，为现代远程教育的稳定、内涵、高质量发展和学校一流大学建设提供坚强有力的政治保证、思想保证和组织保证。

1）建设制度性党支部，推动学院工作有序开展

郑州大学远程教育学院历届党总支在学校党委的正确领导下，在贯彻落实党的方针政策，加强党的思想作风建设和组织建设等方面不断创新，取得了可喜的成绩，多次被评为郑州大学先进基层党组织。学院坚持党政联席会议议事制度、周例会制度，定期开展教职工务虚会、民主管理大会，保证各项工作科学决策、民主决策，落地落实、有序开展(见图 41)。

周例会

工作汇报

图 41　学院周例会、工作汇报

2）建设学习型党支部，全面提高党员干部的综合素质

郑州大学远程教育学院党总支在教职工队伍长期发展党员，每年组织党员干部前往红色革命教育基地、党校、干部学院进行党性教育，不定期组织党员学习党中央的最新精神，邀请校内外知名专家学者解读习总书记系列讲话、党的最新政策，深入开展“两学一做”群众路线教育实践活动，前往贫困地区开展精准扶贫工作，党员干部队伍的党性意识、政治觉悟和

综合素质不断提高(见图 42 和图 43)。

图 42　党员干部学习

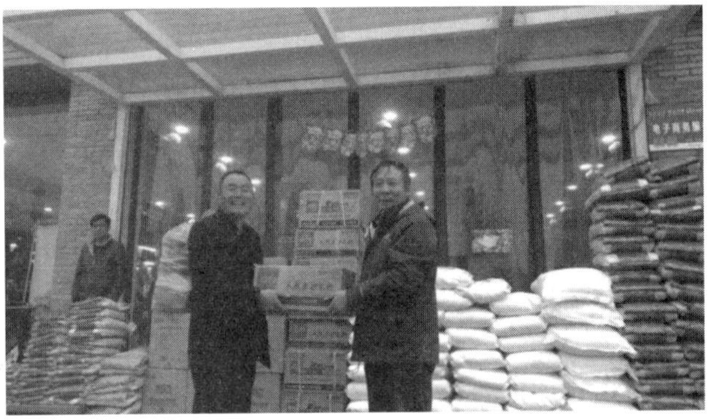

图 43　参与精准扶贫捐赠贫困村物资

3) 建设创新型党支部,不断开拓新的工作发展点

郑州大学现代远程教育高度重视院聘职工的教育和管理,2009 年创新党支部建设模式,与郑州市大学路街道办党工委签订街校共建协议,2012 年 4 月,成立中共郑州大学远程教育学院街校共建党支部,充分发挥院聘职工中党员和积极分子的核心作用(见图 44)。

街校共建启动仪式

签订协议

图 44　街校共建党支部

4）开展丰富多彩的工会活动

在郑州大学党委行政的领导下，郑州大学远程教育学院工会积极组织广大教职工开展丰富多彩的工会活动、趣味运动会、拓展训练，通过学习交流和集体活动，学院党员干部的积极性和主动性得到了充分调动，全体教职工的凝聚力和向心力大大增强（见图 45）。

女工活动

跳绳比赛

拔河比赛

羽毛球比赛

图 45　工会活动

郑州大学远程教育学院党总支作为基层党组织，充分发挥了战斗堡垒作用，办学十几年来，我校现代远程教育各类重大活动和重点工作、改革举措都得到全体教职工的大力拥护和积极参与，开展顺利，人才队伍茁壮成长，老中青结构合理，发展健康稳定。

6. 办学成效显著，获得学生和社会的好评

近年来，郑州大学各项事业健康快速发展，宣传舆论工作坚持围绕中心，服务大局，运用好网络新媒体提升学校社会声望、公信力和影响力，成效显著。自 2002 年开展网络教育试点工作以来，郑州大学现代远程教育以稳定发展为基础，以规范管理为前提，以观念和模式转变为先导，以内涵建设为核心，以突出特色为重点，规范办学行为，秉持有教无类的教学理念，以人为本，严谨治学，为社会培养了一批又一批应用型人才，为构建终身学习型社会做出了一份贡献。

1）社会评价

开展试点以来，严格按照教育部相关文件精神先后在河南省、浙江省、河北省、云南省、山西省、江苏省、江西省、安徽省、陕西省、新疆维吾尔自治区、山东省、湖南省、内蒙古自治区、甘肃省、广东省、宁夏回族自治区、四川省和海南省 18 个省和自治区共建 132 个学习中心（其中 48 个学习中心先后被取消，目前有 84 个学习中心具备招生资格），通过自主招生方式，面向在职从业人员招收专科起点本科和高中（中专）起点专科半脱产（业余）类学生，共招

收学生451 979人，毕业学生242 943人，授予学士学位近万人。学校重视各方面的意见和建议，加强校内专业院系的教学研讨、审定、计划、实施等工作内容，注重校外学习中心所属教育厅的例行年审工作，积极按照社会和上级主管部门的要求改进专业、教学和管理方面的制度措施。

其中依托我院主持的河南省教改重点项目《高等学校现代远程教育人才培养模式的构建与实践》形成的成果之一《河南省成人高等教育试点评估指标体系》，以《河南省教育厅关于开展成人高等教育试点评估的通知》(豫教高〔2015〕2号)文件颁布，作为河南省成人高等教育教学信息化建设的对标准则，目前河南省各成人继续教育机构正在按照该评估指标体系进行成人高等教育信息化建设与人才培养模式改革，极大地推动了河南省成人高等教育的改革转型与办学水平的提升。

郑州大学远程教育学院先后多次荣获省部级、校级“优秀单位”“文明单位”“先进单位”等荣誉。参与远程教育课程资源建设与网络教学工作的330多位学校教师利用先进的远程教育平台和现代教育信息化技术，取得了优异的教学与科研成绩，在学院申报的科研成果中，13项获河南省信息技术优秀教学成果奖，1部教材被评为郑州市社会科学二等奖，10多位教师在河南省多媒体课件大赛中获奖(见图46和图47)。

图46　郑州大学远程教育学院获奖荣誉(部分)

图47　郑州大学远程教育学院获奖荣誉及证书(部分)

2）用人单位评价

网络教育是面向在职从业人员的学历继续教育，针对专业要求和社会需求设置专业课程，注重跟踪该专业领域最新的产业和学术动态。经过学习，很多同学在工作能力和业务水平上有了明显提高，用人单位对毕业生的总体评价良好。例如，我院校内学习中心学员于桂枝，曾荣获区、市、省级“计生先进个人”“文化先进个人”“优秀党员”“十佳母亲”“优秀调解员”“首席调解员”“优秀人民陪审员”等荣誉称号30余项，从事人民调解员工作的十年间，收到民事诉讼案件当事人赠予的锦旗、表扬信、感谢信不计其数。2010年春季毕业生王丙甲，就职于郑州市公安局特警支队四大队，在读期间学习热情高，学习成绩优异，曾担任公安部特警实战教官香港警察学院武力使用教官，河南省优秀人民警察郑州市公安局优秀兼职教官，个人立三等功3次，获个人嘉奖1次，以其忠真智勇、勇于担当、奉献为民的精神反恐治暴、保民平安，并在工作中屡立战功；我院2011年春季毕业生万红杰，担任河南宏宇工业装备工程有限公司董事长，在读期间学习目标明确，学习主动性强，用自己所学专业拓展思路，先后荣获“濮阳市百项职工优秀技术创新成果”濮阳市科学技术进步二等奖，多次被评为濮阳市知识产权工作先进工作者、濮阳市重点工程建设竞赛先进个人、濮阳市推动和谐劳动关系荣获先进个人、濮阳市热爱员工优秀民营企业家称号。

图48为河南宏宇工业装备工程有限公司董事长、郑州大学远程教育学院2008年秋季工商企业管理专业学员万红杰。图49为郑州市二七区人民法院74岁高龄的人民陪审员、优秀调解员、郑州大学远程教育学院2016年秋季法律事务专业学员于桂枝（见图48和图49）。

图48 郑州大学现代远程教育优秀学员代表万红杰

图49 郑州大学现代远程教育优秀学员代表于桂枝

3）学生评价

郑州大学开展网络教育的各项专业设置以培养应用型人才为目标，以行业和社会需求为导向，以专业院系丰富的教学资源为基础，以学院严谨的办学理念和先进的管理水平为保障，在教学模式、课程内容、资源建设、支持服务等方面得到了广大学生的好评。不少毕业生经过培养后调整到更重要的岗位或单位，每年都有毕业生考取研究生，还有相当一部分学生又一次报考郑州大学远程教育，获得了第二学历。学生对我院的办学水平普遍给予高度的评价，很多毕业生表示，郑州大学远程教育学院给在职人员提供了再上学、再深造的机会，授课教师水平高，学生容易接受。

三、郑州大学现代远程教育创新探索与改革发展

（一）建立了有效的管理体制和运行机制

随着教育部现代远程教育试点工作的推进，我校以网络管理中心为依托，于 2001 年 6 月正式成立了两位一体的郑州大学远程教育学院、网络管理中心，形成了远程教育学院与网络管理中心，两块牌子、一套人马的管理体制和“远程教育学院搭台，专业院（系）唱戏”的教学与管理模式（见图 50）。

图 50　郑州大学远程教育学院

17 年探索发展，郑州大学远程教育学院如今已拥有一支稳定的专职管理与服务团队。学院根据现代成人高等教育教学、管理与服务模式、计算机网络平台相适应的特点，科学合理设置岗位及职责。目前学院设立了 15 个部门，共有 131 位专职教学管理人员，其中 20～30 岁的教职工占 55%，30～40 岁的占 37%，是一支年青、充满活力、具有较强团队精神和战斗力的队伍。各管理、技术与服务部门分工协作，分别负责招生、教学组织与实施、考务与学籍管理、网络教学与资源建设、技术支撑研发、教学过程组织与管理、校园网络运行与服务、学校信息化建设与网络安全等工作，另外，我校还有 84 个校外学习中心组成的庞大管理服务队伍，形成了一套相对完整的组织机构和管理模式（见图 51）。

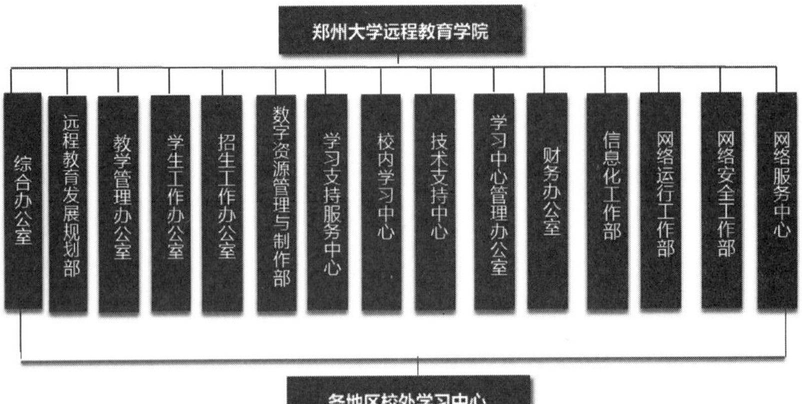

图 51　郑州大学远程教育学院组织架构

开展试点以来，我校现代远程教育高度重视人才队伍和平台建设，不断加大对平台技术研发的支持和经费投入力度，鼓励并培养具有专业科研能力的青年教师组建科研创新团队进行远程支撑平台的自主研发。通过依托学院，立足学校，面向兄弟院校，开展横向科研项目研究，郑州大学远程教育学院自主研发了远程教育教学管理支撑平台、郑州大学自然科学科研管理平台、在线考试系统、学习中心精细化平台、郑州大学在线课程学习中心等教学教务支撑平台，全方位实现了远程教育产、学、研一体发展的闭环运行、良性发展模式。

（二）构建了科学的应用型人才培养方案

郑州大学现代远程教育对成人高等学历教育进行科学定位，确定了以培养适应社会发展变化和岗位工作需要的应用型人才为教育目标。根据社会发展需要，依托学校学科优势进行专业设置，充分发挥学校的专业优势和专业特色，并通过不断调整和优化专业设置，完善课程体系，更新课程内容，保证专业、课程与社会需求接轨。

人才培养方案突出以下 4 个特点。

1. 规范的人才培养方案制定流程

为规范专业设置程序，郑州大学远程教育学院专门制定了《郑州大学现代远程教育专业培养计划制定要求和流程》，在专业需求调研基础上，根据社会市场需求和学校师资条件、专业优势开设远程教育相关专业，由学校相关专业院系制定专业人才培养方案，组织 5 名以上相关学科专家和行业专家对专业人才培养方案进行评审，对人才培养目标、人才培养方案的制定和课程设置进行论证，以确保专业教学计划能够满足企业、行业对人才培养的需要（见图 52）。

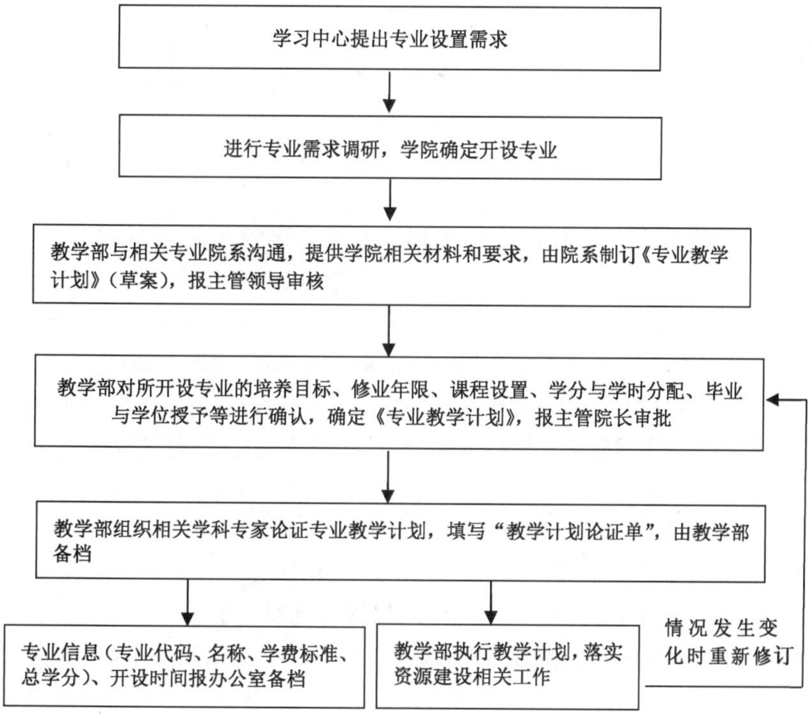

图 52　郑州大学现代远程教育专业设置流程

2. 形成“目标定位-课程设置-内容导向”的三级课程架构

在课程体系的构建上，在社会需求调研的基础上，以开设专业的人才培养方案为导向，我校现代远程教育选派相关专业的优秀教师进行专业课程的设置。我校现代远程教育的课程设置包括公共基础课、专业基础课、专业课、选修课、毕业实践五大部分，分理论课、实践课两大类型，每个专业的课程门数在 20 门左右。课程设置以践行正确的办学方向为首要，每个专业的公共基础课均设置有思想道德修养、马克思主义原理等思政课程，以网上思政课为落实立德树人环节的重要渠道，加强对学生的思想政治教育，引导学生建立科学的世界观、人生观和价值观(见图 53)。

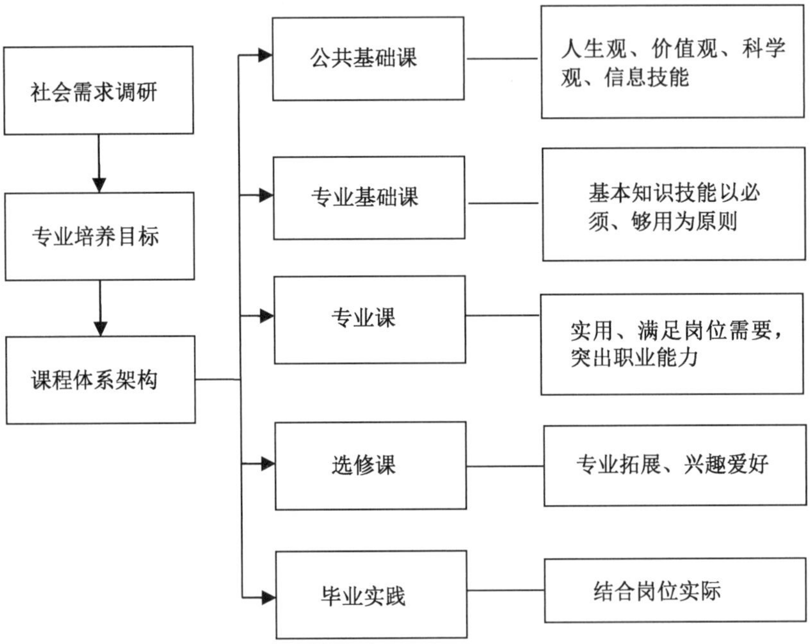

图 53 课程设置的三级课程结构

3. 紧密结合应用型人才培养目标定位设置实用、灵活的课程体系

结合现代远程教育办学实际，以及成人学习者的学习特点，郑州大学现代远程教育从人才培养目标、培养计划、课程体系、教学内容、教学方法等方面因地制宜地进行改革创新，探索构建现代远程教育人才培养创新模式，突出继续学历教育的特点，避免与普通全日制教育的趋同性。在制定专业人才培养方案时，体现成人继续教育的应用型人才培养目标，为学习者设计实用、灵活的教学计划，满足他们对灵活学习、个性化学习的需要。为使现代远程教育人才培养方案更加适应社会发展和在职从业人员的学习需求，我校先后修订了 4 次教学计划，主要突出以下 4 个特点(见图 54)。

- 紧扣应用型人才培养定位，创新课程设置，优化课程体系结构，突出学校专业特色，实现课程设置的标准与特色相结合，课程设置向综合化、职业化、技能化方向发展，增加与工作情境密切相关的综合性课程，压缩专业理论知识，突出职业能力和各项技能培养。
- 为适应学习者不同职业发展的需要，在教学计划中构建模块化课程体系，按照专业

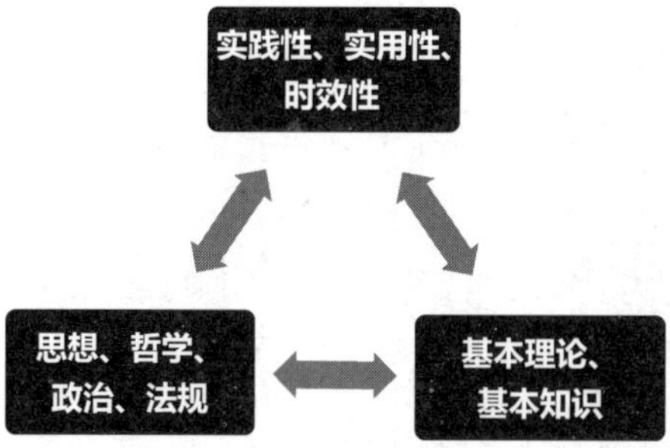

图 54　课程设置特色

实践方向设置多个课程模块；同时，增加选修课比例，提高课程选择的灵活性，学生可以根据自己的实际岗位需求选修课程。

- 把非学历教育课程纳入课程体系，学生可以在完成学历教育的同时，完成非学历教育的内容。

4. 构建了学分制和弹性学制的教学模式

根据现代远程教育成人学习者的学习特点与需求，结合郑州大学现代远程教育的具体情况，依托互联网的技术优势，我校构建了"学分制"和"弹性学制"的教学模式，即以学生自主学习为主，其他形式为辅，由"自主学习教材＋网上课件点播＋网上答疑＋在线测试＋网上讨论＋学习中心面授＋学习中心实习＋期末考试"8 个教学环节组成的远程教育教学模式，既能达到人才培养的目标，又操作简单、实用(见图 55)。

图 55　远程教育教学模式

教学实施过程中，遵循学习者的学习规律，按照从通识到专业、从知识到应用、从理论到实践的思路进行课程教学，如图 56 所示。

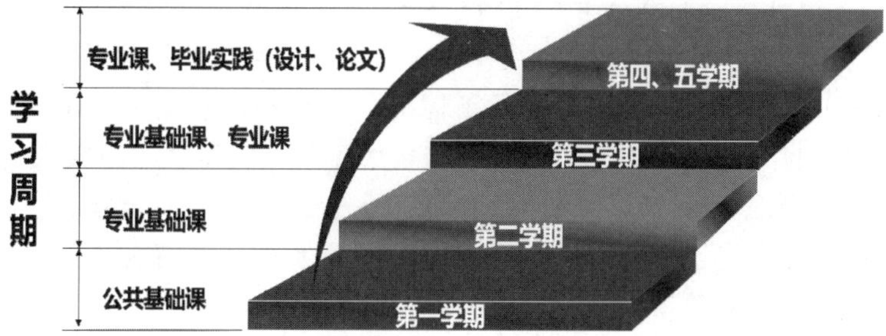

图 56　教学实施周期

（三）制定了优质网络课程建设的项目制

郑州大学现代远程教育在网络教育资源建设模式、建设环境、建设标准、质量控制等方面进行了许多尝试和探索，逐步从三分屏课件不断更新到高清流媒体课件和网络精品课程，实现了从“数量型”向“质量型”发展，逐步形成能够满足远程教育发展需要并具有一定特色的远程教育资源建设机制。

1. 制定建设规范，优化建设方案

郑州大学现代远程教育根据网络课程建设理论和实践，结合信息技术发展步伐及设备更新换代，不断调整网络课程制作方案和网络课程建设标准，优化网络课程建设方案，制定了《郑州大学现代远程教育课程资源建设管理办法》与《郑州大学现代远程教育网络课程资源建设标准》，严格规定网络课程的建设流程、建设内容、经费和评估验收标准，规范了课程建设模式。在课程资源建设过程中，在各个环节都有质量控制措施，通过交叉审核、分级验收、试运行后才可投入使用。在试运行过程中，听取教师、学习中心、学生的反馈意见，进一步保证课程质量。《郑州大学现代远程教育课程资源建设管理办法》对课程建设设定了 5 年的更新期，保持课程的针对性和时效性。

2. 选聘优秀教师，打造优质课程

为选聘网络课程优秀教师，我校颁发了《郑州大学现代远程教育教师聘任办法》。依据文件，各教学院系抽调教学效果优秀的骨干教师担任网络教育各门课程的主讲教师，组建高素质的教学团队进行网络课程建设。在我校远程教育学院所有网络课程的主讲教师中，高级职称教师占总人数的 89%。我校远程教育学院还配备了专业的教学设计、美工、摄影摄像及后期制作等技术人员共同组成网络课程制作项目组，共同开发网络课程。

郑州大学远程教育学院在网络课程建设的软硬件方面也进行了大量投入，先后投资建设了 13 个专业级录播室（现存 10 个，个别早期录播室已改做其他用途）、7 个在线视频辅导答疑室（和录播室公用），2 间制作室。先后购置了 20 多台高清 4k 广播级摄像机，引进了 5 套流媒体课件录制系统、4 套虚拟演播系统、2 套在线实时音视频辅导答疑系统、2 套专业录音系统、10 多台非线性编辑工作站、5 套全自动录播系统，媒资管理系统、共享存储系统等专门用于课程资源开发。

郑州大学远程教育学院受学校委托成立的在线课程制作中心，为共享优质的全日制本科教学资源，共享资源建设的软硬件设备提供了极大的便利。

3. 严格审核评价，确保课程质量

郑州大学远程教育学院的网络课程建设以保证课程资源的完备性和正常运行为目标。每门课程建设之初，教学设计人员审查教学规划书、教师讲义或演示文稿；美工审查、美化教师演示文稿；建设中技术负责人全程监控录制情况。课程制作完成后实施三审两评的机制严格把关网络课程制作质量。技术负责人审核自己录制的课程，课程审核人进行交叉复审，技术负责人、审核人、教学设计人员及部主任组成（见图 57 和图 58）评审小组对每门课程进行验收和评审，试运行后远程教育学院组织相关教学院系教师进行观摩和评优活动。任何环节发现问题，修正后都必须重新进入审核流程，评定课程运行正常后方可启用上线。

我校还聘请各学科专家成立了以主管校长为组长的远程教育优秀课程评审委员会，对

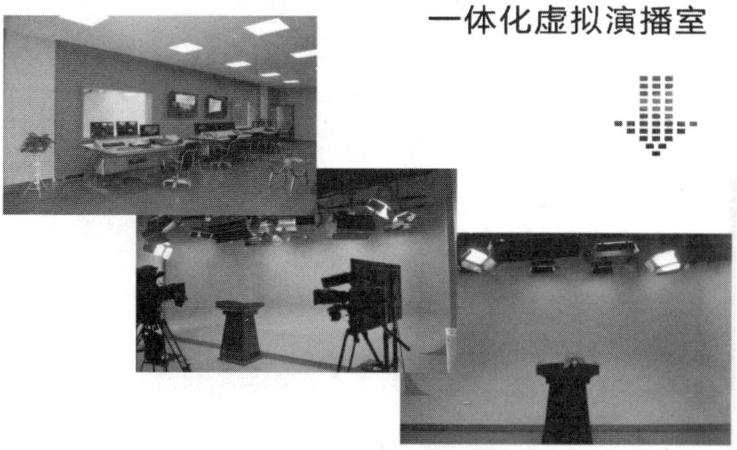

图 57　一体化虚拟演播室

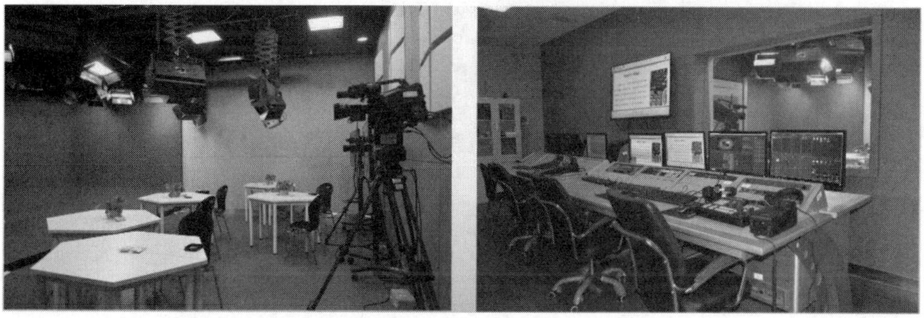

图 58　真三维虚实结合演播室

网络课程进行评选。学校对所推选的优秀网络课程进行一定的物质奖励和荣誉表彰，通过这样的激励机制，不仅促进了优秀教师参与课程建设的积极性，而且推动了网络课程建设质量的提升。共推选出数十门郑州大学年度网络精品课程和远程教育优秀课程，其中 3 门获得国家级网络教育精品课程称号，4 门获得国家级精品资源共享课称号(见图 59～图 62)。

图 59　国家级精品在线课程“英语公众演讲”

图 60 省级精品在线课程“金融风险管理导论”

图 61 国家级精品课程“科举与唐诗”

图 62 郑州大学现代远程教育国家级、省级部分精品课程

（四）自主研发了网络教育支撑平台体系

为了适应网络教育的发展与实践需求，郑州大学远程教育学院运用分布式管理的教学理念，自主研发了灵活开放的“郑州大学现代远程教育支撑平台”。

1. 平台体系构架

该支撑平台的研发团队成员全部为学院专职技术人员，具有较强的科研能力和丰富的远程教育教学管理经验，研发团队明确定位支撑平台以学生为中心，以课程为单元，集教、学、管理与服务功能于一个有机整体，是郑州大学远程教育教学和管理工作的技术核心、管理核心和数据核心。平台包括课程管理、教学计划管理、学籍管理、课件管理、视频答疑、在线交流、教学论坛、在线测试、电子邮件、网上作业、预约考试、考试管理、成绩管理、学费管理、教师管理、网上评教、通知公告、教材管理、毕业管理、教学中心管理、招生管理、短信平台、系统管理、毕业论文管理 24 个子系统，包含 241 个二级子功能，实现了从招生报名、网上学习、考试管理到毕业办理等全过程的信息化管理，为我校的现代远程教育提供了全方位服务(见图 63)。

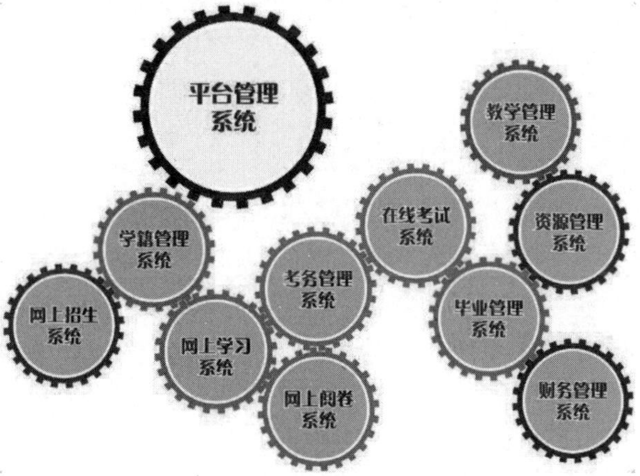

图 63　郑州大学现代远程教育支撑平台子系统

教学支撑平台强调以用户为核心，形成了“教—学—管”三位一体的立体化服务，根据教师、学生、管理人员等不同的用户需求，形成 20 多个核心子系统。

平台有教育、网通、电信 3 条线路出口，20 多个服务节点，可同时支撑 8000 人在线学习，为网络教学与管理的实施提供了技术环境和保障设施。

郑州大学远程教育学院自主设计、自主研发的“郑州大学现代远程教育支撑平台”(以下简称“支撑平台”)，具有完全的自主知识产权，是支撑郑州大学现代远程教育教学最重要的应用系统。平台自学院建立至今，经历了 3 个发展阶段(见图 64 和图 65)。

第一阶段(2002—2008 年)是支撑平台 DLSS1. x 的功能完善期，该阶段以数据收集与处理为中心，以功能建设为主题，通过对学生学习全流程的支持，逐步完成学生、教师、课程、教学、课件、学位、毕业等子系统的建设与集成。

第二阶段(2009－2013 年)支撑平台 DLSS4. x 以流程重组和系统优化为主题，随着远程教育的发展和在读学生规模的扩大，支撑系统运行负载压力急剧增加，该阶段主要利用工作流的思路对业务流程重新梳理、规范，并对课件资源和支撑平台的网络服务质量进行了

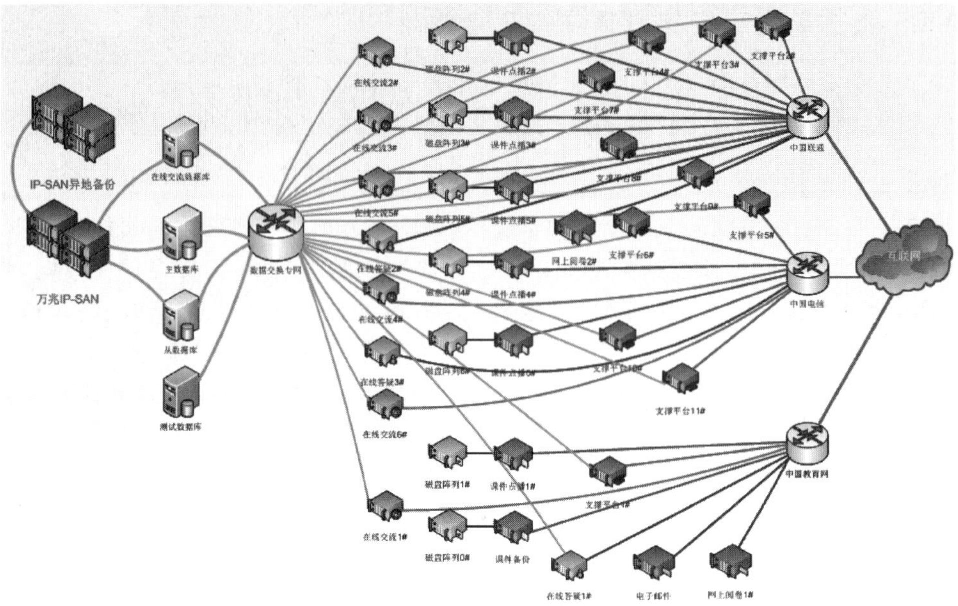

图 64　教学支撑平台拓扑图

提升。

第三阶段(2014 年至今)支撑平台 DLSS6.x 以精细化管理和服务提升为纲领，以移动互联网为技术支持重点实现了在线考试系统、学习中心精细化管理平台、移动学习平台和网上招生系统的建构。

郑州大学现代远程教育支撑平台 DLSS，伴随学院教育事业的拓展、教学理念的提升、业务流程的规范、管理手段的精准，支撑平台由 DLSS1 到 DLSS6 逐次迭代完善，从招生宣传到毕业管理，从课件录制到考试答疑，功能全方面覆盖了远程教育的招生、教学、教务、考务、毕业、学位、资源、服务、财务、中心管理的各个环节。现有平台基于虚拟化技术，采用微服务架构，PC 端支持主流操作系统和浏览器，移动端支持安卓、苹果系统，技术先进，运行稳定，为远程教育业务的开展提供了基础保障，为学生的在线学习提供了便捷的友好途径。

2. 网上招生系统

为解决招生过程难以监管进而出现的各种乱象，郑州大学远程教育学院于 2017 年自主研发了网上招生报名系统，实现校本部可以监管招生过程的流程是否规范，信息是否对称，并可以随访学员，了解核查学生的报名信息、身份信息，监控整个录取环节。目前已开放校内报名系统，下一步将把面向全国范围的招生报名由线下学习中心转移到线上招生平台(见图 66)。

3. 智能考试系统

郑州大学远程教育学院自主研发了在线考试系统，在线考试系统基于 C/S、B/S 混合架构，结合刷脸身份验证和大数据主动监测技术，终端适配 PC 和移动设备，既保障了考试的安全性，又给学生参与考试的过程提供了便利的途径，减轻了学习中心和考生集中现场考试的负担。系统同时提供在线练习和模拟考试，实现了以考促学、以考督学的设计目标。系统最大可支持 2000 个并发访问，平均响应速度不超过 40ms，2018 年度春、秋两季通过系统完

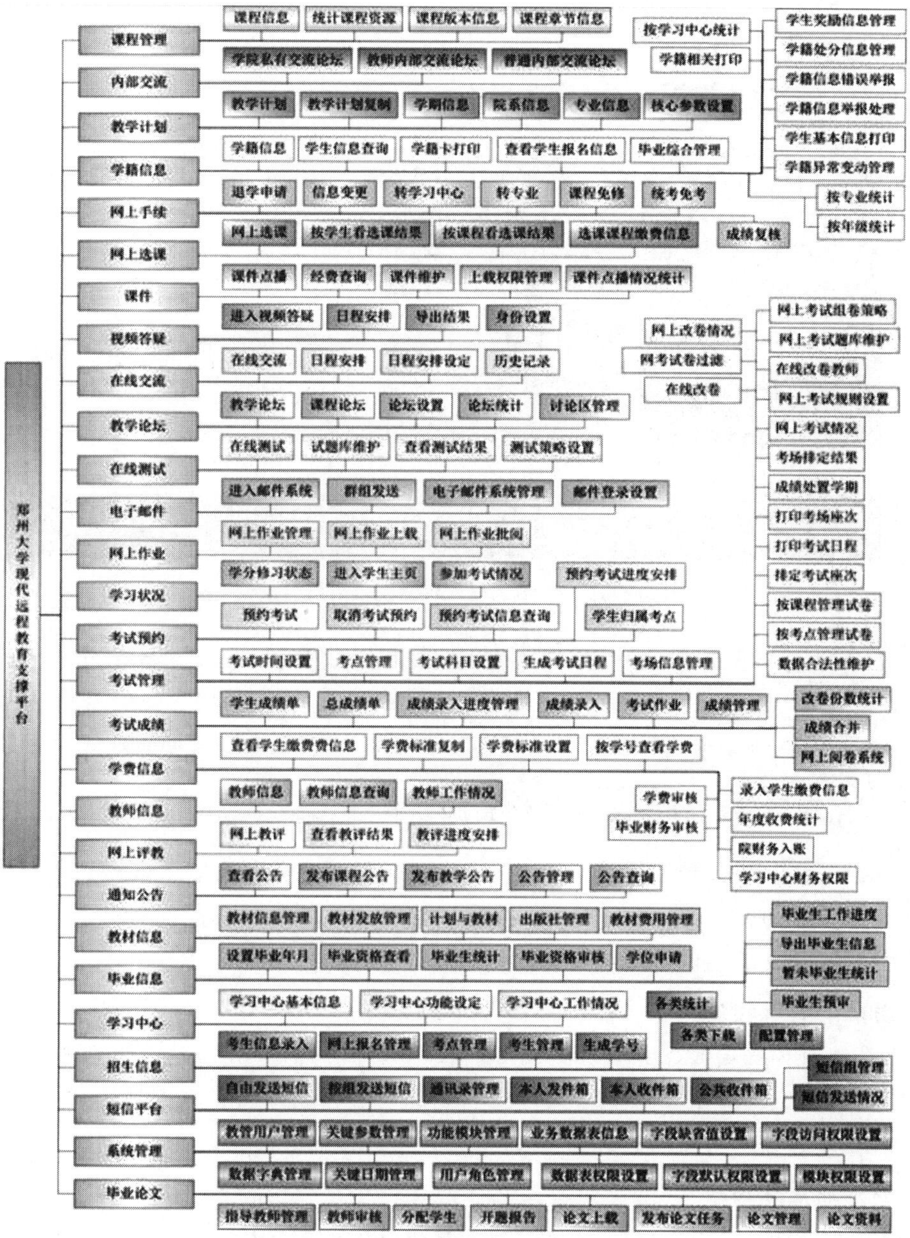

图 65　郑州大学现代远程教育支撑平台架构

成了近 200 万门次考试业务。系统融合了高性能数据服务、安全认证、主题微服务、人脸验证、入侵检测、主动防御、CDN 加速等技术，具体架构如图 67 所示。

4. 移动学习平台

郑州大学远程教育学院自 2016 年起，在原支撑平台在线学习平台子系统的功能基础上开始自主研发现代远程教育移动学习平台。远程教育移动学习平台是一款为学生和教师提供的移动端学习平台，实现郑州大学远程教育学院随时随地移动化学习，大大提高了学生的学习效率和教师的工作效率。学生可在手机、平板电脑等移动端查询录取情况，查看新闻及

图 66 郑州大学远程教育学院校内报名系统

通知，登录后可查看当前用户的学籍信息、学费信息、考试安排、考试成绩等内容，也可在移动端观看在线学习视频、访问论坛。教师登录后可查询学生的学籍信息、学费标准、报名统计信息、考试成绩、异动申请等。远程教育移动学习平台支持 5000 人同时在线学习。

（五）创建网络教育考试自动化实施模式

自开展试点以来，我校始终鼓励与引导专业任课教师充分利用信息化教学手段，转变教学观念，创新教学方法，结合在职成人的学习特点，不断改革考试内容与考试形式，从而培养学习者在学中考、考中学的学习习惯，最终达成学习目标（见图 67）。

1. 考试形式多样化

郑州大学现代远程教育根据不同课程的教授内容等特点，分别采用闭卷考试、开卷考试、网上在线考试、综合作业、课程论文等多种考试方式进行考核。利用灵活多变的考试形式和方法，改变学生对考试的恐惧心理，促进良好考风考纪的形成。

2. 考试成绩动态化

改革课程总成绩的合成比例，利用教学支撑平台完整记录学生平时的学习情况，并将其量化，计入课程平时学习成绩，平时学习成绩同期末考试成绩合并成课程的总成绩，改变了一卷定结果的传统方式，减轻了期末考试的压力，在没有压力的情况下，考试作弊的情况大大减少。这样也有利于引导学生端正学习态度，避免学生突击应付期末考试的弊端。

3. 考试内容个性化

郑州大学远程教育以培养应用型人才为目的，注重考核学生对知识的掌握、理解及运用，重视能力的提高及创新意识的培养，逐步摆脱靠死记硬背过考试关的现状。要求命题教师广开思路，改进题型，从课程内容、教学要求出发，结合在职从业人员的学习需求，创建具有实用性、开拓性和分析运用能力的综合性题型，从而帮助学习者灵活运用所学理论知识和

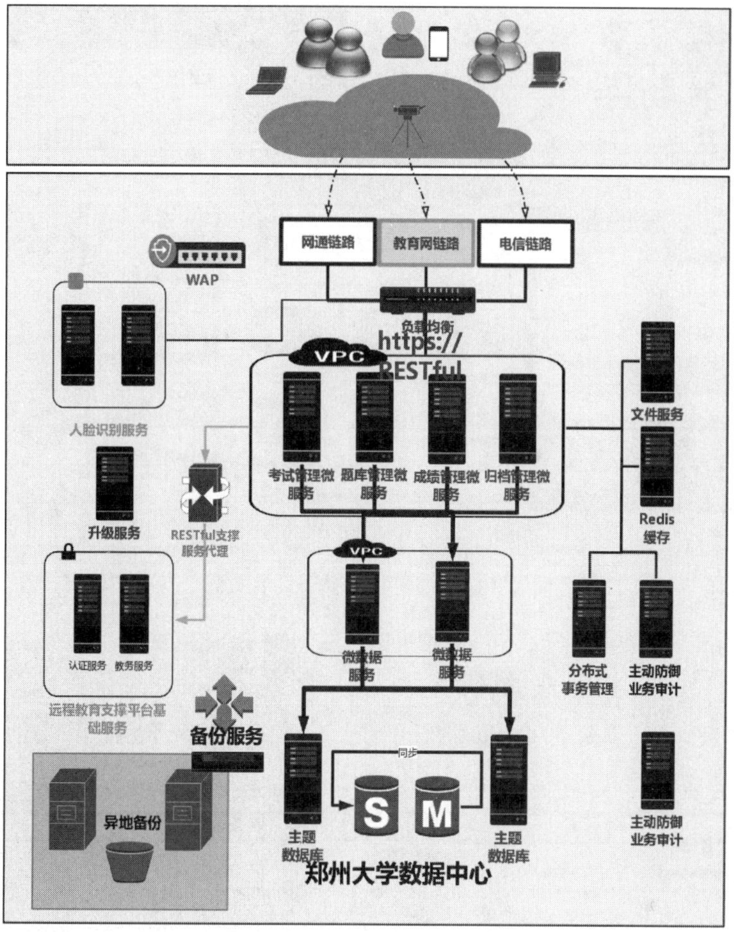

图 67　郑州大学远程在线考试平台系统架构图

技能，分析问题、解决问题的能力。利用学院研发的智能化考试系统，学习者可以在学习期间随时随地参加在线考试，同时系统利用试题库随机组织试卷，实现了即时的个性化考试内容。

4. 试卷评阅网络化

从 2010 年开始，郑州大学远程教育学院积极探索准确高效的考评路径，开始引进网上阅卷系统，属国内最先进行网上阅卷的试点院校之一。网上阅卷系统的应用不仅有效降低了评卷误差，提高了评卷后期的工作效率，而且为评卷教师提供了较大的时间和空间的灵活性（见图 68～图 74）。

在网上阅卷系统的应用实践中，远程教育学院根据工作需要对阅卷系统进行个性化改造，特别定制了乐华网络阅卷系统，实现与教学支撑平台的无缝对接，实时进行数据交换；答题卡采用混合扫描，根据课程代码自动识别分发课程，增加了工作需要的管理功能模块、异常处理模块、阅卷过程监控模块，实现了教师单击登录。

图 68　郑州大学现代远程教育移动学习平台学生登录界面(安卓系统)

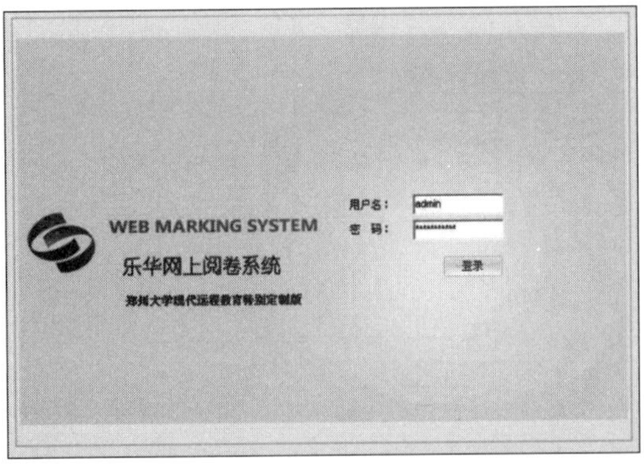

图 69　登录页面

图 70　试卷扫描

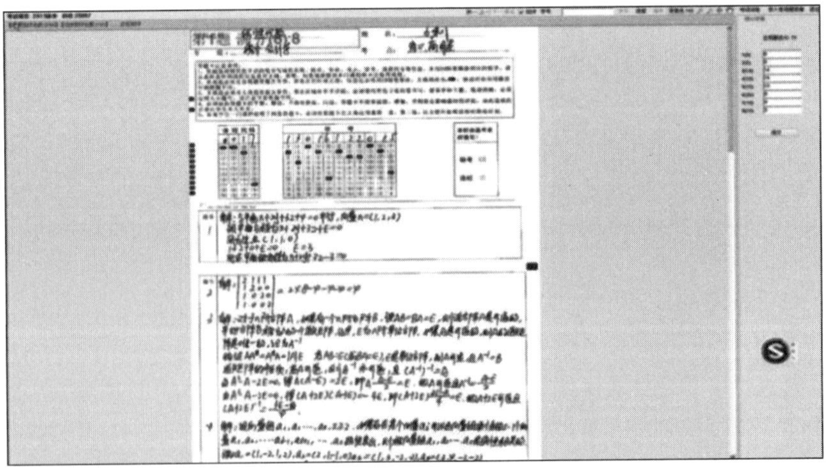

图 71　阅卷界面

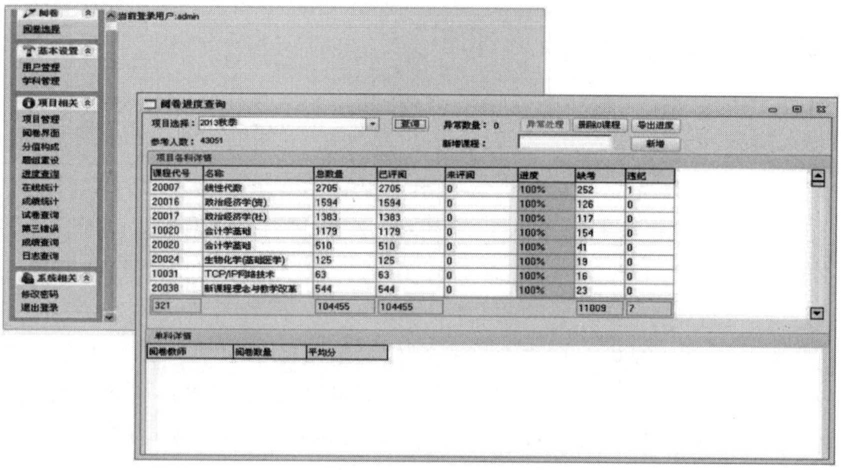

图 72　进度查询

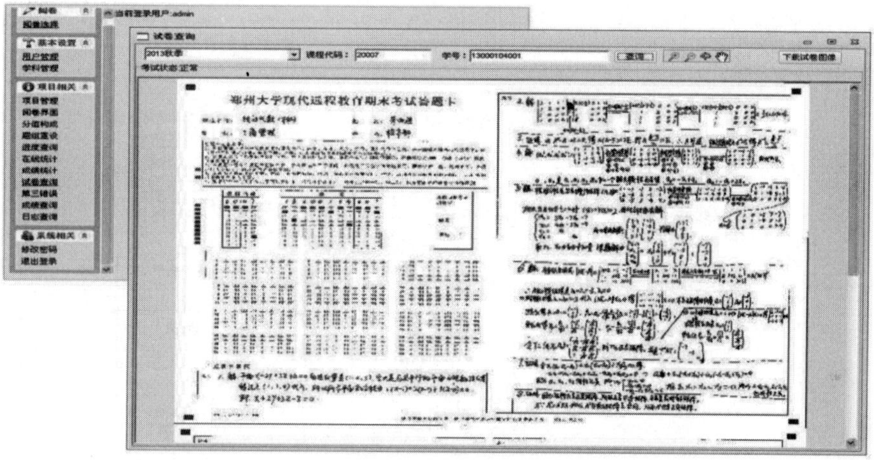

图 73　试卷查询

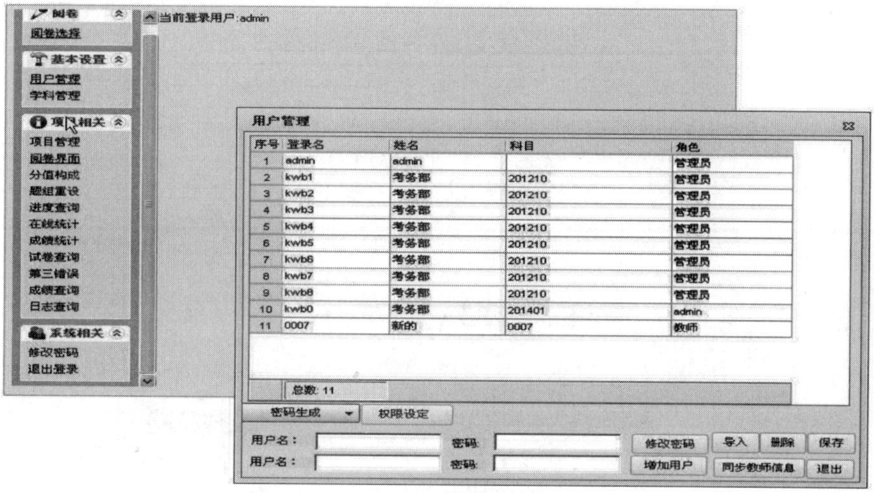

图 74　用户管理

（六）建设了服务过程精细化管理平台

开展试点以来，为顺应远程教育发展的需要，郑州大学现代远程教育在教育教学各环节进行了不断的创新和探索，近年来随着学习中心的数量、学生人数的逐步增加，对学习中心的监管和学生学习支持服务的质量和内容提出了更高的要求。为加强对学习中心管理过程和服务质量的监控，更好地服务学生网上学习，我校远程教育学院高度重视学习支持服务工作的改革和创新，逐步对学习中心的职责进行明确和细化，对学生的学习过程进一步深入探究，对学生的学习支持业务流程进一步梳理，明确角色权责，细化服务流水。

学习支持服务依托精细化管理平台对远程教育的载体学习中心和对象学生进行精细化的管理和服务。2017 年正式启动学习中心精细化管理平台设计工单化管理体系，对具体工单设计量化指标和考核评分标准，对学生支持服务做到操作规范、责权明确、流程自动、考核量化、服务入微，并依据此体系自主研发了郑州大学学习中心精细化管理平台，学生可以利用微信便捷地获取学习中心和学院的全方位服务，远程教育学院也可以通过本平台对各学习中心的服务质量进行指导、监督、考核（见图 75 和图 76）。

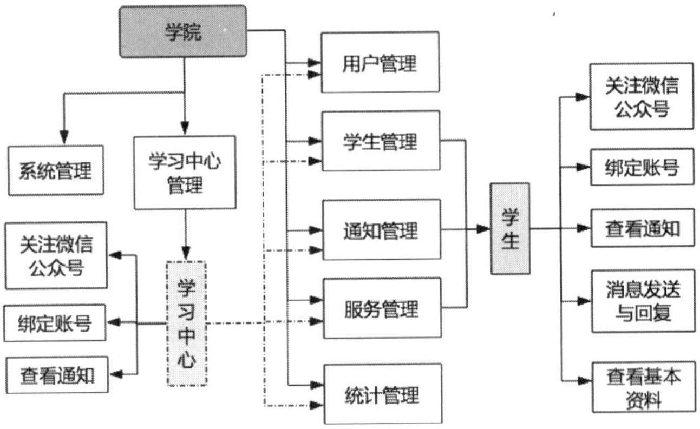

图 75　学习中心精细化管理平台架构

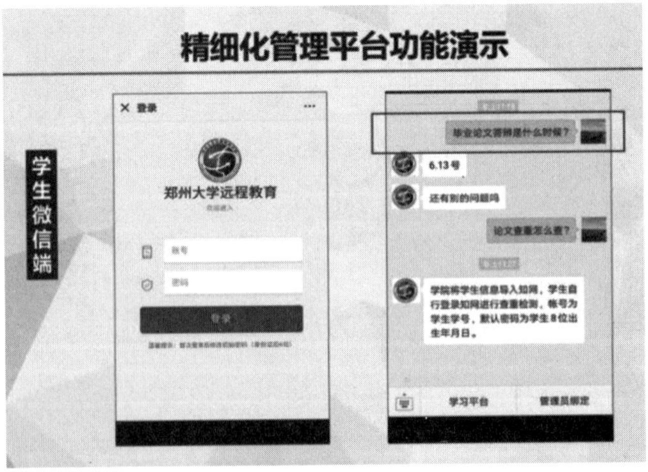

图 76　精细化管理平台学生微信登录界面

自2017年启动学习中心精细化管理平台项目建设以来，为了使学习中心尽快熟悉平台各管理模块的功能，更好地提供学习支持服务，专门召开了针对精细化管理平台的培训会议。伴随着新平台的试运行，远程教育学院将逐步启动学习中心管理运行模式，通过新平台的管理，在实现教学过程的全面监控、学习行为的跟踪统计、学习中心监管等各方面均有显著的成效（见图77和图78）。

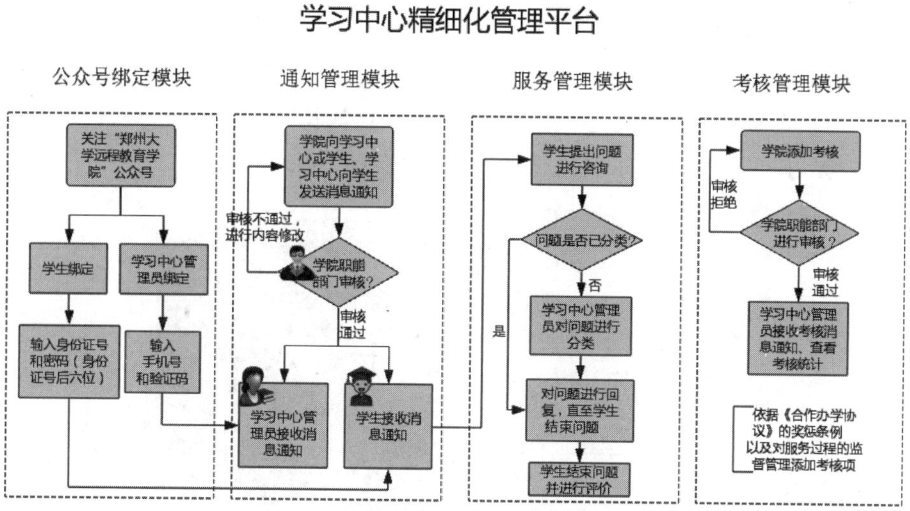

图77 学习中心精细化管理功能模块

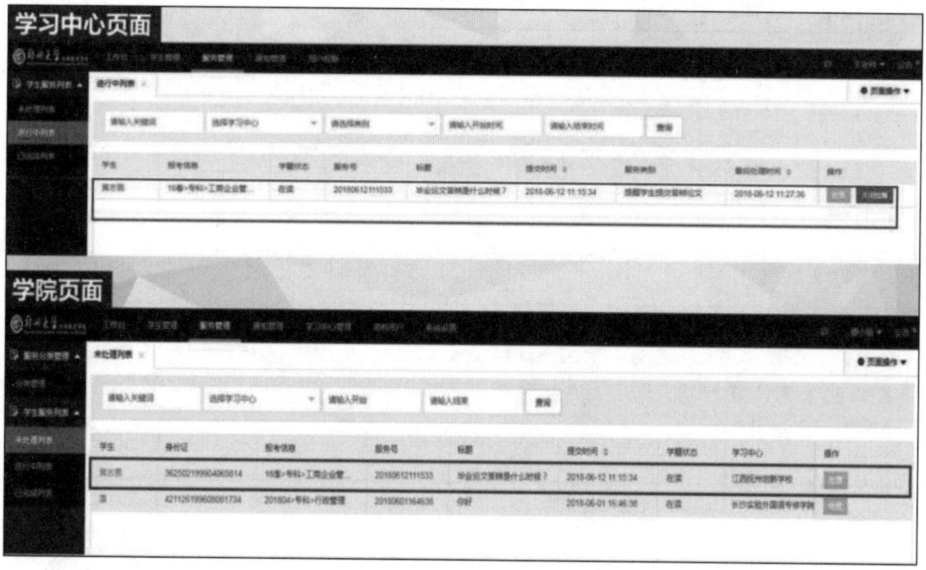

图78 学习中心精细化管理平台页面

（七）实现了高效、便捷、安全的财务管理

开展试点以来，郑州大学现代远程教育财务管理始终遵守相关财务政策要求，坚持公平公正，以学生为本，为学生提供安全、便捷的服务。最初办学时，学习中心以现金模式代收学

生学费，为了规范管理，保留学生的最大权益，我校 2012 年最早开始实行以 POS 机收费和网上代扣缴费的支付方式，开全国远程学费支付方式改革的先河，学费的收取由银行汇款转账——POS 机支付——网上银联卡支付。多年来，这一财务管理制度使我校现代远程教育财务管理过程清晰可见，误差极小。返还管理费由远程教育学院核算，由我校财务处统一办理，实现了财务不见现金的管理模式。

随着时代的发展和科技的进步，远程教育学院逐步尝试高效、便捷的财务服务方式。近年来，随着支付方式的多元化，学院也迈出了财务管理的改革步伐，经过一年多的广泛调研，学院将采用更加灵活多样的缴费方式：支持微信、支付宝、银联(都无手续费)3 种移动缴费方式。多渠道缴费系统上线后将给广大学生和学习中心带来更加安全、高效、便捷的服务。整个财务管理过程及支付明细也同样清晰可见(见图 79～图 81)。

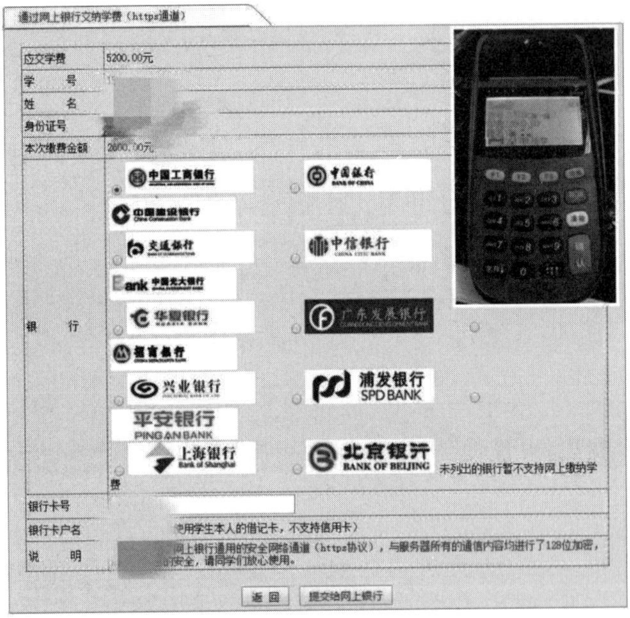

图 79　郑州大学现代远程教育学费支付方式(POS 机、网银)

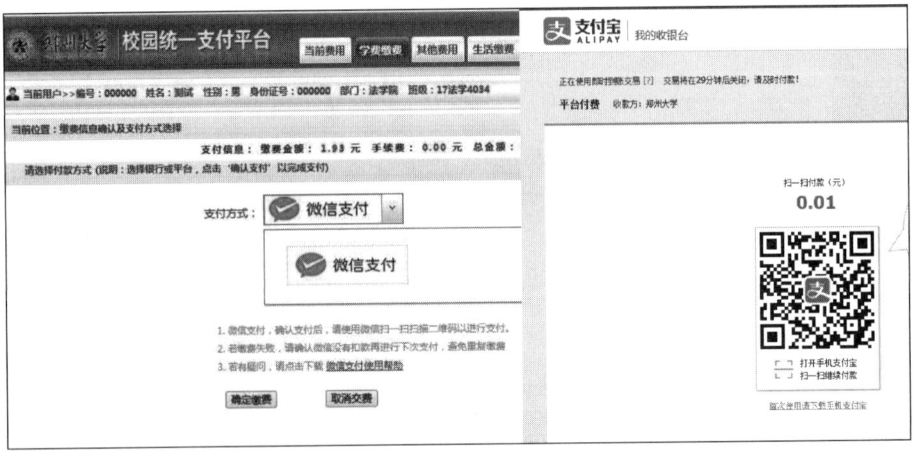

图 80　郑州大学现代远程教育学费支付方式(微信、支付宝)

图 81 郑州大学现代远程教育学费支付明细

四、郑州大学现代远程教育面临的问题与策略构想

（一）面临的问题

开展试点设立以来，郑州大学远程教育学院在教育部、远程教育协作组、教育厅、学校、校部机关、合作院系、兄弟院校网络中心和学习中心所在省市教育厅主管部门的大力支持与关怀下，郑州大学现代远程教育学院发展总体平顺，取得了丰硕的发展成果，在发展的过程中，主观和客观上也存在着一些问题。

（1）由于缺乏国家层面的专业教学与管理标准的文件支持，导致远程教育教学管理实施时面临一些困难。

（2）需要依据教育部颁布的《高等学历继续教育专业设置管理办法》进一步优化专业结构，集中力量办好高等学历继续教育本科专业，加强教学内涵建设，提升教学服务质量。

（3）进一步加强对校外学习中心的监管，完善精准化管理与服务措施，强化学习中心的服务职能。

（4）当前成人继续教育招生途径混乱的现实问题亟须解决，需要加大力度进行招生改革，解决学习中心招生过程中的一系列顽症痼疾。

问题是改革发展的动力，在学院下一步的发展中，将坚持以问题为导向，以学生的需求为指向，积极探索改革路径，开拓郑州大学远程教育学院发展思路，创新发展举措，积极解决问题，促进远程教育良性发展。

（二）策略构想

开展试点以来，郑州大学远程教育学院已建设成为一个组织架构、管理制度、教育教学体制机制、服务体系健全，人才培养模式开放完善，教学资源优质丰富，软、硬件支撑到位的教学管理单位。面向未来，学院将紧紧抓住发展战略机遇期，加大改革步伐，实现持续发展。

（1）聚焦本科层次专业的办学，根据市场需求进一步优化专业设置，加强内涵建设，体现学校的优势特色专业;进一步加强过程监控和质量管理,确保提高教学质量。

(2) 进一步规范招生管理、管控办学风险,做到规模适度、保障质量,确保远程教育可持续发展。

(3) 坚持管理与技术创新。通过管理创新与技术研发,提高管理与服务效率,有效监控与保证教学质量;加快教学资源的更新换代,提高学习资源的可获取性、便捷性与利用率;提高对学习数据的挖掘、分析和利用能力。

(4) 探索校内外资源共建共享模式。利用网络教育的教学实践经验和技术优势,加强校企合作,促进资源共享,发挥资源的应用效益。

(5) 发挥学科与专业优势,开展本科学历教育+证书培训的教育体系,打通学历教育与非学历教育。通过课程设置,实现学历教育和非学历教育之间的学分互认,搭建终身学习立交桥。

(6) 进一步重视远程教育研究,实现科研成果的合理转化,对现代远程教育教学工作提供理论指导。

(7) 进一步提高服务本科教学信息化的能力,借鉴远程教育网络课程制作与技术优势,大力推进全日制在线开放课程设计与制作、智慧教学环境建设与应用、信息化教学能力培训等工作,探索一套相对成熟的信息化教学服务模式。

五、结语

郑州大学现代远程教育成立试点 17 年来,乘着改革开放的时代东风,一路发展稳健,发展历程如同一个年轻的生命,从蹒跚学步到羽翼丰满,一步步成长,如今风华正茂,正值大有可为的奋斗年纪。回看过去的发展历程,成绩和困难并存,兢兢业业的三届远程教育前辈用艰苦奋斗和创新创业精神为远程教育事业的稳定高速发展奠定了坚实的基础,接过历史的接力棒,我们必将走好新的长征路。

展望未来,机遇与挑战并存,我们面对的是中华民族伟大复兴新时代,新时代面临新任务、新挑战,远程教育要为各行各业培育优秀人力资源,以培养勇于担当民族复兴重任的时代新人为己任,继续发扬改革开放的伟大精神,勇于创新,敢于挑战,与时俱进,紧跟时代步伐,把脉市场需求和广大民众内心深处心中对更高水平、更优质、更公平教育的无声呼唤,提供更加公平普惠,个性化、高质量的远程教育。百尺竿头,更进一步。郑州大学现代远程教育将秉持为发展远程教育事业不懈奋斗的初心,风雨无阻,奋勇向前,再创辉煌!

武汉大学现代远程教育试点工作总结

一、基本情况

2002 年 2 月，经教育部批准，武汉大学成为国家开展现代远程教育的试点高校之一。一直以来，武汉大学始终严格按照教育部《关于支持若干所高等学校建设网络教育学院，开展现代远程教育试点工作的几点意见》(教高厅〔2000〕10 号)的精神，将现代远程教育试点作为学校的重要工作，加强领导，统筹规划，积极探索现代远程教育的人才培养模式和教学管理制度，自试点运行起，我校累计培养网络教育生近 10 万人次，目前有在籍学生 1.5 万人(见图 1)。

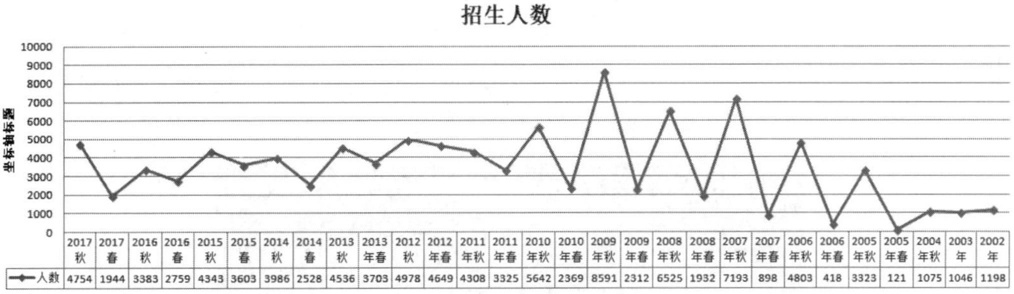

图 1　招生情况

根据学校总体办学规划和有关思路，为集中各类办学资源和工作精力抓好“双一流”建设，经学校研究，决定停办本、专科层次学历继续教育办学工作，自 2018 年 1 月 1 日起全面停止招收成人高等学历教育(函授、夜大)、高等教育自学考试和高等学校网络学历教育学生。目前，学校现代远程教育办学主要是认真做好各项收尾工作，加强与校外学习中心的沟通协调，有效服务现有在籍学生，完成现有在籍学生的教学组织和各项服务管理工作，确保后续办学工作的规范有序，并以此为契机积极推动学校继续教育工作转型升级，探索远程教育与非学历教育的结合方式，有效服务学校中心工作。

二、实施落实

在十多年的现代远程教育办学试点中，武汉大学始终坚持社会主义办学方向，坚持党的领导，全面贯彻党的教育方针，认真履行高等教育“为人民服务，为中国共产党治国理政服务，为巩固和发展中国特色社会主义制度服务，为改革开放和社会主义现代化建设服务”的使命，积极面向国家重大战略布局、社会人力资源建设需要、学习者职业发展需求，坚持“**为学习者提供更优质的教育服务**”理念，坚持“**以生为本、以法为准、以我为主**”的办学原则，规范落实招生、教学、学习支持服务、站点管理等各环节办学工作(见图 2)。

图 2 采访

在管理体制上，学校结合校情实行两级办学体制。继续教育学院作为职能管理部门，负责统筹各项管理工作和全过程监管，严把学生入口关和出口关。各专业学院负责教学组织实施，各校外中心严格按照办学协议负责做好招生、学籍、学习支持服务等各项辅助管理和服务工作。学校始终坚持试点工作的规范化，先后制定了 20 多项规章制度，并适时修订，确保所有办学环节有章可循、有据可依(见图 3)。

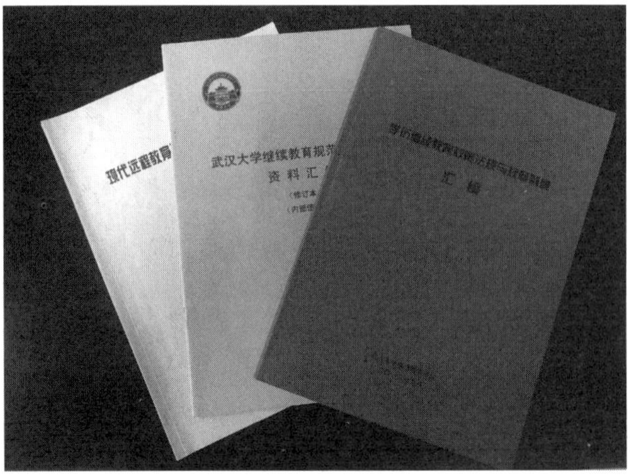

图 3 规章制度

在招生录取环节，学校坚持统一印制招生简章、统一组织入学考试、统一印发录取通知书，不以任何形式转移招生权和办学权，不委托个人或中介机构代理招生，积极防范打击招生诈骗(见图 4 和图 5)。

在教学组织方面，学校充分发挥各二级学院的学科、师资优势，坚持由各专业学院负责师资聘任、网上导学、出题阅卷等工作，同时实行公共课统一教学，确保教学投入和教学质量，积极树立良好的办学声誉。创新开展线上线下混合教学模式，在有条件的学习中心采用网上学习和面授相结合的混合教学模式：根据学习中心和学员的需求，安排教师到学习中心为学员做技术讲座；通过专用视频系统为学员开展讲座直播、操作演示，通过仿真模拟等多种手段开展教学活动。

图 4　招生简章

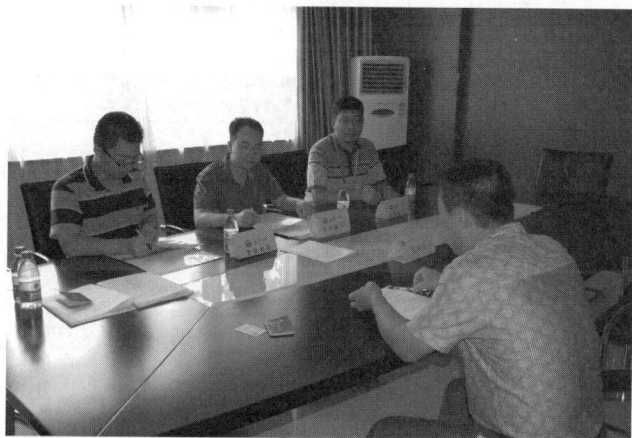

图 5　工作会议

课程考试方面，坚持对所有中心的所有考试实行巡视全覆盖，防止一切可能影响办学安全和办学声誉的不规范行为。学校严格执行湖北省教育厅有关学籍管理规定，严格毕业、学位授予等各类审核条件。在学习中心管理方面，学校严格坚持按国家有关文件和办学协议确定中心职责，要求各中心确保管理队伍充足、服务学生到位、执行政策坚决。学校对招生、考试、收费等关键环节实施违规“零容忍”，出现问题及时处理，确保试点工作安全运行。学校坚持定期召开工作会议，及时总结研究工作的开展情况，确保办学工作情况明、信息通。

作为试点高校，武汉大学始终牢记试点任务，不忘育人初心。经过十余年的发展，学校现代远程教育试点工作已经成为学校人才培养、社会服务的重要平台，彰显学校特色、凝聚校友支持、展示办学成果的重要窗口。

武汉大学远程教育试点工作“为学习者提供更优质的服务”的理念也已经为广大从业者认可，严格规范的各项管理也为武汉大学学历继续教育工作赢得了“业内最规范”的好评。同时，学校坚持积极服务行业需求，充分发挥学科优势和特色，注重以行业委培的方式与有关行业、企业合作培养各类人才，取得了较为明显的社会效益。学校坚持合作共赢的原则与合作单位高标准共建校外学习中心，其中武昌学习中心、山西学习中心等多次被评为全国远程教育优秀学习中心。学校建设完成了一个广覆盖、易使用的远程教学系统，办学管理工作始终保持较高的效率(见图6和图7)。

图6 太原市卫生局社区护理课程学习班

图7 荣誉

三、探索经验

(一) 始终坚持规范办学，把维护学校办学声誉、确保办学质量和安全放在首位

现代远程教育与全日制高等教育相比，在办学模式、教育对象、办学环境等方面都有它自身的复杂性和独特性，容易产生一些办学风险，尤其需要重视、保证办学安全和秩序。武汉大学在试点过程中坚持风险防范到位、质量保证到位的指导思想，通过建章立制、规范流

程、严格条件、及时处理等途径有效地保证了办学工作的规范化。

（二）始终坚持社会效益优先，确保远程教育规模、质量、效益均衡发展

在十多年的试点办学过程中，学校始终严格控制招生规模和校外学习中心的设立，以培养人才为目标，重视教学质量，不以牺牲办学质量和安全为代价追求大规模与高经济效益。学校坚持每年招生保持适度规模，均控制在 8000 人左右，在招生录取环节对不合格生源坚决说：不。

（三）结合校情实行两级办学体制，充分发挥学校学科优势和特色，充分调动各专业学院的办学积极性，有效服务社会需求

学校两级办学体制既有利于各专业学院加强专业建设，也有利于发挥与相关行业企业的联系，有效开展行业委培和校企合作，也为促进各学院及教师与社会行业、企业深度开展产、学、研合作搭建了重要平台。

四、特色亮点

（一）校地协作，圆梦未来

“圆梦计划”是由广东省团委主办、深圳市团委承办、武汉大学协办的面向全省的公益项目，并在深圳市已被列入“重点民生工程”，旨在从庞大的新生代产业青年群体中培养出有理想、有追求、有责任感、有影响力的“四有”新生代产业工人，以加快广东产业转型升级，夯实党团青年工作基础，不断储备可依靠的骨干力量。从 2015 年起，深圳市团委协同武汉大学面向全市遴选符合相关条件的新生代一线产业工人，鼓励报读武汉大学网络高等学历教育。由省财政下拨奖学金按比例资助部分优秀学生，获得资助的学生个人只需交 1000 元学费；在武汉大学继续教育学院的大力支持及指导下，对未获得资助的学生个人学费优惠至 5000 元，极大降低了学生的就读成本，提升了学习动力（见图 8）。

图 8　武汉大学圆梦之旅

2015—2017 年期间，武汉大学“圆梦计划”项目共招收近 2000 名学员。其中部分学生

优秀学员被推荐参加省团委、市团委的各项学习交流活动并得到相关领导接见。

（二）校企共建，面向一线

武汉大学积极整合自身专业优势，与优势学科行业（测绘、水利、电力、护理、建筑、管理）领军企业达成共建协议，为企业集中培养定制化人才。例如，武汉大学山西学习中心和山西省电力总公司达成共同培养协议，与各分公司人资部建立起中心和企业对学员的共管模式。在学员日常教学管理中，主动征求企业的意见和建议，定期召开学员座谈会，依据企业和学员的要求改进日常工作，同时把学员的学习过程纳入企业员工考核中，对优秀学员给予奖励，规定学员学习请假必须有人资部门批准的请假条等。近年来，武汉大学先后与山西省护理协会、深圳富士康科技集团、欧菲光科技股份有限公司、富诚达科技有限公司、恩斯迈电子（深圳）有限公司等多家重点企业达成合作共建协议，为社会培养了一大批有学历基础、有职业技能的优秀一线产业职工（见图 9）。

图 9　武汉大学护理学院讲座

试点以来的数据统计表（截至 2018 年年底）

试点高校：武汉大学

学历继续教育			
累计招生总数	累计毕业生总数	累计开设专业数	共建设网络学习资源数
97 904	72 147	68	823

华南师范大学现代远程教育试点工作总结

华南师范大学于2002年获得教育部批准开展现代远程教育试点，学校始终坚持“积极发展、规范管理、强化服务、提高质量”的方针，围绕“争创全国一流，打造国际品牌”的战略发展目标，充分发挥自身优势，深入开展教学、管理、服务等各项工作。

一、基本情况

（一）办学方向与办学定位

华南师范大学始终坚持中国共产党对继续教育事业的绝对领导，全面贯彻党的教育方针，将网络教育定位于创建学习型社会和构筑终身教育体系，着力突出教师教育特色，推进教师教育改革与创新，积极探索利用网络教育构建教师终身教育体系，为建设职前职后教师教育一体化，学历教育和非学历培训相沟通，开放、灵活、高效的教师终身教育体系提供示范。

试点以来，学校积极贯彻落实党的历次代表大会精神，严格按照教育部《关于支持若干所高等学校建设网络教育学院开展现代远程教育试点工作的几点意见》（教高厅〔2000〕10号）提出的任务要求，结合学校的总体发展战略和阶段发展目标，按照“积极发展、规范管理、强化服务、提高质量”的工作方针，推进现代远程教育试点发展。

试点探索中，学校致力于网络教育办学规模、结构、质量、效益的协调发展，坚持不以营利为目的，稳定规模，调整结构，以本为本，坚守质量底线，努力扩大网络教育的社会服务受益面。经过10余年的发展，目前我校网络教育在籍生约8.7万人，总体上与广东经济、社会发展相适应，与学校自身办学条件相适应。我校网络教育办学专业、层次与地方经济社会发展需求相一致，例如近年来学前教育人才匮乏，学校充分利用网络教育的技术手段，扩大该专业的招生规模，培养了大批急需人才。

（二）管理体制与运行机制

2002年获得试点资格后，华南师范大学即成立网络教育学院（二级学院），全面负责学校现代远程教育试点工作。网络教育学院在学校的领导和指导下，作为独立办学单位，统管网络高等学历继续教育的招生管理、学籍管理、毕业与学位管理、教学平台、资源建设和教学全过程，有效保证了网络教育教学的质量。办学过程中，网络教育学院采取直接聘任学校各教学院系教师、与各教学院系合作两种方式，主要依托学校自身师资、教学环境、教学设备办学。网络教育作为学校非全日制办学的重要组成部分，归口由学校职能管理部门——社会服务处（处级单位）管理。

（三）制度建设与规范管理

华南师范大学高度重视继续教育规章制度建设，陆续颁布了《华南师范大学非全日制办学(班)管理规定(试行)》《华南师范大学继续教育类学费收入分配管理条例》等文件，为合理配置办学资源、提升科学管理水平、促进网络教育的稳定发展明确了方向，提供了保障。

华南师范大学网络教育学院根据教育部及学校要求，对专业建设、课程资源建设、学籍管理、教学过程管理、考试管理、学习中心管理、学位管理、业务流程等全方位进行规范管理。学院制定了《华南师范大学现代远程教育人才培养方案》《华南师范大学授予网络高等教育本科毕业生学士学位工作细则(试行)》《华南师范大学网络教育学院本、专科生学籍管理暂行办法》《华南师范大学网络教育学院关于考试违纪行为的处罚规定》《华南师范大学网络教育学院业务工作指南》等教学管理制度 20 多项。

华南师范大学还将教育部、广东省教育厅有关继续教育、网络教育的政策文件按年份进行整理、汇编，连同学校学院文件共同印发给各部门、各校外学习中心，并在每年的招生工作会议、教学工作会议上进行宣讲，确保制度执行不打折扣。

（四）专业建设与人才培养

截至目前，华南师范大学网络教育共有 21 个本科专业，14 个专科专业，参见附件。专业覆盖经济学、法学、理学、教育学、管理学、文学、艺术学 7 个学科门类，形成了多学科协调发展的专业布局。其中，学前教育、小学教育、汉语言文学、数学与应用数学、教育管理、音乐学、英语、体育 8 个专业构成了我校网络教育师范特色学科专业群。2017 年，学校依据教育部颁布的《高等学历继续教育专业设置管理办法》，主动适应国家战略和地方经济社会发展需要，以原有的学科专业为基础，主动调整和规范网络高等学历教育专业设置，并通过相关学科专业的交叉渗透和内涵发展，有计划地增设了应用英语、商务管理、应用心理学、体育教育 4 个专业。设置的专业见表 1。

表 1　设置的专业

层次	招 生 专 业	学　分	学习期限
高起专	电子商务、计算机应用技术、会计、旅游管理、商务管理、物流管理、应用英语、法律事务、人力资源管理、行政管理、工商企业管理、语文教育、小学教育、学前教育	80 学分	2.5～5 年
专升本	电子商务、电子信息工程、计算机科学与技术、数学与应用数学、会计学、酒店管理、国际经济与贸易、社会工作、物流管理、应用心理学、金融学、法学、人力资源管理、行政管理、体育教育、音乐学、英语、公共事业管理、小学教育、汉语言文学、学前教育		

对标新时代“办好继续教育”的总体要求，围绕“培养什么人、怎样培养人、为谁培养人”这一根本问题，我校 2017 年对所有专业的网络教育人才培养方案进行了修订，全面推行线上教学和线下教学相结合的混合教学模式，将自主学习与合作学习相结合，理论学习与实践学习相结合，同步学习与异步学习相结合，形成性评价与总结性评价相结合，强调在恰当的时间应用合适的学习技术与方法达到最佳学习目标。

以学前教育专业为例，我校推行学业导师制，引进行业专家(名教师/园长)担任学业导师,通过系统实施探索"知识+技能""线上+线下""学历+非学历""学习+跟岗"的混合型人才培养模式,开设《名教师/园长工作坊研修》《教师资格认证》等符合职业需求的选修课程,增加线下集中面授和"名教师/园长工作室跟岗学习"课程,增强了课程的实用性,从而切实提高学员的在岗实践能力,提高教育教学质量。

(五) 师资配备与资源建设

华南师范大学重点依托本校师资开办网络教育。目前,学校网络教育共有教师 953 人,其中院内管理人员 83 人,任课教师 670 人(含校内任课教师 454 人,校外任课教师 216 人),校外学习中心辅导教师 200 人。任课教师中,主讲教师 291 人,责任教师 342 人,监控教师 8 人,论文指导教师 320 人。学校在每学期开学初召开教师工作会议并开展网络教育教师培训,确保让所有教师都理解网络教育政策,熟悉网络教学平台,更新教育教学理念,掌握教学组织策略。同时,学院为更好监督教师教学工作,提高教学效果,通过学生反馈、督学反馈、学习中心反馈 3 个途径,对教师教学效果进行评估和考核。

课程资源建设方面,学校累计建设网络教育数字化课程总共 562 门(其中自建课程 432 门),1 门被评为国家级精品课,2 门被评为省级精品网络课程。教育的常识是读书,学校重视网络教育教材建设,组织编写了符合成人学习特点的网络教育系列教材 24 种。

(六) 办学规模与招生管理

截至 2018 年 9 月 30 日,华南师范大学网络教育在籍学生共 87 117 人,其中高起专 48 014 人,专升本 39 103 人,省内 67 949 人,省外 19 168 人。试点以来网络教育累计招生总人数 266 271 人,毕业总人数 170 582 人,授予学士学位 3710 人,参见附件。

在招生工作中,我校始终严格执行教育部招生政策,建立健全招生制度,严格招生工作各环节管理,确实把好入学关,保证生源的基本质量。学校统一印制招生简章等宣传资料,依托网络教育学院官方网站及官方微信公众号进行宣传,严查各种不法机构冒用"华南师范大学""华南师范大学网络教育学院"等相关名义进行虚假招生。

我校网络教育入学考试采用全国教师教育网络联盟统一的联考试题,并实行监巡考制度。从 2018 年开始,网络教育入学考试采用人脸识别技术,从而避免了学生注册材料失实、冒名顶替等问题。为保证生源质量,我校网络教育入学考试录取率控制在 80%左右。

(七) 校外学习中心管理服务

截至 2018 年 9 月 30 日,华南师范大学共有网络教育校外学习中心 123 个,主要分布在广东、北京、江西、江苏、南京、浙江等地。其中,省内 83 个、省外 40 个。省内学习中心主要采用自建方式,省外学习中心主要依托弘成公共服务体系建设。我校所有校外学习中心均严格按照教育部及各省教育行政部门相关规定履行备案手续。各校外学习中心业务上归华南师范大学统一领导,并严格按学校与校外学习中心依托建设单位签订的协议执行。

华南师范大学十分注重对校外学习中心的监管与服务。一是坚持对校外学习中心实施年度检查和评估工作,并对一批管理有序,教学服务及招生较好的校外学习中心进行奖励,对存在问题的进行批评、处罚;二是利用年度招生会议、年度教学会议、各种专题培训、学期考试动员会议等契机,对校外学习中心的管理和工作人员进行业务培训,传达现代远程教育政策、发展动态，通报教育部、教育厅最新的政策法规以及学院最近出台的相关规定；三是通过印发《校外学习中心教学管理业务手册》，确保教学活动的正常运转和教学质量的不断提高。

（八）教学实施与考风考纪

华南师范大学高度重视现代远程教育试点教学过程中各教学环节的管理，对授课环节、辅导环节、答疑环节、作业环节、自学环节、考试环节、实验和实践环节、毕业论文环节等教学环节都有明确的规定和严格的操作流程。网络教育学院充分结合网络教育师生教与学的准分离状态，学习者可以随时随地进行异步学习的特点，利用网络平台实时监控学生线上学习的情况，包括在线时长、观看视频时长、论坛活跃情况等，并给予实时反馈，有效地提高学生线上学习的质量。

为进一步规范考试，降低风险，我校近几年积极探索网络教育课程评价模式改革。一是采取“过程评价＋终结评价”模式，课程总成绩通常由期末卷面成绩（占 60％）、作业成绩（占 20％）、平时成绩（占 20％）组成，历年期末闭卷考试课程占 70％左右。二是加强考场管理，执行巡考制度。试点以来，我校每次网络教育期末考试均派出大量巡考教师，确保每个考点不少于两人，且根据考生人数适当增加巡考人数，最多的考点达 6 人。巡考员均经过培训并考核后持证上岗。三是重视考评管理，2016 年开始，我校启用网上机改阅卷系统，极大地提高了阅卷效率和质量。

（九）过程监管与质量保证

华南师范大学坚持全面教学质量管理，逐步建立并完善了包含完备的人才培养方案、丰富优质的网络课程、完善的网络教学系统、优质专业的师资团队、良好的学习支持服务等在内的网络教育质量控制和保证体系，如图 1 所示。

图 1　网络教学管理系统

具体到过程监管与质量保证的落实，我校主要通过 3 个方面建设实现。

（1）教师教学监控评价体系建设。包括学生、监督人员和学习中心反馈意见 3 个部分：第一，网上教学质量问卷调查。每学期每门课程都在网上开展教学质量问卷调查，如果一门课程超过 40％的同学对教师的教学效果表示不满，则对将不再聘任该教师。第二，监督人员的反馈情况。安排专职的工作人员对教师网上答疑的情况进行监督，了解学生的学习情况，同时从网上搜集学生对主讲教师和责任教师教学工作的意见，对普遍反映较差的课程责任教师给予解聘。第三，学习中心的反馈情况。在每个学期的教学工作会议期间，组织各部门负责人和学习中心负责人进行分组讨论，听取各学习中心的反馈意见，并对学习中心提出的意见做出新的工作部署。

（2）学生学习监控评价体系建设。一是从考查学生学科应用能力出发，课程考试逐步减少客观题，加大主观题比例；二是作业成绩与平时成绩既关注完成的数量，也关注完成的质量，并综合学生参与网络学习的积极性及学习态度等指标。

（3）教育管理质量保障体系建设。网络教育学院注重加强自身质量管理体系建设，2006 年通过中鉴认证有限责任公司 ISO 外审专家组审核，获得了中国认证机构国家委员会（CNAB）和美国国家认可委员会（ANAB）认可并授权颁发的 ISO 9001:2000 质量管理体系认证证书。

（十）社会评价与品牌声誉

试点以来，华南师范大学为社会培养了网络高等学历教育学生 20 万余人，一大批毕业校友成为我国高技能人才、行业专家、优秀校园长、优秀教师。我校网络教育在全国继续教育行业领域，以及以广东为主的地域范围内，得到了较高的评价，具有一定的品牌知名度和美誉度。教育部领导、省教育厅领导、校外学习中心均给予了其高度评价。

学生满意度方面，以 2016 年和 2017 年为例，满意度均在 97%以上，对教学资源、教师、教学平台的优秀评价均超过 95%，详见表 2。

表 2　学生满意度评价

项　　目	评价等级	2016 年春	2016 年秋	2017 年春	2017 年秋
总体评价	好	97.400%	97.597%	97.909%	98.230%
	中	2.353%	2.131%	1.813%	1.536%
	差	0.247%	0.271%	0.278%	0.234%
教学资源评价	优秀（5 分）	93.207%	94.247%	94.779%	95.627%
	良好（4 分）	4.920%	4.247%	3.968%	3.404%
	一般（3 分）	1.282%	1.070%	0.926%	0.697%
	差（2 分）	0.273%	0.195%	0.137%	0.144%
	较差（1 分）	0.318%	0.242%	0.190%	0.127%
教师评价	优秀（5 分）	92.903%	93.976%	94.452%	95.199%
	良好（4 分）	5.055%	4.355%	4.171%	3.700%
	一般（3 分）	1.362%	1.133%	0.984%	0.791%
	差（2 分）	0.321%	0.245%	0.191%	0.153%
	较差（1 分）	0.359%	0.292%	0.202%	0.157%

续表

项　　目	评价等级	2016 年春	2016 年秋	2017 年春	2017 年秋
教学平台评价	优秀(5 分)	93.116%	94.360%	94.971%	95.633%
	良好(4 分)	4.978%	4.157%	3.763%	3.373%
	一般(3 分)	1.298%	1.043%	0.899%	0.721%
	差(2 分)	0.262%	0.179%	0.171%	0.122%
	较差(1 分)	0.346%	0.260%	0.196%	0.151%

二、试点成绩和经验

试点以来，华南师范大学依托网络教育学院，共获得 7 个国家级平台的建设任务，分别是：全国现代远程教育协作组常务理事单位、全国教师教育网络联盟核心成员单位、教育部首批“国培计划”教师远程培训机构、教育部高校继续教育示范基地、教育部普通高等学校继续教育数字化学习资源开放联盟首批成员单位、新生代农民工“圆梦计划”首批参与高校、“残疾人网络教育 e 计划”牵头单位。依托试点及以上平台，我校网络教育共取得了如下成绩和经验。

（一）利用网络教育构建教师终身教育体系，服务教师终身学习和专业发展

为推动教师教育改革和教师终身学习体系构建，华南师范大学自 2004 年起开始利用网络教育，积极开展以教师专业化建设为核心的教师教育，构建了面向全省、辐射周边地区、以县级教师培训机构为支撑，学历和非学历教育、职前和职后教育相互沟通衔接、开放高效的教师终身学习体系，并努力推动优质教育资源的共建共享，提高了教师培养和培训的质量和效益。华师网络教育学院依托该体系累计培养中小学教师 10 万余人，有效推动了广东省中小学教师的学历达标和学历提升工作。2008 年，教育部编发全国教师教育网络联盟计划工作简报《华南师范大学利用现代远程教育构建教师终身学习体系的探索与实践》，对我校利用网络教育构建教师终身教育体系的相关工作进行了介绍。

华南师范大学依托网络教育构建的教师终身教育体系（图 2）通过建立覆盖全省的“教师校外学习中心”，有效激活了县级教师进修学校，使之成为全国教师网联积极倡导建设“区域教师学习与资源中心”的较好示范，实现了“多功能、大服务”，上联全国教师网联成员单位，下联中小学，成为本地、县“教师培训中心”的目标。

（二）发挥网络教育跨越时空优势，服务弱势群体，促进教育公平

试点以来，我校充分发挥网络教育优势，面向农民工、残疾人等弱势群体开展网络学历教育。华南师范大学积极参与教育部、团中央组织实施的“广东省新生代产业工人圆梦计划”，累计录取“圆梦计划”学员 5000 余人，另对超过 1.2 万名报名未能参与“圆梦计划”的农民工实行学费减免政策，扩大受益范围。学校 2011 年联合省残联和狮子会推出“华南师范大学学习无障碍行动计划”，利用网络教育最大限度避开由于身体和生理缺陷给残疾人带来

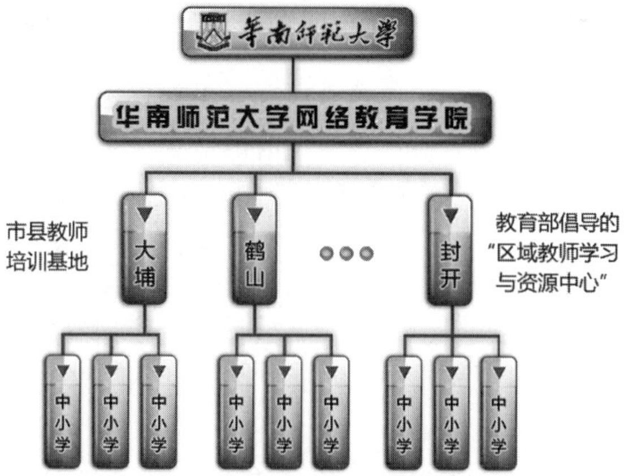

图 2　教师终身教育体系图

的制约，实现无障碍学习。试点期间，累计有 700 多名残疾人在我院深造并获得学历教育证书，如图 3 所示。

图 3　残疾人获得荣誉

（三）积极探索非学历远程教育，助力新常态下教师专业发展

试点以来，华南师范大学承担了大量教育部“国培计划”项目、省培项目、市县区教师培训项目，学员覆盖新疆、江西、广西、广东、福建、河南、海南等多个省、市、自治区，培训总人数超 50 万人次。作为“国培计划”示范性项目首批实施单位，学院在全国率先探索创新了基于网络的“教师工作坊”研修模式，并将该模式应用于省级、市级、区县级教师培训工作，累计在全国建设基于网络的“教师工作坊”1600 余个，各类工作坊上传微课 31 362 个，上传其他学员生成性资源 665 101 个，形成了“名师引领，受训教师互助，线上线下相结合”教师培训与专业发展新模式。此外，我校还以建设华师网络研修与培训示范基地和网络研修与培训资源建设基地为依托，构建了支持教师常态化混合研修的 U-R-S 体系，有效促进了教师个体及群体的专业发展。

(四) 大力推进面向全日制学生的网络教学,创新了教师职前培养模式

华南师范大学于2007年启动面向校内全日制学生开设网络公选课的"校园开放教育"项目,迄今累计建设并投入校内全日制学生使用的网络课程30余门,共有校内3个校区(石牌本部、大学城校区、南海校区)、广州大学城10所高校、宁夏北方民族大学共计118 927名全日制学生从中受益。实践中实现了课程设计、培养模式、服务模式、组织模式、移动技术五大创新。教育部2011年第14期简报《华南师范大学实施校园开放教育计划推进网络教育资源的开放共享和人才培养模式的改革创新》全面报道我校网络教育学院实施的校园开放教育计划(见图4)。

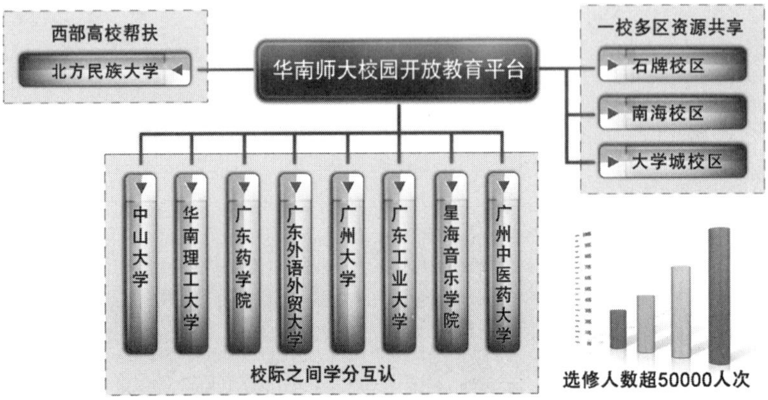

图4 华南师大校园开放教育平台

此外,华南师范大学还自主研发手机移动学习技术,服务校内教学、科研、管理、党建和文化传承等系列活动。学校的毕业典礼、音乐会、大学生足球比赛等大学校园活动的手机直播,受到师生、家长和校友的高度评价,"陈雄辉思政与党建手机工作室"得到中国教育报的跟踪与报道。

(五) 实施"职业教育网络课程修读计划",探索职业院校"翻转课堂"教学形式

2012年,华南师范大学网络教育学院启动实施"职业教育网络课程修读计划",面向职业教育学校、职业教育教师、职校生开展信息化环境下的网络课程教学。目前,已建设职业教育学习网,并开发了汽车维修、潮汕工夫茶、葡萄酒品鉴、仓储管理等一大批适用于职业教育的网络课程。我校还积极组织职业院校教师参与微课与MOOC网络课程开发、翻转课堂教学改革项目,探索了以微课为单元的MOOC学习方式,推动了网络教学和课堂教学的深度融合。学校还组织成立了广东职业教育信息化研究会,通过专家委员会,联合广东省高职高专院校、中职中技学校,以教育信息化带动职业教育现代化。广东职业教育信息化研究会面向全省职业院校征集职业教育"凤凰微课"优质视频课程,并以此为基础,开展课程改造和职业教育凤凰云教材(电子书)的研发工作。研究会开展的"凤凰微课百校行"活动累计培训职业院校教师4000多人。

（六）不断加大数字化资源建设力度，推进数字化资源开放与共享

截至目前，我校自主建设网络课程共计 562 门，其中“现代教育技术”被评为国家级精品资源共享课。“数字化学习”被评为国家级视频公开课，“美学”“旅游文学”等课程被评为省级精品课程。我校推出基于微信的音频学习小程序——华师听听，上线音频课程 332 门，有效支持了学员利于碎片化时间的“道听途说”。

2012 年，华南师范大学与凤凰卫视集团联合开发的国内首个面向全球正式发布的移动学习新应用——“凤凰微课”（见图 5）上线。“凤凰微课”现已推出 Win10、iOS 两个版本，目前累计开放微课程 2 万余个。“凤凰微课”在境内外产生了较大反响，引领了“微”字开头移动学习新纪元。

图 5　凤凰微课

（七）研发移动学习与管理平台，成为国内引领移动学习的风向标

试点期间，华南师范大学成功将校园开放教育、华师公开课、凤凰微课、华师在线等学习平台和教学管理平台移植到移动设备中。学习者可以通过智能手机、iPad 等移动设备随时随地学习。同时，华南师范大学还将许多优质课程资源通过移动应用技术整合成电子书形式，在移动学习平台上向学习者提供。在苹果 iOS 平台上，已经实现华师在线、华师在线 HD、华师视频公开课、《iOS 程序设计》公选课、华师校园开放教育、凤凰微课、掌上课堂、《现代教育技术》、远程桌面助手等 10 余种应用；在 Android 平台上，实现了华师在线、华师视频公开课、华师校园开放教育等应用；在微软 Window phone 平台上，已经实现华师在线、华师校园开放教育、华师视频公开课、凤凰微课等应用。此外，学院还研发了基于 iOS 等系统的“手机直播系统”“微课录制工具”“基于微信的在线学习系统”“电子书移动制作工具”以及“无人机录课系统”。

（八）建立网络教育“学分银行”制度，实现了教师学历教育与非学历培训相沟通，教师职前教育与职后教育相衔接

华南师范大学探索建立了“网络教育学分银行”制度。该制度使我们正在开展的网络教育与普通高等教育（校园开放教育计划）、职业教育、成人教育、社区教育和中小学教师远程培训有机地整合在一起，并在终身教育和终身学习的理念指导下实行了有效的衔接与沟通，极大地促进了网络教育资源的共享与开放，避免了重复培训，降低了学习成本。试点期间，已有 4 万余名教师的非学历培训的学习成果存储、积累到网络教育学院网络教育学分银行，其中 4000 多名中小学教师实现了学习成果的转移与转换。

（九）构建手机移动数据云，有效解决乡村教育协同共享

华南师范大学通过构建手机移动数据云后台支撑，移动终端草根式操作，廉价成本常态化应用（用手机 3G/4G 直播一节课流量费不到 1 元），将最新的移动学习技术与乡村基础教育改革相结合，促进优质教育资源有效共享，探索城乡协同备课和教学，创新跨校校本研修模式，形成家校协同教育合力，实现了东西部、大学与中小学、城镇与乡村学校教育的深度融合。项目累计建设基于手机数据云的“教师工作坊”1600 余个，上传微课 266 498 个，手机直播近 6000 场活动，覆盖 10 个省、市、自治区，收看直播和点播 1300 万人次。

2016 年，教育部陈宝生部长来我校考察时大加点赞手机教师网，说“这个很好、要继续探索，把宝挖出来！”时任广东主管教育蓝佛安副省长两次莅临网络教育学院指导工作，中央电视台《焦点访谈》跟踪报道了我校手机送教活动，报道指出“该技术大大节省了农村学校接受高质量教学的成本”，时任教育厅罗伟其厅长在全省基础教育工作现场会上说“华南师范大学的技术创新代表着基础教育的改革方向！”。国家教育体制改革领导小组办公室《教育体制改革简报》《中国教育报》《南方日报》《羊城晚报》等媒体都对项目进行了深入报道。该项目获得 2018 年广东省教育教学成果奖（基础教育）一等奖，2018 年基础教育国家教学成果奖二等奖。

三、推进网络教育转型提质升级的思路和举措

站在新的历史起点上，华南师范大学将严格按照党的十九大关于“办好继续教育，加快建设学习型社会，大力提高国民素质”的要求，深入学习全国教育大会精神，按照坚持立德树人、坚持育人为本、坚持规范办学、坚持确保质量原则，遵循成人教育规律和在线教育规律，加快推进改革创新，办“有质量”“高水平”“人民满意”的网络教育，切实增强学习者的“获得感”，提高学员的知识技能水平。

（一）加强党对继续教育的全面领导，进一步强化立德树人

①进一步重视网络教育发展，将网络教育作为学校服务社会的重要途径和窗口。②将网络教育、继续教育写入我校章程及整体发展规划，制订专门的继续教育发展战略规划。③将网络教育纳入我校“双一流”建设和高水平建设，将我校教师参与网络教学纳入个人工作绩效。④坚持立德树人，进一步加强网络教育学院及校外学习中心的党建工作，将思想政治教

育融入网络教育全过程。

（二）稳步发展网络高等学历教育，创新人才培养模式

①充分发挥入学考试的遴选功能，提高网络教育生源的质量。②落实继续教育立德树人的根本任务，加大思政课教学，培养合格的社会主义建设者和接班人。③以学前教育专业为试点，探索网络教育的“学业导师制”人才培养模式改革。④推动各专业课程体系改革，提高网络高等学历教育教学的针对性和实效性。⑤探索基于大数据和人工智能的网络教育教学及支持服务模式，提高人才培养的质量。⑥推广现代远程教育试点经验，逐步实现校内多种继续教育办学类型的融合发展。⑦进一步加大对网络教育的办学投入和政策支持，提升网络教育质量内涵。

（三）大力发展教师远程培训，打造华师培训品牌

①进一步加强教师远程培训工作，努力承接更多国培、省培及地市级培训项目，探索大规模、高质量开展教师培训的途径和方法。②进一步增强教师远程培训内容的针对性和实效性，确保按需施训，切实提高一线教师的教育教学水平。③进一步加强培训课程设计，增强在线交互深度，完善对受训教师的形成考核机制（如对在线交流的数量和质量进行考核）。④进一步加大对教师工作坊理论研究与实践探索的力度，依托工作坊建立校本及区域研修社区，开展研修活动，推动教师专业发展。⑤打造一批适合中小学师生的培训教材及数字化资源。⑥进一步搭建支持教师常态化混合研修的 U-R-S 体系（其中 U 是大学；R 是区域教师发展中心；S 是中小学），促进教师专业发展。

（四）加大校园开放教育（校内本科网络教学）力度，推动高等教育改革

①深入实施“校园开放教育计划”，推进与之配套的“大学生暑期开放学习计划”“行业精英进校园计划”“网络课程开发计划”“面向西部学校教育帮扶计划”等。②积极推进大学生课程辅修、双专业、双学位网络教学，利用网络教育大幅提升全日制学生的综合素质。③进一步加强网络教育课程建设，增加校内网络教育课程数量，满足学生选课的需求。④支持一线教师开展网络教育教学方法的相关研究，进一步提高网络教育的质量和水平。

（五）完善“学分银行”机制，促进教师终身学习

①进一步完善学历教育、非学历培训相互转化的“学分银行”制度，探索建立并推行面向区域乃至全国的教师学历教育及非学历培训课程的学分认证标准及方法。②依托全国教师教育网络联盟，构建教师终身教育学分认证、积累与转换平台。③构建网络教育与全日制教育、职业教育衔接沟通的终身学习立交桥。

（六）发挥毗邻港澳地域优势，探索区域辐射机制

①进一步发挥华南师范大学地处华南，毗邻港澳的地域优势，探索立足南粤，服务特区的继续教育发展与服务模式、管理模式和运行机制。②加强与港澳台高等院校的交流与合作，引进先进的教师教育和远程教育理念、技术与课程，探索与港澳台合作的有效机制。③逐步推出面向东南亚等国家的英文学历教育课程和非学历培训项目，服务国家“一带一路”倡

议战略。

附件

试点以来的数据统计表(截至 2018 年年底)

试点高校:华南师范大学

学历继续教育				非学历培训		
累计招生总数	累计毕业生总数	累计开设专业数	共建设网络学习资源数	培训班总数	培训总人数	扶贫项目总数
266 271	180 257	82	562	288	545 526	4

注:学历继续教育数据指本专科总数;学习资源指课程、课件、资源库等。

电子科技大学现代远程教育试点工作总结

电子科技大学坐落于四川省成都市，原名成都电讯工程学院，是1956年在周恩来总理的亲自部署下，由交通大学(现上海交通大学、西安交通大学)、南京工学院(现东南大学)、华南工学院(现华南理工大学)的电讯工程有关专业合并创建而成。

电子科技大学1960年被中共中央列为全国重点高等学校，1961年被中共中央确定为七所国防工业院校之一，1988年更名为电子科技大学，1997年被确定为国家首批“211工程”建设的重点大学，2000年由原信息产业部主管划转为教育部主管，2001年进入国家“985工程”重点建设大学行列，2017年进入国家建设“世界一流大学”A类高校行列。经过60余年的建设，学校形成了从本科到硕士研究生、博士研究生等多层次、多类型的人才培养格局，成为一所完整覆盖整个电子类学科，以电子信息科学技术为核心，以工为主，理工渗透，理、工、管、文、医协调发展的多科性研究型大学。

为了适应新时期发展需要，紧跟时代潮流，推进教育创新，电子科技大学积极响应中共中央、国务院“现代远程教育工程”计划，于2002年被教育部正式批准为开展现代远程教育试点院校，面向社会开办网络高等学历教育。学校网络教育试点的实施，使教育信息化全面覆盖学校各类别继续教育，为学习者提供网上学习资源，加强了网络助学支持，促进了人才培养质量的提高。

在远程教育管理方式上，电子科技大学实行“网络教育学院”“继续教育学院”“职业教育学院”三院合一的归口管理体制。在学校整体办学方针政策的指导下，牢固树立“以质量求生存、以服务求发展”的办学理念，围绕继续教育多元化体系的构建思想，经过对多类型求学需求的适应性教学改革与创新，逐步建立起针对性强的培养目标、培养模式、教学手段、评价考核方式等培养过程的动态开放系统，发挥了多元教育投入和多元教育因素的合力，延伸并拓宽了求学者的成才之路，实现了学生学有所教、学有所获、学有所长和学以致用，满足终身学习的需要。

教育部《高等学历继续教育专业设置管理办法》发布以后，网络教育学院按照“提质量，调结构”的发展战略方针，以精细化管理为抓手，以信息化为手段，着力提高教育教学质量、管理质量和服务质量，优化办学结构，加强网络课件资源、信息化综合管理和学习平台建设，强化对学生和校外学习中心的教学支持服务，逐步建立质量保障体系，不断提高人才培养质量。

一、学校试点工作实施情况

(一)合理布局办学架构，不断培育新的教育增加点

电子科技大学按照教育部办学政策要求，根据现代远程教育的发展特点，立足学校发展定位，以优化配置办学资源为重点，形成了复合式的办学架构，除校内专业学院办学外，主要采取“学校+校外自建学习中心”和“学校+公共服务体系”的模式。

“学校＋校外自建学习中心”的模式是学校严格按照教高厅〔2003〕2号文件要求建立校外学习中心，校外学习中心原则上依托普通高等学校、成人高等学校、广播电视大学、省级以上重点中专学校和教育培训机构，依托建设单位必须具有完整的事业或企业法人资格，具备从事教育或相关服务的资格，能独立承担相应的法律责任，社会声誉良好。校外学习中心均经省级教育行政部门审批备案，并严格按照教育行政部门有关规定和学校要求规范运作。

“学校＋公共服务体系”的模式是学校与国家现代远程教育公共服务体系合作，共同建立学习中心，学校负责提供教学、管理、支持与服务，和公共服务体系共同管理学习中心。在学习中心的建设过程中，面对政策波动、区域门槛、院校竞争，学院及时捕捉机遇、广开渠道，调动一切可利用资源，奋力拓展。

经过16年的努力，形成了遍布全国的远程教育网状办学布局，将学校优质的教育资源送达各地求学者，在扩大学校品牌影响力的同时，努力开发学校办学的附加值，不断培育新的教育增长点。

学校自试点以来，现代远程教育的主要发展历程如下。

2002年，经教育部批准，电子科技大学被正式批准为开展现代远程教育试点的院校，首批建立校外学习中心12个，招生1414人。

2004年，电子科技大学对成人高等教育函授站进行转型，调整为网络教育学习中心，拉开网络教育发展的序幕。

2005年，电子科技大学对网络教育学院内部管理机构进行全面改革，将原来的科室职责按照办学项目划分调整为按照工作职能划分。全面修订网络教育培养方案，突出培养应用型人才的特点。校外学习中心数量呈快速增长趋势。

2008年，将学院办公室的平台开发和资源建设职能调整到教学管理中心，进一步加强网络教育平台和资源建设，更好地服务于教学工作。

2009年，启动与奥鹏远程教育中心、弘成科技发展公司两个公共服务体系合作，第一年招生966人。

2011年，开始实施全年滚动招生。

2012年，新成立资源研发中心，负责网络教育平台开发、资源建设和学生支持服务工作。

截至2018年年底，电子科技大学网络高等教育累计招生397 731人，已毕业学生172 323人，在籍生17.2万人，遍布全国26个省(市、自治区)，主要分布在校外136个自建学习中心、奥鹏113个学习中心、弘成10个学习中心。

（二）加强制度建设，建立各类质量标准体系

规章制度是各项工作规范开展的前提和保证，学校根据教育部、省级教育行政部门的要求，结合办学实际情况，在校外学习中心管理、招生、教学、学生服务等方面制定和不断完善各项制度，建立了各类质量标准体系，为规范过程管理、强化质量要求、提高服务水平提供了制度保障。

已建立的各类质量标准体系主要有：

校外学习中心工作评估标准。包括《电子科技大学高等学历继续教育校外学习中心评估指标》《电子科技大学网络教育学院校外学习中心年度重点工作评分办法》等。

校外学习中心管理标准。包括《电子科技大学网络教育校外学习中心管理办法》《电子科技大学校外学习中心考核暂行实施办法》《办学协议签订工作规范》等。

招生工作质量标准。包括《电子科技大学网络教育校外学习中心招生工作规范》等。

培养目标标准。包括《网络教育各专业培养方案》《网络教育课程教学大纲》《网络教育课程考试大纲》等。

教学管理质量标准。包括《教学管理工作规范》《电子科技大学网络教育考试管理规定》《本科生毕业论文(设计)和毕业答辩的有关规定》《教师工作手册》《学生手册》《网络教育学生导学手册》等。

资源建设质量标准。包括《网络教育课件建设标准》《网络教育辅导资源建设标准》等。

学习支持服务质量标准。包括《网络教育学习平台管理办法》等。

电子科技大学还将校外学习中心管理、招生管理、学籍管理、考试管理、毕业论文管理、学习过程管理等办学所有环节的制度形成《继续教育办学单位管理手册》,并及时根据教育部、省级教育行政部门的新政策和学校教学管理改革新措施,不断完善、修订制度,从 2004 年至 2014 年共 4 版,目前正在进行第 5 版的修订。同时,根据管理对象的不同,将相关管理制度分类形成了《教师工作手册》《巡考手册》《巡答辩手册》,为学生制定了《学生手册》和《导学手册》。学校通过不断建立健全各项规章制度,使网络教育从招生至学生毕业各环节均有制度保障,形成完整的标准化流程,使管理更加规范、高效,为提高办学质量提供有力支撑。

(三)加强招生和教学过程管理,提升办学质量

1. 严格招生管理,把好生源入口关

在网络教育招生过程中,电子科技大学认真贯彻执行教育部及省级教育行政部门的有关文件精神,不断完善招生管理制度,严格控制招生工作各环节,在招生时向学习中心公布招生指导性文件,有《关于做好网络教育招生工作的通知》《关于加强网络高等学历教育招生报名流程及入学资格审核管理的通知》等,认真做好新生入学资格审查,切实把好网络教育入口关,确保生源质量。

电子科技大学网络教育自主招生入学考试采用笔试和机考两种方式,按照课程入学考试大纲自主命题和组织考试,根据考试成绩实行择优录取的方式进行招生录取。学院招生录取领导小组根据每一批次考生的入学考试成绩分布情况,划定各层次的录取分数线,其中总分和单科考试成绩是考核的重点,并将符合录取条件的考生信息在网上公布,统一寄发录取通知书。录取比例原则上为 85%~90%。

在新生信息采集方面,为确保信息的准确性,学校从 2012 年开始采用身份证读卡器采集学生的基本信息,后来陆续加入 NFC 手机采集学生身份信息的功能,提高了数据采集的高效性和准确性。对考生报考信息采取三级审核制度,即学习中心对考生报名信息和提交的报名材料进行初审,学校对考生信息和入学资格进行复审,对报考专升本层次学生的专科及以上毕业证书进行学历认证,并将录取考生数据在规定时间内上报阳光招生平台,经教育主管部门进行终审。

电子科技大学制定招生简章并在网上发布,宣传设计样稿和文字内容由学校统一提供给各学习中心使用,并公布全国招生热线和招生咨询 QQ。招生期间,学校安排专门人员到校外学习中心巡视,杜绝校外学习中心发布模糊和虚假信息误导考生,对在宣传过程中出现

的个别违规现象，立即予以制止、纠正，并消除影响。

2016 年，为贯彻落实教育部《高等学历继续教育专业设置管理办法》文件精神，网络教育学院提出了“提质量，调结构”的发展战略目标，再次对专业进行调整，目前共开设通信工程、计算机科学与技术等共 10 个专升本专业，电子信息工程等共 7 个高起本专业，机电一体化技术等共 4 个专科专业。

2. 修订人才培养方案，实施教学管理改革

电子科技大学根据社会需求、电子信息学科特色和适合在职人员业余学习特点等，设置了网络教育专业，并根据应用型人才培养目标制订了人才培养方案。从统一制订、实施网络高等教育、成人高等教育统一培养方案至今，全面修订培养方案共 4 次。2016 年，为贯彻落实教育部《高等学历继续教育专业设置管理办法》文件精神，网络教育学院对专业进行了调整，同时修订了高起本专业培养方案。

2014 年，对人才培养方案进行修订时，同步对教学管理方案进行全面改革，主要有 4 个方面：第一，将课程考核方式由单一闭卷笔试改为闭卷、开卷、在线考试、大作业、网上学习共 5 种考核模式；第二，实行试卷扫描、机器阅卷的云阅卷方式，实现了考务管理，包括试卷和答题卡、签到表数码印制及试卷装袋全面信息化管理；第三，全面推行部分课程进行在线考试及网上大作业考核；第四，实现本科生毕业论文撰写全过程的信息化管理。

3. 提前做好教学安排，落实教学过程

电子科技大学在每学期末发布下学期的教学各项工作安排，包括教学运行、学籍管理、教材订购、考试安排、学习中心需要重点关注的工作环节等，并制定网络教育学院各项工作的时间安排表和任务负责人，方便校外学习中心按要求提前安排下学期的教学工作。教学过程主要包括：面授辅导、网上课程串讲和实时答疑、网上课程辅导和组织课程论坛、本科生毕业论文（设计）指导、组织课程考核等。

(1) 面授辅导。根据学生课程学习需求，学校派出教师到校外学习中心集中开展讲座和课程重点、难点辅导。学校制定了《网络教育面授辅导教师教学要求》，校外学习中心聘请辅导教师按照要求对学生开展集中面授辅导。

(2) 网上课程串讲和实时答疑。学校通过实时答疑系统，在网络教育全国统考前的晚上和周末时间，对统考课程进行重点难点串讲、答疑，同时将教学过程进行录制，提供给没有实时参与的学生，便于其后期网上学习。

(3) 网上课程辅导和组织课程论坛。学生通过学习平台网上学习课件完成网上作业，并获取教学大纲、考试大纲、网上辅导过程、课件 PPT、自测题等。为保证学生的网上学习效果，学校对学习平台上重点课程聘请了辅导教师，通过课程论坛、邮件、值机答疑、电话等形式对学生的问题在 48 小时内给予解答，并要求每门课程的责任教师在课程论坛每月至少组织一个讨论专题，对课程热点问题组织讨论和解答，丰富了教学内容和形式，这也成为学生乐于接受和欢迎的一种辅导方式，同时也进一步督促了学生进行网上学习。每学期结束后，每门课程的辅导老师总结学生对该门课程的常见问题及情况分析。

(4) 本科生毕业论文（设计）指导。学校要求本科生完成毕业论文（设计）环节，并于 2015 年开始，通过毕业论文系统对毕业论文撰写过程实施信息化管理。要求所有的本科毕业学生都通过毕业论文系统提交论文、指导教师进行评阅打分，学校和校外学习中心管理人员可以查询学生的论文进度，掌握指导教师与学生的互动情况。论文答辩分现场答辩和书面答辩两种方式。在现场答辩环节，学校派出教师进行现场巡视或通过远程会议系统实时监控论文答辩过程。

(5) 组织课程考核。课程考核成绩由平时成绩(占 30%)和期末考试成绩(占 70%)两部分组成。从 2008 年开始，对学生学习过程进行形成性考核，主要包含学生网上课件学习和网上作业提交。期末考试有闭卷、开卷、在线考试、大作业考核的考试方式。目前共开设的 233 门课程中，有 5 门课程采用大作业考核，42 门课程采用在线考试方式，其余课程采用笔试的闭卷或开卷进行考核。在期末课程笔试环节，学校根据命题规范和标准，聘请课程主讲教师提供符合标准的课程考试试卷，组织校外学习中心在统一时间考试。在考务管理环节，通过综合管理平台的"考务管理"实现约考、考场安排、试卷印刷、装袋、阅卷整个过程的信息化管理。

4. 严格学生毕业资格审核

学生取得学籍后，在规定的学习年限内完成专业培养方案规定的教学、实践环节，考核合格获得毕业要求学分，准予毕业，并由学校颁发国家承认学历、教育部统一电子注册的毕业证书。学校严格审核学生毕业资格，通过综合管理平台中的"毕业管理"，对学生修业年限、学费、课程成绩、毕业生照片等进行审核，之后统一生成毕业生清单，由校外学习中心初审，通过后学校再统一审核，最终上报教育部学信平台，毕业数据以教育部终审数据为准。

5. 狠抓考风考纪，把好人才培养出口关

为加强考试管理，规范考试过程，电子科技大学从严格考试时间、加强考点管理、严格考场纪律和严格双证检查制度等方面对校外学习中心考试严格要求。对有考试违纪作弊现象的均严格核查，严肃处理。在考务管理方面，学校对学习中心有以下具体要求。

(1) 加强对学生诚信考试教育。在学生中深入开展诚信考试相关教育活动，组织学生学习《学生手册》中的《继续教育学生考试规则》，教育学生认识到违反考试纪律的严重后果，提高学生遵守考试纪律的自觉性。通过各种方式和渠道，加大宣传教育力度，加强对学生的诚信考试教育。

(2) 组织召开考前培训会。组织教务管理人员、监考人员、班主任召开考前培训会。根据学校考务工作要求落实考场安排、试卷接收、试卷保密等，责任到人。重点强调严肃考风考纪、规范考场秩序的重要性，认真学习并落实《电子科技大学继续教育监考员工作职责》和《电子科技大学继续教育监考操作程序》等文件精神，制订考试工作计划，明确工作职责和奖惩措施。

(3) 严格遵守考试时间。学校统一安排期末考试日期和各科目的具体考试时间，校外学习中心无特殊原因不得擅自更改考试时间。

(4) 加强考点管理。学校在每次考试前对校外学习中心的考点进行全面清理和规范。考点设置实行上报审批制，要求必须设在学习中心所在地，若需要考虑行业、企业学生兼顾工作等情况需要增设考点的，必须向总校申请审批。

(5) 严格考试双证检查和签到制度。学生必须携带双证(学生证和身份证等有效身份证件)参加考试，监考教师核对无误后才能参加考试。考试开始后监考教师要求学生按照学校统一打印的签到表名单进行签到。

（6）派出教师巡考。学校提前安排巡考人员对学习中心上报考点进行抽查，召开巡考人员会议。按照《电子科技大学继续教育巡考员暂行管理办法》要求，参加学习中心考务会，对考场安排和布置进行检查，对考试过程进行巡视，协助校外学习中心管理人员考务工作，考试结束后一同清点试卷并邮寄回总校。

（四）实施精细化教学支持服务，提升服务质量

1. 面向管理人员建立精细化教学支持服务小组

为不断提升教育教学质量、管理质量、服务质量，更好地为校外学习中心提供教学支持服务，加强与校外学习中心的沟通交流，学院实施精细化管理，制定了《校外学习中心教学支持服务方案》，成立了 17 个服务小组，电子科技大学网络教育学院教务管理中心工作人员担任各小组服务负责人。学院每学期末发布下学期的教学任务、任务负责人和任务的开始、完成时间节点，负责人按教学任务进度梳理学习中心完成的情况，由服务人员对未及时完成任务的学习中心进行一对一的工作沟通和提醒。服务人员通过建立管理人员 QQ 群或者微信群，使每项工作提醒和沟通均落实记录到位，对需要提交至学院层面解决的问题或提出的建议，则及时提交并落实。教务管理中心定期对各教学支持服务小组情况进行小结，每学期末进行总结，根据总结情况对学习中心开展不定期的远程工作培训。

2. 面向学生提供功能完善的学习支持服务平台

学生学习支持服务平台主要包括学习平台、微信服务、呼叫中心和实时答疑，可实现学生在线学习、在线资源管理、资源共享、信息服务、网络实时音视频辅导和远程培训。

（1）学习平台。学生网上学习资源主要包括课程大纲、网络课件、学习过程、网上作业、课程自测题、答疑中心等。课程成绩由期末考试成绩和平时成绩构成，学生在线学习课件、网上完成作业、参与网上课程学习讨论及在线答疑可获得平时成绩。为使学生点播课件的在线体验更好，学院于 2017 年引入了微软的 CDN 服务。为不断提升课件质量，在综合管理平台中增加了课件评价系统，学生通过学习平台即可对课件质量、主讲教师的授课情况进行评价，评价数据在平台生成报表，方便管理人员对数据进行分析。

（2）微信服务。微信接口的应用全面服务于学生，学生可以通过微信查询课程成绩、全国计算机等级考试、四川省学位英语考试成绩等。

（3）呼叫中心。通过电话和 QQ 群为学生提供及时、个性化的服务，保证及时回复学生问题，并建立了专门的信息反馈机制，接受学生多种方式的问题反馈和投诉。

（4）实时答疑。通过实时答疑系统开展网络教育全国统考课程的实时在线辅导和答疑，组织校外学习中心开展远程会议和工作培训，实现教师与学生、管理人员之间的网上交互。

（五）定期开展校外学习中心评估，提升办学质量

电子科技大学建立并不断完善校外学习中心评估体系，坚持开展对校外学习中心每 4 年一次的办学质量评估。自 2002 年以来，分别于 2006 年、2010 年、2014 年开展了对网络教育校外学习中心和成人高等教育函授站的共 3 次评估。2018 年 7 月，学校启动了对 2014—2017 年度工作的第 4 次评估，制定了《电子科技大学高等学历继续教育校外办学单位评估指标》，评估过程主要有学习中心自评和学校组织评估工作组评估。办学质量评估不仅确保

办学质量标准落到实处，还能通过此平台与学习中心进行深入的沟通交流，针对性地解决问题，促进各项工作更好地推进。

二、学校试点工作特色

（一）通过信息化建设，实施高效、规范的业务过程管理和学习管理

为实现规范、高效、个性化、信息化的管理和学习需求，学校经过 16 年的自主研发建设，建成了面向管理人员的综合管理平台和面向学生的学习平台。综合管理平台应用于网络教育校外学习中心和成人高等教育函授站的管理人员，可进行校外办学单位信息管理、协议签订、招生报名、学籍管理、教学教务管理、毕业管理、财务管理等。学习平台实现了对学生网络学习的过程记录和课件资源管理，包括学生对课件学习的时间记录、在线作业的提交与评阅、教师在线辅导答疑、学生与同学和老师的互动情况等，不仅可记录学生的学习行为，而且可根据学习记录自动生成课程平时成绩。

电子科技大学信息化建设的主要历程：

2005 年，开始自主开发综合管理平台；

2006 年，建立课件资源中心；

2008 年，部署了中山、上海、北京、成都电信和成都网通镜像服务器；采用 SCROM 1.2 标准建设的学习平台上线；

2011 年，对校外学习中心年度重点工作评分系统进行信息化建设，对学习中心招生、教学管理、学费管理 3 个方面的重点工作进行网上评分，实现对学习中心的工作进行有效督促与监管；

2012 年，为建设更高标准的学习平台和学习资源，对建设标准进一步升级，课程学习资源全部遵从 HTML 5、H. 264 的标准，新建设的学习资源可以在 Windows、Mac、iOS、Android 等平台上进行学习；

2013—2014 年，实现了夜大学、函授教育与网络教育深度融合的信息化管理；

2014 年，实施考务管理信息化改革方案。在试卷印制环节，学生在规定的时间内完成考试预约后，学校可以查询每个校外学习中心的考试科目、考试人数、考场分布、试卷分装等，将考试数据与数码打印技术相结合，试卷制作周期在一周内，并且错误率在万分之一内。在试卷批阅环节，将全部试卷扫描进入阅卷平台后，客观题自动批阅，主观题由阅卷老师通过阅卷平台批阅，阅卷平台的应用保证了学生历次考试的试卷可以在系统中快速查阅，阅卷周期也在二周内；

2016 年，毕业设计（论文）系统开发完成应用，实现了对本科生毕业论文指导和撰写全过程信息化管理；

2018 年，在财务管理方面，为学生提供了网上缴费渠道，学生可以通过微信、支付宝、银联等方式完成学费缴纳，学费管理更规范、高效，学校通过综合管理平台可以实时查询学费数据。

通过信息化建设，让管理人员更专注于业务的管理、拓展、服务，同时因平台是自主研发设计，对业务扩展的适应性很强，可以根据业务的变化、管理的需要等及时完善平台功能，满足管理需要。

（二）标准化建设资源，实现资源共享复用

电子科技大学从2006年开始建立资源中心，最初的课件资源以视频和音频课件为主，部分是三分屏课件。随着新技术的运用，为给学生提供优质的网络环境和资源，学校每年都投入专项“经费用于课件资源建设，经过16年的建设，通过自主开发和引进的方式建设了460门共三万余学时的课程资源，课程资源包括教材、教学大纲、考试大纲、课程课件、辅导课件、网上作业等。”

电子科技大学主要从3个层次建设课件资源：一是专业课程，根据制作标准，主要包括课程教材及主要参考资料、教学大纲、考试大纲、课程综合自测题、课程简介、学习指导计划、视频课件、课程网络辅导资源、学科前沿、实验实训等；二是网络精品课程，如“管理心理学”“模拟电路基础”“电路分析基础”“单片机原理及应用”“软件技术基础”“电气工程及其自动化”等，其中“管理心理学”被评为“2012年度国家精品资源共享课”；三是通识教育课程，2013年开始共引进30余门通识教育课程，主要包括职场心理、中国文化、艺术赏析等，作为专科学生的必修学分，提高学生的职业素质和综合素质。

电子科技大学网络教育学习平台和学习资源建设从2008年开始就采用了SCROM 1.2的标准进行建设，标准化建设的学习平台及资源，可以详细记录学生的学习行为、学习痕迹，如学生单击课件的时间和内容、学习停留时间、IP地址等，根据学时课程学习记录可计算出学生的“平时成绩”。2012年，学校对建设标准进一步升级，所建设的课程学习资源全部遵从HTML 5、H.264的标准，课件资源可以在Windows、Mac、iOS、Android等平台上学习。

通过使用SCORM标准，全面规范了资源建设，实现了资源重复使用、实时追踪学习记录，更能符合学习者的需要。对所有网络课程进行标准化制作后具有以下特点：以学生为中心，注重在线学习；遵循SCORM标准，实现共享复用；平台统计追踪，提供考评依据；引领式教学模式，控制学习进程；多种成果版本，满足不同需求。

（三）通过开展教学改革研究，不断提升管理水平

为推动网络教育应用型人才培养的研究，网络教育学院积极参加学校组织的教学改革研究项目，形成教学成果，其中《多元化继续教育体系的探索和实践》于2008年获得四川省教学成果奖一等奖，《基于学历继续教育管理和学习的信息化系统构建》于2016年获得电子科技大学第八届教学成果奖二等奖。为鼓励优秀学习中心积极开展网络教育教学改革研究，学校于2011年、2013年组织开展网络教育教学改革项目研究并结题。项目研究以提升网络教育的发展为目标，围绕网络教育发展的热点、难点和关键问题，结合教学工作的中心问题开展研究，促进了学校和校外学习中心管理水平的提高。

三、人才培养模式机制的创新探索

（一）信息化管理手段和网络课程应用于成人高等教育、高等教育自学考试和非学历继续教育

电子科技大学将网络教育资源和综合管理平台应用于成人高等教育的管理和教学中，统一将成人高等教育和网络高等教育的学生纳入综合管理平台管理，统一相同专业的培养

目标和课程体系，夜大学和函授教育学生可以通过网络教育学习平台进行学习和作业提交，使不同类别的学历继续教育学生都能享受学校的优质网上教学资源，解决了学生的工学矛盾，该种模式也得到了函授和夜大学生的认同。学校利用信息技术优势和开展网络教育的经验，服务于学历继续教育的改革走在了四川省内同类院校的前列，在提高继续教育教学质量、人才培养方面得到了有效应用。教学改革研究成果《多元化继续教育体系的探索和实践》于 2008 年获四川省教学成果奖一等奖，《基于学历继续教育管理和学习的信息化系统构建》于 2016 年获电子科技大学第八届教学成果奖二等奖。《基于信息化的夜大学、函授、网络教育的教学融合探索与实践》被评为“2018 年中国高校远程继续教育优秀案例”。

通过开发网络教育平台，积累了平台开发经验，技术人员又自主开发了应用于高等教育自学考试的管理平台，服务于学校校外自考助学点的日常管理，使日常管理更规范、高效，得到四川省内自考助学点管理人员的认可。在制作自考辅导课件的同时，将网络教育课程资源对自考学生开放，丰富了学生网上学习资源，帮助学生通过自考课程考试。

电子科技大学在开展非学历继续教育培训中，部分培训项目要求学员有一定的网上学习环节。学校是全国重点建设职教师资培养培训基地，在对中职教师专业带头人和骨干教师培训中，涵盖电子商务、计算机网络技术以及软件与信息服务等专业的培训，将网络教育相关专业的部分课程资源、通识教育课程资源向培训学员开放，丰富了培训内涵，受到学员的欢迎。

（二）网络教育平台和资源为校内本科生服务

网络教育学院为校内全日制本科生搭建了选修课学习平台，为本科生的远程学习提供了支持服务。学校“卓越工程师教育培养计划”的本科生在大三时进入企业顶岗实习阶段，从 2014 年开始，“马克思主义基本原理”网上课程资源向本科生开放。学生通过在平台进行课件的学习、教师组织课程讨论、作业提交等环节完成课程网上学习。通过不断完善选修课学习平台功能，将网络教育学习资源更大程度地服务于校内本科生。

四、网络教育服务国家战略和民族地区的发展情况

（一）网络教育服务于西部地区人才培养

西部地区教育水平比较低，存在巨大的教育需求，学校从实际出发，利用地处西部并且教育资源丰富的条件，积极发展网络教育，为提高西部教育水平、西部大开发提供人才助力。

电子科技大学在四川、云南、广西、陕西、新疆、青海、宁夏等省（自治区）已建立近 50 个网络教育学习中心，为西部地区培养了大量的应用技能型人才。对西部边远地区有学历提升需求的行业员工，开展行业定制人才培养。

（二）抓住战略机遇，提升行业、企业在职人员的学历

电子科技大学抓住信息化带动工业化、国防工业现代化、产业结构向中西部转移等战略机遇，依托学校电子信息学科优势，整合学校各类优质教育资源，着力构建能满足经济社会发展需求的多元化继续教育体系，针对性地设计各类教育培训项目，提供优质教育资源和学

习支持服务。

为行业主要开展的教育项目有：与中国移动通信集团四川有限公司长期合作，共同建设四川移动E学院，方便四川移动员工学习；与中国移动通信集团广东分公司合作，为员工的学历和技能提升提供学习支持服务；为中国邮政内江分公司开办市场营销定制学历教育班；为广东中山市妇联千余名妇女基层干部和工作人员提供学习支持服务；为贵州国税系统、中国电子科技集团第十四所的职工等开设专门学历提升班。根据学习者需求，针对性地设计教学内容、开展专业讲座和提供特色资源等，在职人员在提高学历的同时，也提高了综合素质和职业能力。

为企业（特别是电子信息企业）开展的教育项目有：为乐山菲尼克斯公司、Intel（成都）有限公司、中芯微电子（成都）等落户西部的外资企业一线员工提供网络教育学历提升；为江苏南通携程网大量员工圆了学习梦；为河南安彩集团成都电子玻璃有限公司、成都神钢工程机械（集团）有限公司、江油长钢集团、富士康等企业在职人员提供网络教育学历提升，稳定了大批基层职工，提升了工作水平，得到相关单位的高度认可。学校与富士康科技集团（成都分园）开展学历继续教育合作办学，在富士康科技集团（成都分园）关联企业内进行“企业定制”人才培养，为千余名富士康员工开展了网络高等教育学历提升，该案例入选“2017年中国高校远程继续教育优秀案例”。

（三）支援西藏建设，为民族地区发展做贡献

十八大以来，国家加大了对西藏的支援建设力度，动员社会广泛参与，开展全方位、多层次、宽领域的援藏行动。电子科技大学积极响应国家号召，学校依托国家电网四川电力和西藏电力行业，为西藏培养电力人才。“川藏联网工程”建设也称川藏联网输变电工程，该工程旨在将西藏昌都电网与四川电网接通，结束西藏昌都地区长期孤网运行的历史，从根本上解决西藏昌都和四川甘孜南部地区严重缺电和无电问题。从2015年开始，学校为国家电网行业“川藏联网工程”生产一线的职工提供网络教育学历提升服务。学员们常年在艰苦的环境中四处奔波，缺乏良好的学习环境，在工作、学校、家庭和社会多重职责重压下，学习时间也难以保证。网络教育的学习形式灵活，学习过程不受时间、空间等条件限制，解决学员们学习时间不固定、工作地点变动大的问题，不仅有效缓解了工学矛盾，也助推了他们的学历提升和职业素养的提高。电子科技大学网络教育为凝聚起西藏与祖国同步建设小康的“中国力量”做出了自己的贡献。

五、试点工作中存在的问题和不足

（一）质量保障体系还需进一步规范和强化

通过制度建设、实施管理改革、制定质量标准等措施，逐步形成完善的具有学校特色的质量保障体系，保证了招生、教学管理、学生毕业至学位申请各环节的规范运行。从2016年开始，招生人数增加，教学服务和管理难度加大，对精细化管理提出了更高的要求。这就需要学校进一步规范、强化招生、教学各环节工作，加强对学生的支持服务，进一步规范、强化质量保障体系。

（二）校内师资参与网络教育教学的积极性不高

网络教育教学主要环节有教师课程面授辅导、网络课件制作和毕业论文指导等，师资主要来源于校内各专业学院和校外优秀师资。经过多年的建设，目前已建成满足网络教育学生学习需求的课件资源，但随着课程知识、教材版本的更新，需要对部分课件资源同步更新。下一步根据非学历继续教育的发展，培训学员网上学习的需求，也需要建设非学历继续教育课件资源。因学校政策、教师本科教学科研任务重等原因，专业学院的优秀教师参与网络教育教学，尤其是近几年网络课件资源建设的积极性不高。

（三）生源结构还不够合理

电子科技大学网络教育专科生占70%左右，为进一步贯彻落实教育部《高等学历继续教育专业设置管理办法》文件精神，从2018年秋季学期开始，学校在招生工作中控制总规模，逐步调整专、本生源比例，使生源结构更加合理。

（四）需要进一步加强资源建设和信息化平台建设

电子科技大学每年投入专项经费用于信息化平台建设和资源建设。经过多年的建设，目前已形成较为完善的用于网络高等教育的综合管理平台和学生学习平台，保证了学生从入学到毕业各环节的信息化管理。目前在拓展非学历继续教育，需要同步加强非学历继续教育信息化管理平台的建设和资源建设。网络高等学历教育的资源也需要更新，制作更高质量的课件资源。

六、下一步的改革和发展思路

随着教育部《高等学历继续教育专业设置管理办法》的出台，势必对高校未来办学发展的布局和发力产生深远影响。调整办学结构，促进多元办学平衡发展，优选办学项目和合作单位，势在必行。网络教育学院按照“提质量、调结构”的办学方针，对接学校“双一流”建设目标，融入学校办学主流，构建育人为本，走内涵式、有特色、可持续稳健发展的办学道路。学校推进网络教育转型提质升级的具体措施如下。

（一）通过党风廉政的持续教育，制度建设，精细化服务等，进一步规范、强化质量保障体系

对教职员工持续开展党风廉政教育，通过健全制度、完善运行机制等举措，落实一岗双责，坚守原则与底线，坚持廉洁从业，推进继续教育持续健康发展。对各项制度进行梳理，根据目前管理实施的具体情况修订已有制度，同时制定新制度，以制度建设规范各环节工作。健全教学质量监控和评价体系，搭建校内督导专家、学院质量小组以及学生评教的多维度质量保障体系，将监控和评价工作贯穿到教学管理的主要环节；探索和构建对校外学习中心的精细化日常教学管理支持服务体系，以注重工作成效为基本出发点，从招生、教务至考务实

施精细化管理。

进一步加强对校外学习中心的支持服务，在招生工作实施分片区管理的基础上，从2018年6月开始试行学院内成立教学支持服务小组，以小组为单位与校外学习中心保持联络，保证与学习中心信息沟通畅通。保证规模较大的在籍学生的日常教学管理工作按照学期工作计划安全有序推进，形成更规范的招生、教学、管理、服务质量保证体系，不断提高继续教育办学质量。

（二）探索新的教学支持服务模式，提供政策支持，努力建设一支专兼职师资队伍

以人才培养为根本，以学生为中心，落实立德树人根本任务，建立全员育人、全过程育人、全方位育人机制。遵循教育规律，结合继续教育特点，依托学校学科优势和专业特色，设置符合社会发展需求、在职从业人员特点的学历继续教育专业和课程体系，按照培养应用型人才的总体目标科学制订培养方案，完善教学质量指标体系、培养体系和课程体系。

统筹网络高等教育、成人高等教育、高等教育自学考试校内、外师资资源，探索专业学院参与的教学支持服务模式，提供政策支持，推动更多校内、外教师参与网络教育教学工作，努力建设一支高水平的专、兼职师资队伍，为提升课件质量，增加外派教师面授、辅导答疑和论文指导工作提供更有力的保障。试行资源建设新方案，通过课件项目建设的方式，提高教师参与的积极性。

（三）以“提质量、调结构”为原则，规范发展网络教育，大力推进专业化的非学历继续教育

对网络高等学历教育，强化本科办学，开设与全日制本科专业对应的特色专业，建设有学科支撑的优势专业。选择校外优质合作单位和学习中心，继续开展从2018年6月开始启动的对校外学习中心的全面巡检工作，扶持校内专业学院办学，内外差异化办学确保各方办学权益和竞争有序。从2018年秋季学期开始，学校在招生工作中控制总规模，逐步调整专、本生源比例，使生源结构更加合理，规范发展网络高等教育。

对非学历继续教育培训，电子科技大学网络教育学院将依托网络教育10多年发展积累的师资、技术及资源等，聚焦分析合作办学单位的发展潜力，寻求与学校市场属性互补、专业特点相似的学习中心开展合作，积极开拓非学历培训市场，促进学历与非学历平衡发展。以国家建立终身学习型社会，提倡全民学习的契机，主动走出去，认真分析社会、行业、企业的各种需求，充分利用学校的各种优势资源，为行业、企业、社会培养更多的应用型人才。

（四）充分利用“电子信息＋”优势，加强资源建设，推进信息化管理进程，满足更广泛的学习需求

充分利用学校的“电子信息＋”优势，进一步加强优质网络教育资源建设，将学校优质网络教育资源向社会开放。充分利用新技术和网络技术，加强网络教育平台建设，全面提升网络教育的资源水平和服务水平，满足更广泛的学习需求。

加强学习支持服务，通过分析学生的学习行为等数据，为教学提供参考，为学生提供个性化的、多形式的在线学习支持服务。实现决策数据支持模块，将各项数据形成数据分析报告及各项预警，为管理的决策提供有效的数据支撑服务。

推进非学历培训信息化管理平台建设，实现所有学历及非学历学生共享一个学习平台及所有学习资源，实现非学历网上学生选课、交费、结业等业务功能；实现在统一的平台上开展非学历培训的合作方管理，项目申报工作，保障培训工作的规范性和可分析性，为非学历继续教育发展提供平台支持。

西南科技大学现代远程教育试点工作总结

西南科技大学于2002年被批准成为教育部现代远程教育试点高校，通过10余年的探索与实践，形成了自身的优势和特色，实现了办学规模、办学质量、办学结构和办学效益的协调发展，办学声誉不断提升。

一、试点工作历程回顾

西南科技大学1993年开始与加拿大劳伦丁大学合作开展远程教育研究；1995年获加拿大国际开发署CIDA项目资助，开始实施中加国际合作项目，建立“中国西部远距离教育中心”；2000年利用国际合作项目建立了10个远程教育示范站；2001年参与教育部“西部中小学现代远程教育”项目；2002年批准成为教育部现代远程教育试点高校，我校承担的“新世纪网络课程建设工程”课程“微型计算机技术”“机械设计基础”通过教育部现代远程教育资源建设委员会办公室审查；2003年，我校“缩小数字鸿沟—西部行动”专项课题“四川民族及边远地区网络教育模式与应用示范”被批准为国家863项目；2004年，教育部、国家发展改革委员会、财政部三部委全面实施农村中小学现代远程教育工程，我校获批为四川省农村中小学现代远程教育工程项目培训中心；2005年，《西南科技大学网络教育模式的研究与实践》获四川省第五届高等教育教学成果奖一等奖；2007年，我校与北京交通大学等高校联合发起成立了“网络教育教学资源研发中心”；2008年，我校承担的教育部继续教育改革和发展战略与政策研究重大研究课题行业子课题——“建材行业继续教育改革和发展战略与政策研究”项目圆满结题；2009年，我校建设的“管理学原理”被评为国家级精品课程，我校获得全国高校远程教育协作组评选的“网络教育资源建设共建共享优秀奖”；2011年，学校被教育部确定为“高等学校继续教育示范基地”和“普通高等学校继续教育数字化资源开放服务模式的研究及应用”项目单位，参加广东团省委圆新生代农民工大学梦的“圆梦计划”；2012年被中国互联网新闻中心评为“最具社会满意度网络教育学院”，学校被授予“全国现代远程教育十年贡献奖”，“数控机床加工工艺与编程远程实验”获全国现代远程教育优秀实践教学软件与装置二等奖，“管理学原理”入围网络教育国家级精品资源共享课程，并在“爱课程”网站对外共享开放；2013年，“羌族文化”“音乐欣赏”2门课程被评为全国高校网络教育精品数字教材，成为四川省人事与社会保障厅的“专业技术人员继续教育基地”；2014年“高等学校继续教育示范基地建设”项目通过教育部验收，“政府经济学”“数控机床加工工艺与编程”2门课程获评国家级精品资源共享课，获评“十大热门现代远程教育试点高校”；2015年获评“2015中国最具社会影响力高校网络教育学院十强”称号，参加高校继续教育“在线教育联盟”土建类高校“构建卓越工程师e梦计划”；2016年获评“2016中国最具社会影响力高校网络教育学院”，“管理学原理”“政府经济学”“数控机床加工工艺与编程”3门课程被授予“国家级精品资源共享课”称号，“实施有机整合、促进协同发展—西南科技大学拓展三教融合的实践与探索”被评为全国高校远程与继续教育优秀案例;2017 年获评“2017 年中国最具影响力高校网络与继续教育学院”;2018 年获评“2018 年中国最具影响力高校网络与继续教育学院”,“西南科技大学网上校园文化建设之‘专家讲坛’”入《2018 中国高校继续教育优秀成果及特色案例集》并获奖,“共建共享多元化多样化继续教育服务体系的探索与实践”获得第八届高等教育四川省教学成果奖三等奖。

二、试点工作的开展情况

(一)办学方向与办学定位

西南科技大学始终坚持以习近平新时代中国特色社会主义思想为引领,全面贯彻党的教育方针,坚持社会主义办学方向,遵循高等教育发展规律,以立德树人为根本任务,履行教育教学、科学研究、社会服务、文化传承与创新,服务国家和人民,推动社会进步。

西南科技大学在长期办学实践过程中,始终肩负国家和行业所赋予的历史使命,紧密结合国家发展战略、经济社会发展需求和中国科技城建设,坚持“育人为本、德育为先、科学理性、开放包容、彰显卓越”的办学理念,发扬“艰苦奋斗,拼搏创新”的西南科大精神,立足四川,面向西部,服务全国,辐射“一带一路”,切实做好网络教育试点工作。

(二)管理体制与运行机制

网络教育是西南科技大学教育教学工作的重要组成部分,在人员、资金、设备和管理上纳入全校统一规划,与学校其他工作同布置、同检查。

西南科技大学建立了“学校—继续教育教学指导委员会—网络教育学院—学校各教学学院—校外学习中心—学生”的管理服务体制。

西南科技大学负责网络教育整体定位、大政方针,对学校网络教育工作进行指导、检查、监督和管理。

网络教育学院归口管理学校网络教育工作,负责招生、教学教务、校外学习中心管理等工作,包括内部制度建设、招生宣传与招生组织、教学组织、教学教务过程管理、校外学习中心和学生的管理与服务等具体工作。

教学学院负责教学活动的具体实施,包括培养方案、教学大纲、毕业设计大纲和指南等教学基本文件建设、师资队伍建设、课程资源建设、教学、辅导答疑、毕业设计等。

(三)制度建设与规范管理

针对网络教育实际,西南科技大学确立了“规范是最好的服务”的服务理念、“精细化管理,用制度管人,用流程管事”的管理理念,在校外学习中心的建立与管理、招生、教学教务、资源建设、收费等方面,制定了完善的管理制度和工作流程,事事有制度、件件有流程;汇编形成了《西南科技大学网络教育学院管理制度汇编》《西南科技大学网络教育校外学习中心工作手册》《西南科技大学教学学院工作手册》《西南科技大学网络教育培养方案》《西南科技大学网络教育学生手册》等,方便工作中贯彻执行。

（四）专业建设、人才培养和资源建设

1. 专业建设

为提高网络教育教学质量，西南科技大学制定了《西南科技大学网络教育专业建设管理办法》，明确了网络教育专业建设的指导思想，对专业培养方案制定、师资队伍建设、课程建设、教学及辅导材料建设、网络资源建设、毕业设计（论文）管理等教学过程中的各个环节都提出了具体的要求。学校专门成立了继续教育教学指导委员会，对网络教育专业建设过程中的重大事宜提供咨询和指导。各教学学院作为专业建设的主体，高度重视网络教育专业建设工作，有效促进了学校网络教育专业建设的开展。

2. 人才培养

西南科技大学全面贯彻党的教育方针，遵循网络教育人才培养规律，吸取近年来网络教育在教育思想与教育观念、教学内容与课程体系、教学方法与教学手段等方面的改革成果，积极借鉴国内外网络教育改革的成功经验，构建了面对从业人员、以培养应用型人才为主要目标的网络教育人才培养模式，对提高行业从业人员素质、服务地方经济发展起到了积极的作用，部分学生已成为各行各业的管理和技术骨干。

3. 资源建设

为满足网络教育教学需要，西南科技大学制定了《西南科技大学继续教育教学资源建设实施方案》《西南科技大学网络教育精品课程建设项目实施办法》《西南科技大学继续教育课程资源建设要求及技术标准》，建设了三维虚拟高清演播室以及视频非编系统制作室，积极开展网络教学资源建设工作。

同时，西南科技大学积极探索优质课程资源的共建共享工作，与北京交通大学、中国石油大学等 9 所高校联合成立了“网络教育教学资源研发中心”，开展优质教学资源的建设和共享；我校积极参加“在线教育联盟”土建类高校“构建卓越工程师 e 梦计划”，与同济大学、哈尔滨工业大学等 17 所高校共建共享土建类课程；我校还加入了全国高校现代远程教育协作组组建的“百校千课共享联盟”，积极参加优质课程资源共建共享工作，与高校、出版社、技术公司通力合作，共建共享优质教学资源——教材和融媒体课件。

为充分利用学校优质教学资源，丰富网络教育校园文化，拓展教学资源，学校建设了“专家讲坛”学术资源库。

4. 教学改革研究情况

为促进网络教育教学质量的提升，西南科技大学成立了“远程与继续教育研究中心”，设立了继续教育研究与发展基金，组织开展继续教育教学改革研究。在网络教育教学改革、课程建设等领域开展了 67 项研究课题。其中“基于情境学习的虚拟实验系统设计与开发”等 53 项研究成果已应用于学校网络教育教学实践中。网络教育教学改革获得多项教学成果奖，“西南科技大学网络教育模式的研究与实践”获四川省第五届高等教育优秀教学成果奖一等奖；“共建共享多元化多样化继续教育体系的探索与实践”获得四川省第八届高等教育优秀教学成果奖三等奖。

（五）办学规模与招生管理

西南科技大学十分注重规模、质量、结构、效益的协调发展，从专业设置、招生规模、校外学习中心设置、师资、资源等方面综合考量，合理控制网络教育发展规模。

西南科技大学严格执行各级教育行政主管部门有关网络教育的相关政策和规定，制度健全，管理规范，落实到位。

加强网络教育招生管理工作。我校制定了《西南科技大学网络教育招生管理办法》《西南科技大学网络教育招生宣传管理办法》《西南科技大学网络教育入学考试管理办法》《西南科技大学网络教育入学考试阅卷工作实施细则》《西南科技大学网络教育专升本层次学生入学资格材料审核规定》《西南科技大学网络教育招生录取工作实施细则》等一系列招生管理规章制度，保证了我校网络教育招生工作的顺利进行。

认真做好注册工作，提高学生信息的准确性。一是严格执行全国网络教育阳光招生服务平台的相关管理规定；二是使用第二代居民身份证阅读器和配套的报名系统采集新生报名信息和电子照片；三是认真核查每位学生的信息，严格做到一生一号一地址。

在收费方面，严格执行四川省物价局核定的收费标准、学校相关财务制度和《西南科技大学网络教育收费管理办法》，网络教育经费收支纳入学校计划财务处统一管理。

（六）校外学习中心管理服务

西南科技大学严格按照各级教育行政主管部门的相关规定以及学校各项规章制度，切实做好校外学习中心的规范管理。

1. 新建校外学习中心工作

西南科技大学制定了《西南科技大学网络教育校外学习中心设立管理办法》，对校外学习中心的设立原则、条件、程序和人员配备等提出明确要求。制度的执行保证了我校设立的校外学习中心的健康发展。

2. 校外学习中心管理人员的业务培训工作

西南科技大学充分利用年会、片区工作会、各种研讨会、校外学习中心走访等方式定期对校外学习中心管理人员进行招生、学生管理、教学教务、教学教务管理平台使用等方面的业务培训，不断提升校外学习中心的管理水平和服务质量。

3. 校外学习中心的日常管理和检查评估工作

西南科技大学出台了《西南科技大学网络教育校外学习中心检查评估管理办法》，从校外学习中心日常管理工作、规范办学、基础条件和人员配备、招生管理、收费管理、教学教务管理、学习支持服务等方面进行全面考核，对考核优秀的校外学习中心和先进个人予以表彰并推广其经验；对考核不合格的校外学习中心，要求限期整改，直至终止联合办学。

4. 学习支持服务情况

校外学习中心是网络教育的校外延伸，是学校和学生之间的桥梁与纽带，承担着为学生提供本地化学习支持服务的重要工作。

（1）校外学习中心的管理人员要熟悉各级教育行政主管部门相关政策、我校网络教育的各项规章制度、招生计划以及各专业教学计划，为学生提供相应的报名咨询和宣传服务。

(2) 配合我校开展入学报名、入学考试、录取、信息核对、录取通知书发放以及学籍注册等工作。

(3) 新生入学教育工作，帮助新生尽快了解学校网络教育的各项政策和制度、教学模式、学习方法和要求，尽快适应网络学习环境，对网络教育教学教务平台的使用有基本的了解，掌握网上学习的基本技能。

(4) 及时为学生订购教材、发放学习材料包，帮助学生合理安排每学期的学习进度。

(5) 在当地聘请辅导教师，组织好相应的面授辅导工作。

(6) 适时提供督学服务。督促学生按网上学习时长的要求完成网上作业、网上答疑，适时组织小组讨论和交流活动，增强学生的协同学习能力。

(7) 为学生提供必要的学习环境和实践场所，解答和解决学生在学习过程中提出的相关问题。

(8) 协助学校组织期末考试。

(9) 协助学校进行学生的学籍管理和学籍异动管理。

(10) 督导学生按时完成毕业论文(设计)。

(11) 为学生提供毕业和学位申请咨询，办理相关证件。

校外学习中心开展的学习支持服务工作，认真细致，有效地促进了学生学习的积极性、主动性，取得了良好的效果，受到学生们的一致好评。

(七) 教学实施与考试组织

经过多年的探索与实践，西南科技大学构建了“多媒体课件学习＋纸质材料学习＋网络教学平台学习＋面授辅导＋考前辅导＋集中考试”的网络教育教学模式。多媒体课件和课程学习指导书在学生入学之初由网络教育学院统一配发给学生。网络教育学院每学期根据开课目录聘请课程网上学习辅导答疑教师，辅导教师通过教学平台发布课程公告、教学大纲、参考资料、复习资料、在线自测、在线作业和回答学生问题。校外学习中心根据本学期的开课目录聘请课程辅导教师，课程辅导教师采取上答疑课、小组讨论、集体讨论、邮件答疑、电话答疑等多种形式，对学生进行线下指导和答疑。

网络教育毕业设计(论文)管理机构由网络教育学院、教学学院和校外学习中心共同组成。网络教育学院负责对毕业设计进行总体安排、协调；教学学院负责毕业设计(论文)的指导工作；校外学习中心严格按照《西南科技大学网络教育毕业设计(论文)管理手册》及相应专业的《毕业设计(论文)大纲》和《毕业设计(论文)指南》的要求，具体组织毕业设计(论文)的实施。

西南科技大学按照教学计划、教材、基本要求、考试安排、命题、阅卷、学籍管理的“七个统一”的原则，对教学工作进行管理和监控。学校为每个校外学习中心都配发了《西南科技大学网络教育校外学习中心工作手册》，为每位学生配发了《西南科技大学网络教育学院学生手册》。手册中详细说明了课程学习、课程考核、缴费、考试、学籍管理、学籍异动、学位外语考试借考、学位授予、档案等各项管理制度与工作流程。同时，学校还为学生提供了必要的信息和技术支持服务，满足了学生在任何时间、任何地点进行学习的需要。

根据上级教育行政主管部门关于考试的相关政策和规定，本着“严格管理、严密组织、严明纪律”的三严原则，我校制定了《西南科技大学网络教育学院考试管理办法》，切实加强考试管理。各校外学习中心严格按照《西南科技大学网络教育学院考场规则》设置考场，聘请责任心强、经验丰富、作风正派的监考教师，按照《西南科技大学网络教育学院监考教师职责》的要求开展工作。学校按照《西南科技大学网络教育学院巡考教师管理办法》派遣巡考教师，加强对校外学习中心考试组织的指导与监督。对出现考试违纪的学生，严格按照《西南科技大学网络学院学生考试违纪和作弊的认定及处理办法》进行处理。

（八）切实加强过程监管，确保网络教育培养质量

西南科技大学建立了“组织保障系统、教学管理服务系统、教学质量监控系统、信息收集反馈系统”四位一体的质量保证体系。组织保障系统是学校组建了“学校—继续教育教学指导委员会—网络教育学院—学校各教学学院—校外学习中心—学生”的管理服务体制，围绕学生学习支持服务，分工合作、各负其责，从组织上保障质量；教学管理服务系统包括教学工作运行规范的制定、学习与管理服务、考试管理与评价、教学质量检查、教学条件保障等；教学质量监控系统工作的重心是教学过程，通过教学管理平台数据统计和各类定期、不定期的教学检查，对教学质量进行全面监控；信息收集反馈系统是为提高教学质量的有效监控和质量保障服务需求进行信息收集、分析，为领导决策提供依据的重要系统，信息来源于校长信箱、院长信箱、调查问卷、网络教育学院、教学学院、校外学习中心及毕业生跟踪调查等。

西南科技大学成立了继续教育教学指导委员会，对学校继续教育事业的发展规划、继续教育理论与实践的研究、继续教育教学质量的监控等重大事项进行指导和咨询；成立了继续教育教学专家分委会，对学校继续教育的专业建设的发展规划、继续教育教学模式的研究、继续教育教学质量的提高等重大事项进行指导和咨询；成立了网络教育校外学习中心专家委员会，加强对校外学习中心的建设与规范管理，同时促进学校提高教学质量、提升服务水平。各委员会每年不定期召开会议，针对校外学习中心建设与管理、招生、收费、专业建设、教学教务改革等问题进行讨论。

在招生方面，制定了《西南科技大学网络教育招生管理办法》《西南科技大学网络教育招生宣传管理办法》《西南科技大学网络教育入学考试管理办法》《西南科技大学网络教育专升本层次学生入学资格材料审核规定》《西南科技大学网络教育招生录取工作实施细则》等一系列招生管理规章制度，切实加强对招生各环节的过程监控，保证了我校网络教育招生工作的顺利进行。

在教学方面，制定了《西南科技大学网络教育学院学习资料制作及发放管理办法》《西南科技大学网络教育课程考核管理办法》《西南科技大学网络教育素质教育课程实施办法》《西南科技大学网络教育学分制学籍管理办法》《西南科技大学网络教育学生学籍异动实施细则》《西南科技大学网络教育学院考试管理办法》《西南科技大学网络教育教学事故类别及处理办法》《西南科技大学网络教育毕业设计（论文）管理办法》《西南科技大学网络教育毕业论文（设计）巡答辩管理办法》《西南科技大学网络教育学历证书管理办法》等各项管理制度和工作流程，并按照“七个统一”的原则对教学工作的关键环节进行管理和监控。

在考试方面，制定了《西南科技大学网络教育学院考试管理办法》《西南科技大学网络教育学院考试管理办法补充规定》《西南科技大学网络教育学院考场规则》《西南科技大学网络教育学院监考教师职责》《西南科技大学网络学院学生考试违纪和作弊的认定及处理办法》《西南科技大学网络教育学院对课程考试试卷检查异常情况的处理办法》《西南科技大学网

络教育学院巡考教师管理办法》等覆盖考试组织各个环节的一系列规章制度，做到考试管理有据可依、有章可循，确保考试工作的规范性和严肃性。

在毕业环节，制定了《西南科技大学网络教育学院学分制学籍管理办法》《西南科技大学网络教育学院学历证书管理办法》等规章制度，规范网络教育学生的毕业资格审核、证书办理和发放。我校在每学期开学后即制定本学期毕业审核和毕业证书办理发放工作日程，细化工作内容，严格根据毕业条件审查毕业资格，加强毕业管理。

三、试点工作取得的成绩和经验

（一）坚持社会主义办学方向，构建了以培养应用型人才为主要目标的网络教育人才培养模式

西南科技大学始终坚持以习近平新时代中国特色社会主义思想为引领，全面贯彻党的教育方针，坚持社会主义办学方向，以立德树人为根本任务。学校在长期网络教育办学实践过程中，遵循网络教育人才培养规律，紧密结合国家发展战略、经济社会发展需求，吸取近年来网络教育在教育思想与教育观念、教学内容与课程体系、教学方法与教学手段等方面的改革成果，积极借鉴国内外网络教育改革的成功经验，构建了以培养应用型人才为主要目标的网络教育人才培养模式。

（二）全校上下团结一心，分工合作，各负其责

西南科技大学建立了“学校—继续教育教学指导委员会—网络教育学院—学校各教学学院—校外学习中心—学生”的管理服务体制。全校上下团结一心，分工合作，各负其责。完善的组织管理体系确保了学校网络教育工作的顺利实施，保障了人才培养的质量。

（三）完备的管理制度

针对网络教育实际，西南科技大学确立了“规范是最好的服务”的服务理念、“精细化管理，用制度管人，用流程管事”的管理理念。为加强管理，编制了《西南科技大学网络教育学院管理制度汇编》《西南科技大学网络教育校外学习中心工作手册》《西南科技大学网络教育教学学院工作手册》和《西南科技大学网络教育学生手册》，明确了网络教育从新增专业申报到学历证书发放等各项工作的规章制度和工作流程，并在工作中严格执行“用制度管人，用流程管事”。

（四）完善的网络教育质量保障体系

建立了“组织保障系统、教学管理服务系统、教学质量监控系统、信息收集反馈系统”四位一体的质量保证体系，对教学质量进行全面监控。

（五）适用的教学模式

西南科技大学网络教育主要采用“多媒体课件学习＋纸质材料学习＋网络教学平台学习＋面授辅导＋考前辅导＋集中考试”的教学模式。这种集模拟上课、面授辅导、网上助学

为一体的教学模式，既达到了课堂教学的效果，又满足学生集中学习时间不多的特点，保证了教学效果和学习质量。

（六）建立了网络教育资源“共建共享”模式

在立足自身的基础上，积极加入“网络教学资源研发中心”“百校千课共享联盟”“在线教育联盟”土建类高校“构建卓越工程师 e 梦计划”等，与兄弟院校、企业通力合作，共建优质教学资源建设。

（七）积极探索校际“课程互选、学分互认”

西南科技大学与北京交通大学、中国石油大学、华中科技大学等“网络教育教学资源研发中心”联盟成员单位共同开展“课程互选、学分互认”教学改革研究。各联盟单位共建平台、共享课程，学生自主选择、学分互认、成效显著。目前已开放课程 71 门，有 14 门正在建设中。

截至 2017 年，西南科技大学共有 194 249 名学员在学分互认平台上选课学习，学习课程 296 997 门次。2017 年，我校课程被其他成员高校 61 712 位学生选学，选课学习达 71 028 门次。

（八）适用的教学教务管理平台

教学教务管理平台是网络教育的重要载体。为加强网络教育教学和管理，西南科技大学建设了门户网站、网络教育教学教务管理系统、网络教学系统（PC 端、手机端）、实时答疑交互系统、网络统考练习系统、邮件系统、微信公众号、短信平台等软件系统，为学生提供多种类型的学习支持服务。除此之外，我校还为学生提供了 QQ 热线、热线电话、留言板等，方便学生、授课教师以及管理人员之间进行沟通交流。

（九）丰富的教学资源

通过持续不断的努力，西南科技大学建设了丰富的教学资源，每门课程都建设了相匹配的课程教学资源，教学资源主要有网络教育指定或配套教材、网络课件（PC 端、移动端）、课程学习指导书、课程试题库、教学大纲、课程设计指导书、毕业论文大纲及指南等。目前，学校建设有网络教育国家级精品课程 1 门；网络教育国家级精品资源共享课 3 门；全国高校网络教育通识教育精品数字教材 2 门；网络教育系列教材和课件一体化的课程资源 20 门；建设有各类网络教学课件 388 门，手机端课件 388 门，小学分素质教育课程 71 门，课程学习指导书 388 门，课程试题库 387 门，毕业论文大纲及指南 33 个，毕业论文题目（库）30 693 个，专家讲座 283 讲。

（十）积极开展继续教育科学研究

西南科技大学建立了“远程与继续教育研究中心”，设立了“继续教育研究与发展基金”，围绕继续教育发展新需求、新内容，开展远程与继续教育研究，在办学机制、教学模式、资源建设与共享模式、游戏化互动教学理论与应用、网络教学绩效测评与分析手段、远程实验手段、移动教育技术等方面取得了一系列研究成果。试点以来，学校共开展远程与继续教育领域的研究课题192项，开发远程教学软件31套，出版远程教育领域学术专著1部、反映研究和应用成果的合集1部，发表相关论文239篇，入选全国远程与继续教育优秀案例1个，获得省市级科研奖项10个。

（十一）继续教育与普通全日制教育协同共进

（1）提高了教师运用现代教育技术的能力。

网络教育试点就是探索现代教育技术和信息化教育手段在教育教学中的应用。积极开展现代教育技术培训，提升教师利用信息技术开展教学的能力和水平。

（2）研发中心各成员单位教学资源共建共享，促进了高校间教师的交流和沟通，提高了教师的教学水平。

（3）课程资源建设，服务学校教学改革。按照国家精品资源课程评选标准，制定了我校继续教育教学资源建设标准，开展课程建设工作。部分MOOC课程已经在“爱课程”等公共MOOC平台对社会大众开放。“管理学原理”“政府经济学”“数控加工工艺与编程”3门课程共计被选学5.6万人次。

四、试点工作存在的问题

（一）学生自主学习的积极性还需要进一步提高

提升学生的学习兴趣是永恒的主题，对于在职学习的成年人来说，由于工作压力大、家庭压力大、时间不自由等主客观不利因素，尤其如此。虽然学校在提升学生学习兴趣方面做了大量工作，进行了许多积极的探索，但效果仍不尽如人意。今后要进一步加大这方面的工作，例如，怎样为学生提供丰富多彩、图文并茂的学习资源，让学习有趣、有效；课程设置进一步切合实际，让学习有用；怎样加强过程考核，让学习有成就感等。

（二）课程考试改革力度还需进一步加大

考试是网络教育教学过程的一个重要环节。西南科技大学多年来也积极开展课程考试改革，如建立了网络教育课程试题库管理系统，部分课程实现了网络机考，但大多数课程仍然采用的是传统的闭卷笔试，形式单一，且考试内容也大多与普通全日制教育课程相同。针对网络教育课程考试学生规模大、科目多、地点分散和试卷印制、分装、评阅周期长等特点，今后要充分利用信息化手段，积极开展考试改革，如网考等。

五、推进网络教育转型提质升级的思路和举措

（一）工作思路

主动适应国家战略，为建设全民学习、终身学习型社会做贡献。一是进一步加强管理，促进规模、质量与效益协调发展；二是拓展网络教育办学空间，大力发展非学历教育，构建终身学习“立交桥”；三是加强科学研究，推进网络教育信息化，为学习者提供便捷、灵活、个性化的学习条件；四是积极探索网络教育与普通全日制教育之间学习成果的转换机制，促进网

络教育与校内全日制学习的协调发展;五是加快教学资源建设,推动优质网络教育教学资源的整合与共享,完善数字化学习资源开放共享机制;六是创新校外学习中心建设与服务模式,加强多种办学形式的规范管理。

(二)工作目标和措施

(1)提质增效,稳定网络教育规模,大力发展非学历继续教育。

(2)加快网络教育和校内普通全日制教育的协同、多种学历继续教育的协同,以及学历继续教育与非学历继续教育的协同共进,提升继续教育综合服务能力。

(3)整合优化,不断丰富教育教学资源,培育网络教育品牌专业、品牌课程、名师团队和精品培训项目。

(4)有效调动校内外资源,建设高素质的网络教育教师队伍。

(5)加强学习过程管理,严格过程考核,积极引导学生从注重"考试结果"向注重"学习过程"转变,增强学生自主学习的意识,提高学生的自主学习能力。

(6)推进网络教育课程考核方式由"单一性"向"多样性"转变,从考核"学习成绩"向"学习成效"评价转变,以学生的能力培养为主线,积极推动网络教育课程考试改革。

(7)改革创新,不断提升学习支持服务能力。着重加强在线教学与管理平台建设,丰富网上校园文化。

(8)加强科学研究,提高学校网络教育的供给能力和水平,在为行业发展提供有推广价值研究成果的同时,提升学校在行业领域的影响力和贡献度。

西南财经大学现代远程教育试点工作总结

西南财经大学自2002年获教育部批准承担现代远程教育试点工作以来，全面落实党的教育方针，落实立德树人根本任务，立足办学特色优势，明确人才培养定位，统筹专业设置，加强内涵建设，不断提高人才培养质量。根据《关于开展“现代远程教育工程”实施二十周年试点工作总结的通知》(协作组函〔2018〕30号)精神，我校全面客观、认真仔细地梳理回顾了现代远程教育工作试点以来的基本情况，全面总结试点以来在人才培养、专业建设、服务经济社会发展等方面的体制机制探索过程及经验，深入研究讨论新时代我校网络教育转型提质升级的思路和举措。

一、试点背景

按照《面向21世纪教育振兴行动计划》提出的大力发展我国现代远程教育的要求，经过西南财经大学党委的慎重研究，决定在上述基础上向教育部提出现代远程教育试点申报。2002年，经过学校申报、专家评审，教育部决定同意包括我校在内的21所学校为现代远程教育试点学校。承担试点工作后，学校深感使命光荣、责任重大，迅速成立网络教育学院，与成人教育学院两块牌子、一套班子，承担成人高等学历教育现代远程教育试点工作，按照教育部《关于支持若干所高等学校建设网络教育学院，开展现代远程教育试点工作的几点意见》(教高厅〔2000〕10号)的精神，积极探索现代远程教育的人才培养模式和教学管理机制，积极推进现代远程教育技术的研究与应用，加大教学资源建设力度。2013年，经批准，成人教育学院和网络教育学院更名为继续(网络)教育学院，自此我校网络教育发展迈入新的发展阶段。

二、试点工作的开展情况

(一) 基本情况

经过西南财经大学申报、专家评审，教育部于2002年2月同意我校为现代远程教育试点学校。

试点之初，西南财经大学网络教育依托学校独特的金融行业背景和出色的财经学科优势，坚持“积极发展，规范管理，强化服务，提高质量，改革创新”的指导方针，自主开发教学平台，建设教学资源，面向金融和财经行业在职人员独立自主地开展试点工作。2002年实现首次招生即录取2318名学生，此后招生规模持续稳定发展；2011年春季起，我校增设高中起点本科层次，与之前设立的高中起点专科、专科升本科一并发展，形成较为完整的办学层次、专业体系；2012年我校举办网络教育10周年庆典活动，全面回顾试点工作成效，继往开来，砥砺发展；2013年起实施学分制改革，配套建立学分制选课管理办法；2014年网络教育教学成果丰硕，在由教育部教育管理信息中心于北京主办的“第十四届全国多媒体课件大赛”中，我校参评的“财务管理”等多门课件获奖；2015 年，探索与行业合作办学新路径，深化与金融行业联系，积极拓展办学渠道，西南财经大学成为中国保险行业协会指定合作高校，联合举办保险行业系统内工作人员学历教育培养工作；2016 年全面推广应用“西财在线移动学习 App”，实现了现代远程教育移动学习的重大变革；2017 年，全面调整办学思路，提出“控制规模、优化结构、提升质量、规范发展”的办学方针，全面贯彻落实《高等学历继续教育专业设置管理办法》，对开办专业进行梳理、调整和规范，本着“本科办学为主、适当兼顾专科、突出优势专业、服务地方需求”的指导思想，集中资源与力量办好金融、会计、保险 3 个特色优势专业，并逐步扩大本科层次招生比重。同时，进一步强化质量管理的监控约束力，成立质量管理办公室，强化对办学过程、办学质量的控制；2018 年，我校继续优化办学结构，继续控制专科专业招生占比，进一步做好优势特色专业建设，按照教育部要求，对网络教育办学情况开展自查自评，全面回顾与总结；经过长期探索、建设，我校现代远程教育形成了师资力量雄厚、教学资源丰富、办学层次完整的教育体系，学校现代远程教育校外学习中心分布在全国 20 余个省（市、自治区），培养学生 110 832 人，为服务国家经济社会发展、促进教育现代化、建设教育强国做出了努力与贡献。

（二）现代远程教育试点工作任务的完成情况

对照《关于支持若干所高等学校建设现代远程教育学院，开展现代远程教育试点工作的几点意见》（教高厅〔2000〕10 号）中提出的试点工作任务，现将我校试点工作任务的完成情况汇报如下。

1. 完善现代远程教育专业设置

教育部明确要求试点高校要面向社会招收学生，主要通过网络教学的方式完成学历和学位教育的教学工作。西南财经大学自开展试点工作以来，依托学校财经特色和学科资源，通过制定人才培养方案、建设特色专业开展学历教育，经过多年的发展与完善，目前我校共有现代远程教育本科专业 12 个，高中起点本科专业 7 个，专科专业 3 个。

1）科学谋划专业布局，着力建设特色专业

根据国家对专业人才的需求、西南财经大学现代远程教育人才的培养目标和专业所依托的学科发展水平等因素，学校对现代远程教育各专业的培养目标进行整体规划和设计，优化课程体系，改革教学方法，各专业进一步明确其人才培养定位，专业人才培养目标与学校、学院发展目标和定位相一致，与国家、经济社会发展对专业人才的需求相适应。

2）贯彻落实，科学规范调整专业布局

2017 年，在全面贯彻落实《高等学历继续教育专业设置管理办法》，对现设本、专科专业进行梳理、调整和规范的要求下，本着“本科办学为主、适当兼顾专科、突出优势专业、服务地方需求”的指导思想，西南财经大学现代远程教育立足学科优势，缩减专科专业，调整本科专业，逐步扩大本科层次的招生比重。

3）聚焦主业，着力加强特色专业建设

试点工作开展以来，依托优势学科资源和国家级、省级特色专业建设，西南财经大学确定会计、保险、市场营销、金融学为现代远程教育特色优势专业，在课程建设、师资团队、资源配置上给予大力扶持。充分发挥学校重点学科对现代远程教育专业设置与建设的有力支撑，明确会计学、金融学、保险学为特色优势专业，人才培养定位和目标鲜明，人才培养方案与培养目标匹配，教学资源丰富，教学团队完备，办学条件满足人才培养计划要求，具有较强的社会需求。

2. 探索现代远程教育教学模式

西南财经大学通过试点工作逐步建立起包括课程体系、教学内容、教学方法、课件制作、自学、辅导、作业、实验和实践教学、网上测试、教学质量保障和监控等各个教学环节的网络教学模式，加强教学过程的管理，取得了较为理想的成绩。从2008年起，实现了现代远程教育和函授教育的有效融合，正在探索线上、线下混合式教学模式，以进一步提高培养质量。

1）制定完善的人才培养方案

西南财经大学现代远程教育牢固树立"以学生为本"的理念，强调人才培养的中心地位，通过细化规章和措施落实人才培养核心工作，强调立德树人、育人为本，强调人才培养的中心地位。在专业调整背景下，我校立足学科特色和专业优势，细化人才培养规格、明确专业培养目标、审定课程教学体系、组织教学督导专家论证、完善教育教学条件、提升人才培养效果，构建起科学合理的人才培养方案，以确保为财经行业培养具备专业综合素质和职业技能的应用型人才的培养目标顺利实现。

2）努力提高人才培养质量

西南财经大学高度重视现代远程教育人才培养质量，注重人才培养过程与人才培养目标的实现。教学大纲由我校会计学课程主持教授团队围绕教学计划和人才培养目标编写，包含较为丰富的实践教学环节，这既适应了市场对实践型会计人才的需求，又充分发挥了自身会计学科方面的优势，有效地支撑了基于市场需求的应用型会计专业人才培养目标的实现。

3）选优培强，打造素质过硬的师资团队

一是科学规划，注重建设，师资队伍发展态势良好。西南财经大学现代远程教育立足本校优质教师资源，组建课程教学团队，为现代远程教育提供教学服务；二是提升水平，优化师风，切实保证现代远程教育教学。学校高度注重教师团队建设，师资结构合理，每门课程的主持教师都具有高级专业技术职称和高校教师任职资格证书，政治立场坚定，具备良好的师德、较强的敬业精神，能全面贯彻党和国家教育方针，熟悉远程教育的教学方法；三是完善政策，加强研究，努力提高教学水平。为进一步增加现代远程教育课程数量，促进课程内涵建设，补充实务实训课程的建设缺口，我院聘请校外具有较高学术造诣，影响力较大的教师或实务界人士，承担相关现代远程教育课程的建设工作。

3. 构建现代远程教育管理运行机制

通过试点工作，西南财经大学逐步建立并完善包括招生、注册、收费、学籍管理、考试组织、学分认证、证书发放、毕业等于网络教学工作的管理的制度，建立起适应学习化社会需要的网络教学工作管理机制、运行机制。

4. 建成了一批现代远程教育数字化资源

西南财经大学按照"统一规划、确保质量、注重应用、规范管理"的原则，依托经济学、管理学等学科优势，开展了以现代远程教育系列规划教材为核心的资源建设工作，打造一系列具有财经特设的网络课程。在教育部全国高校现代远程教育协作组组织的现代远程教育成立十周年大会上，我校现代远程教育系列规划教材因其专业性、系统性及符合成人学习需要等特点获得了现代远程教育教材建设评比金奖。此外，学院先后聘请会计学院、金融学院、数学学院相关教授主持院内重点课程的资源建设，先后已有10门现代远程教育课程在国家级课件大赛中获奖。

5. 自研自建了现代远程教育平台系统

西南财经大学继续（网络）教育学院始终贯彻“自主研发、培养队伍”的信息化建设宗旨，试点办学以来，自主开发了一系列管理系统、学习平台、App及课程资源，着力培养了一支专职的继续教育技术队伍，并充分借鉴学习行业先进技术及理念，不断革新升级，充分保障信息技术与信息化资源在现代远程教育中的应用，16年间，我校继续（网络）教育信息化建设经历了3个阶段的发展。

1）2002—2007年第一期建设：快速初创

现代远程教育试点初期，先后开发了“西财在线”官方网站、教务管理系统、考务及成绩管理系统、学习管理系统、视频答疑系统、论文指导平台，短信管理系统等信息化系统；建设了现代远程教育专用数据中心、答疑直播室；购置了课件建设系统，组建了专职课件建设队伍。

2）2008—2013年第二期建设：整合规范

2008年以来，现代远程教育的办学过程趋于成熟，教学标准逐渐清晰。为规范管理过程、提高管理效率、兼容行业标准，西南财经大学继续（网络）教育学院推进了信息化的二期建设工作。第二代管理信息系统打通了我校的现代远程教育成人教育的培养流程，新增了课程主页、学习小组、在线测试、教师评价等重要元素，参与全国性多媒体课件大赛3次，每次均斩获殊荣。

3）2014—2018年第三期建设：质量提升

2014年开始，西南财经大学继续（网络）教育学院启动了第三期信息化建设，该期建设的宗旨是以学分选课制为契机，全面改造管理系统、学习平台、App、资源建设，以满足学分管理＋移动学习＋质量管理的需求。先后建设了第三代综合管理系统、题库管理系统、在线考试系统、移动学习App、微信公众号、微信小程序、网上支付及结算系统、质量监管系统。期间先后建立专业录播室3个，大型交互直播室1个，广电标准录播系统5套，课件录制采用全新的教学大屏摄录的方式，发布H264标准的720P视频文件，配合CDN与智能DNS技术，在提高清晰度的同时充分保障点播流畅度。

（三）现代远程教育试点成绩和经验

1. 专业特色鲜明，办学结构合理，办学影响力稳步提升

西南财经大学现代远程教育充分利用学校的优质教学资源，紧密结合社会经济建设和发展要求，立足财经专业特色、金融行业特色，从专业设置、人才培养方案、课程资源建设等各环节突出财经管理专业实践型人才培养的目标，本着“本科办学为主、适当兼顾专科、突出优势专业、服务地方需求”的指导思想，结合专业设置发展规律，在夯实学生基础知识的基础上，将学历继续教育专业设置调整为金融学、会计学、保险学我校优势学科专业，将办学层次由专科为主逐步调整为本科为主，结合继续教育人才培养特点，完善人才培养方案，培养满足经济社会与行业发展需求的应用型人才。继续教育是我校人才培养体系的重要组成部

分，是学校联系服务社会的桥梁和窗口，社会影响力稳步提升。

2. 坚持质量提升，注重内涵发展，质量保障长效机制探索成效显著

在国家继续教育发展战略指导下，为开创继续教育事业新局面、谋求转型发展做了大量努力，西南财经大学以“提高质量、平稳发展”为前提，对规模、结构、质量与效益的平衡进行了深入思考，对在制度规范执行与站点监督管理方面的不足进行了认真总结，对办学风险防控方面的薄弱环节进行了全面排查，对“主办高校—校外学习中心、函授站、助学点”模式下管理监督机制建设进行了探索完善，提出“控制规模、优化结构、提高质量、规范发展”的16字办学思路，在招生入学、专业开设审批、教学过程监控、考试等环节层层把控，学院内部管理运行机制不断完善，教育教学质量和人才培养质量不断提升，规模、结构、质量、效益协调发展的继续教育办学格局基本形成。

3. 深化校企合作促进产业升级，现代远程教育有力促进精准扶贫

西南财经大学坚定不移地走与国家、区域经济建设和社会发展相结合的建设道路，发挥学校学科优势，紧扣产业发展对人才不断变化的需求，研究制定针对性强、实效性高的培养培训方案，建构富有西财特色的培养培训体系，较好地满足了各行业、各领域人才知识更新、岗位适应、能力提升、情操陶冶等需求，数十万名学员先后从这里走出，用所学在各自岗位上建功立业，我校继续教育在深化校企合作，加强行业办学、助力精准扶贫方面成效显著，为服务西部地区经济发展，服务国家战略贡献了自己的力量。

1）推动校企合作深度融合，构建保险行业现代远程教育服务体系

2014年，西南财经大学与广东保险行业协会携手合作，联合举办保险行业系统内工作人员学历教育培养工作；2015年3月，中国保险行业协会发文《学历教育试点工作方案》，我校被纳入中国保险行业继续教育合作高校之一；2015年9月，与广东省保险行业协会合作，为广东保险行业培养了近2万名现代远程教育学生。我校现代远程教育与保险行业、企业合作，更新合作观念、创新合作路径，更与市场接轨，更应社会所需，按照企业长远发展的人才实际需求，提供“订单化、一站式”教育服务产品，在培养模式和内容等多方面进行定制与优化，我们将人才培养与保险行业人力需求紧密结合，批量提高企业存量人才的学历层次与技能水平，为企业培养“用得上、留得住、可发展”的高素质、高技能人才，使学员得到技能、企业得到人才、学校得到发展，达到学校与企业“优势互补、资源共享、协同发展”的良好效果。

2）参与“圆梦计划”，助力广东新生代产业工人的学历得到提升

自西南财经大学加入广东省“圆梦计划”，共有来自广东省各类企业的1600余名产业工人报名我校现代远程教育进行系统学习，“圆梦计划”是为在粤青年提供专、本科学历教育的公益项目，满足广东地区产业经济转型和升级过程中对于大量专业人才的迫切需求，帮助广东地区目前大量年轻的，特别是80后、90后产业工人解决由于缺少高等教育经历而在职业发展上缺乏潜力的问题。“圆梦计划”的学费主要来自共青团广东省委和热心公益的企业及社会组织的赞助，为广东新生代产业工人的学历提升起到积极推动的作用。

3）推进智力扶贫，实施对口帮扶贫困县干部学习计划

认真贯彻落实中央和四川省委关于精准扶贫的决策部署，充分发挥西南财经大学的财经特色、学科优势和人力优势，坚持以教育扶贫、人才扶贫为切入点，充分发挥我校学科专业优势，定制“西南财经大学——怒江州干部现代远程教育学历提升班”，利用现代远程技术推

进智力扶贫，并按照学校部署定点帮扶四川省金川县和美姑县开展干部培训活动11期，切实做好贫困地区干部综合能力的提升工作，实现扶智与扶志相结合，为怒江州干部旨在改善贫困地区人才结构，提升贫困地区干部的综合素质与能力，实施对口帮扶贫困县干部学习计划是在新形势下教育对口帮扶的又一新举措，是精准着力、脱贫攻坚、推动地方经济社会发展贡献的西财继教力量。

三、下一步发展举措

西南财经大学继续教育事业将以习近平总书记系列重要讲话精神和新时代中国特色社会主义思想为指导，围绕立德树人这一根本任务，以从严从实的工作作风，强化责任担当，全面贯彻落实学校党委的各项工作部署，坚持“稳定规模、优化结构、提高质量、规范发展”的办学原则，围绕“一个目标”、打造“两个品牌”，确保“三个实现”，立足“四个坚持”，为打造特色鲜明国内一流的继续教育学院、绘就学校发展蓝图中的继续教育新篇章而不断奋进。

（一）围绕“一个目标”，着重发展本科层次学历现代远程教育

西南财经大学将围绕“人才培养”这个最重要的目标，“把全面提高以育人质量为核心的教育教学质量和办学水平作为最重要、最紧迫的任务”，回归试点初心，认真落实教育部对现代远程教育试点的工作思路，在专业设置与招生结构上，逐步扩大学历继续教育中的本科层次占比，设计并实施学历继续教育教学改革，创新人才培养机制、提高人才培养质量，通过细化规章和措施，督促落实和执行保障人才培养核心工作。

（二）打造“两个品牌”，提升西南财经大学现代远程教育的辐射与影响力

西南财经大学将以助力构建终身教育体系和学习型社会为宗旨，立足学校人才优势和智力优势，大力发展“西财学历继续教育”与“西财培训”两个品牌，创新体制机制、强化规范管理、树立品牌优势、打造核心竞争力，稳步提升办学效益和辐射能力。充分利用远程教育的现代化教学手段，充分发挥现代远程教育快捷便利的优势，通过内涵发展、特色发展和创新发展加快继续教育发展方式的转变，着力提高办学质量和办学声誉。以服务国家战略、担当社会责任为宗旨，提升继续教育的质量和水平，探索完善产、学、研相结合的发展模式，将与国内保险行业的合作方式加以优化推广，密切与系统和行业的合作办学，坚定不移地走与国家、区域经济建设和社会发展相结合的建设道路，实现由规模速度型办学向内涵质量型办学的根本转变，建设和发展与一流大学目标相匹配的继续教育品牌，为国家、地方社会经济建设发展和人才知识需求做出新的贡献。

（三）确保“三个实现”，推动现代远程教育持续稳定发展

一是逐步实现“转型发展与稳定发展相统一” 以“转型发展”为主线，稳中求进，推动办学从学历补偿教育转变为满足学习新知识、拓展新技能、提高素质的广泛需求，从初始教育和继续教育封闭隔离的双轨教育，向衔接沟通、并轨融合的终身教育体系转变，搭建终身学习的“立交桥”；二是逐步实现“质量提升与内涵发展相结合” 充分发挥学校的优势学科资源，彰显“经济与管理学科群”建设的龙头引领作用和“财经智库”的社会服务品牌特色，努力

把我校建成西部职业精英培训基地和财经从业人员终身学习基地;三是逐步实现"规范发展与创新驱动相协调"。以规范发展为基石,不断创新形式、探索新路径,积极促进继续教育形式及载体的多样化,推动构建财经职业教育联盟,构建利用信息化手段扩大优质教育资源覆盖面的有效机制,实现各类财经类资源的开放共享,整合各类数字教育资源向全社会提供服务,建立学分累计制度,畅通继续教育、终身学习通道。

(四)立足"四个坚持",全面建设现代远程教育质量保障体系

西南财经大学将"坚持立德树人、坚持育人为本、坚持确保质量、坚持规范办学"的办学宗旨,规范办学,严格自律,全面推进质量保障体系建设,持续推进办学全过程的规范管理。一是强化质量标准制定,保障质量稳步提升。围绕继续教育发展定位及人才培养总目标,分别建立教学质量建设标准与站点建设质量标准,明确要求与标准;二是强化质量保障运行体系,形成质量监控循环系统。按照"事中事后监督、放管结合、优化服务"的要求加大对学历继续教育设点、招生、教学、考试等环节的监控,严格把控继续教育人才培养的"入口关"与"出口关";三是夯实质量保障组织体系,构建质量监控组织保证。进一步完善质量管理办公室的职责与内容,进一步明确站点助学的规范与要求,进一步严格巡考、评估工作,构建起全面有效的质量管理组织保证。

四川农业大学现代远程教育试点工作总结

伴随我国改革开放和经济社会发展变革的步伐，依托学校良好的办学条件和培养高层次人才的优质资源，四川农业大学自 2002 年被教育部批准开展现代远程教育试点工作已 18 年。这 18 年，是与时俱进、改革创新、艰苦奋斗、砥砺奋进的 18 年，是服务国家战略、服务民族地区发展、服务社会的 18 年，是不断探索创新管理体制、教学模式、运行机制的 18 年。

一、四川农业大学现代远程教育的发展概况

四川农业大学是一所以生物科技为特色，农业科技为优势，多学科协调发展的国家"211 工程"重点建设大学和国家"双一流"建设高校，是教育部本科教学工作水平评估优秀高校，也是现代远程教育试点高校(见图 1)。

图 1　四川农业大学

四川农业大学现代远程教育是学校完整人才培养体系的重要组成部分。学校 1990 年成立了成人教育办公室，先后经历了成人教育部、成人教育学院、网络教育学院、继续教育学院，2009 年网络教育学院与继续教育学院合并成立远程与继续教育学院。

学院始终坚持"立足四川，服务西部、面向全国"的发展思路，坚持"以学生的职业发展，满足在职人员的学习需要为己任"的办学思想，不断改进和创新教学模式、管理模式、服务模式，形成了育人为本、质量为先、安全为要、发展为重的良好局面(见图 2)。

（一）学生规模

四川农业大学于 2002 年开始招收网络教育学生，截至 2018 年共招生 39 万余名，培养毕业生 20 万余名，其中西部地区毕业生占 45.3%，参见附件 2。

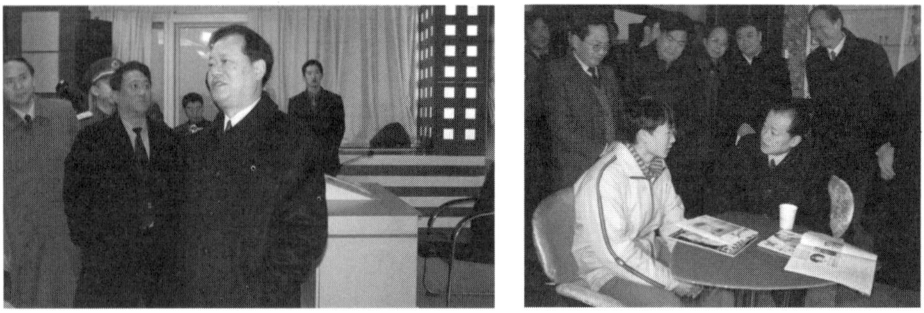

图 2　时任省长张中伟视察我校现代远程教育工作并与我校学生亲切交谈

（二）专业设置

四川农业大学立足社会需求，依托学校全日制本科专业，不断优化调整网教专业设置，先后开设了《动物科学》《动物医学》《农学》《园林》《土地资源管理》《水产养殖学》《水利水电工程》《药学》《环境工程》《食品科学与工程》《城乡规划》《土地资源管理》《现代农业技术》《畜牧兽医》《园林技术》等特色专业，逐步形成优势鲜明的办学特色。2018 年，我校网络教育招生专业共计 36 个(其中本科 27 个，专科 9 个)，参见附件 2。

（三）资源建设

已建设视频教学资源 1193 门，其中课程课件 519 门，辅导课件 637 门，精品课件 18 门，视频公开课 16 门，双优课程 1 门，统考课件 2 门，可用于开展农村实用人才等非学历培训的特色课程课件近 200 门。同时还建有网络教育课程教学大纲 670 多门、作业题库 500 多套、机考题库 200 多套、笔试课程考题 4800 多套、笔试课程复习题 1700 多套，参见附件 2(见图 3)。

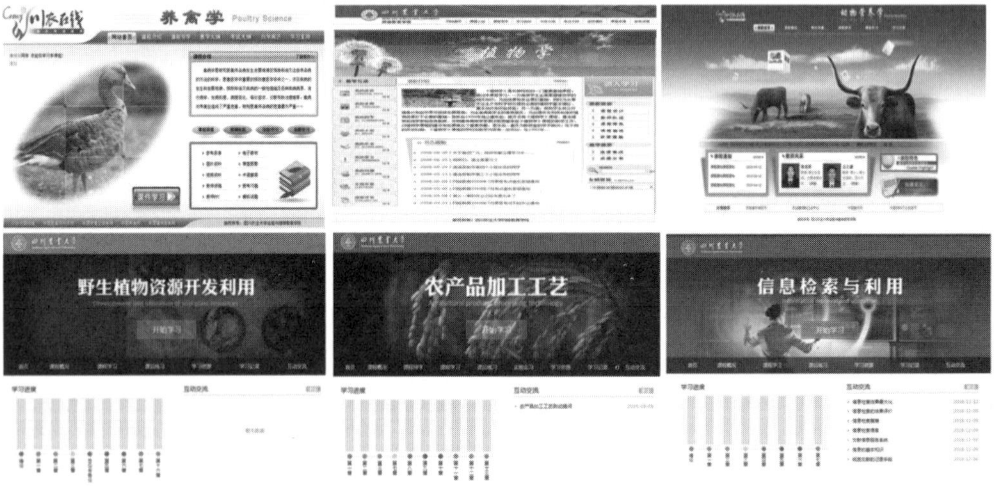

图 3　部分国家级、校级精品课程

（四）学习中心建设

近 20 年来，先后设立学习中心 964 个（含奥鹏授权学习中心），经过不断优化，截至目前在招自建学习中心 116 个、奥鹏授权学习中心 78 个，分布在全国 28 个省（直辖市、自治区），省级管理中心 4 个。

（五）师资队伍

四川农业大学现代远程教育任课教师均由学校教师担任，2018 年共有 429 名（高级职称占 68.5%）教师承担了教学任务，人均承担课程数不超过两门；校外学习中心按师生比不低于 1∶80 的比例聘请辅导教师，已累计聘任 2190 名教师。校内管理人员 90 人，校外学习中心专职管理人员 5482 人。

（六）非学历教育

非学历继续教育培训工作是学校教育事业的组成部分，学校于 2009 年设立四川农业大学职业教育培训中心，代表学校管理和承办非学历继续教育工作。学校先后被确定为"国家级科技特派员创业培训基地""全国新型职业农民培育示范基地""全国重点建设职教师资培养培训基地""农业部现代农业技术培训基地""四川残疾人现代农业技术培训基地""四川残疾人现代农业技术推广中心"等 14 个基地（见图 4）。

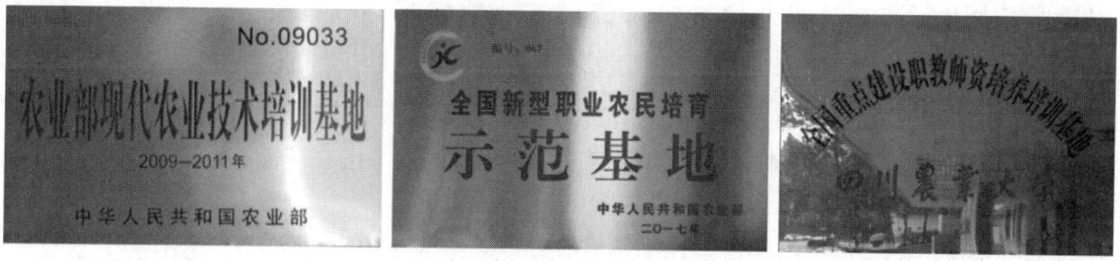

图 4　非学历教育部分基地

非学历继续教育培训覆盖了四川省、山东省、青海省、广西壮族自治区、宁夏回族自治区、陕西省、河南省等省的新型职业农民、现代青年农场主、农业职业经理人、基层农技人员、农村残疾人等各级各类学员，并与青海大学、宁夏广播电视大学等高校建立了基层农技人员、农业职业经理等人员的联合培训模式。试点以来，针对精准扶贫、脱贫攻坚、深度贫困区乡村振兴项目共 52 期，培训学员 6000 余人。

（七）信息化建设及应用

依托四川农业大学基础网络服务及信息化建设资源，学院有专门用于继续教育的服务器 12 台、交换机 16 台、防火墙 1 台、网络负载均衡 1 台、录播系统 2 套、视频编辑系统 2 套、摄像机 6 台，建有"川农在线"综合管理平台、学费收缴平台、在线作业平台、在线考试平台、在线答疑平台、远程答辩平台和在线培训平台等，辅之以 QQ、微信等手段服务于学生、教师、学院和学习中心管理服务团队，实现了招生宣传、录取、财务、教学、教务、辅导答疑、考试、论文答辩和毕业环节全程信息化管理（见图 5）。

图 5 “川农在线”综合管理平台

二、办学经验、管理特色、改革举措和发展成就

（一）办学经验

一是坚持因时而进，把握办学方向。四川农业大学坚持以马克思列宁主义、毛泽东思想、邓小平理论、“三个代表”重要思想、科学发展观、习近平新时代中国特色社会主义思想为指导，全面贯彻党的教育方针，把握社会主义办学方向，大力弘扬“川农大精神”，始终以教育规律为遵循，以立德树人为根本，以社会需求为导向，着力满足在职人员的学习需要和全面发展。

二是坚持因势而新，明确战略定位。四川农业大学十分重视和支持远程教育，始终坚持“质量是网络教育生命线”的指导思想，将继续教育写进学校章程，纳入学校整体发展规划，作为“双一流”建设的一项重大战略任务和重要抓手，提出要利用现代远程教育这个平台再造一个数字化的四川农业大学。校领导经常亲临学院指导远程教育试点工作，研究我校现代远程教育建设发展规划等重大战略问题，并且将继续教育工作纳入每年的学校工作要点里，作为全校工作的重要组成部分安排部署。

三是坚持立德树人，完善育人体系。四川农业大学以“立德树人，加强党建和学生思想政治教育”为要务，以培养德、智、体、美、劳全面发展的社会主义事业建设者和接班人为重大政治任务，坚定正确的政治方向，坚持把思想政治工作贯穿招生教务管理全过程，完善立德树人育人体系。

（二）管理特色

一是构建“两个严把”，实现招生规范管理。

试点以来，全面审视现代远程教育发展形势，通过不断探索联合办学合作形式、招生过程管理，逐渐形成严把学习中心建设，实行动态化评估检查机制；加强招生过程管理，严把入口关，不断推动生源质量的提升。近年来，学院大力实行动态化管理，通过课程考试巡考、学习中心走访、学生电话回访和评估检查等方式检查学习支持服务的执行情况，对不符合要求或违规的学习中心作出相应处理，确保招生管理规范化（见图 6 和图 7）。

图 6　校领导莅临会议并对继续教育发展作重要指示

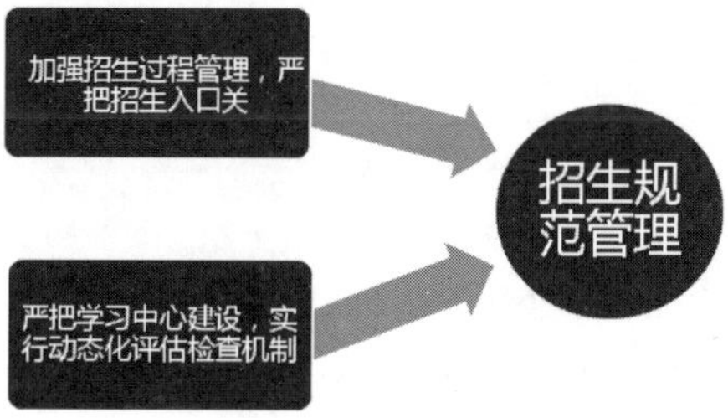

图 7　招生规范管理

二是构建"四链协同"的人才培养模式，保证人才培养质量。

四川农业大学构建了以管理链为支撑、知识链为核心、教学链为保障、效益链为动力的"四链协同"机制，为办学质量提供了保障。主要包括：完善治理体系，提升治理能力，构建了学校、学院、教师、省级管理中心和学习中心"五位一体"的管理链；确立了以"知识点"为核心的学习资源建设思路，优化专业、课程设置，打造了符合网络教育特点的知识链；以提升学生能力为指引，深化教学方式改革，推进考核方式改革，加强学习支持服务，构建了高效的教学链；遵循市场规律，建立科学的分配机制，构建合理的效益链（见图 8）。

三是创新"三四五"方针，积极发展非学历继续教育。

在培训工作"领导小组"和"指导委员会"的带领下，不断积累非学历培训的宝贵经验，培育示范培训基地，探索在线学习平台，认真组织游学活动，科学构建培训模块，确定了"用好三支队伍，创建四个机制，抓好五个环节"的发展思路，开创了"理论学习＋现场教学＋创业孵化（游学）＋模拟演练"的培训模式，创立了"课堂学习＋互动交流（结构法讨论）＋案例分享＋学员论坛"的教学方法，精准服务于扶贫攻坚和乡村振兴战略（见图 9）。

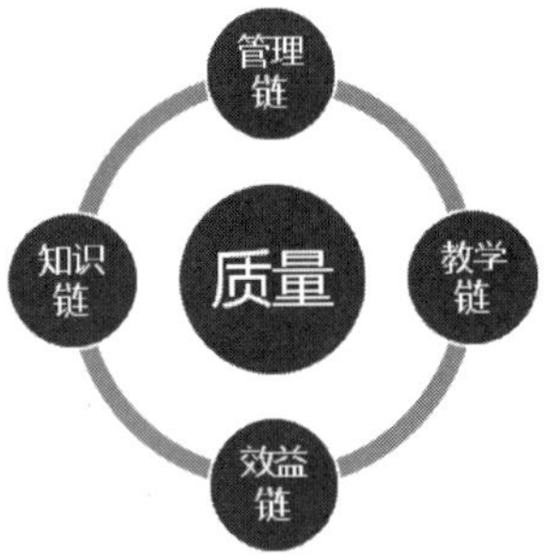

图 8 “四链协同”的人才培养模式

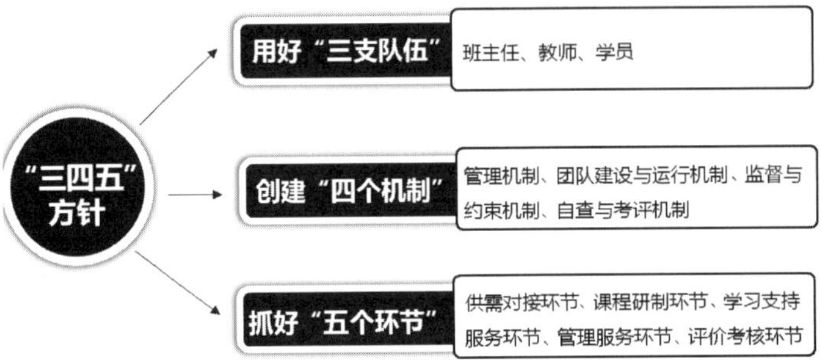

图 9 “三四五”方针的模式运作

（三）改革举措

一是创新体制机制，完善治理体系。

在办学历程中，通过不断完善、创新体制机制，坚持以管理制度建设为根本，以创新学习中心管理体制为主线，以建立健全质量监控体系为支撑，以完善利益分配机制为动力，以建立学习成果认定机制为抓手，涵盖制度建立、教学管理、队伍建设、合作办学、培训管理等，推动办学规范化、管理有效化、人才培养优质化。

二是创新三级管理模式，完善学习中心管理。

四川农业大学根据需要建立现代远程教育省级管理中心（简称“省管中心”），省管中心的职责是协助学校在省管中心所在省（自治区、直辖市）进行学习中心建设、招生管理、教务管理等工作，确立了“以学校为主体，以省管中心为抓手，以学习中心为重心”的管理框架，实现了“学校一省级管理中心一学习中心”三级管理模式，不定期开展调研走访，定期电话沟通，及时有效地处理学习中心遇到的各种问题。

三是融合“三教”教学资源，完善网络教育教学体系。

进一步探索“三教”三位一体理论和实践，整合了教学计划、教学大纲、教材、教学、命题、考试 6 个方面，实现了三教教学成果转换，学分互认，推动了网络教育教学体系建设和完善，对提高网络教育教学质量起了决定性作用（见图 10）。

四是坚持“五个统一”考试组织，确保考试安全。

考试组织坚持“五个统一”，即统一时间开考、统一印制配送试卷、统一安排巡考、统一阅卷、统一登分复核。坚持召开考务及监考人员培训会，加强考试过程痕迹管理（上报现场照

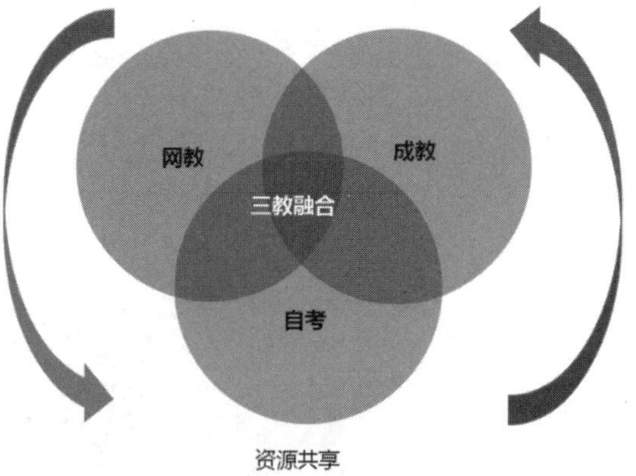

图 10　三教融合体系

片或视频），启用带学生照片的签到册方便核实学生身份，采取不定时突击检查的方式开展机动巡考检查学习中心的考试组织情况等。

（四）发展成就

20 年来，坚持制度引领，不断提高治理效能。

坚持将管理体制机制的完善作为推动内涵式发展的驱动，巩固深化制度优势转化为治理效能，按照“依托学校优势和师资，加强研究创新，积极开展特色优质资源建设”的思路，通过“校内分配制度、学习中心（教学点）监管制度、学生管理制度、操作环节指南”四维联动，统筹学校优质资源，完善组织架构，构建有利于调动各方积极性、创造性、主动性的管理体系，充分发挥“学校-省级管理中心-学习中心”三级管理模式优势，定期召开会议，研究解决发展瓶颈，创新制度建设，完善体制机制，不断提高应对挑战的核心竞争力，为推进内涵式发展提供动力（见图 11）。

图 11　部分管理制度

20 年来，坚持以生为本，不断创新人才培养模式。

在践行以学生为本的路上，四川农业大学积极探索、不断创新学历教育、非学历教育人才培养模式。2000 年提出并实施“整合成教、自考、网络资源，创新农村应用人才培养模式”“三教整合”的内涵，不仅是表现在形式上的整合，而且更是在人员管理和一切资源上的整合，经过长达 10 余年的深入发展融合，成功构建并应用“四链协同”人才培养模式取得了显著成效。在非学历教育中，依托示范培训基地，坚持分类型办班，按需求设课，采用“菜单式”选学，构建了“乡村振兴、服务三农”为核心的农村基层骨干人才非学历教育培养模式（见图 12 和图 13）。

图 12　人才模式获奖部分证书

图 13　“大规模培训农村党支部书记”非学历人才培养模式

时任省长张中伟亲临会场作主题报告，社会反应好，社会效益高，成果交流应用广泛。

20 年来，坚持社会服务，不断服务国家社会经济发展。

四川农业大学始终以服务国家战略，满足社会需求为导向，深入贯彻落实党的路线方针政策，积极开展社会调研，响应国家发展战略。立足学校学科优势，开展“校企、校地”战略合作，助力乡村振兴，坚持精品教育资源建设、共享和开放，搭建网络教育精品课程、公开课和双优课等资源共享平台，不断提升服务社会的能力(见图 14)。

图 14　开放学习资源

积极加入农林院校继续教育网络联盟、中国农业大学——新农村新农民绿色培育 e 计划和 MOOC 中国联盟，同广西广播电视大学、吉林大学珠海学院等高校，与河北省农业厅、武警石河子市支队、温州市总工会、新疆生产建设兵团、福建天马科技集团有限公司等政府、行业、企业在学历教育方面开展合作。坚持与四川省农业厅、科技厅、人社厅和扶贫局以及外省涉农部门等单位合作开展培训工作，如精准扶贫第一书记、残疾人、灾后重建干部、三州地区涉农干部和河南省郑州畜牧系统干部培训(见图 15和图 16)。

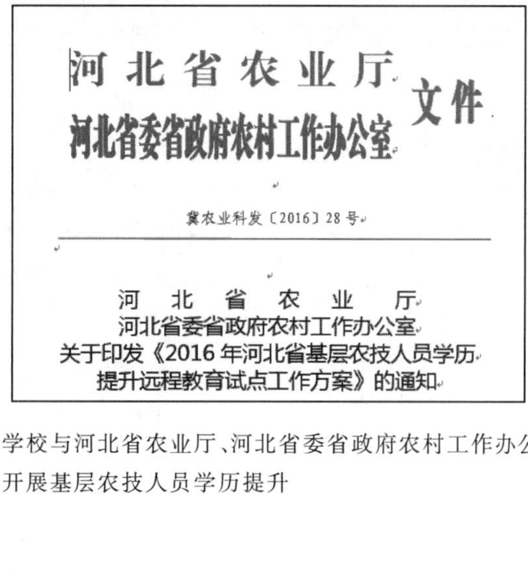
河北省农业厅
河北省委省政府农村工作办公室 文件

冀农业科发〔2016〕28 号

河 北 省 农 业 厅
河北省委省政府农村工作办公室
关于印发《2016 年河北省基层农技人员学历提升远程教育试点工作方案》的通知

图 15　学校与河北省农业厅、河北省委省政府农村工作办公室合作开展基层农技人员学历提升

图 16 “三区三州”深度扶贫和青海省基层农技推广体系培训开班典礼

20 年来，坚持质量为上，不断完善质量保障体系。

四川农业大学始终以教研为先导，以改革为动力，以质量为生命，以招生管理为重点、以教学教务为核心、以监督检查为抓手，立足规范招生管理，着眼教学环节落实，致力于教学资源建设。制定和实施《四川农业大学现代远程教育校外学习中心考核指标体系（试行）》等内在规范性文件，加强教学研究，打造了一批精品教学资源。组建成立继续教育教学督导委员会、教学质量监控小组和资源建设委员会，负责对整个教学环节进行全方位的指导、监控、评估和考核，形成完善的教育质量组织领导保障体系，多举多措保证办学质量。试点以来，共完成 7 项教学研究课题，发表 14 篇论文，参见附件 1（见图 17）。

图 17 试点以来获奖部分证书及奖牌

20 年来，坚持品牌战略，不断弘扬川农大精神。

在四川农业大学百年办学历史中，铸就了“爱国敬业、艰苦奋斗、团结拼搏、求实创新”的川农大精神。现代远程教育试点以来，围绕川农大精神，学校充分利用学科专业优势和教师优势、服务国家乡村振兴等战略有效整合资源，加深“校校、校企、校地”战略合作关系，拓广战略合作面，发挥优秀校外学习中心的示范引领作用，重视学生满意度和用人单位反馈，积极打造示范培训基地，不断擦亮川农大继教特色品牌，进一步提升了社会声誉和影响力。试点以来，共有舟山蓉浦学院、江阴市远景教育培训中心等 11 个校外学习中心荣获全国优秀校外学习中心（见图 18）。

图 18　全国网络教育百名学习之星和部分优秀学习中心

三、存在的困难和问题

（一）各省现代远程教育管理口径不一

由于各省教育厅对现代远程教育的管理口径不一，部分省份甚至出现了单独限制省外试点院校招生层次和专业，省内试点院校不作限制等“地方保护主义”，严重影响现代远程教育健康持续发展。

（二）资源建设还有待加强

四川农业大学虽重视继续教育的资源建设，但在更新上跟不上形势的发展，部分教学资源及信息化建设有待提档升级。

20 年奋斗，铸就荣誉之师；20 年积淀，雕刻卓越品质。现代远程教育试点作为学校的重要工作，我校始终把教育教学质量作为试点工作的生命线，不断加强领导和统筹规划。随着我校“双一流”建设的深入推进，我校继续教育在获得更宽广发展平台的同时，要迅速把思想和行动统一到党的十九大和全国教育大会的精神上，把智慧和力量凝聚到落实党的十九大和全国教育大会确定的各项任务上，要坚持以立德树人为根本任务、以完善体制机制为根本保障、以内涵建设为根本导向、以服务国家战略为根本需求，不断加强现代教育技术的研究与应用，加快教学资源建设，积极探索创新现代远程教育的人才培养模式和教学管理制度，办好新时代中国特色现代远程教育。

附件 1

试点以来，继续教育的教学研究、获奖及立项情况

2003 年获四川省成招工作先进集体奖和教材管理一等奖、全省自考工作一等奖。

2004 年获四川省高等教育学历证书电子注册管理工作“先进集体”；获四川省自考 20 周年“创新工作优秀奖”“社会考试工作优秀奖”“命题工作优秀奖”。

2005 年，《整合成教、自考、网络资源，创新农村应用人才培养模式》获第五届高等教育国家级教学成果奖二等奖、四川省政府高等教育教学成果奖“二等奖”、校第五届教学成果奖“特等奖”。

2008 年获“大规模培训农村党支部书记，创新非学历教育培养模式”校级教学成果奖一等奖；《网络教育资源及数字化学习港建设模式的构建与实践》项目获校级教学成果奖二等奖。

2009 年，“植物学”获国家网络教育精品课程。

2011 年获高等院校自学考试工作目标考核和发展三等奖（四川省教育考试院）。

2012 年获现代远程教育十年贡献奖。

2013 年获高等院校自学考试目标考核和发展奖三等奖（四川省教育考试院）。

2014 年，“基于‘微课’模式的‘结构力学’精品资源共享课程建设与实践”获学校教学成果奖特等奖；“养禽学”获第四批国家级精品资源共享课立项。

2015 年获高等院校自学考试工作目标考核二等奖（四川省教育考试院）。

2017 年，“网络高等学历继续教育‘四链共进’人才培养模式构建与应用”获学校教学成果奖特等奖；“四川农业大学助力河北省基层农技人员学历提升项目顺利推进”入选中国高校远程与继续教育优秀案例库。

2018 年，“网络高等学历继续教育‘四链共进’人才培养模式构建与应用” 入选中国高校远程与继续教育优秀案例库。

附件 2

试点以来数据统计表（截至 2018 年年底）

试点高校：四川农业大学

学历继续教育				非学历培训		
累计招生总数	累计毕业生总数	累计开设专业数	共建设网络学习资源数	培训班总数	培训总人数	扶贫项目总数
390 904	201 675	102	9263	425	35 320	52

注：学历继续教育数据指本专科总数；学习资源指课程、课件、资源库等。

西北工业大学现代远程教育试点工作总结

西北工业大学坐落于陕西西安，是我国唯一一所以同时发展航空、航天、航海工程教育和科学研究为特色的多科性、研究型、开放式大学，隶属于工业和信息化部。西北工业大学一直是国家重点建设的高校，1960 年被国务院确定为全国重点大学，1995 年首批进入“211 工程”，2001 年进入“985 工程”，2017 年进入国家“一流大学”建设高校(A 类)。

2001 年 6 月，西北工业大学成立网络教育学院。2002 年经教育部批准西北工业大学成为全国 68 所开展现代远程教育试点高校之一。西北工业大学继续教育学院、网络教育学院(以下简称学院)是学校开展高等继续教育的办学机构，主要承担继续教育多层次、多形式、多规格的教育教学任务(见图 1)。经历了 16 年的发展历程，学校从 2002 年秋季第一次招生 433 人，涉及 3 个层次 4 个专业，到目前开设了 3 个层次 23 个本、专科专业，为社会培养了 153 000 多名毕业生，其中有 6200 多名本科毕业生获得学士学位。参见附件。

图 1　荣誉

一、网络教育人才培养模式机制特色与创新

(一) 西北工业大学继续教育办学方向与办学定位

西北工业大学认真贯彻落实党的十九大关于“办好继续教育，加快建设学习型社会，大力提高国民素质”的总体要求，深入学习全国教育大会精神，落实立德树人根本任务，端正办学指导思想，切实履行好高校人才培养的职责使命，确保正确办学方向，努力办好人民满意的教育(见图 2～图 4)。

图 2　西北工业大学党委书记张炜来学院调研指导工作

图 3 校长汪劲松为网络学院毕业生颁发毕业证和学位证

《西北工业大学章程》规定学校“以全日制本科生和研究生学历教育为主，适当开展适应社会需要的其他类型教育。”《西北工业大学十三五规划纲要》提出“稳定发展学历继续教育，大力发展非学历继续教育”的办学方向，为此学校专门制定了《西北工业大学继续教育发展战略总体规划》，规划以学校“十三五规划纲要”为指导，全面贯彻落实《国家中长期教育改革和发展规划纲要》精神，以社会发展需求为导向，积极探索继续教育办学新途径，创新继续教育新模式，促进社会经济快速发展。

西北工业大学按照新时代“办好继续教育”的总体要求，紧紧围绕“培养什么人、怎样培养人、为谁培养人”这一根本问题，按照坚持立德树人、坚持育人为本、坚持规范办学、坚持确保质量原则，遵循教育规律，明确了“有教无类、因材施教、规范管理、开拓创新”的办学定位，坚持“以学生为根、以育人为本、以学者为要、以学术为魂、以责任为重”的办学理念，继承和发扬“教书育人、管理育人、服务育人”优良传统和作风，牢固树立“人才培养在学校各项工作中的中心地位”，坚持立德树人，促进学生全面成长。

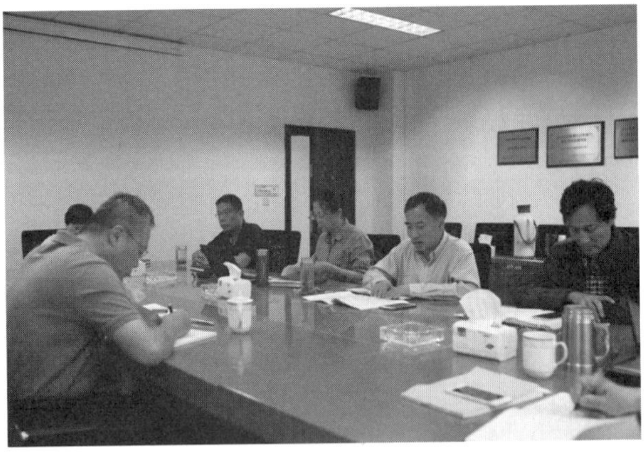
图 4 学校副校长万小鹏检查指导学院工作

西北工业大学高度重视思想政治教育工作，结合学生特点，开展丰富多彩的大学生活动；在毕业庆典暨学位授予仪式时，学校领导亲自为取得学士学位的网络教育毕业生代表“拨穗”。网络教育学院领导经常深入教学站点，出席开学典礼、毕业典礼等重大活动。

（二）学校网络教育管理体制与运行机制

西北工业大学网络教育学院是开展高等继续教育的办学机构，主要承担多层次、多形式、多规格的继续教育教学任务，网络教育管理部门挂靠在继续教育学院。学校领导定期研究继续教育并解决问题情况。每年 6 月和 12 月，相关议题列入学校校长办公专题会，研究并解决网络教育相关问题；主管校领导经常主持召开学院党政联席会，讨论和决策学院发展的重大问题(见图 5～图 7)。

图 5　院长徐伟教授在巡考安排会上做部署动员

图 6　学院党总支张静书记、委员刘潮东参加宝鸡中心学位授予大会

学院统筹管理，党政领导班子机构健全，管理人员经验丰富、业务能力强，学院拥有一支团结奋进，勇于开拓，结构合理的网络管理团队；职能部门分工明确，学院行政机构设有办公室、招生办公室、教务部、技术资源中心、评估与发展研究中心、培训中心、国际合作部、直属中心(学生工作办公室、网络教育部)8 个部室；学院党总支下设 3 支部，学院工会在学院党总支领导下开展工作；学院办公室设施齐全、经费投入力度持续加大，学校政策明确，网络教育工作保障有力。

学校网络教育学院与其他院系(机构)积极开展培训合作，按照学校管理规定签订合作

图7 徐伟院长、王林绪副院长与奥鹏远程教育中心李国斌副总经理交流工作

协议，办理合同审批手续，签订合同。网络教育办学与院系(机构)之间责任分工，学校院系主要负责推荐优秀退休教师、优秀科技工作者；继续(网络)教育学院根据教师聘任条件负责组织选聘。

(三) 制度建设与规范管理

制度建设是开展现代远程教育的重要保障。学院秉承“有教无类、因材施教、规范管理、开拓创新”的办学定位，不断加强制度建设，先后制定和完善了《西北工业大学授予成人高等教育本科毕业生学士学位工作细则》《西北工业大学现代远程教育校外学习中心管理规定》等40多项管理规章制度，重视和加强制度建设，规范管理，学校现代远程教育顺利开展，教育教学和人才培养取得成绩，形成了西北工业大学网络教育办学模式。

(四) 专业建设与人才培养

西北工业大学积极贯彻落实教育部《高等学历继续教育专业设置管理办法》，聚焦主业办好优势特色专业，目前现代远程教育开设12个专科专业，11个专升本专业，11个高起本专业。经过多年的学科建设，工商管理、土木工程、机械设计制造及其自动化3个专业在2017年被评为陕西省继续教育特色专业。其中，机械设计制造及其自动化专业依托学校A+级学科“航空宇航科学与技术”优势资源发展而来，专业基础课“机械原理”和“机械制造基础”入选“国家网络精品课程”(见图8～图10)。

西北工业大学网络教育始终坚持为国家经济建设和社会发展培养应用型、技术型和技能型人才的培养目标。在制定培养方案时，注重以能力为核心，突出专业基础，同时充分考虑学员特点和实际需求，适当增加选修课的比例。要求专科、专升本层次各专业学生，毕业达到80学分，开设课程不少于20门；要求高中起点本科各专业学生毕业达到150学分，开设课程不少于40门。所有课程都有相应的教学大纲，保证了教学质量的稳步提高。

为了进一步落实专业建设和人才培养方案，学院开展了用人单位的问卷调查，统计结果表明，我院毕业生在应用能力、技术能力、管理能力、实践能力方面都有突出的表现，得到用人单位的肯定性评价。

图 8　张清江副院长在靖边学习中心指导教学评估工作

西北工业大学继续教育学院、网络教育学院规章制度一览表

序号	文件名称
1	西北工业大学网络教育学院信息公开实施细则
2	西北工业大学网络教育学院党政联席会议事规则（试行）
3	西北工业大学网络教育学院学院用印管理规定
4	西北工业大学网络教育学院教职工考勤管理办法（暂行）
5	西北工业大学网络教育学院非事业编制人员聘用管理办法
6	西北工业大学网络教育学院大宗物资采购管理办法
7	西北工业大学网络教育学院因公出差管理补充规定
8	西北工业大学网络教育学院新媒体建设与管理实施办法
9	西北工业大学网络教育学院网站信息及新闻稿发布规定
10	西北工业大学授予成人高等教育本科毕业生学士学位工作细则
11	西北工业大学高等继续教育校外学习中心设立流程及基本条件
12	西北工业大学现代远程教育校外学习中心管理规定
13	西北工业大学现代远程教育校外学习中心业务用印铭牌及木牌规格一览
14	西北工业大学成人高等教育招生工作手册
15	西北工业大学现代远程教育招生工作手册
16	西北工业大学现代远程教育招生考务工作手册
17	西北工业大学现代远程教育招生承诺书
18	西北工业大学现代远程教育招生考试责任书
19	西工大现代远程教育招生网络违规宣传排查及预防措施
20	西北工业大学现代远程教育预防校外学习中心招生违规行为工作办法
21	西北工业大学现代远程教育招生考试阅卷实施办法
22	西北工业大学现代远程教育新生资格审查工作流程及要求
23	西北工业大学网络教育学院校外学习中心教学工作手册
24	西北工业大学网络教育学院教学教务管理工作细则及流程汇编
25	西北工业大学网络教育学院学生手册
26	西北工业大学网络教育学院课程考试考务手册
27	西北工业大学网络教育学院课程考试管理工作目标责任书
28	西北工业大学网络教育学院课程教学大纲
29	西北工业大学网络教育学院课程考试机考管理规定
30	西北工业大学网络教育学院学生学籍管理规定
31	西北工业大学网络教育学院课程考试巡考工作任务书
32	西北工业大学网络教育学院学生表彰奖励管理办法
33	西北工业大学网络教育学院课程免修免考管理规定
34	西北工业大学网络教育学院课程成绩复核管理规定
35	西北工业大学网络教育学院全国网络统考课程免考工作细则
36	西北工业大学网络教育学院考试违纪处理与申诉管理办法
37	西北工业大学网络教育学院学生参加课程学习及辅导步骤
38	西北工业大学网络教育学院全国统考课程学习及辅导步骤
39	西北工业大学网络教育学院学生学习平时成绩构成表
40	西北工业大学网络教育学院毕业设计（论文）工作细则
41	西北工业大学网络教育学院课程设计和建设标准
42	西北工业大学网络教育学院课程录制协议书
43	西北工业大学网络教育学院课件录制注意事项及行为规范
44	西北工业大学网络教育学院主讲教师任职要求及录课要求
45	西北工业大学网络教育学院网络机房管理规定
46	西北工业大学网络教育学院教学教务管理平台数据库备份暂行规定
47	西北工业大学网络教育学院教学教务管理平台管理规定
48	西北工业大学网络教育学院办公设备维护工作规定
49	西北工业大学网络教育学院网站发布和技术维护管理规定

1

图 9　规章制度

图 10　西北工业大学教育学院

（五）师资配备与资源建设

西北工业大学重视现代远程教育的师资队伍建设，聘请教学经验丰富，水平高、能力强，熟悉现代远程教育教学规律的教师担任主讲教师，主要承担课件录制、教材选定、教学大纲编写、面授辅导等。辅导教师承担着学生的学习辅导、答疑和平时成绩评定等工作。网络教育学院挖掘学校潜在资源，聘请的院内教师主要来自西北工业大学具有副高级以上职称的退休教师 112 人，目前聘有校内院外任课教师 89 人，聘请校外任课教师 73 人，其中本校教师占 73.8%；具有副高级以上职称占 91.4%。学习中心辅导教师配备 531 人，具有高级职称的比例达到 37%。学校拥有一支经验丰富、结构合理的继续教育管理团队，管理人员 75 人，其中本科学历以上占 88.9%，获得博士学位的 4 人，具有从事继续教育 8 年以上的占 80%以上。

西北工业大学现代远程教育目前拥有各专业网络课件 212 门，支持学员在线点播学习，拥有 9 门网络精品课程（机械制图、机械制造基础、电路分析基础、先进制造系统、毛泽东思想和中国特色社会主义体系概论、化学工艺学、机械原理、理论力学、线性代数），其中，机械原理、机械制造基础为国家网络精品课程。助学辅导材料包括历年全国高校网络教育统考辅导课件、课程考试辅导课件、入学考试辅导课件，以及 212 门课程多媒体课件光盘，编写适用于网络教育学生学习的教材，目前已出版规划教材 41 门。编辑出版课程配套作业集共 196 门，配套率达到 91%。每年定期更新课件 10 门左右，近几年课件更新率达到 50%以上（见图 11～图 13）。

图 11　教材

网络教育学院信息化资源建设符合开展现代远程教育的需求。采用网络智能负载均衡设备连接 100M 联通带宽、100M 电信带宽、1G 教育网带宽，具有独立的公用网络 IP 地址和独立域名，其中电信拥有 32 个独立 IP，联通拥有 24 个独立 IP。计算机网络系统符合现代成人学习的需要，网络宽带符合教学要求，连通率不低于 95%，保证信息的时效和畅通，应用效果好，解决了因地域差异影响访问速度的问题。

学院具有与办学规模相适应、满足教学需要的联网多媒体计算机、视频投影机（仪）、双向视频教学系统等设备。现有视频会议室 1 个，多媒体教室 1 个，课件录制室 2 个，实时答疑室 2 个，互联网计算机房 1 个，互联网办公计算机 71 台。目前拥有学院网站、教学教务平台、学生在线学习平台、现代远程教育入学测试系统、课程在线考试系统等辅助教学系统，先

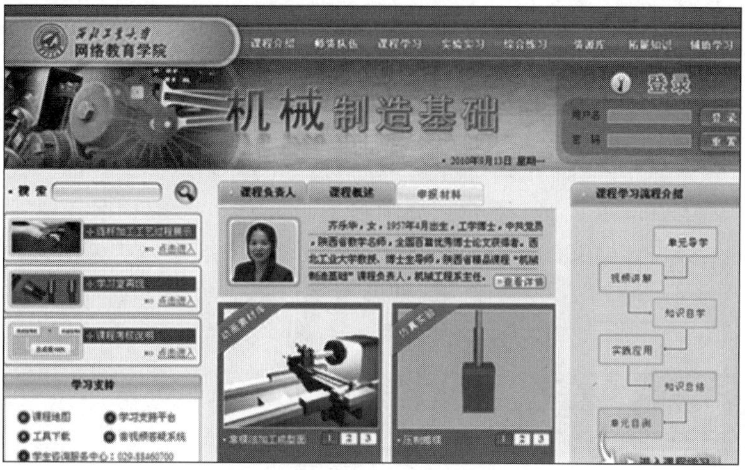

图 12　课件 1

图 13　课件 2

后开发了数字化教学平台、管理平台与服务平台，充分应用现代教育技术和现代管理技术，提高了管理水平和工作效率，为学生提供方便的教学支持服务和在线学习环境(见图 14)。

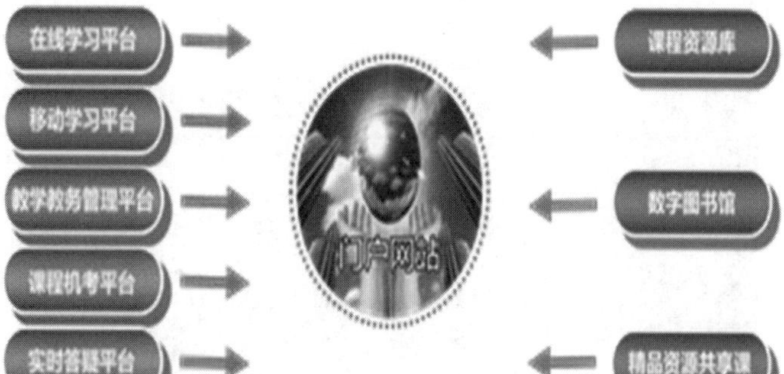

图 14　网站平台

（六）办学规模与招生管理

西北工业大学办学优势明显，具有健全的管理机制、丰富的课程资源、有效的学习支持服务管理、优化的教学评估体系，这都为招生工作开展奠定了良好的基础。自开展现代远程教育以来，已培养本、专科毕业生15万余人，赢得良好的办学声誉。目前我校自建及依托公服体系在全国28个省市建立了198个校外学习中心，这些中心以西北工业大学优势资源为依托，为当地学生提供辅助支持服务。多年来，学院的招生规模与学院管理制度建设、资源建设投入及学习中心管理架构、人员配置、辅助教学可以满足学生日常管理及学习需求，招生规模与学校办学条件和能力基本匹配(见图15～图17)。

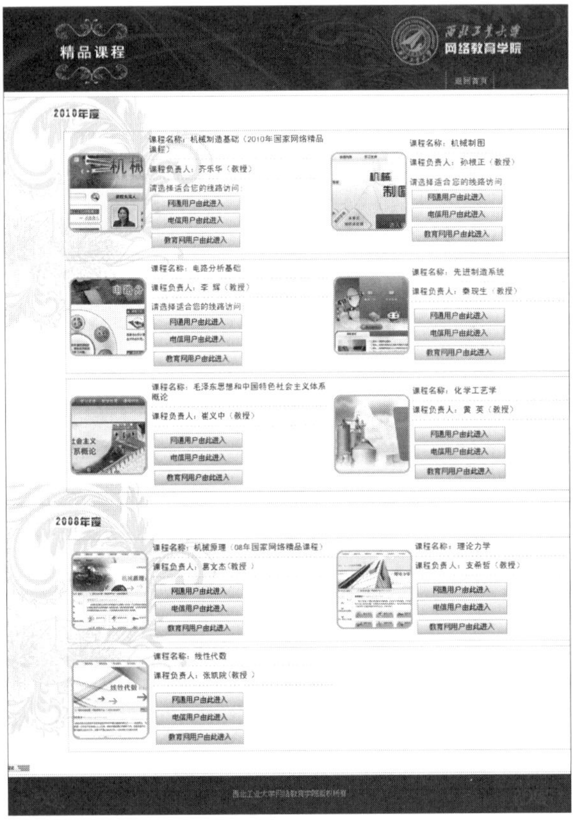

图15 服务学生1

图16 服务学生2

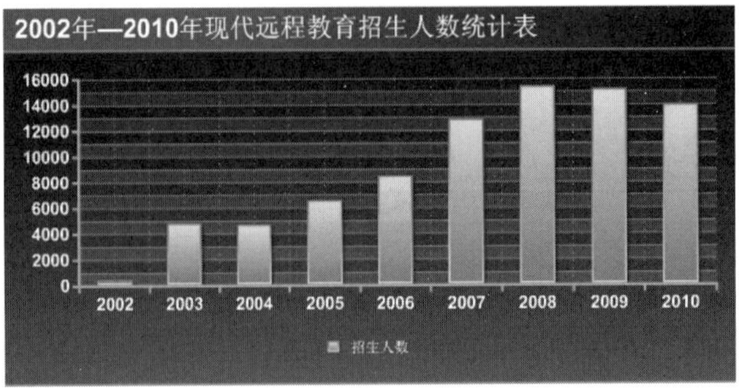

图17 2002—2010年现代远程教育招生人数统计表

1. 招生宣传

按照教育部要求，西北工业大学在招生简章中明确入学资格、报考时间、学习形式、修业年限、统考科目、学历文凭、学位授予、电子注册等政策要求，内容真实准确，符合相关规定。

招生宣传实行统一管理、统一印制简章及宣传材料。规定校外学习中心只能配合主办高校开展招生服务，不得自行组织招生，不得跨省区或点外设点组织招生，不得委托个人或中介机构组织生源，不得以任何形式转移招生录取的职责和权利。季度招生前，学校发布招生工作通知，要求学习中心在招生宣传中不得发布模糊和虚假信息误导学生，不得有虚假、夸大、随意承诺等欺骗行为。要求学习中心严格落实“两禁止、两严格、两不做”招生红线，并签订招生承诺书。

西北工业大学注重网络宣传与监督。通过网络途径及时发布各类消息，制定“招生网络违规宣传排查及预防措施”，设立“招生违规投诉”专栏，避免违规事件的发生。

2. 录取注册

西北工业大学严格把关资料审核、招生考试和录取工作环节。资料审核有初审、复审、终审 3 个环节，并且有新生资格审查工作流程及要求做支撑。入学测试由我校统一组织，与学习中心签订“测试责任书”并安排巡考、教育机构监督、远程监控等具体手段；设定测试录取分数线，录取工作由学校直接完成，将《录取通知书》电子化，学生登录学院网站输入相关信息可以查询录取结果。电子注册按照教育部要求及时准备数据，并安排专人进行终审，发布新生注册公告通知，确认一切无误后，上报电子注册。

3. 收费管理

西北工业大学规定各中心在招生宣传时，要将学习中心各层次收费标准在显著位置进行公布，此项作为学校检查学习中心招生工作的重点项，并在年底中心考核评优中具体体现。学校与学习中心依托单位合作协议及每一季度的招生承诺书上均明确“除学费外，学习中心不得以学校名义收取任何其他费用”。

每位被录取的考生在网站查询自己的录取结果时，电子版录取通知书也会显示本人就读层次、专业具体学分数及收费标准。

西北工业大学在学费收取方面采取网银收费的方式，学生在规定时间内在线缴费，将学费汇入西北工业大学专用账户，学校收到学费并与学习中心上报缴费名单核对无误后，为每名学生开具正式发票。

（七）校外学习中心管理服务

西北工业大学校外学习中心（站点）的数量、资质、办学条件符合上级教育行政部门的相关规定。严格按照学校制定的建点工作流程对依托单位进行考察，经过省厅审核通过后与其签订合作协议。学校经过充分的研究，对全国的校外中心进行合理布局，原则上一市（区）设一站（点），避免生源的内部恶性竞争，促进校外学习中心健康发展。目前我校自建及依托公服体系在全国 28 个省市建立了 198 个校外学习中心，运行情况良好（见图 18 和图 19）。

西北工业大学依据相关规定和协议对于校外学习中心的招生进行全面、有效的监督和管理。对现有校外学习中心办学许可证、组织机构代码证、法人证件有效期限进行电子化筛

图 18 学习中心

图 19 太原运城学习中心课程考试现场

查登记，有效地加强中心动态数据管理，提高工作效率。

西北工业大学明确规定校外学习中心必须成立管理架构，并配备相应的管理人员。要求至少设中心负责人 1 名，招生、教务、学籍、技术、财务等主管各 1 名，并按招生人数配备若干班主任和兼职辅导教师。学校对校外学习中心的管理采取招生工作人员分片包干监督服务制度，并实时进行监控排查，尽可能在第一时间发现问题，及时解决或制止，避免违规事件发生。对重要和易发生招生问题的学习中心实行负责人、招生负责人提醒制，强调规范招生、考试操作流程、工作变化等内容，确保招生规定动作落实到位。

西北工业大学对新设置的学习中心工作人员进行业务培训，并且要求中心负责人定期组织管理人员进行政策督导及学习。此外，对申请招生考试的学习中心委派工作人员进行巡考工作，检查学习中心招生工作是否符合学校各项要求，督促、指导中心更好地开展工作。

（八）教学实施与考风考纪

学院制订有科学规范的培养计划，专业设置依托学校资源，课程设置科学合理，教学资源丰富。

1. 严格执行人才培养计划方案

以发展质量为目标，推动机制建设与教育教学的深度融合，构建多层次、多方位的科学规范、运行有效的教学质量保证机制(见图 20)。

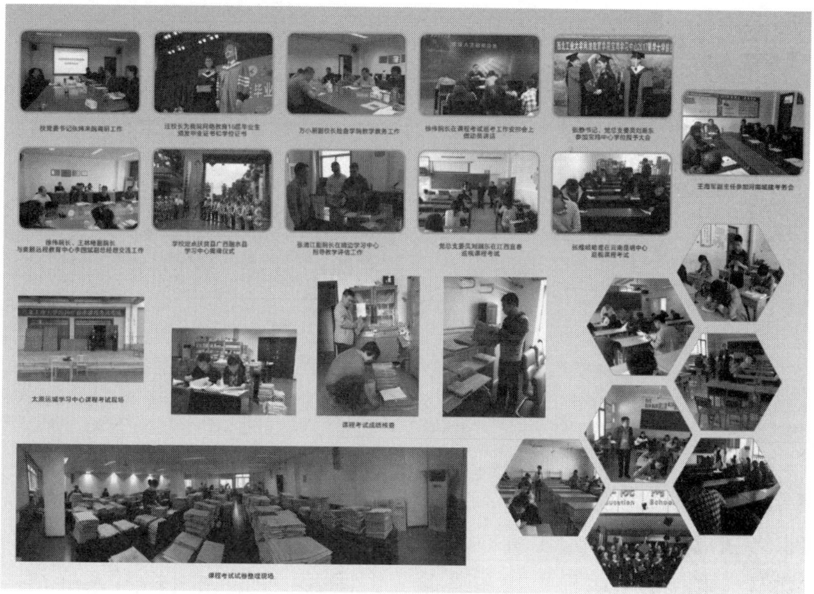

图 20　人才培养计划

2. 严格考风考纪

考试是检验教学管理与教学质量的重要手段，考风考纪的好坏影响考试的质量，影响考试的公平、公正和教学的安全稳定。学校非常重视考风考纪的建设。考试组织严格按照《西北工业大学网络教育学院课程考试考务手册》执行，做到考试的公平、公正(见图 21 和图 22)。

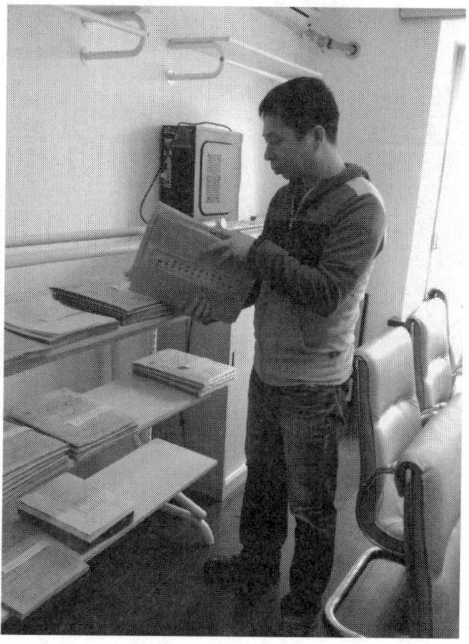

图 21　工作人员认真核查课程试卷

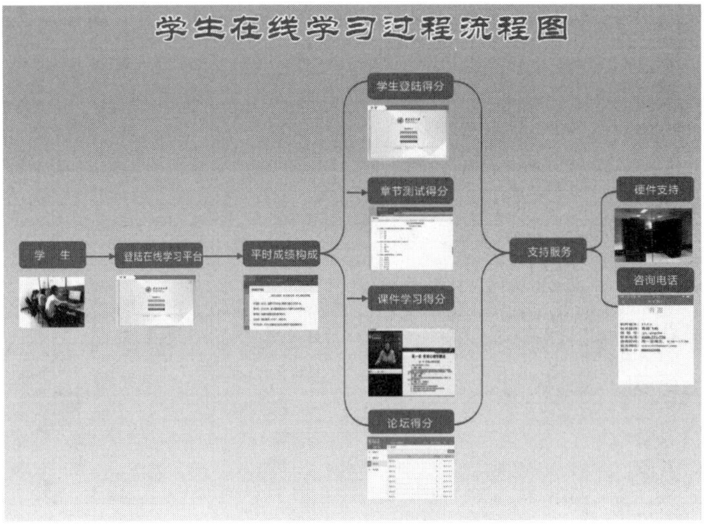

图 22　学生在线学习过程流程图

3. 认真组织考试

每次课程考试都成立考试组织机构，与学习中心签订《西北工业大学网络教育学院课程考试管理工作目标责任书》，明确责任和义务，并对学习中心派遣巡考人员，对学习中心的考试工作进行巡视、监督和指导。巡考人员都是由学院工作经验丰富，责任心强的人员担任。通过《西北工业大学网络教育学院课程考试巡考工作任务书》对学习中心的考试情况和巡考人员的工作情况进行评定（见图 23）。

图 23　加强考试管理

考试所用试卷根据《西北工业大学网络教育学院考务工作总则》聘请专业教师编辑课程考题。试卷的印制是通过公开竞标的形式，在有资质的印刷企业中选择承印单位，在签订印制合同的同时签订试卷保密协议，印制试卷、打包分寄过程全程有学校考务人员监督和指导。试卷到达学习中心后，有专门的人员将试卷存放在保密柜（室）中进行保管。考试前由巡考人员进行查验，考试前 10 分钟，在考场当面拆封试卷。考生入场时严查考生身份，确保考试人员为考生本人(见图 24 和图 25)。

图 24　加强监考 1

图 25　加强监考 2

每次考试前，学院都成立考试组织机构，学院领导分片进行巡视，考试期间制定《课程考试应急预案》，安排责任心强的工作人员到学习中心检查指导考务工作，巡考人员对考场纪律进行督查，填写《课程考试巡考任务书》。根据《课程考试阅卷工作细则》，学院成立了阅卷组织机构，聘请教师在公平、公正的原则下进行阅卷工作，保证阅卷质量。学院成立考试和阅卷组织机构，责任明确、分工严密，备有突发事件处理预案。

4. 注重教学过程的落实

督促学生参加辅导答疑、完成网上作业等，综合成绩以平时学习记录(成绩)加期末考核的方式进行评定。

5. 加强毕业设计(论文)过程管理

根据《西北工业大学网络教育学院毕业设计工作细则》，组织毕业设计、论文答辩工作，对申请学位的学生论文进行查重比对。

6. 严格执行学位授予标准

根据西北工业大学学位评定委员会文件，制定《西北工业大学授予网络教育本科毕业生学士学位实施细则》。校学位评定委员会对拟授予学士学位者进行审核，确定授予学士学位者名单(见图 26)。

图 26 学位授予

（九）过程监管与质量保证

以发展质量为目标，推动机制建设与教育教学的深度融合，构建多层次、多方位的科学规范、运行有效的教学质量保证机制。

1. 规范招生管理

根据教育部《关于现代远程教育校外学习中心(点)建设和管理的原则意见》，规范管理学习中心，严把招生工作各环节，保证生源基本质量，切实把好入口关。对网络教育招生计划、招生简章和宣传广告统一管理，并报生源所在地的省级教育行政部门核准，招生信息实事求是，杜绝虚假信息。

2. 健全考试机制

根据《西北工业大学网络教育学院考务工作总则》聘请教师编辑课程考题，监督印制试卷和打包分寄过程，为有效控制课程考试过程，考试期间学院成立考试组织机构，制定《课程考试应急预案》，安排责任心强的工作人员到学习中心检查指导考务工作，巡考人员根据《课程考试考务手册》对考场纪律进行督查，填写《课程考试巡考任务书》。根据《课程考试阅卷工作细则》，学院成立了阅卷组织机构，聘请教师在公平、公正的原则下进行阅卷工作，保证阅卷质量。学院成立考试和阅卷组织机构，责任明确、分工严密，备有突发事件处理预案。

3. 加强毕业设计(论文)过程管理

根据《西北工业大学网络教育学院毕业设计工作细则》，组织毕业设计、论文答辩工作。毕业资格审查合格的学生，由西北工业大学颁发网络教育毕业证书并报教育部电子注册。

4. 严格学位授予审批程序

坚持“依法规范、客观写实、学校负责、政府监督”的原则，严格执行国家有关学历和学位管理的规定。普通高等学校网络学院本科毕业生申请学士学位应参照普通高等学校成人本科毕业生学士学位授予办法，坚持同一标准。申请者必须参加成人高等教育本科毕业生申请学士学位英语考试。根据西北工业大学学位评定委员会文件，制定《西北工业大学授予网络教育本科毕业生学士学位实施细则》,校学位评定委员会对拟授予学士学位者进行审核,确定授予学士学位者名单(见图27)。

图27 学位授予审核

5. 重视校外教学站点的检查评估

学校重视校外教学站点的监管工作,设立评估与发展研究中心部门,主要负责指导、督查校外教学站点接受省教育厅的检查评估工作(见图28)。

图28 评估与发展研究中心

(十)重视校园文化建设,营造特色文化氛围,发挥网络育人功能

学院高度重视素质教育内容,开设了符合成人高等教育特点的素质教育课程,在学院网站首页开设了开放资源专题网站,推动优质资源全民共享项目,荣获全国高校现代远程教育协作组颁发的"网络教育资源共建共享优秀奖"。

学院制定了文化建设管理制度,以学校最优秀的教育资源为依托,以丰富的教学资源为基础,建立了完整的文化建设支持服务体系。学院文化建设有方案、有组织、有检查、有落实,继续教育校园文化有声、有色。

积极打造网络文化建设平台。根据成人教育的特点,开展内容丰富、形式多样的活动。每年如期举行开学典礼、毕业典礼,派学生代表参加全校毕业生庆典等,充分发挥了网络教育的优势,营造了良好的学习环境(图29～图31)。

图29 活动1

图 30 活动 2

图 31 活动 3

（十一）社会评价与品牌声誉

16 年来，西北工业大学开展现代远程教育以来，始终坚持“有教无类、因材施教、规范管理、开拓创新”的办学定位，严格规范办学，加强资源建设，提高教学质量，为当地经济建设的发展不断输送专业技术人才，赢得了广泛的社会赞誉。

2011 年，学院荣获全国高校现代远程教育十年成果展“网络教育教材建设金奖”“网络教育资源共建共享优秀奖”“远程教育贡献奖”；同年，学院被《中国远程教育》杂志社“学习港”网站评为“2011 年度十大热门现代远程教育试点高校”；2013 年，学院被中国互联网新闻中心评选为“2013 最具公众满意度网络学院”；2015 年，学院被评为“2015 中国最具社会影响力高校网络教育学院”；学院还担任《中国远程教育》杂志社“副理事长单位”。

2009 年，学院获全国“网络教育教材建设金奖”“网络教育资源共建共享优秀奖”“全国网络教育十年贡献奖”。2009～2012 年，学院连续 4 年被评为“十大热门现代远程教育试点高校”（见图 32）。

近年来，在学校的正确领导和各职能部门的全力支持下，网络教育学院在规范办学和确保稳定的前提下，加强教学管理与资源建设，深化教学改革；增强服务意识，提高服务质量；通过学院全体教职员工的共同努力，学院各项工作取得了一定的成绩，得到全校师生的肯定，在学校绩效考核中，学院 2015—2017 年连续 3 年被评为一等；2015—2016 年度被评为

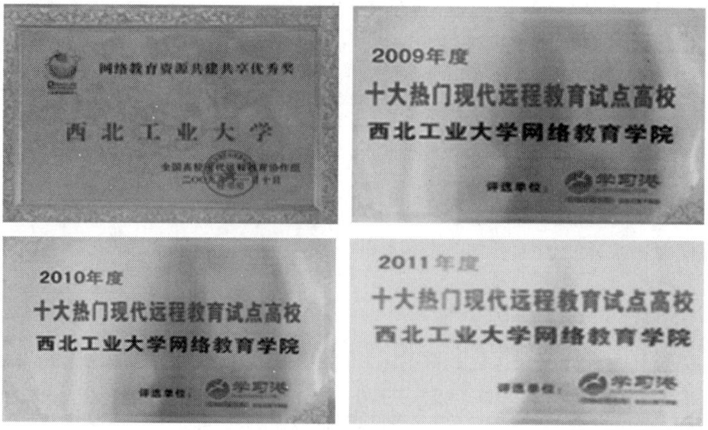

图 32　荣誉

校级“先进集体”；2018 年，学院党总支书记分别被省教工委、学校党委评为“2018 年优秀党务工作者”；学院副院长被评为学校“2018 年教职工优秀共产党员”；学院教工第一党支部被学校党委评为“先进基层党支部”。

光明日报于 2013 年 1 月 8 日第 2 版以《航空技术精英从中航高研班“起飞”》报道了我院高级研修班立足于国家战略需求培训航空技术骨干，得到社会各界的关注与认可(见图 33)。

光明日报

评论·观点

对“袁厉害”们排查，不一定取缔

出政绩并非要另起炉灶

期待自来水水质信息即时公开

航空技术精英从中航高研班“起飞”

图 33　报道

学生的满意度是检测教学质量及效果的重要指标。通过西北工业大学网络教育学院微信公众号投票平台，对在籍学生进行了满意度调查。本次调查针对关键性的 20 项问题展开了满意度调查，其中对 5 项内容的调查见表 1。

表 1　西北工业大学网络教育学院学生满意度调查结果统计表

调查内容	总体满意度	很满意	满　意	基本满意	不满意
教学教务平台使用的评价	99.21%	57.84%	32.55%	8.82%	0.79%
网络课件质量的评价	99.02%	54.12%	36.67%	8.23%	0.98%
教学服务质量的评价	99.02%	56.67%	35.69%	6.66%	0.98%
网络课件授课教师的教学效果是否满意	98.57%	54.73%	36.10%	7.74%	1.43%
各教学站点的支持服务质量的评价	99.71%	58.45%	34.96%	6.30%	0.29%

内容涉及教学教务平台、网络课件质量、教学服务质量、网络课件授课教师效果和教学站点的服务质量。调查结果显示总体满意度 99%以上，充分说明了学生对学校网络教育教学服务质量给予了肯定。

通过各省教育厅开展对校外教学站点的年检评估，进一步强化了高校办学的主体责任，规范了自建校外教学站点的办学行为，提升了办学的整体水平。在 2016—2017 年期间，我校自建校外教学站点 81 个先后接受了所在地的省级教育主管部门的检查，参加年检达到 60%以上，合格率在 90%以上。在 2016 年陕西省教育厅开展对校外教学站点的检查评估中，我校教学站点的通过率名列前茅。年检评估结果在省教育厅官方网站上公布，接受社会监督，同时也扩大了学校的影响力，提高了办学声誉。

二、学校现代远程教育试点工作的成绩和经验

（一）主要成绩

学院自 2002 年获批试点以来，在学校党委的正确领导和大力支持下，历任院领导积极进取，奋发有为，带领学院共同努力，形成了多层次、多形式、特色鲜明的西北工业大学现代远程教育发展模式（见图 34）。

图 34　荣誉奖杯

16 年来，西北工业大学不断加强教学资源建设，高度重视师资队伍建设，不断优化队伍结构，提高教学水平。健全规章制度，强化规范办学意识，以发展质量为目标，推动机制建设与教育教学的深度融合，构建多层次、多方位的科学规范、运行有效的教学质量保证机制。

作为主办院校，重视校外学习中心工作的监督和指导，规范助学，提升学习支持服务水平，实行常态化管理机制。不断修订和完善了一系列校外教学站点的组织及管理规章制度，明确了主办学校和学习中心的权利与职责。目前我校自建和依托公服体系设立了 198 个校外学习中心，机构健全，设施完善，按要求配备有管理人员和辅导教师，具有副高

级以上职称的比例达到30%以上，为学习中心的良好运行提供了有力的支撑保障。

为深化继续教育教学改革、提高教育质量，学校重视继续教育的教学改革立项，在政策、经费上给予了支持。网络教育学院积极申报陕西省教育厅的教改项目。2015年申请立项的“继续教育与现代远程教育的融合”“远程教育学习支持服务信息化体系建设与实践探索”两个项目已于2017年10月顺利结题，验收结论分别为优秀、合格。2017年经陕西省教育厅批准，学院申报的“构建高等继续教育分级评估指标体系的探索与实践”（重点项目）及“面向‘以学生为中心’的高等继续教育课程建设研究与实践”两个课题立项。

按照教育部通知精神的总体要求，不断总结和创新我校现代远程教育工作的思路，严格管理、提升服务，根据新的形势及时调整相关制度和管理方式。建立全面的质量保障体系，强化继续教育教学过程的管理，实现管理的科学化、规范化、制度化。强化基础建设，开发和完善各类管理、学习平台，构建开放、多元的教育体系，为继续教育事业的发展做出积极的贡献。

（二）基本经验

1. 充分利用现代信息技术，打造先进管理服务平台

学院与有实力、有影响的软件公司合作，开发了先进的教学管理系统、移动学习系统、学习支持服务系统、网络考试系统等，并不断升级完善，实现了任何学生在任何时间、任何地点学习所学专业的任何课程、任何章节的5A学习条件，实现了从报名、缴费、选课、学习、答疑、作业、约考等均能通过网络完成的便捷服务体系。经多年努力打造的管理服务平台，技术先进，功能完备，运行稳定，操作便捷，受到学生和学习中心的高度评价，先后有20多家同行学院前来学习交流。通畅的学习渠道和随时随地的学习模式，有效解决了在职人员的“工学矛盾”，使构建学习型社会成为可能。

2. 深入挖掘各类名师潜力，建设一流的网络教学资源

学院广泛聘请知名教师（尤其刚退休的教学名师）参与网络教学资源的建设，主讲课程或主编适合远程教育学生学习的教材。学院目前已建设网络教育专科专业12个，专升本专业11个，高起本专业11个，网络精品课程212门，出版配套作业集196门，自编出版网络教育教材41种。其中，工商管理、土木工程、机械设计制造及其自动化3个专业在2017年被评为陕西省继续教育特色专业。“机械原理”和“机械制造基础”两门课程分别于2008、2010年被教育部评为网络教育国家精品课程；200余门网络课程系列作业集获“网络教育教材建设奖”金奖，学院于2009年获全国高校现代远程教育“优秀网络课程推广奖”优秀奖（见图35）。

3门精品资源共享课“机械制图”“电路分析基础”“机械制造基础”通过继续教育学院网站面向校内和社会开放，其中国家级精品资源共享课“机械制造基础”在教育部高等教育课程资源共享平台“爱课程”网站面向社会公开共享，受到校内学生和社会相关人员的广泛好评。

丰富的优质教学资源，不仅满足我院现代远程教育的需要，也为两教融合创造了条件，为开展相关培训、打造终身学习体系奠定了基础。

3. 主动融入教育扶贫战略，发挥高校服务社会功能

学校网络经验主动融入国家教育扶贫战略，积极参加《陕西省农民工学历与能力提升行

图 35　陈一坚院士为中航工业航空专业技术骨干高级研修班学生授课

动计划——“求学圆梦行动”实施方案》，2017 年以我校现代远程教育校外学习中心“陕西经贸管理专修学院”为依托单位，建立了西北工业大学农民培训的基地。

广西融水县为我校的扶贫帮扶对象，经过学院前期考察和指导，于 2017 年 5 月设立了西北工业大学现代远程教育“融水县民族职业技术学校”校外学习中心，开启了教育扶贫之路（见图 36）。

图 36　教育扶贫

4. 积极响应国家号召，助力在职人员学历提升

现代远程教育以较强的灵活性、适应性丰富了高等教育体系，适应了区域经济发展和产业结构升级对人才的需要，为国家提出的“提高高等教育毛入学率、实现高等教育大众化普及化”号召做出了积极贡献。

网络教育办学规模总体适度，教学质量不断提高，从现代远程教育开展以来，已帮助 15 万在职人员实现接受高等教育的梦想，不仅提升了在职人员的受教育年限，提升了在职人员的知识水平、职业素质和学历层次，也满足了其多样化学习需求，受到社会好评（见图 37）。

图 37　开展军民融合

（三）创新探索

1. 重视理论研究，支持教育教学改革创新

学院高度重视理论研究工作，坚持以研究成果指导教育教学改革。学院结合教改项目开展人才培养研究，不断探索继续教育理论创新。针对现代远程教育在教学和管理中出现的新问题，学院积极组织研究团队开展调查研究并形成研究报告，学院在调研差旅费、论文版面费等方面都给予了极大支持。在此基础上，积极申报陕西省教育厅的教改项目，多次获准立项并顺利结题，获得优秀结题，教育教学研究取得丰硕成果，特别是 2017 年、2018 年，主要成果有(见图 38～图 40)

图 38　工程项目

优秀成果："基于'互联网＋'模式下远程教育学习支持服务体系建设与实践"等 2 项教学成果，荣获陕西省高等继续教育优秀教学成果"二等奖"。

项目结题："继续教育与现代远程教育的融合"获陕西省重点教改项目优秀结题；"远程教育学习支持服务信息化体系建设与实践"获陕西省教改项目合格结题。

项目获批："构建高等继续教育分级评估指标体系探索与实践"等 4 项省级教改项目获批，其中 2 项是重点项目；"工商管理""土木工程""机械制造及其自动化"3 个省级继续教育

特色专业建设项目获批;“高校网络育人创新研究”项目获学校党建研究基金资助。

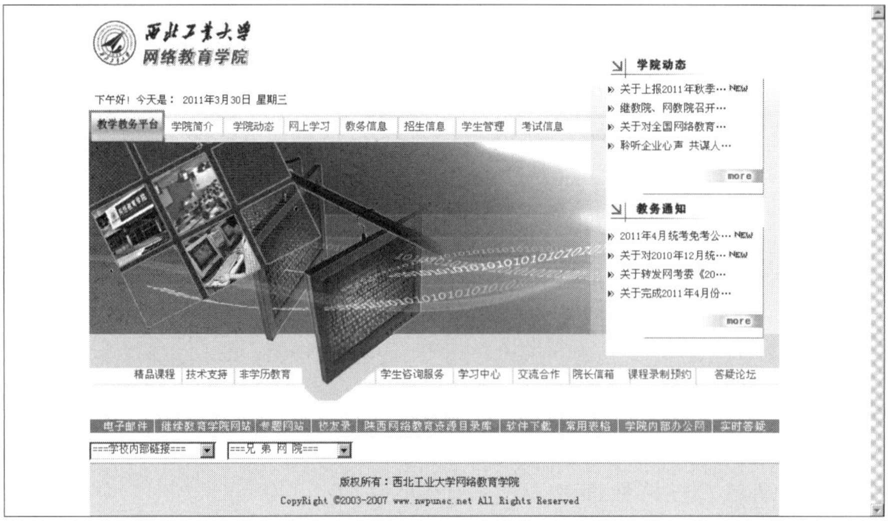

图 39 教学教务平台

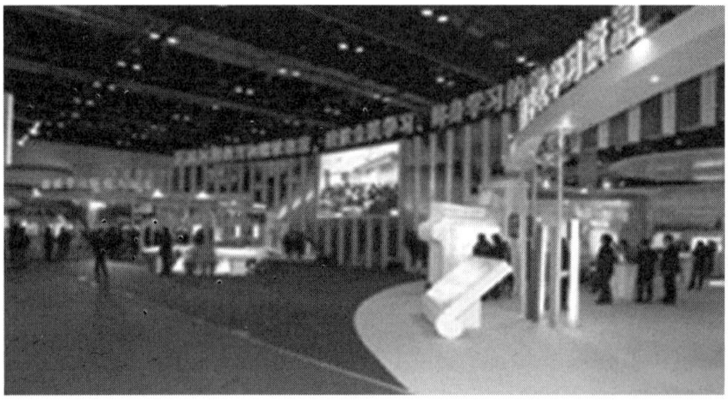

图 40 2011 年 9 月学院在北京参加全国现代远程教育教学资源成果展览,受到教育部及与会专家的好评

发表论文:学院在相关核心期刊发表学术论文 20 多篇。2016—2018 年就先后有 5 篇文章发表在全国中文教育类核心期刊。其中《新常态下继续教育与现代远程教育融合过程中的几点思考》获中国高教学会继续教育分会优秀论文,《远程教育学习支持服务体系现状及存在问题研究》获得“陕西省高等继续教育学会”首届优秀论文一等奖。“高校大学生科技风险法制教育研究”获得陕西省高校思想政治教育优秀成果奖三等奖。

学校重视理论和实践相结合,科研成果应用于教育教学实践,强有力地支撑了现代远程教育人才培养的质量和水平。

2. 加强管理规范,秉承质量兴教

获批开展现代远程教育试点以来,学院始终秉持“规范是立院之基、质量是兴院之本”,以保障质量为目标,推动制度建设与教育教学的深度融合,构建多层次、多方位的科学规范、运行有效的教学质量保障体系。学院严格执行教育行政部门相关政策和规定,在此基础上制定一系列更加严格的规章制度,从招生、学习、考试、发证各个环节严格把关,形成了一套

行之有效的管理模式。正是多年来坚持规范管理，严抓质量，使得西北工业大学现代远程教育的声誉不断提高，在用人单位有良好的口碑，才有了持续稳定的生源保障。

3. 坚持有教无类，积极因材施教

学院坚持“有教无类，因材施教”的办学定位，积极与相关企业、行业合作，主动送教上门、送考上门，有效解决“工学矛盾”，开启校企合作之路，为多家企业职工学历的提升提供了优质服务，与德州市电力局、焦作多氟多化工股份有限公司、成都富士康公司、南阳中南钻石有限公司及上虞新和成生物化工有限公司等多家企业合作开展学历提升项目。据不完全统计，近年来通过与行业、企业合作，帮助约 3 万名在职人员提升了学历水平，提高了职工的综合素质。

4. 坚持不断创新现代远程教育管理模式

西北工业大学网络教育的发展遵循稳中求进的基本思路，逐步整合优化相关网络教育的各项资源，科学调整办学结构，积极探索办学渠道，大力发展互联网＋非学历教育，重视规范管理和体制机制创新，加快推进网络教育转型提质升级发展。

16 年来，回顾我校现代远程教育试点工作历程，我们取得了一定的成绩，积累了丰富的经验，闯出了一条服务于我国网络化、开放式终身教育体系的路子，形成了西北工业大学现代远程教育模式。展望未来，现代远程教育的发展机遇与挑战并存，学校将在试点工作的基础上直面问题，迎接挑战，学习和借鉴其他试点高校的经验，推动现代远程教育内涵式发展，积极探索新时代网络教育转型提质升级的新思路、新举措，致力于构筑我国终身教育体系的发展战略，为建设全民学习、终身学习的学习型社会做出积极的贡献。

附件

试点以来的数据统计表(截至 2018 年年底)

试点高校：西北工业大学

学历教育				非学历培训		
累计招生总数	累计毕业生总数	累计开设专业数	共建设网络学习资源数	培训班总数	培训总人数	扶贫项目总数
351 652	153 605	33	430	230	12 152	3

西安电子科技大学现代远程教育试点工作总结

为落实《面向21世纪教育振兴行动计划》，推动现代远程教育工程的进展，积极发展高等教育，教育部发布了《关于支持若干所高等学校建设网络教育学院开展现代远程教育试点工作的几点意见》（教高厅〔2000〕10号），从1999年开始支持若干所高等学校建设网络教育学院，开展现代远程教育试点工作。

西安电子科技大学高度重视并积极响应教育部的决定，组织相关业务管理部门和专家开展专题研究，在校内教学及管理工作的基础上，依托互联网，向社会提供内容丰富的教育服务，提出了我校以探索网络教学模式、网络教学管理机制，开展学历教育、非学历教育，网上资源建设等为主要任务组建网络教育学院的实施方案。2002年2月，教育部下发《关于对北京科技大学等21所高校开展现代远程教育试点工作的批复》（教高厅〔2002〕2号）同意我校开展现代远程教育试点工作。17年来，经过网络教育学院规划、建设和运行，对现代远程教育进行了有益的探索，形成了具有我校特色的网络教育办学体系，同时培养了一批实用型人才，为国家和地区经济发展做出了贡献。

一、基本情况

西安电子科技大学于2002年经教育部批准开展现代远程教育试点工作（教高厅〔2002〕2号），同年7月成立网络教育学院，具体负责远程教育业务，2003年春季开始招生。2008年学校将网络教育学院和成人教育学院合并，成立了网络与继续教育学院，全面负责高等学历继续教育和非学历教育工作。网络与继续教育学院既是学校开展现代远程教育、函授教育、非学历教育的办学实体，又是全校继续教育的归口管理部门。

西安电子科技大学明确了远程教育面向国家、地区经济建设和应用型人才培养的办学定位，通过开展现代远程教育试点工作，探索了实施现代远程教育的运行体制和机制，建立了以学校为办学主体、覆盖全国23个省的73个学习中心，实施各学习中心本地化学习支持服务的远程教育办学体系，自主研制了面向全国的信息化管理和学习平台，制定了一套比较完整的远程教育管理制度和规范，培养和锻炼了一支精通远程教育业务的管理和教学队伍。试点以来累计招生213 626人，**已毕业106 838人，授予学士学位3704人**，目前在籍95 259人。

在开展学历教育的同时，积极开展现代远程教育研究，学校先后承担了陕西省高等教育教学改革项目11项，国家部委委托教育培训类研究项目16项，从理论和应用的不同维度探索了继续教育的办学理念、模式和实践等，为打造我校继续教育品牌奠定了基础。

办学类型与层次：

第一类，网络教育。办学层次包括高中起点专科（高起专）、高中起点本科（高起本）和专科起点本科（专升本）3个层次。

第二类，成人教育。参加全国成人高考的高等继续教育（简称成人教育），我校目前只有函授教育。办学层次包括高中起点专科和专科起点本科两个层次。

专业设置：

目前西安电子科技大学现代远程教育有高起专、专升本和高起本 3 个层次，共设有 14 个本科专业和 13 个专科专业，详见表 1。

表 1　西安电子科技大学现代远程教育专业设置情况

本科专业设置情况			专科专业设置情况		
序号	专业代码	专 业 名 称	序号	专业代码	专 业 名 称
1	120201K	工商管理	1	630601	工商企业管理
2	120206	人力资源管理	2	690202	人力资源管理
3	120202	市场营销	3	630701	市场营销
4	020301K	金融学	4	690206	行政管理
5	050101	汉语言文学	5	610203	计算机信息管理
6	120102	信息管理与信息系统	6	610202	计算机网络技术
7	080903	网络工程	7	610205	软件技术
8	080902	软件工程	8	630801	电子商务
9	120801	电子商务	9	610201	计算机应用技术
10	080901	计算机科学与技术	10	610301	通信技术
11	080703	通信工程	11	560102	机械制造与自动化
12	080202	机械设计制造及其自动化	12	560301	机电一体化技术
13	080601	电气工程及其自动化	13	560302	电气自动化技术
14	070302	应用化学			

学历教育学生的基本情况如下：

1）按类型统计

试点以来，西安电子科技大学网络教育招生 213 626 人，毕业 106 838 人，目前在籍 95 259 人，学生情况按类型统计，详见表 2。

表 2　试点以来网络教育学生统计表

层　　次	毕 业 生 数	招　生　数	在 籍 生 数
本科	32 591	62 462	24 588
专科	74 247	151 164	70 671
合计	106 838	213 626	95 259

2）按年龄统计

2018 年年底西安电子科技大学网络教育在籍学生 95 259 人，本专科在籍学生按年龄分层次统计，详见图 1。

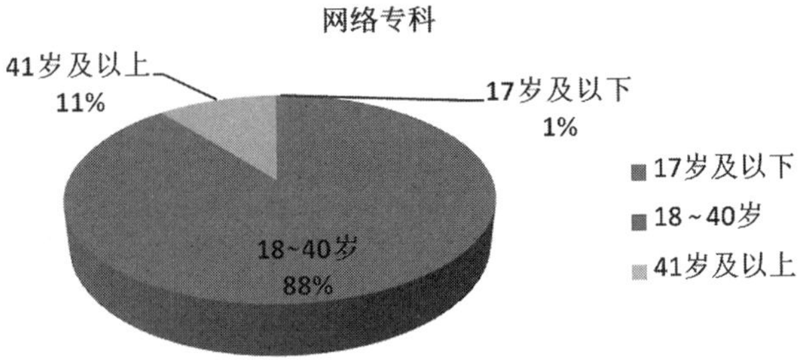

(a) 网络教育专科学生年龄分布饼形图

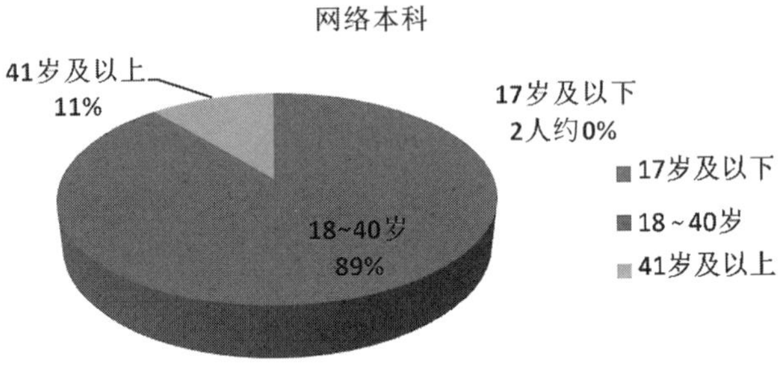

(b) 网络教育本科学生年龄分布饼形图

图 1　网络教育专、本科学生年龄分布饼形图

非学历教育基本情况：

西安电子科技大学开展远程教育试点以来，非学历教育从无到有，先后与国家无委、陕西省无委、青海省无委、工信部电子教育中心等合作，开展了面向行业的多层次的培训业务，逐步建立学校的培训品牌。

西安电子科技大学与陕西省人社厅联合策划的“互联网＋专业技术人员继续教育”项目及建设的陕西省专业技术人员在线培训网，注册单位 9885 家，其中主管单位 152 家，下属单位 1339 家，基层单位 8394 家；共注册专业技术人员 913 154 人，开设 270 门课程，其中网络公需课 13 门、网络专业课 14 门、面授公需课 112 门、面授专业课 131 门 。

西安电子科技大学获批国家专业技术人员继续教育基地、陕西省专业技术人员继续教育基地，聘请省内外企业、高校及社会各界学术专家、教授、行业骨干授课，受到社会各界的好评。

二、试点成绩和经验

（一）办学方向与办学定位

1. 坚持立德树人和特色鲜明的办学方向，强化顶层设计，将继续教育纳入学校总体规划

西安电子科技大学在建设“特色鲜明的一流大学”办学任务中，将继续教育作为完善人才培养体系、增强社会服务功能的重要组成部分，在政策和财力保障方面给予了大力支持。

把继续教育纳入学校总体规划，深化改革，加大了投入力度，统筹好质量、规模、结构与效益，形成了开放灵活、规范有序、质量高、适应社会需求的办学体系，依托办学优势有效服

务社会。

2. 坚持质量为先，坚持学历与非学历继续教育协调发展

一方面，稳步发展学历继续教育，把提高人才培养质量放在首要位置，以观念更新、机制创新为突破，建立宽进严出的学习制度，健全灵活开放的管理制度，提升继续教育教学质量。另一方面，积极开展非学历教育，充分发挥学校的人才、科技资源优势，以需求为导向制定培训方案，突出办学特色和行业背景，开发适应不同层次需要的非学历继续教育项目，提高受教育者的创新创业能力，积极灵活地发展非学历高等继续教育。

（二）管理体制与运行机制

1. 形成了适应继续教育社会需求的管理体制和运行机制

网络与继续教育学院既是学校继续教育的归口管理部门，又是继续教育办学教学单位，设院长 1 名，书记 1 名，副院长 2 名，学院下设 5 个部门。

学院办公室：主要负责学院综合协调、督办落实、内部管理及站点建设等工作。

招生办公室：主要负责学历教育招生计划的制订、招生工作的实施及校本部的招生等工作。

教务办公室：主要负责学历教育教务、考务及学籍管理工作，开展高等继续教育教学研究，完善并实施教学质量监控体系等工作。

网络与资源建设中心：负责学院远程教育资源建设和网络化学习与管理平台的开发和运维。

培训部：主要负责学院各类非学历培训业务的拓展和组织实施等。

通过试点，学院形成了较完善的办学运行机制。以学校为办学主体，统一招生、统一学习管理、统一质量评价，严控毕业质量；以分布在全国的 73 个学习中心为具体的本地化学习支持服务单位，实施教学活动；通过覆盖全国的信息化管理服务平台，提供规范化的管理和学习支持服务。

2. 学校继续教育与全日制教育统筹协调发展

西安电子科技大学把继续教育纳入学校人才培养整体规划，不断健全学校继续教育与校内全日制教育的统筹协调发展机制。推动继续教育学院和专业学院以学科专业建设、实验室共建为纽带，形成了全校支持发展继续教育的局面：校内专业学院教师参与继续教育学院培养方案设计、教学资源开发、论文指导、实训实习、毕业答辩、课题研究等培养全过程。网络与继续教育学院整合现代远程教育优势，以网络教育技术保障支持全日制教育培养模式创新，实现全日制教育与继续教育的融合。

（三）办学模式

针对教育部《关于支持若干所高等学校建设网络教育学院开展现代远程教育试点工作的几点意见》（教高厅〔2000〕10 号）提出组建网络教育学院的探索网络教学模式、网络教学管理机制，开展学历教育、非学历教育，网上资源建设等任务，学校按照二级学院组建了网络教育学院，2008 年校内成人教育资源整合成立了网络与继续教育学院。

西安电子科技大学采用“学院+学习中心”模式实施现代远程教育办学业务，学院是办学主体，学习中心为本地学生提供学习支持服务。

在网络教学方面，我校采用实时和异步的网络教学模式，通过教学平台、论坛、辅导答疑、在线实验、作业、在线考试等实施对学生学习过程的支持。

在管理方面，通过学院管理平台向学院及学习中心的管理人员、教师、学习支持服务人员提供全程信息化管理和支持。

（四）制度建设与规范管理

1. 建立健全了体系化的管理运行制度

西安电子科技大学针对继续教育招生宣传、教育教学、站点管理、学生服务等全过程制定了相应的管理制度和规范要求，见表3。

表3 西安电子科技大学现代远程教育规章制度一览表

序号	类 别	制 度 名 称
1	招生宣传	西安电子科技大学网络教育招生工作实施办法
2	教育教学	西安电子科技大学网络教育学生学籍管理规定
3		西安电子科技大学网络与继续教育学院考场规则
4		西安电子科技大学网络与继续教育学院监考守则
5		西安电子科技大学网络教育本科毕业论文（设计）工作条例（暂行）
6		西安电子科技大学授予成人高等教育本科毕业生学士学位规定（修订）
7		关于增加申请成人高等教育学士学位外语水平合格条件的复函
8		西安电子科技大学授予成人高等教育学士学位规定
9		西安电子科技大学网络教育成人高等教育试卷管理办法
10		西安电子科技大学网络教育成人高等教育考试管理办法
11		西安电子科技大学网络教育成人高等教育毕业证书管理办法
12		西安电子科技大学“继续教育学分银行”项目管理办法
13		西安电子科技大学成人高等教育本科毕业生申请学士学位英语水平考试考场规则
14	站点管理	西安电子科技大学现代远程教育校外学习中心管理办法
15		西安电子科技大学现代远程教育校外学习中心建站标准
16		西安电子科技大学现代远程教育申请设立校外学习中心程序要求
17		西安电子科技大学现代远程教育校外学习中心工作职责
18		西安电子科技大学现代远程教育校外学习中心工作岗位设置
19		西安电子科技大学网络教育优秀校外学习中心评选办法
20		关于新建网络教育校外学习中心、成人高等教育函授站刻制印章的规定
21		关于我院学历教育学生退费的规定
22		西安电子科技大学网络教育校外学习中心奖励办法

续表

序号	类　别	制 度 名 称
23	学生服务	西安电子科技大学网络与继续教育学院学生行为准则
24		西安电子科技大学网络教育优秀学生评选办法
25		西安电子科技大学网络教育学生违纪处分条例
26		西安电子科技大学继续教育学分银行项目学生违纪处分条例
27		西安电子科技大学成人高等教育本科毕业生申请学士学位英语水平考试违纪处理规定

2. 落实制度中的流程和环节监控，实施规范管理

在日常管理中，我们将繁杂的制度条文转换成站点容易理解的流程框图、校历表等，方便站点在执行时严格按管理制度执行，确保工作中各环节落到实处。如为加强对校外站点的管理，专门将相关管理文件汇编成西安电子科技大学网络教育校外站点工作手册，主要包括《校外站点的作用和合作办学准则》《校外站点工作职责》《校外站点岗位设置》《校外站点的基本建设条件》《优秀校外站点的基本要求》《学费结算方式与程序》《校外站点招生工作主要任务时间流程表》等。

网络与继续教育学院针对内部管理中的岗位职责、党政联席会议、外聘人员管理等，建设了相应的制度和规范，确保日常工作有章可循、规范有序。

（五）专业建设与人才培养

1. 立足社会人才需求，彰显学校电子信息专业特色

根据《教育部办公厅关于启用全国高等学历继续教育专业管理和公共信息服务平台并做好2017年拟招生专业申报工作的通知》（教职成厅〔2017〕1号）和《关于做好2017年高等学历继续教育拟招生专业申报工作的通知》（陕教高办〔2017〕9号）的要求，我校继续教育在服务国家需求、行业建设和区域经济发展的过程中，依托现有全日制本科教育专业设置体系，集中全日制本科教育优质办学资源，彰显学校电子信息专业特色，同时在服务社会专业需求的基础上兼顾设置了部分专科专业，并适当向文史经管类专业倾斜，构建了以电子信息学科为主、特色鲜明，工理管文多学科协调发展的继续教育专业体系。经过调整，目前共设有14个本科专业和13个专科专业。网络教育采取学分制实施。

2. 形成了以提升学生应用能力为重心的人才培养方案

西安电子科技大学在继续教育专业人才培养方案制定过程中，组织专业教师、教学管理人员，通过广泛的社会需求调查，与工信部电子教育中心合作，依据教育部相关文件要求，参照学校全日制专业培养规格要求和应用型人才培养的需求，确定继续教育专业培养目标和培养规格，在保持人才培养模式相对稳定的基础上，经过不断完善逐步形成一套应用型人才培养规格与应用型人才基本特征一致、培养方案与培养标准契合、培养方案以提升学生应用能力为重心、培养方案反映人才培养模式丰富多元的理念体系。

3. 将专业学习和技能培训结合，形成双证书培养模式，强化了学生的应用实践能力

通过对国家无线电管理委员会、陕西省无线电管理委员会、青海省无线电管理委员会的

调研，在充分收集行业需求基础上，与工业和信息化部电子教育中心共同研究，提出将专业学习和技能培训相结合的双证书培养模式，并落实到通信工程、计算机科学与技术等专业培养方案中，确定培养目标，设计课程体系。通过实施融入工信部技能证书教育的双证书培养方案，强化了应用型人才能力培养，受到学生的好评。

（六）师资配备与资源建设

1. 依托学校优秀师资，打造高水平教师队伍，保障网络教育质量

网络教育授课教师队伍的主体力量主要由网络与继续教育学院在编教师和我校专业院系的专职教师担任，同时聘请了部分其他知名高校教师为有益补充，教师队伍 886 人。

其中任课教师共有 156 人，主要担负课件录制、命题评卷及网上答疑等教学任务。院内任课教师 5 人，其中具有高级职称的比例为 80%；校内院外任课教师 132 人，其中具有高级职称的比例为 88%；校外任课教师 19 人，其中具有高级职称的比例为 84%。

网络教育校外学习中心现有辅导教师 730 人，其中具有高级职称的比例为 31.6%，主要负责对学生学习中的有关问题进行交流解答，指导本科学生完成毕业设计工作。

2. 课程教学团队参与教学的全过程

资源建设方面，以课程教学团队建设为起点，聘请我校优秀教师以责任教师、主讲教师、辅导教师以及课程支持等不同角色参加网络教育教学活动。课程教学团队完成从编写网络教育教材，主讲网络课程，到在线辅导答疑等在线教学的全过程。目前已经完成 394 门网络课程开发，编写并出版网络教育教材 11 本。

3. 充分利用学校数字化教学资源，确保网络教育教学资源质量

借鉴学校大学 MOOC 建设经验，积极参与学校教育信息化工作，充分利用学校教育信息化工作中的数字化教学资源成果，提高网络教育教学资源质量，增强网络教育学生的母校归属感和认同感，进而提高网络教育教学质量。目前已经参与 20 余门我校大学 MOOC 课程以及研究生精品课程建设，并把其中部分课程作为网络教育学生的选修课，供学习者学习。

4. 以特色专业和精品课程建设为抓手，引领资源建设

以陕西省特色专业建设工作为抓手，遴选我校优势学科对应的专业课程，开展精品课程建设，目前已经完成通信工程、计算机科学与技术等特色专业课程 30 余门，并通过资源开放联盟实现课程共享，其中“计算机网络”和“预测与决策”课程获得“国家级网络教育资源共享课”称号，“信号与系统”获国家精品在线开放课程。

5. 积极探索优质教学资源的校际共享

西安电子科技大学联合西安交通大学、西北工业大学和陕西师范大学开发的“大学英语”“高等数学”“计算机应用基础”等统考课程的教材与网络课程，对提高网络教育统考课程教学质量发挥了重要作用。学校与陕西师范大学远程教育学院特色课程互换，有效探索了优质教学资源的共享与应用的途径与方法。

（七）办学规模与招生管理

1. 有效控制办学规模，稳步发展学历教育

西安电子科技大学现代远程教育试点主要有高起专、专升本、高起本 3 个层次的网络教育，按照控制规模、稳步发展的原则，我校网络教育每季招生规模严控在 2 万人以内，2018 年在籍学生95 259 人，规模与学校支持服务能力相匹配，保障学历教育稳步发展。

2. 强化政策培训和技术管控，招生管理流程规范

西安电子科技大学针对规范办学需要，每年定期开展西安电子科技大学继续教育工作年会和继续教育工作培训两个会议，不定期召开区域协调工作会议，宣传和规范办学行为。

通过制定《西安电子科技大学网络教育招生工作实施办法》和过程监管规范招生行为。统一招生简章，不允许异地招生，严禁乱收费、替考等行为。每季招生工作前再次发文告知每季招生过程中的政策变化情况并对招生流程进行优化，严格要求各学习中心，保证能够按照各级部门的要求实施。每年学校会举办一次培训年会，强调在招生过程中出现的问题，并对问题进行分析，优化招生工作流程。招生开始后，要求每个学习中心上报招生计划，并依据往年情况和每个学习中心的实际情况进行计划的再分配，保证招生规模能与办学条件相匹配。

入学考试前发文强调相关要求，考生可在学习中心的组织下进行机考，学生必须通过本人的手机获取验证码后方可进行考试，杜绝替考行为。

坚持网银缴费，学生在缴费完成后，由学习中心在平台中进行新生注册，生成学号。

3. 重视校企合作，开展订单式培养

西安电子科技大学在面向社会办学的同时，特别关注与企业合作办学，先后与富士康、电力集团、百货集团等设立了学习中心，与企业合作开展专业及课程建设，培养企业急用人才。

（八）校外学习中心管理服务

1. 严格站点审批和流程控制，确保校外学习中心设置质量

对新建站点坚持履行严格的考察程序，确保合作伙伴在规范办学方面能与学校达成共识；在站点建设方面，学校有制度、有规范、有流程，相关制度有《西安电子科技大学现代远程教育校外学习中心管理办法》《西安电子科技大学现代远程教育校外学习中心建站标准》《西安电子科技大学现代远程教育校外学习中心工作职责》等，站点考察和建站严格按照《西安电子科技大学现代远程教育申请设立校外学习中心程序要求》和学校内控体系要求，由网络与继续教育学院考察后向学校提出建站申请，审计处审核，通过后学校与站点签署合作办学协议并给当地省级教育行政部门出具公函进行备案，通过后再向教育部阳光招生平台进行备案，只有经过备案的站点，才能正式成为我校的校外学习中心并在培训后开始招生。

2. 合理布局、稳步发展

在站点建设、招生方面理性发展，不片面追求规模和经济效益，同时又要稳中有升；我校建站遵循“优化布局、一市一站”的原则，避免站点间的恶意竞争。省会级城市可设立 2 个站点，但分布在不同区域。目前我校在全国 23 个省(直辖市、自治区)、66 个城市设立有 73 个

学习中心(含校本部1个)。

3. 强化业务培训、加强过程管理

规范办学是站点管理的前提,我院不仅自身不违规办学,还要监管、指导合作伙伴遵守各级教育行政部门有关规定;学校每年定期召开两次站点工作会议,秋季会议主要宣贯教育部相关政策、布置下一年工作,春季会议主要对站点进行政策、业务培训,规范站点办学。新建站点不定期进行培训。同时,在入学考试、期末巡考、毕业生答辩等环节,派专人赴站点监督检查站点规范办学情况,了解站点办学中存在的实际困难,及时为站点提供支持服务。

西安电子科技大学根据站点的办学规范程度、管理水平、服务意识与能力等对合作伙伴进行考核,实现优胜劣汰。配合各省级教育行政部门对站点进行年检,对于不能按照学校要求规范办学的站点,予以撤销。

(九)教学实施与考风考纪

1. 以信息化为载体,形成规范有效的教学工作流程

西安电子科技大学自举办网络教育以来,严格按照上级有关部门的政策规定规范办学。

网络教育建立并完善了一整套培养方案,确定有清晰的培养目标和课程计划。学院建立了完善的信息化教学管理系统,从教务管理、学籍管理、考试管理、毕业管理及学位管理等方面设置了严格的标准和流程,管理系统自动运行,使得教学管理更加规范、有效。

2. 细化教学管理,严格考风考纪,确保办学质量

教务管理方面,制订实施西安电子科技大学网络教育各专业教学计划和实施方案,按照"先基础后专业,先理论后实践"的原则,由简到难,分学期安排课程引导学生学习。

学籍管理方面,制定实施《西安电子科技大学网络教育学籍管理规定》,明确了获得学分的条件及学籍异动的规则和程序,在免考及毕业等方面做出了严格的界定。

考试管理方面,制定实施《西安电子科技大学网络与继续教育学院考场规则》和《西安电子科技大学网络与继续教育学院监考守则》,多年来坚持巡考巡视制度,加强考试监管,严把人才培养出口关,坚决打击替考等违纪行为,确保网络教育的办学质量。

毕业管理方面,制定实施《西安电子科技大学网络教育本科毕业论文(设计)工作条例》,对毕业设计指导教师资格审核、指导题目审核备案、毕业设计实施过程控制等方面做出了全过程严格监管。学生毕业鉴定要求学习中心认真填写,证书档案要求学生本人领取。

学位管理方面,严格执行《西安电子科技大学授予成人高等教育本科毕业生学士学位规定(修订)》,对授位条件和授位工作流程做出了严格的规定。

(十)过程监管与质量保证

1. 专家治学,继续教育教学指导分委员会全面指导教学工作

西安电子科技大学成立了继续教育教学指导分委员会,负责网络教育专业培养方案审定、教学过程监管、办学质量的评价和咨询;建立有专业责任教师、课程主讲教师队伍。

2. 加强教学过程管理,强化风险防控,构建了有效的教学管理与质量监控机制

在制度保障方面,分别制定了人才培养、教学管理、考试管理、毕业设计管理、学籍学位管理等相关制度,并按照制度规定开发完善信息化教学管理系统,使过程监管和质量保证真正落到实处。

建设贯穿招生、教学、考试、毕业各个学历教育环节的网络教育管理与质量监控平台。细化监控环节，提高教学质量事件预警效率，做到防患于未然和全过程监管。从招生报名环节的学生个人信息核对开始，对学生参加在线学习活动、参加在线与现场考试、参加毕业论文答辩等环节进行过程监控，并保留现场照片或者视频，以供后期审核。

建设大规模在线学习平台，落实导学、促学、助学等教学活动，增加同步教学活动，缩短异步教学活动的时间间隔，进而加强师生互动，提高学生、教师参与教学活动的积极性。

引入人工智能问答助手，提高教师学术性学习支持服务的效率，以及教辅人员非学术性学习支持服务的效率，降低在线学习的孤独感，增加学习乐趣，促进学生学习的积极性。

按照以上保障措施和机制，学校形成了基于办学各环节的管理流程、质量标准、评估指标和改进措施相结合的质量保障体系。先后围绕学习中心管理、教学运行、学籍管理、考务运行、资源建设、学习支持服务、技术运维等完善和细化规章制度和质量规范，厘清工作质量观测点，保障依法依规办学；利用巡考、毕业设计答辩、走访调研等机会面向学习中心和学生开展宣传教育工作，不断提高管理服务水平。

（十一）教学研究

西安电子科技大学开展现代远程教育试点以来，积极探索网络教学模式、网络教学管理体制机制、网上资源建设与管理等为主题的教学研究工作，学院先后承担了陕西省教育厅教学改革项目 11 项，国家和部委教育培训信息化研究项目 16 项，其中已完成并通过验收项目 22 项，多项获评“优秀”，在研项目 5 项。

以上项目研究成果在我校远程教育、陕西省继续教育行业、国家相关部委得到应用，成功举办了《陕西省高等继续教育从业人员高级研修班》等。

（十二）社会评价与品牌声誉

1. 网络教育培养了 10 余万 IT 人才，为国家经济建设做出了贡献

西安电子科技大学依托全日制本科多年来积累的优秀教学资源，通过应用型人才培养举办网络教育，得到社会用人单位的肯定和好评。依托电子信息等特色优势专业培养的毕业生，成长为通信、电力等行业的业务骨干，同时也带动大批行业内部人员参加网络教育学习，网络教育已经被社会认可。

试点以来，为电气、计算机、通信、企业管理等行业培养了 10 余万专业人才，得到社会的好评。先后多次参加了教育部主办的远程教育展览会，多次获得远程教育优秀校院长奖、远程教育贡献奖等。

2010 年玉树地震之后，以我校 2008、2009 级青海省无线电管理委员会学生为主组成的救援队伍，舍己救人，利用所学知识，就地取材，完善通信设施，圆满地完成了救援任务，被国务院、中央军委授予“全国抗震救灾英勇集体”称号，树立了学习典范，详见图 2 和图 3。

西安电子科技大学成都学习中心办学认真，学习支持服务到位，该中心毕业学生的培养质量得到用人单位的高度评价，成都中心 2016—2018 年连续 3 年被评为“全国高校现代远程教育优秀校外学习中心”，详见图 3。

2. 自主研发了在线教育平台，陕西省 90 余万专业技术人员受益

在非学历教育方面，我校与陕西省人社厅合作策划的“互联网＋专业技术人员继续教

图 2　我校继续教育学生参与玉树地震救援

图 3　我校继续教育学生、站点获得的荣誉称号

育”项目得到陕西省政府、人社部的认同，90 余万专业技术人员受益，详见图 4。

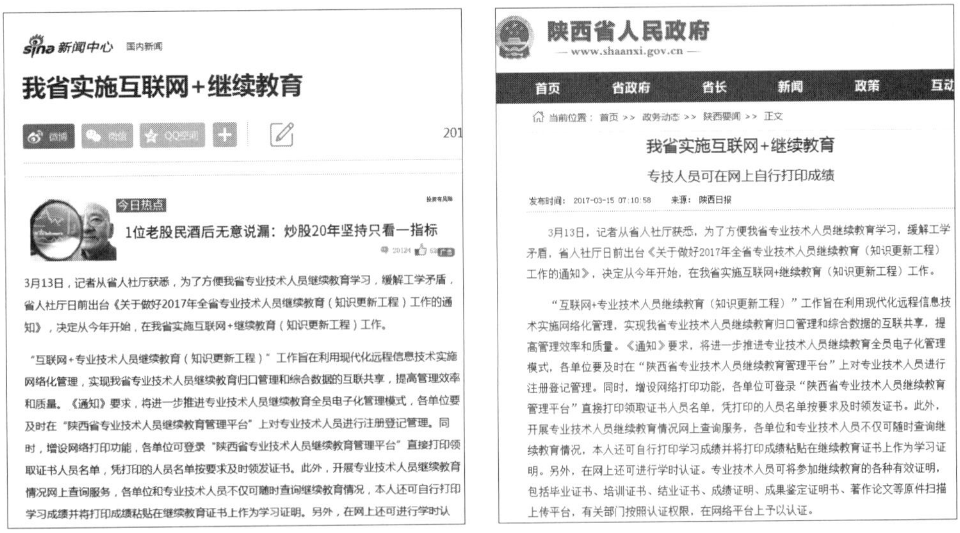

sina 新闻中心　国内新闻

我省实施互联网+继续教育

今日热点

1位老股民酒后无意说漏：炒股20年坚持只看一指标

3月13日，记者从省人社厅获悉，为了方便我省专业技术人员继续教育学习，缓解工学矛盾，省人社厅日前出台《关于做好2017年全省专业技术人员继续教育（知识更新工程）工作的通知》，决定从今年开始，在我省实施互联网+继续教育（知识更新工程）工作。

“互联网+专业技术人员继续教育（知识更新工程）”工作旨在利用现代化远程信息技术实施网络化管理，实现我省专业技术人员继续教育归口管理和综合数据的互联共享，提高管理效率和质量。《通知》要求，将进一步推进专业技术人员继续教育全员电子化管理模式，各单位要及时在“陕西省专业技术人员继续教育管理平台”上对专业技术人员进行注册登记管理。同时，增设网络打印功能，各单位可登录“陕西省专业技术人员继续教育管理平台”直接打印领取证书人员名单，凭打印的人员名单按要求及时领发证书。此外，开展专业技术人员继续教育情况网上查询服务，各单位和专业技术人员不仅可随时查询继续教育情况，本人还可自行打印学习成绩并将打印成绩粘贴在继续教育证书上作为学习证明。另外，在网上还可进行学时认

陕西省人民政府
— www.shaanxi.gov.cn —

首页　省政府　省长　新闻　政策　互动

当前位置：首页 >> 政务动态 >> 陕西要闻 >> 正文

我省实施互联网+继续教育

专技人员可在网上自行打印成绩

发布时间：2017-03-15 07:10:58　来源：陕西日报

3月13日，记者从省人社厅获悉，为了方便我省专业技术人员继续教育学习，缓解工学矛盾，省人社厅日前出台《关于做好2017年全省专业技术人员继续教育（知识更新工程）工作的通知》，决定从今年开始，在我省实施互联网+继续教育（知识更新工程）工作。

“互联网+专业技术人员继续教育（知识更新工程）”工作旨在利用现代化远程信息技术实施网络化管理，实现我省专业技术人员继续教育归口管理和综合数据的互联共享，提高管理效率和质量。《通知》要求，将进一步推进专业技术人员继续教育全员电子化管理模式，各单位要及时在“陕西省专业技术人员继续教育管理平台”上对专业技术人员进行注册登记管理。同时，增设网络打印功能，各单位可登录“陕西省专业技术人员继续教育管理平台”直接打印领取证书人员名单，凭打印的人员名单按要求及时领发证书。此外，开展专业技术人员继续教育情况网上查询服务，各单位和专业技术人员不仅可随时查询继续教育情况，本人还可自行打印学习成绩并将打印成绩粘贴在继续教育证书上作为学习证明。另外，在网上还可进行学时认证。专业技术人员可将参加继续教育的各种有效证明，包括毕业证书、培训证书、结业证书、成绩证明、成果鉴定证明书、著作论文等原件扫描上传平台，有关部门按照认证权限，在网络平台上予以认证。

图 4　我校非学历教育项目获得陕西省政府认同

（十三）创新与特色

1. 研究提出了现代远程教育双证培养模式，构建了以信息化流程为核心的管理体制和机制，培养了10余万应用人才

西安电子科技大学远程教育针对教育对象以在职人员为主的特点，规范专业建设体系，改革人才培养模式，面向电子信息行业，通过对国家无线电管理委员会等的广泛调研，在充分收集行业需求基础上，与工信部电子教育中心共同研究，提出了将专业学习和技能培训结合的双证书培养模式，并自主研发了信息化管理和学习平台，将培养方案的各个环节以信息化为载体，形成规范有效的教学工作流程，构建了以信息化为核心的管理体制和机制，自试点以来，已培养10余万应用型人才，投入国家经济建设中。

2. 实施订单式培养，校企合作培养了企业急需的专业人才

西安电子科技大学在试点工作中注重校企合作模式的研究与探索，在与西北机器厂、国家无线电管理行业、电力系统等合作过程中，深度挖掘企业对人才培养的真实需求，以订单设计定制化的校企联合培养方案，实现人才培养双中心驱动，培养了企业急需的专业人才，受到企业的好评。

3. 以"互联网+"引领陕西省专业技术人员继续教育，90余万专业人员受益

西安电子科技大学积极发挥继续教育在服务国家战略、经济社会发展与学习型社会建设构建中的特殊作用，以国家级、省级专业技术人员继续教育基地为载体，立足学校鲜明的电子与信息特色优势，在人力资源和社会保障部的政策引导下，在省人力资源和社会保障厅指导下，面向持续提升科技创新力、服务专业技术人员，全面启动实施陕西省"互联网+专业技术人员继续教育"，整合学校优质课程资源，加强软硬件建设，全力升级打造全省统一学习管理平台，注册专业技术人员90余万人。该项合作极大地推进了陕西省专业技术人员继续教育的信息化步伐，我省开展专业技术人员继续教育工作的重要手段之一，引起陕西日报等各大媒体的广泛关注。

4. 践行国家乡村振兴战略，实施继续教育精准脱贫

深入贯彻落实《陕西省农民工学历与能力提升行动计划—"求学圆梦行动"实施方案》《陕西特色产业高校扶贫培训计划实施方案》，发挥高校在全省脱贫攻坚工作中的作用，在面向当地产业发展、三农建设和新农村人才技术技能提升过程中，我校承办了陕西省三农工作队伍培训绿色发展专题系列研究班；在陕西省镇巴、略阳、汉滨等深度贫困县，合作开展以"公益性"为原则的学历与非学历继续教育及培训，实施一村一名免费大学生、学费减免优惠政策，支持"一村一名" 农民免费接受学历继续教育，支持农民接受相应的技术技能培训，为贫困人员就业、创业提供帮助(图5)。

三、存在的问题

随着社会经济发展和教育改革的深化，我校继续教育无论是在理论，还是实践方面都有了较大的发展，取得了显著的成效，现代远程教育已成为学校人才培养体系的重要组成部分。但在取得成绩的同时，应该看到网络教育与国家终身学习的目标还有差距，我校继续教

图5　西安电子科技大学部分非学历教育培训项目

育的办学压力依然较大，存在一定问题。主要表现在：

（一）需要进一步深化改革体制机制，提高教育服务社会的能力

学历与非学历教育发展不均衡，尚未形成均衡化、规模化发展。目前的体制机制与网络教育发展还有不适应的地方，不能满足学习型社会对网络继续教育的需求，服务社会功能有待进一步加强。

西安电子科技大学需要进一步加快继续教育体制机制改革，激发内生动力，促进学校网络教育转型提质升级，适应国家发展终身教育的目标。

（二）进一步加强站点管理，完善质量监控体系

加强站点管理是落实我校网络教育质量体系的重要环节。目前的管理主要是进行政策宣传，通过制度、文件对站点办学行为进行约束，增派人手对站点进行巡视，手段比较单一。还存在部分站点有拖欠学校学费现象，以前签署的合作办学协议期限较长，不利于对站点办学行为进行约束。

为切实保障站点能够按照教育部及学校规范要求开展本地化学习支持服务，我校还要进一步通过信息化、科学化手段，构建更加完善的质量监控体系，加强对站点的管理、监控和服务，确保办学质量。如以网银缴费加强收费管理，按批次与站点签署合同，并把合同管理纳入学校内控系统，加强对合同的审核和签署的统一管理，加强对站点办学行为的约束。

（三）网络教育的顶层设计和总体规划需要进一步加强

网络教育是学校人才培养体系的一个组成部分，学校的教育事业规划中，要进一步加强网络教育的顶层设计，促进网络教育与普通高等教育的统筹规划、协调发展，深化改革，统筹好质量、规模、结构与效益，增强学校的服务社会功能。

四、推进网络教育转型提质升级的思路和举措

为推进我校网络教育转型、提质，学校将从质量发展、优质资源建设、高水平信息化平

台、特色品牌等方面采取措施,提高继续教育的办学质量和社会效益。

(一) 加强思想教育,向质量发展转型

(1) 构建分层质量监控机制,打造网络教育与质量控制一体化体系。

(2) 调整培养方案,加强思想教育,提高人才培养质量。

加强继续教育专业设置的统筹规划和优化,依托学校教学资源,优化专业设置,调整人才培养方案,推动继续教育由“学历导向型”向“职业导向型”发展。

(3) 加强师资建设,保障教学质量。

根据学历继续教育和非学历继续教育的教学需要,为教师提供多样化、个性化的培训,提升教师的理论和实践技能,促进教师专业化发展,提高人才培养的整体质量。

(二) 适应“互联网+”的新科技发展,建设优质课程资源

(1) “互联网+”的新科技发展迅猛,新的理念、新的思想、新的技术、新的知识内容要体现到课程资源中,形成优质的“互联网+”时代的教学资源。

(2) 实施人工智能的教学应用,如辅导、答疑等,凸显人工智能在远程学习中的支持服务作用。

(3) 积极开展合作,促进资源共享。

以终身教育理念为指导,积极发挥自身区域、行业优势,多形式开展与相关事业单位、企业或行业的交流合作,举办在职学历提升、职业技能培训、专业知识拓展和管理能力提升等灵活多样的继续教育培训,发展宽门类、多样化、灵活性的大众教育,满足社会的各类人才需求。

(三) 建设高水平网络信息化支持服务平台,加强站点管理

(1) 以信息化为抓手重塑教育流程。

(2) 创新发展,提高继续教育信息化水平。

加快继续教育的信息化建设步伐,依托信息技术打造大规模的开放式在线学习平台,建设融合学籍、教务、考务、教学和培训的网络化教育平台,逐步推进继续教育的慕课、微课等网络特色课程建设,扩大继续教育的覆盖范围,提高继续教育的教学支持服务水平和站点管理水平。

(四) 加强顶层设计,打造西电特色品牌

(1) 开拓市场,建设以新工科为主体的优势专业教育体系,形成西电的远程继续教育特色。

(2) 加强顶层设计,搭建平台,着力发展非学历继续教育。

发展非学历继续教育,加大对非学历继续教育的扶持力度,搭建非学历教育公共服务平台,实施“西电品牌”战略,结合学校特色,培育具有市场适用性和竞争力的特色培训品牌项目,逐步打造我校继续教育和高层次培训品牌。在这一基础上加强非学历继续教育办学规范管理,建立健全适应市场运行机制的非学历教育业绩考评体系和内部激励机制。强化非学历继续教育的针对性和实用性,完善与加强培训师资库建设和课程体系建设,改革课程结

构和课程内容，丰富非学历继续教育资源，打造具有特色的非学历培训课程体系。注重完善非学历继续教育的运行机制，引入社会力量办学的科学机制，开展多类型、多层次、多形式的合作办学，建立资源共享、优势互补机制，推进与政府、企业、行业合作，积极拓展国际培训项目等，促进非学历继续教育更好地服务地方经济发展。

（五）进行体制机制改革，促进继续教育均衡发展

以有利于学校事业发展、有利于网络与继续教育事业发展、有利于继续教育职工发展为原则，激发内生动力，加快继续教育体制机制改革，促进学历与非学历教育的均衡发展，促进学校网络教育转型提质升级。

陕西师范大学现代远程教育试点工作总结

2002年，经教育部批准，陕西师范大学同北京科技大学等21所兄弟院校一起，共同步入我国现代远程教育试点工作行列，开始了现代远程教育的实践与探索。16年来，在教育部和陕西省以及相关省市教育行政部门的正确领导和热情帮助下，我校现代远程教育试点工作立足教师教育办学特色和优势，坚持面向西部、服务在职中小学教师继续教育的办学定位和方向，坚持规范办学、强化服务、提高质量的办学方针，坚持网络教育与校内传统教育相互融合、相互促进的发展之路，现代远程教育试点工作得到了健康快速发展。

一、陕西师范大学现代远程教育历程与回顾

陕西师范大学是全国较早开展继续教育的高校之一。1955年，经教育部批准，成立函授部，函授教育开始招生。1985年，夜大学开始招生。1987年，成人教育学院成立。1999年，更名为继续教育学院。

2002年，教育部批准我校建设网络教育学院，开展现代远程教育试点。

多年来，学校一直十分重视发展职后继续教育。特别是进入新世纪以来，学校确立了“以教师教育为主要特色的综合性研究型大学”的建设目标，把职后继续教育作为实现教师教育特色发展战略和高水平大学建设的重要内容之一，纳入学校总体发展规划、学校重要建设工程和年度工作计划。在政策支持、制度保障和基础设施建设等方面，为职后继续教育的快速健康发展创造了良好的条件。

2004年，陕西师范大学专门制定下发了《陕西师范大学网络教育学院管理暂行办法》，明确了网络教育学院的办学指导思想、办学体制、用人机制、经费使用等，为现代远程教育健康发展提供了有力、有效的制度保证。

2008年，为了切实加强免费师范生培养，教育部、财政部在6所部属师范大学设立了国家教师教育“985”优势学科创新平台项目，陕西师范大学以该项目为依托，成立了教师教育资源中心，并将同时设立在我校的陕西省基础教育资源研发中心与网络教育学院合署办公。以两个资源中心建设为依托，我校现代远程教育的资源建设、信息化教学平台和教学环境建设纳入国家创新平台建设项目，为全面提升我校现代远程教育的办学水平和办学质量奠定了坚实的基础(见图1)。

2010年，为了进一步推进陕西师范大学教师教育特色发展战略，学校整合网络教育学院与继续教育学院办学资源，成立了新的远程教育学院，我校现代远程教育全面实现多元办学和服务，建立了职前教育与职后教育、教师教育与基础教育相互融合的发展模式，形成了网络教育与传统教育相互融通、资源开发应用与人才培养相互促进的办学新格局。特别是学校公费师范生教育硕士培养工作的整体规划，使我校的现代远程教育率先拓展到研究生层次。在迈向新世纪的第二个10年，现代远程教育作为网络信息时代一种全新的教育教学方式，在我校的人才培养和社会服务体系以及校内教育教学改革中承载了新的使命。

图 1　开发专业

在办好学历教育的同时，学院积极发挥自身优势，主动承担学校及省教育厅信息化建设任务。2014 年 6 月，为了全面做好我校信息化教学管理和教学支持服务，由学校教务处牵头，成立“陕西师范大学信息化教学支持与服务中心”，该中心依托教师教育资源中心开展校内教学支持服务工作。

2016 年，经陕西省教育厅批准，由省教育厅指导、陕西师范大学主持建设的陕西省高等教育 MOOC 中心（陕西师范大学中心）正式成立。省教育厅指出，MOOC 中心要发挥教师教育专业优势，整合优质在线课程资源，以现代学习理论和教学理论为指导，搭建在线开放课程平台，积极开展开放课程研究和应用服务（见图 2）。

图 2　MOOC 中心

陕西师范大学将以上 3 个中心的工作交由远程教育学院承担。自此，远程教育学院与 3 个中心合署办公，充分利用先进的信息技术手段，着力打造教育观念先进、教学风格鲜明、教学成效突出的优质在线课程平台，切实加强教师教育、基础教育资源建设，促进信息化课程开发和优质教育资源共享。

二、我校现代远程教育试点工作的基本情况

（一）学校高度重视“办好继续教育”的重要意义

陕西师范大学有60多年的继续教育历史，是西北地区普通高等学校中最早设立成人教育机构的院校。我校自2002年开展网络教育之初，就成立了网络教育学院。2010年，学校整合网络教育和继续教育学院的资源，组建了独立建制、作为办学实体的二级学院——远程教育学院，该学院是学校远程教育和成人教育的归口管理部门，按照学校要求，履行责任和义务，自主开展教学、科研活动。

党的《十九大报告》指出：“办好继续教育，加快建设学习型社会，大力提高国民素质。”我校深入贯彻这一精神，高度重视网络和继续教育工作，始终把网络和继续教育纳入学校整体发展规划，保证继续教育健康可持续发展。在《陕西师范大学章程》中：“坚持社会主义办学方向，全面贯彻党和国家的教育方针，以人才培养、科学研究、社会服务和文化传承与创新为基本职能，实施高等教育，不断拓展继续教育，积极开展中外合作办学”。在《陕西师范大学“十三五”发展规划》中：“打造职后教育品牌，拓展教育培训市场，增强服务西部教育的能力和水平，搭建终身学习立交桥”。学校对继续教育发展有明确的目标、规划和要求。

（二）建立强有力的组织保证和灵活的办学机制

通过体制创新，在人事管理、分配制度以及改善办学条件等方面，学校赋予远程教育学院充分自主权，同时明确了其办学职责和权限，使其在面向市场、自主办学的过程中具有更大的主动性和灵活性，从而增强办学活力，提高管理效率。

近年来，远程教育学院与3个中心充分利用先进的信息技术手段，着力打造教育观念先进、教学风格鲜明、教学成效突出的优质在线课程平台，切实加强教师教育、基础教育资源建设，促进信息化课程开发和优质教育教学资源共享。同时，学校为学院的发展创造了良好的办学条件，给予软硬件环境建设方面较大的投入。

至此，陕西师范大学远程教育学院步入了职前教育与职后教育、教师教育与基础教育、网络教育与传统教育、资源开发应用与人才培养相互融通的多元化发展轨道。

（三）积极开展现代远程教育探索与实践

陕西师范大学开展现代远程教育试点工作的16年中，充分认识政策的严肃性，坚持规范办学，明确办学定位，坚持特色发展。我校网络教育目前开设高中起点专科、高中起点本科、专科起点本科3个教育层次，开设汉语言文学、教育学、英语、计算机科学与技术等33个专业。按照教育部现代远程教育校外学习中心建设的有关要求，在有关省市教育主管部门的支持下，与相关办学机构合作，建立了立足陕西、服务西部、面向全国的一批校外学习中心。研发建设了552门网络课程，形成了立足网络教育教学需求、面向校内外教育资源融合、贯通职前职后的继续教育终身学习资源体系。

三、我校现代远程教育人才培养与质量保证

在学校“以质量为生命线，坚持以‘三级三类’教学评估为主体的教学质量保障体系，狠抓教学管理和改革”精神的指导下，学院结合现代远程教育实际，秉承夯实基础、强化能力、突出特长、全面发展的人才培养指导思想。16 年来，通过现代远程教育为社会培养实用型人才近 16 万人，其中基础教育一线教师占 80%以上。

以科学的质量观构建网络教育全面质量保证体系。质量标准的基本内容包括与培养目标相适应的课程设置、学时学分、教学环节等；入学资格标准、过程标准，包括教材、上网、作业等基本过程要求、专业知识基本要求、实践环节、综合素养、毕业和学位授予基本要求。网络教育全面质量保证体系，即以大众化教育培养目标为导向，科学制订的培养方案、课程和学习理念、教学过程规范、网络课程及其资源基本规范、教学管理规范、教学支持服务保证体系、教学条件及其技术规范、教学质量评估、质量反馈。我校在现代远程教育办学实践中，始终坚持质量即生命的理念，构建和完善质量保证体系。主要包括从实际出发构建和谐的网络教育质量观，涵盖以价值共享为基础，以促进学生认知发展、行为改变和学习满意为追求，与陕西师大文凭的社会责任相符合等主要内容。

发挥现代信息技术优势，提高网络教育质量。扎实推进信息化教学平台开发，构建了网络教育新模式，并积极致力于函授夜大教育的网络化。充分发挥现代远程教育在课程建设、平台建设、技术手段更新等方面的优势，为传统成人高等继续教育注入新活力。加大传统成人高等教育的改造力度，加快我校传统成人高等教育与现代远程教育的融合，把网络课程及其资源作为网络教育质量保证的基础工程，通过学院已有的信息技术优势和省基础教育资源研发中心、教师教育资源中心的资源优势，确保现代远程教育质量得到稳步提高。

强化规范办学意识，加强校外学习中心管理。校外学习中心是开展现代远程教育的重要枢纽，学习中心的建设水平和有效管理是实现教育教学质量保证的关键环节，加强校外学习中心管理，是进一步落实和强化规范办学意识的重要途径。我校对校外学习中心实行动态管理的办法，每年召开一次学习中心、函授站工作年会，对教学教务管理人员进行集中培训。通过设立区域性的教学服务中心，加强与学习中心的联系。

强化质量反馈体系，以科学务实的态度做好质量监控。根据现代远程教育教学特点，在教学实践中，始终坚持把教学质量反馈作为质量保障与提升的重要内容，以务实的态度抓好实验实训和论文答辩环节。坚持两年一次学生问卷调查，了解学生需求，发现管理中的不足，为教学质量改进提供一手材料。通过调查，学生平均满意度达 84%以上，其中对课件质量的满意度为 85%，对支持服务的满意度为 87%，对管理人员的满意度为 90%，对学习中心的满意度为 89%。在每次课程考试结束后，对考试结果进行分析，了解学生成绩分布，以便及时调整试卷的难易程度和抽题策略，确保学生成绩呈正态分布。为了保证实践教学的实施效果，在加强实践教学指导、严格实践教学评价标准的同时，通过派教师到学习中心、西安地区学生来校面对面及依托视频会议系统的远程手段 3 种方式开展毕业答辩，严把毕业前的最后一关。

质量永远是高等教育的生命线。在人才培养质量方面，我们一直在努力构建三大体系：质量标准体系、质量保证体系、质量改进体系。在质量标准体系方面，我们把它固化在如《学

生手册》《教师培训手册》《学习中心管理手册》和《员工手册》等一系列规章制度和管理办法中，从不同的方面提出各自具体的要求，形成一套严密的网络教育质量标准。在质量保证体系方面，我们在教学、管理每个环节都建立了严格的管理规范和操作流程，确保质量标准真正落到实处。通过质量改进体系，及时发现教学、管理中存在的问题，积极采取措施加以改进，确保人才培养质量。

四、我校远程教育试点工作成绩和经验

（一）强化教师教育办学特色，为西部教师教育和基础教育服务

作为地处西部的一所部属师范大学，我校始终把服务西部、服务中小学教师继续教育作为现代远程教育的办学宗旨和方向，在专业设置、教学体系建设和服务对象上，立足学校教师教育办学特色和优势，切实为西部服务，为中小学教师继续教育服务（见图3）。

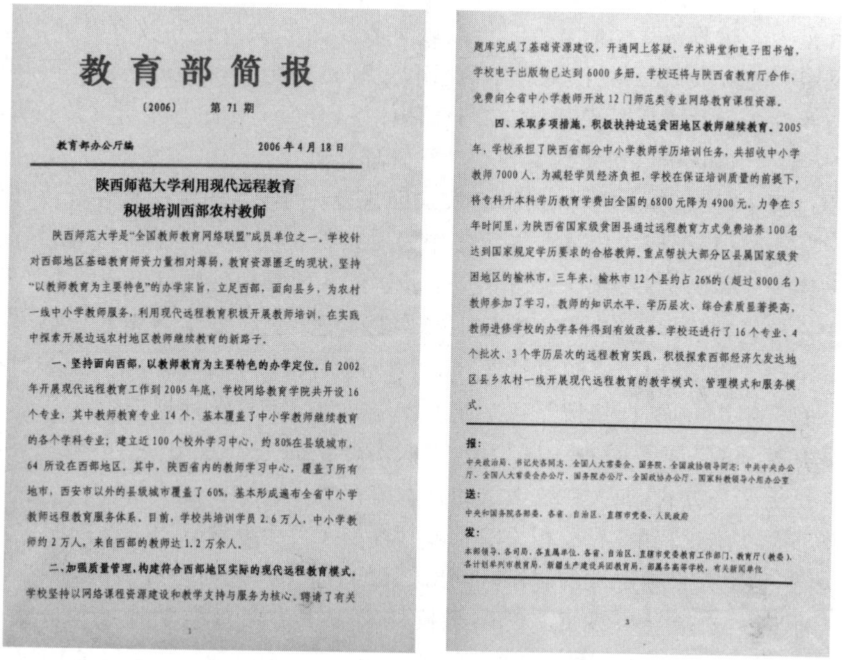

教育部简报

（2006）　第71期

教育部办公厅编　2006年4月18日

陕西师范大学利用现代远程教育
积极培训西部农村教师

陕西师范大学是"全国教师教育网络联盟"成员单位之一。学校针对西部地区基础教育师资力量相对薄弱，教育资源匮乏的现状，坚持"以教师教育为主要特色"的办学宗旨，立足西部，面向县乡，为农村一线中小学教师服务，利用现代远程教育积极开展教师培训，在实践中探索开展边远农村地区教师继续教育的新路子。

一、坚持面向西部，以教师教育为主要特色的办学定位。自2002年开展现代远程教育工作到2005年底，学校网络教育学院共开设16个专业，其中教师教育专业14个，基本覆盖了中小学教师继续教育的各个学科专业；建立近100个校外学习中心，约80%在县级城市，64所设在西部地区。其中，陕西省内的教师学习中心，覆盖了所有地市，西安市以外的县级城市覆盖了60%，基本形成遍布全省中小学教师远程教育服务体系。目前，学校共培训学员2.6万人，中小学教师约2万人，来自西部的教师达1.2万余人。

二、加强质量管理，构建符合西部地区实际的现代远程教育模式。学校坚持以网络课程资源建设和教学支持与服务为核心，聘请了有关

1

题库完成了基础资源建设，开通网上答疑、学术讲堂和电子图书馆，学校电子出版物已达到6000多册。学校还将与陕西省教育厅合作，免费向全省中小学教师开放12门师范类专业网络教育课程资源。

四、采取多项措施，积极扶持边远贫困地区教师继续教育。2005年，学校承担了陕西省部分中小学教师学历培训任务，共招收中小学教师7000人。为减轻学员经济负担，学校在保证培训质量的前提下，将专科升本科学历教育学费由全国的6800元降为4900元。力争在5年时间里，为陕西省国家级贫困县通过远程教育方式免费培养100名达到国家规定学历要求的合格教师。重点帮扶大部分区县属国家级贫困地区的榆林市，三年来，榆林市12个县约占26%的（超过8000名）教师参加了学习，教师的知识水平、学历层次、综合素质显著提高，教师进修学校的办学条件得到有效改善。学校还进行了16个专业、4个批次、3个学历层次的远程教育实践，积极探索西部经济欠发达地区县乡农村一线开展现代远程教育的教学模式、管理模式和服务模式。

报：

中央政治局、书记处各同志、全国人大常委会、国务院、全国政协领导同志；中共中央办公厅、全国人大常委会办公厅、国务院办公厅、全国政协办公厅、国家科教领导小组办公室

送：

中央和国务院各部委、各省、自治区、直辖市党委、人民政府

发：

本部领导、各司局、各直属单位、各省、自治区、直辖市党委教育工作部门、教育厅（教委）、各计划单列市教育局、新疆生产建设兵团教育局、部属各高等学校、有关新闻单位

3

图3　服务西部

陕西师范大学建设的以教师培训机构为主体的校外学习中心，65%在西部，43%为教师培训机构；在专业设置上，基本形成了覆盖中小学主要学科的教师继续教育专业体系；西部地区招生人数和在职中小学教师比重均超过60%。

现代远程教育办学初期，在陕西省教育厅的大力支持下，我校紧紧依靠榆林市12个县区教师进修学校，在榆林地区全面开展了面向县乡农村一线现代远程教育试点工作，选择各县的教师进修学校设立了校外学习中心。按照我国《教师法》对中小学教师学历的要求，要达到小学教师为中师学历，初中教师为大专学历，高中教师为本科学历的指标。而在2002年的时候，榆林全市农村和乡镇中学初中教师学历合格率为49.6%，小学教师学历合格率为95.1%，高中教师学历合格率为67.5%。3个指标均低于陕西省平均水平。通过参加我

校网络教育学习，3年后，以上3个数字分别变成91.4%、98%和73%，榆林地区的中小学教师学历达标工作一跃而名列陕西省第四位。通过这项工作的开展，不但使教师的知识水平、学历层次、综合素质有了显著提高，同时有力促进了教师进修学校的办学条件改善，培训基地建设得到进一步加强；进校的教师在为学员服务的过程中自身的水平也得到了很大的提高，大大增强了教师进校自身的造血功能。在中小学教师队伍建设、培训基地建设、学习型社区的构建等多个方面都获得社会的普遍认可，取得了显著成绩。该项工作获得2005年陕西省高等教育教学成果奖二等奖。《教育部简报》以“陕西师范大学利用现代远程教育积极培训西部农村教师”为题，对我校现代远程教育立足西部，服务中小学教师所开展的工作进行了全面介绍。

陕西师范大学现代远程教育在16年的探索实践中，走出了一条利用现代远程教育为西部农村一线中小学教师继续教育服务的新路子，构建了一种新的教学管理模式。

（二）确立科学的继续教育质量观，不断完善全面质量保证体系

陕西师范大学远程教育学院成立了继续教育教学指导委员会和教育教学工作委员会，积极开展网络教育发展政策研究，对教学质量和过程进行把控，精心落实教学环节，建立自我约束和自我完善的教学质量保证、监控与评估体系，全面提高高等学历继续教育的教育质量，保证教学工作有序进行，切实落实各项教学管理任务。

在教学过程中，强化办学主体责任，切实加强规范办学，严格执行教育行政部门相关政策和规定，把学习过程管理和学习支持服务作为质量保证的重要内容，做好过程监控与质量保证。网络教育作为远程教学，对校外合作办学体系的管理是质量保证的重要环节，在对校外学习中心的日常管理工作中，坚持按照《现代远程教育校外学习中心（点）暂行管理办法》的规定，坚持建设标准，严格制度管理。对违纪违规校外学习中心，一经发现问题，立即严肃处理。教学组织方面，严格按照各专业人才培养方案及教学计划进行组织实施，依托各教学院系做好教师的选聘。重视考试管理，采取多样化的考核方式，加强考试过程的监控，全面推行考试云服务方式，加大在线考试的技术监控力度。

在网络教学实施过程中，我校相关院系教师参与了各个专业培养方案的制定，教学计划的修订与完善，课程建设中课件的制作，部分课程的教材编写、辅导答疑，课程考试的命题，以及学生毕业论文的指导与答辩。学院与校外学习中心两级教学辅导师资队伍规模达2000人以上。

远程教育学院建立了校外学习中心管理、入学考试、教学管理、课程考试、毕业管理、教师管理等制度。

（三）加强专业建设与研究，努力提升人才培养质量

陕西师范大学网络教育办学严格执行《高等学历继续教育专业设置管理办法》，网络教育开设的12个专科专业、21个本科专业严格遵照该管理办法进行设置，在教育部全国高等学历继续教育专业管理和公共信息服务平台上报备案。在专业建设方面，充分发挥学校教师教育学科优势，体现了以教师教育专业为主的学校特点。汉语言文学、学前教育、数学与应用数学、英语、教育学5个专业获批“陕西省高等继续教育特色专业”。

以项目申报推进专业建设，申报了《“卓越教师培养计划”背景下高师院校继续教育特色

专业建设研究》《高校继续教育校际间学分互认创新机制研究》两个项目。通过省级课题申报、建设实践与结项，在理论指导下创新课程结构，重新制订与之相适应的培养方案及教学计划，为课题的理论研究提供实践依据，也为学院在今后各专业培养方案的修订、课程的设置与课程评价等方面做了有益的探索与尝试。

根据国家继续教育政策精神，重新修订了高起专、专升本两个层次 33 个专业的人才培养方案，从课程结构、考核方式及学时数等方面进行了全面调整，不断完善和优化专业及课程配置，从教学模块、课程优化、课程评价等多方面进行专业设置的调整和完善。

多年办学试点中，学院逐步走出了以特色专业建设、品牌资源为基础，理论与实践结合的发展模式，并逐步将特色专业建设经验围绕专业定位、人才培养模式、课程体系、教学内容、教学方法、教学手段和教学管理等方面在其他专业进行推广与实践。

16 年来，我校网络教育紧扣社会发展，履行教育职能，强化教师教育特色，为社会培养各级各类人才 16 余万人。

（四）以资源建设为保障，促进网络教育健康发展

网络课程资源建设是开展现代远程教育的一项重要任务，是教育信息化的重要组成部分。我校在网络课程资源建设工作中，坚持把信息化课程资源建设作为学校一项长期的教学基础工程；坚持网络教育与校内传统教育的相互融合与促进，为学校信息化建设服务。

网络课程资源建设共完成了专科、本科层次 36 个专业 552 门课程及相关资源的开发。其中自主开发的“古代汉语”“外国教育史”和“中国古代史”被评为“国家级精品网络课程”；“古代汉语”“中国古代史”被评为国家级精品网络资源共享课。建设国家级精品视频公开课 8 门，在教育部“爱课程”网站上线。编撰的汉语言专业口袋书系列教材，充分体现了我校网络教育教材建设的创新举措及考虑成人碎片化学习特征的教材改革探索（见图 4）。

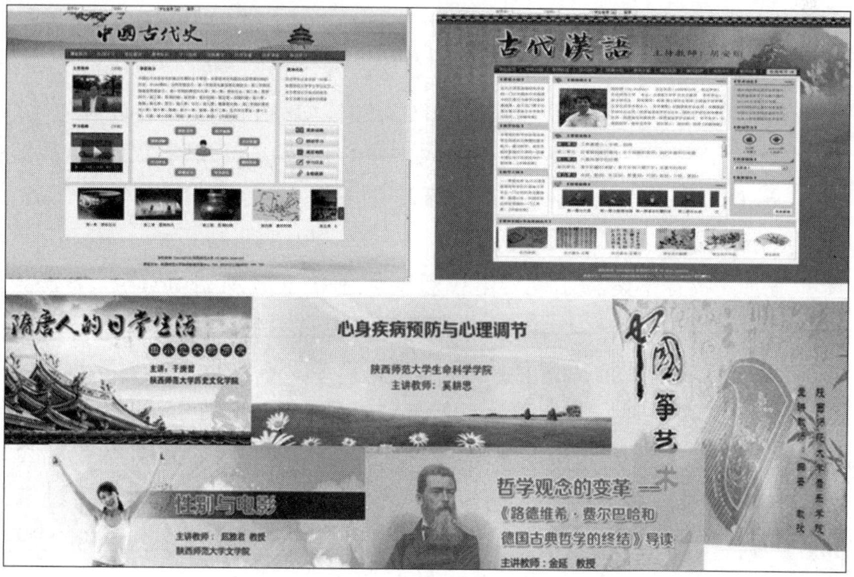

图 4　精品课程

同时，围绕合署办公的“三个中心”（MOOC 中心、教师教育资源中心、基础教育资源研发中心）的建设任务，全面建设教师教育与继续教育共通共享的资源服务平台。2008 年，学院将当时 16 个专业 337 门网络课程资源开放于学校图书馆网站，供校内师生教学使用，在校内资源共享、网络教育与校内教育融合方面发挥了带动作用。2014 年以来，依托教师教育资源中心设立的陕西师范大学信息化教学支持与服务中心，为学校本科信息化教学改革的技术引导发挥了积极贡献，协助学校完成 64 门信息化课程、54 节微课的拍摄与制作，完成教师技能大赛直播、陕西师范大学首届课堂教学创新大赛课堂实录、陕西省第三届高校微课大赛、各基础教育学科微课、微党课等拍摄和制作。2016 年以来，MOOC 资源平台“积学堂”免费给校内本科生提供使用 200 多门优质教师教育课程及讲座，促进了学生拓宽学术视野、增进专业间学术交流，协助学校教务处在积学堂平台以 SPOC 课程的形式为本科生开设通识选修课。基础教育资源平台“积学网”，上线资源涵盖职前与职后、专业与通识，已经形成了丰富的教师教育与继续教育共通共享的资源服务平台。利用网络平台面向校内学生开设辅修第二本科专业。

陕西师范大学还有效利用已有的远程教育平台，开发各类基础教育资源及教师教育资源，积极承担陕西省市县基础教育课题与国培计划远程培训项目，为促进教师专业能力发展及基础教育均衡发展做出积极的贡献。

（五）夯实基础强化功能，加强信息化教学与服务环境建设

经过多年的体系架构建设，我校远程教育学院已构建起一个设计合理、技术先进、运行稳定、功能完善的信息化教学与支持服务环境。

网络教学平台建设包括学院门户网站、教务管理平台、学生学习平台、校外学习中心平台、教师平台和教学支持服务系统等。将移动学习作为远程学习的一种扩展，远程教育学院搭建了移动学习平台，充分体现了移动学习和泛在学习双向传输、即时沟通的理念与功能，实现了已建设完成的所有网络教育学历课程上传移动端。

同时服务于学院业务发展，自主研发了拥有软件著作权的免费师范生教育硕士、辅修本科第二专业两个教学系统，其学生学习平台同时支持移动端和 PC 端访问。

陕西省高等教育 MOOC 中心（陕西师范大学中心）平台——积学堂建设，能够灵活支持慕课（MOOC）、SPOC 多种教学形式，支持移动学习和社交化学习，为陕西省高等教育 MOOC 共建共享体系提供技术支撑（见图 5）。

智慧教室是远程教育学院为了配合学校教学信息化发展规划，适应新型教学方式的需求而建设的，它是一间设计先进、功能全面、符合广播电视录播要求和电视技术、互联网技术发展方向的多功能、包含高标清拍摄直播点播、丰富教学交互功能要求、整合了物联网、云计算、大数据、移动通信、增强现实等先进信息技术的智慧教室（见图 6）。

2018 年，陕西师范大学成立了未来教育研究中心（陕西师范大学重点实验室），致力于打造一种独具陕西师范大学精神的创新型学习文化氛围。同时，希望通过未来教育中心的建立，搭建与教育厅、各地市教育局等单位的沟通与合作的桥梁，整合优质资源与服务，将《教育信息化 2.0 行动计划》的要求真正落到实处，为陕西省教师教育、基础教育工作做出实质性贡献（见图 7）。

图 5　MOOC 平台

图 6　智慧教室

图 7 未来教育

五、我校远程教育试点工作中存在的问题

陕西师范大学网络教育 16 年的探索实践，积累了经验，取得了成绩，也同时让我们对现代远程教育有了深刻的认识。

要保证远程教育质量，必须依赖师资与教学资源，教学组织与服务，全过程的管理与监控，但远程教育的属性又存在网络教育主办高校与学习中心"远程"合作的办学模式；教师"教"与学生"学"相分离，以学习资源代替师生互动的教学过程；网络学院特殊的办学体制，没有自己的专职教师。这些对构建起运行良好的质量保证体系都是不能回避的问题。

16 年来，我们虽然很努力，但并没有从根本上解决这些问题。此外，网络教育管理上仍然存在薄弱环节，需要及时找出问题，拿出整改措施；把握正确的办学方向，把"立德树人"作为根本任务，从严治教、规范办学。

陕西师范大学网络教育办学，主要存在以下问题：

(1) 网络教育教学管理实施、考试管理、严肃考风考纪方面有待完善。由于网络教育的管理体制、管理模式、学习模式、考试模式等不同于传统继续教育的特点，各项管理，特别是教学教务管理需要不断创新，不断完善。

(2) 学习中心的设立与管理问题。需要在现有工作基础上做出深入分析，找出管理中的薄弱环节，从学习中心的设置和建设标准、日常管理、空间布局、动态调整等方面进行研究，建立科学的建设、管理、评价体系。

(3) 质量保证体系建设上需进一步加强。网络教育的质量是远程教育发展的生命线，网络教育不同于传统教育，质量保证有其自身规律。制定质量标准、强化质量监控、不断改进质量还需要做大量工作。

(4) 办学规模、生源结构与办学质量之间的矛盾较为突出。教育部《高等学历继续教育专业设置管理办法》出台，进一步规范了招生工作，招生规模和生源质量仍需进一步优化，本专科招生比例需进一步调整。针对这些问题，相关管理思路及配套的管理办法、教学配备等尚未同步调整，从而导致在招生管理、教学管理及支持服务中存在滞后问题，进而一定程度上强化了办学规模与办学质量间的矛盾。

六、陕西师范大学远程教育试点工作推进网络教育转型提质升级的思路和举措

（一）思路

我国现代远程教育试点工作已经近20年，可以说已经发展到一个由政策规范引导到试点高校自我约束、自主发展的阶段。教育部门该发的文件都发了，该出的规范都有了，如何落实，如何落地，应当是每个试点高校在办学中需要充分总结的。

《国家中长期教育改革和发展规划纲要（2010—2020年）》将搭建终身学习体制。我国学习型社会和终身教育体系的构建，要求各种教育机会和模式之间建立更加紧密的衔接与沟通。网络教育转型就是要探索有效途径，促进网络教育与其他教育类型的横向沟通和纵向衔接，加强教育体系内部各组成要素之间的有机联系，使其协调一致，沟通无阻，从而建立终生学习型社会的“立交桥”。

（二）举措

(1) 陕西师范大学上下统一认识，明确质量是关系到学校生死存亡的大事，要始终把办学质量作为学校发展的生命线。坚持社会主义办学方向，坚持开展现代远程教育试点工作的宗旨，落实党和国家对继续教育的新要求，“办好”继续教育，确立有自身特色的办学格局，处理好规模与质量的关系，走高质量、内涵式发展之路。

(2) 陕西师范大学将落实和完善现代远程教育教学质量监控体系。重视办学环节中办学自主权的把控问题，明确合作双方权责义务；加强监管、规范招生渠道，坚持对学习中心支持服务与监管把控两手抓，建立规模和地区分布合理的学习中心体系，加强校外学习中心评估，及时发现问题，清理整顿不合格中心。认真分析招生工作风险点，进一步完善学生准入要求和招生工作规范，合理控制规模，构建合理的本专科结构比例，发挥我校教师教育和基础教育办学优势，办好特色专业；同时，进一步加强教学资源建设和教学支持服务，严格教学过程，特别是考试工作管理，完善考试各环节的监督，全面实施课程考试人脸图像识别系统等技术手段；进一步落实教学过程的全程监控，做到事前、事中和事后监督；细化考试工作流程，对考生信息、考试地点、考场规则等进一步规范。

(3) 陕西师范大学和学院将充分发挥校院两级教学委员会、教学督导委员会的作用，对远程教育所有校外学习中心进行全面监管，将第三方管理和监督引入远程教育教学活动中，尽快实现管办分离。从长远出发，确保远程教育学院校外学习中心的办学规范性，确保办学质量。

中国科学技术大学现代远程教育试点工作总结

中国科学技术大学自2003年开展现代远程教育以来，在教育部、安徽省教育厅的指导和支持下，本着“规模适度、规范管理、保证质量、稳步发展”的原则，现代远程教育试点工作一直适度、有序地进行。根据《关于开展“现代远程教育工程”实施二十周年试点工作总结的通知》(协作组函〔2018〕30号)精神，现将我校试点工作以来网络教育办学情况总结汇报如下。

一、明确目标，规范管理

中国科学技术大学遵循国家开展现代远程教育试点的指导思想和方针政策，发挥学校学科的优势和特色，科学确定办学规模、建设布局和培养规格，主要面向在职从业人员开展现代远程教育，为构建全民学习、终身学习的学习型社会做出应有的贡献。

网络教育学院是学校的二级学院，学校对于网络教育学院实行直接、全面的领导和监管，网络教育学院的办学层次和类型均在学校及其职能部门的有效领导、协调之下，保证了我校网络教育的发展方向、建设方针、培养目标、管理体系等完全符合国家有关法规、方针的要求，并与学校建设一流研究型大学相适应。积极探索和完善符合网络教育特点的管理体制和运行机制，注重优化资源，突出办学特色，强调制度建设，强化民主管理，提高决策的透明度和科学化。

网络教育实行春秋两季自主招生，招生专业、层次、学习年限、毕业学分、标准学制、缴费标准等严格按教育部要求执行，各校外学习中心统一使用学校经上级教育主管部门批准的招生简章，从源头上杜绝招生工作中的虚假招生宣传。

为严把招生质量关，中国科学技术大学成立了专门的招生工作领导小组，每次入学考试工作结束后，统一划定分数线，集体讨论决定录取名单，多年来从未发生试卷泄密事件，在考试方式上坚持本校巡考教师自带试卷，当场巡考，统一阅卷，择优录取。

教学方面：与校外学习中心各自职责明确。中国科学技术大学制订教学计划和课程教学大纲，安排课程，提供网络学习课件，网上教学辅导答疑，安排命题、考试、阅卷，安排毕业设计(论文)的指导，安排毕业答辩、成绩管理等。校外学习中心配合进行上述各项工作。

学籍管理方面：制定和完善了入学、注册、学籍异动、毕业及证书发放全过程管理，采取多种措施把好学生的入学注册关。对不符合要求的学生一律不注册，不搞先斩后奏，保证了学籍工作的准确性。除此之外，严把毕业生的证书发放关，达不到毕业要求的一律不发放毕业证书。

二、保证质量，注重特色

（一）教育教学模式

中国科学技术大学在开展现代远程教育的过程中，不断摸索和总结教育教学经验，针对我校现代远程教育的办学理念、办学层次、学生水平、师资力量、技术环境等实际条件，设计了符合我校现代远程教育办学实际和人才培养模式的教学模式，即“导学、自学、助学”结合的教学模式。“导学”是教师对学生的学习进行引导，包括平常的学习指导、考前辅导、个别化辅导等；“自学”是学生根据自身的实际情况建立学习计划，利用网络教学资源和教学支持服务体系，实现个性化的自主学习；“助学”是教师、教学管理人员和技术人员对学生提供支持服务，包括提供学习资源、答疑讨论、组织学习活动、选课选考、技术支持等。这种教学模式的具体环节在办学过程中不断得到调整和改进，收到越来越好的教学效果。

为保证教学质量，无论必修课，还是选修课，都有足够学时的教学课件，各专业多媒体教学必修课达100%，选修课也达90%以上。同时，每门课程基本上都附有教学大纲、学习指导、模拟试题及解析、课程作业以及课程总复习。对部分难度较大和实践性较强的课程，网院组织部分教师配合各学习中心，针对课程考试大纲进行重点、难点和模拟试题讲解，以及定点集中考前辅导和导学。在教学组织过程中，除多媒体教学课件（光盘）、学习辅导、模拟试题、网上实时语音答疑和部分集中辅导外，学院还辅助以BBS、电子邮件、网上讨论、电话咨询等教学手段，以保证各地学生能有机会直接接触教师，为教师与学生、学生与学生、管理人员与学生和教师之间创造了网上、网下的交流机会，使教师不受时间、空间的限制，随时组织教学和辅导，学生也不受时间、空间的限制随时、随地自主学习。

为提高管理人员的业务水平和工作效率，网院定期组织教师和学习中心教学管理人员参加现代远程教育培训与研讨，保证教师和管理人员对远程教育政策及现代远程技术手段的了解和掌握，同时对教育部的相关文件和网络教育相关管理规定及时上网，供学生和学习中心管理人员阅读掌握。

（二）教学资源建设

师资队伍和课件制作质量，直接影响远程教育的办学质量。网院除注重加强对全体授课教师的现代教育技术和远程教学经验的培训外，还组织教师、教学管理人员进行座谈、研讨，针对学生提出的问题及时进行改进和调整。对于每门制作完好的课件，组织校内专家教授和部分课件讲授教师进行教学质量、水平评定，对优秀课件的授课教师给予奖励，对不符合要求的课件进行整改和重新录制或调换讲授教师。网院除加强与主讲教师的交流和沟通外，还针对学生提出的问题及时反馈给主讲和辅导教师。辅导教师根据学生提出的问题，及时调整网上辅导内容和教学参考辅导材料，以满足学生自学需要。目前已累计制作156门多媒体教学课件，从完成课件的师资情况看：正副教授占80%，讲师、博士占20%。与此同时，我们对每门上网课件都配套有教学参考书、教师讲义文本、教学大纲、学习指导、模拟试题及解析和考前辅导等，学生对上网课件及教学内容普遍反映良好。部分课件被用于我校继续教育的夜大、函授学历教育学生使用。

（三）教学支持服务

网院从事网络教育的教师（主讲和辅导教师）共有116人（不含学习中心辅导教师）。师资中80%的教师来源于我校其他院系，15%的教师来源于兄弟院校，5%的教师来源于我校继续（网络）教育学院。

坚持以学生为本。针对学生分散、工作学习矛盾突出等特点，提供点播、下载、光盘及针对性面授等多种方式，学生可选择学习形式、时间和场所；网院目前使用的是奥鹏远程教学及教务管理系统。招生、录取、缴费、注册、选课、预约考试、安排考场、考试、毕业论文申请和写作等一系列教学管理过程，都由该系统实现完成，运行效果良好。

中国科学技术大学特别注意网络教育环境下的校园文化建设，校本部的精品课程、专题报告讲座、国外专家学术报告会、电子图书馆、文献检索查询等校园文化活动都实时提供给网络学生。

为做好毕业论文写作工作，规范毕业论文的写作程序和要求，按照网院制定的《本科毕业论文写作管理规定》《本科毕业论文写作要求》《本科毕业论文成绩评定标准》等文件认真执行，以确保网络教育毕业论文的质量。

（四）考试管理

(1) 入学考试：我校每年度在上、下半年共组织两次招生入学考试，录取分数线与各地成人高考分数线基本持平。按照网院制定的《考务工作管理办法》，对考务工作组织、考场安排、考前准备、考场纪律及巡考教师职责、监考教师职责等都做了明确的规定，要求各学习中心严格执行。根据网院下发的《关于认真做好远程教育入学考试安排及相关工作的意见》要求，对学员报名、考点考场设置及监考安排等相关问题着重提出明确要求。每次考试网院还抽派若干名巡考教师赴各地学习中心，检查指导其考务工作，使各地的考试统一规范管理。

鉴于试点高校自主组织入学考试，我校对入学考试的命题阅卷工作尤为重视，聘请经验丰富且责任心强的教师负责命题，实行严格的保密工作责任制；试卷一经印制，立即装袋密封，且封袋试卷由我校抽派的巡考教师带往各地学习中心，开考前在考场当众撤封；考试结束后试卷又立即装袋密封，交由巡考教师带回。试卷每次交接均需填写交接清单。各门课程试卷都密封装订成册后再交由教师阅卷。总之，入学考试的命题阅卷工作严格按照国家考试的规范要求进行。

(2) 课程考试：课程考试是网络教育重要的教学环节。为加强考风考纪、规范考试工作，中国科学技术大学相继制定了《中国科学技术大学网络教育学院考务工作管理办法》《中国科学技术大学网络教育学院考试违纪行为处分规定》和《中国科学技术大学网络教育学院成绩管理条例》等相关考试法规。对考风考纪、课程考试方式、考试地点、考场设置、巡考监考老师、学生和学习中心做出严格的要求和规范，确保课程考试公平、公正。

每次安排课程考试，均保证每个考点都有我校派出的教师在现场和每个考场监考教师不少于2名，以确保网络教育课程考试各项考试管理规定的执行和考场秩序的良好。

注意加强对巡考监考教师的管理和学习中心课程形成性考核成绩评定的检查监督力度，严格按照考试要求，定期选派相关教师到学习中心了解情况，召开学生座谈会，倾听学生的意见。尽力保证考试成绩和课程形成性考核成绩客观公正，确保远程教育的办学质量和学校的社会声誉。

三、积极探索，开拓创新

我校自2009年实施网络学院战略转型，现代远程教育不再定位于大学本、专科学历教育，学校充分利用本校的优秀教育资源，服务于高端培训、专业学位教育、社会需要和地方经济建设，拓展了网络教育的应用层面。

近几年来，学院在把网络远程教育手段和教育技术应用到高端培训上进行了积极的尝试，将网络教育从传统的学历教育拓展到非学历教育，成为中长期(80学时以上)培训和继续教育有效的辅助手段。在高端培训方面，学院依靠网络教育平台，建立了各类专题培训的主题网站或页面，包括国家知识产权(安徽)培训基地、国家版权教育示范基地等。在学员管理上，也积极应用远程教育管理系统，建立了教师和学员、教学单位和学员、教学单位和教师等相互之间的线上联系。在大部分的培训和继续教育中，有关培训需求调研分析、教学过程的反馈、培训效果的评价等都是依靠网络教育手段实现的(见图1)。

图1 利用原有网络技术手段为高端培训提供网络的技术和管理支持

学院早在2009年就通过调研美国麻省理工、耶鲁等高校在开放式教育中的经验，建立了开放式课程网站。目前开放式课程完成制作并上网的共有69门课件，包括知识创新、法律、物流管理、计算机技术等类型。2013年，经过国家人力资源和社会保障部批准，中国科学技术大学获批设立第三批国家级专业技术人员继续教育基地。为了提高培训管理的信息化水平，丰富培训手段，创新培训方法，根据继续教育基地的建设规划要求，目前学院正在完善网络学习平台建设和网络课件的开发、制作。

2014年，在人社部和中科院人事局经费支持下，学院开发了国家专业技术人员继续教育基地网络学习平台，平台主要分成培训项目、在线课程、学员中心和网络课堂4个功能区(见图2和图3)。

在高端培训和非学历的继续教育中，尤其在我校举办的研究生课程研修班等类型的非学历、长周期的课程教育中，网络教育的技术和手段得到广泛的应用。在高端的课程学习

图 2 在线课程

图 3 开放式课件

上，参训学员的知识基础和知识结构不同。学院利用网络教育手段，对课堂集中授课所必需的基础性知识和课程，制作或整理成网络课件，供学员提前学习。同时，参考网络学历教育中的教学、考核方式，对部分培训课程实现了网络学习成效和课堂学习成效的综合评估，作为培训课程的结业考核。

学院在将网络教育引入高端培训工作取得进展的同时，稳步推进学院的专业学位网络教育工作。学院专业学位网络教育平台为法律硕士（JM）、公共管理硕士（MPA）学生提供了广阔的互补空间，充分利用互联网方便、快捷、实时等特性，促进师生间、学生间的互动交流，通过网络平台积极组织和开展了一些专题性的研究活动，鼓励学生自发地承接研究性课题，并提供一些媒体和交流平台，供学生研究成果的交流。学院将积极推进网络研究生课程班（JM、MPA 班等）试点进程，通过学员工作之余网上自学、寒暑假集中授课的方式，缓解学员的工学矛盾。为了保障网络教学的质量，学院将建立健全一系列规章制度，强化管理，以点带面。可以确信，现代远程教育和传统教育模式的综合运用必将促进专业学位研究生教育的发展和培养质量的提高。

今后学院将进一步拓展和完善高端培训网络平台，强化服务意识，逐步做到培训教案网络化、培训课程项目化、培训方式多样化、培训服务人性化，逐步建立健全一系列规章制度，强化管理，保证质量；进一步加强师资队伍建设，充分发挥网络信息化资源，努力缓解学员工学矛盾。加强与完善高端培训与专业学位研究生教育互为支撑、协调发展的机制。研究生教育对高端培训的发展起到重要的学术支撑作用，由于注重学科建设，及时把握政府需求，分析公共事务中的理论和实践前沿问题，因此高端培训的课程设计更趋合理、问题解析更具针对性、教学效果更加明显。

我们坚信，有教育部、安徽省教育厅的正确领导与大力支持，通过全体师生员工的共同努力，开拓创新，锐意进取，我校的网络教育试点工作必将在人才培养、服务社会等领域具有鲜明的特色和竞争优势，百尺竿头，更进一步。

东北师范大学现代远程教育试点工作总结

东北师范大学于2003年获得教育部批准成为全国68所网络教育试点高校之一，我校充分发挥教师教育的办学优势，网络教育专业设置已实现了对基础教育所需专业的全面覆盖(除音乐教育)。我校目前开设了高起本、高起专、专升本3个层次共42个专业，其中高起本8个、高起专16个、专升本18个。我校专升本层次的汉语言文学专业、学前教育专业、小学教育专业为学历教育的特色专业，在课程设置上坚持“专业教育与教师职业教育高度融合”的课程基本模式，以培养能够学用结合、学以致用、具有就业竞争力和职业发展力的实用型人才为培养目标。

特别是在我校的优势学科，即师范类专业的建设方面，坚持培养学生成为具有严谨的基础性的学科专业水平、较高综合素养和创新能力的应用型、实践型人才；培养学生成为有现代教育理念、有卓越担当人生品格的教育者；培养学生成为弘扬社会主义核心价值观的践行者。

“专业教育与教师职业教育高度融合”是我校网络教育师范专业课程结构的基本模式。近年来，我校将学历提升教育和教师继续教育并重作为课程设置的基本原则，并依据此原则对我校网络教育本科层次的课程设置、学分学时、考核方式、毕业条件进行了相应调整。

截至2017年，我校网络教育在籍人数为127 044人，其中男性为47 242人，占总在籍学生人数的37.2%，女性为79 802人，占总在籍学生人数的62.8%。在学学生年龄跨度从18岁到72岁，学生年龄主要分布在18～56岁，占总人数的99.83%。我校网络教育在籍学生户籍涵盖全国29个省(自治区、直辖市)，其中学生人数排名前三位的地区分别是吉林省、辽宁省、江西省。

根据《教育部办公厅关于对东北师范大学开展现代远程教育试点工作的批复》(教高厅函〔2003〕15)中关于我校需依托教育部批准的公共服务体系开展网络教育办学工作的要求，2003年12月我校与当时作为公共服务体系的中央广播电视大学奥鹏公共服务体系签署了合作办学协议。在明确双方职责权利的基础上，以责任分担、利益共享、共同办好网络教育为合作原则，共同开展现代远程教育工作。开展试点工作15年来，经历培育固化、稳中求进和稳中求变3个发展阶段，使我校的现代远程教育试点工作得到稳步推进和长足发展。

培育固化阶段。办学初期，立足于坚持发挥教师教育的办学优势和特色，以全日制教育的课程体系为参照，参考成人教育的教学管理经验，学校全力培育师范类专业的网络教育教学模式。在短时间内，构建了以模块式为主体的课程体系，建立了灵活的学分制教学管理模式，基本形成满足日常教学需要的多种形式的课程资源，并以制度建设为手段，通过先后制定30余条教育教学管理规范，固化了在办学过程中摸索和积累的成功经验，初步形成适应网络教育实际的教学管理体制和运行机制。同时，通过与北京奥鹏公共服务体系有限公司(以下简称“奥鹏教育”)的深入合作，我校学习中心建设得到快速发展，形成了覆盖全国24个省(市、自治区)的学习支持服务体系，网络教育办学规模稳步增长，服务于我国基础教育，特别是偏远地区基础教育教学和管理人员学历提升的效果初步显现。

稳中求进阶段。2012年，在科学分析我国高等学历继续教育总体环境和发展状况的基础上，学校明确提出东北师范大学的现代远程教育要走“内涵发展、提升质量”之路的指导思想。通过积极推进教育教学改革，我校网络教育办学的科学化、规范化程度不断提高，教学管理、支持服务等各项工作步入快速发展的良性轨道。进一步加大专业建设力度，完善了以必修课程、选修课程和综合实践课程构成的课程体系，实现了毕业论文的分类选择、分类指导，全面实现了电子阅卷。开展了课程资源的改造升级，强化了课程制作的多技术融合，实现了国家级精品课程建设突破，并通过规章制度大规模地“废、改、立”，完善了网络教育各项管理规范，基本实现了规范管理的工作运行机制。在此基础上，通过巩固和深化高校与公共服务体系合作办学的办学模式，学习中心授权数量持续上升，合作布局更加合理，办学规模逐步扩大。

稳中求变阶段。在我国全面深化继续教育改革、创新继续教育机制体制的背景下，2016年学校实施了现代远程教育“稳中求变、转型提升”的发展战略。通过“工作规范年”“制度建设年”和“制度落实年”连续3年的深化改革，学校狠抓教育教学质量，大力推进规范管理，以提升办学吸引力、粘合力、竞争力为着眼点，以落实“精准的培养方案、精致的学习课程、精细的支持服务、精彩的学生活动、精装的招生宣传”为着力点，切实推动网络教育的“转型发展”。通过在师范类专业增加职业需求与发展课程模块，以及全面修订《学生培养规范》和专业培养方案，将教师教育贯穿于整个人才培养过程，强化了“学历教育与非学历教育一体化”的培养特色，实现了人才培养目标由知识型、学科型向职业型、应用型的转变，推进了人才培养质量的整体提升，进一步加强了课程资源建设水平，9门精品网络课程面向校内外开放共享，3门网络课程被评选为MOOC中国联盟精品课程。积极探索网络教育的思想政治教育新模式，组织开展了突显学校办学特色的系列学生活动，并逐步建立健全了全方位、多渠道一站式的教学支持服务体系，构建了较为全面系统的网络教育教学管理体制和运行机制，实现了网络教育的全面规范办学。

开展现代远程教育试点工作以来，学校围绕加快建设世界一流师范大学的整体发展目标，以“尊重的教育”“创造的教育”为办学理念，紧密依托学校雄厚的办学实力和学科专业优势，稳步推进与我校办学定位、能力和声誉相适应的高等学历继续教育的建设与发展。15年来，主要取得了以下工作成绩。

（一）办学规模稳步提升，监督管理力度显著增强

网络教育的办学规模是整体办学质量提升的前提和基础。自试点工作开展以来，我校网络教育的办学规模逐年扩大，为我国基础教育和地方经济、社会发展服务的能力不断增强。2012年，我校年度招生规模首次突破2万人，此后持续增长，截至2018年10月，网络教育在籍人数达到134 311人，累计报名365 984人。目前开设的专业共计包括高起本专业8个、高起专专业9个和专升本专业18个，覆盖了除音乐教育外基础教育所需要的全部专业。与奥鹏公共服务体系、弘成公共服务体系合作建设校外学习中心403家，覆盖全国29个省(市、自治区)。

同时，东北师范大学始终将规范管理作为网络教育办学的重中之重，坚持通过不断强化的制度建设和实施严格的监督管理，切实落实网络教育办学的全流程规范管理。学校严格实施《学习中心设置审批办法》《学习中心违规办学行为处理办法》等一系列管理规范，明确

要求学习中心坚决杜绝招生过程中的各项违规行为，并以综合检查、专项检查和随机抽查的形式，组织开展了大规模、高密度的招生检查与督导工作，对出现违规行为的学习中心坚决打击、严格处理，先后取消了数十家学习中心的合作办学授权。同时，学校坚持推进学籍信息的精细化管理，通过应用身份证读卡器采集新生信息，实施专升本层次前置学历入学注册环节审核，及时处理和定期清理学籍信息等措施，切实强化了学生学籍的监督管理。

（二）课程质量显著提高，教学管理改革不断深化

课程资源建设是网络教育提升教学质量的核心与关键。长期的办学实践中，学校以人本主义、联通主义思想为指导，逐步探索和形成了以“问题驱动、案例引导，微课集成、归演结合，多元呈现、互动生趣”为核心的课程制作理念，历经3轮大规模的改造升级先后制作了学历教育课程517门。其中，“青少年心理学”课程被评为国家级精品资源共享课程，“生活中的经济学”等100余门课程先后被评为吉林省优秀公开课或获得吉林省高等学校教育技术成果奖，131门课程被评为吉林省优秀网络课程。在此基础上，学校继续加大课程资源建设的投入力度，在“十三五”期间划拨3000万元设立专项经费，用以实现网络教育课程资源的全面升级换代。

不断深化的教学管理改革是提升网络教育教学质量的重要途径。近年来，学校先后修订完善并推动实施了《网络教育学生管理规定》《毕业论文管理细则》《课程考核与成绩管理细则》等管理制度20余项，巩固和深化了网络教育学生培养的全流程规范，切实加强了教学管理的规范化和科学化程度。同时，积极探索混合式教学模式，通过组织开展毕业论文的远程视频答辩、学校专任教师和受委托校外学习中心指导教师参加的现场答辩等活动，以线上线下相结合的方式增加了网络教育师生的教学互动，并不断深入实施课程考核方式和实践教学指导模式的改革，通过构建形成性考核与终结性考核相结合的“3＋1”“2＋1”等考核模式，实现了多元化的考试评价标准，通过严格执行毕业论文提纲、初稿和终稿3个环节“八批八改”的论文指导模式，实现了综合实践教学环节师生一对一的高质量教学指导服务。为进一步提高毕业论文的写作质量，保证论文的学术严肃性，学校还在2018年秋季学期启动实施了网络教育学位论文的查重检测制度。

（三）教学支持服务高效便捷，质量监控体系逐步完善

教学支持服务是解决网络教育师生分离教学环境下如何为学生切实提供教学指导的重要方式，更是实现教学质量提升的重要保障。学校着眼于提高教学支持服务的实效性，始终坚持积极构建多渠道的支持服务体系。在学术性支持服务领域，收集归纳2万余条常见学术性问题，分学科专业搭建了专业知识答疑库，在非学术型支持服务领域，围绕课程考试、统考、离在线作业、练习题、毕业论文、学籍学位、毕业等学习过程建立了公共问题答疑库，保证学生通过学习平台实现对全部常规问题的检索和查找，并先后通过采用在线实时辅导系统、智能答疑系统和课程论坛，通过组建网络教育QQ工作群、微信公众号等多种方式，不断提升支持服务能力和水平，在我国成人高等学历继续教育领域内形成了以高效便捷著称的支持服务特色。

质量监控是监督和测评网络教育整体办学质量的重要环节。在办学实践中，学校逐步建立了与学校定位、品牌、人才培养规格相适应的质量监控和保障体系。专门抽调人员组建

了质量监控中心，研究制定了涵盖 8 个一级指标、28 个二级指标和观测点的我校网络教育质量标准和课程考试巡视检查工作规范，以及校外学习中心自查工作材料清单和检查清单。同时，坚持执行年度质量报告、教学质量监控季报告和学生满意度调查制度。2017 年以来，联合奥鹏教育先后开展了 6 轮大规模的集中检查和业务督导工作，累计对 21 个省的 219 家学习中心进行了实地检查和督导。

（四）学生活动特色鲜明，切实履行立德树人教育职责

为丰富学生的课余文化生活、提升综合素质，唤起学生的荣誉感和归属感，自 2013 年起，我校针对不同学习环节的具体特点设计了一系列人文关怀举措和学生课余文化活动，鼓励学习中心在学生入学和毕业两个重要节点组织开学典礼和毕业典礼，通过借助学习平台给学生发送《致新生的一封信》和《致毕业生的一封信》，让我校学员能够深刻体会学校的关心与关怀。近年来，我校先后举办了十余项课余文化活动，得到广大同学的积极响应和热情参与，收到一大批优秀的参赛作品，取得了预期效果。经过几年的探索与尝试，本着“用品牌学生活动，助力打造特色专业，提升人才培养质量”的指导理念，形成了教师技能大赛、摄影比赛、书法比赛、征文比赛 4 个特色主题品牌活动，增强了品牌校园活动的吸引力和生命力。我校坚持把“立德树人”作为教育的根本要求和最高标准，并将其贯穿于网络教育人才培养的全过程。通过开展学生思想政治教育和弘扬社会主义精神文明建设的文化活动，进一步挖掘先进、树立典型，在举行优秀毕业生评选活动过程中，为广大学员提供了展示学习与工作成果的机会，涌现出一大批学习态度认真、学习成绩优良、参与各项学生活动积极、工作业绩突出的优秀毕业生，极大地提升了学生的学习热情和成就感、获得感。

回顾网络教育办学历程，学校总结出以下 4 点办学经验。

（一）制度建设是促进管理提升的重要手段

建立科学完善的制度体系在提升管理水平和网络教育整体质量方面都起到了决定性作用。2016 年是我校确定的继续教育工作规范年，通过建立一系列规章制度从根本上促进网络教育的办学规范、行为规范、标准规范和流程规范。2017 年进一步确定为网络教育的制度建设年，通过强化制度建设工作和制度管理理念，不断规范各项管理工作、规范办学行为，有效推进“稳中求变、转型提升”办学思路的顺利实现，加快达到提升办学“吸引力、粘合力、竞争力”的阶段性目标。在确保办学规范和制度完善的基础上，我校将 2018 年确定为网络教育的制度落实年，以围绕提高办学质量为核心，重点提高管理质量和教学质量，使现行制度能够在办学工作中常态化、长效化，进一步促进网络教育办学质量的飞跃提升。

（二）顶层设计是实现宏观管控的前提条件

办学初期，我校课程计划仅高仿函授及全日制本科生的课程设置结构，2012 年起我校开展教育教学改革，课程计划坚持了学历提升教育和教师继续教育双重职能并重的原则，既设置了符合学历教育要求的课程，又设置了符合中小学教师继续教育的课程，确立了“专业教育与教师职业教育高度融合”的课程设置基本模式。2018 年，我校持续推进教学质量提升，在 2012 版课程计划的基础上对本科生培养规范进行完善与升华，继续坚持学历提升和教师继续教育并重的课程设置原则，采用“专业教育与教师职业教育高度融合”的基本模式，课程体系由通识教育课程、专业教育课程、职业需求与发展课程、综合实践（毕业论文或学位

论文）四大模块构成。这些模块的课程设置充分适应教师专业化发展的变化需求，一方面可以满足学生考取教师资格证书的学习需求，在接受学历继续教育的同时，能够掌握必要的、基本的职业资格考试内容；另一方面可以丰富学生职场经验和提高解决实际教育教学问题的能力，促进学生在从教事业中创新精神和实践能力的发展，有利于教师的专业发展。通过不同历史时期对培养规范的顶层设计，我校逐步形成具有时代特征、东师特色、成人特点的网络教育品牌，渐渐确定了“培养学用结合、学以致用、具有就业竞争力和职业发展力的应用型、实践型人才”的目标。

（三）全面与公共服务体系合作是强化办学实力的正确选择

教育部在2003年下发的《教育部办公厅关于对东北师范大学开展现代远程教育试点工作的批复》中明确要求我校需依托教育部批准的公共服务体系开展网络教育办学工作，此后我校坚定不移地与奥鹏公共服务体系、弘成公共服务体系合作，经过历史的重重考验，被证明是非常正确的决定和选择。通过与国家公共服务体系开展全面合作，我校借助公共服务体系的技术支持和机制优势，进一步提升了办学水平和综合实力，强化了管理队伍和管控水平，拓宽了发展渠道和思路，合作双方形成了强强联合、优势互补的良性状态。

（四）与时俱进是办学水平提高的重要因素

提升网络教育办学质量是我校一直以来的不懈追求，为此我校在每个阶段都紧跟时代步伐，积极促进现代信息手段在网络教育办学过程中的融合与应用。近年来，我校采取了网络阅卷、刷二代身份证验证身份、课程考试考场监控全覆盖等一系列技术手段，以提升办学质量。2018年，我校进一步采取手段，目前已与奥鹏公共服务体系合作开发了两款App用于网络教育的移动化学习，可以有效提高学习的效能和频率；我校对学员网络学习全流程的身份识别系统已在研制之中，以期通过人脸识别技术达到对学员包括报名、学习、考试、毕业在内的全流程身份监控；在质量监控方面，我校的网络教育大数据监测系统已经筹备完毕，采用这套系统，我校将对全部学员的学习过程实现有效把控，同时对于学员学习质量的判断将有更加科学的评判依据。

中国石油大学(北京)现代远程教育试点工作总结

现代远程教育是随着现代信息技术的发展而产生的一种新型教育方式。近年来,我国现代远程教育以其跨越时空界限、融汇优质教育资源的独特优势和更具个性化的学习方式获得了巨大发展。现代远程教育在教育观念上的更新,在教育技术上的创新,为实现终身学习、教育和谐发展创造了良好条件,成为构筑终身学习体系的重要手段。

中国石油大学(北京)自2006年开始进行现代远程教育试点招生,在教育部的统一领导下,坚持"面向社会、立足石油石化行业,采用多种方式,积极发展现代远程教育"的办学宗旨,坚持"以质量为中心,改革创新,规范管理,办出特色"的发展思路,遵守国家相关政策,求真务实,积极、稳妥、扎实地开展网络教育。

近20年来,中国石油大学(北京)现代远程教育经历了初创、发展、规范和转型等阶段,网络教育的办学体系、服务体系、制度体系和监管体系初步建立并逐步完善,在网络教育教学模式、教学资源建设、教学教务管理、学习支持服务、校外学习中心建设等各个方面做到了规范运行和创新发展,取得了一定的创新经验和成绩。

随着国家终身教育体系和学习型社会的不断深入,继续教育人群的多元化及学习需求的多样化趋势,向单一的学历继续教育提出了挑战。中国石油大学(北京)现代远程教育审时度势,利用良好的技术平台,整合优势资源,积极发展非学历培训,打造融学历继续教育和非学历继续教育为一体的多层次、多模式、全方位的终身教育体系,为建设全民学习、终身学习的学习型社会做出贡献。

一、现代远程教育试点背景

21世纪是信息化时代,信息化时代不仅需要培养具有创新精神和实践能力的人才,更需要人们具有终身学习的能力。构筑终身教育体系,创建学习型社会成为世界各国发展的共同要求和重要战略。

1999年1月13日,国务院批转教育部制定的《二十一世纪教育振兴行动计划》中明确提出要实施"现代远程教育工程",形成开放式教育网络,构建终身学习体系。

教育部《关于支持若干所高等学校建设网络教育学院开展现代远程教育试点工作的几点意见》(教育部教高厅〔2000〕10号)文件赋予普通高校充分的远程教育办学自主权,极大地调动了我国普通高校开办现代远程教育的积极性。

中国石油大学(北京)根据国家能源领域人才继续教育培养需求,结合自身在国家能源战略及石油石化行业发展中的使命,对本校现代远程教育进行宏观定位:立足石油石化行业,面向社会,把现代远程教育作为开展成人继续教育、构建终身教育服务体系的途径之一,并把它纳入学校教育事业发展总体规划。2006年,中国石油大学(北京)远程教育学院获教育部批准独立开展现代远程教育招生资格。

二、现代远程教育试点初衷

坚持以人为本，树立全面、协调、可持续的科学发展观，强化服务意识，提高服务水平，强化质量意识、品牌意识，全面提高继续教育人才培养质量。

抓住需求，积极利用网络教育推动应用型人才培养；尝试和探索现代远程教育教学模式，推动构建全面终身教育体系；利用技术创新，搭建人性化、个性化的学习平台和数字学习环境；规范管理，构建远程教育质量保障体系和监控体系；加强学习支持服务，努力搭建学院（教师和管理人员）、学习中心、公共服务体系三位一体的远程教育服务体系；打造具有石油大学特色的现代远程教育品牌，努力探索和构建中国石油大学（北京）远程教育的可持续发展模式。

三、远程教育试点任务

中国石油大学（北京）现代远程教育在遵守国家相关远程教育的方针、政策、法规、条例前提下，紧跟国家能源战略和社会需求，结合自身优势，建设一支胜任现代远程教育的教师队伍和管理团队，把石油大学的优质教育资源向全国、全社会延伸，为各行各业培养大量应用型人才。

加强多方合作，大力开展适应远程教育特点的专业建设和以石油石化专业为特色的优质网络教育资源，为校内、校外提供优质的网络教学服务，根据成人学生的业余学习特点，结合网络学习环境，深入开展网络教育教学过程和教学管理，积极进行基于远程教育内在规律的人才培养模式和教学模式探索。

坚持规范办学和规范管理，建章立制，认真组织教学，严格过程管理，严肃考风考纪，加强校外学习中心管理，努力开展远程教育质量保障体系建设和研究。

不断利用新技术，打造和升级信息化网络教育教学管理平台，使之资源丰富、导航清晰，更加人性化和科学化，打造更加优越和更加舒适的数字化学习环境。

秉持以人为本的教育理念，以石油精神和石油文化为引领，进行现代远程教育校园文化建设，努力培育石油文化精神内涵。

四、现代远程教育实施落实情况

（一）规范办学与制度建设

严格按照教育部有关规范办学的文件精神和要求，在招生宣传、报名资格审查、入学考试、考风考纪、学习支持服务、教学督导等方面建立了有效的监控监管制度。尤其注重规范招生管理，严格按照教育部相关文件精神进行招生工作；规范校外学习中心管理，制定了一系列校外学习中心管理规定，不定期开展校外学习中心工作检查和评估工作；严格入学考试，严格报名资格审查，每学期开展新生回访、网络舆情监控等工作。

我校现代远程教育学院于2006年下半年开始引进ISO 9001质量管理体系，进行质量管理体系培训工作,确立了质量方针和质量目标,明确了各部门和各部门负责人的工作职责,并按照ISO 9001标准的要求,结合远程教育的特点,制定了现代远程教育《质量手册》《工作流程文件手册》《校外学习中心手册》《教师手册》和《学生手册》等各项规章制度和工作表格,涵盖专业建设、新生入学、学籍管理、学习支持服务、教学管理、考务管理到毕业审查等各环节的各项工作。目前已形成以质量手册为引领,以管理规定和工作要求为准则,以工作流程为指导,以工作记录为依据的制度保障体系(110多个管理规定、40多个一级工作流程、18个二级工作流程、285项记录表格)。自2007年开始持续开展远程教育质量监督审核,学院每年进行一次质量管理体系内部审核和外部监审,每三年进行一次换证审核,建立并逐步完善了远程教育质量监控体系,为中国石油大学(北京)远程教育的长足发展提供了制度保障。

(二)师资保障及团队建设

中国石油大学(北京)远程教育依托中国石油大学(北京)的雄厚师资力量,充分调动全校各院系教师的积极性,一大批教学经验丰富、知识渊博、科研能力强、在学术领域有较深造诣的教授和副教授直接参与课件建设、授课和辅导,为网络学员提供一流的师资队伍。为保证远程教育的教学质量,还专门聘请石油大学各院系学科带头人做学科顾问,负责指导和参与学科建设,组织起草制订本专业培养计划、教学大纲及实施办法、负责相关专业教学质量的监控和评估。现有远程教育学科顾问、课程主讲教师、辅导教师及论文指导教师共计532人。学院制定了针对各类教师的工作手册,通过面对面沟通、正式会议或非正式讨论等方式对各类教师进行远程教育理念、工作细则要求和远程教学方式方法的指导和培训。同时,我校现代远程教育还通过校外学习中心聘任和管理校外学习中心辅导教师1394人。

中国石油大学(北京)远程教育学院现有专职管理人员62人,研究生及以上学历占到总人数的三分之一;学院在全国设立408个学习中心,校外学习中心管理人员1234人,通过线上、线下多种方式,分阶段、分批次进行定期或不定期的培训和指导,不断加强学习中心工作人员的队伍建设。

经过十多年的锤炼,形成了现今这支教学或管理经验丰富,富有活力和凝聚力的稳定的教师团队和管理者团队,为适应日新月异的远程教育发展需求提供了良好的人力资源保障。

(三)教学资源的建设与共享

中国石油大学(北京)现代远程教育非常重视远程教育课程资源建设,致力于打造一批内容丰富、重点突出、互动性强的网络课件,由学科顾问牵头组成课件制作领导小组,负责指导网络课程建设。我校现代远程教育制定了统一的网络课程资源建设标准,与主讲教师签订了任务书,建立了较为完善的监督和考核机制,并通过多种方式充分调动了教师参与课件制作的积极性,同时不断加大录课投入,建成了多个标准录播室,其中有两个利用虚拟交互技术进行课程录制。截至目前,累计自主建设优质网络课程331门,其中"油层物理""安全文化"等主干课程获得国家网络精品课程奖,另有多门课程在全国或北京市比赛中获奖。

除此之外,中国石油大学(北京)现代远程教育积极参加"MOOC中国""百校千课"计划,加入了资源建设联盟,与全国多所高校有不同程度的合作,在课程资源建设、新技术应用等方面互相借鉴和学习。现代远程教育建设的一批优秀的网络课件,对校内全日制学生开放，有力地推动了校内教学改革。

（四）学习中心及专业建设

根据社会人才需求及石油石化领域的市场调研情况，中国石油大学(北京)现代远程教育结合学校师资资源，从2006年秋季学期最初开设的6个专业逐步增加到13个专业，主要包括石油工程、地质工程、机械设计与自动化、计算机科学与技术、化学工程与工艺、商务英语、市场营销等专业，其中有5个专业可以招专科层次的学生，各个专业均要求学生修满80学分方能毕业。根据市场需求及专业学科特点，定期核查专业培养方案，不断优化和完善教学培养目标与教学计划，有效保证了培养目标的科学和合理性，从而提高人才培养质量。围绕专业建设，我校现代远程教育还组织编写了适用于远程教育的系列教材，受到学习中心及学生的一致好评。根据学科特点，建设模拟实验课程，加强实践环节教学质量。

中国石油大学(北京)现代远程教育在全国(除西藏、香港特别行政区外)设立或依托公共服务体系建立校外学习中心共408个，对62个自建学习中心通过落实学习中心管理规定和开展学习中心培训及评估工作，与学习中心建立起广泛而密切的联系，有效保证了中国石油大学(北京)在全国广大区域健康有序地开展现代远程教育。

（五）教学与教务管理

教学环节及形式主要包括：课件学习、网上导学、自主学习、网上答疑、网上讨论、在线作业、学术讲座等。

加强学生学习过程管理：学生采取以网络课件为主、纸介教材和其他参考资料为辅的自主学习方式。在新生入学之初，安排了新生入学教育，帮助学生了解远程学习的特点和学习方法，熟悉整个教学环节和实施过程，以及如何使用平台获取学院和教师的帮助。在学期开课初，学生在选课后即可看到上传到平台的网络课件。在教师指导下，参照每门课程“课程辅导周历”制订个人学习计划，安排学习进度。通过辅导教师发布的“新学期寄语”及课程大纲，了解课程的特点及本门课程的学习方法。在学期中，学生平时通过教学平台中的答疑版块或发送电子邮件向辅导教师提问，所有问题均在两个工作日内给予答复；组织辅导教师总结课程学习的重点和难点；学期末，录制课程内容串讲，为学生提供更多的系统复习的参考资料。根据学生需求，学期末开通视频交互系统供学生与辅导教师交流或组织集中面授进行课程指导。

学生通过完成在线作业检测自己的学习效果。学生根据规定完成平时的作业并参加课程考核。注重毕业论文管理，在课程学习基本结束后，本科学生方可进入毕业论文环节。申请学士学位者需通过远程或现场的集中答辩，且答辩成绩需良好以上。

（六）考试及考务管理

中国石油大学(北京)现代远程教育为保证教育教学质量，注重加强课程考试管理。课程考试根据课程的不同特点采用不同的考核形式，主要有闭卷考试、开卷考试、网上提交论文等。由学院统一命题，印刷试卷、组织考试及阅卷，由学院派出工作人员巡考。

不断建立健全考试管理要求和严肃考风考纪的各项规章制度，近年来，创新引入实施课程网络考试，不断加强课程网络考试的监控体系，实现了身份识别、人脸识别、动态识别、活体检测等5级防控,确保考务工作有计划、有监督、有检查、有改进,努力做到考试工作组织规范、管理严格、考风严肃、考纪严明,从而促进远程教育教学质量的不断提升。

(七) 网络教学环境和教学平台

与专业技术服务公司合作,共同建设学院现代远程教育平台;实施专业技术公司的服务器托管管理;不断拓展网络带宽,充分满足最大并发量的需求;不断优化并3次升级学院的教育教学管理平台,使现代远程教育教学的软硬件条件能够很好地满足教学教务及管理需求。从学生注册、缴费、选课、作业提交、答疑、互动和考试考查等多方面给予技术支持。

除现代远程教育平台、电子邮件、电话、短信平台等常规媒体形式外,保证了学习质量紧跟信息技术飞速发展的步伐,我校现代远程教育在教学过程中积极应用包括实时视频交互系统、虚拟模拟实验平台、远程教育App、微博、微信等新媒体、新技术、新手段,提供丰富的交流互动途径和高效便捷的信息交流渠道,提高信息的便捷性、及时性,有效地促进了生生交流、师生交流、教师和管理人员的日常沟通和交流。

(八) 学习支持服务

中国石油大学(北京)现代远程教育以学生学习支持服务为重点,为学生提供全方位咨询服务。一是利用各种手段(如咨询专线,电话、QQ群,课程答疑、微信、电子邮箱、名师讲堂等)架设起以学生、学校(学校、学院、管理人员、学习中心)和教师(主讲教师、课程辅导教师、学习中心辅导教师)三方沟通的桥梁,了解不同学生的不同需求,帮助学生解决学习和思想问题。新学期开始,开展新生入学教育和开学导学(网上、网下两种形式),使学生了解远程教育,熟悉远程教育教学模式,了解学校历史、校园文化等;给学生讲解教育部、学校和学院有关文件、规定和制度办法,使学生了解和领会文件精神,更加了解学校;给学生讲解教学平台的使用(包括网络学习方法、网络作业的提交等);指导学生制订适合自己的课程学习计划(每学期可以适当做修改)。在学习过程中,多次指导校外学习中心组织各种培训,使学生顺利进入学习状态。学生在我校网院主页上可以获得很多信息,包括学院通告、校外学习中心通告、名师讲堂、网络教育咨询等,在网上开通了短信平台,保证学生及时准确地获得各种信息;开通了学生服务热线,24小时全天候为学生提供各种(学术性、非学术性)问题的解答与咨询。学习支持服务部分阶段对学生进行了满意度问卷调查和访谈,与个别有问题的学生进行深度交谈和沟通,使学生增强了学习的自信心和兴趣。

(九) 校园文化建设

以石油精神石油文化为引领,加强校园文化建设。通过开展丰富多彩的校园文化活动(包括学生活动和网络活动),丰富学生的生活,陶冶学生的情操,使学生产生归属感和认同感,增强学生顺利完成学业的信心。

校园文化建设以网上活动、网下活动和网上网下活动相结合3种形式进行。网上活动包括网络校园文化建设、评优选先活动和主题教育活动;网下活动包括学生社团建设、爱国主义教育活动、人生观和价值观的培养和开展文体活动;学院还精心录制了校内举办的"双百讲堂""阳光讲坛"等各种名家名人讲座供学生拓展知识。通过开展虚拟和实际的校园文化活动,满足学生的归属认同感,增强师生之间、学生之间的情感交流,为学生创造广阔的活动空间，使学生真正感受到大学的学习和生活，受到大学人文精神的熏陶。

五、现代远程教育试点成果

（一）面向行业，立体多维的人才培养模式

1. 以应用为导向的人才培养目标体系

成人学习的一个重要特点是重问题解决而非知识习得。中国石油大学（北京）远程教育为满足成人学习的需求，面向行业、企业，确立了以应用为导向的人才培养目标。在制定培养方案时，我校充分调研市场需求，利用与石油石化行业联系紧密的优势，聘请既有教学经验，又有实践经验的教师担任教学顾问，制定既符合教学规律，又满足企业需求的培养方案。

2. 以目标为导向的多层次课程体系

中国石油大学（北京）在专业建设上秉承学校石油石化特色，立足行业，发挥优势，设有高起专和专升本两个层次。高起专专业包括油气储运技术、石油工程技术、安全技术与管理、机械制造与自动化、应用化工技术。专升本专业包括英语、财务管理、市场营销、会计学、机械设计制造及其自动化、计算机科学与技术、化学工程与工艺、地质工程、石油工程、油气储运工程、海洋油气工程、安全工程、信息管理与信息系统。其中特色专业 7 个，分别是石油工程、地质工程、化学工程与工艺、安全工程、机械设计制造及其自动化、油气储运工程和海洋油气工程。

根据考核目标的不同，设有公共基础课、专业必修课、专业选修课和公共选修课 4 个层次的课程。公共基础课是通识类课程，是促进学生道德、智力、身心健康和谐发展的基础类课程；专业必修课是专业学习的核心课程；专业选修课是拓展学生专业方向的课程；公共选修课是提升学生人文素养和开阔视野的课程。根据考核目标和课程性质，设置有不同的考核方式。

为实现以应用为导向的人才培养目标，我校远程教育开设有 21 门模拟实验课程，以提升学生的动手操作能力（见图 1），并通过模拟现实实验环境营造浸入式的学习环境（见图 2）。

3. 以个性化服务为特点的“三导”教学模式

“三导”教学模式是以教师、远程教学管理和学习支持服务为保证，以指导、辅导和督导为形式的教学模式。

1）精心指导

入学指导，一步到位。在开学伊始，举行线上和线下相结合的开学典礼，使学生对远程教育教学的模式、学习的特点、要求、每一阶段要完成的任务（学习计划）、学习中遇到问题的解决途径等有初步、全面的认识和了解。

学习辅导，贯穿始终。开学初的“课程辅导周历”使学生对教学辅导进度、课程重点内容一目了然，为学生自主安排学习起到导航作用。“开篇导学”及课程大纲帮助学生了解课程的性质、课程目标、学习要求和方法。每月一次的阶段性导学，帮助学生了解在学习过程中可能会遇到什么问题，重点难点分析、问题说明等帮助学生深入理解和掌握知识。学期末的课程内容串讲，帮助学生厘清问题和疑惑，明晰课程知识结构，归纳知识重点。

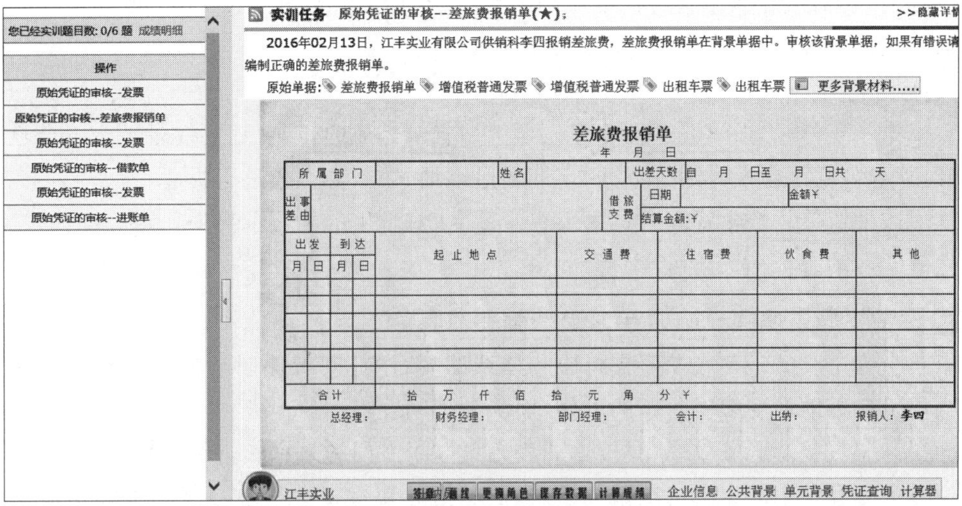

图 1 会计模拟实验

图 2 化学实验与化工仿真实习实验

2) **个性辅导**

由于学生教育背景、学习能力、工作性质等千差万别，个性化学习的需求越来越突出。我校远程教育充分利用各种方式、途径和信息化技术手段，尽量满足学生的个性化学习需求。

集中面授和个别面授。师生面对面交流更能方便深入地帮学生解决问题。学院定期收集学生的面授需求，结合课程性质，不定期地组织集中面授和个别面授。

实时答疑和非实时答疑。利用视频交互系统在师生间，或与学习中心教师进行沟通和交流。对于每门课程，教学管理平台中均开设了师生交互栏目：答疑区和讨论区。课程学习问题由辅导教师在两个工作日内回答，管理、技术等问题由学习支持服务教师及时回答。

为满足学生的个性化需求，我校远程教育充分利用电话、电子邮件、QQ、平台短信、微信等信息化技术手段，保证与学生的沟通顺畅。

3）**有效督导**

重视作业环节，加强学习过程管理。学生如有未完成的作业，只要登录平台就会收到提示，同时管理教师还会及时筛查数据，定期通过电话、短信等方式进行提醒。

学习进度监控。教学管理人员每天登录平台，对学生的学习情况进行跟踪统计，实时掌握学生的学习动态，及时进行提醒。

4. 以学生为中心的一站式学习支持服务体系

以学生为中心的一站式学习支持服务体系即实行“首问责任制”，就是接到咨询的支持服务人员负有帮助学生解决问题的责任，而不是把问题推诿给他人。

为提升学习支持服务效率，我校远程教育设立了专门的学习支持服务部门，采取指派专人对学习中心和学生的定向定点服务模式，及时指导和检查学习中心落实学校工作安排情况、提供满足学生个性化需求的助学和促学服务，对于学生提出的问题，在 24 小时内给予回复和解答；建成了功能强大、交互和谐、智能化、人性化的远程教育教学管理平台，由专门的技术支持团队维护网络教学平台，为网络教学的顺畅运行以及学生顺利学习提供技术支持和保障。

为提升学习支持服务质量，我校远程教育开始采用目标制，即与学习中心共同制定在线考试、作业等的提交率目标，由学习支持服务部门核算实际完成情况，以促进学习中心实施更好的督学促学活动，并根据学习中心的不同分类，及时调整服务人员和方式，对自建学习中心实行完全一站式管理。公服体系则根据具体情况，服务方式又各不相同：知金的管理同自建学习中心；奥鹏为项目经理负责制，具体业务找业务部门联系，整体由项目经理负责；弘成由总部整体负责。校企合作单位在籍人数众多，学生咨询量比较大，设有专人联系，采用总部负责制，所有事务部都由总部负责。

5. 以“引进自建”相结合的多样化的网络教育教学资源体系

通过不断加大投入力度，持续加强网络教育资源建设，建设了多个录播室，依托学校的师资队伍，大力建设网络教学课程资源。按照“名师名课”的建设理念，通过“引进自建”相结合，累计建设了网络课程 331 门。建设了 2 门“来华留学英语授课品牌课程”，4 门精品视频公开课，4 门国家级精品资源共享课；为提高网络学生的实践动手能力，搭建了 21 个虚拟实验平台（见图 3）；积极参加“MOOC 中国”“百校千课”等联盟，共建共享网络课程资源；同时建设面向我校全日制在校生的“网上课堂”平台，为学生提供 19 门免费课程；录制校内系列课程和讲座视频作为网络教育的拓展性学习资源，建设“形势政策教育”等网络课程。大力推进网络课程配套教材建设，组织编写并出版了近 80 种网络教育系列教材，并积极探索相应的电子教材建设方案。

2009 年，“石油地质基础”获得“国家网络精品课程”；2010 年，“油层物理”获得“国家网络精品课程”；2011 年，“现代炼油技术”“全球油气资源分布格局”获得“北京高教学会电化教育研究会‘金烛奖’三等奖”；2012 年，“石油地质基础”“油层物理”获得“国家网络教育精品资源共享课”；2013 年，《安全文化》获得“国家网络教育通识教育精品数字教材”；2015 年，

2018年度学院教学平台模拟实验课程运行信息汇总表					
序号	实验名称	所属专业	适用层次	类型	成绩占比
1	化学实验与化工仿真实习实验	化学工程与工艺	高起专	操作型	90%
2	基础会计实训教学平台	会计学	高起专	操作型	90%
3	营销管理模拟实验	市场营销	高起专	操作型	90%
4	电工电子学模拟实验	安全工程/机械设计制造与工艺/化学工程与工艺	高起专/专升本	操作型	20%
5	数字逻辑模拟实验	计算机科学与技术	高起专	操作型	20%
6	计算机网络原理模拟实验	计算机科学与技术	专升本	操作型	20%
7	工程力学虚拟实验室	安全工程/机械设计制造与工艺/石油工程/土木工程	高起专	演示型	0
8	工程流体力学实验	石油工程	高起专	演示型	0
9	大学物理实验室	石油工程	高起专	演示型	0
10	土力学实验	土木工程	专升本	演示型	0
11	油层物理虚拟实验	石油工程	专升本	演示型	0
12	修井工程3D虚拟实验	石油工程	专升本	演示型	0
13	盆地的形成与演化/石油的形成/石油地质课程实验展示	石油工程	高起专	演示型	0
14	地球物理测井实验	石油工程	专升本	演示型	0
15	地球物理勘探/油气储油开采实验	石油工程	高起专	演示型	0
16	地球物理勘探实验	石油工程	高起专	演示型	0
17	炼油化工实验	化学工程与工艺	高起专	演示型	0
18	油气井工程实验	石油工程	高起专	演示型	0
19	油气田开发实验	石油工程	专升本	演示型	0
20	simmarketing营销模拟实验室	工商管理	高起专	演示型	0
21	油气储运工程模拟实验	石油工程	专升本	演示性	0

图 3　模拟实验课程汇总表

“原油的分类方法”“修井工程”获得“第三届全国微课程优质资源一等奖”;“安全文化”“石油地质基础”“Y 型积分区域上化二重积分为二次积分”获得“第三届全国微课程优质资源二等奖”;“假设检验的思想”“线性方程组的解”Volunteering on Campus“尺寸标注的方法”“主要粘土矿物的晶体构造和特点”获得“第三届全国微课程优质资源三等奖”;2016 年,我校获得北京市教育委员会组织的“北京市高等学校继续教育大学生计算机设计应用竞赛组织奖”;2017 年,《CAD 制图》获得 MOOC 中国联盟 2016—2017 年度组织的优秀教学组织奖;“继续教育优质资源共建共享的探索与实践”获 2017 年北京市高等教育教学成果奖二等奖。2018 年,我校获得北京高等学校继续教育大学生计算机设计应用竞赛“团体组织奖”,我校学生张金龙获得了大赛二等奖的优异成绩。我校教师获得了“优秀指导教师奖”。

6. 以信息化技术为手段多教合一的教育教学平台体系

中国石油大学(北京)远程教育定制了远程教育平台(见图 4)、成人教育平台、非学历教育平台和虚拟实验平台,打造了“四位一体”的网络教育资源平台。依托平台,我校远程教育实现了教育教学和管理的信息化。在实践中,我校不断优化和完善学历教育平台,继续建设和开发非学历教育平台,新上线“网梯云眼”大数据分析系统、改版微信系统等。为方便学生随时、随地学习,我校远程教育还开发了移动学习 App,260 余门课程实现了移动化学习(见图 5)。

图 4 远程教育平台

图 5 移动学习 App

（二）以远程教育服务彰显现代大学基本职能

1. 服务国家战略、行业企业

随着信息技术对教育的改革和发展中的影响愈发深远，以教育信息化全面推动教育现代化是信息时代我国实现教育改革和发展的重要战略决策。《国民经济和社会发展第十三个五年规划》也阐明了未来 5 年以推进“教育现代化”为主线，以“提高教育质量”“促进教育公平”为核心的教育改革和发展之路。中国石油大学（北京）作为一所事关国家能源安全的战略性高校，将落实国家的教育现代化需求与服务国家能源战略有机结合。在开展现代远程教育试点工作的近 20 年来，共培养石油石化专业人才约 14 万人，通用专业人才约 12 万人。为各行各业的在职人员提供了优质的网络学习资源、完善的学习支持服务、丰富的线上线下校园文化生活，使他们有机会获得和享受到优质高等教育。

中国石油大学（北京）现代远程教育开展校企合作的企业有：合肥燃气集团、安徽水安建设集团、武警部队安徽消防总队、中国人民解放军三三零四工厂、江苏绿岩生态技术股份有限公司、上海梅山钢铁股份有限公司、致达控股集团有限公司、昌硕科技（上海）有限公司、承德腾飞集团公司、蒙牛乳业（集团）赤峰分公司、赤峰第一建筑（集团）公司、芜湖格力集团、合肥燃气集团、徽淮南矿业集团、中城建第十二工程局有限公司、西玉龙水利水电工程建设阜阳有限公司、安徽陆军预备役步兵师、合肥辉远环保科技有限公司、易第优（北京）教育咨询股份有限公司、承德为栋教育集团、北京优思安科技术有限公司、北京网梯科技发展有限公司、霍尔果斯悟空财税管理服务有限公司、北京中教凯嘉教育科技有限公司、陕西洋县志建药业科技有限公司、深圳市派学教育培训有限公司、广东方胜人力资源服务有限公司、广东嘉晟教育投资有限公司、延长石油集团化工建设股份有限公司、陕煤集团、中煤北京煤矿机械有限责任公司、中国石油渤海钻探公司等。

在跟企业合作的过程中，我校根据企业需求，及时调整培养方案，采取线上学历教育和线下非学历培训相结合的方式。如我校与中国石油渤海钻探公司合作，开设了石油工程专业技术培训班，此培训班学员通过两种方式学习，线上通过网络课程学习，掌握基础的专业知识，解决了工学矛盾，满足了学历需求，线下通过有针对性的集中深入的培训，帮助学员解决工作中面临的问题，满足了学员进一步提升的需求。

2. 服务民族地区、特殊人群

20 年来，中国石油大学（北京）现代远程教育共自建学习中心 60 余个，其中宁夏、新疆、内蒙古、广西、贵州、海南等少数民族聚居地区学习中心 20 余个，占总自建学习中心的三分之一。与奥鹏、知金、弘成三大公共服务体系合作建立学习中心 346 个，位于西部地区和少数民族聚居地区的公共服务体系学习中心约占总数的四分之一，形成了较好的辐射效应。特别是中国石油大学（北京）建立新疆克拉玛依校区以来，为进一步服务国家“一带一路”倡议战略提供了依托和抓手，学校现代远程教育与克拉玛依当地石油石化企业及高职高专院校进一步合作，如克拉玛依职业技术学院、中泰集团等，为西部地区和民族地区的学历继续教育和终身教育体系构建做出了积极努力。

3. 服务特殊人群，彰显社会责任

除服务民族地区、行业企业的在职人员外，中国石油大学（北京）现代远程教育 2012 年至 2018 年，连续 6 年面向广州和上海的外来务工人员开展“圆梦计划”和“梦想计划”，通过远程学习，农民工们不仅提高了专业知识、技能和学历水平，获得了更大的发展空间，而且通

过和当地教师、同学的沟通联系，也增强了对城市的归属感，扩展了人脉。另外，在中国石油大学（北京）现代远程教育的学员中，还有一批来自部队和消防队的特殊学生。通过在服役期间的学习，这些战士们为将来退役后的工作打下了良好的专业和学历基础。除此之外，中国石油大学（北京）现代远程教育学员中还有跨越大洋的海外学生，如中油苏丹国际炼油有限公司长期驻苏丹学员（20 余人）、华油油气海外学员（10 余人）和长期定居日本的学员等。

对于这些特殊学员，学院派专人进行跟踪服务，全程协助解决其在学习中遇到的问题，使他们能够充分感受到学校的关怀和关注。

4. 推进教育公平，倡导终身学习

受教育范围上的整体性、受教育对象上的普遍性、教育内容和教育方法上的丰富性、多样性是终身教育的主要特征，这也是教育公平的集中体现。正如宋代教育家朱熹所说："无一人不学，无一时不学，无一物不学"，可以说，现代远程教育的试点使之跨越了时间、空间和教育资源不均衡的局限，使终身学习和教育公平成为可能。

（三）优质的管理服务，获得社会认可

中国石油大学（北京）远程教育获得了社会各界、用人单位和学习者的广泛好评。

2011 年和 2013 年，学院两次获得由《中国远程教育杂志社》组织、面向社会网上投票评选的"十大热门远程教育试点高校网院"称号；2012 年、2013 年和 2015 年 3 次获得由中国互联网新闻中心（中国网）组织评选的"最具公众满意度网络学院"称号；远程教育"石油地质基础"课程和石油工程专业教学团队获得了"2013 年北京高等学校继续教育优秀教学团队"，其中"石油地质基础"课程教学团队被评为重点建设教学团队；2016 年，我校获得由中教全媒体组织评选的"中国最具社会影响力高校网络教育学院"，并获得由《中国远程教育杂志社》组织评选的"终身教育特别贡献奖"；2017 年，我校获得由中教全媒体组织评选的"中国最具社会影响力高校网络教育学院"；"面向行业办有学科特色的继续教育"荣获"2018 中国高校继续教育优秀成果及特色案例奖"，并入选"2018 中国高校继续教育优秀成果及特色案例集"；"课程网络考试——高校网络教育课程考试改革的探索与实践"荣获"2018 中国高校远程与继续教育优秀案例奖"，并入选"中国高校远程与继续教育优秀案例库"；2018 年，我校获得由中教全媒体组织评选的"中国最具社会影响力高校网络与继续教育学院"（见图 6）。

图 6　我校获得"2018 中国最具社会影响力高校网络与继续教育学院"

六、锐意改革，开拓进取，探索现代远程教育的未来之路

(一)锐意改革，推动远程教育可持续发展

中国石油大学(北京)远程教育从2014年起招生数量持续下滑，学院领导班子在对市场进行调研的基础上，着手对远程教育的招生、教学、考务、学籍、学生服务等各环节锐意改革。例如，简化入学程序，由7个步骤简化为4个步骤；实行网上缴费，方便学生交费，避免学习中心欠费；加大过程性考核，平时作业120题占课程总成绩的40%；合作开发人脸识别动态监测下的网络考试系统，有效防范替考等作弊行为；明确论文及格线要求，引入论文查重系统，对学位论文进行查重，不达要求的论文不予答辩等。这些改革措施的全面落实，为学院发展注入了新的活力。

(二)开拓进取，寻找新的发展方向

在远程教育招生形势尚好的情况下，学院领导未雨绸缪，积极谋求新的发展方向。

1. 远程教育逐步由学历向非学历转型

逐步压缩学历继续教育招生规模，加大非学历课程资源和平台建设。结合石油石化行业特色，大力开展技能类培训，服务行业，服务社会。

2. 远程学历继续教育办学层次逐步升级

学历继续教育逐步转向大学后教育，大力压缩专科招生规模，计划逐步取消专科层次网络教育。配合学校进行硕士网络课程资源和平台建设，协助学校开展非全日制硕士网络教育。

3. 将“同校同质”作为提升远程教育质量的追求目标

随着我国高等教育的普及，大学后远程继续教育生源质量的大幅提高，远程教育质量实现“同校同质”成为可能。今后将完全按照全日制本科教育的要求建设网络课程资源，并逐步与全日制在校生课程考核要求趋同，规范管理提升质量，最终实现“同校同质”。

4. 探索国际合作教育，推进远程教育国际化

中国石油大学(北京)远程教育将逐步与国外高校建立合作关系，开展国际合作教育。借助先进的网络教育，引进国外高校的教育理念、教学模式和课程资源，使中国学生不出国也可以学习国外高校的优质课程，获得学分，甚至是学历和学位。同样，也可以通过网络教育，把我校的高等教育向一带一路国家延伸。

中国地质大学（北京）现代远程教育试点工作总结

为深入学习贯彻习近平新时代中国特色社会主义思想和党的十九大精神，高质量推进《国家中长期教育改革和发展规划纲要（2010—2020 年）》和《教育信息化 2.0 行动计划》等纲领性文件的落实，全面总结我校开展“现代远程教育工程”试点工作以来的经验和成就，更好地推动现代远程教育工作迈上新台阶，按照《关于开展“现代远程教育工程”实施二十周年试点工作总结的通知》（协作组函〔2018〕30 号）要求，结合我校开展现代远程教育试点工作实际，现将相关情况总结如下。

一、工作基础

中国地质大学（北京）是我国首批试办研究生院的 33 所高校之一，并首批进入“211 工程”和“985”优势学科创新平台建设行列，是教育部直属、自然资源部（原国土资源部）共建的全国重点大学。2017 年，学校入选一流学科建设高校，地质学、地质资源与地质工程两个学科入围“双一流”建设学科名单。建校 60 多年来，学校始终坚持“艰苦朴素、求真务实”的优良传统，始终坚持地质、资源、环境、地学工程技术为主的办学特色，始终以促进人类与地球的和谐协调发展为己任，传统优势学科不断加强，同时围绕资源能源保障、地灾防治及基础地学前沿课题不断拓展新领域，成为我国高层次地学人才培养和科技创新的重要基地。

中国地质大学（北京）自 2008 年教育部批准独立开展现代远程教育试点工作以来，始终以学校的学科和专业背景为依托，不断调整和优化管理队伍并整合优质的教育教学资源发展现代远程教育，逐步形成了行业特色鲜明的现代远程教育办学体系。我校于 2009 年成立了继续教育学院，作为我校现代远程教育、成人高等教育和非学历培训等各类继续教育工作的归口实施部门与二级教学单位，形成了由校党委、校行政统一领导，由主管副校长主持工作，由继续教育工作领导小组决策和把握发展方向，由继续教育学院具体落实的继续教育分级管理和运行机制，为我校现代远程教育工作的开展奠定了良好的组织基础。

二、现代远程教育试点工作实施情况

（一）明确办学方向与办学定位，彰显行业特色

中国地质大学（北京）开展现代远程教育试点工作以来，始终全面贯彻党的教育方针，坚持社会主义办学方向，不断落实和强化办学主体责任，以立德树人为根本，秉承“艰苦朴素、求真务实”校训，坚持“特色加精品”办学理念，把现代远程教育办学作为学校人才培养工作的重要组成部分，不断拓展其服务行业和地方社会经济发展的功能，按照“内涵发展、提高质量、延伸服务”的指导思想和“稳定规模、优化结构、规范管理、提高质量”的发展思路，充分

发挥我校在地质、资源、环境、工程技术、安全工程、土地科学等学科的优势,积极整合教育教学资源,不断提升教学质量与管理水平,为社会培育高质量的应用型专业人才。

(二) 加强党的领导,坚持立德树人

加强党的领导,充分发挥党组织的政治核心作用,坚持党政共同负责制和党政联席会议制度,提高认识,规范办学,促进继续教育高质量发展。坚持全面从严治党,加强继续教育学院班子和队伍建设,严格党内政治生活,保障和推动学院健康有序发展。

坚持把立德树人作为继续教育办学的根本任务,不断加强学生思想政治教育。开设思想道德修养及法律基础、中国近现代史纲要、马克思主义基本原理、毛泽东思想和中国特色社会主义理论体系概论作为学生必修课;加强班主任队伍建设,以学生为本,开展"爱心、耐心、信心"的"三心"工程;通过主旋律教育,增加学生爱国主义思想;组织学生回学校,增强母校荣誉感;注重典型引导,发挥榜样的示范作用;利用网络新媒体平台,充分发挥网络教育的积极作用,引导学生沿着正确的思想政治方向发展,为国家培养合格的社会主义建设者和接班人。

(三) 以管理体制优化为基础,扎实推进管理与运行

中国地质大学(北京)继续教育学院作为现代远程教育试点工作的具体实施单位,自成立以来就根据办学需要不断地进行体制机制的优化与完善,经过近十年的发展与努力,已经形成了良好的办学体系和专业化的管理队伍。目前继续教育学院下设党政办公室、招生办公室、教学管理部、学生管理部、资源技术部、发展研究部、直属学习中心和非学历培训等10个部门,对整个继续教育工作实施精细化管理。

(四) 管理制度不断健全,逐步实现规范化管理

中国地质大学(北京)坚持以完善管理制度作为促进现代远程教育工作规范发展的重要手段,先后出台了《学历继续教育合作办学暂行管理办法》《现代远程教育校外学习中心管理办法》等管理文件,并按照办学流程和管理节点编订了《现代远程教育工作手册》等制度和规范汇编,明确了现代远程教育的各个办学环节的实施细则,使继续教育的各项工作都能有章可循,全面实现了制度化管理。同时,继续教育学院在财务、资产、人事、档案等方面严格执行学校统一的规章制度,有力保证了我校办学主体责任的落实。

(五) 遵循教育规律,优化专业设置,人才培养质量不断提升

中国地质大学(北京)现代远程教育专业设置以《高等学历继续教育专业设置管理办法》为依据,根据学校自身办学优势,聚焦主业,科学定位,设立了以资源勘查工程、土木工程、安全工程、宝玉石材料与工艺学等为代表的16个现代远程教育特色专业。在人才培养方面,紧紧围绕教育教学规律、当前社会发展需要和继续教育人才培养定位,结合我校学科专业优势,采用"公共基础课+专业基础课及专业主干课+选修课+实践必修课"的分段组合方式,在教学组织上注重突出个性化需求,增加了实践教学内容,并针对现代远程教育教学特点及专业发展趋势,适时修订教学计划和教学大纲。这种特色鲜明、定位明确的人才培养模式,提高了学生的实践能力、职业素养和创新精神,促进了学生的知识、能力、素质协调发展,提

升了人才培养的质量。

(六) 重视师资队伍建设,不断提升资源建设水平

中国地质大学(北京)非常重视现代远程教育师资队伍的建设与管理,目前聘任教师265人(包括本校教师113人),具有高级职称的教师占72.6%,担任在线课程资源建设及远程辅导工作。我校安全工程教学团队荣获"2013年北京高等学校继续教育优秀教学团队"称号,使我校继续教育的师资水平及教学质量进一步提升。

资源建设方面,学院根据办学需要建设了机房和专业的课件制作系统,拥有服务器、交换机等相关设备约30台,接入1G带宽网络,建有功能完善的在线教育综合平台,包括教务系统、教学平台、在线考试系统、招生系统,同时建有内部办公系统等,满足远程教育各环节的应用需要。课件方面,学院目前建设有258门数字化课程,包括慕课、微课等多种形式,实现了基于线上的多种教学模式。同时,教学平台开发了移动端,可支持Android与iOS移动端学习,学员可随时随地学习,充分满足了成人学员碎片化的学习需求,极大地提升了教学效果。截至目前,学院首页访问量已达4200多万人次,在线教育综合平台访问量累计达上千万人次,依托功能强大的教学平台及优质的教学资源,使全国各地数以万计的学生实现了自身发展。

(七) 稳定发展规模,保证生源质量

中国地质大学(北京)根据自身的办学条件对现代远程教育的招生规模进行合理、规范化布局与控制,严把质量关,保证生源和培养质量。在招生管理上,我校实行"强化主体责任,规范招生管理"的总体思路,将保证质量作为首要任务和工作核心。在管理体制上,学校是继续教育办学的主体,继续教育学院院长是招生工作的第一责任人,负责对招生工作质量的总体把控。我校根据相关政策和规定制定了严格的招生工作制度和流程,发布招生警示,定期对学院负责招生工作的人员以及学习中心的招生工作人员进行工作培训,熟悉掌握招生的工作制度以及具体工作流程。

(八) 加强引导和监督,规范学习中心管理

以教育部和各地教育主管部门关于校外站点设立的相关政策和要求为基础,建立并完善校外站点管理约束机制,形成校外站点依法设立、规范运行、淘汰退出等相应的标准和制度,并从队伍建设、办学投入、招生、教学管理、学生管理、支持服务等环节加强学校对校外站点的监督管理力度,及时发现并纠正校外站点办学过程中存在的问题,打造一批管理规范、服务到位、师资配套、保障有力的校外站点;通过每年的学习中心评估检查、考试巡考、业务培训、报告统计等各种工作环节对校外学习中心的运行和服务情况进行实时的监控;对于校外学习中心在运行过程出现的点外设点、中介招生、违规收费、虚假承诺和宣传等现象采取零容忍的态度,一旦发现,都予以坚决取缔,并根据违规情节对相应站点采取警告、限制招生、停招整改和撤销站点等处理,形成了及时发现问题、果断处理问题、杜绝出现问题的良性发展局面。

(九) 加强教学实施,严肃考风考纪

中国地质大学(北京)继续教育学院紧紧围绕专业培养目标和人才培养定位,不断完善教学基本建设,建设了完整的现代远程教育培养方案及课程大纲,作为有序开展教学的有力保证。同时,我校继续教育学院非常重视教材等配套资源的建设,积极支持和组织教师编写适合现代远程教育学生需求的教材和实践教学指导教材。为了提升人才培养质量,我校还在以下方面进行了不懈的努力:加强师资建设,提高教师队伍整体水平;加强在线课程的试题库建设,作为远程教育在线考试及形成性考核的前提保障;认真执行教学计划,狠抓落实教学环节,改革教学模式,充分利用网络教学平台,采取线上与线下相结合、自学与辅导相结合、理论与实践相结合的混合式教学模式;改革考试方式,加强形成性考核,引导学生重视学习过程,重点测试学生分析问题和解决问题的能力;完善学习支持服务,定期跟踪辅导教师工作质量,为学生提供人性化及个性化服务,不断提高我校继续教育教学质量。

在考务管理方面,中国地质大学(北京)注重严肃考风考纪,不断加强考试管理,采取的主要措施有:所有类型的考试都成立考试领导小组,考前召开考务工作会,对考试考务工作进行部署;严格执行监考及巡考制度;严肃考风考纪,加大考试违规惩处力度;试卷命题规范化,通过适当组织题量、难度及覆盖面帮助学生全面掌握知识;试卷的印刷、分装及运输由专人负责,保证严密性,杜绝泄题及舞弊现象;采取云阅卷方式进行试卷评阅,由系统核算卷面总成绩,大大提高了阅卷的严谨性和准确性。

(十) 监控体系不断完善,教育质量稳步提高

中国地质大学(北京)始终把教育质量看作现代远程教育办学的生命线,将规范管理和保证质量作为现代远程教育办学的核心,建立了较完善的质量标准和监控体系。在招生管理上,实行强化主体责任,细化管理过程等措施规范和加强招生工作的质量监管。在教学管理中,实行教学督导、定期检查、随时监控等工作制度保证教学质量的落实。在考试管理中,严肃考纪,不断加强组考工作各环节的监督力度,严格执行考试违规惩处制度,保证考务工作的严谨性。另外,继续教育学院对毕业论文工作进行全过程把控,以保障毕设环节的工作质量;在学院主页设置网上咨询通道,由各部门安排专人负责解答,保证与学生及时沟通;在教学平台上成立学习社区,开辟微信公众号等信息媒体,加入学生自建的即时通信软件群组,及时收集学生的意见、建议及咨询;在学位管理中,积极配合学校完成加强保证学位授予质量的制度建设,保证学位授予的质量,坚决防止和杜绝学位作假等行为。

三、现代远程教育试点成绩和特色

中国地质大学(北京)现代远程教育在校党委、校行政的领导下,结合国家战略需求,结合行业发展规划,运用现代信息技术,不断拓宽办学思路,始终以特色和优势专业为基础,以服务行业、服务地方、服务社会为根本目标,实现了稳定发展,主要工作可以概括为“广”“深”“细”“精”4方面内容。

（一）广：整合资源，加强共享，构建行业教育服务网络

为了更好地面向国土和地勘行业办学，深入地勘单位基层了解从业人员的教育需求，我校继续教育学院充分利用在行业系统内的学科优势，在深化与地勘单位合作方面进行了不懈的尝试与探索。学校和学院与全国多个省市的地勘单位进行了深入的交流与合作，对如何开展地勘行业从业人员继续教育工作进行了大量的调研，对甘肃、宁夏、江西、河北、河南、内蒙古、云南、山西、新疆等省（市、自治区）的地勘单位进行了重点走访，全面了解地勘单位从业人员的继续教育需求情况。在此基础上，学院针对不同省份的具体情况，全面落实学校产、学、研基地建设总体规划，依托甘肃省地矿局职工学校、云南国土资源职业学院、内蒙古工程学校、江西地矿培训中心、山西国土资源学校等系统内院校开展合作，在甘肃、江西、河北、云南、内蒙古等省份建立了学习中心，深入地勘单位一线开展现代远程教育工作。

（二）深：发挥优势，深度合作，打造行业教育综合平台

国土资源行业一直以来都是国家发展工业、国防等相关行业的重要环节，作为保障国家经济发展和现代化建设的基础性行业，相关地质及工程技术人员的培养与深造成为全面推进资源战略的重要环节。因此，我校积极响应国家号召，充分发挥在地质、环境等方面的学科优势，与自然资源部（原国土资源部）、各省（市）行业主管部门开展了深入的沟通与合作，面向全国地质、资源、土地和能源等行业从业人员开展了包括现代远程教育、成人高等教育和非学历培训等全面的继续教育工作。我校在从事国土地勘行业人员继续教育工作中，深入分析行业发展与从业人员需求，全面整合学校及社会教育资源，积极完成课程体系、教材、师资队伍建设，形成了线上线下多种教育形式相融合，覆盖非专业人员知识普及、专业技术人员技能提升、管理人员能力拓展等方面的多形式、多层次继续教育体系，完善了资源建设、平台建设等全方位的教育服务系统，实现了集信息发布、在线交流、网络学习、面授预约等功能于一体，可以覆盖现代远程教育等各种学习类型的综合性教学服务平台。

（三）细：立足需求，以人为本，细化继续教育课程体系

根据地勘行业的专业特点，专业技术人员的学习需求不仅是对地质学等理论方面的学习，而且教学内容需要突出野外实践、设备操作、数据分析等具体环节，教学资源的建设具有一定的复杂性。为了满足学生的学习需求，提高教学质量，提升学校继续教育的教学水平，我校继续教育学院除了依托学校的师资资源外，还在相关院校、科研院所、生产单位聘请拥有丰富教学及实际工作经验的专家、教授，共同推进教学资源建设工作，针对不同专业的学习要求，针对成人教育、现代远程教学、非学历培训等不同教学形式的对象和教学特点，设计了业余生面授课程、网络教学课件、培训课程等一系列教学资源，形成了涵盖300余名教师、350余门学历课程、160余门培训课程的师资库、课程库资源，从理论到实践，从基础到前沿技术，满足不同层次人员的继续教育需求。

（四）精：紧扣发展，有效延伸，完善精英教育课程架构

中国地质大学（北京）在不断建设和完善继续教育教学资源，面向行业开展各类继续教育工作的同时，对国土资源行业高端管理人才的执业能力、管理水平提升等方面进行了不懈

的研究与探索,在充分挖掘校内师资的基础上,聘请业内专家和资深管理人员精心设计了面向国土资源行业管理人员的精英教育课程系列,内容涵盖国内外矿业发展情况、矿业投资、法律法规、矿业企业管理、人力资源管理、矿权管理、矿产品市场等多个模块,全面促进继续教育工作的深入推进和行业高端管理人才的培养。

四、发展思路与重点举措

中国地质大学(北京)坚持以习近平新时代中国特色社会主义思想为指导,贯彻落实十九大关于“办好继续教育,加快建设学习型社会,大力提高国民素质”总体要求,按照“内涵发展、提高质量、延伸服务”的指导思想和“稳定规模、优化结构、规范管理、提高质量”的发展思路,坚持稳中求进的工作总基调,努力探索与我校建设世界一流学科大学相适应的现代远程教育办学体系。

(一)提高认识,适应要求

全面贯彻落实党的十九大精神和全国教育大会精神,着眼于统筹推进“五位一体”的总体布局和协调推进“四个全面”的战略布局,加强党的领导,坚持社会主义办学方向。坚持立德树人,把人才培养的质量和效果作为检验一切工作的新要求,真正做到回归常识、回归本分、回归初心、回归梦想;坚持紧跟国家关于继续教育的改革发展步伐,积极贯彻落实各项新要求、新举措。

(二)转变方式,内涵发展

坚持以提升教学质量和培养应用型专业人才为出发点,以信息化技术和优质教育教学资源为基础,积极探索各种教育形式在人才培养过程中的优势与不足,逐步淘汰落后的继续教育形式,发展以在线教育与传统教育相融合、理论教育与实践教学相融合、学历教育与非学历教育相融合的继续教育模式,建立有效的应用型人才培养机制。

(三)创新驱动,提高质量

以质量第一为价值导向,真正形成学校重视质量、学院追求质量、教师崇尚质量、员工关心质量的良好氛围;以立德树人为根本目的,促进质量发展成果共享,融入学习型社会供给体系;以办学学院为质量提升主体,加强全面质量管理,推广应用先进质量管理方法,提高全员全过程全方位质量控制水平;以创新为根本途径,积极引导推动各种创新要素向教学和学习支持服务的供给端集聚,提升质量创新能力,以新技术、新模式,改造、提升办学质量和发展水平。

(四)改革供给,延伸服务

贯彻落实《高等学历继续教育专业设置管理办法》,2018 年招生专业进行调整,同比本科专业减少 20%,专科专业减少 60%,聚焦主业办好优势特色专业;优化课程体系,促进融媒体教材建设;优化校外学习中心,建立服务标准;主动推进现代远程教育资源和管理模式向函授教育延伸,积极引导现代远程教育办学模式、服务模式向非学历教育延伸,探索现代远程教育服务于“一带一路”国家发展倡议。

（五）组织领导，完善机制

中国地质大学（北京）将现代远程教育纳入办学总体规划。建立职能部门、学院协调推进机制，解决办学过程中遇到的困难和问题，消除阻碍发展的体制机制和政策障碍。加强基础设施建设、信息化建设、数字化学习资源和教师队伍建设等，营造良好的制度环境，在教职工编制、职称评聘、干部提拔，保障教育教学和管理需求，在薪酬福利、绩效奖励，试点推进。研究制定办学基础能力和质量保障评估指标体系，强化评估与监督。

现代远程教育工程试点工作既是中国地质大学（北京）深入发展继续教育的历史契机，也为我校全面整合教育教学资源开展行业教育服务创造了条件，对我校继续教育的发展起到了深远的影响。我校将严格按照教育部的要求，继续推进现代远程教育工作健康稳定发展，为国家建设和社会经济发展贡献力量。

奥鹏教育现代远程教育试点工作总结

远程教育公共服务体系是21世纪我国现代远程教育发展过程中出现的新生事物。它是在教育部直接领导和支持下，为适应远程教育多元化的快速发展、国家教育信息化发展战略、现代教育服务业的发展和终身教育体系与学习型社会建设的需要，在我国远程教育领域所进行的一项重要的实践创新。

1999年，教育部“面向21世纪教育振兴行动计划”经国务院批转正式发布，提出实施“现代远程教育工程”，首先批准了清华大学、浙江大学、湖南大学、北京邮电大学4所高校开展现代远程教育试点。到2005年，试点高校达68所，在校生约82万，已呈现多元化、快速发展态势，高校校外教学支持服务和教育质量保证等面临挑战。鉴于我国地域辽阔、人口众多、教育经费总体匮乏的国情，高校依托社会力量建立的学习中心，暴露了一些矛盾和问题，给主办学校监管带来很大困难和很高的成本，更影响办学主体集中精力抓课程资源建设和教学过程。为了解决这些问题，推动网络教育健康、快速发展，教育部于2001年12月批准“现代远程教育校外教学支持服务体系”项目研究和试点工作，依托广播电视大学系统的国家教育资源，发挥其在地域覆盖、网络教育基础设施、人员队伍和开放教育办学服务经验等方面的系统优势，探索我国现代远程教育校外教学支持服务体系的服务模式、管理体制和运行机制。在试点基础上，2005年3月教育部办公厅印发《教育部办公厅关于同意建设“中央广播电视大学现代远程教育公共服务体系”的批复》，同意依托全国电大系统建设“中央广播电视大学现代远程教育公共服务体系”。

奥鹏远程教育中心(简称“奥鹏中心”)是中央电大报经教育部批准成立的专设机构，具体负责公共服务体系的建设、管理和运行。目前，奥鹏中心在全国范围建成了由1800余家学习中心组成的，按统一管理制度、运作流程和服务标准运行的一体化的服务系统；搭建了适应各类社会成员参与学历和非学历继续教育学习的公共服务支撑平台；整合、吸纳了近40TB的各级各类社会资源，形成了深入学习者身边、基于网络的“一站式”服务模式；引入了企业管理方式，初步建成一支近万人的专业化服务队伍；探索了公共服务体系在全民学习、终身学习的学习型社会建设中可能发挥的作用。

公共服务体系的建设与发展，不仅拓展了我国远程教育和继续教育的发展模式，影响了我国远程教育的发展格局，而且在促进资源共享、探索学历与非学历沟通、学分互认与转换的实践方面发挥着独特的作用，所取得的经验和成果已得到社会各方的认可与赞誉。实践证明，公共服务体系是国家实施现代远程教育工程的战略选择，其重要价值在于教育服务模式、资源配置和开发共享模式的创新，同时可以发挥遍布全国的支持服务体系的优势以及远程学历或非学历教育服务的基础，为我国学习型社会建设服务。公共服务体系协助试点高校开展网络教育，对规范管理起到了重要作用，对新形势下如何搭建一个终身学习的公共平台做了有深远意义的尝试。**以中央电大公共服务体系十多年实践为基础总结提炼的教学成果“现代远程教育公共服务体系的构建与实践”获2014年国家级教学成果奖二等奖，标志着公共服务体系作为高校远程教育服务的全新模式已经逐渐得到社会认可，成为我国远程教育发展格局中的一支中坚力量。**

经过十几年的发展，奥鹏中心的业务范围从最初单一的网络学历教育服务，扩展到职业教育、教师教育等领域，业务内容从原有的承接合作高校网院委托的网络教育非学术性支持服务到专业共建、资源共建共享、学分互认等更深层次的支持服务。发展至今，公共服务体系的生态环境发生了很大改变。国家教育的宏观指导思想及政策形势发生了变化，各类远程与继续教育有了新的发展，现代服务业得到快速成长，在线教育蓬勃兴起，信息技术发展迅速并在各类教育中有了更深入的应用。同时，公共服务体系自身的建设也进入新的阶段。

“公平而有质量的教育”是党中央对教育事业提出的新要求，也是中国教育砥砺前行的新坐标。党的十九大提出了“办好学前教育、特殊教育和网络教育”“完善职业教育和培训体系，深化产教融合、校企合作”“支持和规范社会力量兴办教育”“办好继续教育，加快建设学习型社会，大力提高国民素质”等新任务。新时期教育发展任务不仅为公共服务体系的发展提供了新的空间，也对公共服务体系提出了新的要求。在内外环境的多重变化影响下，公共服务体系需要探索新的定位、内涵和发展优势。为适配新时期发展需求，奥鹏中心以提升质量为行动纲领，积极推进公共服务体系的战略转型，为社会提供有价值的继续教育过程支持服务，助力合作高校继续教育成为高品质教育，为学习者提供继续教育的“金文凭”；以优质资源和服务为基础，以移动学习为差异化服务优势，以大数据应用为支撑，助力教师成长，打造教师生态圈；整合国际优质资源，打造德国标准的职业教育新生态；以培养企业实用性人才为己任，打造从人才培养到技术输出全产业链，做活 IT 从业人员生态圈；主动服务国家战略发展需要，提升为终身教育体系和学习型社会建设服务的实力以及应对教育市场变化的能力，探索公共服务体系的新发展。

一、建设背景

早在 20 世纪末，在国务院转发《面向 21 世纪教育振兴行动计划》中的“现代远程教育工程”启动初期，教育部领导就提出依托广播电视大学建设远程教育公共服务体系的构想与要求。1999 年 8 月，教育部有关部门转发中央广播电视大学《关于广播电视大学贯彻落实〈面向 21 世纪教育振兴行动计划〉的意见》明确提出，“广播电视大学在我国现代远程教育体系中承担的主要任务，除举办现代远程高等专科、本科教育和中等专业教育，举办岗位培训、继续教育等各种非学历教育外，还要为普通高校以及其他教育机构开展现代远程教育提供教育资源、教学管理和学习支持服务”。同年 10 月，时任教育部长陈至立在中央电大 20 周年校庆大会上明确指出，“要改革、完善和发展广播电视大学教育教学系统，更好地发挥广播电视大学在教育资源优化配置等方面的优势，努力实现与其他各级各类教育的资源共享和协调发展，包括要为普通高校以及其他教育机构开展现代远程教育提供教育资源、教学管理和学习支持服务”。可见，电大承担“办学和服务”双重任务，“依托电大建设远程教育公共服务体系为普通高校开展远程教育服务”，这是教育部领导对电大提出的由来已久的要求，也是适应我国远程教育未来发展需要的一种重要决策。

1999 年 3 月，教育部发文批准清华大学、浙江大学、湖南大学、北京邮电大学 4 所高校开展现代远程教育（网络教育）试点。到 2005 年，试点高校达 68 所，在校生约 82 万，已呈现多元化、快速发展态势，高校校外教学支持服务和教育质量保证等面临挑战。鉴于我国地域辽阔、人口众多、教育经费总体匮乏的国情，高校依托社会力量建立的学习中心，暴露了一些矛盾和问题，给主办学校监管带来很大困难和很高的成本，更影响办学主体集中精力抓课程资源建设和教学过程。从国家层面看，各校自建学习中心不仅造成重复建设和资源浪费，而且难以形成集约高效的、信息技术支撑水平高的、具有统一标准和规范的现代远程教育校外教学支持服务体系。因此，充分利用现代信息技术和国家已有的远程教育资源，构建一个为众多开展远程教育的学校和学习者，提供校外教学支持服务的公共服务体系的需求应运而生。针对网络教育发展的态势和出现的问题，教育部多次组织专家充分论证了建设远程教育公共服务体系的必要性和紧迫性，深入分析了广播电视大学远程教育发展的经验和优势，进一步研究了主要依托电大系统这一国家资源建设远程教育公共服务体系的可行性。经过充分的酝酿和论证，教育部及时提出了依托电大建设与发展远程教育公共服务体系的意见。广播电视大学系统经过几十年的建设和发展，形成了由中央电大、省级电大、地市电大分校和县级电大工作站组成的遍布全国城乡的远程开放教育网络及教学管理体系，积累了比较丰富的远程教育教学管理和支持服务的经验。依托广播电视大学系统建设中央电大公共服务体系，有利于发挥广播电视大学的系统优势，进一步拓展广播电视大学的教学支持服务功能；有利于降低高等学校远程教育办学成本，规范远程教育管理，促进全国远程教育资源的优化配置、共享和综合利用，更好地为构建我国终身教育体系和学习型社会服务。

2001 年 12 月，教育部批准"中央广播电视大学现代远程教育校外教学支持服务体系建设试点项目"立项(教高司函〔2001〕268 号)。中央电大公共服务体系开始建设基层学习中心、开发公共服务平台、与试点网院合作、承担课程考试服务等工作。2003 年 3 月，经教育部批准，中央电大成立专设机构——奥鹏远程教育中心，具体负责公共服务体系的建设、管理和运行。"现代远程教育校外教学支持服务体系"经过 3 年试点，在公共支持服务的内涵、支撑平台建设、服务模式、管理体制和运行机制等方面试点取得阶段性成果，并于 2005 年通过教育部组织的专家组的验收。从此，我国第一个面向全国的现代远程教育公共服务体系正式进入全面运作阶段。

二、主要工作与进展

根据《教育部办公厅关于建设中央广播电视大学现代远程教育公共服务体系的通知》(教高厅〔2005〕2 号)，中央电大公共服务体系的任务是为高等学校现代远程教育提供校外教学支持服务，同时也可为教育行政部门、办学机构提供专项的现代远程教育教学支持服务。试点工作开展以来，经过多年的运营与发展，奥鹏中心在公共服务体系建设、服务模式创建、体制和机制改革以及开拓社会化服务的新领域等方面积累了较丰富的经验，服务范围从学历教育拓展到非学历教育，服务水平和服务范围不断提高。以中央电大公共服务体系十多年实践为基础总结提炼的教学成果"现代远程教育公共服务体系的构建与实践"获 2014 年国家级教学成果奖二等奖。奖项的获得标志着公共服务体系作为高校远程教育服务的全新模式已经逐渐得到社会认可，成为我国远程教育发展格局中的一支中坚力量。

(一) 建设公共服务体系，协助试点高校开展网络教育

奥鹏中心是中央电大具体负责公共服务体系建设、管理、运行的专设机构，实行企业化管理，运用市场机制整合各类教育资源，引入 ISO 9001 质量管理体系，并通过了权威部门认

证;依托广播电视大学系统几十年远程教育实践经验的庞大体系基础,通过其遍布全国的办学网络,建设了由总部、管理中心/运营中心、学习中心组成的覆盖全国城乡社区的3层架构网络服务体系,经中央电大批准在部分省级电大设立奥鹏管理中心,负责对本区域学习中心的管理、指导和检查,采用连锁加盟方式主要在各级电大设立学习中心,按照协议为试点高校网院及其他远程教育办学机构和广大学习者提供支持服务。奥鹏中心充分利用信息技术,构建了服务多家高校、众多学习者的网络服务平台,实施了基于网络的、面向学习者的一站式服务模式,利用专业化的服务队伍,以第三方服务的方式支持众多办学单位开展远程教育,为高校远程教育的发展提供了一种创新性、第三方、社会化服务的模式。

截至2017年12月,奥鹏中心已在全国31个省(自治区、直辖市)建设了1862家学习中心,25家运营中心,初步形成中国首个"统一品牌,统一形象,统一模式,统一管理,统一考评"的远程教育公共服务体系。服务试点高校47所,占全国试点高校的69%;累计服务远程学历学生200余万人;涵盖11个学科、400余个专业、11 000余门课程,数字化资源总量近40TB(见图1和图2)。

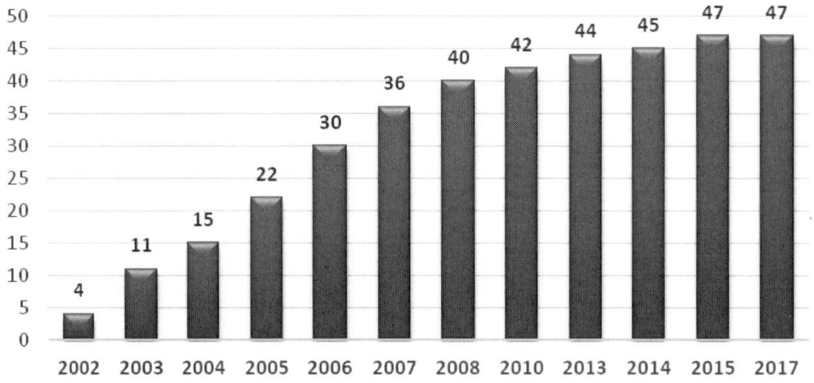

图1　2002—2017年奥鹏中心合作试点院校情况

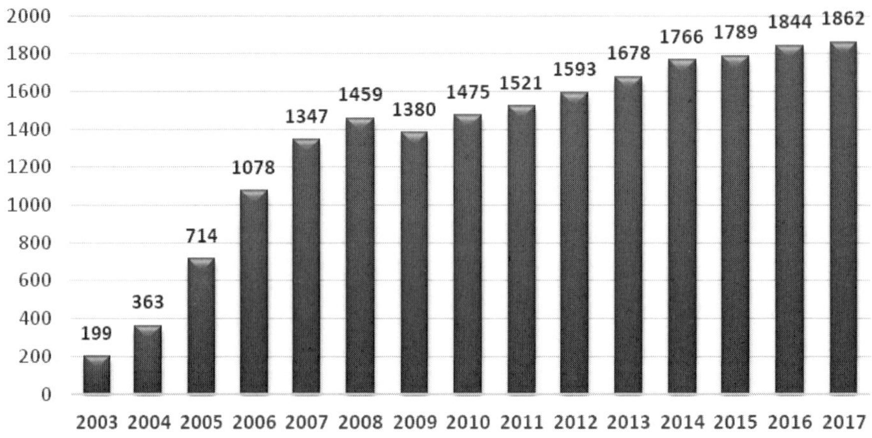

图2　2003—2017年奥鹏远程教育学习中心数量

（二）服务电大改革与发展，提升电大系统综合实力

奥鹏中心不仅为众多高校网院和广大学习者提供服务，也对电大的改革和发展起到了一定的支持与促进作用。

奥鹏中心先后为电大开放教育开发了教学管理平台，完善了校园网和基于网络的双向视频系统、电视直播系统、远程接待系统、网考系统、考试监控系统等，在全国电大系统建立了“天网地网结合，三级平台互动”，适合学生自主学习和教学与管理模式改革的网络教学环境。在国家开放大学的筹备中，奥鹏中心还承担了信息化校园建设工程和国家开放大学网络平台的设计与开发任务。奥鹏中心一直以创新的技术和服务方式为国家开放大学总部、分部、学院及学习中心提供网上教学支持服务工作、平台运维工作、系统与网络运维工作，并在此基础上承接平台与课程资源的专项建设工作，承担国开网络核心课程建设与运营，提供课程考试技术支持服务；同时面向300多万在校生提供日常的咨询服务与技术支持。

中央电大牵头承担教育部“数字化学习港”教学改革项目，依托中央电大公共服务体系开展了数字化学习港的实践探索及相关课题研究，并进行了数字化学习型社区、乡镇、企业、行业等典型应用示范，所取得的经验和成果在全国各地产生了积极的影响。许多地方政府依托电大建设区域性公共服务体系和终身学习服务平台，建设学习型城市或学习型省区，如天津市政府依托天津电大建立了天津市终身学习公共服务平台以及覆盖全市的公共服务体系。沈阳市依托沈阳电大建设为沈阳学习型城市建设服务的远程教育平台等。数字化学习港典型应用示范的经验，促使地方政府认识到当地电大远程教育系统的重要性，纷纷依托电大建设公共服务体系，进一步显示了电大参与学习型社会建设的能力和作用。

（三）发挥信息技术优势，创建公共支持服务新模式

奥鹏中心自成立之初就投入大量的精力致力于软件研发，目前有一支近200人的研发队伍，在远程教育系统的用户需求、产品研制、系统测试和运营维护等方面具有丰富的实践经验，其百万级用户量、海量资源存储、系统监管维护等方面都是其他单院校远程教育系统所无法企及的。

1. 搭建一站式远程教学管理服务系统

在现代远程教育理念指导下，奥鹏中心建成了集招、教、考、服、管各项功能于一体的大型现代远程教育开放平台，可容纳多院校、多教学项目、多教学模式、多种办学层次，实现对数千家学习中心及数十万学生的管理与服务。2017年，在原有自主研发的远程教学管理系统（OES）、继续教育云平台（OPEN2U）、MOOC中国平台（MOOC2U）基础上，进行智能教育云平台（OCES）开发，满足多结构、多元化的在线教育支持服务，为教师和学生搭建了基于互联网的混合式学习环境。以“开放共享、强交互、重协作”为设计理念的OCES平台，为院校提供了完整的教学教务管理系统，覆盖了全业务流程的30多个模块，能够支撑服务于多类型、多结构、多用户的具有一体化高效集成与应用特色，有效地促进了教育信息化与教育教学的深度融合。

随着时代的发展和科技的进步，OCES在技术创新方面正在进行积极的探索与应用，将实施人脸识别、图像识别、文字识别、语音识别、语言处理、自然语言、知识图谱等多项AI技术的集成，研发并推出智能图片处理、论文查重、智能助教等多项智能化应用，为在线教育的

教学效果、管理规范、服务效率提供更好的支持与辅助。

2. 形成多渠道、多媒体、智能化、自助化的全天候服务模式

奥鹏中心为学生提供了电话、短信、邮箱、论坛、微信、在线客服等多个服务渠道，形成多渠道、多媒体的立体化服务体系，探索深化智能机器人服务，推进智能化、自助化服务模式，持续提升服务能力与服务效率，优化学生服务体验。后续将重点推进大数据应用，完善大数据督学体系，提升服务质量。

建设了远程接待系统。提供 7×24 小时全国统一客户服务热线：400-810-6736。远程接待服务能力达到万级座席规模，搭建了业内最先进的 VOIP 通信系统及多媒体呼叫中心，并与高校的服务体系实现有机联结。远程接待系统在改善服务质量、提高顾客满意度、同时降低提供优质服务的成本等方面取得了显著的成效，于 2009 年、2013 年两次获得业内唯一的“中国(亚太)最佳呼叫中心”大奖。

打造移动服务体系，提升学习体验。随着移动技术的发展和移动设备的普及，网络教育的用户需求和学习行为也在逐渐发生改变，奥鹏中心一直致力于优化学生服务，为提高学生的学习价值，研发并成功上线多款移动产品，为学生提供移动学习和支持服务。“微学吧”是基于微信开发的移动学习平台，与 PC 端学习平台数据互通，为学生提供移动学习、信息查询、关键任务与活动提醒、移动咨询与交流互动等服务，截至 2017 年年底，已有 53 万学生通过微学吧进行学习或获取服务。奥鹏中心在一站式远程教学服务系统的基础上增加了移动座席服务，借助微信平台为学生提供移动支持服务，持续完善服务功能，同时以微信期刊、线上与地面活动相结合等多种形式开展与学生的交流互动。目前微信服务已经成为奥鹏中心重要的学生服务渠道。

探索智能服务和自助服务模式。提供智能机器人客服服务，研发覆盖 PC 端和移动端的学生自主学习和自助服务功能，提升服务效率和服务水平。自助服务的快速便捷特性获得了学生的广泛欢迎，截至 2017 年年底，自助服务的占比已经超过人工服务，占总咨询服务量的 60%以上。

3. 深化技术应用，探索大数据运营服务实践创新

通过已有数据基础进行深度分析，能够客观、量化地评估教学质量，并为教学质量的优化提供坚实的决策依据，为系统化的教育治理提供支持。奥鹏中心集中优势技术力量，成立了大数据实验室，建设了大数据平台，积极探索远程教育领域的学习分析与大数据应用，从经验主义尝试转变为以客户需求为导向的大数据支撑的运营模式，通过对用户过程行为数据的收集与分析，提升对学生、学习中心、高校的服务质量(见图 3～图 5)。

一是开展学生学习数据分析模型研究，通过实时展示学生学习动态和多维度对比分析，构建中国网络教育学生画像；同时研发了单院校、省运营中心和终端学习中心数据端口，直观呈现学生的学习状态，实时查看学生动态，多维度(如时间、区域、课程资源、批次、层次、专业等)提供对比效果，为高校、运营中心、学习中心开展相关业务提供数据支撑和业务决策依据。

二是应用先进的数据分析可视化工具，逐步完善数据报表体系，加强了考试身份验证、在线学习与作业完成等方面的分析，支撑公司质量战略；建立了学生学习积极度评价模型，按照学生的学习积极性程度提供个性化的支持服务，提高了学生从被动学习向主动学习的

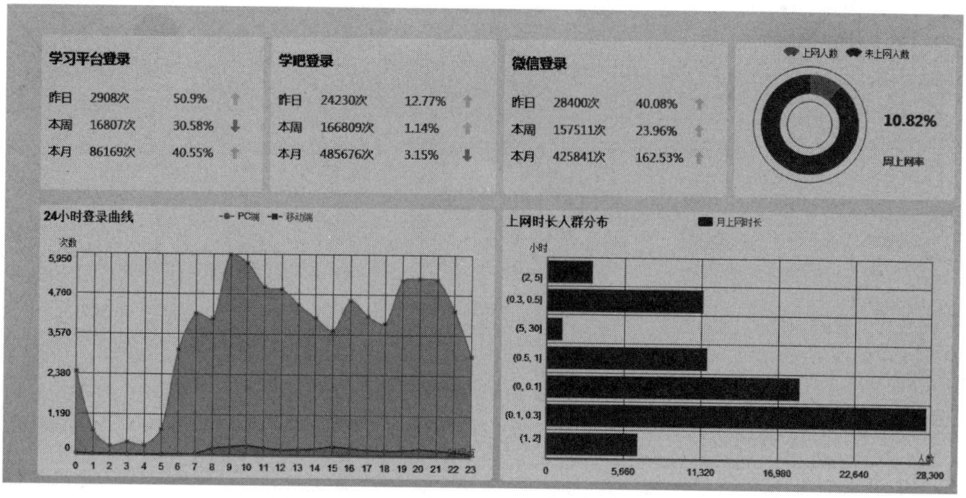

图 3　学生上网学习情况

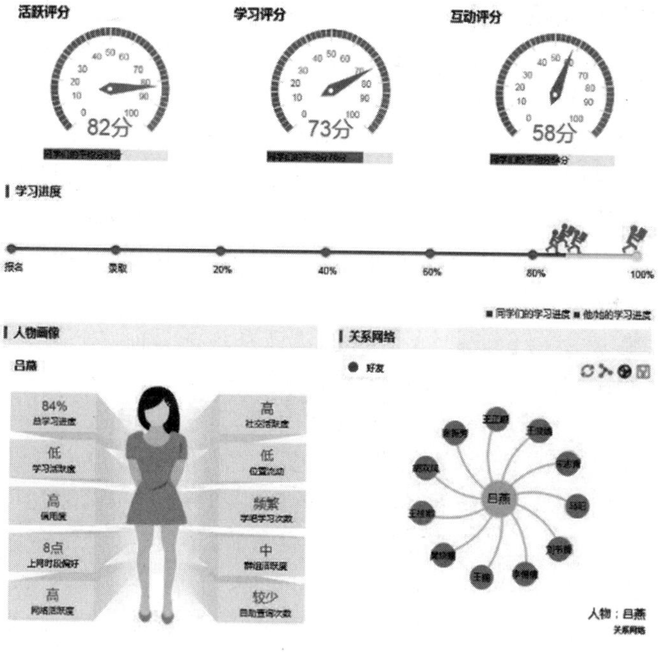

图 4　学生画像分析

转化率；优化了日报/月报体系和自主分析平台，更好地支撑具体工作的开展。

目前大数据分析服务已经逐渐开始为学历继续教育以外的业务提供支撑。

（四）创新考试服务模式，保障考试服务质量

奥鹏中心完成了所有学习中心学习和考试环境的标准化建设，包括教育部网络教育统考考点，采用政府监管与体系自检、现场考试与远程监控相结合的方式，实现立体化质量动态监控，建设了学习测评信息系统，在题库建设、大规模网上机（网）考、网上阅卷、数据安全

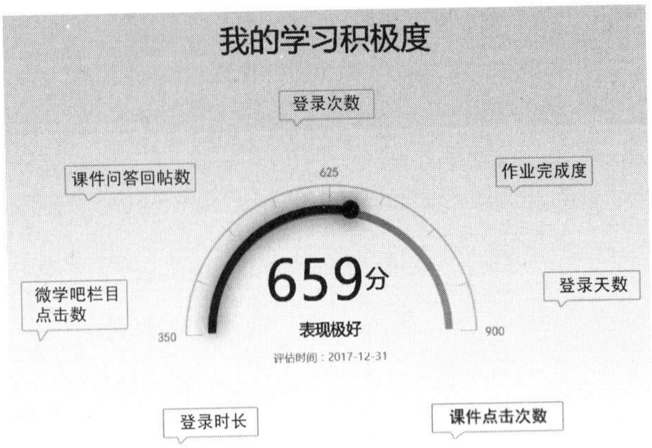

图 5　学生学习积极度模型分析

等方面创新考试组织管理与技术服务模式，确保考试流程的规范和服务质量的稳定，保障考试公平、公正及数据安全。

1. 强化考试服务与组织管理

严把考试质量关，明确规章制度与规范要求，不断完善考试组织管理体系，强化信息化过程监管与支持，确保考试安全。

一是完善规章制度，规范考试组织。探索符合远程学历教育考试特点的业务规范，并不断优化考试服务流程，建立了一整套规章、制度，确保远程学历课程考试安全、规范地运营。

二是组建“考点考务领导小组”，为考试的顺利实施提供组织保障，引导、提升学习中心领导对考试的重视程度，让学习中心的教师快速明确自身工作职责，从而更好地保障考试顺利进行。

三是上线并实施考生“身份证阅读器”身份认证系统。目前，体系内所有学习中心已实现身份证刷卡器全覆盖，这为确保考试的公平、公正性提供了有力的技术保障。为保障学习中心在身份证刷卡过程操作的规范性，在管理制度中新增了对考生二代身份证阅读器电子签到和网络视频监控等违纪行为的认定和处理规定，严格核查身份证电子验证过程。

四是严肃考风考纪管理。为确保各项考试的顺利组织与实施，制定了各项考务管理办法及规定。根据相关管理办法及规定，做好考前宣传，考中监管，考后核查工作，强化考点考试安全意识。提出考试九律，要求学习中心严格按照要求组织考试，严禁擅自组考、点外设点、提前拆卷、擅自变更考试时间或地点、各种形式替考、逃避考前验证、使用无效证件、携带相关资料、使用电子设备。

五是加强考前培训，强化考试巡考力度。对学习中心的工作人员开展考前培训，确保其了解考试安排和组织工作要求。同时，与高校合作强化考试过程监管，通过安排巡考人员，实地检查学习中心考试组织实施工作，监督学习中心按照考试要求实施细则及考试管理办法，认真规范地完成考试组织工作。

2. 为统考和其他社会化考试服务

教育部于 2004 年决定对试点高校网络教育学生的部分基础课实行全国统考，奥鹏中心承担了试点高校网络教育部分公共基础课统一考试、网络课程考试考务工作。在教育部、网考办以及国家开放大学考试中心的领导下，于 2005 年开始局部试点，2006 年开始在全国范围内普遍推开，每年实施3次正式考试。奥鹏中心还将考试服务系统推广至其他社会化考试中，如为国资委班组长岗位能力资格考试提供专项服务。在考试服务方面，每年组织600万课次以上的课程考试服务，每年提供平均约200万课次的统考服务，及每年近30万人次的社会化认证的考试服务，累计服务逾千万人次。

（五）依托国家项目与课题，探索多元化服务模式

通过教育部“数字化学习港与终身学习社会的建设与示范”“数字化学习示范中心建设”教学改革项目以及国家科技部“数字教育公共服务示范工程”课题等项目、课题和工程的联动，奥鹏中心在完成国家有关课题的同时，建设了100个奥鹏示范学习中心，带动了其他学习中心的建设，提升了公共服务体系的总体服务质量和发展水平。公共服务体系的服务对象由高等学历教育的求学者拓展到有不同学习需求的各类社会人群，服务范围深入到更加广泛的社区、乡镇、企业等广大学习者身边，服务内容涵盖学历与非学历继续教育的各个领域。

此外，奥鹏中心还承担、参与了科技部“学习资源数字出版关键技术与应用示范”“教师信息技术能力与职后培训应用示范”、国家发展改革委“支持IPv6的移动学习终端研发及产业化”、中华人民共和国工业和信息化部“国产基础软件在数字教育领域的适配研究及重大应用示范”等国家项目，以及北京市经济和信息化委员会“远程教育学习云”、国家发展改革委“继续教育平台”、市科学技术委员会“面向海外的中国文化展示传播服务平台研发及应用”等北京市重大项目。目前正在开展国家发展改革委大数据重大专项“互联网教育公共服务大数据重大创新示范应用”，建设教育大数据公共服务平台，研发应用教育大数据技术，为学习者提供精准化、个性化的教学服务；发挥奥鹏公共服务领域优势，汇聚、开放、共享更多的优质教育资源，提供更好的教学服务；为政府、各类教育机构、企业、教师、个人学习者等提供基于教育大数据的管理、质量与评价、教学效果跟踪、诊断与指导等个性化服务，为政府决策提供参考，提升教育服务与管理质量。

（六）建设专业化人员队伍，助力行业从业人员能力提升

1. 人才队伍情况与能力提升体系

奥鹏中心现已形成涵盖继续教育、开放教育、教师培训、基础资源与研发等多个事业群的千人规模的专业队伍。截至2017年12月31日，在职员工共计1013人，其中硕士81人、博士1人；队伍年轻化，年龄结构以35岁以下为主，占到45%。学历层次高，72%为本科以上学历水平（见图6和图7）。

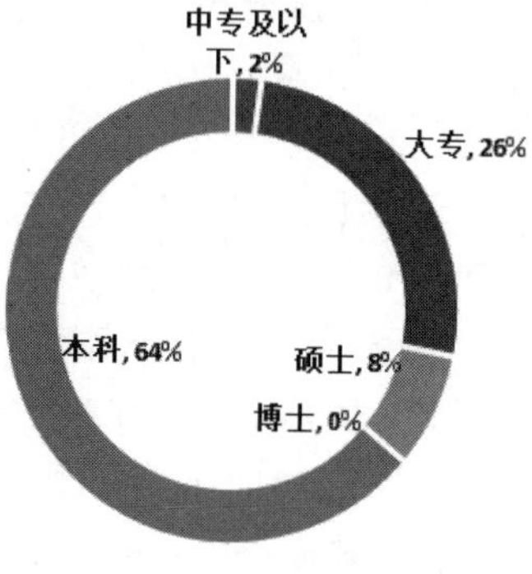

图6　人员学历结构

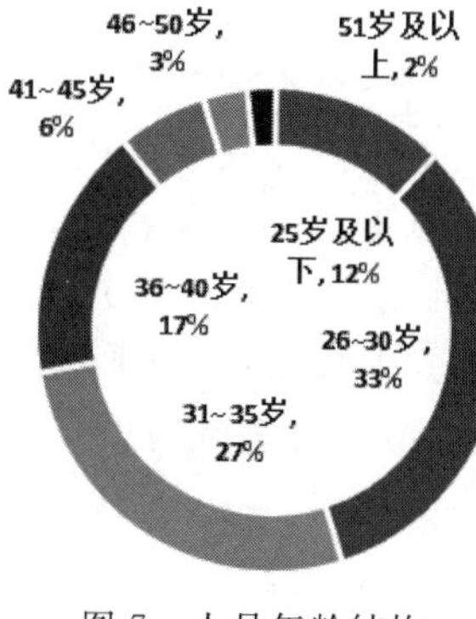

图7　人员年龄结构

奥鹏中心重视专业化队伍的建设和员工的培训与成长，开展各类标准化培训，培养与储备各类人才。通过学习型组织建设，培养员工学习意识，提升员工知识和专业化能力水平，紧跟国内外形势变化，使体系发展始终走在行业前端。经过多年实践发展，人才培养和队伍建设工作取得了显著成绩。

重视专项人才培养。2011—2017 年，“百人潜龙人才培养计划”为公司未来战略执行培养出一百多名中层管理人才和产品经理；“奥鹏百名店长特训营”累计培养 193 名优秀学习中心主任和公司相关业务部门骨干，为学习中心树立学习标杆。2017 年，公司启动“奋斗者”工程，共选拔 100 多名“奋斗者”，作为公司骨干员工进行重点培养。

通过“奥鹏教育大讲堂”，邀请业内外专家进行内容丰富的专题讲座和专题培训，公司内部全员可按自己需要选择参加，使员工及时了解行业动态和发展趋势，有针对性地提升专业能力。

2. 行业从业人员专业能力发展

奥鹏中心在全国共建成 1800 余家学习中心，形成了统一管理制度、运作流程和服务标准运行的一体化的服务系统，培育了覆盖全国近万人的远程教学过程服务队伍。奥鹏中心建立了分层、分类、分岗的人员培训与能力提升体系，为人员专业能力提升提供渠道与支持，确保从业人员的专业性，持续提升体系服务能力。奥鹏中心每年组织全国范围或不同地区的校长主任、教学教务、招生、学务、班主任等不同人员的针对性培训，形成了针对优秀学习中心主任的店长培训、针对学习中心主任和骨干员工的骨干研修班、针对普通一线员工的岗位培训等品牌性培训项目；内容涵盖网络与继续教育发展趋势与政策解读、国际国内网络教育前沿讲座、专业能力提升培训等，为学习中心人员提供了解行业政策、发展动态、提升专业能力、经验交流分享的平台，确保人员队伍的专业能力得到发展。

三、在现代远程教育和继续教育中发挥的作用

中央电大公共服务体系从无到有，从小到大，在远程教育和继续教育的发展中发挥了重要作用，特别是在拓展我国远程教育的发展模式、促进资源共享、探索学历与非学历沟通及学分互认等方面发挥着独特作用。

（一）拓展了我国现代远程教育的发展模式

自 19 世纪 40 年代以来，世界远程教育经历了从函授、广播电视、数字计算机到今天的以多媒体和网络通信技术为主要媒体的现代远程教育阶段。虽然传输的媒体形式不断变化，可远程教育的主要形式还是办学主体自成系统、自产自销的教学。20 世纪八九十年代，有的国家远程教育出现了为众多资源提供方提供公共支持服务的机构，但是没有提出“公共支持服务体系”的概念。21 世纪初以来，中国远程教育在不断规范和发展的过程中，首先提出了“社会化第三方公共服务体系”的概念，并以开展中央电大公共服务体系建设试点的形式，拓展了学校自成系统发展远程教育的模式，率先在众多办学者和学习者之间出现了校外第三方服务的中间机构，并进行了相关的研究和实践探索，成为 21 世纪我国远程教育的新进展与实践创新。“范围经济理论”认为，“多项活动共享一种核心专长，从而导致各项活动费用的降低和经济效益的提高”。十年的实践证明，公共服务体系专业化服务减轻了众多高

校网院校外的非学术服务，促使各网院集中力量提高教学质量和效率，收到了较好的效果，受到网院教师和学生的一致赞誉。根据《2017 奥鹏教育年度服务质量报告(网络学历教育)》，2017 年学生整体服务质量得分 4.2 分(满分 5 分)，获得了学生的普遍认可；试点合作高校服务满意度保持在 80%以上，整体保持平稳。同时也应看到，发展远程教育公共支持服务，既是远程教育发展的现实需求，更是未来社会发展的需求，它是以全新的远程教育发展模式推进我国学习型社会建设的重要途径。

（二）促进资源共享、推进教育公平

我国是一个人口众多、教育资源相对匮乏，而继续教育任务异常繁重的国家，要实现“使全体人民学有所教”，首先要解决优质教育资源共享，让广大社会成员能有选择学习的机会，才可能推进教育公平。中央电大公共服务体系的实践表明，借助远程教育公共服务体系，搭建全民终身学习的服务平台，才有可能把各种教育资源和服务送到广大学习者身边，为广大学习者提供学习的机会和良好的服务。目前，奥鹏公共服务平台上集成了 40 多所高校网院高等学历教育的各具特色、不同学科、专业、课程的优质资源，以及各级各类非学历教育资源，共计近 40TB。而且各个学校、办学机构的教学模式、管理模式和运行机制改革情况在一个平台上展示和沟通，促进了各种教育资源交流和共享，为广大学习者提供了多样选择和学习的机会，成为推进教育公平的一条重要途径。

奥鹏中心以 MOOC 中国联盟为依托，推进资源共享共用，探索优质资源共享、学分互认，为搭建终身学习立交桥、促进终身教育体系和学习型社会的建设服务。联盟的优势之一是做单一院校无法做的事。联盟建立了多方共赢机制，根据不同共享类型，采取不同机制，明确资源输出和使用的规则、方式、费用标准和期限，保证参与高校教师的知识产权，调动资源提供方和使用方的积极性，通过协议明确资源的共享和使用范围，切实保障各方权益。截至 2017 年年底，已有 11 个联盟理事单位签署了资源共享协议，基于公共服务体系平台优势，精准化匹配高校需求，梳理了 57 个主要招生专业与课程资源提供给资源使用高校，已有 51 所高校继续教育学院签署了资源使用协议，互选课程 1400 多门，有力地推动了高校之间的资源共享，促进学校开放办学的格局。

（三）探索学历与非学历沟通、学分互认与转换

中央电大公共服务体系经过十余年的发展积淀，为众多的不同办学主体和社会各类学习者提供第三方服务，比较注意发挥办学方、服务方和需求方各自的优势，在项目引进、资源整合和教学组织等方面，努力推进高等学历继续教育与各种非学历继续教育之间的相互沟通与衔接。采用多样化的合作体制与运行机制，利用公共服务网络平台，推进课程资源共享、学分互认与转换，并努力为建设各级各类教育纵向衔接、横向沟通的“立交桥”和学分银行进行积极的探索。

奥鹏中心以 MOOC 中国联盟为依托，以课程作为学分认定和转换的切入点，探索利用公共服务平台实现学习成果的积累与转移，在联盟成员单位规则范围内，联盟成员之间、联盟成员与非联盟成员之间的学习成果互认互通，并通过独立认证，实现学习成果的积累与转移。截至 2017 年年底，平台用户数量过千万，20 余所高校参与学分积累转换，8.86 万人参与资源共享、学分积累。

此外，中央电大公共服务体系正在与行业证书机构和高校合作，探索学历教育和非学历教育学分互认的模式。目前，学历与非学历沟通、课程学分互认虽然还处于试点探索阶段，但是远程教育公共服务体系将在搭建终身学习"立交桥"、教育学分积累与转换方面发挥独特的作用。

可见，中央电大公共服务体系发挥的作用主要不是已经取得的实际成果，而是在实践中不断地深化对于远程教育及公共服务体系发展规律的认识，着眼于推进学习型社会建设、搭建终身学习立交桥和学分银行等多方面进行的探索和实践活动。

四、夯实质量生命线，服务终身教育与学习型社会建设

公共服务体系第三方服务的角色定位，决定了服务质量是其立足之本。为适配新时期发展需求，服务国家发展战略，奥鹏中心积极推进公共服务体系的战略转型，在完善为试点高校学历教育服务的基础上，大力发展非学历继续教育服务，积极发展与行业、系统和企业合作，拓展服务领域和方式，并进一步加强示范学习中心建设，发挥自身在信息技术、专业化队伍和支持服务能力方面的优势，提升为终身教育体系和学习型社会建设服务的实力以及应对教育市场变化的能力，探索公共服务体系的新发展。

1. 着力提升服务质量，做强学历继续教育

稳固根基，提升学历继续教育的服务质量。创新改革教学模式，开展大数据研究与实践，以此为支撑分析学生行为、改进教学模式，主动与高校合作探索新型数字资源的建设与应用；提升技术能力和服务水平，升级教学平台，加强移动学习与服务能力。此外，作为教育服务企业，奥鹏中心紧紧围绕教与学的本质规律，实践驱动，研究并行，在实践业务的推动下开展理论研究，在前沿理论指导下探索业务创新。一是通过申报教育部、科技部、国家发展改革委等研究项目，紧跟国家科研决策，与高校联合，与业内企业合力，快速了解新技术、掌握新动向，推进科研成果的产业化；二是启动系列公共服务体系，发展相关项目以及质量专项工程，研究行业发展变化、技术发展与应用，完善质量保障体系建设；三是借力外部专家，集聚电大系统、高校网院、行业企业及远程专家的智慧与力量，为奥鹏中心的创新发展提供智力支持。

助力成人函授教育信息化模式改革。奥鹏中心通过省级、单院校等多种方式与合作院校进行探索实践，打造了符合高校成人教育规律、以"用户为中心""互联网＋教育"为理念的信息化建设"云服务"模式；通过"一体化"的成教信息化解决方案的模式已为全国近百所高校提供服务，形成了成人教育新时代的核心竞争力。

构建面向全民终身学习的中国在线课程开放平台。"MOOC 中国"联盟将服务于全民学习、终身学习，构建面向全民终身学习的中国在线课程开放平台。着力于开发高水平、高质量的 MOOC 资源，开展在线学历教育、非学历培训等人才培养；利用 MOOC 促进我国网络教育模式转型升级，探索建立校际资源共享、课程互选、学分互认的协作机制；建立可持续发展的支持服务体系和运营模式，探索互联网教育公共服务新模式。

2. 以特定领域从业人员垂直服务为切入点，拓展职业教育

以 IT 从业人员培训为切入点，探索特定领域垂直服务模式。在国内外 MOOC 大潮兴

起之时，奥鹏中心顺势而为，建设了定位为“程序员的梦工厂”的慕课网（https://www.imooc.com/），以培养实战IT技能著称，主要面向80后、90后新生代用户，注册学习人数1000余万。慕课网携手行业资深讲师和职场达人推出了系列泛IT类精品微课程，以“视频课程＋在线编程”混合式教学引领行业平台优势，以IT职业教育培训包的形式，把相关的职业能力标准、学科、学历以及学习辅导材料联系起来，为职业教育证书或课程学习创造一套实用的实施方案。其中Web前端工程师课程选课人数达到30万，Java工程师选课人数达到12.4万，签约精英讲师300余位，在行业内得到了广泛认可。慕课网App是国内较早的IT学习类应用，也是荣登App Store精品推荐榜首的教育类应用。

建设汽车学院，连接院校与企业，为院校打造德式教学模式整体解决方案，为企业输送优质高技能型人才。汽车学院引进了德国双元制职业教育模式，与德国优质机构合作，独创适合中国学生的高标准教学体系，为市场培养综合性优秀职业人才。

在全国各地陆续建立能力提升中心，开展特定行业的实训基地建设，依据国家行业标准，整合企业人才需求，助力人才技能提升，同时搭建就业服务体系，从专业技能、职业规划、就业能力测评等方面提供更为个性化的服务。

3. 打造教师生态圈，做深教师教育

奥鹏教师教育以“教师发展至上、学校发展至上、区域教育发展至上”为理念，依托高质量的课程资源与强大的服务团队，坚持“简单、有用、有趣”的原则，努力打造“教师随身携带的研修社区”，致力于以“互联网＋”为驱动，推进教师培训与互联网的深度融合，用互联网思维为教师培训创造新的生态环境，全方位递进式为教师专业发展提供服务，致力于服务地方教师梯队结构的整体提升。

作为教师移动学习的先行者，奥鹏教师教育致力于推进教师教育与互联网的深度融合，用互联网思维为教师培训创造新的生态环境。目前奥鹏教育已在教师培训领域深入开展混合式教师教育培养模式、教师教育公共服务平台建设、基于大数据的教师学习行为分析、多方协同服务管理模式探索等方面的实践与研究，形成了一定的研究成果，已在多个地区得以应用示范，积累了相对科学、高效的服务运营模式，未来将重点开展进行教育行政大数据和学习行为大数据的分析与挖掘，将多维度数据进行有机联通，持续跟踪教师网络学习行为，开展基于大数据分析的教师网络学习行为研究，为行政管理机构提供研究数据支持和决策依据的服务，促进管理效率提升；为学习者推送有用、有效的知识服务，提供个性化、精准化、智能化的学习支持服务。奥鹏教师教育将延续深化应用与内涵发展并举之路，进一步完善中小学教师专业发展支持服务体系，创新移动互联网时代新型教师专业发展的服务供给模式，探索教师终身学习个性化服务的新路径。

4. 服务国家战略发展，探索新型服务模式

认真研究国家战略、地方战略和教育需求与学习需求的变化，主动服务和适应战略发展需要，研究战略规划中可能出现的教育需求以及适应这些教育需求的可能性，提供有效的教育产品和教育服务，并根据战略需要实时扩展、调整服务内容。支持国家“互联网＋教育”“大数据”“一带一路”倡议等发展需要，参与、承接国家推进战略发展实施的重大项目，形成集政、产、学、研、用于一体的综合服务能力。

服务“互联网＋战略”，探索“互联网＋教育”教学和服务新模式，与合作伙伴共同培育

“互联网＋教育”的服务新业态；积极探索大数据创新应用，依托“互联网教育公共服务大数据重大创新示范应用”，建立并运营国家级互联网教育公共服务平台，服务广大学习者和教育机构；服务“一带一路”倡议发展，积极开展与“一带一路”倡议沿线国家教育机构合作，提供教育和服务产品，通过提升国际教育服务能力与水平，逐步提升在国际教育交流合作方面的国际竞争力，应对国际教育服务的挑战。积极发挥自身在平台建设、资源服务、线上线下教学服务、大数据平台建设等方面的特色和优势，参与由西安市政府支持、西安交通大学牵头的“丝路国际学院”建设，协助开发国际远程教育平台和大数据平台，覆盖“一带一路”倡议各国家、地区，以教育、科技和文化服务“一带一路”倡议发展。

弘成教育现代远程教育试点工作总结

一、基本情况

（一）弘成公共服务体系的建设情况

弘成科技发展有限公司（以下简称“弘成”）2007 年获批开展现代远程教育公共服务体系建设试点项目，迄今已有 12 年之久。在全国范围内累计建立标准化学习中心 60 余家，服务学员 30 余万。通过不断实践和研究，弘成总结了丰富的公共服务体系的运营管理经验，构建了一套标准化的运营管理模式，为合作高校提供了一个覆盖全国重点区域的公共服务平台和体系，并拥有了自己的特色。

1. 学习中心全资自建，直管直控

为了保证质量，弘成从一开始就确立了建设直营学习中心的模式。总部对下属各学习中心有绝对的控制权，从而保证招生宣传、考试组织、学生服务全过程的质量和规范。

2. 拥有完善的管理机制

包含系统的培训考核体系、严格的监督机制等，使整个公共服务体系的工作有序且高效地开展。

3. 全方位一站式服务模式

包括职业规划、专业选择、课程咨询、督学导学以及就业指导等，科学系统地帮助学员更有计划地学习。

4. 以学生学习需求为核心的发展模式

以学历教育服务为起点，辐射多种非学历教育服务项目，面向行业、企业以及社会，让学员的职业技能有所提升，找到好工作，真正实现学以致用的目标。

弘成一直秉承着“以规范求质量、以质量求发展；以服务为根本，以市场为导向”的发展理念，在新区域积极筹建学习中心，旨在突破地域限制，为更多想学习、想提升自身竞争力的学生提供更便捷的服务。近两年，随着校外学习中心（点）审批权的放开，弘成进行了全国性的业务拓展，数字化学习中心逐渐由两省两市（北京、上海、江苏、浙江）拓展到安徽、湖南、四川、福建、吉林等地。

（二）弘成公共服务体系架构

试点项目开展初期，弘成就意识到建立一个公共服务体系的关键在于：需要一个强大的管理组织和监督机构保证试点项目有秩序、有质量地进行，使每项工作职责进行细分，责任到人，以保障学生服务的质量。因此，弘成公共服务体系建立了以总部为核心、以各地学习中心为服务基地的公共服务体系架构。

1. 弘成公共服务体系架构图（见图 1）

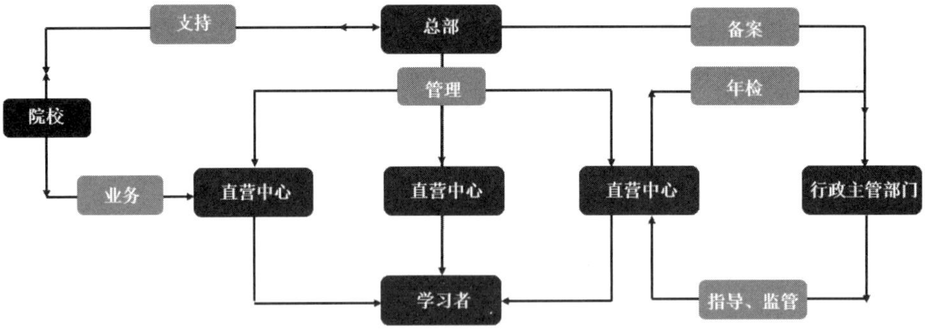

图 1 弘成公共服务体系架构图

2. 总部职责

总部承担着运营管理、高校合作、市场推广、人力资源管理、财务管理等全部职能，与院校之间相互支持、协同发展。服务运营总部对直营学习中心有绝对的控制权，便于进行标准化管理和全面质量监控，并迅速对市场动态做出反应。

3. 学习中心职责

学习中心作为试点项目在各地区的服务基地承担着为学生提供直接服务的重要职责，涵盖报名咨询、报名材料收集与审核、学费收缴、档案管理、督学导学、活动组织、辅导教师管理等服务，同时配合总部进行人力和财务管理及技术支持，为各项服务工作的有序进行提供保障。

学习中心是衔接院校和学生之间的桥梁，它的优劣直接关系到最终的教育质量。因此，弘成的每个直营学习中心的建设都要在行政主管部门备案、年检，接受行政主管部门的指导和监督，有效地保证了招生宣传、考试组织和学生服务的质量。

（三）弘成公共服务体系规模

弘成公共服务体系以为社会培养技能型实用人才为出发点，面向在职人群提供一站式网络学历教育服务、从业资格培训及职业技能培训服务。严格按照教育部文件及高校的相关要求做好招生及支持服务等工作。

二、建设模式

（一）重视直营体系建设

弘成公共服务体系自 2007 年获批开展现代远程教育公共服务体系建设试点项目以来，围绕提高教学质量这个根本任务，构建了一套标准化的垂直管理模式，如标准化的店面管理、运营管理、信息交流平台、教学教务支持和全面质量监控等，规范开展了各项工作。

随着校外学习中心(点)的建设与拓展,对学习中心各岗位的分类和职能建设均作出明确说明,包含内勤类、学务类、招生类、主任类岗位操作手册。明确中心岗位职能有助于更好地开展招生及学生服务工作,学习中心能够对学员提供全方位服务,通过专业的系列指导手册形成系统的直营中心运营模式,强化服务意识,提升管理水平。

(二)完善标准化机制和流程建设

弘成标准化工作起步于2012年,现已形成对公服平台操作类、学习中心管理类、行政管理类、学生服务类等10余种类、40多项的标准化指导操作手册,并制定了与之相对应的实施考核流程和监督检查标准,进一步提高了学习中心的服务能力和水平。

2013年,弘成把标准化建设作为提高工作质量的重要工作,继续加大标准化建设力度。在标准化执行方面,总部标准化部独立实施管理职责,在学习中心执行的过程中进行独立监控,采用筛查、抽查等方式不定时对学习中心的各项工作进行严格管理。标准化管理部门在学习中心执行过程中进行独立监控,采用包括中心自检自查、区域互查、神秘拜访以及总部监控人员不定期抽查相结合的方式,始终坚持严控、严查、重罚的原则,对学习中心的各项工作进行管理。

2015年是弘成标准化制度执行的重要一年,标准化制度如何从纸面落到实际,如何从监控执行转化成学习中心自觉自愿的常态工作,都是弘成需要解决的新课题。弘成总部将原有的标准化部扩大升级成为运营管理部,将学习中心的日常运营全部纳入标准化制度的规范中,通过运营数据分析学习中心的日常工作,对学习中心可能出现的工作问题进行预警。同时,由行政部采购统一的监控设备,对学习中心的日常工作进行远程监控,在原来的中心自检自查、区域互查、神秘拜访以及总部监控人员不定期抽查的基础上增加远程视频检查,将标准化执行的检查工作变成常态。

2016年至今,弘成各学习中心严格按照标准化的规范执行,定期开展学习中心学生服务专项培训,保证各中心工作进度和服务水平的一致性。各中心针对学生建立全生命周期档案,关注学生学习的每一步,并根据各项流程时间点保证各中心工作进度和服务水平的完整性及规范性。为使服务更贴近学生,除常规服务监控外,还定期对学生进行满意度调查,倾听学生的声音,优化服务内容,提升整体服务水平。依赖整套标准化的学习中心建设体系,弘成公共服务体系各项工作开展紧张有序,效率和服务满意度也在不断提升,为后续更多学习中心的建立提供了坚实保障。

2018年,弘成为了进一步提高标准化管理水平,建立了标准化的员工培训流程体系,启用"V学苑"线上培训平台,根据不同岗位设置相应的学习路径图,通过"过关式"的标准化课程设计,不断进阶,让员工逐步掌握专业知识和技能,不断提高专业能力和服务水平。平台引入项目化学习、场景化学习和个性化定制学习功能,满足员工在不同发展阶段的学习诉求。通过线上平台运营,员工可以进行互动式的学习和交流,也可以自行上传经验分享,使各学习中心之间形成经验共享,互助共赢的良好循环。"V学苑"平台还承接了企业文化宣导的功能,将弘成"弘扬教育,成就人生"的教育理念扎根于每个弘成人的心中。

此外,为了使合作院校的优质教学资源能够充分被学生利用,学习中心积极配合院校提供优质的导学和督学服务。导学工作主要包括两个方面：一是新生入学时组织学生参加院校的导学学习；二是对学生进行远程学习方法的培训。新学期开始时，各地学习中心会统一组织学生在线参加学校的开学典礼及导学活动。根据院校的时间安排，统计可以到学习中心集体参加开学典礼的新生数量并做好相关准备。对不能到学习中心集中学习的学生，学习中心会通过电话和邮件告知在线导学的时间和网址，提醒学生自行观看。对未参加集体观看的学生，学习中心在后期的联系中还会重点提醒学生院校的一些要求和规定，以巩固和加强学生自行学习的效果。除了入学时组织学生参加网院的导学学习，学习中心还会专门组织学生进行远程学习方法培训。例如，组织学生集中学习院校提供的远程教学导引、远程教育学习方法、网院学习特色、网上学习操作方法以及《学生手册》等。

为了增强远程学习学生的归属感，加强学生之间、学生与学习中心教师之间的日常交流，试点项目还仿效常规院校的学生管理方法，建立了班级和班主任制度。学习中心为每名学生划分了班级，每个班级选拔有班长，并安排一名学务教师担任班主任。各学习中心定期组织学生开展丰富多彩的线下集体活动。集体活动拉近了学生与教师、学生与学生之间的距离，不仅能使学生体验到线上虚拟学习与线下实际交流相融合的乐趣，更能使学生感受到集体的温暖。

在导学工作的基础上，各地学习中心针对成人学生学习自主性相对较差的情况，全面加强对学生的督学工作。日常的督学工作主要由各班主任负责，班主任的具体工作职责如下。

(1) 根据网院的教学工作安排，制订督学计划，定时提醒学生选课、上网学习、参加答疑辅导、完成作业、考试预约、做好考前复习、参加考试等。

(2) 定时对学生的学习状态进行统计和分析，包括学生是否上网学习、是否登录BBS论坛、是否发帖、是否完成作业等情况，并定期与学生沟通，掌握学生的思想和学习动态，促进学生的学习。

(3) 对考试预约情况进行统计分析，与未参加考试预约的学生进行电话沟通，确定其原因，并在可能的情况下尽量安排学生参加课程考试。

(4) 对考试结果进行分析，与考试不及格的学生及时进行沟通，消除其思想顾虑，鼓励和督促其积极参加以后的学习。

（三）规范生源质量，加强招生监管

在弘成不断加强生源监控，规范招生宣传的环境下，能够对质量秉承严控的原则，同时严格组织考试，杜绝替考等违纪行为。网络高等教育的服务质量是关系弘成长远发展的关键因素。弘成公共服务体系在建设之初，就制定了严格的相关管理制度和流程，以规范学习中心的招生行为，保证招生服务的质量。为规范学习中心的招生行为，保证招生服务质量，设立监督审查机制，在招生环节做到质量把关，对投诉事件及时处理并对相关责任人问责。在重点抓规范的同时也注重招生能力和水平的提升，做到单点招生能力突出，中心生源质量过关。

弘成公共服务体系“运营管理部”专门对学习中心招生过程的各环节进行监督、审核及控制，定期召开评估会并汇报评估结果。秉承严控、严查、重罚的原则，对服务中出现的违规行为坚决处理。对一些非法、违规的招生机构假借弘成的名义开展招生宣传，骗取学生信任的情况，弘成特别成立了“打假小组”，定期清查各类非法宣传的公司及个人，并通过网络、学生举报等手段进行维权，将此类信息公示在网站上，以提示学生提高警惕，避免上当受骗。

此外，在重点抓规范的同时，也注重招生能力和水平的提高。经过多年的能力培养和市场磨炼，弘成公共服务体系已经拥有了一支既懂规范，又能创业绩的招生团队，同时学习中心的单点招生能力突出，业务精熟。优秀的人才资源为弘成在激烈的市场竞争中提供了不断发展的有力保证。

三、建设成果

截至2019年2月，弘成教育在北京、上海、江苏、浙江、江西、广东、四川等省(市)成功建立了62家学习中心，与全国21所远程教育试点高校开展了合作，招生专业410个，办学层次包括高起专、高起本、专升本，专业设置涵盖文、史、哲、理、工、教、经、法等多个学科，累计服务学生超过30万人，见表1～表3。

表1　学习中心建设列表

省(市)	学习中心	省(市)	学习中心
北京(1个)	弘成北京学习中心	浙江(13个)	弘成杭州学习中心
上海(1个)	弘成上海学习中心		弘成丽水学习中心
江苏(13个)	弘成常州学习中心		弘成温州学习中心
	弘成淮安学习中心		弘成上虞学习中心
	弘成连云港学习中心		弘成武义学习中心
	弘成南京学习中心		弘成杭州西湖学习中心
	弘成苏州学习中心		弘成宁波学习中心
	弘成宿迁学习中心		弘成台州学习中心
	弘成泰州学习中心		弘成绍兴学习中心
	弘成徐州学习中心		弘成嘉兴学习中心
	弘成盐城学习中心		弘成湖州学习中心
	弘成扬州学习中心		弘成衢州学习中心
	弘成无锡学习中心		弘成金华学习中心
	弘成镇江学习中心	重庆(1个)	弘成重庆学习中心
	弘成南通学习中心	福建(1个)	弘成福州学习中心

续表

省(市)	学习中心	省(市)	学习中心
海南(1个)	弘成海南学习中心	四川(5个)	弘成成都学习中心
江西(7个)	弘成南昌学习中心		弘成宜宾学习中心
	弘成景德镇学习中心		弘成南充学习中心
	弘成九江学习中心		弘成攀枝花学习中心
	弘成赣州学习中心		弘成德阳学习中心
	弘成上饶学习中心	广州(5个)	弘成广州学习中心
	弘成抚州学习中心		弘成深圳学习中心
	弘成鹰潭学习中心		弘成惠州学习中心
安徽(3个)	弘成滁州学习中心		弘成佛山学习中心
	弘成马鞍山学习中心		弘成东莞学习中心
	弘成芜湖学习中心	新疆(1个)	弘成乌鲁木齐学习中心
吉林(3个)	弘成长春学习中心	宁夏(1个)	弘成银川学习中心
	弘成延吉学习中心	辽宁(1个)	弘成大连学习中心
	弘成吉林学习中心	贵州(2个)	弘成铜仁学习中心
湖南(2个)	弘成长沙学习中心		弘成贵阳学习中心
	弘成益阳学习中心	山西(1个)	弘成太原学习中心

表2 合作高校及专业开设情况

序号	院校	专业情况	层次		
			高起专	高起本	专升本
1	重庆大学	建筑工程技术、工程造价等18个	√		√
2	南京大学	行政管理、电子商务等13个	√		√
3	厦门大学	会计学、国际经济与贸易等11个		√	√
4	吉林大学	护理、机电一体化技术等23个	√		√
5	北京外国语大学	商务英语、计算机科学与技术等10个	√	√	√
6	北京语言大学	汉语国际教育、汉语言文学等14个	√	√	√
7	中国农业大学	园艺、农学等22个			√
8	东北师范大学	心理健康教育、应用英语等25个	√	√	√
9	华南理工大学	建设工程管理、土木工程等20个	√		√
10	华南师范大学	小学教育、学前教育等24个	√		√
11	福建师范大学	小学教育、思想政治教育等30个	√		√
12	北京交通大学	城市轨道交通运营管理、交通运输等10个	√		√

续表

序号	院校	专业情况	层次		
			高起专	高起本	专升本
13	西南交通大学	电气自动化技术等41个	√		√
14	东北财经大学	证券与期货、财务管理23个	√	√	√
15	电子科技大学	电子信息工程、通信工程等13个	√		√
16	中国地质大学(武汉)	煤矿开采技术、石油工程技术等33个	√	√	√
17	江南大学	食品质量与安全、金融学等17个	√		√
18	华东师范大学	学前教育、公共关系学等8个	√		√
19	中国石油大学(北京)	油气储运技术等18个	√		√
20	中国人民大学	金融管理、工商管理等21个	√	√	√
21	兰州大学	药学、人力资源管理16个	√		√

表3 在籍生及毕业生情况

序号	院校	在籍人数	毕业人数
1	北京交通大学	5150	3519
2	北京外国语大学	13 767	21 666
3	北京语言大学	15 615	10 695
4	地质大学(武汉)	140	703
5	电子科技大学	27 698	6270
6	东北财经大学	7358	8185
7	东北师范大学	7871	11 927
8	福建师范大学	4235	1520
9	华东师范大学	960	0
10	华南理工大学	1959	1086
11	华南师范大学	20 087	13 943
12	吉林大学	6332	14 073
13	江南大学	2804	1554
14	兰州大学	322	0
15	南京大学	1981	1795
16	厦门大学	20 278	14 133
17	西南交通大学	9128	15 571
18	中国农业大学	3962	980
19	中国人民大学	4491	338
20	中国石油大学	8296	350
21	重庆大学	4107	8743
—	合计	166 541	137 051

近几年，弘成公共服务体系与已合作的多所远程教育试点高校开启了更加深度的合作。由基础的线上、线下招生服务工作深入到为合作院校开展多种多样的增值服务，涵盖在线考试、阅卷以及考场巡检等在内的全方位考务服务，充分利用大数据和人工智能技术，助力合作院校实现考务管理的信息化，全面提高考务管理效率，降低考试成本。弘成公共服务体系还将服务远程教育院校的成功经验迁移到成人继续教育院校上，与厦门理工学院、江苏海事职业技术学院、安顺学院、南京科技职业学院、湖南城市学院等多所成人继续教育院校开展合作，为其提供以标准化的运营管理以及高质量的服务支持。

四、技术支撑

（一）公共服务体系管理平台建设

弘成公共服务体系作为面向社会生源的教育引导和服务窗口，以规范的方式实施体系内学习中心管理非常重要。由于所服务的各院校平台独立，弘成公共服务体系的业务活动又依赖这些高校网院平台，因此没有内部信息化管理系统，弘成对各院校学生无法统一服务、管理，同时由于手工作业较多，信息数据准确性难以持续保证。

弘成公共服务体系业务管理平台（简称“公服平台”）在上述背景下应运而生。公服平台的建设目标在于：建立统一的业务管理平台；解决不同院校、不同接口的数据来源问题；整合院校资源、学生资源、教师资源及其他教育资源；规范学习中心业务流程，提高工作效率，提高服务质量；资金费用管理系统化，减少错误率。

弘成公服平台从 2010 年开始设计、研发，2011 年正式上线。经过持续的产品迭代、不断完善演进，目前服务约 30 万学员和 60 多个学习中心，为规范招生和财务监管起到保驾护航的作用。

弘成公服平台的主要特色如下。

(1) **学生管理方面**，学生报名前进行异地生源预警，从源头规范招生，学生报名后可记录学员学习进度、考试情况等，及时督促。

(2) **财务管理方面**，缴费方式从原有的现金收款，转换为更安全的支付宝、微信等在线支付，从原手工缴费确认转化平台自动确认，极大地提高了财务的工作效率，降低了财务风险，同时可查询学生缴费情况进行催缴管理。

(3) **学习中心管理方面**，记录学习中心各年度自评情况和大事记等内容。

(4) **院校关系管理方面**，记录与院校的沟通情况，追踪院校动态。

(5) **数据统计方面**，可从不同维度查询学生信息和缴费信息。

未来，弘成公服管理平台会在财务季度统计和预测等方面实现平台自动核算。

（二）资源共建共享联盟建设

近年来，国家和教育主管部门制定了一系列推动高等教育资源共享的政策。从 2010 年 7 月国家发布《国家中长期教育改革和发展规划纲要》明确了“促进高校、科研院所、企业科技教育资源共享”，到教育部办公厅印发《精品资源共享课建设工作实施办法》用以指导与规范高校教育资源共享行为等，一系列政策对于促进信息技术与教育教学深度融合，推动高等院校教育教学改革，提高高等教育教学质量，服务学习型社会建设起到了指导作用。

为响应政策号召，充分发挥各办学高校既有教学资源的优势，促进高等教育信息化发展，弘成从2014年起，联合部分合作高校建立了资源共享合作体系。资源共享合作体系通过互联网技术手段传播优质教育资源，能够迅速改善地域间不均衡发展状况，促进继续教育行业提高教育质量，实现教育公平。

利用为福建、贵州两省建设省级继续教育管理监测平台的机会，弘成通过自主研发的资源共享平台将各高校积累的优质教育资源引到两省落地，极大地促进了省内高校利用现有资源快速发展信息化教学、提高教育质量。

通过一段时间的经验积累，弘成联合南京大学、兰州大学、东北师范大学、华东理工大学、江南大学、北京语言大学、江苏大学等高校于2018年10月共同发起了“互联时代教育资源共建共享联盟”，旨在“促进高等教育信息化发展，推动高等院校和其他教育机构共同建设、开放、共享的数字化教学资源，达到互相学习、平等合作和共同进步，为构建终身教育体系和学习型社会贡献力量”。

联盟的宗旨是“共建共享、平等互利、合作多赢”。通过建设“互联时代教育资源库”(以下简称“资源库”)和“互联时代教育资源共建共享平台”(以下简称“共享平台”)，促进各方交流发展教育技术，向联盟会员和全社会提供教育资源及相关服务。

联盟的主要职能包括：建设教育资源库和资源共建共享平台；促进高等教育资源开放共享；推动教育技术发展和教育资源建设、积累；推动学分银行实践。

目前，共有联盟39家机构会员，其中高校37家、企业两家。各会员单位授权联盟对外提供资源服务的学历教育课程已有4264门，其中超过60%配备了完整的题库和电子教材，极大地促进了高等继续教育信息化发展。

（三）省级继续教育管理监测平台建设

《国家中长期教育改革和发展规划纲要(2010—2020年)》和《教育信息化十年发展规划(2010—2020年)》中明确指出，教育信息化有助于优化教育资源配置，促进优质教育资源共享、创新人才培养模式、转变教育发展方式。2014年11月，教育部、财政部、国家发展改革委员会、工业和信息化部、中国人民银行五部门印发《构建利用信息化手段扩大优质教育资源覆盖面有效机制的实施方案》，文件指出：“新世纪以来，党和国家高度重视信息化工作，特别是十八大提出‘四化’同步发展，把信息化上升为国家战略。习近平总书记强调：没有网络安全就没有国家安全，没有信息化就没有现代化。以教育信息化带动教育现代化是推进我国教育事业改革与发展的战略选择，是深化教育领域综合改革的重要组成部分，是促进教育公平、提升教育质量的有效途径，有助于优化教育资源配置、促进优质教育资源共享、创新人才培养模式、转变教育发展方式”。在致首届国际教育信息化大会的贺信中，总书记指出，“积极推动信息技术与教育融合创新发展”“坚持不懈推进教育信息化，努力以信息化为手段扩大优质教育资源覆盖面”。“十三五”期间，全面提升教育质量，在更高层次上促进教育公平、加快推进教育现代化进程等重要任务对教育信息化提出了更高的要求，也为教育信息化提供了更广阔的发展空间。

教育信息化主要体现在两个方面：一是提高信息化管理水平，实施信息化管理能够全面加强教育规划、监督和管理能力，提高教学过程的计划、组织和实施水平；二是普及信息化教学手段，通过建设和推广信息化教学资源，利用现代网络技术补充和替代传统教学手段，完成教学环节的信息化改革。

弘成利用多年服务网络教育、从事公共服务体系建设、运营和管理的经验，为教育管理部门设计研发了“省级继续教育数字化管理平台和办学监测平台”。省级高等继续教育信息化改革的思路和原则是，通过信息化技术的支撑，配合继续教育改革的新框架、新机制和新流程，逐步建设并完善一整套符合省级继续教育管理、监测和资源共享要求的数字化管理平台，实现对全省继续教育现状的变革和整顿，彻底解决继续教育长期以来形成的各种内外部问题，铲除阻碍继续教育健康发展的历史积弊。

省级继续教育管理监测平台的主要建设目标和任务如下。

1. 主要目标

(1) 实现继续教育网络化、数字化、个性化的变革和创新，为建设全民学习、终身学习的学习型社会服务。

(2) 实现学历继续教育的信息化管理，为转变教学方式和管理模式，提高继续教育办学质量服务。

(3) 实现学历继续教育的监测和评估，为形成强有力的监督合力，推进继续教育规范发展服务。

(4) 实现终身教育的调查统计分析，为促进终身教育学习成果认定、积累和转换服务。

2. 主要任务

(1) 建设学历继续教育高等院校、教学站点基本数据、工作状态数据和终身教育基本数据的数据库。

(2) 建设学历继续教育从招生到毕业全过程记录、统计、分析系统和社区教育、终身教育调查、统计、分析系统。

(3) 建设学历继续教育的招生、学籍、收费、教学、教职工等综合管理系统。

(4) 建设学历继续教育办学条件、办学质量等办学情况监测系统。

(5) 建设学历继续教育专家网上评估和评估报告获取及监测评估数据信息发布系统。

(6) 建设学历继续教育、非学历继续教育及终身教育的对接系统，构建衔接融通的终身教育“立交桥”。

目前，省级继续教育管理监测平台已成功在福建、贵州两省实施，对两省提高继续教育管理能力和办学监测力度，改进继续教育办学评估工作提供了大力支持。

（四）考务信息化系统建设

十八大以来，国家密集出台了教育信息化的一系列政策。作为考量教育信息化、确保教育结果公平的重要环节，考务信息化直接关系到教育信息化的贯彻和落实。

面对传统考试模式暴露出的试卷邮寄成本高、监管力度有限、线下评阅效率低、数据统计分析难等问题，建立适应时代需求，更高效、快捷、公正的考务信息化系统，成为各大院校教育工作的重要课题。作为终身学习体系的重要组成部分，继续教育因涉及人数之多，覆盖范围之广，考务矛盾尤为突出。借助现代信息技术，加快考务信息化建设成为越来越多院校提升考试管理工作水平的必然选择。

1. OMS 在线阅卷系统大幅降耗

2018 年，兰州大学网络与继续教育学院引入“易阅宝(OMS)”阅卷系统，实现了试卷混装、客观题系统自动评阅、主观题在线评阅的全新业务模式，仅试卷混装一项，相较传统考试模式就节省了近万份试卷袋。

采用标准化答题卡的线下考试，一卷一码，单台扫描仪每天完成约 2 万份答题卡扫描。在扫描的同时，教师进行在线阅卷，仅用原来一半的时间便可完成全部试卷的评阅工作，极大地提高了工作效率和准确率，减少了人力成本。

2. OTS 在线测试系统海量承载

实行考务信息化改革，兰州大学网络与继续教育学院并非个例。吉林大学继续教育学院使用 OTS 在线测试系统已有 3 年，服务 10 余万在籍学生，每年完成百万次作业考试，承载上亿答题量。今年学院又引入了人工智能考试监控服务，在加强在线考试考风考纪工作中取得了重大进展。

厦门大学继续教育学院也引入了考试监控系统，依托人脸识别技术，通过考前验证、考中抓拍，交卷验证进行考生身份识别，有效减少了在线考试中替考情况的发生，验证照片存档，便于查询和监督。

3. OIS 考场巡检系统智能把关

2018 年 11 月，江南大学继续教育与网络教育学院、南京大学继续教育学院引入 OIS 考场巡检系统，通过人脸识别、地理位置定位等技术，完成了考生身份识别、位置验证、巡考监考工作监管、考试签到统计分析等工作。院校反映，通过巡检系统不仅加强了考试的监管，而且调动了监考和巡考教师的工作热情。

2019 年 3 月份，OIS 考场巡检系统将在兰州大学网络与继续教育学院、东北师范大学继续教育学院、电子科技大学继续教育学院等院校陆续上线。

OMS 在线阅卷、OTS 在线测试、OIS 考场巡检三大系统是弘成考务信息化系统的三大模块，既可以单独应用，也能够集成实施。弘成考务信息化系统以大数据、云计算、人工智能等信息技术为支撑，功能覆盖从题库建设、考试安排、考试与监控，到试卷评阅、成绩核算和考试分析等全部考务业务流程，且针对线下考试提供电子卷自动分拣、打包、数码印刷以及试卷扫描服务，满足线上、线下多种考试模式。

除帮助院校降低了因人为操作造成的风险，提高了工作效率，该系统的系列产品可以根据客户实际使用场景和需求，灵活定制专属的解决方案。目前，相关产品已被中国人民大学、兰州大学、南京大学、中国农业大学、北京语言大学等上百家院校使用，并获得一致好评。

（五）弘成第三代网络教育教学教务管理平台建设

弘成第三代网络教育教学教务管理平台是为高校网络教育学院提供的一套通用的教学、教务管理信息系统。该平台系统围绕对教学计划的制订、执行、监控，以保证院校的管理工作及学生的学习有条不紊地运转，同时明确相关人员的职责范围，发挥了管理机构及人员最大的作用，并加强教师的教学质量和学生的学习质量管控，提高了教务管理者的工作效率，同时提供实时数据、整体运行情况展示，通过数据分析为领导者的决策提供相应支持(见图 2)。

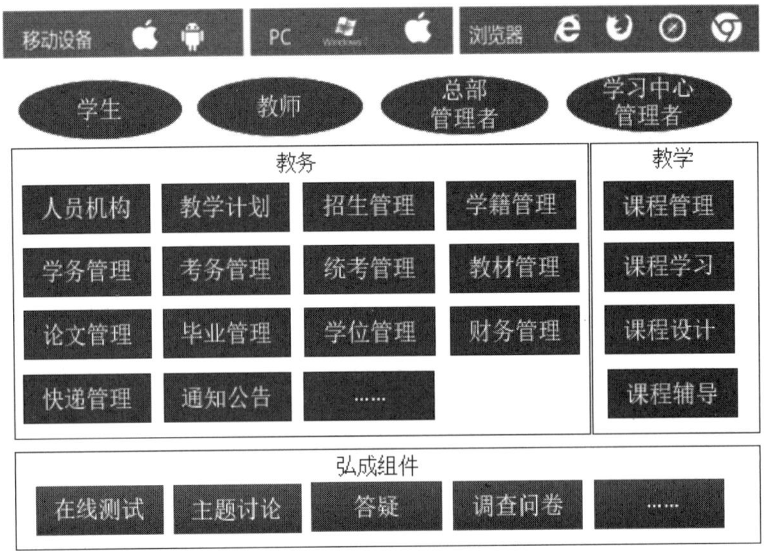

图 2 管理平台

系统覆盖学生报名、录取、注册、缴费、学习、辅导、考试、论文、毕业、学位、答辩等教学教务全过程，同时给管理者提供对学习中心、专业及教学计划、教学安排、学籍、考试、论文、毕业、学位、财务、返款、快递单等各个业务环节的管理支撑。

教学教务管理平台的主要特点如下：

(1) **完善的业务流程管理**。系统设置灵活，可根据院校的实际教学流程，设计院校的应用流程及考核办法，功能全面，实现学院管理的系统化。

(2) **提供多种在线教学支持**。教师在线设计课程，帮助网院快速规范建设并管理资源，同时提供在线作业、互动答疑等多种辅导工具，帮助教师提升教学互动性，实时掌握学习进度。

(3) **学生引导式学习**。平台操作方便易用，用户体验良好，学生可实时了解考核要求，掌控学习进度，同时提供移动端，满足学生随时随地学习的需求。

(4) **个性的督学导学服务**。及时准确提醒、通知学生参与教学活动，可通过邮件、短信自动通知，信息模板可灵活定制。

(5) **全面的数据报表分析**。全方位、多维度数据分析和对比，实现多维度报表之间的关联，方便自上而下的追踪。图形化统计报表，展现更直观。

(6) **移动端微服务**。消息通知及时接收，随时随地轻松学习和辅导，解决工学矛盾。

目前，弘成第三代网络教育教学教务管理平台除应用于弘成直接服务的网院外，还为弘成作为公共服务体系所服务的三所高校——厦门大学、电子科技大学和东北师范大学提供教学运行管理支持。

五、职业规划与就业服务

随着高等教育规模的扩大，毕业生就业问题日益凸显，不仅关系到学生自身的未来，也关乎国家的经济发展和和谐社会的建设。弘成在远程教育公共服务体系建设、创建服务新模式，以及开拓社会化服务新领域等方面积累了较为丰富的经验，通过多样化的课程产品、优质的教学资源，以及技术和设备支持，始终注重把学生服务与学生职业规划有机结合起来，以就业为导向，为社会培养实用型高素质人才，促进院校与用人单位之间形成人才培养输入与输出的良性循环。

2010 年至今，弘成携手企事业单位共建 200 多家“人才培养基地”，帮助 600 多家企业定制人才提升方案，建立了横向沟通、纵向衔接的教育资源共享和服务体系。针对企业客户，量身定制了“金梯计划”，为企业员工提供一站式教育支持服务，为企业与国家“211 工程”和“985 工程”高校搭建资源共享平台。

（一）个性化企业服务模式

弘成为企业提供“技能＋学历”的一体化教育服务解决方案，建立了针对企业客户的个性化服务流程，包括企业拜访、需求调研、资源引入、驻厂宣传、组织公开课等全套服务流程。与此同时，还通过评优发放助学金、学费分期贷款等方式激励企业低收入员工继续学习，提高职业竞争力。在整套服务流程中，凭借技术优势，研发趣味职业测评 H5、职业服务小程序等多种形式提高企业与员工的积极性，帮助企业实施员工技能培养计划，提升企业核心竞争力，从而实现“使无业者有业，有业者乐业”。

目前，弘成已在通信、教育、建筑、财经、护理、保险等行业系统进行了尝试，并取得了一定的成绩。2010 年，弘成与中国人民解放军空军 95988 部队联合开展了“书香校园”活动，提高基层部队士官、战士的学历层次，配合部队构建学习型军营，共同培养军地两用人才，受到部队官兵的一致好评。面对庞大的产业工人群市场，弘成进驻企业，与企业共建人才培养基地，先后同远东控股集团、沪宁钢机等众多上市企业合作，为一线产业工人和技术人员提供上网学习的机会，一起组织丰富多彩的工人活动，在丰富企业文化及学习氛围的同时，提升员工个人的学历和能力。通过公益宣讲会、职业培训公开课等多种交流和学习形式，为企业培训注入活力。

（二）多元化的教育资源

弘成携手教育合作伙伴，着眼于大学生就业问题，结合历年行业调研数据，面向教师培养、影视动漫人才培养等专业垂直领域，引入行业内优质的教育资源和企业总监级名师，帮助大学生解决从毕业到就业最后一公里的核心需求，为国家重点行业及领域培养实用型专业人才。

以影视动漫人才培养为例，弘成引进涉及视频包装、影视后期、动画师、游戏 3D 美术设计等 7 类课程资源，采用游戏闯关式教学模式提高学员的学习热情，开发并利用智能化的学习系统，通过严谨的教学和考核流程，即时解决学员在学习中遇到的问题。与此同时，以线上师傅带徒弟的方式，按照企业的用人标准和生产线标准进行的实战训练，为学员毕业即就业提供保障。

知金教育现代远程教育试点工作总结

一、创业篇

（一）试点背景

自1999年“现代远程教育工程”实施以来，试点高校从最初的4所发展到2005年的68所，呈现出高速发展的态势。由于学员数量不断增长，高校校外教学支持服务的负荷越来越重，直接影响到网络教育教学质量的提升。从国家层面看，各高校自建学习中心，不仅造成重复建设和资源浪费，而且难以形成一个标准规范、高效集约的现代远程教育校外教学支持服务体系。为了推动网络教育健康有序的发展，教育部于2001年12月批准开展“现代远程教育校外教学支持服务体系”项目的研究和试点工作，希望依托广播电视大学系统在地域覆盖、信息化基础设施、人员队伍和办学服务等方面的优势，探索该体系的服务模式、管理体制和运行机制。

信息技术的高速发展，为公共服务体系的发展创造了良好条件，在中共中央办公厅、国务院办公厅印发的《2006—2020年国家信息化发展战略》中，提出要“发展多层次、交互式网络教育培训体系，实现公众对于信息资源的共享，促进教育均衡发展”。可见，利用信息技术建设公共服务体系是国家实施信息化发展战略的一个指导性方向。而我国信息化建设的不断推进，云计算、移动互联网、智能终端等新技术在社会各行业中的应用，在搭建技术平台、共享优质资源、提供技术解决方案等方面为公共服务体系的发展提供了良好的环境。在此背景下，随着远程教育产业链的逐渐完善，公共服务体系以网络教育服务运营商的身份为远程教育办学方和学习需求方提供社会化第三方服务，成为一种新型的现代教育服务业态。

学习型社会的建设为公共服务体系的发展带来了良好的机遇。《国家中长期教育改革和发展规划纲要（2010—2020）》提出“到2020年，基本实现教育现代化，基本形成学习型社会，进入人力资源强国行列”的战略目标。在我国地域辽阔、各地发展不平衡、教育资源相对短缺的背景下，只有积极利用数字化手段，为全民搭建学习平台、提供教育资源和教学服务，才能高效、快捷地打造出一个适于社会大众学习的新环境。因此，许多地方和行业在政府或主管部门的引导下，把发展数字化学习与公共支持服务作为推进学习型社会建设的重要抓手，积极推进学习型城市、学习型社区和学习型组织的建设，这无疑为远程教育公共服务体系带来了良好的发展机遇。

知金教育咨询有限公司（以下简称“知金教育”）成立于2006年，公司的定位是一家集网络教育服务、行业资格认证培训、职业技能培训等相关教育产品为一体的综合性教育服务公司。作为一家具有投资、连锁经营、风险投资的运作能力和经验，但从事教育服务时间不长的公司，知金教育幸运抓住了“中国现代远程教育工程”这个划时代伟大工程的机遇。2007年2月，知金教育与北京大学、北京理工大学等高校联合开展现代远程教育公共服务体系建设试点项目的工作，同年4月开始，根据教育部文件精神分别在北京、上海、广东、山东等区域筹备组建学习中心，积极为高等学校现代远程教育提供校外教学支持服务。

（二）试点初衷

国家远程教育公共服务体系是在教育部的直接领导和支持下，为适应远程教育的多元化快速发展、国家教育信息化发展战略、现代教育服务业的发展和学习型社会建设的需要所进行的一项实践性探索。

现代远程教育公共服务体系的建设与发展是社会经济发展、信息技术和远程教育发展到一定阶段的必然产物，是适应我国社会、经济、教育发展方式转变及整个产业结构调整的必然结果。高校网络教育多元化、快速发展，迫切要求建设一个统一、规范的公共服务体系。

（三）试点任务

为了进一步推进优质数字化学习资源的整合与共享，探索数字化学习支持服务创新体系，探索并实践基于现代信息技术下的终身化、网络化和开放式的继续教育发展新模式，促进学习型社会、和谐社会的建设，2017 年 2 月，教育部批准知金教育咨询有限公司建立标准的、开放的数字化学习支持公共服务平台，整合和共享应用现代远程试点高校的优质数字化资源，积极面向行业、社区和乡镇等提供适合于在职人员继续学习和终身学习的数字化学习支持服务，探索并实践高校与企业合作建设社会化的现代远程教育公共服务模式、技术模式、管理体制与运行机制等。

（四）试点职责

自成立以来，在教育部、各省级教育行政部门的指导下，知金教育以打造专业化的支持服务体系为立身之本，充分整合高校优质数字化学习资源，面向行业、企业等在职人员提供数字化学习支持服务，由最初的集中开展数字化学习中心建设过渡到对各地学习中心的规范化、专业化管理，逐步建立了一套直营连锁学习中心支持服务标准化体系和质量考核体系，实现了支持服务的规范化、标准化、精细化管理，并自上而下贯彻实施、持续改进、持续发展。

作为国家教育部批准的现代远程教育公共服务体系试点运营机构，知金教育与北京大学、北京理工大学、北京外国语大学等院校建立了长期稳定的合作关系，为合作高校提供招生、教学教务、学员管理等一站式支持与服务，知金教育现已成为中国现代远程教育事业的主力军。同时，在教育部考试中心的指导下，知金教育联合中国市场学会在全国合作开展“销售管理专业”考试，为销售市场管理人才需求提供可靠保障。

二、发展篇

在立足、夯实现代远程教育支持服务的基础上，依据《国家中长期教育改革和发展规划纲要（2010—2020 年）》《教育信息化十年规划》和高校继续教育改革发展研讨会精神的指引，知金教育积极探索和尝试向社会化服务拓展，秉承“变革、融合、创新”原则，构建需求导向、适应经济社会转型发展需要的新型校企合作模式；秉承“面向行业、走进行业、了解行业、服务行业”原则，建立面向行业的继续教育公共服务平台，促进终身学习公共服务体系建设；探索技术与教育的融合，丰富教学及管理服务模式，加强继续教育机构的信息化建设，全面助推终身教育体系的完善和学习型社会的建设。

知金教育认真探索和实践满足社会各类领域、各类人群多层次、多形式、多样化学习需求的继续教育服务模式，以现代信息化技术为抓手，积极推进学历与非学历教育资源的整合和共享，多维度、多方位满足国家经济转型过程中对继续教育的各项需求，通过进一步完善标准化、规范化、专业化的终身学习服务体系的建设，提升优质资源的有效转化、共享应用，全面服务于知识经济社会的发展。

（一）基本情况

1. 尊重高校办学主权，拓展优势专业

知金教育公共服务体系在开展现代远程教育中，明确学校是继续教育办学主体和责任主体，充分尊重合作高校的办学自主权，为高校提供支持服务期间，积极推动自身内涵式发展，通过学习支持服务过程中的一系列精细化服务，使学员充分领悟到高校的理念、特色与文化，突出了知金教育数字化学习中心力争做好下位服务的特点。

目前，知金教育与国内 18 所 211、985 重点院校建立了长期稳定的合作关系，全面开展远程教育招生及服务工作。合作院校包括北京理工大学、中国石油大学（北京）、中国地质大学（北京）、北京外国语大学、山东大学、四川大学、西安交通大学、西南大学、西南交通大学、陕西师范大学等（见图 1）。

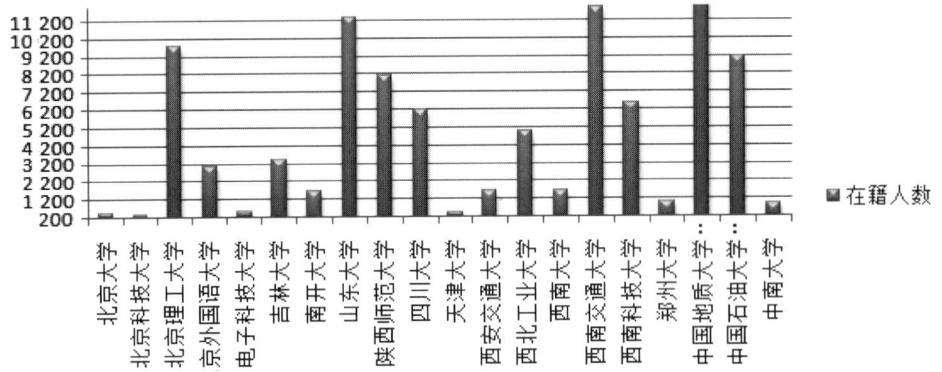

图 1　知金教育各合作高校目前在籍学员人数分布

2. 明确自身定位，做好运营管理

1）学习中心定位

秉承知金教育务实、纳新、兼容、进取的经营理念，以打造专业化的支持服务体系为立身之本，知金教育各数字化学习中心明确自身发展定位，主要体现在以下 3 个方面。

（1）接受办学院校的委托，实施招生宣传、生源组织、学习支持与督导、日常教务及考务管理的远程教育支持服务的机构。

（2）依据国家法律法规、教育产业政策及职业道德规范，协助办学院校规范开展远程教育服务的机构。

（3）充分了解市场需求以及学生的期望，在办学院校、行业企业及学生三者之间充当信

息桥梁的机构。

2）运营管理

知金教育内部实行总部、分公司、学习中心 3 级管理体制。总部及分公司层面设立财务部、人事行政部、市场部、网络营销等公共管理机构，为学习中心提供内部的公共支持服务。学习中心按照教育行政部门和主办高校的要求进行申报设置，设立招生办公室、学生服务中心、教学教务中心、市场项目部、财务、人事和行政办公室，其中教学教务中心作为各高校项目共享支持部门。总部人事部门根据学习中心规模给予人事编制指导意见，协助学习中心建立专职和兼职团队。

目前，知金教育公共服务体系学习中心在已覆盖北京、上海、广东、山东、四川、广西、陕西等多个重要省、市共建立 70 余所学习中心。各学习中心累计有专职人员 402 人，全职及兼职教师 96 名，支持服务人员 70 余人，学生干部团队若干，人员服务配比达 1∶200。在硬件方面，知金教育各学习中心都配有专用多媒体教室，为学生提供网上学习、在线辅导答疑、视频答辩等，满足学生和高校间的交互式教学。同时，各中心严格遵守国家计算机与网络安全管理条例，并设有专职网管计算人员，负责中心机房与网络使用安全。

为做好学习中心的日常工作规范和监管，知金教育总部编写了学习中心业务操作手册及 ISO 质量管理手册等，并配合学生回访，进行满意度调查工作，进一步地保障了知金教育的规范办学服务。

截至 2018 年，知金教育在籍学员 117 074 人，已毕业学员 156 003 人，服务人数达 273 077 人（见图 2～图 4）。

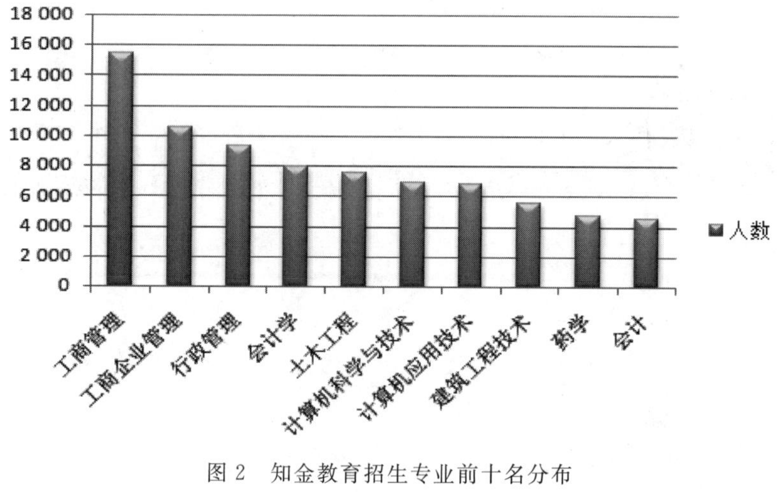

图 2　知金教育招生专业前十名分布

（二）强化内涵发展 助力学员服务

1. 服务体系标准化

知金教育以质量保管理，以服务促发展，在公服行业标准的基础上梳理了知金教育自己的标准体系，通过内控标准建设和评价体系建设两条线，梳理搭建了学习中心助学服务体系。

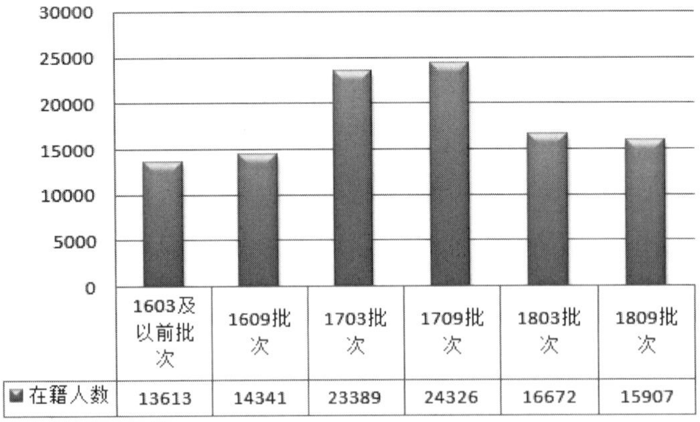

图 3 知金教育各批次学员目前在籍人数分布

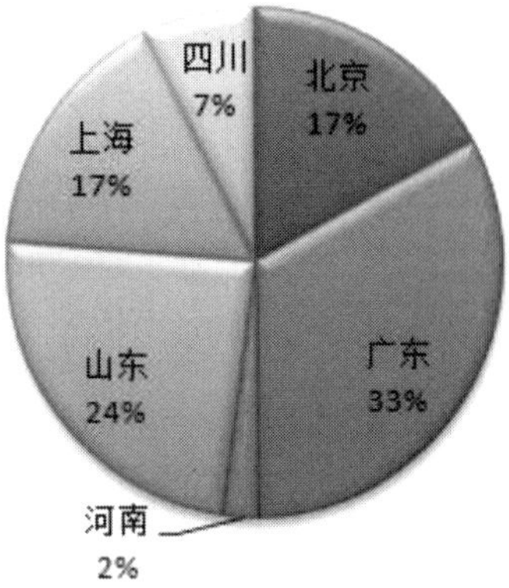

图 4 知金教育试点省市在籍人数分布

为明确学习中心各岗位人员职责，加强各学习中心业务工作管理规范，理顺工作流程，确保业务工作档案的完整齐全、有效利用，知金教育先后建立了学习中心人员岗位标准化、学习中心业务标准化、档案管理标准化，并将标准化工作纳入公司绩效考核体系。知金教育业务标准化手册主要包括《远程教育政策法规指南》《学习中心管理白皮书》《学习中心招生业务指导手册》《学习中心教务支持服务手册》《学习中心考试管理手册》等，从学习中心的设立、培训、日常监控、巡视，到招生宣传、咨询、学员报名、导学、交费选课、学习、作业、预约、辅导、考试、论文、毕业、学位等整个支持服务过程，都建立了相应的工作流程及规范操作细则(见图 5)。

图 5 知金教育标准化手册

同时，为从多角度反映知金教育在现代远程教育试点工作服务的整体概貌，及时发现知金教育在办学服务过程中存在的潜在问题，知金教育在原有评价体系的基础上，进一步建立与完善了 ISO 质量评估体系、内部审核及专项检查相结合的评估体系、满意度评价体系、学员回访工作体系。通过多种常态评价体系互通评价，更进一步地规范了知金教育的办学服务行为，并通过数据的进一步提取和挖掘为公司业务发展提供了辅助决策支持。如知金质量评估体系《知金教育数字化学习中心支持服务指标体系》，设置3项一级指标、24项二级指标、90个主要观测点，通过层级指标体系层层细化统一服务标准，优化各项工作，实现支持服务落地，将规范化落实到每个服务环节(见图6)。

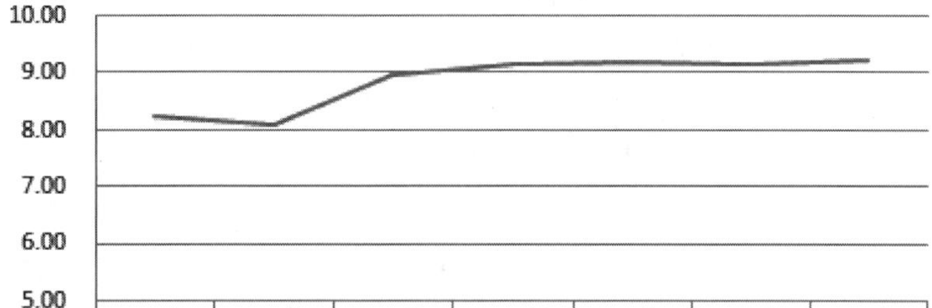

	2012年	2013年	2014年	2015年	2016年	2017年	2018年
——满意度	8.24	8.11	8.98	9.15	9.20	9.15	9.23

图6　知金教育学员满意度情况

2. 助学服务一站化

学习支持服务的目的在于指导、帮助和促进学员的自主学习，提高远程学习的质量和效果。知金教育学习中心从入学导学到日常助学督学、考试辅导等，整个过程中都非常注重学员的需求和服务的规范化。这些年，知金教育各学习中心逐步加大了教师和学员的服务配比，配备了足够量的班主任与学员互动交流，为学员提供助学服务一站化(见图7)。

图7　知金教育学员支持服务

学前以实施招生过程导学、结合开学典礼导学以及通过发放学员手册、学习包、介绍网院及专业特色、教学管理规定、教学计划、选课方案导学等帮助学员了解远程学习的特点和方法，熟悉整个教学环节和实施过程，以及如何使用平台获取学院的教学管理信息和开展学习。

学中知金教育各级学习支持服务团队及时传达高校的各类学习事项，根据报读专业层次的不同，将学员组成不同的学习小组，增加网络教育学院的班级意识和集体观念。还不定期地组织学员座谈会，收集学员对学习中心工作及其在学习过程中的意见和建议，解答学员在学习过程中遇到的问题，帮助学员解决在学习过程中遇到的困难，引导学员正确学习，掌握方法学习，督促学员完成相关学习任务。保证了学员从入学、课程学习到毕业都有专门的教师引领和辅导，有效提高了学员的如期毕业率。

为方便学员顺利通过课考及统考，知金教育要求各学习中心对专业性强、学习难度大、考试通过率低的课程增加面授辅导；课程考试前安排考前串讲，对公共科目的考试开展强化辅导，形式包括网络辅导、面授串讲、网络模拟题训练等，并根据每次考试的通过率情况，对参加辅导班的学员进行电话回访，了解他们对辅导班的评价和建议，将他们提出的意见和建议反馈给辅导教师，为日后制定更加合理、更加适应统考要求的辅导方案提供依据。

3. 学员活动情感化

良好的支持服务可以帮助学员减少学习的不适应，也可满足学员学习心理及情感等不同层次的需求。知金教育树立科学人文主义的教育理念，通过网络环境的优势，促进学员之间的情感交流，通过组织各种形式的集体活动，努力从情感给予学员支持，增强了学员的认同感和归宿感，激发了学员学习的信心和动力。

为了消除学员的孤独感，知金教育各学习中心积极创新，组织学员开展了一系列丰富的学员活动。同时，知金总部也配合学习中心通过线上与线下等开展了一系列学员活动，如开学典礼、开学导学、学习活动、课外活动、毕业典礼等。课外之余，学习中心协助班委成立了各种协会或俱乐部，积极组织各类文娱活动，学习中心会参考每年定期组织的《学员活动需求调查》的结果，确定学员活动的内容和形式。各类课外活动充分让同学们体会“我的大学，我做主”，让虚拟的大学校园生活不再枯燥，既提高了学员的组织社交能力和团队参与意识，更有效地弥补了网络教育校园文化的缺失。知金教育每年还会针对学员的平均成绩及活动参与情况进行优秀生评选，颁发知金优秀学员证书，得到学员的广泛认可。此外，为增强网络教育学员与高校的联系，增进感情，知金教育数字化学习中心还积极联合高校开展母校行活动，让学员们有机会体验高校校园文化（见图8）。

图8 知金教育学员活动

（三）技术平台支撑，助学环境搭建

现代远程教育是依托互联网开展的教育，技术支持服务对保证远程学习的流畅性发挥着重要作用，不仅能够协助学员及时获取信息，而且便利的技术服务能够增强学习者学习的信心，使学习者顺利开展学习活动。知金教育秉承“大数据、可视化、互动性”原则，积极探索技术与教育的融合，借力大数据、云计算、智能终端以及带宽升级，深耕学历教育领域，通过平台优化及资源整合等，提升内部效率和对外服务能力，完成服务工具智能化升级。

1. 学服平台智能化

学服平台从高校授权、学习中心的设立、培训、日常监控、巡视，到招生宣传、咨询、学员报名、导学、缴费选课、课程学习、课后作业、课程辅导、课程考试、统考辅导、论文答辩、毕业申请、学位核发等整个支持服务过程都建立了易用、安全、稳定、高性能的一站式管理服务平台，通过现代远程教育助学服务环境的搭建，丰富了助学服务模式，还确保了学习中心规范办学，远程教育实施的各个环节都得到有效监控。2018 年升级后的智能学习系统可以为每个知识点设定标准，建立关联，同时基于深度学习算法的学习及教学行为分析，给出智能化、动态化、个性化的学习解决方案。每项业务的操作过程均会留存操作者的详细记录信息，客户的事无小事，无不体现我们对教育事业的认真和尊重。

学服平台通过智能客服系统建设完善咨询服务体系；通过 400 服务电话、AI 机器人在线实时资讯服务、新媒体服务等，承担对外咨询服务，服务范围包括学历教育招生咨询服务、教学平台咨询服务、门户网站咨询服务等。

在技术平台建设及实施的过程中，知金教育还严格执行 ISO 9000 质量体系标准的要求，强化信息安全及运营服务支持体系建设。借力云服务的技术沉淀，通过对网站和 App 的业务流量进行恶意特征识别及防护，将正常、安全的流量回源到服务器；通过网站 HTTPS 加密，防劫持、防篡改，避免网站服务器被恶意入侵，保障业务的核心数据安全。在运营服务过程中，还提供 7×24 小时不间断的电话技术支持服务、远程在线支持服务、24 小时不间断监控系统运行、巡检服务、活动保障服务、应急保障服务、客户培训服务、IT 系统运维手册定制服务等。

目前，该平台已在知金教育学习中心平稳运行，通过学历教育服务平台升级和全面推行，知金教育各学习中心在助学服务上更加规范，在业务流程上更加高效有序，信息化管理更加科学、及时，监督管理方面也更加深入、透明，总体上提升了助学服务的质量。

2. 学吧服务优质化

为了适应学员学习方式的变化，方便学员随时随地学习，2018 年知金教育进一步完善了学员移动端个性化学习工具：知金学吧，开发实现了集直播课程、VIP 点播课程、广播通知、问题咨询、题库练习、资料下载等功能于一体的“一站式”移动服务，学员可在线完成学、问、练、测等多种教学活动，系统会对自我学习过程与结果进行智能评价，以此有的放矢地制订学习方案，提升了学员的成绩（见图 9）。

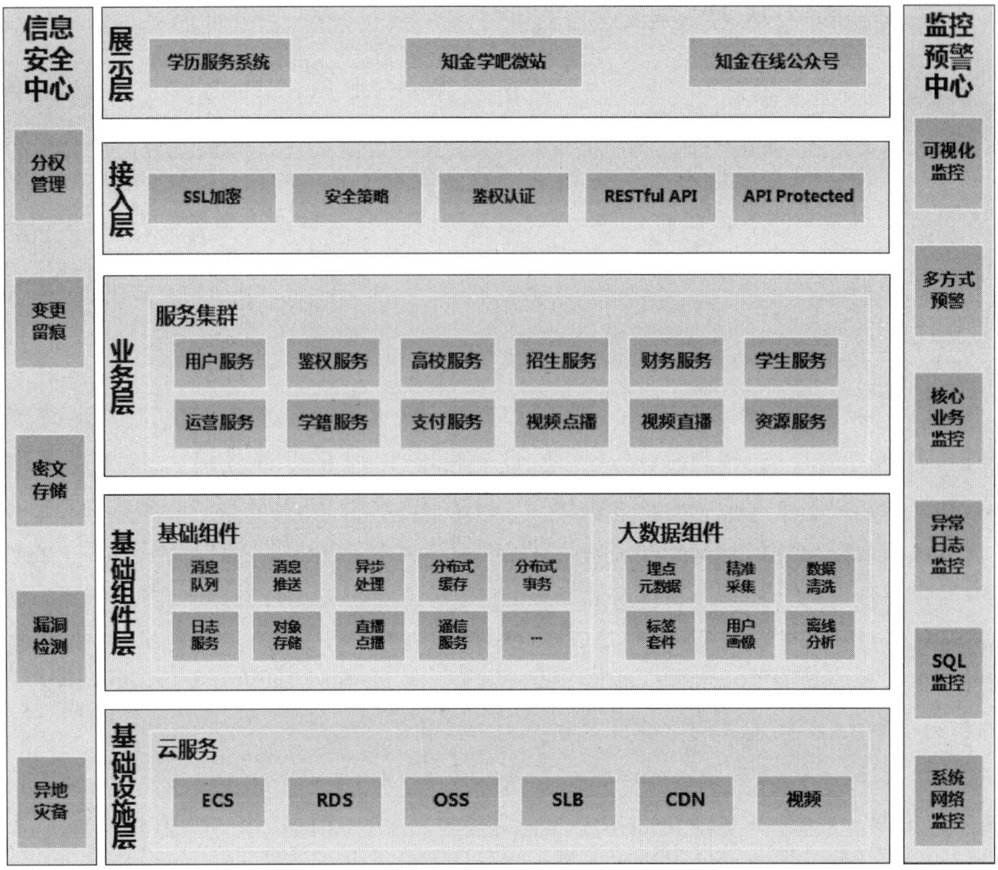

图 9 知金教育学历服务平台架构设计图

知金学吧云直播可为学员播放高清、低延时的课程内容，也可以通过 API 口在学服系统对直播活动进行管理及查询相关统计数据。直播系统还可实时把控直播质量、监控学员学习过程数据；对直播质量、播放流量、学员观看过程、课程评价等数据进行实时监测，并提供详细的统计结果，助力学员学习过程及学习质量，实现了学习全过程信息化教学管理，加强学习过程的服务和监控，提升教学服务水平。同时，学服平台通过系统间的门户、数据和流程整合，建立了一套实用、先进的信息技术支撑平台，提高了教学整体管控效率以及学习中心对学习者的服务支持能力（见图 10）。

课程资源和直播平台融合发展，既拓展了教育内容，又实现了多元化发展。另外，在网络课程的内容组织方面，还实现了知识图谱＋短视频的课件组织和呈现方式，通过建立知识点之间的关联关系，以图谱的方式提供最佳的学习路，解决传统资源列表带来的认知迷航问题，更进一步满足了学员服务需求。

图 10 知金教育学吧系统效果图

三、实践成果篇

（一）把握社会需求，定制行业服务

知金教育本着“立足行业，办出特色”的指导思想，多年来与航空、酒店、铁路等多个行业及社会有关方面建立了密切的联系和良好的合作机制。近年来，知金教育充分发挥自身优势，密切把握社会需求发展新趋势，努力提高主动满足社会各类成员继续教育需求的能力，先后与日本航空公司、国际邮轮管理公司、轨道交通联盟等企业机构进一步深入进行了合作，开展了一系列行业定制化服务项目。

如国际航空培训计划是知金教育职业教育模块中校企合作重点项目，知金教育作为日本航空公司运营机构与南京航空航天大学签署的项目，主要通过学历教育、技能培养、实习实训工作，共同创建国内航空服务人才培养的国际化新模式。国际管理人才培养计划是知金教育和南开大学联手打造的一个项目。南开大学作为我国旅游业的“黄埔军校”，知金教育深度整合优质教育资源及行业、企业资源，提供旅游管理专业两大方向定制人才教育。现知金教育制定了以学历教育和职业技能培养为两翼的“一体两翼”人才培养目标(见图 11)，已为航空、高铁、游轮、星级酒店等服务行业输送了数百名应用技能型人才，毕业学员已遍布国际机场、航空公司、国际邮轮等高端国际化服务机构。

轨道交通是由西南交通大学牵头，知金教育承接“轨道交通职业联盟”项目运营，汇聚行业高校、职业院校及各地铁路局资源，搭建联盟运营平台，共享实训基地，服务高铁外交战略人才需求，共育高铁国际化人才。联盟旨在服务于经济社会和行业需求，形成全方位、多层次，集理论教学与实训操作于一体的教育培训体系，推动“国际轨道交通人才培养 e 计划”，整合优质教学资源，培养合格的轨道交通专业人才，为中国高铁“走出去”战略的顺利实施提供强有力的支撑。知金教育作为轨道交通职业教育联盟的执行单位，负责联盟的日常运转工作，具体落实联盟内的各项事务性工作。

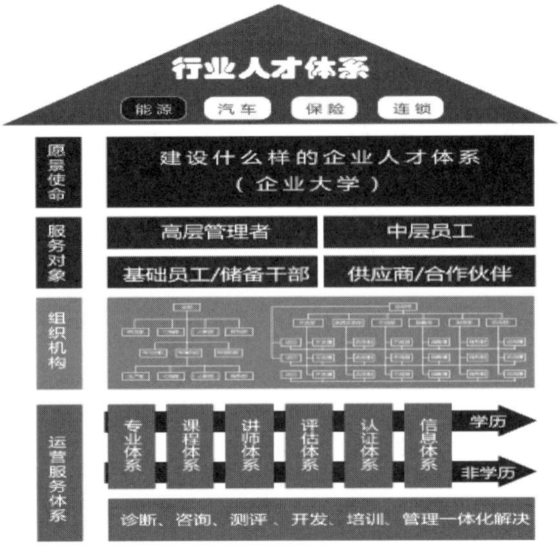

图 11 知金教育行业人才体系

（二）立足核心业务，融入地方建设

知金教育一直立足服务于区域经济社会建设，根据地方经济和学习型社会建设需求，充分引进和整合高校优质教育资源，以现代信息技术为抓手创新人才培养支持服务模式，提升服务质量。2012 年，广东省推出新生代农民工骨干培养发展计划（即“圆梦计划”），知金教育响应号召，截至目前协助高校组织了上万 名圆梦计划学员报考，为“加快转型升级，建设幸福广东”添砖加瓦（见图 12）。知金教育北京数字化学习中心在借鉴广东省“圆梦计划”的实施成功经验的基础上，以“面向地方，服务地方”为宗旨，在当地社区建立党支部，与所在社区建立长期合作伙伴关系，协助社区建立学历培训服务，另外还在北京经济技术开发区内设立了集招、教、学于一体的学习支持服务中心，与北京亦庄经济开发区团工委合作，启动了北京经济技术开发区“筑梦”计划。目前，知金教育根据参与“筑梦”计划的合作企业的特点，已引入名校、名师，整合相关资源，提供并多次开展定制化专项免费培训课程及名师大讲堂活动。

图 12 知金圆梦计划学员活动

为了让众多在职人员共享优质教育资源，知金教育积极跟进地方需求，在 2013 年 7 月，知金教育携手工业和信息化部信息中心培训中心共同启动“全国工业和信息服务业继续教育公共服务体系(NIIS)项目”。目前,知金教育已完成NIIS平台网站与工业和信息化部国家中小企业信息化公共服务平台的入口对接工作,并承接了国家中小企业信息化公共服务平台的日常维护任务。同时,完成针对全国中小企业的远程学习平台和管理平台的建设工作,并增加了移动端的应用,配套开发了“享学吧”。知金教育在维护NIIS原有授权分平台11家的基础上,新建了6家分平台,分别与51Talk无忧英语和中和黄埔文化发展有限公司签署了教学资源合作协议(见图13)。

图13　知金教育NIIS平台

(三)关注学员素质,打造终身服务

为深化服务领域、创新服务模式,知金教育引进专业测评技术,从学员“个性特质”“职场素质”“分析力”3个企业所重点关注的职场素质入手,免费为全体学员提供“职场匹配测评”和职场能力提升课程,建立学员“职场能力档案”。学员入学时,根据现在学员在职岗位及未来职业岗位规划方向进行测试,测试后为学员提供《个人职业发展优势报告》和《职场目标岗位匹配分析报告》。知金教育还注重对毕业生进行回访,关注学员的最新动态,同时针对学员的工作情况再次进行问卷测评,考察学员职业胜任力的提高情况,从而为学员量身定做职场能力提升课程,提高学员的综合职业素质。通过职业测评资源全员共享计划的实施,不仅为学员提供了职业发展的参考,也为高校、企业、行业获得了有效的决策依据,从而使学历与职业相结合,打造学员终身化服务(见图14)。

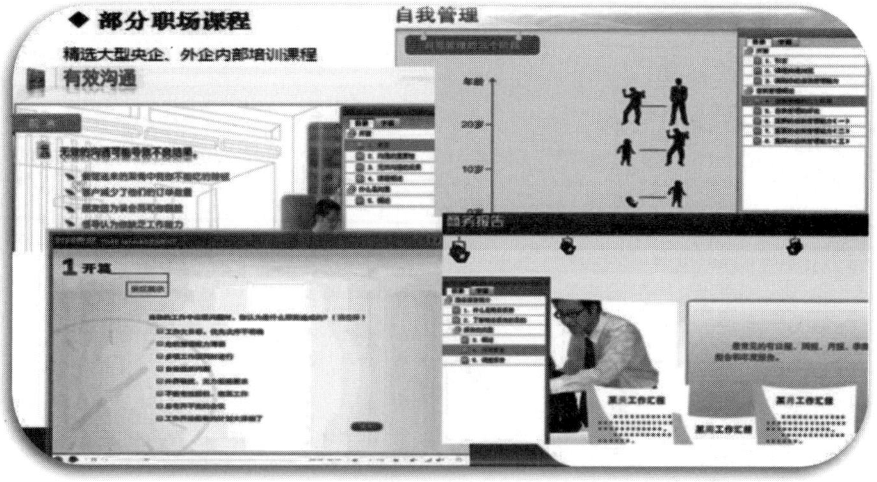

图14　知金教育职场测评

四、创新改革展望篇

未来，知金教育将秉承配合高校办好高质量的继续教育的基本原则，继续提升技术优势，整合高校和行业的优质教学资源，从学生个性化学习需求和行业产教融合的基本方向出发，探索继续教育内涵式发展的新思路，拓展并深化产品结构，拓展深化提升品牌的信任度，加强市场的监管和引导，以服务学生学习为本，打造以应用型人才培养和终身学习为目标的继续教育新业态。

1. 以质量建设促进内涵发展

知金教育践行不断升级的继续教育使命，坚持办高质量的内涵式教育，在升级和完善服务体系和质量建设的前提下，以服务学生学习为中心，提高助学质量和教学品质，按需整合并制作先进的精品课件，辅助学员实现素质教育和技能培训的学习目标，为学生提供个性化的助学服务，搭建基于移动互联网和开放式的学习环境，努力满足学生个性化的学习体验，探索助学体系模式改革和升级。

2. 以技术提升引领服务升级

通过移动互联网助学平台的升级和扩展，解决学生个性化和多样性的学习需求；利用直播和互动式网络教学模式促进教育模式改革；应用远程监控和记录的检测系统确保学习形成性考核的有效性，进一步健全和完善学生的学习过程信息记录和分析，加强学生服务评测和反馈机制，利用技术优势探索教育大数据分析和人工智能教学引导等信息化技术手段，实现高品质的个性化支持服务的应用。

3. 以行业共建实现模式探索

知金教育将进一步深入行业、企业，结合在线教育的人才培养模式，完成素质教育和技能培训并轨的教育供给。同时，积极探索产教融合和资源共建模式，整合行业、企业的优质教育培训资源，根据特定的需求拓展服务项目和服务模式，逐步建立集素质教育、职业教育、就业辅导、终身学习和知识拓展为一体的公共教育服务体系。